全注全译

文解字

（一）

〔汉〕许慎 著
谦德书院 注译

团结出版社

《谦德国学文库》出版说明

人类进入二十一世纪以来，经济与科技超速发展，人们在体验经济繁荣和科技成果的同时，欲望的膨胀和内心的焦虑也日益放大。如何在物质繁荣的时代，让我们获得内心的满足和安详，从经典中获取智慧和慰藉，或许是我们不二的选择。

之所以要读经典，根本在于，我们应当更好地认识我们自己从何而来，去往何处。一个人如此，一个民族亦如此。一个爱读经典的人，其内心世界必定是丰富深邃的。而一个被经典浸润的民族，必定是一个思想丰赡、文化深厚的民族。因为，文化是民族之灵魂，一个民族如果不能认识其民族发展的精神源泉，必定就会失去其未来的生机。而一个民族的精神源泉，就保藏在经典之中。

今日，我们提倡复兴中华优秀传统文化，当自提倡重读经典始。然而，读经典之目的，绝不仅在徒增知识而已，应是古人所说的“变化气质”，进一步，是要引领我们进德修业。《易》曰：“君子以多识前言往行，以蓄其德。”实乃读经典之要旨所在。

基于此理念，我们决定出版此套《谦德国学文库》，“谦德”，即本《周易》谦卦之精神。正如谦卦初六爻所言：“谦谦君子，用涉大川”，我们期冀以谦虚恭敬之心，用今注今译的方式，让古圣先贤的教诲能够普及到每一个人。引导有心的读者，透过扫除古老经典的文字障碍，从而进入经典的智慧之海。

作为一套普及型的国学丛书，我们选择经典，不仅广泛选录以儒家文化为主的经、史、子、集，也将视野开拓到释、道的各种经典。一些大家所熟知的经典，基本全部收录。同时，有一些不太为人熟知，但有当代价值的经典，我们也选择性收录。整个丛书几乎囊括中国历史上哲学、史学、文学、宗教、科学、艺术等各领域的基本经典。

在注译工作方面，版本上我们主要以主流学界公认的权威版本为底本，在此基础上参考古今学者的研究成果，使整套丛书的注译既能博采众长而又独具一格。今文白话不求字字对应，只在保证文意准确的基础上进行了梳理，使译文更加通俗晓畅，更能贴合现代读者的阅读习惯。

古籍的注译，固然是现代读者进入经典的一条方便门径，然而这也仅仅是阅读经典的一个开端。要真正领悟经典的微言大义，我们提倡最好还是研读原本，因为再完美的白话语译，也不可能完全表达出文言经典的原有内涵，而这也正是中国经典的古典魅力所在吧。我们所做的工作，不过是打开阅读经典的一扇门而已。期望藉由此门，让更多读者能够领略经典的风采，走上领悟古人思想之路。进而在生活中体证，方能直趋圣贤之境，真得圣贤典籍之大用。

经典，是一代代的古圣先贤留给我们的恩泽与财富，是前辈先人的智慧精华。今日我们在享用这一份财富与恩泽时，更应对古人心存无尽的崇敬与感恩。我们虽恭敬从事，求备求全，然因学养所限、才力不及，舛误难免，恳请先贤原谅，读者海涵。期望这一套国学经典文库，能够为更多人打开博大精深之中华文化的大门。同时也期望得到各界人士的襄助和博雅君子的指正，让我们的工作能够做得更好！

团结出版社

2017年1月

前 言

“明明我祖，万邦之君。有典有则，贻厥子孙。”中华文明灿烂辉煌，是世界上唯一没有出现断层的文明，这是因为我们有汉字记录，有典籍传承。早在先秦时代，我们的先民就非常重视识字教育，“周礼，八岁入小学，保氏教国子，先以六书。”（语见许慎《说文解字·叙》）可是在秦火之后，典籍散落，文化浩劫，人们对典籍的解读出现了巨大的分歧，断章取义、谬悠之说大行其道，因而有了许慎《说文解字》的创作。

《说文解字》既是对汉字形、音、义的一次系统梳理，也是对典籍解读的正本清源。它不仅是古代语言学的宝库，更是东汉以前的百科全书。在实现民族伟大复兴的今天，增强文化自信，重读文化典籍，需要有传统小学的基础，由小学入经学，进而拿到开启文化宝藏的钥匙。因此，章太炎先生才说：“读古书，非通小学是无从下手的了。”如果说传统小学是一切学问的根基，那么《说文解字》就是根基中的根基。

一、作者简介及创作背景

许慎（约58—约147）字叔重，是东汉著名经学家、文字学家，后世尊为“字圣”，中国文字学的开拓者。师事东汉经学大师贾逵，曾任太尉南阁祭酒等职。《说文解字》创作于汉和帝永元十二年（100），汉安帝建光元年（121）其子许冲将该书献给皇帝。全书十四卷，收文9353个，重文1163个，均按540个部首排列，是我国第一部说解文字原始形体结构及考究字源的文字学专著。

《说文解字》的产生有其特殊的历史环境和主观的创作动机，该书是二者交相作用的结果。

首先，《叙》谓“及宣王太史籀，箸（著）大篆十五篇，与古文或异。”“秦始皇帝初兼天下，丞相李斯乃奏同之，罢其不与秦文合者，斯作《仓颉篇》，中车府令赵高作《爰历篇》，太史令胡毋敬作《博学篇》，皆取史籀大篆，或颇省改，所谓小篆者也”。西汉有《凡将篇》《急就篇》《元尚篇》《训纂篇》，东汉有《滂喜篇》；还有成书于汉初的《尔雅》，成书于西汉末年的《方言》；还有从地下或墙壁里挖掘出土的古本，从山川得到的鼎彝上的铭文。诸如此类，都为《说文解字》的成书准备了大量的各种体式的单字。周秦两汉《史籀篇》之类的识字课本和《尔雅》《方言》诸书，为《说文解字》的编排提供了借鉴，许慎以前的经学家和小学家关于汉字形、音、义方面的研究，比如“六书”说，为《说文解字》提供了理论指导。许慎之前“杂字”书的编排，只是编排数字成句，编成韵语，便于记诵，没有字的形义解释和结构分析，没有字系的内在联系，没有理据性的系统编排。许慎撰《说文解字》的突出贡献，在于他通过汉字构形理论依据的分析，创造性地编纂出第一部具有内在系统性的字书，为后世字书编纂创立了范式。

其次，汉代今古文之争，为《说文解字》的出现奠定了思想基础。秦始皇焚书坑儒之后，先秦儒家典籍皆为秦火所焚。汉代典籍来自两条不同的渠道。一是口耳相传下来的，用当时通行的隶书记录下来，称为“今文经”，如《尚书》由秦博士伏生口授，晁错记录；《春秋公羊传》是经过五世口传，至汉代著之于竹帛。一是从地下或墙壁里挖掘出来的古本，是用先秦六国文字记录的，称为“古文经”。如鲁恭王从孔子旧宅墙壁中发现的先秦《尚书》《礼记》《孝经》《论语》和河间献王挖掘出土的《周官》《礼记》等。今文经学派认为经书字字句句寓有“微言大义”，往往断章取义，任意引申比附。古文经学派重视语言文字之学，认为应该根据字义客观地解释经义。西汉 200 多年间，一直是今文经占统治地位，古文经虽有传本，但未设博士，不列学官。许慎是古文经学家，他生活在东汉中叶之后，正值今文经学派逐渐衰落，古文经学派逐渐兴盛的时期。因此，他批评“玩其所习，蔽所希闻”的俗儒和“竟说字解经，喧称秦之隶书为仓颉时书”的鄙夫。他主张文字是“经艺之本，王政之始”，曲解文字篡改“经艺”，不利于“王政”。为了驳斥今文经学家篡改经义的做法，许慎立志写作《说文解字》。

再次，渊博的学识和实事求是的治学精神是这部著作由想法变为现实的关键。《后汉书·儒林传·许慎传》说：“少博学经籍，马融常推敬之，时人为之语曰：‘《五经》无双许叔重’。”由此可见其学识为当时同辈学人中的杰出者。他性情笃厚，扎扎实实。正因如此，他才能上下求索，博采通人，力求做到小大立论，信而有证。对于自己不知道的东西，保持着敬畏、严谨的阙疑态度。他把庞杂的汉字分作依类象形的“文”和形声相益的“字”，殚精竭虑，著成《说文解字》。“文”指独体的象形表意字，“字”总指合体的会意字和形声字，独体“文”只能“说”其构形意图，合体“字”则可“解”其构成部分的关系，这就是“说文”与“解字”。

二、《说文解字》的编排体例与说解条例

许慎在《说文解字·叙》中说："此十四篇，五百四十部，九千三百五十三文，重一千一百六十三，解说凡十三万三千四百四十一字。其建首也，立一为耑，方以类聚，物以群分，同牵条属，共理相贯。杂而不越，据形系联，引而申之，以究万原。毕终于亥，知化穷冥。"这是体例安排上的总体原则。

（一）编排体例

《说文解字》在编排体例上，是一个"立一为耑，毕终于亥"的大系统。就像《易》有八八六十四卦、《老子》有九九八十一章一样，许慎编《说文解字》也有意地多方面体现上古社会生活和文化观念的系统性。如：因"一"为天地万物之始，"亥"为十二地支之终而扩展为万物之终，故《说文》所收 9353 个字始于"一"而终于"亥"。这种观念在周、秦、汉时是普遍存在的，如《春秋》首称"元"（年）、《尔雅》首释"始"、《释名》首列"天"、《说文解字》始于"一"。又"九"为数终，是最大的个位数，故《说文解字》全书收字在九千以上而有意不超过万数。《说文解字》全书分十四篇，每篇又分上下，实则共二十八篇，合黄道"二十八宿"之数。

1. 凡例、体例、条例

古人将著书的总体编排规则，称为凡例。"凡"是总体，"凡例"就是总体的条例。"条例"就是合理排列各分支的规则，"体例"就是总体构架上的安排规则。根据这些排列规则，就能贯通前后，系统而准确地把握全书内容。顾炎武在《日知录》卷二十"书家凡例"条云："古人著书凡例，即随事载之书中。"是说古书凡例多含在正文之中，《说文解字》也是这样。

北齐颜之推《颜氏家训·书证》称《说文解字》"其书隐括有条例，剖析穷根源"。《说文解字》是系统性很强的著作，其

条例的规则性也很强。许慎虽然没有在《说文解字》卷首明确设立“凡例”，但其条例的规则性很好地体现在全书的框架安排和具体的形、音、义说解之中，且各篇条例互通互见，前后照应，有很强的统一性。汉字的内涵丰富，按段玉裁的说法，考究一字，要看它的“古形、古音、古义、今形、今音、今义”，还要看它与文献引用的关系，与部首、偏旁、六书、变体、同部字、异部字等方面的关系。许慎用于说解的文字极为简练，不轻易多着一语。因此，很多繁杂、深层次的问题，需要从条例贯通上去观察、分析，所以分析和掌握条例是《说文解字》学习者必不可少的工作，各时代的各类《说文解字》研究著述都会涉及条例问题，其中最有成就的是清代的段玉裁和王筠。

段玉裁在其《说文解字注》中随文分析和贯通《说文解字》体例，发前人之未发，有很多精到之处。王筠《说文释例》是系统阐发《说文解字》条例的专著，全面、系统、深入而细致，用功扎实而实用，是初学者的入门指南，是清代《说文解字》研究“四大家”的代表作之一。

《说文解字》540部的部首下有“凡某之属皆从某”作为部首的标志，是说同义类的字都从该部首构形，如“一”为部首，下统领“元、天、丕、吏”四字，四字都“从一”构形，所以“凡一之属皆从一”。各部字所从本部首构形，可能是从这个字形，如从“示、牛”等；也可能是从这个笔画，如《一部》四字从的只是“一”这个笔画而非“一”字。每部的部末有小结，如《一部》末标示“文五”，是说《一部》连部首共五个字（正文、正篆）；又标明“重文”，是指被释字（正篆）还有不同时期的各种异体，有古文、籀文、奇字、或体、俗体等，如“一”下“弌，古文一”，“祺”下“禥，籀文从基”，是说“弌”是“一”的古形体、“禥”是“祺”的籀文写法。《一部》五字只有“一”下出现一次“古文”

而其他无异体，故标明“重二”表示本部只有一个重文。《丄部》连部首只有“丄、帝、旁、下”四字却有古文、籀文、不同篆文等七个异体，故部末标明“文四、重七”。

2. 部首之字据形系联

部首，是为了分析字形结构、编排、检索便利而归纳出来的某一部类字共有的形体单位。《说文解字》归9353个汉字（今本实9431字）为540部并建部首，即“建首也”，然后按义类归字，努力达到“分别部居，不相杂厕”的有序程度。部首的排列顺序，许慎也是精心着意地“据形系联”的。段玉裁《一部》末注：“凡部之先后，以形之相近为次。凡每部中字之先后，以义之相引为次。《颜氏家训》所谓‘櫽栝有条例’也。《说文解字》每部自首至尾次弟（第）井井，如一篇文字，如一而元，元，始也；始而后有天，天莫大焉，故次以丕；而吏之从一终焉，是也。”看到了许慎编排上的系统性。

许慎编《说文解字》按义类分部建立540部首，使各字按义类归属相应的部，这个编例科学而实用，这是字书体例上的重大创举。段玉裁在《说文解字·叙》注中对此体例评价很高：“合所有之字，分别其部为五百四十，每部各建一首，而同首者则曰：凡某之属皆从某。于是形立而音义易明。凡字必有所属之首，五百四十部可以统摄天下古今之字，此前古未有之书，许君之所独创。若网在纲，如裘挈领，讨原以纳流，执要以说详，与《史籀篇》《仓颉篇》《凡将篇》乱杂无章之体例，不可以道里计。”

3. 部内之字据义系联

（1）凡东汉帝王的名讳，列于本部第一位，如《示部》“祜，上讳”（汉安帝）、《艸部》“莊”（汉明帝名）、《禾部》“秀”（汉光武帝名）、“炟”（汉章帝名）、《聿部》“肇”（汉和帝名）等。该类字没有说解“尊君也，故不复解其义”。

（2）整体总名在前，分支部分在后。如《木部》各种果树的总名而排在最前，分支部分则排在靠后位置。

（3）吉祥美好之字列在部前，中性的列在部中，灾难不善之字列于部末。

（4）与部首形体相反的字列在部末。

（二）说解条例

王念孙《说文解字注序》认为"《说文》之为书，以文字兼声音、训诂者也"。《说文解字》最基本的说解顺序是：每一篆文之下，先释义，再解形，后说音，合三者为一篆。实际上就是融合训诂（义）、文字（形）、音韵（音）为一体。为说解明了而有依据，许慎还广泛引用经传及"通人"之说为佐证，力求信而有征，最后列重文加以比较。

1. 释义的体例与术语

（1）通用释义条例用："某，某也；某者，某也；某，某某。"

（2）特殊的释义："曰、言、谓、谓……曰、谓之、为、犹、皃、之为言。"

（3）说明被释词与释语词之间的类属关系，有用"属"表示相属的，如：《艸部》"蓍，蒿属。""莪，蘿莪，蒿属"；有用"别"来区别差异的，如：《禾部》"稗，禾别也"，《水部》"澥，郣澥，海之别也"。

（4）虚词的释义则多用"词、辞、语辞、语之余"。

（5）旁见说解。《说文解字》中有些字的形、义不仅在本篆下有说解，在另外的一篆下也可能出现对它的不同说解，这就是"旁见说解"。可以有效补充、纠正原篆的说解。如《申部》"申，神也。七月阴气成，体自申束。从臼，自持也"，字形说解不明；《虫部》"虹，螮蝀也。状似虫，从虫工声。[illegible]，籀文虹从申，申，电也"，旁见说解"申，电也"说清了"申"为伸展的闪电形。

（6）一句数读。“一句应作数读”涉及注文如何理解的问题，是指《说文》正篆之下的解释有时应该分开来念，如《示部》“禔，安福也”，按释义应读为“禔，安也，福也”。再如《口部》“吾，我自称也”，当读为“我也，自称也”；《手部》“振，举救也”当读为“振，举也，救也”；《木部》“標，木杪末也”，当读为“標，木杪也，末也”。其实《说文解字》本身就有分开读的，如《口部》“咸，皆也，悉也”。

（7）篆注连读。须与字头的正篆连读，其说解才可通。如《隹部》“離，黄倉庚也”，所解不明，当连被释的正篆读作“離黄，倉庚也”，“離黄”是鸟名的双音节词，是不能拆分的。清人钱大昕在《十驾斋养新录》卷四：“《说文》连上篆字为句”条谓：“许君因文解义，或当叠正文者，即承上篆连读。”列了多条，如：《言部》“詁，训故言也，从言古声。《诗》曰詁训”当连篆读为“詁训，故言也”；《日部》“昧，爽旦明也”，当连篆读为“昧爽，旦明也”。《说文》中，《艸部》的草名、菜名，《山部》的山名，《水部》的水名，有不少是双音的专有名词，都应连篆文来读。

（8）浑言、析言。检段玉裁《说文解字注》“浑言、析言”词条，合并重复的，可净得“言、析言”词166条，也就是16组同义词。其中以标明“浑言、析言”的最多，又有《示部》“祥，福也”，段注“凡统言则灾亦谓之祥，析言则善者谓祥”；《门部》“闉”字，段注“按毛分言之，许并言之者”；《足部》“踣”字下从段注“对文则偃与仆别，散文则通也”等。《走部》“走，趨也”，段注“《释名》曰：徐行曰步，疾行曰趋，疾趋曰走。此析言之，许浑言不别也”。是说“走、趋”笼统看来同义，仔细辨析起来有快慢之差。“统言、析言”又称“通言、别言”“并言、分言”“散文、对文”等。虽说法不同而意思都是指同义词的词义既有共性又有个性，即“析言有别，浑言则通”。

2. 解形的体例与术语

（1）“六书”类解形术语：象形、指事、会意、形声、转注、假借。

象形如《气部》“气，云气也，象形”；《牙部》“牙，牡齿也，象上下相错之形”；《眉部》“眉，目上毛也。从目，象眉之形，上象额理也”；《木部》“木实也。从木，象果形在木之上”；《日部》“日，实也……。从口一，象形”。出现“象形，象……形”的状况多有不同。也有不出“象形”的，如《品部》“品，众庶也。从三口”；《片部》“片，判木也。从半木”；《夕部》“夕，莫也。从月半見”，其实都是象物之形。

指事，又称“处事”，《说文解字》只有两处标明“指事”：《上部》“上，高也，此古文上。指事也。”“丅，底也。指事。”有的只用“从某”，“末，木上曰末，从木，一在其上”。有的用“象，象……形”，如“入，内也。象从上俱下也。”“亦，人之臂亦也，从大。象两亦之形”。还有如“回、刃、八、人”等也是用“象形”来表示的，段玉裁《说文解字·叙》注中解道：“有事则有形，故指事皆得曰象形。”

会意，有标明“会意”术语的，如《言部》“信，诚也。从人从言，会意。”有只作“从某从某、从某某”的，如《木部》“采，捋取也。从木从爪”，《女部》“好，美也。从女、子”。还有些会意字是用描述性语言表示的，如《示部》“祭，祭祀也。从示，以手持肉”。会意字中有部分形符减省的“省形”，作“从某，某省”，如《犛部》“氂，犛牛尾也。从犛省，从毛”，谓“氂”字形符“犛”省去“牛”。

形声，又称“谐声”。形声字中表示义类的偏旁叫“形符”或“形旁、义符”，表示读音的偏旁叫“声符”或“声旁、声首、音符”。“从某，某声”是形声的常见形式，如《一部》“丕，大也。从一，不声”。多形符的为“从某某，某声”，如《册部》“嗣，诸侯嗣国也。从册从口，司声”。形声兼会意的用“从某从某，某亦声”，如《一部》“吏，治人者也。从一从史，史亦声”，(示部》“禬，會福祭也。从示从會，會亦声”。“亦声”字的声旁一般都有示源作用。有两个声符的作“某某皆声”，如《米部》“竊，盗自中出曰竊。从穴从米，禼、廿皆声”。声符减省的作“从某，某省声”，如《言部》“謍，小声也，从言，熒省声”。形声字中也有形符减省的，作“从某省，某声”，如《犛部》“斄，彊曲毛可以箸起衣。从犛省，來声”。

转注，《说文解字》正文没有标明“转注”的用例。《老部》“老，考也，七十曰老。从人、毛、匕，言须发变白也”，“考，老也。从老省，丂声”，依例“老”为象形、“考”为形声，就体例来看，这些只是“互训”，算不上字形解析的条例。

假借，指“本无其字，依声托事”的假借，《说文解字》正文也没有明标“假借”的用例。一般认为以下术语实为假借条例：有“借以为”，如《韋部》“韋，相背也，从舛囗声。皮之韋，可以束枉戾相背，故借以皮韋”，谓借动词“韋”(围)为名词“韋”。有“故为、故以为”，如《來部》“來，周所受瑞麥來麰，一來二缝，象芒朿之形。天所來也，故为行來之來”，谓借庄稼的“來”为动词“來”；《烏部》“烏，孝烏也，象形。孔子曰：烏，呼也。取其助气，故以爲烏呼”，谓借烏鸦烏为语气词“烏呼”。有“以为”，如《可部》“哥，声也。从三可。古文以为謌字”，《屮部》“屮，艸木初生也，象|出形，有枝茎也。古文或以为艸字”，谓借“哥”为“謌”、借“屮”为“艸”。

（2）重文类字体术语：古文、籀文、篆书、或体、俗体、奇字。

重文，是《说文解字》中所引的重出字形，是相对于“正篆”（小篆）而言的不同时地、不同语境、不同书写体式的字形，也就是正篆的异文，即异体字。

重文附在释语之后。“正篆”是指具有规范性及标准性质的小篆正体字，《说文解字》一般是把正篆列为被释字头。《说文解字·叙》说全书收正篆9353个，在历代流传中有所增省，今传“大徐本”实收正篆9421个。许慎广引重文来作对比，是为了辅助解说正篆的构形意图，也就是作对比分析。《说文解字·叙》谓收重文共1163个，今传“大徐本”实附重文1279个。《说文解字》的“重文”实际包括“古文、籀文、篆文、秦刻石、或体、俗体、奇字、通人之书、秘书之字”等九类。其中，“秦刻石”为秦朝刻在石头上的文字，如《又部》“及，逮也，从又从人。乁，古文及，秦刻石‘及’如此”。

“秘书之字”指当时讲阴阳五行而谶纬书中所用的特殊字形，如《叙》中所引“马头人为长、人持十为斗、虫者屈中也”之类，段玉裁注谓“秘书”即“纬说”。“通人之书”指许慎“博采通人”见到的异体字形，如《片部》“牖，穿壁以木为交窻也。从片、户、甫。谭长以为甫上日也，非户也；牖，所以见日”，从“片、日、甫”构形的就是当时的通人谭长掌握的字形。这三类字实际上只是小篆的稍微变化与曲解，属于小篆同时的篆文系统，数量较少。重文多的是“古文、籀文、篆文、或体、俗体、奇字”六种，其中“篆文”主要指小篆作被注字头，只有“上、善、爽、屋、吕、仝”等37个小篆放在释语中成为重文，则其对应的被释字头可能是古文、籀文。

古文，应为时代较小篆早的字体。《说文解字·叙》称古文为王莽时代六种书体之一，“古文，孔子壁中书也”。《说文解字》所说“古文”其实属于“战国古文”。

籀文，《汉书·艺文志》列《史籀》十五篇，班固自注谓即周宣王太史所作大篆，云“《史籀篇》者，周时史官教学童书也，与孔氏壁中古文异体”。许慎《说文解字·叙》也称“宣王太史籀著大篆十五篇，与古文或异”。是说籀文就是大篆，为西周晚期所用的字体，与《说文解字》古文有所不同。王国维认为籀文是周秦之际西土所用的字体，与东土六国所用的古文不同，古文、籀文“乃战国时东西二土文字之异名”。西周《史籀》十五篇到东汉仅存九篇，到晋代全部亡佚。传至今天，除石鼓文几百字外，籀文也只有在《说文解字》中能看到了。

篆文，主要是指小篆。许慎《说文解字·叙》谓春秋后期七国“言语异声，文字异形”，故“秦始皇帝初兼天下，丞相李斯乃奏同之，罢其不与秦文合者。斯作《仓颉篇》，中车府令赵高作《爰历篇》，太史令胡毋敬作《博学篇》，皆取史籀大篆，或颇省改，所谓小篆者也”。这就是说，小篆是由籀文（大篆）省减改造而来的。尽管如此，小篆与籀文关系密切且比籀文笔画减省便用，可见许慎把小篆作为《说文解字》收字和注释的对象，是有其深刻的历史原因的。许慎看到的小篆字系是“书同文”的成果，是有意识进行系统整理的文字系统，它比籀文、古文都更为统一、完备、规范，也更便利于使用，小篆大致从籀文脱胎而来，与籀文在字形构造上大部分相同，不同处多表现在笔画简省变化方面。小篆与六国“古文”来源于同一母体，尽管有各国各地演化变异的多种不同，但字形构造上的同一性还是容易看到的。

或体、俗体，《说文解字》的“或体”多指小篆的另外一种写法，“俗体”是指小篆在民间流行的某种写法，形体比一般正篆要简单一些。大徐本多或体，用“或从某、或作某”，如“瑱，或从耳”“淼，或作渺”。小徐本则多作“俗作某”。在《说文解字》重文中，古文、籀文与小篆可以说是不同时期或不同体系的形体差异，而或体、俗体则是同一时期小篆的不同形体。

奇字，“奇”即“异”，《叙》中说：“二曰奇字，即古文而异者也”，实际上“奇字”也并不一定是古文有异者，也可能是小篆的异体，是王莽时使用的字体之一，特点是字形简单但不大符合构形规律。只有几处，如《儿部》“儿，仁人也。古文奇字人也，象形。孔子曰：在人下，故诘屈”，是说“儿”是“人”的异体，由于构字时总放在下部，所以笔画弯曲成“儿”形，《儿部》“兒、允、兑、充”四字“儿”都在下部。《亡部》“無，亡也。从亡無声。无，奇字，无通于元者”，是说“无”是“無”的变体异文，与“元”形近。还有《倉部》“倉”、《水部》“涿”附有奇字。小篆比籀文笔画简化，奇字比小篆、古文笔画简化。

3. 说音的体例与术语

今见最早的反切，是存于颜师古《汉书注》中东汉末服虔、应劭《汉书音义》的反切。《说文解字》本身没有反切注音，“大徐本”中的反切是徐铉等引注《唐韵》的反切。

（1）某声、某省声、某亦声、某某皆声

《说文解字》形声字说解中的“某声、某省声、某亦声、某某皆声”，都是解形兼注音的，声符标明被注字近似的读音，而且是造字时的读音。经历代音变之后，很多形声字的声符与被注字的读音差别不断加大，但造字之初一定是音同、音近的。根据依声得义的理论，声符既有“说音”的作用，又有“解形”的作用。形声字占《说文解字》总字数的80%以上。

（2）读、读若、读若某同、读与某同、读若某相似、读如

清代小学特别注重“因声求义”，对“读”的研究主要有三种看法：段玉裁主张明确分开“读如、读若”是标音的，“读若、读为”是明假借的，“当为”是辨字形的；钱大昕、王念孙、王引之父子则认为“读若、读为”是明假借的；王筠则认为“读若、读为”等各自既有标音的，也有明假的。杨树达《说文读若探源》

认为“读若”是“经典缘同音而假借，许君缘经典之假借而证同音”，他分析《说文解字》近800次“读若”，探寻其来源略有四：一是汉时经典的今古异文，形体虽异而音读无殊，可以此音拟彼音；二是经传往往取本字之音而舍其形（通假），故可缘通假而悟同音；三是一字有重文，形符同而声符异，可据此异文以明音读；四是汉代经术盛行，经师们成说众多，可依之来裁定字音。另外，读若的用字规律是“必以易识之字拟希见之文”。

4. 引经、引说及其体例术语

引经和引通人说，是《说文解字》的说解体例之一，就是引用经典文句来证明被释字的形、音、义，字形与经典文句互相发明：既为字形的说解提供文献例证，又可说明字形在经典中的实际应用情况；既引经证字，又以字证经。

（1）引经。许慎师从贾逵，逵父贾徽为古文经大师刘歆的弟子，故“五经无双”的许慎主要是古文经学家，也主要征引古文家的经传。许慎在《说文解字·叙》中称他的说解不是自己杜撰，而是“博采通人，至于小大，信而有证。……其偁《易》，孟氏；《书》，孔氏；《诗》，毛氏；《礼》《周官》《春秋左氏》《论语》《孝经》，皆古文也。其于所不知，盖阙如也”。可见他努力做到信而有征、言之有据。

（2）引通人说。许慎撰《说文解字》真正是“博采通人”的。“通人”是指知识渊博、学贯古今的人。许慎征引极为广博而丰富，标明所采通人言论的有孔子、楚庄王、淮南子、尹彤、司马相如、杜林、刘向、谭长、贾逵、傅毅、张林、扬雄、黄颢、王育、京房、卫宏、官溥、庄都、爰礼、周盛、徐巡、刘歆、班固、郑众、董仲舒、宁严、桑钦、逯安、张彻、欧阳乔、宋弘、博士说等30余家130余条。许慎不注姓名的引用也不少，引用术语有：“一曰”769条、“又曰”4条、“或曰”29条、“或说”8条、“或为”2条、“复说”1条、“一云”1条、“旧云”1条。

三、《说文解字》的研究与影响

《说文解字》成书后，因其系统、精审而实用，受到历代学者的重视，研究成果层出不穷。

（一）早期的引用与仿作

东汉时期，《说文解字》成书不久，与许慎同时代的郑玄注《仪礼》《周礼》就引用《说文解字》来训释经义；稍后应劭注《汉书》也援引《说文解字》说解以证字义。

魏晋南北朝时期，晋灼注《汉书》引《说文解字》，北齐颜之推《颜氏家训》论及《说文解字》，南朝梁庾俨然著《广说文》一卷，《隋书·经籍志》载《说文音隐》四卷，贾思勰撰《齐民要术》、郦道元撰《水经注》引《说文解字》等。而该时期的《字林》《玉篇》与《说文解字》的关系尤为密切。唐封演《封氏闻见记》谓“晋有吕忱，更按群典，搜求异字，复撰《字林》七卷，亦五百四十部，凡一万二千八百二十四字”，为补《说文解字》漏略而作，其编排体例依《说文解字》，收字比《说文解字》多。《字林》在唐以前与《说文解字》并重，甚至一度比《说文解字》流行得多，后亡佚。南朝梁陈间顾野王著《玉篇》三十卷，是我国现存第一部楷书字典。编排体例仿照《说文解字》，有542部，部首次序也与《说文解字》略异。原本《玉篇》收16917字，不用六书条例分析字形，解释以音、义为主。先用反切注音，再征引群书训诂以释义，然后多出古书例证，其释义较《说文解字》相对完备。《玉篇》编次体例以楷书为字头，下列古文、篆文、异体、俗字等，以明古今字形变迁，而不重探求字形构造之原。

（二）发展期的刊定与流通

隋唐时期，《说文解字》倍受重视，《隋书·经籍志》载有《说文音隐》；唐代科举考试曾规定考试《说文解字》内容，陆德明撰《经典释文》，李善注《文选》，颜师古撰《汉书注》《急就篇注》及《匡谬正俗》，李贤撰《后汉书注》，玄应、慧琳撰《一切经音义》，慧苑撰《华严经音义》，孔颖达撰《五经正义》《史记》“三家注”，徐坚撰《初学记》，虞世南辑《北堂书钞》与《大唐类要》，欧阳询撰《艺文类聚》，白居易集《六帖》等，都征引《说文解字》以说字义。《切韵》《唐韵》《五经文字》《九经字样》《干禄字书》等韵书、字书的字义训释也大都引用或化用《说文解字》的说解。而李阳冰刊定《说文解字》，更是《说文解字》学史上的重大事件。

两宋时期，《广韵》《集韵》《类篇》《太平御览》《龙龛手鉴》等众多韵书、字书广引《说文》以释字义。宋郑樵《通志·六书略》专门对《说文解字》六书详加阐发。徐锴著《说文解字系传》，成为《说文解字》最早的注本。徐铉等奉诏校订刊行《说文解字》，使《说文解字》有了尽可能保留原本构架与内容的定本，一直流传至今。二徐的研究，为《说文》学的繁荣和发展奠定了坚实基础。而李焘、贾端修参照二徐《说文解字韵谱》编成《说文解字五音韵谱》，为《说文解字》在民间广为流通起到了很大的推动作用。

元明时期，《五音集韵》《韵会》《洪武正韵》《字汇》《正字通》等韵书、字书依旧引用《说文解字》来释字义。又有元戴侗《六书故》、周伯琦《六书正讹》、明赵撝谦《六书本义》这些深入研究《说文解字》及六书的专门著作，为《说文解字》研究拓宽了新路。更有毛晋、毛扆父子精校刊刻汲古阁本《说文解字》，使宋本《说文解字》得以流传。

（三）鼎盛期的辉煌与承续

经过宋、元、明的发展，对《说文解字》的研究到清代就进入了鼎盛时期。清代以《说文解字》学成为名家的有200多人，专门研究《说文解字》的著作达300余种。

清代学者研究《说文解字》是多角度的，也是成体系的，其内容归纳起来有四大类。一版本校勘，主要成果有段玉裁《汲古阁说文订》、严可均与姚文田《说文校议》、钮树玉《说文解字校录》、钱坫《说文解字斠诠》、沈涛《说文古本考》等；二阐发《说文解字》体例，代表著作有王筠《说文释例》、陈衍《说文举例》、张度《说文补例》、张行孚《说文发疑》等；三疏证许慎训释，主要著作有段玉裁《说文解字注》、桂馥《说文解字义证》、严可均《说文长编》、王筠《说文解字句读》等；四是依据《说文解字》本义来梳理汉字记录的词义系统及假借用法，代表著作有朱骏声《说文通训定声》、朱琦《说文假借义证》、孙经世《说文假借考》、潘奕隽《说文解字通正》等。

清代对《说文解字》贡献最大的有四位学者，世称"《说文》四大家"，指的是段玉裁《说文解字注》、桂馥《说文解字义证》、朱骏声《说文通训定声》、王筠《说文解字句读》和《说文释例》。

近现代，对《说文解字》的研究成果也很丰硕。章太炎《文始》与《说文解字》讲授，黄侃《说文略说》与《说文笺识四种》，杨树达的《说文解字》语源研究、马叙伦的《说文解字六书疏证》，陆宗达的《说文解字通论》，张舜徽的《说文解字约注》等，为现代《说文》学的代表性成果。承接清代《说文》学遗风，开启现代《说文》学多分支研究和新的时代特色。

四、《说文解字》的版本

今天能见到《说文解字》最早的版本，为两种"唐写本残卷"。其一为唐穆宗元和间"写本《木部》残卷"，清同治二年（1863）莫友芝从黟县县令张仁发手中得到仅存6纸188字。莫友芝以之与二徐本比较，撰写《唐写本〈说文〉笺异》一卷。莫氏去世后，“《木部》残本”转入端方之手，后流入日本，由内藤虎收藏。其二为“《口部》残简”两种，均为唐代日人摹本，一为日人平子尚所藏，仅存四字，一为日人某氏所藏，存六行12字。周祖谟《唐本说文与说文旧音》文中收有“影印《木部》残本”6页及“《口部》残简”12字摹本。经对比分析后，周先生作出推论，此两种唐本《说文解字》非李阳冰刊定本，其训解胜于二徐之本，“小徐本”因袭唐本多，“大徐本”承袭李阳冰者多，且改乱不少，故“小徐本”优于“大徐本”；唐以前人所引《说文解字》之音分两类，一类与《玉篇》音相合，另一类与《字林》音相近，“《木部》、《口部》残卷”之音可能取自《字林》，李阳冰本反切与“《木部》、《口部》残卷”同类，可见是大历间《说文解字》传本旧貌而非李氏所加音切。

五代南唐时，广陵（扬州）徐锴（974）取《说文解字》原本加以注释，成《说文解字系传》四十卷，世称“小徐本”，重在注释，对《说文解字》原本极少校改，有疑议则在注释中说明。书中前三十卷为“通释”，随文疏释许慎说解，诠释名物，疏证古义。卷三十一至三十二为“部叙”，推论许书540部排列的理论依据；卷三十三至三十五为“通论”，阐发字形构造的含义；卷三十六“祛妄”，论李阳冰之误说；卷三十七“类聚”，论同类名物字的取象根据；卷三十八“错综”，多角度推阐古人造字的意旨；卷三十九“疑义”，论《说文解字》所缺字及字体与小篆不合者；卷四十“系述”，总述各篇著述的旨趣。全书征引丰富，释义精当，考查古书用字假借，最早指明字有引申义，还利用谐声偏旁探讨字源，内容十分丰富。其兄徐铉在《说文解字韵谱序》中评徐锴《说文解字系传》云：“考先贤之微言，畅许氏之玄旨，正阳冰之新义，折流俗之异端。”赞誉有加。徐锴后来又受徐铉之嘱，编纂《说文解字韵谱》十卷，打乱原序而依《切韵》韵序编次，注语节引《说文》，以二三字为限，后徐铉依李舟《切韵》订正并补入新增文与新附字。

宋太宗雍熙三年（986），徐锴之兄徐铉（917—992）等奉敕校订《说文解字》，参考当时多种《说文解字》传世版本，取长补短，多所裁定，世称“大徐本”。徐铉校订本《说文解字》的增改主要有：补出《说文解字》释语有而字头未列之字19个，补典籍承用、社会通用而《说文解字》未收之字于各部末为“新附”402字，用“臣铉等曰”标明增补释语及后出字体，间引李阳冰、徐锴注语，统一改用孙愐《唐韵》反切为各字注音，将《说文解字》正文十四卷、叙一卷各分上下成三十卷，将《说文解字》后叙中的卷次与部首目录复加于书首为“说文解字标目”。

南宋孝宗时，李焘、贾端修参照二徐《说文解字韵谱》，编成《说文解字五音韵谱》十二卷，依《集韵》列部次，同部字序依《类篇》排列，李焘、贾端书成之后又增入徐铉新附字。从明万历二十六年（1598）陈大科刻本来看，正文前后附件虽有改动，但正文是照录《说文解字》单字解释，增漏甚少，基本保持“大徐本”原貌，且与“藤花榭本”多同。

明末清初，常熟毛晋（1599—1659）购得“大徐本”，嫌其字小，于顺治年间在其私人书楼汲古阁用大字开雕，未竟而毛晋卒，其子毛扆承父志于康熙四十年刻竣全书，是为“汲古阁本”。有康熙四十三、四十四年（1704、1705）毛扆手校样本，今藏南京图书馆。又有乾隆三十八年（1773）朱筠据“汲古阁本”重刻，今有日本“静嘉堂藏本”，“四部备要”本即据此本影印。又有光绪七年（1881）淮南书局覆刻本。

清代依宋本刊刻的“大徐本”还有三种。其一为“平津馆本”，清嘉庆九年（1804）孙星衍校订刊行“大徐本”《说文解字》，收入其所集“平津馆丛书”中，故名“平津馆本”。此本存宋本原样，讹误较少，世称精善。此后刊印《说文解字》者多据此本。如同治十二年（1873）陈昌治据孙氏校订本改刻为一篆一行本，同年粤东书局据此刻“古经解汇函本”，次年有“东吴浦氏重印本”，光绪元年（1875）有“平江洪氏刻本”，光绪十一年（1885）有上海“同文书局石印本”、吴县朱记荣“影印平津馆丛书本”等。其二为“藤花榭本”，嘉庆十二年（1807）额勒布据鲍惜分家藏宋本刊刻，扉页题“仿北宋小字本说文解字”、“嘉庆丁卯年开雕”、“藤花榭藏本”字样。此本讹误也较少，可与“平津馆本”比肩，但经与“平津馆本”比对，所据似非同一宋本。民国间，上海商务印书馆摹印过“藤花榭本”。其三为“丁少山覆刻宋监本”，光绪七年（1881）许瀚弟子丁少山校订重刊“汲古阁旧藏宋监本”，扉页题“仿宋监本说文解字”，周祖谟撰《跋丁刻宋监本说文解字》称丁氏校改精审者十多处。

清人校刻本多源于宋本，而今见“宋刻递修本”主要有三种。其一为青浦王昶所藏“宋小字本”，段玉裁撰《汲古阁说文订》时曾取此本参校。原本曾流入日本岩崎氏静嘉堂，民国间上海涵芬楼借出影印，收入“续古逸丛书”和“四部丛刊”中。此本有阮元收藏时的“阮元私印”与书末题字，谓“毛晋所刻即据此本”。其二是汪中所藏“宋小字本”，书末有丁晏道光十八年（1838）跋文，原本后归山东聊杨氏海源阁，杨绍和题识谓“藤花榭所据之宋椠即此本也”，此本也有额勒布收藏的印迹，但经研究者比对，“藤花榭本”所据宋刻书例证本并非此本。其三为黄志淳藏本，该宋本缺标目，内有多枚“黄氏志淳篆文、朱文方印。研究者据字迹、避讳、刊工资料等考究，今传三种宋刊本并非同版之书，但源于同一原本或互有传承关系是可能的，三本的刊刻时间最早在南宋初年，并非北宋刊本。

现今最通行的《说文解字》“大徐本”，为中华书局1963年以“陈昌治一篆一行本”为底本的整理影印本，各小篆字首加楷体，书末附《检字表》。《说文解字系传》，最好的版本为道光十九年（1839）“祁寯藻刻本”，以顾千里所藏“影抄宋本”为底本，综合汪士钟所藏“宋刻残卷”，经承培元等仔细校订而成。中华书局1987年据“祁刻本”影印，为今通行的“小徐本”。

五、《说文解字》的重要价值

两千年来，《说文解字》是文字学上的首创之书，也是最有权威之书，是后人阅读古籍，探讨古代文化，研究古文必不可少的桥梁和钥匙。

《说文解字》是我国语文学史上第一部分析字形、解说字义、辩识音读的字典，它保存了大部分先秦字体以及汉代之前的文字训诂，反映了上古汉语词汇的面貌，比较系统地提出了分析文字的理论，是我们今天研究古文字和古汉语必不可少的材料。如果没有这部书的流传，我们将不能认识秦、汉以来的篆书，更不要说殷商甲骨文和商、周金文与战国的古文了。因此，它不但对过去的汉字研究产生了巨大影响，对现在和将来的汉字研究仍有巨大的指导意义。

《说文解字》内容十分丰富，可谓包罗万象。汉字系统本身也是中华历史、社会和文化的结晶，蕴含了古老、深邃而丰富多样的历史文化信息。章太炎先生1902年在《致吴君遂书》中认为汉字本身就是历史：“上世草昧，中古帝王之行事，存于传记者已寡，惟文字、语言间留其痕迹，此与地中僵石为无形之二种大史。”是说汉字构形本身就是史料，字形所含造字本义直接反映了上古历史文化的基本内容。从这个意义上，说《说文解字》是东汉以前的百科全书并不为过。

《说文解字》不仅在体例上和过去的启蒙识字书不同，即使在所收字数上，也比这些字书更为丰富，如汉初把《仓颉》《爰历》《博学》三书合编为《仓颉篇》，共3300字。西汉末，扬雄的《训纂篇》共5340字，东汉贾鲂的《滂喜篇》共7380字。《说文解字》里面共收9353字，重文1163字，共10506字，比《滂喜篇》还多了1973字。不论《尔雅》对于汉字的训诂，《方言》对于汉语方言的研究，或《释名》的音训，《切韵》《广韵》的声韵，无一不在《说文解字》的范围之内。

《说文解字》通过形声系统，通过读若，以及假借、声训、重文、连绵词等等，提供了上古语音材料。段玉裁《六书音韵表》、江沅《说文音韵表》、张惠言《说文谐声谱》、陈立《说文谐声孳生述》就是其代表作。正如姚孝遂在《许慎与说文解字》一书所说："很难设想，如果没有《说文》，我们今天能够对古音有如此深刻的了解。"王力先生在《中国语言学史》中说："《说文解字》是中国古代语言学的宝藏，直到今天还没有降低他的价值，而在古代词义的保存上，他更是卓越千古的。"

清代学者王鸣盛说："《说文》为天下第一种书，读遍天下书，不读《说文》，犹不读也。"近代国学大师章太炎先生1908年在日本细讲《说文解字》三遍，培养了黄侃、钱玄同、朱希祖等一大批著名学者。他晚年在苏州开办"章氏国学讲习会"，二年四期都要首讲《说文解字》。黄侃说："《说文》一书，于小学实主中之主。"由此可见前人的重视程度。

我们编著这套《说文解字》（注译本）的初衷就是为广大的国学爱好者提供一套经典的汉字入门书，清末张之洞说："由小学入经学者，其经学可信；由经学入史学者，其史学可信；由经学、史学入理学者，其理学可信；以经学、史学兼词章者，其词章有用；以经学、小学兼经济者，其经济成就远大。"希望藉此使更多的人能够由小学入经学，进而升堂入奥，做中华优秀传统文化的继承者和发扬者。让会背十万托福单词，却没听说过《说文解字》540 部首的咄咄怪事成为过往吧，我们是时候补一补传统小学这门必修课啦。

本书从立项到完稿历时两年，我们深感责任重大，期间既有接受历史使命的惶恐振奋，也有数易其稿的矻矻艰辛。在这样一部皇皇巨著面前，我们深感自豪与浅薄，虽刿心刳肺，也难免力有不殆，其中或有错误及不妥之处，还敬请广大读者不吝赐教。

编者

2020 年 3 月

凡 例

凡是总体，例是条例，凡例即是一书总体的条例。

一、每条分字头（楷体、篆体）、原文、注音（正文难字、本字反切）、注释、译文等各部分组成，通过断句、注音、注释、译文，来揭示《说文解字》原意，征引经典与名家说解，以供参考。注释征引权威论说，辨别讹谬，力争要言不烦；译文将说解译成白话，保证忠于原著，让中学以上文化程度者都能看懂。

二、因为我们主要针对为广大的初学者，本书采取简体字，繁简互现。繁简处理的原则是：每个字头，在本字条中保留繁体字形（有对应简体字形的情况下），在涉及字的形体分析时，保留其部件的繁体字形。在本条之外，尽量使用简体字形，必要处则酌情保留了繁体字形。

三、正文所据底本，为清陈昌治据孙星衍重刊宋刻大徐本改刻的一篆一行本，同时又参证了经韵楼本、日藏本、汲古阁本、小徐本等，为保留《说文解字》原本原貌，对于徐铉新附之字不予收录。为了便于读者翻检，在每个小篆字头前加注一隶定字形，该隶定字形与小篆形体尽量保持一致；若该字有比隶定字形更通行成熟的字形，则用 [] 将通行字形附在隶定字形之后；若该字头有相应的简体字形，则用 () 将简体附在繁体之后。

四、断句取各家之长，校勘力求严谨。凡是衍文和错字用()表示，夺文和更定之字用[]表示，并在注释中说明依据，相应的译文与校改后的原文保持一致。对于个别存疑的文字、或有人认为错讹但证据不足者，不予校改，但在注释中标出，供广大读者参考。

五、每条原文后，附录徐铉等人据孙愐《唐韵》所加的反切。所有大徐切语及编者所加注的切语，均按反切条例拼读，用汉语拼音注音置于原切语之后。且大徐切语及注音字体大小与原文保持一致。单义异读字，徐铉载两切语者，依序拼读成两个音读。单义异读字，《广韵》一字分属于多切语，而徐铉载一切语，徐铉切语与《广韵》多切语之某切语同，则依徐。若徐铉切语与今读不同，而《广韵》《集韵》等书的切语与今读相同，则加注《广韵》《集韵》等书的切语，以说明今读的依据。若徐铉、《广韵》切语虽同，而《广韵》将例字收入另一切语下，今读依另一切语。多音多义字，《说文解字》只取一义，与《广韵》某义项同，而徐铉切语与《广韵》该义项切语不同者，今读依《广韵》。当代权威字词工具书如《现代汉语词典》《汉语大字典》等等，其字(词)义与《说文解字》相当，而注音与上述几家反切不同者，则一般依当代权威字书，必要时予以注明。

六、本书注释以直接引用已有公论的段、桂、王、朱等多位文字学家的古注为主，对于地名、人名、动植物、矿物、服饰等则文白兼用。注释中的引文出处一般采用全称，如段玉裁《说文解字注》、桂馥《说文解字义证》、王筠《说文解字释例》《说文解字句读》、朱骏声《说文通训定声》等。

七、依徐铉校订本析原书正文十四卷上、下为二十八卷，第十五上为卷二十九，第十五下为卷三十。

八、目录除第一册列总目外，各分册目录收五百四十部首字之隶定字形、通行字形、简体字形，并为之编号，且加注今读音。

九、本书于正文之后，开列了古今主要参考书目，以便于广大《说文》爱好者进一步深入研读。

十、依《说文解字》540部检字，对于没有系统学习过《说文解字》的人来说十分不便，对于学习过《说文解字》的人来说也亦颇费时间。因此，本书卷末附有《音节检字表》和《笔画检字表》。原文字头中全部隶定字形、通行字形、简体字形都予以收录。同原文索引中的通行字形也带有[]，简体字形也带有()。

《音节检字表》收录正文字头与徐铉切语对应的汉语拼音，以及与之相异的今音。

《笔画检字表》中，按笔画数从少到多排列；笔画数相同的单字按起笔笔形横（一）、竖（丨）、撇（丿）、点（、）、折（乙）的顺序排列；笔画数相同、起笔笔形也相同的，按第二笔笔形横（一）、竖（丨）、撇（丿）、点（、）、折（乙）的顺序排列；其余以此类推。

总 目

第一册

第二册

第三册

第四册

第五册

目 录

卷三

卷四

卷五

卷六

卷一

一　—　惟初太始[①]，道立于一[②]，造分天地，化成万物。凡一之属皆从一。弌，古文一[③]。於悉切（yī）[④]。

【注释】①惟：句首语气词。太始：万物形成之始。②一：太一，就是天地化育之道。指事字，用一横表示。指事字有两种，一为由抽象符号组成者，一为在象形符号上加注抽象符号合成者。此为第一种。③古文：指春秋战国时的东方文字。弌：一的重文繁化，繁化的作用是避免涂改。一多用为数目字。今大写作壹。④於悉切：反切注音，中古时用上下两个字表示一个字的读音，取上一字的声母，取下一字的韵母和声调，拼读在一起就是被切字的音，写作“某某切”或“某某反”。徐铉等人依据孙愐的《唐韵》给《说文》加注了反切，由于古今音异，切音未必与今读相同。

【译文】一，在万物初始，道建立了一。后来，才分出天和地，化育而生成万物。凡以“一”为部首所统属的字都从“一”。弌，古文“一”字。

元　〔篆〕　始也。从一，从兀[①]。愚袁切（yuán）。

【注释】①兀：徐锴说：“人之初，性本善，元为初生之始，是人最善时，一为数目字之始，所以字形中从一。”

【译文】元，初始。由“一”在“兀”上会意。

天 颠也。至高无上，从一、大。他前切（tiān）。

【译文】天，颠顶。高到无以上加的部位。由“一”和“大”会意。

丕 大也。从一、不声。敷悲切（pī）。

【译文】丕，大。形声字，“一”为形符，“不”为声符。

吏 治人者也。从一，从史，史亦声[①]。力置切（lì）

【注释】①史亦声：指会意兼形声。

【译文】吏，是治理民事的官吏。会意兼形声，由“一”和“史”组成会意，“史”同时也是声符。

文五 重一[①]

【注释】①文五 重一：许慎在每一个部首及所属字解说完毕之后，都要注明说解文字多少个，收有重文多少个。此“一”部共解说文字五个（一、元、天、丕、吏），收有重文一个（“弌”即“一”的重文）。后类此，不赘。

丄[上] [①] 高也。此古文上，指事也[②]。凡丄之属皆从丄。上，篆文丄。时掌切（shàng）

【注释】①丄，古文作二，隶变作上。在上者较在下者为高。一横表示基准，上加一竖表示在上。段玉裁《说文解字注》：“古文上作二。故帝下旁下示下皆云从古文上，可以证古文本作二。篆作丄。各本误以丄为古文。则不得不改篆文之上为𠄞。而用上为部首。使下文从二之字皆无所统。示次于二之恉亦晦矣。”②指事：段玉裁《说文解字注》：“象形者实有其物。日月是也。指事者不泥其物而言其事。丄丅是也。天地为形。天在上、地在下。地在上、天在下。则皆为事。”

【译文】丄，高。古文的“上”字。大凡“丄”的部属都从“丄”。𠄞，篆文“上”字。

帝　帝　谛也。王天下之号也。从丄[①]，朿声。𢂀，古文帝。古文诸丄字皆从一，篆文皆从二。二，古文上字。辛、示、辰、龍、童、音、章皆从古文丄。都计切（dì）

【注释】①从丄：当作从二（shàng）。辛、示、辰、龍、童、音、章皆从古文二。

【译文】帝，详谨周密。统治天下的称号。形声字，“二”为形符，“朿”为声符。𢂀，古文“帝”。古文中“丄”字都写作“一”，篆文写作“二”。“二”是古文“上”字，辛、示、辰、龍、童、音、章，都含有古文的“二”。

㫄[旁]　㫄　溥也[①]。从二，闕[②]，方声。㫄，古文㫄。㫄，亦古文㫄。㫄，籀文[③]。步光切（páng）

【注释】①溥：大。②闕：对于“㫄”字从“冂”，不强作解释，采取阙疑态度。③籀（zhòu）文：《法书考》："籀文者，史籀所作也，与古文大篆小异，后人以名称书，谓之籀文。"

【译文】旁，广大。从"二"，对从"冂"阙疑，"方"为声符。[古文]，古文"旁"。[古文]，也是古文"旁"。[籀文]，籀文"旁"。

下 丅[1] 底也[2]。指事。[篆文]，篆文下字。胡雅切（xià）

【注释】①丅：依段玉裁说，当作"二"。画一横为基准，下加一竖表示在下。②底：许书无低字，底即低。

【译文】下，低下。指事字。[篆文]，篆文"下"字。

文四 重七

示 [篆文] 天垂象[1]，见[2]吉凶，所以示人也。从二；三垂，日月星也。观乎天文，以察时变。示，神事也。凡示之属皆从示。[古文]，古文示。神至切（shì）

【注释】①象：天象，天文。②见：通"现"。

【译文】示，上天利用日月星辰的变化展示不同的天象，显示出或吉或凶的朕兆，是表示给人看的。从"二"，表示天；"川"，表示日月星。观察天象的变动，就可以推知时势的变化。"示"是神祇的事。凡是"示"的部属都从"示"。[古文]，古文"示"字。

祜 [篆文] 上讳[1]。候古切（hù）

【注释】①上讳：许慎不敢直称君名，所以解为'上讳'。

【译文】祜，汉安帝的名字。（祜，大福。形声字，示为形符，古为声符。）

禮（礼） 履也。所以事神致福也。从示从豊，豊亦声。𠃞，古文禮。灵启切（lǐ）

【译文】禮，履行。用来祭祀神明求赐福祉。由“示”和“豊”会意，“豊”也是声符。𠃞，古文“禮”。

禧 礼吉也。从示，喜声。许其切（xī）[1]

【注释】①许其切：今读（xǐ）。

【译文】禧，致礼于神灵获得吉祥。形声字，“示”为形符，“喜”为声符。

禛 以真受福也。从示，真声。侧邻切（zhēn）

【译文】禛，真诚敬神从而获得福佑。形声字，“示”为形符，“真”为声符。

禄 福也。从示，录声。卢谷切（lù）

【译文】禄，福。形声字，“示”为形符，“录”为声符。

褫[1] 福也。从示，虒(sī)声。息移切（sī）

【注释】①褫：张衡《东京赋》：“祈褫禳灾。”

【译文】褫，福。形声字，“示”为形符，“虒”为声符。

禎（祯） 祥也。从示，貞声。陟盈切（zhēn）

【译文】禎，吉祥。形声字，“示”为形符，“貞”为声符。

祥 福也。从示羊声。一云善。似羊切（xiáng）

【译文】祥，福。形声字，“示”为形符，“羊”为声符。另有一说，祥就是善。

祉 福也。从示，止声。敕里切（zhǐ）

【译文】祉，福。形声字，“示”为形符，“止”为声符。

福 佑也。从示，畐声。方六切（fú）

【译文】福，得到神明佑助。形声字，“示”为形符，“畐”为声符。

祐 助也。从示，右声。于救切（yòu）

【译文】祐，得神之助。形声字，“示”为形符，“右”为声符。

祺 吉也。从示，其声。禥，籀文，从基[①]。渠之切（qí）

【注释】①从基：段玉裁《说文解字注》：“基，声也。古其、基通用。”

【译文】祺，吉祥。形声字，“示”为形符，“其”为声符。禥，籀文“祺”字，从“基”声。

祗 敬也。从示，氐声。旨移切（zhī）

【译文】祗，恭敬。形声字，“示”为形符，“氐”为声符。

禔 安、福也。从示，是声。《易》曰：“禔既平。”[1] 市支切（shì）[2]

【注释】①语见《周易·坎卦》。禔今本作祇。② 市支切：今读（zhī）。

【译文】禔，平安，幸福。形声字，“示”为形符，“是”为声符。《周易》中说“既安且平”。

神 天神，引出万物者也。从示，申［声］。食邻切（shén）

【译文】神，天神，引发出万物的神。形声字，“示”为形符，“申”为声符。

祇 地祇，提出万物者也。从示，氏声。巨支切（qí）

【译文】祇，地神，是化育万物的神。形声字，“示”为形符，“氏”为声符。

祕[秘] 神也。从示，必声。兵媚切（bì）[1]

【注释】①兵媚切：今读（mì）。

【译文】祕，神秘。形声字，“示”为形符，“必”为声符。

齋（斋） 戒，洁也[1]。从示，齊省声[2]。，籀文齋，从鼺（dǎo）省。侧皆切（zhāi）

【注释】①戒：斋戒。王筠《说文解字句读》：“三日齋，七日戒，其词虽异，皆内治其心，外洁其体之谓也。”②齊省声：齊字省去下部中间二横画。所谓省声字，是用挖补声符的办法创造的形声字。

【译文】齋，祭祀前整洁身心以示虔敬的行为。形声字，“示”为形符，“齊”的省文为声符。，籀文“齋”，从“[illegible]”的省文。

禋 洁祀也。一曰，精意以享为禋[①]。从示，垔声。[②]，籀文，从宀。於真切 (yīn)

【注释】①禋：精洁的祭祀。② ：王筠《说文解字句读》：“烟之古文也。”

【译文】禋，精洁的祭祀；另一说，以精诚之心奉献祭品为禋。“示”为形符，“垔”为声符。，籀文“禋”，从“宀”。

祭 祭祀也。从示，以手持肉[①]。子例切 (jì)

【注释】①从示，以手持肉：桂馥《说文解字义证》：“从示，用右手持肉以祭也。”

【译文】祭，祭祀。会意字，从“示”，用手持肉供奉到神前。

祀 祭无已也[①]。从示，巳声。禩[②]，祀或从異。详里切（sì）

【注释】①已：停止。②禩：祀的异体字，以異为声符。

【译文】祀，祭祀终年不停。形声字，“示”为形符，“巳”为声符。禩，“祀”的异体字，以“異”为声符。

祡 烧（柴）[①][柴]焚燎以祭天神。从示，此声。《虞书》曰：“至于岱宗，祡。”[②]，古文祡，从隋省。

仕皆切（chái）

【注释】①烧柴：桂馥《说文解字义证》："祡当作柴。祡、柴声相近。"②语见《尚书·虞书·尧典》。祡今本作柴。岱宗：指东岳泰山。

【译文】祡，焚烧柴木，把供神享用的祭品堆放到柴薪上焚燎来祭天神。从"示"，"此"声。《尚书·虞书》中说"舜到达了泰山，举行了祡祭。"禬，古文"祡"字，从"隋"的省文。

禷 禷 以事類祭天神。从示，類声。力遂切（lèi）

【译文】禷，按照事情的类别需要去祭祀。形声字，"示"为形符，"類"为声符。

祪 祪 祔[①]、祪[②]，祖也。从示，危声。过委切（guǐ）

【注释】①祔：新廟，即为新死者而立的廟。②祪：毁廟。古时天子、诸侯等宗廟各有定数，一廟立即意味着一廟毁，其世系较远的一代祖先就得迁出，不再能专门立廟。

【译文】祔，祪都是祖宗，形声字，"示"为形符，"危"为声符。

祔 祔 后死者合食于先祖。从示，付声。符遇切（fù）

【译文】祔，后死者的神主移到祖庙中和先祖一道受祭。形声字，"示"为形符，"付"为声符。

祖 祖 始、庙也。从示，且声。则古切（zǔ）

【译文】祖，初始，宗庙。形声字，"示"为形符，"且"

为声符。

鬃 [篆] 门内祭，先祖所以彷徨[①]。从示，彭声。《诗》曰：“祝祭于鬃。”[②]祊，鬃或从方。补肓切（bēng）

【注释】①彷徨：来来往往的样子。徐灏《说文解字注笺》：“鬃者，旁皇之合声。”②语见《诗经·小雅·楚茨》。

【译文】鬃，在宗廟门内祭先祖。这是先祖生前彷徨往来的地方，形声字，“示”为形符，“彭”为声符。《诗经》上说：“主祭的人在门内祭祀。”祊，鬃的异体，从“方”声。

祰 [篆] 告祭也。从示，从告声[①]。苦浩切（kǎo）

【注释】从示，从告声：朱骏声《说文通训定声》按：“从示，从告，会意；告亦声。”

【译文】祰，有所禀告时告祭祖先。形声字，“示”为形符，“告”为声符。

祏 [篆] 宗庙主也。周礼有郊、宗、石室[①]。一曰，大夫以石为主。从示，从石，石亦声。常只切（shí）

【注释】①石室：宗庙里用石做的藏神主之器，远祖的牌位不得立庙，平时藏于石室之中，遇有郊宗大礼，方始取出，奉之以配食。

【译文】祏，宗庙中收神主牌位的石室。按照周代的礼制，天子宗庙中有所谓“郊宗石室”，另有一说，大夫以石做神主。会意兼形声字，由“示”和“石”会意，“石”也是声符。

祉 以豚祠[①]司命[②]。从示，比声。汉律[③]曰：“祠祉司命。”卑履切（bǐ）

【注释】①祠：还愿。《周礼》郑玄注：“求福曰祷，得求曰祠。”②司命：小神，司察小过，作谴告者。③汉律段玉裁《说文解字注》：“高帝时，萧何捃摭秦法，取其宜于时者，作律九章。至孝武时，律令凡三百五十九章。”

【译文】祉，用猪肉为供品祭祀司命之神。形声字，“示”为形符，“比”为声符。汉朝的律令中曾有“向司命神祭祀还愿。”

祠 春祭曰祠。品物少，多文词也。从示，司声。仲春[①]之月，祠，不用牺牲[②]，用圭璧及皮币。似兹切（cí）

【注释】①仲春：农历二月。按“仲春”一下引自《礼记·月令》。②牺牲：祭祀用的牲畜。

【译文】祠，春天祭祀祖先曰祠。春天，供品种类数量都少，所以祭时文饰的词句偏多，因称为祠。形声字，“示”为形符，“司”为声符。《礼记·月令》记载，早春二月，祠祭不用牺牲，用圭璧和皮币代替。

礿 夏祭[①]也。从示，勺声。以灼切（yuè）

【注释】①夏祭：《礼记·王制》：“天子诸侯宗庙之祭，春曰礿，夏曰禘，秋曰尝，冬曰烝。”郑玄注：“此盖夏殷之祭名。周则春曰祠，夏曰礿。”

【译文】夏天祭祀先王称礿。形声字，“示”为形符，“勺”为声符。

禘 谛祭①也。从示，帝声。周礼曰："五岁一禘。"特计切（dì）

【注释】①谛祭：合祭群庙的神主于太祖之庙，需审谛其昭穆次序，不要错乱。段玉裁《说文解字注》："谛祭者，祭之审谛者也。"

【译文】禘为祭名，审谛的祭祀。形声字，"示"为形符，"帝"为声符。周代的礼制规定："五年举行一次禘祭。"

祫 大合祭先祖亲疏远近①也。从示、合。周礼曰："三岁一祫。"侯夹切（xiá）

【注释】①大合祭：《春秋·文公二年》："八月丁卯，大事于大庙。"《春秋公羊传》曰："大事者何？大祫也。大祫者何？合祭也。毁庙之主陈于大祖，未毁庙之主皆升，合食于大祖。"先祖亲疏远近：毁庙及未毁庙的神主都包括。

【译文】祫，毁庙及未毁庙的神主迁至太祖之庙一并祭祀。会意字，由"示"和"合"会意。周代的礼制称："三年举行一次祫祭。"

祼 灌祭①也。从示，果声。古玩切（guàn）

【注释】①灌祭：《诗》毛传曰："祼，灌鬯也。"《周礼》注曰："祼之言灌，灌以郁鬯。谓始献尸求神时，周人先求诸阴也。"

【译文】祼，以香酒灌地而求神的祭礼。形声字，"示"为形符，"果"为声符。

禶 数祭①也。从示，毳声。读若②“春麦为禶”之“禶”。此芮切（cuì）

【注释】①数：段玉裁《说文解字注》：“数读数罟之数。”《集韵》作趋玉切，细密之意。②读若：《说文》拟音的专门术语。

【译文】禶，屡祭、重祭的名称。形声字，“示”为形符，“毳”为声符。音读如同春麦为禶的禶。

祝 祭主①赞②词者。从示从人、口。一曰从兑省。《易》曰：“兑为口为巫。”③之六切（zhù）

【注释】①主：主持，负责。②赞：祷告。③兑为口为巫：语见《周易·说卦传》。

【译文】祝，祭祀时负责赞颂祷告的人。会意字，以“示”、“人”、“口”会意，表示有人用口祝祷于神前；另一说，从“兑”（旧形“兊”）省去上面的“八”意，《周易》上说“兑卦表示口舌，表示巫”。

福［榴］ 祝福①也。从示留声。力救切(liù)

【注释】①祝福：祝由。段玉裁《说文解字注》引惠栋说：“《素问》黄帝曰：‘古之治病，可祝由而已止。’祝由，即祝福也。”

【译文】福为祝福，以祝由治病。形声字，“示”为形符，“留”为声符。

祓 除恶祭也。从示，犮声。敷勿切（fú）

【译文】祓为除去秽恶的祭祀。形声字，示为形符，犮为声符。

祈 求福也。从示，斤声。渠稀切(qí)

【译文】祈，向上天或神明求福。形声字，"示"为形符，"斤"为声符。

禱（祷） 告事求福也。从示，壽声。，禱或，省。，籒文禱。都浩切（dǎo）

【译文】禱为因某事向神祝告求得福佑。形声字，"示"为形符，"壽"为声符。，"禱"的异体，"禱"的省体。，籒文"禱"。

禜 设绵蕝为営[①]，以禳[②]风雨、雪霜、水旱、疠疫于日月、星辰、山川也。从示，榮[営]省声。一曰，禜、卫，使灾不生。《礼记》曰："雩，禜。祭水旱。"[③]为命切（yǒng）

【注释】①设：设置。绵蕝：又作绵蕞。蕝，束茅立于地面，为位置标志。営：段玉裁《说文解字注》："环匝为営，禜営叠韵。"②禳：免除灾害。"以禳"语见《左传·昭公元年》③语见《礼记·祭法》。雩：古时求雨的祭祀。

【译文】禜，祭时引绳为营，束茅表其位，成为环绕一周的营盘，向日月星辰和山川之神祷告，祈求免除风雨雪霜不时之害和水旱疠疫之灾。形声字，"示"为形符，声符为"営"的省文。一说，举行禜祭，预先防卫，使灾害不生。《礼记·祭法》中说："雩禜，为了消除水灾旱灾而祭。"

禳 磔①禳祀②，除疠殃也。古者燧人禜子所造。从示，襄声。汝羊切（ráng）

【注释】①磔：分裂祭祀的牲畜。②禳祀：王筠《说文解字句读》："禳当作攘，二字叠韵。""云磔禳祀者，谓磔牲以攘之之祀名曰禳也。"

【译文】禳，分裂牲体以攘除邪殃。这种祭祀方式是古时燧人氏为其子女消灾去祸时创造的。形声字，"示"为形符，"襄"为声符。

禬 會福祭也。从示，从會，會亦声。《周礼》曰："禬之祝号。"①古外切（guì）

【注释】①语见《周礼·春官·诅祝》。

【译文】禬，一种祈求各种福佑的祭祀。會意兼形声字，以"示"和"會"会意，"會"也是声符。《周礼》称"诅祝的职务是主管祝颂禬祭等等的祷告呼号。"

禪（禅） 祭天也①。从示，单声。时战切（shàn）

【注释】①祭天：徐灏《说文解字注笺》："封、禪对文，云祭天者，浑举之词耳。"对举，禪是祭天，封是祭地。

【译文】禪，祭天的一种祭祀。形声字，"示"为形符，"單"为声符。

禦（御） 祀也。从示，御声。鱼举切（yǔ）①

【注释】①鱼举切：今依《集韵》牛居切，读yù。

【译文】禦，祭祀以祈免灾祸。形声字，“示”为形符，“御”为声符。

禬[祮] 禬 祀也。从示，昏声。古末切(guò)[①]

【注释】①古末切：今依《广韵》户括切，读 huó。

【译文】禬，除邪消炎的祭祀。形声字，“示”为形符，“昏”为声符。

禖 禖 祭也。从示，某声。莫杯切（méi）

【译文】禖，求子之祭。形声字，“示”为形符，“某”为声符。

禥 禥 祭具[①]也。从示，胥声。私吕切（xǔ）

【注释】①祭具：王筠《说文解字句读》：“（祭具）犹言祭品也。”

【译文】禥，祭神的物品。形声字，“示”为形符，“胥”为声符。

祳 祳 社[①]肉，盛以蜃[②]，故谓之祳。天子所以亲遗同姓。从示，辰声。《春秋传》曰：“石尚来归祳。”[③]时忍切（shèn）

【注释】①社：祭祀土地神。②蜃：海蜃壳，指蚌类祭器。③语见《左传·定公十四年》。

【译文】祳，祭社的牲肉，因为盛在海蜃壳之中，所以称作祳。祭后天子用来分赐同姓诸侯。形声字，“示”为形符，“辰”为声符。

《春秋左传》中所说：“天王使他的士人石尚来归献祭肉。”

祴 宗庙奏祴乐①。从示，戒声。古哀切（gāi）

【注释】①祴乐：祴夏之乐，《祴夏》为古乐章《九夏》之一。用以节制醉客归去的行步。语见《周礼·春官·笙师》。

【译文】祴，宗庙中所奏的一种乐曲。形声字，“示”为形符，“戒”为声符。

禡（祃） 师行所止，恐有慢其神，下而祀之曰禡①。从示馬声。周礼曰：“禡于所征之地。”②莫驾切（mà）

【注释】①禡：军中祭名。②语见《礼记·王制》。

【译文】禡，军队行进至驻扎之处，恐怕对其地之神灵有所怠慢，下车之后就举行的祭祀叫禡祭。形声字，“示”为形符，“馬”为声符。周礼的《礼记·王制》中说：“在征伐的那个地方举行禡祭。”

禂 祷牲马祭①也。从示，周声。《诗》曰：“既祃既禂。”②䮞，或，從馬，壽省聲。都皓切（dǎo）

【注释】①祷牲马祭：祈祷马壮牲多。②语见《诗经·小雅·吉日》。

【译文】禂，为牲畜和马祈祷的一种祭祀。形声字，“示”为形符，“周”为声符。《诗经》上说：“已经举行了祃祭，又为马壮牲多而祈祷。”䮞，“禂”的或体，“馬”为形符，“壽”的省文为声符。

社 社 地主也。从示、土[1]。《春秋传》曰："共工之子句龙为社神。"[2]周礼：二十五家为社，各树其土所宜之木。社，古文社。常者切（shè）

【注释】①从示、土：徐锴本作从示，土声。②语见《左传·昭公二十九年》。

【译文】社，土地神的神主。会意字，由"示"和"土"会意。《左传》中称："共工的儿子句龙作社神。"依《周礼》，二十五家共祭一个社神，在神社的周围各自种上当地适宜生长的树木。社，古文社。

禓[1] 禓 道上祭。从示，昜声。与章切（yáng）

【注释】①禓：路上的祭祀，祭殇。

【译文】禓，在大道上进行的祭祀。形声字，"示"为形符，"昜"为声符。

祲[祲] 祲 精气感祥。从示，侵省声。《春秋传》曰："见赤黑之祲。"[1]子林切(jīn)

【注释】①语见《左传·昭公十五年》。

【译文】祲，阴阳之气相侵形成的象征不详的妖气。形声字，"示"为形符，"侵"的省文为声符。《左传》说："看见赤色和黑色的妖气。"

禍(祸) 禍 害也，神不福也。从示，咼声。胡果切(huò)

【译文】禍，灾害，神灵不给帮助。形声字，“示”为形符，“咼”为声符。

祟 神祸也。从示，从出[①]。𥜥，籀文祟，从䨘省。虽遂切 (suì)

【注释】①从示，从出：徐锴《说文解字系传》：“祟者，神自出之以警人者。”

【译文】祟，鬼神作灾祸。会意字，由“示”和“出”会意。𥜥，籀文祟字，由“䨘”省去左部与“祟”会意。

祅 地反物[①]为祅也。从示，芺声。于乔切 (yāo)

【注释】①语见《左传·宣公十五年》。反物：违背常理的事物。

【译文】祅，地上出现的违背常理的事物。形声字，“示”为形符，“芺”为声符。

祘 明视以筭[①]之。从二示。《逸周书》曰：“士分民之祘。均分以祘之也。”读若筭。苏贯切 (suàn)

【注释】①视：桂馥《说文解字义证》：“视当为示，经典多借视为示。”筭：算筹，古时有演算工具，此处作动词。

【译文】祘，明明白白看着计算出来。由二“示”会意。《逸周书》上说：“士分民之祘，是说均匀地分配计算它。”音读同筭。

禁 吉凶之忌也。从示，林声。居荫切 (jìn)

【译文】禁为趋吉避凶的忌讳。形声字，“示”为形符，“林”

为声符。

禫[禫] 除服祭也。从示，覃声。徒感切（dàn）

【译文】禫，除去丧服的祭礼。形声字，“示”为形符，“覃”为声符。

文六十 重十三

三 天、地、人之道也。从三数[①]。凡三之属皆从三。弎，古文三，从弋。稣甘切（sān）

【注释】①三数：三画。

【译文】三，象征着天、地、人的道数。由三画构成。凡事“三”的部属都从“三”。弎，古文“三”，从“弋”。

文一 重一

王 天下所归往也。董仲舒曰：“古之造文者，三画而连其中谓之王。三者，天、地、人也，而参通之者王也。”孔子曰：“一贯三为王。”凡王之属皆从王。𠙻，古文王。雨方切（wáng）

【译文】王，天下所归服向往的对象。汉儒董仲舒说过：“古代创造文字的人，画三横而中间用一竖把它们串连起来，就称作王字；三，象征着天地人之道，能够通达它的人，就是王。”孔子说过：“能够一身独任将天意、地事、人情三者贯通起来的人就是王。”凡是“王”的部属都从“王”。𠙻，古文“王”字。

閏(闰)[①] 余分之月，五岁再閏，告朔之礼，

天子居宗庙，閏月居門中。从王在門中。《周礼》曰：“閏月，王居門中，终月也。”[②]如顺切（rùn）

【注释】①閏：閏月，一年的实际日数是三百六十五日五时四十八分，而夏历通常十二个月只有三百五十四日，相差十多天，因此积累而置閏月，一般五年设置两閏月，有閏月的年份为閏年，共有十三个月。②语见《周礼·春官·太史》。

【译文】閏月，由余下未分的时日组成的月份，五年閏两次，古有告朔之礼，于每月初一日告祭祖宗，天子在宗庙之中处理政事，发布一月政令，閏月居处于正室门中，而因而造出会意字，以王在门中象示。《周礼》上说：“閏月，周王居在正室门中，整月也。”

皇　大也。从自[王]。自，始也。始（皇）[王]者，三皇[①]，大君也。自读若鼻，今俗以始生子为鼻子。胡光切（huáng）

【注释】①三皇：《尚书大传》：“燧人为燧皇，伏羲为羲皇，神农为农皇。”

【译文】皇，大。由“自”和“王”会意，“王”又是声符。自，初始。最初统治天下的人是燧人、伏羲、神农三皇，都是伟大的君主。“自”音读同“鼻”，现在俗间把刚出生的小孩称作“鼻子”。

文三　重一

玉　石之美。有五德：润泽以温，仁之方也；

䚡理[①]自外，可以知中，义之方也；其声舒扬，尃[②]以远闻，智之方也；不桡而折，勇之方也；锐廉而不技[忮]，絜之方也。象三玉之连。丨，其贯也。凡玉之属皆从玉。𤣪，古文玉。鱼欲切（yù）

【注释】①䚡理：䚡，角中之骨；理，纹理。②尃：传布，分布。

【译文】玉，一种美石，有五种美德：温润光泽，好比是仁；纹理不乱，从外部就可以知其内部，好比是义；其声音清亮，很大的范围、很远的地方都能听到，好比是智；宁折不挠，好比是勇；边缘部分有棱角锋利但是不伤害人，好比廉洁之士。象三块玉串连在一起。丨，是穿玉的绳索。大凡“玉”的部属都从“玉”。𤣪，古文“玉”字。

璙 璙 玉也[①]。从玉，尞声。洛萧切（liáo）

【注释】①玉：段玉裁《说文解字注》：“谓玉名也。”徐锴《说文解字系传》：“金美者谓之镣，然则璙亦美玉也。”

【译文】璙为玉名。形声字，“玉”为形符，“尞”为声符。

瓘 瓘 玉也。从玉，雚声。《春秋传》曰：“瓘斝（jiǎ）。”[①]工玩切（guàn）

【注释】语见《左传·昭公十七年》。

【译文】瓘为玉名。形声字，“玉”为形符，“雚”为声符。《左传》中有“瓘玉制成的酒樽。”

璥 璥 玉也。从玉，敬声。居领切（jǐng）

【译文】璥为玉名。形声字，“玉”为形符，“敬”为声符。

琠 玉也。从玉，典声。多殄切（diǎn）①

【注释】①多殄切：今依《广韵》他典切，读 tiǎn。

【译文】琠为玉名。形声字，“玉”为形符，“典”为声符。

瓇 玉也。从玉，夒声。读若柔。耳由切（róu）①

【注释】①耳由切：今依《广韵》奴刀切，读 náo。

【译文】瓇为玉名。形声字，“玉”为形符，“夒”为声符。音读像“柔”。

墼（瓑） 玉也。从玉，毄声。读若鬲。郎击切（lì）

【译文】墼为玉名。形声字，“玉”为形符，“毄”为声符。音读同“鬲”。

璠 玙璠①。鲁之宝玉。从玉，番声。孔子曰：“美哉，玙璠！远而望之，奂若也；近而视之，瑟若也。一则理胜，二则孚胜。”② 附袁切（fán）

【注释】①玙璠：美玉。《左传·定公五年》：“阳虎将以玙璠敛。”②语见《齐论语·问玉篇》。奂若：光彩夺目。瑟若：纹理细密的样子。

【译文】璠，玙璠。是鲁国的宝王。形声字，“玉”为形符，“番”为声符。孔子说过：“玙璠真漂亮呀！远远望去，光彩夺目；挨近去看，纹理细密而鲜明。一是以纹理晶莹取胜，后者是以玉色鲜明取胜。”

璵（玙） 璵璠也。从玉，與声。以诸切（yú）
【译文】璵，璵璠。形声字，“玉”为形符，“與”为声符。

瑾 瑾瑜，美玉也。从玉，堇声。居隐切（jǐn）
【译文】瑾，瑾瑜，美玉。形声字，“玉”为形符，“堇”为声符。

瑜 瑾瑜，美玉也。从玉，俞声。羊朱切（yú）
【译文】瑜，瑾瑜，美玉。形声字，“玉”为形符，“俞”为声符。

玒 玉也。从玉，工声。户工切（hóng）
【译文】玒玉名。形声字，“玉”为形符，“工”为声符。

瓄 瓄瓄，玉也。从玉，來声。落哀切（lái）
【译文】瓄，瓄瓄，玉名。形声字，“玉”为形符，“來”为声符。

瓊（琼） 赤玉也。从玉，夐声。璚，瓊或，从矞①。瓗，瓊或，从巂②。琁③，瓊或，从旋省。渠营切（qióng）

【注释】①矞：声符。异体。②巂：声符。异体。③琁：当以旋为声，用为声符有所省减。但与瓊声韵并异，似非异体。

【译文】瓊，赤色玉。形声字，“玉”为形符，“敻”为声符。璚，瓊的或体，从“矞”声。瓗，瓊的或体，从“巂”声。琁，瓊的或体，由“旋”省去“方”。

珦 珦 玉也。从玉，向声。许亮切（xiàng）

【译文】珦，玉名。形声字，“玉”为形符，“向”为声符。

瓎 瓎 玉也。从玉，剌声。卢达切（là）

【译文】瓎，玉名。形声字，“玉”为形符，“剌”为声符。

珣 珣 医无闾[①]珣玗琪，《周书》所谓夷玉也[②]。从玉，旬声。一曰，器，读若宣。相伦切（xún）

【注释】①医无闾：山名，其时地属东夷，在今辽宁北镇县。②语见《尚书·周书·顾命》。夷玉，东夷的美玉。

【译文】珣，医无閭山出产的玉石，名为珣玗琪，《尚书·周书》所说的夷玉就是指它。形声字，“玉”为形符，“旬”为声符。另一种说法，珣为玉器，通“瑄”，读音同宣。

璐 璐 玉也。从玉，路声。洛故切（lù）

【译文】璐为玉名。形声字，玉为形符，路为声符。

瓚（瓒） 瓚 三玉二石也。从玉，贊声。《礼》：“天子用全，纯玉也；上公用駹，四玉一石；侯用瓚；伯用埒，玉石半相埒也。”[①]徂赞切（zàn）

【注释】①语见《周礼·考工记·玉人》。埒(liè)：等同。

【译文】瓚，是种质地不纯的玉，五分之中，三分玉二分石。形声字，“玉”为形符，“贊”为声符。据《周礼》规定：天子用“全”作装饰，是纯玉也；上公用“駹”四分是玉，一分是石头；侯用“瓚”；伯用“埒”，埒是玉石各一半，二者相等的玉石。诸侯所用玉器即用瓚制作。

瑛 玉光也。从玉，英声。於京切(yīng)

【译文】瑛，玉石的光采。形声字，“玉”为形符，“英”为声符。

璑 三采玉也[①]。从玉，無声。武扶切(wú)

【注释】①三采玉：出自《周礼·夏官·弁师》：“珉玉三采。”

【译文】璑，质地较差具有朱、白、苍三种色采的玉。形声字，“玉”为形符，“無”为声符。

琦 朽玉也。从玉，有声。读若畜牧之畜。许救切(xiù)

【译文】琦，有瑕疵的玉。形声字，“玉”为形符，“有”为声符。读音和畜牧之“畜”相似。

璿[璇] 美玉也。从玉，睿声。《春秋传》曰：“璿弁玉缨。”[①] ，古文璿。，籀文璿。似沿切(xuán)

【注释】①语见《左传·僖公二十八年》。璿弁玉缨：

用璿装饰的皮制马冠，用玉装饰的马头上的皮革。

【译文】璿为美玉之名。形声字，“玉”为形符，“睿”为声符。《左传》所谓的“璿弁玉缨”之璿弁，即用此玉制造。，古文“璿”字。，籀文“璿”字。

球 玉声也①。从玉，求声。，球或，从翏。巨鸠切 (qiú)

【注释】①玉声：徐锴《说文解字系传》：“孔子见南子，佩玉声璆然。”见《史记·孔子世家》。

【译文】球，玉石撞击之声。形声字，“玉”为形符，“求”为声符。，球的或体，从翏声。

琳 美玉也。从玉，林声。力寻切（lín）

【译文】琳为美玉之名。形声字，“玉”为形符，“林”为声符。

璧 瑞玉①、圜也。从玉，辟声。比激切（bì）

【注释】①瑞玉：用于祭祀、朝聘、丧葬等各种场合以示敬信的玉。

【译文】璧，以示敬信的玉，其形圆平而正中有小孔。形声字，“玉”为形符，“辟”为声符。

瑗 大孔璧。人君上除陛以相引。从玉，爰声。《尔雅》曰：“好倍肉谓之瑗，肉倍好谓之璧。”①王眷切（yuàn）

【注释】①语见《尔雅·释器》。好：即是孔。肉：即是边。

【译文】瑗是大孔的璧。古时君主走上宫殿的台阶，侍从以瑗相牵引，各自抓着瑗的一侧。形声字，“玉”为形符，“爰”为声符。《尔雅》中说：“内孔直径为边宽的两倍谓之瑗，边宽为内孔直径的两倍谓之璧。”

環[環]环 璧也。肉、好若一谓之环[①]。从玉，瞏声。户关切（huán）

【注释】①语见《尔雅·释器》。若一，相等。郭璞注：“边、孔适等。”

【译文】環，玉璧之类，边宽和璧孔的直径大小相等。形声字，“玉”为形符，“瞏”为声符。

璜 半璧也。从玉，黄声。户光切（huáng）

【译文】璜，半璧的玉器。形声字，“玉”为形符，“黄”为声符。

琮 瑞玉。大八寸[①]，似车釭[②]。从玉，宗声。藏宗切（cóng）

【注释】①大八寸：徐灏《说文解字注笺》：“其形外八觚而内圜空，径八寸。”②车釭：穿轴的铁圈，车毂。

【译文】琮，一种用于祭祀、朝聘等的玉器。其形外面八只角，中有圆孔，直径八寸，横截面像车轮毂。形声字，“玉”为形符，“宗”为声符。

琥 发兵瑞玉，为虎文。从玉，从虎，虎亦声。《春秋传》曰："赐子家双琥。"①呼古切（hǔ）

【注释】①语见《左传·昭公三十二年》。今本"子家"后有"子"字。琥的用途有二，一为兵符；二为礼器，用于祭礼、朝聘等。

【译文】琥，用作发兵凭证的玉器。身上刻有老虎的花纹。由"玉"和"虎"会意，"虎"也是声符。《左传》说："昭公赏赐给子家子一对虎纹玉器。"

瓏（珑） 祷旱玉。龍文①。从玉，从龍，龍亦声。力钟切（lóng）

【注释】①龍文：《山海经》："应龍在地下，故数旱，旱而为应龍状，乃得大雨。"因而祷旱的玉上为龍文。

【译文】瓏，古时天旱求雨所用的玉器，刻龍形花纹。会意兼形声字，由"玉"和"龍"会意，"龍"也是声符。

琬 圭有琬者①。从玉，宛声。於阮切（wǎn）

【注释】①圭：呈上尖下方，帝王、诸侯礼仪所用。琬：《周礼·考工记》："琬圭九寸"。注："琬犹圆也。"

【译文】琬，一种上端呈圆形而没有棱角的圭。形声字，"玉"为形符，"宛"为声符。

璋 剡①上为圭，半圭为璋。从玉，章声。《礼》："六币：圭以马，璋以皮，璧以帛，琮以锦，琥以绣，璜以黼。"②诸良切（zhāng）

【注释】①剡：削。②语见《周礼·秋官·小行人》。

【译文】璋为一种玉器，用于祭祀、朝聘之事。圭形上部尖锐有棱角，纵剖其半，即为璋。形声字，玉为形符，章为声符。《周礼》称：“有六种配套的礼物：圭玉用马相配，璋玉用虎豹的皮相配，璧玉用帛相配，琮玉用锦相配，琥玉用绣相配，璜玉用黼相配。”

琰 璧上起美色也。从玉，炎声。以冉切（yǎn）

【译文】琰，一种表面呈现美丽色采的美玉。形声字，“玉”为形符，“炎”为声符。

玠 大圭也[①]。从玉，介声。《周书》曰：“称奉介圭[②]。”古拜切（jiè）

【注释】①大圭：《尔雅·释器》：“圭大尺二寸谓之玠。”又，《释诂》：“介，大也。”②称奉介圭：语见《尚书·周书·顾命》。

【译文】玠，大圭，古时一种礼器。形声字，“玉”为形符，“介”为声符。《尚书·周书》上说“傧者传呼捧着介圭。”

瑒（玚） 圭[①]。尺二寸，有瓒[②]，以祠宗庙者也。从玉，昜声。丑亮切（chàng）

【注释】①圭：应与篆字“瑒”连读。瑒圭是一种礼器。《周礼·考工记·玉人》称“裸圭”。②瓒：裸祭用来盛鬯酒的玉勺。以圭为柄称圭瓒，以璋为柄称璋瓒。

【译文】瑒，瑒圭。身长一尺二寸，首端有勺，用以灌鬯酒。形声字，“玉”为形符，“昜”为声符。

瓛（瓛） 桓圭①。公所执。从玉，獻声。胡官切（huán）

【注释】桓圭：语见《周礼·春官·大宗伯》。原文：“公执桓圭。”郑玄注：“公，二王之后及王之上公。双植谓之桓，桓，宫室之象，所以以安其上也。桓圭，盖亦以桓为椽饰，圭长九寸。”

【译文】瓛，桓圭。国家大臣上公品级的人才能执持的玉器。形声字，“玉”是形符，“獻”是声符。

珽 大圭。长三尺，抒①上，终葵首②。从玉，廷声。他鼎切（tǐng）

【注释】①抒：《周礼》作杼，削薄之意。②终葵：椎。《说文》“椎”下：“齐谓之终葵。”把“椎”音拉长说，就成了“终、葵”；把“终、葵急连就成了“椎”。即是古人所说的“缓言急言”。徐锴《说文解字系传》：“其上作椎形，象无所屈挠也。”

【译文】珽，一种大圭。长三尺，上部斜削，越来越窄，至其首端方如椎头。形声字，“玉”为形符，“廷”为声符。

瑁 诸侯执圭朝天子，天子执玉以冒①之，似犁冠。《周礼》曰：“天子执瑁四寸。”②从玉、冒，冒亦声。玥，古文省。莫报切（mào）

【注释】①冒：《小尔雅·广诂》：“覆也。”《尚书·周书·顾命》正义：“礼，天子所以执瑁者，诸侯即位，天子赐之以命圭，圭头衺锐，其瑁当下衺刻之；其刻阔狭长短如圭头。诸侯来朝，执圭以授天子，天子以冒之刻处冒彼圭头。若大小相当，则是本所赐；其或不同，则圭是伪作；知诸侯信与不信。故天子执瑁，所以冒诸侯之圭，以齐瑞信，犹今之合符然。”②语见《周礼·考工记·玉人》。瑁今本作冒。

【译文】瑁，天子接受诸侯朝见时所执的礼器。诸侯执命圭来朝见天子时，天子就将瑁玉加于其上，就像犁冠头覆盖在犁木上一样。《周礼》上说：“天子拿着瑁玉，方四寸。”会意兼形声字，由“玉”和“冒”会意，“冒”又是声符。玥，古文“瑁”字，是“瑁”字的省略。

璬 璬 玉佩。从玉，敫声。古了切（jiǎo）

【译文】璬，玉佩。形声字，“玉”为形符，“敫”为声符。

珩 珩 佩上玉[①]也。所以节行止也。从玉，行声。户庚切（héng）

【注释】①佩上玉：段玉裁《说文解字注》：“此乃玉佩最上之玉也。”韦昭《国语注》：“珩形似磬而小。”

【译文】珩，组成玉佩的部件之一。处在最上端，横长，用以系绳，连缀其他部件。佩玉垂挂于身侧，每有行动，叮咚作响，以节制行动。形声字，“玉”为形符，“行”为声符。

玦 玦 玉佩也。从玉，夬声。古穴切（jué）

【译文】玦，一种环形有缺口的佩玉。形声字，“玉”为形符，“夬”为声符。

瑞 瑞 以玉为信也。从玉、耑[声][1]。是伪切（ruì）

【注释】①耑：当作耑声，耑为植物初生的幼芽，引以称“初始”，此玉用为初相见的凭证。慧琳《一切经音义》三次引用《说文》都作从玉，耑声。瑞、耑，歌、元对转。瑞，人执以相见的叫“瑞”，祭礼所用的叫“器”，王筠《说文解字句读》：“犹今言印信。”

【译文】瑞，古代玉制的信物。形声字，“玉”为形符，“耑”为声符。

珥 珥 瑱也。从玉、耳，耳亦声。仍吏切（ěr）

【译文】珥，玉瑱。会意字，由“玉”和“耳”会意，“耳”又为声符。

瑱 瑱 以玉充耳也。从玉真声。《诗》曰：“玉之瑱兮[1]。” 䯀，瑱或，从耳[2]。他甸切（tiàn）

【注释】①玉之瑱兮：语见《诗经·鄘风·君子偕老》。②瑱或，从耳：段玉裁《说文解字注》：“耳形、真声。不入耳部者，为其同字异处，且难定其正体、或体。”

【译文】瑱，古代冠冕玉饰，垂于耳旁，正当两耳，亦名充耳。形声字，“玉”为形符，“真”为声符。《诗经》说：“玉做的充耳瑱啊。”䯀，“瑱”的或体，从“耳”。

琫 琫 佩刀上饰。天子以玉，诸侯以金。从玉，

奉声。边孔切 (běng)

【译文】琫，古时佩刀柄上的玉饰。装饰天子的佩刀用玉，诸侯的用金。形声字，“玉”为形符，“奉”为声符。

珌 珌 佩刀下饰。天子以玉。从玉，必声。卑吉切 (bì)

【译文】珌，古代佩刀刀鞘末端的装饰。天子的佩刀用玉。形声字，“玉”为形符，“必”为声符。

璏 璏 剑鼻玉[①]也。从玉，彘声。直例切 (zhì)

【注释】①剑鼻玉：徐锴《说文解字系传》：“剑鼻则镡（xín）也，谓剑匣之旁穿韦革（皮带）之处也。“鼻，俗语“针鼻”的“鼻”即“孔”。剑鼻玉即用来制作剑鞘旁穿皮带孔的玉石。

【译文】璏，剑鞘旁玉制附件，称剑鼻玉。形声字，“玉”为形符，“彘”为声符。

璱 璱 车盖玉璱[①]。从玉，蚤声。侧绞切 (zhǎo)

【注释】①玉璱：段玉裁《说文解字注》：“璱、蚤、爪三字一也，皆谓盖橑末。《说文》指爪字作叉，当云车盖玉叉也。”玉璱，即车盖弓端伸出的玉饰的爪形部分。

【译文】璱，古代车盖上的玉制饰件。形声字，“玉”为形符，“蚤”为声符。

瑑 瑑 圭璧上起兆瑑[①]也。从玉，篆省声[②]。《周礼》曰：“瑑圭璧。”[③]直恋切 (zhuàn)

【注释】①兆：圭璧上的花纹。②篆省声：声中有义。徐锴《说文解字系传》："瑑，谓起为垄，若篆文之形。"③瑑圭璧：语见《周礼·春官·典瑞》。

【译文】瑑，圭璧之类玉器上雕饰的凸纹。形声字，"玉"为形符，"篆"的省体为声符。《周礼》所说"雕刻圭璧。"

珇 珇 琮玉之瑑。从玉，且声。则古切(zǔ)

【译文】珇，玉琮上的浮雕花纹。形声字，"玉"为形符，"且"为声符。

璂 璂 弁饰[1]，往往[2]冒[3]玉也。从玉，綦声。琪，璂或，从基。渠之切(qí)

【注释】①弁：礼帽，分皮弁、爵弁。皮弁由皮革制成，为武冠，用于田猎征战；爵弁用布制成，为文冠，用于祭祀。《周礼·夏官·弁师》："王之皮弁，会五采玉璂。"②往往：段玉裁《说文解字注》："历历也。"指分明可数的样子。③冒：张舜徽《说文解字约注》："冒之为言蒙也，谓蒙缀其上也。"徐锴《说文解字系传》："谓缀玉于武冠，若棋子之列布也。"

【译文】璂，古代武冠弁的装饰，即于弁缝处到处缝缀的玉珠。形声字，"玉"为形符，"綦"为声符。

璪 璪 玉饰。如水藻之文。从玉，喿声。《虞书》曰："璪火黺米。"[1]子皓切(zǎo)

【注释】①璪火黺米：语见《尚书·虞书·咎繇谟》，

将水藻、火、白米之类的图像绣在天子祭服的下裳上。今本作藻火粉米。璪是藻的假借字。段玉裁《说文解字注》：“衣文、玉文皆如水藻，声义皆同，故相假借。”

【译文】璪，玉饰。上面雕有像水藻一样的花纹。形声字，“玉”为形符，“喿”为声符。《尚书·虞书》上说：“将水藻、火、白米等等之类图像绣在天子祭服的下裳上。”

瑬 垂玉也。冕饰。从玉，流声。力求切 (liú)

【译文】瑬，古代君王冠冕前后悬垂的玉串。形声字，“玉”为形符，“流”为声符。

璹[璹] 玉器也。从玉，𠷎声。读若淑。殊六切 (shú)

【译文】璹，璋类玉器。形声字，“玉”为形符，“𠷎”为声符，读同“淑”字音。

瓃 玉器也。从玉，畾声[1]。鲁回切 (léi)

【注释】①畾：徐铉说，凡言从畾的地方都应改成从靁省。

【译文】瓃，作辘轳状的玉器。形声字，“玉”为形符，“畾”为声符。

瑳 玉色鲜白[1]。从玉，差声。七何切 (cuō)

【注释】①玉色鲜白：引申称其他东西颜色的洁白。《诗经·鄘风·君子偕老》：“瑳兮瑳兮，其之展也。”

【译文】瑳，玉色的鲜白。形声字，“玉”为形符，“差”

为声符。

玼 [seal] 玉色鲜也。从玉，此声。《诗》曰：“新台有玼。”[①]千礼切(cǐ)

【注释】①新台有玼：语见《诗经·邶风·新台》。玼，今本作泚。《说文》：“泚，清也。”这里由玉色鲜明形容建筑物色彩鲜明，义有所引申。

【译文】玼，玉色的鲜明。形声字，“玉”为形符，“此”为声符。《诗经》上说：“新台多么鲜明啊。”

瑟 [seal] 玉英华[①]相带如瑟弦[②]。从玉，瑟声。《诗》曰：“瑟彼玉瓒。”[③]所栉切(sè)

【注释】①英华：指玉石上的纹理。②如瑟弦：徐灏《说文解字注笺》：“谓玉之横理多而密也。”③瑟彼玉瓒：语见《詩经·大雅·旱麓》，今瑟作瑟。郑玄笺：“瑟，洁明貌。”

【译文】瑟，玉石纹理细密萦绕，像瑟上的弦。形声字，“玉”为形符，“瑟”为声符。《诗经》上说：“鲜明啊，那玉柄的勺子。”

璪[瑮] [seal] 玉英华罗列秩秩[①]。从玉，㮚声。《逸论语》曰：“玉粲之瑟兮，其瑮猛也。”[②]力质切(lì)

【注释】①秩秩：井然有序。②《逸论语》：指《齐论语·问玉篇》。猛：指纹理密致的玉所具有的反光效果。

【译文】璪，玉上纹理排列有序，光亮精致。形声字，“玉”为形符，“㮚”为声符。《逸论语》上说：“玉粲美而光洁，英华勃发。”

瑩（莹） 玉色。从玉，熒省声。一曰，石之次玉者。《逸论语》曰：“如玉之瑩。”乌定切(yíng)

【译文】瑩，玉色光洁。形声字，“玉”为形符，“熒”的省文为声符。另一说，指紧次于玉的一种石头。《逸论语》上说：“像玉的光明。”

璊 玉赪色[①]也。从玉，㒼声。禾之赤苗谓之虋[②]，言璊玉色如之。玧，璊或，从允[③]。莫奔切（mén）

【注释】①赪（chēng）色：赤色。②虋（mén）：谷的一种。③从允：从允声。

【译文】璊为玉色赤，亦称赤玉。形声字，“玉”为形符，“㒼”为声符。茎叶呈赤色的禾苗叫虋，虋璊同音，或因璊玉之色和它一样移以称玉。玧，“璊”的或体，从“允”声。虋苗字亦写作“穈”。

瑕 玉小赤也。从玉，叚声。乎加切（xiá）

【译文】瑕，玉石上带有小赤色。形声字，“玉”为形符，“叚”为声符。

琢 治玉也。从玉，豖声。竹角切（zhuó）

【译文】琢，加工玉石。形声字，“玉”为形符，“豖”为声符。

琱［雕］ 治玉也。一曰，石似玉。从玉，周声。都寮切（diāo）

【译文】琱即琢，加工玉石，使之成器。一说，似玉之石。形声字，“玉”为形符，“周”为声符。

理 治玉也。从玉，里声。良止切（lǐ）

【译文】理，治理玉石。形声字，“玉”为形符，“里”为声符。

珍 宝也。从玉，㐱声。陟邻切（zhēn）

【译文】珍，珍宝。形声字，“玉”为形符，“㐱”为声符。

玩 弄也。从玉，元声。貦，玩或，从貝。五换切（wán）

【译文】玩，玩弄玉石。形声字，“玉”为形符，“元”为声符。貦，玩的或体，从“貝”。

玲 玉声。从玉，令声。郎丁切（líng）

【译文】玲，玉器的响声。形声字，“玉”为形符，“令”为声符。

瑲（玱） 玉声也。从玉，倉声。《诗》曰：“鞗革有瑲。”[①]七羊切（qiāng）

【注释】①鞗（tiáo）革有瑲：语见《诗经·周颂·载见》。革，用金玉装饰的皮制马辔首。集疏：“革为辔首，以皮为之；鋚为辔首饰，以金为之。”鋚就是鞗。有，助词。

【译文】瑲为玉器之声。形声字，“玉”为形符，“倉”为声符。《诗经》上说：“马辔首上的金玉瑲瑲有声。”

玎 玉声也。从玉，丁声。齐太公子伋谥曰玎公[①]。当经切 (dīng)

【注释】齐太公：指吕望。周武王封吕望于齐。《说文句读》据《玉篇》解为未即位而死谥曰玎。

【译文】玎，玉器撞击声。形声字，“玉”为形符，“丁”为声符。齐太公的儿子伋谥号就叫玎公。

琤 玉声也。从玉，争声。楚耕切 (chēng)

【译文】琤，玉器撞击声。形声字，“玉”为形符，“争”为声符。

瑣(琐) 玉声也。从玉，貨声。苏果切 (suǒ)

【译文】琐，玉件相击的细碎声响。形声字，“玉”为形符，“貨”为声符。

瑝 玉声也。从玉，皇声。乎光切 (huáng)

【译文】瑝，玉器撞击声。形声字，“玉”为形符，“皇”为声符。

瑀 石之似玉者。从玉，禹声。王矩切 (yǔ)

【译文】瑀，一种象玉美石。形声字，“玉”为形符，“禹”

为声符。

玤 玤 石之次玉者。以为系璧[1]。从玉，丰声。读若《诗》曰“瓜瓞菶菶”[2]。一曰，若蛤蚌。补蠓切(běng)

【注释】①系璧：段玉裁《说文解字注》：“盖为小璧系带间，悬左右佩物也。”②语见《诗经·大雅·生民》。瓜瓞菶菶：瓞：小瓜。菶菶：茂盛，果实累累。今作唪唪。

【译文】玤，一种仅次于玉的美石。古人用它制系带上的璧。形声字，“玉”为形符，“丰”为声符。玤的读音同于《诗经》“瓜瓞菶菶”的“菶”（běng），另一说，读音同于蛤蚌（bàng）之“蚌”。

玪 玪 玪塾，石之次玉者。从玉，今声。古函切（jiān）

【译文】玪，玪塾，一种质地次于玉的美石。形声字，“玉”为形符，“今”为声符。

塾 塾 玪塾也。从玉，勒声。卢则切（lè）

【译文】塾，玪塾。形声字，“玉”为形符，“勒”为声符。

琚 琚 琼琚。从玉，居声。《诗》曰：“报之以琼琚。”[1]九鱼切（jū）

【注释】①语见《诗经·卫风·木瓜》。琼琚：是对琚的誉称或美称。琚为佩玉之一种，在成组的玉佩中，它处于珩和璜之中，有绳相连。

【译文】琚，形声字，“玉”为形符，“居”为声符。《诗经》上说：“用琼和琚报答他。”

琇 石之次玉者。从玉，莠声。《诗》曰：“充耳琇莹。”[①]息救切（xiù）

【注释】①充耳琇莹：语见《诗经·卫风·淇奥》。琇今本作琇。

【译文】琇，一种仅次于玉的美石。形声字，“玉”为形符，“莠”为声符。《诗经》上说：“耳瑱是琇石和莹石。”

玖 石之次玉黑色者。从玉，久声。《诗》曰：“贻我佩玖。”[①]读若芑。或曰，若人句（gōu）脊之句。举友切（jiǔ）

【注释】①贻我佩玖：语见《诗经·王风·丘中有麻》。

【译文】玖，一种仅次于玉的黑色美石。形声字，“玉”为形符，“久”为声符。《诗经》上说“送给我佩带的玖石。”读音同芑（qǐ）；有人说，读同人句脊的“句”。

珆 石之似玉者。从玉，㠯声。读若贻。与之切（yí）

【译文】珆，一种似玉美石。形声字，“玉”为形符，“㠯”为声符。读音同“贻”。

琅 石之似玉者。从玉，艮声。语巾切（yín）

【译文】琅，一种似玉美石。形声字，“玉”为形符，“艮”

为声符。

珙 𤥝 石之似玉者。从玉，曳声。余制切（yì）

【译文】珙，一种似玉美石。形声字，“玉”为形符，“曳”为声符。

璅 𤥝 石之似玉者。从玉，巢声。了浩切（zǎo）

【译文】璅，一种似玉美石。形声字，“玉”为形符，“巢”为声符。

璡（琎） 𤥝 石之似玉者。从玉，進声。读若津。将邻切（jīn）

【译文】璡，一种似玉美石。形声字，“玉”为形符，“進”为声符。读音同津。

瑨 𤥝 石之似玉者。从玉，晉声。侧岑切（zēn）

【译文】瑨，一种似玉美石。形声字，“玉”为形符，“晉”为声符。

璁 𤥝 石之似玉者。从玉，悤声。读若葱。仓红切（cōng）

【译文】璁，一种似玉美石。形声字，“玉”为形符，“悤”为声符。读音同“葱”。

琥 𤥝 石之似玉者。从玉，號声。读若镐。乎到

切（hào）

【译文】琥，一种似玉美石。形声字，“玉”为形符，“號”为声符。读音同“镐”。

璿  石之似玉者。从玉，舝声。读若曷。胡捌切（xiá）

【译文】璿，一种似玉美石。形声字，“玉”为形符，“舝”为声符。读音同“曷”。

瑿 石之似玉者。从玉，㝈声。乌贯切（wàn）

【译文】瑿，似玉美石。形声字，“玉”为形符，“㝈”为声符。

瓕 石之次玉者。从玉，燮声。稣叶切（xiè）

【译文】瓕，一种仅次于玉的美石。形声字，“玉”为形符，“燮”为声符。

玽  石之次玉者。从玉，句声。读若苟。古厚切（gǒu）

【译文】玽，一种仅次于玉的美石。形声字，“玉”为形符，“句”为声符。读音同“苟”。

琂  石之似玉者。从玉，言声。语轩切（yán）

【译文】琂，一种似玉美石。形声字，“玉”为形符，“言”为声符。

璶　石之似玉者。从玉，盡声。徐刃切（jìn）

【译文】璶，一种似玉美石。形声字，“玉”为形符，“盡”为声符。

琟　石之似玉者。从玉，隹声。读若维。以追切(wéi)

【译文】琟，一种似玉美石。形声字，“玉”为形符，“隹”为声符。读音同“维”。

瑦　石之似玉者。从玉，烏声。安古切(wǔ)

【译文】瑦，一种似玉美石。形声字，“玉”为形符，“烏”为声符。

瑂　石之似玉者。从玉，眉声。读若眉①。武悲切(méi)

【注释】①读若眉：叶德辉《说文读若考》：“瑂从眉得声，本同声字。因眉古通麋，又通微，明此读眉目之眉字之本音，与麋、微有别也。凡他读本字所从得之声，皆此例。”

【译文】瑂，一种似玉美石。形声字，“玉”为形符，“眉”为声符。读音同“眉”。

璒　石之似玉者。从玉，登声。都腾切(dēng)

【译文】璒，一种似玉美石。形声字，“玉”为形符，“登”为声符。

玜 石之似玉者。从玉，厶声。读与私同[①]。息夷切 (sī)

【注释】读与私同：《说文》体例。段玉裁《说文解字注》："凡言'读与某同'者，亦即'读若某'也。"

【译文】玜，一种似玉美石。形声字，"玉"为形符，"厶"为声符。读音与"私"相同。

玗  石之似玉者。从玉，于声。羽俱切 (yú)

【译文】玗，一种似玉美石。形声字，"玉"为形符，"于"为声符。

玟 玉属[①]。从玉，殳声。读若没。莫悖切 (mò)

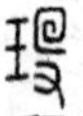

【注释】①玉属：段玉裁《说文解字注》："凡言某属者，谓某之类。"

【译文】玟，玉类之一种。形声字，"玉"为形符，"殳"为声符。读音如同"没"。

瑎  黑石，似玉者。从玉，皆声。读若谐。户皆切（xié）

【译文】瑎，一种似玉的黑色美石。形声字，"玉"为形符，"皆"为声符。读音同"谐"。

碧  石之青美者。从玉、石，白声[①]。兵尺切（bì）

【注释】①从玉、石，白声：段玉裁《说文解字注》："从玉、石者，似玉之石也。""碧色青白，故从白。云白声者，以形声苞会意。"

【译文】碧，一种呈青白色的似玉美石。会意兼形声字，由"玉"和"石"会意，"白"为声符。

琨　石之美者。从玉，昆声。《虞书》曰："杨州贡瑶琨。"[①]瑻，琨或，从貫[②]。古浑切（kūn）

【注释】①杨州贡瑶琨：语见《尚书·虞书·禹贡》。《说文》引《尚书·禹贡》多称《夏书》。这时称《虞书》，桂馥《说文解字义证》说："本称《虞夏书》，后人乱之也。"杨州即今扬州。②从貫：朱骏声《说文通训定声》："昆、貫，一声之转。"

【译文】琨，一种美石。形声字，"玉"为形符，"昆"为声符。《尚书·夏书》上说："扬州一带进贡瑶玉和琨石。"瑻，琨的或体，从"贯"声。

珉　石之美者。从玉，民声。武巾切(mín)

【译文】珉，一种美石。形声字，"玉"为形符，"民"为声符。

瑶　玉之美者。从玉，䍃声。《诗》曰："报之以琼瑶。"[①]余招切（yáo）

【注释】①报之以琼瑶：语见《诗经·卫风·木瓜》。

【译文】瑶，一种美玉。形声字，"玉"为形符，"䍃"为声符。

《诗经》上说："用琼瑶美玉回报他。"

珠 蚌之阴精①。从玉，朱声。《国语》曰："珠以御火灾"②是也。章俱切（zhū）

【注释】①蚌之阴精：之，段玉裁《说文解字注》作中，说："今依《初学记》。"阴精：《国语》韦昭注："珠，水精。"水属阴，蚌生于水，珠为水精，按照五行相克之理，水能克火。②珠以御火灾：语见《国语·楚语》。

【译文】珠，蚌体内精气所聚而生的珍珠。形声字，"玉"为形符，"朱"为声符。《国语》上说："珠可以用来抵御火灾。"

玓 玓瓅①，明珠色。从玉，勺声。都历切（dì）

【注释】①玓瓅：朱骏声《说文通训定声》："叠韵连语。或以'的皪'为之。"

【译文】玓，玓瓅，形容明珠的色泽。形声字，"玉"为形符，"勺"为声符。

瓅 玓瓅。从玉，樂声。郎击切（lì）

【译文】玓，玓瓅。形声字，"玉"为形符，"樂"为声符。

玭 珠也。从玉，比声。宋弘①云："淮水中出玭珠②。"玭，珠之有声［者］③。，《夏书》玭从虫，賓。步因切（pín）

【注释】①宋弘：《后汉书》卷五十六："宋弘字仲子，京兆长安人。"②玭珠：《尚书·夏书·禹贡》孔颖达疏："蠙是蚌之别名，此蚌出珠，遂以蠙属珠名。”陆德明《经典释文》：“蠙又作玭。”③玭，珠之有声：段玉裁《说文解字注》本作：“玭珠，珠之有声者。”朱骏声《说文通训定声》：“明杨慎云：‘有声谓有名价。唐文有珠声玉价之语。’”

【译文】玭是一种珍珠。形声字，“玉”为形符，“比”为声符。宋弘说：“淮河中产玭珠。”玭，珠子中最有声价的东西。蠙，《尚书·夏书》玭字从“虫”，“賓”声。

珕　蜃属①。从玉，劦（xié）声。礼：佩刀，士珕琫而珧珌②。郎计切（lì）

【注释】①蜃：大蛤蜊。段玉裁《说文解字注》：“其甲亦可饰物也。”②士珕琫而珧珌：珕琫，以珕为琫。珧珌，以珧为珌，琫是刀鞘口上的装饰，珧是蚌甲。珌是刀鞘末端的装饰品。

【译文】珕，蚌蛤之类。形声字，“玉”为形符，“劦”为声符。礼的规定是：佩刀，士人用珕蚌的甲壳作刀鞘口上的装饰物，用珧蚌的甲壳作刀鞘末端的装饰品。

珧　蜃甲也。所以饰物①也。从玉，兆声。礼云：佩刀天子玉琫②而珧珌。余昭切（yáo）

【注释】①饰物：朱骏声《说文通训定声》：“可饰佩刀弓弭。”②玉琫：以玉为琫。

【译文】珧，蚌类甲壳。用来装饰器物。形声字，“玉”为形符，“兆”为声符。礼制说：佩刀，天子用美玉来做刀鞘上的装饰物，用珧蚌的甲壳作刀鞘末端的装饰品。

玫 火齐①，玫瑰也。一曰，石之美者。从玉，文声。莫杯切（méi）②

【注释】①火齐（jì）：徐灏《说文解字注笺》：“火齐者，以药物、火，治之而成。”张舜徽《说文解字约注》：“火齐之法，非中土所固有，乃自域外传入者，即今之所谓烧料也。烧料珠谓之玫瑰，此后出义也。玫瑰本义当仍属玉石。”②今依《集韵》眉贫切，读 mín。

【译文】玫，火炼成的火齐珠，即玫瑰。另一说，玫为一种美石。形声字，“玉”为形符，“文”为声符。

瑰 玫瑰。从玉，鬼声。一曰，圜好①。公回切（guī）

【注释】①圜好：《玉篇》引作珠圜好。

【译文】瑰，玫瑰。形声字，“玉”为形符，“鬼”为声符。另一说，珠子圆好为瑰。

璣（玑） 珠不圜也。从玉，幾声。居衣切（jī）

【译文】璣，不圆的珠。形声字，“玉”为形符，“幾”为声符。

琅 琅玕，似珠者①。从玉，良声。鲁当切（láng）

【注释】①似珠：段玉裁《说文解字注》：“出于蚌者为珠，则出于地中者为似珠。”

【译文】琅，琅玕，形状似珠的美玉或美石。形声字，“玉”为形符，“良”为声符。

玕 琅玕也。从玉，干声。《禹贡》：“雍州球琳琅玕。” 𤥚，古文玕。古寒切（gān）

【译文】玕，琅玕。形声字，“玉”为形符，“干”为声符。《尚书·禹贡》中说：“雍州一带的贡品是球玉、琳石、琅玕珠。” 𤥚，古文“玕”字。

珊 珊瑚，色赤，生于海，或生于山。从玉，删省声。稣干切（shān）

【译文】珊瑚，有的为红色，有的产生于海里，有的产生于山上。形声字，“玉”为形符，“删”的省文为声符。

瑚 珊瑚也。从玉，胡声。户吴切（hú）

【译文】瑚，珊瑚。形声字，“玉”为形符，“胡”为声符。

珋 石之有光[者]①，璧珋②也。出西胡③中。从玉，丣声④。力求切（liú）

【注释】①石之有光：段玉裁《说文解字注》作“石之有光者”，根据此加“者”字。②璧珋：段玉裁《说文解字注》：“璧珋，即璧流离也。”“璧流离三字为名，胡语也，犹珣玕琪之为夷语。”“今人省言之曰流离，改其字为瑠璃。古人省言之曰璧珋。”今流离又作琉璃。③西胡：西域。④丣：古文酉字。段玉裁《说文解字注》：“许君卯、丣画分。而从丣之字，俗多改为从卯，自汉已然。卯金刀为劉之说，纬书荒繆。”《说文》无劉字，有镏字，镏疑为劉之讹。

【译文】珋，似石而且光亮，即璧珋。出产于西域少数民族地区。形声字，“玉”为形符，“丣”为声符。为“酉”古文。

琀 送死口中玉也。从玉，从含，含亦声。胡绀切（hàn）①

【注释】①胡绀切：今读音 hán。

【译文】琀为给死人口含的玉器。由“含”和“玉”会意，“含”亦为声符。

𤪌 遗玉①也。从玉，歔声。以周切 (yǒu)

【注释】①遗玉：段玉裁《说文解字注》：“谓赠遗之玉也。”《周礼·天官·大宰》：“大丧，赞赠玉含玉。”赠玉，下葬时穿土下棺，玉加于丝帛以殉葬，即为此赠玉。

【译文】𤪌，古代丧事中献给死者的玉器。形声字，“玉”为形符，“歔”为声符。

璗 金①之美者。与玉同色②。从玉湯声。《礼》：佩刀，诸侯璗琫而璆珌。徒朗切 (dàng)

【注释】①金：《尔雅·释器》：“黄金谓之璗。”黄金即今铜。②与玉同色：段玉裁《说文解字注》：“谓光色如玉之符采，故其字从玉。”

【译文】璗，最美的铜。具有玉石的光彩。形声字，“玉”为形符，“湯”为声符。礼制上说：佩刀，诸侯用铜作刀鞘口沿上的装饰物，用璆作刀鞘末端的装饰物。

靈（灵） 靈 靈巫[1]。以玉事神。从玉，霝声。靈，靈或，从巫。郎丁切（líng）

【注释】①靈巫：《楚辞·九歌》王注："靈，巫也，楚人名巫为靈。"连言之为靈巫。

【译文】靈，靈巫。他们用玉器奉侍神灵。形声字，"玉"为形符，"霝"为声符。靈，靈的或体，从"巫"。

文一百二十六 重十七

玨［珏］ 玨 二玉相合为一玨。凡玨之属皆从。瑴，珏或，从㱿[1]。古岳切 (jué)

【注释】①从㱿：段玉裁《说文解字注》："㱿，声也。"

【译文】玨，两串玉合在一起称一玨。大凡"玨"的部属都从"玨"。瑴，"珏"的或体，从"㱿"声。

班 班 分瑞玉也[1]。从珏，从刀。布还切 (bān)

【注释】①瑞玉：古代作凭证，从中分二，各执一半。

【译文】班，将原本合二为一的玉质信物分开，各执其一。由"珏"中加"刀"会意。

㻫 㻫 车笭[1]间皮箧[2]。古者使奉玉以藏之。从車、珏。读与服同。房六切（fú）

【注释】①车笭：车前横木下纵横交错的竹木条。现在称车栏，横在车前可作竹帘，放在车底可放器物。②箧：这里指皮夹。

【译文】㻫，车栏间的小皮箱。古时候，使者所挟带的做为礼币的玉器放在里面。会意字，由“車”和“玨”会意。读音与“服”音相同。

文三 重一

气 云气也。象形。凡气之属皆从气。去既切（qì）

【译文】气，云气。象形字，大凡“气”的部属都从“气”。

氛 祥气也。从气，分声。，氛或，从雨。符分切（fēn）

【译文】氛，表示吉凶征兆的云气。形声字，“气”为形符，“分”为声符。，“氛”的或体，从“雨”。

文二 重一

士 事也[1]。数始于一，终于十[2]。从一，从十。孔子曰：“推十合一[3]为士。”凡士之属皆从士。鉏里切（shì）

【注释】①事：《白虎通·爵》：“士者，事也。任事之称也。”②终于十：逢十进一。③推十合一：段玉裁《说文解字注》：“由博返约。”

【译文】士，任事之人。数目从一始，到十终。由“一”和“十”会意。孔子说：“能够研格物理，推论十所象之众事，达到一所象之天地自然之道的人，可称为士。”凡“士”的部属都从“士”。

壻[婿] 夫也。从士，胥声[1]。《诗》曰：“女也不爽，士贰其行。”[2]士者，夫也。读与细同。，

壻或，从女。穌计切（xù）

【注释】①胥声：《周礼》注："有才智之称。"声中兼义。段玉裁《说文解字注》："壻为男子之美称，因以为女夫之称。"②语见《诗经·卫风·氓》。爽，差错；贰，不专一。

【译文】壻，丈夫。形声字，"士"为形符，"胥"为声符。《诗经》有言："我做妇人没有一点错，而你做士的行为不专一。"士即女之夫。读音与"细"相同。婿，"壻"的或体，从"女"。

壯（壮）壯 大也。从士，爿声[1]。侧亮切（zhuàng）

【注释】①爿声：徐锴《说文解字系传》："爿则牀（床）字之省。"徐灏《说文解字注笺》："《说文》无爿字，而壯、牀、戕、牆等皆用为声，盖偶佚之。"

【译文】壯，大。形声字，"士"为形符，"爿"为声符。

墫 墫 舞也。从士，尊声。《诗》曰："墫墫舞我。"[1]慈损切（zùn）[2]

【注释】①墫墫舞我：语见《诗经·小雅·伐木》。墫墫，形容舞貌。②今音依《广韵》七伦切，读 cún。

【译文】墫，跳舞。形声字，"士"为形符，"尊"为声符。《诗经》上说："我们脚步墫墫地跳着舞。"

文四 重一

丨 丨 上下通也。引而上行读若囟（xìn），引而下行读若退。凡丨之属皆从丨。古本切（gǔn）

【译文】丨，表示上下相通。从下起笔往上运笔，读音同“囟”；从上起笔往下运笔，读音同“退”。

中 （而）[内][①]也。从口；丨上下通。，古文中。，籀文中。陟弓切（zhōng）

【注释】①内：徐铉本作而，徐锴本作和，段玉裁依宋本校订为内。内，入。是指“丨”纳入口（wéi）的意思。

【译文】中，纳入。从“口”，中间之“丨”，表示上下通彻。，古文“中”字。，籀文“中”字。

㫃 旌旗杠皃。从丨，从㫃，㫃亦声。丑善切（chǎn）

【译文】㫃，形容旌旗杆的样子。由“㫃”和“丨”会意。“㫃”也是声符。

文三 重二

卷二

屮 ψ 屮木初生也。象丨[①]出形，有枝茎也。古文或以为艸字。读若彻[②]。凡屮之属皆从屮。尹彤说[③]。丑列切（chè）

【注释】①丨：段玉裁《说文解字注》："丨，读若囟，引而上行也。"丨出，开出、长出。②读若彻：段玉裁《说文解字注》："彻，通也。义存乎音。"③尹彤说：徐锴《说文解字系传》："尹彤，当时说文字者。所谓'博采通人'也。"段玉裁《说文解字注》："三字当在'凡屮'上。转写者倒之。"尹彤，汉时博通之人，孝平时曾征百余人说文字于未央廷中，尹或为其中之一。

【译文】屮义为草木初生。象形字，象刚从地中长出的形状，已经有了主茎和侧枝。古文中有时把它用作艸字。读音如"彻"字音。凡"屮"的部属皆从"屮"。这是尹彤的说法。

屯 屯 难也。象艸木之初生。屯然[①]而难。从屮贯一，一，地也；尾曲[②]。《易》曰："屯，刚柔始交而难生。"[③]陟伦切（zhūn）

【注释】①屯然：曲折的样子。②尾曲：徐灏《说文解字注笺》："此篆从屮曲之，以象难生之意。" 尾亦是主茎，为破土而出而奋力致曲。③语见《周易 · 屯卦》。

【译文】屯，艰难。会意字，象草木初生时屯然艰难之状，以"屮"上加"一"会意，"一"表示地，"屯"字尾部弯曲。《周易》上说："屯，以柔弱的幼芽破坚刚之土，自然难以长出。"

每 𡴞 艸盛上出也。从屮，母声。武罪切（měi）

【译文】每，草木茂盛生长的样子。形声字，"屮"为形符，"母"为声符。

毒 𡹊 厚也。害人之艸，往往而生[①]。从屮，（从毒）[毐声][②]。𥁕，古文毒，從刀、菑。徒沃切（dú）

【注释】①往往：段玉裁《说文解字注》："犹历历也。"②从毒：当依徐锴《说文解字系传》作毐声。《汉书 · 地理志》："多犀象毒冒珠玑。"颜师古注："毒音代。"可见毒有代音，与毐（ǎi）声相近。

【译文】毒，厚。害人之草，到处蕃生。会意字，"屮"为形符、"毒"为声符。𥁕，古文"毒"字，由"刀"和"菑"会意。

岃[芬] 𡴆 艸初生，其香分布。从屮，从分，分亦声。𦬍，岃或从艸。抚文切 (fēn)

【译文】岃，青草初生时，其清香之气四散。以"屮"和"分"会意，"分"亦是声符。𦬍，"岃"的或体，从"艸"。

兴 𡴂 菌兴，地蕈[①]。从生田中。从屮，六声。𣡌，

籀文尖，从三尖。力竹切（lù）

【注释】①地蕈：《尔雅·释草》："中馗，菌。"郭璞注："地蕈也，似盖。今江东名为土菌。亦曰馗厨。"即今之菌子。

【译文】尖，即叫尖的菌类植物，也叫地蕈。一丛丛产生在田地里。形声字，"屮"为形符，"六"为声符。𡴇，籀文"尖"字，由三个"尖"字构成。

熏 𤋱 火烟上出也。从屮，从黑[①]。屮黑[②]，熏黑也。许云切（xūn）

【注释】①从屮，从黑：朱骏声《说文通训定声》："炎上出囱为烟，其色黑，屮亦象烟上出形。"②屮黑：火烟上升把物体熏黑，上古居室，茅草盖顶，天窗附近，盖草尽黑，屮之黑，是熏之黑。

【译文】熏，室中点火生烟，使物体变黑。以"屮"和"黑"会意。

文七 重三

艸[草] 艸 百芔也。从二屮。凡艸之属皆从艸。仓老切（cǎo）

【译文】艸，各种各样草本植物的共名。以二"屮"象其丛生。大凡"艸"的部属都从"艸"。

莊(庄) 莊 上讳[①]。𤖵，古文莊。侧羊切（zhuāng）

【注释】①上讳：汉明帝的名字。段玉裁《说文解字注》："其说解当曰：'艸大也。从艸，壮声。'……此形声兼会意字，壮训大，故莊训艸大。”

【译文】莊，皇上的名讳。，古文“莊”字。

蓏 在木曰果，在地曰蓏。从艸，从㼌（yǔ）①。郎果切（luǒ）

【注释】①㼌：微弱。徐锴《说文系传》作从艸，㼌声。

【译文】蓏，草本植物的果实。树上结的叫果，地里长的叫蓏。以“艸”和“㼌”会意。

芝 神艸①也。从艸，（从）之[声]。止而切（zhī）

【注释】①神艸：徐灏《说文解字注笺》：“古人以芝为祥瑞，《本草》云：‘服之轻身延年，故谓之神草，亦曰灵芝。’其实蕈菌之属耳。”

【译文】芝，灵芝。形声字，“艸”为形符，“之”为声符。

萐 萐莆，瑞艸也。尧时生于庖厨，扇暑而凉。从艸，疌声。士洽切（shà）

【译文】萐，萐莆，一种吉祥之艸。帝尧时生长在庖厨，它自行摇动能扇走暑热，让食物寒凉。形声字，“艸”为形符，“疌”为声符。

莆 萐莆也。从艸，甫声。方矩切（fǔ）

【译文】莆，萐莆。形声字，“艸”为形符，“甫”为声符。

虋 赤苗嘉谷①也。从艸，釁声。莫奔切（mén）

【注释】①赤苗嘉谷：段玉裁《说文解字注》：“赤苗、白苗，谓禾茎有赤、白之分，非谓粟。”

【译文】虋，一种苗为赤色的优良谷种。形声字，“艸”为形符，“釁”为声符。

荅 小尗也。从艸，合声。都合切（dá）

【译文】荅，小豆。形声字，“艸”为形符，“合”为声符。

萁 豆茎也。从艸，其声。渠之切（qí）

【译文】萁，豆秸。形声字，“艸”为形符，“其”为声符。

藿［藿］ 尗之少（shào）也[1]。从艸，靃声。虚郭切（huò）

【注释】①徐灏《说文解字注笺》：“谓豆之嫩叶可食耳。”《广雅》：“豆角谓之荚，其叶谓之藿。”尗，即“菽”，豆类的总称。

【译文】藿，豆类可食的鲜嫩叶。形声字，“艸”为形符，“靃”为声符。

莥 鹿藿[1]之实名也。从艸，狃声。敕久切（chǒu）[2]

【注释】①鹿藿：《尔雅·释草》：“蔨（juàn），鹿藿，其实莥。”郭璞注：“今鹿豆也，叶似大豆，根黄而香，蔓延生。”朱骏声《说文通训定声》：“亦名野绿豆。”②敕久切：今读niǔ。

【译文】莥，鹿豆的籽粒之名。形声字，“艸”为形符，“狃”为声符。

莨 䕞 禾粟之采[1]，生而不成，谓之董莨[2]。从艸，郎声。稂，莨或，从禾。鲁当切（láng）

【注释】①采：古穗字。②董莨：麸无米之谷。

【译文】莨，指禾谷长出了穗子，却结不出籽粒的情况，叫董莨。形声字，“艸”为形符，“郎”为声符。稂，莨的或体，从“禾”。

莠 莠 禾粟下[阳]生[者曰]莠。从艸，秀声。读若酉。与久切（yǒu）

【注释】禾粟下生莠：慧琳《一切经音义》莠注皆引《说文》：“禾粟下阳生者曰莠。”当据补。禾粟下，段玉裁《说文解字注》：“犹言禾粟间。”段玉裁《说文解字注》：“莠，今之狗尾草。茎叶穗皆似禾。”

【译文】莠，禾粟之间长的其茎叶与禾苗略同的东西叫作莠。形声字，“艸”为形符，“秀”为声符。读音似“酉”。

萉 萉 枲实[1]也。从艸，肥声。黂，萉或，从麻，賁[2]。房未切（fèi）

【注释】①枲（xǐ）实：段玉裁《说文解字注》：“枲，麻也。枲实，麻子也。”②賁：段玉裁：“賁，声。”

【译文】萉，麻子。形声字，“艸”为形符，“肥”为声符。黂，萉的或体，“麻”为形符，，“賁”为声符。

芓 麻母①也。从艸，子声。一曰，芓即枲也。疾吏切（zì）

【注释】①麻母：大麻的雌株。段玉裁《说文解字注》："《仪礼》传云：牡麻者，枲麻也。然则枲无实，芓乃有实，统言则皆称枲，析言则有实者称芓，无实者称枲。麻母言麻子之母。"

【译文】芓，麻子之母。形声字，"艸"为形符，"子"为声符。另一说，芓就是枲。

萛 芓也。从艸，異声。羊吏切（yì）

【译文】萛就是芓，详芓字下。形声字，艸为形符，異为声符。

蘇（苏） 桂荏①也。从艸，穌声。素孤切（sū）

【注释】①桂荏：段玉裁《说文解字注》："今之紫蘇。"桂馥《说文解字义证》："《本草纲目》：蘇，从穌，舒畅也。蘇性舒畅，行气和血，故谓之蘇。蘇乃荏类，而味辛如桂，故《尔雅》谓之桂荏。"

【译文】蘇，一种味辛似桂的荏类植物。形声字，"艸"为形符，"穌"为声符。

荏 桂荏，苏①。从艸，任声。如甚切（rěn）

【注释】①苏：徐锴《说文解字系传》："荏，白苏也。桂荏，紫苏也。"苏这里指白苏。

【译文】荏，桂荏，亦称白苏。形声字，"艸"为形符，"任"

为声符。

芺 𦬙 菜也。从艸，矢声。失匕切（shǐ）

【译文】芺，一种蔬菜。形声字，“艸”为形符，“矢”为声符。

䒗 䒗 菜之美者。云梦之䒗[1]。从艸，岂声。驱喜切（qǐ）

【注释】①云梦之䒗：段玉裁《说文解字注》：“《吕氏春秋》伊尹对汤曰：‘菜之美者，云梦之芹。’高注：云梦，楚泽。芹生水涯，许作䒗，盖殷、微二韵转移最近。许君采自伊尹书，与《吕览》字异，音、义则同。”

【译文】䒗，一种好吃的蔬菜。比如云梦泽出产的䒗菜就负盛名。形声字，“艸”为形符，“岂”为声符。

葵[1] 葵 菜也。从艸，癸声。强惟切（kuí）

【注释】①葵：又名冬葵，冬葵菜。

【译文】葵，葵菜。形声字，“艸”为形符，“癸”为声符。

蘠 蘠 御湿之菜[1]也。从艸，彊声。居良切（jiāng）

【注释】①御湿之菜：徐锴《说文解字系传》：“蘠可以止腹病，治脚下湿。”

【译文】蘠，有禦风去湿之效的其块根菜蔬。形声字，“艸”为形符，“彊”为声符。

蓼 蓼 辛菜，蔷虞[1]也。从艸，翏声。卢鸟切（liǎo）

【注释】①蔷虞：《尔雅·释艸》："蔷虞，蓼。"

【译文】蓼，一种有辛辣气味的蔬菜，即蔷虞。形声字，"艸"为形符，"翏"为声符。

葅 菜也[1]。从艸，祖声。则古切（zǔ）

【注释】①菜：徐锴《说文解字系传》引崔豹《古今注》："葅一名蕺。"俗名鱼腥草。

【译文】葅，一种野菜，即鱼腥草。形声字，"艸"为形符，"祖"为声符。

蘧 菜也。似苏者。从艸，豦声。强鱼切（qú）

【注释】蘧：《玉篇·艸部》："蘧，今之苦蘧，江东呼为苦荬（mǎi）。"

【译文】蘧，一种菜蔬。像紫苏、白苏，俗名苦菜，家种者又名苦苣。形声字，"艸"为形符，"豦"为声符。

薇 菜也。似藿[1]。从艸，微声。，籒文薇省。无非切（wēi）

【注释】①似藿：《本草纲目·菜部·薇》："时珍曰：薇生麦田中，原泽亦有。即今野豌豆，蜀人谓之巢菜。蔓生，茎叶气味皆似豌豆。"

【译文】薇，一种野菜。叶象豆叶，俗称野豌豆。形声字，"艸"为形符，"微"为声符。，籒文"薇"的省略。

蓶 菜也。从艸，唯声。以水切（wěi）[1]

【注释】①以水切：今依《广韵》以追切，读 wéi。

【译文】蓶，菜名，似乌韭而黄。形声字，"艸"为形符，"唯"为声符。

莛 菜，类蒿[①]。从艸，近声。《周礼》有"莛菹"[②]。巨巾切（qín）

【注释】①类蒿：《玉篇》："莛，蒌蒿也。"②语见《周礼·天官·醢人》。

【译文】莛，一种蔬菜，象蒿。形声字，"艸"为形符，"近"为声符。《周礼》上的"莛菹"即以这种菜做的酸菜。

蘸 菜也。从艸，酿声。女亮切（niàng）

【译文】蘸，蘸菜。形声字，"艸"为形符，"釀"为声符。

莧（苋） 莧菜也。从艸，見声。侯涧切（xiàn）

【译文】苋，苋菜。形声字，"艸"为形符，"見"为声符。

芌（芋） 大叶实根，骇人，故谓之芌[①]也。从艸，亏声[②]。王遇切（yù）

【注释】①芌：徐锴《说文解字系传》："芌犹言吁也。吁，惊词，故曰骇人谓之芌。"②亏（yú）声：段玉裁《说文解字注》："凡于声字多训大。"按，本书多处讲到合体字的声旁"于""亏"实为一字。

【译文】芋，芋头，叶子大，其块根亦肥大，令人吃惊，所以取名为芋。形声字，"艸"为形符，"亏"为声符。

莒 ![seal] 齐谓芋为莒。从艸，吕声。居许切（jǔ）

【译文】莒，齐国一带称芋为莒。形声字，“艸”为形符，“吕”为声符。

蘧 蘧麦也[①]。从艸，遽声。强鱼切（qú）

【注释】蘧麦：亦作瞿麦，徐锴《说文解字系传》：“今谓之瞿麦。其上而华（花）色深者，俗谓石竹。”《本草》：“瞿麦，一句巨句麦，一名大菊，一名大兰。”

【译文】蘧，蘧麦。形声字，“艸”为形符，“遽”为声符。

菊 大菊，蘧麦。从艸，匊声。居六切（jú）

【译文】菊，大菊，即蘧麦。形声字，“艸”为形符，“匊”为声符。

葷（荤） 臭菜[①]也。从艸，軍声。许云切（hūn）

【注释】①臭菜：臭为气味之意，徐锴《说文解字系传》：“通谓芸台（俗称油菜）、椿（香椿）、韭、蒜、葱、阿魏（药名）之属，方术家所禁，谓气不洁也。”

【译文】葷，葱蒜之类有特殊气味的菜。形声字，“艸”为形符，“軍”为声符。

蘘 蘘荷[①]也。一名葍蒩。从艸，襄声。汝羊切（ráng）

【注释】①蘘荷：又称阳藿，又一名叫菖葙，嫩花序可作蔬菜，根状茎入药。

【译文】蘘，蘘荷。形声字，“艸”为形符，“襄”为声符。

菁 菁 韭华也。从艸。青声。子盈切（jīng）

【译文】菁，韭菜花。形声字，“艸”为形符，“青”为声符。

蘆（芦） 蘆 蘆菔[1]也。一曰荠根。从艸，盧声。落乎切（lú）

【注释】蘆菔：朱骏声《说文通训定声》：“今又谓之萝卜、莱菔，皆语之转。”

【译文】蘆，蘆菔。又指荠根。形声字，“艸”为形符，“盧”为声符。

菔 菔 芦菔。似芜菁[1]，实如小尗者[2]。从艸，服声。蒲北切(fú)

【注释】①芜菁：又称蔓菁，又称大头菜。②实如小尗者：桂馥《说文解字义证》：“《本草》有莱菔子是也。”莱菔子，即萝卜籽。

【译文】菔，芦菔。象芜菁，籽粒象小豆。形声字，“艸”为形符，“服”为声符。

苹 苹 蓱也[1]。无根，浮水而生者。从艸，平声。符兵切(píng)

【注释】①蓱：浮萍。《尔雅·释草》：“苹，蓱；其大者蘋。”郭璞注：“水中浮萍，江东谓之薸。”徐灏《说文解字注笺》：“与‘苹，藾萧’，异物同名，因以苹为藾萧之专名，又增水旁作萍以为浮萍。”

【译文】苹，浮萍。没有根，浮在水面上生长。形声字，“艸”为形符，“平”为声符。

茞　艸也。从艸，臣声。稹邻切（chén）

【译文】茞，茞草。形声字，“艸”为形符，“臣”为声符。

蘋　大蓱也①。从艸，宾声。符真切（pín）

【注释】①大蓱：《尔雅·释草》：“苹，蓱。其大者蘋。”毛传：“蘋，大蓱也。”段玉裁《说文解字注》：“蘋、蘋，古今字。”徐灏《说文解字注笺》：“苏恭云：大者曰蘋，中者荇菜，小者水上浮萍。”

【译文】蘋，指大浮萍。形声字，“艸”为形符，“賓”为声符。

藍（蓝）　染青艸也①。从艸，監声。鲁甘切（lán）

【注释】①染青艸：王筠《说文解字句读》：“有蓼藍、大藍、槐藍、菘藍、马藍、吴藍、木藍。”

【译文】藍，可加工成靛青用作染料的一种草。形声字，“艸”为形符，“監”为声符。

藼（萱）　令人忘忧艸也。从艸，憲声。《诗》

曰："安得藼艸？"[①] 𦳝，或，从煖。萱，或，从宣。况袁切（xuān）

【注释】①语见《诗经·卫风·伯兮》。《本草》："今江东人采其花跗，干而食之，名为黄花菜。"陈奂《诗毛氏传疏》："今俗谓金针菜。"

【译文】藼，可以使人忘却忧愁的草，其花桔红色或嫩黄色，供食用。形声字，"艸"为形符，"憲"为声符。《诗经》上说"怎么能得到藼草？"即此。𦳝，"藼"的或体，从"煖"声。萱，"藼"的或体，从"宣"声。

营 营 营䓖[①]，香艸也。从艸，宫声。芎，司马相如说[②]，营或，从弓[③]。去弓切（qiōng）

【注释】①䓖：即今之川芎。朱骏声《说文通训定声》"䓖"下："营䓖，叠韵连语，今谓之川芎。"②司马相如：徐锴《说文解字系传》："司马相如续李斯《苍颉篇》作《凡将》一篇，解说文字司马相如说，许慎所采，故云司马相如说也。"司马相如，字长卿，成都人，西汉著名辞赋家。③从弓：朱骏声《说文通训定声》作从弓声。

【译文】营，营䓖，是种香草，又名川芎。形声字，"艸"为形符，"宫"为声符。芎，司马相如说，是"营"的或体，从"弓"声。

藭（䓖） 藭 营藭也。从艸，窮声。渠弓切（qióng）
【译文】藭，营藭。形声字，艸为形符，窮为声符。

蘭(兰) 香艸[1]也。从艸，闌声。落干切(lán)

【注释】①香艸：指泽蘭。徐灏《说文解字注笺》："经传所谓蘭，大抵皆泽蘭之类，世人以今蘭蕙当之，殊误。"

【译文】蘭，一种香艸。形声字，"艸"为形符，"闌"为声符。

葌  艸，出吴林山[1]。从艸，姦声。古颜切(jiān)

【注释】①吴林山：见《山海经·中山经》："吴林之山，其中多葌草。"郭璞注："亦菅字。"

【译文】葌，是一种叫菅茅的野草，产于吴林山。形声字，"艸"为形符，"姦"为声符。

葰  薑属[1]。可以香口。从艸，俊声。息遗切(suī)

【注释】①薑属：王筠《说文解字句读》："葰一名廉薑，生沙石中，薑类也。其味大辛而香。"

【译文】葰，薑类植物，可以去除口臭。形声字，"艸"为形符，"俊"为声符。

芄  芄兰[1]，莞也。从艸，凡声。《诗》曰："芄兰之枝。"[2]胡官切(huán)[3]

【注释】①芄兰：王筠《说文解字句读》："芄、兰、莞三字叠韵，长言则芄兰，短言则莞。而莞本作席之艸之专名，此则以为芄兰之异名。今《尔雅》作雚。"②语见《诗经·卫风·芄兰》。③胡官切：今读 wán。

【译文】芄，芄兰，亦称莞。形声字，"艸"为形符，"丸"为声符。《诗经》上说："芄兰之枝。"

蘬 楚谓之蓠，晋谓之蘬，齐谓之茝。从艸，䶙声。许娇切（xiāo）

【译文】蘬，楚地（长江中游一带）把它称作蓠，晋国（今山西一带）称作蘬，齐国（今山东一带）称作茝。形声字，“艸”为形符，“䶙”为声符。

蘺（蓠）  江蘺[①]，蘼芜。从艸，離声。吕之切（lí）

【注释】①江蘺：一种香草。《本草纲目·草部·蘼芜》：“时珍曰：《别录》言：蘼芜一句江蘺，芎䓖苗也，而司马相如《子虚赋》称‘芎䓖、菖蒲、江蘺、蘼芜。《上林赋》云：‘被以江蘺，揉以蘼芜。’似非一物，何耶？盖嫩苗未结根时，则为蘼芜，既结根后，乃为芎䓖。大叶似芹者为江蘺，细叶似蛇床者为蘼芜。如此分别，自明白矣。”

【译文】蘺，江蘺，又叫蘼芜。形声字，“艸”为形符，“離”为声符。

茝 蘬也。从艸，𦣞声。昌改切（chǎi）[①]

【注释】①昌改切：今依《广韵》诸市切，读 zhǐ。

【译文】茝，蘬。形声字，“艸”为形符，“𦣞”为声符。

虋 虋芜[①]也。从艸，麋声。靡为切（mí）[②]

【注释】①虋芜，亦称作蘼芜，香草名，指川芎的苗。②靡为切：今依《广韵》武悲切，读 méi。

【译文】虉，虉芜。形声字，“艸”为形符，“虉”为声符。

薰[1] 𦶇 香艸也。从艸，熏声。许云切（xūn）

【注释】①薰：即蕙草，又名零陵香。

【译文】薰，香草。形声字，“艸”为形符，“熏”为声符。

蕩[薄] 𦽊 水萹茿[1]。从艸，从水，毒声。读若督。徒沃切（dú）

【注释】①水萹茿：段玉裁《说文解字注》：“谓萹茿之生于水者谓之薄也。统言则曰萹茿，析言则有水、陆之异。”

【译文】蕩，指生于水中的萹茿。由“艸”和“水”会意，“毒”表声。读音像“督”。

萹 𦱇 萹茿[1]也。从艸，扁声。方沔切（biān）

【注释】①萹茿：又名萹竹、萹蓄。《尔雅·释草》：“竹，萹蓄。”郭璞注：“似小藜，赤茎节，好生道旁，可食，又杀虫。”生在水中的叫薄。

【译文】萹，萹茿。形声字，“艸”为形符，“扁”为声符。

茿 𦬇 萹茿也。从艸，筑省声[1]。陟玉切（zhú）

【注释】①筑省声：段玉裁《说文解字注》：“不云巩声，而云筑省声者，以巩字工声，筑字竹亦声也。”

【译文】茿，萹筑。形声字，“艸”为形符，“筑”省为声符。

藒 𦿑 芞舆[1]也。从艸，楬声[2]。去谒切（qiē）

【注释】①芞舆：香草。《尔雅·释草》："藒车，芞舆。"郭璞注："藒车，香草，见《离骚》。"《太平御览》引《广志》："藒车，香草，味辛，生彭城，高数尺，黄叶白华。"②楬声：徐灏《说文解字注笺》："此篆大小徐各本偏旁或从木，或从禾，错出不一。"今读qiè。

【译文】藒，芞舆，香草名。形声字，"艸"为形符，"楬"为声符。

芞[艺] 芞舆也。从艸，气声。去讫切(qì)

【译文】芞，芞舆。形声字，"艸"为形符，"气"为声符。

苺 马苺[1]也。从艸，母声。武罪切(měi)

【注释】①马苺：王筠《说文解字句读》："凡以马名者皆谓大也。盖谓大于莓、山莓也。"字亦作莓。今读méi。

【译文】苺，马莓。形声字，"艸"为形符，"母"为声符。

茖 艸也。从艸，各声。古额切(gè)

【译文】茖，一种草。形声字。"艸"为形符，"各"为声符。

苷 甘艸也[1]。从艸，从甘。古三切(gān)

【注释】①甘艸：《正字通·艸部》："甘草枝叶如槐，高五六尺，叶端有尖，有白毛，实作角。""味甘，故名甘草，俗加艸。"

【译文】苷，甘草。由"艸"和"甘"会意。

茡[1] 艸也。从艸，予声。可以为绳。直吕切（zhù）

【注释】①茡：荆三棱，俗名三棱草。

【译文】茡，茡草。形声字，“艸”为形符，“予”为声符。可用以搓绳子。

藎（荩）[1]  艸也。从艸，盡声。徐刃切（jìn）

【注释】①藎：俗名绿蓐草，即王刍。

【译文】藎，藎草。形声字，“艸”为形符，“盡”为声符。

荗 艸也。从艸，述声。食聿切（shù）

【译文】荗为一种药草，或以为即蓬莪。形声字，艸为形符，述为声符。

荵  荵冬艸[1]。从艸，忍声。而軫切（rěn）

【注释】①荵冬草：俗名金银花。

【译文】荵，荵冬草。形声字，“艸”为形符，“忍”为声符。

萇（苌）  萇楚[1]，跳弋[2]。一名羊桃[3]。从艸，長声。直良切（cháng）

【注释】①萇楚：《尔雅·释草》作长楚。②跳弋：《尔雅》作铫芅。③羊桃：《尔雅》郭璞注“长楚、铫芅”：“今羊桃也。或曰鬼桃。叶似桃，华白，子如小麦，亦似桃。”

【译文】萇，萇楚、跳弋。又名羊桃。形声字，“艸”为形符，“長”为声符。

薊(蓟) 芙也[①]。从艸，魝声。古诣切(jì)

【注释】①芙：钩草。《尔雅·释器》："钩，芙。"郭璞注："大如拇指，中空，茎头有台。似蓟，初生可食。"芙和蓟相似，是同类植物。蓟有大蓟、小蓟、山蓟、枹蓟多种。

【译文】蓟，芙类。形声字，"艸"为形符，"魝"为声符。

堇[①] 艸也。从艸，里声。读若厘[②]。里之切(lí)

【注释】①堇：即羊蹄菜，根入药，称土大黄。②读若厘：叶德辉《说文读若考》："按堇、厘均从里得声。"

【译文】堇，草名。形声字，"艸"为形符，"里"为声符。

藋 厘艸[①]也。一曰拜商藋。从艸，翟声。徒吊切(diào)

【注释】①厘艸：藜类植物。朱骏声《说文通训定声》："《尔雅》：'厘，蔓华。'即莱也。厘、莱同声之借。亦即藜也。藜、莱双声之转。所谓灰藋也。"

【译文】藋即釐草，即藜藋。另一说，拜商藋，今名灰藋。形声字，"艸"为形符，"翟"为声符。

芨 堇艸[①]也。从艸，及声。读若急。居立切(jī)

【注释】①堇艸：《尔雅·释草》："芨，堇草。"又叫陆英，俗称接骨草。全草治跌打损伤。

【译文】芨，堇草。形声字，"艸"为形符，"及"为声符。读音如"急"字音。

葥  山莓[①]也。从艸，前声。子贱切（jiàn）

【注释】①山莓：又叫悬钩子，蔷薇科植物。因茎上有刺如悬钩而得名，亦名为野杨梅。

【译文】葥，山莓。形声字，“艸”为形符，“前”为声符。

葽  毒艸也。从艸，婺声。莫候切（mào）

【译文】葽，一种毒草。形声字，“艸”为形符，“婺”为声符。

蓩  卷耳[①]也。从艸，务声。亡考切（mǎo）

【注释】①卷耳：桂馥《说文解字义证》：“此与《诗》之卷耳，名同物异。”又名苓耳，嫩苗可食。

【译文】蓩，卷耳。形声字，“艸”为形符，“務”为声符。

蓡[葠] 人蓡[①]，药艸，出上党[②]。从艸，濅声。山林切（shēn）

【注释】①蓡：字亦作蓡、作参、作蔘、作葠。王筠《说文解字句读》：“人参出上党，状类人者善。”人参、党参的总称。②上党：在今山西省东南部。

【译文】蓡，人蓡，药草名，出自上党。形声字，“艸”为形符，“濅”为声符。

虊  凫葵[①]也。从艸，攣声。洛官切（luán）

【注释】①凫葵：又叫水葵、虊菜、茆菜、蓴菜、莼菜。多年生水草，嫩叶可为羹。《广韵》：“虊，一曰茆也。”

《广雅》："蘗茆，凫葵也。"

【译文】蘗，凫葵。形声字，"艸"为形符，"欒"为声符。

莀 艸也[①]。可以染留黄[②]。从艸，戾声。郎计切（lì）

【注释】①艸也：可作染料的草，可染黄绿色和紫色，染黄绿者叫绿莀，即荩草；染紫色者叫紫莀，即紫草。②留黄：《广雅》："留黄，绿也。"

【译文】莀，莀草。可以用来染成黄绿色。形声字，"艸"为形符，"戾"为声符。

莜 蚍虾也。从艸，收声。渠遥切（qiáo）

【译文】莜，蚍（pí）虾（fú）草。形声字，"艸"为形符，"收"为声符。

䔢 蒿也。从艸，毗声。房脂切（pí）

【译文】䔢，蒿类植物。形声字，"艸"为形符，"毗"为声符。

萭 艸也。从艸，禹声。王矩切（yǔ）

【译文】萭，萭草。形声字，"艸"为形符，"禹"为声符。

荑 艸也。从艸，夷声。杜兮切（tí）

【译文】荑，初生茅草的嫩芽。形声字，"艸"为形符，"夷"为声符。

薛[①] 薛 艸也。从艸，辥声。私列切（xuē）

【注释】①薛：即赖萧草。

【译文】薛，草名。形声字，“艸”为形符，“辥”为声符。

苦 苦 大苦[①]，苓也。从艸，古声。康杜切（kǔ）

【注释】①大苦：甘草，亦名荼、苦菜，苓之类。桂馥《说文解字义证》：“苓当为蘦。《释草》同。徐灏《说文解字注笺》：“此作苓，为假借字。令声古音在真部，周秦以后转入庚部，故与蘦相通耳。”

【译文】苦，大苦，又称蘦草。形声字，“艸”为形符，“古”为声符。

菩[①] 菩 艸也。从艸，音声。步乃切（bèi）

【注释】①菩：或云即黄菩草，可以苫屋。

【译文】菩，黄菩草。形声字，“艸”为形符，“音”为声符。

蓄[薏] 蓄 薏苢[①]。从艸，啻声。一曰，蓄英[②]。於力切（yì）

【注释】①薏苢（yǐ）：即苡米，禾本科植物。徐锴《说文解字系传》：“今谓之薏米。”②英：桂馥《说文解字义证》：“蓄英似菊之华。《楚辞》：‘夕餐秋菊之落英。’”王筠《说文解字句读》：“英者，花也。”

【译文】蓄，薏苢，为一种药草。形声字，“艸”为形符，“啻”为声符。另一说，薏即薏花。

茅 [seal] 菅[1]也。从艸，矛声。莫交切（máo）

【注释】①菅：段玉裁《说文解字注》："统言则茅、菅是一，析言则菅与茅殊。许菅、茅互训。此从统言也。"

【译文】茅，茅草，菅草之类。形声字，"艸"为形符，"矛"为声符。

菅 [seal] 茅也[1]。从艸，官声。古颜切（jiān）

【注释】①茅：《本草纲目·草部·白茅》："茅有白茅、菅茅、黄茅、香茅、芭茅数种……菅茅只生山上，似白茅而长。"陆玑《毛诗草木鸟兽虫鱼疏》："菅似茅而滑泽，无毛。根下五寸中有白粉者，柔韧宜为索，沤乃尤善矣。"

【译文】菅，菅茅，茅之一种。形声字，"艸"为形符，"官"为声符。

蕲（蘄）[seal] 艸也。从艸，斳声。江夏有蕲春亭[1]。渠支切（qí）

【注释】①蕲春亭：段玉裁《说文解字注》"亭"作"县"。《汉书·地理志》："江夏郡有蕲春县。" 江夏郡下属有蕲春亭，江夏即今湖北东北部及河南南部一带，古时郡下有县，县下有亭。

【译文】蕲为香草。形声字，"艸"为形符，"斳"为声符。

莞 [seal] 艸也。可以作席。从艸，完声。胡官切（huán）[1]

【注释】①胡官切：今依《广韵》古丸切，读 guān。

【译文】莞，莞草。可用来做席子。形声字，“艸”为形符，“完”为声符。

藺（蔺） 莞属[①]。从艸，閵声。良刃切（lìn）

【注释】①莞属：《玉篇·艸部》：“藺似莞而细，可为席。”

【译文】藺，莞草之类。形声字，“艸”为形符，“閵”为声符。

蒢 黄蒢，职也[①]。从艸，除声。直鱼切（chú）

【注释】①职：或写作蘵。《尔雅·释草》：“蘵，黄蒢。”郭璞注：“蘵草，叶似酸浆，华小而白，中心黄，江东以作菹食。”药草，茄科植物。

【译文】蒢，黄蒢，即职草，形声字，“艸”为形符，“除”为声符。

蒲 水艸也。可以作席。从艸，浦声。薄胡切（pú）

【译文】蒲，香蒲，亦名蒲草，多年水生草本植物，叶子可以用来编席之类。形声字，“艸”为形符，“浦”为声符。

蒻 蒲子[①]。可以为平席[②]。从艸，弱声。而灼切（ruò）

【注释】①蒲子：嫩蒲草。段玉裁《说文解字注》：“蒲之少者也。凡物之少小者谓之子，或谓之女。”②平席：

即苹席。段玉裁《说文解字注》："苹者，席安稳之称。此用蒲之少者为之，较蒲席为细。"

【译文】蒻，嫩蒲草。可用来作"平席"。形声字，"艸"为形符，"弱"为声符。

蔱 蔱 蒲，蒻之类也。从艸，深声。式箴切（shēn）

【译文】蔱，蔱蒲，蒲蒻一类。蒲蒻，即蒲之细柔品种。形声字，"艸"为形符，"深"为声符。

蓷 蓷 萑也[①]。从艸，推声。《诗》曰："中谷有蓷。"[②]他回切（tuī）

【注释】①萑：益母草。《尔雅·释草》："萑，蓷。"郭璞注："今茺蔚也。叶似荏，方茎，白华，华生节间。又名益母。"朱骏声《说文通训定声》："茺蔚者，蓷之合音。"②语见《诗经·王风·中谷有蓷》。

【译文】蓷，萑草。形声字，"艸"为形符，"推"为声符。《诗经》上说："山谷中有蓷草。"

萑 萑 艸多皃[①]。从艸，隹声。职追切（zhuī）

【注释】①艸多皃：徐灏《说文解字注笺》："依全书通例，当云：'蓷也。一曰，艸多皃。'"

【译文】萑，形容草多的样子。形声字，"艸"为形符，"隹"为声符。

茥 缺盆[①]也。从艸，圭声。苦圭切（kuī）

【注释】①缺盆：覆盆子、插田藨，果可食或入药。《尔雅·释草》："茥，蒛盆。"郭璞注："覆盆也。实似莓而小，亦可食。"

【译文】茥，缺盆草。"艸"为形符，"圭"为声符。

莙 井藻[①]也。从艸，君声。读若威。渠殒切（jūn）

【注释】①井藻：乃牛藻之误，亦名马藻。《尔雅·释草》："莙，朱藻。" 藻是藻的异体字。郭璞注："似藻，叶大，江东呼为马藻。"段玉裁《说文解字注》："按藻之大者曰牛藻。凡艸类之大者多曰牛曰马。"

【译文】莙，牛藻草。形声字，"艸"为形符，"君"为声符。读音略同"威"。

萖 夫蓠[①]也。从艸，睆声。胡官切（guān）

【注释】①夫蓠：也作符蓠，蒲草类植物。《本草》："白蒲一名符蓠，楚谓之莞蒲。"语见《诗经·小雅·斯干》正义。《集韵·桓韵》："萖，蒲类。"

【译文】萖，夫蓠。形声字，"艸"为形符，"睆"为声符。

蒚 夫蓠上[①]也。从艸，鬲声。力的切（lì）

【注释】①夫蓠上：上指穗轴，是蔬菜和草开花的茎部。徐锴《说文解字系传》："草木将生华，先抽茎薹，今谓菜薹是也。"

【译文】蒚，苻蓠草的穗轴。苻蓠即夫蓠，蒲草。形声字，艸为形符，鬲为声符。

苢 芣苢[①]，一名马舄。其实如李，令人宜子。从艸㠯声。《周书》所说[②]。羊止切（yǐ）

【注释】①芣苢：车前草。《尔雅·释草》："芣苢，马舄；马舄，车前。"郭璞注："今车前草，大叶，长穗，好生道边。"苢也写作苡。②《周书》所说："《汲冢周书·王会解》："康人以桴苡，其实如李，食之宜子。"孔晁注："康，西戎别名也。"《山海经》："芣苡，木也。"或称虾蟆衣，多年草本植物。

【译文】苡，芣苢，又名马舄，即车前草。能治妇人难产，宜于生子。形声字，"艸"为形符，"㠯"为声符。

蕁（荨） 芜藩[①]也。从艸，尋声。藫，蕁或，从爻。徒含切（tán）

【注释】①芜藩：即知母。徐锴《说文解字系传》："《本草》即知母药也。形似昌蒲而柔润。叶至难死，掘出随生，须枯燥乃止，味苦寒。一名蝭母。"

【译文】蕁，芜藩草，药草名。形声字，"艸"为形符，"尋"为声符。藫，"蕁"的或体，从"爻"。

蘮 艸也。从艸，𣪠声。古历切（jī）

【译文】蘮，草名。形声字，"艸"为形符，"𣪠"为声符。

蓲 ⿱艸區 艸也。从艸，區声。去鸠切（qiū）

【译文】蓲，初生的芦苇，即乌蓲草。形声字，“艸”为形符，“區”为声符。

菌 ⿱艸固 艸也。从艸，固声。古慕切（gù）

【译文】菌，草名。形声字，“艸”为形符，“固”为声符。

蕀 ⿱艸榦 艸也。从艸，榦声。古案切（gàn）

【译文】蕀，草名。形声字，“艸”为形符，“榦”为声符。

藷 ⿱艸諸 藷蔗也[①]。从艸，諸声。章鱼切（zhū）

【注释】①藷蔗：叠韵连绵词，即甘蔗。段玉裁《说文解字注》：“或作诸蔗，或都蔗。藷、蔗二字叠韵也。或作竿蔗，或干蔗，象其形也。或作甘蔗，谓其味也。”

【译文】藷，藷蔗一名，即甘蔗。形声字，“艸”为形符，“諸”为声符。

蔗 ⿱艸庶 藷蔗也。从艸，庶声。之夜切（zhè）

【译文】蔗，藷蔗。形声字，“艸”为形符，“庶”为声符。

薴 ⿱艸甯 牂薴，可以作縻绠[①]。从艸，甯声。女庚切（níng）

【注释】①縻：牛辔。绠：汲水桶的绳索。

【译文】薴，牂薴草，可作牛缰绳和汲水薴的绳索。形声字，“艸”为形符，“甯”为声符。

蕮  艸也。从艸，賜声。斯义切（sì）

【译文】蕮为草名。形声字，“艸”为形符，“賜”为声符。

苹 艸也。从艸，中声。陟宫切（zhōng）

【译文】苹为草名。形声字，“艸”为形符，“中”为声符。

萯  王萯也。从艸，負声。房九切（fù）

【译文】萯，王萯草。形声字，“艸”为形符，“負”为声符。

芺[1]  艸也。味苦，江南食以下气。从艸，夭声。乌皓切（ǎo）

【注释】①芺：草本植物，其茎头有台，似蓟，初生可食。

【译文】芺，苦芺草。味苦，江南人食以下食气。形声字，“艸”为形符，“夭”为声符。

莁 艸也。从艸，弦声。胡田切（xián）

【译文】莁，草名。形声字，“艸”为形符，“弦”为声符。

蘡 艸也。从艸，䌛声。䌛，籀文囿。于救切（yòu）

【译文】蘡，草名。形声字，“艸”为形符，“䌛”为声符。䌛，是籀文的“囿”字。

莩[1]  艸也。从艸，孚声。芳无切（fū）[2]

【注释】①莩：多年生草本植物，多生湖地，俗称湖草。②芳无切：今读 fú。

【译文】莩，莩草。形声字，“艸”为形符，“孚”为声符。

蔩 𦽨 兔苽也。从艸，寅声。翼真切（yín）

【译文】蔩，兔苽。形声字，“艸”为形符，“寅”为声符。

荓 𦲀 马帚[1]也。从艸，并声。薄经切（píng）

【注释】①马帚：《尔雅·释草》：“荓，马帚。”郭璞注：“似蓍，可以为埽彗。”《本草纲目·草部·蠡实》：“蠡实……马蔺子、马帚、铁扫帚。时珍曰：……此即荔草，谓其可为马刷，故名。今河南北人呼为铁扫帚是矣。”

【译文】荓，马帚草。多年生草本植物。形声字，“艸”为形符，“并”为声符。

蕕（莸）[1] 蕕 水边艸也。从艸，猶声。以周切（yóu）

【注释】①蕕：亦名水中草、轩于、鱼腥草，其味恶臭。

【译文】蕕，一种水边草。形声字，“艸”为形符，“猶”为声符。

荌 荌 艸也。从艸，安声。乌旰切（àn）

【译文】荌，草名。形声字，“艸”为形符，“安”为声符。

藄 藄 （綦）月尔[1]也。从艸，綦声。渠之切（qí）

【注释】①月尔：《尔雅·释草》："綦，月尔。"郭璞注："即紫綦也，似蕨，可食。"亦称紫蕨，蕨类植物。

【译文】綦，月尔。形声字，"艸"为形符，"綦"为声符。

莃  兔葵[①]也。从艸，稀（省）声[②]。香衣切（xī）

【注释】①兔葵：即野葵。吴其濬《植物名实图考·蔬类·菟葵》："兔葵即野葵，此家葵瘦小耳，武昌谓之棋盘菜。"②稀省声：当依徐锴《说文解字系传》作希声。

【译文】莃，兔葵草。形声字，"艸"为形符，"希"为声符。

蕄 灌渝[①]。从艸，夢声。读若萌。莫中切（méng）

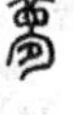

【注释】①灌渝：《尔雅·释草》："其萌虇蕍。"许梿《读说文记》："灌渝即虇蕍，亦即权舆。《尔雅·释诂》：'权舆，始也。'《大戴礼》：'孟春，百草权舆。'是艸之始萌曰权舆。引申为凡为始之称。"

【译文】蕄，草萌芽。形声字，"艸"为形符，"夢"为声符。读音如"萌"。

葍 盗庚[①]也。从艸，復声。房六切（fù）

【注释】①盗庚：即旋复花。《尔雅·释草》："葍，盗庚。"郭璞注："旋葍，似菊。"又名沸草、金钱花。菊科药草。

【译文】葍，盗庚草。形声字，"艸"为形符，"復"为声符。

苓  卷耳[①]也。从艸，令声。郎丁切（líng）

【注释】①卷耳：野菜名，即苓耳，苍耳，药草。

【译文】苓，苓耳，又名卷耳。形声字，“艸”为形符，“令”为声符。

蘏 䕬 艸也。从艸，贛声。一曰，薏苢[1]。古送切（gòng），又古禫切（gàn）

【注释】①薏苢：桂馥《说文解字义证》：“《本草》：‘薏苡仁一名蘏。’”《广雅·释草》：“蘏，薏苡也。”薏苡，禾本科，多年生草本植物，种仁供食用和酿酒。

【译文】蘏，草名。形声字，“艸”为形符，“贛”为声符。

藑 藑 茅[1]，葍也。一名蕣[2]。从艸，夐声。渠营切（qióng）

【注释】①（藑）茅：《尔雅·释草》：“葍，藑茅。”郭璞注：“葍华（花）有赤者为藑。藑葍一种耳。”又名葍、燕葍、爵弁②蕣：桂馥《说文解字义证》：“蕣当为舜。

【译文】藑，藑茅，葍草。又叫蕣。形声字，“艸”为形符，“夐”为声符。

藟 藟 葍也[1]。从艸，富声。方布切（fù）

【注释】①葍：《诗经·小雅·我行其野》：“言采其葍。”陆玑疏曰：“葍一名藟。”即旋花，多年生缠绕草本植物。古又名藑茅、舜、荛、爵弁等。

【译文】藟，葍草。形声字，“艸”为形符，“富”为声符。

蒀 蒀 蒀也。从艸，畐声。方六切（fú）

【译文】蒀，蒀草。形声字，“艸”为形符，“畐”为声符。

蓨 蓨 苗也[1]。从艸，脩声。徒聊切（tiáo），又汤雕切（tiāo）

【注释】①苗：又名蓨草、羊蹄草。《尔雅·释草》：“苗，蓨。”《齐民要术》卷十引陆玑《毛诗草木鸟兽虫鱼疏》：“今羊蹄，似芦服，茎赤。煮为茹，滑而不美，多啖令人下痢。幽阳谓之蓫，一名蓨，亦食之。” 亦写作蓧，俗称羊蹄菜、土大黄，属蓼科，多年生草本植物。

【译文】蓨，苗菜。形声字，“艸”是形符，“脩”是声符。

苗 苗 蓨也。从艸，由声。徒历切（dí），又他六切（chù）

【译文】苗，蓨菜。形声字，“艸”为形符，“由”为声符。

募[1] 募 艸。枝枝相值，叶叶相当。从艸，昜声。楮羊切（chāng）[2]

【注释】①募：又称商陆、马尾，商陆科，多年生草本植物。②今依《广韵》吐郎切，读 tāng。

【译文】募，蓫募。其枝枝叶叶，皆互相对应。形声字，“艸”为形符，“昜”为声符。

薁 薁 婴薁[1]也。从艸，奥声。於六切（yù）

【注释】①婴薁：野葡萄，落叶木质藤本植物。《本草纲目·果部·蘡薁》:"时珍曰:蘡薁野生林墅间,亦可插植。蔓、叶、花、实,与葡萄无异。其实小而圆,色不甚紫也。《诗》云:'六月食薁。'即此。"

【译文】薁,婴薁。形声字,"艸"为形符,"奥"为声符。

葴 葴 马蓝[1]也。从艸,咸声。职深切(zhēn)

【注释】①马蓝:草本植物,叶可制蓝靛,叶、根和根茎供药用。

【译文】葴,马蓝。形声字,"艸"为形符,"咸"为声符。

蓾 蓾 艸也。可以束[1]。从艸,魯声。蓾,蓾或,從鹵。郎古切(lǔ)

【注释】①可以束:《尔雅·释草》:"蓾,蘆。"郭璞云:"作履苴艸。"

【译文】蓾,蓾草,可以用来捆束东西。形声字,"艸"为形符,"魯"为声符。蓾,"蓾"的或体,從"鹵"声。

蒯[蒯] 蒯 艸也。从艸,𣪠声[1]。苦怪切(kuǎi)

【注释】①𣪠声:《说文》无𣪠篆。《尔雅·释诂》:"𣪠,息也。"陆德明《经典释文》:"𣪠,苦怪反。"

【译文】蒯,蒯草。形声字,"艸"为形符,"𣪠"为声符。

蔞(蒌) 蔞 艸也。可以亨[1]鱼。从艸,婁声。力朱切(lǘ)[2]

【注释】①亨:古烹字。②力朱切:今读(lóu)。

【译文】蒌，蒌蒿，菊科植物。可以用来做鱼羹。形声字，“艸”为形符，“婁”为声符。

藟 艸也。从艸，畾声。《诗》曰：“莫莫葛藟①。”一曰，秬鬯②也。力轨切（lěi）

【注释】①莫莫葛藟：语见《诗经·大雅·旱麓》。莫莫，茂盛的样子。②秬鬯：秬是黑黍，鬯是郁金草。秬鬯是古代祭祀宴饮用的酒。藟无秬鬯之意，秬鬯是巨荒之误。桂馥《说文解字义证》曰：“刘向《九叹》王逸注：葛藟，巨荒也。《齐民要术》引《诗义疏》：藟，巨荒也。《易·困卦》释文引《诗》疏：藟，一名巨荒。《诗·樛木》正义引《诗》疏讹为巨荒。”

【译文】藟，藟藤。形声字，“艸”为形符，“畾”为声符。《诗经》上说“非常茂密啊，葛草和藟草。”一说，用黑黍和郁金草酿制的酒。

蒬 棘蒬①也。从艸，冤声。於元切（yuān）

【注释】①棘蒬：即远志，药草。《尔雅·释草》：“葽绕，蕀蒬。”郭璞注：“今远志也。似麻黄，赤华，叶锐而黄，其上谓之小草。”“其上”指叶。

【译文】蒬，棘蒬。形声字，“艸”为形符，“冤”为声符。

茈 茈艸①也。从艸，此声。将此切（zǐ）

【注释】①茈艸：《尔雅·释草》：“藐，茈草。”郭璞注：“可以染紫。一名茈莀。”

【译文】茈，茈莀草。形声字，“艸”为形符，“此”为声符。

藐 茈艸也。从艸，貇声。莫觉切(mò)

【译文】藐，茈草的别名。形声字，“艸”为形符，“貇”为声符。

茦 乌喙①也。从艸，則声。阻力切(cè)

【注释】①乌喙：药中附子。《广雅·释草》云：“一岁为茦子，二岁为乌喙，三岁为附子，四岁为乌头，五岁为天雄。”又名侧子、奚毒，侧根即附子，附子侧边生的块根即侧子。

【译文】茦，乌喙草。形声字，“艸”为形符，“則”为声符。

蒐 茅蒐，茹芦①。人血所生②，可以染绛。从艸，从鬼。所鸠切(sōu)

【注释】①茹芦：茜草。《尔雅·释草》：“茹芦，茅蒐。”郭璞注：“今之蒨也，可以染绛。”陆德明《经典释文》：“蒨，本或作茜。”②人血所生：严章福《说文校议议》：“谓人血染地而生。”

【译文】蒐，茅蒐，又名茹芦。为人血染地而生，可用它来染深红色。由“艸”和“鬼”会意。

茜 茅蒐也。从艸，西声。仓见切（qiàn）

【译文】茜，茅蒐。形声字，“艸”为形符，“西”为声符。

蕼(䔳) 赤蕼也。从艸、隶[声]。息利切(sì)

【译文】蕼，赤蘋草。形声字，“艸”为形符，“隶”为声符。

薜 牡赞也。从艸，辟声。蒲计切(bì)

【译文】薜，牡赞草。形声字，“艸”为形符，“辟”为声符。

苀 杜荣也。从艸，忘声。武方切(wáng)

【译文】苀，苀草，又名杜荣。形声字，“艸”为形符，“忘”为声符。

苞 艸也。南阳以为麤履[1]。从艸，包声。布交切(bāo)

【注释】①麤履：草鞋。

【译文】苞，藨草。南阳人用来做草鞋。形声字，“艸”为形符，“包”为声符。

艾 冰台也。从艸，乂(yì)声。五盖切(ài)

【译文】艾，艾蒿，又名冰台。形声字，“艸”为形符，“乂”为声符。

蔁 艸也。从艸，章声。诸良切(zhāng)

【译文】蔁，草名。形声字，“艸”为形符，“章”为声符。

芹 楚葵也。从艸，斤声。巨巾切(qín)

【译文】芹，又名楚葵，即今水芹菜。形声字，“艸”为形符，“斤”为声符。

蘣 [篆] 豕首也。从艸，甄声。侧邻切(zhēn)

【注释】①豕首：又名天名精，菊科药草。

【译文】蘣，豕首草。形声字，“艸”为形符，“甄”为声符。

蔦（茑）[篆] 寄生也[1]。从艸，鳥声。《诗》曰：“蔦与女萝。”[2] [篆]，蔦或，从木[3]。都了切(diǎo)[4]

【注释】①寄生：《尔雅·释木》郭璞注：“寄生树，一名蔦。”又名寓木、宛童。②语见《诗经·小雅·頍弁》。③从木：段玉裁：“艸属，故从艸；寓木（寄生树上），故从木。”④都了切：今依《字汇》尼了切，读niǎo。

【译文】蔦，常绿寄生小灌木。形声字，“艸”为形符，“鳥”为声符。《诗经》上说“蔦与女萝。”[篆]，蔦的或体，从“木”。

芸 [篆] 艸也。似目宿[1]。从艸，云声。《淮南子》说：“芸艸可以死复生。”[2]王分切（yún）

【注释】①目宿：又作苜蓿、牧宿。豆科植物，可用作牧草和绿肥。②可以死复生：段玉裁：“葢出《万毕术》、《鸿宝》等书，今失其传矣。”王绍兰《说文段注订补》：“《通艺录·释芸》：余乃莳一本于盆盎中，霜降后枝叶枯烂。越两月，日短至矣，宿根果茁其芽，丛生三五枝。”可见芸草可以“死而复生”。

【译文】芸，芸香。象目宿草。形声字，“艸”为形符，“云”为声符。《淮南子》上说：“芸香可以死而复生。”

蕞 艸也。从艸,叕(zhuì)声。粗最切(cuì)

【注释】①粗最切:今读(cè)。

【译文】蕞,草名。形声字,“艸”为形符,“叕”为声符。

葎[1] 艸也。从艸,律声。吕戌切(lǜ)

【注释】①葎:亦名勒草,多年生缠绕草本植物。

【译文】葎,葎草。形声字,“艸”为形符,“律”为声符。

茦 莿也。从艸,朿声。楚革切(cè)[1]

【注释】①楚革切:今读(cì)。

【译文】茦,草的芒刺。形声字,“艸”为形符,“朿”为声符。

蓈[苦] 蓈蒌[1],果蓏也。从艸,昏(guā)声。古活切(kuò)

【注释】①蓈蒌:又作瓜蒌、栝楼、果蠃。药用葫芦科植物。

【译文】蓈,苦蒌草。形声字,“艸”为形符,“昏”为声符。

葑 须从[1]也。从艸,封声。府容切(fēng)

【注释】①须从:又名芜菁、蔓菁,十字花科植物。

【译文】葑,须从。形声字,“艸”为形符,“封”为声符。

薺(荠) 蒺梨也[1]。从艸,齊声。《诗》曰:“墙有薺[1]。”疾咨切(cí),又徂礼切(jì)

【注释】①蒺梨：《尔雅·释草》："茨，蒺藜。"郭璞注："布地，蔓生，细叶，子有三角，刺人。"茨即薺字。②墙有薺：语见《诗经·鄘风·墙有茨》。薺今本写作茨。

【译文】荠，蒺藜。形声字，"艸"为形符，"齊"为声符。《诗经》上说"墙上生有蒺藜藤。"

莿  萊也。从艸，刺声。七赐切（cì）

【译文】莿，草木的针芒。形声字，"艸"为形符，"刺"为声符。

董  鼎董[①]也。从艸，童声。杜林[②]曰，藕根。多动切（dǒng）

【注释】①鼎董：又名长苞香蒲，香蒲科植物。徐锴《说文解字系传》："《尔雅》：'蘱，鼎董也。'似蒲而细，今人以织履。"②杜林：字伯山，汉时通儒，官至大司空，著有《仓頡训故》一篇。其中说：董为藕根。

【译文】董，鼎董。形声字，"艸"为形符，"童"为声符。杜林说，董的别义指藕根。

蘻  狗毒[①]也。从艸，繫声。古诣切（jì）

【注释】①狗毒：又名狼毒，药草。徐灏《说文解字注笺》："《系传》曰：'今药有狼毒。'按《本草图经》云：'狼毒，苗叶似商陆及大黄。'"

【译文】蘻，狗毒草。形声字，"艸"为形符，"繫"为声符。

蕿[蒦][1] 艸也。从艸，嫂声。苏老切(sǎo)

【注释】①蕿，蕿藧，又名繁缕、鹅肠草，石竹科药草。

【译文】蕿，鹅肠草。形声字，“艸”为形符，“嫂”为声符。

苄 地黄也[1]。从艸，下声。《礼记[仪礼]》：“铏毛：牛、藿；羊、苄；豕、薇[2]。”是。侯古切(hù)

【注释】①地黄：中药，名芑、地髓，玄参科药草。《尔雅·释草》：“苄，地黄。”郭璞注：“一名地髓，江东呼苄。”②铏毛：语见《仪礼·公食大夫礼》。今本作：“铏毛：牛、藿、羊、苦、豕、薇。”

【译文】苄即地黄。形声字，“艸”为形符，“下”为声符。《仪礼》上说：“铏器，盛着用菜杂和着肉的汤汁：牛肉和着豆叶，羊肉和着苄，猪肉和着薇菜。”

蘞 白蘞[1]也。从艸，僉声。䕛，蘞或，從斂②。良冉切(liǎn)

【注释】①白蔹：亦泛称葡萄藤本植物，以果实颜色不同而分赤、乌、白。入药。徐锴《说文解字系传》：“本草：‘白蔹，药也。一名兔荄。’”②從斂：朱骏声《说文通骏定声》：“从斂声。”

【译文】蘞，白蘞。形声字，“艸”为形符，“僉”为声符。䕛，“蘞”的或体，从“斂”声。

莶 黄莶[1]也。从艸，金声。具今切(qín)

【注释】①黄莶：段玉裁《说文解字注》：“《本草经》

《广雅》皆作黄芩，今药中黄芩也。”《玉篇·艸部》：“莶，同芩。”

【译文】莶，黄莶。形声字，“艸”为形符，“金”为声符。

芩 [篆] 艸也。从艸，今声。《诗》曰：“食野之芩。”[①]巨今切（qín）

【注释】①食野之芩：语见《诗经·小雅·鹿鸣》。

【译文】芩，芩草。形声字，“艸”为形符，“今”为声符。《诗经》上说“吃着野外的芩草。”

蔍 [篆] 鹿藿[①]也。从艸，麃声。读若剽。一曰，蒯属[②]。平表切[③]（biào）

【注释】①鹿藿：《尔雅·释草》郭璞注：“今鹿豆也。”②蒯属：指蔍草。多生水边，可造纸和编席。《玉篇》：“蔍蒯属，可为席。”③平表切：今读（biāo）。

【译文】蔍，鹿藿，即今鹿豆。形声字，“艸”为形符，“麃”为声符。读音如“剽”。一说，蒯茅之类。

蘻 [篆] 绶也[①]。从艸，鶃声。《诗》曰“邛有旨蘻”[②]是。五狄切（yì）

【注释】①绶：有杂色的小草，今名盘龙参，见《尔雅》郭璞注。②邛有旨蘻：语见《诗经·陈风·防有鹊巢》。蘻今本写作鹝。

【译文】蘻，绶草。形声字，“艸”为形符，“鶃”为声符。《诗经》上说：“小土丘上有甜美的蘻草。”。

蔆[菱] 芰也[1]。从艸，淩声。楚谓之芰，秦谓之薢茩[2]。，司马相如说：蔆从遴[3]。力膺切(líng)

【注释】①芰：《尔雅·释草》郭璞注："蔆，今水中芰。"②薢茩：蔆的别名。③从遴：朱骏声考订应为：从遴声。

【译文】蔆，菱角。形声字，"艸"为形符，"淩"为声符。楚国（长江中游一带）地方的人叫它芰，秦国（今陕西一带）地方的人叫它薢茩。，司马相如说："蔆"的或体，从"遴"声。

芰 蔆也。从艸，支声。茤，杜林说：芰从多。奇记切（jì）

【译文】芰，菱角。形声字，"艸"为形符，"支"为声符。茤，杜林说："芰"的或体，从"多"声。

薢 薢茩[1]也。从艸，解声。胡买切（xiè）

【注释】①薢茩：双声联绵词。有两种义：一、菱的别名。二、草决明。《尔雅·释草》："薢茩、英光。"郭璞注："英明也。叶锐，黄赤华，实如山茱萸。"

【译文】薢，薢茩。形声字，"艸"为形符，"解"为声符。

茩 薢茩也。从艸，后声。胡口切（gòu）

【注释】① 胡口切：今依《广韵》古厚切，读 hòu。

【译文】茩，薢茩。形声字，"艸"为形符，"后"为声符。

芡 鸡头[1]也。从艸，欠声。巨险切（qiàn）

【注释】①鸡头：芡的别名。《方言》卷三："葰、芡，鸡头也。北燕谓之葰，青，徐，淮，泗之间谓之芡，南楚、江、湘之间谓之鸡头，或谓之雁头，或谓之乌头。

【译文】芡，鸡头。形声字，"艸"为形符，"欠"为声符。

蘜 日精[①]也。以秋华。从艸，𥷚省声。蓻，蘜或，省。居六切（jú）

【注释】①日精：菊花。蘜，后作菊。段玉裁《说文解字注》："《本草经》：'菊花，一名节花。'又曰'一名日精'。与许合……字或作菊，以《说文》绳之，皆段借也。"

【译文】蘜，日精。在秋天开花。形声字，"艸"为形符，"𥷚"的省文为声符。蓻，"蘜"的或体，"蘜"的省略。

蘥 爵麦[①]也。从艸，龠声。以勺切（yuè）

【注释】①爵麦：也作雀麦，即燕麦。《尔雅·释草》："蘥，雀麦。"郭璞注："即燕麦也。"

【译文】蘥，爵麦。形声字，"艸"为形符，"龠"为声符。

蔌 牡茅[①]也。从艸，遬声。遬，籀文速。桑谷切（sù）

【注释】①牡茅：《尔雅·释草》："蔌，牡茅。"郭璞注："白茅属。"邢昺疏："茅之不实者也。"

【译文】蔌，牡茅。形声字，"艸"为形符，"遬"为声符。"遬"，是籀文的"速"字。

蕬 茅秀[1]也。从艸，私声。息夷切（sī）

【注释】①茅秀：茅穗。徐锴《说文解字系传》："此即今茅华（花）未放者也。今人食之，谓之茅榧。"

【译文】蕬，茅穗。形声字，"艸"为形符，"私"为声符。

蒹 （雚）[1][萑]之未秀者。从艸，兼声。古恬切（jiān）

【注释】①雚：当作萑，今叫荻。段玉裁《说文解字注》："蒹、菼、萑一也，今人所谓荻也。葭，苇一也，今人所谓芦也。"

【译文】蒹，没有出穗的芦苇。形声字，"艸"为形符，"兼"为声符。

薍 菿也。从艸，亂声。八月薍[1]为苇也。五患切(wàn)

【注释】①薍：荻出穗前名薍，出穗后名萑，八月长成芦苇。

【译文】薍，菿，初生的荻。形声字，"艸"为形符，"亂"为声符。八月薍长成大芦苇。

菿 （雚）[萑]之初生。一曰薍。一曰鵻[1]。从艸，剡声。菼，菿或，從炎[2]。土敢切（tǎn）

【注释】①一曰薍。一曰鵻：段玉裁《说文解字注》："两'一曰'谓菿之一名也。"②从炎：朱骏声《说文通训定声》："从炎声。"

【译文】𦵹，初生之荻，一名为薍，一名鵻。形声字，“艸”为形符，“剡”为声符。菼，𦵹的或体，从“炎”。

薕 蒹也。从艸，廉声。力监切（lián）

【译文】薕，蒹，未开花的荻。形声字，“艸”为形符，“廉”为声符。

薠 青薠[①]，似莎（suō）者[②]。从艸，煩声。附袁切（fán）

【注释】①青薠：《汉书·司马相如传·子虚赋》：“薛莎青薠。”颜师古注引张揖说：“青薠似沙而大，生江湖，雁所食。”②莎：香附子。

【译文】薠，青薠，像莎草一类的植物。形声字，“艸”为形符，“煩”为声符。

茚 昌蒲也。从艸，印声。益州云。五刚切（áng）

【译文】茚，昌蒲。形声字，“艸”为形符，“印”为声符。益州（今四川一带）人如此称。

𦲸 茚𦲸也[①]。从艸，邪声。以遮切（yé）

【注释】①茚𦲸：按《集韵》：“𦲸亦作𦲸，古作荼。”《释草》荼字注云：“即芀。”郝懿行曰：“荼者，秀也。”可证荼有花穗的意思。茚𦲸，指菖蒲花。

【译文】𦲸，菖蒲花。形声字，“艸”为形符，“邪”为声符。

苕 [篆] 苇华[1]也。从艸，刀声。徒聊切（tiáo）

【注释】①苇华：即苇花。《尔雅·释草》："苇丑，苕。"郭璞注："其类皆有苕秀。"丑即类，说明苇类植物的花叫苕。

【译文】苕，芦苇的花穗。形声字，"艸"为形符，"刀"为声符。

茢 [篆] 苕也[1]。从艸，列声。良辥切（liè）

【注释】①苕：段玉裁《说文解字注》："一名茢。"

【译文】茢，苇苕。形声字，"艸"为形符，"列"为声符。

菡（菡） [篆] 菡藺也[1]。从艸，圅声。胡感切（hàn）

【注释】菡藺：荷花的花骨朵，泛指荷花。也作菡萏。

【译文】菡，菡藺，指荷花。形声字，"艸"为形符，"圅"为声符。

藺 [篆] 菡藺。芙蓉华。未发为菡藺，已发为芙蓉。从艸，閻声。徒感切（dàn）

【译文】藺，菡藺的藺，就是芙蓉花。含苞未放时叫菡藺，已开放时为芙蓉。形声字，"艸"为形符，"閻"为声符。

蓮（莲） [篆] 芙蕖[1]之实也。从艸，連声。洛贤切（lián）

【注释】①芙蕖：《尔雅·释草》："荷，芙蕖。其茎，茄；其叶，蕸；其本，蔤；其华，菡萏；其实，蓮；其根，藕；其中，的；的中，薏。”芙蕖为总名。

【译文】蓮，芙蕖的种子，即蓮子。形声字，“艸”为形符，“連”为声符。

茄 芙蕖茎。从艸，加声。古牙切（jiā）

【译文】茄，芙蕖茎。形声字，“艸”为形符，“加”为声符。

荷 芙蕖叶[1]。从艸，何声。胡哥切(hé)

【注释】①芙蕖叶：是荷的本义，引申指荷花全体。《尔雅·释草》：“荷，芙蕖。”郭璞注：“别名芙蓉，江东呼荷。”

【译文】荷，荷叶。形声字，“艸”为形符，“何”为声符。

蔤 芙蕖本[1]。从艸，密声。美必切(mì)

【注释】①芙蕖本：《尔雅·释草》：“荷……其本蔤。”郭璞注：“茎下白蒻在泥中者。”

【译文】蔤，荷在泥中的茎。形声字，“艸”为形符，“密”为声符。

蕅 芙蕖根。从艸、水，禺声。五厚切(ǒu)

【译文】蕅，荷根状茎。由“艸”和“水”会意，从“禺”声。

蘢(茏) 天蘥[1]也。从艸，龍声。卢红切(lóng)

【注释】①天蘥：语见《尔雅·释草》。

【译文】蘢，天蘥，亦称红草。形声字，“艸”为形符，“龍”为声符。

蓍 蒿属[①]。生十岁，百茎[②]。《易》以为数[③]。天子蓍九尺，诸侯七尺，大夫五尺，士三尺。从艸，耆声。式脂切(shī)

【注释】①蒿属：段玉裁《说文解字注》："陆玑曰：似赖萧，青色。"②生十岁，百茎：十和百，非指实数。③《易》以为数：段玉裁《说文解字注》："数，筭也。谓占《易》者必以是计算也。"

【译文】蓍，蒿类植物，生长十年，一本生百茎。以《周易》占卜者以其茎为计数工具，天子的蓍筹长九尺，诸侯的七尺，大夫的五尺，士的三尺。形声字，"艸"为形符，"耆"为声符。

菣 香蒿[①]也。从艸，臤声。𦺓，菣或从堅。去刃切（qìn）

【注释】①香蒿：又叫青蒿。《尔雅·释草》："蒿，菣。"郭璞注："今人呼蒿，香中炙啖者为菣。"

【译文】菣，香蒿。形声字，"艸"为形符，"臤"为声符。𦺓，菣的或体，从"堅"声。

莪 萝莪[①]，蒿属。从艸，我声。五何切（é）

【注释】①萝莪：复合词。也作莪萝，又称萝蒿、莪蒿、廪蒿。徐灏《说文解字注笺》："莪萝，叠韵连名。单名或曰莪，或曰萝，舍人云：莪亦名萝是也。"

【译文】莪，萝莪，蒿类植物。形声字，"艸"为形符，"我"为声符。

蘿(萝) 䒗 莪也[1]。从艸，羅声。鲁何切(luó)

【注释】①莪：《尔雅·释草》郭璞注："今莪蒿也。"又称萝蒿、莪蒿、廪蒿。

【译文】蘿，莪蒿。形声字，"艸"为形符，"羅"为声符。

菻 䒗 蒿属。从艸，林声。力稔切(lǐn)

【译文】菻，蒿类。形声字，"艸"为形符，"林"为声符。

蔚 䒗 牡蒿也。从艸，尉声。於胃切(wèi)

【译文】蔚，牡蒿。形声字，"艸"为形符，"尉"为声符。

蕭(萧) 䒗 艾蒿[1]也。从艸，肅声。苏雕切(xiāo)

【注释】①艾蒿：蕭的别名，素称香蒿、牛尾蒿。段玉裁："此物蒿类而似艾，一名艾蒿。许非谓艾为蕭也。"

【译文】蕭，艾蒿。形声字，"艸"为形符，"肅"为声符。

萩 䒗 萧[1]也。从艸，秋声。七由切(qiū)

【注释】①萧:《尔雅·释草》:"萧，萩。"郭璞注:"即蒿。"郝懿行义疏:"今荻蒿，叶白，似艾而多歧，茎尤高大如蒌蒿，可丈余。"。萧蒿亦称萩蒿。

【译文】萩，萧。形声字，"艸"为形符，"秋"为声符。

芍 䒗 凫茈[1]也。从艸，勺声。胡了切(xiào)

【注释】①凫茈：荸荠。段玉裁《说文解字注》："今人谓之葧脐，即凫茈之转语。"《尔雅·释草》："芍，凫茈。"郭璞注："生下田，苗似龙须而细，根如指头，黑色，可食。"

【译文】芍，凫茈草。形声字，"艸"为形符，"勺"为声符。

蒲 王彗[①]也。从艸，湔声。昨先切（qián）[②]

【注释】①王彗：即地肤，又叫"扫帚菜"。徐锴《说文解字系传》："今落帚草也。"《尔雅·释草》："葥，王慧。"郭璞注："王帚也。似藜。其树可以为埽彗。江东呼之曰落帚。"段玉裁《说文解字注》："凡物呼王者皆谓大。"②昨先切：今读（jiǎn）。

【译文】蒲，王慧草。形声字，"艸"为形符，"湔"为声符。

蔿（芳） 艸也。从艸，爲声。于鬼切（wěi）

【译文】蔿为草名。形声字，"艸"为形符，"爲"为声符。

芜 艸也。从艸，冘声。直深切（chén）

【译文】芜，草名。形声字，"艸"为形符，"冘"为声符。

蘜 治墙[①]也。从艸，鞠声。居六切（jú）

【注释】①治墙：即牡蘜。《尔雅·释草》："蘜，治蘠。"郭璞注："今之秋华菊。"误。王绍兰《说文段注订补》："此牡蘜也。《周官·蝈氏职》曰：'掌去蛙黾，焚牡蘜，以灰洒之，则死。'郑注：'牡蘜，蘜不华者。''从艸，鞠声'之蘜谓治墙，《尔雅》同，即《周官》牡蘜也。

【译文】蘜，治墙草。形声字，"艸"为形符，"鞠"为声符。

蘠　蘠靡①，虋冬也。从艸，牆声。贱羊切（qiáng）

【注释】①蘠靡：即蔷薇，又名虋冬、门冬、营实。《尔雅·释草》："蘠靡，虋冬。"郭璞注："门冬，一名满冬。"

【译文】蘠，蘠靡，又称虋冬。形声字，"艸"为形符，"牆"为声符。

茋　茋母①也。从艸，氏声。常之切（qí）

【注释】①茋母：徐锴《说文解字系传》："即知母之一名也。"

【译文】茋，茋母。形声字，"艸"为形符，"氏"为声符。

菀　茈菀①，出汉中房陵②。从艸，宛声。於阮切（wǎn）

【注释】①茈菀：又名紫菀。《神农本草经·中品》："紫菀，味苦，温。主咳逆上气。"②房陵：房陵即今湖北房县。

【译文】菀即茈菀、紫宛，产于汉中郡房陵县。形声字，"艸"为形符，"宛"为声符。

莔　贝母①也。从艸，（明）[朙]省声②。武庚切（méng）

【注释】贝母：药草名，百合科药草。《尔雅·释草》郭璞注："根如小贝，圆而白华，叶似韭。"②明省声：徐锴《说文解字系传》作朙省声。

【译文】莔，贝母。形声字，“艸”为形符，“朙”的省文为声符。

茱 山蓟[①]也。从艸，术声。直律切（zhú）

【注释】①山蓟：亦称苍术、山精、山薑，《尔雅·释草》郭璞注：“《本草》云：‘术一名山蓟。’”《本草》陶隐居注：“术乃有两种：白术叶大有毛而作椏，根甜而少膏，可作丸散用；赤术叶细无椏，根小苦而多膏，可作煎用。”

【译文】茱，山蓟。形声字，“艸”为形符，“术”为声符。

蓂 析蓂[①]，大荠也。从艸，冥声。莫历切（mì）

【注释】①析蓂：荠菜的一种，《尔雅·释草》：“菥蓂，大荠。”郭璞注：“似荠菜细，俗呼之曰老荠。”《本草纲目·菜部·菥蓂》：“时珍曰：荠与菥蓂，一物也，但分大小二种耳。小者为荠，大者为菥蓂。”

【译文】蓂，析蓂，亦名大荠，似荠叶细。形声字，“艸”为形符，“冥”为声符。

蕂 荎藸也[①]。从艸，味声。无沸切（wèi）

【注释】①荎藸：五味子。《尔雅·释草》郭璞注：“五味也。蔓生。子丛在茎头。”

【译文】蕂，荎藸草。形声字，“艸”为形符，“味”为声符。

荎 荎藸[①]，艸也。从艸，至声。直尼切（chí）

【注释】①荎藸：朱骏声《说文通训定时》：“荎藸，

双声连语，单呼曰蕏，絫呼曰荎蕏耳。"

【译文】荎，荎蕏。形声字，"艸"为形符，"至"为声符。

蕏 蕏 荎蕏也。从艸，豬声。直鱼切 (chú)

【译文】蕏，荎蕏。形声字，"艸"为形符，"豬"为声符。

葛 葛 絺绤艸[1]也。从艸，曷声。古达切 (gé)

【注释】①絺绤艸：豆科植物，茎皮纤维可织葛布和作造纸原料，桂馥《说文解字义证》："本书：'絺，细葛也。''绤，粗葛也。'《诗》：'披采葛兮。'传云：'葛，所以为絺绤也。'"

【译文】葛，絺绤草。形声字，"艸"为形符，"曷"为声符。

蔓 蔓 葛属[1]。从艸，曼声。无贩切 (wàn)[2]

【注释】①葛属：朱骏声《说文通训定声》："许云葛属者，谓如葛之类引藤曼长者，凡皆谓之蔓也。"②今读 màn。

【译文】蔓，葛类植物的通称。形声字，"艸"为形符，"曼"为声符。

䓘 䓘 葛属。白华。从艸，皋声。古劳切 (gāo)

【译文】䓘，葛类植物，开白花。形声字，"艸"为形符，"皋"为声符。

莕 莕 萎余[1]也。从艸，杏声。荇，莕或，从行[2]，同。何梗切 (xìng)

【注释】①萎余：也作接余，是一种水草，可以食用。《尔雅·释草》："莕，接余。"陆玑《毛诗草木鸟兽虫鱼疏》："接余，白茎，叶紫赤色，正圆，径寸余，浮在水上，根在水底，与水深浅等，大如钗股，上青下白，鬻其白茎，以苦酒浸之，肥美可案酒。"②从行：宋保《谐声补益》："行声。"

【译文】莕，萎余。形声字，"艸"为形符，"杏"为声符。荇，莕的或体，从"行"声，与"莕"字同。

萎 萎余也。从艸，妾声。子叶切（jiē）

【译文】萎，萎余。形声字，"艸"为形符，"妾"为声符。

藆 艸也。从艸，罼声[①]。古浑切（kūn）

【译文】藆，香草名。形声字，"艸"为形符，"罼"为声符。

芫 鱼毒也[①]。从艸，元声。愚袁切（yuán）

【注释】①鱼毒：打鱼的人煮它投入水中，鱼则死而浮出，故名。瑞香科植物。颜师古注《急就篇》"芫花"说："一名鱼毒。渔者煮之，以投水中，鱼则死而浮出，故以为名。其根曰蜀桑。其华可以为药。"

【译文】芫，芫华，又名鱼毒。形声字，"艸"为形符，"元"为声符。

蘦 大苦[①]也。从艸，霝声。郎丁切（líng）

【注释】①大苦：甘草。《尔雅·释草》："蘦，大苦。"郭璞注："今甘草也。蔓延生，叶似荷，青黄，茎赤有节，节有枝相当。"一说，藷是黄药。沈括《梦溪笔谈·药议》："此（藷）乃黄药也，其味极苦，谓之大苦，非甘草也。"

【译文】藷，大苦草。形声字，"艸"为形符，"諸"为声符。

蕛 蕛苵[1]也。从艸，稊声。大兮切（tí）

【注释】①蕛苵：似稗的野草。《尔雅·释草》："郭璞注："蕛似稗，布地生，秽草。"

【译文】蕛，蕛苵草。形声字，"艸"为形符，"稊"为声符。

苵 蕛苵也。从艸，失声。徒结切（dié）

【译文】苵，蕛苵草。形声字，"艸"为形符，"失"为声符。

艼 艼荧[1]，朐也[2]。从艸，丁声。天经切（tīng）

【注释】①艼荧：叠韵联绵词。②朐：《尔雅·释草》作蒟。

【译文】艼，艼荧，亦名朐草。形声字，"艸"为形符，"丁"为声符。

蔣（蒋） 苽蔣[1]也。从艸，將声。子良切（jiāng），又即两切（jiǎng）

【注释】①苽蔣：又称菰蔣、菰，草名，其米叫彫胡，可食。《广雅·释草》："菰，蔣；其米谓之雕胡。"苽蔣，复合词。

【译文】蔣，苽蔣。形声字，"艸"为形符，"將"为声符。

苽 [seal] 雕苽[1]。一名蔣。从艸，瓜声。古胡切（gū）

【注释】①雕苽：又称雕胡，即茭苗米。

【译文】苽，雕苽，又称蔣。形声字，“艸”为形符，“瓜”为声符。

蓍 [seal] 艸也。从艸，育声。余六切（yù）

【译文】蓍，蓍草。形声字，“艸”为形符，“育”为声符。

蘢 [seal] 艸也。从艸，罷声。符羈切（bēi/pí）

【译文】蘢，香草。形声字，“艸”为形符，“罷”为声符。

蘿 [seal] 艸也。从艸，難声。如延切（rán）

【译文】蘿为草名。形声字，艸为形符，難为声符。

莨 [seal] 艸也。从艸，良声。鲁当切（láng）

【译文】莨，狼尾草。形声字，“艸”为形符，“良”为声符。

葽 [seal] 艸也。从艸，要声。《诗》曰：“四月秀葽。”刘向说：此味苦，苦葽也。於消切（yāo）

【注释】四月秀葽：语见《诗经·豳风·七月》。

【译文】葽，葽草。形声字，“艸”为形符，“要”为声符。《诗经》上说“四月葽草开花吐穗”，刘向说，此葽草味苦，俗称苦葽。

薖 [seal] 艸也。从艸，過声。苦禾切（kē）

【译文】薖，薖草。形声字，“艸”为形符，“過”为声符。

菌 地蕈[①]也。从艸，囷声。渠殒切（jùn）

【注释】①地蕈：亦称菌子、土菌、中馗、馗厨，伞菌一类植物。《尔雅·释草》郭璞注："地蕈也，似盖。今江东名为土菌。"王筠《说文解字句读》："言地者，对蕈生于木而言。"

【译文】菌，地蕈。形声字，"艸"为形符，"囷"为声符。

蕈[蕈] 桑萮[①]。从艸，覃声。慈衽切（xùn）

【注释】①桑：段玉裁《说文解字注》："萮之生于桑者曰蕈，蕈之生于田中者曰菌。"

【译文】蕈，桑木上长的木耳。形声字，"艸"为形符，"覃"为声符。

萮 木耳[①]也。从艸，耎声。一曰萮茈[②]。而兖切（ruǎn）

【注释】①木耳：《玉篇》："木耳，生枯木也。"②萮茈：木耳的别名。《集韵》："萮茈，木耳也。" 萮茈有两解，一为木耳别名，一为红蓝草，此用前一义。

【译文】萮，木耳。形声字，"艸"为形符，"耎"为声符。一说，萮茈。

葚 桑实也。从艸，甚声。常衽切（shèn）

【译文】葚指桑树的果实。形声字，艸为形符，甚为声符。

蒟  果也。从艸，竘声。俱羽切（jǔ）

【译文】蒟，扶留藤的果实。形声字，“艸”为形符，“竘”为声符。

芘  艸也。一曰芘（茮）[茈]木[①]。从艸，比声。房脂切（pí）

【注释】芘（茮）木：当作芘芣，芘芣即荍、锦葵、荆葵。王念孙《读说文记》：“‘一曰芘茮木’五字乃是‘一曰芘茈’之讹。《诗·东门之枌》三章‘视尔如荍’传：‘荍，芘茈。’是也。”

【译文】芘，草名。形声字，“艸”为形符，“比”为声符。

蕣[蕣]  木堇[①]，朝华暮落者。从艸，舜声。《诗》曰：“颜如蕣华。”[②]舒闰切(shùn)

【注释】①木堇：又写作木槿。夏秋开的五瓣花，有红、白、淡紫等色，锦葵科落叶灌木，药用植物。《尔雅·释草》郭璞注：“似李树，华朝生夕陨，可食。或呼曰及，亦曰王蒸。”②颜如蕣华：语见《诗经·郑风·有女同车》。

【译文】蕣，木槿。其花早晨开放，傍晚就凋落。形声字，“艸”为形符，“舜”为声符。《诗经》上说：“容颜像盛开的木槿花。”

萸  茱萸[①]也。从艸，臾声。羊朱切(yú)

【注释】①茱萸：椒类植物。如吴茱萸、食茱萸、山茱萸。《本草图经》：“吴茱萸，木高丈余，皮青绿色，叶似椿而阔厚，紫色。三月开花，红紫色。七月八月结实。”

食茱萸、山茱萸，功用与吴茱萸同。《风土记》："俗尚九月九日谓为上九，茱萸到此日气烈熟，色赤，可折其房以插头，云辟恶气，御初寒。"朱骏声《主文通训定声》："茱萸亦叠韵连语，后人加艸耳。"

【译文】萸，茱萸。形声字，"艸"为形符，"臾"为声符。

茱 茱萸，茮属[1]。从艸，朱声。市朱切 (zhū)

【注释】①茮属：桂馥《说文解字义证》引《嘉祐图经》云："茱萸结实似椒子，嫩时微黄，至成熟则深紫。"

【译文】茱，茱萸，属花椒一类。形声字，"艸"为形符，"朱"为声符。

茮 茮莍[1]。从艸，尗声。子寮切 (jiāo)

【注释】①茮莍：茮即椒字。段玉裁《说文解字注》："茮莍盖古语，犹《诗》之椒聊也。单呼曰茮，絫呼曰茮莍、茮聊。"茮莍，椒聊，即花椒。

【译文】茮，茮莍，今称花椒。形声字，"艸"为形符，"尗"为声符。

莍 茮、樧实[1]，裹[裹]如(表)[裘]者[2]。从艸，求声。巨鸠切 (qiú)

【注释】①樧：似茱萸，出淮南，亦即花椒的果实，其籽由外壳严密包裹如穿裘。②裹如表：当作裹如裘，传写之误。《尔雅·释木》释文引作裹如裘也，可证。郝懿行义疏："莍之言裘也，芒刺锋攒如裘自裹，故谓之莍也。"

【译文】莍，花椒一类的果实，表面芒刺如皮裘自裹。形声字，“艸”为形符，“求”为声符。

荆 楚①。木也②。从艸，刑声。③，古文荆。举卿切（jīng）

【注释】①楚：王筠《说文解字句读》：“谓荆一名楚也。”②木：王筠《说文解字句读》：“以字从艸，故云木。盖此物不大，故从艸。好丛生，故楚从木。”③金文中荆字作一枝两杈上有棘刺之形。此文棘刺已与枝杈分离，枝杈讹变作刀，又加艸为形符。

【译文】荆，亦称楚，一种丛生灌木。形声字，“艸”为形符，“刑”为声符。，古文“荆”字。

菭 水衣也①。从艸，治声。徒哀切（tái）

【注释】①水衣：徐锴《说文解字系传》：“《周礼》注：‘菭字作菭。’生水傍，水土之润气所生，故曰水衣也。生墙曰垣衣。”

【译文】苔，水边所生的水苔。形声字，“艸”为形符，“治”为声符。

芽 萌芽也①。从艸，牙声。五加切（yá）

【注释】①萌芽：草本新出的芽，即刚长出来可以发育成植株的部分。《广雅·释草》：“芽，孽也。”段玉裁《说文解字注》：“古多以牙为芽。”

【译文】芽，草木的芽儿。形声字，“艸”为形符，“牙”

为声符。

萌  艸[木]芽也[1]。从艸，明声。武庚切（méng）

【注释】①艸芽：依段玉裁《说文解字注》作“艸木芽”。《礼记·月令》：“句者毕出，萌芽尽达。”郑玄注：“句，屈生者。芒而直曰萌。”所以，萌是直出的芽。

【译文】萌，草本植物的芽。形声字，“艸”为形符，“明”为声符。

茁  艸初生出地皃。从艸，出声[1]。《诗》曰：“彼茁者葭。”[2]邹滑切（zhuó）

【注释】①从艸，出声：王筠《说文解字句读》：“茁从出声，声意互相备也。”②语见《诗经·召南·驺虞》。

【译文】茁，草初生出地的样子。形声字，“艸”为形符，“出”为声符。《诗经》上说“那刚刚长出地面的东西是芦苇”。

莖（茎）  枝柱也[1]。从艸，巠声。户耕切（jīng）

【注释】①枝柱：即枝主，众枝之主干。慧琳《一切经音义》中“莖”注，引《说文》作枝主也。

【译文】莖，草木的主干。形声字，“艸”为形符，“巠”为声符。

莛 茎也。从艸，廷声。特丁切（tíng）

【译文】莛，草茎。形声字，“艸”为形符，“廷”为声符。

葉(叶) 艸木之葉也。从艸，枼声。与涉切(yè)

【译文】葉，草木的葉子。形声字，“艸”为形符，“枼”为声符。

蓟 艸之小者[1]。从艸，劂声。劂，(古)[籀]文锐字[2]，读若芮。居例切(jì)

【注释】①艸之小者：桂馥《说文解字义证》：“蓟或作莌。《方言》：‘莌，小也。凡草生而初达谓之莌。’注云：‘锋萌始出。莌音锐。’”②(古)[籀]文锐字：段玉裁《说文解字注》：“金部、网部皆云：‘劂，籀文锐。’则此古字误也，当改籀。”

【译文】蓟，小草。形声字，“艸”为形符，“劂”为声符。劂，籀文的“锐”字，读音似“芮”。

芣 华盛[1]。从艸，不声。一曰，芣苢。缚牟切(fú)

【注释】①华盛：徐锴《说文解字系传》曰：“慎意以此为‘棠棣之华，萼芣韡韡’之芣也。”芣，今本作不。

【译文】芣，花开得繁盛。形声字，“艸”为形符，“不”为声符。一说，车前草。

葩 华也[1]。从艸，皅声。普巴切(pā)

【注释】①华：段玉裁《说文解字注》：“葩之训华者，草木花也。”

【译文】葩，草木之花。形声字，“艸”为形符，“皅”为声符。

芛 艸之葟荣也[①]。从艸，尹声。羊捶切（wěi）

【注释】①葟荣：即花。《尔雅·释草》：“芛葟华荣。”郭璞注：“华，皇也。今俗呼草本华初生者为芛。”

【译文】芛，草木之花开放的样子。形声字，“艸”为形符，“尹”为声符。

蘳 黄华[①]。从艸，黊声。读若[墮]坏。乎瓦切（huà）[②]

【注释】①黄华：徐锴《说文解字系传》：“谓草木之黄华者也。”②今读 huī。

【译文】蘳，草木的黄色花。形声字，“艸”为形符，“黊”为声符。读音如堕坏的“堕”。

蘽[藨] 苕之黄华[①]也。从艸，褜声。一曰，末也[②]。方小切(biǎo)[③]

【注释】①苕：《尔雅·释草》：“苕，陵苕黄华，蘽，白华，茇。”②末：段玉裁《说文解字注》：“金部之鏢、木部之標，皆训末。蘽当训草末。”③今读作（biāo）。

【译文】蘽，开黄花的凌霄花。形声字，“艸”为形符，“褜”为声符。一说，指草的末梢。

英 艸荣而不实者[①]。一曰，黄英[②]。从艸，央声。

於京切 (yīng)

【注释】①荣而不实：《尔雅·释草》："木谓之华，草谓之荣。不荣而实者谓之秀，荣而不实者谓之英。"②黄英：《尔雅·释木》："权，黄英。"

【译文】英，光开花不结籽的草本之花。另一说，指权树，其树开黄花。形声字，"艸"为形符，"央"为声符。

薾 華盛。从艸，爾声。《诗》曰："彼薾惟何？"[①]儿氏切（ěr）

【注释】①彼薾惟何：语见《诗经·小雅·采薇》。薾，今本作爾。段玉裁《说文解字注》："薾与爾音、义同。"

【译文】薾，花繁盛的样子。形声字，"艸"为形符，"爾"为声符。《诗经》上说："那开得很繁盛的是什么花啊？"

萋 艸盛。从艸，妻声。《诗》曰："菶菶萋萋。"[①]七稽切（qī）

【注释】①语见《诗经·大雅·卷阿》。萋，草盛，是其本义，引申泛指茂盛。

【译文】萋，草生长茂盛。形声字，"艸"为形符，"妻"为声符。《诗经》上说"梧桐树生出来了，在那东边向阳的地方，菶菶萋萋，十分茂盛。"

菶 艸盛。从艸，奉声。补蠓切（běng）

【译文】菶，草茂盛。形声字，"艸"为形符，"奉"为声符。

薿 𦼫 茂也。从艸，疑声。《诗》曰："黍稷薿薿。"[1]鱼己切（nǐ）

【注释】①语见《诗经·小雅·甫田》。

【译文】薿，草木茂盛的样子。形声字，"艸"为形符，"疑"为声符。《诗经》上说："那黍米和稷米是多么茂盛。"

蕤 𦻏 艸木华垂皃[1]。从艸，甤声。儒隹切（ruí）

【注释】①艸木华垂皃：一说，应作艸木花盛皃（mào）。丁福保《说文解字诂林》："慧琳《音义》中'蕤'引《说文》'艸木花盛貌也'，考《文选》江淹《杂诗》、陆玑《园葵诗》李善注引《说文》皆作'艸木盛皃也'。据此知'盛'误作'垂'。

【译文】蕤，草木之花盛开的样子。形声字，"艸"为形符，"甤"为声符。

葼 𦹗 青、齐、沇、冀谓木细枝曰葼[1]。从艸，㚇声。子红切（zōng）

【注释】①《方言》卷二："木细枝谓之杪，江淮、陈楚之内谓之篾，青、齐、兖、冀之间谓之葼……故《传》曰：'慈母之怒子，虽折葼笞之，其惠存焉。'"青齐兖冀相当于今山东、河北一带。

【译文】葼，青齐兖冀一带称树木的较细枝条叫葼。形声字，"艸"为形符，"㚇"为声符。

荶 𦾓 艸萎荶[1]。从艸，移声。弋支切（yí）

【注释】①萎蕤：因风起伏的样子。朱逡声《说文通训定声》："叠韵连语。犹禾之倚移、木之檹施、华之猗傩也。"

【译文】蕤，萎蕤，草动的样子。形声字，"艸"为形符，"移"为声符。

蒝  艸木形[1]。从艸，原声。愚袁切（yuán）

【注释】①艸木形：《玉篇》《广韵》作茎叶布也。

【译文】蒝，草木茎叶散布的形状。形声字，"艸"为形符，"原"为声符。

莢（荚） 艸实[1]。从艸，夾声。古叶切（jiá）

【注释】①艸实：徐灏《说文解字注笺》："艸木实之有皮甲者曰荚，如豆角之类是也。"

【译文】荚，豆类植物的果实。形声字，"艸"为形符，"夾"为声符。

芒  艸耑[1]。从艸，亡声。武方切（wáng）[2]

【注释】①艸耑：即草端的刺，麦子和稻谷种子壳上都有细刺，所以叫芒种。②今读 máng。

【译文】芒，草本植物上的细刺。形声字，"艸"为形符，"亡"为声符。

蓨  蓝、蓼秀。从艸，（随省）[隋]声[1]。羊捶切（wěi）

【注释】①随省声：徐锴《说文解字系传》作"隋声"。

【译文】蓨，蓝、蓼类植物抽穗开花。形声字，“艸”为形符，“隋”为声符。

蔕[蒂]  瓜当[①]也。从艸，带声。都计切(dì)

【注释】①瓜当：瓜蔕。瓜果与枝茎相连的部分。桂馥《说文解字义证》：“蔕，瓜之系蔓处也。”

【译文】蔕，瓜蔕。形声字，“艸”为形符，“帶”为声符。

荄  艸根也。从艸，亥声。古哀切(gāi)，又古谐切(jiē)

【译文】荄，草根。形声字，“艸”为形符，“亥”为声符。

茐 茇也。茅根[①]也。从艸，均声。于敏切(yǔn)

【注释】①茅根：段玉裁《说文解字注》：“此别一义，以茐专属茅根也。”

【译文】茐，草根。特指茅草的根。形声字，“艸”为形符，“均”为声符。

茇  艸根也。从艸，犮声。春艸根枯，引之而发土为拨，故谓之茇[①]。一曰艸之白华[②]为茇。北末切(bá)

【注释】①茇：王筠《说文解字句读》：“许君以茇、发、拨音近，用以为说。”②艸之白华：《尔雅·释草》舍人注：“苕，陵苕也。黄华名蔈，白华名茇。”

【译文】茇为草根。形声字，“艸”为形符，“犮”为声符。春天草根枯死易拔，把它们拔引而去，连根之土块使其发散称拨，草根称茇。另一说，开白花的陵苕为茇。

芃 艸盛①也。从艸，凡声。《诗》曰：“芃芃黍苗。”②房戎切（féng）③

【注释】①艸盛：《诗经·鄘风·载驰》：“芃芃其麦。”毛传：“芃芃然方盛长。”②芃芃黍苗：语见《诗经·曹风·下泉》。③房戎切：今依《广韵》薄红切，读 péng。

【译文】芃，草本植物生长茂盛。形声字，“艸”为形符，“凡”为声符。《诗经》上说：“黍苗多么茂盛啊！”

蒪 华叶布①。从艸，傅声。读若傅。方遇切（fù）②

【注释】①华叶布：段玉裁：“与尃敷字义通。从艸，故训华叶布。”②方遇切：今依《广韵》芳无切，读 fū。

【译文】蒪，花叶展布之状。形声字，“艸”为形符，“傅”为声符。读音如“傅”。

蓻 艸木不生也①。一曰，茅芽②。从艸，執声。姊入切（jí）

【注释】①艸木不生：桂馥《说文解字义证》：“不当为才。《玉篇》：‘蓻，子习切。艸木生皃。’”②茅芽：即草木才生的引申义。

【译文】蓻，草木初生之状。一说，特指茅草之芽。形声字，

“艸”为形符，“執”为声符。

荶 艸多皃。从艸，斦声。江夏平春[1]有荶亭。语斤切（yín）

【注释】①江夏平春：徐灏《说文解字注笺》：“《（续汉书）郡国志》：‘江夏郡鄂县平春侯国。’按今湖北武昌大冶等县皆其地。”

【译文】荶，草多之状。形声字，“艸”为形符，“斦”为声符。江夏郡平春县有荶亭。

茂  艸丰盛也。从艸，戊声。莫候切（mào）

【译文】茂，草木繁盛。形声字，“艸”为形符，“戊”为声符。

蕩 艸茂也。从艸，暘声。丑亮切（chàng）

【译文】蕩，草木茂盛。形声字，“艸”为形符，“暘”为声符。

蔭（荫） 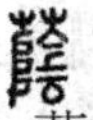 艸阴地。从艸，陰声。於禁切（yìn）

【译文】蔭，草木的阴影覆阴土地。形声字，“艸”为形符，“陰”为声符。

蓪 艸皃。从艸，造声。初救切（chòu）

【译文】蓪，草丛杂相集。形声字，“艸”为形符，“造”为声符。

兹 𦍻 艸木多益[①]。从艸，(兹)[絲]省声[②]。子之切(zī)

【注释】艸木多益：徐锴《说文解字系传》："此草木之兹盛也。"②兹省声：徐锴《说文解字系传》作絲省声。

【译文】兹，草木滋盛。形声字，"艸"为形符，"絲"省为声符。

蔋 𦿆 艸旱尽也。从艸，俶声。《诗》曰："蔋蔋山川[①]。"徒历切(dí)

【注释】①蔋蔋山川：语见《诗经·大雅·云汉》。蔋蔋，大旱之年草木皆无之状。

【译文】蔋，大旱草木皆枯。形声字，"艸"为形符，"俶"为声符。《诗经》上说"实在是太干旱了，山也枯了河也干了。"

藃 𦿆 艸皃。从艸，歊声。《周礼》曰："毂獘不藃[①]。"许娇切(xiāo)

【注释】①毂獘不藃：语见《周礼·考工记·轮人》。今作毂虽敝不藃。承培元《说文引经证例》："康成云：藃，藃暴也。是即《荀子》所云'虽有槁暴'也。槁暴，枯而坟起也。"此谓藃为槁之假借。

【译文】藃，草生不茂。形声字，"艸"为形符，"歊"为声符。《周礼》上称"车毂虽然坏了，也不会槁缩暴起"。

蔇 𦿆 艸多皃[①]。从艸，既声。居味切(jì)

【注释】艸多皃：段玉裁《说文解字注》："禾部：'穊，

稠也。’音、义同。”

【译文】蔇，草稠密。形声字，“艸”为形符，“既”为声符。

薋  艸多皃[①]。从艸，資声。疾兹切（cí）

【注释】艸多皃：徐锴《说文解字系传》：“薋犹积也。”段玉裁《说文解字注》：“禾部曰：‘稽，积禾也。’音、义同。”

【译文】薋，草大量积聚。形声字，“艸”为形符，“資”为声符。

蓁  艸盛皃[①]。从艸，秦声。侧诜切（zhēn）

【注释】①艸盛皃：《诗经·周南·桃夭》：“其叶蓁蓁。”毛传：“蓁蓁，至盛茂。”

【译文】蓁，草叶壮盛。形声字，“艸”为形符，“秦”为声符。

莦  恶艸皃[①]。从艸，肖声。所交切（shāo）

【注释】① 恶艸皃：《龙龛手鉴》作恶艸也。

【译文】莦，乱草无序之状。形声字，“艸”为形符，“肖”为声符。

芮  芮芮[①]，艸生皃。从艸，内声。读若汭。而锐切（ruì）

【注释】①芮芮：段玉裁《说文解字注》：“柔细之状。”桂馥《说文解字义证》：“谓艸初生芮芮然小也。”

【译文】芮，芮芮，初生草的柔细之状。形声字，“艸”为形符，“内”为声符。读音如“汭”。

茬 艸皃。从艸，在声。济北有茬平县①。仕甾切（chí）

【注释】①茬平县：以茬山得名。其县今仍存，在山东。

【译文】茬，草盛之状。形声字，“艸”为形符，“在”为声符。济北有茬平县。

薈（荟） 艸多皃。从艸，會声。《诗》曰：“薈兮蔚兮。”①乌外切（wèi）②

【注释】①薈兮蔚兮：语见《诗经·曹风·候人》。朱熹注：“薈、蔚，草木盛多之貌。”②乌外切：今读 huì。

【译文】薈，草木繁盛之状。形声字，“艸”为形符，“會”为声符。《诗经》上说：“南山之上，早晨云气升腾的情景，像草木一般繁茂啊。”

蓩 细艸丛生也。从艸，敄声。莫候切（mào）

【译文】蓩，细草丛生之状。形声字，“艸”为形符，“敄”为声符。

芼 艸覆蔓。从艸，毛声。《诗》曰：“左右芼之。”①莫抱切（mào）

【注释】①语见《诗经·周南·关雎》。

【译文】芼，草覆地蔓延之状。形声字，“艸”为形符，“毛”

为声符。《诗经》说："长短不齐的荇菜，从左边右边去择取它"。

蒼(苍) 艸色[①]也。从艸，倉声。七冈切(cāng)

【注释】①艸色：段玉裁："引申为凡青黑色之称。"

【译文】蒼，青草的颜色。形声字，"艸"为形符，"倉"为声符。

葻 艸得风皃。从艸、風。读若婪。卢含切(lán)

【译文】葻，风吹草动之状。从"艸"和"風"会意，"風"亦是声符。读音如"婪"。

萃 艸[聚]皃[①]。从艸，卒声。读若瘁。秦醉切(cuì)

【注释】①艸皃：当依朱骏声《说文通训定声》改为"艸聚皃"。

【译文】萃，草丛生密集之状。形声字，"艸"为形符，"卒"为声符。读音如"瘁"。

蒔(莳) 更别穜[①]。从艸，時声。時吏切(shì)

【注释】①更别穜：更改而分秧匀插之。

【译文】蒔，秧苗移栽之称。形声字，"艸"为形符，"時"为声符。

苗 艸生于田者[①]。从艸，从田。武镳切(miáo)

【注释】①艸生于田者：谓嘉谷。与生于山野的杂草有别。《诗经·魏风·硕鼠》："无食我苗。"毛传云："苗，嘉谷也。"

【译文】苗，生长在田中的禾苗。由"艸"在"田"上会意。

苛 小艸也。从艸，可声。乎哥切 (hé)[1]

【注释】①今读作 kē。

【译文】苛，小草。形声字，"艸"为形符，"可"为声符。

蕪(芜) 薉[1]也。从艸，無声。武扶切(wú)

【注释】①薉:《楚辞·招魂》注:"不治曰蕪，多草曰薉。"薉，今作秽。

【译文】蕪，田地荒薉。形声字，"艸"为形符，"無"为声符。

薉 芜也。从艸，歲声。於废切(huì)

【译文】薉，芜薉。形声字，"艸"为形符，"歲"为声符。

荒 芜也。从艸，㠩声。一曰，艸(淹)[掩]地也。呼光切 (huāng)

【译文】荒，荒芜。形声字，"艸"为形符，"㠩"为声符。一说，杂草覆盖了田地。

䔰 艸乱也。从艸，寍声。杜林说：艸䔰䔰皃。女庚切(níng)

【译文】䔰，杂草散乱之状。形声字，"艸"为形符，"寍"

为声符。杜林说：䇲薀，草乱之貌。

䇲 篆 䇲薀皃。从艸，爭声。侧茎切（zhēng）

【译文】䇲，杂草散乱。形声字，“艸”为形符，“爭”为声符。

落 篆 凡艸曰零，木曰落[①]。从艸，洛声。卢各切（luò）

【注释】艸曰零，木曰落：零落双声，对文有别，散文无别。

【译文】落，草叶脱落称零，树叶脱落称落。形声字，“艸”为形符，“洛”为声符。

蔽 篆 蔽蔽，小艸也[①]。从艸，敝声。必袂切（bì）

【注释】①也：段玉裁《说文解字注》：“也当作皃。《召南》‘蔽芾（fèi）甘棠’，毛云：‘蔽芾，小皃。’”

【译文】蔽，蔽蔽，小草的样子。形声字，“艸”为形符，“敝”为声符。

蘀（萚） 篆 艸木凡皮叶落，陊地为蘀[①]。从艸，擇声。《诗》曰：“十月陨蘀。”[②]它各切（tuò）

【注释】①陊：段玉裁《说文解字注》：“落也。锴本作堕。”②语见《诗经·豳风·七月》。陨，从高处落下。

【译文】蘀，脱落之后，掉在地上的草木的皮和叶叫蘀。形声字，“艸”为形符，“擇”为声符。《诗经》上说：“十月枯萎的草木枝叶就脱落在地上了。”

薀 積也。从艸，温声。《春秋传》曰：“薀利生孽。”[1]於粉切（yǔn）[2]

【注释】①语见《左传·昭公十年》。②於粉切：今依《广韵》於问切，读 yùn。

【译文】薀，积聚。形声字，“艸”为形符，“温”为声符。《左传》称：“积累利而忘记义，就会生出不好的事来”。

蔫 菸也。从艸，焉声。於干切（yān）[1]

【注释】①又读 niān。形容精神不振。

【译文】蔫，植物因失去水分而枯萎。形声字，“艸”为形符，“焉”为声符。

菸 郁也[1]。从艸，於声。一曰痿[2]也。央居切（yū）

【注释】①郁《广雅》：“郁，幽也。”谓幽暗不鲜明。②痿：枯萎。《集韵》：“今关西言菸，山东言蔫，江南亦言痿，又作萎。”

【译文】菸，幽暗不鲜明。形声字，“艸”为形符，“於”为声符。又叫作“痿”。

蘂 艸旋皃也。从艸，榮声。《诗》曰：“葛累蘂之。”[1]於营切（yīng）[2]

【注释】①语见《诗经·周南·樛木》。②於营切：今音读作 yíng。

【译文】蘗，草纠缭缠绕的样子。形声字，“艸”为形符，“褮”为声符。《诗经·周南·樛木》上说：“南山有向下弯曲的樛木，葛草和藟草缠绕着它。”

蔡 蔡 艸也。从艸，祭声。苍大切（cài）

【译文】蔡，野草。形声字，“艸”为形符，“祭”为声符。

茷 茷 艸叶多。从艸，伐声。《春秋传》曰：“晋栾茷。”[①]符发切（fá）

【注释】①语见《左传·成公十年》。原文是：“十年春，晋侯使栾茷如楚。”杜预注：“栾茷，晋大夫。”

【译文】茷，草叶繁茂。形声字，“艸”为形符，“伐”为声符。《左传》上说：“晋侯派遣栾茷到楚国去。”

菜 菜 艸之可食者。从艸，采声。苍代切（cài）

【译文】菜，可供食用的草。形声字，“艸”为形符，“采”为声符。

䎡 䎡 艸多叶皃。从艸，而声。沛城父有杨䎡亭[①]。如之切（ér）

【注释】①杨䎡亭：语见《汉书·地理志》。在今安徽亳州东南。

【译文】䎡，草叶多茂盛。形声字，“艸”为形符，“而”为声符。沛郡城父县有杨䎡亭。

芝 艸浮水中皃。从艸，乏声。匹凡切（fān）[①]

【注释】①匹凡切：今读（fàn）。

【译文】芝，草在水中飘浮的样子。形声字，“艸”为形符，“乏”为声符。

薄 林薄[①]也。一曰，蚕薄[②]。从艸，溥声。旁各切（bó）

【注释】①林薄：段玉裁《说文解字注》：“林木相迫不可入曰薄。引伸凡相迫皆曰薄。”②蚕薄：蚕帘，养蚕用具，用苇、竹编成。

【译文】薄，草木丛生，密不可入。另一说，蚕帘为薄。形声字，“艸”为形符，“溥”为声符。

苑 所以养禽兽[①]也。从艸，夗声。於阮切（wǎn）[②]

【注释】①所以养禽兽：段玉裁：“《周礼·地官·囿人》注：‘囿，今之苑。’是古谓之囿，汉为之苑。”②於阮切：今读 yuàn。

【译文】苑，用来养禽兽的场所。形声字，“艸”为形符，“夗”为声符。

藪（薮） 大泽[①]也。从艸，數声。九州之薮：杨州具区，荆州云梦，豫州甫田，青州孟诸，兖州大野，雍州弦圃，幽州奚养，冀州杨纡，并州昭余祁，是也。

苏后切（sǒu）

【注释】①大泽：《周礼·夏官·职方氏》注曰：“大泽曰藪。”

【译文】藪，湖泊沼泽地带。形声字，“艸”为形符，“數”为声符。天下共分九州，九州的藪泽是：杨州的具区，即今之太湖；荆州的云梦，在湖北监利县一带；豫州的甫田，在今河南中牟县西；青州的孟诸，在今河南商丘东北、虞城西北；兖州的大野，在今山东巨野县；雍州的弦圃，在今陕西陇县西；幽州的奚养，在今山东莱阳东；冀州的杨纡，或以为在今华阴东；并州的昭余祁，在今山西祁县西南、介休东北。

菑 𦿆 **不耕田也**[①]**。从艸、甾**[②]**。《易》曰：“不菑畬**[③]**。”甾，菑或，省艸。侧词切（zī）**

【注释】①不耕田：未耕治的田地。黄以周《释菑》：“凡治田之法，先杀草而后耕，既耕而后耘。”②徐锴说：“应当释为：从艸、从巛、从田会意。田不耕种就会草满成灾，所以以巛示意，巛象河道堵塞之形，二者义相近，巛音灾。如果以甾示意，大误，甾不同甾，即甾缶字。”③不菑畬：语见《周易·无妄卦·六二》：“不耕获，不菑畬。”王弼注：“不耕而获，不菑而畬。”畬，已耕种三年的田。

【译文】菑，只去掉杂草而未耕之地。由“艸”和“甾”会意。《周易》上说：“不用耕治就想有可获丰收的熟田。”甾，“菑”的或体，由菑省“艸”头。

蘇[蘇] 蘇 **艸盛皃**[①]**。从艸，繇声**[②]**。《夏书》曰：**

"厥艸惟蘨。"[3]余招切(yáo)

【注释】①艸盛皃：徐锴《说文解字系传》："草高大也。"②䍃声：徐灏《说文解字注笺》："古文言与缶相似，故䍃误从缶。"③厥艸惟蘨：语见《尚书·夏书·禹贡》，蘨字今本作䍃。

【译文】蘨，草长得茂盛。形声字，"艸"为形符，"䍃"为声符。《尚书》的《夏书》里称"那里的草多么茂盛。"

薙 薙 除艸也。《明堂月令》[1]曰："季夏烧薙。"从艸，雉声。他计切(tì)

【注释】①《明堂月令》：即今《礼记·月令》。在《别录》中属《明堂阴阳记》，故谓之《明堂月令》。

【译文】薙，除草。《礼记·月令》称"在夏末六月，烧掉、割下杂草。"形声字，"艸"为形符，"雉"为声符。

茉 茉 耕多艸。从艸、耒[1]，耒亦声。卢对切(lèi)

【注释】①从艸、耒：段玉裁："耒所以耕也。从耒，艸会意。"

【译文】茉，耕地除去众多杂草。以"艸"和"耒"会意，"耒"也是声符。

菿 菿 艸大也。从艸，致声。陟利切(zhì)

【译文】菿，草长得大。形声字，"艸"为形符，"致"为声符。

蕲 蕲 艸相蕲苞[1]也。从艸，斬声。《书》曰："艸

木蔪苞。”[2]，蔪或，從槧。慈冉切（jiān）

【注释】①蔪苞：徐灏《说文解字注笺》曰：“蔪之言渐也，长也。”苞，丛生。②语见《尚书·夏书·禹贡》。

【译文】蔪，草木滋长丛生之状。形声字，“艸”为形符，“斬”为声符。《尚书·夏书》上说“草木滋长丛生。”，“蔪”的或体，从“槧”声。

茀 道多艸，不可行[1]。从艸，弗声。分勿切（fú）

【注释】道多艸，不可行：《国语·周语中》：“道茀不可行也。”韦昭注：“草秽塞路为茀。”

【译文】茀，为路上长满了草，不能行走。形声字，“艸”为形符，“弗”为声符。

苾 馨香也。从艸，必声。毗必切（bì）

【译文】苾，馥香。形声字，“艸”为形符，“必”为声符。

蔎 香艸[1]也。从艸，設声。识列切（shè）

【注释】①香艸：当作艸香。

【译文】蔎，香草。形声字，“艸”为形符，“設”为声符。

芳 香艸[1]也。从艸，方声。敷方切（fāng）

【注释】①香艸：段玉裁《说文解字注》：“当作艸香。”

【译文】芳，香草。形声字，“艸”为形符，“方”为声符。

蕡 杂香艸[1]。从艸，賁声。浮分切（fén）

【注释】①杂香艸：段玉裁《说文解字注》：“当作杂艸香。”徐灏《说文解字注笺》：“今俗语犹言蕡香。读扶问切之重唇音。”

【译文】蕡，各种香草。形声字，“艸”为形符，“賁”为声符。

藥(药) 治病艸。从艸，樂声。以勺切(yào)

【译文】藥，能够治病的草。形声字，“艸”为形符，“樂”为声符。

蘺 艸木相附蘺土而生①。从艸，麗声。《易》曰：“百谷艸木蘺于地。”②吕支切(lí)

【注释】①附蘺：同义连用。蘺通麗(丽)，也作离。意为附着。②语见《周易·离卦》彖传。蘺，今作麗。

【译文】蘺，草木附着在土地上生长。形声字，“艸”为形符，“麗”为声符。《周易》上说“百谷和草木附着在地上。”

蓆[席] 广多也。从艸，席声。祥易切(xí)

【译文】蓆，草广且多。形声字，“艸”为形符，“席”为声符。

芟 刈艸也。从艸，从殳①。所衔切(shān)

【注释】①从殳：段玉裁：“此会意。殳取杀意也。”

【译文】芟，割草。形声字，“艸”为形符，“殳”为声符。

荐 [篆] 薦席也[1]。从艸，存声。在甸切 (jiàn)

【注释】①薦席：段玉裁《说文解字注》："薦见廌部，草也。不云草席，云薦席者，取音近也。"

【译文】荐，草席。形声字，"艸"为形符，"存"为声符。

藉 [篆] 祭藉[1]也。一曰，艸不编，狼藉。从艸，耤声。慈夜切（jiè）又秦昔切 (jí)

【注释】①祭藉：朱骏声《说文通训定声》："藉之为言席也。"

【译文】藉，古时祭祀时陈列祭品的垫草。一说，杂草无序，杂乱盛多，称狼藉。形声字，"艸"为形符，"藉"为声符。

蒩 [篆] 茅藉也。从艸，租声。礼曰：封诸侯以土，蒩以白茅[1]。子余切（jū）[2]

【注释】①蒩以白茅：段玉裁《说文解字注》："《白虎通》、《独断》皆云：'天子大社，以五色土为坛，封诸侯，受天子社土以所封之方色。东方受青，南方受赤，他如其方色。皆苴以白茅授之，归国立社。'班、蔡作苴，假借字，许作蒩，正字也。"②子余切：今依《广韵》则吾切，读 zū。

【译文】蒩，茅草做的铺垫物。形声字，"艸"为形符，"租"为声符。礼制规定："天子把五色土封给诸侯，用白茅做的席子包裹着。"

蕝 [篆] 朝会束茅表位曰蕝。从艸，絶声。《春秋国语》曰："致茅蕝，表坐。"[1] 子说切（jué）

【注释】①语见《国语·晋语八》。

【译文】蕝，君臣朝会时，用成捆的茅束表示尊卑的位次，这种表位的束茅称蕝。形声字，“艸”为形符，“绝”为声符。《国语》上说“设置茅草做的标志，来标明坐次。”

茨 以茅苇盖屋。从艸，次声[①]。疾兹切（cí）

【注释】①从艸，次声：《释名·释宫室》：“屋以草盖曰茨。茨，次也；次比（依次排比）草为之也。”。

【译文】茨，用茅草和芦苇盖屋顶。形声字，“艸”为形符，“次”为声符。

葺 茨也。从艸，咠声。七入切（qì）

【译文】葺，用茅草盖屋。形声字，“艸”为形符，“咠”为声符。

葢[蓋](盖) 苫[①]也。从艸，盇声。古太切（gài）

【注释】①苫：《尔雅·释器》：“白葢谓之苫。”郭璞注：“白茅苫也，今江东呼为葢。”

【译文】盖，茅苫。形声字，“艸”为形符，“盇”为声符。

苫 盖也。从艸，占声。失廉切（shān）

【译文】苫，用茅草编成的覆盖物。形声字，“艸”为形符，“占”为声符。

藹 盖也。从艸，渴声。於盖切（ài）

【译文】蕅，覆盖。形声字，“艸”为形符，“渴”为声符。

蓲 𦿆 刷也。从艸，屈声。区勿切（qū）

【译文】蓲，刷子。形声字，“艸”为形符，“屈”为声符。

藩 𦾔 屏也[1]。从艸，潘声。甫烦切（fān）

【注释】①屏：段玉裁《说文解字注》：“屏，蔽也。”

【译文】藩，屏障。形声字，“艸”为形符，“潘”为声符。

菹 𦵰 酢菜[1]也。从艸，沮声。𥂤，或，从皿[2]。𦈢，或，从缶。侧鱼切（zū）

【注释】①酢菜：腌制的酸菜。王筠《说文解字句读》：“酢，今作醋，古呼酸为醋，酢菜犹今之酸菜。”②皿：为盛菜之器。

【译文】菹，腌制的酸菜。形声字，“艸”为形符，“沮”为声符。𥂤，菹的或体，从“皿”。𦈢，菹的或体，从“缶”。

荃 𦯬 芥脆也。从艸，全声。此缘切（quán）

【译文】荃，细切的腌芥菜丝鲜脆部分。形声字，“艸”为形符，“全”为声符。

蓾 𧀊 韭郁[1]也。从艸，酤(gū)声。苦步切（kù）

【注释】① 韭郁《说文解字句读》：“郁幽其韭而成之，故名韭郁。《吕览·达郁篇》：‘郁者不阳也。’《苍颉解诂》：‘蓾，酢菹也。’”

【译文】菭，腌韭菜。形声字，“艸”为形符，“酟”为声符。

薀 瓜菹也。从艸，(監)[濫]声[1]。鲁甘切(lán)

【注释】①監声：当作濫声。《广韵·五十四阚》《集韵·廿三谈》《类篇》引作‘薀，瓜菹也’。”

【译文】薀，腌瓜。形声字，“艸”为形符，“濫”为声符。

菭 菹也。从艸，泜声。䔳，菭或，从皿。直宜切(chí)[1]

【注释】①直宜切：今依《广韵》旨夷切，读 zhī。

【译文】菭，腌菜。形声字，“艸”为形符，“泜”为声符。䔳，菭的或体，从“皿”。

蘨 干梅之属[1]。从艸[2]，橑声。《周礼》曰：“馈食之笾，其实干蘨。”[3]后汉长沙王始煮艸为蘨[4]。䕩，蘨或，从潦。卢皓切(lǎo)

【注释】①干梅之属：指梅干、桃干之类。段玉裁《说文解字注》：“郑注《周礼》云：干蘨，干梅也。”②从艸：段玉裁《说文解字注》：“梅桃当从木而从艸者，草亦木也。”③语见《周礼·天官·笾人》。④煮艸为蘨：徐灏《说文解字注笺》：“盖以香草合梅桃煮之。”

【译文】蘨，干梅之类。形声字，“艸”为形符，“橑”为声符。《周礼》上说“祭祀时进献熟食的笾豆，那里面的果实有梅干。”后来，汉代的长沙王才开始以煮熟的草菜为蘨。䕩，蘨的或体，从“潦”声。

藙 藙 煎茱萸[①]。从艸，豙声。汉律：会稽献藙一斗[②]。鱼既切(yì)

【注释】①煎茱萸：朱骏声《说文通训定声》："藙即《本草》之吴茱萸。其实本名藙，煎之亦即称藙耳。"又作藙，异体字。②会稽献藙一斗：桂馥《说文解字义证》："汉令会稽郡岁贡藙子一斗。"

【译文】藙，煎茱萸。形声字，"艸"为形符，"豙"为声符。汉朝律令称，会稽郡每年进贡藙子一斗。

莘 莘 羹菜[①]也。从艸，宰声。阻史切(zǐ)

【注释】①羹菜：以菜为羹。段玉裁《说文解字注》说："谓取菜羹之也。"钱坫《说文解字斠诠》："今呈俗以蔬菜和肉为羹，命之曰莘头。"

【译文】莘，用菜做羹。形声字，"艸"为形符，"宰"为声符。

若 若 择菜也。从艸、右；右，手也。一曰，杜若，香艸[①]。而灼切(ruò)

【注释】①杜若，香艸：段玉裁《说文解字注》："此别一义。"徐锴《说文解字系传》引《本草》："杜若，苗似薑，根似旋覆也。"

【译文】若，择菜。以"艸"和"右"会意；"右"即手，用手择菜。一说，杜若，是种香草。

蓴[蒓](莼) 蓴 蒲丛[①]也。从艸，專声。常伦

切(chún)[②]

【注释】①蒲丛：蒲草丛生。《类篇》："蓴，草丛生。"《广雅·释草》王念孙疏证："蒲草丛生于水则谓之蓴。"②取蒲丛义当读作（tuán）；取莼菜义当读作(chún)。

【译文】蓴，蒲草丛生。形声字，"艸"为形符，"專"为声符。

茵 以艸补缺[①]。从艸，西（tiàn）声[②]。读若陆。或以为缀。一曰，约空也。直例切（zhì）

【注释】①以艸补缺：沈涛《说文古本考》："以艸补缺，谓以艸补其缺处。缀亦补缀之缀。约空者谓缠束其空处，与补缺同一义。糸部：'约，缠束也。'"②西：音（tiàn）。

【译文】茵，用草修补缺处。形声字，"艸"为形符，"西"为声符。读音如同"陆"。有人认为茵是把草连缀起来是补缺的意思。一说，茵是缠束其空缺处。

蓴 丛艸也。从艸，尊声。慈损切(zùn)[①]

【注释】①慈损切：今依《广韵》兹损切，读zǔn。

【译文】蓴，草丛生之状。形声字，"艸"为形符，"尊"为声符。

莜 艸田器[①]。从艸，（條省）[攸]声[②]。《论语》曰："以杖荷莜。"[③]徒吊切(diào)

【注释】①艸田器：王筠《说文解字句读》："田间之器，率以綮秸为之，故曰草。"②條省声：桂馥《说文解字义证》：

“当为攸声。”③语见《论语·微子》。莜今本作蓧。《论语》包咸注：“莜，竹器。”

【译文】莜，草编田器。形声字，“艸”为形符，“攸”为声符。《论语》上说：“用手杖挑着莜这种草编田器。”

萆  雨衣。一曰，衰衣[①]。从艸，卑声。一曰，萆藨[②]，似乌韭。扶历切（pì）

【注释】①衰衣：即蓑衣。②萆藨：又叫萆荔、薜荔。《山海经·西山经》：“（小华之山）其草有萆荔，状如乌韭，而生于石上，亦缘木而生，食之已心痛。”

【译文】萆，雨衣。一说，蓑衣。形声字，“艸”为形符，“卑”为声符。另一说，萆即萆藨，草名，像乌韭。

萛 艸也。从艸，是声。是支切（chí）

【译文】萛，知母草。形声字，“艸”为形符，“是”为声符。

苴  履中艸。从艸，且声[①]。子余切（jū）

【注释】①从艸，且声：段玉裁《说文解字注》：“且，藨（垫）也。此形声包会意。”

【译文】苴，鞋中所垫之草。形声字，“艸”为形符，“且”为声符。

𧅫 艸履也。从艸，麤声。仓胡切（cū）

【译文】𧅫为草鞋。形声字，“艸”为形符，“麤”为声符。

蕢(蒉) 艸器也。从艸，貴声。臾，古文蕢，象形。《论语》曰：“有荷臾而过孔氏之门。”①求位切(kuì)

【注释】①语见《论语·宪问第十四》。臾今本作蕢。

【译文】蕢，草编盛器。形声字，“艸”为形符，“貴”为声符。臾，古文“蕢”字，象形。《论语》说：“有人挑着草筐子走过孔子的门口。”

蘉[蔓]  覆也。从艸，侵省声。七朕切(qīn)

【注释】①今依《广韵》七稔切，读 qǐn。

【译文】蘉，用草覆盖。形声字，“艸”为形符，“侵”的省文为声符。

茵  车重席。从艸，因声。鞇，司马相如说：茵从革。於真切(yīn)

【译文】茵，车上加垫的褥席。形声字，“艸”为形符，“因”为声符。鞇，司马相如说：茵从“革”。

芻(刍) 刈艸①也。象包束艸之形②。叉愚切(chú)

【注释】①刈艸：朱骏声《说文通训定声》：“象断艸包束以饲牛马者也。”俗作蒭。②象包束艸之形：构形上芻字从两勹(bāo)字。

【译文】芻，割下的草。像捆束刍草的样子。

茭  干刍[1]。从艸，交声。一曰，牛蕲艸[2]。古肴切（jiāo）

【注释】①干刍：干草料。②牛蕲艸：《尔雅·释草》郭璞注："今马蕲，叶细锐，似芹。"又称马芹、野茴香，伞形科植物。

【译文】茭，干饲草。形声字，"艸"为形符，"交"为声符。 说，茭为牛蕲草。

荹 乱艸。从艸，步声。薄故切（bù）

【译文】荹，喂牲口的各种乱草的混合。形声字，"艸"为形符，"步"为声符。

茹  饲马也。从艸，如声。人庶切（rù）[1]

【注释】①今依《广韵》人诸切，读 rú。

【译文】茹，喂马。形声字，"艸"为形符，"如"为声符。

莝[剉] 斬芻。从艸，坐声。麤卧切 (cuò)

【译文】莝，铡碎的牲口草。形声字，"艸"为形符，"坐"为声符。

萎  食牛也。从艸，委声。於伪切（wèi）

【译文】萎，喂牛。形声字，"艸"为形符，"委"为声符。

蔌  以谷萎马，置莝中[1]。从艸，敕声。楚革切（cè）

【注释】①以谷萎马，置莝中：段玉裁："以谷曰秣，谷杂莝中曰蔌。"

【译文】蔌，以谷物拌在饲草中喂马。形声字，"艸"为形符，"敕"为声符。

苗 蚕薄也。从艸，曲声。丘玉切（qū）

【译文】苗，蚕箔。形声字，"艸"为形符，"曲"为声符。

蔟 行蚕蓐[①]。从艸，族声。千木切（cù）

【注释】①行蚕蓐：《古文苑·扬雄〈元后诔〉》："帅导群妾，咸循蚕簇。"章樵注："簇，竹器，以茅藉之，承老蚕作茧。"

【译文】蔟，供蚕作茧的席蓐，用禾捍捆扎而成。形声字，"艸"为形符，"族"为声符。

苣 束苇烧[①]。从艸，巨声。其吕切（jù）

【注释】①束苇烧：束苇烧着，今作火炬。

【译文】苣，用苇秆扎成的火把。形声字，"艸"为形符，"巨"为声符。

蕘（荛） 薪也[①]。从艸，堯声。如昭切（ráo）

【注释】①薪：沈涛《说文古本考》："《诗·板》释文、《文选·长杨赋》注、《龙龛手鉴》皆引云：'蕘，草薪也。'是古本薪上有草字。"桂馥《说文解字义证》："谓草薪，别于木薪也。"

【译文】蕘，柴草。形声字，“艸”为形符，“堯”为声符。

薪 𦽅 荛也。从艸，新声。息邻切（xīn）

【译文】薪，柴草。形声字，“艸”为形符，“新”为声符。

蒸 𦶚 折[析]麻中干也[1]。从艸，烝声。𦶚，蒸或，省火。煮仍切（zhēng）

【注释】①折：当依《广韵·十六蒸》引作析。析麻中干，剥取麻皮后的中干，古代叫作蒸，后为麻秆。

【译文】蒸，析去麻皮的中干。形声字，“艸”为形符，“烝”为声符。𦶚，蒸的或体，蒸省去“火”旁。

蕉 𦺄 生枲[1]也。从艸，焦声。即消切（jiāo）

【注释】①生枲：段玉裁《说文解字注》：“枲，麻也。生枲谓未沤治者。今俗以此为芭蕉字。”

【译文】蕉，未经沤治的麻。形声字，“艸”为形符，“焦”为声符。

菡 𦮃 粪也。从艸，胃省。式视切（shǐ）

【译文】菡，粪。由“艸”和“胃”的省文会意。

薶 𦼮 瘗也。从艸，貍声。莫皆切（mái）

【译文】薶，埋葬。形声字，“艸”为形符，“貍”为声符。

䕭[蕿] 𧃩 丧藉也。从艸，侵声。失廉切(shān)

【译文】蓡，古人居丧时睡的草荐。形声字，“艸”为形符，“優”为声符。

斲[折] 𣂚 断也。从斤断艸，谭长说。𣂚，籀文斲，从艸在仌中，仌寒，故斲。𣂚，篆文斲，从手。食列切(shé)

【译文】折义为弄断。会意字，象用斧斤削断草茎，艸字作两上下排列示意。这是谭长的意见。𣂚，籀文斲字，由艸在冰中构成，冰寒，故草被冻断了。𣂚，篆文斲，从手。

卉 卉 艸之总名也。从艸、屮[①]。许伟切（huǐ）[②]

【注释】①从艸、屮：章炳麟《文始》说：“此字但从三屮。”②许伟切：今依《广韵》许贵切，读huì。

【译文】卉，百草的总称。从“艸”和“屮”会意。

艽 艽 远荒也。从艸，九声。《诗》曰：“至于艽野。”[①]巨鸠切（qiú）

【注释】①语见《诗经·小雅·小明》。毛传：“艽野，远荒之地。”

【译文】艽，极远之野。形声字，“艸”为形符，“九”为声符。《诗经》上说“到达荒原的野地。”

蒜 蒜 荤菜[①]。从艸，祘声。苏贯切（suàn）

【注释】①荤菜：《急就篇》第九章：“芸蒜荠芥茱萸香。”颜师古注：“蒜，大小蒜也，皆辛而荤。”

【译文】蒜，辛荤菜。形声字，“艸”为形符，“祘”为声符。

左文 五十三[①] 重二[②] 大篆从茻[③]

【注释】①左文 五十三：原书行款为下行而左，今改右行而下的行款，所以，原书的左文即今书的下文。“左文五十三”指下文从芥至蓟五十三字，这些字特殊，归为一小类。②重二：“重二”谓其有两个重文，见藻下和蓬下。③大篆从茻：“大篆从茻”谓此一小类的特点，每字皆有大篆、小篆二体，小篆从艸，大篆从茻，先此申明，不再出大篆字形。其实，艸同茻示意一致，详茻字下。大篆，即籀文。

芥 菜也。从艸，介声。古拜切（jiè）

【译文】芥，芥菜。形声字，“艸”为形符，“介”为声符。

蔥[葱] 菜也。从艸，悤声。仓红切 (cōng)

【译文】蔥，菜名。形声字，“艸”为形符，“悤”为声符。

蘆 艸也。从艸，隺声。《诗》曰：“食郁及蘆。”[①]余六切 (yù)

【注释】①语见《诗经·豳风·七月》。

【译文】蘆，山韭。形声字，“艸”为形符，“隺”为声符。《诗经》上说“六月吃郁菜及山韭菜。”

蕇 亭历[①]也。从艸，單声。多殄切 (diǎn)

【注释】①亭历：《尔雅·释草》郭璞注：“实叶皆似荠，一名狗荠。”

【译文】蕇，亭历。形声字，“艸”为形符，“單”为声符。

苟 [篆] 艸也。从艸，句声。古厚切（gǒu）

【译文】苟，草名。形声字，“艸”为形符，“句”为声符。

蕨 [篆] 鳖[1]也。从艸，厥声。居月切（jué）

【注释】①鳖：蕨的别名。段玉裁《说文解字注》：“陆玑云：‘周秦曰蕨，齐鲁曰鳖。鳖俗从艸。”《尔雅》释文：“俗云，其初生似鳖脚，故名焉。” 又称蕨萁、蕨菜，嫩叶可食。

【译文】蕨，初生似鳖脚的野生植物。形声字，“艸”为形符，“厥”为声符。

莎 [篆] 镐侯[1]也。从艸，沙声。苏禾切（suō）

【注释】①镐侯：双声联绵词，莎的别名。《尔雅·释草》：“薃侯，莎。其实媞。” 薃、镐同字。其地下纺锤形块茎称香附、香附子，供药用。

【译文】莎，镐侯草。形声字，“艸”为形符，“沙”为声符。

蓱 [篆] 苹也[1]。从艸，洴声。薄经切（píng）

【注释】①苹：浮萍。

【译文】蓱，浮萍。形声字，“艸”为形符，“洴”为声符。

堇 [篆] 艸也。根如荠，叶如细柳，蒸食之，甘。从艸，堇声。居隐切（jǐn）

【译文】堇，堇葵。根如荠，叶如嫩柳，蒸熟了吃，甚甘美。形声字，“艸”为形符，“堇”为声符。

菲 [seal script] 芴也[1]。从艸，非声。芳尾切（fěi）

【注释】①芴：亦称息菜、宿菜，可食。

【译文】菲，芴。形声字，“艸”为形符，“非”为声符。

芴 [seal script] 菲也[1]。从艸，勿声。文弗切（wù）

【注释】①菲：亦称息菜、宿菜，十字花科植物。

【译文】芴，菲。形声字，“艸”为形符，“勿”为声符。

蘺 [seal script] 艸也。从艸，鶾声。呼旰切（hàn）

【译文】蘺，草名。形声字，“艸”为形符，“鶾”为声符。

萑[雈] [seal script] 蓷也。从艸，萑声。胡官切（huán）

【译文】萑，初生的荻。形声字，“艸”为形符，“萑”为声符。

葦(苇) [seal script] 大葭也[1]。从艸，韋声。于鬼切(wěi)

【注释】①大葭：长大了的葭。段玉裁《说文解字注》：“犹言葭之已秀者。”沈括《梦溪补笔谈》：“予今详诸家所释，葭、芦葦，皆芦也；则菼、蓷、萑，自当是荻耳。”

【译文】葦，大葭。形声字，“艸”为形符，“韋”为声符。

葭 [seal script] 苇之未秀者。从艸，叚声。古牙切(jiā)

【译文】葭，初生之芦苇为葭。形声字，“艸”为形符，“叚”为声符。

萊(莱) 蔓华[1]也。从艸，來声。洛哀切(lái)

【注释】①蔓华：莱的别名。《尔雅·释草》："釐，蔓华。"釐是萊的假借字。郭璞注："一名蒙华。"又叫藜，又名红心灰藋，古时穷人常食之野菜。

【译文】萊，蔓华。形声字，"艸"为形符，"來"为声符。

荔 艸也。似蒲而小，根可作刷。从艸，劦声。郎计切(lì)

【译文】荔，荔草。像蒲草，但小些，须根长而坚硬，可作刷子。形声字，"艸"为形符，"劦"为声符。

蒙 王女[1]也。从艸，冢声。莫红切(méng)

【注释】①王女：大女萝。朱骏声《说文通训定声》："钱辛楣师曰：'女萝之大者名王女，犹王彗、王刍也。'按凡物之大者或称王，或称马、牛。"又名菟丝，旋花科一年生寄生草本植物。

【译文】蒙，王女。形声字，"艸"为形符，"冢"为声符。

藻[藻] 水艸也。从艸，从水，巢声。《诗》曰："于以采藻？"[1]藻，藻或，从澡。子皓切(zǎo)

【注释】①语见《诗经·召南·采苹》。

【译文】藻，水藻。形声字，以"艸"和"水"会意，"巢"声。《诗经》上说"到哪里去采水藻？"藻，藻的或体，从"澡"声。

菉 王刍[①]也。从艸，录声。《诗》曰：“菉竹猗猗。”[②]力玉切（lù）

【注释】①王刍：草名。《尔雅·释草》：“菉，王刍。”即今淡竹叶，又称荩草，菉蓐草、鸱脚莎，可作黄绿色染料。②语见《诗经·卫风·淇奥》。菉今本作“绿”。

【译文】菉，王刍草。形声字，“艸”为形符，“录”为声符。《诗经》上说“淡竹叶草和萹竹草是那么的柔弱而又茂盛。”

䒬 艸也。从艸，曹声。昨牢切（cáo）

【译文】䒬为草名。形声字，“艸”为形符，“曹”为声符。

蓾 艸也。从艸卤声。以周切（yóu）

【译文】蓾，莸草。形声字，“艸”为形符，“卤”为声符。

䒒 艸也。从艸，沼声。昨焦切（qiáo）

【译文】䒒，草名。形声字，“艸”为形符，“沼”为声符。

萿 艸也。从艸，吾声。《楚词》有萿萧艸[①]。吾乎切（wú）

【注释】①《楚词》有萿萧艸：段玉裁《说文解字注》：“按今《楚词》无萿萧，惟宋玉《九辨》云：‘白露既下白草兮，奄离披此梧楸。’盖许所见作萿萧，正百草之二也。”

【译文】萿，萿萧草。形声字，“艸”为形符，“吾”为声符。《楚词》中曾提到萿萧草。

范 艸也。从艸，氾声。房芝切（fàn）

【译文】范，草名。形声字，“艸”为形符，“氾”为声符。

艿 艸也。从艸。乃声。如乘切（réng）

【译文】艿，艿草。形声字，“艸”为形符，“乃”为声符。

葴 艸也。从艸，血声。呼决切（xuè）

【译文】葴，地葴草。形声字，“艸”为形符，“血”为声符。

萄 艸也。从艸，匋声。徒刀切（táo）

【译文】萄，葡萄草。形声字，“艸”为形符，“匋”为声符。

芑 白苗嘉谷①也。从艸，己声。驱里切（qǐ）

【注释】①白苗嘉谷：白色茎，即白粱粟。《诗经·大雅·生民》陈奂疏曰：“赤苗、白苗，谓禾茎有赤、白两种，本为苗之名，因为禾之名。”

【译文】芑，白茎良种谷。形声字，“艸”为形符，“己”为声符。

藚（蕒） 水舄也。从艸，賣声。《诗》曰：“言采其藚。”①似足切（xù）

【注释】①语见《诗经·魏风·汾沮洳》。

【译文】藚，水舄草。形声字，“艸”为形符，“賣”为声符。《诗经》上说：“采摘那水舄草呀。”

苳 [seal] 艸也。从艸，冬声。都宗切（dōng）

【译文】苳，苳草。形声字，“艸”为形符，“冬”为声符。

蘠（薔） [seal] 蘠虞[1]，蓼。从艸，嗇声。所力切（sè）

【注释】①蘠虞：段玉裁《说文解字注》：“蓼下云，蘠虞也。故此云蘠虞，蓼也。”后用为蔷薇字。古人以为辛菜，用其辛辣。

【译文】蘠，蘠虞，即辣蓼。形声字，“艸”为形符，“嗇”为声符。

苕[1] [seal] 艸也。从艸，召声。徒聊切（tiáo）

【注释】①苕：即陵苕，又名凌霄花、紫葳，花入药。或以为即旨苕，又名翘摇、紫云英，茎叶可食。

【译文】苕，陵苕草。形声字，“艸”为形符，“召”为声符。

蘇 [seal] 艸也。从艸，楙声。莫厚切（mǔ）[1]

【注释】①莫厚切：今依《广韵》莫候切，读 mào。

【译文】蘇，草名。形声字，“艸”为形符，“楙”为声符。

萺 [seal] 艸也。从艸，冒声。莫报切（mào）

【译文】萺，草名。形声字，“艸”为形符，“冒”为声符。

茆[茆] [seal] 凫葵[1]也。从艸，丣声。《诗》曰：“言采其茆。”[2]力久切（liǔ）[3]

【注释】①凫葵：即莼菜，蓴菜，水草，嫩叶可食。见陆玑《毛诗草木鸟兽虫鱼疏》。②言采其茆：语见《诗经·鲁颂·泮水》。③今读作（mǎo）。

【译文】茆，凫葵菜。形声字，“艸”为形符，“丣”为声符。《诗经》上说“采取那凫葵菜。”

荼 茶 苦荼[①]也。从艸，余声。同都切（tú）

【注释】①苦荼：即茶。徐灏《说文解字注笺》：“《尔雅》荼有三物，其一，《释草》：‘荼，苦菜。’即《诗》之‘谁谓荼苦’，‘堇荼如饴’也。其二，‘蔈、荂、荼。’茅秀也。《诗》‘有女如荼’是也。其三，《释木》：‘槚，苦荼。’即今之茗荈也。俗作茶。”徐铉注：“即今之茶字。”荼又称槚树的叶子，早采者为荼，晚取者为茗，又名荈、苦荼，可作羹饮。原读tú，中古以后读chá，字写作茶，遂别。

【译文】荼，苦荼。形声字，“艸”为形符，“余”为声符。

蘇 蘇 白蒿[①]也。从艸，（繁）[緐]声[②]。附袁切（fán）

【注释】①白蒿：菊科植物，嫩苗可食。《尔雅·释草》：“蘩，皤蒿。”郭璞注：“白蒿。”陆玑《毛诗草木鸟兽虫鱼疏》：“凡艾白色为皤蒿。今白蒿春始生，及秋，香美，可生食，又可烝。”②繁声：徐锴《说文解字系传》作緐声。

【译文】蘇，白蒿。形声字，“艸”为形符，“緐”为声符。

蒿 蒿 菣也[①]。从艸，高声。呼毛切(hāo)

【注释】①菣：青蒿。又叫香蒿。《尔雅·释草》郭璞注：

“今人呼青蒿香中炙啖者为菣。”王筠《说文解字句读》：“汝南呼青蒿为菣。见陆玑《诗义疏》。此亦许君之乡语也。”

【译文】蒿，青蒿。形声字，“艸”为形符，“高”为声符。

蓬 蒿也。从艸，逢声。，籀文蓬省。薄红切(péng)

【译文】蓬，蓬蒿草。形声字，“艸”为形符，“逢”为声符。，籀文“蓬”字的省略。

藜 艸也。从艸，黎声。郎奚切(lí)

【译文】藜，藜蒿。形声字，“艸”为形符，“黎”为声符。

蘬 荠实[1]也。从艸，歸声。驱归切（kuī）

【注释】①荠实：蒺藜之籽，有刺，扎人。此二字是薺字的解说，误置于此。按蘬之说解，依据《尔雅》当为“红”或“茏古”。红，又称水红。

【译文】蘬，水红草。形声字，“艸”为形符，“歸”为声符。

葆 艸盛皃[1]。从艸，保声。博裒切（bǎo）

【注释】①艸盛皃：段玉裁《说文解字注》：“《汉书·武五子传》：‘当此之时，头如蓬葆。’师古曰：‘草丛生曰葆。’引申为羽葆之葆，《史记》以为宝字。”

【译文】葆，草丛生茂盛的样子。形声字，“艸”为形符，“保”为声符。

蕃 蕃 艸茂也。从艸，番声。甫烦切（fán）

【译文】蕃，草生长茂盛。形声字，“艸”为形符，“番”为声符。

茸 茸 艸茸茸皃[1]。从艸，聰省声。而容切(róng)

【注释】①艸茸茸皃：王筠《说文解字句读》：“《玉篇》：‘艸生也。’《广韵》：‘艸生皃。’盖艸初生之状谓之茸。”

【译文】茸，草初生纤细柔软的样子。形声字，“艸”为形符，“聰”的省文为声符。

蓳 蓳 艸皃。从艸，津声。子僊切（jiān）

【译文】蓳，草茂盛的样子。形声字，艸为形符，津为声符。

叢 叢 艸丛，生皃。从艸，叢声。徂红切（cóng）

【译文】叢，为草从生的样子。形声字，“艸”为形符，“叢”为声符。

草 草 草斗，栎实[1]也。一曰，象斗子。从艸，早声[2]。自保切（zào）[3]

【注释】①栎实：栎树子，指栎树的果实，以其壳为汁，可以染皂，故今写作皂斗。还有一名象斗子，象亦作橡，指同种树。②从艸，早声：徐铉等认为，现今俗间用这个字借为艸木之艸，另外创造“皁”字为黑色的皂。而今俗间皂字或者写作从白、从十，是在声符早上加一撇，为颜色字皂造的专字；或者写作从白从七，与早字区别更显著，今通用。③今依《广韵》采老切，读 cǎo。

【译文】草，黑色壳斗包裹着的籽实，柞栎的果实。又叫橡斗子。形声字，“艸”为形符，“早”为声符。

菆 麻蒸[1]也。从艸，取声。一曰，蓐也[2]。侧鸠切(zōu)

【注释】①麻蒸：即麻秆。②蓐：草席。《尔雅·释器》：“蓐谓之兹。”郭璞注：“兹者，蓐席也。”

【译文】菆，麻秆。形声字，“艸”为形符，“取”为声符。另一说，菆为草席。

蓄 积也。从艸[1]，畜声。丑六切（chù）[2]

【注释】①从艸：徐锴《说文解字系传》：“蓄谷、米、刍、茭、蔬菜以为备也。”所以其字从艸。②丑六切：今依《广韵》许竹切，读 xù。

【译文】蓄，积聚。形声字，“艸”为形符，“畜”为声符。

萅[春] 推也[1]。从艸，从日，艸春时生也；屯声。昌纯切（chūn）

【注释】推：推出。《尚书大传》：“春，出也，万物之出也。”《释名·释言语》：“出，推也。”比合《周易》为泰、大壮、夬三卦，皆象阳气推阴而上，表示万物繁滋。

【译文】萅，推出万物。由“艸”和“日”会意，表示草大都在春日萌芽生长；“屯”为声符。

菰 [篆] 艸多皃。从艸，狐声。江夏平春有菰亭。古狐切（gū）

【译文】菰，草多的样子。形声字，“艸”为形符，“狐”为声符。江夏郡平春侯国有菰亭。

菿 [篆] 艸木倒。从艸，到声。都盗切（dào）

【译文】菿义为草木倒伏；又释为草大的样子。形声字，艸为形符，到为声符。

蓐 [篆] 陈艸复生也①。从艸，辱声。一曰②：蔟也。凡蓐之属皆从蓐。[篆]，籀文蓐，从茻。而蜀切（rù）

【注释】①陈艸复生：徐灏《说文解字注笺》：“陈艸复生曰蓐，因之除艸曰薅。除艸之器谓之耨，义相因声相转也。古只作蓐。”②一曰：段玉裁《说文解字注》：“此别一义。艸部曰：‘蔟，行蚕蓐也。’”

【译文】蓐，旧年之草根生新芽。形声字，“艸”为形符，“辱”为声符。一说，蓐即蔟，蔟为蚕蓐，供蚕作茧用。凡“蓐”的部属都从“蓐”。[篆]，籀文蓐字，从“茻”。

薅 [篆] 拔去田艸也。从蓐，好省声。[篆]，籀文薅省。[篆]，薅或，从休①。《诗》曰：“既茠荼蓼。”②呼毛切（hāo）

【注释】①从休：朱骏声《说文通训定声》：“休声。”②语见《诗经·周颂·良耜》。原文是：“其镈斯赵，以薅荼蓼。”

【译文】薅，拔去田间野草。形声字，“蓐”为形符，“好”

省为声符。，籀文薅字的省略。，薅的或体，从休声。《诗经》说："用来拔去陆地的野草和水中的野草。"

文二 重三

茻 众艸也。从四中[①]。凡茻之属皆从茻。读与冈同[②]。模朗切（mǎng）

【注释】①从四中：表示众草的意思。②冈（wǎng）：叶德辉《说文读若考》："网部首……无此冈字，盖网隶省字也。"

【译文】茻，各种杂草丛生。由四"屮"会意。大凡"茻"的部属皆从"茻"。读音与"冈"相同。

莫 日且冥也[①]。从日在茻中。莫故切（mù），又慕各切（mò）

【注释】①且冥：将落下。

【译文】莫，太阳将落。以"日"在"茻"中会意。

莽 南昌谓犬善逐（菟）[兔]艸中为莽[①]。从犬，从茻，茻亦声。谋朗切（mǎng）

【注释】①南昌谓犬善逐（菟）[兔]艸中为莽：段玉裁《说文解字注》："此字犬在茻中，故称南昌方言说其会意之旨也。引申为卤莽。"菟，徐锴《说文解字系传》作兔。

【译文】莽，南昌方言称，犬善于在草莽中追逐兔子称作莽。会意兼形声字，以"犬"在"茻"中会意，"茻"又是声符。

葬 [seal script] 藏也。从死在茻中。一其中，所以荐之。《易》曰："古之葬者，厚衣之以薪。"[①] 则浪切（zàng）

【注释】①语见《周易·系辞》。

【译文】葬，埋藏尸体。以"死"在"茻"中会意字。其中"一"横，表示用来垫尸体的席之类。《易经》上说："古时埋葬死人，不墓不坟，只是将大量柴草厚厚地加在尸体上。"

卷三

小 **物之微也。从八，丨见[①]而分之。凡小之属皆从小。私兆切（xiǎo）**

【注释】①丨（gǔn）：上下贯通。见（xiàn）：出现。

【译文】小，物体微小。从“八”表示分别，小物“丨”出现就分解它。大凡“小”的部属都从“小”。

少 **不多[①]也。从小，丿声[②]。书沼切（shǎo）**

【注释】①不多：段玉裁《说文解字注》：“不多則小，故古少、小互训通用。”②丿声：徐锴《说文解字系传》：“丿音夭。”

【译文】少，不多。形声字，“小”为形符，“丿”为声符。

尐 **少也。从小，乀声。读若辍。子结切（jié）**

【译文】尐，少。形声字，“小”为形符，“乀”为声符。读音像“辍”。

文三

八 别也。象分别相背之形。凡八之属皆从八。博拔切（bā）

【译文】八，分别。象分开相背的样子。大凡“八”的部属都从“八”。

分 别也[1]。从八；从刀，刀以分别物也。甫文切（fēn）

【译文】分，分别。从“八”表示分开；从“刀”，表示以刀剖物。

尒[尔] 词之必然也[1]。从入、丨、八，八象气之分散。儿氏切（ěr）

【注释】①《广韵》尒义与尔同。词，虚词。

【译文】尒，表示“一定这样”的语气词。由“入”、“丨”、“八”会意，“八”象语气分散的样子。

曾 词之舒也。从八，从曰，囧声[1]。昨棱切（céng）[2]

【注释】①囧：古文囱字。②昨棱切：另一音义，作滕切，读 zēng。表“乃”“竟”“则”。

【译文】曾，虚词中用作舒缓语气的助词。由“八”和“曰”会意，“囧”表声。

尚[1] 曾也；庶几也。从八，向声。时亮切（shàng）

【注释】①尚：徐灏《说文解字注笺》“尚之言上也，加也。曾犹重也，亦加也。”

【译文】尚，增加；希冀。“八”为形符，“向”为声符。

㒸 㒸 从意也①。从八，豕声。徐醉切（suì）

【注释】①徐灏《说文解字注笺》“㒸者，有所因而行之之词，今皆作遂。”

【译文】㒸，顺意。形声字，“为”形符，“豕”为声符。

詹 詹 多言也。从言，从八，从厃（yán）①。职廉切（zhān）

【注释】①从八：徐铉：“八，分也。多故可分也。”从厃：段玉裁《说文解字注》：“此当作厃声。”

【译文】詹，话多。由“言”、“八”、“厃”会意。

介 介 画也。从八，从人。人各有介。古拜切（jiè）。

【译文】介，人为划分的疆界。由“八”、“人”会意。表示人各守自己的分界。

八 八 分也。从重八。八，别也。亦声。《孝经说》曰：“故上下有别。”兵列切（bié）

【译文】八，分别，由重叠的两“八”组成。“八”是分别的意思，也表示读音。《孝经说》：“所以上下尊卑应该有分别。”

公 公 平分也。从八，从厶①。八犹背也。韩非曰：“背厶为公。”②古红切（gōng）

【注释】①厶：后作“私”。②语见《韩非子·五蠹》。

【译文】公，是公平分配。由“八”、“厶”会意。八犹如背离。韩非说：“背离私是为公”。

必 分极也[1]。从八、弋，弋亦声[2]。卑吉切（bì）

【译文】必，分别的标准。由“八”、“弋”会意，“弋”也表示读音。

余[1] 语之舒也。从八，舍省声。，二余也。读与余同。以诸切（yú）

【注释】①甲骨文，金文，像以木支撑屋顶的样子，与“舍”字义近。在甲、金文中多借为“予”“我”。

【译文】余，表示舒缓语气的助词。形符是“八”，声符是“舍”的省文。，“余”的异体，由重叠的两个“余”字构成。读音与“余”相同。

文十二 重一

釆 辨别也。象兽指爪分别也。凡釆之属皆从釆。读若辨。，古文釆。蒲苋切（biàn）

【译文】釆，辨别的意思，像兽类的指爪分张之形。象形字。大凡“釆”的部属都从“釆”，读音像辨字的音。，古文中的“釆”。

番 兽足谓之番。从釆，田，象其掌。，番或，从足，从煩。，古文番。附袁切（fán）

【译文】番，兽的脚叫做番。从“釆”，“田”象兽脚掌之形。

，“番”的异体字，由“足”和“煩”会意。，古文“番”。

宷[審]（审） 悉也；知宷谛也。从宀（mián），从釆。，篆文宷，从番。式荏切（shěn）

【译文】宷，详尽，了解得仔细详尽。由“宀”、“釆”会意。，篆文“宷”，从“番”。

悉 详、尽也。从心，从釆。，古文悉。息七切（xī）

【译文】悉，详细；穷尽。由“心”、“釆”会意。，古文“悉”字。

釋（释） 解也。从釆；釆，取其分别物也。从睪（yì）声[①]。赏职切（shì）

【注释】①从睪声：当作睪亦声。睪，目视也。

【译文】釋，解釋。从“釆”；“釆”，取其分辨事物的意思。从“睪”，强调眼睛的观察来区别事物。“睪”也表示读音。

文五 重五

半 物中分也。从八；从牛，牛为物大，可以分也。凡半之属皆从半。博幔切（bàn）。

【译文】半，物体从中间分割开来。从“八”，表示分；从“牛”，牛为大的物体，能够分割。大凡“半”的部属都从“半”。

胖 半体肉也。一曰，广肉。从半，从肉，半亦声。普半切（pán）

【译文】胖，古代祭祀所使用的半体的牲肉。一说，大块的肉。由“半”、“肉”会意，“半”也表声。

叛 半也。从半，反声[①]。薄半切（pàn）

【译文】叛，分离。形声字，“半”为形符，“反”为声符。

文三

牛 大牲也。牛，件也；件，事理也[①]。象角头三、封、尾之形。凡牛之属皆从牛。语求切（niú）

【注释】①牛，件也；件，事理也：王筠《说文解字句读》：“二句支离，盖后增也。”故不译。段玉裁《说文解字注》：“（牛）事也。理也。事也者、謂能事其事也牛任耕理也者、谓其文理可分析也。……牛事理三字同在古音第一部。此与“羊，祥也”“馬，怒也，武也”一例。自浅人不知此义。乃改之云大牲也。牛件也。件事理也。与吴字下增之曰：“姓也，亦郡也”同一纰缪。”

【译文】牛，大的牲畜。象两角和头部、象肩甲隆起的地方及尾巴的形状。大凡“牛”的部属都从“牛”。

牡 畜父也。从牛，土声[①]。莫厚切（mǔ）

【注释】①土声：段玉裁：“按土声、求之叠韵双声皆非是。盖当是从土，取土为水牡之意。或曰：土当作士。士者，夫也。之韵、尤韵合音最近。从士则为会意兼形声。”

【译文】牡，牲畜中的雄性。形声字，“牛”为形符，“土”为声符。

犅  特牛也。从牛，岡声。古郎切（gāng）

【译文】犅，公牛。形声字，“牛”为形符，“岡”为声符。

特  朴特，牛父也。从牛，寺声。徒得切（tè）

【译文】特，未阉割的牛，公牛。形声字，“牛”为形符，“寺”为声符。

牝  畜母也。从牛，匕声。《易》曰：“畜牝牛，吉。”毗忍切（pìn）

【译文】牝，雌性的牲畜。形声字，“牛”为形符，“匕”为声符。《周易·离卦》说：“蓄养母牛，吉利。”

犢[犢]（犊）  牛子也。从牛，（瀆省）[𧶠]声。徒谷切（dú）

【译文】犢，小牛。形声字，形符是“牛”，声符是“𧶠”的省文。

犕  二岁牛。从牛，市声。博盖切（bèi）

【译文】犕，二岁的牛。形声字，“牛”为形符，“市”为声符。

犙  三岁牛。从牛，參声。穌含切（sān）

【译文】犙，三岁的牛。形声字，“牛”为形符，“參”为声符。

牭 𤘘 四岁牛。从牛，从四，四亦声。𤚐，籀文牭，从貳[①]。息利切（sì）

【注释】①按锴本此下有“仁至反”三字。与十三篇二字反语同。是朱翱不谓𤚐即牭字、而谓𤚐乃二岁牛之正字也。

【译文】牭，四岁的牛。由“牛”、“四”会意，“四”也表示读音。𤚐，籀文“牭”，从“貳”。

犗 𤛛 騬（chéng）牛也。从牛，害声。古拜切（jiè）

【译文】犗，阉割过的牛。形声字，“牛”为形符，“害”为声符。

牻 𤚇 白黑杂毛牛。从牛，尨（máng）声。莫江切（máng）

【译文】牻，白黑杂毛的牛。形声字，“牛”为形符，“尨”为声符。

犉 𤛓 牻牛也。从牛，京声。《春秋传》曰：“牻犉。”[①]吕张切（liáng）

【注释】①语见《左传·闵公二年》。今本作尨凉。

【译文】犉，牻牛。形声字，“牛”为形符，“京”为声符。《春秋传》曰：“牻犉。”

犡 𤛱 牛白脊也。从牛，厲声。洛带切（lì）

【译文】犡，脊椎是白色的牛。形声字，“牛”为形符，“厲”

为声符。

犊 [篆] 黄牛虎文。从牛，余声。读若涂。同都切（tú）

【译文】犊，有虎纹的黄牛。形声字，“牛”为形符，“余”为声符。读音像“涂”字的音。

犖（荦） [篆] 驳牛也。从牛，劳省声。吕角切（luò）

【译文】犖，毛色不纯的牛。形声字，“牛”为形符，“劳”的省文为声符。

𤛓 [篆] 牛白脊也。从牛，寽声。力辍切（liè）

【译文】𤛓，背是白色的牛。形声字，“牛”为形符，“寽”为声符。

怦 [篆] 牛驳如星。从牛，平声。普耕切（pēng）

【译文】怦，毛色斑驳如星的牛。形声字，“牛”为形符，“平”为声符。

犥 [篆] 牛黄白色。从牛，麃（piāo）声。补娇切（biāo）

【译文】黄白色的牛。形声字，“牛”为形符，“麃”为声符。

犉（犉） [篆] 黄牛黑唇也。从牛，臺（chún）声。《诗》曰：“九十其犉。”[1]如均切（chún）

【注释】①语见《诗经·小雅·无羊》。

【译文】犉，嘴唇是黑色的黄牛。形声字，“牛”为形符，

“䜌”为声符。《诗经》中说：“那么多啊，黑唇的黄牛。”

犨 犨 白牛也。从牛，隺（hú）声。五角切（yuè）

【译文】犨，白色的牛。形声字，“牛”为形符，“隺”为声符。

犡 犡 牛长脊也。从牛，畺声。居良切（jiāng）

【译文】犡，长脊背的牛。形声字，“牛”为形符，“畺”为声符。

牬 牬 牛徐行也。从牛，攴（tāo）声。读若滔。土刀切（tāo）

【译文】牬，牛行走缓慢。“牛”为形符，“攴”为声符。读音像“滔”字。

犨 犨 牛息声。从牛，雔声。一曰，牛名。赤周切（chōu）

【译文】犨，牛喘息的声音。“牛”为形符，“雔”为声符。一说，牛名。

牟 牟 牛鸣也。从牛，象其声气从口出。莫浮切（móu）

【译文】牟，牛叫的声音。从“牛”，“厶”象牛的声气从口中发出的样子。

犍 犍 畜牷也。从牛，産声。所简切（chǎn）

【译文】犍，畜牲。“牛”为形符，“産”为声符。

牲  牛完全。从牛，生声。所庚切（shēng）

【译文】牲，祭祀用的整条的牛。“牛”为形符，“生”为声符。

牷  牛纯色。从牛，全声。疾缘切（quán）

【译文】牷，用作祭祀毛色纯一的牛。“牛”为形符，“全”为声符。

牽（牵）  引前也。从牛，象引牛之縻也。玄声。苦坚切（qiān）

【译文】牽，引领前进。从“牛”，“冖”象牵引牛的绳子。“玄”表示声音。

牿 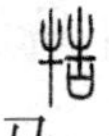 牛马牢也。从牛，告声。《周书》曰：“今惟牿牛马。”①古屋切（gù）

【注释】①《尚书·周书·费誓》：“今惟淫舍牿牛马。”。

【译文】牿，关牛马的圈栏。“牛”为形符，“告”为声符。《周书》说：“如今要大放圈中牛马。”

牢  闲。养牛马圈也。从牛，冬省。取其四周匝也。鲁刀切（láo）

【译文】牢，牢阑。蓄养牛马的栏圈。由“牛”和“冬”省省去下面的“仌”（即冰字）会意。“冬”字的省文“夂”表示四周包围得严密。

犓 以刍茎养牛也。从牛、刍，刍亦声。《春秋国语》曰："犓豢几何？"测愚切（chú）

【译文】犓，用草喂养牛羊。从"牛"、"刍"会意，"刍"也表声。《国语·楚语》上说："以草料和谷物喂养的牛马犬豕，不知有多少啊？"

㹛 牛柔谨也。从牛，夒[①]声。而沼切（rǎo）

【注释】①夒，古同"猱"，兽名，长臂猿的一种。

【译文】㹛，牛柔驯。形声字，"牛"为形符，"夒"为声符。

犕（犕） 《易》曰："犕牛乘马。"[①]从牛，葡声。平秘切（bèi）

【注释】①语见《周易·系辞》。犕今本作服。

【译文】犕，用牛套车。《周易》上说："用牛马套车。"形声字，"牛"为形符，"葡"为声符。

犁 耕也。从牛，黎声。郎奚切（lí）

【译文】犁，翻耕土地。形声字，"牛"为形符，"黎"为声符。

犇 两壁[①]耕也。从牛，非声。一曰，覆耕穜也[②]。读若匪。非尾切（fěi）[③]

【注释】①壁：当作"辟"，辟是旁侧之语。②穜：早种晚熟的谷物。③今依《广韵》方味切，读 fèi。

【译文】辈，两牛相向耕种田地。形声字，“牛”为形符，“非”为声符。一说，复耕以后再种植。读音像“匪”。

犒（犥） 牛羊无子也。从牛，𠷎声。读若糗粮之糗（qiǔ）。徒刀切（tāo）

【译文】犥，牛羊不生子。形声字，“牛”为形符；“𠷎”为声符。读如糗粮之“糗”。

牴[①] 触也。从牛，氐（dī）声。都礼切（dǐ）

【译文】牴，用角撞触。形声字，“牛”为形符，“氐”为声符。

躗 牛踶[①]躗也。从牛，衛声。于岁切（wèi）

【注释】①踶（dì）：用蹄子踢、踏。

【译文】躗，牛践踏。形声字，“牛”为形符，“衛”为声符。

犍 牛很，不从引也。从牛，从臤，臤亦声。一曰，大皃。读若贤。吃善切（qiǎn）

【译文】犍，牛不听使唤，不服从牵引。由“牛”、“臤”会意，“臤”也表示声音。一说，大的样子。读音像“贤”字。

牼 牛䣛下骨也。从牛，巠声。《春秋传》曰：“宋司马牼字牛。”[①]口茎切（kēng）

【注释】①语见《左传·哀公十四年》。

【译文】牼，牛膝盖下的直骨。“牛”为形符，“巠”为声符。《春秋左传》说：“宋国司马牼，字牛。”

犴  牛舌病也。从牛，今声。巨禁切（jìn）

【译文】犴，牛舌病。形声字，“牛”为形符，“今”为声符。

犀  南徼外牛。一角在鼻，一角在顶，似豕。从牛，尾声。先稽切（xī）

【译文】犀，南方边境外生长的牛。一角长在鼻，一角在头顶上，头像猪。形声字，“牛”为形符，“尾”为声符。

牣  牣，满也。从牛，刃声。《诗》曰：“於牣鱼跃。”①而震切（rèn）

【注释】①语见《诗经·大雅·灵台》。

【译文】牣，充满。形声字，“牛”为形符，“刃”为声符。《诗经》说：“满池子的鱼在跳跃。”

物  万物也。牛为大物；天地之数，起于牵牛：故从牛，勿声。文弗切（wù）。

【译文】物，万物。牛是万物中的大物。天地之间的事物，开始于牵牛耕作：因此物从“牛”作为形符，“勿”为声符。

犠（牺）  宗庙之牲也。从牛，羲声。贾侍中说，此非古字。许羁切（xī）

【译文】犠，宗庙祭祀使用的牲畜。形声字，“牛”为形符，

“羲”为声符。贾侍中说，这不是古字。

文四十五 重一

犛 西南夷长髦牛也。从牛，𠩺声。凡犛之属皆从犛。莫交切（máo）①

【注释】①段玉裁认为，犛应当为里之切（lí），氂应为莫交切（máo）。

【译文】犛，西南少数民族地区的长毛牛。形声字，“牛”为形符，“𠩺”为声符。大凡“犛”的部属皆从“犛”。

氂[牦] 氂牛尾也。从犛省，从毛。里之切（lí）①

【译文】氂，牦牛尾。由“犛”的省文和“毛”会意。

斄 强曲毛，可以箸起衣。从犛省，來声。𠩺，古文斄省。洛哀切（lái）

【译文】斄，硬而卷曲的毛，可以用来充装衣服。形声字，“犛”的省文为形符，“來”为声符。𠩺，古文“斄”省去了“𢼸”。

文三 重一

告 牛触人，角箸横木，所以告人也。从口，从牛。《易》曰：“僮牛之告。”凡告之属皆从告。古奥切（gào）

【译文】告，牛喜欢抵触人，角上绑上横木，是用来提醒人们的标志。由“口”、“牛”会意。《周易·大畜卦》爻辞说：“幼牛角上绑上横木。”凡是“告”的部属都从“告”。

嚳（喾）  急、告之甚也。从告，學省声。苦沃切（kù）

【译文】嚳，急迫；告之甚急。“告”为形符，“學”的省文为声符。

文二

口 人所以言、食也。象形。凡口之属皆从口。苦后切（kǒu）

【译文】口，人用来说话、饮食的器官。象人口的形状。大凡“口”的部属都从“口”。

噭 吼也。从口，敫（jiǎo）声。一曰，噭，呼也。古吊切（jiào）

【译文】噭，吼叫。“口”为形符，“敫”为声符。一说，呼叫。

噣  喙也。从口，蜀声。陟救切（zhòu）

【译文】噣，鸟嘴。形声字，“口”为形符，“蜀”为声符。

喙  口也。从口，彖声。许秽切（huì）。

【译文】喙，兽嘴。形声字，“口”为形符，“彖”为声符。

吻  口边也。从口，勿声。武粉切（wěn）

【译文】吻，嘴唇。形声字，“口”为形符，“勿”为声符。

嚨（咙） 喉也。从口，龍声。卢红切（lóng）

【译文】嚨，喉嚨。形声字，“口”为形符，“龍”为声符。

喉 咽（yān）也。从口，侯声。乎钩切（hóu）

【译文】喉，咽喉。形声字，“口”为形符，“侯”为声符。

噲（哙） 咽也。从口，會声。读若快。一曰，嚵（chán），噲也。苦夬切（kuài）

【译文】噲，咽喉也。形声字，“口”为形符，“會”为声符。读音像“快”。一说，噲就是是动物的嘴。

吞 咽也。从口，天声。土根切（tūn）

【译文】吞，咽喉。形声字，“口”为形符，“天”为声符。

咽 嗌也。从口，因声。乌前切（yān）

【译文】咽，嗌也。形声字，“口”为形符，“因”为声符。

嗌 咽也。从口，益声。伊昔切（yì）

【译文】嗌，咽也。形声字，“口”为形符，“益”为声符。

嘽 大口也。从口，軍声。牛殒切（yǔn）

【译文】嘽，大口也。形声字，“口”为形符，“軍”为声符。

哆 张口也。从口，多声。丁可切（duǒ）

【译文】哆，张口的样子。“口”为形符，“多”为声符。

呱 呱 小儿嗁[1]声。从口，瓜声。《诗》曰：“后稷呱矣。”[2]古乎切（gū）

【注释】①嗁，今作啼。②语见《诗经·大雅·生民》。

【译文】呱，小孩子啼哭声。形声字，“口”为形符，“瓜”为声符。《诗经》中说：“后稷呱呱地哭了。”

啾 啾 小儿声也。从口，秋声。即由切（jiū）

【译文】啾，小儿发出的啾唧声。形声字，“口”为形符，“秋”为声符。

喤 喤 小儿声。从口，皇声。《诗》曰：“其泣喤喤。”[1]乎光切（huáng）

【注释】①语见《诗经·小雅·斯干》。

【译文】喤，多指小孩子的哭泣声。形声字，“口”为形符，“皇”为声符。《诗经》上说：“他的哭泣声喤喤地很是响亮。”

咺 咺 朝鲜谓儿泣不止曰咺。从口，宣省声[1]。况晚切（xuǎn）

【注释】①宣省声，宣省去宀，应当为亘。

【译文】咺，朝鲜把小孩哭得没完没了叫“咺”。形声字，“口”为形符，“宣”的省文为声符。

咣 咣 秦晋[1]谓儿泣不止曰咣。从口，羌声。丘

尚切（qiàng）

【注释】①秦晋：陕西、山西等地区，旧称秦晋。

【译文】咣，秦晋把小孩哭得没完没了叫“咺”。形声字，“口”为形符，“羌”为声符。

咷 𠰐 楚谓儿泣不止曰嗷咷[①]。从口，兆声。徒刀切（táo）

【注释】①嗷咷：也作嚎咷，号咷，嚎啕。

【译文】咷，楚地把小孩哭得没完没了叫“嗷咷”。形声字，“口”为形符，“兆”为声符。

喑 𠰐 宋齐[①]谓儿泣不止曰喑。从口，音声。於今切（yīn）

【译文】喑，齐宋之间把小孩哭得没完没了叫“喑”。形声字，“口”为形符，“音”为声符。

嶷 𠰐 小儿有知也。从口，疑声。《诗》曰：“克岐克嶷。”[①] 鱼力切（yì）

【注释】①语见《诗经·大雅·生民》。嶷今本作嶷。毛传曰：“岐，知意也。嶷，识也。”

【译文】嶷，小孩懂事的样子。形声字，“口”为形符，“疑”为声符。《诗经》上说：“小孩能够懂事，认识事物了。”

咳 𠰐 小儿笑也[①]。从口，亥声。𠰐，古文咳，从子。户来切（hái）

【注释】①后世谓儿为孩，借咳为欬，后写作咳。

【译文】咳，小孩子咳咳笑的样子。形声字，“口”为形符，“亥”为声符。𠭎，古文“咳”字，从“子”。

嗛 嗛 口有所衔也。从口，兼声。户监切（xián）

【译文】嗛，口里含着的东西。“口”为形符，“兼”为声符。

咀 咀 含味也。从口，且声。慈吕切（jǔ）

【译文】咀，嘴里含着东西，仔细咀嚼品味。形声字，口为形符，且为声符。

啜 啜 尝也。从口，叕（zhuó）声。一曰，喙（huì）也。昌说切（chuò）

【译文】啜，品尝少许的东西。形声字，“口”为形符，“叕”为声符。一说，喙即鸟兽的嘴。

嗺 嗺 噍（jiào）也。从口，集声。读若集。子入切（jí）

【译文】嗺，咀嚼。形声字，“口”为形符，“集”为声符。读音像“集”。

嚌（哜） 嚌 尝也。从口，齊（齐）声。《周书》曰：“大保受同，祭，嚌。”[1]在诣切（jì）

【注释】①语见《尚书·周书·顾命》。

【译文】嚌，尝也。形声字，“口”为形符，“齊”为声符。《周书》曰：“大保接受酒杯，祭酒，尝酒。”

嚛[嚼] 啮也[1]。从口，焦声。，嚛或从爵。才肖切（jiào），又才爵切（jué）

【注释】①啮（niè）：咬，啃。

【译文】嚛，咀嚼。形声字，“口”为形符，“焦”为声符。，嚛的或体，从“爵”声。

吮 欶（shuò）也。从口，允声。徂沇切（juàn）[1]

【注释】①今音依据《广韵》食尹切，读 shǔn。

【译文】吮，吮吸。形声字，“口”为形符，“允”为声符。

啐 小歃也[1]。从口，率声。读若㕞[2]。所劣切（shuà）

【注释】①歃，今作饮。②㕞，今作刷。

【译文】啐，稍微饮一点。形声字，“口”为形符，“率”为声符。读音像“刷”字。

嚵 小啐也。从口毚声。一曰，喙也。士咸切（chán）

【译文】嚵，稍微尝一点。“口”为形符，“毚”为声符。另一说，指鸟兽的嘴。

噬 啖也；喙也。从口，筮声。时制切（shì）

【译文】噬，咬吃；喘息。“口”为形符，“筮”为声符。

啗（啖） 食也。从口，臽声。读与含同。徒滥切（dàn）

【译文】啗，咬着吃。形声字，“口”为形符，“臽”为声符。读音与“含”相同。

嘰（叽） 小食也。从口，幾声。居衣切（jī）

【译文】嘰，稍微吃一点。“口”为形符，“幾”为声符。

嚩 噍皃。从口，尃声。补各切（bó）

【译文】嚩，咀嚼的样子。“口”为形符，“尃”为声符。

含 嗛[①]也。从口，今声。胡男切（hán）

【注释】①嗛：同“衔”，用嘴含。

【译文】含，衔在嘴里，不吐出也不咽下。形声字，“口”为形符，“今”为声符。

哺 哺咀也[①]。从口，甫声。薄故切（bǔ）

【注释】①哺：口中含嚼的食物。咀：咀嚼。

【译文】哺，口中咀嚼食物。“口”为形符，“甫”为声符。

味 滋味也。从口，未声。无沸切（wèi）

【译文】味，滋味。“口”为形符，“未”为声符。

嚛 食辛嚛也。从口，乐樂声。火沃切（hù）

【译文】噪，食物辛辣浓烈。“口”为形符，“櫐”为声符。

䆿 口满食。从口，竅（zhuó）声。丁滑切（zhuó）

【译文】䆿，口满食。形声字，口为形符，竅为声符。

噫  饱食息也。从口，意声。于介切（ài）

【译文】噫，吃饱了食物从胃里发出的声息。形声字，“口”为形符，“意”为声符。

嘽（啴）  喘息也。一曰，喜也。从口，單声。《诗》曰：“嘽嘽骆马。”[①]他干切（tān）

【注释】①语见《诗经·小雅·四牡》。

【译文】嘽，喘息的样子。一说，喜悦。形声字，“口”为形符，“單”为声符。《诗经》上说：“长满黑鬃的白马，跑得喘息不停。”

唾 口液也。从口，垂声。汤卧切（tuò）

【译文】唾，口中唾液。“口”为形符，“垂”为声符。

咦  南阳谓大呼曰咦。从口，夷声。以之切（yí）

【译文】咦，南阳地区把出大气叫做咦。形声字，“口”为形符，“夷”为声符。

呬  东夷谓息为呬。从口，四声。《诗》曰：“犬夷呬矣。”[①]虚器切（xì）

【注释】①语见《诗经·大雅·绵》。毛诗：“混夷駾矣，维其喙矣。”合二句为一句。混作犬，喙作呬。蓋亦用三家诗。

【译文】呬，东夷地区称喘息叫做呬。形声字，“口”为形符，“四”为声符。《诗经》上说：“犬夷族因疲惫而喘息。”

喘 疾息也。从口，耑声。昌沇切（chuǎn）

【译文】喘，急促地呼吸。形声字，“口”为形符，“耑”为声符。

呼 外息也。从口，乎声。荒乌切（hū）

【译文】呼，气体从口鼻中呼出。形声字，“口”为形符，“乎”为声符。

吸 内息也。从口，及声。许及切（xī）

【译文】吸，气体从口鼻中吸入。形声字，“口”为形符，“及”为声符。

嘘 吹也。从口，虚声。朽居切（xū）

【译文】嘘，有意慢慢地呼出气体。形声字，“口”为形符，“虚”为声符。

吹 嘘也。从口，从欠。昌垂切（chuī）

【译文】吹，撮起嘴唇急促地吐出气流。形声字，“口”为形符，“欠”为声符。

喟 大息也。从口，胃声。，喟或，从貴。

丘贵切（kuì）

【译文】喟，深深地大声叹息。形声字，“口”为形符，“胃”为声符。，喟的或体，从“貴”声。

啍（哼） 口气也。从口，臺（chūn）声。《诗》曰：“大车啍啍。”①他昆切（tūn）

【注释】①语见《诗经·王风·大车》。啍今本作哼。

【译文】啍，口中缓缓出气。形声字，“口”为形符，“臺”为声符。《诗经》上说：“大车沉重迟缓地行走。”

嚏 悟解气也。从口，疐（zhì）声。《诗》曰：“愿言则嚏。”①都计切（tì）

【注释】①语见《诗经·邶风·终风》。

【译文】嚏，喷嚏，因阻塞牾逆而喷散的气。形声字，“口”为形符，“疐”为声符。《诗经》上说：“思念时就打喷嚏。”

嚌 野人（言之）［之言］。从口，質声。之日切（zhì）

【译文】嚌，乡野人的话。形声字，“口”为形符，“質”为声符。

唫 口急也。从口，金声。巨锦切（jìn），又牛音切（yín）

【译文】唫，口急却不能畅言。形声字，“口”为形符，“金”为声符。

噤 口闭也。从口，禁声。巨禁切（jìn）

【译文】噤，闭口不言。形声字，“口”为形符，“禁”为声符。

名 自命也。从口，从夕。夕者，冥也。冥不相见，故以口自名。武并切（míng）。

【译文】名，自己称呼自己的名字。会意字，由“口”、“夕”会意。夕，夜晚。夜晚彼此看不清，因而要自报己名。

吾 我，自称也。从口，五声。五乎切（wú）

【译文】吾，我，自己对自己的称呼。形声字，“口”为形符，“五”为声符。

哲 知也。从口，折声。悊，哲或，从心。嚞，古文哲，从三吉。陟列切（zhé）

【译文】哲，明智。形声字，“口”为形符，“折”为声符。悊，哲的异体字，从“心”。嚞，古文哲，由三“吉”会意。

君 尊也。从尹[1]。发号，故从口。[illegible]，古文，象君坐形。举云切（jūn）

【注释】①尹：古文从又（手）持丨，丨代表治事的官吏。

【译文】君，尊长。从“尹”，表示治理；发号施令，所以从“口”。[illegible]，古文，象君主坐着的样子。

命 使也。从口，从令。眉病切（mìng）

【译文】命，使令。由“口”、“令”会意。

咨 谋事曰咨。从口，次声。即夷切（zī）

【译文】咨，谋划事情叫咨。“口”为形符，“次”为声符。

召 評[①]也。从口，刀声。直少切（zhào）。

【注释】①評：朱骏声《说文通训定声》：“以言曰召，以手曰招。”

【译文】召，召唤。形声字，“口”为形符，“刀”为声符。

問（问） 讯也。从口，門声。亡运切（wèn）

【译文】問，询問。形声字，“口”为形符，“門”为声符。

唯 诺也[①]。从口，隹声。以水切（wéi）

【注释】①诺：《礼记·玉藻》：“父母命，唯而不诺。”唯略恭于诺。

【译文】唯，应答声。形声字，“口”为形符，“隹”为声符。

唱 导也[①]。从口，昌声。尺亮切（chàng）

【译文】唱，倡导。形声字，“口”为形符，“昌”为声符。

和 相譍（yīng）也。从口，禾声。户戈切（hé）[①]

【注释】①户戈切：现音按《广韵》胡卧切，读 hè。

【译文】和，互相应和。形符是“口”，声符是“禾”。

咥 大笑也。从口，至声。《诗》曰：“咥其笑矣。”①许既切（xì），又直结切（dié）

【注释】①语见《诗经·卫风·氓》。

【译文】咥，大笑。形符是“口”，声符是“至”。《诗经》中讲道：“嘻嘻地讥笑于我。”

啞（哑） 笑也。从口，亞声。《易》曰：“笑言啞啞。”於革切（è）

【译文】啞，笑声。形符是“口”，声符是“亞”。《周易·震卦》中讲道：“笑声啞啞。”

噱 大笑也。从口，豦声。其虐切（jué）

【译文】噱，大笑。形符是“口”，声符是“豦”。

唏 笑也。从口，稀省声。一曰，哀痛不泣曰唏。虚岂切（xǐ）①

【注释】①虚岂切：现音按《集韵》香衣切，读 xī。

【译文】唏，笑也。形符是“口”，声符是“稀”的省文。一说，哀痛而不哭泣被称作是“唏”。

听 笑皃。从口，斤声。宜引切（yǐn）

【译文】听，笑的样子。形符是“口”，声符是“斤”。

呭 多言也。从口，世声。《诗》曰：“无然呭呭。”①余制切（yì）

【注释】①语见《诗经·大雅·板》。呭今本作泄。

【译文】呭，话比较多。形符是“口”，声符是“世”。《诗经》中讲道：“不要如此地喋喋不休。”

嘄（噭） 声嘄嘄也。从口，梟声。古尧切（jiāo）

【译文】嘄，嘄嘄的声响。形符是“口”，声符是“梟”。

咄 相谓也。从口，出声。当没切（duō）

【译文】咄，相告先的惊叹词。形符是“口”，声符是“出”。

唉 譍也。从口，矣声。读若埃。乌开切（āi）

【译文】唉，表示应答的叹词。形符是“口”，声符是“矣”。发音如同“埃”字。

䛐［哉］ 言之间也。从口，𢦏声。祖才切（zāi）

【译文】哉，词语间歇虚词。形符是“口”，声符是“𢦏”。

噂 聚语也。从口，尊声。《诗》曰：“噂沓背憎。”[①]子损切（zǔn）

【注释】①语见《诗经·小雅·十月之交》。

【译文】噂，聚集起来讨论。形符是“口”，声符是“尊”。《诗经》中讲道：“当面就和颜悦色，背地里相互憎恨。”

咠 聶语也。从口，从耳。《诗》曰：“咠咠幡幡。”[①]七入切（qì）

【注释】①语见《诗经·小雅·巷伯》。即今本“缉缉翩翩”“捷捷幡幡”的合用。

【译文】咠，贴耳说悄悄话。由“口”和“耳”会意。《诗经》中讲道：“时而窃窃私语，时而反复动摇。”

呷 吸呷也。从口，甲声。呼甲切（xiā）

【译文】呷，“吸呷”的“呷”。形符是“口”，声符是“甲”。

嘒 小声也。从口，彗声。《诗》曰：“嘒彼小星。”① ，或，从慧。呼惠切（huì）

【注释】①语见《诗经·召南·小星》。嘒今本作嘒。

【译文】嘒，小声。形符是“口”，声符是“彗”。《诗经》中讲道：“那些小星星微小而晶莹。”

嘫 语声也。从口，然声。如延切（rán）

【译文】嘫，表示肯定的语气声。形符是“口”，声符是“然”。

唪 大笑也。从口，奉声。读若《诗》曰“瓜瓞（dié）菶菶”①。方蠓切（běng）

【注释】①语见《诗经·大雅·生民》。菶今本作唪。

【译文】唪，捧腹大笑。形符是“口”，声符是“奉”。发音如同《诗经》“瓜瓞菶菶”中的“菶”字。

嗔 盛气也。从口，真声。《诗》曰：“振旅嗔嗔。”①待年切（tián）

【注释】①语见《诗经·小雅·采芑》。嗔嗔今本作闐闐。

【译文】嗔，盛气。形符是“口”，声符是“真”。《诗经》

中讲道："军队凯旋，士气旺盛。"

嘌[嘌] 疾也。从口，㶾声。《诗》曰："匪车嘌兮。"[①]抚招切（piāo）

【注释】①语见《诗经·桧风·匪风》。

【译文】嘌，迅速。形符是"口"，声符是"㶾"。《诗经》中讲道："那个车子跑得很快啊。"

嘑[呼] （唬）[號]也。从口，虖声。荒乌切（hū）

【译文】嘑，呼号。形符是"口"，声符是"虖"。

喅 音声喅喅然。从口，昱声。余六切（yù）

【译文】喅，声音众多的样子。形符是"口"，声符是"昱"。

嘯（啸） 吹声也。从口，肅声。歗，籀文嘯，从欠。穌吊切（xiào）

【译文】嘯，撮口发出声音。形符是"口"，声符是"肅"。歗，籀文"嘯"，从"欠"。

台[怡] 说（yuè）也。从口，目声。与之切（yí）

【译文】台，喜悦，高兴。形符是"口"，声符是"目"。

嗂 喜也。从口，䍃声。余招切（yáo）

【译文】嗂，喜悦。形符是"口"，声符是"䍃"。

启 启 开也。从户，从口。康礼切（qǐ）
【译文】启，开。由“户”和“口”会意。

嗿 嗿 声也。从口，貪声。《诗》曰：“有嗿其馌（yè）。”他感切（tǎn）

【注释】①语见《诗经·周颂·载芟》。馌，饷田也。

【译文】嗿，众人吃饭发出的声音。形符是“口”，声符是“貪”。《诗经》中讲道：“众人吃送来的饭食，吃得嗒嗒作响。”

咸 咸 皆也。悉也。从口，从戌。戌，悉也。胡监切（xián）

【译文】咸，全；尽。由“口”和“戌”会意。戌，详尽。

呈[呈] 呈 平也。从口，壬（tǐng）声。直贞切（chéng）
【译文】呈，平。形符是“口”，声符是“壬”。

右 右 助也。从口，从又。于救切（yòu）
【译文】右，辅助，帮助。由“口”和“又”会意。

啻 啻 语（时）[词]，不啻也。从口，帝声。一曰，啻，諟也。读若鞮（dī）。施智切（chì）

【译文】啻，表达“仅仅”、“只”的意思。“不啻”中的“啻”字。形符是“口”，声符是“帝”。一说，“啻”表示諟理。发音如同“鞮”字。

吉 𠮷 善也。从士、口。居质切（jí）

【译文】吉，吉祥。由“士”和“口”会意。

周 𠙁 密也。从用、口。𠣕，古文周字，从古文及。职留切（zhōu）

【译文】周，周密。由“用”和“口”会意。𠣕，古文“周”，从古文“及”。

唐 𠲸 大言也。从口，庚声。𠷖，古文唐，从口，昜。徒郎切（táng）

【译文】唐，大话。形符是“口”，声符是“庚”。𠷖，古文“唐”，形符是“口”，声符是“昜”。

𠷎 𠷎 谁也。从口、𠷎，又声。𠷎，古文疇。直由切（chóu）

【译文】𠷎，谁。由“口”和“𠷎”会意，“又”声。“𠷎”，古文“疇”。

嘾[噉] 嘾 含深也。从口，覃声。徒感切（dàn）

【译文】嘾，含得很深。形符是“口”，声符是“覃”。

噎 噎 饭窒也。从口，壹声。乌结切（yē）

【译文】噎，饭食堵塞了喉咙。形符是“口”，声符是“壹”。

嗢 嗢 咽也。从口，𥁕声。乌没切（wò）①

【注释】①乌没切：现音读按《广韵》乌八切，wà。

【译文】嗢，吞咽。形符是“口”，声符是“昷”。

哯 不欧而吐也。从口，見声。胡典切（xiàn）

【译文】哯，不作呕却吐出。形符是“口”，声符是“見”。

吐 写也。从口，土声。他鲁切（tǔ）

【译文】吐，从嘴中吐出。形符是“口”，声符是“土”。

噦（哕） 气牾也。从口，歲声。於月切（yuě）

【译文】噦，气息上逆而发出声响。形符是“口”，声符是“歲”。

咈 违也。从口，弗声。《（周）［商］书》曰：“咈其耇（gǒu）长。”[①]符弗切（fú）

【注释】①语见《尚书·商书·微子》。耇，老，寿。

【译文】咈，违背。形符是“口”，声符是“弗”。《尚书》中讲道：“违背长者的意愿。”

嚘 语未定皃。从口，憂声。於求切（yōu）

【译文】嚘，言语断断续续未定的样子。形符是“口”，声符是“憂”。

吃［吃］ 言蹇（jiǎn）难也。从口，气声。居乙切（jí）[①]

【注释】①居乙切：现音读按《广韵》若击切，chī。

【译文】吃，言语困难。形符是“口”，声符是“气”。

嗜 嗜欲，喜之也。从口，耆（qí）声。常利切（shì）

【译文】嗜，嗜欲，喜爱它。形符是“口”，声符是“耆”。

啖 噍啖也。从口，炎声。一曰噉。徒敢切（dàn）

【译文】啖，咀嚼。形符是“口”，声符是“耆”。一说即噉。

哽 语为舌所介也。从口，更声。读若井（级）[汲]绠。古杏切（gěng）

【译文】哽，言语被舌头所梗塞。形符是“口”，声符是“更”。发音如同“井汲绠”中的“绠”字。

嘐 夸语也。从口，翏声。古肴切（jiāo）①

【注释】①古肴切：现音读按《广韵》许交切，xiāo。

【译文】嘐，夸耀的言语。形符是“口”，声符是“翏”。

啁 啁嘐也。从口，周声。陟交切（zhāo）

【译文】啁，啁嘐，话多。形符是“口”，声符是“周”。

哇 谄声也。从口，圭声。读若医。於佳切（wā）

【译文】哇，放荡的音乐。形符是“口”，声符是“圭”。发音如同“医”字。

咅 [小篆] 语相诃（hē）歫也。从口歫辛（qiān）；辛，恶声也。读若櫱。五葛切（è）

【译文】咅，用愤怒的话大声地拒绝。由“口”拒“辛”会意；“辛”，表示厌恶的声音。发音如同“櫱”字。

吺 [小篆] 讘（zhè）吺，多言也。从口，投省声。当侯切（dōu）

【译文】吺，讘吺，多言。形符是“口”，声符是“投”省声。

呧 [小篆] 苛也。从口，氐声。都礼切（dǐ）

【译文】呧，大声地斥责。形符是“口”，声符是“氐”。

呰 [小篆] 苛也。从口，此声。将此切（zǐ）

【译文】呰，诋毁。形符是“口”，声符是“此”。

嗻 [小篆] 遮也。从口，庶声。之夜切（zhè）

【译文】嗻，遮阻别人讲话。形符是“口”，声符是“庶”。

唊 [小篆] 妄语也。从口，夾声。读若莢。古叶切（jiá）

【译文】唊，胡言乱语。形符是“口”，声符是“夾”。发音如同“莢”字。

嗑 [小篆] 多言也。从口，盍声。读若甲。候榼切（hé）①

【注释】①候榼切：现音读按《广韵》古盍切，gě。

【译文】嗑，话多。形符是“口”，声符是“盍”。发音如同"甲"字。

嗙[嗙] 𡁼 (謌)[訶]声。《嗙喻》也。从口，旁声。司马相如说，淮南、宋、蔡舞《嗙喻》也。补肓切(bēng)

【译文】嗙，诃责的声音。又指《嗙喻》。形符是"口"，声符是"旁"。司马相如说，在淮南、宋、蔡等地，人们跳《嗙喻》舞。

嘸 𡃝 高气多言也。从口，蠆(chài)省声。《春秋传》曰："嘸言。"[1]诃介切(xiè)

【注释】①段玉裁注："未见所出，惟《公羊襄十四年》经郑公孙囆，二传作蠆。疑嘸言二字有误，当云郑公孙囆。"

【译文】嘸，高傲且话多。形符是"口"，声符是"蠆"的省文。《左传》中讲道："荒诞的言语。"

呇 𠮷 高气也。从口，九声。临淮有呇犹县。巨鸠切(qiú)

【译文】呇，高傲的神态。形符是"口"，声符是"九"。临淮地区有一呇犹县。

嘮(唠) 𡃏 嘮呶，讙也。从口，勞声。敕交切(chāo)

【译文】嘮，嘮呶，喧哗的声音。形符是"口"，声符是"勞"。

呶 謹声也。从口，奴声。《诗》曰："载号载呶。"①女交切（náo）

【注释】① 语见《诗经·小雅·宾之初筵》。载，助词。

【译文】呶，喧哗的声音。形符是"口"，声符是"奴"。《诗经》中讲道："有的呼喊，有的喧哗。"

叱 诃也。从口，七声。昌栗切（chì）

【译文】叱，大声地斥责。形符是"口"，声符是"七"。

噴（喷） 吒。从口，賁声。一曰，鼓鼻。普魂切（pēn）

【译文】噴，斥责。形符是"口"，声符是"賁"。一说，喷嚏。

吒[咤] 喷也；叱怒也。从口，乇声。陟驾切（zhà）

【译文】咤，呵斥；叱责生气。形符是"口"，声符是"乇"。

噊 危也。从口，矞声。余律切（yù）

【译文】噊，诡诈。形符是"口"，声符是"矞"。

啐 惊也。从口，卒声。七外切（cuì）

【译文】啐，惊讶。形符是"口"，声符是"卒"。

唇 惊也。从口，辰声。侧邻切（zhēn）

【译文】唇，吃惊。形符是"口"，声符是"辰"。

吁 吁 惊也。从口，于声。况于切（xū）

【译文】吁，表示惊讶的虚词。形符是“口”，声符是“于”。

嘵（哓） 嘵 惧[声]也。从口，堯声。《诗》曰：“唯予音之嘵嘵。”[1]许么切（xiāo）

【注释】① 语见《诗经·豳风·鸱鸮》。今本作予维音之哓哓。

【译文】嘵，因害怕而发出的喊叫声。形符是“口”，声符是“堯”。《诗经》中讲道：“我只能发出嘵嘵的恐惧声。”

嘖（啧） 嘖 大呼也。从口，責声。讀，嘖或，从言。士革切（zé）

【译文】嘖，大声呼叫。形符是“口”，声符是“責”。讀，“嘖”的异体字，从“言”。

嗷 嗷 众口愁也。从口，敖声。《诗》曰：“哀鸣嗷嗷。”[1]五牢切（áo）

【注释】① 语见《诗经·小雅·鸿雁》。

【译文】嗷，众人哀怨的声音。形符是“口”，声符是“敖”。《诗经》中讲道：“鸿雁飞来飞去，发出嗷嗷的哀鸣。”

唸 唸 呎也。从口，念声。《诗》曰：“民之方唸呎。”[1]都见切（diàn）

【注释】① 语见《诗经·大雅·板》。唸呎今本作殿屎。

【译文】唸，呻吟。形符是“口”，声符是“念”。《诗经》中讲道：“百姓正在呻吟。”

吚　唸吚，呻也。从口，尸声。馨伊切（xī）

【译文】吚，唸吚，呻吟。形符是“口”，声符是“尸”。

㘖　呻也。从口，嚴声。五衔切（yán）

【译文】㘖，呻吟。形符是“口”，声符是“嚴”。

呻　吟也。从口，申声。失人切（shēn）

【译文】呻，吟诵。形符是“口”，声符是“申”。

吟　呻也。从口，今声。，吟或，从音。，或，从言。鱼音切（yín）

【译文】吟，吟诵。形符是“口”，声符是“今”。，“吟”的异体字，形符是“音”。，“吟”的异体字，从“言”。

嗞　嗟也。从口，兹声。子之切（zī）

【译文】嗞，嗟叹。形符是“口”，声符是“兹”。

哤　哤异之言。从口，龙声。一曰，杂语。读若龙。莫江切（máng）

【译文】哤，四方不同的语言。形符是“口”，声符是“龙”。一说，杂语。发音如同“龙”字。

叫  呼也。从口，丩声。古吊切（jiào）

【译文】叫，呼叫。形符是“口”，声符是“丩”。

嘅  叹也。从口，既声。《诗》曰：“嘅其叹矣。”[①]苦盖切（kài）

【注释】① 语见《诗经·王风·中谷有蓷》。

【译文】嘅，叹息。形符是“口”，声符是“既”。《诗经》中讲道：“嘅然感叹。”

唌  语唌叹也。从口，延声。夕连切（xián）

【译文】唌，言语中夹杂着叹息。形符是“口”，声符是“延”。

嘆（叹）  吞嘆也。从口，歎省声。一曰，太息也。他案切（tàn）

【译文】嘆，忍气吞声发出叹息。形符是“口”，声符是“歎”省声。一说，深深地叹息。

喝 （㵣）[渴]也。从口，曷声。於介切（ài）[①]

【注释】①於介切：现音读按《广韵》於辖切，yè。

【译文】喝，声嘶力竭。形符是“口”，声符是“曷”。

哨  不容也。从口，肖声。才肖切（jiào）[①]

【注释】①才肖切：现音按《广韵》其肖切，shào。

【译文】哨，口小而容不下。形符是“口”，声符是“肖”。

吪　动也。从口，化声。《诗》曰：“尚寐无吪。”[1] 五禾切（é）

【注释】①语见《诗经·王风·兔爰》。

【译文】吪，行动。形符是“口”，声符是“化”。《诗经》中讲道：“期盼睡着不动。”

噆　嗛也。从口，朁声。子荅切（zā）[1]

【注释】①子荅切：现音按《广韵》七感切，cǎn。

【译文】噆，衔。形符是“口”，声符是“朁”。

吝　恨、惜也。从口，文声。《易》曰：“以往吝。”，古文吝，从彣（wén）。良刃切（lìn）

【译文】吝，悔恨、吝惜。形符是“口”，声符是“文”。《周易》中讲道：“径直过去不舍弃就会悔恨。”，古文中的“吝”字，声符是“彣”。

各　异辞也。从口、夊（zhǐ）。夊者，有行而止之，不相听也。古洛切（gè）

【译文】各，表达不同个体的词语。由“口”和“夊”会意。“夊”，表示有人促使前行又有人阻止，彼此不相听从。

否　不也。从口，从不。方九切（fǒu）

【译文】否，不。由“口”和“不”会意。

唁　吊生也。从口，言声。《诗》曰：“归唁

卫侯。”[①]鱼变切（yàn）

【注释】①语见《诗经·鄘风·载驰》。

【译文】唁，慰问遇有丧事的生者。形符是“口”，声符是“言”。《诗经》中讲道：“回去慰问亡国的卫侯。”

哀 闵也。从口，衣声。乌开切（āi）

【译文】哀，可怜。形符是“口”，声符是“衣”。

嗁[啼] （號）[号]也。从口，虒声。杜兮切（tí）

【译文】嗁，悲痛的声音。形符是“口”，声符是“虒”。

㱿 欧皃。从口，㱿（què）声。《春秋传》曰：“君将㱿之。”[①]许角切（xuè）[②]

【注释】①语见《左传·哀公二十五年》。㱿今本作㱿。②许角切：现音按《广韵》呼木切，读 hù。

【译文】㱿，呕吐的样子。形符是“口”，声符是“㱿”。《左传》中讲道：“君王将会因此而呕吐。”

咼 口戾不正也。从口，冎（guǎ）声。苦娲切（kuā）[①]

【注释】①苦娲切：现音按《广韵》苦緺切，读 wāi。

【译文】咼，口歪斜。形符是“口”，声符是“冎”。

啾 嗼也。从口，叔声。前历切（jì）

【译文】啾，寂静无声。形符是“口”，声符是“叔”。

嘆 嘆 啾嘆也。从口，莫声。莫各切（mò）
【译文】嘆，寂静无声。形符是“口”，声符是“莫”。

昏 昏 塞口也。从口，𡿪（jué）省声。昏，古文，从甘。古活切（kuò）[①]

【注释】①古活切：现音按《集韵》古活切，读 guā。

【译文】昏，填塞口。形符是“口”，声符是“𡿪”的省文。昏，古文“昏”，从“甘”。

嗾 嗾 使犬声。从口，族声。《春秋传》曰：“公嗾夫獒。”[①]稣奏切（sòu）[②]

【注释】①语见《左传·宣公二年》。②稣奏切：现音按《广韵》苏后切，读 sǒu。

【译文】嗾，使唤狗时发出的声音。形符是“口”，声符是“族”。《左传》中讲道：“晋侯唆使大狗去咬提弥明。”

吠 吠 犬鸣也。从犬、口。符废切（fèi）
【译文】吠，狗叫声。由“犬”和“口”会意。

咆 咆 嗥也。从口，包声。薄交切（páo）
【译文】咆，嗥叫。形符是“口”，声符是“包”。

嗥 嗥 咆也。从口，皋声。獋，谭长说，嗥从犬。乎刀切（háo）

【译文】嗥，咆哮声。形符是“口”，声符是“皋”。獋，谭长说，“嗥”字以“犬”为形符。

喈 鸟鸣声。从口，皆声。一曰，凤皇鸣声喈喈。古谐切（jiē）

【译文】喈，鸟叫声。形符是“口”，声符是“皆”。一种说法是，凤皇发出“喈喈”的叫声。

哮 豕惊声也。从口，孝声。许交切（xiāo）

【译文】哮，猪惊叫的声音。形符是“口”，声符是“孝”。

喔 鸡声也。从口，屋声。於角切（wō）

【译文】喔，鸡叫声。形符是“口”，声符是“屋”。

呝 喔也。从口，戹声。乌格切（è）

【译文】呝，鸡叫声。形符是“口”，声符是“戹”。

咮 鸟口也。从口，朱声。章俱切（zhū）①

【注释】①章俱切：现音按《广韵》陟救切，读 zhòu。

【译文】咮，鸟嘴。形符是“口”，声符是“朱”。

嚶（嘤） 鸟鸣也。从口，嬰声。乌茎切（yīng）

【译文】嘤，鸟叫声。形符是“口”，声符是“婴”。

啄 鸟食也。从口，豖声。竹角切（zhuó）

【译文】啄，鸟用嘴进食也。形符是“口”，声符是“豖”。

唬 啼也。一曰，虎声。从口，从虎。读若暠（hào）。呼（訏）[讶]切（xià）

【译文】唬，啼叫声。一种说法是，老虎的怒吼声。由“口”和“虎”会意。发音如同“暠”字。

呦 鹿鸣声也。从口，幼声。，呦或，从欠。伊虬切（yōu）

【译文】呦，鹿发出的鸣叫声。形符是“口”，声符是“幼”。，“呦”的异体字，从“欠”。

噳 麋鹿群口相聚皃。从口，虞声。《诗》曰：“麀鹿噳噳。”鱼矩切（yǔ）

【译文】噳，麋鹿群聚在一起的样子。形符是“口”，声符是“虞”。《诗经》中讲道：“雌鹿成群的聚集在一起。”

喁 鱼口上见。从口，禺声。鱼容切（yóng）

【译文】喁，鱼嘴露出水面。形符是“口”，声符是“禺”。

局 促也。从口在（尺）[尸]下，复（局）[勹（bāo）]之。一曰，博所以行棋。象形。渠绿切（jú）

【译文】局，局促，紧促。由“口”在“尸”下，又“勹”着“口”会意。一说，局就是棋盘，用来下棋的器物。象形。

台 山间陷泥地。从口，从水败皃。读若沇（yǎn）州之沇。九州之渥（wò）地也，故以沇名焉。

，古文㕣。以转切（yǎn）

【译文】㕣，山中的泥沼。由“口”和表示水冲毁样子的“八”会意。发音像“沇州”中的“沇”字。沇州是九州中最肥沃之处，因此用“沇”来进行命名。，古文“㕣”字。

文一百八十 重二十一

凵 张口也。象形。凡凵之属皆从凵。口犯切（kǎn）

【译文】凵，张开口。象形字。但凡“凵”的部属都从“凵”。

文一

吅 惊呼也。从二口。凡吅之属皆从吅。读若讙（huān）。况袁切（xuān）

【译文】吅，惊叫。由两个“口”字会意。但凡“吅”的部属都从“吅”。发音如同“讙”字。

㗊 乱也。从爻、工、交、吅。一曰，窒㗊。读若禳。，籀文㗊。女庚切（níng）

【译文】㗊即治理。由“爻”、“工”、“交”和“吅”会意。一说，充塞。发音如同“禳”字。，籀文“㗊”。

嚴（严） 教命急也。从吅，厰（yín）声。，古文。语杴切（yán）

【译文】嚴，督促教导的命令紧急。形符是“吅”，声符是“厰”。，古文“嚴”。

咢[咢](噩) 䛇 哗讼也。从吅，屰(nì)声。五各切(è)

【译文】咢，惊恐喧闹、争辩。形符是“吅”，声符是“屰”。

單(单) 單 大也。从吅、甲，吅亦声。阙。都寒切(dān)

【译文】單即大。由“吅”和“甲”会意，“吅”也是声符。义记载不详。

喌 喌 呼鸡重言之。从吅，州声。读若祝。之六切(zhù)[①]

【注释】①之六切：现音按《广韵》职流切，zhōu。

【译文】喌，召唤鸡时发出的重叠的“喌喌”声。形符是“吅”，声符是“州”。发音如同“祝”字。

文六 重二

哭 哭 哀声也。从吅，獄省声。凡哭之属皆从哭。苦屋切(kū)

【译文】哭，哀叹的声音。形符是“吅”，声符是“獄”的省文。但凡“哭”的部属都从“哭”。

喪(丧) 喪 亡也。从哭、从亡会意。亡亦声。息郎切(sāng)[①]

【注释】①息郎切：现音按《广韵》苏浪切，sàng。

【**译文**】喪，丧失。由“哭”和“亡”会意，“亡”也是声符。

文二

走  趋也。从夭、止。夭止者屈也。凡走之属皆从走。子苟切（zǒu）

【**译文**】走，奔跑。由“夭”和“止”会意。夭止表示因跑得太快而腿脚弯曲。但凡“走”的部属都从“走”。

趨（趋）  走也。从走，芻声。七逾切（qū）

【**译文**】趨即跑。形符是“走”，声符是“芻”。

赴  趋也。从走，仆省声。芳遇切（fù）

【**译文**】赴，奔跑。形符是“走”，声符是“仆”的省文。

趣  疾也。从走，取声。七句切（qù）

【**译文**】趣，快速地奔跑。形符是“走”，声符是“取”。

超  跳也。从走，召声。敕宵切（chāo）

【**译文**】超，跳跃。形符是“走”，声符是“召”。

趫  善缘木走之才。从走，喬声。读若王子蹻。去嚣切（qiāo）

【**译文**】趫，善于缘木行走的技能。形符是“走”，声符是“喬”。发音如同王子蹻的“蹻”字。

赳  轻劲有才力也。从走，丩声。读若鐈(qiāo)。居黝切（jiū）

【译文】赳，轻捷刚劲，有才能和力量。形符是“走”，声符是“丩”。发音如同“鐈”字。

赽 缘大木也。一曰，行皃。从走，支声。巨之切（qí）

【译文】赽，攀援大树。一说，鸟兽行走的样子。形符是“走”，声符是“支”。

趮[躁] 疾也。从走，喿声。则到切（zào）

【译文】趮，急速飞行而旁出。形符是“走”，声符是“喿”。

趯  踊也。从走，翟声。以灼切（yuè）

【译文】趯，踊跃。形符是“走”，声符是“翟”。

蹶  蹠（zhí）也。从走，厥声。居月切（jué）

【译文】蹶，跳跃。形符是“走”，声符是“厥”。

越  度也。从走，戉声。王伐切（yuè）

【译文】越，度过。形符是“走”，声符是“戉”。

趁 璮也。从走，㐱声。读若尘。丑刃切（chèn）①

【注释】①丑刃切：音读按《集韵》知邻切，zhēn。

【译文】趁，趁璮。形符是“走”，声符是“㐱”。发音如同“尘”字。

邅 [小篆] 趁[邅]也。从走，亶声。张连切（zhān）

【译文】邅，趁邅。形符是“走”，声符是“亶”。

趞 [小篆] （趞）[趬]趞也。一曰，行皃。从走，昔声。七雀切（què）

【译文】趞，趬趞。一说，行走的样子。形符是“走”，声符是“昔”。

趬 [小篆] 行轻皃。一曰，趬，举足也。从走，堯声。牵遥切（qiāo）

【译文】趬，行走轻捷的样子。一说，“趬”表示抬起脚的意思。形符是“走”，声符是“堯”。

赻 [小篆] 急走也。从走，弦声。胡田切（xián）

【译文】赻，快速地行走。形符是“走”，声符是“弦”。

趀 [小篆] 苍卒也。从走，朿声。读若资。取私切（cī）

【译文】趀，仓猝。形符是“走”，声符是“朿”。发音像“资”字。

趮[䟴] [小篆] 轻行也。从走，㶾声。抚招切（piāo）

【译文】趮，轻快地行走。形符是“走”，声符是“㶾”。

趣 [小篆] 行皃。从走，臤声。读若菣（qìn）。弃

忍切（qǐn）

【译文】趣，行走缓慢的样子。形符是“走”，声符是“臤”。发音如同“菣”字。

趙 行皃。从走，酉声。千牛切（qiū）

【译文】趙，徒步行进的样子。形符是“走”，声符是“酋”。

趨 行皃。从走，蜀声。读若烛。之欲切（zhú）

【译文】趨，小孩儿行走的样子。形符是“走”，声符是“蜀”。发音如同“烛”字。

趣 行皃。从走，匠声。读若匠。疾亮切（jiàng）

【译文】趣，轻快行走的样子。形符是“走”，声符是“匠”。发音如同“匠”字。

趨 走皃。从走，叡（xuán）声。读若紃。祥遵切（xún）

【译文】趨，回旋行进的样子。形符是“走”，声符是“叡”。发音如同“紃”字。

趨 走意。从走，薊声。读若髽（zhuā）[1]结之结。古屑切（jié）

【注释】①髽：发髻。

【译文】趨，表示行走的意思。形符是“走”，声符是“薊”。发音如同“髽结”中的“结”字。

趣 走意。从走，困声。丘忿切（qǔn）[1]

【注释】①丘忿切：现音按《广韵》鱼吻切，读 yǔn。

【译文】趣，行走的意思。形符是“走”，声符是“困”。

趖[趓] 走意。从走，坐声。苏和切（suō）

【译文】趖，快速行走。形符是“走”，声符是“坐”。

趧 走意。从走，憲声。许建切（xiàn）

【译文】趧，行走的意思。形符是“走”，声符是“憲”。

趨 走意。从走，臱声。布贤切（biān）

【译文】趨，行走的意思。形符是“走”，声符是“臱”。

趩 走也。从走，戴声。读若《诗》“威仪秩秩”[1]。直质切（zhí）

【注释】①语见《诗经·大雅·假乐》。今本原文：“威仪抑抑，德音秩秩。”

【译文】趩，走。形符是“走”，声符是“戴”。发音如同《诗经》“威仪秩秩”中的“秩”字。

趙 走也。从走，有声。读若又。（子）[于]救切（yòu）

【译文】趙，走。形符是“走”，声符是“有”。发音像“又”。

趨  走轻也。从走，烏声。读若邬（wū）。安古切（wǔ）

【译文】趨，轻快地行进。形符是“走”，声符是“烏”。发音如同“邬”字。

趯  走顾皃。从走，瞿声。读若劬。其俱切（qú）

【译文】趯，边走边四处张望的样子。形符是“走”，声符是“烏”。发音如同“劬”字。

𧽻 走皃。从走，蹇省声。九辇切（jiǎn）①

【注释】①九辇切：现音按《广韵》丘言切，读 qiān。

【译文】𧽻，艰难行进的样子。形符是“走”，声符是“蹇”的省文。

𧼨 疑之，等𧼨而去也。从走，才声。仓才切（cāi）

【译文】𧼨，因怀疑某事，等待、迟滞而离开。形符是“走”，声符是“才”。

𧼮 浅渡也。从走，此声。雌氏切（cǐ）

【译文】𧼮，从浅水处渡过。形符是“走”，声符是“此”。

䞕 独行（也）[皃]。从走，匀声。读若茕。渠营切（qióng）

【译文】䞕，独自行进的样子。形符是“走”，声符是“匀”。

发音如同“茕”字。

趣 [seal] 安行也。从走，與声。余吕切（yǔ）[①]

【注释】①余吕切：现音按《广韵》以诸切，读 yú。

【译文】趣，安稳地行进。形符是“走”，声符是“與”。

起 [seal] 能立也。从走，巳声。[seal]，古文起，从辵。墟里切（qǐ）

【译文】起，能抬脚起立。形符是“走”，声符是“巳”。[seal]，古文“起”，从“辵”。

趩 [seal] 留意也。从走，里声。读若小儿孩。户来切（hái）

【译文】趩，表示将走又想要留下的意思。形符是“走”，声符是“里”。发音如同“小儿孩孩而笑”中的“孩”字。

趬 [seal] 行也。从走，臭声。香仲切（xiòng）

【译文】趬，低头行进。形符是“走”，声符是“臭”。

趛 [seal] 低头疾行也。从走，金声。牛锦切（yǐn）

【译文】趛，低头快速行进。形符是“走”，声符是“金”。

趌 [seal] 趌趨，怒走也。从走，吉声。去吉切（qì）[①]

【注释】①去吉切：现音读按《广韵》居质切，jí。

【译文】趌，趌趨，表示因愤怒而离开。形符是“走”，声符是“吉”。

趨　𧾲　趌趨也。从走，曷声。居谒切（jié）

【译文】趨，趌趨。形符是“走”，声符是“曷”。

𧾌（𧽀）𧾌　疾也。从走，瞏声。读若讙。况袁切（xuān）

【译文】𧾌，急速地行走。形符是“走”，声符是“瞏”。发音如同“讙”字。

趌[趌]　𧺊　直行也。从走，气声。鱼讫切（yì）①

【注释】①鱼讫切：现音读按《广韵》其讫切，jí。

【译文】趌，径直地行进。形符是“走”，声符是“气”。

趩　𧾩　趋进，趩如也。从走，翼声。与职切（yì）

【译文】趩，快步前行，仪表庄重。形符是“走”，声符是“翼”。

趹　𧺾　踶（dì）也。从走，決省声。古穴切（jué）

【译文】趹，踶蹋。形符是“走”，声符是“決”的省文。

趩　𧾬　行声也。一曰，不行皃。从走，異声。读若敕。丑亦切（chì）

【译文】趩，行走时发出的声响。一说，犹豫不前的样子。形符是“走”，声符是“異”。发音如同“敕”字。

趆　𧺝　趋也。从走，氐声。都礼切（dǐ）①

【注释】①都礼切：现音读按《广韵》都奚切，dī。

【译文】越，快速地行走。形符是“走”，声符是“氐”。

趍  （趋）[趍]趙，（夂）[夊（suī）]也。从走，多声。直离切（chí）

【译文】趍，趍趙，行进迟缓的样子。形符是“走”，声符是“多”。

趙（赵）  （趋）[趍]趙也。从走，肖声。治小切（zhào）

【译文】趙，趍趙。形符是“走”，声符是“肖”。

赾  行难也。从走，斤声。读若堇（jǐn）。丘堇切（qǐn）

【译文】赾，行走艰难。形符是“走”，声符是“斤”。发音如同“堇”字。

趜 走意也。从走，复（xiòng）声。读若繘（yù）。居聿切（jú）

【译文】趜，表示行走的意思。形符是“走”，声符是“复”。发音如同“繘”字。

趠  远也。从走，卓声。敕角切（chuò）

【译文】趠，远行。形符是“走”，声符是“卓”。

趯 趠趯也。从走，龠声。以灼切（yuè）
【译文】趯，趠趯。形符是“走”，声符是“龠”。

䟔 大步也。从走，矍声。丘缚切（jué）
【译文】䟔，大步行进。形符是“走”，声符是“矍”。

趩 超特也。从走，契声。丑例切（chì）
【译文】趩，行走超远特异。形符是“走”，声符是“契”。

蹳 走也。从走，幾声。居衣切（jī）
【译文】蹳，走。形符是“走”，声符是“幾”。

䞞 走也。从走，弗声。敷勿切（fú）
【译文】䞞，走。形符是“走”，声符是“弗”。

趫 狂走也。从走，矞声。余律切（yù）①
【注释】①余律切：现音按《广韵》居聿切，读 jú。
【译文】趫，狂走。形符是“走”，声符是“矞”。

趧 行迟也。从走，曼声。莫还切（mán）
【译文】趧，行进迟缓。形符是“走”，声符是“曼”。

䞴 走也。从走，出声。读若无尾之屈。瞿勿切（jué）
【译文】䞴，猝然起身行进。形符是“走”，声符是“出”。

发音如同无尾的“屈”字。

趜 穷也。从走，匊声。居六切（jú）

【译文】趜，穷尽。形符是“走”，声符是“匊”。

趑 趑趄，行不进也。从走，次声。取私切（cī）[1]

【注释】①取私切：现音读 zī。

【译文】趑，趑趄，不能前进。形符是“走”，声符是“次”。

趄 趑趄也。从走，且声。七余切（qū）[1]

【注释】①七余切：现音读 jū。

【译文】趄，趑趄。形符是“走”，声符是“且”。

赶 蹇行赶赶也。从走，虔声。读若愆。去虔切（qiān）

【译文】赶，跛足前行，缓慢歪斜。形符是“走”，声符是“虔”。发音如同“愆”字。

趯 行趯趢也。一曰，行曲脊皃。从走，雚声。巨员切（quán）

【译文】趯，行进趯趢。一说，行进时弯着脊背的样子。形符是“走”，声符是“雚”。

趢 趯趢也。从走，录声。力玉切（lù）

【译文】趢，趯趢。形符是“走”，声符是“录”。

趁 𧺆 行（趚趁）[速趁趁]也。从走，夋声。七伦切（qūn）

【译文】趁，急速行进，趁趁离去。形符是“走”，声符是“夋”。

趚 𧺆 侧行也。从走，朿声。《诗》曰：“谓地盖厚，不敢不趚。”[①]资昔切（jí）[②]

【注释】①语见《诗经·小雅·正月》。趚今本作蹐。②资昔切：现音按《广韵》七迹切，读 qì。

【译文】趚，小步前行。形符是“走”，声符是“朿”。《诗经》中讲道：“说大地是宽广的，我们却不敢小步地前行。”

趌[跬] 𧺆 半步也。从走，圭声。读若跬，同。丘弭切（kuǐ）

【译文】趌，半步。形符是“走”，声符是“圭”。发音如同“跬”字，义同。

趍 𧺆 趍𧾷，轻薄也。从走，虒声。读若池。直离切（chí）

【译文】趍，趍𧾷，轻薄。形符是“走”，声符是“虒”。发音如同“池”字。

趞 𧺆 僵也。从走，音声。读若匐。朋北切（bó）

【译文】趞，倒仆。形符是“走”，声符是“音”。发音如同“匐”字。

趚[赿] 𧻨 距也。从走，庑（省）声。汉令曰：“赿张百人。”车者切（chě）

【译文】趚，抵抗，抗拒。形符是“走”，声符是“庑”的省文。汉朝的法令规定：“能够用脚张开强弩的有百人。”

趯 𧼘 动也。从走，樂声。读若《春秋传》曰“辅趯”①。郎击切（lì）

【注释】①语见《左传·襄公二十四年》。

【译文】趯，跳动。形符是“走”，声符是“樂”。发音如同《左传》中“辅趯”里的“趯”字。

趡 𧻶 动也。从走，隹声。《春秋传》曰：“盟于趡。”趡，地名。千水切（cuǐ）

【注释】①语见《左传·桓公十七年》。

【译文】趡，动。形符是“走”，声符是“隹”。《左传》中讲道：“在趡进行会盟。”“趡”是一个地方的名字。

趄 𧻓 趄田、易居也。从走，亘声。羽元切（yuán）

【译文】趄，换田而耕，换庐而住。形符是“走”，声符是“亘”。

趘 𧼒 走顿也。从走，真声。读若颠。都年切（diān）

【译文】趘，奔跑时向前扑倒。形符是“走”，声符是“真”。发音如同“颠”字。

趙 丧辟趙。从走，甬声。余陇切（yǒng）

【译文】趙，因丧事而捶胸顿足。形符是“走”，声符是“甬”。

趩 止行也。一曰，灶上祭名。从走，畢声。卑吉切（bì）

【译文】趩，在君王出行时进行清道，禁止行人通行。一说，灶上祭祀的名称。形符是“走”，声符是“畢”。

趣 进也。从走，斬声。藏监切（zàn）①

【注释】①藏监切：现音按《广韵》慈染切，读 jiàn。

【译文】趣，前进。形符是“走”，声符是“斬”。

趧 趧娄，四夷之舞，各自有曲。从走，是声。都兮切（dī）①

【注释】①都兮切：现音按《广韵》杜奚切，读 tí。

【译文】趧，趧娄，四方少数民族地区舞蹈的名称，各自都有曲调。形符是“走”，声符是“是”。

趒 雀行也。从走，兆声。徒辽切（tiáo）

【译文】趒，像鸟雀般跳跃前行。形符是“走”，声符是“兆”。

赶 举尾走也。从走，干声。巨言切（qián）

【译文】赶，兽畜翘着尾巴奔跑。形符是“走”，声符是“干”。

文八十五 重一

止 𣥂 下基也。象艸木出有址，故以止为足。凡止之属皆从止。诸市切（zhǐ）

【译文】止，底下的基础。象草木生长出来有根基，因此用“止”来表示“足”。但凡“止”的部属都从“止”。

歱 䡹 跟也。从止，重声。之陇切（zhǒng）

【译文】歱，脚后跟。形符是“止”，声符是“重”。

堂 𡊣 歫也。从止，尚声。丑庚切（chēng）

【译文】堂，支撑抗拒。形符是“止”，声符是“尚”。

峙 𡴎 踞也。从止，寺声。直离切（chí）

【译文】峙，犹豫不前。形符是“止”，声符是“寺”。

歫 𣥄 止也。从止，巨声。一曰，（抢）[枪]也。一曰，超歫。其吕切（jù）

【译文】歫，因抗拒而停止。形符是“止”，声符是“巨”。一说，支撑。另一说，跳跃。

歬[前] 𣦼 不行而进谓之歬。从止在舟上。昨先切（qián）

【译文】歬，不行而进称为“歬”。由“止”在“舟”上会意。

歷（历） 𣦻 过也。从止，厤声。郎击切（lì）

【译文】歷，经过。形符是“止”，声符是“厤”。

㰜 至也。从止，叔声。昌六切（chù）

【译文】㰜，到。形符是“止”，声符是“叔”。

壁 人不能行也。从止，辟声。必益切（bì）

【译文】壁，人不能前行。形符是“止”，声符是“辟”。

歸（归） 女嫁也。从止，从婦省，自声。𠮳，籀文省。举韦切（guī）

【译文】歸，女子出嫁。由“止”和“婦”的省文会意，声符是“自”。𠮳，籀文“歸”的省文。

疌［捷］ 疾也。从止、从又。又，手也。屮（chè）声。疾叶切（jié）

【译文】疌，快速。由“止”和“又”会意。“又”表示手。屮表声。

䇥 机下足所履者。从止，从又，入声。尼辄切（niè）

【译文】䇥，织布机的踏板。由“止”和“又”会意，“入”声。

少 蹈也。从反止。读若挞。他达切（tà）

【译文】少，踏行。由“止”字反过来表示。发音像“挞”字。

歰 不滑也。从四止。色立切（sè）

【译文】歰，不光滑。由四个“止”字会意。

文十四 重一

癶 足剌（là）癶也。从止、少。凡癶之属皆从癶。读若拨。北末切（bō）

【译文】癶，两只脚剌癶不顺畅。由“止”和“少”会意。但凡“癶”的部属都从“癶”。发音如同“拨”字。

登 上车也。从癶、豆[①]。象登车形。，籀文登，从収。都滕切（dēng）

【注释】①豆：登车时使用的乘石。

【译文】登，登上车。由“癶”和“豆”会意。象登车的样子。，籀文“登”，从“収”。

癹 以足蹋夷艸。从癶，从殳。《春秋传》曰：“癹夷蕴祟之。”[①]普活切（pō）[②]

【注释】①语见《左传·隐公六年》。癹今本作芟，蕴作薀。②普活切：现音读按《广韵》蒲拨切，bá。

【译文】癹，脚踏除草。由“癶”和“殳”会意。《左传》中讲道：“脚踏除草，并将它们堆积起来。”

文三 重一

步 行也。从止、少相背。凡步之属皆从步。薄故切（bù）

【译文】步，行走。由“止”、“少”两字相背会意。但凡

“步”的部属都从“步”。

歲(岁)  木星也。越历二十八宿，宣遍阴阳，十二月一次。从步，戌声。律历书名五星为五步。相锐切(suì)

【译文】歲，木星。经过二十八星宿，行遍阴阳十二辰，十二个月走一次。形符是“步”，声符是“戌”。《汉书·律立书》中将金、木、水、火、土并作五步。

文二

此  止也。从止，从匕。匕，相比次也。凡此之属皆从此。雌氏切(cǐ)

【译文】此，止。由“止”和“匕”会意。“匕”即相互并列。但凡“此”的部属都从“此”。

啙 窳也。阙。将此切(zǐ)

【译文】啙，低劣。表意记载不详。

㠯 识也。从此，束声。一曰，藏也。遵诔切(zuǐ)

【译文】㠯，记。形符是“此”，声符是“束”。一说，收藏。

文三

卷四

正 𣥅 是也。从止，一以止。凡正之属皆从正。𤴓，古文正，从二；二，古上字。𤴔，古文正，从一、足。足者亦止也。之盛切（zhèng）

【译文】正，方正而无偏斜，从“止”，“一”是古文中的“上”字，表示在上面的人。“一”在“止”上，表示上位者止于正道的意思。但凡“正”的部属都从“正”。𤴓，古文中的“正”字，从“二”；“二”，古文“上”字。𤴔，古文“正”字，由“一”和“足”会意。“足”也表示停止的意思。

乏 𣥌 《春秋传》曰：“反正为乏。”房法切（fá）

【注释】①语见《左传·宣公十五年》。

【译文】乏，《左传》中讲道：“将‘正’字反过来就是‘乏’字。”

文二 重二

是 𣆞 直也。从日、正。凡是之属皆从是。𣆪，籀文是，从古文正。承旨切（shì）

【译文】是，正直。由“日”和“正”会意。但凡“是”的部属都从“是”。，籀文“是”，从古文“正”字。

韙（䚂） 是也。从是，韋声。《春秋传》曰：“犯五不韙。”[①] ，籀文韙，从心。于鬼切（wěi）

【注释】①语见《左传·隐公十一年》。

【译文】韙，是。形符是“是”，声符是“韋”。《左传》中讲道：“犯了五种不是。”，籀文“韙”，从“心”。

尟[鲜]（鲜） 是少也。尟俱存也。从是、少。贾侍中说。酥典切（xiǎn）

【译文】尟，正直的人很少。“是”和“少”的意思共存于“尟”字之中。由“是”和“少”会意。这是贾侍中的说法。

文三 重二

辵 乍行乍止也。从彳，从止。凡辵之属皆从辵。读若《春秋公羊传》曰“辵阶而走”[①]。丑略切（chuò）

【注释】①语见《春秋公羊传·宣公二年》。

【译文】辵，忽行忽止。由“彳”和“止”会意。但凡“辵”的部属都以“辵”为形符。发音如同《春秋公羊传》中讲道的“辵阶而走”里的“辵”字。

迹 步处也。从辵，亦声。，或，从足、責。

䢰，籀文迹，从朿。资昔切（jī）

【译文】迹，行走的地方。形符是“辵”，声符是“亦”。蹟，“迹”的异体字，由“足”和“責”会意。䢰，籀文“迹”，从“朿”声。

邀 無违也。从辵，𦟀声。读若害。胡盖切（hài）①

【注释】①胡盖切：现音按《广韵》其季切，huì。

【译文】邀，不违背。形符是“辵”，声符是“𦟀”。发音如同“害”字。

達 先道（dǎo）也。从辵，率声。疏密切（shuài）

【译文】達，先导。形符是“辵”，声符是“率”。

邁（迈） 远行也。从辵，（蠆（chài）省）[萬]声。𨘢，邁或，不省。莫话切（mài）

【译文】邁，远行。形符是“辵”，声符是“萬”。𨘢，“邁”的异体字，“蠆”不省。

巡 延行皃。从辵，川声。详遵切（xún）

【译文】巡，长行的样子。形符是“辵”，声符是“川”。

遱 恭谨行也。从辵，𣪘声。读若九。居又切（jiù）

【译文】遱，恭敬地行走。形符是“辵”，声符是“𣪘”。发音如同“九”字。

迖[徒] 𨑨 步行也。从辵，土声。同都切（tú）

【译文】迖，步行。形符是“辵”，声符是“土”。

遙 𨗨 行遙径也。从辵，䌛声。以周切（yóu）

【译文】遙，路过捷径。形符是“辵”，声符是“䌛”。

延[征] 𨑓 正、行也。从辵，正声。𢓊，（延）[延]或从彳。诸盈切（zhēng）

【译文】延，端正、前行。形符是“辵”，声符是“正”。𢓊，“延”的异体字，从“彳”。

遀[随] 𨗹 从也。从辵，𡐦省声。旬为切（suí）

【译文】遀，跟随，随从。形符是“辵”，声符是“𡐦”的省文。

迶 𨑳 行皃。从辵，市声。蒲拨切（bó）

【译文】迶，行走的样子。形符是“辵”，声符是“市”。

迋 𨑥 往也。从辵，王声。《春秋传》曰：“子无我迋。”[①]于放切（wàng）

【注释】①语见《左传·昭公二十一年》。

【译文】迋，归往。形符是“辵”，声符是“王”。《左传》中讲道：“你不要恐吓我。”

逝 往也。从辵，折声。读若誓。时制切（shì）

【译文】逝，过往。形符是“辵”，声符是“折”。发音像“誓”字。

退 往也。从辵，且声。退，齐语。徂，退或，从彳。遁，籀文，从虘。全徒切（cú）

【译文】退，往。形符是“辵”，声符是“且”。“退”，齐地方言。徂，“退”的异体，从“彳”。“遁”，籀文“退”，从“虘”。

述 循也。从辵，术声。𨗅，籀文，从秫。食聿切（shù）

【译文】述，遵循。形符是“辵”，声符是“术”。𨗅，籀文“述”，从“秫”。

遵 循也。从辵，尊声。将伦切（zūn）

【译文】遵，遵循。形符是“辵”，声符是“尊”。

適（适） 之也。从辵，啻声。適，宋、鲁语。施只切（shì）

【译文】適，往。形符是“辵”，声符是“啻”。“適”是宋国和鲁国地区的方言。

過（过） 度也。从辵，咼声。古禾切（guō）[①]

【注释】①古禾切：现音按《广韵》其季切，读 guò。

【译文】過，度过。形符是“辵”，声符是“咼”。

遦 [篆] 习也。从辵，貫声。工患切（guàn）

【译文】遦，习惯。形符是“辵”，声符是“貫”。

遺[遺] [篆] 媟遺也。从辵，賣声。徒谷切（dú）

【译文】遺，亵渎。形符是“辵”，声符是“賣”。

進（进） [篆] 登也。从辵，閵省声。即刃切（jìn）

【译文】進，攀登。形符是“辵”，声符是“閵”的省文。

造 [篆] 就也。从辵，告声。谭长说，造，上士也。[古文]，古文造，从舟。七到切（cào）

【译文】造，成就。形符是“辵”，声符是“告”。谭长说，“造”即上士。[古文]，古文“造”，从“舟”。

逾 [篆] 越进也。从辵，俞声。《周书》曰：“无敢昏逾。”[1]羊朱切（yú）

【注释】①语见《尚书·周书·顾命》。

【译文】逾，超越前进。形符是“辵”，声符是“俞”。《尚书·周书》中讲道：“不敢胡乱越过。”

遝 [篆] 迨也。从辵，眔声。徒合切（tà）

【译文】遝，行走相及。形符是“辵”，声符是“眔”。

迨 遝也。从辵，合声。侯合切（hé）

【译文】迨，行走相及。形符是“辵”，声符是“合”。

迮 迮迮，起也。从辵，作省声。阻革切（zé）

【译文】迮，迮迮，猝然起身。形符是“辵”，声符是“作”的省文。

遣 （迹）[这]遣也。从辵，昔声。仓各切（cuò）

【译文】遣，交错。形符是“辵”，声符是“昔”。

遄 往来数也。从辵，耑声。《易》曰：“目事遄往。”市缘切（chuán）

【译文】遄，急速地来回。形符是“辵”，声符是“耑”。《周易·损卦》中讲道：“祭祀这样的事应该快速的前往。”

速 疾也。从辵，束声。，籀文，从欶。，古文，从欶，从言。桑谷切（sù）

【译文】速，快速。形符是“辵”，声符是“束”。，籀文“速”，从“欶”。，古文“速”，由“欶”和“言”会意。

迅 疾也。从辵，卂声。息进切（xùn）

【译文】迅，快速。形符是“辵”，声符是“卂”。

逶[适] 𨔈 疾也。从辵，昏声。读与括同。古活切（kuò）

【译文】逶，快速。形符是“辵”，声符是“昏”。发音像“括”字。

逆 𨒫 迎也。从辵，屰声。关东曰逆，关西曰迎。宜戟切（nì）

【译文】逆，迎接。形符是“辵”，声符是“屰”。关东地区称作“逆”，关西地区称作“迎”。

迎 𨒪 逢也。从辵，卬声。语京切（yíng）

【译文】迎，相逢。形符是“辵”，声符是“卬”。

这 𨒫 会也。从辵，交声。古肴切（jiāo）

【译文】这，这会。形符是“辵”，声符是“交”。

遇 𨗘 逢也。从辵，禺声。牛具切（yù）

【译文】遇，邂逅，不期而遇。形符是“辵”，声符是“禺”。

遭 𨘂 遇也。从辵，曹声。一曰，逦行。作曹切（zāo）

【译文】遭，相遇。形符是“辵”，声符是“曹”。一说，迤逦而行。

遘 𨘂 遇也。从辵，冓声。古候切（gòu）

【译文】遘，遭遇。形符是“辵”，声符是“冓”。

逢 [小篆] 遇也。从辵，峯省声。符容切（féng）

【译文】逢，遭遇。形符是“辵”，声符是“峯”的省文。

遻[遌] [小篆] 相遇惊也。从辵，从咢，咢亦声。五各切（è）

【译文】遻，因相遇而惊讶。由“辵”和“咢”会意，“咢”也是声符。

迪 [小篆] 道也。从辵，由声。徒历切（dí）

【译文】迪，引导。形符是“辵”，声符是“由”。

遞（递） [小篆] 更易也。从辵，虒声。特计切（dì）

【译文】遞，更替迭代。形符是“辵”，声符是“虒”。

通 [小篆] 达也。从辵，甬声。他红切（tōng）

【译文】通，到达。形符是“辵”，声符是“甬”。

辿[徙] [小篆] 迻也。从辵，止声。[小篆]，辿或，从彳。[古文]，古文徙。斯氏切（xǐ）

【译文】辿，迁移。形符是“辵”，声符是“止”。[小篆]，“辿”的异体字，从“彳”。[古文]，古文“辿”。

迻[移] 迁徙也。从辵，多声。弋支切（yí）

【译文】迻，迁徙。形符是“辵”，声符是“多”。

遷[遷](迁) 登也。从辵，䙴声。𢪏，古文遷，从手，西。七然切（qiān）

【译文】遷，攀登。形符是“辵”，声符是“䙴”。𢪏，古文“遷”，形符是“手”，声符是“西”。

運(运) 迻徙也。从辵，軍声。王问切（yùn）

【译文】運，移动，迁徙。形符是“辵”，声符是“軍”。

遁 迁也。一曰，逃也。从辵，盾声。徒困切（dùn）

【译文】遁，迁移。一说，逃亡。形符是“辵”，声符是“盾”。

遜(逊) 遁也。从辵，孫声。苏困切（xùn）

【译文】遜，逃遁。形符是“辵”，声符是“孫”。

返 还也。从辵、从反，反亦声。《商书》曰：“祖甲返。”① 彶，《春秋传》返，从彳。扶版切（bàn）②

【注释】①语见《尚书·商书·西伯戡黎》。今本作祖伊返。②扶版切：现音按《广韵》府远切，读 fǎn。

【译文】返，还。由“辵”和“反”会意，“反”也是声符。《尚书·商书》中讲道：“祖甲返。”彶，《左传》中的“返”字，从“彳”。

還[還](还) 𨗴 复也。从辵，睘声。户关切(huán)

【译文】還，返。形符是“辵”，声符是“睘”。

選(选) 𨘗 遣也。从辵、巽，巽遣之；巽亦声。一曰，選择也。思沇切(xuǎn)

【译文】選，派遣。由“辵”和“巽”会意，表示恭敬地遣送；“巽”也是声符。一说，“選”即“選择”。

逬[送] 𨒪 遣也。从辵，倂(yìng)省。𨓶，籀文，不省。苏弄切(sònɡ)

【译文】逬，派遣，遣送。由“辵”和“倂”的省文会意。𨓶，籀文“逬”，“倂”不省。

遣 𨕛 纵也。从辵，䖒声。去衍切(qiǎn)

【译文】遣，释放，放纵。形符是“辵”，声符是“䖒”。

邐(逦) 𨘙 行邐邐也。从辵，麗声。力纸切(lǐ)

【译文】邐，曲折行进的样子。形符是“辵”，声符是“麗”。

逮 𨓒 唐逮，及也。从辵，隶声。徒耐切(dài)

【译文】逮，唐逮，表示“及”的意思。形符是“辵”，声符是“隶”。

遲（迟） 徐行也。从辵，犀声。《诗》曰：“行道遲遲。”[1] ，遲或，从（尸）[尼]。 ，籀文遲，从屖（xī）。直尼切（chí）

【注释】①语见《诗经·邶风·谷风》。

【译文】遲，缓缓行进。形符是“辵”，声符是“犀”。《诗经》中讲道：“缓慢的行进。” ，“遲”的异体字，从“尼”。 ，籀文“遲”，从“屖”。

邌 徐也。从辵，黎声。郎奚切（lí）

【译文】邌，缓慢。形符是“辵”，声符是“黎”。

遰 去也。从辵，帶声。特计切（dì）

【译文】遰，去。形符是“辵”，声符是“帶”。

遖 行皃。从辵，㴇声。乌玄切（yuān）

【译文】遖，行走的样子。形符是“辵”，声符是“㴇”。

遷 不行也。从辵，䮾声。读若住。中句切（zhù）

【译文】遷，停止不行进。形符是“辵”，声符是“䮾”。发音如同“住”字。

逗 止也。从辵，豆声。田候切（dòu）

【译文】逗，停滞不前。形符是“辵”，声符是“豆”。

迟 曲行也。从辵，只声。绮戟切（qì）

【译文】迟，曲折前行。形符是“辵”，声符是“只”。

逶 逶迤，衺去之皃。从辵，委声。，或，从虫、爲。於为切（wēi）

【译文】逶，逶迤，歪斜行进的样子。形符是“辵”，声符是“委”。，“逶”的异体字，形符是“虫”，声符是“爲”。

迆[迤] 衺行也。从辵，也声。《夏书》曰：“江东迆北，会于匯。”移尔切（yǐ）

【译文】迆，歪斜行进。形符是“辵”，声符是“也”。《尚书·夏书·禹贡》中讲道：“长江斜伸至北方，同淮河交汇。”

遹 回避也。从辵，矞声。余律切（yù）

【译文】遹，斜行回避。形符是“辵”，声符是“矞”。

避 回也。从辵，辟声。毗义切（bì）

【译文】避，回避。形符是“辵”，声符是“辟”。

違（违） 离也。从辵，韋声。羽非切（wéi）

【译文】違，离开。形符是“辵”，声符是“韋”。

遴 行难也。从辵，粦声。《易》曰：“以往遴。”，或从人。良刃切（lìn）

【译文】遴，艰难行进。形符是“辵”，声符是“粦”。《周易·蒙卦》中讲道：“往而不舍就会遇到艰难。”僯，“遴”的异体字，从“人”。

逡 复也。从辵，夋声。七伦切（qūn）

【译文】逡，往来。形符是“辵”，声符是“夋”。

遞 怒不进也。从辵，氐声。都礼切（dǐ）

【译文】遞，愤怒而不前行。形符是“辵”，声符是“氐”。

達（达） 行不相遇也。从辵，羍声。《诗》曰：“挑兮達兮。”[①]达，達或，从大，或曰迭。徒葛切（dá）

【注释】①语见《诗经·郑风·子衿》。毛传：“挑、達，往来相见貌。”

【译文】達，行路而不相见。形符是“辵”，声符是“羍”。《诗经》中讲道：“在城楼上往来相遇。”达，“達”的异体字，声符是“大”。有人说“達”就是“迭”字。

逯 行谨逯逯也。从辵，录声。卢谷切（lù）

【译文】逯，谨慎前行。形符是“辵”，声符是“录”。

迵 迵迭也。从辵，同声。徒弄切（dòng）

【译文】迵，通达。形符是“辵”，声符是“同”。

迭 [篆] 更迭也。从辵，失声。一曰达。徒结切（dié）

【译文】迭，更替。形符是“辵”，声符是“失”。一说，“迭”是“通达”的“达”字。

迷 [篆] 或也。从辵，米声。莫兮切（mí）

【译文】迷，迷惑。形符是“辵”，声符是“米”。

連（连） [篆] 員連也。从辵，从車。力延切（lián）

【译文】連，員連。由“辵”和“車”会意。

逑 [篆] 斂聚也。从辵，求声。《（虞）[唐]书》曰：“旁逑孱功。”①又曰：“怨匹曰逑。”②巨鸠切（qiú）

【注释】①语见《尚书·唐书》。今本作方鳩僝功。②语见《左传·桓公二年》：“嘉耦曰妃，怨耦曰仇，古之命也。”谓古者命名之法如是，逑仇古多通用。

【译文】逑，聚敛。形符是“辵”，声符是“求”。《尚书·唐书》中讲道：“共工广泛聚集，具有了成效。”又说：“怨恋配偶叫逑。”

退 [篆] 斁①也。从辵，貝声。《周书》曰：“我兴受其退。”②薄迈切（bài）

【注释】①斁：壞。②语见《尚书·商书·微子》退作败。

【译文】退，败坏。形符是“辵”，声符是“貝”。《尚书·商书》中讲道：“殷商如遇灾难，我们就起而受它的祸败。”

逭 逃也。从辵，官声。，逭或，从雚，从兆。胡玩切（huàn）

【译文】逭，逃避，躲避。形符是“辵”，声符是“官”。，“逭”的异体字，由“雚”和“兆”会意。

遯[遁] 逃也。从辵，从豚。徒困切（dùn）

【译文】遯，逃遁，逃亡。由“辵”和“豚”会意。

逋 亡也。从辵，甫声。，籀文逋，从捕。博孤切（bū）

【译文】逋，逃亡。形符是“辵”，声符是“甫”。，籀文“逋”，从“捕”声。

遺（遗） 亡也。从辵，貴声。以追切（yí）

【译文】遺，遺忘。形符是“辵”，声符是“貴”。

遂 亡也。从辵，㒸声。，古文遂。徐醉切（suì）

【译文】遂，逃亡。形符是“辵”，声符是“㒸”。，古文“遂”字。

逃 亡也。从辵，兆声。徒刀切（táo）

【译文】逃，逃亡。形符是“辵”，声符是“兆”。

追 逐也。从辵，自声。陟隹切（zhuī）

【译文】追，追逐，追赶。形符是“辵”，声符是“自”。

逐 𨒅 追也。从辵，从豚省。直六切（zhú）

【译文】逐，追逐。由“辵”和“豚”的省文会意。

遒 𨕥 迫也。从辵，酉声。𨕥，遒或，从酋。字秋切（qiú）

【译文】遒，急迫。形符是“辵”，声符是“酉”。𨕥，“遒”的异体字，从“酋”声。

近 䜣 附也。从辵，斤声。𡲾，古文近。渠遴切（jìn）

【译文】近，附近。形符是“辵”，声符是“斤”。𡲾，古文“近”。

邋 𨘋 搚也。从辵，巤声。良涉切（liè）

【译文】邋，折断。形符是“辵”，声符是“巤”。

迫 𨒫 近也。从辵，白声。博陌切（bó）①

【注释】①博陌切：现音读 pò。

【译文】迫，靠近，接近。形符是“辵”，声符是“白”。

遷 𨗊 近也。从辵，臸（zhì）声。人质切（rì）①

【注释】①人质切：现音按《广韵》陟栗切，读 zhì。

【译文】遷，走近，靠近。形符是“辵”，声符是“臸”。

邇（迩） 近也。从辵，爾声。 ，古文邇。儿氏切（ěr）

【译文】邇，近。形符是“辵”，声符是“爾”。 ，古文“邇”。

遏 微止也。从辵，曷声。读若桑虫之蝎。乌割切（è）

【译文】遏，障蔽。形符是“辵”，声符是“曷”。发音如同“桑虫之蝎”的“蝎”字。

遮 遏也。从辵，庶声。止车切（zhē）

【译文】遮，遮拦，阻拦。形符是“辵”，声符是“庶”。

遂 遮遂也。从辵，羡声。于线切（yàn）

【译文】遂，遮拦，阻拦。形符是“辵”，声符是“羡”。

迣 迾也。晋、赵曰迣。从辵，世声。读若寘。征例切（zhì）

【译文】迣，遮拦，阻拦。晋地、赵地称作是“迣”。形符是“辵”，声符是“世”。发音如同“寘”字。

迾 遮也。从辵，列声。良辥切（liè）

【译文】迾，遮拦，阻拦。形符是“辵”，声符是“列”。

迁 进也。从辵，干声。读若干。古寒切（gān）

【译文】迁，进取。形符是“辵”，声符是“干”。发音像“干”。

遣 过也。从辵，侃声。去虔切（qiān）

【译文】遣，经过。形符是“辵”，声符是“侃”。

遱 连遱也。从辵，婁声。洛侯切（lóu）

【译文】遱，连绵不绝的行进。形符是“辵”，声符是“婁”。

迖（迚） 前（颉）[顿]也。从辵，市[朩]声。贾侍中说：一[曰]读若（桧）[拾]，又若郅。北末切（bō）[1]

【注释】①《集韵》陟利切，今读作（zhì）。

【译文】迖，向前扑倒。形符是“辵”，声符是“朩”。贾侍中说，一说，发音如同“拾”字，又如同“郅”字。

迦 迦（互）[牙]，令不得行也。从辵，枷声。古牙切（jiā）

【译文】迦，迦牙，使人不能前行。形符是“辵”，声符是“枷”。

𨒂 逾也。从辵，戉声。《易》曰：“杂而不𨒂。”[1]王伐切（yuè）

【注释】①语见《周易·系辞》。𨒂今作越。

【译文】𨒂，逾越。形符是“辵”，声符是“戉”。《周易》中讲道：“繁杂却不越界。”

逞 通也。从辵，呈声。楚谓疾行为逞。《春秋传》曰："何所不逞欲？"[1]丑郢切（chěng）

【注释】①语见《左传·昭公十四年》。杜注："逞，抉也。"

【译文】逞，通达。形符是"辵"，声符是"呈"。楚地将快走称为"逞"。《左传》中讲道："哪里不能让你的欲望得逞呢？"

遼（辽） 远也。从辵，尞声。洛萧切（liáo）

【译文】遼，遥远。形符是"辵"，声符是"尞"。

遠（远） 辽也。从辵，袁声。，古文遠。云阮切（yuǎn）

【译文】遠，遥远。形符是"辵"，声符是"袁"。，古文"遠"字。

逖 远也。从辵，狄声。，古文逖。他历切（tì）

【译文】逖，远。形符是"辵"，声符是"狄"。，古文"逖"。

迥 远也。从辵，同声。户颖切（jiǒng）

【译文】迥，远。形符是"辵"，声符是"同"。

逴 远也。从辵，卓声。一曰，蹇也。读若棹苕之棹。敕角切（chuò）

【译文】逴，远。形符是"辵"，声符是"卓"。一说，跛。

发音如同“棹苕”中的“棹”字。

迂 避也。从辵，于声。忆俱切（yū）

【译文】迂，回避，躲避。形符是“辵”，声符是“于”。

逮 （目）[自]进极也。从辵，聿声。子僊切（jiān）

【译文】逮，自行攀登而至。形符是“辵”，声符是“聿”。

邍 高平之野，人所登。从辵、备、录。阙。愚袁切（yuán）

【译文】邍，高平的原野，是人们攀登前往的地方。由“辵”、“备”和“录”会意。表义不详。

道[道] 所行道也。从辵，从首。一达谓之道。，古文道，从首、寸。徒皓切（dào）

【译文】道，行进的道路。由“辵”和“首”会意。完全通达被称作是“道”。，古文中的“道”，由“首”和“寸”会意。

遽 传也。一曰，窘也。从辵，豦声。其倨切（jù）

【译文】遽，驿站的车马。一种说法是，表示窘迫的意思。形符是“辵”，声符是“豦”。

迒 兽迹也。从辵，亢声。，迒或，从足，从更。胡郎切（háng）

【译文】迒，野兽的痕迹，踪迹。形符是“辵”，声符是“亢”。

䟘，“远”的异体字，形符是“足”，声符是“更”。

⿺辶弔 至也。从辵，弔声。都历切（dì）

【译文】⿺辶弔，到达。形符是“辵”，声符是“弔”。

邊[邊](边) 行垂崖也。从辵，臱声。布贤切（biān）

【译文】邊，走到垂崖边。形符是“辵”，声符是“臱”。

文一百一十八 重三十一

彳 小步也。象人胫三属相连也。凡彳之属皆从彳。丑亦切（chì）

【译文】彳，微小的步幅。象人的大腿、小腿、脚三者相连的样子。但凡“彳”的部属都从“彳”。

德 升也。从彳，悳声。多则切（dé）

【译文】德，攀升。形符是“彳”，声符是“悳”。

徑(径) 步道也。从彳，巠声。居正切（jìng）

【译文】徑，步行的道路。形符是“彳”，声符是“巠”。

復[復] 往来也。从彳，𡕒声。房六切（fù）

【译文】復，返回。形符是“彳”，声符是“𡕒”。

⿰彳柔 复也。从彳，从柔，柔亦声。人九切（rǒu）

【译文】徚，来往返复。由“彳”“柔”会意，“柔”也是声符。

徎 [篆] 径行也。从彳，呈声。丑郢切（chěng）

【译文】徎，沿着小路快速行进。形符是“彳”，声符是“呈”。

往 [篆] 之也。从彳，㞷声。[篆]，古文，从辵。于两切（wǎng）

【译文】往，出发。形符是“彳”，声符是“㞷”。[篆]，古文“往”，从“辵”。

躣 [篆] 行皃。从彳，瞿声。其俱切（qú）

【译文】躣，行走的样子。形符是“彳”，声符是“瞿”。

彼 [篆] 往、有所加也。从彳，皮声。补委切（bǐ）

【译文】彼，往，有所增加。形符是“彳”，声符是“皮”。

徼 [篆] 循也。从彳，敫声。古尧切[1]（jiāo）

【注释】①古尧切：现音按《广韵》古吊切，jiào。

【译文】徼，巡查。形符是“彳”，声符是“敫”。

循 [篆] 行顺也。从彳，盾声。详遵切（xún）

【译文】循，按照次序行进。形符是“彳”，声符是“盾”。

彶 [篆] 急行也。从彳，及声。居立切（jí）

【译文】彶，快速行进。形符是“彳”，声符是“及”。

𣁽 𣁽 行皃。从彳，𢌿声。一曰，此与馺同。稣合切（sà）

【译文】𣁽，众人行进的样子。形符是“彳”，声符是“𢌿”。一说，这与“馺”字相同。

微 微 隱行也。从彳，散声。《春秋传》曰：“白公其徒微之。”[①]无非切（wēi）

【注释】①语见《左传·哀公十六年》。

【译文】微，隐蔽出行。形符是“彳”，声符是“散”。《左传》中讲道：“白公的徒众将其尸身藏匿起来。”

徥 徥 徥徥，行皃。从彳，是声。《尔雅》曰：“徥，则也。”是支切（chí）

【译文】徥，徥徥，行走的样子。形符是“彳”，声符是“是”。《尔雅》中讲道：“徥，规则。”

徐 徐 安行也。从彳，余声。似鱼切（xú）

【译文】徐，安稳的行进。形符是“彳”，声符是“余”。

㣇 㣇 行平易也。从彳，夷声。以脂切（yí）

【译文】㣇，平易地行进。形符是“彳”，声符是“夷”。

𢔩 使也。从彳，甹声。普丁切（pīng）

【译文】𢔩，使。形符是“彳”，声符是“甹”。

𢓜 使也。从彳，夆声。读若（螽）[蠭]。敷容切（fēng）

【译文】𢓜，使。形符是“彳”，声符是“夆”。发音像“蠭”。

𢓭 迹也。从彳，戋声。慈衍切（jiàn）

【译文】𢓭，践履。形符是“彳”，声符是“戋”。

徬[傍] 附行也。从彳，旁声。蒲浪切（bàng）

【译文】徬，依附于车旁行进。形符是“彳”，声符是“旁”。

徯 待也。从彳，奚声。蹊，徯或，从足。胡计切（xì）①

【注释】①胡计切：现音读按《广韵》胡鸡切，xī。

【译文】徯，等待。形符是“彳”，声符是“奚”。蹊，“徯”的异体字，形符是“足”。

待 竢也。从彳，寺声。徒在切（dài）

【译文】待，等待。形符是“彳”，声符是“寺”。

㣙 行㣙㣙也。从彳，由声。徒历切（dí）

【译文】㣙，行进㣙㣙。形符是“彳”，声符是“由”。

徧[遍] 匝也。从彳，扁声。比荐切（biàn）

【译文】徧，周匝而行。形符是“彳”，声符是“扁”。

假 至也。从彳，叚声。古雅切（jiǎ）

【译文】假，至。形符是“彳”，声符是“叚”。

復[退] 却也。一曰，行迟也。从彳、从日、从夂。，復或，从内。，古文，从辵。他内切（tuì）

【译文】復，退却。一种说法是，行进缓慢。由“彳”、“日”和“夂”会意。，“復”的异体字，形符是“内”。，古文中的“復”字，形符是“辵”。

後（后） 迟也。从彳、幺、夂者，後也。，古文後，从辵。胡口切（hòu）

【译文】後，行进缓慢。由“彳”、“幺”、“夂”会意，用来表达“後”的意思。，古文“後”，从“辵”。

徲 久也。从彳，犀声。读若遲。杜兮切（tí）

【译文】徲，久。形符是“彳”，声符是“犀”。发音像“遲”。

很 不听从也。一曰，行难也。一曰，盭（lì）也。从彳，皀声。胡恳切（hěn）

【译文】很，不听从。一说，行进艰难。另一说，违背，背逆。形符是“彳”，声符是“皀”。

徸  相迹也。从彳，重声。之陇切（zhǒng）

【译文】徸，前后足迹相连。形符是“彳”，声符是“重”。

得  行有所得也。从彳，㝵声。㝵，古文，省彳。多则切（dé）

【译文】得，行进而有所得。形符是“彳”，声符是“㝵”。㝵，古文“得”，省彳。

徛  举胫有渡也。从彳，奇声。去奇切（qī）①

【注释】①去奇切：现音按《广韵》居义切，读 jì。

【译文】徛，抬起脚过河。形符是“彳”，声符是“奇”。

彴 行示也。从彳，勺声。《司马法》：“斩以彴。”词闰切（xùn）

【译文】彴，巡游示众。形符是“彳”，声符是“勺”。《司马法》中讲：“斩首而巡游示众。”

律  均布也。从彳，聿声。吕戌切（lǜ）

【译文】律，广泛施行的律令。形符是“彳”，声符是“聿”。

御  使馬也。从彳，从卸。馭，古文御，从又，从馬。牛据切（yù）

【译文】御，驾驶车马。由“彳”和“卸”会意。馭，古文“御”，由“又”和“馬”会意。

亍 [篆] 步止也。从反彳。读若畜。丑玉切（chù）

【译文】亍，行进停止。由反着的“彳”字会意。发音如同“畜”字。

文三十七 重七

廴 [篆] 长行也。从彳引之。凡廴之属皆从廴。余忍切（yǐn）

【译文】廴，长久的行进。由“彳”字伸长末笔构成。但凡“廴”的部属都从“廴”。

廷 [篆] 朝中也。从廴，壬声。特丁切（tíng）

【译文】廷，朝廷。形符是“廴”，声符是“壬”。

延 [篆] 行也。从廴，正声。诸盈切（zhēng）

【译文】延，行走。形符是“廴”，声符是“正”。

建 [篆] 立朝律也。从聿，从廴。居万切（jiàn）

【译文】建，设立朝廷的律令。由“聿”和“廴”会意。

文四

㢟 [篆] 安步㢟㢟也。从廴，从止。凡㢟之属皆从㢟。丑连切（chān）

【译文】㢟，缓步㢟㢟的样子。由“廴”和“止”会意。但凡“㢟”

的部属都从“㢟”。

延 长行也。从㢟，丿声。以然切（yán）

【译文】延，长久的行进。形符是“㢟”，声符是“丿”。

文二

行 人之步趋也。从彳，从亍。凡行之属皆从行。户庚切（xíng）

【译文】行，人的各种行进。由“彳”和“亍”会意。但凡“行”的部属都从“行”。

術（术） 邑中道也。从行，术声。食聿切（shù）

【译文】術，城邑中的道路。形符是“行”，声符是“术”。

街 四通道也。从行，圭声。古膎切（jiē）

【译文】街，四通八达的道路。形符是“行”，声符是“圭”。

衢 四达谓之衢。从行，瞿声。其俱切（qú）

【译文】衢，四方通达的路称作“衢”。形符是“行”，声符是“瞿”。

衝 通道也。从行，童声。《春秋传》曰：“及衝，以戈击之。”[①]昌容切（chōng）

【注释】①语见《左传·昭公元年》：“及衝，击之以戈。”

【译文】衝，四通八达的道路。形符是“行”，声符是“童”。

《左传》中讲道："等到了十字路口的地方，子南用戈猛击他。"

衕 通街也。从行，同声。徒弄切（dòng）

【译文】衕，巷道之类的通街。形符是"行"，声符是"同"。

𧗱 迹也。从行，戔声。才线切（jiàn）

【译文】𧗱，践踏。形符是"行"，声符是"戔"。

衙 [衙衙]行皃。从行，吾声。鱼举切（yǔ）[①]，又音牙（yá）

【注释】①鱼举切：现音按《广韵》鱼居切，读 yú。

【译文】衙，衙衙，列队行进的样子。形符是"行"，声符是"吾"。

衎 行喜皃。从行，干声。空旱切（kǎn）[①]

【注释】①空旱切：现音按《广韵》苦旰切，读 kàn。

【译文】衎，行进喜悦的样子。形符是"行"，声符是"干"。

𧗼 行且卖也。从行，从言。…，𧗼或，从玄。黄绚切（xuàn）

【译文】𧗼，边走边卖。由"行"和"言"会意。…，"𧗼"的异体字，从"玄"声。

𧗿 将（衞）[𧗿]也。从行，率声。所律切（shuài）

【译文】𧗿，将帅。形符是"行"，声符是"率"。

衛（卫） 宿衛也。从韋、帀，从行。行，列衛也。于岁切（wèi）

【译文】衛，在宫中值班、警戒的人。由“韋”、“帀”和“行”会意。“行”，排列队伍来进行护卫。

文十二 重一

齒（齿） 口龂骨也。象口齒之形，止声。凡齒之属皆从齒。，古文齒字。昌里切（chǐ）

【译文】齒，嘴中的牙齿。象嘴中牙齿的形状，“止”声。但凡“齒”的部属都从“齒”。，古文“齒”。

齗（龂） 齒本也。从齒，斤声。语斤切（yín）

【译文】齗，牙齿的根本。形符是“齒”，声符是“斤”。

齓（龀） 毁齒也。男八月生齒，八岁而齓。女七月生齒，七岁而齓。从齒，从（七）[匕]。初堇切（chěn）

【译文】齓，缺损的牙齿。男孩八月生乳齿，八岁乳齿脱落。女孩七月生乳齿，七岁乳齿脱落。由“齒”和“匕”会意。

齰 齒相值也。一曰，啮也。从齒，責声。《春秋传》曰：“皙齰。”士革切（zé）

【译文】齰，牙齿上下排列整齐。一说，啮咬。形符是“齒”，声符是“責”。《左传·定公九年》中讲道：“肤色白皙，牙齿整齐。”

齜 [篆] 齒相（断）[齘]也。一曰，开口见齒之皃。从齒，柴省声。读若柴。仕街切（chái）

【译文】齜，牙齿相互摩擦。一说，张开嘴露出牙齿的样子。形符是“齒”，声符是“柴”的省文。发音如同“柴”字。

齘 [篆] 齒相切也。从齒，介声。胡介切（xiè）

【译文】齘，牙齿相互摩擦。形符是“齒”，声符是“介”。

齞 [篆] 口张齒见。从齒，只声。研茧切（yǎn）

【译文】齞，张开嘴露出牙齿。形符是“齒”，声符是“只”。

䶢 [篆] 齒差也。从齒，兼声。五衔切（yán）①

【注释】①五衔切：现音按《广韵》鱼欠切，yàn。

【译文】䶢，牙齿参差不齐。形符是“齒”，声符是“兼”。

齺 [篆] 齒搈也。一曰，齰也。一曰，马口中（糜）[檕]也。从齒，芻声。侧鸠切（zōu）

【译文】齺，牙齿折断。一说，咬。另一说，马口中的橛。形符是“齒”，声符是“芻”。

齵 [篆] 齒不正也。从齒，禺声。五娄切（óu）

【译文】齵，牙齿参差不齐。形符是“齒”，声符是“禺”。

䶥 [篆] 齬齒也。从齒，虘声。侧加切（zhā）

【译文】齰，上下牙齿不能整齐相对。形符是“齒”，声符是“虘”。

齺 𪘲 齵也。从齒，取声。侧鸠切（zōu）

【译文】齺，牙齿参差不齐。形符是“齒”，声符是“取”。

齹 𪘲 齒参差。从齒，差声。楚宜切（cī）

【译文】齹，牙齿参差不齐的样子。形符是“齒”，声符是“差”。

𪗮 𪘲 齒差跌皃。从齒，佐声。《春秋传》曰：“郑有子𪗮。”[①]昨何切（cuó）

【注释】①语见《左传·昭公十六年》。𪗮今本作齹。

【译文】𪗮，牙齿参差不平整的样子。形符是“齒”，声符是“佐”。《左传》中讲道：“郑国有个大臣名叫子𪗮。”

齤 𪘲 缺齒也。一曰，曲齒。从齒，𢍏声。读若权。巨员切（quán）

【译文】齤，牙齿脱落。一说，曲齿病。形符是“齒”，声符是“𢍏”。发音如同“权”字。

齳 𪘲 无齒也。从齒，軍声。鱼吻切（yǔn）

【译文】齳，老年人没有牙齿。形符是“齒”，声符是“軍”。

齾 [篆] 缺齒也。从齒，獻声。五辖切（yà）

【译文】齾，牙齿损缺。形符是“齒”，声符是“獻”。

齟 [篆] 断肿也。从齒，巨声。区主切（qǔ）①

【注释】①区主切：现音按《广韵》其吕切，读 jù。

【译文】齟，牙龈肿大。形符是“齒”，声符是“巨”。

齯 [篆] 老人齒。从齒，兒声。五鸡切（ní）

【译文】齯，老年人的牙齿。形符是“齒”，声符是“兒”。

齮 [篆] 啮也。从齒，奇声。鱼绮切（yǐ）

【译文】齮，侧着牙齿咬。形符是“齒”，声符是“奇”。

𪘂 [篆] 齚（齒）[啮]也。从齒，出声。仕乙切（zhí）

【译文】𪘂，咬嚼。形符是“齒”，声符是“出”。

齰 [篆] 啮也。从齒，昔声。齚，齰或，从乍。侧革切（zé）

【译文】齰，咬嚼。形符是“齒”，声符是“昔”。齚，“齰”的异体字，声符是“乍”。

齨 [篆] 啮也。从齒，咸声。工咸切（jiān）

【译文】齨，咬啮。形符是“齒”，声符是“咸”。

齦（龈） 啮也。从齒，艮声。康很切（kěn）

【译文】齦，啃咬。形符是“齒”，声符是“艮”。

齗 齒见皃。从齒，干声。五版切（yǎn）

【译文】齗，牙齿露出的样子。形符是“齒”，声符是“干”。

齚 齚齰也。从齒，卒声。昨没切（zú）

【译文】齚，咬嚼。形符是“齒”，声符是“卒”。

齛 齒分骨声。从齒，列声。读若剌。卢达切（là）

【译文】齛，牙齿分开骨头发出的声响。形符是“齒”，声符是“列”。发音如同“剌”字。

齩［咬］ 啮骨也。从齒，交声。五巧切（yǎo）

【译文】齩，咬嚼骨头。形符是“齒”，声符是“交”。

齸［齧］ 齒差也。从齒，屑声。读若切。千结切（qiè）

【译文】齸，牙齿相互摩擦。形符是“齒”，声符是“屑”。发音如同“切”字。

齰 （齒）［啮］坚声。从齒，吉声。赫鎋切（xiá）

【译文】齰，用牙齿啃咬硬物时发出的声响。形符是“齒”，声符是“吉”。

䶩　齾牙也。从齒，豈声。五来切（ái）

【译文】䶩，磨牙。形符是“齒”，声符是“豈”。

齝　吐而噍也。从齒，台声。《尔雅》曰：“牛曰齝。”丑之切（chī）

【译文】齝，反刍。形符是“齒”，声符是“台”。《尔雅·释兽》中讲道：“牛的反刍被称作是齝。”

齕［齕］（龁）　噬也。从齒，气声。户骨切（hú）①

【注释】①户骨切：现音按《广韵》下没切，读 hé。

【译文】齕，用牙齿来咬东西。形符是“齒”，声符是“气”。

䶬　齒见皃。从齒，聯声。力延切（lián）

【译文】䶬，牙齿外现的样子。形符是“齒”，声符是“聯”。

齧［嚙］（啮）　噬也。从齒，㓞声。五结切（niè）

【译文】齧，咬。形符是“齒”，声符是“㓞”。

齭　齒伤酢也。从齒，所声。读若楚。创举切（chǔ）

【译文】齭，牙齿被酸醋伤害。形符是“齒”，声符是“所”。发音如同“楚”字。

齨　老人齒如臼也。一曰，马八岁齒臼也。从齒，从臼，臼亦声。其久切（jiù）

【译文】齨，老人的牙齿形状如同臼一般。一种说法是，八岁的马牙齿形状如同臼一般。由“齒”和“臼”会意，“臼”也是声符。

齬（龉） 齒不相值也。从齒，吾声。鱼举切（yǔ）

【译文】齬，牙齿不整齐。形符是“齒”，声符是“吾”。

齛 羊粻也。从齒，世声。私列切（xiè）

【译文】齛，羊反刍食物。形符是“齒”，声符是“世”。

齸 鹿麋粻。从齒，益声。伊昔切（yì）

【译文】齸，麋鹿反刍食物。形符是“齒”，声符是“益”。

𪘨 （齒）[啮]坚也。从齒，至声。陟栗切（zhì）

【译文】𪘨，咬硬物发出的声响。形符是“齒”，声符是“至”。

齾 啮骨声。从齒，从骨，骨亦声。户八切（huá）

【译文】齾，啃骨头发出的声响。由“齒”和“骨”会意，“骨”也是声符。

䶦[𪙧] 噍声。从齒，昏声。古活切（kuò）

【译文】䶦，咀嚼时发出的声响。形符是“齒”，声符是“昏”。

䶪 噍坚也。从齒，博省声。补莫切（bó）

【译文】䶪，咀嚼坚硬的食物。形符是“齒”，声符是“博”

的省文。

文四十四 重二

牙 [篆字] （牡）[壮]齿也。象上下相错之形。凡牙之属皆从牙。[古文字]，古文牙。五加切（yá）

【译文】牙，大齿。象上下牙齿交错的样子。但凡“牙”的部属都从“牙”。[古文字]，古文“牙”。

𤘦 [篆字] 武牙也。从牙，从奇，奇亦声。去奇切（qī）

【译文】𤘦，虎牙。由“牙”和“奇”会意，“奇”也是声符。

𤘅[齲](齲) [篆字] 齒蠹也。从牙，禹声。[篆字]，𤘅或，从齒。区禹切（qǔ）

【译文】𤘅，牙齿被蛀虫损坏。形符是“牙”，声符是“禹”。[篆字]，“𤘅”的异体字，形符是“齒”。

文三 重二

足 [篆字] 人之足也。在下。从止、口。凡足之属皆从足。即玉切（zú）

【译文】足，人的脚。位于身体的下部。由“止”和“口”会意。但凡“足”的部属都从“足”。

蹏[蹄] [篆字] 足也。从足，虒声。杜兮切（tí）

【译文】蹏，兽畜的脚蹄。形符是“足”，声符是“虒”。

跟 足踵也。从足，艮声。，跟或，从止。古痕切（gēn）

【译文】跟，脚后跟。形符是“足”，声符是“艮”。，“跟”的异体字，从“止”。

踝 足踝也。从足，果声。胡瓦切（huà）[①]

【注释】①胡瓦切：现音读，huái。

【译文】踝，脚的踝骨。形符是“足”，声符是“果”。

跖 足下也。从足，石声。之石切（zhí）

【译文】跖，脚掌。形符是“足”，声符是“石”。

踦 一足也。从足，奇声。去奇切（qī）

【译文】踦，一只脚。形符是“足”，声符是“奇”。

跪 拜也。从足，危声。去委切（kuǐ）[①]

【注释】①去委切：现音按《广韵》渠委切，读 guì。

【译文】跪，双膝着地拜倒。形符是“足”，声符是“危”。

跽 长跪也。从足，忌声。渠几切（jì）

【译文】跽，上身挺直，双膝着地。形符是“足”，声符是“忌”。

踧 行平易也。从足，叔声。《诗》曰：“踧

踧周道。”[①]子六切（cù）[②]

【注释】①语见《诗经·小雅·小弁》。②子六切：现音读按《广韵》徒历切，dí。

【译文】踧，行进平易。形符是“足”，声符是“叔”。《诗经》中讲道：“平坦的大路。”

躣 𨆌 行皃。从足，瞿声。其俱切（qú）

【译文】躣，行走的样子。形符是“足”，声符是“瞿”。

踖 踖 长胫行也。从足，昔声。一曰，踧踖。资昔切（jí）

【译文】踖，长胫行进。形符是“足”，声符是“昔”。一说，踧踖。

踽 踽 疏行皃。从足，禹声。《诗》曰：“独行踽踽。”[①]区主切（qǔ）[②]

【注释】①语见《诗经·唐风·杕杜》。②区主切：现音读按《广韵》俱雨切，jǔ。

【译文】踽，独行的样子。形符是“足”，声符是“禹”。《诗经》中讲道：“独自行走，踽踽无亲。”

蹌 蹌 行皃。从足，將声。《诗》曰：“管磬蹡蹡。”[①]七羊切（qiāng）

【注释】①语见《诗经·周颂·执竞》。

【译文】蹌，行走的样子。形符是“足”，声符是“將”。

《诗经》中讲道："管乐和石磬，跄跄和谐。"

躖 躖 践处也。从足，斷省声。徒管切（duàn）

【译文】躖，足迹。形符是"足"，声符是"斷"的省文。

趴 趴 趣越皃。从足，卜声。芳遇切（fù）

【译文】趴，快速越过的样子。形符是"足"，声符是"卜"。

踰[逾] 踰 越也。从足，俞声。羊朱切（yú）

【译文】踰，超越，越过。形符是"足"，声符是"俞"。

跋 跋 轻[足]也。从足，戉声。王伐切（yuè）

【译文】跋，脚步轻快。形符是"足"，声符是"戉"。

蹻[蹺](跷) 蹻 举足行高也。从足，喬声。《诗》曰："小子蹻蹻。"①居勺切（jué）

【注释】①语见《诗经·大雅·板》。

【译文】蹻，抬脚行走在高空之中。形符是"足"，声符是"喬"。《诗经》中讲道："小伙子们多么骄傲。"

鯈 鯈 疾也。长也。从足，攸声。式竹切（shū）

【译文】鯈，快速。长久。形符是"足"，声符是"攸"。

蹌(跄) 蹌 动也。从足，倉声。七羊切（qiāng）

【译文】蹌，动。形符是"足"，声符是"倉"。

踊 𨂜 跳也。从足，甬声。余陇切（yǒng）

【译文】踊，跳跃。形符是“足”，声符是“甬”。

躋（跻） 𨇖 登也。从足，齊声。《商书》曰：“予颠躋。”[①]祖鸡切（jī）

【注释】①语见《尚书·商书·微子》。

【译文】躋，攀登。形符是“足”，声符是“齊”。《尚书·商书》中讲道：“我们的商朝会颠覆。”

躍（跃） 𨅍 迅也。从足，翟声。以灼切（yuè）

【译文】躍，迅速。形符是“足”，声符是“翟”。

跧 𨀾 蹴也。一曰，卑也，絭也。从足，全声。庄缘切（zhuān）

【译文】跧，践踏。一说是，低伏，蜷曲。形符是“足”，声符是“全”。

蹴 𨇷 躡也。从足，就声。七宿切（cù）

【译文】蹴，踩踏，践踏。形符是“足”，声符是“就”。

躡（蹑） 𨇽 蹈也。从足，聶声。尼辄切（niè）

【译文】躡，踩踏，践踏。形符是“足”，声符是“聶”。

跨 渡也。从足，夸声。苦化切（kuà）

【译文】跨，越过。形符是“足”，声符是“夸”。

蹋 践也。从足，䍐声。徒盍切（tà）

【译文】蹋，践踏。形符是“足”，声符是“䍐”。

踄 蹈也。从足，步声。旁各切（bó），又音步（bù）

【译文】踄，步行。形符是“足”，声符是“步”。

蹈 践也。从足，舀声。徒到切（dào）①

【注释】①徒到切：现音读 dǎo。

【译文】蹈，践踏。形符是“足”，声符是“舀”。

躔 践也。从足，廛声。直连切（chán）

【译文】躔，践踏。形符是“足”，声符是“廛”。

踐（践） 履也。从足，戔声。慈衍切（jiàn）

【译文】踐，践踏，踩踏。形符是“足”，声符是“戔”。

踵 追也。从足，重声。一曰，往来皃。之陇切（zhǒng）

【译文】踵，追赶。形符是“足”，声符是“重”。一种说法是，来往的样子。

踔 踔 踶也。从足，卓声。知教切（zhào）

【译文】踔，践踏。形符是“足”，声符是“卓”。

蹛 蹛 踶也。从足，帶声。当盖切（dài）

【译文】蹛，踢、踏。形符是“足”，声符是“帶”。

蹩 蹩 踶也。从足，敝声。一曰，跛也。蒲结切（bié）

【译文】蹩，踢。形符是“足”，声符是“敝”。一说，走路偏跛不正。

踶 踶 躗也。从足，是声。特计切（dì）

【译文】踶，踢。形符是“足”，声符是“是”。

躗 躗 衛也。从足，衛声。于岁切（wèi）

【译文】躗，牛用蹄子进行自卫。形符是“足”，声符是“衛”。

蹔 蹔 （蹔）[縶]足也。从足，執声。徒叶切（dié）

【译文】蹔，绊住脚。形符是“足”，声符是“執”。

跃 跃 跃也。从足，氏声。承旨切（shì）

【译文】跃，树立。形符是“足”，声符是“氏”。

蹢 蹢 住足也。从足，適省声。或曰：蹢躅。贾侍中说，足垢也。直只切（zhí）

【译文】蹢，止步。形符是“足”，声符是“適”的省文。有的说，“蹢”是“蹢躅”。贾侍中说，“蹢”是脚的污垢。

躅 蹢躅也。从足，蜀声。直録切（zhú）

【译文】躅，蹢躅。形符是“足”，声符是“蜀”。

踤 触也。从足，卒声。一曰，骇也。一曰，苍踤。昨没切（zú）

【译文】踤，触碰。形符是“足”，声符是“卒”。一说，惊骇。另一说，仓猝。

蹶 僵也。从足，厥声。一曰，跳也。亦读若橛。，蹶或，从阙。居月切（jué）

【译文】蹶，跌倒。形符是“足”，声符是“厥”。一说，跳跃。发音如同“橛”字。，“蹶”的异体字，从“阙”。

跳 蹶也。从足，兆声。一曰，跃也。徒辽切（tiào）

【译文】跳，跳起。形符是“足”，声符是“兆”。一说，跳跃，跃过。

踬 动也。从足，辰声。侧邻切（zhēn）[①]

【注释】①侧邻切：现音按《广韵》章刃切，读 zhèn。

【译文】踬，震动。形符是“足”，声符是“辰”。

躇 跱躇，不前也。从足，屠声。直鱼切（chú）

【译文】躍，峙躍，止步不前。形符是“足”，声符是“屠”。

趫 𨃀 跳也。从足，弗声。敷勿切（fú）

【译文】趫，跳。形符是“足”，声符是“弗”。

蹠[跖] 蹠 楚人谓跳跃曰蹠。从足，庶声。之石切（zhí）

【译文】蹠，楚地人将“跳跃”称作“蹠”。形符是“足”，声符是“庶”。

踏 踏 （趿）[跳]也。从足，荅声。他合切（tà）

【译文】踏，跳。形符是“足”，声符是“荅”。

踊 踊 跳也。从足，䍃声。余招切（yáo）

【译文】踊，跳。形符是“足”，声符是“䍃”。

趿 趿 进足有所撷取也。从足，及声。《尔雅》曰：“趿谓之撷。”[1]穌合切（sà）

【注释】①语见《尔雅·释器》：“扱衽曰襭。”襭或作撷。

【译文】趿，进脚而脚后跟有所摘取。形符是“足”，声符是“及”。《尔雅》中讲道：“趿被称作撷摘。”

踆 踆 步行猎跋也。从足，貝声。博盖切（bèi）

【译文】踆，步行猎踆。形符是“足”，声符是“貝”。

躓（踬）　跲也。从足，質声。《诗》曰："载躓其尾。"[①]陟利切（zhì）

【注释】①语见《诗经·豳风·狼跋》。载，语气词。躓今本作疐。疐者，躓之叚借字。

【译文】躓，跌倒。形符是"足"，声符是"質"。《诗经》中讲道："碍着老狼的尾巴。"

跲　躓也。从足，合声。居怯切（jié）[①]

【注释】①居怯切：按《广韵》古洽切，今读 jiá。

【译文】跲，跌倒。形符是"足"，声符是"合"。

跇　（述）[遾]也。从足，世声。丑例切（chì）[①]

【注释】①丑例切：现音读按《广韵》余制切，yì。

【译文】跇，超越。形符是"足"，声符是"世"。

蹎　跋也。从足，真声。都年切（diān）

【译文】蹎，蹎跋。形符是"足"，声符是"真"。

跋　蹎跋[①]也。从足，犮声。北末切（bō）[②]

【注释】①蹎跋：段玉裁注："跋，经传多假借沛字为之。《大雅》《论语》'颠沛'皆即'蹎跋'也。"②北末切：现音按《广韵》蒲拨切，读 bá。

【译文】跋，跌倒。形符是"足"，声符是"犮"。

踖　小步也。从足，脊声。《诗》曰："不敢

不蹐。”[①]资昔切（jí）

【注释】①语见《诗经·小雅·正月》。

【译文】蹐，小步地行进。形符是“足”，声符是“脊”。《诗经》中讲道：“不敢不小步地行进。”

跌 𨁴 踼也。从足，失声。一曰，越也。徒结切（diē）

【译文】跌，跌踼。形符是“足”，声符是“失”。一说，过度。

踼 𨂠 跌踼也。从足，昜声。一曰，（抢）[枪]也。徒郎切（táng）

【译文】踼，跌。形符是“足”，声符是“昜”。一说，抗拒。

蹲 𨆌 踞也。从足，尊声。祖尊切（cún）[①]

【注释】①祖尊切：现音读按《广韵》祖昆切，dūn。

【译文】蹲，坐。形符是“足”，声符是“尊”。

踞 𨂂 蹲也。从足，居声。居御切（jù）

【译文】踞，坐。形符是“足”，声符是“居”。

跨 𨂾 踞也。从足，夸声。苦化切（kuà）

【译文】跨，坐。形符是“足”，声符是“夸”。

躩 𨇜 足躩如也。从足，矍声。丘缚切（què）[①]

【注释】①丘缚切：现音读按《广韵》居缚切，jué。

【译文】躩，脚步迅捷。形符是“足”，声符是“矍”。

踣 僵也。从足，音声。《春秋传》曰：“晋人踣之。”①蒲北切（bó）

【注释】①语见《左传·襄公十四年》。今作与晋踣之。

【译文】踣，向前扑倒。形符是“足”，声符是“音”。《左传》中讲道：“晋人使之扑倒。”

跛 行不正也。从足，皮声。一曰，足排之。读若彼。布火切（bǒ）

【译文】跛，行走歪斜不正。形符是“足”，声符是“皮”。一说，足排之。发音如同“彼”字。

蹇 跛也。从足，寒省声。九辇切（jiǎn）

【译文】蹇，跛。形符是“足”，声符是“寒”的省文。

蹁 足不正也。从足，扁声。一曰，拖后足马。读若（苹）[釆]。或曰遍。部田切（pián）

【译文】蹁，脚不正。形符是“足”，声符是“扁”。一说，拖着后脚的马。发音像“釆”字。有人说，发音像“遍”字。

踦 胫肉也。一曰，曲胫也。从足，夅声。读若逵。渠追切（kuí）

【译文】踦，小腿上的肉。一说，小腿与脚掌弯曲。形符是

"足"，声符是"弃"。发音如同"逵"字。

踒 足跌也。从足，委声。乌过切（wō）

【译文】踒，脚骨跌伤。形符是"足"，声符是"委"。

跣 足亲地也。从足，先声。稣典切（xiǎn）

【译文】跣，赤着脚贴着地面。形符是"足"，声符是"先"。

竘 天寒足竘也。从足，句声。其俱切（qú）①

【注释】①其俱切：现音按《广韵》举朱切，读 jū。

【译文】竘，因天寒而脚筋卷曲。形符是"足"，声符是"句"。

踞（跟） 瘃（zhú）足也。从足，困声。苦本切（kǔn）

【译文】踞，脚因受冻而皲裂。形符是"足"，声符是"困"。

距 鸡距也。从足，巨声。其吕切（jù）

【译文】距，鸡腿后面突出象脚趾的部分。形符是"足"，声符是"巨"。

躧 舞履也。从足，麗声。鞿，或，从革。所绮切（xǐ）

【译文】躧，舞鞋。形符是"足"，声符是"麗"。鞿，"躧"的异体字，从"革"。

蹳 足所履也。从足，叚声。乎加切（xiā）

【译文】蹑，脚上穿的鞋子。形符是“足”，声符是“叚”。

䠊 [篆] 䟤也。从足，非声。读若匪。扶味切（fèi）

【译文】䠊，断足。形符是“足”，声符是“非”。发音如同“匪”字。

䟤 [篆] 断足也。从足，月声。[篆]，䟤或，从兀。鱼厥切（yuè）

【译文】䟤，斩断脚趾。形符是“足”，声符是“月”。[篆]，“䟤”的异体字，从“兀”声。

趽 [篆] 曲胫马也。从足，方声。读与彭同。薄庚切（péng）[①]

【注释】①薄庚切：现音按《广韵》甫妄切，读 fàng。

【译文】趽，曲胫马。形符是“足”，声符是“方”。发音与“彭”字相同。

趹 [篆] 马行皃。从足，决省声。古穴切（jué）

【译文】趹，马快跑的样子。形符是“足”，声符是“决”的省文。

䟘［趼］ [篆] 兽足企也。从足，幵声。五甸切（yàn）

【译文】䟘，兽脚前部着地。形符是“足”，声符是“幵”。

路 [篆] 道也。从足，（从各）[各声]。洛故切（lù）

【译文】路，道路。形符是“足”，声符是“各”。

蹸 [篆] 轹（lì）也。从足，粦声。良忍切（lìn）

【译文】蹸，用脚践踏。形符是“足”，声符是“粦”。

跂 [篆] 足多指也。从足，支声。巨支切（qí）

【译文】跂，多出的脚趾。形符是“足”，声符是“支”。

文八十五 重四

疋 [篆] 足也。上象腓（féi）肠，下从止。《弟子职》曰：“问疋何止。”古文以为《诗·大疋》字，亦以为足字。或曰，胥（xū）字。一曰，疋，记也。凡疋之属皆从疋。所菹切（shū）

【译文】疋，足。上部如同小腿肚，下面以“止”为形符。《弟子职》中说：“问足朝向何方。”古文将它用作《诗经·大雅》中的“疋”字。也将它用作“足”字。有的说，“疋”是胥吏“胥”字。一说，“疋”是疏记。但凡“疋”的部属都从“疋”。

𤴡 [篆] 门户疏窗也。从疋，疋亦声。囱象𤴡形。读若疏。所菹切（shū）

【译文】𤴡，门户上刻镂的窗牖。形符是“疋”，“疋”也是声符。“囱”象门上的窗牖。发音如同“疏”字。

㢟 通也。从廴，从疋，疋亦声。所菹切（shū）

【译文】㢟，通达。由“廴”和“疋”会意，“疋”也是声符。

文三

品 众庶也。从三口。凡品之属皆从品。丕饮切（pǐn）

【译文】品，众多。由三个“口”字会意。但凡“品”的部属都从“品”。

喦 多言也。从品相连。《春秋传》曰：“次于喦北。”[1]读与聂同。尼辄切（niè）

【注释】①语见《左传·僖公元年》。喦北今本作聂北。

【译文】喦，多言。由三“口”相连会意。《左传》中讲道：“驻军在喦北。”发音与“聂”字相同。

喿 鸟群鸣也。从品在木上。稣到切（sào）[1]

【注释】①稣到切：现音读 zào。

【译文】喿，鸟群发出的鸣叫声。由“品”在“木”上会意。

文三

龠 乐之竹管，三孔，以和众声也。从品、侖。侖，理也。凡龠之属皆从龠。以灼切（yuè）

【译文】龠，乐器中的竹管乐，有多孔，是一种用来调和众乐的主乐器。由“品”和“侖”会意。“侖”表示乐曲有条理。但凡“龠”的部属都从“龠”。

龡 龡音律，管埙之乐也。从龠，炊声。昌垂切（chuī）

【译文】龡，吹出五音六律的乐曲，吹响管乐和埙乐。形符是“龠”，声符是“炊”。

龥 管乐也。从龠，虒声。，龥或，从竹。直离切（chí）

【译文】龥，横吹的乐器。形符是“龠”，声符是“虒”。，“龥”的异体字，从“竹”。

龢 调也。从龠，禾声。读与和同。户戈切（hé）

【译文】龢，音乐和谐。形符是“龠”，声符是“禾”。发音与“和”字相同。

龤 乐和龤也。从龠，皆声。《虞书》曰：“八音克龤。”[①]户皆切（xié）

【注释】①语见《尚书·虞书·尧典》。龤今本作谐。八音：指金、石、丝、竹、匏、土、革、木八种乐器。

【译文】龤，乐声和谐一致。形符是“龠”，声符是“皆”。《尚书·虞书》中讲道：“八种乐器的声音和谐一致。”

文五 重一

冊[册] 符命也。诸侯进受于王也。象其札一长一短，中有二编之形。凡冊之属皆从冊。，古文冊，

从竹。楚革切（cè）

【译文】冊，符信教命。诸侯进朝接受于天子的简册。象简札长短不一的样子，中间象穿竹筒的绳子。但凡“冊”的部属都从“冊”。[古文]，古文“冊”，从“竹”。

嗣 [篆文] 诸侯嗣国也。从冊，从口，司声。[古文]，古文嗣，从子。祥吏切（sì）

【译文】嗣，诸侯继承君王的位子。由“冊”和“口”会意，“司”声。[古文]，古文“嗣”，从“子”。

扁 [篆文] 署也。从户、冊。户、冊者，署门户之文也。方沔切（biǎn）

【译文】扁，题署。由“户”和“冊”会意。“户”和“冊”，表示题署门户的文字。

文三 重二

卷五

㗊 众口也。从四口。凡㗊之属皆从㗊。读若戢。（又读若呶）[一曰，呶（náo）]。阻立切（jí）

【译文】㗊，众多的口。由四个“口”字会意。但凡“㗊”的部属都从“㗊”。发音像“戢”字。一说，表示喧哗。

嚚 语声也。从㗊，臣声。，古文嚚。语巾切（yín）

【译文】嚚，众语的声音。形符是“㗊”，声符是“臣”。，古文“嚚”。

嚻（嚣） 声也。气出头上。从㗊，从頁。頁，首也。，嚻或，省。许娇切（xiāo）

【译文】嚻，众人喧哗的声音。语气从头上冒出来。由“㗊”和“頁”会意。“頁”代表头。，“嚻”的异体字，是“嚻”字的省略。

嘂 高声也。一曰，大呼也。从㗊，丩声。《春秋公羊传》曰：“鲁昭公叫然而哭。”[①]古吊切（jiào）

【注释】①语见《春秋公羊传·昭公二十五年》。叫今本作噭。

【译文】嘂，高声。一说，大声地呼喊。形符是“㗊”，声符是“丩”。《春秋公羊传》中讲道：“鲁昭公高声哭喊。”

囂 呼也。从㗊，莧（huán）声。读若讙。呼官切（huān）[①]

【注释】①呼官切：现音按《广韵》火贯切，读 huàn。

【译文】囂，呼喊。形符是“㗊”，声符是“莧”。发音像“讙”。

器 皿也。象器之口，犬所以守之。去冀切（qì）

【译文】器，器皿。象器皿的口，犬是用来守卫器皿的。

文六 重二

舌 在口，所以言也、别味也。从干，从口，干亦声。凡舌之属皆从舌。食列切（shé）

【译文】舌，位于嘴中，是用来说话，辨别味道的。由“干”和“口”会意，“干”也是声符。但凡“舌”的部属都从“舌”。

䑙 歠[①]也。从舌，沓声。他合切（tà）

【注释】①歠（chuò）：饮啜。

【译文】䑙，饮。形符是“舌”，声符是“沓”。

舓[舐] 以舌取食也。从舌，易声。，舓或，从也。神旨切（shì）

【译文】䑛，用舌头来舔取食物。形符是“舌”，声符是“易”。䑛，“䑛”的异体字，从“也”声。

文三 重一

干 干 犯也。从反入，从一。凡干之属皆从干。古寒切（gān）

【译文】干，侵犯，由倒写的“入”和“一”会意。但凡“干”的部属都从“干”。

羊 羊 撖也。从干。入一为干，入二为羊。读若（能）[飪]。言稍甚也。如审切（rěn）

【译文】羊，刺。从“干”。由“入”和“一”会意，构成“干”字；由“入”和“二”会意，构成“羊”字。发音像“飪”字。说的是“入二”比“入一”稍微深一些。

屰 屰 不顺也。从干，下屮。屰之也。鱼戟切（nì）

【译文】屰，不顺从。从“干”，下部是草屮的“屮”字。草木初长，上部有干犯，使其生长不顺。

文三

谷 谷 口上阿也。从口，上象其理。凡谷之属皆从谷。㖭，谷或如此。臄，或，从肉，从豦。其虐切（jué）

【译文】谷，嘴中上腭卷曲之处。从“口”，上部象卷曲的纹理。但凡“谷”的部属都从“谷”。㖭，“谷”的异体字就是这样。臄，“谷”的异体字，形符是“肉”，声符是“豦”。

丙 [小篆] 舌皃。从㕯省。象形。[古文]，古文丙。读若三年导（dàn）服之导[①]。一曰，竹上皮。读若沾。一曰，读若誓。弼字从此。他念切（tiàn）

【注释】①《士虞礼》注曰："古文禫或为导。"《檀弓》《丧大记》注皆曰："禫或作道。"

【译文】丙，舌头舔舐的样子。从㕯省，象形。[古文]，古文"丙"。读音象"三年导服"中的"导"字。一说，"丙"是竹子上的青皮。发音像"沾"字。另一说，读音像"誓"字。"弼"字从"丙"。

文二 重三

只 [小篆] 语已词也。从口，象气下引之形状。凡只之属皆从只。诸氏切（zhǐ）

【译文】只，表示语气停顿的词语。从"口"，"八"象气下行的样子。但凡"只"的部属都从"只"。

䏟 [小篆] 声也。从只，甹声。读若声。呼形切（xīng）

【译文】䏟，语气助词。形符是"只"，声符是"甹"。发音如同"声"字。

文二

㕯 [小篆] 言之讷也。从口，从内。凡㕯之属皆从㕯。女滑切（nà）[①]

【注释】①女滑切：现音读按《广韵》内骨切，nè。

【译文】㕯，言语迟钝。由"口"和"内"会意。但凡"㕯"

的部属都从"㕯"。

矞 [seal] 以锥有所穿也。从矛，从㕯。一曰，满有所出也。余律切（yù）

【译文】矞，用锥子来刺穿东西。由"矛"和"㕯"会意。一说，盈满而溢出。

商 [seal] 从外知内也。从㕯，章省声。[seal]，古文商。[seal]，亦古文商。[seal]，籀文商。式阳切（shāng）

【译文】商，从外部来揣测内部。形符是"㕯"，声符是"章"的省文。[seal]，古文"商"。[seal]，也是古文"商"。[seal]，籀文"商"。

文三 重三

句 [seal] 曲也。从口，丩声。凡句之属皆从句。古侯切（gōu），又九遇切（jù）

【译文】句，弯曲。形符是"口"，声符是"丩"。但凡"句"的部属都从"句"。

拘 [seal] 止也。从句，从手，句亦声。举朱切（jū）

【译文】拘，用手来制止。由"句"和"手"会意，"句"也是声符。

笱 [seal] 曲竹捕鱼笱也。从竹，从句，句亦声。古厚切（gǒu）

【译文】笱，弯曲竹子来制作捕鱼的笼子。由"竹"和"句"

会意，“句”也是声符。

鉤[鈎](钩) 篆 曲[鉤]也。从金，从句，句亦声。古侯切(gōu)

【译文】鉤，弯曲的金属钩子。由“金”和“句”会意，“句”也是声符。

文四

丩 篆 相纠缭也。一曰，瓜瓠结丩起。象形。凡丩之属皆从丩。居虬切(jiū)

【译文】丩，相互缠绕。一说，“丩”是瓜瓠的藤，缘物缠绕而升。象形字。但凡“丩”的部属都从“丩”为形符。

茻 篆 艸之相丩者。从茻，从丩，丩亦声。居虬切(jiū)

【译文】茻，众多的草相互缠绕。由“茻”和“丩”会意，“丩”也是声符。

糾(纠) 篆 绳三合也。从糸、丩。居黝切(jiǔ)①

【注释】①居黝切：现音读按《广韵》居求切，jiū。

【译文】糾，多股绳子合在一起。由“糸”和“丩”会意。

文三

古 篆 故也。从十、口，识(zhì)前言者也。凡古之属皆从古。古文，古文古。公户切(gǔ)

【译文】古，年代久远。由“十”和“口”会意，众口相传，传颂前代的言语和故事。但凡“古”的部属都从“古”。𠹗，古文“古”。

嘏 嘏 大、远也。从古，叚声。古雅切（jiǎ）

【译文】嘏，大；远。形符是“古”，声符是“叚”。

文二 重一

十 十 数之具也。一为东西，丨为南北，则四方中央备矣。凡十之属皆从十。是执切（shí）

【译文】十，十进制数字完备的标志。“一”代表着东西，“丨”代表着南北，“一”和“丨”相交汇表示东西南北和中央完备。但凡“十”的部属都从“十”。

丈 丈 十尺也。从又持十。直两切（zhàng）

【译文】丈，十尺。由“手”持着“十”会意。

千 千 十百也。从十，从人。此先切（qiān）

【译文】千，十个一百。由“十”和“人”会意。

肸 肸 响，布也。从十，从肸。羲乙切（xì）

【译文】肸，肸响，散布。由“十”和“肸”会意。

卙 卙 卙卙，盛也。从十，从甚。汝南名蚕盛曰卙。子入切（jí）

【译文】卙，卙卙，茂盛的样子。由“十”和“甚”会意。汝南地区将蚕茂盛称作是“卙”。

博 𢴖 大、通也。从十，从尃。尃，布也。补各切（bó）

【译文】博，博大，精通。由“十”和“尃”会意。“尃”表示分布的意思。

协 𠦃 材十人也。从十，力声。卢则切（lè）

【译文】协，材力十倍于他人。形符是“十”，声符是“力”。

廿 廿 二十并也。古文，省。人汁切（niàn）

【译文】廿，两个“十”字合并而成。是孔壁中的古文，是一种省略形式。

卙 卙 词之卙矣[①]。从十，咠声。秦入切（jí）

【注释】①语见《诗经·大雅·板》。卙今本作辑。“词之卙矣”意为辞令是多么的和谐啊。

【译文】卙，“词之卙矣”中的“卙”字。形符是“十”，声符是“咠”。

文九

卅[卅] 卅 三十并也。古文，省。凡卅之属皆从卅。苏沓切（sà）

【译文】卅，由三个“十”字合并而成。是孔壁中的古文，是一种省略的形式。但凡“卅”的部属都从“卅”。

世 𠂔 三十年为一世。从𠂔而曳长之。亦取其声也。舒制切(shì)

【译文】世，三十年被称作“一世”。由“𠂔”字延长末笔而成。“世”字取“乀”表声。

文二

言 言 直言曰言，论难曰语。从口，辛声。凡言之属皆从言。语轩切(yán)

【译文】言，直说被称作“言”，议论辩驳被称作“语”。形符是“口”，声符是“辛”。但凡“言”的部属都从“言”。

譻 譻 声也。从言，賏声。乌茎切(yīng)

【译文】譻，声音。形符是“言”，声符是“賏”。

謦 謦 咳也。从言，殸声。殸，籀文磬字。去挺切(qǐng)

【译文】謦，咳嗽。形符是“言”，声符是“殸”。“殸”，籀文“磬”。

語(语) 語 论也。从言，吾声。鱼举切(yǔ)

【译文】語，辩论，议论。形符是“言”，声符是“吾”。

談(谈) 談 语也。从言，炎声。徒甘切(tán)

【译文】談，谈论。形符是“言”，声符是“炎”。

謂（谓） 報也。从言，胃声。于贵切（wèi）

【译文】謂，评论。形符是“言”，声符是“胃”。

諒（谅） 信也。从言，京声。力让切（liàng）

【译文】諒，诚信。形符是“言”，声符是“京”。

詵（诜） 致言也。从言，从先，先亦声。《诗》曰：“螽斯羽詵詵兮。”[①]所臻切（shēn）

【注释】①语见《诗经·周南·螽斯》。詵詵，众多貌。

【译文】詵，用语言的询问。由“言”和“先”会意，“先”也是声符。《诗经》中讲道：“蚱蜢的翅膀那样多。”

請（请） 谒也。从言，青声。七井切（qǐng）

【译文】請，谒见。形符是“言”，声符是“青”。

謁（谒） 白也。从言，曷声。於歇切（yè）

【译文】謁，告诉。形符是“言”，声符是“曷”。

許（许） 听也。从言，午声。虚吕切（xǔ）

【译文】許，听从其言。形符是“言”，声符是“午”。

諾（诺） 譍也。从言，若声。奴各切（nuò）

【译文】諾，答应的声音。形符是“言”，声符是“若”。

譍[譍] 以言对也。从言，雁声。於证切(yìng)

【译文】譍，用言语来对答。形符是“言”，声符是“雁”。

讎(雠) 犹譍也。从言，雔声。市流切(chóu)

【译文】讎，对答。形符是“言”，声符是“雔”。

諸(诸) 辩也。从言，者声。章鱼切(zhū)

【译文】諸，表示区别的虚词。形符是“言”，声符是“者”。

詩(诗) 志也。从言，寺声。，古文詩省。书之切(shī)

【译文】詩，用言语来表达心志的一种体裁。形符是“言”，声符是“寺”。，古文，小篆中“詩”字的省略。

讖(谶) 验也。从言，韱声。楚荫切(chèn)

【译文】讖，应验的言语。形符是“言”，声符是“韱”。

諷(讽) 诵也。从言，風声。芳奉切(fěng)

【译文】諷，背诵，传诵。形符是“言”，声符是“風”。

誦(诵) [1] 讽也。从言，甬声。似用切(sòng)

【注释】①《周礼·春官·大司乐》郑玄注：“倍文曰讽，以声节之曰诵。”倍同背，谓不开读也。

【译文】誦，朗诵。形符是“言”，声符是“甬”。

讀[讀](读) 𧭅 诵书也。从言，賣声。徒谷切(dú)

【译文】讀，朗诵并且思索。形符是“言”，声符是“賣”。

啻 𠶷 快也。从言，从中。于力切(yì)

【译文】啻，快乐。由“言”和“中”会意。

訓(训) 訓 说教也。从言，川声。许运切(xùn)

【译文】訓，解说式的教导。形符是“言”，声符是“川”。

誨(诲) 誨 晓教也。从言，每声。荒内切(huì)

【译文】誨，清楚地教导。形符是“言”，声符是“每”。

譔 譔 专教也。从言，巽声。此缘切(quán)[①]

【注释】①此缘切：现音按《广韵》士免切，读 zhuàn。

【译文】譔，专心地教导。形符是“言”，声符是“巽”。

譬 譬 谕也。从言，辟声。匹至切(pì)

【译文】譬，告谕。形符是“言”，声符是“辟”。

謜 謜 徐语也。从言，原声。《孟子》曰：“故謜謜而来。”[①]鱼怨切(yuàn)[②]

【注释】①语见《孟子万章》。謜今本作源。②鱼怨切：现音读按《广韵》愚袁切，yuán。

【译文】謜，徐徐地说话。形符是“言”，声符是“原”。《孟子》中讲道：“因此徐徐地前来。”

詇 早知也。从言，央声。於亮切（yàng）

【译文】詇，预先知道。形符是“言”，声符是“央”。

諭（谕） 告也。从言，俞声。羊戍切（yù）

【译文】諭，告诉。形符是“言”，声符是“俞”。

詖（诐） 辩论也。古文以为颇字。从言，皮声。彼义切（bì）

【译文】詖，辩论。古文中将它当作“颇”字。形符是“言”，声符是“皮”。

𧭡[諄]（谆） 告晓之孰也。从言，𦎫声。读若庉（dùn）。章伦切（zhūn）

【译文】𧭡，详细地告知。形符是“言”，声符是“𦎫”。发音如同“庉”字。

䛥 语𧭡䛥也。从言，犀声。直离切（chí）

【译文】䛥，言语迟钝。形符是“言”，声符是“犀”。

詻 论讼也。《传》曰：“詻詻孔子容。”①从言，各声。五陌切（è）

【注释】①语见《礼记·玉藻》：“言容詻詻”。

【译文】詻，争论。《传》中讲道：“孔子的言容庄重。”形符是“言”，声符是“各”。

誾  和说而诤也。从言，門声。语巾切（yín）

【译文】誾，和颜悦色地争辩。形符是“言”，声符是“門”。

謀（谋）  虑难曰謀。从言，某声。，古文謀。，亦古文。莫浮切（móu）

【译文】謀，思虑事情的难易称作“謀”。形符是“言”，声符是“某”。，古文“謀”。，也是古文“謀”。

謨（谟）  议谋也。从言，莫声。《虞书》（曰）[有]《咎繇谟》。，古文謨，从口。莫胡切（mó）

【译文】謨，泛论以定其谋。形符是“言”，声符是“莫”。《尚书·虞书》中有《咎繇谟》篇。，古文“謨”字，从“口”。

訪（访）  泛谋[1]曰訪。从言，方声。敷亮切（fàng）[2]

【注释】①敷亮切：现读 fǎng。

【译文】訪，广泛的征求意见称作“訪”。形符是“言”，声符是“方”。

諏（诹）  聚谋也。从言，取声。子于切（jū）[1]

【注释】①子于切：现音读按《集韵》将侯切，zōu。

【译文】諏，聚合起来征求想法。形符是“言”，声符是“取”。

論（论）  议也。从言，侖声。卢昆切（lún）[1]

【注释】①卢昆切：现音读按《广韵》卢困切，lùn。

【译文】論，议论。形符是“言”，声符是“侖”。

議（议） 语也。从言，義声。宜寄切（yì）

【译文】議，论事之宜。形符是“言”，声符是“義”。

訂（订） 平议①也。从言，丁声。他顶切（tǐng）②

【注释】①平议：评论。②他顶切：《广韵》徒鼎切，现音 dìng。

【译文】訂，评论。形符是“言”，声符是“丁”。

詳（详） 审議也。从言，羊声。似羊切（xiáng）

【译文】詳，详细议论。形符是“言”，声符是“羊”。

諟 理也。从言，是声。承旨切（shì）

【译文】諟，料理使其准确。形符是“言”，声符是“是”。

諦（谛） 审也。从言，帝声。都计切（dì）

【译文】諦，审察。形符是“言”，声符是“帝”。

識（识） 常也。一曰，知也。从言，戠声。赏职切（shí）

【译文】識，旗帜。一说，知道。形符是“言”，声符是“戠”。

訊（讯） 问也。从言，卂声。，古文訊，从卤。思晋切（xùn）

【译文】訊，询问。形符是“言”，声符是“卂”。，古文“訊”，从“卤”声。

詧［察］ 言微亲詧也。从言，（察）［祭］省声。楚八切（chá）

【译文】詧，用轻微的言语来亲自审察。形符是“言”，声符是“祭”的省文。

謹（谨） 慎也。从言，堇声。居隐切（jǐn）

【译文】謹，谨慎，慎重。形符是“言”，声符是“堇”。

訒 厚也。从言，乃声。如乘切（réng）

【译文】訒，厚。形符是“言”，声符是“乃”。

諶（谌） 诚、谛也。从言，甚声。《诗》曰：“天难諶斯。”[①]是吟切（chén）

【注释】①语见《诗经·大雅·大明》。諶今本作忱。

【译文】諶，诚信，审察。形符是“言”，声符是“甚”。《诗经》中讲道：“天难让人相信。”

信 诚也。从人，从言，会意。，古文，从言省。，古文信。息晋切（xìn）

【译文】信，诚实，诚信。由“人”和“言”会意。，古文“信”，从“言”的省文。𧥄，古文“信”。

訦 𧦧 燕、代、东齐谓信訦。从言，冘声。是吟切（chén）

【译文】訦，燕、代、东齐将“诚信”称作“訦”。形符是“言”，声符是“冘”。

諴（諴） 𧬈 信也。从言，成声。氏征切（chéng）

【译文】諴，诚信。形符是“言”，声符是“成”。

誡（诫） 𧦮 敕也。从言，戒声。古拜切（jiè）

【译文】誡，告诫。形符是“言”，声符是“戒”。

諅 𧧺 誡也。从言，忌声。渠记切（jì）

【译文】諅，告诫。形符是“言”，声符是“忌”。

諱（讳） 𧫖 諅也。从言，韦声。许贵切（huì）

【译文】諱，忌讳。形符是“言”，声符是“韦”。

誥（诰） 𧦢 告也。从言，告声。𠁓，古文誥。古到切（gào）

【译文】誥，告诉。形符是“言”，声符是“告”。𠁓，古文“誥”。

詔（诏） 𧦒 告也。从言，从召，召亦声。之绍切（zhào）

【译文】詔，告诉。由“言”和“召”会意，“召”也是声符。

誓 約束也。从言，折声。时制切（shì）

【译文】誓，约束的言辞。形符是“言”，声符是“折”。

譣 问也。从言，僉声。《周书》曰：“勿以譣人。”[①]息廉切（xiān）[②]

【注释】①语见《尚书·周书·立政》：“勿用譣人”段玉裁《说文解字注》：“此譣正憸之假借。心部曰：憸，诐也。”②息廉切：《广韵》虚检切，现音 xiǎn。

【译文】譣，询问。形符是“言”，声符是“僉”。《尚书·周书》中讲道：“不要用奸佞的小人。”

詁（诂） 训故言也。从言，古声。《诗》曰詁训[①]。公户切（gǔ）

【注释】①《诗经·大雅·抑》中有“告之话言”。陆德明《经典释文》引《说文》作“告之诂言”段玉裁注：“此四字当为诗曰：‘告之诂言’六字无疑。”

【译文】詁，解释古代的言语。形符是“言”，声符是“古”。毛《诗》说解称为“詁训”。

譪（蔼） 臣尽力之美[①]。从言，葛声。《诗》曰：“譪譪王多吉士。”[②]於害切（ǎi）

【注释】①《尔雅·释训》：“譪譪、萋萋，臣尽力也。”②见《诗经·大雅·卷阿》。毛传：“譪譪，犹济济也。”

【译文】藹，臣子竭尽全力的美好。形符是“言”，声符是“葛”。《诗经》中讲道：“尽力多好啊，周王拥有众多的贤士。”

諫 餔旋[①]促也。从言，束声。桑谷切（sù）[②]

【注释】①旋：迅速，疾速。②桑谷切：现音按《广韵》七玉切，读 cù。

【译文】諫，要用餐时催促人速速来吃。形符是“言”，声符是“束”。

讍（谞） 知（zhì）也。从言，胥声。私吕切（xǔ）[①]

【注释】①私吕切：现音按《广韵》相居切，读 xū。

【译文】讍，才智。形符是“言”，声符是“胥”。

証 谏也。从言，正声。之盛切（zhèng）

【译文】証，直言相劝。形符是“言”，声符是“正”。

諫（谏） 証也。从言，柬声。古晏切（jiàn）

【译文】諫，直言相劝。形符是“言”，声符是“柬”。

諗（谂） 深谏也。从言，念声。《春秋传》曰：“辛伯諗周桓公。”式荏切（shěn）

【译文】諗，深刻地劝谏。形符是“言”，声符是“念”。《左传·闵公二年》中讲道：“辛伯深刻地劝谏周桓公。”

課（课） 試也。从言，果声。苦卧切（kè）

【译文】課，考试。形符是“言”，声符是“果”。

試（试） 用也。从言，式声。《虞书》曰：“明試以功。”式吏切（shì）

【译文】試，使用。形符是“言”，声符是“式”。《尚书·虞书·尧典》中讲道：“明确的靠办事来试用他们。”

諴 和也。从言，咸声。《周书》曰：“不能諴于小民。”[1]胡毚切（xián）

【注释】①语见《尚书·周书·召诰》。不今本作丕。

【译文】諴，和协。形符是“言”，声符是“咸”。《尚书·周书》中讲道：“和老百姓很和谐。”

䚻 徒歌。从言、肉。余招切（yáo）

【译文】䚻，不伴背景音乐而清唱。由“言”和“肉”会意。

詮（诠） 具也。从言，全声。此缘切（quán）

【译文】詮，详细地诉说。形符是“言”，声符是“全”。

訢（䜣） 喜也。从言，斤声。许斤切（xīn）

【译文】訢，喜悦。形符是“言”，声符是“斤”。

説（说） 説释也。从言、兑。一曰，谈説。

失爇切（shuō），又弋雪切（yuè）

【译文】説，喜悦。由“言”和“兑”会意。一说，谈説。

計（计） 会（kuài）也。筭（suàn）也。从言，从十。古诣切（jì）

【译文】計，共计。计算。由“言”和“十”会意。

諧（谐） 詥也。从言，皆声。户皆切（xié）

【译文】諧，和谐。形符是“言”，声符是“皆”。

詥 諧也。从言，合声。候閤切（hé）

【译文】詥，和谐。形符是“言”，声符是“合”。

調（调） 和也。从言，周声。徒辽切（tiáo）

【译文】調，和。形符是“言”，声符是“周”。

語[話]（话） 合會善言也。从言，𠯑声。《传》曰：“告之話言。”①，籀文語，从會。胡快切（huà）

【注释】①语见《左传·文公六年》。告今本作著。

【译文】語，會合善言。形符是“言”，声符是“𠯑”。《左传》中讲道：“将善言写在竹帛上。”，籀文“語”，从“會”声。

諈 箠诿，累也。从言，垂声。竹寘切（zhuì）

【译文】諈，諈诿，以事相托。形符是“言”，声符是“垂”。

諉（诿） 纍也。从言，委声。女恚切（nèi）

【译文】諉，以事相托。形符是“言”，声符是“委”。

警 戒也。从言，从敬，敬亦声。居影切（jǐng）

【译文】警，警戒。由“言”和“敬”会意，“敬”也是声符。

謐（谧） 静语也。从言，监声。一曰，无声也。弥必切（mì）

【译文】謐，平静的言语。形符是“言”，声符是“监”。一说，没有声响。

謙（谦） 敬也。从言，兼声。苦兼切（qiān）

【译文】謙，恭敬。形符是“言”，声符是“兼”。

誼（谊） 人所宜也。从言，从宜，宜亦声。仪寄切（yì）

【译文】誼，众人认为合适的事情。由“言”和“宜”会意，“宜”也是声符。

詡（诩） 大言也。从言，羽声。况羽切（xǔ）

【译文】詡，大话。形符是“言”，声符是“羽”。

諓 善言也。从言，戔声。一曰，谑也。慈衍切（jiàn）

【译文】諓，巧辩之言。形符是“言”，声符是“戋”。一说，戏谑。

誐 嘉善也。从言，我声。《诗》曰：“誐以溢我。”[①]五何切（é）

【注释】①语见《诗经·周颂·维天之命》。誐今本作假。

【译文】誐，美好的言辞。形符是“言”，声符是“我”。《诗经》中讲道：“用美好的言语来告诫我，让我谨慎行事。”

詷 共也。一曰，譀也。从言，同声。《周书》曰：“在夏后之詷。”徒红切（tóng）

【译文】詷，共同。一说，说大话。形符是“言”，声符是“同”。《尚书·周书·顾命》中讲道：“成王是中国君长所共同尊奉的君王。”

設（设） 施陈也。从言，从殳。殳，使人也。识列切（shè）

【译文】設，布设、陈列。由“言”和“殳”会意。“殳”，指使人。

護（护） 救、视也。从言，蒦声。胡故切（hù）

【译文】護，救护，监视。形符是“言”，声符是“蒦”。

譞[譞] 譞，慧也。从言，圜省声[①]。许缘切

(xuān)

【注释】①徐锴本作"睘声"。

【译文】譞，有聪明智慧。形符是"言"，声符是"圜"的省文。

誧 大也。一曰，人相助也。从言，甫声。读若逋。博孤切(bū)

【译文】誧，说大话。一说，人们互相帮助。形符是"言"，声符是"甫"。发音如同"逋"字。

諰 思之意。从言，从思。胥里切(xǐ)

【译文】諰，一边思考一说诉说。由"言"和"思"会意。

託[托] 寄也。从言，乇声。他各切(tuō)

【译文】託，寄托，托付。形符是"言"，声符是"乇"。

記[记] 疏也。从言，己声。居吏切(jì)

【译文】記，记载。形符是"言"，声符是"己"。

譽(誉) 称也。从言，與声。羊茹切(yù)

【译文】譽，称赞，夸奖。形符是"言"，声符是"與"。

譒 敷也。从言，番声。《商书》曰："王譒告之。"[1]补过切(bò)

【注释】①语见《尚书·商书·盘庚》。譒今本作播。

【译文】譒，布告。形符是“言”，声符是“番”。《尚书·商书》中讲道：“先王公布政令。”

譤[謝](谢) 辞、去也。从言，䠶声。辞夜切(xiè)

【译文】譤，辞去，离去。形符是“言”，声符是“䠶”。

謳(讴) 齐歌也。从言，區声。乌侯切(ōu)

【译文】謳，齐声歌唱。形符是“言”，声符是“區”。

詠[咏] 歌也。从言，永声。咏，詠或，从口。为命切(yǒng)

【译文】詠，歌颂。形符是“言”，声符是“永”。咏，“詠”的异体字，从“口”。

諍(诤) 止也。从言，争声。侧迸切(zhèng)

【译文】諍，以争辩来止过失。形符是“言”，声符是“争”。

評 召也。从言，乎声。荒乌切(hū)

【译文】評，召唤，呼唤。形符是“言”，声符是“乎”。

謼[呼] 評謼也。从言，虖声。荒故切(hù)①

【注释】①荒故切：现音读按《广韵》荒乌切，hū。

【译文】謼，大声地呼唤。形符是“言”，声符是“虖”。

訖[訖](讫) 訖 止也。从言，气声。居迄切(jī)①

【注释】①居迄切：现音读 qì。

【译文】訖，言辞停止。形符是“言”，声符是“气”。

諺(谚) 諺 传言也。从言，彦声。鱼变切(yàn)

【译文】諺，世代流传的古语。形符是“言”，声符是“彦”。

訝(讶) 訝 相迎也。从言，牙声。《周礼》曰：“诸侯有卿訝发。”① 迓，訝或，从辵。吾驾切(yà)

【注释】①语见《周礼·秋官·掌訝》。今本无发字。

【译文】訝，用言语来迎接宾客。形符是“言”，声符是“牙”。《周礼》中讲道：“如宾客是诸侯，那么就让卿去迎接他。”迓，“訝”的异体字，从“辵”。

詣(诣) 詣 候至也。从言，旨声。五计切(yì)

【译文】詣，因问候而来。形符是“言”，声符是“旨”。

講(讲) 講 和解也。从言，冓声。古项切(jiǎng)

【译文】講，和解。形符是“言”，声符是“冓”。

謄(誊) 謄 迻书也。从言，朕声。徒登切(téng)

【译文】謄，转录，移写。形符是“言”，声符是“朕”。

訒(讱) 訒 顿①也。从言，刃声。《论语》曰：“其

言也訒。”而振切（rèn）

【注释】①顿：通“钝”。

【译文】訒，言语迟钝。形符是“言”，声符是“刃”。《论语·颜渊》中讲道：“他的言语很迟钝。”

訥（讷） 言难也。从言，从内。内骨切（nè）

【译文】訥，言语困难。由“言”和“内”会意。

謯 謯娽也。从言，虘声。侧加切（zhā）

【译文】謯，謯娽。形符是“言”，声符是“虘”。

僁 待也。从言，伿（yì）声。读若鬐。胡礼切（xì）

【译文】僁，等待。形符是“言”，声符是“伿”。发音如同“鬐”字。

警 痛呼也。从言，敫声。古吊切（jiào）

【译文】警，痛苦地喊叫。形符是“言”，声符是“敫”。

譊 恚呼也。从言，堯声。女交切（náo）

【译文】譊，愤怒地喊叫。形符是“言”，声符是“堯”。

謍 小声也。从言，熒省声。《诗》曰：“謍謍青蝇。”[①]余倾切（yíng）

【注释】①语见《诗经·小雅·青蝇》。謍今本作營（营）。

【译文】謍，微小的声音。形符是“言”，声符是“熒”的省体。《诗经》中讲道：“飞来飞去的苍蝇。”

諎 大声也。从言，昔声。读若笮（zuó）。唶，諎或，从口。壮革切（zé）

【译文】諎，大声。形符是“言”，声符是“昔”。发音如同“笮”字。唶，“諎”的异体字，从“口”。

諛（谀） 谄也。从言，臾声。羊朱切（yú）

【译文】諛，谄媚。形符是“言”，声符是“臾”。

讇 谀也。从言，閻声。諂，讇或，省。丑琰切（chǎn）

【译文】讇，谄媚，阿谀奉承。形符是“言”，声符是“閻”。諂，“讇”的异体字，“讇”字的省略。

諼（谖） 诈也。从言，爰声。况袁切（xuān）

【译文】諼，欺诈。形符是“言”，声符是“爰”。

謷 不（肖）[省]人[言]也。从言，敖声。一曰，哭不止，悲声謷謷。五牢切（áo）

【译文】謷，不听他人讲的狂言。形符是“言”，声符是“敖”。一种说法是，不停地哭泣，众人悲叹之声绵延不绝。

訹 诱也。从言，术声。思律切（xù）

【译文】訹，引诱。形符是“言”，声符是“术”。

詑 沇（yǎn）州[①]谓欺曰詑。从言，它声。托何切（tuō）[②]

【注释】①沇州：位于现河北省、山东省境内。②托何切：现音按照《广韵》徒河切，读 tuó。

【译文】詑，沇州地区将“欺”称作是“詑”。形符是“言”，声符是“它”。

謾（谩） 欺也。从言，曼声。母官切（mán）

【译文】謾，欺骗。形符是“言”，声符是“曼”。

譇 譇拏（ná），羞穷也。从言，奢声。陟加切（zhā）

【译文】譇，譇拏，羞涩词穷。形符是“言”，声符是“奢”。

詐 惭语也。从言，作声。鉏驾切（zhà）

【译文】詐，惭愧的言语。形符是“言”，声符是“作”。

讋 讋讘也。从言，執声。之涉切（zhé）

【译文】讋，讋讘。形符是“言”，声符是“執”。

謰 謰謱也。从言，連声。力延切（lián）

【译文】謰，謰謱。形符是“言”，声符是“連”。

謱 謰謱也。从言，婁声。陟侯切（zhōu）[①]

【注释】①陟侯切：现音按《广韵》落侯切，读 lóu。

【译文】謱，謰謱。形符是“言”，声符是“婁”。

詒（诒） 相欺詒（dài）也。一曰，遗也。从言，台声。与之切（yí）

【译文】詒，互相欺骗。一说，遗赠。形符是“言”，声符是“台”。

謲 相怒使也。从言，參声。仓南切（cān）①

【注释】①仓南切：现音按《广韵》七绀切，读 càn。

【译文】謲，相怒而使。形符是“言”，声符是“參”。

誑（诳） 欺也。从言，狂声。居况切（guàng）①

【注释】①居况切：现音读 kuáng。

【译文】誑，欺骗。形符是“言”，声符是“狂”。

譺 騃（ái）也。从言，疑声。五介切（ài）

【译文】譺，互相调笑。形符是“言”，声符是“疑”。

諣 相误也。从言，狊（jù）声。古骂切（guà）

【译文】諣，用言语来误导他人。形符是“言”，声符是“狊”。

訕（讪） 谤也。从言，山声。所晏切（shàn）

【译文】訕，诽谤。形符是“言”，声符是“山”。

譏（讥） 诽也。从言，幾声。居衣切（jī）

【译文】譏，用隐晦的言语来指责他人的过失。形符是“言”，声符是“幾”。

誣（诬） 加也。从言，巫声。武扶切（wū）

【译文】誣，虚加不实。形符是“言”，声符是“巫”。

誹（诽） 谤也。从言，非声。敷尾切（fěi）

【译文】誹，诽谤，诋毁。形符是“言”，声符是“非”。

謗[謗]（谤） 毁也。从言，㫄声。补浪切（bàng）

【译文】謗，诋毁。形符是“言”，声符是“㫄”。

譸 詶（zhòu）也。从言，壽声。读若醻。《周书》曰：“无或譸张为幻。”[①]张流切（zhōu）

【注释】①语见《尚书·周书·无逸》。原文：“民无或胥譸张为幻。”譸张：又作侜张，诳也。

【译文】譸，诅咒。形符是“言”，声符是“壽”。发音如同“醻”字。《尚书·周书》中讲道：“不相互欺瞒。”

詶 （譸）[诅]也。从言，州声。市流切（chóu）

【译文】詶，诅咒。形符是“言”，声符是“州”。

詛（诅） 詶也。从言，且声。庄助切（zǔ）

【译文】詛，诅咒。形符是“言”，声符是“且”。

詘 詶也。从言，由声。直又切（zhòu）

【译文】詘，诅咒。形符是“言”，声符是“由”。

誃 离别也。从言，多声。读若《论语》“跢予之足”①。周景王作洛阳誃台。尺氏切（chǐ）

【注释】①语见《论语·泰伯第八》：“启予足，启予手。”誃今本作启。

【译文】誃，离别。形符是“言”，声符是“多”。发音像《论语》“跢予之足”中的“跢”字。周景王在洛阳修筑了誃台。

誖[悖] 乱也。从言，孛声。，誖或，从心。，籀文誖，从二或。蒲没切（bó）

【译文】誖，言语乖巧。形符是“言”，声符是“孛”。，“誖”的异体字，从“心”。“”，籀文“誖”，由两个“或”字会意。

䜌 乱也。一曰，治也。一曰，不绝也。从言、絲。，古文䜌。吕员切（luán）

【译文】䜌，言语混乱。一说，治理。另一说，连绵不绝。由“言”和“絲”会意。，古文“䜌”。

誤（误） 谬也。从言，吳声。五故切（wù）

【译文】誤，谬误，错误。形符是“言”，声符是“吳”。

詿（诖） 误也，从言，圭声。古卖切（guà）

【译文】詿，因牵挂而出现错误。形符是“言”，声符是“圭”。

誒 可恶之辞。从言，矣声。一曰，誒，然。《春

秋传》曰："誒誒出出。"[①]许其切（xī）

【注释】①语见《左传·襄公三十年》。誒誒今本作嘻嘻。

【译文】誒，表达厌恶的词语。形符是"言"，声符是"矣"。一种说法是，"誒"是用来表示应对的词语。《左传》中讲道："有鬼神呼喊道：誒誒出出。"

譆[嘻] 痛也。从言，喜声。火衣切（xī）

【译文】譆，表达哀痛的词语。形符是"言"，声符是"喜"。

詯 胆气满声。在人上。从言，自声。读若反目相睞。荒内切（huì）

【译文】詯，因充满胆气自然而然发出的声音。在常人之上。形符是"言"，声符是"自"。发音如同"反目相睞"中的"睞"字。

謧 謧詍，多言也。从言，离声。吕之切（lí）

【译文】謧，謧詍，言语很多。形符是"言"，声符是"离"。

詍 多言也。从言，世声。《诗》曰："无然詍詍。"[①]余制切（yì）

【注释】①语见《诗经·大雅·板》。詍詍今本作泄泄。

【译文】詍，言语很多。形符是"言"，声符是"世"。《诗经》中讲道："不要如此的喋喋不休。"

訾 不思称意也。从言，此声。《诗》曰："翕

（xì）翕訿訿。”[①]将此切（zǐ）

【注释】①语见《诗经·小雅·小旻》。翕翕今本作潝潝。

【译文】訾，不想让上司满意。形符是“言”，声符是“此”。《诗经》中讲道：“翕翕伤害他的上司，訿訿不想让他的上司满意。”

詾 往来言也。一曰，小儿未能正言也。一曰，祝也。从言，匋声。，詾或，从包。大牢切（táo）

【译文】詾，往来传话。一说，小孩子不能正言。另一说，表示“祝”的意思。形符是“言”，声符是“匋”。，“詾”的异体字，从“包”。

詽[訷] 詽詽多语也。从言，冄声。乐浪有詽邯县。汝阎切（rán）[①]

【注释】①汝阎切：现音读按《集韵》那含切，nán。

【译文】詽，詽詽，多语。形符是“言”，声符是“冄”。乐浪郡有一詽邯县。

譶 语相（反）[及]譶也。从言，遝声。他合切（tà）

【译文】譶，言语相及称为“譶”。形符是“言”，声符是“遝”。

䜚 譶䜚也。从言，沓声。徒合切（tà）

【译文】䜚，譶䜚。形符是“言”，声符是“沓”。

訮 诤语訮訮也。从言，幵（jiān）声。呼坚切[①]

（xiān）

【注释】①呼坚切：现音按《广韵》五闲切，读 yán。

【译文】訮，愤怒地争论。形符是“言”，声符是“幵”。

讗 言壮皃。一曰，数相怒也。从言，巂声。读若画。呼麦切（huà）[①]

【注释】①呼麦切：现音按《广韵》户圭切，读 xié。

【译文】讗，言语声音壮大的样子。一种说法是，屡次发怒。形符是“言”，声符是“巂”。发音如同“画”字。

訇 騃言声。从言，匀省声。汉中西城有訇乡。又读若玄。，籀文，不省。虎横切（hōng）

【译文】訇，痴呆言语的声音。形符是“言”，声符是“匀省”。汉中郡西城县有一訇乡。又，“訇”发音如同“玄”字。，籀文“訇”，声旁字匀不省。

諞（谝） 便巧言也。从言，扁声。《周书》曰：“截截善諞言。”《论语》曰：“友諞佞。”[①]部田切（pián）[②]

【注释】①语见《论语·季氏》。諞今本作便。②部田切：现音按《广韵》符蹇切，读 piǎn。

【译文】諞，雄辩巧诈的言语。形符是“言”，声符是“扁”。《尚书·周书·秦誓》中讲道：“浅薄且善于辩说。”《论语·季氏》中讲道：“与辩言巧媚的人交友。”

誓 （匹）[比] 也。从言，頻声。符真切（pín）

【译文】誓，多言。形符是“言”，声符是“頻”。

訌 扣也。如求妇先訌（叕）[发] 之。从言，从口，口亦声。苦后切（kòu）

【译文】訌，叩问。如同妇人率先叩问而发起一般。由“言”和“口”会意，“口”也是声符。

詋 言相詋司也。从言，兒声。女家切（ná）[1]

【注释】①女家切：现音读按《集韵》研计切，nì。

【译文】詋，用言语来试探别人的意思。形符是“言”，声符是“兒”。

誂 相呼诱也。从言，兆声。徒了切（tiǎo）

【译文】誂，引逗他人。形符是“言”，声符是“兆”。

譄 加也。从言，从曾声。作滕切（zēng）

【译文】譄，增加夸大的话语。形符是“言”，声符是“曾”。

詄 忘也。从言，失声。徒结切（dié）

【译文】詄，遗忘。形符是“言”，声符是“失”。

諆 忌也。从言，其声。《周书》曰：“上不諆于凶德。”[1]渠记切（jì）

【注释】①语见《尚书·周书·多方》。今本作尔尚不忌于凶德。

【译文】諅，畏忌，顾忌。形符是“言”，声符是“其”。《尚书·周书》中讲道：“尚且不去畏惧凶残的人。”

譀 誕也。从言，敢声。，俗譀，从忘。下阚切（hàn）

【译文】譀，说大话。形符是“言”，声符是“敢”。，俗“譀”字，从“忘”。

誇（夸） 譀也。从言，夸声。苦瓜切（kuā）

【译文】誇，夸大其词。形符是“言”，声符是“夸”。

誕（诞） 词誕也。从言，延声。，籀文誕，省正。徒旱切（dàn）

【译文】誕，言词荒诞。形符是“言”，声符是“延”。，籀文“誕”。

講 譀也。从言，萬声。莫话切（mài）

【译文】講，夸大其词。形符是“言”，声符是“萬”。

謔（谑） 戏也。从言，虐声。《诗》曰：“善戏謔兮。”①虐约切（xuè）

【注释】①语见《诗经·卫风·淇澳》。

【译文】謔，开玩笑。形符是“言”，声符是“虐”。《诗经》中讲道：“善于开玩笑。”

詪 （眼）[很]戾也。从言，艮声。乎恳切（hěn）

【译文】詪，不听从，不服从。形符是“言”，声符是“艮”。

訌（讧） 讃也。从言，工声。《诗》曰：“蟊贼内訌。”[1]户工切（hóng）[2]

【注释】①语见《诗经·大雅·召旻》。②户工切：现音读按《广韵》户公切，hòng。

【译文】訌，混乱，溃乱。形符是“言”，声符是“工”。《诗经》中讲道：“那些害人虫内部发生争吵。”

讃 中止也。从言，貴声。《司马法》曰：“师多则人讃。”止也。胡对切（huì）

【译文】讃，中止。形符是“言”，声符是“貴”。《司马法》中讲道：“军队繁多那么民事就会终止。”“讃”即“止”。

譿 声也。从言，歲声。《诗》曰：“有譿其声。”[1]呼会切（huì）

【注释】①今本《诗经》无。

【译文】譿，象声词。形符是“言”，声符是“歲”。《诗经》中讲道：“有譿譿的响声。”

諣 疾言也。从言，咼声。呼卦切（huà）

【译文】諣，快速的言语。形符是“言”，声符是“咼”。

讙 噪也。从言，魋声。杜回切（tuí）

【译文】讙，喧哗，吵闹。形符是“言”，声符是“魋”。

譟[噪] 扰也。从言，喿声。苏到切（sào）[①]

【注释】①苏到切：现音读 zào。

【译文】譟，打扰。形符是“言”，声符是“喿”。

訆 大呼也。从言，丩声。《春秋传》曰：“或訆于宋大庙。”[①]古吊切（jiào）

【注释】①语见《左传・襄公三十年》。訆今本作叫。

【译文】訆，大声的呼喊。形符是“言”，声符是“臬”。《左传》中讲道：“有鬼神在宋国的宗庙中大喊大叫。”

唬 號也。从言，从虎。乎刀切（háo）

【译文】唬，呼號。由“言”和“虎”会意。

讙 譁也。从言，雚声。呼官切（huān）

【译文】讙，喧哗。形符是“言”，声符是“雚”。

譁[嘩](哗) 讙也。从言，華声。呼瓜切（huā）

【译文】譁，喧哗。形符是“言”，声符是“華”。

謣 妄言也。从言，雩声。，謣或，从荂。羽俱切（yú）

【译文】謣，荒诞的言论。形符是“言”，声符是“雩”。，“謣”的异体字，从“荂”声。

譌[訛](讹) 譌言也。从言，爲声。《诗》曰：“民之譌言。”[①]五禾切(é)

【注释】①语见《诗经·小雅·沔水》。譌言今本作讹言。

【译文】譌，虚伪的言论。形符是“言”，声符是“爲”。《诗经》中讲道：“难道没有人去制止百姓虚假的言论吗？”

詿(诖) 误也。从言，圭声。古卖切(guà)

【译文】詿，谬误，错误。形符是“言”，声符是“圭”。

誤(误) 谬也。从言，吴声。五故切(wù)

【译文】誤，谬误。形符是“言”，声符是“吴”。

謬(谬) 狂者之妄言也。从言，翏声。靡幼切(miù)

【译文】謬，狂妄人的荒唐话。形符是“言”，声符是“翏”。

謊 梦言也。从言，巟声。呼光切(huāng)

【译文】謊，梦话。形符是“言”，声符是“巟”。

謈 大呼自(勉)[冤]也。从言，暴省声。蒲角切(bó)

【译文】謈，大声地呼喊自己冤枉。形符是“言”，声符是

“暴”的省文。

訬 訬 訬扰也。一曰，訬，狯。从言，少声。读若毚。楚交切（chāo）

【译文】訬，吵闹，打扰。一说，“訬”是狡猾的意思。形符是“言”，声符是“少”。发音如同“毚”字。

諆 諆 欺也。从言，其声。去其切（qī）

【译文】諆，欺骗。形符是“言”，声符是“其”。

譎（谲） 譎 权诈也。益、梁曰谬，欺天下曰譎[①]。从言，矞声。古穴切（jué）

【注释】①或断句为：“益、梁曰谬欺，天下曰譎”。段玉裁《说文解字注》：“按《广雅》及《尔雅·释文》引《方言》皆有‘谬’字，此‘欺天下曰谲’不可通，当为关东西曰谲。”

【译文】譎，权变欺诈。益、梁一带称作“谬”，欺骗天下称作“譎”。形符是“言”，声符是“矞”。

詐（诈） 詐 欺也。从言，乍声。侧驾切（zhà）

【译文】詐，欺骗。形符是“言”，声符是“乍”。

訏（讦） 訏 诡（譌）[僞]讹也。从言，于声。一曰，訏謩。齐、楚谓信曰訏。况于切（xū）

【译文】訏，虚伪诡诈。形符是“言”，声符是“于”。一说，嗟叹之辞。齐、楚一带将“信”称作“訏”。

謯 咨也。一曰，痛惜也。从言，差声。子邪切（jiē）

【译文】謯，表示嗟叹的词语。一说，表示悲痛哀伤的意思。形符是“言”，声符是“差”。

讋（詟） 失气（言）[也]。一曰，[言]不止也。从言，龖（dá）省声。傅毅读若慑。讋，籀文讋，不省。之涉切（zhé）

【译文】讋，丢失胆气。一说，言语不停止。形符是“言”，声符是“龖”的省文。傅毅说“讋”字发音如同“慑”字。讋，籀文“讋”，没有省略。

謵 言謵詟也。从言，習声。秦入切（jí）[1]

【注释】①秦入切：现音按《集韵》席入切，读 xí。

【译文】謵，言语謵詟。形符是“言”，声符是“習”。

諲 相毁也。从言，亞声。一曰，畏亞。宛古切（wù）

【译文】諲，诋毁他人。形符是“言”，声符是“亞”。一说，畏惧，厌恶。

譼 相毁也。从言，随省声。虽遂切（suì）[1]

【注释】①虽遂切：现音按《广韵》许规切，读 huī。

【译文】譼，诋毁他人。形符是“言”，声符是“随”的省体。

⿰言闒 嗑（kē）也。从言，闒声。徒盍切（tà）

【译文】⿰言闒，话比较多。形符是“言”，声符是“闒”。

詾（讻） （说）[訟]也。从言，匈声。訩，或，省。⿰言兇，詾或，从兇。许容切（xiōng）

【译文】詾，辩论。形符是“言”，声符是“匈”。訩，“詾”的异体字，“詾”的省略。⿰言兇，“詾”的异体字，从“兇”声。

訟（讼） 争也。从言，公声。[一]曰，謌讼。，古文訟。似用切（sòng）

【译文】訟，争辩。形符是“言”，声符是“公”。一说，表示歌颂的意思。，古文中的“訟”字。

謓 恚也。从言，真声。贾侍中说，謓，笑。一曰，读若振。昌真切（chēn）

【译文】謓，愤怒，怨恨。形符是“言”，声符是“真”。贾侍中说，“謓”就是冷笑。一说，“謓”发音如同“振”字。

讘 多言也。从言，聶声。河东有狐讘县。之涉切（zhé）①

【注释】①之涉切：现音按《广韵》而涉切，读 niè。

【译文】讘，话多。形符是“言”，声符是“聶”。河东有一狐讘县。

訶(诃) 𧫓 大言而怒也。从言，可声。虎何切(hē)

【译文】訶，大声的斥责。形符是“言”，声符是“可”。

𧦝 𧦝 訐也。从言，臣声。读若指。职雉切(zhǐ)

【译文】𧦝，揭发他人的过错。形符是“言”，声符是“臣”。发音如同“指”字。

訐(讦) 訐 面相厈罪，相告訐也。从言，干声。居谒切(jié)

【译文】訐，当面指责他人，向上司揭发他人。形符是“言”，声符是“干”。

訴(诉) 訴 告也。从言，(厈)[㡿]省声。《论语》曰：“訴子路于季孙。”𧫳，訴或，从言、朔。愬，訴或，从朔、心。桑故切(sù)

【译文】訴，告诉。形符是“言”，声符是“㡿”的省文。《论语·宪问》中讲道：“公伯寮向季孙诬告了子路。”𧫳，“訴”的异体字，形符是“言”，声符是“朔”。愬，“訴”的异体字，形符是“心”，声符是“朔”。

譖(谮) 譖 愬也。从言，朁声。庄荫切(zèn)

【译文】譖，以谗言来诋毁他人。形符是“言”，声符是“朁”。

讒（谗） 譖也。从言，毚声。士咸切（chán）

【译文】讒，以谗言来诋毁他人。形符是“言”，声符是“毚”。

譴（谴） 謫问也。从言，遣声。去战切（qiǎn）

【译文】譴，责问。形符是“言”，声符是“遣”。

讁（谪） 罚也。从言，啻声。陟革切（zhé）

【译文】讁，处罚。形符是“言”，声符是“啻”。

諯 数也。一曰，相让也。从言，耑声。读若专。尺绢切（chuàn）①

【注释】①尺绢切：现音按《广韵》职缘切，读 zhuān。

【译文】諯，数说。一种说法是，责备他人。形符是“言”，声符是“耑”。发音如同“专”字。

讓（让） 相责讓。从言，襄声。人漾切（ràng）

【译文】讓，责备他人。形符是“言”，声符是“襄”。

譙（谯） 娆譊也。从言，焦声。读若嚼。，古文譙，从肖。《周书》曰：“亦未敢誚公。”①才肖切（qiào）

【注释】①语见《尚书·周书·金縢》。

【译文】譙，斥责，烦扰。形符是“言”，声符是“焦”。发音如同“嚼”字。，古文“譙”，声符是“肖”。《尚书·周书》中讲道：“周成王也不敢对周公进行责问。”

諫 数（shǔ）諫也。从言，朿声。七赐切（cì）

【译文】諫，数次进行劝谏。形符是“言”，声符是“朿”。

誶（谇） 让也。从言，卒声。《国语》曰：“誶申胥。”[①]虽遂切（suì）

【注释】①语见《国语·吴语》。誶今本作讯。

【译文】誶，责让，责问。形符是“言”，声符是“卒”。《国语》中讲道：“责问伍子胥。”

詰（诘） 问也。从言，吉声。去吉切（jié）

【译文】詰，责问。形符是“言”，声符是“吉”。

謹 责望也。从言，望声。巫放切（wàng）

【译文】謹，因埋怨而责问他人。形符是“言”，声符是“望”。

詭（诡） 责也。从言，危声。过委切（guǐ）

【译文】詭，斥责。形符是“言”，声符是“危”。

證（证） 告也。从言，登声。诸应切（zhèng）

【译文】證，告发，揭发。形符是“言”，声符是“登”。

詘（诎） 诘詘也。一曰，屈襞（bī）。从言，出声。䛛，詘或，从屈。区勿切（qū）

【译文】詘，言辞委屈。一说，屈曲的折叠衣裙。形符是“言”，声符是“出”。𧫖，“詘”的异体字，声符是“屈”。

䛄 䛄 尉也。从言，夗声。於愿切（yuàn）[①]

【注释】①於愿切：现音按《广韵》於阮切，读 yuǎn。

【译文】䛄，安慰。形符是“言”，声符是“夗”。

詗（诇） 詗 知处告言之。从言，冋声。朽正切（xiòng）

【译文】詗，将探知到的情况密告给人。形符是“言”，声符是“冋”。

讂 讂 流言也。从言，夐声。火县切（xuàn）[①]

【注释】①火县切：现音读按《广韵》古县切，juàn。

【译文】讂，没有根据的言辞。形符是“言”，声符是“夐”。

詆（诋） 詆 苛也。一曰，訶也。从言，氐声。都礼切（dǐ）

【译文】詆，琐碎的责问。一说，大声地斥责。形符是“言”，声符是“氐”。

誰（谁） 誰 （何）[诃]也。从言，隹声。示隹切（shuí）

【译文】誰，诃问。形符是“言”，声符是“隹”。

諽 饰也。一曰，更也。从言，革声。读若戒。古核切（gé）

【译文】諽，整治。一说，改变。形符是“言”，声符是“革”。发音如同“戒”字。

讕（谰） 怟讕也。从言，闌声。，讕或，从閒。洛干切（lán）

【译文】讕，抵赖。形符是“言”，声符是“闌”。，“讕”的异体字，从“閒”声。

診（诊） 视也。从言，㐱声。直刃切（zhèn），又之忍切（zhěn）

【译文】診，检查，检验。形符是“言”，声符是“㐱”。

誓 悲声也。从言，斯省声。先稽切（xī）

【译文】誓，悲叹的声音。形符是“言”，声符是“斯”的省文。

訧 罪也。从言，尤声。《周书》曰：“报以庶訧。”[①]羽求切（yóu）

【注释】①语见《尚书·周书·吕刑》。报，判决。

【译文】訧，罪过，罪责。形符是“言”，声符是“尤”。《尚书·周书》中讲道：“将按照庶人的罪过来进行审判。”

誅（诛） 𧩥 讨也。从言，朱声。陟输切（zhū）

【译文】 誅，声讨。形符是“言”，声符是“朱”。

討（讨） 𧧻 治也。从言，从寸。他皓切（tǎo）

【译文】 討，整治。由“言”和“寸”会意。

諳（谙） 𧭑 悉也。从言，音声。乌含切（ān）

【译文】 諳，熟悉。形符是“言”，声符是“音”。

讄 𧮦 祷也。累功德以求福。《论语》云：“讄曰：‘祷尔于上下神祇。’”从言，纍省声。讄，或，不省。力轨切（lěi）

【注释】 ①语见《论语·述而》。讄曰今本作誄曰。

【译文】 讄，祈祷。积累功德来祈求福报。《论语》中讲道：“祷告说道：‘为您向天神和地神祈祷。’”形符是“言”，声符是“纍”的省文。

謚［謐］（谥） 𧩼 行之迹也。从言、兮、皿，阙。神至切（shì）

【译文】 謚，人生言行的轨迹。由“言”“兮”“皿”会意，音读记载不详。

誄（诔） 𧩻 谥也。从言，耒声。力轨切（lěi）

【译文】 誄，累积行迹来作谥号。形符是“言”，声符是“耒”。

謑 𧭈 [謑诟]耻也。从言，奚声。𧫚，謑或，从奊（xié）。胡礼切（xì）

【译文】謑，謑诟，耻辱。形符是“言”，声符是“奚”。𧫚，“謑”的异体字，从“奊”声。

詬（诟） 𧩸 謑詬，耻也。从言，后声。訽，詬或，从句。呼寇切（hòu）①

【注释】①呼寇切：现音按《广韵》古厚切，读 gòu。

【译文】詬，謑诟，耻辱。形符是“言”，声符是“后”。訽，“詬”的异体字，声符是“句”。

諜（谍） 𧫒 军中反间也。从言，枼声。徒叶切（dié）

【译文】諜，潜伏在敌营中，在敌方间隙告知本方。形符是“言”，声符是“枼”。

該（该） 𧧝 军中约也。从言，亥声。读若心中满該。古哀切（gāi）

【译文】該，军中戒备的条例。形符是“言”，声符是“亥”。发音如同“心中满該”中的“該”字。

譯（译） 𧭂 传譯四夷之言者。从言，睪声。羊昔切（yì）

【译文】譯，解释四方少数民族的语言。形符是“言”，声符是“睪”。

訄 迫也。从言，九声。读若求。巨鸠切（qiú）

【译文】訄，用言语来逼迫。形符是“言”，声符是“九”。发音如同“求”字。

謚 笑皃。从言，益声。伊昔切（yì），又呼狄切（xì）

【译文】謚，笑的样子。形符是“言”，声符是“益”。

譶 疾言也。从三言。读若沓。徒合切（tà）

【译文】譶，言语迅疾。由三“言”会意。发音如同“沓”字。

文二百四十五 重三十三

誩 竞言也。从二言。凡誩之属皆从誩。读若竞。渠庆切（jìng）

【译文】誩，用言语来竞争，由两个“言”字会意。但凡“誩”的部属都从“誩”。发音如同“竞”字。

譱 吉也。从誩、从羊。此与義、美同意。，篆文譱，从言。常衍切（shàn）

【译文】譱，吉祥的言辞。由“誩”和“羊”会意。这与“義”字、“美”字从“羊”的意思相同。，篆文“譱”，从“言”。

競（竞） 强语也。一曰，逐也。从誩、从二人。渠庆切（jìng）

【译文】競，强烈的辩解。一说，角逐，竞争。由“誩”和二“人”字会意。

讟[讟] 𧮰 痛怨也。从誩，賣声。《春秋传》曰：“民无怨讟。”[①]徒谷切（dú）

【注释】①语见《左传·昭公元年》曰：“民无谤讟。”《左传·昭公八年》曰：“怨讟动于民。”

【译文】讟，痛恨。形符是“誩”，声符是“賣”。《左传》中讲道：“百姓没有怨恨的情绪。”

文四 重一

音 𩐁 声也。生于心，有节于外，谓之音。宫、商、角、徵、羽，声；丝、竹、金、石、匏（páo）、土、革、木，音也。从言含一。凡音之属皆从音。於今切（yīn）

【译文】音，言语的声响。从心中发出，受控于口腔，被称作“音”。宫、商、角、徵、羽，单独发出被称作是“乐声”；丝、竹、金、石、匏、土、革、木等演奏出来的声音，被称作是“音乐”。由“言”含“一”会意。但凡“音”的部属都从“音”。

響（响） 𩐘 声也。从音，鄉声。许两切（xiǎng）

【译文】響，回音。形符是“音”，声符是“鄉”。

韽 𩐞 下彻声。从音，酓声。恩甘切（ān）

【译文】韽，微弱的声音。形符是“音”，声符是“酓”。

韶 䪨 虞舜乐也。《书》曰："箫韶九成，凤皇来仪。"①从音，召声。市招切（sháo）

【注释】①语见《尚书·虞书·皋陶谟》。

【译文】韶，虞舜时代的音乐名称。《尚书·虞书》中讲道："《箫韶》演奏了九段之后，凤凰的扮演者成双成对的出现了。"形符是"音"，声符是"召"。

章 章 乐竟为一章。从音，从十。十，数之终也。诸良切（zhāng）

【译文】章，音乐一曲终了被称作"一章"。由"音"和"十"会意。"十"是十进制数的末位数。

竟 竟 乐曲尽为竟。从音，从人。居庆切（jìng）

【译文】竟，乐曲终止被称作是"竟"。由"音"和"人"会意。

文六

辛 辛 罪也。从干、二（shàng）。二，古文上字。凡辛之属皆从辛。读若愆。张林说。去虔切（qiān）

【译文】辛，罪过。有"干"和"二"会意。"二"，古文"上"。但凡"辛"的部属都从"辛"。发音如同"愆"字。这是张林的说法。

童 童 男有罪曰奴，奴曰童，女曰妾。从辛，重省声。𥫩，籀文童。中与竊中同从廿；廿以为古文疾字。

徒红切(tóng)

【译文】童，男人犯罪被称作“奴”，“奴”被称作“童”；女人犯罪被称作“妾”。形符是“音”，声符是“重”的省文。𥫩，籀文“童”。“童”和“竊”中的“廿”都从“廿”；“廿”，古文中将它称作“疾”字。

妾 [篆] 有罪女子，给事之得接于君者。从辛，从女。《春秋》云：“女为人妾。”①妾，不娉(pìn)也。七接切(qiè)

【注释】①语见《左传·僖公十七年》。

【译文】妾，有罪的女子，是能够供职于君王的人。由“辛”和“女”会意。《左传》中讲道：“如果是女子，就会成为他人的侍妾。”“妾”，不用行问名之礼。

文三 重一

丵 [篆] 丛生艸也。象丵岳相并出也。凡丵之属皆从丵。读若浞。士角切(zhuó)

【译文】丵，丛生的草木。象争相生长相并的样子。但凡“丵”的部属都从“丵”。发音如同“浞”字。

業(业) [篆] 大版也。所以饰[栒]县钟鼓。捷業如锯齿，以白画之。象其鉏铻相承也。从丵，从巾。巾象版。《诗》曰：“巨業维枞(cōng)。”①𤔔，古文業。鱼怯切(yè)

【注释】①语见《诗经·大雅·灵台》。巨今本作虡。

【译文】業，乐架上的大板。用它来装点横木，悬挂钟鼓。参差排列如同锯齿，用白色的染料来涂抹它。象两层版参差不齐且相互承接的样子。由“丵”和“巾”会意。“巾”象版形。《诗经》中讲道：“木柱子和大版上装有崇牙。”，古文“業”。

叢（丛） 聚也。从丵，取声。徂红切（cóng）

【译文】叢，草木聚集生长。形符是“丵”，声符是“取”。

對[對]（对） 譍无方也。从丵，从口，从寸。，對或，从士。汉文帝以为，责對而为言多非诚對，故去其口，以从士也。都队切（duì）

【译文】對，回答不拘泥于方法。由“丵”“口”“寸”会意。，“對”的异体字，从“士”。汉文帝认为，被责问之后才进行回答，多半不会是实话，因而去掉了“對”字中的“口”字，改以“士”字为形符。

文四 重二

菐 渎菐也。从丵，从廾，廾亦声。凡菐之属皆从菐。蒲沃切（pú）

【译文】菐，繁琐。由“丵”和“廾”会意，“廾”也是声符。但凡“菐”的部属都从“菐”。

僕（仆） 给事者。从人，从菐，菐亦声。，古文，从臣。蒲沃切（pú）

【译文】僕，供人役使的人。由“人”和“菐”会意，“菐”

也是声符。，古文“僕”，从“臣”。

𢍏 赋事也。从菐，从八。八，分之也。八亦声。读若颁。一曰，读若非。布还切（bān）

【译文】𢍏，分配事务。由“菐”和“八”会意。“八”，表示“分”的意思。“八”也是声符。发音如同“颁”字。一说，发音如同“非”字。

文三 重一

収 竦手也。从𠂇，从又。凡収之属皆从収。，杨雄说，収从两手。居竦切（gǒng）

【译文】収，拱手。由“𠂇”和“又”会意。但凡“収”的部属都从“収”。，杨雄说，“収”由两个“手”字会意。

奉 承也。从手，从収，丰声。扶陇切（fèng）

【译文】奉，承受。由“手”和“収”会意，声符是“丰”。

丞 翊（yì）也。从収，从卩（jié），从山。山高，奉承之义。署陵切（chéng）

【译文】丞，辅佐。由“収”“卩”“山”会意。山高，表示向上逢迎的意思。

奂 取奂也。一曰，大也。从収，敻（xuàn）省。呼贯切（huàn）

【译文】奂，换取。一说，表示大的意思。由“収”和“敻”

的省文会意。

弇 盖也。从収，从合。，古文弇。古南切（gān），又一俭切（yǎn）

【译文】弇，覆盖。由“収”和“合”会意。，古文“弇”。

羼 引给也。从収，罡声。羊益切（yì）

【译文】羼，络绎不绝。形符是“収”，声符是“罡”。

畀 举也。从収，由（fú）声。《春秋传》曰：“晋人或以广墜，楚人畀之。”①黄颢说，广车陷，楚人为举之。杜林以为骐麟字。渠记切（jì）②

【注释】①语见《左传·宣公十二年》。畀今作惎。广，兵车。②渠记切：现音读按《广韵》渠之切，qí。

【译文】畀，举。形符是“収”，声符是“由”。《左传》中讲道：“晋国人有的因为兵车陷入坑中，楚国人帮忙抬了出来。”黄颢说，兵车陷入坑内，楚国人帮晋国人抬了出来。杜林将“畀”当作“骐麟”的“骐”字。

异[异] 举也。从収，𠂤（yǐ）声。《虞书》曰：“岳曰：异哉！”①羊吏切（yì）

【注释】①语见《尚书·唐书·尧典》。

【译文】异，举荐，任用。形符是“収”，声符是“𠂤”。《尚书·虞书》中讲道：“四方诸侯的首领说：‘任用他吧！’”

弄 玩也。从収持玉。卢贡切（lòng）

【译文】弄，玩弄。由“収”持着“玉”会意。

弆 两手盛也。从収，𠔉声。余六切（yù）

【译文】弆，两手盛着东西。形符是“収”，声符是“𠔉”。

𢍏[弮] 抟（tuán）饭也。从収，釆声。釆，古文（辦）[辨]字。读若书卷。居券切（juàn）

【译文】𢍏，将饭食揉成团子。形符是“収”，声符是“釆”。“釆”，古文“辨”。发音如同“书卷”中的“卷”字。

𢍎 持弩拊（fǔ）。从収，肉[声]。读若逵。渠追切（kuí）

【译文】𢍎，手持弓弩时所持握的地方。形符是“収”，声符是“肉”。发音如同“逵”字。

戒 警也。从収持戈，以戒不虞。居拜切（jiè）

【译文】戒，警戒。由“収”持着“戈”会意，表示警戒不可预知的事情。

兵 械也。从収持斤，并力之皃。，古文兵，从人、廾、干。，籀文。补明切（bīng）

【译文】兵，兵器。由“収”持着“斤”会意，表示齐心协力的样子。，古文“兵”，由“人”“廾”“干”会意。，籀文“兵”。

龏 壳(què)也。从収，龍声。纪庸切(gōng)

【译文】龏，恭敬。形符是“収”，声符是“龍”。

弈 围棋也。从収，亦声。《论语》曰：“不有博弈者乎？”羊益切(yì)

【译文】弈，围棋。形符是“収”，声符是“亦”。《论语·阳货》中讲道：“不是有下围棋的活动吗？”

具 共置也。从収，从貝省。古以貝为货。其遇切(jù)

【译文】具，供给设置。由“収”和“貝”的省文会意。古时手将“貝”用作货币。

文六十七 重四

𠬜 引也。从反廾。凡𠬜之属皆从𠬜。攀，𠬜或，从手，从樊。普班切(pān)

【译文】𠬜，攀引。由反着的“廾”字会意。但凡“𠬜”的部属都从“𠬜”。攀，“𠬜”的异体字，形符是“手”，声符是“樊”。

樊 (鸷)[絷]不行也。从𠬜，从棥，棥亦声。附袁切(fán)

【译文】樊，被羁绊不能外出。由“𠬜”和“棥”会意，“棥”也是声符。

䜌 𦦓 樊也。从𠬞，䜌声。吕员切（luán）

【译文】䜌，羁绊。形符是“𠬞”，声符是“䜌”。

文三 重一

共 𢀙 同也。从廿、廾。凡共之属皆从共。𢀙，古文共。渠用切（gòng）

【译文】共，共同。由“廿”和“廾”会意。但凡“共”的部属都从“共”。𢀙，古文“共”。

龔 𦿘 给也。从共，龍声。俱容切（gōng）

【译文】龔，供给。形符是“共”，声符是“龍”。

文二 重一

異[异] 𢍚 分也。从収，从畀。畀，予也。凡異之属皆从異。羊吏切（yì）

【译文】異，分开。由“収”和“畀”会意。“畀”，给予。但凡“異”的部属都以“異”为形符。

戴[戴] 𢎀 分物得增益曰戴。从異，𢦏（zāi）声。𢍰，籀文戴。都代切（dài）

【译文】戴，分物得到增益被称作是“戴”。形符是“異”，声符是“𢦏”。𢍰，籀文“戴”。

文二 重一

舁 [seal] 共举也。从臼，从廾。凡舁之属皆从舁。读若余。以诸切（yú）

【译文】舁，一起抬举起来。由“臼”和“廾”会意。但凡“舁”的部属都从“舁”。发音如同“余”字。

䢅 [seal] 升高也。从舁，囟声。[seal]，或，从卩。[seal]，古文䢅。七然切（qiān）

【译文】䢅，升高。形符是“舁”，声符是“囟”。[seal]，“䢅”的异体字，形符是“卩”。[seal]，古文中的“䢅”字。

與（与） [seal] 党與[①]也。从舁，从与。[seal]，古文與。余吕切（yǔ）

【译文】與，党與。由“舁”和“与”会意。[seal]，古文“與”。

興（兴） [seal] 起也。从舁，从同。同，力也。虚陵切（xīng）

【译文】興，兴起。由“舁”和“同”会意。“同”，表示同心协力的意思。

文四 重三

臼 [seal] 叉手也。从𦥑、彐。凡臼之属皆从臼。居玉切（jū）

【译文】臼，两手手指相互交叉。由“𦥑”和“彐”会意。但凡“臼”的部属都从“臼”。

要[要] 身中也。象人要自臼之形。从臼，交省声。，古文。於消切（yāo），又於笑切（yào）

【译文】要，身体的中部。象人两手叉腰的样子。形符是"臼"，声符是"交"的省文。，古文"要"字。

文二 重一

晨[晨] 早、昧爽也。从臼，从辰。辰，时也。辰亦声。丮夕为𡖍，臼辰为晨，皆同意。凡晨之属皆从晨。食邻切（chén）

【译文】晨，早晨，天将明的时候。由"臼"和"辰"会意。"辰"，代表时间。"辰"也是声符。"丮"和"夕"会意表示"𡖍（夙）"，"臼"和"辰"会意表示"晨"，都是一样的表意形式。但凡"晨"的部属都从"晨"。

農[農]（农） 耕也。从晨，囟（xìn）声。，籀文農，从林。，古文農。，亦古文農。奴冬切（nóng）

【译文】農，耕种。形符是"晨"，声符是"囟"。，籀文"農"，从"林"。，古文"農"。，也是古文中的"農"。

文二 重三

爨 齐谓之炊爨。臼象持甑（zèng），冖为灶口，廾推林内火。凡爨之属皆从爨。，籀文爨省。七乱切（cuàn）

【译文】爨，齐地将烧火煮饭称为"爨"。"臼"象双手拿着甑的样子，“冖”表示炉灶的口，“廾”表示将木柴推进炉灶内引火。但凡“爨”的部属都从“爨”。“𤐫”，籀文“爨”字的省略。

䰝 𦥮 所以枝鬲者。从爨省，鬲省。渠容切（qióng）

【译文】䰝，用来支隔鬲的架子。由“爨”的省文和“鬲”的省文会意。

釁（衅） 𦥮 血祭也。象祭灶也。从爨省，从酉。酉，所以祭也。从分，分亦声。虚振切（xìn）

【译文】釁，血祭。象用血祭灶的样子。由“爨”的省文和“酉”会意。“酉”是祭祀用的酒水。“分”，表示用血布涂抹的意思。“分”也是声符。

文三 重一

卷六

革 𩏑 兽皮治去其毛，革更之。象古文革之形。凡革之属皆从革。𠦶，古文革。从三、十。三十年爲一世，而道更也。臼声。古核切（gé）

【译文】革，除去兽皮上的毛，改变它的样子。象古文中“革”的样子。但凡“革”部属都从“革”。𠦶，古文“革”。由“三”和“十”会意。三十年就是一世，世道就会变化。声符是“臼”。

鞹 𩌍 去毛皮也。《论语》曰：“虎豹之鞹。”①从革，郭声。苦郭切（kuò）

【注释】①语见《论语·颜渊第十二》。鞹今本作鞟。

【译文】鞹，去掉毛的兽皮。《论语》中讲道：“虎豹的鞹。”形符是“革”，声符是“郭”。

靬 𩊢 靬，干革也。武威有丽靬县。从革，干声。苦旰切（kàn）①

【注释】①苦旰切：现音按《广韵》居言切，读 jiān。

【译文】靬，干的皮革。武威地区有一丽靬县。形符是“革”，声符是“干”。

䩢 生革可以为缕束也。从革，各声。卢各切（luò）

【译文】䩢，生皮革可以用它来捆绑东西。形符是“革”，声符是“各”。

鞄 柔革工也。从革，包声。读若朴。《周礼》曰：“柔皮之工鲍氏。”①鞄即鲍也。蒲角切（bó）②

【注释】①语见《周礼·考工记》。工今本作攻，表示治理。②蒲角切：现音按《广韵》薄交切，读 páo。

【译文】鞄，制皮革的工匠。形符是“革”，声符是“包”。发音如同“朴”字。《周礼》中讲道：“制皮革的工匠是鲍氏。”“鞄”就是《周礼》中讲到的“鲍”。

䵵 攻皮治鼓工也。从革，軍声。读若运。，䩵或，从韋。王问切（yùn）

【译文】䩵，用皮革来制作鼓的工匠。形符是“革”，声符是“軍”。发音像“运”字。，“䩵”的异体字，从“韋”。

鞣 耎①也。从革，从柔，柔亦声。耳由切（róu）

【注释】①耎：即“软”，指使皮革柔软。

【译文】鞣，使皮革柔软。由“革”和“柔”会意，“柔”也是声符。

靼 柔革也。从革，从旦声。，古文靼，从亶。旨热切（zhé）①

【注释】①旨热切：现音按《广韵》当割切，读 dá。

【译文】靼，柔软的皮革。形符是“革”，声符是“旦”。，古文“靼”，从“亶”声。

鞼 （韦绣）[绣韦]也。从革，貴声。求位切（guì）

【译文】鞼，有彩饰的皮革。形符是“革”，声符是“貴”。

鞶 大带也。《易》曰：“或锡之鞶带。”①男子带鞶，妇人带丝。从革，般声。蒲官切（pán）

【注释】①语见《周易·讼卦》。锡，通赐。

【译文】鞶，大皮带。《周易》中讲道：“有时会赐给臣子大皮带。”男子用皮革制作带，女子用丝制作带。形符是“革”，声符是“般”。

鞏 以韦束也。《易》曰：“鞏用黄牛之革。”从革，巩声。居竦切（gǒng）

【译文】鞏，用皮革来捆绑东西。《周易·革卦》中讲道：“如果想要加固，就用黄牛的皮革。”形符是“革”，声符是“巩”。

鞔 履空也。从革，免声。母官切（mán）

【译文】鞔，鞋帮子。形符是“革”，声符是“免”。

靸 小儿履也。从革，及声。读若沓。稣合切（sǎ）

【译文】靸，小孩儿的鞋子。形符是“革”，声符是“及”。发音如同“沓”字。

䩕 䩕角，鞮属。从革，卬声。五冈切（áng）

【译文】䩕，䩕角，皮鞋的一种。形符是“革”，声符是“卬”。

鞮 革履也。从革，是声。都兮切（dī）

【译文】鞮，皮革制成的鞋子。形符是“革”，声符是“是”。

鞅 鞮鞅沙也。从革，从夾，夾亦声。古洽切（jiá）

【译文】鞅，皮鞋中一种名叫“鞅沙”的靴子。由“革”和“夾”会意，“夾”也是声符。

韃 鞮属。从革，徙声。所绮切（xǐ）

【译文】韃，皮鞋的一种。形符是“革”，声符是“徙”。

鞵[鞋] （革生）[生革]鞮也。从革，奚声。户佳切（xié）

【译文】鞵，用生皮革制的鞋子。形符是“革”，声符是“奚”。

靪 补履下也。从革，丁声。当经切（dīng）

【译文】靪，修补鞋底。形符是“革”，声符是“丁”。

鞠 𩐚 蹋鞠也。从革，匊声。𩎵，鞠或，从簕。居六切（jū）

【译文】鞠，打皮球。形符是“革”，声符是“匊”。𩎵，“鞠”的异体字，声符是“簕”。

鞀 鞀 鞀辽也。从革，召声。鞉，鞀或，从兆。鼗，鞀或，从鼓，从兆。磬，籀文鞀，从殸、召。徒刀切（táo）

【译文】鞀，鞀辽。形符是“革”，声符是“召”。鞉，“鞀”的异体字，从“兆”声。鼗，“鞀”的异体字，形符是“鼓”，声符是“兆”。磬，籀文“鞀”，形符是“殸”，声符是“召”。

鞔 鞔 量物之鞔。一曰，抒井鞔。古以革。从革，冤声。鞔，鞔或，从宛。於袁切（yuān）

【译文】鞔，量物所使用的器具。一说，掏井取泥沙的工具。古时是用皮革制作而成。形符是“革”，声符是“冤”。鞔，“鞔”的异体字，从“宛”声。

鞞 鞞 刀室也。从革，卑声。并顶切（bǐng）

【译文】鞞，刀鞘。形符是“革”，声符是“卑”。

鞎 鞎 车革前曰鞎。从革，艮声。户恩切（hén）

【译文】鞎，车箱前面的皮制遮蔽物。形符是“革”，声符是“艮”。

鞃 𩍉 车轼[中靶]也。从革，弘声。《诗》曰："鞹鞃浅幭（miè）。"[①]读若穹。丘弘切（kōng）[②]

【注释】①语见《诗经·大雅·韩奕》。②丘弘切：现音按《广韵》胡肱切，读 hóng。

【译文】鞃，车轼中段裹上皮革以便人倚的部分。形符是"革"，声符是"弘"。《诗经》中讲道："用皮革包裹车轼的中部，用虎皮浅毛覆盖住车轼。"发音如同"穹"字。

鞪 𩍐 车轴束也。从革，敄声。莫卜切（mù）

【译文】鞪，用皮革来捆绑车轴。形符是"革"，声符是"敄"。

鞑 𩌏 车束也。从革，必声。毗必切（bì）

【译文】鞑，车上用皮革捆绑的地方。形符是"革"，声符是"必"。

鞻 𩏂 车衡[①]三束也。曲辕鞼缚，直辕（簟）[暈]缚。从革，爨声。读若《论语》"钻燧"之"钻"。鞼，鞻或，从革，賛。借官切（zuān）

【注释】①衡：车辕头上的横木。

【译文】鞻，车辕横木上三个用皮革捆绑的地方。小车上的横木钻孔用皮革加以束缚，大车的横木全部用皮革加以束缚。形符是"革"，声符是"爨"。发音如同《论语·阳货》"钻燧"中的"钻"字。鞼，"鞻"的异体字，形符是"革"，声符是"賛"。

鞱 盖杠丝也。从革，旨声。脂利切（zhì）

【译文】鞱，车盖杠柄上缠绕的皮绳。形符是“革”，声符是“旨”。

鞁 车驾具也。从革，皮声。平秘切（bèi）

【译文】鞁，驾车的马具。形符是“革”，声符是“皮”。

鞥 辔（pèi）鞥。从革，弇声。读若譍。一曰，龙头绕[①]者。乌合切（è）[②]

【注释】①龙头绕：马笼头。②乌合切：现音按《集韵》一憎切，读 ēng。

【译文】鞥，马的缰绳。形符是“革”，声符是“弇”。发音如同“譍”字。一说，马笼头。

靶 辔革也。从革，巴声。必驾切（bà）

【译文】靶，缰绳上驾车人所持握的革。形符是“革”，声符是“巴”。

韅 著（掖）[腋]鞥也。从革，顯声。呼典切（xiǎn）

【译文】韅，附着在马两腋的皮革。形符是“革”，声符是“顯”。

靳 当膺也。从革，斤声。居近切（jìn）

【译文】靳，套在辕马胸部的皮革。形符是“革”，声符是“斤”。

鞧 骖（cān）具也。从革，蚩声。读若骋、蜃。丑郢切（chěng）

【译文】鞧，骖马的驾具。形符是“革”，声符是“蚩”。发音如同“骋”字，又如同“蜃”字。

靷 引轴也。从革，引声。，籀文靷。余忍切（yǐn）

【译文】靷，系在车轴上用来引导车辆前行的皮带。形符是“革”，声符是“引”。，籀文“靷”。

輨 车鞁具也。从革，官声。古满切（guǎn）

【译文】輨，驾车所使用的器具。形符是“革”，声符是“官”。

䩦 车鞁具也。从革，豆声。田候切（dòu）

【译文】䩦，驾车所使用的器具。形符是“革”，声符是“豆”。

䩥 輨（guǎn）内环靼也。从革，于声。羽俱切（yú）

【译文】䩥，輨内部环绕的柔软皮革。形符是“革”，声符是“于”。

鞪 车下索也。从革，尃声。补各切（bó）

【译文】鞪，车下索。形符是“革”，声符是“尃”。

鞈 车具也。从革，奄声。乌合切（è）

【译文】鞥，车具。形符是“革”，声符是“奄”。

鞻 鞻 车具也。从革，叕声。陟劣切（zhuó）
【译文】鞻，车具。形符是“革”，声符是“叕”。

鞌[鞍] 鞌 马鞁具也。从革，从安。乌寒切（ān）
【译文】鞌，披马的器具。由“革”和“安”会意。

鞋 鞋 鞌毳（cuì）饰也。从革，茸声。而陇切（róng）
【译文】鞋，马鞍上的细毛装饰品。形符是“革”，声符是“茸”。

鞊 鞊 鞍饰。从革，占声。他叶切（tiè）①
【注释】①他叶切：现音按《广韵》他协切，读 tié。
【译文】鞊，马鞍的装饰品。形符是“革”，声符是“占”。

鞈 鞈 防（汗）[扞]也。从革，合声。古洽切（jiá）①
【注释】①古洽切：现音按《广韵》古沓切，读 gé。
【译文】鞈，防箭护身的器具。形符是“革”，声符是“合”。

勒 勒 马头络衔①也。从革，力声。卢则切（lè）
【注释】①衔：马嚼子。
【译文】勒，马头上用来系马嚼子的革制品。形符是“革”，声符是“力”。

鞙 䩸 大车缚轭靼。从革，肙声。狂沇切（juàn）[①]

【注释】①狂沇切：现音按《广韵》胡畎切，读 xuàn。

【译文】鞙，牛车上绑轭的皮条。形符是“革”，声符是“肙”。

鞧 䩸 勒靼也。从革，面声。弥沇切（miǎn）

【译文】鞧，马勒上柔软的皮革制品。形符是“革”，声符是“面”。

鈐 䩸 鞮[系]也。从革，今声。巨今切（qín）

【译文】鈐，皮革制成的鞋带。形符是“革”，声符是“今”。

鞬 䩸 所以戢弓矢。从革，建声。居言切（jiān）

【译文】鞬，马上用来藏弓箭的器物。形符是“革”，声符是“建”。

韇[韥] 䩸 弓矢韇也。从革，賣声。徒谷切（dú）

【译文】韇，藏弓箭的器物。形符是“革”，声符是“賣”。

鞲 䩸 绥（suī）也。从革，巂声。山垂切（shuī）[①]

【注释】①山垂切：现音读按《广韵》素回切，suī。

【译文】鞲，马鞍上的绦饰。形符是“革”，声符是“巂”。

鞕 䩸 急也。从革，亟声。纪力切（jí）

【译文】鞕，皮革牢固。形符是“革”，声符是“亟”。

鞭 [illegible] 驱也。从革，便声。[illegible]，古文鞭。卑连切（biān）

【译文】鞭，用鞭子来驱赶马匹。形符是“革”，声符是“便”。[illegible]，古文“鞭”。

鞅 [illegible] 颈靼也。从革，央声。於两切（yǎng）

【译文】鞅，套在牛马脖颈上的柔软皮革制品。形符是“革”，声符是“央”。

韄 [illegible] 佩刀丝也。从革，蒦声。乙白切（wò）[1]

【注释】①乙白切：现音按《广韵》胡误切，读 hù。

【译文】韄，佩刀柄上的皮绳。形符是“革”，声符是“蒦”。

鞑 [illegible] 马尾（驼）[鞑]也。从革，它声。今之般緧。徒何切（tuó）

【译文】鞑，系在马尾巴上的皮带。形符是“革”，声符是“它”。类似于现在的盘鞦。

鞮 [illegible] 系牛胫也。从革，見声。己彳切（jì）[1]

【注释】①己彳切：现音按《广韵》虎结切，读 xié。

【译文】鞮，用皮革束缚牛的小腿使其不能前行。形符是“革”，声符是“見”。

文五十七 重十一

鬲 [illegible] 鼎属。实五觳。斗二升曰觳。象腹交文，

三足。凡鬲之属皆从鬲。，鬲或，从瓦。，汉令鬲，从瓦，厤声。郎激切（lì）

【译文】鬲，鼎类的炊具。容量是五斛。一斗二升称作“一斛”。中间的“X”象腹部交错的纹饰，下部的“ㄒ”象三只脚。但凡“鬲”的部属都从“鬲”。，“鬲”的异体字，从“瓦”。，汉朝律令上的“鬲”字，形符是“瓦”，声符是“厤”。

𩰫　三足鍑（fù）也。一曰，滫（xiǔ）米器也。从鬲，支声。鱼绮切（yǐ）

【译文】𩰫，带有三只脚的大口釜。一说，淘米的器具。形符是“鬲”，声符是“支”。

鬹　三足釜也。有柄喙。读若妫（guī）。从鬲，規声。居随切（guī）

【译文】鬹，带有三只脚的锅。有柄和嘴。发音如同“妫”字。形符是“鬲”，声符是“規”。

鬷　釜属。从鬲，嵏声。子红切（zōng）

【译文】鬷，锅的一种。形符是“鬲”，声符是“嵏”。

䰛　秦名土釜曰䰛。从鬲，中声。读若过。古禾切（guō）

【译文】䰛，秦地将陶土制作而成的釜被称作是“䰛”。形符是“鬲”，声符是“中”。发音如同“过”字。

鬵 大釜也。一曰，鼎大上小下若甑（zèng）曰鬵。从鬲，兓（jīn）声。读若岑。，籀文鬵。才林切（qín）

【译文】鬵，大锅。一说，鼎上部大、下部小形似甑被称作是“鬵”。形符是“鬲”，声符是“兓”。发音如同“岑”字。，籀文“鬵”。

鬸 鬵属。从鬲，曾声。子孕切（zèng）

【译文】鬸，甑一类的炊具。形符是“鬲”，声符是“曾”。

鬴 鍑属。从鬲，甫声。，鬴或，从金，父声。扶雨切（fǔ）

【译文】鬴，鍑锅的一种。形符是“鬲”，声符是“甫”。，“鬴”的异体字，形符是“金”，声符是“父”。

鬳 鬲属。从鬲，虍（hū）声。牛建切（yàn）

【译文】鬳，鬲类的炊具。形符是“鬲”，声符是“虍”。

融 炊气上出也。从鬲，蟲省声。，籀文融，不省。以戎切（róng）

【译文】融，煮饭的蒸汽向上冒出。形符是“鬲”，声符是“蟲”的省文。，籀文“融”，“蟲”不省。

鬻 炊气皃。从鬲，嚻声。许娇切（xiāo）

【译文】鬻，炊气冒出的样子。形符是“鬲”，声符是“嚻”。

鬺 煮也。从鬲，羊声。式羊切（shāng）

【译文】鬺，煮。形符是“鬲”，声符是“羊”。

䰛 涫（guàn）也。从鬲，沸声。芳未切（fèi）

【译文】䰛，沸腾。形符是“鬲”，声符是“沸”。

文十三 重五

䰜 歷也。古文，亦鬲字。象孰饪五味气上出也。凡䰜之属皆从䰜。郎激切（lì）

【译文】䰜，歷。古文，也是“鬲”字的一种形式。象饭煮熟后香气向上冒出的样子。但凡“䰜”的部属都从“䰜”。

𩱢[饘] 粥也。从䰜，侃声。，𩱢或，从食，衍声。，或，从干声。，或，从建声。诸延切（zhān）

【译文】𩱢，糜。形符是“䰜”，声符是“侃”。，“𩱢”的异体字，形符是“食”，声符是“衍”。，“𩱢”的异体字，声符是“干”。，“𩱢”的异体字，声符是“建”。

鬻[粥] 键（zhān）也。从䰜，米声。武悲切（méi）

【译文】鬻，糜。形符是“䰜”，声符是“米”。

𩱯 键也。从䰜，古声。户吴切（hú）

【译文】𩱯，糜粥。形符是“䰜”，声符是“古”。

鬻[羹] 五味盉羹也。从䰜，从羔。《诗》曰："亦有和鬻。"䰜，鬻或，省。䰜，或，从美、鬻省。䰜，小篆从羔，从美。古行切（gēng）

【译文】鬻，五味调和的浓汤。由"䰜"和"羔"会意。《诗经》中讲道："也有五味调和的浓汤。"䰜，"鬻"的异体字，是"鬻"的省略。䰜，"鬻"的异体字，由"美"和"鬻"的省文会意。䰜，小篆"鬻"，由"羔"和"美"会意。

鬻[餗] 鼎实。惟苇及蒲。陈留谓键为鬻。从䰜，速声。餗，鬻或，从食，束声。桑谷切（sù）

【译文】鬻，鼎中的食物。包含着苇笋和蒲草一类的蔬菜。陈留地区将"键"称作"鬻"。形符是"䰜"，声符是"速"。餗，"鬻"的异体字，形符是"食"，声符是"束"。

鬻 粥也。从䰜，毓声。䰜，鬻或，省从米。余六切（yù）

【译文】鬻，粥。形符是"䰜"，声符是"毓"。䰜，"鬻"的异体字，"鬻"省，从"米"。

鬻 凉州谓粥为鬻。从䰜，櫗声。䊳，鬻或，省，从末。莫结切（miè）

【译文】鬻，凉州地区将"粥"称作是"鬻"。形符是"䰜"，声符是"櫗"。䊳，"鬻"的异体字，"鬻"省去了"蔑"，声符是"末"。

鬻[餌](饵) 粉饼也。从㽉，耳声。，鬻或，从食，耳声。仍吏切（èr）[①]

【注释】①仍吏切：现音读 ěr。

【译文】鬻，粉饼。形符是“㽉”，声符是“耳”。，“鬻”的异体字，形符是“食”，声符是“耳”。

鬻 熬也。从㽉，芻声。尺沼切（chǎo）

【译文】鬻，炒干。形符是“㽉”，声符是“芻”。

鬻 内肉及菜汤中，薄出之。从㽉，翟声。以勺切（yuè）

【译文】鬻，将肉和菜放入沸腾的汤中，迅速地取出。形符是“㽉”，声符是“翟”。

鬻[煮] 孚[烹]也。从㽉，者声。，鬻或，从火。，鬻或，从水在其中。章与切（zhǔ）

【译文】鬻，烹煮。形符是“㽉”，声符是“者”。，“鬻”的异体字，从“火”。，“鬻”的异体字，由“水”在“鬻”的中间会意。

鬻 （吹声沸）[炊釜溢]也。从㽉，孛声。蒲没切（bó）

【译文】鬻，烧火煮饭，沸水溢出。形符是“㽉”，声符是“孛”。

文十三 重十二

爪 丮也。覆手曰爪。象形。凡爪之属皆从爪。

侧狡切（zhǎo）

【译文】爪，用爪子抓握。覆着手被称作是“爪”。象形字。但凡“爪”的部属都从“爪”。

孚 卵孚也。从爪，从子。一曰，信也。，古文孚，从（bǎo），，古文保。芳无切（fú）

【译文】孚，卵孵化。由“爪”和“子”会意。一说，诚信。，古文“孚”，从“”，“”，古文“保”。

爲（为） 母猴也。其为禽好爪。爪，母猴象也。下腹为母猴形。王育曰：“爪，象形也。”，古文爲，象两母猴相对形。薳支切（wéi）

【译文】爲，猕猴。作为走兽，猕猴喜欢用爪子。“爪”是猕猴的象征。字的下腹部象猕猴的头、目、身和足。王育说：“‘爪’，象猕猴的样子。”，古文“爲”，象两只猕猴相对的样子。

爫 亦丮也。从反爪。阙。诸两切（zhǎng）

【译文】爫，也是用爪子抓握。由反着的“爪”字会意。音读记载不详。

文四 重二

丮 持也。象手有所丮据也。凡丮之属皆从丮。读若戟。几剧切（jǐ）

【译文】丮，持握。象手有所持握的样子。但凡“丮”的部属都从“丮”。发音如同“戟”字。

埶  种也。从坴（lù）、丮。持亟种之。（《书》）[《诗》]曰：“我埶黍稷。”[①]鱼祭切（yì）

【注释】①语见《诗经·小雅·楚茨》。埶今本作蓺。

【译文】埶，种植。由“坴”和“丮”会意。持有草木这些东西，需要赶紧将它们种下。《诗经》中讲道：“我种植黍和稷。”

䎫 食饪也。从丮，𦎫声。《易》曰：“孰饪。”[①]殊六切（shú）

【注释】①语见《周易·鼎卦》。孰饪今本作亨饪。

【译文】䎫，食物被煮熟。形符是“丮”，声符是“𦎫”。《周易》中讲道：“煮熟食物。”

䡥 设饪也。从丮，从食，才声。读若载。作代切（zài）

【译文】䡥，摆设酒宴。由“丮”和“食”会意，声符是“才”。发音如同“载”字。

巩 褱（bào）也。从丮，工声。𢀜，巩或，加手。居悚切（gǒng）

【译文】巩，抱持。形符是“丮”，声符是“工”。𢀜，“巩”的异体字，加“手”。

谻  相踦之也。从丮，谷声。其虐切（jué）

【译文】谻，脚相互倚靠。形符是“丮”，声符是“谷”。

𢦏 　击踝也。从丮，从戈。读若踝。胡瓦切（huà）

【译文】𢦏，击打脚踝。由“丮”和“戈”会意。发音如同“踝”字。

𠀷 　拖持也。从反丮。阙。居玉切（jú）

【译文】𠀷，拖持。由反着的“丮”字会意。音读记载不详。

文八 重一

鬥（斗） 　两士相对，兵杖在后，象鬥之形。凡鬥之属皆从鬥。都豆切（dòu）

【译文】鬥，两个士兵四手相对，武器在身后，象争斗的样子。但凡“鬥”的部属都从“鬥”。

鬭[鬥]（斗） 　遇也。从鬥，斲声。都豆切（dòu）

【译文】鬭，接合。形符是“鬥”，声符是“斲”。

鬨[哄] 　斗也。从鬥，共声。《孟子》曰：“邹与鲁鬨。”下降切（xiàng）[1]

【注释】①下降切：现音按《广韵》胡贡切，读 hòng。

【译文】鬨，争斗。形符是“鬥”，声符是“共”。《孟子·梁惠王》中讲道：“邹国和鲁国发生争斗。”

𩰲 　经缪[1]杀也。从鬥，翏声。力求切（liú）

【注释】①经：纺织物的纵线，此处指绳索。缪：绞杀。

【译文】鬻，用绳索绞杀。形符是“鬥”，声符是“翏”。

鬮（阄） 斗取也。从鬥，龜声。读若三合绳纠。古侯切（gōu）

【译文】鬮，遇而拈取。形符是“鬥”，声符是“龜”。发音如同“三合绳纠”中“纠”字。

鬫 智少力劣也。从鬥，爾声。奴礼切（nǐ）

【译文】鬫，智慧少，力量小。形符是“鬥”，声符是“爾”。

鬩 鬥[1]，连结鬢纷[2]，相牵也。从鬥，燹声。抚文切（fēn）

【注释】①鬥：遇合。②鬢纷：缤纷。

【译文】鬩，遇合，连结缤纷，相互牵连。形符是“鬥”，声符是“燹”。

鬢 鬥也。从鬥，賓省声。读若賓。匹宾切（pīn）

【译文】鬩，遇合。形符是“鬥”，声符是“賓”的省文。发音如同“賓”字。

鬩（阋） 恒讼也。《诗》云：“兄弟鬩于墙。”[1]从鬥，从兒。兒，善讼者也。许激切（xì）

【注释】①语见《诗经·小雅·常棣》。

【译文】鬩，经常争斗。《诗经》中讲道：“兄弟之间在墙内争吵。”由“鬥”和“兒”会意。小兒（儿）是喜欢争吵的人。

閔 ［篆］ 试力士锤也。从鬥，从戈。或从戰省[①]。读若县。胡畎切（xuàn）

【注释】①段玉裁注："当作：'或曰从戰省声。'"

【译文】閔，比试力气大小的铁锤。由"鬥"和"戈"会意。有的人说，声符是"戰"的省文。发音如同"县"字。

文十

又 ［篆］ 手也。象形。三指者，手之列[①]多略[②]不过三也。凡又之属皆从又。于救切（yòu）

【注释】①列：类。②略：简略。

【译文】又，手。象形字。字形是三个指头，主要是因为表示"手"的一类字通常简略不过三个。但凡"又"的部属都从"又"。

右 ［篆］ 手口相助也。从又，从口。于救切（yòu）
【译文】右，手和口相互辅助。由"又"和"口"会意。

厷［肱］ ［篆］ 臂上也。从又，从古文［厶］。［篆］，古文厷，象形。［篆］，厷或，从肉。古薨切（gōng）

【译文】厷，手臂的上部。由"又"和古文"厶"会意。［篆］，古文"厷"，象形。［篆］，"厷"的异体字，从"肉"。

叉 ［篆］ 手指相错也。从又，象叉之形。初牙切（chā）
【译文】叉，手指交错。从"又"，象手指交叉的样子。

叉 **手足甲也。从又，象叉形。侧狡切（zhǎo）**

【译文】叉，手脚的指甲。由“又”会意，象指甲的样子。

父 矩也。家长，率教者。从又举杖。扶雨切（fù）

【译文】父，坚守规矩。一家之长，是教导子女的人。由“又”举着“杖”会意。

叜［叟］ 老也。从又，从灾。阙。，籒文，从寸。，叜或，从人。稣后切（sǒu）

【译文】叜，年老的男子。由“又”和“灾”会意。，籒文“叜”，从“寸”。，“叜”的异体字，从“人”。

燮 和也。从言，从又、炎。籒文（燮）［燮］，从羊。读若湿。稣叶切（xiè）

【译文】燮，调和。由“言”“又”“炎”会意。籒文“燮”，从“羊”。发音如同“湿”字。

曼 引也。从又，冒声。无贩切（wàn）①

【注释】①无贩切：现音按《集韵》莫半切，读 màn。

【译文】曼，引长。形符是“又”，声符是“冒”。

㬰 引也。从又，𦥔声。𦥔，古文申。失人切（shēn）

【译文】㬰，引长。形符是“又”，声符是“𦥔”。“𦥔”，古文“申”。

夬 [seal script] 分决也。从又，[seal script]象决形。古卖切（guài）

【译文】夬，分裂断绝。从“又”，[seal script]象决裂的样子。

尹 [seal script] 治也。从又、丿，握事者也。[seal script]，古文尹。余準切（yǐn）

【译文】尹，治理。由“又”和“丿”会意，表示用手持握着东西。[seal script]，古文“尹”。

𣪠 [seal script]（又）[叉]卑也。从又，虘声。侧加切（zhā）

【译文】𣪠，用手叉取下面之物。形符是“又”，声符是“虘”。

嫠 [seal script] 引也。从又，𠩺声。里之切（lí）

【译文】嫠，引。形符是“又”，声符是“𠩺”。

㕞 [seal script] 拭也。从又持巾在尸下。所劣切（shuā）

【译文】㕞，擦拭。由“又”持“巾”在“尸”下会意。

及 [seal script] 逮也。从又，从人。[seal script]，古文及。《秦刻石》及如此。[seal script]，亦古文及。[seal script]，亦古文及。巨立切（jí）

【译文】及，追上，赶上。由“又”和“人”会意。[seal script]，古文“及”。《秦刻石》上的“及”字就是这样。[seal script]，也是古文“及”。[seal script]，也是古文“及”。

秉 [seal script] 禾束也。从又持禾。兵永切（bǐng）

【译文】秉，禾一把。由“又”持握着“禾”会意。

反 𠬡 覆也。从又，厂反形。𠂬，古文。府远切（fǎn）

【译文】反，翻覆。由“又”会意，“厂”象物体翻覆的样子。𠂬，古文“反”。

𠬝 𠬝 治也。从又，从卪。卪，事之节也。房六切（fú）

【译文】𠬝，治理。由“又”和“卪”会意。“卪”，是办事之节。

叏 叏 滑也。《诗》云：“叏兮达兮。”①从又、屮。一曰取也。土刀切（tāo）

【注释】①语见《诗经·郑风·子衿》。叏今本作挑。

【译文】叏，滑泰。《诗经》中讲道：“叏啊达啊。”由“又”和“屮”会意。一说，取。

叕 叕 楚人谓卜问吉凶曰叕。从又持祟，祟亦声。读若赘。之芮切（zhuì）

【译文】叕，楚国人将“卜问吉凶”称作是“叕”。由“又”持“祟”会意，“祟”也是声符。发音如同“赘”字。

叔 叔 拾也。从又，尗声。汝南名收芌为叔。㕛，叔或，从寸。式竹切（shū）

【译文】叔，收拾。形符是“又”，声符是“尗”。汝南地区将收芋头称作“叔”。㕛，“叔”的异体字，从“寸”。

𠬧 入水有所取也。从又在𡆧下。𡆧，古文回。回，渊水也。读若沫。莫勃切（mò）

【译文】𠬧，沉入水中有所获取。由“又”在“𡆧”下会意。“𡆧”，古文“回”。“回”，象回旋的水流。发音如同“沫”字。

取 捕取也。从又，从耳。《周礼》：“获者取左耳。”①《司马法》曰：“载②献聝。”聝者耳也。七庾切（qǔ）

【注释】①语见《周礼·夏官·大司马》。②载，助词。

【译文】取，捕获，获取。由“又”和“耳”会意。《周礼》中讲道：“被捕获的猎物割其左耳。”《司马法》中讲道：“‘聝’是割下的耳朵。”

彗 扫竹也。从又持𡭔。，彗或从竹。，古文彗，从竹，从习。祥岁切（huì）

【译文】彗，扫帚。由“又”持“𡭔”会意。，“彗”的异体字，从“竹”。，古文“彗”，由“竹”和“习”会意。

叚[假] 借也。阙。，古文叚。，谭长说，叚如此。古雅切（jiǎ）

【译文】叚，借。构形记载不详。，古文“叚”。，谭长说，“叚”字就像这样。

友 同志为友。从二又。相交友也。，古

文友。䎗，亦古文友。云久切（yǒu）

【译文】友，志同道合的是“友”。从二“又”会意。表示结交为友的意思。𦫵，古文“友”。䎗，也是古文“友”。

度 法制也。从又，庶省声。徒故切（dù）

【译文】度，法度，规制。形符是“又”，声符是“庶”的省文。

文二十八 重十六

𠂇 𠂇手也。象形。凡𠂇之属皆从𠂇。臧可切（zuǒ）

【译文】𠂇，左手。象形字。但凡“𠂇”的部属都从“𠂇”。

卑 贱也。执事也。从𠂇、甲。补移切（bēi）

【译文】卑，卑贱，办事。由“𠂇”和“甲”会意。

文二

史 记事者也。从又持中；中，正也。凡史之属皆从史。疏士切（shǐ）

【译文】史，记录事情的人。由“又”持“中”会意。“中”表示“正”的意思。但凡“史”的部属都从“史”。

事 职也。从史，之省声。𠭏，古文事。锄史切（shì）

【译文】事，记事。形符是“史”，声符是“之”的省文。

，古文“事”字。

文二 重一

支 去竹之枝也。从手持半竹。凡支之属皆从支。，古文支。章移切（zhī）

【译文】支，脱离竹茎的竹枝。由“手”持拿着半个“竹”字会意。但凡“支”的部属都从“支”。，古文“支”字。

攲 持去也。从支，奇声。去奇切（qī）[①]

【注释】①去奇切：现音按《广韵》居宜切，读 jī。

【译文】攲，持去。形符是“支”，声符是“奇”。

文二 重一

聿 手之疌巧也。从又持巾。凡聿之属皆从聿。尼辄切（niè）

【译文】聿，形容手很灵巧。由“又”持“巾”会意。但凡“聿”的部属都从“聿”。

𦘔[肄] 习也。从聿，𢼸声。，籀文𦘔。，篆文𦘔。羊至切（yì）

【译文】𦘔，学习。形符是“聿”，声符是“𢼸”。，籀文“𦘔”字。，篆文“𦘔”字。

肅（肃） 持事振敬也。从聿在𣶒上，战战兢兢也。，古文肅，从心，从卩。息逐切（sù）

【译文】肅，办事勤勉恭敬。由“聿”在“𣶒”上会意，表示战战兢兢。，古文“肅”，由“心”“卪”“聿”会意。

文三 重三

聿 所以书也。楚谓之聿，吴谓之不律，燕谓之弗。从聿，一声。凡聿之属皆从聿。余律切（yù）

【译文】聿，用来书写的笔。楚地称之为“聿”，吴地称之为“不律”，燕地称之为“弗”。形符是“聿”，声符是“一”。但凡“聿”的部属都从“聿”。

筆（笔） 秦谓之筆。从聿，从竹。鄙密切（bǐ）

【译文】筆，秦地称之为“筆”。由“聿”和“竹”会意。

𦘔 聿饰也。从聿，从彡（shān）。俗语以书好为𦘔。读若津。将邻切（jīn）

【译文】𦘔，用笔进行刷饰。由“聿”和“彡”会意。俗话将书写美好称作是“𦘔”。发音如同“津”字。

書（书） 箸也。从聿，者声。商鱼切（shū）

【译文】書，书写在竹帛上。形符是“聿”，声符是“者”。

文四

畫（画） 界也。象田四界。聿，所以畫之。凡畫之属皆从畫。，古文畫省。，亦古文畫。胡麦切（huà）

【译文】畫，划分出界限。象农田和四周的界线。“聿”，是用来划分界限的器具。但凡“畫”的部属都从“畫”。𦘦，古文“畫”字的省略。𤰞，也是古文“畫”字。

晝(昼) 𦘠 日之出入，与夜为界。从畫省，从日。𦘠，籀文晝。陟救切(zhòu)

【译文】晝，从日出到日落的时间段，与黑夜分界。由“畫”和“日”会意。𦘠，籀文“晝”字。

文二 重三

隶 隶 及也。从又，从尾(wěi)省。又持尾者，从后及之也。凡隶之属皆从隶。徒耐切(dài)

【译文】隶，追上捕获。由“又”和“尾”的省文会意。表表示手的“又”握持着“尾”的意思，表示从后面追上捕获的意思。但凡“隶”的部属都从“隶”。

隸 隸 及也。从隶，枲(xǐ)声。《诗》曰：“隸天之未阴雨。”①徒耐切(dài)

【注释】①语见《诗经·豳风·鸱鸮》。隸今本作迨。

【译文】隸，赶上。形符是“隶”，声符是“枲”。《诗经》中讲道：“趁着还没有阴天下雨。”

隸(隶) 隸 附箸也。从隶，柰声。隸，篆文隶，从古文之体。郎计切(lì)

【译文】隸，附着。形符是“隶”，声符是“柰”。隸，篆文“隶”字，由古文“隶”字稍加变化而成。

文三 重一

臤 [seal script] 堅也。从又，臣声。凡臤之属皆从臤。读若鏗锵之鏗。古文以为賢字。苦闲切（qiān）

【译文】臤，坚固。形符是“又”，声符是“臣”。但凡“臤”的部属都从“臤”。发音像“鏗锵”中的“鏗”字。古文借作“賢”。

緊（紧） [seal script] 缠丝急也。从臤，从絲省。纠忍切（jǐn）

【译文】緊，缠丝紧急的情况。由“臤”和“絲”的省文会意。

堅（坚） [seal script] 刚也。从臤，从土。古贤切（jiān）

【译文】堅，坚硬的泥土。由“臤”和“土”会意。

豎（竖） [seal script] 豎立也。从臤，豆声。[seal script]，籀文豎，从殳。臣庾切（shù）

【译文】豎，豎立。形符是“臤”，声符是“豆”。[seal script]，籀文“豎”字，从“殳”。

文四 重一

臣 [seal script] 牵也；事君也。象屈服之形。凡臣之属皆从臣。植邻切（chén）

【译文】臣，受到牵制，侍奉君王。象屈服的样子。但凡“臣”的部属都从“臣”。

䛐 乖也。从二臣相违。读若诳。居况切（guàng）

【译文】䛐，违背，由二“臣”相背会意。发音如同“诳”字。

臧 善也。从臣，戕声。，籀文。则郎切（zāng）

【译文】臧，善良。形符是“臣”，声符是“戕”。，籀文中的“臧”字。

文三 重一

殳 以杸殊人也。《[周]礼》：殳以积竹，八觚，长丈二尺，建于兵车，车旅贲以先驱。从又，几声。凡殳之属皆从殳。市朱切（shū）

【译文】殳，用杸隔离人。《周礼》中讲道：殳是用积竹制成的，八棱，长度是一丈二尺，放置在兵车上，车上的先锋拿着它在前面冲锋。形符是“又”，声符是“几”。但凡“殳”的部属都从“殳”。

祋 殳也。从殳，示声。或说，城郭市里，高县羊皮，有不当入而欲入者，暂下以惊牛马，曰祋。故从示、殳。《诗》曰：“何戈与祋。”[1]丁外切（duì）

【注释】①语见《诗经・曹风・侯人》。

【译文】祋，殳。形符是“殳”，声符是“示”。有人说，在城郭集市的门口，用祋高悬着羊皮，有擅自闯入的，突然降下羊皮来惊吓牛马，被称作是“祋”。因此由“示”和“殳”会意。《诗经》中讲道：“肩扛着戈和祋。”

杸 军中士所持殳也。从木，从殳。《司马法》曰：“执羽从杸。”市朱切（shū）

【译文】杸，军队中士兵所持拿的殳。由“木”和“殳”会意。《司马法》中讲道：“拿着箭羽的跟随着手持杸竿的。”

毄 相击中也。如车相击。故从殳、从軎（wèi）。古历切（jī）

【译文】毄，车马来往，车毂相互撞击。象车辆相互摩击。因此由“殳”和“軎”会意。

㱿 从上击下也。一曰，素也。从殳，青声。苦角切（què），青，苦江切（qiāng）

【译文】㱿，自上向下击打。一说，坚硬的空㱿。形符是“殳”，声符是“青”。

𣪍 下击上也。从殳，冘声。知朕切（zhěn）

【译文】𣪍，自下向上击打。形符是“殳”，声符是“冘”。

豛 繇击也。从殳，豆声。古文（祋）[投]如此。度侯切（tóu）

【译文】豛，远击。形符是“殳”，声符是“豆”。古文中的“投”字就是这样。

𣪘[ ] 悬物，𣪘击。从殳，𠷎声。市流切（chóu）

【译文】𣪘，悬挂着衣物，用𣪘击打。形符是“殳”，声符是“𠷎”。

豛 椎（chuí）击物也。从殳，豖声。冬毒切（dú）

【译文】豛，用棒槌击打物体。形符是“殳”，声符是“豖”。

毆（殴） 捶击物也。从殳，區声。乌后切（ǒu）①

【注释】①乌后切：现音读 ōu。

【译文】毆，用木杖捶打东西。形符是“殳”，声符是“區”。

毃 击头也。从殳，高声。口卓切（què）①

【注释】①口卓切：现音读按《玉篇》口交切，qiāo。

【译文】毃，击打头部。形符是“殳”，声符是“高”。

殿 击声也。从殳，屍（tún）声。堂练切（diàn）

【译文】殿，击打的声音。形符是“殳”，声符是“屍”。

殹 击中声也。从殳，医声。于计切（yì）

【译文】殹，被东西击中发出的声响。形符是“殳”，声符是“医”。

段 椎物也。从殳，耑省声。徒玩切（duàn）

【译文】段，用槌捶打东西。形符是“殳”，声符是“耑”的省文。

㱅 击空声也。从殳，宫声。徒冬切（tóng），

又火宫切（hōng）

【译文】㱋，敲击中空的器物发出的声响。形符是“殳”，声符是“宫”。

殽 相杂错也。从殳，肴声。胡茅切（xiáo）

【译文】殽，相互杂乱交错。形符是“殳”，声符是“肴”。

毅 妄怒也。一曰，有决也。从殳，豙声。鱼既切（yì）

【译文】毅，盛怒。一说，具备果敢的能力。形符是“殳”，声符是“豙”。

㲃 揉屈也。从殳，从皀。皀，古文叀（zhuān）字。廄字从此。居又切（jiù）

【译文】㲃，使竹木柔曲。由“殳”和“皀”会意。“皀”，古文中的“叀”字。“廄”字从“㲃”字。

役 戍边也。从殳，从彳。，古文役，从人。营只切（yì）

【译文】役，守卫边疆。由“殳”和“彳”会意。，古文中的“役”字，从“人”。

毅 毅改，大刚卯也。以逐精鬼。从殳，亥声。古哀切（gāi）

【译文】毅，毅改，大刚卯。用它来驱逐精鬼之类。形符是“殳”，声符是“亥”。

文二十 重一

殺（杀） 戮也。从殳，杀声。凡殺之属皆从殺。，古文殺。，古文殺。，古文殺。所八切（shā）

【译文】殺，杀戮，屠戮。形符是“殳”，声符是“杀”。但凡“殺”的部属都从“殺”。，古文“殺”字。，古文“殺”字。，古文“殺”字。

弑 臣殺君也①。《易》曰：“臣弑其君。”①从殺省，式声。式吏切（shì）

【注释】①段玉裁注：“述其实则曰杀君，正其名则曰弑君。”

【译文】弑，大臣杀君主。《周易·坤卦·文言》中讲道：“臣子弑杀了他的君主。”形符是“殺”的省文，声符是“式”。

文二 重三

几 鸟之短羽飞几几也。象形。凡几之属皆从几。读若殊。市朱切（shū）

【译文】几，短羽毛的鸟类飞翔时发出的几几的声音。象形。但凡“几”的部属都从“几”。发音如同“殊”字。

㲎 新生羽而飞也。从几，从彡（shān）。之忍切（zhěn）

【译文】㲎，雏鸟新生羽毛学习飞翔。由“几”和“彡”会意。

鳧(凫) 舒鳧，鶩也。从鳥，几声。房无切(fú)

【译文】鳧，舒鳧，即鶩。形符是“鳥”，声符是“几”。

文三

寸 十分也。人手却一寸，动脉，谓之寸口。从又，从一。凡寸之属皆从寸。仓困切(cùn)

【译文】寸，十分。人手后退一寸，就是动脉所在，称作“寸口”。由“又”和“一”会意。但凡“寸”的部属都从“寸”。

寺 廷也。有法度者也。从寸，之声。祥吏切(sì)

【译文】寺，官府。具有法制的地方。形符是“寸”，声符是“之”。

將(将) 帅也。从寸，牆省声。即谅切(jiàng)

【译文】將，將帅。形符是“寸”，声符是“牆”的省文。

潯[尋](寻) 绎理也。从工，从口，从又，从寸。工、口，乱也。又、寸，分理之。彡声。此与襄同意。度，人之两臂为潯，八尺也。徐林切(xún)

【译文】潯，找到丝的头绪来整理它。由“工”、“口”、“又”和“寸”会意。“工”和“口”，表示错乱的意思。“又”和“寸”，表示分别整理的意思。声符是“彡”。构形与“襄”字同义。一种说法是。“潯”是度名，人张开双臂的长度就是“一潯”，长度是八尺。

專（专） 六寸簿也。从寸，叀声。一曰，專，纺專。职缘切（zhuān）

【译文】專，六寸簿。形符是“寸”，声符是“叀”。一种说法是，專即纺專。

尃 布也。从寸，甫声。芳无切（fū）

【译文】尃，布施。形符是“寸”，声符是“甫”。

導（导） 導引也。从寸，道声。徒皓切（dào）①

【注释】①徒皓切：现音读，dǎo。

【译文】導，引导。形符是“寸”，声符是“道”。

文七

皮 剥取兽革者谓之皮。从又，爲省声。凡皮之属皆从皮。𠮶，古文皮。𡰪，籀文皮。符羈切（pí）

【译文】皮，剥取野兽的革称作“皮”。形符是“又”，声符是“爲”的省文。但凡“皮”的部属都从“皮”。𠮶，古文“皮”字。𡰪，籀文“皮”字。

皰 面生气也。从皮，包声。旁教切（pào）

【译文】皰，脸上生的热疮。形符是“皮”，声符是“包”。

皯 面黑气也。从皮，干声。古旱切（gàn）

【译文】皯，面色黝黑干燥。形符是“皮”，声符是“干”。

文三 重二

瓷 [篆] 柔韦也。从北，从皮省，（从）夐省。凡瓷之属皆从瓷。读若耎（ruǎn）。一曰，若儁（juàn）。[古文]，古文瓷。[籀文]，籀文瓷，从夐省。而兖切（ruǎn）

【译文】瓷，鞣制皮革。从“北”和“皮”的省文会意，声符是“夐”的省文。但凡“瓷”的部属都从“瓷”。发音如同“耎”字。一说，发音如同“儁”字。[古文]，古文“瓷”字。[籀文]，籀文“瓷”字，声符是“夐”的省文。

𣫲 [篆] 羽猎韦绔（kù）。从瓷，灷（zhuàn）声。[或体]，或，从衣，从朕。《虞书》曰：“鸟兽𣫲毛。”而陇切（rǒng）①

【注释】①而陇切：今音依《广韵》子峻切，读jùn。

【译文】𣫲，打猎时穿的皮裤。形符是“瓷”，声符是“灷”。[或体]，“𣫲”的异体字，由“衣”和“朕”会意。《尚书·虞书·尧典》中讲道：“鸟兽新生的𣫲毛。”

文三 重二

攴 [篆] 小击也。从又，卜声。凡攴之属皆从攴。普木切（pū）

【译文】攴，小击。形符是“又”，声符是“卜”。但凡“攴”的部属都从“攴”。

啟[啓](启) [篆] 教也。从攴，启声。《论语》曰：“不愤不啟。”康礼切（qǐ）

【译文】啟，教育，教导。形符是“攴”，声符是“启”。《论语·述而》中讲道：“不到他想弄明白而未得时，不去开导他。”

徹（彻） 通也。从彳，从攴，从育。，古文徹。丑列切（chè）

【译文】徹，贯通。由“彳”“攴”“育”会意。，古文“徹”。

肈 击也。从攴，肇省声。治小切（zhào）

【译文】肈，击打。形符是“攴”，声符是“肇”的省文。

敏 疾也。从攴，每声。眉殒切（mǐn）

【译文】敏，迅捷。形符是“攴”，声符是“每”。

敃 强也。从攴，民声。眉殒切（mǐn）

【译文】敃，强悍。形符是“攴”，声符是“民”。

敄 强也。从攴，矛声。亡遇切（wù）

【译文】敄，勉强。形符是“攴”，声符是“矛”。

敀 （迮）[笮]也。从攴，白声。《周书》曰：“常敀、常任。”①博陌切（pò）

【注释】①语见《尚书·周书·立政》。敀今作伯。

【译文】敀，迫。形符是“攴”，声符是“白”。《尚书·周书》中讲道：“常敀官、常任官。”

整 齊也。从攴，从束，从正，正亦声。之郢切（zhěng）

【译文】整，整齐。由“攴”“束”和“正”会意，“正”也是声符。

效 象也。从攴，交声。胡教切（xiào）

【译文】效，效法。形符是“攴”，声符是“交”。

故 使为之也。从攴，古声。古慕切（gù）

【译文】故，使其成为这个样子。形符是“攴”，声符是“古”。

政 正也。从攴，从正，正亦声。之盛切（zhèng）

【译文】政，正。由“攴”和“正”会意，“正”也是声符。

敂 敷也。从攴，也声。读与施同。式支切（shī）

【译文】敂，布施。形符是“攴”，声符是“也”。发音如同“施”字。

敷 敂也。从攴，尃声。《周书》曰：“用敷遗（wèi）后人。”①芳无切（fū）

【注释】①语见《尚书·周书·顾命》。

【译文】敷，施舍。形符是“攴”，声符是“尃”。《尚书·周书》中讲道：“因此施于后人幸福。”

敟 [篆] 主也。从攴，典声。多殄切（diǎn）

【译文】敟，主持。形符是“攴”，声符是“典”。

㪢 [篆] 数也。从攴，麗声。力米切（lǐ）

【译文】㪢，计数。形符是“攴”，声符是“麗”。

數（数） [篆] 计也。从攴，婁声。所矩切（shǔ）

【译文】數，计数。形符是“攴”，声符是“婁”。

潄 [篆] 辟潄铁也。从攴，从涑。郎电切（liàn）

【译文】潄，反复折叠锤炼精良的金属。由“攴”和“涑”会意。

孜 [篆] 汲汲也[1]。从攴，子声。《周书》曰：“孜孜无怠。”[2]子之切（zī）

【注释】①《广雅》：“孜孜、汲汲，剧也。”段玉裁注：“汲汲与彶彶同，急行也。”②语见《尚书·周书·泰誓》：“尔其孜孜，奉予一人。”

【译文】孜，勤勉不倦。形符是“攴”，声符是“子”。《尚书·周书》中讲道：“孜孜不怠。”

攽 [篆] 分也。从攴，分声。《周书》曰：“乃惟孺子攽。”[1]亦读与彬同。布还切（bān）

【注释】①语见《尚书·周书·洛诰》。

【译文】攽，分。形符是“攴”，声符是“分”。《尚书·周书》中讲道：“想让年轻人来承担政务。”发音如同“彬”字。

㪋 止也。从攴，旱声。《周书》曰："㪋我于艰。"[①]侯旰切（hàn）

【注释】①语见《尚书·周书·文侯之命》。㪋今作捍。

【译文】㪋，救止。形符是"攴"，声符是"旱"。《尚书·周书》中讲道："在我艰难时来捍卫我。"

敳 有所治也。从攴，岂声。读若（豤）[墾]。五来切（ái）

【译文】敳，有所治理。形符是"攴"，声符是"岂"。发音如同"墾"字。

敞 平治高土，可以远望也。从攴，尚声。昌两切（chǎng）

【译文】敞，平整高土，以便登高望远。形符是"攴"，声符是"尚"。

敒 理也。从攴，伸声。直刃切（zhèn）[①]

【注释】①直刃切：现音读按《集韵》升人切，shēn。

【译文】敒，整理，治理。形符是"攴"，声符是"伸"。

改 更也。从攴、己[声]。古亥切（gǎi）

【译文】改，变更，更换。形符是"攴"，声符是"己"。

變（变） 更也。从攴，䜌声。秘恋切（biàn）

【译文】變，改變，變更。形符是“攴”，声符是“䜌”。

叓[更] 改也。从攴，丙声。古孟切（gèng），又古行切（gēng）

【译文】叓，更换，更改。形符是“攴”，声符是“丙”。

敕 诫也。臿地曰敕。从攴，朿声。耻力切（chì）

【译文】敕，劝诫，告诫。在地上栽插称作“敕”。形符是“攴”，声符是“朿”。

敁 使也。从攴，耴（zhé）省声。而涉切（niè）①

【注释】①而涉切：现音读按《广韵》稣协切，xiè。

【译文】敁，使。形符是“攴”，声符是“耴”的省文。

斂（敛） 收也。从攴，佥声。良冉切（liǎn）

【译文】斂，收敛。形符是“攴”，声符是“佥”。

敹 择也。从攴，尞（mí）声。《周书》曰：“敹乃甲胄。”①洛箫切（liáo）

【注释】①语见《尚书·周书·费誓》。

【译文】敹，选择。形符是“攴”，声符是“尞”。《尚书·周书》中讲道：“挑选你们的军服和头盔。”

敿 [seal] 系连也。从攴，喬声。《周书》曰：“敿乃干。”[1]读若矫。居夭切（jiǎo）

【注释】①语见《尚书·周书·费誓》。干：盾。

【译文】敿，系连。形符是“攴”，声符是“喬”。《尚书·周书》中讲道：“系连你们的盾牌。”发音如同“矫”字。

敆 [seal] 合会也。从攴，从合，合亦声。古沓切（gé）[1]

【注释】①古沓切：现音按《广韵》侯合切，读 hé。

【译文】敆，合会。由“攴”和“合”会意，“合”也是声符。

敶 [seal] 列也。从攴，陳声。直刃切（zhèn）

【译文】敶，陈列。形符是“攴”，声符是“陳”。

敵（敌） [seal] 仇也。从攴，啻声。徒历切（dí）

【译文】敵，仇敌。形符是“攴”，声符是“啻”。

救 [seal] 止也。从攴，求声。居又切（jiù）

【译文】救，禁止。形符是“攴”，声符是“求”。

敚 [seal] 强取也。《周书》曰：“敚攘矫虔。”[1]从攴，兑声。徒活切（duó）

【注释】①语见《尚书·周书·吕刑》。敚今本作夺。

【译文】敚，强制夺取。《尚书·周书》中讲道：“强夺窃取欺诈抢劫。”形符是“攴”，声符是“兑”。

斁 解也。从攴，睪声。《诗》云：“服之无斁。”[①] 斁，猒也。一曰，终也。羊益切（yì）

【注释】①语见《诗经·周南·葛覃》。

【译文】斁，解除。形符是“攴”，声符是“睪”。《诗经》中讲道：“穿了它们不斁弃。”“斁”，厌恶。一说，终止。

赦 置也。从攴，赤声。，赦或，从亦。始夜切（shè）

【译文】赦，丢弃，放置。形符是“攴”，声符是“赤”。，“赦”的异体字，声符是“亦”。

攸 行水也。从攴，从人，水省。，秦刻石绎山文攸字如此。以周切（yōu）

【译文】攸，水平稳的流淌。由“攴”、“人”和“水省”会意。，秦刻石绎山文中的“攸”字就是这样。

𢼂 抚也。从攴，亡声。读与抚同。芳武切（fǔ）

【译文】𢼂，抚摸。形符是“攴”，声符是“亡”。发音与“抚”字相同。

敉 抚也。从攴，米声。《周书》曰：“亦未克敉公功。”[①]读若弭。，敉或，从人。绵婢切（mǐ）

【注释】①语见《尚书·周书·洛诰》。

【译文】敉，安抚。形符是“攴”，声符是“米”。《尚书·周书》中讲道：“未能抚慰周公您的功劳。”发音如同“弭”字。，“敉”

的异体字，从"人"。

鬄 鬄 侮也。从攴，从易，易亦声。以豉切（yì）
【译文】鬄，侮辱。由"攴"和"易"会意，"易"也是声符。

韋攴 韋攴 戾也。从攴，韋声。羽非切（wéi）
【译文】韋攴，乖戾地违背。形符是"攴"，声符是"韋"。

𣪣[敦] 𣪣 怒也；诋也。一曰，谁何也。从攴，𦎫（chún）声。都昆切（dūn），又丁回切（duī）

【译文】𣪣，愤怒；诋毁。一说，苛责。形符是"攴"，声符是"𦎫"。

羣攴 羣攴 朋侵也。从攴，从羣，羣亦声。渠云切（qún）
【译文】羣攴，群行攻击。由"攴"和"羣"会意，"羣"也是声符。

敗（败） 敗 毁也。从攴、貝。敗、賊皆从貝会意。𤾍，籀文敗，从䝨。薄迈切（bài）

【译文】敗，损毁。由"攴"和"貝"会意。"敗"和"賊"都由"貝"会意。𤾍，籀文"敗"字，从"䝨"。

𤔔攴 𤔔攴 烦也。从攴，从𤔔，𤔔亦声。郎段切（luàn）
【译文】𤔔攴，烦乱。由"攴"和"𤔔"会意，"𤔔"也是声符。

寇 （篆） 暴也。从攴，从完。苦候切（kòu）

【译文】寇，暴乱。由“攴”和“完”会意。

敱 （篆） 刺也。从攴，蚩（chī）声。猪几切（zhǐ）

【译文】敱，刺。形符是“攴”，声符是“蚩”。

敷 （篆） 闭也。从攴，度声。读若杜。剫，敷或，从刀。徒古切（dù）

【译文】敷，闭塞，封闭。形符是“攴”，声符是“度”。发音如同“杜”字。剫，“敷”的异体字，从“刀”。

敜 （篆） 塞也。从攴，念声。《周书》曰：“敜乃穽（jǐng）。”[①]奴叶切（niè）

【注释】①语见《尚书·周书·费誓》。

【译文】敜，闭塞。形符是“攴”，声符是“念”。《尚书·周书》中讲道：“堵塞捕兽的陷阱。”

斁 （篆） 斁尽也。从攴，畢声。卑吉切（bì）

【译文】斁，终了。形符是“攴”，声符是“畢”。

收 （篆） 捕也。从攴，丩（jiū）声。式州切（shōu）

【译文】收，捕获犯人。形符是“攴”，声符是“丩”。

鼓　击鼓也。从支，从壴（zhù），壴亦声。公户切（gǔ）

【译文】鼓，击鼓。由“支”和“壴”会意，“壴”也是声符。

攷［考］　敂（kòu）也。从支，丂声。苦浩切（kǎo）

【译文】攷，叩击。形符是“攴”，声符是“丂”。

敂　击也。从支，句声。读若扣。苦候切（kòu）

【译文】敂，敲打。形符是“攴”，声符是“句”。发音如同“扣”字。

攻　击也。从支，工声。古洪切（gōng）

【译文】攻，攻击。形符是“攴”，声符是“工”。

敲　横擿（zhì）也。从支，高声。口交切（qiāo）

【译文】敲，横向击打。形符是“攴”，声符是“高”。

豛　击也。从支，豖声。竹角切（zhuó）

【译文】豛，敲打。形符是“攴”，声符是“豖”。

𢼄　放也。从支，㞷声。迂往切（wǎng）

【译文】𢼄，放逐，流放。形符是“攴”，声符是“㞷”。

𠩺　坼也。从支，从厂（hǎn）。厂之性坼，果孰有味亦坼。故谓之𠩺，从未（声）。许其切（xī）

【译文】𢻱，裂坼。由“攴”和“厂”会意。山石的厓岩容易坼裂，果实成熟之后有气味也会坼裂。因此被称作是“𢻱”，声符是“未”。

斀 去阴之刑也。从攴，蜀声。《周书》曰：“刖（yuè）、劓（yì）、斀、黥（qíng）。”竹角切（zhuó）

【译文】斀，割去生殖器的刑罚。形符是“攴”，声符是“蜀”。《尚书·周书·吕刑》中讲道：“刖刑、劓刑、斀刑、黥刑。”

敯 冒也。从攴，昏声。《周书》曰：“敯不畏死。”眉殒切（mǐn）

【译文】敯，冒昧。形符是“攴”，声符是“昏”。《尚书·周书·康诰》中讲道：“强横不怕死。”

敔 禁也。一曰，乐器椌（qiāng）楬（qià）也，形如木虎。从攴，吾声。鱼举切（yǔ）

【译文】敔，禁止。一种说法是，乐器，是“椌楬”的“楬”，形状像木制的伏虎。形符是“攴”，声符是“吾”。

敤 研治也。从攴，果声。舜女弟名敤首。苦果切（kě）

【译文】敤，研治。形符是“攴”，声符是“果”。舜的妹妹名叫“敤首”。

鈙 持也。从攴，金声。读若琴。巨今切（qín）

【译文】鈙，持。形符是“攴”，声符是“金”。发音如同

“琴”字。

斁［斀］ 弃也。从攴，𦧇声。《周书》以为讨[①]。《诗》云：“无我斁兮。”[②]市流切（chóu）

【注释】①《周书》无讨字。《虞书·皋陶谟》有“天讨有罪”。②语见《诗经·郑风·遵大路》。斁今本作魗。

【译文】斁，丢弃。形符是“攴”，声符是“𦧇”。《尚书·周书》中借用为“讨”字。《诗经》中讲道：“不要抛下我。”

畋  平田也。从攴、田。《周书》曰：“畋尔田。”[①]待年切（tián）

【注释】①语见《尚书·周书·多方》。

【译文】畋，平整农田。由“攴”和“田”会意。《尚书·周书》中讲道：“平整好你们的农田。”

改 毅改，大刚卯，以逐鬼彪也。从攴，巳声。读若巳。古亥切（gǎi）[①]

【注释】①古亥切：现音读按《广韵》羊己切，yǐ。

【译文】改，毅改，大刚卯，用它来驱逐鬼魅。形符是“攴”，声符是“巳”。发音如同“巳”字。

叙  次弟也。从攴，余声。徐吕切（xù）

【译文】叙，次弟。形符是“攴”，声符是“余”。

敉 毁也。从攴，卑声。辟米切（bǐ）

【译文】𢻮，捣毁。形符是“支”，声符是“卑”。

𣀀 也。从支，兒声。五计切（yì）[①]

【注释】①五计切：现音按《广韵》五稽切，读 ní。

【译文】𣀀，捣毁。形符是“支”，声符是“兒”。

牧 养牛人也。从支，从牛。《诗》曰：“牧人乃梦。”[①]莫卜切（mù）

【注释】①语见《诗经·小雅·无羊》。

【译文】牧，饲养牛的人。由“支”和“牛”会意。《诗经》中讲道：“牧人做起了梦。”

敇 击马也。从支，朿声。楚革切（cè）

【译文】敇，击打马匹。形符是“支”，声符是“朿”。

𣀔 小舂也。从支，算声。初絭切（chuàn）

【译文】𣀔，稍微舂击。形符是“支”，声符是“算”。

𣀉 䃣（xí）田也。从支，堯声。牵遥切（qiāo）

【译文】𣀉，击打田中的硬土。形符是“支”，声符是“堯”。

文七十七 重六

教 上所施下所效也。从支，从孝。凡教之属皆从教。，古文教。，亦古文教。古孝切（jiào）

【译文】教，在上施教，在下仿效的行为。由“支”和“孝”

会意。但凡“教”的部属都从“教”。𡥈，古文“教”。𤕝，也是古文“教”。

斆 𡥈 觉悟也。从教，从冖。冖，尚蒙也。臼声。𦥯，篆文，斆省。胡觉切（xué）[①]

【注释】①胡觉切：现音按《广韵》胡教切，读 xiào。

【译文】斆，觉悟。由“教”和“冖”会意。“冖”表示还处于蒙昧无知的状态。声符是“臼”。𦥯，篆文“斆”，“斆”字的省略。

文二 重二

卜 卜 灼剥龟也，象灸龟之形。一曰，象龟兆之从横也。凡卜之属皆从卜。𠁽，古文卜。博木切（bǔ）

【译文】卜，用火来烧裂龟甲，象火烧龟甲的样子。一说，形似龟甲纵横交错的裂纹。但凡“卜”的部属都从“卜”。𠁽，古文“卜”。

卦 卦 筮也。从卜，圭声。古坏切（guà）

【译文】卦，用蓍草来进行占卜。形符是“卜”，声符是“圭”。

𠃧[乩] 𠃧 卜以问疑也。从口、卜。读与稽同。《书》云“𠃧疑”[①]。古兮切（jī）

【注释】①语见《尚书·周书·洪范》。今作稽疑。

【译文】𠃧，以占卜来询问疑惑。由“口”和“卜”会意，发音与“稽”字相同。《尚书·周书》中讲道：“用占卜来解决疑惑。”

貞（贞） 卜问也。从卜，貝以为贽。一曰，鼎省声。京房所说。陟盈切（zhēn）

【译文】貞，卜问。由“卜”会意，将“貝”作为礼品。一说，“貞”，声符是“鼎”的省文。这是京房氏的说法。

𠧩 《易》卦之上体也①。《（商）[周]书》曰：“曰贞曰𠧩。”②从卜，每声。荒内切（huì）

【注释】①上体即是上卦。下卦为贞，上卦为𠧩。𠧩，通晦，有终意。②语见《尚书·周书·洪范》。𠧩今本作悔。

【译文】𠧩，《周易》卦的上体。《尚书·周书》中讲道：“有下卦，有上卦。”形符是“卜”，声符是“每”。

占 视兆问也。从卜，从口。职廉切（zhān）

【译文】占，查兆问疑。由“卜”和“口”会意。

卲 卜问也。从卜，召声。市沼切（shào）

【译文】卲，卜问。形符是“卜”，声符是“召”。

㸚[兆] 灼龟坼也。从卜；兆，象形。，古文兆，省。治小切（zhào）

【译文】㸚，灼烧龟甲的裂纹。由“卜”会意；“兆”，象裂文的形状。，古文“兆”，“㸚”的省略。

文八 重二

用 可施行也。从卜，从中。卫宏说。凡用之属皆从用。，古文用。余讼切（yòng）

【译文】用，可以施行。由“卜”和“中”会意。这是卫宏的说法。但凡“用”的部属都从“用”。，古文“用”。

甫 男子美称也。从用、父，父亦声。方矩切（fǔ）

【译文】甫，对男子的美称。由“用”和“父”会意，“父”也是声符。

庸 用也。从用，从庚。庚，更事也。《易》曰：“先庚三日。”[①]余封切（yōng）

【注释】①语见《周易·巽卦·九五》爻辞。

【译文】庸，施用。由“用”和“庚”会意。“庚”，表示变更方法的意思。《周易》中讲道：“先干三天而后要变更。”

葡[葡]（备） 具也。从用，苟（jì）省。平秘切（bèi）

【译文】葡，齐备。由“用”和“苟”的省文构成会意。

甯[寧]（宁） 所愿也。从用，寧省声。乃定切（nìng）

【译文】甯，宁愿。形符是“用”，声符是“寧”的省文。

文五 重一

爻 交也。象《易》六爻头交也。凡爻之属皆从爻。胡茅切（yáo）

【译文】爻，交错。象《周易》卦六爻相交的样子。但凡“爻”的部属都从“爻”。

棥 藩也。从爻，从林。《诗》曰：“营营青蝇，止于棥。”[1]附袁切（fán）

【注释】①语见《诗经·小雅·青蝇》。棥今本作樊。

【译文】棥，藩篱。由“爻”和“林”会意。《诗经》中讲道：“营营而叫的苍蝇，停留在藩篱之上。”

文二

㸚 二爻也。凡㸚之属皆从㸚。力几切（lǐ）

【译文】㸚，窗牖交错的纹饰。但凡“㸚”的部属都从“㸚”。

爾（尔） 丽爾，犹靡丽也。从冂，从㸚，其孔㸚，尒声。此与爽同意。儿氏切（ěr）

【译文】爾，丽爾，犹如说空明疏朗一般。由“冂”和“㸚”会意，“㸚”表示孔格疏朗，声符是“尒”。与“爽”都从“㸚”会意，构形原则相同。

爽 明也。从㸚，从大。，篆文爽。疏两切（shuǎng）

【译文】爽，明朗。由“㸚”和“大”会意。，篆文中的“爽”字。

文三 重一

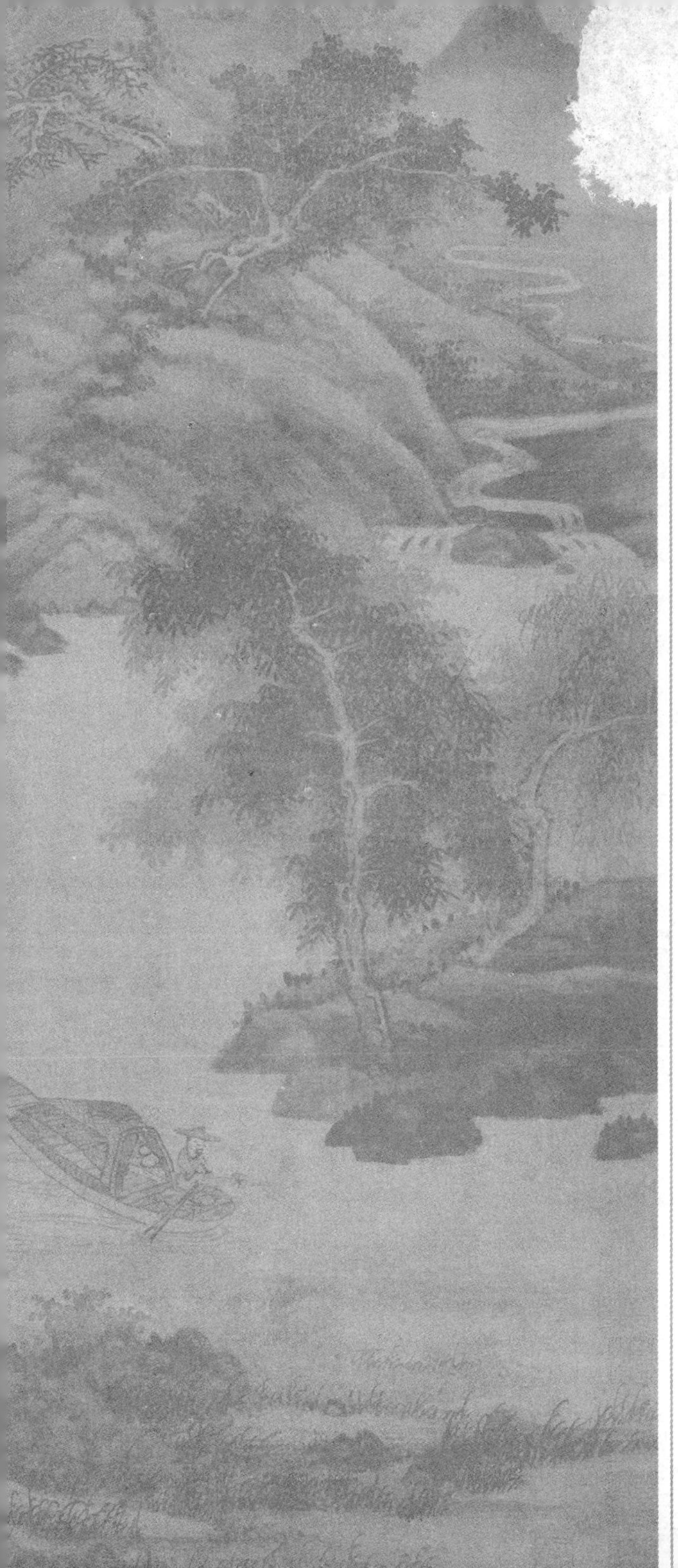

全注全译

说文解字

（二）

〔汉〕许慎 著
谦德书院 注译

团结出版社

目 录

卷八

卷九

卷十

卷十一

卷十二

卷十三

卷七

𥄎 举目使人也。从攴，从目。凡𥄎之属皆从𥄎。读若颰（xuè）。火劣切（xuè）

【译文】𥄎，抬头用眼睛示意别人。由“攴”和“目”会意。但凡“𥄎”的部属都从“𥄎”。发音如同“颰”字。

敻 营求也。从𥄎，从人在穴上。《商书》曰：“高宗梦得说，使百工敻求，得之傅岩。”[①] 岩，穴也。朽正切（xiòng）[②]

【注释】①语见《尚书·商书·说命上》。②朽正切：现音按《广韵》许县切，读 xuàn。

【译文】敻，营求。从“𥄎”，由“人”在“穴”会意。《尚书·商书》中讲道：“高宗于梦中发现了傅说，命令百官去想办法寻找，最终在傅岩找到了他。”

闅 低目视也。从𥄎，門声。弘农湖县有闅乡，汝南西平有闅亭。无分切（wén）

【译文】闅，低头用眼睛看。形符是“𥄎”，声符是“門”。

弘农郡湖县有一闅乡，汝南郡西平县有一闅亭。

奞 大视也。从大、旻。读若齤（quán）。况晚切（xuǎn）①

【注释】①况晚切：现音按《广韵》巨员切，读 quán。

【译文】奞，睁大眼睛看。由“大”和“旻”会意。发音如同“齤”字。

文四

目 人眼。象形。重，童子也。凡目之属皆从目。莫六切（mù）

【译文】目，人的眼睛。象形字。眶内的重划“二”，代表瞳仁。但凡“目”的部属都从“目”。

眼 目也。从目，艮声。五限切（yǎn）

【译文】眼，眼睛。形符是“目”，声符是“艮”。

䁣[矉] 儿初生瞥者。从目，瞏（qióng）声。邦免切（biǎn）

【译文】䁣，小孩儿在刚出生时，眼皮遮蔽眼睛。形符是“目”，声符是“瞏”。

眩 目无常主也。从目，玄声。黄绚切（xuàn）

【译文】眩，眼睛昏花，看东西模糊不清。形符是“目”，声符是“玄”。

眥[眦] 目匡也。从目，此声。在诣切（zì）

【译文】眥，眼眶。形符是“目”，声符是“此”。

睫 目旁毛也。从目，夾声。子叶切（jié）

【译文】睫，眼睫毛。形符是“目”，声符是“夾”。

矎 卢童子也。从目，縣声。胡畎切（xuàn）

【译文】矎，黑色的瞳仁。形符是“目”，声符是“縣”。

瞦 目童子精也。从目，喜声。读若禧。许其切（xī）

【译文】瞦，小孩儿眼睛瞳孔里的精气神儿。形符是“目”，声符是“喜”。发音如同“禧”字。

矏 目旁，薄致宀宀也。从目，𦟝声。武延切（mián）

【译文】矏，眼睛的上边，眼皮折叠得非常紧密。形符是“目”，声符是“𦟝”。

䁔 大目也。从目，非声。芳微切（fēi）

【译文】䁔，大眼睛。形符是“目”，声符是“非”。

𥇖 大目也。从目，臤声。侯简切（xiàn）

【译文】瞖，大眼睛。形符是“目”，声符是“臤”。

睅 大目也。从目，旱声。睆，睅或，从完。户版切（huǎn）[①]

【注释】①户版切：现音依《集韵》下罕切，读 hàn。

【译文】睅，大眼睛。形符是“目”，声符是“旱”。睆，“睅”的异体字，声符是“完”。

暖 大目也。从目，爰声。况晚切（xuǎn）[①]

【注释】①况晚切：现音依《广韵》况袁切，读 xuān。

【译文】暖，大眼睛。形符是“目”，声符是“爰”。

瞞[䮶] 平目也。从目，㒼声。母官切（mán）

【译文】瞞，使眼皮低垂。形符是“目”，声符是“㒼”。

睴 大目出也。从目，軍声。古钝切（gùn）

【译文】睴，眼睛大且突出。形符是“目”，声符是“軍”。

矕 目矕矕也。从目，䜌声。武版切（mǎn）

【译文】矕，目视的样子。形符是“目”，声符是“䜌”。

睔 目大也。从目、侖。《春秋传》有郑伯睔[①]。古本切（gùn）

【注释】①语见《左传·襄公二年》。

【译文】睔，眼睛圆大。由“目”和“侖”会意。《左传·襄公二年》中有人名“郑睔”的记载。

盼 《诗》曰：“美目盼兮。”[1]从目，分声。匹苋切（pàn）

【注释】①语见《诗经·卫风·硕人》。毛传：“盼，黑白分。”

【译文】盼，《诗经》中讲道：“优美眼睛流转，眼珠黑白分明。”形符是“目”，声符是“分”。

盱 目多白也。一曰，张目也。从目，干声。古旱切（gǎn）[1]

【注释】①古旱切：现音按《广韵》古案切，读 gàn。

【译文】盱，眼睛露出许多白眼珠。一说，睁开眼睛。形符是“目”，声符是“干”。

眅 多白眼也。从目，反声。《春秋传》曰：“郑游眅，字子明。”[1]普班切（pān）

【注释】①语见《左传·襄公二十二年》。

【译文】眅，白眼露出得很多，形符是“目”，声符是“反”。《左传》中讲道：“郑国的游眅，字子明。”

晛 （出目）[目出皃]也[1]。从目，見声。胡典切（xiàn）

【注释】①出目也：段玉裁《说文解字注》作目出皃也。

【译文】睍，眼睛突出的样子。形符是“目”，声符是“見”。

矔　目多精也。从目，雚声。益州谓瞋目曰矔。古玩切（guàn）

【译文】矔，眼睛很有神采。形符是“目”，声符是“雚”。益州地区将怒目而视称作为“矔”。

瞵　目精也。从目，粦声。力珍切（lín）

【译文】瞵，眼睛有精神。形符是“目”，声符是“粦”。

窅　深目也。从穴中目。乌皎切（yǎo）

【译文】窅，眼睛向里凹陷。由“目”在“穴”中会意。

眊　目少精也[1]。从目，毛声。《（虞）[周]书》耄字从此[2]。亡报切（mào）

【注释】①目少精：《孟子·离娄上》“眸子眊焉”赵岐注：“眊者，蒙蒙目不明之貌。”②《虞书》：当为《尚书·周书·吕刑》。

【译文】眊，眼中缺少精气神儿。形符是“目”，声符是“毛”。《尚书·周书》中的“耄”字就是如此。

矘　目无精直视也。从目，黨声。他朗切（tǎng）

【译文】矘，眼睛没有精神的看着。形符是“目”，声符是“黨”。

睒 暂视皃。从目，炎声。读若“白盖谓之苫（shān）”相似。失冉切（shǎn）

【译文】睒，突然睁开眼睛看了看。形符是“目”，声符是“炎”。发音如同“白盖谓之苫”中的“苫”字。

眮 吴、楚谓瞋目、顾视曰眮。从目，同声。徒弄切（dòng）

【译文】眮，吴、楚地区将睁目，顾视称作是“眮”。形符是“目”，声符是“同”。

䀣 直视也。从目，必声。读若《诗》云“泌彼泉水”①。兵媚切（bì）

【注释】①语见《诗经·邶风·泉水》。泌今本作毖。

【译文】䀣，眼睛直盯着看。形符是“目”，声符是“必”。发音如同《诗经》“泌彼泉水”中的“泌”字。

瞴 瞴娄，微视也。从目，無声。莫浮切（móu）

【译文】瞴，瞴娄，悄悄的看一下。形符是“目”，声符是“無”。

䀏[䀏] 蔽人视也。从目，幵（jiān）声。读若携手。一曰，直视也。[illegible]，䀏目或在下。[户圭切]又苦兮切（qī）

【译文】䀏，不让别人看而自己看。形符是“目”，声符是

“幵”。发音如同“携手”的“携”字。一说，目不转睛地看。[illegible]，“盱”的“目”旁有时会写在下部。

晚　晚贤（xiàn）[1]，目视皃。从目，免声。武限切（mǎn）

【注释】①晚贤：叠韵连绵词。

【译文】晚，晚贤，直视的样子。形符是“目”，声符是“免”。

眂　眂皃。从目，氏声。承旨切（shì）

【译文】眂，看的样子。形符是“目”，声符是“氏”。

睨　衺视也。从目，兒声。研计切（nì）

【译文】睨，不正眼看。形符是“目”，声符是“兒”。

瞐　低目视也。从目，冒声。《周书》曰：“武王惟瞐。”[1]亡保切（mǎo）[2]

【注释】①语见《尚书·周书·君奭》。瞐今本作冒。②亡保切：现音依《广韵》莫报切，读 mào。

【译文】瞐，低着眼睛看。形符是“目”，声符是“冒”。《尚书·周书》中讲道：“武王惟瞐。”

眓　视高皃。从目，戉（yuè）声。读若《诗》曰“施罛（gū）濊濊”[1]。呼哲切（xuē）[2]

【注释】①语见《诗经·卫风·硕人》。②呼哲切：按照《广韵》呼括切，读 huò。

【译文】眓，抬头仰视的样子。形符是“目”，声符是“戉”。发音如同《诗经》中讲道的“施罛濊濊”中的“濊”字。

眈 视近而志远。从目，冘声。《易》曰：“虎视眈眈。”[①]丁含切（dān）

【注释】①语见《周易·颐卦》。眈今作耽。

【译文】眈，视线近但意志深远。形符是“目”，声符是“冘”。《周易》中讲道：“虎视眈眈。”

䁂 相顾视而行也。从目，从延（chān）[①]，延亦声。於线切（yàn）[②]

【注释】①延：即缓步前进。②於线切：现音按《广韵》以然切，读 yán。

【译文】䁂，边走边看。由“目”和“延”会意，“延”也是声符。

盱 张目也。从目，于声。一曰，朝鲜谓卢童子曰盱。况於切（xū）

【译文】盱，睁大眼睛。形符是“目”，声符是“于”。一说，朝鲜地区将黑眼珠称作是“盱”。

睘[瞏] 目惊视也。从目，袁声。《诗》曰：“独行睘睘。”[①]渠营切（qióng）

【注释】①语见《诗经·唐风·杕杜》。睘今本作睘。

【译文】瞏，瞪大眼睛很吃惊地看着。形符是“目”，声符是“袁”。《诗经》中讲道：“独自前行，无依无靠。”

䁢 视而止也。从目，亶声。旨善切（zhǎn）

【译文】䁢，瞥一眼就不再看了。形符是“目”，声符是“亶”。

昒 目冥远视也。从目，勿声。一曰，久［视］也。一曰，旦明也。莫佩切（mèi）。

【译文】昒，眯着眼睛向远处看。形符是“目”，声符是“勿”。一说，长久地看。一说，黎明。

眕 目有所恨而止也。从目，㐱声。之忍切（zhěn）

【译文】眕，眼中有恨意却能掩饰得了自己。形符是“目”，声符是“㐱”。

䁘［瞟］ 䁯也。从目，㶾声。敷沼切（piǎo）

【译文】䁘，观察，审察。形符是“目”，声符是“㶾”。

䁯 察也。从目，祭声。戚细切（qì）

【译文】䁯，观察，审察。形符是“目”，声符是“祭”。

睹 见也。从目，者声。覩，古文，从見。当古切（dǔ）

【译文】睹，看见。形符是“目”，声符是“者”。覩，古文中的“睹”字，从“見”。

眔 目相及也。从目，从隶[①]省。徒合切（dà）

【注释】①隶：及。

【译文】眔，眼睛所能看到的事物。由“目”和“隶”会意。

睽 目不相听[①]也。从目，癸声。苦圭切（kuí）

【注释】①听：顺。

【译文】睽，眼睛不能相从。形符是“目”，声符是“癸”。

眛 目不明也。从目，末声。莫拨切（mò）

【译文】眛，眼睛不明亮。形符是“目”，声符是“末”。

瞥 转目视也。从目，般声。薄官切（pán）

【译文】瞥，转眼察看。形符是“目”，声符是“般”。

辦 小儿白眼也。从目，辡（biàn）声。蒲苋切（bàn）[①]

【注释】①蒲苋切：现音按《广韵》匹苋切，读 pàn。

【译文】辦，小孩儿的白眼。形符是“目”，声符是“辡”。

眽 目（财）[衺]视也。从目，𠂢声。莫获切（mò）

【译文】䀢，斜着眼睛看。形符是“目”，声符是“𠂢”。

䁯 𥌬 失意视也。从目，脩声。他历切（tì）
【译文】䁯，失落的眼神。形符是“目”，声符是“脩”。

瞫[䏞] 𥇝 谨钝目也。从目，𦎫声。之闰切（zhùn）
【译文】䏞，迟钝的眼神。形符是“目”，声符是“𦎫”。

瞤 𥉂 目动也。从目，閏声。如匀切（rún）
【译文】瞤，眼皮跳动。形符是“目”，声符是“閏”。

矉 𥉈 恨张目也。从目，賓声。《诗》曰：“国步斯矉。”[①] 符真切（pín）

【注释】①语见《诗经·大雅·桑柔》。矉今本作频。

【译文】矉，愤怒地瞪大眼睛看着。形符是“目”，声符是“賓”。《诗经》中讲道：“面对这样的国运，愤怒而睁大眼睛注视。”

眢 𥄭 目无明也。从目，夗声。一丸切（wān）[①]
【注释】①一丸切：现音按《广韵》其季切，读 yuān。

【译文】眢，眼睛没有光亮。形符是“目”声符是“夗”。

睢 𥉍 仰目也。从目，隹声。许惟切（huī）
【译文】睢，仰着头看。形符是“目”，声符是“隹”。

旬 目摇也。从目，匀省声。眴，旬或从旬。黄绚切（xuàn）

【译文】旬，眼珠来回转动。形符是“目”，声符是“匀省”。眴，“旬”的异体字，从“旬”声。

矆 大视[1]也。从目，蒦声。许缚切（huò）

【注释】①大视：吃惊的看着。

【译文】矆，睁大眼睛吃惊的看着。形符是“目”，声符是“蒦”。

睦 目顺也。从目，坴声。一曰，敬和也。，古文睦。莫卜切（mù）

【译文】睦，眼睛顺和。形符是“目”，声符是“坴”。一说，恭敬和顺。，古文中的“睦”字。

瞻 临视也。从目，詹声。职廉切（zhān）

【译文】瞻，俯视。形符是“目”，声符是“詹”。

瞀 氐目谨视也。从目，敄（wù）声。莫候切（mào）

【译文】瞀，低着头谨慎地看着。形符是“目”，声符是“敄”。

䁱 小视也。从目，買声。莫佳切（mái）

【译文】䁱，仔细地察看。形符是“目”，声符是“買”。

瞷 ![seal] 视也。从目，監声。古衔切（jiān）

【译文】瞷，察看。形符是“目”，声符是“監”。

䁈 ![seal] 省（xǐng）视也。从目，啓省声。苦系切（qì）

【译文】䁈，察看。形符是“目”，声符是“啓”的省文。

相 ![seal] 省视也。从目，从木。《易》曰：“地可观者，莫可观于木。”[①]《诗》曰：“相鼠有皮。”[②]息良切（xiāng）

【注释】①今《周易》无。②语见《诗经·鄘风·相鼠》。

【译文】相，察看。由“目”和“木”会意。《周易》中讲道：“地上可看的东西，没有什么比树木更可观了。”《诗经》中讲道：“观察那只老鼠，一定有皮。”

瞋 ![seal] 张目也。从目，真声。䀼，秘书瞋，从戌。昌真切（chēn）

【译文】瞋，瞪大眼睛。形符是“目”，声符是“真”。䀼，秘书中的“瞋”字，从“戌”。

瞗 ![seal] 目孰视也。从目，鳥声。读若雕。都僚切（diāo）

【译文】瞗，仔细的观察。形符是“目”，声符是“鳥”。

发音如同“雕”字。

睗 目疾视也。从目，易声。施只切（shì）

【译文】睗，用眼快速地看。形符是“目”，声符是“易”。

睊 视皃。从目，肙声。於绚切（yuàn）[1]

【注释】①於绚切：现音按《广韵》古县切，读 juàn。

【译文】睊，侧着眼睛看的样子。形符是“目”，声符是“肙”。

瞲 目深皃。从目、窅（yǎo）。读若《易》曰“勿衃”[1]之衃。於悦切（yuè）

【注释】①语见《周易·夬卦》。

【译文】瞲，眼睛向里凹陷的样子。由“目”和“窅”会意。发音如同《周易》中“勿衃”的“衃”字。

瞟 迎视也。从目，是声。读若珥瑱（tiàn）之瑱。他计切（tì）[1]

【注释】①他计切：现音按《广韵》他甸切，读 tiàn。

【译文】瞟，迎着看。形符是“目”，声符是“是”。发音如同“珥瑱”的“瑱”字。

瞯 目相戏也。从目，晏声。《诗》曰：“瞯婉之求。”[1]於殄切（yǎn）

【注释】①语见《诗经·邶风·新台》。瞯今本作燕。

【译文】睲，彼此用眼睛戏弄。形符是“目”，声符是“晏”。《诗经》中讲道：“睲婉之求。”

瞖（瞖） 短深目皃。从目，𠬛声。乌括切（wò）

【译文】瞖，眼睛小且凹陷的样子。形符是“目”，声符是“𠬛”。

眷 顾也。从目，𢍏（juàn）声。《诗》曰：“乃眷西顾。”[①]居倦切（juàn）

【注释】①语见《诗经·大雅·皇矣》。

【译文】眷即回过头来看。形符是“目”，声符是“𢍏”。《诗经》中讲道：“于是就回头眺望着西边。”

督 察也。一曰，目痛也。从目，叔声。冬毒切（dū）

【译文】督，察看。一说，眼睛痛。形符是“目”，声符是“叔”。

睎 望也。从目，稀省声。海、岱之间谓眄曰睎。香衣切（xī）

【译文】睎，望。形符是“目”，声符是“稀”的省文。海、岱之间的地区将“眄”称作是“睎”。

看 睎也。从手下目。𥄫，看或，从倝[①]。苦寒

切（kān）

【注释】①从倝（gàn）：徐锴《说文解字系传》："倝，声也。"

【译文】看，望。由"手"下加"目"会意。𥄫，"看"的异体字，从"倝"声。

矙[瞫]  深视也。一曰，下视也。又，窃见也。从目，覃声。式荏切（shěn）

【译文】矙，深深地看。一说，低着眼睛看。一说，窥视。形符是"目"，声符是"覃"。

睡  坐寐也。从目、垂。是伪切（shuì）

【译文】睡，坐着睡觉。由"目"和"垂"会意。

瞑  翕[①]目也。从目、冥，冥亦声。武延切（mián）[②]

【注释】①翕（xī）：合。②武延切：现音按《广韵》莫经切，读 míng。

【译文】瞑，闭上眼睛。由"目"和"冥"会意，"冥"也是声符。

眚  目病生翳（yì）也。从目，生声。所景切（shěng）

【译文】眚，眼睛生病长白膜。形符是"目"，声符是"生"。

瞥 过目也。又，目翳也。从目，敝声。一曰，财见也。普灭切（piē）

【译文】瞥，掠了一眼。一说，眼有白内障。形符是“目”，声符是“敝”。一说，才看到。

眵 目伤眦也。从目，多声。一曰，瞢（méng）兜。叱支切（chī）

【译文】眵，眼眶受伤。形符是“目”，声符是“多”。一说，眼屎。

䁾 目眵也。从目，蔑省声。莫结切（miè）

【译文】䁾，眼眶红肿。形符是“目”，声符是“蔑”的省文。

䀗 涓目也。从目，夬声。古穴切（jué）

【译文】䀗，眼睛时常流泪的病。形符是“目”，声符是“夬”。

䀶 目病也。从目，良声。力让切（liàng）

【译文】䀶，眼病。形符是“目”，声符是“良”。

眛 目不明也。从目，未声。莫佩切（mèi）

【译文】眛，眼睛不明亮。形符是“目”，声符是“未”。

瞯 戴目也。从目，閒声。江淮之间谓眄曰瞯。户闲切（xián）

【译文】瞯，眼睛向上看。形符是“目”，声符是“閒”。

江淮一带将“眄”称作是“矊”。

眯 艸入目中也。从目，米声。莫礼切（mǐ）

【译文】眯，草入眼中视线模糊。形符是“目”，声符是“米”。

眺 目不正也。从目，兆声。他吊切（tiào）

【译文】眺，眼睛不周正。形符是“目”，声符是“兆”。

睞（睐） 目童子不正也。从目，來声。洛代切（lài）

【译文】睞，瞳仁不周正。形符是“目”，声符是“來”。

睩 目睞谨也。从目，录声。读若鹿。卢谷切（lù）

【译文】睩，目光拘谨的注视着。形符是“目”，声符是“录”。发音如同“鹿”字。

䀸 眣也。从目，攸声。[illegible]，䀸或，从丩。敕鸠切（chōu）

【译文】䀸，眼光不正。形符是“目”，声符是“攸”。[illegible]，“䀸”的异体字，从“丩”声。

眣 目不正也。从目，失声。丑栗切（chì）①

【注释】①丑栗切：现音按《广韵》徒结切，读 dié。

【译文】眣，眼光不正。形符是“目”，声符是“失”。

矇 瞢 童矇也。一曰，不明也。从目，蒙声。莫中切（méng）

【译文】矇，瞳仁如同被遮蔽了一样。一说，昏暗不明。形符是“目”，声符是“蒙”。

眇 眇 一目小也。从目、从少，少亦声。亡沼切（miǎo）

【译文】眇，一只眼睛小。由“目”和“少”会意，“少”也是声符。

眄 眄 目偏合也。一曰，衺视也。秦语。从目，丏声。莫甸切（miàn）①

【注释】①莫甸切：现音按《广韵》弥殄切，读 miǎn。

【译文】眄，闭上一只眼睛。一说，斜眼看。是秦地的方言。形符是“目”，声符是“丏”。

略 略 眄也。从目，各声。卢各切（luò）

【译文】略，斜眼看。形符是“目”，声符是“各”。

盲 盲 目无牟子。从目，亡声。武庚切（máng）

【译文】盲，眼中黑白不分。形符是“目”，声符是“亡”。

瞯 瞯 目陷也。从目，咸声。苦夹切（qià）

【译文】瞯，眼睛枯陷。形符是“目”，声符是“咸”。

瞽 目但有眹也。从目，鼓声。公户切（gǔ）

【译文】瞽，眼睛有缝却无法视物。形符是“目”，声符是“鼓”。

瞍[瞍] 无目也。从目，叜声。稣后切（sǒu）

【译文】瞍，没有眼珠。形符是“目”，声符是“叜”。

䁝 惑也。从目，（榮）[熒]省声。户扃切（yíng）

【译文】䁝，迷惑。形符是“目”，声符是“熒”的省文。

睉[睉] 目小也。从目，坐声。昨禾切（cuó）

【译文】睉，小眼睛。形符是“目”，声符是“坐”。

眍 捾（wò）目也。从目、叉（zhǎo）。乌括切（wò）

【译文】眍，挖眼。由“目”、“叉”会意。

睇 目小视也。从目，弟声。南楚谓眄曰睇。特计切（dì）

【译文】睇，眯着眼睛斜视。形符是“目”，声符是“弟”。南楚地区将“眄”称作为“睇”。

瞚 开阖目，数摇也。从目，寅声。舒问切（shùn）

【译文】瞚，眼睛迅速的开闭，眼球快速地转动。形符是“目”，声符是“寅”。

眙 直视也。从目，台声。丑吏切（chì）

【译文】眙，聚精会神地看。形符是“目”，声符是“艮”。

眝 长眙也。一曰，张目也。从目，宁声。陟吕切（zhù）

【译文】眝，长久地看。一说，睁大眼睛。形符是“目”，声符是“宁”。

盻 恨视也。从目，兮声。胡计切（xì）

【译文】盻，怒恨地看。形符是“目”，声符是“兮”。

䀟 目不明也。从目，弗声。普未切（fèi）

【译文】䀟，眼睛不明亮。形符是“目”，声符是“弗”。

文百十三　重八

䀠 左右视也。从二目。凡䀠之属皆从䀠。读若拘。又若“良士瞿瞿”①。九遇切（jù）

【注释】①语见《诗经·唐风·蟋蟀》。

【译文】䀠，睁大眼睛惊慌地左右察看。由两个“目”字会意。但凡“䀠”的部属都从“䀠”。发音如同“拘”字，又如同“良士瞿瞿”中的“瞿”字。

𥄎 目围也。从䀠、𠂆。读若书卷之卷。古文以为丑字。居倦切（juàn）

【译文】𥄎，眼圈。由“䀠”和“𠂆”会意。发音如同“书卷”的“卷”字。古文将它用作“丑”字。

奭 目衺也。从䀠，从大；大，人也。举朱切（jū）

【译文】奭，斜着眼睛。由“䀠”和“大”会意；“大”，就是“人”。

文三

眉 目上毛也。从目，象眉之形，上象额理也。凡眉之属皆从眉。武悲切（méi）

【译文】眉，眉毛。形符是“目”，“𠃜”象眉毛的形状，上部如同额头上的纹理。但凡“眉”的部属都从“眉”。

省 视也。从眉省，从屮（chè）。𡮐，古文，从少，从囧。所景切（shěng）[①]

【注释】①所景切：现音按《广韵》息井切，读xǐng。

【译文】省，察看。由“眉”的省文和“屮”会意。𡮐，古文中的“省”字，由“少”和“囧”会意。

文二 重一

盾 蔽（fá）也。所以捍身蔽目。象形。凡盾之属皆从盾。食问切（shùn）[①]

【注释】①食问切：现音按《广韵》徒损切，读 dùn。

【译文】盾，盾牌。是用来防卫身体，保护头目的。象形字。但凡“盾”的部属都从“盾”。

瞂 盾也。从盾，犮声。扶发切（fá）

【译文】瞂，盾牌。形符是“盾”，声符是“犮”。

⿰盾圭 盾握也。从盾，圭声。苦圭切（kuī）

【译文】⿰盾圭，盾牌上把手。形符是“盾”，声符是“圭”。

文三

自 鼻也。象鼻形。凡自之属皆从自。𦣹，古文自。疾二切（zì）

【译文】自，鼻子。象鼻形。但凡“自”的部属都从“自”。𦣹，古文中的“自”字。

𦤎[⿱自男] （宫）[宀宀][①]不见也。阙。武延切（mián）

【注释】①宀宀：段玉裁《说文解字注》：“密致皃。”

【译文】𦤎，密集而看不见。形和音记载不详。

文二 重一

𦣹[白] 此亦自字也。省自者，词言之气从鼻出，与口相助也。凡白之属皆从白。疾二切（zì）

【译文】𦣹，这也是“自”。由“自”省去“人”形得到，词言的气息从鼻中出来，和口互相辅助。但凡“白”的部属都从“白”。

皆 俱词也。从比，从白（zì）。古谐切（jiē）

【译文】皆，表示统括的词。由“比”和“白”会意。

魯（鲁） 钝词也。从白，羞（zhǎ）省声。《论语》曰：“参也魯。”[①] 郎古切（lǔ）

【注释】①语见《论语·先进第十一》。

【译文】魯，表示迟钝的词语。形符是“白”，声符是“羞”的省文。《论语》中讲道：“曾参为人拙朴。”

者 别事词也。从白，炭声。炭，古文旅字。之也切（zhě）

【译文】者，区别事物的词。形符是“白”，声符是“炭”。“炭”，古文“旅”字。

𦒱[𠷎] 词也。从白，𠷎(chóu)声。𠷎与疇同。《虞书》：“帝曰：𦒱咨。”[①] 直由切（chóu）

【注释】①语见《尚书·虞书·尧典》。𦒱今本作疇。

【译文】𦤎，表示发端语气的虚词。形符是“白”，声符是“𠷎”。“𦤎”字与“嚋”字相同。《虞书》中讲道：“帝尧说：𦤎咨。”

𥏼[智] 识词也。从白，从亏，从知。，古文𥏼。知义切（zhì）

【译文】𥏼，表示聪明的词。由“白”、“亏”、“知”会意。，古文中的“𥏼”字。

百 十十也。从一、白。数十百为一贯。相章也。𦣻，古文百，从自。博陌切（bǎi）

【译文】百，十个十。由“一”和“白”会意。十个百是一贯，这样就不会混乱。𦣻，古文中的“百”字，从“自”。

文七 重二

鼻 引气自畀（bì）也。从自、畀。凡鼻之属皆从鼻。父二切（bì）①

【注释】①父二切：现音按《广韵》毗至切，读 bí。

【译文】鼻，以气来进行自助。由“自”和“畀”会意。但凡“鼻”的部属都从“鼻”。

齅 以鼻就①臭也。从鼻、从臭②，臭亦声。读若畜牲之畜。许救切（xiù）

【注释】①就：靠近，辨别。②臭：气味。

【译文】齅，用鼻子分辨气味。由“鼻”和“臭”会意，“臭”

也是声符。发音如同“畜牲”中的“畜”字。

鼾 鼾 卧息也。从鼻，干声。读若汗。侯干切（hàn）①

【注释】①侯干切：现音按《广韵》许干切，读 hān。

【译文】鼾，睡觉时的鼻息声。形符是“鼻”，声符是“干”。发音如同“汗”字。

鼽 鼽 病寒鼻窒也。从鼻，九声。巨鸠切（qiú）

【译文】鼽，着凉导致的鼻塞。形符是“鼻”，声符是“九”。

鼾 鼾 卧息也。从鼻，隶声。读若虺（huǐ）。许介切（xiè）

【译文】鼾，睡觉时的鼻息声。形符是“鼻”，声符是“隶”。发音如同“虺”字。

文五

皕 皕 二百也。凡皕之属皆从皕。读若秘。彼力切（bì）

【译文】皕，二百。但凡“皕”的部属都从“皕”。发音如同“秘”字。

奭 奭 盛也。从大，从皕，皕亦声。此燕召公名。读若郝。《史篇》名丑。奭，古文奭。诗亦切（shì）

【译文】奭，盛大的样子。由“大”和“皕”会意，“皕”

也是声符。这是燕召公的名。发音如同“郝”字。《史篇》中说他的名被称作是“丑”。奭，古文中的“奭”字。

文二 重一

習（习） 習 数飞也。从羽，从白（zì）。凡習之属皆从習。似入切（xí）

【译文】習，鳥儿频繁地试飞。由“羽”和“白”会意。但凡“習”的部属都以“習”为形符。

翫 翫 習猒（yān）也。从習，元声。《春秋传》曰：“翫岁而愒（gài）日。”[①]五换切（wàn）

【注释】①语见《左传·昭公元年》。愒：急。

【译文】翫，习惯满足。形符是“習”，声符是“元”。《左传》中讲道：“对岁月的流逝习以为常，却又因时光的短暂而心急。”

文二

羽 羽 鳥长毛也。象形。凡羽之属皆从羽。王矩切（yǔ）

【译文】羽，鳥翅膀上的长毛。象形字。但凡“羽”的部属都从“羽”。

翨 翨 鳥之强羽猛者。从羽，是声。俱豉切（jì）[①]

【注释】①俱豉切：现音按《广韵》施智切，读 chì。

【译文】翨，凶猛的鳥身上的强有力的羽毛。形符是“羽”，声符是“是”。

翰 天鸡赤羽也。从羽，倝声。《逸周书》曰："（大）[文]翰，若翚（huī）雉，一名鷐（chén）风。周成王时蜀人献之。"[①]侯干切（hàn）

【注释】①语见《逸周书·王会》。原文："蜀人以文翰。文翰者，若皋鸡。"孔晁注："翰，鸟有文采者。"

【译文】翰，天鸡的红色羽毛。形符是"羽"，声符是"倝"。《逸周书》中讲道："长有五彩的羽毛。形似锦鸡，又被称作是鷐风。周成王时蜀地人进献的。"

翟 山雉尾长者。从羽，从隹。徒历切（dí）

【译文】翟，长尾巴的野鸡。由"羽"和"隹"会意。

翡 赤羽雀也。出郁林。从羽，非声。房味切（fěi）

【译文】翡，红羽毛的鳥。出产于郁林地区。形符是"羽"，声符是"非"。

翠 青羽雀也。出郁林。从羽，卒声。七醉切（cuì）

【译文】翠，青色羽毛的鳥。出产于郁林地区。形符是"羽"，声符是"卒"。

翦 羽生也。一曰，矢（shǐ）羽。从羽，前声。即浅切（jiǎn）

【译文】翦，新生的羽毛。一说，箭羽。形符是“羽”，声符是“前”。

翁 颈毛也。从羽，公声。乌红切（wēng）

【译文】翁，鳥脖颈上的毛。形符是“羽”，声符是“公”。

翄[翅] 翼也。从羽，支声。𦐊，翄或，从氏。施智切（chì）

【译文】翄，鳥的翅膀。形符是“羽”，声符是“支”。𦐊，“翄”的异体字，从“氏”声。

䩓 翅也。从羽，革声。古翮切（gé）

【译文】䩓，翅膀。形符是“羽”，声符是“革”。

翹（翘） 尾长毛也。从羽，堯声。渠遥切（qiáo）

【译文】翹，鳥尾巴上的长毛。形符是“羽”，声符是“堯”。

翭 羽本也。一曰，羽初生皃。从羽，侯声。乎沟切（hóu）

【译文】翭，羽毛的根部。一说，羽毛初长的样子。形符是“羽”，声符是“侯”。

翮 羽茎也。从羽，鬲声。下革切（hé）

【译文】翮，羽毛的茎部。形符是“羽”，声符是“鬲”。

翑 羽曲也。从羽，句声。其俱切(qú)

【译文】翑，羽毛的弯曲部分。形符是“羽”，声符是“句”。

羿[羿] 羽之羿风。亦古诸侯也。一曰，射师。从羽，幵声。五计切(yì)

【译文】羿，鳥张开翅膀随风而上。也是古代的诸侯的名称。一种说法是，羿是尧时的射师。形符是“羽”，声符是“幵”。

翥 飞举也。从羽，者声。章庶切(zhù)

【译文】翥，飞起。形符是“羽”，声符是“者”。

翕 起也。从羽，合声。许及切(xī)

【译文】翕，起飞。形符是“羽”，声符是“合”。

翾[翾] 小飞也。从羽，瞏声。许缘切(xuān)

【译文】翾，轻轻地飞起。形符是“羽”，声符是“瞏”。

翬(翚) 大飞也。从羽，軍声。一曰，伊、雒而南，雉五采皆备，曰翬。《诗》曰：“如翬斯飞。”① 许归切(huī)

【注释】①语见《诗经·小雅·斯干》。

【译文】翬，振翅高飞。形符是“羽”，声符是“軍”。一说，伊水、雒水以南地区，野鸡五彩具备的，被称作是翚。《诗经》中讲道：“如同野鸡在飞。”

翏  高飞也。从羽，从㐱。力救切（liù）

【译文】翏，高飞。由“羽”和“㐱”会意。

翩  疾飞也。从羽，扁声。芳连切（piān）

【译文】翩，迅速地飞。形符是“羽”，声符是“扁”。

翜  捷也。飞之疾也。从羽，夾声。读若濇（sè）。一曰，俠也。山洽切（shà）

【译文】翜，灵敏。飞得迅速。形符是“羽”，声符是“夾”。发音如同“濇”字，一说，“翜”表示挟持。

翊  飞皃。从羽，立声。与职切（yì）

【译文】翊，飞翔的样子。形符是“羽”，声符是“立”。

翯 飞盛皃。从羽，从冃（mào）。土盍切（tà）

【译文】翯，群起而飞的盛大样子。由“羽”、“冃”会意。

翨 （飞）[羽]盛皃。从羽，㞢声。侍之切（shí）[①]

【注释】①侍之切：现音按《广韵》赤之切，读 chī。

【译文】翨，羽翅盛多的样子。形符是“羽”，声符是“㞢”。

翱  翱翔也。从羽，皋声。五牢切（áo）

【译文】翱，盘旋飞翔。形符是“羽”，声符是“皋”。

翔 回飞也。从羽，羊声。似羊切（xiáng）

【译文】翔，盘旋地飞翔。形符是“羽”，声符是“羊”。

翽 飞声也。从羽，歲声。《诗》曰：“凤皇于飞，翽翽其羽。”[①]呼会切（huì）

【注释】①语见《诗经·大雅·卷阿》。

【译文】翽，飞翔的声音。形符是“羽”，声符是“歲”。《诗经》中讲道：“凤凰飞翔，翅膀翽翽地发出响声。”

翯 鳥白肥泽皃。从羽，高声。《诗》云：“白鳥翯翯。”[①]胡角切（xué）[②]

【注释】①语见《诗经·大雅·灵台》。②胡角切：现音按《广韵》胡沃切，读 hè。

【译文】翯，鳥身白色，肥壮而又光亮的样子。形符是“羽”，声符是“高”。《诗经》中讲道：“白色的鳥肥壮而又光亮。”

翌 乐舞。以羽翿（dào）自翳其首，以祀星辰也。从羽，王声。读若皇。胡光切（huáng）

【译文】翌，乐舞。用羽盖遮住颈部来跳舞，以此来祭祀星辰之神。形符是“羽”，声符是“王”。发音如同“皇”字。

翇 乐舞。执全羽以祀社稷也。从羽，犮声。读若绂。分勿切（fú）

【译文】翇，乐舞。用完整的羽毛来祭祀社稷之神。形符是

“羽”，声符是“犮”。发音如同“绂”字。

翿[翢] 翳也。所以舞也。从羽，𣪊声。《诗》曰：“左执翿。”① 徒到切（dào）

【注释】①语见《诗经·王风·君子阳阳》。

【译文】翿，华盖。是一种用来跳舞的舞具。形符是“羽”，声符是“𣪊”。《诗经》中讲道：“左手拿着翿旗。”

翳 华盖也。从羽，殹声。於计切（yì）

【译文】翳，华盖。形符是“羽”，声符是“殹”。

翣 棺羽饰也。天子八，诸侯六，大夫四，士二。下垂。从羽，妾声。山洽切（shà）

【译文】翣，棺材上如同羽翼的装饰物。天子棺材上有八个，诸侯是六个，大夫是四个，士人是两个。装饰物下垂。形符是“羽”，声符是“妾”。

文三十四 重一

隹 鳥之短尾緫名也。象形。凡隹之属皆从隹。职追切（zhuī）

【译文】隹，尾巴短鳥的总称。象形字。但凡“隹”的部属都从“隹”。

雅 楚乌也。一名鷽（yù），一名卑居。秦谓

之雅。从隹，牙声。五下切（yǎ），又乌加切（yā）

【译文】雅，楚乌。被称作是鸒，又被称作是卑居。秦地称它为“雅”。形符是“隹”，声符是“牙”。

隻（只） 鳥一枚也。从又持隹。持一隹曰隻，二隹曰雙。之石切（zhī）

【译文】隻，一只鳥。由“又”持握“隹”会意。手里拿着一隹鳥被称作是“隻”，拿着两隹鳥被称作是“雙”。

雒 鵋䳢也。从隹，各声。卢各切（luò）

【译文】雒，鵋䳢鳥。形符是“隹”，声符是“各”。

閵 今閵。似雊（qú）鹆（yù）而黄。从隹，𠂔（zhèn）省声。，籒文，不省。良刃切（lìn）

【译文】閵，含閵鳥。象八哥，身色为黄。形符是“隹”，声符是“𠂔”的省文。，籒文中的“閵”字，不省。

巂 周燕也。从隹，屮象其冠也。冏声。一曰，蜀王望帝，淫其相妻，惭亡去，为子巂鳥。故蜀人闻子巂鸣，皆起云“望帝”。户圭切（xié）①

【注释】①户圭切：现音按《广韵》均窥切，读 guī。

【译文】巂，周燕鳥。从“隹”，“屮”象它的头冠，“冏”声。一说，蜀国的国王望帝，与他丞相的妻子淫乱，自感惭愧，离开朝廷，化作子巂鳥。因此蜀地的百姓听见子巂鳥的叫声，都说是“望帝”。

雊 𨾴 鳥也。从隹，方声。读若方。府良切（fāng）

【译文】雊，一种鳥的名字。形符是“隹”，声符是“方”。发音如同“方”字。

雀 雀 依人小鳥也。从小、隹。读与爵同。即略切（què）

【译文】雀，依人而生活的小鳥。由“小”和“隹”会意。发音如同“爵”字。

雅[雅] 雅 鳥也。从隹，犬声。睢（jū）阳有雅水。五加切（yá）

【译文】雅，一种鳥的名字。形符是“隹”，声符是“犬”。睢阳一带有雅水。

雗 雗 雗鷽也。从隹，倝声。侯干切（hàn）

【译文】雗，乾鹊。形符是“隹”，声符是“倝”。

雉 雉 有十四种：卢诸雉，乔雉，鳪（bù）雉，鷩雉，秩秩海雉，翟山雉，翰雉，卓雉，伊洛而南曰翚，江淮而南曰摇，南方曰䎃，东方曰甾，北方曰稀，西方曰蹲。从隹，矢声。䳢，古文雉，从弟。直几切（zhì）

【译文】雉，总计有十四种：卢诸雉、乔雉、鳪雉、鷩雉、秩秩海雉、翟山雉、翰雉、卓雉，还有伊、洛以南被称为翚雉，江淮以南被称为摇雉，南方被称为翯雉，东方被称为甾雉，北方被称为稀雉，西方被称为蹲雉，形符是“隹”，声符是“矢”。

，古文中的“雉”字，从“弟”声。

雊　雄（雌）[雉]鸣也。雷始动，雉鸣而雊其颈。从隹，从句（gōu），句亦声。古候切（gòu）

【译文】雊，雄性野鸡叫。正月雷刚震响，雄性野鸡鸣叫，勾着它的脖颈。由“隹”和“句”会意，“句”也是声符。

雞[鶏]（鸡）　知时畜也。从隹，奚声。古兮切（jī）

【译文】雞，掌握时辰的家畜。形符是“隹”，声符是“奚”。

雛（雏）　鸡子也。从隹，芻声。，籀文雛，从鳥。士於切（chú）

【译文】雛，小鸡。形符是“隹”，声符是“芻”。，籀文中“雛”字，从“鳥”。

雡　鳥大雏也。从隹，翏声。一曰，雉之莫子为雡。力救切（liù）

【译文】雡，鳥的大雏。形符是“隹”，声符是“翏”。一说，野鸡晚生的子被称作“雡”。

離（离） 𩀨 黄，仓庚也。鸣则蚕生。从隹，离声。吕支切（lí）

【译文】離，離黄，仓庚鳥。仓庚鳥叫的时候，春蚕就出生。形符是“隹”，声符是“离”。

雕 𩀨 𪇆（tuán）也。从隹，周声。𩀨，籀文雕，从鳥。都僚切（diāo）

【译文】雕，𪇆鳥。形符是“隹”，声符是“周”。𩀨，籀文中的“雕”字，从“鳥”。

雁［鹰］（鹰） 𩀨 鳥也。从隹，瘖省声。或，从人，人亦声。𩀨，籀文雁，从鳥。於凌切（yīng）

【译文】雁，鳥名。形符是“隹”，声符是“瘖”的省文。一说，形符是“人”，“人”也是声符。𩀨，籀文“雁”字，从“鳥”。

雖 𩀨 䧿也。从隹，氏声。𩀨，籀文雖，从鳥。处脂切（chī）

【译文】雖，鹞子。形符是“隹”，声符是“氏”。𩀨，籀文中的“雖”字，从“鳥”。

䧿 𩀨 雖也。从隹，垂声。是伪切（shuì）

【译文】䧿，鹞子。形符是“隹”，声符是“垂”。

雃［雃］ 𩀨 石鸟。一名雝𪆂。一曰精列。从隹，幵声。《春秋传》秦有士雃[①]。苦坚切（qiān）

【注释】①语见《左传·襄公九年》。

【译文】雃，石鳥。又称“雝鶨”，或称“精列”。形符是“隹”，声符是“幵”。《左传》中记载秦景公有臣子叫士雃。

雝[雍] 雝鶨也。从隹，邕声。於容切（yōng）

【译文】雝，雝鶨鳥。形符是“隹”，声符是“邕”。

雂 鳥也。从隹，今声。《春秋传》有公子苦雂[①]。巨淹切（qián）

【注释】①语见《左传·昭公二十一年》。

【译文】雂，一种鳥的名字。形符是“隹”，声符是“今”。《左传》中记载吴国的主帅叫公子苦雂。

雁 鳥也。从隹，从人，厂（hǎn）声。读若鴈。五晏切（yàn）

【译文】雁，一种鳥的名字。由“隹”和“人”会意，“厂”声。发音如同“鴈”字。

雡 雡黄也。从隹，黎声。一曰楚雀也。其色黎黑而黄。郎兮切（lí）

【译文】雡，離黄鳥。形符是“隹”，声符是“黎”。又被称作“楚雀”。它的身色黎黑中带黄。

虐 乌也。从隹，虍声。荒乌切（hū）

【译文】虐，一种鳥的名字。形符是“隹”，声符是“虍”。

雂 　牟母也。从隹，奴声。，雂或，从鳥。人诸切（rú）

【译文】雂，牟母鳥。形符是“隹”，声符是“奴”。，“雂”的异体字，从“鳥”。

雇 　九雇。农桑候鸟。扈民不淫者也。从隹，户声。春雇，鳻（fén）盾（chūn）；夏雇，窃玄；秋雇，窃蓝；冬雇，窃黄；棘雇，窃丹；行雇，唶（jiè）唶；宵雇，啧（zé）啧；桑雇，窃脂[①]；老雇，鷃也。，雇或，从雩。，籀文雇，从鳥。侯古切（hù）

【注释】①窃脂：浅白色。

【译文】雇，总计九种雇鳥。农耕桑织的候鳥，防止农民不误农时。形符是“隹”，声符是“户”。春雇鳥，又被称作鳻盾鳥；夏雇鳥，浅黑色；秋雇鳥，浅蓝色；冬雇鳥，浅黄色；棘雇鳥，浅红色；行雇鳥，唶唶地叫；宵雇鳥，啧啧地叫；桑雇鳥，浅白色；老雇鳥，又被称作鷃雀。，“雇”的异体字，从“雩”声。，籀文中的“雇”字，从“鳥”。

䧺[雜] 　雒属。从隹，𦎫声。常伦切（chún）

【译文】䧺，鹌鹑的类属。形符是“隹”，声符是“𦎫”。

雒 　雜属。从隹，酓声。，籀文雒，从鳥。恩含切（ān）

【译文】雒，鹌鹑的类属。形符是“隹”，声符是“酓”。

，籀文中的“雝”字，形符是“鳥”。

雉　鳥也。从隹，支声。一曰，雉度[①]。章移切（zhī）

【注释】①雉度：规划，计算。

【译文】雉，鳥名。形符是“隹”，声符是“支”。一说，计划。

琟　鳥肥大琟琟[①]也。从隹，工声。，琟或，从鳥。户工切（hóng）

【注释】①琟琟：形容肥壮的样子。

【译文】琟，鳥肥壮的样子。形符是“隹”，声符是“工”。，琟的异体字，从“鳥”。

䨣　繳（zhuó）䨣也。从隹，㪚声。一曰，飞散也。穌旰切（sàn）

【译文】䨣，将拴箭的生丝绳发射出去。形符是“隹”，声符是“㪚”。一说，群鸟飞散。

雓　繳射飞鳥也。从隹，弋声。与职切（yì）

【译文】雓，用拴上生丝绳的箭射飞鳥。形符是“隹”，声符是“弋”。

雄　鳥父也。从隹，厷声。羽弓切（xióng）

【译文】雄，公鳥。形符是“隹”，声符是“厷”。

雌 雌 鳥母也。从隹，此声。此移切（cī）[1]

【注释】①此移切：现音读 cí。

【译文】雌，母鳥。形符是“隹”，声符是“此”。

翟 翟 覆鳥令不飞走也。从网、隹。读若到。都校切（zhào）

【译文】翟，罩住鳥，不让它飞走。由“网”和“隹”会意。发音如同“到”字。

雋[隽] 雋 肥肉也。从弓，所以射隹。长沙有下雋县。徂沇切（juàn）

【译文】雋，肥美的鳥肉。从“弓”，用来射鳥的工具。长沙一带有一下雋县。

䧿 䧿 飞也。从隹，隓（huī）声。山垂切（shuī）[1]

【注释】①山垂切：现音按《广韵》悦吹切，读 wéi。

【译文】䧿，鳥飞翔。形符是“隹”，声符是“隓”。

文三十九 重十二

奞 奞 鳥张毛羽自奋也。从大，从隹。凡奞之属皆从奞。读若睢。息遗切（suī）

【译文】奞，鳥张开羽翅奋飞。由“大”和“隹”会意。大凡“奞”的部属都从“奞”。发音如同“睢”字。

奪（夺）　手持隹失之也。从又，从奞。徒活切（duó）

【译文】奪，手中的鳥失去了。由“又”、“奞”会意。

奮（奋）　翬（huī）也。从奞在田上。《诗》曰：“不能奮飞。”[1]方问切（fèn）

【注释】①语见《诗经·邶风·柏舟》。

【译文】奮，奮飞。由“奞”在“田”上部会意。《诗经》中讲道：“不能奮飞。”

文三

雈　鸱属。从隹，从𦫳（guǎi），有毛角。所鸣，其民有祸。凡雈之属皆从雈。读若和。胡官切（huán）

【译文】雈，猫头鹰的类属。由“隹”和“𦫳”会意，“𦫳”表示头上有簇毛如角一般。在它鸣叫的地方，人们必将会有祸害。但凡“雈”的部属都从“雈”。发音如同“和”字。

蒦　规蒦，商也。从又持雈。一曰，视遽皃。一曰，蒦，度也。彠，蒦或，从尋。尋亦度也。《楚词》曰：“求矩彠之所同。”[1]乙虢切（wò）[2]

【注释】①语见《楚辞·离骚》。彠今本作矱。②乙虢切：现音按《集韵》胡阳切，读huò。

【译文】蒦，规蒦，商量。由“又”持握着“雈”会意。一说，看得急急忙忙的样子。一说，“蒦”即规度。，蒦的或体，从“尋”。尋也是规度。《楚辞》中讲道：“探求法度的共同标准。”

雚 （小）[水]爵也。从雈，吅（xuān）声。《诗》曰：“雚鸣于垤（dié）。”[①]工奂切（guàn）

【注释】①语见《诗经·豳风·东山》。

【译文】雚，水雀鳥。形符是“雈”，声符是“吅”。《诗经》中讲道：“水雀鳥在蚂蚁冢上鸣叫。”

舊(旧) 雖舊，舊留也。从雈，臼声。，舊或，从鳥，休声，巨救切（jiù）

【译文】舊，雖舊，即舊留鳥。形符是“雈”，声符是“臼”。，“舊”的异体字，形符是“鳥”，声符是“休”。

文四 重二

𦫳 羊角也。象形。凡𦫳之属皆从𦫳。读若乖。工瓦切（guǎ）[①]

【注释】①工瓦切：现音读按照《广韵》乖买切，guǎi。

【译文】𦫳，羊角。象形字。但凡“𦫳”的部属都从“𦫳”。发音如同“乖”字。

𦫵[乖] 戾也。从𦫳而𠔁；𠔁，古文别。古怀切（guāi）

【译文】𦫵，违反规定。由“𦫳”和“𠔁”会意；“𠔁”，古文中分别字。

𦍌 𦍌 相当也。阙。读若宀。母官切（mán）[①]

【注释】①母官切：现音按《广韵》武延切，读 mián。

【译文】𦍌，相当。形符记载不详。发音如同“宀”字。

文三

𥄕 𥄕 目不正也。从𦍌，从目。凡𥄕之属皆从𥄕。莧（huán）从此。读若末。模结切（miè）[①]

【注释】①模结切：现音按《广韵》莫拨切，读 mò。

【译文】𥄕，眼睛不周正。由“𦍌”和“目”会意。但凡“𥄕”的部属都从“𥄕”。“莧”字也从“𥄕”。发音如同“末”字。

瞢[瞢] 瞢 目不明也。从𥄕，从旬（xuàn）；旬，目数摇也。木空切（méng）

【译文】瞢，眼睛不明亮。由“𥄕”和“旬”会意；“旬”，表示眼珠迅速转动。

蔑[蔑] 蔑 火不明也。从𥄕，从火，𥄕亦声。《周书》曰：“布重蔑席。”[①]织蒻（ruò）席也。读与蔑同。莫结切（miè）

【注释】①语见《尚书·周书·顾命》。布今本作敷，蔑作蔑。

【译文】蔑，火不明亮。由“𥄕”和“火”会意，“𥄕”也是声符。《尚书·周书》中讲道：“铺设双层的细蒲席。”蔑席即用细嫩的蒲草编成的席子。发音如同“蔑”字。

蔑[蔑] 劳，目无精也。从苜，人劳则蔑然；从戍。莫结切（miè）

【译文】蔑，劳累，眼中无精打采。从“苜”，当人疲劳时就两眼无神；从“戍”。

文四

羊 祥也。从𦍌，象头、角、足、尾之形。孔子曰，牛、羊之字以形举也。凡羊之属皆从羊。与章切（yáng）

【译文】羊，表示吉祥。从“𦍌”，象羊的头、角、足、尾形状。孔子说到，“牛”字、“羊”字通过形体来进行描绘。但凡“羊”的部属都从“羊”。

芈 羊鸣也。从羊，象声气上出。与牟同意。绵婢切（mǐ）

【译文】芈，羊的叫声。从“羊”，“丨”象声音和气向上冒出的样子。与“牟”字的构形相同。

羔 羊子也。从羊，照省声。古牢切（gāo）
【译文】羔，小羊。形符是“羊”，声符是“照”的省文。

羜 五月生羔也。从羊，宁声。读若煮。直吕切（zhù）

【译文】羜，出生五个月的小羊。形符是“羊”，声符是“宁”。发音如同“煮”字。

羜 六月生羔也。从羊，敄声。读若雾。已遇切（yù），又亡遇切（wù）

【译文】羜，出生六个月的小羊。形符是“羊”，声符是“敄”。发音如同“雾”字。

羍 小羊也。从羊，大声。读若達。羊，羍或，省。他末切（tá）

【译文】羍，小羊。形符是“羊”，声符是“大”。发音如同“達”字。羊，“羍”的异体字，“羍”的省体。

䍬 羊未卒岁也。从羊，兆声。或曰，夷[①]羊百斤左右为䍬。读若《春秋》“盟于洮”[②]。治小切（zhào）

【注释】①夷：段注作羠。②语见《左传·僖公八年》。

【译文】䍬，羊未满一年。形符是“羊”，声符是“兆”。一说，被阉割的一百斤左右的羊被称作“䍬”。发音如同《左传》中“盟于洮”的“洮”字。

羝 牡羊也。从羊，氐声。都兮切（dī）

【译文】羝，公羊。形符是“羊”，声符是“氏”。

羒 羒 （牂）[牡]羊也。从羊，分声。符分切（fén）

【译文】羒，白色的公羊。形符是“羊”，声符是“分”。

牂 牂 （牡）[牝]羊也。从羊，爿（qiáng）声。则郎切（zāng）

【译文】牂，母羊。形符是“羊”，声符是“爿”。

羭 羭 夏羊（牡）[牝]曰羭。从羊，俞声。羊朱切（yú）

【译文】羭，黑色的母羊被称作是“羭”。形符是“羊”，声符是“俞”。

羖 羖 夏羊牡曰羖。从羊，殳声。公户切（gǔ）

【译文】羖，黑色的公羊被称作是“羖”。形符是“羊”，声符是“殳”。

羯 羯 羊羖犗（jiè）[①]也。从羊，曷声。居谒切（jié）

【注释】①犗：阉割。

【译文】羯，被阉割的公羊。形符是“羊”，声符是“曷”。

羠 羠 騬（chéng）羊也。从羊，夷声。徐姊切（sì）[①]

【注释】①徐姊切：现音按《广韵》以脂切，读 yí。

【译文】羠，阉割羊。形符是“羊”，声符是“夷”。

羳 𦍩 黄腹羊。从羊，番声。附袁切（fán）

【译文】羳，黄色肚子的羊。形符是“羊”，声符是“番”。

羥（羟） 𦍥 羊名。从羊，巠声。口茎切（kēng）[1]

【注释】①口茎切：现音按《广韵》苦闲切，读 qiān。

【译文】羟，一种羊的名字。形符是“羊”，声符是“巠”。

𦏁 𦏁 羊名。从羊，執声。汝南平舆有𦏁亭[1]。读若晋。即刃切（jìn）

【注释】①𦏁亭：即沈亭，位于现河南省汝南地区。

【译文】𦏁，一种羊的名字。形符是“羊”，声符是“執”。汝南县平舆地区有一𦏁亭。发音如同“晋”字。

羸 羸 瘦也。从羊，羸（luó）声。力为切（léi）

【译文】羸，羊瘦弱。形符是“羊”，声符是“羸”。

㷉 㷉 羊相羵也。从羊，委声。於伪切（wèi）

【译文】㷉，羊拥挤在一起。形符是“羊”，声符是“委”。

羵 羵 㷉羵[1]也。从羊，責声。子赐切（zì）

【注释】①㷉羵：朱骏声《说文通训定声》：“㷉羵犹委积，羊相覆压也。羊性寒则散，热则聚。”

【译文】羵，羊拥挤在一起。形符是“羊”，声符是“責”。

羣[群] 羣 輩也。从羊，君声。渠云切（qún）

【译文】羣，朋辈。形符是“羊”，声符是“君”。

羥 羥 群羊相積也。一曰，黑羊。从羊，垔声。乌闲切（yān）

【译文】羥，成群的羊相互传染瘟病。一说，羥即黑羊。形符是“羊”，声符是“垔”。

䍧 䍧 羊名。蹄皮可以割桼。从羊，此声。此思切（cī）

【译文】䍧，羊名。羊足蹄之壳可以用来剥割树漆。形符是“羊”，声符是“此”。

美 美 甘也。从羊，从大。羊在六畜，主给膳也。美与善同意。无鄙切（měi）

【译文】美，滋味甜美。由“羊”和“大”会意。羊是六畜之一，主要是提供肉食的。“美”字与“善”字的构形相同。

羌 羌 西戎牧羊人也。从人，从羊，羊亦声。南方蛮、闽从虫，北方狄从犬，东方貉从豸（zhì），西方羌从羊：此六种也。西南僰（bó）人僬（jiāo）侥（yáo）从人，盖在坤地，颇有顺理之性。唯东夷从大；大，人也。夷俗仁，仁者寿，有君子不死之国。孔子曰：“道不行，

欲之九夷，乘桴浮于海。”有以也。，古文羌如此。去羊切（qiāng）

【译文】羌，西方戎族的牧羊人。由“人”、“羊”会意，“羊”声。南方“蛮”族、“闽”族中的“蛮”字和“闽”字从“虫”，北方“狄”族的“狄”字从“犬”，东方“貉”族的“貉”字从“豸”，西方“羌”族的“羌”字从“羊”。以上，总计四种部族。西南方的“僰”人、“僬侥”，它们都从“人”，可能因为生活在西南地区，有顺从道义的人性。只有东方“夷”族的“夷”字从“大”；“大”就是人。夷俗仁爱，仁爱的人比较长寿，那里有君子不死的国度。孔子说：“道义不能够实行，我要到东方的九夷去，乘坐竹筏飘浮在海上。”是有缘由的。，古文“羌”字就是这样。

羑 进善也。从羊，久声。文王拘羑里，在汤阴。与久切（yǒu）

【译文】羑，引导着向好善发展。形符是“羊”，声符是“久”。周文王被囚禁在羑里的监狱，羑里位于汤阴地区。

文二十六 重二

羴 羊臭也。从三羊。凡羴之属皆从羴。，羴或，从亶。式连切（shān）

【译文】羴，羊的气味。由三个“羊”会意。但凡“羴”的部属都从“羴”。，“羴”的异体字，从“亶”声。

羼 羊相厕也。从羴在尸下。尸，屋也。一曰，相出前也。初限切（chàn）

【译文】羼，羊聚集在一起。由“羴”在“尸”下会意。“尸”代表房屋。一说，羊相互争前。

文二 重一

瞿 𥌓 鹰隼（sǔn）之视也。从隹，从䀠（jù），䀠亦声。凡瞿之属皆从瞿。读若章句之句。九遇切（jù）

【译文】瞿，鹰鹞惊看的样子。由“隹”、“䀠”会意，“䀠”声。但凡“瞿”的部属都从“瞿”。发音如同“章句”的“句”字。

矍 矍 隹欲逸走也。从又持之，矍矍也。读若《诗》云“穬（kuàng）彼淮夷”[①]之“穬”。一曰，视遽皃。九缚切（jué）

【注释】①语见《诗经·鲁颂·泮水》。穬毛诗作憬。

【译文】矍，隹鸟想飞走。用代表手的“又”控制住它，它左右惊看。发音如同《诗经》“穬彼淮夷”中的“穬”字。一说，看起来紧迫的样子。

文二

雔 雔 双鳥也。从二隹。凡雔之属皆从雔。读若醻。市流切（chóu）

【译文】雔，成双的鳥。由两个“隹”会意。但凡“雔”的部属都从“雔”。发音如同“醻”字。

靃 靃 飞声也。雨而双飞者，其声靃然。呼郭切（huò）

【译文】靃，飞翔的声音。鸟在雨中成双成对地迅速飞翔，发出靃靃地响声。

雙（双） 佳二枚也。从雔，又持之。所江切（shuāng）

【译文】雙，两只鸟。从“雔”，用代表手的“又”控制着它。

文三

雥 群鳥也。从三隹。凡雥之属皆从雥。徂合切（zá）

【译文】雥，成群的鸟。由三个“隹”会意。但凡“雥”的部属都从“雥”。

雥 鳥群也。从雥，𣶒声。乌玄切（yuān）

【译文】雥，鸟群。形符是“雥”，声符是“𣶒”。

雧[集] 群鳥在木上也。从雥，从木。集，雧或，省。秦入切（jí）

【译文】雧，成群鳥聚集在树上。由“雥”和“木”会意。集，“雧”的异体字，“雧”的省略。

文三 重一

鳥（鸟） 长尾禽总名也。象形。鳥之足似匕，

从匕。凡鳥之属皆从鳥。都了切（diǎo）[1]

【注释】①都了切：现音按《字汇》尼了切，读 niǎo。

【译文】鳥，具有长尾巴的飞禽的总称。象形。鳥的脚象“匕”字的形状，从“匕”。但凡“鳥”的部属都从“鳥”。

鳳（凤） 神鳥也。天老曰：鳳之象也，鸿前麟后，蛇颈鱼尾，鹳颡鸳思，龙文虎背，燕颔鸡喙，五色备举。出于东方君子之国，翱翔四海之外，过昆仑，饮砥柱，濯羽弱水，莫宿风穴。见则天下大安宁。从鳥，凡声。，古文鳳，象形。鳳飞，群鳥从以万数，故以为朋党字。，亦古文鳳。冯贡切（fèng）

【译文】鳳，一种神鳥。黄帝的臣子天老讲道：鳳凰的样子，前部象鸿雁，后部象麒麟；象蛇一样的颈项，象鱼一样的尾巴；象鹳颡一样的额头，象鸳鸯一样的腮帮；象龙一样的花纹，象虎一样的背；象燕一样的下巴颏象鸡一样的嘴；五色全都具备。出自东方君子的国度，翱翔于四海之外，飞跃昆仑山，饮水于黄河的砥柱，在弱水处洗濯羽毛，晚上时在有风的洞口栖宿。它出现时，天下就会太平安宁。形符是“鳥”，声符是“凡”。，古文“鳳”字，象形。鳳凰起飞，数以万计的鸟群起而跟随，因此有假借为“朋党”的“朋”字。，也是古文“鳳”字。

鸞（鸾） 亦神灵之精也。赤色，五采，鸡形。鸣中五音，颂声作则至。从鳥，䜌声。周成王时氐、羌献鸞鳥[1]。洛官切（luán）

【注释】①语见《逸周书·王会》。

【译文】鸞，也是神灵之鳥。红色，拥有五彩的花纹，象鸡的样子。叫声与五音吻合，称颂太平盛世的乐声响起，它就飞来出现。形符是“鳥”，声符是“䜌”。周成王的时候，氐族，羌族进献鸞鳥。

鸑 鸑鷟，凤属，神鳥也。从鳥，獄声。《春秋国语》曰：“周之兴也，鸑鷟鸣于岐山。”[①]江中有鸑鷟，似凫而大，赤目。五角切（yuè）

【注释】①语见《国语上·内史过论神》。

【译文】鸑，鸑鷟，凤凰鳥的一种，神鳥。形符是“鳥”，声符是“獄”。《国语》中讲道：“周王朝兴起的时候，鸑鷟在岐山上鸣叫。”长江还有另一类鸑鷟，象野鸭却比野鸭大，眼睛红色。

鷟（鷟） 鸑鷟也。从鳥，族声。士角切（zhuó）

【译文】鷟，鸑鷟。形符是“鳥”，声符是“族”。

鷫（鹔） 鷫鷞也。五方神鳥也。东方发明，南方焦明，西方鷫鷞，北方幽昌，中央凤皇。形符是鳥，声符是肅。，司馬相如說，从鳥，叜声。息逐切（sù）

【译文】鷫，鷫鷞鳥。五方的神鳥之一，东方称为发明鳥，南方称为焦明鳥，西方称为鷫鷞鳥，北方称为幽昌鳥，中央称为凤凰鳥。形符是“鳥”，声符是“肅”。，司马相如说，形符是“鳥”，声符是“叜”。

鷞 　鷫鷞也。从鳥，爽声。所庄切（shuāng）

【译文】鷞，鷫鷞。形符是“鳥”，声符是“爽”。

鳩（鸠） 　鶻鵃也。从鳥，九声。居求切（jiū）

【译文】鳩，鶻鵃鳥。形符是“鳥”，声符是“九”。

鶌 　鶌鸠也。从鳥，屈声。九勿切（jué）

【译文】鶌，鶌鸠鳥。形符是“鳥”，声符是“屈”。

鵻 　祝鸠也。从鳥，隹声。隼，鵻或，从隹、一。一曰，鶉字。职追切（zhuī），又思允切（sǔn）

【译文】鵻，祝鸠鳥。形符是“鳥”，声符是“隹”。隼，“鵻”的异体字，由“隹”和“一”会意。一说，“隼”即“鶉”字。

鶻（鹘） 　鶻鵃也。从鳥，骨声。古忽切（gǔ）

【译文】鹘，鶻鵃鳥。形符是“鳥”，声符是“骨”。

鵃（鸼） 　鶻鵃也。从鳥，舟声。张流切（zhōu）

【译文】鵃，鶻鵃鳥。形符是“鳥”，声符是“舟”。

鵴 　秸鵴，尸鸠。从鳥，簐声。居六切（jú）

【译文】鵴，秸鵴鳥。又称尸鸠。形符是“鳥”，声符是“簐”。

鴿（鸽） 　鸠属。从鳥，合声。古沓切（gē）

【译文】鴿，鸠的一种。形符是“鳥”，声符是“合”。

鴠 渴鴠也。从鳥，旦声。得案切（dàn）

【译文】鴠，渴鴠鳥。形符是“鳥”，声符是“旦”。

鶪（䴗） 伯劳也。从鳥，狊声。，鶪或，从隹。古闃切（jú）

【译文】鶪，伯劳鳥。形符是“鳥”，声符是“狊”。，“鶪”的异体字，从“隹”。

鷚（鹨） 天龠也。从鳥，翏声。力救切（liù）

【译文】鷚，天龠鳥。形符是“鳥”，声符是“翏”。

鸒 卑居也。从鳥，與声。羊茹切（yù）

【译文】鸒，卑居鳥。形符是“鳥”，声符是“與”。

鷽 雗（hàn）鷽，山鵲，知来事鳥也。从鳥，學省声。，鷽或，从隹。胡角切（xué）

【译文】鷽，雗鷽鸟，又称山鹊。是一种能够预知未来的鸟。形符是“鳥”，声符是“學”的省文。，“鷽”的异体字，从“隹”。

鷲[鷲]（鹫） 鳥，黑色，多（子）[力]。师旷曰：“南方有鳥，名曰羌鷲，黄头，赤目，五色皆备。”从鳥，就声。疾僦切（jiù）

【译文】鷲，鷲鳥，体毛为黑色，有力。师旷说：“南方有一种鳥，名叫羌鹫，黄头，红眼睛，五色俱全。”形符是“鳥”，声符是“就”。

鴞（鸮） 鴞 鸱鴞，宁鴂也。从鳥，号声。於娇切（xiāo）

【译文】鴞，鸱鴞鳥。又称宁鴂鳥。形符是“鳥”，声符是“号”。

鴂 鴂 宁鴂也。从鳥，夬声。古穴切（jué）

【译文】鴂，宁鴂鳥。形符是“鳥”，声符是“夬”。

鷸 鷸 鳥也。从鳥，祟声。辛聿切（xù）

【译文】鷸，鳥名。形符是“鳥”，声符是“祟”。

鶭 鶭 泽虞也。从鳥，方声。分两切（fǎng）

【译文】鶭，泽虞鳥。形符是“鳥”，声符是“方”。

鸛 鸛 鳥也。从鳥，截声。子结切（jié）

【译文】鸛，鳥名。形符是“鳥”，声符是“截”。

鵇 鵇 鳥也。从鳥，桼声。亲吉切（qī）

【译文】鵇，一种鳥的名字。形符是“鳥”，声符是“桼”。

鴸 鴸 铺豉（chǐ）也。从鳥，失声。徒结切（dié）

【译文】鴸，铺豉鳥。形符是“鳥”，声符是“失”。

鶤 鶤鸡也。从鳥，軍声。读若运。古浑切（kūn）

【译文】鶤，鶤鸡鳥。形符是“鳥”，声符是“軍”。发音如同“运”字。

鴹 鳥也。从鳥，芺声。乌浩切（ǎo）

【译文】鴹，鳥名。形符是“鳥”，声符是“芺”。

舄 鳥也。从鳥，臼声。居玉切（jú）

【译文】舄，鳥名。形符是“鳥”，声符是“臼”。

鷦 鷦𪆷，桃虫也。从鳥，焦声。即消切（jiāo）

【译文】鷦，鷦𪆷鳥。又称桃虫。形符是“鳥”，声符是“焦”。

𪆷 鷦𪆷也。从鳥，眇声。亡沼切（miǎo）

【译文】𪆷，鷦𪆷鳥。形符是“鳥”，声符是“眇”。

鷚[鸖]（鹠） 鳥少美长丑，为鷚离。从鳥，畱声。力求切（liù）

【译文】鷚，鳥幼年时很好看，成年后很丑恶，被称作鷚离鳥。形符是“鳥”，声符是“畱”。

鷬 鳥也。从鳥，堇声。，鷬或，从隹。，古文鷬。，古文鷬。，古文鷬。那干切（nán）

【译文】鷬，鳥名。形符是“鳥”，声符是“堇”。，“鷬”的异体字，从“隹”。，古文“鷬”字。，古文“鷬”字。，古文“鷬”字。

鶨 欺老也。从鳥，彖声。丑绢切（chuàn）
【译文】鶨，欺老鳥。形符是“鳥”，声符是“彖”。

鵨 鳥也。从鳥，説省声。弋雪切（yuè）
【译文】鵨，鳥名。形符是“鳥”，声符是“説”的省文。

鴸 鳥也。从鳥，主声。天口切（tǒu）
【译文】鴸，鳥名。形符是“鳥”，声符是“主”。

鴖 鳥也。从鳥，昏声。武巾切（mín）
【译文】鴖，鳥名。形符是“鳥”，声符是“昏”。

鷯（鹩） 刀鷯。剖苇，食其中虫。从鳥，尞声。洛箫切（liáo）

【译文】鷯，刀鷯鳥。喜好剥开芦苇的皮，吃里面的虫子。形符是“鳥”，声符是“尞”。

鷗 鳥也。其雌皇。从鳥，匽声。一曰，凤皇也。於幰切（yǎn）

【译文】鷗，鳥名。雌鳥称“皇”。形符是“鳥”，声符是“匽”。一说，凤皇鳥。

鴲 瞑鴲也。从鳥，旨声。旨夷切（zhī）

【译文】鴲，瞑鴲鳥。形符是“鳥”，声符是“旨”。

鴼 乌鸔也。从鳥，各声。卢各切（luò）

【译文】鴼，乌鸔鳥。形符是“鳥”，声符是“各”。

鸔 乌鸔也。从鳥，暴声。蒲木切（pù）①

【注释】①蒲木切：现音按《广韵》博木切，读bǔ。

【译文】鸔，乌鸔鳥。形符是“鳥”，声符是“暴”。

鶴（鹤） 鸣九皋，声闻于天。从鳥，隺声。下各切（hè）

【译文】鶴，在沼泽中鸣叫，声音上传至云霄。形符是“鳥”，声符是“隺”。

鷺（鹭） 白鷺也。从鳥，路声。洛故切（lù）

【译文】鷺，白鷺。形符是“鳥”，声符是“路”。

鵠（鹄） 鴻鵠也。从鳥，告声。胡沃切（hú）

【译文】鵠，鴻鵠鳥。形符是“鳥”，声符是“告”。

鴻（鸿） 鴻鵠也。从鳥，江声。户工切（hóng）

【译文】鴻，鴻鵠鳥。形符是“鳥”，声符是“江”。

鶖 [小篆] 秃鶖也。从鳥，尗（shú）声。[小篆]，鶖或，从秋。七由切（qiū）

【译文】鶖，秃鶖鳥。形符是“鳥”，声符是“尗”。[小篆]，“鶖”的异体字，从“秋”声。

鴛（鸳） [小篆] 鴛鴦也。从鳥，夗声。於袁切（yuān）
【译文】鴛，鴛鴦鳥。形符是“鳥”，声符是“夗”。

鴦（鸯） [小篆] 鴛鴦也。从鳥，央声。於良切（yāng）
【译文】鴦，鴛鴦鳥。形符是“鳥”，声符是“央”。

鵽 [小篆] 鵽鳩也。从鳥，叕声。丁刮切（duò）
【译文】鵽，鵽鳩鳥。形符是“鳥”，声符是“叕”。

鵱 [小篆] 蔞鵝也。从鳥，坴声。力竹切（lù）
【译文】鵱，蔞鵝鳥。形符是“鳥”，声符是“坴”。

鴚 [小篆] 鴚鵝也。从鳥，可声。古俄切（gē）
【译文】鴚，鴚鵝鳥。形符是“鳥”，声符是“可”。

鵞[鵝]（鹅） [小篆] 鴚鵝也。从鳥，我声。五何切（é）
【译文】鵞，鴚鵝鳥。形符是“鳥”，声符是“我”。

鴈[雁] [小篆] 鵝也。从鳥、人，厂声。五晏切（yàn）

【译文】鴈，家鵝。由“鳥”和“人”会意，声符是“厂”。

鶩(骛)  舒鳧[1]也。从鳥，敄声。莫卜切(mù)[2]

【注释】①舒鳧：家鸭。鳧：野鸭。②莫卜切：现音按《广韵》亡遇切，读wù。

【译文】鶩，舒鳧。形符是“鳥”，声符是“敄”。

鷖 鳧属。从鳥，殹声。《诗》曰：“鳧鷖在梁。”[1]乌鸡切(yī)

【注释】①语见《诗经·大雅·鳧鷖》。梁今本作泾。

【译文】鷖，鳧一类的鳥。形符是“鳥”，声符是“殹”。《诗经》中讲道：“鳧鷖在梁。”

鵊 鵊鶴，鳧属。从鳥，契声。古节切(jié)

【译文】鵊，鵊鶴鳥，鳧鳥的一种。形符是“鳥”，声符是“契”。

鶴 鵊鶴也。从鳥，辥声。鱼列切(niè)[1]

【注释】①鱼列切：现音按《广韵》古鎋切，读jiá。

【译文】鶴，鵊鶴鳥。形符是“鳥”，声符是“辥”。

鸏[鸏](鹲)  水鳥也。从鳥，蒙声。莫红切(méng)

【译文】鸏，水鳥。形符是“鳥”，声符是“蒙”。

鷸(鹬) [小篆] 知天将雨鳥也。从鳥，矞声。《礼记》曰："知天文者冠鷸。" [小篆]，鷸或，从遹。余律切(yù)

【译文】鷸，一种知可以预知天要下雨的鳥。形符是"鳥"，声符是"矞"。《礼记》中说："明白天文的人都戴着鷸鳥形的帽子。" [小篆]，"鷸"的异体字，从"遹"声。

鷿[鸊](䴙) [小篆] 鷿鷈也。从鳥，辟声。普击切(pì)

【译文】鷿，鷿鷈鳥。形符是"鳥"，声符是"辟"。

鷈[鷉](䴘) [小篆] 鷿鷈也。从鳥，虒声。土鸡切(tī)

【译文】鷈，鷿鷈鳥。形符是"鳥"，声符是"虒"。

鸕(鸬) [小篆] 鸕鶿也。从鳥，盧声。洛乎切(lú)

【译文】鸕，鸕鶿鳥。形符是"鳥"，声符是"盧"。

鶿(鹚) [小篆] 鸕鶿也。从鳥，兹声。疾之切(cí)

【译文】鶿，鸕鶿鳥。形符是"鳥"，声符是"兹"。

鷧[鷾] [小篆] 鶿也。从鳥，壹声。乙冀切(yì)

【译文】鷧，鸕鶿鳥。形符是"鳥"，声符是"壹"。

鴔[鴔] [小篆] 鴔鵖也。从鳥，乏声。平立切(bī)①

【注释】①平立切：现音按《集韵》房六切，读fú。

【译文】鴔，鴔鵖鳥。形符是"鳥"，声符是"乏"。

䳁（䳍） 髭䳁也。从鳥，皀声。彼及切（bí）

【译文】䳁，髭䳁鳥。形符是“鳥”，声符是“皀”。

鴇（鸨） 鳥也。肉出尺胾（zì）。从鳥，𠂔声。䎂，鴇或，从包。博好切（bǎo）

【译文】鴇，鴇鳥。肉适合做烤肉。形符是“鳥”，声符是“𠂔”。䎂，“鴇”的异体字，从“包”声。

鶌 雍鶌也。从鳥，渠声。强鱼切（qú）

【译文】鶌，雍鶌鳥。形符是“鳥”，声符是“渠”。

鷗[鸥]（鸥） 水鴞也。从鳥，區声。乌侯切（ōu）

【译文】鷗，水鴞鳥。形符是“鳥”，声符是“區”。

䳊 鳥也。从鳥，犮声。读若拨。蒲达切（bá）[1]

【注释】①蒲达切：现音按《广韵》蒲拨切，读 bó。

【译文】䳊，水鳥名。形符是“鳥”，声符是“犮”。发音如同“拨”字。

鷛 鳥也。从鳥，庸声。余封切（yóng）

【译文】鷛，水鳥名。形符是“鳥”，声符是“庸”。

鶃 鳥也。从鳥，兒声。《春秋传》曰：“六鶃退飞。”[1] 鷊，鶃或，从鬲。䳭，司马相如说，鶃从赤。

五历切(yì)

【译文】鶂，水鳥名。形符是“鳥”，声符是“兒”。《左传》中讲道：“六只鶂鳥倒着飞。”，“鶂”的异体字，声符是“鬲”。，司马相如说，“鶂”以“赤”为声符。

鶇[鵜](鹈) 鶇胡，污泽也。从鳥，夷声。，鶇或，从弟。杜兮切(tí)

【译文】鶇，鶇胡鳥，又名污泽。形符是“鳥”，声符是“夷”。，“鶇”的异体字，声符是“弟”。

鴗 天狗也。从鳥，立声。力入切(lì)

【译文】鴗，天狗鳥。形符是“鳥”，立声符“立”。

鶬(鸧) 麋鴰也。从鳥，倉声。，鶬或，从隹。七冈切(cāng)

【译文】鶬，麋鴰鳥。形符是“鳥”，声符是“倉”。，“鶬”的异体字，从“隹”。

鴰[鴰](鸹) 麋鴰也。从鳥，昏声。古活切(guā)

【译文】鴰，麋鴰鳥。形符是“鳥”，声符是“昏”。

鵁[鵁](䴔) 鵁鶄也。从鳥，交声。一曰，鵁鸕也。古肴切(jiāo)

【译文】鵁，鵁鶄鳥。形符是“鳥”，声符是“交”。又称鵁䴔鳥。

鶄[鶄](䴖) 鶄 鵁鶄也。从鳥，青声。子盈切(jīng)

【译文】鶄，鵁鶄鳥。形符是“鳥”，声符是“青”。

䲴[䲴] 䲴 鵁鶄也。从鳥，幵声。古贤切(jiān)

【译文】䲴，鵁鶄鳥。形符是“鳥”，声符是“幵”。

鸃 鸃 鸃鴜也。从鳥，箴声。职深切(zhēn)

【译文】鸃，鸃鴜鳥。形符是“鳥”，声符是“箴”。

鴜 鴜 鸃鴜也。从鳥，此声。即夷切(zī)[①]

【注释】①即夷切：现音按《广韵》疾移切，读 cí。

【译文】鴜，鸃鴜鳥。形符是“鳥”，此声符是“此”。

鷻[鷻] 鷻 雕也。从鳥，敦声。《诗》曰：“匪鷻匪鳶。”[①]度官切(tuán)

【注释】①语见《诗经·小雅·四月》。今本作匪鹑匪鸢。

【译文】鷻，雕。形符是“鳥”，声符是“敦”。《诗经》中讲道：“不是雕鳥，也不是鸷鳥。”

鳶 鳶 鸷鳥也。从鳥，屰声。与专切(yuān)[①]

【注释】①与专切：或作五各切，读 è。

【译文】鳶，凶猛的鸟。形符是“鳥”，声符是“屰”。

鷳（鹇） 鸱也。从鳥，閒声。户闲切（xián）

【译文】鷳，鷂鹰。形符是“鳥”，声符是“閒”。

鷂（鹞） 鸷鳥也。从鳥，䍃声。弋笑切（yào）

【译文】鷂，凶猛的鳥。形符是“鳥”，声符是“䍃”。

鷢 白鷢，王䳜也。从鳥，厥声。居月切（jué）

【译文】鷢，白鷢鳥，又称王䳜。形符是“鳥”，声符是“厥”。

䳜 王䳜也。从鳥，且声。七余切（jū）

【译文】䳜，王䳜鳥。形符是“鳥”，声符是“且”。

鸛[䴋] 鸛专，畐（fú）蹂。如鵲，短尾。射之，衔矢射人。从鳥，雚声。呼官切（huān）

【译文】鸛，鸛专鳥，又称畐蹂鳥。象喜鹊，尾巴较短。人如果用箭射它，它就会用嘴取箭反过来去射人。形符是“鳥”，声符是“雚”。

鸇（鹯） 鷐风也。从鳥，亶（dàn）声。，籀文鸇，从廛。诸延切（zhān）

【译文】鹯，鷐风鳥。形符是“鳥”，声符是“亶”。，籀文中的“鸇”字，从“廛”声。

鷐 鷐风也。从鳥，晨声。植邻切（chén）

【译文】鷐，鷐风鳥。形符是“鳥”，声符是“晨”。

鷙（鸷） 击杀鳥也。从鳥，執声。脂利切（zhì）

【译文】鷙，善于击杀的鳥。形符是“鳥”，声符是“執”。

鴥 鸇飞皃。从鳥，穴声。《诗》曰：“鴥彼晨风。”①余律切（yù）

【注释】①语见《诗经·秦风·晨风》。

【译文】鴥，鸇鳥快速飞翔的样子。形符是“鳥”，声符是“穴”。《诗经》中讲道：“晨风鸟迅速地飞翔。”

鶯（莺） 鳥也。从鳥，𤇾省声。《诗》曰：“有鶯其羽。”①乌茎切（yīng）

【注释】①语见《诗经·小雅·桑扈》。

【译文】鶯，鳥名。形符是“鳥”，声符是“𤇾”的省文。《诗经》中讲道：“那鳥的羽毛文彩焕然。”

鴝（鸲） 鴝鵒也。从鳥，句声。其俱切（qú）

【译文】鴝，鴝鵒鳥。形符是“鳥”，声符是“句”。

鵒（鹆） 鴝鵒也。从鳥，谷声。古者鴝鵒不踰泲（jǐ）。，鵒或，从隹，从臾。余蜀切（yù）

【译文】䳄，鸲䳄鳥。形符是“鳥”，声符是“谷”。古时候鸲䳄鳥不会飞过泲水。䧿，“䳄”的异体字，形符是“隹”，声符是“臾”。

鷩 赤雉也。从鳥，敝声。《周礼》曰：“孤服鷩冕。”[1]并列切（biē）

【注释】①语见《周礼·春官·司服》。

【译文】鷩，红色的野鸡。形符是“鳥”，声符是“敝”。《周礼》中讲道：“天子穿着绣有鷩形图案的礼服和礼帽。”

鵔 鵔鸃，鷩也。从鳥，夋声。私闰切（jùn）

【译文】鵔，鵔鸃，即鷩鳥。形符是“鳥”，声符是“夋”。

鸃 鵔鸃也。从鳥，義声。秦汉之初，侍中冠鵔鸃冠。鱼羁切（yí）

【译文】鸃，鵔鸃鳥。形符是“鳥”，声符是“義”。秦汉初期，侍中都头戴鵔鸃冠。

鷸 雉属，戇（zhuàng）鳥也。从鳥，適省声[1]。都历切（dí）

【注释】①適省声：徐锴《说文解字系传》作啻声。

【译文】鷸，野鸡之属，愚直的鳥。形符是“鳥”。声符是“適”的省文。

鶡（鹖） 似雉，出上党。从鳥，曷声。胡割切（hé）

【译文】鶡，象野鸡，产自山西上党一带。形符是“鳥”，声符是“曷”。

鴘 鳥，似鶡而青，出羌中。从鳥，介声。古拜切（jiè）

【译文】鴘，鴘鳥，象鶡鳥而为青色，产自羌中地区。形符是“鳥”，声符是“介”。

鸚（鹦） 鸚䳇，能言鳥也。从鳥，婴声。乌茎切（yīng）

【译文】鸚，鸚䳇鳥，一种会说人话的鳥。形符是“鳥”，声符是“婴”。

䳇 鸚䳇也。从鳥，母声。文甫切（wǔ）

【译文】䳇，鸚䳇鳥。形符是“鳥”，声符是“母”。

鷮 走鸣，长尾雉也。乘舆以为防釳（xì），着马头上。从鳥，喬声。巨娇切（jiāo）

【译文】鷮，一边跑一边叫，长尾巴的野鸡。它的长尾毛通常用来作车上的装饰品，将它戴在马头上。形符是“鳥”，声符是“喬”。

䳺[鷕] 雌雉鸣也。从鳥，唯声。《诗》曰“有䳺雉鸣。”以沼切(yǎo)[①]

【注释】①以沼切：桂馥《说文解字义证》读 wěi。

【译文】䳺，母野鸡的叫声。形符是“鳥”，声符是“唯”。《诗经·邶风·匏有苦叶》中讲道：“野鸡鸣叫，发出鷕鷕的声音。”

鸓 鼠形。飞走且乳之鳥也。从鳥，畾声。[籀文]，籀文鸓。力轨切(lěi)

【译文】鸓，形似老鼠。一种能飞能跑、能产子的鳥。形符是“鳥”，声符是“畾”。[籀文]，籀文中的“鸓”字。

鶾 雉肥鶾音者也。从鳥，倝声。鲁郊[①]以丹鸡祝曰：“以斯鶾音赤羽，去鲁侯之咎。”侯干切(hàn)

【注释】①鲁郊：段玉裁《说文解字注》：“此引《鲁郊礼》文，证鶾音之为肥鸡也。”

【译文】鶾，体形肥壮而叫声长的野鸡。形符是“鳥”，声符是“倝”。鲁国郊礼用红色的鸡祷告说：“用这肥美长音、红色的鸡向神明祭祀，祈求免除鲁侯的灾祸。”

鴳 雇也。从鳥，安声。乌谏切(yàn)

【译文】鴳，鴳雀鳥。形符是“鳥”，声符是“安”。

鴆(鸩) 毒鳥也。从鳥，冘声。一名运日。直禁切(zhèn)

【译文】鴆，毒鳥。形符是“鳥”，声符是“冘”。又称运日。

鷇 [篆] 鳥子生哺者。从鳥，㱿声。口豆切（kòu）

【译文】鷇，生下来就靠母亲哺育的鳥崽。形符是“鳥”，声符是“㱿”。

鳴（鸣） [篆] 鳥声也。从鳥，从口。武兵切（míng）

【译文】鳴，鳥发出的叫声。由“鳥”和“口”会意。

騫 [篆] 飞皃。从鳥，寒省声。虚言切（xiān）

【译文】騫，鳥飞翔的样子。形符是“鳥”，声符是“寒”的省文。

鳻 [篆] 鳥聚皃。一曰，飞皃。从鳥，分声。府文切（fēn）

【译文】鳻，鳥集中在一起的样子。一说，鳥一起飞翔的样子。形符是“鳥”，声符是“分”。

文百十六 重十九

烏（乌） [篆] 孝鸟也。象形。孔子曰：“烏，旴呼也。”取其助气，故以为烏呼。凡烏之属皆从烏。[古文]，古文烏。象形。[古文]，象古文烏省。哀都切（wū）

【译文】烏，孝顺的鳥。象烏鸟形。孔子说：“烏，舒气自呼的意思。”借助“烏”的声音用来帮助语气，所以借它来作“烏呼”的“烏”字。但凡“烏”的部属都从“烏”。，古文“烏”字，象其俯视后背的样子。，象古文“烏”的省略。

舄 䧿也。象形。，篆文舄，从隹，昔。七雀切（què）

【译文】舄，䧿鳥。象形字。，篆文中的“舄”字，形符是“隹”，声符是“昔”。

焉 焉鳥，黄色，出于江淮。象形。凡字：朋者，羽虫之属；乌者，日中之禽；舄者，知太岁之所在；燕者，请子之候，作巢避戊己。所贵者，故皆象形。焉亦是也。有干切（yān）

【译文】焉，焉鳥，黄色，产自长江，淮水一带。象形字。但凡是字：“朋”，是羽虫之类；“乌”，是太阳中间的飞禽；“舄”，是知道太岁星所在位置的鳥；“燕”，是表示即将得子的征兆的鳥，取土作窝，回避戊己这一天。这些都是人们所重视的鳥，所以都象形。焉鳥也是其中之一。

文三 重三

卷八

華　華　箕（jī）属。所以推弃之器也。象形。凡華之属皆从華。官溥说。北潘切（bān）

【译文】華，带把手的类似簸箕的一种工具，它的作用是推扫垃圾并将其扔除。象形字。但凡"華"的部属都从"華"。这是官溥的说法。

畢（毕）　畢　田罔[1]也。从華，象畢形，微也。或曰，由（fú）声。卑吉切（bì）

【注释】①田罔：田猎所使用的网。

【译文】畢，田猎用的长手柄的网。形符是"華"，如同畢网的形状，但"畢"稍小于"華"。一说，"由"是声符。

糞[糞]（粪）　糞　弃除也。从収（gǒng）[1]推華弃釆（biàn）[2]也。官溥说，似米而非米者，矢字。方问切（fèn）

【注释】①収：双手。②釆：粪便。

【译文】糞，打扫、扫除。由"収"推着"華"来扫除"釆"

表意。官溥说，像是“米”字却又不是“米”的字形，表达的是“矢”字。

棄（弃） 捐也。从廾推華棄之；从𠫓（tū）。𠫓，逆子也。，古文棄。，籀文棄。诘利切（qì）

【译文】棄，放弃，扔掉。由“廾”推“華”去扔掉；形符是“𠫓”。“𠫓”是忤逆之子。，古文中的“棄”字。，籀文中的“棄”字。

文四 重二

冓 交积材也。象对交之形。凡冓之属皆从冓。古候切（gòu）

【译文】冓，交叉在一起的木材。象木材上下交叉在一起的形状。但凡是“冓”的部属都从“冓”。

再 一举而二也。从[一、]冓省。作代切（zài）

【译文】再，一举而重复。由“一”和“冓”的省文会意。

爯 并举也。从爪，冓省。处陵切（chēng）

【译文】爯，用手拎起两样东西。由“爪”和“冓”的省文会意。

幺 小也。象子初生之形。凡幺之属皆从幺。於尧切（yāo）

【译文】幺，小的意思。如同刚出生的婴儿的形态。但凡是“幺”的部属都从“幺”。

幼 少也。从幺，从力。伊谬切（yòu）

【译文】幼，年少。由“幺”和“力”会意。

文二

丝 微也。从二幺。凡丝之属皆从丝。於虬切（yōu）

【译文】丝，细小、微小的意思。由两个“幺”会意。但凡是“丝”的部属都从“丝”。

幽 隐也。从山中丝，丝亦声。於虬切（yōu）

【译文】幽，安静、隐蔽。通过“山”中有“丝”来表意，“丝”也是声符。

幾（几） 微[①]也；殆也。从丝，从戍。戍，兵守也。丝而兵守者危也。居衣切（jī）

【注释】①微：事情的苗头或者预兆。

【译文】幾，细微；也有危殆、危急的意思。由“丝”和“戍”会意。“戍”即派兵把守。察觉细微的迹象，又要派兵把守，是具有强烈的危机感。

文三

叀 专小谨也。从幺省；屮（chè），财见也；屮亦声。凡叀之属皆从叀。，古文叀。，亦古文叀。职缘切（zhuān）

【译文】叀，专一而又小心谨慎。由“幺”的省文和“屮”会意，“屮”表示草木初生才长出枝叶；“屮”也是声符。但凡是“叀”的部属都从“叀”。，古文“叀”字。，也是古文“叀”字。

惠 仁也。从心，从叀。，古文惠。从芔。胡桂切（huì）

【译文】惠，仁爱。由“心”和“叀”会意。，古文中的“惠”字，从“芔”。

疐 碍不行也。从叀[①]，引而止之也。叀者，如叀（马）[牛]之鼻。从[冖，]此与牵同意。陟利切（zhì）

【注释】①从叀：叀是穿牛鼻子的东西，今作桊。

【译文】疐，阻碍，无法通行。从“叀”，表示牵引而使之停止。“叀”象叀牛鼻子，从“冖”，和“牵”字所从的“冖”是“引牛之縻”同意。

文三 重三

玄 幽远也。黑而有赤色者为玄。象幽而入[①]覆之也。凡玄之属皆从玄。，古文玄。胡涓切（xuán）

【注释】①入：象覆盖之物，非出入字。

【译文】玄，幽小而深远。黑色中带有红色是为玄。如同幽暗却又有东西覆盖着。但凡是“玄”的部属都从“玄”。𠁁，古文中的“玄”字。

兹 𢆶 黑也。从二玄。《春秋传》曰：“何故使吾水兹？”[1]子之切（zī）

【注释】①语见《左传·哀公八年》。兹今本作滋。

【译文】兹，黑。由两个相并列的“玄”会意。《左传》中讲道：“为什么让我的水变成了黑色？”

文二 重一

予 𠄢 推予也。象相予之形。凡予之属皆从予。余吕切（yǔ）

【译文】予，给予。象举起东西给予别人的样子。但凡是“予”的部属都从“予”。

舒 舒 伸也。从舍，从予，予亦声。一曰，舒缓也。伤鱼切（shū）

【译文】舒，伸展。由“舍”和“予”会意，“予”也是声符。一说，舒是舒缓的意思。

幻 幻 相诈惑也。从反予。《周书》曰：“无或譸（zhōu）张为幻。”[1]胡办切（huàn）

【注释】①语见《尚书·周书·无逸》。

【译文】幻，相互欺诈惑乱。由反写的“予”字表意。《尚书·无逸》中讲道："不相互欺骗，讹诈。"

文三

放 [篆] 逐也。从攴，方声。凡放之属皆从放。甫妄切（fàng）

【译文】放，放逐。形符是"攴"，声符是"方"。但凡是"放"的部属都从"放"。

敖 [篆] 出游也。从出，从放。五牢切（áo）

【译文】敖，外出行走游历。由"出"和"放"会意。

敫 [篆] 光景流也。从白，从放。读若龠。以灼切（yuè）

【译文】敫，光线流散。由"白"和"放"会意。发音像"龠"。

文三

受 [篆] 物落；上下相付也。从爪，从又。凡受之属皆从受。读若《诗》"摽有梅"[①]。平小切（biào）

【注释】①语见《诗经·召南·摽有梅》。

【译文】受，物体下落；两只手相交叉。由"爪"和"又"会意。但凡"受"的部属都从"受"。发音如同《诗经》中"摽有梅"的"摽"字。

爰 [篆] 引也。从受，从于[①]。籀文以为车辕字[②]。羽元切（yuán）

【注释】①从𠬪，从于：𠬪，相引之意。于，所引之物。②籀文以为车辕字：段玉裁《说文解字注》："此说假借也。"

【译文】爰，援引的意思。由"𠬪"和"于"会意。籀文中假借"爰"为"车辕"的"辕"字。

𤔔 治也。幺子相亂，𠬪治之也。读若亂同。一曰，理也。，古文𤔔。郎段切（luàn）

【译文】𤔔，治理、处理。小孩儿纷争，就用两手来治理，解决纷争。发音与"亂"相同。一说，理。，古文中的"𤔔"字。

受 相付也。从𠬪，舟省声。殖酉切（shòu）

【译文】受，相授受。形符是"𠬪"，声符是"舟"的省文。

𤔕 撮也。从𠬪，从己。力辍切（liè）

【译文】𤔕，撮取。由"𠬪"和"己"会意。

爭[争] 引也。从𠬪、丿。侧茎切（zhēng）

【译文】爭，爭夺。由"𠬪"和"丿"会意。

𤔌 所依据也。从𠬪、工。读与隐同。於谨切（yǐn）

【译文】𤔌，有所凭据。由"𠬪"和"工"会意。发音与"隐"字相同。

寽 [小篆] 五指持也。从㕟，一声。读若律。吕戌切（lǜ）

【译文】寽，用五个手指持握。形符是“㕟”，声符是“一”。发音如同“律”字。

𠭥[敢] [小篆] 进取也。从㕟，古声。[籀文]，籀文𠭥。[古文]，古文𠭥。古览切（gǎn）

【译文】𠭥，进取。形符是“㕟”，声符是“古”。[籀文]，籀文“𠭥”字。[古文]，古文“𠭥”字。

文九 重三

𣦼 [小篆] 殘穿也。从又，从歺（è）。凡𣦼之属皆从𣦼。读若残。昨干切（cán）

【译文】𣦼，残裂通过。由“又”和“歺”会意。但凡是“𣦼”的部属都以“𣦼”为形符。发音如同“残”字。

叡 [小篆] 沟也。从𣦼，从谷。读若郝。[或体]，叡或，从土。呼各切（hè）

【译文】叡，沟壑。由“𣦼”和“谷”会意。发音与“郝”字相同。[或体]，“叡”的异体字，从“土”。

𣦿 [小篆] 𣦼探坚意也。从𣦼，从貝。貝，坚（宝）[实]也。读若概。古代切（gài）

【译文】𣦿，穿而探其坚。形符是“𣦼”和“貝”。“貝”，是坚实的意思。发音与“概”字相同。

㪿 坑也。从𣦼，从井，井亦声。疾正切（jǐng）

【译文】㪿，坑阱。由“𣦼”和“井”会意，“井”也是声符。

叡 深明也；通也。从𣦼，从目，从谷省。，古文叡。，籀文叡，从土。以芮切（ruì）

【译文】叡，深明；通达。由“𣦼”“目”和“谷”的省文会意。，古文中的“叡”字。，籀文中的“叡”字，从“土”。

文五 重三

歺 列[①]骨之残也。从半冎（guǎ）。凡歺之属皆从歺。读若蘖（niè）岸之蘖。，古文歺。五割切（è）

【注释】①列：分解。

【译文】歺，已经将肉剔除掉的骨头。由“冎”的部分构成。但凡是“歺”的部属都从“歺”。发音和“蘖岸”的“蘖”相同。，古文中的“歺”字。

㱖 病也。从歺，委声。於为切（wěi）

【译文】㱖，㱖病。形符是“歺”，声符是“委”。

殙 瞀（mào）也。从歺，昏声。呼昆切（hūn）

【译文】殙，头脑迷糊，神志不清。形符是“歺”，声符是

“昏”。

殰[殰] 𣩳 胎败也。从歺，賣声。徒谷切（dú）

【译文】殰，胎死腹中。形符是“歺”，声符是“賣”。

殁 𣨼 终也。从歺，勿声。𣩂，殁或，从叟[1]。莫勃切（mò）

【注释】①从叟：朱骏声《说文通训定声》：“从叟声。”

【译文】殁，终其一生。形符是“歺”，声符是“勿”。𣩂，“殁”的异体字，从“叟”声。

殚 𣩠 大夫死曰殚。从歺，卒声。子聿切（zú）

【译文】殚，大夫死亡称作殚。形符是“歺”，声符是“卒”。

殊 𣩜 死也[1]。从歺，朱声。汉令曰：“蛮夷长有罪，当殊之。”市朱切（shū）

【注释】①死也：段玉裁《说文解字注》：“凡汉诏云殊死者，皆谓死罪也。死罪者首身分离，故曰殊死。引伸为殊异。”

【译文】殊，杀死。形符是“歺”，声符是“朱”。汉朝的律令中讲道：“蛮夷戎狄的首领有罪，应当伏诛。”

殟 𣩵 胎败也。从歺，昷声。乌没切（wò）[1]

【注释】①乌没切：现音按《广韵》乌浑切，读 wēn。

【译文】殟，胎儿在腹中死亡。形声字，形符是“歺”，声符是“昷”。

殤(殇) 不成人也。人年十九至十六死，为长殤；十五至十二死为中殤；十一至八岁死，为下殤。从歺，傷省声。式阳切(shāng)

【译文】殤，还未成年就去世了。十六岁到十九岁去世称作长殤；十二岁到十五岁去世称作中殤；八岁到十一岁去世称作下殤。形符是“歺”，声符是“傷”的省文。

殂 往、死也。从歺，且声。《虞书》曰：“勋乃殂。”，古文殂，从歺，从作。昨胡切(cú)

【译文】殂，走了，死亡。形符是“歺”，声符是“且”。《尚书·舜典》中讲道：“放勋去世了。”，古文中的“殂”字，形符是“歺”，声符是“作”。

殛 殊也。从歺，亟声。《虞书》曰：“殛鲧于羽山。”己力切(jí)

【译文】殛，流放，放逐。形符是“歺”，声符是“亟”。《尚书·舜典》中讲道：“将鲧流放于羽山。”

殪 死也。从歺，壹声。，古文殪，从死。於计切(yì)

【译文】殪，杀死。形符是“歺”，声符是“壹”。，古文中的“殪”字，从“死”。

𣩵 死宋𣩵也。从歺，莫声。莫各切（mò）

【译文】𣩵，默默地死去。形符是“歺”，声符是“莫”。

殯（殡） 死在棺，将迁葬，柩。賓遇之。从歺，从賓，賓亦声。夏后殯于阼阶，殷人殯于两楹之间，周人殯于賓阶。必刃切（bìn）

【译文】殯，已经死亡，在棺材中等待迁入埋葬。人死后放入棺材，以賓礼相待。由“歺”和“賓”会意，“賓”也是声符。夏朝时帝王死后于东阶处停棺待葬，商朝时于两个楹柱之间停棺待葬，周朝时于西阶处停棺待葬。

𣨼 瘗也。从歺，隶声。羊至切（yì）

【译文】𣨼，埋葬灵柩。形符是“歺”，声符是“隶”。

殣 道中死人，人所覆也。从歺，堇声。《诗》曰：“行有死人，尚或殣之。”[1]渠吝切（jìn）

【注释】①语见《诗经·小雅·小弁》。殣今本作墐。

【译文】殣，在路上死亡，被人埋葬。形符是“歺”，声符是“堇”。《诗经》中讲道：“路上遇有死人，尚有路冢。”

𣨶 腐气也。从歺，臭声。尺救切（chòu）

【译文】𣨶，腐烂的难闻的味道。形符是“歺”，声符是“臭”。

殨 烂也。从歺，貴声。胡对切（kuì）

【译文】殨，尸体溃烂。形符是“歺”，声符是“貴”。

歺丂[朽] 腐也。从歺，丂声。，歺丂或，从木。许久切（xiǔ）

【译文】歺丂，腐朽、腐坏的意思。形符是“歺”，声符是“丂”。，“歺丂”的异体字，形符是“木”。

殆 危也。从歺，台声。徒亥切（dài）

【译文】殆，危险。形符是“歺”，声符是“台”。

殃 咎也。从歺，央声。於良切（yāng）

【译文】殃，灾祸。形符是“歺”，声符是“央”。

殘（残） 贼也。从歺，戔声。昨干切（cán）

【译文】殘，伤害。形符是“歺”，声符是“戔”。

殄 尽也。从歺，㐱声。，古文殄如此。徒典切（tiǎn）

【译文】殄，尽。形符是“歺”，声符是“㐱”。，古文中的“殄”字就是这样。

殲（歼） 微尽也。从歺，韱（xiān）声。《春秋传》曰：“齐人殲于遂。”[①]子廉切（jiān）

【注释】①语见《左传・庄公十七年》。

【译文】殲，纤微都尽。形符是“歺”，声符是“韱”。《左传》中讲道：“齐人被消灭于遂地。”

殫（殚）  （殛）[极]尽也。从歺，單声。都寒切（dān）

【译文】殫，穷极而尽。形符是“歺”，声符是“單”。

殬  败也。从歺，睪（yì）声。《商书》曰：“彝伦攸殬。”[①]当故切（dù）

【注释】①语见《尚书·商书·洪范》。殬今本作斁。

【译文】殬，败坏。形符是“歺”，声符是“睪”。《尚书·商书》中讲道：“治国之道由此而遭到破坏。”

𣩵  畜产疫病也。从歺，从羸（léi）。郎果切（luǒ）[①]

【注释】①郎果切：现音按《广韵》鲁过切，读 luò。

【译文】𣩵，牲畜染瘟疫之病。由“歺”和“羸”会意。

𣨙 杀羊出其胎也。从歺，豈声。五来切（ái）

【译文】𣨙，杀羊取出它的胎。形符是“歺”，声符是“豈”。

𣦼  禽兽所食余也。从歺，从肉。昨干切（cán）

【译文】𣦼，禽兽吃完剩余的肉。由“歺”和“肉”会意。

殖 脂膏久殖也。从歺，直声。常职切（zhí）

【译文】殖，脂膏放久而腐败。形符是“歺”，声符是“直”。

殆 枯也。从歺，古声。苦孤切（kū）

【译文】殆，枯萎、干枯。形符是“歺”，声符是“古”。

殉 弃也。从歺，奇声。俗语谓死曰大殉。去其切（qī）

【译文】殉，弃世。形符是“歺”，声符是“奇”。俗话将死称作“大殉”。

文三十二 重六

死 澌也，人所离也。从歺，从人。凡死之属皆从死。𣦸，古文死如此。息姊切（sǐ）

【译文】死，生命终结，形体与灵魂相脱离。由“歺”和“人”会意。但凡是“死”的部属都从“死”。𣦸，古文“死”字就如同这样。

薨 公侯殍也。从死，瞢（méng）省声。呼肱切（hōng）

【译文】薨，公侯去世。形符是“死”，声符是“瞢”的省文。

薨 死人里也。从死，蒿省声。呼毛切（hāo）

【译文】薨，埋葬死人的地方。形符是“死”，声符是“蒿”

的省文。

殥 ［篆文］ 战见血曰伤；乱或为惽[1]；死而复生为殥[2]。从死，次声。咨四切（zì）

【注释】①乱或为惽：段玉裁《说文解字注》：“或、惑，古今字。心部曰：‘惽，不憭也。’此谓战伤殙瞀者，重于见血也。”②死而复生为殥：段玉裁注：“此谓战伤又重于惽也。谓之殥者，次于死也，三言皆谓战。盖出《司马法》等书。”

【译文】殥，战斗中见到血称作受伤；混乱昏迷称作惽；昏死又复活称作殥。形符是“死”，声符是“次”。

文四 重一

冎 ［篆文］ 剔人肉，置其骨也。象形。头隆骨也。凡冎之属皆从冎。古瓦切（guǎ）

【译文】冎，剔除人的肉身，将其骨头存置。象形字。象人隆起的头骨。但凡是“冎”的部属都从“冎”。

刐[别] ［篆文］ 分解也。从冎，从刀。凭列切（bié）

【译文】刐，把整体分割成部分。由“冎”和“刀”会意。

髀 ［篆文］ 别也。从冎，卑声。读若罢。府移切（bēi）

【译文】髀，分裂。形符是“冎”，声符是“卑”。发音与“罢”字相同。

文三

骨　肉之核也。从冎有肉。凡骨之属皆从骨。古忽切（gǔ）

【译文】骨，保护和支撑肉的东西。由“冎”中有“肉”会意。但凡是“骨”的部属都从“骨”。

髑　髑髅，顶[1]也。从骨，蜀声。徒谷切（dú）

【注释】①顶：头顶。

【译文】髑，髑髅，指的是人的头骨。形符是“骨”，声符是“蜀”。

髏（髅）　髑髏也。从骨，婁声。洛侯切（lóu）

【译文】髑，髑髅。形符是“骨”，声符是“婁”。

髆　肩甲也。从骨，尃声。补各切（bó）

【译文】髆，肩胛骨。形符是“骨”，声符是“尃”。

髃　肩前也。从骨，禺声。午口切（ǒu）

【译文】髃，肩头。形符是“骨”，声符是“禺”。

骿　并胁也。从骨，并声。晋文公骿胁。部田切（pián）

【译文】骿，肋骨并排在一起。形符是“骨”，声符是“并”。晋文公就是这样的状况。

髀 股也。从骨，卑声。，古文髀。并弭切（bǐ）

【译文】髀，大腿。形符是“骨”，声符是“卑”。，古文中的“髀”字。

髁 髀骨也。从骨，果声。苦卧切（kè）[1]

【注释】①苦卧切：现音按《广韵》苦禾切，读 kē。

【译文】髁，股骨。形符是“骨”，声符是“果”。

䯛 臀[1]骨也。从骨，厥声。居月切（jué）

【注释】①臀：同“臀”。

【译文】䯛，尾骨。形符是“骨”，声符是“厥”。

髖（髋） 髀上也。从骨，寬声。苦官切（kuān）

【译文】髖，臀部。形符是“骨”，声符是“寬”。

髕（髌） 膝耑（duān）也。从骨，賓声。毗忍切（bìn）

【译文】髌，膝盖骨。形符是“骨”，声符是“賓”。

䯏[髺] 骨耑也。从骨昏声。古活切（kuò）[1]

【注释】①古活切：现音读，guā。

【译文】髺，骨骼的两端。形符是“骨”，声符是“昏”。

髖 膝胫间骨也。从骨，貴声。丘愧切（kuì）

【译文】髖，膝关节。形符是“骨”，声符是“貴”。

骹 胫也。从骨，交声。口交切（qiāo）

【译文】骹，小腿部位。形符是“骨”，声符是“交”。

骭 骹也。从骨，干声。古案切（gàn）

【译文】骭，小腿骨。形符是“骨”，声符是“干”。

骸 胫骨也。从骨，亥声。户皆切（hái）

【译文】骸，胫骨，小腿骨。形符是“骨”，声符是“亥”。

髓 骨中脂也。从骨，隓（huī）声。息委切（suǐ）

【译文】髓，骨髓。形符是“骨”，声符是“隓”。

髑 骨间黄汁也。从骨，易声。读若《易》曰“夕惕若厉”。他历切（tì）

【译文】髑，黄骨髓。形符是“骨”，声符是“易”。发音和《周易·乾卦》中“夕惕若厉”的“惕”字相同。

體（体） 总十二属①也。从骨，豊声。他礼切（tǐ）

【注释】①十二属：首之属，顶、面和颐；身之属，肩、脊和臀；手之属，厷、臂和手；足之属，股、胫和足。

【译文】體，人身体的十二个部位的总称。形符是“骨”，声符是“豊”。

髍 小篆 痛病也。从骨，麻声。莫鄱切（mó）

【译文】髍，半身不遂。形符是“骨”，声符是“麻”。

骾[鲠](鯁) 小篆 食骨留咽中也。从骨，更声。古杏切（gěng）

【译文】骾，骨头卡在喉咙里。形符是“骨”，声符是“更”。

骼 小篆 禽兽之骨曰骼。从骨，各声。古核切（gé）

【译文】骼，禽兽的骨头。形符是“骨”，声符是“各”。

骴 小篆 鸟兽残骨曰骴。骴，可恶也。从骨，此声。《明堂月令》曰：“掩骼薶骴。”骴或，从肉。资四切（zī）[①]

【注释】①资四切：现音按《广韵》疾移切，读 cī。

【译文】骴，鸟兽残留的尸骨。骴，令人感到厌恶。形符是“骨”，声符是“此”。《明堂月令》中讲道：“掩盖住骼，埋葬骴。”“胔”，“骴”的异体字，从“肉”。

骫 小篆 骨耑骫奊（xié）[①]也。从骨，丸声。於诡切（wěi）

【注释】①骫奊：屈曲的样子。

【译文】骫，骨端骨曲。形符是“骨”，声符是“丸”。

髻 骨擿(zhì)之可會发者。从骨，會声。《诗》曰："髻弁如星。"[①]古外切(kuài)

【注释】①语见《诗经·卫风·淇奥》。髻今本作會。

【译文】髻，可以用来束头发的骨制品。形符是"骨"，声符是"會"。《诗经》中讲道："先束起头发，再戴上帽子，如同星星般闪耀。"

文二十五 重一

肉 胾(zì)肉。象形。凡肉之属皆从肉。如六切(ròu)

【译文】肉，大块的肉。象形字。但凡是"肉"的部属都从"肉"。

脢 妇始孕脢兆也。从肉，某声。莫桮切(méi)

【译文】脢，妇女怀孕的初始征兆。形符是"肉"，声符是"某"。

肧[胚] 妇孕一月也。从肉，不声。匹桮切(pēi)

【译文】肧，妇女怀孕一个月。形符是"肉"，声符是"不"。

胎 妇孕三月也。从肉，台声。土来切(tāi)

【译文】胎，妇女怀孕三个月。形符是"肉"，声符是"台"。

肌　肉也。从肉，几声。居夷切（jī）

【译文】肌，人的肌肉组织。形符是“肉”，声符是“几”。

臚（胪）　皮也。从肉，盧声。，籀文臚。力居切（lú）

【译文】臚，人的皮肤。形符是“肉”，声符是“盧”。，籀文中的“臚”字。

肫　面頯(kuí)也。从肉，屯声。章伦切(zhūn)

【译文】肫，脸颊上的颧骨。形符是“肉”，声符是“屯”。

臔　颊肉也。从肉，幾声。读若畿。居衣切（jī）

【译文】臔，脸颊上的肉。形符是“肉”，声符是“幾”。发音与“畿”字相同。

脣[唇]　口耑也。从肉，辰声。，古文脣，从頁。食伦切（chún）

【译文】唇，指嘴巴、嘴唇。形符是“肉”，声符是“辰”。，古文中的“脣”字，从“頁”。

脰　项也。从肉，豆声。徒候切（dòu）

【译文】脰，脖子。形符是“肉”，声符是“豆”。

肓 心(上)[下]鬲(下)[上]也。从肉，亡声。《春秋传》曰："病在肓之(下)[上]。"[①]呼光切(huāng)

【注释】①语见《左传·成公十年》。下当作上。

【译文】肓，心脏的下方，隔膜的上方的部位。形符是"肉"，声符是"亡"。《左传》中讲道："病在肓的上面。"

腎(肾) 水藏也。从肉，臤声。时忍切(shèn)

【译文】肾，属水的器官。形符是"肉"，声符是"臤"。

肺 金藏也。从肉，市声。芳吠切(fèi)

【译文】肺，属金的器官。形符是"肉"，声符是"市"。

脾 土藏也。从肉，卑声。符支切(pí)

【译文】脾，属土的器官。形符是"肉"，声符是"卑"。

肝 木藏也。从肉，干声。古寒切(gān)

【译文】肝，属木的器官。形符是"肉"，声符是"干"。

膽(胆) 连肝之府。从肉，詹声。都敢切(dǎn)

【译文】胆，连着肝的内脏器官。形符是"肉"，声符是"詹"。

胃 谷府也。从肉；囷象形。云贵切(wèi)

【译文】胃，盛放食物的内脏器官。形符是"肉"；"囷"如同胃的形状。

脬 膀光也。从肉，孚声。匹交切（pāo）

【译文】脬，膀胱。形符是“肉”，声符是“孚”。

腸（肠） 大小腸也。从肉，昜（yáng）声。直良切（cháng）

【译文】腸，大腸和小腸。形符是“肉”，声符是“昜”。

膏 肥也。从肉，高声。古劳切（gāo）

【译文】膏，脂肪。形符是“肉”，声符是“高”。

肪 肥也。从肉，方声。甫良切（fāng）①

【注释】①甫良切：现音按《广韵》符方切，读 fáng。

【译文】肪，脂肪。形符是“肉”，声符是“方”。

膺［膺］ 胷也。从肉，雁声。於陵切（yīng）

【译文】膺，胸部。形符是“肉”，声符是“雁”。

肊 胸骨也。从肉，乙声。臆，肊或，从意。於力切（yì）

【译文】肊，胸骨。形符是“肉”，声符是“乙”。臆，“肊”的异体字，从“意”声。

背 脊也。从肉，北声。补妹切（bèi）

【译文】背，脊背。形符是“肉”，声符是“北”。

脅(胁) 两膀也。从肉，劦声。虚业切(xié)

【译文】脅，两腋下到没有肋骨的部位。形符是“肉”，声符是“劦”。

膀[髈] 胁也。从肉，旁声。，膀或，从骨。步光切(páng)①

【注释】①步光切：现音读 bǎng。

【译文】膀，两侧肋骨。形符是“肉”，声符是“旁”。，“膀”的异体字，从“骨”。

脟 胁肉也。从肉，寽声。一曰，脟，肠间肥也。一曰，膫也。力辍切(liè)

【译文】脟，两肋的肉。形符是“肉”，声符是“寽”。一说，肠壁间的脂肪，也称作膫。

肋 胁骨也。从肉，力声。卢则切(lèi)

【译文】肋，肋骨。形符是“肉”，声符是“力”。

胂 夹脊肉也。从肉，申声。矢人切(shēn)

【译文】胂，夹着脊椎的肉。形符是“肉”，声符是“申”。

脢 背肉也。从肉，每声。《易》曰：“咸其脢。”莫桮切(méi)

【译文】脢，背上的肉。形符是“肉”，声符是“每”。《周易·咸卦》中讲道：“伤害了他背上的肉。”

肩[肩] 𦙍 髆也。从肉，象形。𦙍，俗肩，从户。古贤切（jiān）

【译文】肩，肩膀。形符是“肉”，象形字。𦙍，俗“肩”字，从“户”。

胳 𦙶 亦下也。从肉，各声。古洛切（gē）

【译文】胳，腋下的位置。形符是“肉”，声符是“各”。

胠 𦙽 亦下也。从肉，去声。去劫切（qiè）①

【注释】①去劫切：现音按《广韵》去鱼切，读 qū。

【译文】胠，腋下的位置。形符是“肉”，声符是“去”。

臂 臂 手上也。从肉，辟声。卑义切（bì）

【译文】臂，肩以下手腕以上的部分。形符是“肉”，声符是“辟”。

臑 臑 臂羊矢也。从肉，需声。读若襦。那到切（nào）

【译文】臑，臂上接近羊矢穴的地方。形符是“肉”，声符是“需”。发音如同“襦”字。

肘 肘 臂节也。从肉，从寸。寸，手寸口也。陟柳切（zhǒu）

【译文】肘，上臂与前臂相接处向外凸起的部分。由“肉”

和“寸”会意。“寸”是手腕上的寸口。

𩑞[臍](脐) 𩑞 (朏)[𦙂]𩑞也[1]。从肉，齊声。徂兮切(qí)

【注释】①朏𩑞：当从段玉裁《说文解字注》作𦙂𩑞，即肚脐。

【译文】𩑞，肚脐。形符是“肉”，声符是“齊”。

腹[腹] 腹 厚也[1]。从肉，复声。方六切(fù)

【注释】①厚：桂馥《说文解字义证》：“腹厚声相近。”

【译文】腹，厚。形符是“肉”，声符是“复”。

腴 腴 腹下肥也。从肉，臾声。羊朱切(yú)

【译文】腴，肚子下的肥肉。形符是“肉”，声符是“臾”。

脽 脽 屍(tún)也。从肉，隹声。示隹切(shuí)

【译文】脽，臀部。形符是“肉”，声符是“隹”。

肤 肤 孔也。从肉，決省声。读若決水之決。古穴切(jué)

【译文】肤，肛门。形符是“肉”，声符是“決”的省文。发音与“決水”中的“決”字相同。

胯 胯 股也。从肉，夸声。苦故切(kù)[1]

【注释】①苦故切：现音按《广韵》苦化切，读 kuà。

【译文】胯，双腿之间。形符是“肉”，声符是“夸”。

股 髀（bì）也。从肉，殳声。公户切（gǔ）

【译文】股，大腿。形符是“肉”，声符是“殳”。

腳［脚］ 胫也。从肉，却声。居勺切（jiǎo）

【译文】腳，腳脛。形符是“肉”，声符是“卻”。

脛（胫） 胻也。从肉，巠声。胡定切（jìng）

【译文】脛，小腿。形符是“肉”，声符是“巠”。

胻 胫耑也。从肉，行声。户更切（héng）

【译文】胻，小腿接近膝盖的部分。形符是“肉”，声符是“行”。

腓 胫腨也。从肉，非声。符飞切（féi）

【译文】腓，小腿后的肌肉。形符是“肉”，声符是“非”。

腨 腓肠也。从肉，耑声。市沇切（shuàn）

【译文】腨，小腿肚子。形符是“肉”，声符是“耑”。

胑 体四胑也。从肉，只声。，胑或，从支。章移切（zhī）

【译文】胑，指人的四肢。形符是“肉”，声符是“只”。

𦚔，“胑”的异体字，从“支”声。

胲 足大指毛[肉]也。从肉，亥声。古哀切（gāi）

【译文】胲，脚趾上带毛的肉。形符是“肉”，声符是“亥”。

肖 骨肉相似也。从肉，小声。不似其先，故曰“不肖”也。私妙切（xiào）

【译文】肖，相貌长相相似。形符是“肉”，声符是“小”。子女与父母不同，所以称作“不肖”。

胤 子孙相承续也。从肉；从八，象其长也；从幺，象重累也。𦙍，古文胤。羊晋切（yìn）

【译文】胤，子孙相传，代代继承。从“肉”，从“八”表示支派多而长，从“幺”，表示代代继承。𦙍，古文“胤”字。

胄 胤也。从肉，由声。直又切（zhòu）

【译文】胄，后世的子孙。形符是“肉”，声符是“由”。

肸 振肸也。从肉，八声。许讫切（xì）①

【注释】①许讫切：现音读，qì。

【译文】肸，振动。形符是“肉”，声符是“八”。

膻 肉膻也。从肉，亶声。《诗》曰：“膻裼（xī）暴虎。”①徒旱切（dàn）

【注释】①语见《诗·郑风·大叔于田》。膻今本作袒。

【译文】膻，脱去上衣裸露身体。形符是“肉”，声符是“亶”。《诗经》中讲道：“裸露上身，赤手空拳打虎。”

臁 益州鄙，言人盛，讳其肥，谓之臁。从肉，襄声。如两切（rǎng）

【译文】臁，益州地处偏远地区，说人肥胖时，忌讳“肥”字，因此称“臁”。形符是“肉”，声符是“襄”。

腊 臞也。从肉，皆声。古谐切（jiē）

【译文】腊，瘦的意思。形符是“肉”，声符是“皆”。

臞 少肉也。从肉，瞿声。其俱切（qú）

【译文】臞，消瘦。形符是“肉”，声符是“瞿”。

脱 消肉臞也。从肉，兑声。徒活切（tuō）

【译文】脱，使其消瘦。形符是“肉”，声符是“兑”。

脙 齐人谓臞脙也。从肉，求声。读若休止。巨鸠切（qiú）

【译文】脙，齐国人将消瘦少肉称作是“脙”。形符是“肉”，声符是“求”。发音如同“休止”中的“休”字。

臠（脔） 臞也。从肉，䜌声。一曰，切肉，臠也。《诗》曰：“棘人臠臠兮。”①力沇切（luán）

【注释】①语见《诗经·桧风·素冠》。臠臠今作乐乐。

【译文】臠，消瘦。形符是“肉”，声符是“䜌”。一说，切成小块的肉。《诗经》中讲道：“棘人消瘦。”

膌[瘠] 瘦也。从肉，脊声。𤵸，古文膌，从疒，从朿（cì），朿亦声。资昔切（jí）

【译文】膌，瘦。形符是“肉”，声符是“脊”。𤵸，古文“膌”字，由“疒”和“朿”会意，“朿”也是声符。

脀 騃（ái）也。从肉，丞声。读若丞。署陵切（chéng）

【译文】脀，痴呆。形符是“肉”，声符是“丞”。发音与“丞”字相同。

胗 唇疡也。从肉，㐱声。疹，籀文胗，从疒。之忍切（zhěn）

【译文】胗，唇部溃疡。形符是“肉”，声符是“㐱”。疹，籀文“胗”字，从“疒”。

腄 瘢胝也。从肉，垂声。竹垂切（zhuī）

【译文】腄，老茧。形符是“肉”，声符是“垂”。

胝 腄也。从肉，氐声。竹尼切（zhī）

【译文】胝，老茧。形符是“肉”，声符是“氐”。

肬 赘也。从肉，尤声。，籀文肬，从黑。羽求切（yóu）

【译文】肬，肉瘤。形符是“肉”，声符是“尤”。，籀文中的“肬”字，形符是“黑”。

肒 搔生创（chuāng）也①。从肉，丸声。胡岸切（hàn）②

【注释】①搔生创也：段玉裁《说文解字注》：“搔生创也，手搔皮肉成疮。”②胡岸切：现音按《广韵》胡玩切，读 huàn。

【译文】肒，皮肤搔破生的疮口。形符是“肉”，声符是“丸”。

腫（肿） 痈（yōng）也。从肉，重声。之陇切（zhǒng）

【译文】腫，肿胀。形符是“肉”，声符是“重”。

胅 骨差也①。从肉，失声。读与跌同。徒结切（dié）

【注释】①骨差也：段玉裁《说文解字注》：“谓骨节差忒不相值，故胅出也。”

【译文】胅，骨肉突出。形符是“肉”，声符是“失”。发音如同“跌”字。

脪 创肉反出也。从肉，希声。香近切（xìn）

【译文】脪，疮口里的肉芽外突出来。形符是“肉”，声符是“希”。

胂 瘢（bān）也。从肉，引声。一曰，遽也。羊晋切（yìn）①

【注释】①羊晋切：现音按《广韵》直引切，读 zhèn。

【译文】胂，疤痕。形符是“肉”，声符是“引”。一种说法是，迅速。

臘（腊） 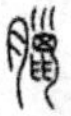 冬至后三戌，臘，祭百神。从肉，巤声。卢盍切（là）

【译文】臘，冬至后的第三个戌日，臘日要祭祀诸神。形符是“肉”，声符是“巤”。

膢（䝄） 楚俗以二月祭饮食也。从肉，婁声。一曰，祈谷食新曰离膢。力俱切（lú）

【译文】膢，楚地的风俗，二月时祭祀饮食的日子。形符是“肉”，声符是“婁”。一种说法是，祈求丰收，食用新谷叫做“离膢”。

朓  祭也。从肉，兆声。土了切（tiǎo）

【译文】朓，朓祭，古代的一种祭祀。形符是“肉”，声符是“兆”。

胙 祭福肉也。从肉，乍声。昨误切（zuò）

【译文】胙，祭祀作福用的肉。形符是“肉”，声符是“乍”。

隋 裂肉也。从肉，从隓（huī）省。徒果切（duò）

【译文】隋，残留的祭祀用的肉。由“肉”和“隓”的省文会意。

膳 具食也。从肉，善声。常衍切（shàn）

【译文】膳，准备饭食。形符是“肉”，声符是“善”。

腬 嘉善肉也。从肉，柔声。耳由切（róu）

【译文】腬，好吃的肉，肥美的肉。形符是“肉”，声符是“柔”。

肴 啖也。从肉，爻声。胡茅切（xiáo）[1]

【注释】①胡茅切：现音读，yáo。

【译文】肴，可食的熟肉。形符是“肉”，声符是“爻”。

腆 设膳腆腆多也。从肉，典声。，古文腆。他典切（tiǎn）

【译文】腆，做的饭菜丰盛。形符是“肉”，声符是“典”。，古文“腆”字。

腯 牛羊曰肥，豕曰腯。从肉，盾声。他骨切（tū）[1]

【注释】①他骨切：现音按《广韵》陀骨切，读 tú。

【译文】腯，牛羊肥称肥，猪肥称腯。形符是“肉”，声符是“盾”。

𦙶 肥肉也。从肉，必声。蒲结切（bié）

【译文】𦙶，肥肉。形符是“肉”，声符是“必”。

胡 牛顄垂也。从肉，古声。户孤切（hú）

【译文】胡，牛脖子处垂下的肉。形符是“肉”，声符是“古”。

胘 牛百叶也。从肉，弦省声。胡田切（xián）

【译文】胘，牛的隔瓣胃。形符是“肉”，声符是“弦”的省文。

膍 牛百叶也。从肉，囟声。一曰，鸟膍胵。，膍或，从比。房脂切（pí）

【译文】膍，牛的隔瓣胃。形符是“肉”，声符是“囟”。一说，鸟胃。，“膍”的异体字，从“比”声。

胵 鸟胃也。从肉，至声。一曰，胵，五藏总名也。处脂切（chī）

【译文】胵，鸟类的胃部。形符是“肉”，声符是“至”。一说，胵是鸟的五脏的总称。

膘[膘] 牛胁后髀前合革肉也。从肉，䙴声。读若繇。敷绍切（piǎo）

【译文】膘，牛小腹后带皮的肉。形符是“肉”，声符是“䙴”。发音如同“繇”字。

𦞦 血祭肉也。从肉，帥声。膟，𦞦或，从率。吕戌切（lǜ）

【译文】𦞦，用来祭祀的动物血。形符是“肉”，声符是“帥”。膟，“𦞦”的异体字，声符是“率”。

膫 牛肠脂也。从肉，尞声。《诗》曰：“取其血膫。”① 膋，膫或，从劳省声。洛萧切（liáo）

【注释】①语见《诗经·小雅·信南山》。膫今作膋。

【译文】膫，牛肠中的脂肪。形符是“肉”，声符是“尞”。《诗经》中讲道：“取它的血和脂。”膋，“膫”的异体字，声符是“劳”的省文。

脯 干肉也。从肉，甫声。方武切（fǔ）

【译文】脯，干肉。形符是“肉”，声符是“甫”。

脩 脯也。从肉，攸声。息流切（xiū）

【译文】脩，干肉。形符是“肉”，声符是“攸”。

膎 脯也。从肉，奚声。户皆切（xié）

【译文】膎，干肉。形符是“肉”，声符是“奚”。

脼 𦞠 膎肉也。从肉，兩声。良奖切（liǎng）

【译文】脼，干肉。形符是“肉”，声符是“兩”。

膊 𦞠 薄脯，膊之屋上。从肉，尃声。匹各切（pò）

【译文】膊，将肉切成薄片，晾晒在屋顶制成肉干。形符是“肉”，声符是“尃”。

脘 𦞠 胃府也。从肉，完声。读若患。旧云脯。古卵切（guǎn）[1]

【注释】①古卵切：现音按《广韵》古满切，读wǎn。

【译文】脘，胃部的内部。形符是“肉”，声符是“完”。发音如同“患”字。旧称，干肉。

朐 𦞠 脯挺[1]也。从肉，句声。其俱切（qú）

【注释】①脯挺：脯脡。

【译文】朐，卷曲的肉干。形符是“肉”，声符是“句”。

膴 𦞠 无骨腊（xī）也。杨雄说，鸟腊也。从肉，無声。《周礼》有“膴判”[1]。读若谟。荒乌切（hū）

【注释】①语见《周礼·天官·腊人》。膴判：肉干。

【译文】膴，不带骨的肉干。杨雄说，“膴”是晒干的禽鸟肉。形符是“肉”，声符是“無”。《周礼》中讲道“膴判”。发音如同“谟”字。

胥　蟹醢（hǎi）也。从肉，疋声。相居切（xū）

【译文】胥，用螃蟹制成的酱料。形符是“肉”，声符是“疋”。

腒　北方谓鸟腊曰腒。从肉，居声。传曰：尧如腊，舜如腒。九鱼切（jū）

【译文】腒，北方将晒干的禽鸟肉称作是“腒”。形符是“肉”，声符是“居”。书传中讲道：尧瘦得如同干肉，舜如同鸟肉干。”

肍　孰肉酱也。从肉，九声。读若旧。巨鸠切（qiú）

【译文】肍，熟肉做的酱料。形符是“肉”，声符是“九”。发音如同“旧”字。

䐹　干鱼尾䐹䐹也。从肉，肃声。《周礼》有“腒䐹”。所鸠切（sōu）

【译文】䐹，干鱼、鱼干。形符是“肉”，声符是“肃”。《周礼》中记载有“腒䐹”。

腝　有骨醢（hǎi）也。从肉，耎声。，腝或，从難。人移切（ér）①

【注释】①人移切：现音按《广韵》奴低切，读 ní。

【译文】腝，带骨头的肉酱。形符是“肉”，声符是“耎”。，“腝”的异体字，从“難”。

脠 生肉酱也。从肉，（延）[延]声。丑连切（chān）①

【注释】①丑连切：现音按《广韵》式连切，读 shān。

【译文】脠，生肉制成的酱料。形符是“肉”，声符是“延”。

脴  豕肉酱也。从肉，否①声。薄口切（bù）

【注释】①否：隶变作咅。

【译文】脴，猪肉制成的酱料。形符是“肉”，声符是“否”。

胹  烂①也。从肉，而声。如之切（ér）

【注释】①烂：即熟。

【译文】胹，肉熟透了。形符是“肉”，声符是“而”。

䐣 切孰肉，内于血中，和也。从肉，員声。读若逊。穌本切（sǔn）

【译文】䐣，切熟肉，放到血中调和。形符是“肉”，声符是“員”。发音如同“逊”字。

胜  犬膏臭也。从肉，生声。一曰，不孰也。桑经切（xīng）

【译文】胜，狗的脂膏的气味。形符是“肉”，声符是“生”。一说，胜是肉不熟的意思。

臊  豕膏臭也。从肉，喿声。穌遭切（sāo）

【译文】臊，猪脂膏的气味。形符是“肉”，声符是“喿”。

膮 𦞦 豕肉羹也。从肉，堯声。许幺切（xiāo）

【译文】膮，用猪肉做成的羹。形符是“肉”，声符是“堯”。

腥 腥 星见食（sì）豕，令肉中生小息肉也。从肉，从星，星亦声。稣佞切（xìng）[①]

【注释】①稣佞切：现音按《广韵》桑经切，读 xīng。

【译文】腥，星现时喂猪，会使猪肉中生出小息肉。由“肉”和“星”会意，“星”也是声符。

脂 脂 戴角者脂，无角者膏。从肉，旨声。旨夷切（zhī）

【译文】脂，有角的动物的脂肪称作“脂”，没有角的动物的脂肪称作“膏”。形符是“肉”，声符是“旨”。

膹 膹 䯨（xué）也。从肉，貨声。稣果切（suǒ）[①]

【注释】①稣果切：现音按《广韵》先卧切，读 suò。

【译文】膹，解剖猪、羊头。形符是“肉”，声符是“貨”。

膩（膩） 膩 上肥也。从肉，貳声。女利切（nì）

【译文】膩，皮脂上溢出的油脂。形符是“肉”，声符是“貳”。

膜 膜 肉闲胲膜也。从肉，莫声。慕各切（mó）

【译文】膜，肌肉之间的薄膜。形符是“肉”，声符是“莫”。

膈 肉表革里也。从肉，弱声。而勺切（ruò）

【译文】膈，肌肉表层、肉皮里面的薄膜。形符是“肉”，声符是“弱”。

膗 肉羹也。从肉，隺声。呼各切（hè）

【译文】膗，肉做的汤羹。形符是“肉”，声符是“隺”。

膹 膗也。从肉，賁声。房吻切（fèn）

【译文】膹，多汁的肉羹。形符是“肉”，声符是“賁”。

臇 膗也。从肉，雋（juàn）声。读若纂。，臇或，从火，巽。子沇切（juǎn）

【译文】臇，肉羹。形符是“肉”，声符是“雋”。读音如同“纂”。，“臇”的异体字，形符是“火”，声符是“巽”。

胾[胾] 大脔也。从肉，𢦏(zāi)声。侧吏切（zì）

【译文】胾，大块的肉。形符是“肉”，声符是“𢦏”。

牒 薄切肉也。从肉，枼声。直叶切（zhé）

【译文】牒，切成薄片的肉。形符是“肉”，声符是“枼”。

膾（脍） 细切肉也。从肉，會声。古外切（kuài）

【译文】膾，切得很细的肉。形符是“肉”，声符是“會”。

腌 𦟝 渍肉也。从肉，奄声。於业切（yè）[1]

【注释】①於业切：现音按《广韵》於严切，读 yān。

【译文】腌，用盐腌渍的肉。形符是“肉”，声符是“奄”。

脃[脆] 小耎易断也。从肉，从絶省。此芮切（cuì）

【译文】脃，肉中软骨。由“肉”和“絶”的省文会意。

膬 耎易破也。从肉，毳声。七绝切（què）[1]

【注释】①七绝切：现音按《广韵》此芮切，读 cuì。

【译文】膬，软而容易断。形符是“肉”，声符是“毳”。

散[散] 杂肉也。从肉，𢿱声。穌旰切（sàn）

【译文】散，散碎的杂肉。形符是“肉”，声符是“𢿱”。

膞 切肉也。从肉，專声。市沇切（zhuàn）[1]

【注释】①市沇切：现音按《广韵》旨兖切，读 zhuǎn。

【译文】膞，切成块的肉。形符是“肉”，声符是“專”。

腏 挑取骨间肉也。从肉，叕声。读若《诗》曰“啜其泣矣”[1]。陟劣切（chuò）

【注释】①语见《诗经·王风·中谷有蓷》。

【译文】腏，取出骨头间的肉。形符是“肉”，声符是“叕”。发音如同《诗经》中“啜其泣矣”的“啜”字。

胾 [seal] 食所遗也。从肉，仕声。《易》曰："噬干胾。"[seal]，杨雄说，胾从𠂔。阻史切（zǐ）

【注释】①语见《周易·噬嗑·九四》爻辞。胾今作胏。

【译文】胾，吃肉剩下的骨头。形符是"肉"，声符是"仕"。《周易》中讲道："啃食带有骨头的干肉。"[seal]，杨雄讲道，"胾"，"肉"为形符，"𠂔"为声符。

脂 [seal] 食肉不厌也。从肉，臽声。读若陷。户猪切（xiàn）

【译文】脂，吃肉吃不够。形符是"肉"，声符是"臽"。发音如同"陷"字。

肰 [seal] 犬肉也。从犬、肉。读若然。[seal]，古文肰。[seal]，亦古文肰。如延切（rán）

【译文】肰，狗肉。由"犬"和"肉"会意。发音如同"然"字。[seal]，古文"肰"字。[seal]，也是古文"肰"字。

䐜 [seal] 起也。从肉，真声。昌真切（chēn）

【译文】䐜，肉突出。形符是"肉"，声符是"真"。

肬 [seal] 肉汁滓也。从肉，冘声。他感切（tǎn）

【译文】肬，多汁的肉酱。形符是"肉"，声符是"冘"。

膠（胶） [seal] 昵[1]也。作之以皮。从肉，翏声。古肴切（jiāo）

【注释】①昵：即黏。

【译文】膠，将物品粘连的工具。是用动物的皮制作而成。形符是“肉”，声符是“翏”。

羸 𦞫 或曰，兽名。象形。阙。郎果切（luǒ）[①]

【注释】①郎果切：现音按《广韵》其季切，读 luó。

【译文】羸，有人解释为家畜的名字。象形字。声符不详。

胆 𦙶 蝇乳[①]肉中也。从肉，且声。七余切（qū）

【注释】①乳：产卵。

【译文】胆，苍蝇在肉里生的虫卵孵化而成的虫。形符是“肉”，声符是“且”。

肙 𦘩 小虫也。从肉，囗声。一曰，空[①]也。乌玄切（yuān）[②]

【注释】①空：即“孔”。②乌玄切：现音按《广韵》乌县切，读 yuàn。

【译文】肙，小虫子。形符是“肉”，声符是“囗”。一说，“肙”是孔的意思。

腐 𦡃 烂也。从肉，府声。扶雨切（fǔ）

【译文】腐，肉腐烂。形符是“肉”，声符是“府”。

肎[肯] 𦙄 骨间肉，肎肎箸也。从肉，从冎省。

一曰，骨无肉也。[篆文]，古文肎。苦等切（kěn）

【译文】肎，骨头上附着的肉。由“肉”和“冎”的省文会意。一说，“肎”指骨头上无肉。[篆文]，古文“肎”字。

肥 [篆文] 多肉也。从肉，从卪。符非切（féi）

【译文】肥，肥胖多肉。由“肉”和“卪”会意。

文一百四十 重二十

筋 [篆文] 肉之力也。从力，从肉，从竹。竹，物之多筋者。凡筋之属皆从筋。居银切（jīn）

【译文】筋，肉中的筋。由“力”、“肉”和“竹”会意。“竹”是一种多筋的物质。但凡是“筋”的部属都从“筋”。

笏[腱] [篆文] 筋之本也。从筋[省]，从夗省声。[篆文]，笏或，从肉，建。渠建切（jiàn）

【译文】笏，筋的根部。形符是“筋”的省文，声符是“夗”的省文。[篆文]，“笏”的异体字，形符是“肉”，声符是“建”。

筋 [篆文] 手足指节鸣也。从筋省，勺声。[篆文]，筋或，省竹。北角切（bó）

【译文】筋，手指脚趾关节发出的声响。形符是“筋”的省文，声符是“勺”。[篆文]，“筋”的异体字，“筋”省去“竹”。

文三 重三

刀 兵也。象形。凡刀之属皆从刀。都牢切(dāo)

【译文】刀，一种兵器。象形。但凡“刀”的部属都从“刀”。

缶刂 刀握也。从刀，缶声。方九切(fǒu)

【译文】缶刂，刀柄。形符是“刀”，声符是“缶”。

䚕刂[咢刂] 刀剑刃也。从刀，䚕声。，籀文䚕刂，从刧、从各。五各切(è)

【译文】䚕刂，刀剑的刀锋利刃。形符是“刀”，声符是“䚕”。，籀文中的“䚕刂”字，形符是“刧”，声符是“各”。

削 鞞也。一曰，析也。从刀，肖声。息约切(xuē)

【译文】削，刀鞘。一说，“削”是剖析的意思。形符是“刀”，声符是“肖”。

句刂 镰也。从刀，句声。古侯切(gōu)

【译文】句刂，镰刀。形符是“刀”，声符是“句”。

剴(剀) 大镰也。一曰，摩[①]也。从刀，豈声。五来切(ái)[②]

【注释】①摩：磨。②五来切：现音按《广韵》古哀切，读 kǎi。

【译文】剴，大镰刀。一说，“剀”是磨刀的意思。形符是“刀”，声符是“豈”。

剞 剞劂，曲刀也。从刀，奇声。居绮切（jī）

【译文】剞，剞劂，雕刻用的曲刀。形符是“刀”，声符是“奇”。

劂 剞劂也。从刀，屈声。九勿切（jué）

【译文】劂，剞劂。形符是“刀”，声符是“屈”。

利 銛（xiān）也。从刀。和然后利，从和省。《易》曰：“利者，义之和也。”，古文利。力至切（lì）

【译文】利，锋利。从“刀”。和顺之后才能有利，因此从“和”的省文。《周易·乾卦·文言》中讲道：“利益，由于义的和协。”，古文“利”字。

剡 锐利也。从刀，炎声。以冉切（yǎn）

【译文】剡，锐利。形符是“刀”，声符是“炎”。

初 始也。从刀，从衣，裁衣之始也。楚居切（chū）

【译文】初，初始。由“刀”和“衣”会意，表示开始裁剪衣物。

剪 齐断也。从刀，前声。子善切（jiǎn）

【译文】剪，整齐地剪断。形符是“刀”，声符是“前”。

則（则） 等画物也。从刀，从貝。貝，古之物货也。，古文則。，亦古文則。，籒文則，从鼎。子德切（zé）

【译文】則，按等级来区分事物。由“刀”和“貝”会意。“貝”是古代的钱币。，古文中的“則”字。，也是古文中的“則”字。，籒文中的“則”，形符是“鼎”。

剛（刚） 强断也。从刀，岡声。，古文剛如此。古郎切（gāng）

【译文】剛，刀刃坚利可以断物。形符是“刀”，声符是“岡”。，古文中的“剛”字就是这样。

㓤 断齐也。从刀，耑声。旨兖切（zhuǎn）①

【注释】①旨兖切：现音按《广韵》多官切，读 duān。

【译文】㓤，整齐地切断。形符是“刀”，声符是“耑”。

劊（刽） 断也。从刀，會声。古外切（guì）

【译文】劊，砍断。形符是“刀”，声符是“會”。

切 刌也。从刀，七声。千结切（qiē）

【译文】切，切割、切断。形符是“刀”，声符是“七”。

刌 切也。从刀，寸声。仓本切（cǔn）

【译文】刌，切断。形符是“刀”，声符是“寸”。

劈 断也。从刀，辥声。私列切（xiè）

【译文】劈，割断。形符是“刀”，声符是“辥”。

刏[刉] 划伤也。从刀，气声。一曰，断也。又读若殪（ái）。一曰，刀不利，于瓦石上刏之。古外切（guì）①

【注释】①古外切：现音按《广韵》居依切，读 jī。

【译文】刏，划伤。形符是“刀”，声符是“气”。一说，“刏”是断的意思，发音如同“殪”字。一说，“刏”是指刀不够锋利，在瓦石上打磨。

劌（刿） 利伤也。从刀，歲声。居卫切（guì）

【译文】劌，刺伤。形符是“刀”，声符是“歲”。

刻 镂也。从刀，亥声。苦得切（kè）

【译文】刻，雕刻。形符是“刀”，声符是“亥”。

副 判也。从刀，畐声。《周礼》曰：“副辜祭。”，籀文副。芳逼切（pì）

【译文】副，剖开。形符是“刀”，声符是“畐”。《周礼》中讲道：“解剖牺牲的肢体以此来祭祀。”，籀文中的“副”字。

剖 判也。从刀，咅声。浦后切（pǒu）①

【注释】①浦后切：现音读，pōu。

【译文】剖，从中剖开。形符是“刀”，声符是“咅”。

辧[辨] 判也。从刀，辡声。蒲苋切（biàn）
【译文】辧，判别。形符是“刀”，声符是“辡”。

判 分也。从刀，半声。普半切（pàn）
【译文】判，分开。形符是“刀”，声符是“半”。

剫 判也。从刀，度声。徒洛切（duó）
【译文】剫，裁割。形符是“刀”，声符是“度”。

刳 判也。从刀，夸声。苦孤切（kū）
【译文】刳，剖开。形符是“刀”，声符是“夸”。

㔉[列] 分解也。从刀，𡿪声。良薛切（liè）
【译文】㔉，分解。形符是“刀”，声符是“𡿪”。

刊 剟也。从刀，干声。苦寒切（kān）
【译文】刊，削。形符是“刀”，声符是“干”。

剟 刊也。从刀，叕（zhuó）声。陟劣切（zhuō）①

【注释】①陟劣切：现音按《广韵》丁括切，读 duō。

【译文】剟，删削。形符是“刀”，声符是“叕”。

刪［删］ 剟也。从刀、冊。冊，书也。所奸切（shān）

【译文】删，删削。由“刀”和“冊”会意。“冊”是指竹简串成的书。

劈 破也。从刀，辟声。普击切（pī）

【译文】劈，用刀破开。形符是“刀”，声符是“辟”。

剥 裂也。从刀，从录；录，刻、割也。录亦声。[illegible]，剥或，从卜。北角切（bō）

【译文】剥，割裂。由“刀”和“录”会意，“录”即刻、剥。“录”也是声符。[illegible]，“剥”的异体字，声符是“卜”。

割 剥也。从刀，害声。古达切（gē）

【译文】割，用刀切断。形符是“刀”，声符是“害”。

剺 剥也；划也。从刀，𠩺声。里之切（lí）

【译文】剺，割裂。形符是“刀”，声符是“𠩺”。

劃（划） 锥刀［画］曰劃。从刀，从畫，畫亦声。呼麦切（huá）

【译文】劃，用刀尖划开。由“刀”和“畫”会意，“畫”也是声符。

削 挑取也。从刀，肙声。一曰，窐（guī）。乌玄切（yuān）

【译文】削，剜取。形符是“刀”，声符是“肙”。一说，“削”指盆下面的孔。

劀 刮去恶创肉也。从刀，矞声。《周礼》曰：“劀杀之齐。”[①]古辖切（jiá）[②]

【注释】①语见《周礼·天官·疡医》。②古辖切：现音按《广韵》古滑切，读guā。

【译文】劀，刮去伤口上腐烂了的疮肉。形符是“刀”，声符是“矞”。《周礼》中讲道：“刮去腐肉施以药物。”

劑（剂）  齊也。从刀，从齊，齊亦声。在诣切（jì）

【译文】劑，剪齊。由“刀”和“齊”会意，“齊”也是声符。

刷  刮也。从刀，㕞省声。礼（布）[有]刷巾。所劣切（shuā）

【译文】刷，刮刷。形符是“刀”，声符是“㕞”的省文。礼家有“刷巾”这种说法。

刮[刮] 掊把也。从刀，𠯑声。古八切（guā）

【译文】刮，用刃平削物体。形符是“刀”，声符是“𠯑”。

剽[剽] 砭刺也。从刀，𤍽声。一曰，剽，劫人也。匹妙切（piào）

【译文】剽，用石针刺病。形符是“刀”，声符是“𤍽”。一说，“剽”是抢劫、抢夺的意思。

刲 刺也。从刀，圭声。《易》曰：“士刲羊。”苦圭切（kuī）

【译文】刲，刺杀。形符是“刀”，声符是“圭”。《周易·归妹卦》中讲道：“男人刺杀羊。”

剉[剉] 折伤也。从刀，坐声。麤卧切（cuò）

【译文】剉，折伤。形符是“刀”，声符是“坐”。

剿 绝也。从刀，喿声。《周书》曰：“天用剿绝其命。”[1]子小切（jiǎo）

【注释】①语见《尚书·夏书·甘誓》。周当为夏之讹。

【译文】剿，灭绝。形符是“刀”，声符是“喿”。《尚书》中讲道：“上天断绝了他们的国运。”

刖 绝也。从刀，月声。鱼厥切（yuè）

【译文】刖，截断。形符是“刀”，声符是“月”。

刜 击也。从刀，弗声。分勿切（fú）

【译文】刜，砍击。形符是“刀”，声符是“弗”。

㓢 [小篆] 伤也。从刀，桼声。亲结切（qiè）[1]

【注释】①亲结切：现音按《广韵》初栗切，读 chì。

【译文】㓢，刀割伤。形符是“刀”，声符是“桼”。

劖 [小篆] 断也。从刀，毚声。一曰，剽也；钊也。锄衔切（chán）

【译文】劖，凿断。形符是“刀”，声符是“毚”。一说，“劖”是针刺；或者刀剜割的意思。

刓 [小篆] 剸也。从刀，元声。一曰，齐也。五丸切（wán）

【译文】刓，削磨成圆。形符是“刀”，声符是“元”。一说，“刓”是齐整的意思。

釗（钊） [小篆] 刓也。从刀，从金。周康王名。止遥切（zhāo）

【译文】釗，磨去棱角。由“刀”和“金”会意。“釗”也是周康王的名字。

制 [小篆] 裁也。从刀，从未。未，物成，有滋味，可裁断。一曰，止也。[古文]，古文制如此。征例切（zhì）

【译文】制，裁断。由“刀”和“未”会意。“未”同“味”，物成后有滋味，可以裁断。一说，“制”是指抑止、禁止。[古文]，古文中的“制”就是这样。

钻 缺也。从刀，占声。《诗》曰："白圭之钻。"丁念切（diàn）

【译文】钻，缺损。形符是"刀"，声符是"占"。《诗经·大雅·抑》中讲道："白色圭玉上的缺陷。"

罰（罚） 罪之小者。从刀，从詈。未以刀有所贼，但持刀骂詈，则应罰。房越切（fá）

【译文】罰，轻微的违法行为。由"刀"和"詈"会意。没有用刀杀人，但是持刀骂人，应该受到处罚。

耶 断耳也。从刀，从耳。仍吏切（ěr）

【译文】耶，割去耳朵的处罚。由"刀"和"耳"会意。

劓[劓] 刑鼻也。从刀，臬声。《易》曰："天且劓。"，（臬）[劓]或，从鼻。鱼器切（yì）

【译文】劓，割掉鼻子。形符是"刀"，声符是"臬"。《周易·睽卦》中讲道："刻刺涂抹额头，割掉鼻子。"，"劓"的异体字，从"鼻"。

刑[刑] 刭也。从刀，幵（jiān）声。户经切（xíng）

【译文】刑，割头的处罚。形符是"刀"，声符是"幵"。

剄（刭） 刑也。从刀，巠声。古零切（jīng）①

【注释】①古零切：现音按《广韵》古挺切，读 jǐng。

【译文】刭，割头的处罚。形符是“刀”，声符是“巠”。

䮐 减也。从刀，尊声。兹损切（zǔn）

【译文】䮐，减少。形符是“刀”，声符是“尊”。

䱎 楚人谓治魚也。从刀，从魚。读若锲。古屑切（jié）

【译文】䱎，楚地人称用刀剖鱼为䱎。由“刀”和“魚”会意。发音如同“锲”字。

券 契也。从刀，𠔉声。券别之书。以刀判契其旁，故曰契券。去愿切（quàn）

【译文】券，契据。形符是“刀”，声符是“𠔉”。契约的文书。要用刀在一旁刻上符号，用于验证真假，因此称“契券”。

刺 君杀大夫曰刺。刺，直伤也。从刀，从朿，朿亦声。七赐切（cì）

【译文】刺，君杀大夫称刺。“刺”，直伤。由“刀”、“朿”会意，“朿”也是声符。

剔 解骨也。从刀，易声。他历切（tì）

【译文】剔，用刀在肉中去掉骨头。形符是“刀”，声符是“易”。

文六十二 重九

刃 刃 刀坚也。象刀有刃之形。凡刃之属皆从刃。而振切（rèn）

【译文】刃，刀的锋利的部分。象刀有锋刃的样子。但凡“刃”的部属都从“刃”。

刅[創](创) 刅 伤也。从刃，从一。創，或从刀，倉声。楚良切（chuāng）

【译文】刅，创伤。由“刃”和“一”会意。創，“刅”的异体字，形符是“刀”，声符是“倉”。

劒[劍](剑) 劒 人所带兵也。从刃，僉声。劍，籀文劒，从刀。居欠切（jiàn）

【译文】劒，人们所佩带的兵器。形符是“刃”，声符是“僉”。劍，籀文中的“劒”字，从“刀”。

文三 重二

㓞 㓞 巧㓞也。从刀，丯（jiè）声。凡㓞之属皆从㓞。恪入切（qià）

【译文】㓞，巧妙契刻。形符是“刀”，声符是“丯”。但凡“㓞”的部属都从“㓞”。

契 契 齘（xiè）契，刮也。从㓞，夬声。一曰，契，画坚也。古黠切（jiá）

【译文】契，齘契，刮刷。形符是“㓞”，声符是“夬”。一说，“契”是在硬的物品上刻划的意思。

栔 　刻也。从㓞，从木。苦计切（qì）

【译文】栔，契刻。由“㓞”和“木”会意。

文三

丯 　丰蔡也。象丰生之散乱也。凡丯之属皆从丯。读若介。古拜切（jiè）

【译文】丯，草芥。象草生长散乱的样子。但凡“丯”的部属都从“丯”。发音如同“介”字。

辂 　枝辂也。从丯，各声。古百切（gé）

【译文】辂，枝柯。形符是“丯”，声符是“各”。

文二

耒 　手耕曲木也。从木推丯。古者垂[①]作耒、相（sì），以振民也。凡耒之属皆从耒。卢对切（lèi）[②]

【注释】①垂：神农的臣子。②卢对切：现音按《广韵》力轨切，读 lěi。

【译文】耒，手持的、曲木制成的耕田用的农具。由“木”推着“丯”会意。古时神农的臣子垂制作耒，来接济帮助农民。但凡“耒”的部属都从“耒”。

耕 犂也。从耒，井声。一曰，古者井田。古茎切（gēng）

【译文】耕，用犁翻地松土。形符是“耒”，声符是“井”。一种说法是，上古为井田，从井会意。

耦 （耒）[耜]广五寸为伐，二伐为耦。从耒，禺声。五口切（ǒu）

【译文】耦，耜有五寸宽称作伐。两个人同耕，二伐被称作耦。形符是“耒”，声符是“禺”。

耤 帝耤千亩也。古者使民如借，故谓之耤。从耒，昔声。秦昔切（jí）

【译文】耤，天子亲率百姓耕种的田地千亩。古时驱使百姓耕地，好像借用民力，所以称作“耤”。形符是“耒”，声符是“昔”。

䅵 （冊）[卌]（又）[叉]，可以划麦，河内用之。从耒，圭声。古携切（guī）

【译文】䅵，多齿耙，可以将麦子耙均匀，河内区域使用它。形符是“耒”，声符是“圭”。

䅵 除苗间秽①也。从耒，員声。耘，䅵或，从芸。羽文切（yún）

【注释】①秽：野草，杂草。

【译文】䅵，除去田间的杂草。形符是“耒”，声符是“員”。耘，“䅵”的异体字，从“芸”声。

耡[鋤](锄) 商人七十而耡。耡，耤，税也。从耒，助声。《周礼》曰：“以兴耡利萌。”[1]床倨切(zhù)[2]

【注释】①语见《周礼·地官·遂人》。②床倨切：现音按《广韵》士鱼切，读chú。

【译文】耡，商人耕田七十亩要上交部分给公家。“锄”即“耤”，是古代的耕田税。形符是“耒”，声符是“助”。《周礼》中讲道：“让民众相互辅助，以此来让民众受惠。”

文七 重一

角 兽角也。象形，角与刀、鱼相似。凡角之属皆从角。古岳切(jiǎo)

【译文】角，禽兽的角。象形字。“角”与“刀”、“鱼”写法类似。但凡“角”的部属都从“角”。

觿 挥角皃。从角，雚声。梁鄐县有觿亭，又读若繐(suì)。况袁切(xuān)

【译文】觿，兽挥动角的样子。形符是“角”，声符是“雚”。梁国的鄐县有一觿亭。还有一种读音，如同“繐”字。

觻 角也。从角，樂声。张掖有觻得县。卢谷切(lù)

【译文】觻，兽角的角锋。形符是“角”，声符是“樂”。张掖地区有一觻得县。

䚡 [篆] 角中骨也。从角，思声。稣来切（sāi）

【译文】䚡，兽角中的脆骨。形符是“角”，声符是“思”。

觠 [篆] 曲角也。从角，𢍏声。巨员切（quán）

【译文】觠，弯曲的兽角。形符是“角”，声符是“𢍏”。

觬 [篆] 角觬曲也。从角，兒声。西河有觬氏县。斫启切（nǐ）[①]

【注释】①斫启切：现音按《广韵》五稽切，读 ní。

【译文】觬，兽角弯曲不正。形符是“角”，声符是“兒”。西河有一觬氏县。

觢 [篆] （一）[二] 角仰也。从角，㓞声。《易》曰：“其牛觢。”尺制切（chì）[①]

【注释】①尺制切：现音按《广韵》时制切，读 shì。

【译文】觢，兽角上仰。形符是“角”，声符是“㓞”。《周易·睽卦》中讲道：“牛的两只角上仰。”

觶 [篆] 角倾也。从角，虒声。敕豕切（chì）[①]

【注释】①敕豕切：现音按《广韵》池尔切，读 zhì。

【译文】觶，兽角倾斜。形符是“角”，声符是“虒”。

觭 [篆] 角一俛一仰也。从角，奇声。去奇切（qī）

【译文】觭，兽角一个向下俯一个向上仰。形符是“角”，声符是“奇”。

觓 [篆] 角皃。从角，丩声。《诗》曰：“兕（sì）觵其觓。”[1]渠幽切（qiú）

【注释】①语见《诗经·小雅·桑扈》。

【译文】觓，两角弯曲的样子。形符是“角”，声符是“丩”。《诗经》中讲道：“兕牛角做成的大酒杯是如此得弯曲。”

觬 [篆] 角曲中也。从角，畏声。乌贿切（wěi）[1]

【注释】①乌贿切：现音按《广韵》池尔切，读 wēi。

【译文】觬，兽角中间弯曲的地方。形符是“角”，声符是“畏”。

䚥 [篆] 角长皃。从角，爿声。士角切（zhuó）

【译文】䚥，兽角长长的样子。形符是“角”，声符是“爿”。

𧥴 [篆] 角有所触发也。从角，厥声。居月切（jué）

【译文】𧥴，用兽角触发拨动。形符是“角”，声符是“厥”。

觸（触） [篆] 抵也。从角，蜀声。尺玉切（chù）

【译文】觸，用角抵、顶。形符是“角”，声符是“蜀”。

觲 [篆] 用角低仰便也。从羊、牛、角。《诗》曰：“觲觲角弓。”[1]息营切（xīng）

【注释】①语见《诗经·小雅·角弓》。觲今本作骍。

【译文】觲，兽角随意上下摇摆的意思。由“羊”、“牛”

和“角”会意。《诗经》中讲道：“觲觲角弓。”

觵 举角也。从角，公声。古双切（gōng）

【译文】觵，兽角向上扬起。形符是“角”，声符是“公”。

觷 治角也。从角，學省声。胡角切（xué）

【译文】觷，治理兽角。形符是“角”，声符是“學”的省文。

衡 牛触，横大木其角。从角，从大，行声。（《诗》）[《周礼》]曰：“设其楅衡。”①𢍏，古文衡如此。户庚切（héng）

【注释】①语见《周礼·地官·封人》。《诗》当作《周礼》。

【译文】衡，牛会顶人，将木棍横绑在牛的两角，防止牛顶人。由“角”和“大”会意，“行”声。《周礼》中讲道：“在牛角上绑上横木。”𢍏，古文“衡”字就是这样。

觿 角觿，兽也。状似豕，角善为弓，出胡休多国。从角，耑声。多官切（duān）

【译文】觿，角觿，是一种野兽。形状象猪，其兽角适合制作弓箭，产自休多国。形符是“角”，声符是“耑”。

觰 觰拿，兽也。从角，者声。一曰，下大者也。陟加切（zhā）

【译文】觰，觰拏，是一种野兽。形符是“角”，声符是“者”。

一说，"觰"即角的底部粗大。

觤 羊角不齐也。从角，危声。过委切（guǐ）

【译文】觤，羊角长短不齐。形符是"角"，声符是"危"。

觟 牝牂（zāng）羊生角者也。从角，圭声。下瓦切（huà）

【译文】觟，长角的牝吴羊。形符是"角"，声符是"圭"。

觡 骨角之名也。从角，各声。古百切（gé）

【译文】觡，骨质实心的角。形符是"角"，声符是"各"。

觜 鸱旧头上角觜也。一曰，觜觿也。从角，此声。遵为切（zuī）①

【注释】①遵为切：现音按《广韵》即移切，读 zī。

【译文】觜，猫头鹰头上的角。一种说法是，"觜"是指经星觜觿。形符是"角"，声符是"此"。

解 判也。从刀判牛角。一曰，解廌（zhì），兽也。佳买切（jiě），又户卖切（xiè）

【译文】解，分解。一说，"解"是指解廌，是一种怪兽。

觿 佩角。锐耑可以解结。从角，巂声。《诗》曰："童子佩觿。"①户圭切（xié）②

【注释】①语见《诗经·卫风·芄兰》。②户圭切：现音读 xī。

【译文】觿，佩戴在身上的角制东西，尖锐的一端可以用来解开绳结。形符是“角”，声符是“巂”。《诗经》中讲道：“小孩儿佩戴着用来解结的角制东西。”

觵 𧤗 兕牛角可以饮者也。从角，黄声。其状觵觵[1]，故谓之觵。觥，俗觵，从光。古横切（gōng）

【注释】①觵觵：充实壮大的样子。

【译文】觵，犀牛角制成的饮酒器。形符是“角”，声符是“黄”。其形状粗大，所以称作“觵”。觥，俗“觵”字，声符是“光”。

觶（觯） 𧤝 乡饮酒角也。《礼》曰：“一人洗，举觶。”觶受四升。从角，單声。𧣾，觶或，从辰。𧣴，礼经觶。之义切（zhì）

【译文】觶，乡饮所用的兽角制作的杯子。《仪礼·乡射礼》中讲道：“主人的陪客师洗净了酒杯，重新开始新一轮的饮酒。”觶可以容纳四升。形符是“角”，声符是“單”。𧣾，“觶”的异体字，声符是“辰”。𧣴，古文礼经中的“觶”字。

觛 𧣻 小觶也。从角，旦声。徒旱切（dàn）

【译文】觛，小觶，小酒器。形符是“角”，声符是“旦”。

觴（觞） 𧤸 觶实曰觴，虚曰觶。从角，𥏻省声。𧢿，籀文觴，从爵省。式阳切（shāng）

【译文】觞，杯中盛满酒称作觴，空杯子叫觶。形符是“角”，声符是“煬”的省文。觶，籀文“觴”字，从“爵”的省文。

觚 觚 乡飲酒之爵也。一曰，觴受三升者谓之觚。从角，瓜声。古乎切（gū）

【译文】觚，乡饮酒的喇叭状的酒杯。一说，“觚”是指能容纳三升酒的酒杯。形符是“角”，声符是“瓜”。

䚗 䚗 角匕也。从角，亘声。读若讙。况袁切（xuān）

【译文】䚗，用角做的盛饭的饭勺。形符是“角”，声符是“亘”。发音如同“讙”字。

觽 觽 杖耑[①]角也。从角，敫声。胡狄切（xí）

【注释】①杖耑：即杖首。

【译文】觽，手杖的顶端装饰的角制品。形符是“角”，声符是“敫”。

觼 觼 环之有舌者。从角，敻声。鐍，觼或，从金、矞。古穴切（jué）

【译文】觼，中间有绳舌的环。形符是“角”，声符是“敻”。鐍，“觼”的异体字，形符是“金”，声符是“矞”。

觿 觿 调弓也。从角，弱省声。於角切（wò）[①]

【注释】①於角切：现音按《广韵》女角切，读 nuò。

【译文】觿，调弓。形符是“角”，声符是“弱”的省文。

䥶 䥶 惟（yì）射收繳具也。从角，發声。方肺切（fèi）

【译文】䥶，惟射后收回箭上系绳的角制器具。形符是“角”，声符是“發”。

觰 觰 惟射收繳具。从角，酋声。读若鳅。字秋切（qiú）

【译文】觰，惟射后收回箭上系绳的角制器具。形符是“角”，声符是“酋”。发音如同“鳅”字。

觳 觳 盛觵卮（zhī）也。一曰，射具。从角，㱿声。读若斛。胡谷切（hú）

【译文】觳，大的酒具。一说，“觳”是指一种射具。形符是“角”，声符是“㱿”。发音如同“斛”字。

觱 觱 羌人所吹角屠觱，以惊马也。从角，𤇾声。𤇾，（古）[籀]文悖字。卑吉切（bì）

【译文】觱，羌人吹的角制的屠觱，用以惊马。形符是“角”，声符是“𤇾”。发音如同“斛”字。“𤇾”，籀文“悖”字。

文三十九　重六

卷九

竹 冬生艸也。象形。下垂者，箁（póu）箬（ruò）也。凡竹之属皆从竹。陟玉切（zhú）

【译文】竹，能在冬天生长的草。象形字。两边下垂代表的是笋壳。但凡“竹”的部属都从“竹”。

箭 矢[竹]也。从竹，前声。子贱切（jiàn）

【译文】箭，用来制作箭的竹子。形符是“竹”，声符是“前”。

箘 箘簬也。从竹，囷声。一曰，博棋也。渠陨切（jùn）

【译文】箘，箘簬竹。形符是“竹”，声符是“囷”。一种说法是，箘就是棋子。

簬 箘簬也。从竹，路声。《夏书》曰：“惟箘簬楛。”① ，古文簬，从輅。洛故切（lù）。

【注释】①语见《尚书·夏书·禹贡》。

【译文】簬，菌簬竹。形符是“竹”，声符是“路”。《尚书·夏书》说："菌簬竹和楛木。"，古文"簬"字，声符是"輅"。

筱  箭属。小竹也。从竹，攸声。先杳切（xiǎo）

【译文】筱，箭竹的一种，小竹子。形符是"竹"，声符是"攸"。

簜  大竹也。从竹，湯声。《夏书》曰："瑶琨筱簜。"[①]簜可为干，筱可为矢。徒朗切（dàng）

【注释】①语见《尚书·夏书·禹贡》。

【译文】簜，大竹子。形符是"竹"，声符是"湯"。《尚书·夏书》中讲道："美玉、美石、小竹、大竹。"簜可用来制作弓干，筱可用来制作箭杆。

箛 竹也。从竹，微声。，籀文，从微省。无非切（wéi）

【译文】箛，一种竹子的名字。形符是"竹"，声符是"微"。，籀文中的"箛"字，声符是"微"的省文。

筍[笋]  竹胎也。从竹，旬声。思允切（sǔn）

【译文】筍，在土中萌生的竹笋。形符是"竹"，声符是"旬"。

箈  竹萌也。从竹，怠声。徒哀切（tái）

【译文】箈，破土而出的竹子。形符是"竹"，声符是"怠"。

箁 竹箬也。从竹，音声。薄侯切（póu）

【译文】箁，竹笋的外壳。形符是“竹”，声符是“音”。

箬 楚谓竹皮曰箬。从竹，若声。而勺切（ruò）

【译文】箬，楚地的百姓将竹皮称作“箬”。形符是“竹”，声符是“若”。

節（节） 竹约也。从竹，即声。子结切（jié）

【译文】節，竹節。形符是“竹”，声符是“即”。

篨 （折）[析]竹筤也。从竹，余声。读若絮。同都切（tú）

【译文】篨，剖开竹篾。形符是“竹”，声符是“余”。发音如同“絮”字。

籭 篨也。从竹，𦣞声。武移切（mí）

【译文】籭，竹篾。形符是“竹”，声符是“𦣞”。

筤 竹肤也。从竹，民声。武尽切（mǐn）

【译文】筤，竹子的外皮。形符是“竹”，声符是“民”。

笨 竹里也。从竹，本声。布忖切（běn）[1]

【注释】①布忖切：现音按《广韵》蒲本切，读 bèn。

【译文】笨，竹子的内层。形符是“竹”，声符是“本”。

箰 箰 竹皃。从竹，翁声。乌红切（wēng）

【译文】箰，竹子茂盛的样子。形符是“竹”，声符是“翁”。

篸 篸 差也。从竹，参声。所今切（sēn）[①]

【注释】①所今切：现音按《集韵》楚簪切，读 cēn。

【译文】篸，参差不齐。形符是“竹”，声符是“参”。

篆 篆 引书也。从竹，彖声。持兖切（zhuàn）

【译文】篆，提笔写字。形符是“竹”，声符是“彖”。

籒[籀] 籒 读书也。从竹，擂声。《春秋传》曰“卜籒”[①]云。直又切（zhòu）

【注释】①语见《左传·僖公四年》。

【译文】籒，读书。形符是“竹”，声符是“擂”。《左传》中讲道：“卜卦并认读”等。

篇 篇 书。一曰，关西谓榜曰篇。从竹，扁声。芳连切（piān）

【译文】篇，书册。一种说法是，关西地区将榜额称作为“篇”。形符是“竹”，声符是“扁”。

籍 籍 簿书也。从竹，耤声。秦昔切（jí）

【译文】籍，户籍册。形符是“竹”，声符是“耤”。

篁 竹田也。从竹，皇声。户光切（huáng）

【译文】篁，竹田。形符是“竹”，声符是“皇”。

簎 剖竹未去节谓之簎。从竹，將声。即两切（jiǎng）

【译文】簎，劈开竹子，但却没有除去它的节疤，通常称作是“簎”。形符是“竹”，声符是“將”。

箬 籥[1]也。从竹，枼声。与接切（yè）

【注释】①籥：小孩习字的竹筒。

【译文】箬，孩童识字用的竹简。形符是“竹”，声符是“枼”。

籥 书僮竹笘也。从竹，龠声。以灼切（yuè）

【译文】籥，小孩子识字所用而编成的竹简。形符是“竹”，声符是“龠”。

篽 竹声也。从竹，劉声。力求切（liú）

【译文】篽，竹子的声音。形符是“竹”，声符是“劉”。

簡[簡](简) 牒也。从竹，閒声。古限切（jiǎn）

【译文】簡，用于写字的狭长竹片。形符是“竹”，声符是“閒”。

笐 竹列也。从竹，亢声。古郎切（gāng）

【译文】笐，竹子的行列。形符是“竹”，声符是“亢”。

篰 [篆] 蔺爰也。从竹，部声。薄口切（bù）

【译文】篰，简册。形符是“竹”，声符是“部”。

等 [篆] 齐简也。从竹，从寺。寺，官曹之等平也。多肯切（děng）

【译文】等，整齐排列的竹简。由“竹”和“寺”会意。“寺”，官署的竹简整齐摆放。

笵 [篆] 法也。从竹，竹，简书也；氾声。古法有竹刑。防妥切（fàn）

【译文】笵，法度。形符是“竹”，“竹”即简册；声符是“氾”。在古代的法律有竹刑一项。

箋（笺） [篆] 表识书也。从竹，戔声。则前切（jiān）

【译文】箋，标识文字。形符是“竹”，声符是“戔”。

符 [篆] 信也。汉制以竹，长六寸，分而相合。从竹，付声。防无切（fú）

【译文】符，信物。汉朝规定，用长六寸的竹子，分而相合，以此来取信。形符是“竹”，声符是“付”。

筮 [篆] 《易》卦用蓍也。从竹，从𢍰。𢍰，古文巫字。时制切（shì）

【译文】筮，《周易》占卦时使用的蓍草。由“竹”和“𢍰”

会意。“𢍜”，古文“巫”字。

筓[笄] 簪也。从竹，幵声。古兮切（jī）

【译文】筓，簪子。形符是“竹”，声符是“幵”。

筐 取虮比也。从竹，匝声。居之切（jī）

【译文】筐，齿密可用来刮取虱子的篦子。形符是“竹”，声符是“匝”。

籆 收丝者也。从竹，蒦声。，籆或，从角，从閒。王缚切（yuè）

【译文】籆，络丝的竹具。形符是“竹”，声符是“蒦”。，“籆”的异体字，由“角”和“閒”会意。

筳 繀丝筦也。从竹，廷声。特丁切（tíng）

【译文】筳，绕丝的竹管。形符是“竹”，声符是“廷”。

筦[管] 筟也。从竹，完声。古满切（guǎn）

【译文】筦，绕丝的竹管。形符是“竹”，声符是“完”。

筟 筳也。从竹，孚声。读若《春秋》鲁公子彄（kōu）①。芳无切（fū）

【注释】①语见《春秋经·隐公五年》。公子彄即臧僖伯。

【译文】筟，绕丝的竹管。形符是“竹”，声符是“孚”。发音如同《春秋》中鲁国公子彄的“彄”字。

笮 迫也①。大瓦之下，棼（fèn）②上。从竹，乍声。阻厄切（zé）

【注释】①迫：段玉裁注：“（笮）迫也，叠韵。《说文》无窄字，笮、窄古今字也。屋笮者本义，引伸为逼窄字。”②棼：段玉裁注：“棼，复屋栋也。”棼即檩。

【译文】笮，帘状的物件。放置于瓦的下面，檩的上面。形符是“竹”，声符是“乍”。

簾（帘） 堂簾也。从竹，廉声。力盐切（lián）

【译文】簾，屋堂上挂的竹帘子。形符是“竹”，声符是“廉”。

簀（箦） 床栈也。从竹，責声。阻厄切（zé）

【译文】簀，铺在床上的竹编板。形符是“竹”，声符是“責”。

笫 床簀也。从竹，㐧声。阻史切（zǐ）

【译文】笫，竹编的床垫子。形符是“竹”，声符是“㐧”。

筵 竹席也。从竹，延声。《周礼》曰：“度堂以筵。”①筵一丈。以然切（yán）

【注释】①语见《周礼·考工记·匠人》。今作：“堂上度以筵。”

【译文】筵，铺在地上用竹子编织的席子。形符是“竹”，声符是“延”。《周礼》说：“用筵来量度明堂。”筵的长度为一丈。

簟[簟] 竹席也。从竹，覃声。徒念切（diàn）

【译文】簟，竹席。形符是“竹”，声符是“覃”。

籧 籧篨，粗竹席也。从竹，遽声。强鱼切（qú）

【译文】籧，籧篨，用粗竹篾编织的席子。形符是“竹”，声符是“遽”。

篨 籧篨也。从竹，除声。直鱼切（chú）

【译文】篨，籧篨。形符是“竹”，声符是“除”。

籭 竹器也。可以取粗去细。从竹，麗声。所宜切（shī）[①]

【注释】①所宜切：现音按《广韵》山佳切，读 shāi。

【译文】籭，用竹子编织的器具。可以用来筛选出粗物，筛去细物。形符是“竹”，声符是“麗”。

籓 大箕也。从竹，潘声。一曰，蔽也。甫烦切（fān）

【译文】籓，大簸箕。形符是“竹”，声符是“潘”。一说，籓是用来障蔽的篱笆。

籅 漉米籔也。从竹，奥声。於六切（yù）

【译文】籅，用来淘米的竹器。形符是“竹”，声符是“奥”。

籔 [seal] 炊籅也。从竹，數声。苏后切（sǒu）

【译文】籔，做饭时所使用的筲箕。形符是“竹”，声符是“數”。

箅 [seal] 蔽也，所以蔽甑（zèng）底。从竹，畀声。必至切（bì）

【译文】箅，一种障蔽的工具，做饭时可以用它来障蔽甑底。形符是“竹”，声符是“畀”。

籍 [seal] 饭筥也。受五升。从竹，稍声。秦谓筥曰籍。山枢切（shū）[①]

【注释】①山枢切：现音按《篇海类编》所交切，读shāo。

【译文】籍，做饭是使用的筲箕。容量是五升。形符是“竹”，声符是“稍”。秦地将“筥”称作是“籍箕”。

箾 [seal] 陈留谓饭帚[①]曰箾。从竹，捎声。一曰，饭器，容五升。一曰，宋、魏谓箸筒[②]为箾。所交切（shāo）

【注释】①饭帚：即刷锅用的帚。②箸筒：即盛放筷子的器皿。

【译文】箾，陈留地区将饭帚称作是“箾”。形符是“竹”，声符是“捎”。一说，“箾”即做饭用到的“筲箕”，容量为五升。另一种说法是，宋、魏地区将“筷笼”称作是“箾”。

筥 䈁 箱也。从竹，吕声。居许切（jǔ）

【译文】筥，筲箕。形符是“竹”，声符是“吕”。

笥 䈁 饭及衣之器也。从竹，司声。相吏切（sì）

【译文】笥，用来盛放饭食和衣物的竹器。形符是“竹”，声符是“司”。

簞（箪） 䈁 笥也。从竹，單声。汉津令：簞，小筐也。传[1]曰：“簞食壶浆。”都寒切（dān）

【注释】①传：即古代的典籍。

【译文】簞，一种圆形的用来盛放饭食和衣物的竹器。形符是“竹”，声符是“單”。汉朝的津令规定：簞即小竹筐。古代的文献中讲道：“用簞盛放饭食，用壶盛放酒浆。”

篵 䈁 篵箄，竹器也。从竹，徙声。所绮切（xǐ）[1]

【注释】①所绮切：现音按《集韵》山皆切，读 shāi。

【译文】篵，篵箄，竹制器皿。形符是“竹”，声符是“徙”。

箄 䈁 篵箄也。从竹，卑声。并弭切（bǐ）

【译文】箄，篵箄。形符是“竹”，声符是“卑”。

篿 䈁 圜竹器也。从竹，專声。度官切（tuán）

【译文】篿，圆形的竹制器皿。形符是“竹”，声符是“專”。

箸 饭攲（qī）也。从竹，者声。陟虑切，又遲倨切（zhù）

【译文】箸，吃饭时所使用的筷子。形符是“竹”，声符是“者”。

簍（篓） 竹笼也。从竹，婁声。洛侯切（lóu）[①]

【注释】①洛侯切：现音按《广韵》郎斗切，读 lǒu。

【译文】簍，用竹子编织的笼子。形符是“竹”，声符是“婁”。

筤 篮也。从竹，良声。卢党切（lǎng）[①]

【注释】①卢党切：现音按《广韵》鲁当切，读 láng。

【译文】筤，竹制的笼子。形符是“竹”，声符是“良”。

籃（篮） 大篝也[①]。从竹，監声。，古文籃如此。鲁甘切（lán）

【注释】①大篝：段玉裁《说文解字注》：“今俗谓熏篝曰烘篮是也。”

【译文】籃，大型的蒸笼。形符是“竹”，声符是“監”。，古文中的“籃”字就是这样。

篝 笿也。可熏衣。从竹，冓声。宋、楚谓竹篝墙以居也。古侯切（gōu）

【译文】篝，竹制的笼子。可以用它来熏干衣服。形符是“竹”，声符是“冓”。宋、楚地区将“熏笼”称作为“墙居”。

箬 桮箬也。从竹，各声。卢各切（luó）

【译文】箬，盛放杯盘的竹笼。形符是“竹”，声符是“各”。

箻 桮箬也。从竹，夅声。或曰，盛箸笼。古送切（gòng）

【译文】箻，盛放杯盘的竹笼。形符是“竹”，声符是“夅”。一种说法是，盛放筷子的竹笼。

籢 镜奁也。从竹，斂声。力盐切（lián）

【译文】籢，可以用来放置镜子的竹匣。形符是“竹”，声符是“斂”。

籫 竹器也。从竹，贊声。读若纂。一曰丛。作管切（zuǎn）

【译文】籫，竹器。形符是“竹”，声符是“贊”。发音如同“纂”字。一种说法是，“籫”即丛聚。

籯 笭也。从竹，赢声。以成切（yíng）

【译文】籯，竹制笼子。形符是“竹”，声符是“赢”。

籣 竹器也。从竹，删声。苏旰切（sàn）①

【注释】①苏旰切：现音按《广韵》苏干切，读 sān。

【译文】籣，竹制的箱子。形符是“竹”，声符是“删”。

簋　[篆]　黍稷方器也。从竹，从皿，从皀。[篆]，古文簋，从匚、飢。[篆]，古文簋或，从軌。[篆]，亦古文簋。居洧切（guǐ）

【译文】簋，盛放黍稷的方形竹制器具。由“竹”、“皿”和“皀”会意。[篆]，古文“簋”字，由“匚”和“飢”会意。[篆]，古文“簋”的异体字，从“軌”声。[篆]，也是古文“簋”字。

簠　[篆]　黍稷圜器也。从竹，从皿，甫声。[篆]，古文簠，从匚，从夫。方矩切（fǔ）

【译文】簠，盛放黍稷的圆形竹制器具。由“竹”和“皿”会意，“甫”声。[篆]，古文中的“簠”字，形符是“匚”，声符是“夫”。

籩[籩]（笾）　[篆]　竹豆也。从竹，邊声。[篆]，籀文籩。布玄切（biān）

【译文】籩，用竹子编织的豆器。形符是“竹”，声符是“邊”。[篆]，籀文中的“籩”字。

笹　[篆]　篅也。从竹，屯声。徒损切（dùn）

【译文】笹，用来存放谷物的竹编器具。形符是“竹”，声符是“屯”。

篅　[篆]　以判竹圜以盛谷也。从竹，耑声。市缘切（chuán）

【译文】篅，用剖开的竹蔑围制成圆形，以盛装谷物。形符是“竹”，声符是“耑”。

簏　竹高箧也。从竹，鹿声。箓，簏或，从录。卢谷切（lù）

【译文】簏，用竹子编织的高大的箱笼。形符是“竹”，声符是“鹿”。箓，“簏”的异体字，声符是“录”。

簜　大竹筩也。从竹，昜声。徒朗切（dàng）

【译文】簜，大竹筒。形符是“竹”，声符是“昜”。

筩[筒]　断竹也。从竹，甬声。徒红切（tóng）①

【注释】①徒红切：现音读 tǒng

【译文】筩，用来断竹的管子。形符是“竹”，声符是“甬”。

箯　竹舆也。从竹，便声。旁连切（pián）①

【注释】①旁连切：现音按《广韵》卑连切，读 biān。

【译文】箯，用竹做成的轿子。形符是“竹”，声符是“便”。

笯　鸟笼也。从竹，奴声。乃故切（nù）①

【注释】①乃故切：现音按《广韵》乃都切，读 nú。

【译文】笯，鸟笼子。形符是“竹”，声符是“奴”。

竿　竹梃也。从竹，干声。古寒切（gān）

【译文】竿，竹子直挺。形符是“竹”，声符是“干”。

籗 ［篆］ 罩鱼者也。从竹，靃声。［篆］，籗或，省。竹角切（zhuó）

【译文】籗，用来罩鱼的竹制器具。形符是“竹”，声符是“靃”。［篆］，“籗”的异体字，“籗”的省略。

箇[個](个) ［篆］ 竹枚也。从竹，固声。古贺切（gè）

【译文】箇，竹一枚。形符是“竹”，声符是“固”。

筊 ［篆］ 竹索也。从竹，交声。胡茅切（xiáo）[①]

【注释】①胡茅切：现音按《广韵》古巧切，读 jiǎo。

【译文】筊，竹制的索子。形符是“竹”，声符是“交”。

筰 ［篆］ 筊也。从竹，作声。在各切（zuó）

【译文】筰，竹制的索子。形符是“竹”，声符是“作”。

箝 ［篆］ 蔽絮箦也。从竹，沾声。读若钱。昨盐切（qián）

【译文】箝，可以用来承接纸浆的竹帘。形符是“竹”，声符是“沾”。发音如同“钱”字。

箑 ［篆］ 扇也。从竹，疌声。［篆］，箑或，从妾。山洽切（shà）

【译文】箑，扇子。形符是“竹”，声符是“疌”。［篆］，“箑”的异体字，从“妾”声。

籠（笼） 𥳑 举土器也。一曰，笭也。从竹，龍声。卢红切（lóng）

【译文】籠，可以用来运土的竹制器具。一种说法是“笭”。形符是“竹”，声符是“龍”。

籮 𥳑 裒（bào）也。从竹，襄声。如两切（rǎng）[①]

【注释】①如两切：现音按《广韵》汝阳切，读 ráng。

【译文】籮，用来藏物的竹制器具。形符是“竹”，声符是“襄”。

笪 𥳑 可以收绳也。从竹，象形，中象人手所推握也。互，笪或，省。胡误切（hù）

【译文】笪，可以用来收绞丝绳。从“竹”，“互”象形，中间ㄣ象人手推握的部分。互，“笪”的异体字，“笪”的省略。

簝 𥳑 宗庙盛肉竹器也。从竹，尞声。《周礼》：“供盆簝以待事。”[①]洛萧切（liáo）

【注释】①语见《周礼·地官·牛人》。

【译文】簝，宗庙里用来盛放肉食的竹制器皿。形符是“竹”，声符是“尞”。《周礼》中讲：“提供瓦盆和竹笼以备办事所需。”

篆 𥳑 （饮）[饲]牛筐也。从竹，豦声。方曰筐，圜曰篆。居许切（jǔ）。

【译文】篆，喂牛所使用的圆形筐子。形符是“竹”，声符是“豦”。方形的称作“筐”，圆形的称作“篆”。

篼  （饮）[饲]马器也。从竹，兜声。当侯切（dōu）

【译文】篼，喂马使用的竹器。形符是“竹”，声符是“兜”。

籚  积竹矛戟矜也。从竹，盧声。《春秋国语》曰：“朱儒扶籚。”洛乎切（lú）

【译文】籚，用积竹制作的矛和戟的柄。形符是“竹”，声符是“盧”。《国语》中讲道：“矮小的人扶着矛和戟的柄。”

箝  籋也。从竹，拑声。巨淹切（qián）

【译文】箝，夹持。形符是“竹”，声符是“拑”。

籋  箝也。从竹，爾声。尼辄切（niè）

【译文】籋，镊子。形符是“竹”，声符是“爾”。

簦  笠盖也。从竹，登声。都滕切（dēng）

【译文】簦，大斗笠有把如同伞盖一般。形符是“竹”，声符是“登”。

笠 簦无柄也。从竹，立声。力入切（lì）

【译文】笠，如同簦但却没有把。形符是“竹”，声符是“立”。

箱  大车牝服也。从竹，相声。息良切（xiāng）

【译文】箱，大车的车箱。形符是“竹”，声符是“相”。

篚  车笭也。从竹，匪声。敷尾切（fěi）

【译文】篚，竹编车栏。形符是“竹”，声符是“匪”。

笭  车笭也。从竹，令声。一曰，笭，籯也。郎丁切（líng）

【译文】笭，竹编车栏。形符是“竹”，声符是“令”。一种说法是，“笭”即竹笼。

𥳁 搔马也。从竹，剡声。丑廉切（chān）[1]

【注释】①丑廉切：现音按《广韵》徒甘切，读 tán。

【译文】𥳁，洗刷马身上的污垢。形符是“竹”，声符是“剡”。

策  马棰也。从竹，朿声。楚革切（cè）

【译文】策，马鞭子。形符是“竹”，声符是“朿”。

箠[棰]  击马也。从竹，垂声。之垒切（zhuǐ）[1]

【注释】①之垒切：现音按《广韵》之累切，读 chuí。

【译文】箠，击马。形符是“竹”，声符是“垂”。

笶 棰也。从竹，朵声。陟瓜切（zhuā）

【译文】笶，竹鞭子。形符是“竹”，声符是“朵”。

笍 羊车驺（zōu）棰也。箸箴其耑，长半分。从竹，内声。陟卫切（zhuì）

【译文】笍，羊车御车所使用的马鞭。顶端安装有铁针，长度是半分。形符是“竹”，声符是“内”。

籣 所以盛弩矢，人所负也。从竹，阑声。洛干切（lán）

【译文】籣，用来盛放弓箭的器具，人将其背在身上。形符是“竹”，声符是“阑”。

箙 弩矢箙也。从竹，服声。《周礼》：“仲秋献矢箙。”房六切（fú）

【译文】箙，用来盛放弓箭的器具。形符是“竹”，声符是“服”。《周礼》中讲道：“中秋时节献上盛放箭的器具。”

箓 栙（xiáng）双[①]也。从竹，朱声。陟输切（zhū）

【注释】①栙双：用篾席制做的船帆。

【译文】箓，栙双。形符是“竹”，声符是“朱”。

笘 折竹棰也。从竹，占声。颍川人名小儿所书写为笘。失廉切（shān）

【译文】笘，折断竹子制作而成的鞭子。形符是“竹”，声符是“占”。颍川人将孩童书写的竹觚称作为“笘”。

笪 [seal] 笞也。从竹，旦声。当割切（dá）

【译文】笪，鞭挞。形符是“竹”，声符是“旦”。

笞 [seal] 击也。从竹，台声。丑之切（chī）

【译文】笞，鞭打。形符是“竹”，声符是“台”。

籤（签） [seal] 验也。一曰，锐也，贯也。从竹，韱声。七廉切（qiān）

【译文】籤，标记。一说，尖锐，刺穿。形符是“竹”，声符是“韱”。

篏 [seal] 榜也。从竹，殿声。徒魂切（tún）

【译文】篏，揉制弓弩使之成形的器具。形符是“竹”，声符是“殿”。

箴 [seal] 缀衣箴也。从竹，咸声。职深切（zhēn）

【译文】箴，联缀成衣的箴。形符是“竹”，声符是“咸”。

箾 [seal] 以竿击人也。从竹，削声。虞舜乐曰《箾韶》。所角切（shuò），又音箫（xiāo）

【译文】箾，用竹竿来打人。形符是“竹”，声符是“削”。虞舜的乐曲被称作是《箾韶》。

竽[竽] [seal] 管三十六簧也。从竹，亏声。羽俱切（yú）

【译文】竽，管乐，三十六簧。形符是“竹”，声符是“亏”。

笙 十三簧。象凤之身也。笙，正月之音。物生，故谓之笙。大者谓之巢，小者谓之和。从竹，生声。古者随作笙。所庚切（shēng）

【译文】笙，十三簧。形状象凤凰的身躯。笙，是正月之音。此时，万物萌生，所以将它称作为“笙”。大的称作“巢”，小的称作“和”。形符是“竹”，声符是“生”。古时候，一个名叫随的人制作了笙。

簧 笙中簧也。从竹，黄声。古者女娲作簧。户光切（huáng）

【译文】簧，笙管中用来振动发声的薄竹片。形符是“竹”，声符是“黄”。古时候，女娲制作了簧。

箟 簧属。从竹，是声。是支切（shí）

【译文】箟，笙簧之类。形符是“竹”，声符是“是”。

簫（箫） 参差管乐。象凤之翼。从竹，肅声。稣雕切（xiāo）

【译文】簫，长短不等的竹管乐器。象凤凰的翅膀。形符是“竹”，声符是“肅”。

筒 通箫[①]也。从竹，同声。徒弄切（dòng）

【注释】①通箫：洞箫。

【译文】筒，洞箫。形符是“竹”，声符是“同”。

籟（籟） 三孔龠（yuè）也。大者谓之笙，其中谓之籟，小者谓之篍。从竹，賴声。洛带切（lài）

【译文】籟，三孔的乐器。大的称作“笙”，中等的称作“籟”，小的被称作“篍”。形符是“竹”，声符是“賴”。

篍 小籟也。从竹，約声。於角切（wò）[①]

【注释】①於角切：现音按《集韵》乙却切，读yuè。

【译文】篍，小管的乐器。形符是“竹”，声符是“約”。

管 如篪（chí）[①]，六孔。十二月之音。物开地牙，故谓之管。从竹，官声。琯，古者玉琯以玉。舜之时，西王母来，献其白琯。前零陵文学姓奚，于伶道舜祠下，得笙玉琯。夫以玉作音，故神人以和，凤皇来仪也。从玉，官声。古满切（guǎn）

【注释】①篪：古代的竹管乐器，像笛子，有八孔。

【译文】管，象篪，有六孔。是十二月之音。物贯地发芽，因此将其称作“管”。形符是“竹”，声符是“官”。琯，古时玉管用玉制成。舜时，西王母奉上白玉管。前任零陵文学史官姓奚，在泠道县舜的祠庙底下，得了笙白玉管。用玉管来吹奏音乐，从而神和人都来唱和，凤凰也来相见。形符是“玉”，声符是“官”。

篎 小管谓之篎。从竹，眇声。亡沼切（miǎo）

【译文】篎，小型的管乐器被称作是“篎”。形符是“竹”，声符是“眇”。

笛 𥫗 七孔筒也。从竹，由声。羌笛三孔。徒历切（dí）

【注释】①筒：竹管。

【译文】笛，七孔的竹管乐器。形符是“竹”，声符是“由”。羌地的笛管具有三个孔。

筑 𥫗 以竹[击之成]曲。五弦之乐也。从竹，从巩。巩，持之也。竹亦声。张六切（zhú）

【译文】筑，用竹尺敲击出各种乐曲。是一种具有五弦的乐器。由“竹”和“巩”会意。“巩”即持握。“竹”也是声符。

筝 𥫗 鼓弦（竹）[筑]身乐也。从竹，争声。侧茎切（zhēng）

【译文】筝，一种拨弦的、像筑身的乐器。形符是“竹”，声符是“争”。

箛 𥫗 吹鞭也。从竹，孤声。古乎切（gū）

【译文】箛，一种可以吹奏的鞭状乐器。形符是“竹”，声符是“孤”。

篍 𥫗 吹筒也。从竹，秋声。七肖切（qiào）①

【注释】①七肖切：现音按《广韵》七由切，读 qiū。

【译文】篍，可以吹奏的竹管。形符是“竹”，声符是“秋”。

籌（筹）  壶矢也。从竹，壽声。直由切（chóu）

【译文】籌，投壶时所使用的箭。形符是"竹"，声符是"壽"。

簺  行棋相塞谓之簺。从竹，从塞，塞亦声。先代切（sài）

【译文】簺，下棋，并以此来互相阻塞的游戏称作"簺"。由"竹"和"塞"会意，"塞"也是声符。

簙  局戏也。六箸、十二棋也。从竹，博声。古者乌胄作簙。补各切（bó）

【译文】簙，一种下棋的游戏。有六根箭、十二颗棋子。形符是"竹"，声符是"博"。古时候一位叫乌胄的人创制了簙。

箄（筚）  藩落也。从竹，畢声。《春秋传》曰："箄门圭窬。"[1]卑吉切（bì）

【注释】①语见《左传·襄公十年》。箄门圭窬今作箄门闺窦。

【译文】箄，篱笆。形符是"竹"，声符是"畢"。《左传》说："用荆条编织的而成的门，象圭一样的小户穴。"

篓  蔽不见也。从竹，愛声。乌代切（ài）

【译文】篓，隐藏起来而看不见。形符是"竹"，声符是"愛"。

籢 [seal] 惟射所蔽者也。从竹，嚴声。语杴切（yán）

【译文】籢，惟射飞鸟时，人们所用来隐蔽的物体。形符是“竹”，声符是“嚴”。

籞 [seal] 禁苑也。从竹，御声。《春秋传》曰：“泽之（目）[舟]籞。”[①] [seal]，籞或，从又，魚声。鱼举切（yǔ）

【注释】①语见《左传·昭公二十年》。

【译文】籞，禁止通行的苑囿。形符是“竹”，声符是“御”。《左传》中讲道：“湖泽的芦苇，用船连绵来守护它。”[seal]，“籞”的异体字，形符是“又”，声符是“魚”。

筭 [seal] 长六寸。计历数者。从竹，从弄。言常弄乃不误也。苏贯切（suàn）

【译文】筭，长度是六寸。是用来计算数目的筹码。由“竹”和“弄”会意。意思是经常使用就不会耽误事。

算 [seal] 数也。从竹，从具。读若筭。苏管切（suǎn）[①]

【注释】①苏管切：现音按《广韵》其季切，读 suàn。

【译文】算，计数。由“竹”和“具”会意。发音像“筭”字。

文百四十四 重十五

箕 [seal] 簸也。从竹；𠀠，象形；下其丌（jī）也。凡箕之属皆从箕。[seal]，古文箕（省）。[seal]，亦古文箕。[seal]，亦古文箕。[seal]，籀文箕。[seal]，籀文箕。居之切（jī）

【译文】箕，簸箕。形符是“竹”；“𠀠”，象簸箕；下面的“丌”代表的是垫座。但凡“箕”的部属从“箕”。，古文“箕”字。，也是古文“箕”字。，也是古文“箕”字。，籀文“箕”字。，籀文“箕”字。

簸　扬米去糠也。从箕，皮声。布火切（bǒ）

【译文】簸，扬起谷米，去掉皮糠的工具。形符是“箕”，声符是“皮”。

文二　重五

丌　下基也。荐物之丌。象形。凡丌之属皆从丌。读若箕，同。居之切（jī）

【译文】丌，物体下部的基础，放置物体的器具。象形字。但凡“丌”的部属都从“丌”。发音如同“箕”字，表义相同。

迈　古之遒人，以木铎记诗言。从辵，从丌，丌亦声。读与记同。居吏切（jì）

【译文】迈，古代宣教的官人，摇动木铎，沿途采访和记录诗歌与方言。由“辵”和“丌”会意，“丌”也是声符。发音与“记”字相同。

典　五帝之书也。从冊在丌上，尊阁之也。庄都说，典，大冊也。，古文典，从竹。多殄切（diǎn）

【译文】典，五帝的书册。由“冊”在“丌”上会意，将典册高搁在丌上。庄都讲道，典即大册。，古文“典”字，从“竹”。

顨 巽也。从丌，从頭。此《易》顨卦“为长女，为风”者。苏困切（xùn）

【译文】顨，巽。由“丌”和“頭”会意。这是《周易》的顨卦“像长女，像风”的“顨”字。

畁[畀] 相付与之。约在阁上也。从丌[1]，由（fú）声。必至切（bì）

【注释】①从丌：段玉裁注：“古者物相与必有藉，藉即阁也，故其字从丌。”

【译文】畁，把东西交给别人。把东西捆绑束在阁板上，形符是“丌”，声符是“由”。

巽 具也。从丌，𢀖（zhuàn）声。，古文巽。，篆文巽。苏困切（xùn）

【译文】巽，具备。形符是“丌”，声符是“𢀖”。，古文中的“巽”。，篆文中的“巽”。

奠 置祭也。从酋；酋，酒也。下其丌也。《礼》有奠祭者。堂练切（diàn）

【译文】奠，布置酒食来进行祭奠。从“酋”，“酋”即酒。下面代表用来垫放酒食的几席之类的东西。《礼经》中有以“奠”为“祭”的。

文七 重三

左 手相左[①]助也。从𠂇（zuǒ）、工。凡左之属皆从左。则个切（zuǒ）

【注释】①左：段玉裁《说文解字注》：“左者，今之佐字。《说文》无佐也。𠂇者，今之左字。”

【译文】左，用手来进行辅佐、帮助。由“𠂇”和“工”会意。但凡“左”的部属都从“左”。

差 贰也。（差）不相值也。从左，从𠂹。，籀文差，从二。初牙切（chā），又楚佳切（chāi）

【译文】差，差贰，不相当。由“左”和“𠂹”会意。，籀文中的“差”字，从“二”。

文二 重一

工 巧饰也。象人有规榘也。与巫同意。凡工之属皆从工。，古文工，从彡。古红切（gōng）

【译文】工，巧于文饰。象人手中有规矩的样子。与“巫”字构形从“工”同意。但凡“工”的部属都从“工”。，古文中的“工”字，形符是“彡”。

式 法也。从工，弋声。赏职切（shì）

【译文】式，法式。形符是“工”，声符是“弋”。

巧 技也。从工，丂声。苦绞切（qiǎo）

【译文】巧，技能。形符是“工”，声符是“丂”。

巨[矩] 𢀜 规巨也。从工，象手持之。榘，巨或，从木、矢；矢者，其中正也。𢀜，古文巨。其吕切[1]（jù）

【注释】①其吕切：现音按《广韵》俱雨切，读 jǔ。

【译文】巨，规矩的“矩”。从“工”，“巨”中间部分象是手握着矩。榘，“巨”的异体字，由“木”和“矢”会意；“矢”代表中正。𢀜，古文“巨”字。

文四 重三

㠭[1] 㠭 极巧视之也。从四工。凡㠭之属皆从㠭。知衍切（zhǎn）

【注释】①㠭：现作“展”。

【译文】㠭，极巧地视察。由四个“工”字会意。但凡“㠭”的部属都从“㠭”。

㲚[塞] 㲚 窒也。从㠭，从収，窒宀中。㠭犹齐也。穌则切（sè）[1]

【注释】①穌则切：现音读，sāi。

【译文】㲚，填塞。由“㠭”和“収”会意，表示捧着整齐的东西填在房屋之中。“㠭”，犹如说“整齐”。

文二

巫 巫 祝也。女能事无形，以舞降神者也。象人两褎舞形。与工同意。古者巫咸初作巫。凡巫之属皆从巫。𢒈，古文巫。武扶切（wū）

【译文】巫，巫祝。女人能够奉事神明，并能凭歌舞使神明降临的人。中间象人两袖起舞的样子。与“工”字的构形相同。古时候，巫咸最先创制了巫术。但凡“巫”的部属都从“巫”。

，古文“巫”字。

覡（觋） 能斋肃事神明也。在男曰覡，在女曰巫。从巫，从見。胡狄切（xí）

【译文】覡，能够斋戒、恭敬地奉事神明的人。男的称作“覡”，女的称作“巫”。由“巫”和“見”会意。

文二 重一

甘 美也。从口含一；一，道也。凡甘之属皆从甘。古三切（gān）

【译文】甘，美味。由“口”中含“一”会意；“一”，表示味道。但凡“甘”的部属都从“甘”。

甛[甜] 美也。从甘，从舌。舌，知甘者。徒兼切（tián）

【译文】甛，甜美。由“甘”和“舌”会意。舌，一种能够识别味道的器官。

曆 和也。从甘，从（麻）[厤]。（麻）[厤]，调也；甘亦声。读若函。古三切（gān）

【译文】曆，调和味道。由“甘”和“厤”会意。“厤”表示调和均匀；“甘”也是声符。发音如同“函”字。

猒 饱也。从甘，从肰（rán）。，猒或，从目（yǐ）。於盐切（yān）①

【注释】①於盐切：现音按《广韵》於艳切，读yàn。

【译文】猒，饱足。由“甘”和“肰”会意。，“猒”的异体字，从“目”。

甚 尤安乐也。从甘，从匹耦也。，古文甚。常枕切（shèn）

【译文】甚，不同寻常的安乐。由“甘”和匹耦中的“匹”字会意。，古文中的“甚”字。

文五 重二

曰 词也。从口，乙声。亦象口气出也。凡曰之属皆从曰。王代切（yuē）

【译文】曰，语气助词。形符是“口”，声符是“乙”。也象口上有气冒出一般。但凡“曰”的部属都从“曰”。

𣍘[𣍘] 告也。从曰，从冊，冊亦声。楚革切（cè）

【译文】𣍘，用简册来进行告诫。由“曰”和“冊”会意，“冊”也是声符。

曷 何也。从曰，匃声。胡葛切（hé）

【译文】曷，何。形符是“曰”，声符是“匃”。

曶 出气词也。从曰，象气出形。《春秋传》曰："郑太子曶。"[①] ，籀文曶。一曰，佩也。象形。呼骨切（hū）

【注释】①语见《左传·隐公三年》。曶今本作忽。

【译文】曶，出气的词。从"曰"，象气脱口而出的样子。《左传》中讲道："郑国的太子曶。" ，籀文中的"曶"字。一说，大臣在朝拜君王时手掌所持的手版。象手版的样子。

朁 曾也。从曰，兓（jīn）声。《诗》曰："朁不畏明。"[①]七感切（cǎn）

【注释】①语见《诗经·大雅·民劳》。朁今本作憯。

【译文】朁，曾，竟。形符是"曰"，声符是"兓"。《诗经》中讲道："竟然不畏惧神明。"

沓 语多沓沓也。从水，从曰。辽东有沓县[①]。徒合切（tà）

【译文】沓，话多重复如流水。由"水"和"曰"会意。辽东郡有一沓县。

曹 狱之两曹也。在廷东。从㯥（cáo），治事者；从曰。昨牢切（cáo）

【译文】曹，打官司的原告和被告。位于法庭的东边。从"㯥"，"㯥"即管理打官司的人；从"曰"，会意。

文七 重一

乃 曳词之难也。象气之出难。凡乃之属皆从乃。，古文乃。，籀文乃。奴亥切（nǎi）

【译文】乃，出词艰难。象语气出口困难的样子。但凡“乃”的部属都从“乃”。，古文中的“乃”字。，籀文中的“乃”字。

卤 惊声也。从乃省，西声。籀文卤，不省。或曰，卤，往也。读若仍。，古文卤。如乘切（réng）

【译文】卤，惊讶的声音。形符是“乃”的省文，声符是“西”。籀文“卤”字，不省。有人说，“卤”即往。发音如同“仍”字。，古文中的“卤”字。

𠧟 气行皃。从乃，卤（tiáo）声。读若攸。以周切（yóu）

【译文】𠧟，气运行的样子。形符是“乃”，声符是“卤”。发音如同“攸”字。

文三 重三

丂 气欲舒出。勹上碍于一也。丂，古文以为亏（yú）字，又以为巧字。凡丂之属皆从丂。苦浩切（kǎo）

【译文】丂，气想舒展出来，“勹”象欲出之气却被“一”所阻碍。“丂”，古文借为“亏”字，又借为“巧”字。但凡“丂”的部属都从“丂”。

甹 亟词也。从丂，从由。或曰甹，侠也。三辅谓轻财者为甹。普丁切（pīng）

【译文】甹，表示疾、急意思的词。由“丂”和“由”会意。有人说，“甹”即豪侠。长安一带将轻财的人称作是“甹”。

寧（宁） 愿词也。从丂，寍声。奴丁切（níng）[①]

【注释】①奴丁切：现音按《集韵》乃定切，读 nìng。

【译文】寧，表示宁愿、宁可的词。形符是“丂”，声符是“寍”。

𡆵 反丂也。读若呵。虎何切（hē）

【译文】𡆵，气息运行舒畅。读音如同“呵”字。

文四

可 肯也。从口、𡆵，𡆵亦声。凡可之属皆从可。肯我切（kě）

【译文】可，肯许。由“口”和“𡆵”会意，“𡆵”也是声符。但凡“可”的部属都从“可”。

奇 异也。一曰，不耦。从大，从可。渠羈切（qí）

【译文】奇，特殊。一说，不成偶数。由“大”和“可”会意。

哿 可也[①]。从可，加声。《诗》曰：“哿矣富人。”[②]古我切（gě）

【注释】①可：快意惬心。②语见《诗经·小雅·正月》。

【译文】哿，欢乐。形符是“可”，声符是“加”。《诗经》中讲道：“富人们很欢乐啊。”

哥 声也。从二可。古文以为謌字。古俄切（gē）

【译文】哥，歌声。由两“可”会意。古文把它作为謌唱字。

文四

兮 语所稽也。从丂，八象气越亏也。凡兮之属皆从兮。胡鸡切（xī）

【译文】兮，语气停止。从“丂”，“八”就像气分散而舒扬的样子。但凡“兮”的部属都从“兮”。

粤 惊辞也。从兮，旬声。，粤或，从心。思允切（sǔn）

【译文】粤，表示惊惧的虚词。形符是“兮”，声符是“旬”。，“粤”的异体字，从“心”。

羲 气也。从兮，義声。许羁切（xī）

【译文】羲，气。形符是“兮”，声符是“義”。

乎 语之余也。从兮，象声上越扬之形也。户吴切（hú）[1]

【注释】①户吴切：现音读，hū。

【译文】乎，语句的余音。从“兮”，“丿”象气息上扬的样子。

文四 重一

号 痛声也。从口在丂上。凡号之属皆从号。胡到切（hào）[1]

【注释】①胡到切：现音按《集韵》乎刀切，读 háo。

【译文】号，号啕痛哭的声音。由“口”在“丂”上会意。但凡“号”的部属从“号”。

號（号） 呼也。从号，从虎。乎刀切（háo）

【译文】號，高声喊叫。由“号”和“虎”会意。

文二

亏[于] 於也。象气之舒亏。从丂，从一。一者，其气平之也。凡亏之属皆从亏。羽俱切（yú）

【译文】亏，於。象口气舒展平直的样子。由“丂”和“一”会意。“一”，表示口气平直。但凡“亏”的部属都从“亏”。

虧（亏） 气损也。从亏，雐（hū）声。虧或，从兮。去为切（kuī）

【译文】虧，气息亏损。形符是“亏”，声符是“雐”。

[seal]，“虧”的异体字，从“兮”。

粤 [seal] 亏也。审慎之词者。从亏，从寀。《周书》曰：“粤三日丁(亥)[巳]。”王伐切(yuè)

【译文】粤，发语助词亏。是谨慎审度的词。由“亏”和“寀”会意。《尚书·周书·召诰》中讲道：“三日丁巳。”

吁[吁] [seal] 惊语也。从口，从亏，亏亦声。况於切(xū)

【译文】吁，惊叹之词。由“口”和“亏”会意，“亏”也是声符。

平 [seal] 语平舒也。从亏，从八。八，分也。爰礼说。[seal]，古文平如此。符兵切(píng)

【译文】平，语气平直舒展。由“亏”和“八”会意。“八”，表示分匀。是爰礼的说法。[seal]，古文“平”字就是这样。

文五 重二

旨 [seal] 美也。从甘，匕声。凡旨之属皆从旨。[seal]，古文旨。职雉切(zhǐ)

【译文】旨，味道甜美。形符是“甘”，声符是“匕”。但凡“旨”的部属都从“旨”。[seal]，古文中的“旨”字。

甞(尝) [seal] 口味之也。从旨，尚声。市羊切

（cháng）

【译文】嘗，用口来试味道。形符是“旨”，声符是“尚”。

文二 重一

喜 乐也。从壴（zhù），从口。凡喜之属皆从喜。歖，古文喜，从欠，与歡同[意]。虚里切（xǐ）

【译文】喜，快乐。由“壴”和“口”会意。但凡“喜”的部属都从“喜”。歖，古文“喜”，从“欠”，和“歡”的构形相同。

憙 说（yuè）也。从心，从喜，喜亦声。许记切（xì）[①]

【注释】①许记切：现音按《广韵》虚里切，读 xǐ。

【译文】憙，喜悦。由“心”和“喜”会意，“喜”也是声符。

嚭 大也。从喜，否声。《春秋传》：“吴有太宰嚭。”[①]匹鄙切（pǐ）

【注释】①语见《左传·哀公元年》。

【译文】嚭，大。形符是“喜”，声符是“否”。《左传》中讲道：“吴国有太宰叫嚭。”

文三 重一

壴 陈乐，立而上见也。从屮（chè），从豆。凡壴之属皆从壴。中句切（zhù）

【译文】壴，陈设鼓乐，将其竖立起来，上部的装饰品就可以看到。由“屮”和“豆”会意。但凡“壴”的部属都从“壴”。

尌 立也。从壴，从寸，持之也。读若驻。常句切（shù）

【译文】尌，树立。由“壴”和“寸”会意，“寸”表示用手拿着鼓。发音如同“驻”字。

鼜[鼜] 夜戒守鼓也。从壴，蚤声。《礼》：“昏鼓四通，为大（鼓）[鼜]；夜半三通为戒晨；旦明五通为发明。”读若戚。仓历切（qì）

【译文】鼜，夜间警戒而敲鼓。形符是“壴”，声符是“蚤”。《礼》中讲道：“在黄昏时敲四通鼓称作‘大鼜’；半夜敲三通鼓称作‘戒晨’；天亮时敲五通鼓称作‘发明’。”发音如同“戚”字。

彭 鼓声也。从壴，彡声。薄庚切（péng）。

【译文】彭，鼓声。形符是“壴”，声符是“彡”。

嘉 美也。从壴，加声。古牙切（jiā）

【译文】嘉，美善。形符是“壴”，声符是“加”。

文五

鼓 郭也。春分之音，万物郭皮甲而出，故谓之鼓。从壴；支，象其手击之也。《周礼》六鼓[①]：雷鼓八面，灵鼓六面，路鼓四面，鼖（fén）鼓、皋鼓、

晋鼓皆两面。凡鼓之属皆从鼓。，籀文鼓，从古声。工户切（gǔ）

【注释】①语见《周礼·地官·鼓人》。

【译文】鼓，用皮包裹蒙覆的乐器。代表春分时节的音，万物包裹着皮壳萌发，因此称作“鼓”。从“壴”；“支”，象手拿着槌敲鼓。《周礼》中的六鼓指的是：雷鼓共有八面，灵鼓共有六面，路鼓共有四面，鼖鼓、皋鼓、晋鼓各有两面。但凡“鼓”的部属都从“鼓”。，籀文中的“鼓”字，从“古”声。

鼛　大鼓也。从鼓，咎声。《诗》曰：“鼛鼓不胜。”古劳切（gāo）

【译文】鼛，大鼓。形符是“鼓”，声符是“咎”。《诗经·大雅·绵》中讲道：“鼛鼓的声音不能胜过。”

鼖　大鼓谓之鼖。鼖八尺而两面，以鼓军事。从鼓，賁省声[①]。，鼖或，从革，賁不省。符分切（fén）

【注释】①賁省声：段玉裁《说文解字注》：“凡賁声字多训大。”“卉声与賁声一也。”

【译文】鼖，大鼓被称作“鼖”。鼖的长度是八尺且有两个鼓面，可以用来击打指挥军队。形符是“鼓”，声符是“賁”的省文。，“鼖”的异体字，形符是“革”，声符是“賁”。

鼙　骑鼓也。从鼓，卑声。部迷切（pí）

【译文】鼙，骑鼓。形符是“鼓”，声符是“卑”。

𪔵　鼓声也。从鼓，隆声。徒冬切（tóng）[①]

【注释】①徒冬切：现音按《广韵》力中切，读 lóng。

【译文】𪔵，鼓声。形符是“鼓”，声符是“隆”。

鼘　鼓声也。从鼓，𣶒声。《诗》曰：“鼗鼓鼘鼘。”乌玄切（yuān）

【译文】鼘，鼓声。形符是“鼓”，声符是“𣶒”。《诗经·商颂·那》中讲道：“货郎鼓鼘鼘地响。”

鼞　鼓声也。从鼓，堂声。《诗》曰：“击鼓其鼞。”土郎切（tāng）

【译文】鼞，鼓声。形符是“鼓”，声符是“堂”。《诗经·邶风·击鼓》中讲道：“敲鼓响鼞鼞。”

⿰鼓合　鼓声也。从鼓，合声。鞈，古文⿰鼓合，从革。徒合切（tà）

【译文】⿰鼓合，鼓声。形符是“鼓”，声符是“合”。鞈，古文“⿰鼓合”字，从“革”。

⿰鼓咠　鼓无声也。从鼓，咠声。他叶切（tiè）[①]

【注释】①他叶切：现音按《广韵》七入切，读 qì。

【译文】⿰鼓咠，鼓没有声音。形符是“鼓”，声符是“咠”。

⿰鼓缶　鼓⿰鼓咠声。从鼓，缶声。土盍切（tà）

【译文】鼜，敲击鼙鼓的声音。形符是“鼓”，声符是“缶”。

文十 重三

豈（岂） 还师振旅乐也。一曰，欲也，登也。从豆，微省声。凡豈之属皆从豈。墟喜切（qǐ）

【译文】豈，得凯旋归来使军队士气振奋的乐曲。一说，是希望，是升登。形符是“豆”，声符是“微”的省文。但凡“豈”的部属都从“豈”。

愷（恺） 康也。从心、豈，豈亦声。苦亥切（kǎi）

【译文】愷，康乐。由“心”和“豈”会意，“豈”也是声符。

䶣 㡭（jí）也，讫事之乐也。从豈，幾声。渠稀切（qí）

【译文】䶣，讫止，事情完成之后很欢乐。形符是“豈”，声符是“幾”。

文三

豆 古食肉器也。从口，象形。凡豆之属皆从豆。，古文豆。徒候切（dòu）

【译文】豆，古代吃肉所用的盛放器皿。从“口”，象形。但凡“豆”的部属都从“豆”。，古文中的“豆”字。

梪 木豆谓之梪。从木、豆。徒候切（dòu）

【译文】梪，木制的豆器被称作是“梪”。由“木”和“豆”会意。

䔳 蠡也。从豆，蒸省声。居隐切（jǐn）

【译文】䔳，瓠瓢。形符是“豆”，声符是“蒸”的省文。

𧯠 豆属。从豆，𠔉声。居倦切（juàn）

【译文】𧯠，豆一类的食器。形符是“豆”，声符是“𠔉”。

豋 豆饴（yí）也。从豆，夗声。一丸切（wān）

【译文】豋，用芽豆熬制的糖。形符是“豆”，声符是“夗”。

𢍺 礼器也。从収持肉在豆上。读若镫同。都滕切（dēng）

【译文】𢍺，礼器。由“廾”持握着“肉”放置于“豆”器上会意。发音如同“镫”字。

文六 重一

豊 行禮之器也。从豆，象形。凡豊之属皆从豊。读与禮同。卢启切（lǐ）

【译文】豊，祭祀行礼所使用的器皿。从“豆”，象形。但凡“豊”的部属都从“豊”。发音如同“禮”字。

豑 爵之次弟也。从豊，从弟。《虞书》曰：“平豑东作。”①直质切（zhì）

【注释】语见《尚书·虞书·尧典》。豑今本作秩。

【译文】豑，爵的次序。由“豊”和“弟”会意。《尚书·虞书》中讲道：“辨别并依次测算太阳东升起的时刻。”

文二

豐（丰） 豆之豐满者也。从豆，象形。一曰，《乡饮酒》有豐侯者。凡豐之属皆从豐。，古文豐。敷戎切（fēng）

【译文】豐，豆器装满东西的样子。从“豆”，象形。一说，《仪礼·乡饮酒礼》中记载有称作“豐”的诸候国。但凡“豐”的部属都从“豐”。，古文“豐”字。

豔 好而长也。从豐。豐，大也。盍声。《春秋传》曰：“美而豔。”①以赡切（yàn）

【注释】①两见《左传·桓公元年》、《桓公十六年》。

【译文】豔，容色美好而又颀长。从“豐”，“豐”，表示长大。“盍”声。《左传》中讲道：“美好而又容色豐满。”

文二 重一

䖒 古陶器也。从豆，虍（hū）声。凡䖒之属皆从䖒。许羁切（xī）

【译文】䖒，古陶器。形符是“豆”，声符是“虍”。但凡“䖒”的部属都从“䖒”。

虢 [seal script] 土鍪（móu）也。从虘，号声。读若镐。胡到切（hào）

【译文】虢，敞口的陶锅。形符是“虘”，声符是“号”。发音如同“镐”字。

䖤 [seal script] 器也。从虘、宔，宔亦声。阙。直吕切（zhù）

【译文】䖤，贮物的陶器。由“虘”和“宔”会意。“宔”也是声符。

文三

虍 [seal script] 虎文也。象形。凡虍之属皆从虍。荒乌切（hū）

【译文】虍，老虎的斑纹。象形。但凡“虍”的部属都从“虍”。

虞 [seal script] 驺（zōu）虞也。白虎黑文，尾长于身。仁兽，食自死之肉。从虍，吴声。《诗》曰：“于嗟乎，驺虞。”五俱切（yú）

【译文】虞，驺虞。白色的老虎，黑色的花纹，尾巴比身体长。是一种仁爱的野兽，吃自死野兽的肉。形符是“虍”，声符是“吴”。《诗经·召南·驺虞》中讲道：“唉呀，真是驺虞啊！”

虙 [seal script] 虎皃。从虍，必声。房六切（fú）

【译文】虙，老虎的样子。形符是“虍”，声符是“必”。

虔 虎行皃。从虍，文声。读若矜。渠焉切（qián）

【译文】虔，老虎行进的样子。形符是“虍”，声符是“文”。发音如同“矜”字。

虘 虎不柔不信也。从虍，且声。读若鄌县。昨何切（cuó）

【译文】虘，老虎刚暴不信实。形符是“虍”，声符是“且”。发音如同“鄌县”的“鄌”字。

虖[呼] 哮虖也。从虍，乎声。荒乌切（hū）

【译文】虖，老虎的吼叫声。形符是“虍”，声符是“乎”。

虐 残也。从虍，虎足反爪人也。，古文虐如此。鱼约切（nüè）

【译文】虐，残害。从“虍”，象虎爪翻过来抓人。，古文中的“虐”字就是这样。

彪 虎文，彪也。从虍，彬声。布还切（bān）[①]

【注释】①布还切：现音按《广韵》府巾切，读 bīn。

【译文】彪，老虎的花纹，又称“彪”。形符是“虍”，声符是“彬”。

虞 钟鼓之柎[①]也。饰为猛兽，从虍，（異）

[㚘] 异象 [形]，其下足。，虡或，从金，豦声。，篆文虡省。其吕切（jù）

【注释】①柎：悬持乐器的柱子。

【译文】虡，悬挂钟鼓的柱子。装饰成为猛兽。由“虍”、“㚘”象形。下面的“廾”代表虡柱的足部。，“虡”的异体字，形符是“金”，声符是“豦”。，篆文中的“虡”字，“虡”的省略。

文九 重三

虎 山兽之君。从虍，虎足象人足。象形。凡虎之属皆从虎。，古文虎。，亦古文虎。呼古切（hǔ）

【译文】虎，山中的百兽之王。从“虍”，“虎”字的足象人字的足。象老虎蹲踞的样子。但凡“虎”的部属都从“虎”。，古文中的“虎”字。，也是古文中的“虎”字。

虩 虎声也。从虎，𣪊声。读若隔。古核切（gé）

【译文】虩，老虎的声音。形符是“虎”，声符是“𣪊”。发音如同“隔”字。

虪 白虎也。从虎，（昔）[冥] 省声。读若鼏。莫狄切（mì）

【译文】虪，白虎。形符是“虎”，声符是“冥”的省文。发音如同“鼏”字。

虢 𧇱 䖘属。从虎，去声。呼滥切（hàn）[①]

【注释】①呼滥切：现音按《广韵》口敢切，读kǎn。

【译文】虢，白虎的类属。形符是“虎”，声符是“去”。

虪 𧇱 黑虎也。从虎，儵（shū）声。式竹切（shù）

【译文】虪，黑虎。形符是“虎”，声符是“儵”。

虦 𧇱 虎窃毛，谓之虦苗。从虎，戋声。窃，浅也。昨闲切（cán）[①]

【注释】①昨闲切：现音按《广韵》士限切，读zhàn。

【译文】虦，老虎身上的浅毛，因此将浅毛虎称作“虦苗”。形符是“虎”，声符是“戋”。“窃”即“浅”。

彪 𧇱 虎文也。从虎，彡象其文也。甫州切（fōu）[①]

【注释】①甫州切：现音按《广韵》甫烋切，读biāo。

【译文】彪，老虎的花纹。从“虎”，“彡”象老虎身上的花纹。

虓 𧇱 虎皃。从虎，乂声。鱼废切（yì）

【译文】虓，老虎的样子。形符是“虎”，声符是“乂”。

虩[虩] 𧇱 虎皃。从虎，气声。鱼迄切（yì）

【译文】虩，老虎的样子。形符是“虎”，声符是“气”。

虓  虎鸣也。一曰，师子[大怒声也]。从虎，九声。许交切（xiāo）

【译文】虓，老虎的吼叫声。一说，狮子的怒吼声。形符是“虎”，声符是“九”。

虒 虎声也。从虎，斤声。语斤切（yín）

【译文】虒，老虎的吼叫声。形符是“虎”，声符是“斤”。

虩  《易》：“履虎尾，虩虩。”①恐惧。一曰，蝇虎也。从虎，㵵声。许隙切（xì）

【注释】①语见《周易·履卦·九四》爻辞。虩今作愬。

【译文】虩，《周易》：“脚踩着老虎的尾巴，虩虩而惧。”虩虩，恐惧的样子。一说，虩即蝇虎。形符是“虎”，声符是“㵵”。

虢  虎所攫画明文也。从虎，寽（声）。古伯切（guó）

【译文】虢，老虎用爪子攫画所遗留的清晰痕迹。形符是“虎”，声符是“寽”。

虒  委虒，虎之有角者也。从虎，厂声。息移切（sī）

【译文】虒，委虒，虎中长有角的一种。形符是“虎”，声符是“厂”。

𧇖 [篆] 黑虎也。从虎，腾声。徒登切（téng）

【译文】𧇖，黑虎。形符是“虎”，声符是“腾”。

文十五 重二

虤 [篆] 虎怒也。从二虎。凡虤之属皆从虤。五闲切（yán）

【译文】虤，老虎发怒。由两个“虎”字会意。但凡“虤”的部属都从“虤”。

䖈 [篆] 两虎争声。从虤，从曰。读若憖。语巾切（yín）

【译文】䖈，两虎相争发出的声音。由“虤”和“曰”会意。发音如同“憖”字。

贙 [篆] 分别也。从虤对争貝。读若回。胡畎切（xuàn）

【译文】贙，分别。由两“虎”争“貝”会意。发音像“回”。

文三

皿 [篆] 饭食之用器也。象形。与豆同意。凡皿之属皆从皿。读若猛。武永切（mǐn）

【译文】皿，盛放饭食的用具。象形。与“豆”字构形同意。但凡“皿”的部属都从“皿”。发音如同“猛”字。

盂[盂] [篆] 饭器也。从皿，亏声。羽俱切（yú）

【译文】盂，盛饭使用的器皿。形符是“皿”，声符是“亏”。

盌[碗] 小盂也。从皿，夗声。乌管切（wǎn）
【译文】盌，小盂。形符是“皿”，声符是“夗”。

盛 黍稷在器中以祀者也。从皿，成声。氏征切（chéng）
【译文】盛，放置在器皿中祭祀的黍稷。形符是“皿”，声符是“成”。

齍 黍稷在器以祀者。从皿，齊声。即夷切（zī）
【译文】齍，将黍稷放置在器皿中来祭祀。形符是“皿”，声符是“齊”。

盇 小瓯也。从皿，有声。读若灰。一曰若贿。，盇或，从右。於救切（yòu）
【译文】盇，小盆。形符是“皿”，声符是“有”。发音如同“灰”字。一说，发音如同“贿”字。，“盇”的异体字，声符是“右”。

盧（卢） 饭器也。从皿，盧声。，籀文盧。洛乎切（lú）
【译文】盧，盛饭使用的器皿。形符是“皿”，声符是“盧”。，籀文中的“盧”字。

盬 器也。从皿，从缶，古声。公户切（gǔ）
【译文】盬，器皿。由“皿”和“缶”会意，“古”表音。

盄 器也。从皿，弔声。止遥切（zhāo）

【译文】盄，器皿。形符是“皿”，声符是“弔”。

盎 盆也。从皿，央声。，盎或，从瓦。乌浪切（àng）

【译文】盎，盆类的器皿。形符是“皿”，声符是“央”。，“盎”的异体字，从“瓦”。

盆 盎也。从皿，分声。步奔切（pén）

【译文】盆，盎类的器皿。形符是“皿”，声符是“分”。

盓 器也。从皿，宁声。直吕切（zhù）

【译文】盓，盛放东西的器皿。形符是“皿”，声符是“宁”。

盨 欑（jù）盨，负戴器也。从皿，須声。相庾切（xú）[①]

【注释】①相庾切：现音按《广韵》踈举切，读 xǔ。

【译文】盨，欑盨，一种用来背负和顶戴的器皿。形符是“皿”，声符是“須”。

⿱漻皿 器也。从皿，漻声。古巧切（jiǎo）

【译文】⿱漻皿，温器。形符是“皿”，声符是“漻”。

监 （械）[拭]器也。从皿，必声。弥毕切（mì）

【译文】监，盛水来洗头发的器皿。形符是“皿”，声符是“必”。

醯 酸也。作酰以鬻以酒。从鬻、酒并省，从皿。皿，器也。呼鸡切（xī）

【译文】醯，醋。用粥和酒制做成醋。由“鬻”、“酒”的省文和“皿”会意。“皿”即器具。

盉 调味也。从皿，禾声。户戈切（hé）

【译文】盉，调味。形符是“皿”，声符是“禾”。

益 饶也。从水、皿，皿益之意也。伊昔切（yì）

【译文】益，富饶。由“水”在“皿”上会意，表示“皿”中水溢出的意思。

盈 满器也。从皿、夃（gǔ）。以成切（yíng）

【译文】盈，装满器皿。由“皿”和“夃”会意。

盡（尽） 器中空也。从皿，𦘔声。慈刃切（jìn）

【译文】盡，器物中空。形符是“皿”，声符是“𦘔”。

盅 器虚也。从皿，中声。《老子》曰：“道盅而用之。”直弓切（zhōng）①

【注释】①直弓切：现音按《广韵》敕中切，读chōng。

【译文】盅，器皿空虚。形符是“皿”，声符是“中”。《老子》中讲道：“道虚而使用它。”

盦 覆盖也。从皿，酓声。乌合切（ān）

【译文】盦，覆盖。形符是“皿”，声符是“酓”。

𥁕[昷] 仁也。从皿，以食囚也。官溥说。乌浑切（wēn）

【译文】𥁕，温仁。从“皿”，用“皿”器让“囚”犯吃喝。这是官溥的说法。

盥 澡手也。从臼水临皿。《春秋传》曰：“奉匜（yí）沃盥。”①古玩切（guàn）

【注释】①语见《左传·僖公二十三年》。

【译文】盥，洗手。由“臼”承“水”临于“皿”上会意。《左传》中讲道：“怀嬴捧着灌水的匜来浇水，重耳洗手。”

盪[蕩]（荡） 涤器也。从皿，湯声。徒朗切（dàng）

【译文】盪，洗涤的器皿。形符是“皿”，声符是“湯”。

文二十五 重三

凵 凵卢，饭器，以柳为之。象形。凡凵之属皆从凵。笑，凵或从竹，去声。去鱼切（qū）

【译文】𠙴，𠙴卢，用来盛饭的器皿，由柳条编织而成。象形。但凡“𠙴”的部属都从“𠙴”。笶，“𠙴”的异体字，形符是“竹”，声符是“去”。

文一 重一

去 𠫤 人相违也。从大，𠙴声。凡去之属皆从去。丘据切（qù）

【译文】去，人离开某地。形符是“大”，声符是“𠙴”。但凡“去”的部属都从“去”。

朅 朅 去也。从去，曷声。丘竭切（qiè）

【译文】朅，离开。形符是“去”，声符是“曷”。

㚏 㚏 去也。从去，夌声。读若陵。力膺切（líng）

【译文】㚏，离开。形符是“去”，声符是“夌”。发音如同“陵”字。

文三

血 血 祭所荐牲血也。从皿，一象血形。凡血之属皆从血。呼决切（xuè）

【译文】血，祭祀时献给神明的牲畜的血。从“皿”，“一”象血的样子。但凡“血”的部属都从“血”。

衁 衁 血也。从血，亡声。《春秋传》曰：“士

刲羊，亦无衁也。”①呼光切（huāng）

【注释】①语见《左传·僖公十五年》。

【译文】衁，血，形符是“血”，声符是“亡”。《左传》中讲道：“士人杀了羊却没有血。”

衃　凝血也。从血，不声。芳桮切（pēi）

【译文】衃，淤血。形符是“血”，声符是“不”。

衋　气液也。从血，𦘒声。将邻切（jīn）

【译文】衋，气血的津液。形符是“血”，声符是“𦘒”。

甹　定息也。从血，甹（pīng）省声。读若亭。特丁切（tíng）

【译文】甹，安定，停息。形符是“血”，声符是“甹”的省文。发音如同“亭”字。

衄　鼻出血也。从血，丑声。女六切（nǜ）

【译文】衄，鼻子流血。形符是“血”，声符是“丑”。

盥［膿］（脓）　肿血也。从血，農省声。膿，俗盥，从肉，農聲。奴冬切（nóng）

【译文】盥，肿块的脓血。形符是“血”，声符是“農”的省文。膿，俗“盥”字，形符是“肉”，声符是“農”。

𧖴 血醢（hǎi）也。从血，肬声。《礼记》有𧖴醢，以牛干脯、粱、麴、盐、酒也。他感切（tǎn）

【译文】𧖴，掺和血的肉酱。形符是“血”，声符是“肬”。《礼》有𧖴和醢，是由干牛肉片、谷子、发酵的曲母、盐和酒酿制而成。

𧗁 醢也。从血，菹声。𧗄，𧗁或，从缶。侧余切（zú）

【译文】𧗁，肉酱。形符是“血”，声符是“菹”。𧗄，“𧗁”的异体字，从“缶”。

𧗞 以血有所刏涂祭也。从血，幾声。渠稀切（qí）①

【注释】①渠稀切：现音按《广韵》居依切，读 jī。

【译文】𧗞，用血在划破的地方涂抹，是一种祭祀的仪式。形符是“血”，声符是“幾”。

卹[恤] 忧也。从血，卩声。一曰，鲜少也。辛聿切（xù）

【译文】卹，忧虑。形符是“血”，声符是“卩”。一说，“卹”即少。

衋 伤痛也。从血、聿，皕（bì）声。《周书》曰：“民（冈）[罔]不衋伤心。”许力切（xì）

【译文】衋，悲伤痛苦。由“血”和“聿”会意，“皕”声。《尚书·周书·酒诰》中讲道：“百姓没有不悲痛伤心的。”

衉 [篆] 羊凝血也。从血，臽声。[篆]，衉或，从赣。苦绀切（kàn）

【译文】衉，羊已凝固的血。形符是“血”，声符是“臽”。[篆]，“衉”的异体字，从“赣”声。

盇[盍][盖] [篆] 覆也。从血、大。胡腊切（hé）

【译文】盇，覆盖。由“血”和“大”会意。

衊 [篆] 污血也。从血，蔑声。莫结切（miè）

【译文】衊，污浊的血液。形符是“血”，声符是“蔑”。

文十五 重三

、 [篆] 有所绝止，、而识之也。凡、之属皆从、。知庾切（zhǔ）

【译文】、，有断绝、停止的地方，用“、”号来进行标识。但凡“、”的部属都从“、”。

主 [篆] 镫中火主也。从𡈼，象形；从、，、亦声。之庾切（zhǔ）

【译文】主，灯中的火炷。从“𡈼”，象灯盏、灯架之形；从“、”，“、”也是声符。

音 [篆] 相与语，唾而不受也。从、，从否，（否）

[丶]亦声。[illegible]，音或，从豆，从欠。天口切（pǒu）

【译文】音，一起说话，一方对另一方唾弃而不听受。由“丶”和“否”会意，“丶”也是声符。[illegible]，“音”的异体字，形符是“欠”，声符是“豆”。

文三 重一

卷十

丹 丹 巴、越之赤石也。象采丹井，一象丹形。凡丹之属皆从丹。𠁿，古文丹。彬，亦古文丹。都寒切（dān）

【译文】丹，巴蜀、南越地区出产的朱砂。丹象采掘朱砂的井，“一”象朱砂的形状，但凡“丹”的部属都从“丹”。𠁿，古文中的“丹”字。彬，也是古文中的“丹”字。

雘 雘 善丹也。从丹，蒦声。《周书》曰：“惟其敷丹雘。”[①]读若（隺）[霍]。乌郭切（wò）[②]

【注释】①语见《尚书·周书·梓材》。②乌郭切：现音读，huò。

【译文】雘，优质的朱砂。形符是“丹”，声符是“蒦”。《尚书·周书》中讲道：“应当涂抹优质的颜料。”发音如同“霍”字。

彤 彤 丹饰也。从丹，从彡（shān）。彡，其画也。徒冬切（tóng）

【译文】彤，用红色进行装饰。由“丹”和“彡”会意。“彡”

代表涂饰，装饰。

文三 重二

青 东方色也。木生火，从生、丹。丹青之信，言（象）[必]然。凡青之属皆从青。，古文青。仓经切（qīng）

【译文】青，代表东方的颜色。木生火，由“生”和“丹”会意。“丹青之信”表达的意思是，一定是这样的。但凡“青”的部属都从“青”。，古文中的“青”字。

静 审也。从青，争声。疾郢切（jìng）

【译文】静，审察。形符是“青”，声符是“争”。

文二 重一

井 八家一井，象构韩形。罋之象也。古者伯益初作井。凡井之属皆从井。子郢切（jǐng）

【译文】井，八家共汲一井，象构筑的木栏形状。是汲瓶的样子。古时伯益最初作井。但凡“井”的部属都从“井”。

荥 深池也。从井，荧省声。乌迥切（yǐng）

【译文】荥，深水池。形符是“井”，声符是“荧”的省文。

阱 陷也。从𨸏（fù），从井，井亦声。，阱或，从穴。，古文阱，从水。疾正切（jìng）[①]

【注释】①疾正切：现音按《广韵》疾郢切，读 jǐng。

【译文】阱，陷阱。由“𠂤”和“井”会意，“井”也是声符。穽，“阱”的异体字，形符是“穴”。汬，古文中的“阱”字，形符是“水”。

荆 𠛬 罚罪也。从井，从刀。《易》曰：“井，法也。”[①]井亦声。户经切（xíng）

【注释】①井，法也：《周易·系辞》：“井居其所而迁。”郑玄注：“井，法也。”

【译文】荆，惩罚犯罪。由“井”和“刀”会意。《周易》注解说：“井水是平的，代表着法度。”“井”也是声符。

刱 刱 造法刱业也。从井，办（chuāng）声。读若创。初亮切（chuàng）

【译文】刱，创造法度和事物。形符是“井”，声符是“办”。发音如同“创”字。

文五 重二

皀 皀 谷之馨香也。象嘉谷在裹[①]中之形；匕所以扱之。或说，皀，一粒也。凡皀之属皆从皀。又读若香（xiāng）。皮及切（bī）

【注释】①裹：谷皮。

【译文】皀，谷芳香的气味。“白”象优质的谷子在谷皮中的样子；“匕”，是用来取饭的工具。一说，“皀”即一粒。但凡“皀”的部属都从“皀”。又，发音如同“香”字。

卽[即] 即食也。从皀，卩（jié）声。子力切（jí）

【译文】卽，人吃饭。形符是“皀”，声符是“卩”。

旣[既] 小食也。从皀，旡声。《论语》曰：“不使胜食旣。”居未切（jì）

【译文】旣，小的食物。形符是“皀”，声符是“旡”。《论语》中讲道：“不让肉食胜过米食。”

冟 饭刚柔不调相著。从皀，冖（mì）声。读若适。施只切（shì）

【译文】冟，饭软的和硬的不相调和。形符是“皀”，声符是“冖”。发音如同“适”字。

文四

鬯 以秬[①]酿郁[②]艸，芬芳（攸服）[条畅]，以降神也。从凵（qū），凵，器也；※中象米；匕所以扱之。《易》曰：“不丧匕鬯。”凡鬯之属皆从鬯。丑谅切（chàng）

【注释】①秬：黑黍。②郁：郁金香。

【译文】鬯，把黑黍酒和郁金香草混酿在一起，使其芳香通畅，以此来降神。从“凵”，“凵”即盛饭的器皿；中间“※”象米；“匕”即用来取饭的勺子。《周易》中讲道：“不丢失勺子中的鬯酒。”但凡“鬯”的部属都从“鬯”。

鬱(郁) 芳艸也。十叶为贯，百廾贯筑以煮之为鬱。从臼、冖、缶、鬯，彡，其饰也。一曰，鬱鬯，百艸之华，远方鬱人所贡芳艸，合酿之以降神。鬱，今鬱林郡[1]也。迂勿切(yù)

【注释】①鬱林郡：位于现广西省桂平西部。

【译文】鬱，香草。十片叶就是一贯，用一百二十贯的草叶捣它，煮它，称作“鬱”。由“臼”、“冖”、“缶”、“鬯”会意，“彡”表示盛鬱的装饰品。一说，鬱即鬱鬯，由中原百草的花和远方鬱地人所进贡的芳草，合在一起酿制以此来降神。鬱地，即现在的鬱林郡地区。

爵 礼器也。象爵之形，中有鬯酒，又持之也。所以饮。器象爵者，取其鸣节节足足也。，古文爵，象形。即畧切(jué)

【译文】爵，礼用的器皿。象鸟雀的形状，中间有鬯酒，“又”表示用手握着。是一种用来喝酒的器具。器皿象“爵”，是取它倒酒的时候发出象雀鸣一般“节节足足”的声音。，古文中的“爵”字，象形。

醬[秬] 黑黍也。一稃二米，以酿也。从鬯，矩声。秬，醬或，从禾。其吕切(jù)

【译文】醬，黑黍。一个外皮包裹着两粒米的黑黍可以用它来酿制酒。形符是“鬯”，声符是“矩”。秬，“醬”的异体字，从“禾”。

𩰪 列也。从鬯，吏声。读若迅。疏吏切（shì）[①]

【注释】①疏吏切：现音读，shǐ。

【译文】𩰪，酒浓烈。形符是"鬯"，声符是"吏"。发音如同"迅"字。

文五 重二

㑹[食] 一米也。从皀，亼（jí）声。或说，亼、皀也。凡食之属皆从食。乘力切（shí）

【译文】㑹，积聚的米。形符是"皀"，声符"亼"。有人说，"㑹"由"亼"、"皀"会意。但凡"食"的部属都从"食"。

饙 滫（xiǔ）饭也。从食，奉（hū）声。𩞯，饙或，从賁。𩝷，饙或，从奔。府文切（fēn）

【译文】饙，先将饭蒸到半熟，取出再用甑来蒸熟。形符是"食"，声符是"奉"。𩞯，"饙"的异体字，从"賁"声。𩝷，"饙"的异体字，从"奔"声。

𩟗[餾]（馏） 饭气蒸也。从食，留声。力救切（liù）

【译文】𩟗，饭气蒸腾的样子。形符是"食"，声符是"留"。

飪（饪） 大孰也。从食，壬声。恁，古文飪。𩚛，亦古文飪。如甚切（rěn）[①]

【注释】①如甚切：现音读，rèn。

【译文】飪，煮得很熟。形符是“食”，声符是“壬”。

𦧞，古文“飪”字。𠆶，也是古文“飪”字。

饔[饔] 熟食也。从食，雝声。於容切（yōng）

【译文】饔，熟食。形符是“食”，声符是“雝”。

飴（饴） 米糵（niè）煎也。从食，台（yí）声。𩜇，籀文飴，从異省。与之切（yí）

【译文】飴，由米芽熬制的糖浆。形符是“食”，声符是“台”。𩜇，籀文中的“飴”，声符是“異省”。

餳（饧） 饴和馓者也。从食，（易）[昜]声。徐盈切（xíng）

【译文】餳，由饴糖和糯米熬制的糖。形符是“食”，声符是“昜”。

饊[饊]（馓） 熬稻粻（zhāng）程（huáng）也。从食，散声。稣旱切（sǎn）

【译文】饊，先熬制糯米，使其肥美，然后再进行干熬。形符是“食”，声符是“散”。

餅（饼） 面糍也。从食，并声。必郢切（bǐng）

【译文】餅，用面粉制成的扁圆形食物。形符是“食”，声符是“并”。

餈[糍] 稻饼也。从食，次声。，餈或，从齊。，餈或，从米。疾资切（cí）

【译文】餈，用糯米制成的糍粑。形符是“食”，声符是“次”。，“餈”的异体字，从“齊”声。，“餈”的异体字，从“米”。

饘（馇） 糜也。从食，亶声。周谓之饘，宋谓之餬。诸延切（zhān）

【译文】饘，稠密的粥。形符是“食”，声符是“亶”。周地称作“饘”，宋地称作“餬”。

餱[糇] 干食也。从食，侯声。《周书》曰：“峙乃糇粮。”①乎沟切（hóu）

【注释】①语见《尚书·周书·费誓》。

【译文】餱，干粮。形符是“食”，声符是“侯”。《尚书·周书》中讲道：“准备好各自的干粮。”

餥 糇也。从食，非声。陈楚之间相谒食麦饭曰餥。非尾切（fěi）

【译文】餥，干粮。形符是“食”，声符是“非”。陈楚之间的地区，相遇请吃麦饭称作“餥”。

饎 酒食也。从食，喜声。《诗》曰：“可以饙饎。”①，饎或，从配。，饎或，从米。昌志切（chī）

【注释】①语见《诗经·大雅·泂酌》。

【译文】饎，酒食。形符是“食”，声符是“喜”。《诗经》中讲道“能够蒸饭和熬酒。”，“饎”的异体字，从“配”声。，“饎”的异体字，从“米”声。

籑 **具食也。从食，算声。，籑或，从巽。士恋切（zhuàn）**

【译文】籑，准备食物。形符是“食”，声符是“算”。，“籑”的异体字，声符是“巽”。

養（养） **供養也。从食，羊声。，古文養。余两切（yǎng）**

【译文】養，供给养护。形符是“食”，声符是“羊”。，古文中的“養”字。

飯（饭） **食也。从食，反声。符万切（fàn）**

【译文】飯，食物。形符是“食”，声符是“反”。

鈕 **杂饭也。从食，丑声。女久切（niǔ）①**

【注释】①女久切：现音按《广韵》女救切，读 niù。

【译文】鈕，混杂的饭食。形符是“食”，声符是“丑”。

飤[飼]（饲） **粮也。从人、食。祥吏切（sì）**

【译文】飤，给人粮食吃。由“人”和“食”会意。

饡 以羹浇饭也。从食，贊声。则干切（zàn）

【译文】饡，用汤汁浇饭。形符是“食”，声符是“贊”。

餳 昼食也。从食，象声。，餳或，从傷省声。书两切（shǎng）

【译文】餳，午饭。形符是“食”，声符是“象”。，“餳”的异体字，声符是“傷”的省文。

飧[飱] 餔也。从夕、食。思魂切（sūn）

【译文】飧，晚饭。由“夕”和“食”会意。

餔 日加申时食也。从食，甫声。，籀文餔，从皿，浦声。博狐切（bū）

【译文】餔，太阳到了申时吃晚饭。形符是“食”，声符是“甫”。，籀文中的“餔”字，形符是“皿”，声符是“浦”。

餐 吞也。从食，奴声。，餐或，从水。七安切（cān）

【译文】餐，吞食。形符是“食”，声符是“奴”。，“餐”的异体字，从“水”。

鎌 叽也。从食，兼声。读若风溓（lián）溓。一曰，廉洁也。力盐切（lián）

【译文】鎌，小吃。形符是“食”，声符是“兼”。发音如同“风溓溓”中的“溓”字。一说，“溓”即廉洁。

饁(馌) 饷田也。从食，盍声。《诗》曰：“饁彼南亩。”筠辄切(yè)

【译文】饁，将饭食送到田间。形符是“食”，声符是“盍”。《诗经·豳风·七月》中讲道：“将饭食送至南边的田里。”

饟 周人谓饷曰饟。从食，襄声。人漾切(ràng)[1]

【注释】①人漾切：现音读，xiǎng。

【译文】饟，周地人将饷称作饟。形符是“食”，声符是“襄”。

餉(饷) 饟也。从食，向声。式亮切(shàng)[1]

【注释】①式亮切：现音按《集韵》始两切，读 xiǎng。

【译文】餉，赠送饭食给别人。形符是“食”，声符是“向”。

饋(馈) 饷也。从食，貴声。求位切(kuì)

【译文】饋，赠送饭食给别人。形符是“食”，声符是“貴”。

饗(飨) 鄉人饮酒也。从食，从鄉，鄉亦声。许两切(xiǎng)

【译文】饗，鄉人对饮。由“食”和“鄉”会意，“鄉”也是声符。

饛 盛器满皃。从食，蒙声。《诗》曰：“有饛簋飧。”莫红切(méng)

【译文】饛，器皿充实的样子。形符是“食”，声符是“蒙”。《诗经·小雅·大东》中讲道：“丰盛啊，簋器中的食物。”

飵 楚人相谒食麦曰飵。从食，乍声。在各切（zuò）

【译文】飵，楚地人相拜后请吃麦粥叫“飵”。形符是“食”，声符是“乍”。

鲇 相谒食麦也。从食，占声。奴兼切（nián）

【译文】鲇，相互拜谒请吃麦粥。形符是“食”，声符是“占”。

䭡 秦人谓相谒而食麦曰䭡餫。从食，㥏声。乌困切（wèn）

【译文】䭡，秦地的百姓将相互拜谒请吃麦粥称作“䭡餫”。形符是“食”，声符是“㥏”。

餫 䭡餫也。从食，豈声。五困切（wèn）①

【注释】①五困切：现音按《广韵》五恨切，读 èn。

【译文】餫，䭡餫。形符是“食”，声符是“豈”。

餬[糊] 寄食也。从食，胡声。户吴切（hú）

【译文】餬，寄送食物给别人。形符是“食”，声符是“胡”。

飶 食之香也。从食，必声。《诗》曰：“有

飶其香。”毗必切（bì）

【译文】飶，食物的芳香气味。形符是“食”，声符是“必”。《诗经·周颂·载芟》中讲道：“食物的气味儿很芳香。”

餀 𩚬 燕食也。从食，芺（ǎo）声。《诗》曰：“饮酒之餀。”依据切（yù）

【译文】餀，安逸的宴饮。形符是“食”，声符是“芺”。《诗经·小雅·常棣》中讲道：“喝酒如此得安逸。”

飽（饱） 𩚳 猒也。从食，包声。𩚲，古文飽，从采。𩚱，亦古文飽，从卯声。博巧切（bǎo）

【译文】飽，吃饱。形符是“食”，声符是“包”。𩚲，古文“飽”字，从“采”声。𩚱，也是古文“飽”字，从“卯”声。

餇 𩛌 猒（yàn）也。从食，肙声。乌玄切（yuān）①

【注释】①乌玄切：现音按《广韵》乌县切，读 yuàn。

【译文】餇，厌恶。形符是“食”，声符是“肙”。

饒（饶） 饒 饱也。从食，堯声。如昭切（ráo）

【译文】饒，饱食。形符是“食”，声符是“堯”。

餘（余） 餘 饶也。从食，余声。以诸切（yú）

【译文】餘，丰足。形符是“食”，声符是“余”。

餀 食臭也。从食，艾声。《尔雅》曰：“餀谓之喙。”呼艾切（hài）

【译文】餀，食物腐臭。形符是“食”，声符是“艾”。《尔雅·释器》中讲道：“‘餀’称作‘喙’。”

餞（饯） 送去也。从食，戔声。《诗》曰：“显父饯之。”才线切（jiàn）

【译文】餞，用酒食来送行。形符是“食”，声符是“戔”。《诗经·大雅·韩奕》中讲道：“显父摆设酒食送行。”

餫 野馈曰餫。从食，軍声。王问切（yùn）

【译文】餫，在野外运粮馈赠他人称“餫”。形符是“食”，声符是“軍”。

館（馆） 客舍也。从食，官声。《周礼》：“五十里有市，市有馆，馆有积，以待朝聘之客。”古玩切（guàn）①

【注释】①古玩切：现音按《集韵》古缓切，读 guǎn。

【译文】館，接待客人的屋舍。形符是“食”，声符是“官”。《周礼·地官·遗人》中讲道：“每隔五十里就有一个集市，集市中有館舍，館舍中堆积有粮草，以此来接待朝拜和问候的宾客。”

饕 贪也。从食，號声。，饕或，从口，刀声。，籀文饕，从號省。土刀切（tāo）

【译文】饕，贪吃。形符是“食”，声符是“號”。叨，“饕”的异体字，形符是“口”，声符是“刀”。，籀文“饕”字，声符是“號”的省文。

飻[餮] 贪也。从食，殄省声。《春秋传》曰：“谓之饕飻。”他结切（tiè）

【译文】飻，贪吃。形符是“食”，声符是“殄”的省文。《左传·文公十八年》中讲道：“将它称作为饕飻。”

饖 饭伤热也。从食，歲声。於废切（wèi）

【译文】饖，饭食因热而变坏。形符是“食”，声符是“歲”。

饐 饭伤湿也。从食，壹声。乙冀切（yì）

【译文】饐，饭食因潮湿而腐臭。形符是“食”，声符是“壹”。

餲 饭餲也。从食，曷声。《论语》曰：“食饐而餲。”乙例切（yì），又乌介切（ài）

【译文】餲，饭食放置太久而变味。形符是“食”，声符是“曷”。《论语·乡党第十》中讲道：“饭食腐败变味。”

饑(饥) 谷不孰为饑。从食，幾声。居衣切（jī）

【译文】饑，五谷不熟被称作是“饑”。形符是“食”，声符是“幾”。

饉(馑) 蔬不孰为饉。从食，堇声。渠吝切(jǐn)

【译文】饉，蔬菜不熟称“饉”。形符是“食”，声符是“堇”。

餲 饥也。从食，戹声。读若楚人言恚人。於革切(è)

【译文】餲，饥饿。形符是“食”，声符是“戹”。发音如同楚地的人对人愤怒发出的声音。

餒(馁) 饥也。从食，(委)[妥]声。一曰，鱼败曰(餧)[餒]。奴罪切(něi)

【译文】餒，饥饿。形符是“食”，声符是“妥”。一说，鱼腐败称“餒”。

飢(饥) 餓也。从食，几声。居夷切(jī)

【译文】飢，饥饿。形符是“食”，声符是“几”。

餓(饿) 飢也。从食，我声。五个切(è)

【译文】餓，饥饿。形符是“食”，声符是“我”。

餽[饋](馈) 吴人谓祭曰餽。从食，从鬼，鬼亦声。俱位切(guì)，又音饋(kuì)

【译文】餽，吴地人将祭祀鬼神称作“餽”。由“食”和“鬼”会意，“鬼”也是声符。

餟 [篆] 祭酹也。从食，叕声。陟卫切（zhuì）

【译文】餟，将酒洒在地上祭祀。形符是“食”，声符是“叕”。

餽 [篆] 小餟也。从食，兑声。输芮切（shuì）

【译文】餽，小祭。形符是“食”，声符是“兑”。

餧 [篆] 马食谷多，气流四下也。从食，夌声。里甑切（lìng）[①]

【注释】①里甑切：现音按《广韵》力膺切，读 líng。

【译文】餧，马因吃谷物太多而四面流下汗液。形符是“食”，声符是“夌”。

𩟥 [篆] 食马谷也。从食，末声。莫拨切（mò）

【译文】𩟥，用谷物来饲养马匹。形符是“食”，声符是“末”。

文六十二　重十八

亼 [篆] 三合也。从入、一，象三合之形。凡亼之属皆从亼。读若集。秦入切（jí）

【译文】亼，三画合在一起。由象“入”的“人”和“一”会合起来，象三画合在一起的形状。但凡“亼”的部属都从“亼”。发音如同“集”字。

合 [篆] 合口也。从亼，从口。候合切（hé）

【译文】合，两口相合。由“亼”和“口”会意。

僉（佥） 皆也。从亼，从吅，从从。《虞书》曰：“僉曰伯夷。”七廉切（qiān）

【译文】僉，都。由“亼”、“吅”、“从”会意。《尚书·虞书·舜典》中讲道：“都说伯夷。”

侖（仑） 思也。从亼，从冊。籒文侖。力屯切（lún）

【译文】侖，思理。由“亼”、“冊”会意。，籒文“侖”字。

今 是时也。从亼，从乁。乁，古文及。居音切（jīn）

【译文】今，现在这个时候。由“亼”和“乁”会意。“乁”，古文中的“及”字。

舍 市居曰舍。从亼、屮，象屋也；囗（wéi）象筑也。始夜切（shè）

【译文】舍，客人居住的屋室称“舍”。从“亼”、“屮”，象屋的形状；“囗”象构筑的围墙。

文六 重一

會（会） 合也。从亼，从曾省。曾，益也。凡會之属皆从會。，古文會如此。黄外切（huì）

【译文】會，會合。由“亼”和“曾”的省文会意。“曾”

即增多。但凡“會”的部属都从“會”。𢕎，古文“會”字就是这样。

鵧 [篆] 益也。从會，卑声。符支切（pí）

【译文】鵧，增加。形符是“會”，声符是“卑”。

曟 [篆] 日、月合宿（从辰）[为]。从會，从辰，辰亦声。植邻切（chén）

【译文】曟，日月在二十八宿的位置会合称“曟”。由“會”和“辰”会意，“辰”也是声符。

文三 重一

倉（仓） [篆] 谷藏也。倉黄[①]取而藏之，故谓之倉。从食省，口，象倉形。凡倉之属皆从倉。仺，奇字[②]倉。七冈切（cāng）

【注释】①倉黄：成熟的时节。②奇字：《说文解字叙》：“甄丰改定古文，时有六书。”“二曰奇字，即古文而异者也。”

【译文】倉，谷物被储藏的地方。在谷物成熟的时候收获和贮藏，因此称“倉”。从“食”的省文，“口”象谷仓的形状。但凡“倉”的部属都从“倉”。仺，奇字“倉”字。

牄 [篆] 鸟兽来食声也。从倉，爿声。《虞书》曰：“鸟兽牄牄。”七羊切（qiāng）

【译文】牄，鸟兽来抢食发出的声音。形符是“倉”，声符是“爿”。《尚书·虞书·益稷》中讲道：“鸟兽跄跄而舞。”

文二 重一

入 内也。象从上俱下也。凡入之属皆从入。人汁切（rù）

【译文】入，进入。象从上面都下来的样子。但凡“入”的部属都从“入”。

内 入也。从冂，自外而入也。奴对切（nèi）

【译文】内，进入。形符是“冂”，从外部进来。

火 入山之深也。从山，从入。阙。鉏箴切（cén）

【译文】火，进入到山谷的深处。由“山”和“入”会意。读音记载不详。

糴（籴） 市谷也。从入，从糶。徒历切（dí）

【译文】糴，买进谷物。由“入”和“糶”会意。

仝[全] 完也。从入，从工。疾缘切（quán）

【译文】仝，完好。由“入”和“工”会意。

从 二入也。兩从此。阙。良奖切（liǎng）

【译文】从，两个“入”字。“兩”字从“入”。音、义记载不详。

文六 重二

缶 瓦器。所以盛酒浆。秦人鼓之以节歌。象形。凡缶之属皆从缶。方九切(fǒu)

【译文】缶，陶器。使用它来盛放酒浆。秦地人敲击它来为唱歌打节拍。象形。但凡"缶"的部属都从"缶"。

㱿 未烧瓦器也。从缶，㱿(què)声。读若筩莩(fú)。又苦候切(kòu)

【译文】㱿，未曾烧制过的瓦器。形符是"缶"，声符是"㱿"。发音象"筩莩"中的"莩"字。

匋 瓦器也。从缶，包省声。古者昆吾作匋。案：《史篇》读与缶同。徒刀切(táo)

【译文】匋，一种用陶土烧制而成的器皿。形符是"缶"，声符是"包"的省文。古时候，昆吾创制了陶器。按，《苍颉篇》中"匋"的发音与"缶"字相同。

罌(罂) 缶也。从缶，賏声。乌茎切(yīng)

【译文】罌，缶器。形符是"缶"，声符是"賏"。

𦉈 小口罌也。从缶，𠂹(chuí)声。池伪切(zhuì)[1]

【注释】①池伪切：现音按《广韵》是为切，读chuí。

【译文】𦉈，小口的缶器。形符是"缶"，声符是"𠂹"。

䬳 小缶也。从缶，音声。蒲候切（bù）

【译文】䬳，小型的缶器。形符是“缶”，声符是“音”。

缾[瓶] 罋（wèng）也。从缶，并声。瓶，缾或，从瓦。蒲经切（píng）

【译文】缾，瓮。形符是“缶”，声符是“并”。瓶，“缾”的异体字，从“瓦”。

罋 汲缾也。从缶，雝声。乌贡切（wèng）

【译文】罋，取水的瓶子。形符是“缶”，声符是“雝”。

缶乏 下平缶也。从缶，乏声。读若㬿。土盍切（tà）

【译文】缶乏，底部平的缶器。形符是“缶”，声符是“乏”。发音如同“㬿”字。

罃 备火，长颈缾也。从缶，熒省声。乌茎切（yīng）

【译文】罃，备火，长颈的瓶子。形符是“缶”，声符是“熒”的省文。

缸 瓦也。从缶，工声。下江切（xiáng）[①]

【注释】①下江切：现音按《广韵》古郎切，读gāng。

【译文】缸，陶器。形符是“缶”，声符是“工”。

𦈢 瓦器也。从缶，或声。於逼切（yù）

【译文】𦈢，陶器。形符是“缶”，声符是“或”。

𦉜 瓦器也。从缶，薦声。作甸切（jiàn）[①]

【注释】①作甸切：现音按《广韵》仓困切，读 cùn。

【译文】𦉜，纺锤。形符是“缶”，声符是“薦”。

䍃［䍃］ 瓦器也。从缶，肉声。以周切（yóu）

【译文】䍃，陶器的通名。形符是“缶”，声符是“肉”。

䍅 瓦器也。从缶，霝声。郎丁切（líng）

【译文】䍅，陶器。形符是“缶”，声符是“霝”。

𦈲 缺也。从缶，占声。都念切（diàn）[①]

【注释】①都念切：现音按《广韵》多忝切，读 diǎn。

【译文】𦈲，陶器有缺损。形符是“缶”，声符是“占”。

缺 器破也。从缶，决省声。倾雪切（quē）

【译文】缺，陶器破损。形符是“缶”，声符是“决”的省文。

罅 裂也。从缶，虖声。缶烧善裂也。呼迓切（xià）

【译文】罅，陶器开裂。形符是“缶”，声符是“虖”。陶制在烧制时容易破裂。

磬 器中空也。从缶，殸声。殸，古文磬字。《诗》云："缾之磬矣。"苦定切（qìng）

【译文】磬，器皿中空。形符是"缶"，声符是"殸"。"殸"，古文"磬"字。《诗经·小雅·蓼莪》中讲道："瓶子已经空空如也了。"

罊 器中尽也。从缶，毄声。苦计切（qì）

【译文】罊，器皿中尽。形符是"缶"，声符是"毄"。

缿 受钱器也。从缶，后声。古以瓦，今以竹。大口切（dòu），又胡讲切（xiàng）

【译文】缿，用来储存钱财的器具。形符是"缶"，声符是"后"。古时候材质是陶土，现在用竹子。

文二十一 重一

矢 弓弩矢也。从入，象镝（dī）栝（kuò）羽之形。古者夷牟初作矢。凡矢之属皆从矢。式视切（shǐ）

【译文】矢，弓弩的箭。形符是"入"，象箭头、箭末端扣弦处、箭羽的样子。古时夷牟最早制作了箭。但凡"矢"的部属都从"矢"。

䠶[射] 弓弩发于身而中于远也。从矢，从身。，篆文䠶，从寸；寸，法度也。亦手也。食夜切（shè）

【译文】䠶，弓弩从身边发出而射中了远处。由"矢"和"身"

会意。䠶，篆文“䠶”字，从“寸”；“寸”，表示射箭有规矩法度，也代表射箭的手。

矯（矫） 矯 揉箭箝（qián）也。从矢，喬声。居夭切（jiǎo）

【译文】矯，将箭揉直的箝子。形符是“矢”，声符是“喬”。

矰 矰 谁射矢也。从矢，曾声。作滕切（zēng）

【译文】矰，射鸟时箭末系有丝绳的箭。形符是“矢”，声符是“曾”。

矦[侯] 矦 春飨所射矦也。从人；从厂，象张布；矢在其下。天子射熊虎豹，服猛也；诸矦射熊豕虎；大夫射麋，麋，惑也；士射鹿豕，为田除害也。其祝曰：“毋若不宁矦，不朝于王所，故伉而射汝也。”厌，古文矦。乎沟切（hóu）

【译文】矦，春季举行乡饮酒之礼时所使用的射布。从“人”；从“厂”，象张开的射布；矢在射布的下面。天子射的射布是用熊皮、虎皮和豹皮制作而成的，表示驯服猛兽；诸侯射的射布是用熊皮、猪皮和虎皮制作而成的，大夫射的射布由麋皮制成，“麋”即迷惑；士人射的射布是用鹿皮和猪皮制作而成，表达的意思是为农田除害。祝词是：“不要像不安定的诸侯一样，不来朝拜君王，因而用弓箭来射杀你们。”厌，古文中的“矦”字。

鴙 鴙 伤也。从矢，昜声。式阳切（shāng）

【**译文**】煬，箭伤。形符是“矢”，声符是“昜”。

短 有所长短，以矢为正。从矢，豆声。都管切（duǎn）

【**译文**】短，需要进行测量，就以箭为标准。形符是“矢”，声符是“豆”。

矤 况也，词也。从矢，引省声。从矢，取词之所之，如矢也。式忍切（shěn）

【**译文**】矤，况且，虚词。形符是“矢”，声符是“引”的省文。从“矢”，取其一往无前，象离弦的箭的意思。

知 （词）[识]也。从口，从矢。陟离切（zhī）

【**译文**】知，识。由“口”和“矢”会意。

矣 语已词也。从矢，以声。於已切（yǐ）

【**译文**】矣，表示语义停止的虚词。形符是“矢”，声符是“以”。

文十 重二

高 崇也。象台观高之形。从冂；口（wéi），与仓、舍同意。凡高之属皆从高。古牢切（gāo）

【**译文**】高，崇高。象台观高耸的样子。从“冂”；“口”与“仓”和“舍”下的“口”同意。但凡“高”的部属都从“高”。

高 小堂也。从高省，冋声。廎，高或，从广，頃声。去颖切（qǐng）

【译文】高，小型的厅堂。形符是“高”的省文，声符是“冋”。廎，“高”的异体字，形符是“广”，声符是“頃”。

亭 民所安定也。亭有楼，从高省，丁声。特丁切（tíng）

【译文】亭，百姓们安居的场所。亭上有楼，形符是“高”的省文，声符是“丁”。

亳 京兆[①]杜陵亭也。从高省，乇（zhé）声。旁各切（bó）

【注释】①京兆：汉代的行政区划之一，位于现陕西省西安以东至渭南华州的地区。

【译文】亳，京兆一带的杜陵亭。形符是“高”的省文，声符是“乇”。

文四 重一

冂 邑外谓之郊，郊外谓之野，野外谓之林，林外谓之冂。象远界也。凡冂之属皆从冂。冋，古文冂，从口，象国邑。坰，冋或，从土。古荧切（jiōng）

【译文】冂，都城以外的地区称“郊”，“郊”以外的地区称“野”，“野”以外的地区称“林”，“林”以外的地区称“冂”。“冂”，象远方的界画。但凡“冂”的部属都从“冂”。冋，古文“冂”字，从“口”，象国都。坰，“冋”的或体，从“土”。

市 买卖所之也。市有垣，从冂，从㇇，㇇，古文及，象物相及也；之［㞢］省声。时止切（shì）

【译文】市，从事买卖活动时去的地方。集市会有围墙，因此从“冂”；又从“㇇”，“㇇”，古文“及”字，表示物与物相连接；声符是“㞢”的省文。

冘 淫淫，行皃。从人出冂。余箴切（yín）

【译文】冘，淫淫，行走的样子。由“人”超出“冂”会意。

央 中央也。从大在冂之内，大，人也。央、旁同意。一曰，久也。於良切（yāng）

【译文】央，中央。“大”字在“冂”字内，“大”即是正立的人。“央”和“旁”的构形同意。一说，“央”即久。

隺 高至也。从隹上欲出冂。《易》曰：“夫乾隺然。”胡沃切（hú）

【译文】隺，高到了极致。由“隹”向上将要超出“冂”会意。《周易·系辞》中讲道：“天空高到了极致。”

文五 重二

𩫏[郭] 度也。民所度居也。从回，象城𩫏之重，两亭相对也。或但从口。凡𩫏之属皆从𩫏。古博切（guō）

【译文】𩫏，居住。民众所安居的地方。从“回”，象层层重叠的内城外郭，象两亭相对。有的写法只从“囗”。但凡“𩫏”的部属都从“𩫏”。

𩫖 缺也。古者城阙其南方谓之𩫖。从𩫏，缺省。读若拔物为决引也。倾雪切（quē）

【译文】𩫖，空缺。古代的宫城一般都会让南面有所空缺，称作“𩫖”。形符是“𩫏”，声符是“缺”的省文。发音如同“拔物为决引也”中的“决”字。

文二

京 人所为绝高丘也。从高省，丨象高形。凡京之属皆从京。举卿切（jīng）

【译文】京，人工筑起的极高的丘。从“高”字的省文，“丨”表示高耸的样子。但凡“京”的部属都从“京”。

就 就高也。从京，从尤。尤，异于凡也。，籀文就。疾僦切（jiù）

【译文】就，到高地居住。由“京”和“尤”会意。“尤”表示与众不同。，籀文中的“就”字。

文二 重一

亯 献也。从高省，曰象进孰物形。《孝经》曰：“祭则鬼亯之。”凡亯之属皆从亯。许两切（xiǎng），又普庚切（pēng），又许庚切（hēng）

【译文】亯，献。从“高”的省文，“曰”象进献熟食的样子。《孝经》中讲道：“祭祀时，鬼神就来享用食物。”但凡“亯”的部属都从“亯”。

𦎫 孰也。从亯，从羊。读若纯。一曰，(鬻)[鬻]也。，篆文𦎫。常伦切(chún)

【译文】𦎫，熟。由“亯”和“羊”会意。发音如同“纯”字。一种说法是，“𦎫”即“鬻”。，篆文中的“𦎫”字。

䈞[1] 厚也。从亯，竹声。读若笃。冬毒切(dǔ)

【注释】①䈞：段玉裁《说文解字注》：“㫗、厚古今字，䈞、笃亦古今字。䈞与二郭部竺音义皆同，今字笃行而䈞、竺废矣。”

【译文】䈞，厚。形符是“亯”，声符是“竹”。发音如同“笃”字。

𩫏 用也。从亯，从自。自知臭香所食也。读若庸。余封切(yōng)

【译文】𩫏，享用。由“亯”和“自”会意。通过鼻子来辨别香臭，判断是否可以食用。发音如同“庸”字。

𣆪[㫗] 厚也。从反亯。凡𣆪之属皆从𣆪。胡口切(hòu)

【译文】𣆪，厚。是倒写的“亯”字。但凡“𣆪”的部属都从“𣆪”。

覃[覃] 长味也。从㫗，咸省声。《诗》曰："实覃实吁。"徒含切（tán）

【译文】覃，深长的味道。形符是"㫗"，声符是"咸"省文。《诗经》中讲道："如此的长，如此的大。"

厚[厚] 山陵之厚也。从㫗，从厂。，古文厚，从后，土。胡口切（hòu）

【译文】厚，山陵高厚。由"㫗"和"厂"会意。，古文中的"厚"字，形符是"土"，声符是"后"。

文三 重三

畐 满也。从高省。象高厚之形。凡畐之属皆从畐。读若伏。芳逼切（pì）[①]

【注释】①芳逼切：现音按《广韵》房六切，读 fú。

【译文】畐，满。从"高"的省文。"田"象高厚的形状。但凡"畐"的部属都从"畐"。发音如同"伏"字。

良 善也。从畐省，亡声。，古文良。，亦古文良。，亦古文良。吕张切（liáng）

【译文】良，善良。形符是"畐"的省文，声符是"亡"。，古文中的"良"字。，也是古文中的"良"字。，也是古文中的"良"字。

文二 重三

㐭 㐭 谷所振入。宗庙粢（zī）盛，仓黄㐭而取之，故谓之㐭。从入，回象屋形，中有户牖。凡㐭之属皆从㐭。廩，㐭或，从广，从禾。力甚切（lǐn）

【译文】㐭，谷物所贮藏的地方。宗庙中祭祀的谷物，颜色变黄的时候取出来，称作“㐭”。从“入”，“回”象屋室的样子，中间的“口”代表窗户。但凡“㐭”的部属都从“㐭”。廩，“㐭”的异体字，由“广”和“禾”会意。

稟[禀] 稟 赐谷也。从㐭，从禾。笔锦切（bǐng）

【译文】稟，赏赐的谷物。由“㐭”和“禾”会意。

亶 亶 多谷也。从㐭，旦声。多旱切（dǎn）

【译文】亶，谷物很多。形符是“㐭”，声符是“旦”。

啚 啚 啬也。从口、㐭；㐭，受也。𡈹，古文啚如此。方美切（bǐ）

【译文】啚，爱啬。由“口”和“㐭”会意；“㐭”即受。𡈹，古文中的“啚”字就是这样。

文四 重二

嗇（啬） 嗇 爱濇也。从來，从㐭。來者，㐭而藏之。故田夫谓之嗇夫。凡嗇之属皆从嗇。𤲶，古文嗇，从田。所力切（sè）

【译文】嗇，爱惜。由“來”和“㐭”会意。谷物用仓廩将其储藏起来。因此农夫又被称作是“嗇夫”。但凡“嗇”的部属都从“嗇”。𠷔，古文中的“嗇”字，形符是“田”。

牆[墻](墙) 𤖨 垣蔽也。从嗇，爿声。𤖨，籒文，从二禾。𤖨，籒文，亦从二來。才良切（qiáng）

【译文】牆，院墙蔽障。形符是“嗇”，声符是“爿”。𤖨，籒文中的“牆”字，从二“禾”。𤖨，籒文中的“牆”字，从二“來”。

文二 重三

來（来） 來 周所受瑞麦来麰。一來二缝，象芒朿之形。天所來也，故为行來之來。《诗》曰：“诒我來麰。”[1]凡來之属皆从來。洛哀切（lái）

【注释】①语见《诗经·周颂·思文》。诒今本作贻，麰作牟。

【译文】來，周地所接受的优质的麦子——來和麰。一个麦秆上有两个麦穗，象麦芒和麦刺的样子。“來”是由上天所赐，因此当作往來的“來”。《诗经》中讲道：“给我们送来小麦和大麦。”但凡“來”的部属都从“來”。

竢 竢 《诗》曰：“不竢不來。”[1]从來，矣声。𢓭，竢或，从彳。床史切（sì）

【注释】①《尔雅·释训》：“不俟，不来也。”马瑞辰：“疑《诗》古本作‘我行不竢’。竢与俟同。”

【译文】竢，《诗经》中讲到的“不竢”，就是不来的意思。

形符是“來”，声符是“矣”。𢔇，“𣺤”的异体字，从“彳”。

文二 重一

麥（麦） 芒谷，秋穜，厚薶，故谓之麥。麥，金也。金王而生，火王而死。从來，有穗者；从夊。凡麥之属皆从麥。莫获切（mài）

【译文】麥，带有芒刺的谷物，秋天种下，厚厚地埋下，因此称“麥”。“麥”，属金。金旺就生长，火旺就死亡。从“來”，因麥是有穗子的谷物；从“夊”。但凡“麥”的部属都从“麥”。

麰 来麰，麥也。从麥，牟声。䴵，麰或，从艸。莫浮切（móu）

【译文】麰，来麰，麥子。形符是“麥”，声符是“牟”。䴵，“麰”的异体字，从“艸”。

麧［麧］ 坚麥也。从麥，气声。乎没切（hé）

【译文】麧，坚硬的麦粒。形符是“麥”，声符是“气”。

麨 小麥屑之核。从麥，肖声。穌果切（suǒ）

【译文】麨，小麥粗屑的核。形符是“麥”，声符是“肖”。

麩 磨麥也。从麥，差声。一曰，擣也。昨何切（cuó）

【译文】麩，研磨麥子。形符是“麥”，声符是“差”。一种说法是，“麰”即舂捣。

麩（麸） 小麥屑皮也。从麥，夫声。，麩或，从甫。甫无切（fū）

【译文】麩，小麥的皮屑。形符是“麥”，声符是“夫”。，“麩”的异体字，从“甫”声。

麪［麵］（面） 麥末也。从麥，丏声。弥箭切（miàn）

【译文】麪，小麥的粉末。形符是“麥”，声符是“丏”。

麱 麥核屑也。十斤为三斗。从麥，啻声。直只切（zhí）

【译文】麱，夹带麥核的皮屑。十斤的麥子可以研磨成三斗的麥麱。形符是“麥”，声符是“啻”。

麷 煮麥也。从麥，豐声。读若冯。敷戎切（fēng）

【译文】麷，炒麥子。形符是“麥”，声符是“豐”。发音如同“冯”字。

麮 麥甘粥也。从麥，去声。丘据切（qù）

【译文】麮，由麥煮成甜的粥。形符是“麥”，声符是“去”。

⿱㱿麦 饼⿱⺮鞠也。从麦，㱿声。读若库。空谷切（kū）

【译文】⿱㱿麦，饼状的酒母。形符是“麦”，声符是“㱿”。发音如同“库”字。

⿰麦穴 饼⿱⺮鞠也。从麦，穴声。户八切（huá）

【译文】⿰麦穴，饼状的酒母。形符是“麦”，声符是“穴”。

⿰麦才 饼⿱⺮鞠也。从麦，才声。昨哉切（cái）

【译文】⿰麦才，饼状的酒母。形符是“麦”，声符是“才”。

文十三 重二

夊 行迟曳夊夊，象人两胫有所躧也。凡夊之属皆从夊。楚危切（cuī）①

【注释】①楚危切：现音按《广韵》息遗切，读 suī。

【译文】夊，行进缓慢，摇摆不定，不能举步，象人的两腿上有所拖累的样子。但凡“夊”的部属都从“夊”。

夋 行夋夋也。一曰，倨也。从夊，允声。七伦切（qūn）

【译文】夋，行进迟缓的样子。一说，“夋”即蹲踞。形符是“夊”，声符是“允”。

夏[复] 行故道也。从夊，畐省声。房六切（fú）

【译文】夏，行进在已经走过的路上。形符是“夊”，声符是“畗”的省文。

夌 越也。从夊，从兲（lù）；兲，高也。一曰，夌徲（chí）也。力膺切（líng）

【译文】夌，超越。由“夊”和“兲”会意；“兲”是高大的陆地。一说，“夌”即陵迟。

致 送诣也。从夊，从至。陟利切（zhì）

【译文】致，送到。由“夊”和“至”会意。

憂（忧） 和之行也。从夊，㥑声。《诗》曰：“布政憂憂。”於求切（yōu）

【译文】憂，从容地行进。形符是“夊”，声符是“㥑”。《诗经·商颂·长发》中讲道：“发布的政令十分得宽容。”

愛（爱） 行皃。从夊，㤅声。乌代切（ài）

【译文】愛，行走的样子。形符是“夊”，声符是“㤅”。

夃 行夃夃也。从夊，阙。读若仆。又卜切（pú）

【译文】夃，匆忙行进的样子。从“夊”，夃音义缺。发音如同“仆”字。

竷 繇也舞也。乐有章。从章，从夅，从夊。《诗》曰：“竷竷舞我。”[①]苦感切（kǎn）

【注释】①语见《诗经·小雅·伐木》。今本作坎坎鼓我。

【译文】夒，载歌载舞。音乐有曲章。由“章”、“夅”和“夊”会意。《诗经·小雅·伐木》中讲道：“夒夒地跳起舞来。”

夒 （瑙）[㛴]盖也。象皮包覆瑙，下有两臂，而夊在下。读若范。亡范切（wǎn）

【译文】夒，脑盖。⺮象皮肤包覆着脑的样子，下面的“人”字象两只臂膀，“夊”在下部。发音如同“范”字。

夓[夏] 中国之人也。从夊，从頁，从臼。臼，两手；夊，两足也。[古文]，古文夓。胡雅切（xià）

【译文】夓，中原地区的人。由“夊”、“頁”、“臼”会意。“臼”即双手；“夊”即双脚。[古文]，古文“夓”字。

夓 治稼夓夓进也。从田人，从夊。《诗》曰：“夓夓良耜。”[1]初力切（cè）

【注释】①语见《诗经·周颂·良耜》。毛传：“夓夓，犹测测也。”

【译文】夓，整理庄稼，测测前行。由“田人”和“夊”会意。《诗经·周颂·良耜》中讲道：“测测前行，锋利的耜刃。”

夎 敛足也。鹊鵙（jú）[1]丑[2]其飞也夎。从夊，凶声。子红切（zōng）

【注释】①鵙：杜鹃鸟。②丑：类。

【译文】夎，人敛足纵身跃起。鹊鸟和杜鹃这一类鸟，在飞翔时也会收起脚。形符是“夊”，声符是“凶”。

夒 贪兽也。一曰，母猴，似人。从頁，巳、止、夂，其手足。奴刀切（náo）

【译文】夒，贪婪的野兽。一说，猕猴，象人的样子。从“頁”、“巳”、“止”、“夂”，表示它的手和脚。

夔 神魖（xū）也。如龙，一足，从夂；象有角、手、人面之形。渠追切（kuí）

【译文】夔，神奇的怪兽。象龙的样子，一只脚，因此从“夂”；象头上有角、手和脸的样子。

文十五 重一

舛 对卧也。从夂，㐄相背。凡舛之属皆从舛。踳，杨雄说，舛从足、春。昌兖切（chuǎn）

【译文】舛，相对而卧。由“夂”、“㐄”相背会意。但凡“舛”的部属都从“舛”。踳，杨雄说，“舛”的形符是“足”，声符是“春”。

舞 乐也。用足相背，从舛；無声。翌，古文舞，从羽、亡。文抚切（wǔ）

【译文】舞，音乐的一种。两脚相背起舞的样子，形符是“舛”，声符是“無”。翌，古文“舞”字，形符是“羽”，声符是“亡”。

舝 车轴耑键也。两穿相背，从舛；萬省声。萬，古文偰字。胡戛切（xiá）

【译文】䡈，贯穿在车轴两端用以加固的闩。两端的穿孔背对着，所以从“舛”；声符是“𡕒”的省文。“𡕒”即古文“偰”字。

文三 重二

䑞[舜] 䑞 艸也。楚谓之葍，秦谓之藑。蔓地连华，象形。从舛，舛亦声。凡䑞之属皆从䑞。䑞，古文䑞。舒闰切（shùn）

【译文】䑞，草的名字。楚地称“葍”，秦地称“藑”。满地蔓延，连花生长。象形字。从“舛”，“舛”也是声符。但凡“䑞”的部属都从“䑞”。

䑺（䑺） 䑺 [1] 华荣也。从舜，（生）[㞢]声[2]。读若皇。《尔雅》曰：“（䑺）䑺，华也。”䅣，（䑺）䑺或，从艸，皇。户光切（huáng）

【注释】①䑺：徐锴《说文解字系传》作䑺。②生声：生当作㞢。之部：“艸木妄生也，从屮在土上。读若皇。”

【译文】䑺，花朵盛开。形符是“舜”，声符是“㞢”。发音如同“皇”字。《尔雅·释言》中讲道：“䑺即花。”䅣，“䑺”的异体字，形符是“艸”，声符是“皇”。

文二 重二

韋（韦） 韋 相背也。从舛，囗声。兽皮之韋，可以束枉戾相韋背，故借以为皮韋。凡韋之属皆从韋。𩏑，古文韋。宇非切（wéi）

【译文】韋，相违背。形符是“舛”，声符是“囗”。熟兽皮可以用来缠束和矫正弯曲的东西，因此借用为“皮韋”的“韋”字。但凡“韋”的部属都从“韋”。，古文中的“韋”字。

韠 韍（fú）也。所以蔽前，以韋。下广二尺，上广一尺，其颈五寸。一命缊韠，再命赤韠。从韋，畢声。卑吉切（bì）

【译文】韠，韍。是用来遮蔽在衣服前部的东西，由熟牛皮制成。下部宽两尺，上部宽一尺，颈部长度五寸。国君一命，用赤黄色的韠；二命，用赤色的韠。形符是“韋”，声符是“畢”。

韎 茅蒐染韋也。一入曰韎。从韋，末声。莫佩切（mèi）

【译文】韎，用茅蒐来染熟牛皮。初次染称作“韎”。形符是“韋”，声符是“末”。

韢 櫜（gāo）纽也。从韋，惠声。一曰，盛虏头櫜也。胡计切（xì）①

【注释】①胡计切：现音按《广韵》徐醉切，读 suì。

【译文】韢，绑口袋的带子。形符是“韋”，声符是“惠”。一种说法是，用来装敌人首级的口袋。

韜（韬） 剑衣也。从韋，舀声。土刀切（tāo）

【译文】韜，剑套。形符是“韋”，声符是“舀”。

韝 射臂（决）也。从韋，冓声。古侯切（gōu）

【译文】韝，射箭使用的臂套。形符是“韋”，声符是“冓”。

韘 射决也。所以拘弦，以象骨，韋系，箸右巨指。从韋，枼声。《诗》曰：“童子佩韘。”，韘或，从弓。失涉切（shè）

【译文】韘，射箭时使用的决。主要是用来钩弦的，用象骨制作而成，用熟牛皮来作为纽带，附在右手拇指上。形符是“韋”，声符是“枼”。《诗经》中讲道：“小孩儿佩带着射箭使用的决。”，“韘”的异体字，从“弓”。

韣 弓衣也。从韋，蜀声。之欲切（zhú）

【译文】韣，弓袋。形符是“韋”，声符是“蜀”。

韔 弓衣也。从韋，長声。《诗》曰：“交韔二弓。”丑亮切（chàng）

【译文】韔，弓袋。形符是“韋”，声符是“長”。《诗经·秦风·小戎》中讲道：“把两张弓交叉发到弓袋中。”

韕 履也。从韋，叚声。乎加切（xiá）

【译文】韕，鞋子。形符是“韋”，声符是“叚”。

𩏄 履后帖也。从韋，段声。，𩏄或，从糸。徒玩切（duàn）

【译文】𩏄，鞋后跟的帮帖。形符是“韋”，声符是“段”。

，“韍”的异体字，从“糸”。

韤[韈](袜) 足衣也。从韋，蔑声。望发切(wà)

【译文】韤，脚上的袜子。形符是“韋”，声符是“蔑”。

韗 軶裹也。从韋，尃声。匹各切(pò)

【译文】韗，车軛上裹着的皮套。形符是“韋”，声符是“尃”。

韏 革中辨谓之韏。从韋，𢍏声。九万切(juàn)①

【注释】①九万切：现音按《广韵》去愿切，读quàn。

【译文】韏，皮革中交汇的皮条称“韏”。形符是“韋”，声符是“𢍏”。

韢 收束也。从韋，糕(zhuō)声。读若酋。，韢或，从要。，韢或，从秋，手。即由切(jiū)

【译文】韢，收束。形符是“韋”，声符是“糕”。发音如同“酋”字。，“韢”的异体字，从“要”。，“韢”的异体字，形符是“手”，声符是“秋”。

韓 井垣也。从韋，取其帀也；倝(gàn)声。胡安切(hán)

【译文】韓，井栏。从“韋”，取其周围的意思；从“倝”声。

文十六 重五

弟 韦束之次弟也。从古字之象。凡弟之属皆从弟。，古文弟，从古文韦省，丿（yè）声。特计切（dì）

【译文】弟，用牛皮来束物的顺序。小篆采用的是古文的样子。但凡“弟”的部属都从“弟”。，古文“弟”字，从古文“韦”的省体，声符是“丿”。

罤 周人谓兄曰罤[①]。从弟，从眔[②]。古魂切（kūn）

【注释】①罤：段玉裁注：“昆弟字当作此，昆行而罤废矣。”②眔（dà）：段玉裁注：“眔者，逮也。”

【译文】罤，周地人将“兄”称“罤”。由“弟”和“眔”会意。

文二 重一

夂 从后至也。象人两胫后有致之者。凡夂之属皆从夂。读若黹。陟侈切（zhǐ）

【译文】夂，从后面送达。象人的两腿后有推进的力量。但凡“夂”的部属都从“夂”。发音如同“黹”字。

夆 相遮要害也。从夂，丯（jiè）声。南阳新野有夆亭。乎盖切（hài）

【译文】夆，遮挡在要害的地方。形符是“夂”，声符是“丯”。南阳郡新野县有一夆亭。

夆 [篆] 啎也。从夊，丰声。读若缝。敷容切（fēng）

【译文】夆，相逢。形符是“夂”，声符是“丰”。发音如同“缝”字。

夅 [篆] 服也。从夊、干相承，不敢并也。下江切（xiáng）

【译文】夅，降服。由“夂”、“干”二字相承会意，表示不敢相并。

夃 [篆] 秦以市买[①]多得为夃。从乛，从夊，益至也（从乃）[②]。《诗》曰：“我夃酌彼金罍。”[③]古乎切（gū）[④]

【注释】①买：桂馥《说文解字义证》：“买当作卖。”②从乃：徐锴《说文解字系传》无此二字。③语见《诗经·周南·卷耳》。夃今作姑。④古乎切：按《广韵》公户切，读gǔ。

【译文】夃，秦地人将到集市出卖、得多利称“夃”。由“乛”和“夂”会意，表示多次到来。《诗经》中讲道：“我且倒满金酒杯。”

干 [篆] 跨步也。从反夊。䑛从此。苦瓦切（kuǎ）

【译文】干，迈大步。是反写的“夂”。“䑛”的声符是“干”。

文六

久 [篆] （以）[从][①]后灸之，象人两胫后有距也。《周礼》曰：“久诸墙以观其桡。”[②]凡久之属皆从久。

举友切（jiǔ）

【注释】①以：当作从。②语见《周礼·考工记·庐人》。久今作灸。

【译文】久，从后部支撑着，象人两腿后部有抵着的东西一般。《周礼》中讲道："将矛和戟支在两墙之间，观察它是否弯曲。"但凡"久"的部属都从"久"。

文一

桀 **磔也。从舛在木上也。凡桀之属皆从桀。渠列切（jié）**

【译文】桀，分解肢体。由"舛"在"木"上会意。但凡"桀"的部属都从"桀"。

磔 **辜也。从桀，石声。陟格切（zhé）**

【译文】磔，分解肢体使其干枯而不收起。形符是"桀"，声符是"石"。

椉 [乘] **覆也。从入、桀[1]。桀，黠也。军法曰椉。𠧧，古文椉，从几。食陵切（chéng）**

【注释】①入、桀：桀训黠。段玉裁注："凡黠者必强。"

【译文】椉，压覆。由"入"和"桀"会意。"桀"即强。在军法书上称作"椉"。𠧧，古文"椉"字，从"几"。

文三 重一

卷十一

木 木 冒也。冒地而生。东方之行。从屮，下象其根。凡木之属皆从木。莫卜切（mù）

【译文】木，冒。冒出地面而生长。五行之中属于东方。上从“屮”，下部象它的根。但凡是“木”的部属都从“木”。

橘 橘 果。出江南。从木，矞声。居聿切（jú）

【译文】橘，一种果树。出产于南方地区。形符是“木”，声符是“矞”。

橙 橙 橘属。从木，登声。丈庚切（chéng）

【译文】橙，橘类的一种。形符是“木”，声符是“登”。

柚 柚 条也。似橙而酢（cù）。从木，由声。《夏书》曰：“厥包橘柚。”①余救切（yòu）

【注释】①语见《尚书·夏书·禹贡》。包，包裹。

【译文】柚，条。象橙子但有酸味。形符是“木”，声符是“由”。《尚书·夏书》中讲道：“包裹着橘子和柚子作为贡品。”

樝[①] 樝 果。似棃而酢[②]。从木，虘声。侧加切（zhā）

【注释】①樝：山楂。②酢：酸味。

【译文】樝，一种果树。象梨但有酸味。形符是“木”，声符是“虘”。

棃[梨] 棃 果名。从木，𥝢声。𥝢，古文利。力脂切（lí）

【译文】棃，水果的名字。形符是“木”，声符是“𥝢”。“𥝢”即古文中的“利”字。

梬 梬 枣也，似柹。从木，甹声。以整切（yǐng）

【译文】梬，黑枣，果实像柿子。形符是“木”，声符是“甹”。

柹[柿] 柹 赤实果。从木，𠂔声。鉏里切（shì）

【译文】柹，内外都是红色的果实。形符是“木”，声符是“𠂔”。

枏[①][柟][楠] 枏 梅也。从木，冄声。汝阎切（rán）[②]

【注释】①枏：楠木。②汝阎切：现音按《广韵》那含切，读 nán。

【译文】枏，梅树。形符是“木”，声符是“冄”。

梅　楠也。可食。从木，每声。楳，或，从某。莫栝切（méi）

【译文】梅，楠。可以食用。形符是“木”，声符是“每”。楳，“梅”的异体字，从“某”声。

杏　果也。从木，可省声。何梗切（xìng）

【译文】杏，一种果树。形符是“木”，声符是“可”省声。

柰　果也。从木，示声。奴带切（nài）

【译文】柰，一种果树。形符是“木”，声符是“示”。

李　果也。从木，子声。杍，古文。良止切（lǐ）

【译文】李，一种果树。形符是“木”，声符是“子”。杍，古文“梓”字。

桃　果也。从木，兆声。徒刀切（táo）

【译文】桃，一种果树。形符是“木”，声符是“兆”。

楙　冬桃。从木，敄声。读若髦。莫候切（mào）①

【注释】①莫候切：现音按《广韵》莫袍切，读 máo。

【译文】楙，冬桃。形符是“木”，声符是“敄”。发音像“髦”。

亲　果，实如小栗。从木，辛声。《春秋传》曰：“女贽不过亲、栗。”侧诜切（zhēn）

【译文】亲，一种干果，果实象小栗子。形符是“木”，声符是“辛”。《左传·庄公二十四年》中讲道：“女子相见时赠送的礼物只不过是榛果和栗子这些东西。”

楷[①] 木也。孔子冢盖（树之者）[之树]。从木，皆声。苦骇切（kǎi）[②]

【注释】①楷：黄连木。②苦骇切：现音按《广韵》古谐切，读 jiē。

【译文】楷，一种树木。孔子墓地覆盖的树。形符是“木”，声符是“皆”。

梫 桂也。从木，侵省声。七荏切（qǐn）

【译文】梫，木桂树。形符是“木”，声符是“侵”省声。

桂[①] 江南木，百药之长。从木，圭声。古惠切（guì）

【注释】①桂：肉桂。

【译文】桂，长江以南的一种树木，是百药之首。形符是“木”，声符是“圭”。

棠 牡曰棠，牝曰杜。从木，尚声。徒郎切（táng）

【译文】棠，不结果的称作棠，结果的称作杜。形符是“木”，声符是“尚”。

杜 [小篆] 甘棠[1]也。从木，土声。徒古切（dù）

【注释】①甘棠：杜梨。

【译文】杜，甘棠。形符是“木”，声符是“土”。

槢[1] [小篆] 木也。从木，習声。似入切（xí）

【注释】①槢：坚木。

【译文】槢，一种树木。形符是“木”，声符是“習”。

樿[1] [小篆] 木也。可以为栉（zhì）。从木，單声。旨善切（zhǎn）[2]

【注释】①樿：白理木。②旨善切：现音按《集韵》时战切，读 shàn。

【译文】樿，一种树木。可以用来做梳。形符是“木”，声符是“單”。

椲 [小篆] 木也。可屈为杅（yú）者。从木，韋声。於鬼切（wěi）

【译文】椲，一种树木。树皮可以弯曲用来做酒器。形符是“木”，声符是“韋”。

楢 [小篆] 柔木也。工官以为耎（ruǎn）[1]轮。从木，酋声。读若糗（qiǔ）。以周切（yóu）

【注释】①耎：软，柔韧的意思。

【译文】楢，一种木质柔韧的树木。工官通常用它来制作软轮。形符是“木”，声符是“酋”。发音如同“糗”字。

梆 𣏟 椶椐，木也。从木，邛声。渠容切（qióng）

【译文】梆，椶椐，一种树木。形符是“木”，声符是“邛”。

槆[1] 𣏟 母杶也。从木，侖声。读若《易》卦屯。陟伦切（zhūn）[2]

【注释】①槆：大叶钓樟。②陟伦切：现音按《广韵》力迍切，读 lún。

【译文】槆，母杶木。形符是“木”，声符是“侖”。发音如同《周易·屯卦》中“卦屯”的“屯”字。

楈[1] 𣏟 木也。从木，胥声。读若芟（shān）刈（yì）之芟。私闾切（xū）

【注释】①楈：椰子树。

【译文】楈，一种树木。形符是“木”，声符是“胥”。发音如同“芟刈”中的“芟”字。

柍 𣏟 梅也。从木，央声。一曰，江南橦（tóng）材，其实谓之柍。於京切（yīng）[1]

【注释】①於京切：现音按《广韵》於两切，读 yǎng。

【译文】柍，柍梅。形符是“木”，声符是“央”。一说，生长于长江以南的橦树，它的材质坚硬称“柍”。

楑 𣏟 木也。从木，癸声。又，度也。求癸切（kuí）

【译文】楑，一种树木。形符是“木”，声符是“癸”。又表示尺度的意思。

榕[①]  木也。从木，咎声。读若皓。古老切（gǎo）

【注释】①榕：乌臼树。

【译文】榕，一种树木。形符是“木”，声符是“咎”。发音如同“皓”字。

椆  木也。从木，周声。读若丩（jiū）。职留切（zhōu）[①]

【注释】①职留切：现音按《广韵》直由切，读 chóu。

【译文】椆，一种树木。形符是“木”，声符是“周”。发音如同“丩”字。

樕  朴樕，木。从木，欶声。桑谷切（sù）

【译文】樕，朴樕，一种树木。形符是“木”，声符是“欶”。

欙 木也。从木，彝声。羊皮切（yí）

【译文】欙，一种树木。形符是“木”，声符是“彝”。

梣[①]  青皮木。从木，岑声。𣟴，或，从㝷省。㝷，籀文寑。子林切（jīn）[②]

【注释】①梣：白蜡树。②子林切：现音按《广韵》锄针切，读 cén。

【译文】梣，青树皮树。形符是“木”，声符是“岑”。𣟴，“梣”的异体字。声符是“㝷”的省文。“㝷”，籀文“寑”字。

棳 棳 木也。从木，叕声。益州有[毋]棳县[1]。职说切（zhuō）

【注释】①棳县：今云南省黎县。

【译文】棳，一种树木。形符是“木”，声符是“叕”。益州地区有一地称为棳县。

楇 楇 木也。从木，號省声。乎刀切（háo）

【译文】楇，一种树木。形符是“木”，声符是“號”的省文。

棪 棪 遬其也。从木，炎声。读若三年导（dàn）服[1]之导。以冉切（yǎn）

【注释】①三年导服：死者去世二十七个月以后，丧家脱去丧服。

【译文】棪，樕其树。形符是“木”，声符是“炎”。发音如同“三年导服”中的“导”字。

槫 槫 木也。从木，遄声。市缘切（chuán）

【译文】槫，一种树木。形符是“木”，声符是“遄”。

椋 椋 即来也。从木，京声。吕张切（liáng）

【译文】椋，即来树。形符是“木”，声符是“京”。

檍[1] 檍 （杶）[杻]也。从木，意声。於力切（yì）

【译文】檍，万年木。形符是“木”，声符是“意”。

櫕 櫕 木也。从木，费声。房未切（fèi）

【译文】櫕，一种树木。形符是“木”，声符是“費”。

樗 樗 木也。从木，虖声。丑居切（chū）

【译文】樗，一种树木。形符是“木”，声符是“虖”。

楀 楀 木也。从木，禹声。王矩切（yǔ）

【译文】楀，一种树木。形符是“木”，声符是“禹”。

藟 藟 木也。从木，畾声。櫑，籀文。力轨切（lěi）

【译文】藟，一种树木。形符是“木”，声符是“畾”。櫑，籀文中的“藟”字。

桋[1] 桋 赤楝（sè）也。从木，夷声。《诗》曰：“隰（xī）有杞桋。”以脂切（yí）

【注释】①桋：苦槠栲。

【译文】桋，赤楝树。形符是“木”，声符是“夷”。《诗经·小雅·四月》中讲道：“潮湿的地方有杞树和桋树。”

栟 栟 栟榈[1]也。从木，并声。府盈切（bīng）

【注释】①栟榈：棕榈。

【译文】栟，棕榈树。形符是“木”，声符是“并”。

椶[棕] 㯶 栟榈也。可作萆[1]。从木，㚇声。子红切（zōng）

【注释】①萆（pì）：雨衣。

【译文】椶，栟榈树。可以用它来制作蓑衣。形符是"木"，声符是"㚇"。

檟（榎）[1] 檟 楸也。从木，贾声。《春秋传》曰："树六檟于蒲圃。"古雅切（jiǎ）

【注释】①檟：大的称楸，小的称檟。

【译文】檟，楸树。形符是"木"，声符是"贾"。《左传·襄公四年》中讲道："树六檟于蒲圃。"

椅[1] 椅 梓也。从木，奇声。於离切（yī）

【注释】①椅：山桐子。

【译文】椅，梓类树。形符是"木"，声符是"奇"。

梓 梓 楸也。从木，宰省声。𣓌，或，不省。即里切（zǐ）

【译文】梓，楸类树。形符是"木"，声符是"宰"的省文。𣓌，"梓"的异体字，"宰"不省。

楸 楸 梓也。从木，秋声。七由切（qiū）

【译文】楸，梓类树。形符是"木"，声符是"秋"。

檍 梓属。大者可为棺椁，小者可为弓材。从木，意声。於力切（yì）

【译文】檍，梓类的树木。大的可以用来做棺椁，小的可以用来做弓弩。形符是“木”，声符是“意”。

柀[1] 檆也。从木，皮声。一曰，折也。甫委切（bǐ）

【注释】①柀：杉科树种。

【译文】柀，榧树。形符是“木”，声符是“皮”。一说，离析。

檆 木也。从木，煔声。所銜切（shān）

【译文】檆，一种树木。形符是“木”，声符是“煔”。

榛 木也。从木，秦声。一曰菆（cóng）也。侧诜切（zhēn）

【译文】榛，一种树木。形符是“木”，声符是“秦”。一说，丛生的树木。

栲 山樗（chū）也。从木，考声。苦浩切（kǎo）

【译文】栲，山樗树。形符是“木”，声符是“考”。

杶 木也。从木，屯声。《夏书》曰：“杶、榦、栝、柏。”櫄，或从熏。杻，古文杶。敕伦切（chūn）

【译文】杶，一种树木。形符是“木”，声符是“屯”。《尚书·夏书·禹贡》中讲道："杶树、榦树、栝树、柏树。"櫄，"杶"的异体字，从"熏"声。杻，古文"杶"字。

楯 楯 杶也。从木，筍声。相伦切（xún）[①]
【注释】①相伦切：现音按《集韵》敕伦切，读 chūn。
【译文】楯，杶树。形符是"木"，声符是"筍"。

桵[①] 桵 白桵，棫。从木，妥声。儒隹切（ruí）
【注释】①桵：赤心桵。
【译文】桵，白桵，又叫棫树。形符是"木"，声符是"妥"。

棫 棫 白桵也。从木，或声。於逼切（yù）
【译文】棫，白桵。形符是"木"，声符是"或"。

槵 槵 木也。从木，息声。相即切（xī）
【译文】槵，一种树木。形符是"木"，声符是"息"。

椐[①] 椐 樻也。从木，居声。九鱼切（jū）
【注释】①椐：灵寿树。
【译文】椐，樻树。形符是"木"，声符是"居"。

樻 樻 椐也。从木，貴声。求位切（kuì）
【译文】樻，椐树。形符是"木"，声符是"貴"。

栩 [小篆] （柔）[柔]也。从木，羽声。其皂[①]，一曰样。况羽切（xǔ）

【注释】①其皂：栩树的果实。

【译文】栩，柔树。形符是"木"，声符是"羽"。一说，样斗。

柔 [小篆] 栩也。从木，予声。读若杼。直吕切（zhù）[①]

【注释】①直吕切：现音按《广韵》神与切，读 shù。

【译文】柔，栩树。形符是"木"，声符是"予"。发音如同"杼"字。

樣[①]（样） [小篆] 栩实。从木，羕声。徐两切（xiàng）

【注释】①樣：后作"橡"。

【译文】樣，栩树的果实。形符是"木"，声符是"羕"。

杙 [小篆] 刘，刘杙。从木，弋声。与职切（yì）

【译文】杙，刘树，也就是刘杙。形符是"木"，声符是"弋"。

枇 [小篆] 枇杷，木也。从木，比声。房脂切（pí）

【译文】枇，枇杷，树木名。形符是"木"，声符是"比"。

桔 [小篆] 桔梗，药名。从木，吉声。一曰直木。古屑切（jié）

【译文】桔，桔梗，药草名。形符是"木"，声符是"吉"。

一说，直木。

柞[1] 木也。从木，乍声。在各切（zuò）

【注释】①柞：俗称凿子木。

【译文】柞，一种树的名字。形符是“木”，声符是“乍”。

枰[1] 木。出橐山。从木，乎声。他乎切（tū）[2]

【注释】①枰：黄檀木。②他乎切：现音按《广韵》落胡切，读lú。

【译文】枰，一种树的名字。出产于橐山地区。形符是“木”，声符是“乎”。

櫼[楷] 木也。从木，晉声。书[1]曰：竹箭如櫼。子善切（jiǎn）[2]

【注释】①书：即古文献。②子善切：现音按《广韵》子贱切，读jiàn。

【译文】櫼，一种树的名字。形符是“木”，声符是“晉”。古文献中说，竹箭的“箭”读音像“櫼”字。

櫞 罗也。从木，豢声。《诗》曰：“隰有树櫞。”徐醉切（suì）

【译文】櫞，山梨。形符是“木”，声符是“豢”。《诗经·秦风·晨风》中讲道：“低湿的地方生长有櫞树。”

椵  木。可作床几。从木，叚声。读若贾。古雅切（jiǎ）

【译文】椵，一种树的名字。可以用来制作床榻和几案。形符是“木”，声符是“叚”。发音如同“贾”字。

橞 木也。从木，惠声。胡计切（xì）[1]

【注释】①胡计切：现音按《广韵》胡桂切，读 huì。

【译文】橞，一种树的名字。形符是“木”，声符是“惠”。

楛  木也。从木，苦声。《诗》曰：“榛楛济济。”[1]侯古切（hù）

【注释】①语见《诗经·大雅·旱麓》。济济：众多的样子。

【译文】楛，一种树的名字。形符是“木”，声符是“苦”。《诗经·大雅·旱麓》中讲道：“榛树和楛树非常的多。”

樈 木也。可以为大车轴。从木，齊声。祖鸡切（jī）

【译文】樈，一种树的名字。可以用它来制作车轴。形符是“木”，声符是“齊”。

杒 木也。从木，乃声。读若仍。如乘切（réng）

【译文】杒，一种树的名字。形符是“木”，声符是“乃”。发音如同“仍”字。

櫇[1] 木也。从木，頻声。符真切（pín）

【注释】①櫇：槟榔树。

【译文】櫇，一种树的名字。形符是“木”，声符是“頻”。

樲 酸枣也。从木，貳声。而至切（èr）

【译文】樲，酸枣树。形符是“木”，声符是“貳”。

檏 枣也。从木，僕声。抚文切（fēn）[1]

【注释】①抚文切：现音按《集韵》步木切，读 pú。

【译文】檏，一种枣树。形符是“木”，声符是“僕”。

橪 酸小枣。从木，然声。一曰，染也。人善切（rǎn）

【译文】橪，酸小枣。形符是“木”，声符是“然”。一说，橪就是染，即它的皮可以染色。

柅 木也。实如梨。从木，尼声。女履切（nǐ）

【译文】柅，一种树的名字。果实形似梨子。形符是“木”，声符是“尼”。

梢[1] 木也。从木，肖声。所交切（shāo）

【注释】①梢：树枝末。

【译文】梢，一种树的名字。形符是“木”，声符是“肖”。

欐（欚） 木也。从木，麗声。郎计切（lì）

【译文】欐，一种树的名字。形符是“木”，声符是“麗”。

栵 木也。从木，寽声。力辍切（liè）

【译文】栵，一种树的名字。形符是“木”，声符是“寽”。

梭 木也。从木，夋声。私闰切（xùn）

【译文】梭，一种树的名字。形符是“木”，声符是“夋”。

樺 木也。从木，畢声。卑吉切（bì）

【译文】樺，一种树的名字。形符是“木”，声符是“畢”。

梋 木也。从木，刺声。卢达切（là）

【译文】梋，一种树的名字。形符是“木”，声符是“刺”。

枸 木也。可为酱。出蜀。从木，句声。俱羽切（jǔ）

【译文】枸，一种树的名字。果实可以制作果酱。出产于四川地区。形符是“木”，声符是“句”。

樜 木，出发鸠山①。从木，庶声。之夜切（zhè）

【注释】①发鸠山：位于山西省长子以西五十里。

【译文】樜，一种树的名字。出产于发鸠山地区。形符是“木”，声符是“庶”。

枋　木。可作车。从木，方声。府良切（fāng）

【译文】枋，一种树的名字。可以用来制作车。形符是“木”，声符是“方”。

橿　枋也。从木，畺声。一曰，锄柄名。居良切（jiāng）

【译文】橿，枋树。形符是“木”，声符是“畺”。一说，锄头柄的名称。

樗　木也。以其皮裹松脂。从木，雩声。读若华。乎化切（huà）①

【注释】①乎化切：现音按《集韵》抽居切，读 chū。

【译文】樗，一种树的名字。可以用它的树皮包裹松脂以此来制作蜡烛。形符是“木”，声符是“雩”。发音如同“华”字。

檗　黄木①也。从木，辟声。博厄切（bò）

【注释】①黄木：黄柏。

【译文】檗，一种树皮是黄色的树木。形符是“木”，声符是“辟”。

棻　香木也。从木，芬声。抚文切（fén）

【译文】棻，一种散发香气的树木。形符是“木”，声符是“芬”。

樧 [篆] 似茱萸。出淮南。从木，殺声。所八切(shā)

【译文】樧，象茱萸。出产于淮南地区。形符是"木"，声符是"殺"。

槭 [篆] 木。可作大车輮[①]。从木，戚声。子六切(zú)[②]

【注释】①輮：车辋。②子六切：现音读，qī。

【译文】槭，树名。可以用来制作车轮的轮框。形符是"木"，声符是"戚"。

楊(杨) [篆] 木也。从木，昜声。与章切(yáng)

【译文】楊，一种树的名字。形符是"木"，声符是"昜"。

檉(柽) [篆] 河柳也。从木，聖声。敕贞切(chēng)

【译文】檉，河柳。形符是"木"，声符是"聖"。

桺[柳] [篆] 小杨也。从木，丣声。丣，古文酉。力九切(liǔ)

【译文】桺，小杨树。形符是"木"，声符是"丣"。"丣"即古文"酉"字。

橁 [篆] 大木。可为鉏柄。从木，粤声。详遵切(xún)

【译文】橁，一种高大的树。可以用它来制作锄头的柄。形符是"木"，声符是"粤"。

欒(栾) 木。似栏。从木，䜌声。《礼》天子树松，诸侯柏，大夫欒，士杨。洛官切(luán)

【译文】欒，一种树的名字。形似木兰树。形符是“木”，声符是“䜌”。《周礼·春官·冢人》中讲道：“天子的墓上种植松树，诸侯的种植柏树，大夫的种植欒树，士人的种植杨树。”

移 棠棣也。从木，多声。弋支切(yí)

【译文】移，棠棣树。形符是“木”，声符是“多”。

棣 白棣也。从木，隶声。特计切(dì)

【译文】棣，白棣树。形符是“木”，声符是“隶”。

枳[1] 木。似橘。从木，只声。诸氏切(zhǐ)

【注释】①枳：枸橘。

【译文】枳，树名。形似橘子树。形符是“木”，声符是“只”。

楓(枫) 木也。厚叶，弱枝，善摇。一名欇。从木，風声。方戎切(fēng)

【译文】楓，一种树的名字。叶子丰厚树枝细弱，有风就会随之摇摆。一说，又称作欇。形符是“木”，声符是“風”。

權(权) 黄华木。从木，雚声。一曰，反常。巨员切(quán)

【译文】權，一种盛开黄花的树木。形符是“木”，声符是

“雚”。一说，违反常规。

柜 木也。从木，巨声。其吕切（jǔ）

【译文】柜，一种树的名字。形符是“木”，声符是“巨”。

槐 木也。从木，鬼声。户恢切（huái）

【译文】槐，一种树的名字。形符是“木”，声符是“鬼”。

穀 楮也。从木，㱿声。古禄切（gǔ）

【译文】穀，楮树。形符是“木”，声符是“㱿”。

楮 穀也。从木，者声。柠，楮或，从宁（zhù）。丑吕切（chǔ）

【译文】楮，穀树。形符是“木”，声符是“者”。柠，“楮”的异体字，从“宁”声。

檵 枸杞也。从木，繼省声。一曰，（监）[坚]木也。古诣切（jì）

【译文】檵，枸杞。形符是“木”，声符是“繼”的省文。一说，坚木。

杞 枸杞也。从木，己声。墟里切（qǐ）

【译文】杞，枸杞。形符是“木”，声符是“己”。

枒[①] 木也。从木，牙声。一曰，车輞[②]会[③]也。五加切（yá）

【注释】①枒：同“椰”。②车輞：车轮的外周。③会：交会。

【译文】枒，一种树的名字。形符是“木”，声符是“牙”。一种说法是，车轮的外框。

檀 木也。从木，亶声。徒干切（tán）

【译文】檀，一种树的名字。形符是“木”，声符是“亶”。

櫟（栎） 木也。从木，樂声。郎击切（lì）

【译文】栎，一种树的名字。形符是“木”，声符是“樂”。

梂 栎实。一曰，凿首。从木，求声。巨鸠切（qiú）

【译文】梂，栎树的果实。一种说法是，凿子的柄。形符是“木”，声符是“求”。

楝[①] 木也。从木，柬声。郎电切（liàn）

【注释】①楝：苦楝。

【译文】楝，一种树的名字。形符是“木”，声符是“柬”。

檿 山桑也。从木，厭声。《诗》曰：“其檿其柘。”於琰切（yǎn）

【译文】檿，山桑。形符是“木”，声符是“厭”。《诗经·大雅·皇矣》中讲道：“那山桑树和柘树。”

柘 𣏱 桑也。从木，石声。之夜切（zhè）

【译文】柘，一种属于桑科的树。形符是“木”，声符是“石”。

㯡 㯡 木，可为杖。从木，𠦪声。亲吉切（qī）

【译文】㯡，树名，可制拐杖。形符是“木”，声符是“𠦪”。

檈[檈] 檈 檈味，稔（rěn）枣。从木，還声。似沿切（xuān）[1]

【注释】①似沿切：现音按《广韵》似宣切，读 xuán。

【译文】檈，檈味，稔枣。形符是“木”，声符是“還”。

梧 梧 梧桐木。从木，吾声。一名榇（chèn）。五胡切（wú）

【译文】梧，梧桐树。形符是“木”，声符是“吾”。一说，榇木。

桊（荣） 桊 桐木也。从木，熒省声。一曰，屋梠之两头起者为桊。永兵切（róng）

【译文】桊，桐树。形符是“木”，声符是“荧”省声。一说，屋檐两端翘起的部分称作“桊”。

桐 桐 桊也。从木，同声。徒红切（tóng）

【译文】桐，桊树。形符是“木”，声符是“同”。

橎　木也。从木，番声。读若樊。附辕切（fán）

【译文】橎，一种树的名字。形符是“木”，声符是“番”。发音如同“樊”字。

楡　楡，白枌。从木，俞声。羊朱切（yú）

【译文】楡，楡树，白楡又被称作枌。形符是“木”，声符是“俞”。

枌　楡也。从木，分声。扶分切（fén）

【译文】枌，白楡树。形符是“木”，声符是“分”。

梗　山枌楡。有朿，荚可为芜夷者。从木，更声。古杏切（gěng）

【译文】梗，山枌楡树。带有刺，所结的楡荚可以用来制作果酱。形符是“木”，声符是“更”。

樵　散[木]也。从木，焦声。昨焦切（qiáo）

【译文】樵，不堪器用的树木。形符是“木”，声符是“焦”。

松　木也。从木，公声。㮤，松或，从容。祥容切（sōng）

【译文】松，一种树的名字。形符是“木”，声符是“公”。㮤，“松”的异体字，从“容”声。

樠 𣞣 松心木。从木，㒼声。莫奔切（mén）①

【注释】①莫奔切：现音按《广韵》母官切，读mán。

【译文】樠，松心木。形符是“木”，声符是“㒼”。

檜①（桧） 𣞣 柏叶松身。从木，會声。古外切（guì）

【注释】①檜：圆柏。

【译文】檜，形似柏树叶子，松树树干的一种树木。形符是“木”，声符是“會”。

樅（枞） 𣞣 松叶柏身。从木，從声。七恭切（cōng）

【译文】樅，形似松树叶子，柏树树干的一种树木。形符是“木”，声符是“從”。

柏 𣞣 （鞠）[椈]也。从木，白声。博陌切（bǎi）

【译文】柏，一种树的名字。形符是“木”，声符是“白”。

机 𣞣 木也。从木，几声。居履切（jī）

【译文】机，一种树的名字。形符是“木”，声符是“几”。

枮 𣞣 木也。从木，占声。息廉切（xiān）

【译文】枮，一种树的名字。形符是“木”，声符是“占”。

梇 木也。从木，弄声。益州有梇楝县[1]。卢贡切（lòng）

【译文】梇，树名。形符是“木”，声符是“弄”。益州有一梇楝县。

楰 鼠梓木。从木，臾声。《诗》曰：“北山有楰。”羊朱切（yú）

【译文】楰，鼠梓树。形符是“木”，声符是“臾”。《诗经·小雅·南山有台》中讲道：“北山上长有鼠梓树。”

桅[1] 黄木。可染者。从木，（危）[卮]声。（过委切）（wéi）[章移切]（zhī）[2]

【注释】①桅：原篆作桅，今从《玉篇》作桅（桅）。②过委切：当作章移切，zhī。

【译文】桅，一种黄色的树木，可以用来染色。形符是“木”，声符是“卮”。

栁 桎栁也。从木，刃声。而震切（rèn）

【译文】栁，桎栁树。形符是“木”，声符是“刃”。

檒 楷檒，木也。从木，遝声。徒合切（tà）

【译文】檒，楷檒，树名。形符是“木”，声符是“遝”。

楷 楷檒。果似李。从木，苔声。读若嚃（tà）。土合切（tā）

【译文】榙，榙樑。果实形似李子。形符是“木”，声符是“荅”。发音如同“噝”字。

某 [篆] 酸果也。从木，从甘。闕。[古文]，古文某，从口。莫厚切（mǒu）[1]

【注释】①莫厚切：现音按《集韵》谟杯切，读 méi。

【译文】某，一种果实味酸的树木。由“木”和“甘”会意。会意的原因不详。[古文]，古文“某”字，从“口”。

櫾 [篆] 昆仑河隅之长木也。从木，繇声。以周切（yóu）

【译文】櫾，生长在昆仑山黄河边的一种高大树木。形符是“木”，声符是“繇”。

樹（树） [篆] 生植之緫名。从木，尌声。[籀文]，籀文。常句切（shù）

【译文】树，木本植物的总称。形符是“木”，声符是“尌”。[籀文]，籀文“樹”字。

本 [篆] 木下曰本。从木，一在其下。[古文]，古文。布忖切（běn）

【译文】本，树木的地下部分称本。从“木”，“一”为指事符号，代表树根。[古文]，古文中的“本”字。

柢 木根也。从木，氐声。都礼切（dǐ）

【译文】柢，树木的根部。形符是“木”，声符是“氐”。

朱 赤心木。松柏属。从木，一在其中。章俱切（zhū）

【译文】朱，一种赤心的树木。属于松柏类植物。从“木”，“一”为指事符号，代表树的中心。

根 木株[①]也。从木，艮声。古痕切（gēn）

【注释】①株：兜。

【译文】根，树干的基部。形符是“木”，声符是“艮”。

株 木根也。从木，朱声。陟输切（zhū）

【译文】株，树木的根部。形符是“木”，声符是“朱”。

末 木上曰末。从木，一在其上。莫拨切（mò）

【译文】末，树木的上部。从“木”，“一”为指事符号，在“木”的上部，代表树的上端。

椶[①] 细理木也。从木，畟声。子力切（jì）

【注释】①椶：又称水松，即水杉。

【译文】椶，纹理较为细密的一种树木。形符是“木”，声符是“畟”。

果 木实也。从木，象果形，在木之上。古火切（guǒ）

【译文】果，树木的果实。从“木”，⊗象果形，在“木”上。

樏 木实也。从木，絫声。力追切（léi）

【译文】樏，树木的果实。形符是“木”，声符是“絫”。

杈 枝也。从木，叉声。初牙切（chà）[①]

【注释】①初牙切：现音读，chā。

【译文】杈，树枝。形符是“木”，声符是“叉”。

枝 木别生条也。从木，支声。章移切（zhī）

【译文】枝，从树木的主干分长出去的枝条。形符是“木”，声符是“支”。

朴 木皮也。从木，卜声。匹角切（pò）

【译文】朴，树皮。形符是“木”，声符是“卜”。

條（条） 小枝也。从木，攸声。徒辽切（tiáo）

【译文】條，树木细小的树枝。形符是“木”，声符是“攸”。

枚 干也。可为杖。从木，从支。《诗》曰：“施于条枚。”莫杯切（méi）

【译文】枚，树干。可以用来制作拐杖。由“木”和“支”会意。《诗经·周南·汝坟》中讲道：“盘在树枝和树干上。”

栞 槎（chá）识也。从木、㚇。阙。《夏书》曰："随山栞木。"读若刊。，篆文，从幵（jiān）。苦寒切（kān）

【译文】栞，砍削树木制作路标。由"木"和"㚇"会意。声符记载不详。《尚书·夏书·禹贡》中讲道："随山栞木。"发音如同"刊"字。，篆文中的"栞"字，声符是"幵"。

槷 木叶榣白也。从木，聂声。之涉切（zhé）

【译文】槷，树叶摇曳，露出叶背的白色。形符是"木"，声符是"聂"。

集[荏] 弱皃。从木，任声。如甚切（rěn）

【译文】集，软弱的样子。形符是"木"，声符是"任"。

枖 木少（shào）盛皃。从木，夭声。《诗》曰："桃之枖枖。"①於乔切（yāo）

【注释】①枖今本作夭。毛传："夭夭，其少壮也。"

【译文】枖，树木少好壮胜的样子。形符是"木"，声符是"夭"。《诗经·周南·桃夭》中讲道："桃树是那么的壮盛。"

槙 木顶也。从木，真声。一曰，仆木也。都年切（diān）

【译文】槙，树梢。形符是"木"，声符是"真"。一说，树木倒下。

梃 [小篆] 一枚也。从木，廷声。徒顶切（tǐng）

【译文】梃，树干。形符是“木”，声符是“廷”。

櫐 [小篆] 众盛也。从木，驫（biāo）声。《逸周书》曰：“疑沮事。”阙。所臻切（shēn）

【译文】櫐，众多繁茂。形符是“木”，声符是“驫”。《逸周书·文酌》中讲道：“疑心太重有碍办事。”

檦[標]（标） [小篆] 木杪末也。从木，㶾声。敷沼切（piǎo）[①]

【注释】①敷沼切：现音按《广韵》甫遥切，读 biāo。

【译文】檦，树梢。形符是“木”，声符是“㶾”。

杪 [小篆] 木标末也。从木，少声。亡沼切（miǎo）

【译文】杪，树梢。形符是“木”，声符是“少”。

朶[朵] [小篆] 树木垂朵朵也。从木，象形。此与采同意。丁果切（duǒ）

【译文】朵，树木枝叶、花朵低垂的样子。从“木”，“乃”象形。“朵”的构形与“采”同意。

桹 [小篆] 高木也。从木，良声。鲁当切（láng）

【译文】桹，高耸的树木。形符是“木”，声符是“良”。

橌[㵎] 大木皃。从木，閒声。古限切(jiǎn)[①]

【注释】①古限切：现音按《广韵》其季切，读 xiàn。

【译文】橌，树木高大的样子。形符是“木”，声符是“閒”。

枵 木根也。从木，号声。《春秋传》曰：“岁在玄枵。”玄枵，虚也。许娇切(xiāo)

【译文】枵，树根。形符是“木”，声符是“号”。《左传·襄公二十八年》讲道：“岁星在玄枵星次之上。”玄枵，虚宿。

柖 树摇皃。从木，召声。止摇切(zhāo)[①]

【注释】①止摇切：现音按《广韵》市昭切，读 sháo。

【译文】柖，树摇动的样子。形符是“木”，声符是“召”。

榣 树动也。从木，䍃声。余昭切(yáo)

【译文】榣，树木晃动。形符是“木”，声符是“䍃”。

樛 下句曰樛。从木，翏声。吉虬切(jiū)

【译文】樛，向下弯曲的树木。形符是“木”，声符是“翏”。

朻 高木也。从木，丩声。吉虬切(jiū)

【译文】朻，高大的树木。形符是“木”，声符是“丩”。

桂[枉] 衺曲也。从木，㞷声。迂往切(wǎng)

【译文】枉，弯曲。形符是“木”，声符是“㞷”。

橈（桡） 曲木。从木，尧声。女教切（nào）[①]

【注释】①女教切：现音按《集韵》尼交切，读 náo。

【译文】桡，弯曲的树木。形符是“木”，声符是“尧”。

枎 枎疏[①]，四布也。从木，夫声。防无切（fú）

【注释】①枎疏：古书多作扶疏，同音假借也。

【译文】枎，扶疏，枝叶四布。形符是“木”，声符是“夫”。

檹 木檹施。从木，旖声。贾侍中说，檹即椅木，可作琴。於离切（yī）

【译文】檹，树木枝叶因风倚移的样子。形符是“木”，声符是“旖”。贾侍中讲道，檹就是椅树，可以用它来制作琴。

杪 （相）[榴]高也。从木，小声。私兆切（xiǎo）[①]

【注释】①私兆切：现音按《广韵》子了切，读 jiǎo。

【译文】杪，树梢高大。形符是“木”，声符是“小”。

榴 高皃。从木，曶声。呼骨切（hū）

【译文】榴，树木高大的样子。形符是“木”，声符是“曶”。

槮 木长皃。从木，参声。《诗》曰：“槮差荇菜。”所今切（shēn）

【译文】槮，树木高大耸立的样子。形符是“木”，声符是“参”。《诗经·周南·关雎》中讲道：“长短不一的荇菜。”

梴 长木也。从木，延声。《诗》曰：“松桷（jué）有梴。”丑连切（chān）

【译文】梴，长长的树木。形符是“木”，声符是“延”。《诗经·商颂·殷武》中讲道：“用松木做的横椽那么长。”

槭 长木皃。从木，肃声。山巧切（shǎo）①

【注释】①山巧切：现音按《广韵》息逐切，读 sù。

【译文】槭，树木高大的样子。形符是“木”，声符是“肃”。

杕 树皃。从木，大声。《诗》曰：“有杕之杜。”特计切（dì）

【译文】杕，树木孤立的样子。形符是“木”，声符是“大”。《诗经·唐风·杕杜》中讲道：“有一棵独生的甘棠树。”

櫜 木叶陊也。从木，𩏂声。读若薄。他各切（tuò）

【译文】櫜，树木叶落。形符是“木”，声符是“𩏂”。发音如同“薄”字。

格 木长皃。从木，各声。古百切（gé）

【译文】格，树木高耸的样子。形符是“木”，声符是“各”。

槷 木相摩也。从木，埶声。槸，或，从艸。鱼祭切（yì）

【译文】槷，树枝因摇曳而相摩擦。形符是“木”，声符是“埶”。槸，“槷”的异体字，从“艸”。

枯 槀也。从木，古声。《夏书》曰：“唯箘、辂、枯。”木名也。苦孤切（kū）

【译文】枯，枯槁。形符是“木”，声符是“古”。《尚书·夏书·禹贡》中讲道：“箘竹、辂竹和枯木。”指的是树的名字。

稾[槁] 木枯也。从木，高声。苦浩切（kǎo）[①]

【注释】①苦浩切：现音读，gǎo。

【译文】稾，树木枯干。形符是“木”，声符是“高”。

樸（朴） 木素也。从木，菐声。匹角切（pǔ）

【译文】樸，没有加工的木材。形符是“木”，声符是“菐”。

楨（桢） 刚木也。从木，貞声。上郡有楨林县。陟盈切（zhēng）[①]

【注释】①陟盈切：现音读，zhēn。

【译文】楨，坚硬的木头。形符是“木”，声符是“貞”。上郡地区有一楨林县。

柔 木曲直也。从木，矛声。耳由切（róu）

【译文】柔，树木可曲可直。形符是“木”，声符是“矛”。

㯥[柝] 㯥 判也。从木，㡿声。《易》曰："重门击㯥。"他各切（tuò）

【译文】㯥，树木开裂。形符是"木"，声符是"㡿"。《周易·系辞下》中讲道："设置重门，夜间击㯥进行巡视。"

朸 朸 木之理也。从木，力声。平原有朸县[①]。卢则切（lè）

【注释】①朸县：位于今山东省商河县东北部。

【译文】朸，树木的纹理。形符是"木"，声符是"力"。平原郡有一朸县。

材 材 木梃也。从木，才声。昨哉切（cái）

【译文】材，树木劲直。形符是"木"，声符是"才"。

柴 柴 小木散材。从木，此声。士佳切（chái）

【译文】柴，细小而不看器用的木材。形符是"木"，声符是"此"。

榑 榑 榑桑[①]，神木，日所出也。从木，尃声。防无切（fú）

【注释】①榑桑：扶桑。

【译文】榑，榑桑，一种神木，太阳从这里升起。形符是"木"，声符是"尃"。

杲 明也。从日在木上。古老切(gǎo)

【译文】杲，日出明亮。由“日”在“木”上会意。

杳 冥也。从日在木下。乌皎切(yǎo)

【译文】杳，远得看不见踪影。由“日”在“木”下会意。

楖 角械也。从木，卻声。一曰，木下白也。其逆切(jī)①

【注释】①其逆切：现音按《广韵》下革切，读 hé。

【译文】楖，绑在牛角上的横木。形符是“木”，声符是“卻”。一说，指木下白。

栽[栽] 筑墙长版也。从木，𢦏声。《春秋传》曰：“楚围蔡，里而栽。”昨代切(zài)

【译文】栽，筑墙时立柱设板。形符是“木”，声符是“𢦏”。《左传·哀公元年》中讲道：“楚围蔡，里而栽。”

築(筑) 捣也。从木，筑声。[illegible]，古文。陟玉切(zhù)

【译文】築，捣土的杵。形符是“木”，声符是“筑”。[illegible]，古文“築”字。

榦(干) 筑墙端木也。从木，倝声。古案切(gàn)

【译文】榦，筑墙时两端竖立起的木柱。形符是“木”，声符是“倝”。

檥 檥 干也。从木，義声。鱼羈切（yí）[1]

【注释】①鱼羈切：现音按《广韵》其季切，读yǐ。

【译文】檥，竖立起的木柱。形符是“木”，声符是“義”。

構（构） 構 盖也。从木，冓声。杜林以为椽桷字。古后切（gòu）

【译文】構，架木盖房子。形符是“木”，声符是“冓”。杜林将“構”字用作“椽桷”中的“桷”字。

模 模 法也。从木，莫声。读若嫫母[1]之嫫。莫胡切（mú）

【注释】①嫫母：古代的丑女。

【译文】模，法式。形符是“木”，声符是“莫”。发音如同“嫫母”中的“嫫”字。

桴 桴 栋名[1]。从木，孚声。附柔切（fú）

【注释】①栋名：即房屋的二梁，也叫桴子。

【译文】桴，房栋名。形符是“木”，声符是“孚”。

棟（栋） 棟 极也。从木，東声。多贡切（dòng）

【译文】棟，屋子正中最高的地方。形符是“木”，声符是“東”。

極（极） 栋也。从木，亟声。渠力切（jí）

【译文】極，屋子的中栋。形符是“木”，声符是“亟”。

柱 楹也。从木，主声。直主切（zhù）

【译文】柱，屋柱。形符是“木”，声符是“主”。

楹 柱也。从木，盈声。《春秋传》曰：“丹桓宫[1]楹。”以成切（yíng）

【注释】①桓宫：鲁桓公的庙。

【译文】楹，屋柱。形符是“木”，声符是“盈”。《左传·庄公二十三年》中讲道：“将鲁桓公庙里的柱子漆成红色。”

樘[1] 衺柱也。从木，堂声。丑庚切（chēng）

【注释】①樘：撑。

【译文】樘，用斜柱支撑。形符是“木”，声符是“堂”。

榰 柱砥。古用木，今以石。从木，耆声。《易》：“榰恒凶。”[1]章移切（zhī）

【注释】①榰恒：今本作振恒，即震恒。榰，假借为震。

【译文】榰，柱下砥石。古代用的是木头，如今用的是石头。形符是“木”，声符是“耆”。《周易·系传·恒卦》中讲道：“雷雨经久，凶。”

楶[1] 𣞗 欂栌也。从木，咨声。子结切（jié）

【注释】①楶：柱上斗拱。

【译文】楶，欂栌。形符是“木”，声符是“咨”。

欂 𣟭 壁柱。从木，薄省声。弼戟切（bì）[1]

【注释】①弼戟切：现音按《广韵》蒲革切，读bó。

【译文】欂，墙壁中的矮小柱子。形符是“木”，声符是“薄”的省文。

櫨（栌） 𣠞 柱上柎也。从木，盧声。伊尹曰：“果之美者，箕山之东，青凫之所，有櫨橘焉。夏孰也。”[1] 一曰，宅櫨，木，出弘农山也。落胡切（lú）

【注释】①语见《吕氏春秋·本味篇》。

【译文】櫨，柱上部起到支撑大梁作用的方木。形符是“木”，声符是“盧”。伊尹曾说：“果实中味道甜美的，数箕山的东边，青凫所在的地方，那里有櫨橘。夏天成熟。”一种说法是，宅櫨，出产于弘农山地区。

枅[枅][1] 𣐕 屋栌也。从木，幵声。古兮切（jī）

【注释】①枅：柱上的方木。

【译文】枅，柱上的横木。形符是“木”，声符是“幵”。

栵[1] 𣗎 栭也。从木，列声。《诗》曰：“其灌其栵。”良辥切（liè）

【注释】①栵：茅栗。

【译文】栵，栭栗树。形符是“木”，声符是“列”。《诗经·大雅·皇矣》中讲道：“其灌其栵。”

栭 屋枅上标。从木，而声。《尔雅》曰：“栭谓之格。”如之切（ér）

【译文】栭，房屋斗拱向上高耸。形符是“木”，声符是“而”。《尔雅·释宫》中讲道：“栭被称作是格。”

檼 棼也。从木，㥯声。於靳切（yìn）

【译文】檼，檩木。形符是“木”，声符是“㥯”。

橑 椽也。从木，尞声。卢浩切（lǎo）

【译文】橑，椽子。形符是“木”，声符是“尞”。

桷 榱（cuī）也。椽方曰桷。从木，角声。《春秋传》曰：“刻桓宫之桷。”古岳切（jué）

【译文】桷，屋椽，就是方形的椽子。形符是“木”，声符是“角”。《左传·庄公二十四年》中讲道：“雕刻鲁桓公庙里的椽皮。”

椽① 榱也。从木，彖声。直专切（chuán）

【注释】①椽：放置在檩上承托屋面和瓦片的木条。

【译文】椽，椽皮。形符是“木”，声符是“彖”。

榱 秦名为屋椽，周谓之榱，齐鲁谓之桷。从木，衰声。所追切（cuī）

【译文】榱，秦地称之为屋椽，周称之为榱，齐鲁称之为桷。形符是“木”，声符是“衰”。

楣[①] 秦名屋櫋联也。齐谓之檐，楚谓之梠。从木，眉声。武悲切（méi）

【注释】①楣：屋檐口椽木底部的横版。

【译文】楣，秦地用它来称呼屋檐下椽的横木。齐地称之为檐，楚地称之为梠。形符是“木”，声符是“眉”。

梠 楣也。从木，吕声。力举切（lǚ）

【译文】梠，楣。形符是“木”，声符是“吕”。

梍[①] 梠也。从木，㡯声。读若枇杷之枇。房脂切（pí）

【注释】①梍：徐锴《说文解字系传》：“梍即连檐木也。在椽之耑际。”

【译文】梍，屋檐前板。形符是“木”，声符是“㡯”。发音如同“枇杷”的“枇”字。

櫋 屋櫋联也。从木，𩫏省声。武延切（mián）

【译文】櫋，房檐前绵连的木板。形符是“木”，声符是“𩫏”的省文。

檐[1] 𣝗 梍也。从木，詹声。余廉切（yán）

【注释】①檐：屋顶伸出的边沿部分。

【译文】檐，屋檐。形符是“木”，声符是“詹”。

樀[橝] 𣝗 屋梠前也。从木，覃声。一曰，蚕槌[1]。徒含切（tán）

【注释】①蚕槌：养蚕的工具。

【译文】樀，屋檐。形符是“木”，声符是“覃”。一种说法是，养蚕用的木槌。

楀[樀] 𣝗 户楀[1]也。从木，啻声。《尔雅》曰：“檐谓之楀。”读若滴。都历切（dí）

【注释】①户楀：即门檐。

【译文】楀，门檐。形符是“木”，声符是“啻”。《尔雅·释宫》中讲道：“屋檐被称作是樀。”发音如同“滴”字。

植 𣝗 户植也。从木，直声。𣝗，或，从置。常职切（zhí）

【译文】植，门外闭时用以落锁的中立直木。形符是“木”，声符是“直”。𣝗，“植”的异体字，从“置”声。

樞（枢） 𣝗 户樞也。从木，區声。昌朱切（shū）

【译文】樞，门轴或承轴臼。形符是“木”，声符是“區”。

槏 [篆] 户也。从木，兼声。苦减切（qiǎn）

【译文】槏，门槏。形符是“木”，声符是“兼”。

樓（楼） [篆] 重屋也。从木，婁声。洛侯切（lóu）

【译文】樓，多层的房屋。形符是“木”，声符是“婁”。

龒 [篆] 房室之疏也。从木，龍声。卢红切（lóng）

【译文】龒，房屋的窗格。形符是“木”，声符是“龍”。

楯 [篆] 阑楯[1]也。从木，盾声。食允切（shǔn）

【注释】①阑楯：王逸曰：“纵曰欄，横曰楯，今阶除木句欄是也。”

【译文】楯，栏杆。形符是“木”，声符是“盾”。

櫺[欞]（棂） [篆] 楯间子也。从木，霝声。郎丁切（líng）

【译文】櫺，栏杆上的雕花格子。形符是“木”，声符是“霝”。

宋 [篆] 栋也。从木，亡声。《尔雅》曰：“宋廇谓之梁。”武方切（wáng）[1]

【注释】①武方切：现音按《广韵》莫郎切，读máng。

【译文】宋，房屋的大梁。形符是“木”，声符是“亡”。《尔雅·释宫》中讲道：“宋廇称为梁。”

楝 短椽也。从木，柬声。丑录切（chù）[1]

【注释】①丑录切：现音按《广韵》桑谷切，读 sù。

【译文】楝，短的椽子。形符是“木”，声符是“柬”。

杇[1] 所以涂也。秦谓之杇，关东谓之槾。从木，亏声。哀都切（wū）

【注释】①杇：泥镘。

【译文】杇，用来抹墙的工具。秦地称为“杇”，关东地区称为“槾”。形符是“木”，声符是“亏”。

槾 杇也。从木，曼声。母官切（mán）[1]

【注释】①母官切：现音按《广韵》莫半切，读 màn。

【译文】槾，杇。形符是“木”，声符是“曼”。

椳 门枢谓之椳。从木，畏声。乌恢切（wēi）

【译文】椳，门臼称为椳。形符是“木”，声符是“曼”。

楣 门枢之横梁。从木，冒声。莫报切（mào）

【译文】楣，门框放置门枢的横木。形符是“木”，声符是“冒”。

梱[1] 门橛也。从木，困声。苦本切（kǔn）

【注释】①梱：门限。

【译文】梱，门槛。形符是“木”，声符是“困”。

楣[楣] 限也。从木，眉声。先结切（xiè）

【译文】楣，门限。形符是“木”，声符是“眉”。

柤 木闲。从木，且声。侧加切（zhā）

【译文】柤，木栏。形符是“木”，声符是“且”。

槍(枪) 歫也。从木，倉声。一曰，槍，(欀)[攘][①]也。七羊切（qiāng）

【注释】①攘：推。

【译文】槍，一种抵拒用到的武器。形符是“木”，声符是“倉”。一种说法是，槍是推攘。

楗 限门也。从木，建声。其献切（jiàn）

【译文】楗，关门的木闩。形符是“木”，声符是“建”。

櫼 楔也。从木，韱声。子廉切（jiàn）

【译文】櫼，木片楔子。形符是“木”，声符是“韱”。

楔[①] 櫼也。从木，契声。先结切（xiē）

【注释】①楔：上部厚下部薄的木块。

【译文】楔，楔子。形符是“木”，声符是“契”。

柵[栅] 编树木也。从木，从冊，冊亦声。楚革切（zhà）

【译文】栅，编成的竖立的竹木。由“木”、“冊”会意，“冊”也是声符。

杝[1] 篆 落也。从木，也声。读若（他）[阤]。池尔切（zhì）[2]

【注释】①杝：即“篱”。②池尔切：今依唐写本木部残卷力支切，读 lí 。

【译文】杝，篱落。形符是“木”，声符是“也”。发音如同“他”字。

櫜 篆 夜行所击者。从木，橐（tuó）声。《易》曰：“重门击櫜[1]。”他各切（tuò）

【注释】①櫜：同“柝”。

【译文】櫜，夜晚巡视的人所敲击的木梆。形符是“木”，声符是“橐”。《周易·系辞下》中讲道：“设置重门，击櫜巡夜。”

桓 篆 亭邮表也。从木，亘声。胡官切（huán）

【注释】①亭邮表：驿站、官署等旁作标志的木柱，后称华表。

【译文】桓，邮亭旁的表识。形符是“木”，声符是“亘”。

楃 篆 木帐也。从木，屋声。於角切（wò）

【译文】楃，木帐。形符是“木”，声符是“屋”。

橦 篆 帐极也。从木，童声。宅江切（chuáng）

【译文】橦，帐屋高处的横梁。形符是“木”，声符是“童”。

杠 杠 床前横木也。从木，工声。古双切（gāng）

【译文】杠，床前的横木。形符是“木”，声符是“工”。

桯 桯 床前几。从木，呈声。他丁切（tīng）

【译文】桯，床前几。形符是“木”，声符是“呈”。

桱 桱 桱桯也，东方谓之荡。从木，巠声。古零切（jīng）①

【注释】①古零切：现音按《广韵》古定切，读 jìng。

【译文】桱，强劲挺直的横木，东方地区称“荡”。形符是“木”，声符是“巠”。

牀（床） 牀 安身之坐者。从木，爿声。仕庄切（chuáng）

【译文】牀，安身的坐具。形符是“木”，声符是“爿”。

枕 枕 卧所荐首者。从木，冘声。章衽切（zhěn）

【译文】枕，躺卧时用来垫着脑袋的用具。形符是“木”，声符是“冘”。

槭 槭 槭窬（yú），亵器也。从木，威声。於非切（wēi）

【译文】槭，槭窬，也就是夜壶。形符是“木”，声符是“威”。

櫝[櫝](椟) 𣟄 匵也。从木，賣声。一曰，木名。又曰，大梡（kuǎn）也。徒谷切（dú）

【译文】櫝，木匣。形符是"木"，声符是"賣"。一说，树木名。又一说，盛饭菜的食盒。

櫛（栉） 𣡎 梳比之总名也。从木，節声。阻瑟切（zhì）

【译文】櫛，梳子、篦子等梳头发的用具的总称。形符是"木"，声符是"節"。

梳 𣐍 理发[①]也。从木，疏省声。所菹切（shū）

【注释】①理发：指梳理头发，又指梳头的工具。

【译文】梳，梳理头发。形符是"木"，声符是"疏"的省文。

柗 𣐊 剑柙也。从木，合声。胡甲切（xiá）[①]

【注释】①胡甲切：现音按《广韵》古沓切，读gé。

【译文】柗，装剑的剑鞘。形符是"木"，声符是"合"。

槈 𣗲 薅（hāo）[①]器也。从木，辱声。鎒，或，从金。奴豆切（nòu）

【注释】①薅：耘田。

【译文】槈，除草的工具。形符是"木"，声符是"辱"。鎒，"槈"的异体字，从"金"。

㭒 [篆] 苿（huá）[1]臿也。从木；入象形；睸声。举朱切（jū）[2]

【注释】①苿：即“铧”。②举朱切：现音按《广韵》况于切，读xū。

【译文】㭒，掘土用到的铁锹之类的工具。从“木”；“入”，象两刃之形，“睸”声。

苿 [篆] 两刃臿也。从木；丫象形。宋、魏曰苿也。釫，或，从金，从亏（yú）。互瓜切（huá）

【译文】苿，两边都有刃的掘土的工具。从“木”；丫，象双刃之形。宋、魏地区称“苿”。釫，“苿”的异体字，形符是“金”，声符是“亏”。

相 [篆] 臿也。从木，目声。一曰，徙土輂，齐人语也。梩，或，从里。详里切（sì）

【译文】相，掘土的工具。形符是“木”，声符是“目”。一说，搬运土石的器具，是齐地的方言。梩，“相”的异体字，从“里”声。

枱 [篆] 耒端也。从木，台声。鈶，或，从金。𨐨，籀文，从辝。弋之切（yí）[1]

【注释】①弋之切：现音按《集韵》象齿切，读sì。

【译文】枱，耒下端的木。形符是“木”，声符是“台”。鈶，“枱”的异体字，从“金”。𨐨，籀文中的“枱”字，从“辝”声。

楎 𣜬 六叉犁。一曰，犁上曲木，犁辕。从木，軍声。读若渾天之渾。户昆切（hún）

【译文】楎，有六只歧刃的犁。一说，“楎”是犁上的曲木柄，也就是犁辕。形符是“木”，声符是“軍”。发音如同“渾天”的“渾”字。

櫌 𣜬 摩田器。从木，憂声。《论语》曰：“櫌而不辍。”於求切（yōu）

【译文】櫌，碎土平田用的农具。形符是“木”，声符是“憂”。《论语·微子第十八》中讲道：“覆盖种子而不停。”

欘 𣜬 斫也，齐谓之镃錤[1]。一曰，斤柄性自曲者。从木，屬声。陟玉切（zhú）

【注释】①镃錤：锄头。

【译文】欘，古代锄头一类斫地的农具。齐地称“镃錤”。一说，斧头的柄，自然弯曲的木柄。形符是“木”，声符是“屬”。

櫡 𣜬 斫谓之櫡。从木，箸声。张略切（zhuó）

【译文】櫡，大斧、锄头之类的工具。形符是“木”，声符是“箸”。

杷 𣜬 收麦器。从木，巴声。蒲巴切（pá）

【译文】杷，收集谷麦的器具。形符是“木”，声符是“巴”。

椴 𣞏 穜楼也。一曰，烧麦柃椴。从木，役声。与辟切（yì）[①]

【注释】①与辟切：现音按《集韵》刑狄切，读 xí。

【译文】椴，下种的耧。一说，熬麦的名叫柃椴的器皿。形符是“木”，声符是“役”。

柃 𣏦 木也。从木，令声。郎丁切（líng）

【译文】柃，树木的名字。形符是“木”，声符是“令”。

梻 𣐿 击禾连枷也。从木，弗声。敷弗切（fú）

【译文】梻，脱粒用的农具。形符是“木”，声符是“弗”。

枷 𣏣 梻也。从木，加声。淮南谓之柍（yàng）。古牙切（jiā）

【译文】枷，打谷的连枷。形符是“木”，声符是“加”。淮南地区称为“柍”。

杵 𣏌 舂杵也。从木，午声。昌与切（chǔ）

【译文】杵，捣粟用的棒槌。形符是“木”，声符是“午”。

槩[概] 𣞒 杚[①]斗斛。从木，既声。工代切（gài）

【注释】①杚（gài）：平。今经典多作概。

【译文】槩，称量谷物时用来刮平斗斛的工具。形符是“木”，声符是“既”。

杚[杚] 平也。从木，气声。古没切（gǔ）[1]

【注释】①古没切：现音按《玉篇》柯爱切，读 gài。

【译文】杚，刮平。形符是“木”，声符是“气”。

棤 木参交以（枝）[支]炊籅（yù）者也。从木，省声。读若骊驾。所绠切（shěng）

【译文】棤，三根木材交叉，以此来承托滤米箕。形符是“木”，声符是“省”。发音如同“骊驾”的“骊”字。

柶 《礼》有柶。柶匕也。从木，四声。息利切（sì）

【译文】柶，《仪礼》中有“柶”。“柶”即两端弯曲的勺子。形符是“木”，声符是“四”。

桮[杯] 𠤳（gòng）也。从木，否声。，籀文桮。布回切（bēi）

【译文】桮，杯子。形符是“木”，声符是“否”。，籀文中的“桮”字。

槃[盤](盘) 承槃也。从木，般声。鎜，古文，从金。盤，籀文，从皿。薄官切（pán）

【译文】槃，洗漱时用来接水的盘子。形符是“木”，声符是“般”。鎜，古文中的“槃”字，从“金”。盤，籀文中的“槃”字，从“皿”。

榹 盘也。从木，虒声。息移切（sī）

【译文】榹，木盘。形符是“木”，声符是“虒”。

案 几属。从木，安声。乌旰切（àn）

【译文】案，几类的器物。形符是“木”，声符是“安”。

檈[檈] 圜案也。从木，瞏声。似沿切（xuán）

【译文】檈，古代有足的圆形的食物托盘。形符是“木”，声符是“瞏”。

椷 （莀）[篋]也。从木，咸声。古咸切（jiān）

【译文】椷，箱匣。形符是“木”，声符是“咸”。

枓 勺也。从木，从斗。之庾切（zhǔ）

【译文】枓，木勺。由“木”和“斗”会意。

杓 枓柄[①]也。从木，从勺。甫摇切（biāo）

【注释】①枓柄：勺柄。

【译文】杓，枓柄。由“木”和“勺”会意。

櫑[罍] 龟目酒尊，刻木作云雷象。象施不穷也。从木，畾声。罍，櫑或，从缶。罍，櫑或，从皿。櫑，籀文櫑。鲁回切（léi）

【译文】櫑，饰有龟眼的盛酒器，在木头上雕刻云、雷的样子，象征君王普施恩泽于天下。形符是“木”，声符是“畾”。

[seal]，“櫑”的异体字，形符是“缶”。[seal]，“櫑”的异体字，形符是“皿”。[seal]，籀文中的“櫑”字。

椑 [seal] 圜榼也。从木，卑声。部迷切（pí）

【译文】椑，扁圆形的盛酒器皿。形符是“木”，声符是“卑”。

榼 [seal] 酒器也。从木，盍声。枯蹋切（kē）

【译文】榼，盛酒器。形符是“木”，声符是“盍”。

櫴（椭） [seal] 车笭中櫴櫴器也。从木，隋声。徒果切（duò）[1]

【注释】①徒果切：现音按《广韵》他果切，读 tuǒ。

【译文】櫴，车前木格栏内中椭圆而狭长的器皿。形符是“木”，声符是“隋”。

槌[1] [seal] 关东谓之槌，关西谓之椄。从木，追声。直类切（zhuì）

【注释】①槌：放置蚕箔的木柱。

【译文】槌，关东地区称之为“槌”，关西地区称之为“椄”。形符是“木”，声符是“追”。

椄[1] [seal] 槌也。从木，特省声。陟革切（zhé）

【注释】①椄：横木。

【译文】椄，蚕槌。形符是“木”，声符是“特”的省文。

栚[栚] 𣝔 槌之横者也。关西谓之(𣟄)[㭼]。从木，𢍏(zhuàn)声。直衽切(zhèn)

【译文】栚，架着蚕箔的横木。关西称为“㭼”。形符是“木”，声符是“𢍏”。

槤[1](梿) 槤 瑚槤[1]也。从木，連声。里典切(liǎn)

【注释】①瑚槤：又作瑚琏。

【译文】槤，古代祭祀時盛黍稷的器皿。形符是“木”，声符是“連”。

橫 橫 所以几器。从木，廣声。一曰，帷[1]屏风之属。胡广切(huǎng)

【注释】①帷：帷幔。

【译文】橫，搁置物品的器具。形符是“木”，声符是“廣”。一种说法是，屏风之类的东西。

㮳 㮳 举食者。从木，具声。俱烛切(jú)

【译文】㮳，承托食物的器皿。形符是“木”，声符是“具”。

槩 槩 繘(yù)耑木也。从木，殸声。古诣切(jì)

【译文】槩，汲水井索上端的横木。形符是“木”，声符是“殸”。

檷 [seal script] 络丝檷。从木，爾声。读若柅。奴礼切（nǐ）

【译文】檷，络丝的架子。形符是“木”，声符是“爾”。发音如同“柅”字。

機（机） [seal script] 主发谓之機。从木，幾声。居衣切（jī）

【译文】機，操控发动的部分称为機。形符是“木”，声符是“幾”。

縢 [seal script] 机持经者。从木，朕声。诗证切（shèng）

【译文】縢，织布机上用来夹持经纱的筘。形符是“木”，声符是“朕”。

杼① [seal script] 机之持纬者。从木，予声。直吕切（zhù）

【注释】①杼：织布的梭子。

【译文】杼，木制的向两头投送纬线的构件。形符是“木”，声符是“予”。

椱［複］ [seal script] 机持缯者。从木，复声。扶富切（fù）

【译文】椱，织布机上卷布用的轴。形符是“木”，声符是“复”。

楥［楦］ [seal script] 履法也。从木，爰声。读若指抆。吁券切（xuàn）

【译文】楥，鞋模。形符是“木”，声符是“爰”。发音如同“指抆”的“抆”字。

核 蛮夷以木皮为篋，状如籢尊[1]。从木，亥声。古哀切（gāi）

【注释】①籢：镜匣，今作奁。尊：籑之误，冠箱。

【译文】核，少数民族地区用它的皮来制作匣子，形似镜匣、冠箱。形符是“木”，声符是“亥”。

棚 栈也。从木，朋声。薄衡切（péng）

【译文】棚，楼阁。形符是“木”，声符是“朋”。

棧(栈) 棚也。竹木之车曰棧。从木，戔声。士限切（zhàn）

【译文】棧，棚。用竹木制作而成的车别称“棧”。形符是“木”，声符是“戔”。

栫 以柴木壅也。从木，存声。徂闷切（zùn）[1]

【注释】①徂闷切：现音按《广韵》在甸切，读 jiàn。

【译文】栫，用柴木进行堵塞。形符是“木”，声符是“存”。

槶 筐当也。从木，國声。古悔切（guì）

【译文】槶，器物容纳东西的空廓部分。形符是“木”，声符是“國”。

梯 木阶也。从木，弟声。土鸡切（tī）

【译文】梯，木制的阶梯。形符是“木”，声符是“弟”。

棖（枨） 杖[①]也。从木，長声。一曰，法也。宅耕切（chéng）

【注释】①杖：即持。

【译文】棖，支柱。形符是“木”，声符是“長”。一种说法是，支撑。

桊 牛鼻中环也。从木，𢍏声。居倦切（juàn）

【译文】桊，挂在牛鼻子中的铁环。形符是“木”，声符是“𢍏”。

椯 箠也。从木，耑声。一曰，椯度也。一曰，剟（duó）也。兜果切（duǒ）

【译文】椯，马鞭。形符是“木”，声符是“耑”。一说，揣度。另一说，刺马针。

橜[橛] 弋也。从木，厥声。一曰，门梱也。瞿月切（jué）

【译文】橜，橛子。形符是“木”，声符是“厥”。一说，放置在两门之间用作隔档的短木。

樴（枳） 弋也。从木，戠声。之弋切（zhí）

【译文】樴，小木桩。形符是“木”，声符是“戠”。

杖 持[1]也。从木，丈声。直两切（zhàng）

【译文】杖，持握的木棍。形符是“木”，声符是“丈”。

柭 棓（bàng）[1]也。从木，犮声。北末切（bō）[2]

【注释】①棓：后作“棒”。②北末切：现音按《集韵》布拔切，读 bā。

【译文】柭，木棒。形符是“木”，声符是“犮”。

棓 棁（tuō）[1]也。从木，咅声。步项切（bàng）

【注释】①棁：木杖。

【译文】棓，棒子。形符是“木”，声符是“咅”。

椎 击也。齐谓之终葵。从木，隹声。直追切（chuí）

【译文】椎，捶击之器。齐地称之为“终葵”。形符是“木”，声符是“隹”。

柯 斧柄也。从木，可声。古俄切（kē）

【译文】柯，斧子的柄。形符是“木”，声符是“可”。

棁 木杖也。从木，兑声。他活切（tuō），又之说切（zhuō）

【译文】棁，木杖。形符是“木”，声符是“兑”。

柄 柯也。从木，丙声。棅，或，从秉。陂病切（bìng）①

【注释】①陂病切：现音按《集韵》补永切，读 bǐng。

【译文】柄，斧柄。形符是“木”，声符是“丙”。棅，“柄”的异体字，从“秉”声。

柲 欑也。从木，必声。兵媚切（bì）

【译文】柲，兵器的柄。形符是“木”，声符是“必”。

欑 积竹杖也。从木，贊声。一曰，穿也。一曰，丛木。在丸切（cuán）

【译文】欑，积攒竹条制作而成的杖。形符是“木”，声符是“贊”。一说，穿孔。另一说，丛生聚集的树木。

𣐿 籆（yuè）柄也。从木，尸声。柅，𣐿或，从木，尼声。女履切（nǐ）①

【注释】①女履切：现音按《广韵》丑利切，读 chì。

【译文】𣐿，络丝车的摇把。形符是“木”，声符是“尸”。柅，“𣐿”的异体字，形符是“木”，声符是“尼”。

㮄[榜] 所以辅弓弩。从木，㫄声。补盲切（bēng）

【译文】㮄，用作辅正弓弩的器物。形符是“木”，声符是“㫄”。

檠 [篆] 榜也。从木，敬声。巨京切（qíng）

【译文】檠，矫正弓弩的器具。形符是“木”，声符是“敬”。

隱 [篆] 栝也。从木，隐省声。於谨切（yǐn）

【译文】隱，矫正曲木的器具。形符是“木”，声符是“隐”的省文。

桰[栝] [篆] 隱也。从木，昏声。一曰，矢栝筑弦处。古活切（kuò）

【译文】桰，隱。形符是“木”，声符是“昏”。一说，在箭的末端用来扣弓弦的地方。

棊[棋] [篆] 博[1]棊。从木，其声。渠之切（qí）

【注释】①博：即簙。

【译文】棊，比输赢的棋具。形符是“木”，声符是“其”。

椄 [篆] 续木也。从木，妾声。子叶切（jié）[1]

【注释】①子叶切：现音按《广韵》即叶切，读 jiē。

【译文】椄，嫁接花木。形符是“木”，声符是“妾”。

㭘 [篆] 㭘双[1]也。从木，夅声。读若鸿。下江切（xiáng）

【注释】①㭘双：朱骏声《说文通训定声》：“㭘双，叠韵连语，即筞也。如今粮艘以篷席为帆也。”

【译文】㭘，用篷席做成的船帆。形符是“木”，声符是“夅”。

发音如同“鸿”字。

栝　炊灶木。从木，舌声。他念切（tiàn）[①]

【注释】①他念切：现音按《广韵》他玷切，读 tiǎn。

【译文】栝，烧火用到拨火棍。形符是“木”，声符是“舌”。

槽　（畜獸）[嘼]（chù）之食器。从木，曹声。昨牢切（cáo）

【译文】槽，用来盛饲料喂牲畜的器具。形符是“木”，声符是“曹”。

臬　射准的也。从木，从自。五结切（niè）

【译文】臬，射箭的靶子。由“木”和“自”会意。

桶　木方[器也]，受[十]六升。从木，甬声。他奉切（tǒng）

【译文】桶，木制的方形器物，可以容纳六升的稻谷。形符是“木”，声符是“甬”。

櫓（橹）　大盾也。从木，魯声。樐，或，从鹵。郎古切（lǔ）

【译文】櫓，大盾牌。形符是“木”，声符是“魯”。樐，“櫓”的异体字，从“鹵”声。

樂(乐) 五声[1]、八音[2]总名。象鼓鞞。木，虡[3]也。玉角切(yuè)

【注释】①五声：宫、商、角、徵、羽。②八音：丝、竹、金、石、匏、土、革和木。③虡(jù)：悬挂在钟鼓架子两旁的柱子。

【译文】樂，五声、八音的总称。“𢆶”，象鼓鞞的样子。“木”，鼓鞞的支架。

柎 阑足[1]也。从木，付声。甫无切(fū)

【注释】①阑足：钟鼓架下装饰为猛兽的足。

【译文】柎，钟鼓架下装饰的足。形符是“木”，声符是“付”。

枹 击鼓杖也。从木，包声。甫无切(fū)[1]

【注释】①甫无切：现音按《广韵》缚谋切，读fú。

【译文】枹，击鼓槌子。形符是“木”，声符是“包”。

椌 柷。乐也。从木，空声。苦江切(qiāng)

【译文】椌，柷，古代一种打击乐器。形符是“木”，声符是“空”。

柷 乐，木空也。所以止音为节。从木，祝省声。昌六切(zhù)

【译文】柷，一种打击乐器，木制而中空。可以柷止之音，以为节奏。形符是“木”，声符是“祝”的省文。

槧(椠) 牘(dú)朴也。从木，斬声。自琰切(jiàn)[①]

【注释】①自琰切：现音按《广韵》七艳切，读 qiàn。

【译文】槧，书版的坯子。形符是"木"，声符是"斬"。

札 牒也。从木，乙声。侧八切(zhá)

【译文】札，写字用的小薄木片。形符是"木"，声符是"乙"。

檢(检) 书署也。从木，僉声。居奄切(jiǎn)

【译文】檢，封书题签。形符是"木"，声符是"僉"。

檄 二尺书。从木，敫声。胡狄切(xí)

【译文】檄，长二尺的文书。形符是"木"，声符是"敫"。

棨 传(zhuàn)，信也。从木，啓省声。康礼切(qǐ)

【译文】棨，又称传，用作凭证。形符是"木"，声符是"啓"的省文。

梥 车历录束文也[①]。从木，孜声。《诗》曰："五梥梁輈(zhōu)。"莫卜切(mù)

【注释】①车历录束文也：王筠《说文解字句读》："谓车辕以革束之，其文历录然也。"段氏谓历录，分明貌。

【译文】梥，车辕上明显的束纹。形符是"木"，声符是"孜"。《诗经·秦风·小戎》中讲道："弯曲的车辕上有五束明显的花纹。"

枑 行马[①]也。从木，互声。《周礼》曰："设梐枑[②]再重。"胡误切（hù）

【注释】①行马：官府门前设置的阻碍通行的东西，通常由木头交叉而成。②梐枑：王筠《说文解字句读》："单言'互'，便是行马；连言'梐枑'，仍是行马。"

【译文】枑，行马。形符是"木"，声符是"互"。《周礼·天官冢宰·掌舍》中讲道："设置两重行马。"

梐 梐枑也。从木，陛省声[①]。边兮切（bī）[②]

【注释】①陛省声：段玉裁《说文解字注》："当作坒声。"②边兮切：现音按《广韵》傍礼切，读 bì。

【译文】梐，梐枑。形符是"木"，声符是"陛"的省文。

极 驴上负也。从木，及声。（或）读若急。其辄切（jié）[①]

【注释】①其辄切：现音读，jí。

【译文】极，驴背上用来负重的木架。形符是"木"，声符是"及"。有时发音如同"急"字。

𣏹 极也。从木，去声。去鱼切（qū）

【译文】𣏹，驮鞍。形符是"木"，声符是"去"。

槅 大车枙也。从木，鬲声。古核切（gé）

【译文】槅，大车辕前套在牛颈上的曲木。形符是"木"，声符是“鬲”。

樔 [篆] 车毂（gǔ）中空也。从木，喿声。读若薮（sǒu）。山枢切（shū）

【译文】樔，车毂中间穿车轴的孔。形符是“木”，声符是“喿”。发音如同“薮”字。

楇 [篆] 盛膏器。从木，咼声。读若过。乎卧切（huò）

【译文】楇，古代盛润滑车轴油膏的器皿。形符是“木”，声符是“咼”。发音如同“过”字。

枊 [篆] 马柱。从木，卬声。一曰，坚也。吾浪切（àng）

【译文】枊，拴马桩。形符是“木”，声符是“卬”。一种说法是“坚”。

棝 [篆] 棝斗①，可射鼠。从木，固声。古慕切（gù）

【注释】①棝斗：射鼠器。

【译文】棝，棝斗，古代一种射老鼠的器具。形符是“木”，声符是“固”。

欙 [篆] 山行所乘者。从木，纍声。《虞书》曰：“予乘四载。”水行乘舟，陆行乘车，山行乘欙，泽行乘輴。力追切（léi）

【译文】樏，古代走山路乘坐的器具。形符是“木”，声符是“纍”。《尚书·虞书·皋陶谟》中讲道：“我乘坐四种运输工具。”在水上行走乘船，在陆地上行走乘车，在山中行走乘樏，在泽地行走乘輴。

榷[1] 水上横木，所以渡者也。从木，隺声。江岳切（jué）[2]

【注释】①榷：独木桥。②江岳切：现音按《广韵》古岳切，读 què。

【译文】榷，架在水上的横木，靠它来渡过河流。形符是“木”，声符是“隺”。

橋（桥） 水梁也。从木，喬声。巨骄切（qiáo）

【译文】橋，架在水上的桥梁。形符是“木”，声符是“喬”。

梁 水桥也。从木，从水，刅（chuāng）声。𣳠，古文。吕张切（liáng）

【译文】梁，架在水上的桥。由“木”跨“水”上会意，“刅”声。𣳠，古文中的“梁”字。

梭［櫻］ 船緫名。从木，叜声。穌遭切（sāo）[1]

【注释】①穌遭切：现音读，sōu。

【译文】梭，船的统称。形符是“木”，声符是“叜”。

橃 [篆] 海中大船。从木，發声。房越切（fá）

【译文】橃，海中大船。形符是“木”，声符是“發”。

楫 [篆] 舟棹也。从木，咠声。子叶切（jié）[①]

【注释】①子叶切：现音按《广韵》秦入切，读jí。

【译文】楫，船桨。形符是“木”，声符是“咠”。

欚 [篆] 江中大船名。从木，蠡声。卢启切（lǐ）

【译文】欚，江中大船的名称。形符是“木”，声符是“蠡”。

校 [篆] 木囚也。从木，交声。古孝切（jiào）

【译文】校，木制囚系人的桎梏。形符是“木”，声符是“交”。

樔 [篆] 泽中守艸楼。从木，巢声。锄交切（cháo）

【译文】樔，泽中守望的草楼。形符是“木”，声符是“巢”。

采 [篆] 捋取也。从木，从爪。仓宰切（cǎi）

【译文】采，摘取。由“木”和“爪”会意。

柹 [篆] 削木札（樸）[朴][①]也。从木，巿声。陈楚谓（椟）[牍][②]为柹。芳吠切（fèi）

【注释】①樸：徐锴《说文解字系传》作朴。②椟：桂馥《说文解字义证》：“椟当作牍。”牍，写字用的狭长木板。

【译文】柹，削木皮或削小木片的皮。形符是“木”，声符是“巢”。陈、楚地区将“椟”称之为“柿”。

横 横 阑木也。从木，黄声。户盲切（héng）
【译文】横，拦门的横木。形符是“木”，声符是“黄”。

梜 梜 检柙也。从木，夾声。古洽切（jiā）
【译文】梜，收藏物品的器具。形符是“木”，声符是“夾”。

桄 桄 充也。从木，光声。古旷切（guàng）
【译文】桄，充满。形符是“木”，声符是“光”。

檇 檇 以木有所捣也。从木，雋声。《春秋传》曰：“越败吴于檇李。”遵为切[①]（zuī）

【注释】①遵为切：现音读按照《广韵》将遂切，zuì。

【译文】檇，用木头来捶打东西。形符是“木”，声符是“雋”。《左传・定公十四年》中讲道：“越国在檇李击败吴国。”

椓 椓 击也。从木，豖声。竹角切（zhuó）
【译文】椓，击打。形符是“木”，声符是“豖”。

朾 朾 （橦）[撞]也。从木，丁声。宅耕切（chéng）
【译文】朾，撞击。形符是“木”，声符是“丁”。

柧 柧 棱也。从木，瓜声。又，柧棱，殿堂上最高之处也。古胡切（gū）

【译文】柧，棱角。符是“木”，声符是“瓜”。另外，柧棱即屋角瓦脊。

棱 柧[①]也。从木，夌声。鲁登切（léng）

【注释】①柧：棱角。

【译文】棱，柧。形符是“木”，声符是“夌”。

櫱[蘖] 伐木余也。从木，獻声。《商书》曰：“若颠木之有甹櫱。”欁，櫱或，从木，辥声。朩，古文櫱，从木，无头。栓，亦古文櫱。五葛切（è）[①]

【注释】①五葛切：现音按《广韵》鱼列切，读niè。

【译文】櫱，被砍伐树木剩下的株干和新枝。形符是“木”，声符是“獻”。《尚书·盘庚上》中讲：“像倒伏的树木又长出新枝新叶之有甹櫱。”欁，“櫱”的异体字，形符是“木”，声符是“辥”。朩，古文“櫱”字，从“木”，缺字头。栓，也是古文“櫱”字。

枰 平也。从木，从平，平亦声。蒲兵切（píng）

【译文】枰，棋盘。由“木”和“平”会意，“平”也是声符。

柆 折木也。从木，立声。卢合切（lā）

【译文】柆，折断木头。形符是“木”，声符是“立”。

槎 衺斫也。从木，差声。《春秋传》曰：“山不槎。”[①]侧下切（zhǎ）[②]

【注释】①《春秋传》：唐写本木部残卷作《春秋国

语》。此指《国语》。②侧下切：现音按《广韵》士下切，读 zhà。

【译文】槎，斜砍树木。形符是“木”，声符是“差”。《国语》中讲道：“山林不砍不伐。”

柮  断也。从木，出声。读若《尔雅》“貀无前足”之“貀”。女滑切（nà）[①]

【注释】①女滑切：现音按《广韵》当没切，读 duò。

【译文】柮，断。形符是“木”，声符是“出”。发音如同《尔雅·释兽》中“貀无前足”里的“貀”字。

檮[檮](梼)  断木也。从木，𠷎声。《春秋传》曰：“檮柮。”徒刀切（táo）

【译文】檮，断木。形符是“木”，声符是“𠷎”。《左传·文公十六年》中讲道：“檮柮。”

析  破木也。一曰，折也。从木，从斤。先激切（xī）

【译文】析，劈开木头。一说，折断。由“木”和“斤”会意。

棷  木薪也。从木，取声。侧鸠切（zōu）

【译文】棷，木柴。形符是“木”，声符是“取”。

棞 梱，木薪也。从木，完声。胡本切（hùn）[①]

【注释】①胡本切：现音按《集韵》胡昆切，读 hún。

【译文】梡，又名梱，木柴。形符是“木”，声符是“完”。

梱 梱 梡，木未析也。从木，圂声。胡昆切（hún）

【译文】梱，梡，木柴没有劈开。形符是“木”，声符是“圂”。

楄 楄 楄部，方木也。从木，扁声。《春秋传》曰：“楄部荐干。”部田切（pián）

【译文】楄，楄部，短的方椽子。形符是“木”，声符是“扁”。《左传·昭公二十五年》中讲道：“用方木垫着骸骨。”

楅 楅 以木有所逼束也。从木，畐声。《诗》曰：“夏而楅衡。”彼即切（bī）

【译文】楅，用木头对某物有所逼迫和约束。形符是“木”，声符是“畐”。《诗经·鲁颂·閟宫》中讲道：“夏天，将木横着系在牛角上。”

枼 枼 （楄）[牑][①]也。枼，薄也。从木，世声。与涉切（yè）

【注释】①楄：从唐写本木部残卷作牑，床板。

【译文】枼，牑。枼即薄木片。形符是“木”，声符是“世”。

槱 槱 积（火）[木]燎之也。从木，从火，酉声。《诗》曰：“薪之槱之。”《周礼》：“以槱燎祠司中、

司命。”祠，柴祭天神，或从示。余救切（yòu）[1]

【注释】①余救切：现音按《广韵》与久切，读 yǒu。

【译文】槱，堆积木柴以此来燃烧。由“木”和“火”会意，“酉”声。《诗经·大雅·棫樸》中讲道：“棫树茂盛，砍掉它，堆起焚烧。”《周礼·春官·大宗伯》中讲道：“用积薪焚烧以此来祭祀司中神和司命神。”祠，用焚柴来祭祀上天，“槱”的异体字，从“示”。

休 㣠 息止也。从人依木。庥，休或，从广。许尤切（xiū）

【译文】休，休息。由“人”依靠着“木”会意。庥，“休”的异体字，从“广”。

桓[亘] 𣞟 竟也。从木，恒声。亙，古文桓。古邓切（gèn）

【译文】桓，终竟。形符是“木”，声符是“恒”。亙，古文中的“桓”字。

械 𣞟 桎梏也。从木，戒声。一曰，器之緫名。一曰，持也[1]。一曰，有盛（chéng）为械，无盛为器[2]。胡戒切（xiè）

【注释】①持：段玉裁注：“各本治作持，恐是唐人讳改。”②王筠：“《六书故》引唐本或说：内盛为器，外盛为械。”

【译文】械，木制束缚手脚的刑具。形符是“木”，声符是“戒”。一说，器物的总称。一说，治理。一说，能够容纳东西的称作“械”，不能容纳东西的称作“器”。

杽 㭁 械也。从木，从手，手亦声。敕九切（chǒu）

【译文】杽，木制刑具。由“木”和“手”会意，“手”也是声符。

桎 㮳 足械也。从木，至声。之日切（zhì）

【译文】桎，束缚脚的刑具。形符是“木”，声符是“至”。

梏 𣏗 手械也。从木，告声。古沃切（gù）

【译文】梏，束缚手的刑具。形符是“木”，声符是“告”。

櫪 櫪 櫪欐，（椑）[柙]指也。从木，歷声。郎击切（lì）

【译文】櫪，櫪欐，用木套压手指的刑具。形符是“木”，声符是“歷”。

欐 欐 櫪欐也。从木，斯声。先稽切（xī）

【译文】欐，櫪欐。形符是“木”，声符是“斯”。

檻（槛） 檻 栊也。从木，監声。一曰圈（juàn）。胡黯切（jiàn）

【译文】檻，关禽兽的木笼。形符是“木”，声符是“監”。一说，圈。

櫳（栊） 檻也。从木，龍声。卢红切（lóng）

【译文】櫳，檻。形符是“木”，声符是“龍”。

柙 檻也。[可]以[盛]藏虎兕。从木，甲声。，古文柙。乌匣切（yā）①

【注释】①乌匣切：现音按《广韵》胡甲切，读 xiá。

【译文】柙，檻。可以用来藏养老虎和犀牛。形符是“木”，声符是“甲”。，古文中的“柙”字。

棺 关也。所以掩尸。从木，官声。古丸切（guān）

【译文】棺，关。用它来掩盖尸体。形符是“木”，声符是“官”。

櫬（榇） 棺也。从木，親声。《春秋传》曰：“士舆櫬。”初仅切（chèn）

【译文】櫬，棺材。形符是“木”，声符是“親”。《左传·僖公六年》中讲道：“士人们抬着櫬棺。”

槥 棺椟也。从木，彗声。祥岁切（huì）

【译文】槥，粗陋的小棺材。形符是“木”，声符是“彗”。

槨［椁］［椁］ 葬有木章也。从木，章声。古博切（guǒ）

【译文】欂，外棺。形符是“木”，声符是“章”。

楬 楬（桀）[櫱][1]也。从木，曷声。（《春秋传》）[《周礼》][2]曰：“楬而书之。”其谒切（jié）

【注释】①楬桀：唐写本残卷作楬櫱。②《春秋传》：应作《周礼》。

【译文】楬，用小木有所标志。形符是“木”，声符是“曷”。《周礼·地官·泉府》中讲道：“将它标志并写明。”

梟（枭） 不孝鳥也。日至，捕梟磔[1]之。从鳥头在木上。古尧切（jiāo）[2]

【注释】①磔（zhé）：肢解。②古尧切：现音读 xiāo

【译文】梟，一种不孝的鳥。夏至日，捕捉鳥裂解其肢体。由“鳥”在“木”上会意。

棐 辅也。从木，非声。敷尾切（fěi）

【译文】棐，辅正弓弩的器具。形符是“木”，声符是“非”。

文四百二十一 重三十九

東（东） 动也。从木。官溥说：从日在木中。凡東之属皆从東。得红切（dōng）

【译文】東，萌发。从“木”。官溥讲道：象太阳从树木中升出。但凡是“東”的部属都从“東”。

棘  二东，曹从此。阙。（cáo）

【译文】棘，由两个“柬”字构成，“曹”字从棘。音义记载不详。

文二

林  平土有丛木曰林。从二木。凡林之属皆从林。力寻切（lín）

【译文】林，平地上有丛聚的树木称为“林”。由两个“木”字会意。但凡是“林”的部属都从“林”。

橆［無］（无）  丰也。从林、奭，或说规模字。从大；卌（xì），数之积也；林者，木之多也。卌与庶同意。《商书》曰：“庶艸繁無。”文甫切（wǔ）

【译文】橆，丰盛。由“林”和“奭”会意，有人认为“橆”是“规模”中的“模”字。从“大”；“卌”，表示数目的积累。“林”表示树木众多。“卌”和“庶”同意。《尚书·商书·洪范》中讲道：“百草丰茂。”

鬱（郁）  木丛生者。从林，（鬱）［鬱］省声。迂弗切（yù）

【译文】鬱，树木丛生。形符是“木”，声符是“鬱”的省文。

楚  丛木。一名荆也。从林，疋声。创举切（chǔ）

【译文】楚，丛生的树木。又称荆树。形符是“木”，声符是“疋”。

棽　木枝条棽俪皃。从林，今声。丑林切（chēn）

【译文】棽，树木枝叶繁盛茂密的样子。形符是“木”，声符是“今”。

楙[1]　木盛也。从林，矛声。莫候切（mào）

【注释】①楙：段玉裁注：“此与艸部‘茂’音义皆同”。

【译文】楙，树木茂盛。形符是“木”，声符是“矛”。

麓　守山林吏也。从林，鹿声。一曰，林属[1]于山为麓。《春秋传》曰：“沙麓崩。”，古文，从录。卢谷切（lù）

【注释】①属（zhǔ）：连接。

【译文】麓，守护山林的官吏。形符是“木”，声符是“鹿”。一说，树木连接于山称作“麓”。《左传·僖公十四年》中讲道：“沙麓崩。”，古文“麓”字，从“录”声。

棼　复屋栋也。从林，分声。符分切（fén）

【译文】棼，阁楼的梁栋。形符是“木”，声符是“分”。

森　木多皃。从林，从木。读若曾参之参。所今切（sēn）

【译文】森，树木众多的样子。由“林”和“木”会意。发音如同“曾参”的“参”字。

文九　重一

才　艸木之初也。从丨（gǔn）上贯一将生枝叶。一，地也。凡才之属皆从才。昨哉切（cái）

【译文】才，草木初生的样子。由“丨”向上面横贯“一”，表示破土而出萌生枝叶。“一”，表示地面。但凡“才”的部属都从“才”。

文一

卷十二

叒 ![] 日初出东方汤谷[1]，所登榑(fú)桑，叒木也。象形。凡叒之属皆从叒。![]，籀文。而灼切（ruò）

【注释】①汤谷：海上太阳升起的地方，又叫旸谷。

【译文】叒，太阳从东方汤谷地区升起，爬上了扶桑树，即叒木。象扶桑婀娜之形。但凡是“叒”的部属都从“叒”。![]，籀文“叒”字。

桑 ![] 蚕所食叶木。从叒、木。息郎切（sāng）

【译文】桑，蚕所食用的桑叶树。由“叒”和“木”会意。

文二 重一

㞢[1][之] ![] 出也。象艸过屮（chè），枝茎益大，有所之。一者，地也。凡之之属皆从之。止而切（zhī）

【注释】①㞢：即草木滋长。

【译文】㞢，长出。象草经过了“屮”的阶段，枝茎日渐长大，有滋长而出的样子。“一”，地。但凡是“之”的部属都从“之”。

㞷 㞷 草木妄生也。从之在土上。读若皇。户光切（huáng）

【译文】 㞷，草木胡乱地生长。由“之”在“土”上会意。发音如同“皇”字。

文二 重一

帀 帀 周也。从反之而帀也。凡帀之属皆从帀。周盛说。子荅切（zā）

【译文】 帀，环绕周遍。把“之”字倒过来就成了“帀”。但凡是“帀”的部属都从“帀”。

師（师） 師 二千五百人为師。从帀，从𠂤[①]；𠂤，四帀，众意也。𡂳，古文師。疎夷切（shī）

【注释】 ①𠂤（duī）：俗作“堆”。

【译文】 師，二千五百人编制为一師。由“帀”和“𠂤”会意。“𠂤”，四帀，表示众多的意思。𡂳，古文中的“師”字。

文二 重一

出 出 进也。象艸木益滋，上出达也。凡出之属皆从出。尺律切（chū）

【译文】 出，长进。象草木进一步生长，向上伸出枝条。但凡是“出”的部属都从“出”。

敖 游也。从出，从放。五牢切（áo）

【译文】敖，出游。由“出”和“放”会意。

賣（卖）  出物货也。从出，从買。莫邂切（mài）

【译文】賣，出賣货物。由“出”和“買”会意。

糶(粜) 出谷也。从出，从糴(dí)，糴亦声。他吊切(tiào)

【译文】糶，卖出谷物。由“出”和“糴”会意，“糴”也是声符。

𣫓 槷𣫓，不安也。从出，臬声。《易》曰：“槷𣫓。”五结切（niè）

【译文】𣫓，槷𣫓，表示不安的意思。形符是“出”，声符是“臬”。《周易·困卦》中讲道：“槷𣫓。”

文五

朩 艸木盛朩朩[1]然。象形，八声。凡朩之属皆从朩。读若辈。普活切（pò）

【译文】朩，草木茂盛的样子。象形字。声符是“八”。但凡是“朩”的部属都从“朩”。发音如同“辈”字。

𣎵 艸木𣎵孛之貌。从朩，畀声。於贵切(wèi)

【译文】𣎵，草木盛美的样子。形符是“朩”，声符是“畀”。

索 𣎵 艸有茎叶，可作绳索。从𣎵、系。杜林说，𣎵亦朱（木）[市][1]字。苏各切（suǒ）

【注释】①朱木：徐锴《说文解字系传》木作市。市即韨。

【译文】索，草木的茎叶，可以用来做成绳索。由“𣎵”和“系”会意。杜林曾讲：“𣎵”也是“朱市”的“市”字。

孛 𣎵 㞫也，从𣎵；人色也，从子。《论语》曰：“色孛[1]如也。”蒲妹切（bèi）

【注释】①孛：今作勃。

【译文】孛，㞫，草木茂盛的样子，从“𣎵”；人容色勃然壮盛，从“子”。《论语·乡党第十》中讲：“面色勃然庄重。”

𣎵 𣎵 止也。从“𣎵”盛而“一”横止之也。即里切（zǐ）

【译文】𣎵，制止。由“𣎵”表示草木茂盛，而“一”表示用东西横覆在上面进行抑制。

南 𣎵 艸木至南方，有枝任也。从𣎵，羊（rěn）声。𡴭，古文。那含切（nán）

【译文】南，草木到了南方地区其叶畅茂，有枝桠可胜任。形符是“𣎵”，声符是“羊”。𡴭，古文中的“南”字。

文六 重一

生 𡳿 进也。象艸木生出土上。凡生之属皆从生。所庚切（shēng）

【译文】生，进一步生长。象草木冒出地表。但凡是“生”的部属都从“生”。

丰[丰] 丰 艸盛丰丰也。从生，上下达也。敷容切（fēng）

【译文】丰，草木茂盛的样子。从“生”，生的中竖向下延伸表示上下通达。

產（产） 產 生也。从生，彦省声。所简切（chǎn）

【译文】產，生长。形符是“生”，声符是“彦”的省文。

隆 隆 丰大也。从生，降声。力中切（lóng）

【译文】隆，丰盛高大。形符是“生”，声符是“降”。

甤 甤 草木实甤甤也。从生，豨省声[1]。读若（绥）[緌]。儒隹切（ruí）

【注释】①豨省声：徐锴《说文解字系传》作豖声。

【译文】甤，草木花实甤甤下垂的样子。形符是“生”，声符是“豨”的省文。发音如同“緌”字。

甡 甡 众生并立之皃。从二生。《诗》曰：“甡甡其鹿。”所臻切（shēn）

【译文】甡，众多草木茂密生长在一起的样子。由两个“生”

字会意。《诗经·大雅·桑柔》中讲道：“真是多啊，那些野鹿。”

文六

乇 艸叶也。从垂穗，上贯一，下有根。象形。凡乇之属皆从乇。陟格切（zhé）

【译文】乇，草叶。“丿”象下垂的穗，“丨”向上穿“一”，表示草茎长出地面，“乚”表示地下有根。象形。但凡是“乇”的部属都从“乇”。

文一

𠂹 艸木华叶𠂹。象形。凡𠂹之属皆从𠂹。 ，古文。是为切（chuí）

【译文】𠂹，草木花叶果实垂下的样子。象形。但凡是“𠂹”的部属都从“𠂹”。 ，古文中的“𠂹”字。

文一 重一

𠌶 艸木华也。从𠂹，亏声。凡𠌶之属皆从𠌶。荂，𠌶或，从艸，从夸。况於切（xū）①

【注释】①况於切：现音按《广韵》呼瓜切，读 huā。

【译文】𠌶，草木的花。形符是“𠂹”，声符是“亏”。但凡是“𠌶”的部属都从“𠌶”。荂，“𠌶”的异体字，形符是“艸”，声符是“夸”。

𩏂[韡] 盛也。从𠌶，韋声。《诗》曰：“萼

不韡韡。”於鬼切（wěi）

【译文】韡，茂盛。形符是“𠌶”，声符是“韋”。《诗经·小雅·常棣》中讲道：“花萼和柄都色泽鲜亮。”

文二 重一

𠌶[華](华) 荣也。从艸，从𠌶。凡𠌶之属皆从𠌶。户瓜切（huā）

【译文】𠌶，花朵。由“艸”和“𠌶”会意。但凡是“𠌶”的部属都从“𠌶”。

皣[曄] 艸木白𠌶也。从𠌶，从白。筠辄切（yè）

【译文】皣，草木的白花。由“𠌶”和“白”会意。

文二

禾 木之曲头。止不能上也。凡禾之属皆从禾。古兮切（jī）

【译文】禾，枝头受到阻挡，不能继续向上生长。但凡是“禾”的部属都从“禾”。

稭 多小意而止也。从禾，从支，只声。一曰，木也。职雉切（zhǐ）

【译文】稭，草木染病，枝叶不得伸展生长。“禾”和“支”会意，“只”声。一说，稭即一种树木的名字。

稛 稽稛也。从禾，从又，句声。又者，从丑省。一曰木名。俱羽切（jǔ）

【译文】稛，稽稛。由“禾”和“又”会意，“句”声。“又”是“丑”的省文。稛即一种树木的名字。

文三

稽 留止也。从禾，从尤，旨声。凡稽之属皆从稽。古兮切（jī）

【译文】稽，停留。由“禾”和“尤”会意，“旨”声。但凡是“稽”的部属都从“稽”。

𥡴 特止[1]也。从稽省，卓声。竹角切（zhuó）

【注释】①特止：卓立。

【译文】𥡴，卓然特立。从“稽”的省文，“卓”声。

𥢶 稽稛而止也。从稽省，咎声。读若皓。贾侍中说，稽、𥡴、𥢶三字皆木名。古老切（gǎo）

【译文】𥢶，弯曲不得伸展。形符是“稽”的省文，声符是“咎”。发音如同“皓”字。贾侍中曾说：“稽”、“𥡴”、“𥢶”这三个字都是树木的名字。

文三

巢 鸟在木上曰巢，在穴曰窠（kē）。从木，

象形。凡巢之属皆从巢。鉏交切（cháo）

【译文】巢，鸟在树上筑的窝称“巢”，在洞中筑的窝称“窠”。从“木”，象鸟在巢上之形。但凡是“巢”的部属都从“巢”。

甹 倾覆也。从寸，臼覆之。寸，人手也。从巢省。杜林说，以为贬损之贬。方敛切（biǎn）

【译文】甹，倾覆。从“寸”，“臼”覆盖在“寸”上。“寸”表示人手。从“巢”的省文。杜林曾讲：“甹”借为“贬损”的“贬”字。

文二

桼 木汁。可以髤（xiū）[①]物。象形。桼如水滴而下。凡桼之属皆从桼。亲吉切（qī）

【注释】①髤：涂抹油漆。

【译文】桼，漆树的树汁。象树木之形。“桼”如同树汁滴下的样子。但凡是“桼”的部属都从“桼”。

髤[髹] 桼也。从桼，髟（biāo）声。许由切（xiū）

【译文】髤，刷桼。形符是“桼”，声符是“髟”。

麭 桼垸（huán）已，复桼之。从桼，包声。匹貌切（páo）

【译文】麭，用漆灰涂抹底层，待干后磨平，然后再上漆。形符是“桼”，声符是“包”。

文三

束 𣏟 缚也。从囗（wéi）、木。凡束之属皆从束。书玉切（shù）

【译文】束，捆绑。由“囗”和“木”会意。但凡是“束”的部属都从“束”。

柬 𣏟 分别简之也。从束，从八。八，分别也。古限切（jiǎn）

【译文】柬，分别挑选。由“束”和“八”会意。“八”即表示分开。

㯻 𣏟 小束也。从束，幵（jiān）声。读若茧。古典切（jiǎn）

【译文】㯻，小捆。形符是“束”，声符是“幵”。发音像“茧”。

剌 𣏟 戾也。从束，从刀。刀者，剌之也。卢达切（là）

【译文】剌，违背。由“束”和“刀”会意。“刀”表示乖戾不容。

文四

㯻 𣏟 橐（tuó）也。从束，圂声。凡㯻之属皆从㯻。胡本切（hùn）①

【注释】①胡本切：现音按《广韵》古本切，读 gǔn。

【译文】㯻，捆绑袋子。形符是“束”，声符是“圂”。但凡是“㯻”的部属都从“㯻”。

橐 囊也。从㯻省，石声。他各切（tuó）

【译文】橐，袋子。形符是“㯻”的省文，声符是“石”。

囊 橐也。从㯻省，（襄省）[𤅊][①]声。奴当切（náng）

【注释】①𤅊：段玉裁注：“各本作‘襄省’二字，浅人改也。”

【译文】囊，袋子。形符是“㯻”的省文，声符是“𤅊”。

櫜 车上大橐。从㯻省，咎声。《诗》曰：“载櫜弓矢。”古劳切（gāo）

【译文】櫜，车上的大袋子。形符是“㯻”的省文，声符是“咎”。《诗经·周颂·时迈》中讲道：“用袋子将弓和矢收藏起来。”

㯷 囊张[①]大皃。从㯻省，（匋省）[缶]声。符宵切（piáo）[②]

【注释】①张：即胀。②符宵切：现音按《广韵》普袍切，读 pāo。

【译文】㯷，袋子膨胀的样子。形符是“㯻”的省文，声符是“缶”。

文五

囗 回也。象回帀之形。凡囗之属皆从囗。羽非切（wéi）

【译文】囗，围绕。象回旋周帀的样子。但凡是“囗”的部属都从“囗”。

圜［圜］ 天体也。从囗，瞏（huán）声。王权切（yuán）

【译文】圜，天体圆环。形符是“囗”，声符是“瞏”。

團（团） 圜也。从囗，專声。度官切（tuán）

【译文】團，圜。形符是“囗”，声符是“專”。

圓 规也。从囗，肙声。似沿切（xuán）

【译文】圓，圆规。形符是“囗”，声符是“肙”。

囩 回也。从囗，云声。羽巾切（yún）

【译文】囩，回旋。形符是“囗”，声符是“云”。

圓（圆） 圜全也。从囗，員声。读若員。王问切（yùn）[①]

【注释】①王问切：现音按《广韵》王权切，读 yuán。

【译文】圓，浑圆无缺。形符是“囗”，声符是“員”。发音如同“員”字。

回 [篆] 转也。从囗，中象回转形。[古文]，古文。户恢切（huí）

【译文】回，旋转。从囗，中间象回旋的形状。[古文]，古文中的“回”字。

圖（图） [篆] 画计难也。从囗，从啚。啚，难意也。同都切（tú）

【译文】圖，谋画而苦其难。由“囗”和“啚”会意。“啚”表示困难的意思。

圛 [篆] 回行也。从囗，睪声。《尚书》曰：“圛。”圛，升云，半有半无。读若驿。羊益切（yì）

【译文】圛，回曲行进。形符是“囗”，声符是“睪”。《尚书·商书·洪范》中“曰圛”说到的“圛”指的是云气升腾，半有半无。发音如同“驿”字。

國（国） [篆] 邦也。从囗，从或。古惑切（guó）

【译文】國，国家，城邦。由“囗”和“或”会意。

壼（壸） [篆] 宫中道。从囗，象宫垣、道、上之形。《诗》曰：“室家之壼。”苦本切（kǔn）

【译文】壼，宫中的道路。从“囗”，象宫垣、通道和屋顶的样子。《诗经·大雅·既醉》中讲道："屋室是如此的宽敞。"

囷　廪之圜者。从禾在囗中。圜谓之囷，方谓之京。去伦切（qūn）

【译文】囷，古代一种圆形的谷仓。由"禾"在"囗"会意。圆形的粮仓称作"囷"，方形的粮仓称作"京"。

圈　养畜之闲也。从囗，卷声。渠篆切（juàn）

【译文】圈，养家畜的棚栏。形符是"囗"，声符是"卷"。

囿　苑有垣也。从囗，有声。一曰，禽兽曰囿。，籀文囿。於救切（yòu）

【译文】囿，有围墙的园地。形符是"囗"，声符是"有"。一说，畜养禽兽的园林称作"囿"。，籀文"囿"字。

園（园）　所以树果也。从囗，袁声。羽元切（yuán）

【译文】園，用来种植果木的地方。形符是"囗"，声符是"袁"。

圃　種菜曰圃。从囗，甫声。博古切（pǔ）

【译文】圃，种菜的园地。形符是"囗"，声符是"甫"。

因　就也。从囗、大。於真切（yīn）

【译文】因，依凭。由"囗"和"大"会意。

㘝 下取[1]物缩藏之。从口，从又。读若聂。女洽切(nà)

【注释】①下取：摄取。

【译文】㘝，摄取。由“口”、“又”会意。发音像“聂”字。

囹 狱也。从口，令声。郎丁切(líng)

【译文】囹，监狱。形符是“口”，声符是“令”。

圄 守之也。从口，吾声。鱼举切(yǔ)

【译文】圄，守卫。形符是“口”，声符是“吾”。

囚 系也。从人在口中。似由切(qiú)

【译文】囚，拘禁。由“人”在“口”中会意。

固 四塞也。从口，古声。古慕切(gù)

【译文】固，四周闭塞。形符是“口”，声符是“古”。

圍(围) 守也。从口，韋声。羽非切(wéi)

【译文】圍，守卫。形符是“口”，声符是“韋”。

困 故庐也。从木在口中。，古文困。苦闷切(kùn)

【译文】困，因衰败而倒塌的房屋。由“木”在“口”中会意。，古文“困”字。

圂 厕也。从囗，象豕在囗中也。会意。胡困切（hùn）

【译文】圂，猪圈。从“囗”，象“豕”在“囗”中。会意。

囮 译也。从口、化。率鸟者系生鸟以来之，名曰囮。读若讹。，囮或，从繇。五禾切（é），又音由（yóu）。

【译文】囮，翻译。由“囗”和“化”会意。捕鸟人系住捕捉到的鸟来引诱其他的鸟，称作“囮”。发音如同“讹”字。，“囮”的异体字，从“繇”。

文二十六 重四

員（员） 物数也。从貝，口声。凡員之属皆从員。，籀文，从鼎。王权切（yuán）

【译文】員，物的数量。形符是“貝”，声符是“口”。但凡是“員”的部属都从“員”。，籀文“員”字，从“鼎”。

䞓 物数纷䞓乱也。从員，云声。读若《春秋传》曰“宋皇鄖”。羽文切（yún）

【译文】䞓，物的数量纷繁杂乱。形符是“員”，声符是“云”。发音如同《左传·襄公九年》中讲道的“宋皇鄖”中的“鄖”字。

文二 重一

貝(贝) 海介虫也。居陆名猋(biāo),在水名蛹(hán)。象形。古者货贝而宝龟,周而有泉,至秦废贝行钱。凡貝之属皆从貝。博盖切(bèi)

【译文】贝,海中的甲壳类动物。栖息在陆地上称作"猋",栖息在水中称作"蛹"。象贝壳的形状。在古代,百姓把贝壳作为货币,把龟甲看作宝物,周朝时出现泉币,到了秦朝废除了贝币开始通行钱币。但凡是"貝"的部属都从"貝"。

貨 貝声也。从小、貝。酥果切(suǒ)

【译文】貨,贝壳碰撞发出的声音。由"小"和"貝"会意。

賄(贿) 财也[1]。从貝,有声。呼罪切(huǐ)[2]

【注释】①财:段玉裁《说文解字注》:"《周礼》注曰:'金玉曰货,布帛曰贿。'析言之也,许浑言之。货、贿皆释曰财。"②呼罪切:现音读huì。

【译文】贿,钱财。形符是"貝",声符是"有"。

財(财) 人所宝也。从貝,才声。昨哉切(cái)

【译文】财,人所珍视的东西。形符是"貝",声符是"才"。

貨(货) 财也。从貝,化声。呼卧切(huò)

【译文】貨,财物。形符是"貝",声符是"化"。

賜 資也。从貝，爲声。或曰，此古貨字。读若貴。诡伪切（guì）

【译文】賜，资财。形符是“貝”，声符是“爲”。有的说，这就是古文中的“货”字。发音如同“贵”字。

資（资） 貨也。从貝，次声。即夷切（zī）

【译文】資，财物。形符是“貝”，声符是“次”。

贎 貨也。从貝，萬声。无贩切（wàn）

【译文】贎，财货。形符是“貝”，声符是“萬”。

賑（赈） 富也。从貝，辰声。之忍切（zhěn）[1]

【注释】①之忍切：现音按《广韵》章刃切，读 zhèn。

【译文】賑，富裕。形符是“貝”，声符是“辰”。

賢（贤） 多才也。从貝，臤声。胡田切（xián）

【译文】賢，多才能。形符是“貝”，声符是“臤”。

賁（贲） 饰也。从貝，卉声。彼义切（bì）

【译文】賁，文饰。形符是“貝”，声符是“卉”。

賀（贺） 以礼相奉庆也。从貝，加声。胡个切（hè）

【译文】賀，送礼品以示庆祝。形符是“貝”，声符是“加”。

貢（贡） 献、功也。从貝，工声。古送切（gòng）

【译文】貢，进献；努力做好本职。形符是“貝”，声符是“工”。

贊（赞） 见也。从貝，从兟（shēn）。则旰切（zàn）

【译文】贊，进见。由“貝”和“兟”会意。

賮 会礼也。从貝，𦘔声。徐刃切（jìn）

【译文】賮，会面时的礼物。形符是“貝”，声符是“𦘔”。

齎[賫]（赍） 持遗（wèi）也。从貝，齊声。祖鸡切（jī）

【译文】齎，携带礼物送给别人。形符是“貝”，声符是“齊”。

貸（贷） 施也。从貝，代声。他代切（tài）①

【注释】①他代切：现音读 dài。

【译文】貸，施予。形符是“貝”，声符是“代”。

貣 从人求物也。从貝，弋声。他得切（tè）

【译文】貣，从别人处求取物品。形符是“貝”，声符是“弋”。

賂（赂） 遗也。从貝，各声。洛故切（lù）

【译文】賂，赠送财物。形符是“貝”，声符是“各”。

賸　物相增加也。从貝，朕声。一曰，送也，副也。以证切（yìng）①

【注释】①以证切：现音按《广韵》实证切，读 shèng。

【译文】賸，用物转相增加。形符是“貝”，声符是“朕”。一说，赠送，副贰。

贈（赠）　玩好相送也。从貝，曾声。昨邓切（zèng）

【译文】贈，用玩好之物相送。形符是“貝”，声符是“曾”。

貱　迻（yí）予①也。从貝，皮声。彼义切（bì）

【注释】①迻予：段玉裁注：“辗转于人曰迻予。”

【译文】貱，以物辗转给人。形符是“貝”，声符是“皮”。

贛（赣）　赐也。从貝，竷（kǎn）省声。，籀文贛。古送切（gòng）

【译文】贛，赐予。形符是“貝”，声符是“竷”的省文。，籀文中的“贛”字。

賚（赉）　赐也。从貝，來声。《周书》曰：“赉尒秬鬯。”洛带切（lài）

【译文】賚，赏赐。形符是“貝”，声符是“來”。《尚书·周书·文侯之命》中讲道：“赐予你黑黍和郁草酿制的酒。”

賞（赏） 賞 赐有功也。从貝，尚声。书两切（shǎng）

【译文】賞，赏赐有功劳的人。形符是“貝”，声符是“尚”。

賜（赐） 賜 予也。从貝，易声。斯义切（cì）

【译文】賜，给予。形符是“貝”，声符是“易”。

貤 貤 重（chóng）次弟物也。从貝，也声。以豉切（yì）

【译文】貤，重叠由次第的物体。形符是“貝”，声符是“也”。

贏（赢） 贏 有余、贾利也。从貝，𣎆（luó）声。以成切（yíng）

【译文】贏，有余，做生意获利。形符是“貝”，声符是“𣎆”。

賴（赖） 賴 赢也。从貝，剌声。洛带切（lài）

【译文】賴，赢利。形符是“貝”，声符是“剌”。

負（负） 負 恃也。从人守貝，有所恃也。一曰，受貸不償。房九切（fù）

【译文】負，凭恃。由“人”守“貝”会意，表示人有所依仗。一说，受人施予却不回报。

貯（贮） 貯 积也。从貝，宁声。直吕切（zhù）

【译文】貯，积藏。形符是“貝”，声符是“宁”。

貳（贰） 𢎺 副、益也。从貝，弍声。弍，古文二。而至切（èr）

【译文】貳，居于次要地位者；增益。形符是“貝”，声符是“弍”。“弍”即古文中的“二”字。

賓（宾） 賓 所敬也。从貝，丏（miàn）声。𡦵，古文。必邻切（bīn）

【译文】賓，所尊敬的客人。形符是“貝”，声符是“丏”。𡦵，古文中的“賓”字。

賖[賒]（赊） 賒 贳買也。从貝，余声。式车切（shē）

【译文】賖，用亏欠的方式买物。形符是“貝”，声符是“余”。

貰 貰 貸也。从貝，世声。神夜切（shè）①

【注释】①神夜切：现音按《广韵》舒制切，读 shì。

【译文】貰，赊欠。形符是“貝”，声符是“世”。

贅（赘） 贅 以物质钱。从敖、貝。敖者，犹放；貝，当复取之也。之芮切（zhuì）

【译文】贅，用物抵押换取钱财。由“敖”和“貝”会意。从“敖”，好比说“发放诸物”；从“貝”，是说应当用钱貝再赎取它回来。

質（质） 以物相赘。从貝，从所（zhì）。阙。之日切（zhì）

【译文】質，用物来作为抵押。由“貝”和“所”会意。从“所”的意思不详。

貿（贸） 易财也。从貝，丣声。莫候切（mào）

【译文】貿，交易财物。形符是“貝”，声符是“丣”。

贖[贖]（赎） 贸也。从貝，賣（yù）声。殊六切（shú）

【译文】贖，以财物交换回抵押品。形符是“貝”，声符是“賣”。

費（费） 散财用也。从貝，弗声。房未切（fèi）

【译文】費，消耗钱财。形符是“貝”，声符是“弗”。

責（责） 求也。从貝，朿声。侧革切（zé）

【译文】責，索求。形符是“貝”，声符是“朿”。

賈（贾） 賈市也。从貝，襾（yà）声。一曰，坐卖售也。公户切（gǔ）

【译文】賈，做买卖。形符是“貝”，声符是“襾”。一说，储货坐卖。

賫 行賈也。从貝，商省声。式阳切（shāng）

【译文】賫，流动做生意。形符是“貝”，声符是“商”的省文。

販（贩） 买贱卖贵者。从貝，反声。方愿切（fàn）

【译文】販，低价买入，高价卖出的商人。形符是“貝”，声符是“反”。

買（买） 市也。从网、貝。《孟子》曰：“登垄断而网市利。”莫蟹切（mǎi）

【译文】買，购进。由“网”和“貝”会意。《孟子·公孙丑下》中讲道：“登上独立的高地窥视，想要索取买卖的利益。”

賤（贱） 賈少也。从貝，戔声。才线切（jiàn）

【译文】賤，价格低少。形符是“貝”，声符是“戔”。

賦（赋） 斂也。从貝，武声。方遇切（fù）

【译文】賦，征收敛取。形符是“貝”，声符是“武”。

貪（贪） 欲物也。从貝，今声。他含切（tān）

【译文】貪，想要得到东西。形符是“貝”，声符是“今”。

貶（贬） 损也。从貝，从乏。方敛切（biǎn）

【译文】貶，减损。由“貝”和“乏”会意。

貧（贫） 财分少也。从貝，从分，分亦声。，古文，从宀、分。符巾切（pín）

【译文】貧，钱财因分散而少。由“貝”和“分”会意，“分”声。，古文“貧”字，由“宀”和“分”会意。

賃（赁） 庸[①]也。从貝，任声。尼禁切（lìn）

【注释】①庸：现作“佣”。

【译文】賃，受雇佣。形符是“貝”，声符是“任”。

賕（赇） 以财物枉法相谢也。从貝，求声。一曰，（戴）[载]质也。巨留切（qiú）

【译文】賕，用财物违法谢罪。形符是“貝”，声符是“求”。一说，运送抵押物而求人借贷。

購（购） 以财有所求也。从貝，冓声。古候切（gòu）

【译文】購，用财物有所征求。形符是“貝”，声符是“冓”。

貾 赍财卜问为貾。从貝，疋声。读若所。疏举切（shǔ）

【译文】貾，送钱占卜问神为貾。形符是“貝”，声符是“疋”。发音如同“所”字。

貲(赀) 小罚以财自赎也。从貝，此声。汉律：民不繇，貲钱二十二。即夷切（zī）

【译文】貲，缴纳少量钱财以此自赎补过。形符是“貝”，声符是“此”。汉朝的法令规定：百姓不够服徭役的年龄，需要缴纳人头钱二十二。

賨  南蛮赋也。从貝，宗声。徂红切（cóng）

【译文】賨，南蛮对赋税的称谓。形符是“貝”，声符是“宗”。

賣 衙（xuàn）也。从貝，𦯶声。𦯶，古文睦。读若育。余六切（mài）

【译文】賣，沿街叫卖。形符是“貝”，声符是“𦯶”。“𦯶”即古文“睦”字。发音如同“育”字。

𧶠[貴](贵) 物不贱也。从貝，臾声。臾，古文蕢。居胃切（guì）

【译文】𧶠，东西不便宜。形符是“貝”，声符是“臾”。“臾”即古文中的“蕢”字。

賏  頸饰也。从二貝。乌茎切（yīng）

【译文】賏，颈项上的装饰物。由两个“貝”字会意。

文五十九 重三

邑 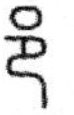 国也。从口；先王之制尊卑有大小，从卪[①]。凡邑之属皆从邑。於汲切（yì）

【注释】①卩（jié）：符节，凭证。

【译文】邑，国。从“口”；先王的制度，尊卑不同，有不同大小的疆域，因此从“卩”。但凡是“邑”的部属都从“邑”。

邦　国也。从邑，丰声。𡵊，古文。博江切（bāng）

【译文】邦，诸侯封国。形符是“邑”，声符是“丰”。𡵊，古文中的“邦”字。

郡　周制：天子地方千里，分为百县，县有四郡。故《春秋传》曰：“上大夫受郡”是也。至秦初置三十六郡，以监其县。从邑，君声。渠运切（jùn）

【译文】郡，周朝的制度：天子的管辖区域方圆千里，分为四个县，每个县又有四个郡。因此《左传·哀公二年》中讲道：“战胜敌人，上大夫受封郡”就是属于县管辖的郡。到了秦朝初年，全国共设置三十六郡，用来监管县。形符是“邑”，声符是“君”。

都　有先君之旧宗庙曰都。从邑，者声。周礼：距国五百里为都。当孤切（dū）

【译文】都，有先王旧宗庙的城邑称作都。形符是“邑”，声符是“者”。周朝的制度：距离国都五百里之地称作都。

鄰（邻）　五家为鄰①。从邑，粦声。力珍切（lín）

【注释】①鄰：连，相连接。

【译文】鄰，五家比连称作鄰。形符是“邑”，声符是“粦”。

酇（酂） 百家为酇。酇，聚也。从邑，贊声。南阳有酇县。作管切（zuǎn），又作旦切（zàn）

【译文】酇，百家称作酇。酇，聚居。形符是“邑”，声符是“贊”。南阳郡有一酇县。

鄙 五酇为鄙。从邑，啚声。兵美切（bǐ）

【译文】鄙，五百家是一鄙。形符是“邑”，声符是“啚”。

郊 距国百里为郊。从邑，交声。古肴切（jiāo）

【译文】郊，距离国都百里称作郊。形符是“邑”，声符是“交”。

邸 属国舍。从邑，氐声。都礼切（dǐ）

【译文】邸，天子所隶属的诸侯国为朝见而设置在京城的馆舍。形符是“邑”，声符是“氐”。

郛 郭也。从邑，孚声。甫无切（fú）

【译文】郛，外城。形符是“邑”，声符是“孚”。

郵（邮） 境上行书舍。从邑、垂。垂，边也。羽求切（yóu）

【译文】郵，国境上传递文书的客舍。由“邑”和“垂”会意。“垂”即边境。

鄁 国甸①，大夫稍。稍，所食邑。从邑，肖声。《周礼》曰："任鄁地。"在天子三百里之内。所教切（shào）

【注释】①国甸：郊外称甸，距王城百里外、二百里内的地面。

【译文】鄁，京城的郊外，是大夫的稍地。稍，分封给大夫的采邑之地。形符是"邑"，声符是"肖"。《周礼·地官·载师》中讲道："任用鄁地作为士大夫的食邑之地。"表示距天子京畿三百里之内的地面。

鄯 鄯善①，西胡②国也。从邑，从善，善亦声。时战切（shàn）

【译文】鄯，鄯善，西域地区的国名。由"邑"和"善"会意，"善"也是声符。

竆① 夏后时诸侯夷羿国也。从邑，窮省声。渠弓切（qióng）

【注释】①竆：位于现山东省德州市南部。

【译文】竆，夏朝时诸侯夷羿的受封国。形符是"邑"，声符是"窮"的省文。

郹 周封黄帝之后于郹也。从邑，契声。读若蓟。上谷有（郹）[蓟]①县。古诣切（jì）

【注释】①郹：当作蓟。

【译文】郹，周武王分封黄帝的后裔在郹地。形符是"邑"，声符是“契”。发音如同“蓟”字。上谷地区有一鄚县。

邰[1] 𨛬 炎帝之后，姜姓所封，周弃外家国。从邑，台声。右扶风[2]斄县是也。《诗》曰：“[即]有邰家室。”土来切（tāi）[3]

【注释】①邰：位于现陕西省武功西南部。②右扶风：位于现陕西省长安以西。③土来切：现音读，tái。

【译文】邰，炎帝的后裔，姜姓的封国，也是周始祖后稷（弃）母亲家的受封国。形符是“邑”，声符是“台”。指的就是右扶风斄县。《诗经·大雅·生民》中讲道：“封后稷到邰地安家立业。”

郊[1]（岐） 𨙸 周文王所封。在右扶风美阳中水乡。从邑，支声。岐，郊或，从山，支声。因岐山以名之也。𡶒，古文郊，从枝，从山。巨支切（qí）

【注释】①郊郊：位于现陕西省岐山东北部。

【译文】郊，周文王的封地。位于右扶风美阳的中水乡。形符是“邑”，声符是“支”。岐，“郊”的异体字，形符是“山”，声符是“支”。由于岐山有两岐而得名。𡶒，古文“郊”字，由“枝”和“山”会意。

邠[豳] 邠 周太王国。在右扶风美阳。从邑，分声。豳，美阳亭，即豳也。民俗以夜市有豳山。从山，从豩，阙。补巾切（bīn）

【译文】邠，周太王的封国。位于右扶风的美阳县。形符是

“邑”，声符是“分”。𡵍，即美阳亭，也就是豳亭。百姓通常晚上在豳山做买卖。由“山”和“豩”会意。不知为何从“豩”，因此空缺。

郿[①] 𨛾 右扶风县。从邑，眉声。武悲切（méi）

【注释】①郿：即现陕西省郿县东北部。

【译文】郿，右扶风的县名。形符是“邑”，声符是“眉”。

郁 𨛫 右扶风郁夷[①]也。从邑，有声。於六切（yù）

【注释】①郁夷：即现陕西省陇县西。

【译文】郁，右扶风的郁夷城。形符是“邑”，声符是“有”。

鄠[①] 𨟍 右扶风县名。从邑，雩声。胡古切（hù）

【注释】①鄠：即现陕西省户县北部。

【译文】鄠，右扶风的县名。形符是“邑”，声符是“雩”。

扈[①] 𨙴 夏后同姓所封，战于甘者。在鄠，有扈谷、甘亭。从邑，户声。𡵨，古文扈，从山、马（hàn）[②]。胡古切（hù）

【注释】①扈：即现陕西省户县。②从山、马：段玉裁《说文解字注》：“谓当从户而转写失之。”

【译文】扈，与夏朝同姓的有扈氏的封国，与启交战于甘。在鄠，有扈谷和甘亭。形符是“邑”，声符是“户”。𡵨，古文中的“扈”字，由“山”和“马”会意。

郙 古扶风鄠乡。从邑，崩声。沛城父有郙乡。读若陪。薄回切（péi）

【译文】郙，古扶风鄠的乡名。形符是“邑”，声符是“崩”。沛郡城父县有一郙乡。发音如同“陪”字。

郰[①] 右扶风鄠乡。从邑，且声。子余切（jū）

【注释】①郰：位于今陕西省户县。

【译文】郰，右扶风鄠的乡名。形符是“邑”，声符是“且”。

郝[①] 右扶风鄠、盩厔乡[②]。从邑，赤声。呼各切（hè）[③]

【注释】①郝：位于今陕西省周至。②段玉裁《说文解字注》：“谓右扶风之鄠县、盩厔县皆有郝乡也。”盩厔：今作周至。③呼各切：应读 hè，地名、姓氏时读作 hǎo。

【译文】郝，右扶风盩厔县的乡名。形符是“邑”，声符是“赤”。

酆[①] 周文王所都。在京兆杜陵[②]西南。从邑，豐声。敷戎切（fēng）

【注释】①酆：位于现陕西省户县东部。②杜陵：位于现陕西省西安东南部。

【译文】酆，周文王的国都。位于京兆的杜陵西南部地区。形符是“邑”，声符是“豐”。

鄭[1](郑) 𨞿 京兆县。周厉王子友所封。从邑，奠声。宗周之灭，鄭徙潧(zēng)、洧(wěi)之上，今新鄭是也。直正切(zhèng)

【注释】①鄭：分为新郑和旧郑。新郑即今河南省新郑市，旧郑位于今陕西省华县西北部。

【译文】鄭，京兆的县名。是周厉王的儿子友的封地。形符是"邑"，声符是"奠"。周朝灭亡之后，郑国迁到了潧、洧地区，也就是如今的新郑地区。

郃[1] 郃 左冯翊郃阳县。从邑，合声。《诗》曰："在郃之阳。"候合切(hé)

【注释】①郃：位于陕西省中部地区。

【译文】郃，左冯翊的合阳县。形符是"邑"，声符是"合"。《诗经·大雅·大明》中讲道："在郃水的北面。"

叩[1] 叩 京兆蓝田乡。从邑，口声。苦后切(kǒu)

【注释】①叩：位于陕西省蓝田地区。

【译文】叩，京兆地区的蓝田乡。形符是"邑"，声符是"口"。

酄[1] 酄 京兆杜陵乡。从邑，樊声。附袁切(fán)

【注释】①酄：位于现陕西省西安南部。

【译文】酄，京兆地区的杜陵乡。形符是"邑"，声符是"樊"。

鄜[1] 鄜 左冯翊县。从邑，麃声。甫无切(fū)

【注释】①鄜：位于现陕西省富县。

【译文】郿，左冯翊的县名。形符是“邑”，声符是“麃”。

郿 左冯翊（郿）[部]阳亭[1]。从邑，屠声。同都切（tú）

【注释】①郿亭：位于现陕西省合阳地区。从段氏郿当作部。

【译文】郿，左冯翊的郿阳亭。形符是“邑”，声符是“屠”。

邮[1] 左冯翊高陵[亭]。从邑，由声。徒历切（dí）

【注释】①邮：位于现陕西省高陵地区。

【译文】邮，左冯翊高陵县亭名。形符是“邑”，声符是“由”。

郱[1] 左冯翊谷口乡。从邑，年声。读若宁。奴颠切（nián）

【注释】①郱：位于现陕西省礼泉东北谷口城地区。

【译文】郱，左冯翊地区谷口乡。形符是“邑”，声符是“年”。发音如同“宁”字。

邽 陇西上邽[1]也。从邑，圭声。古畦切（guī）

【注释】①上邽：位于今甘肃省天水地区。

【译文】邽，陇西地区上邽县。形符是“邑”，声符是“圭”。

部 天水狄部。从邑，音声。蒲口切（bù）

【译文】部，天水郡的狄部。形符是“邑”，声符是“音”。

郖[①] 弘农县（庾）[渡]地。从邑，豆声。当侯切（dōu）[②]

【注释】①郖：渡口名，位于现河南省灵宝西北部。②当侯切：现音按《广韵》徒侯切，读dòu。

【译文】郖，弘农县的渡津所在。形符是“邑”，声符是“豆”。

鄏 河南县直城门官陌地也。从邑，辱声。《春秋传》曰：“成王定鼎于郏（jiá）鄏[①]。”而蜀切（rǔ）

【注释】①郏鄏：位于现河南省洛阳境内。

【译文】鄏，河南县正当城门官道的所在地。形符是“邑”，声符是“辱”。《左传·宣公三年》中讲道：“周成王在郏鄏放置了九尊大鼎。”

鄻 周邑也。从邑，輦声。力展切（liǎn）

【译文】鄻，周朝的城邑名。形符是“邑”，声符是“辇”。

鄒[①] 周邑也。从邑，祭声。侧介切（zhài）

【注释】①鄒：位于现河南省郑州是东北部。

【译文】鄒，周朝的城邑名。形符是“邑”，声符是“祭”。

邙[①] 河南洛阳北亡山上邑。从邑，亡声。莫郎切（máng）

【注释】①邙：位于现河南省洛阳北部。

【译文】邙，河南洛阳北亡山上的城邑名。形符是“邑”，声符是“亡”。

鄩[①]  周邑也。从邑，尋声。徐林切（xún）

【注释】①鄩：位于现河南省巩义西南部。

【译文】鄩，周朝的城邑名。形符是“邑”，声符是“尋”。

郗[①]  周邑也。在河内。从邑，希声。丑脂切（chī）[②]

【注释】①郗：位于现河南省沁阳地区。②丑脂切：现音按《广韵》丑饥切，读 xī。

【译文】郗，周朝的城邑名。位于河内地区。形符是“邑”，声符是“希”。

鄆[①]（郓）  河内沁水乡。从邑，軍声。鲁有鄆地。王问切（yùn）

【注释】①鄆：乡名，位于现河南省济源地区。

【译文】鄆，河内郡沁水县的乡名。形符是“邑”，声符是“軍”。鲁国有軍邑。

邶[①] 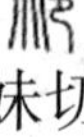 故商邑。自河内、朝歌以北是也。从邑，北声。补妹切（bèi）

【注释】①邶：古国名，位于现河南省淇县以北，汤阴东南部地区。

【译文】邶，旧时商朝的城邑。从河内郡、朝歌以北的地区就是邶。形符是“邑”，声符是“北”。

邘[1] 周武王子所封。在河内野王是也。从邑，于声。又读若区。况於切（xū）[2]

【注释】①邘：古国名，旧址位于现河南省沁阳西北部西万镇境内。②况於切：现音按《广韵》羽俱切，读yú。

【译文】邘，周武王儿子的封地。位于河内郡野王地区。形符是“邑”，声符是“于”。发音又如同“区”字。

䢃[1] 殷诸侯国。在上党[2]东北。从邑，㓟声。㓟，古文利。《商书》：“西伯戡䢃[3]。”郎奚切（lí）

【注释】①䢃：位于现山西省黎城地区。②上党：郡名，位于现山西省境内。③戡：刺杀，引申为战胜。䢃今本作黎。

【译文】䢃，商朝的诸侯国。在上党东北部地区。形符是“邑”，声符是“㓟”。“㓟”即古文中的“利”字。《尚书·商书·西伯戡黎》中记载：“西伯战胜了䢃国。”

邵[1] 晋邑也。从邑，召声。寔照切（shào）

【注释】①邵：位于现河南省济源西、山西省垣曲东部。

【译文】邵，晋国的城邑。形符是“邑”，声符是“召”。

鄍[1] 晋邑也。从邑，冥声。《春秋传》曰：“伐鄍三门。”莫经切（míng）

【注释】①鄍：位于现山西省平陆东北部。

【译文】鄍，晋国的城邑。形符是“邑”，声符是“冥”。《左传·僖公二年》中讲道：“进攻鄍城的三座城门。”

鄐[①] 𨞲 晋（邢侯）[雍子] 邑。从邑，畜声。丑六切（chù）

【注释】①鄐：位于现河北省邢台地区附近。

【译文】鄐，晋雍子的城邑。形符是“邑”，声符是“畜”。

郈[①] 𨚬 晋之温地。从邑，侯声。《春秋传》曰：“争郈田。”胡遘切（hòu）[②]

【注释】①郈：旧址位于现河南省武陟西南。②胡遘切：现音按《广韵》户钩切，读 hóu。

【译文】郈，晋国的温地。形符是“邑”，声符是“侯”。《左传·成公十一年》中讲道：“晋国的郤至与周朝争郈田。”

邲[①] 𨚚 晋邑也。从邑，必声。《春秋传》曰：“晋、楚战于邲。”毗必切（bì）

【注释】①邲：位于现河南省荥阳北部。

【译文】邲，晋国的城邑。形符是“邑”，声符是“必”。《左传·宣公十二年》中讲道：“晋国和楚国交战于邲。”

郤[①] 𨛰 晋大夫叔虎邑也。从邑，谷声。绮戟切（xì）

【注释】①郤：位于现山西省沁水下游地区。

【译文】郤，晋大夫叔虎的城邑。形符是“邑”，声符是“谷”。

郿[①] 𨛘 河东闻喜（县）[乡]。从邑，非声。薄回切（péi）

【注释】①郻：位于现山西省闻喜东部。

【译文】郻，河东郡闻喜县乡名。形符是“邑”，声符是“非”。

郻[1] 河东闻喜聚。从邑，虔声。渠焉切（qián）

【注释】①郻：聚落名，位于现山西省闻喜境内。

【译文】郻，河东郡闻喜县的村落名。形符是“邑”，声符是“虔”。

郼[1] 河东闻喜乡。从邑，匡声。去王切（kuāng）

【注释】①郼：位于现山西省闻喜境内。

【译文】郼，河东郡闻喜县的乡名。形符是“邑”，声符是“匡”。

郪[1] 河东临汾地，即汉之所祭后土处。从邑，癸声。揆唯切（kuí）

【注释】①郪：位于现山西省临汾地区。

【译文】郪，河东郡临汾地区，是汉代设置宗庙祭土地神的地方。形符是“邑”，声符是“癸”。

邢[1]［邢］ 周公子所封，地近河内怀。从邑，幵声。户经切（xíng）

【注释】①邢：位于现河北省邢台境内。

【译文】邢，周公儿子的封地，临近河内郡怀县。形符是“邑”，声符是“幵”。

鄔[①]（邬） 太原县。从邑，烏声。安古切（wǔ）[②]

【注释】①鄔：位于现山西省介休东北部。②安古切：现音按《广韵》哀都切，读 wū。

【译文】鄔，太原郡的县名。形符是“邑”，声符是“烏”。

祁[①] 太原县。从邑，示声。巨支切（qí）

【注释】①祁：即现山西省祁县。

【译文】祁，太原郡的县名。形符是“邑”，声符是“示”。

鄴[①]（邺） 魏郡县。从邑，業声。鱼怯切（yè）

【注释】①鄴：旧址现河北临漳西部、河南安阳北部。

【译文】鄴，魏郡的县名。形符是“邑”，声符是“業”。

郱[①] 郑地郱亭。从邑，井声。户经切（xíng）[②]

【注释】①郱：即河北省井陉。②户经切：现音按《广韵》子郢切，读 jǐng。

【译文】郱，郑地的郱亭。形符是“邑”，声符是“井”。

邯 赵邯郸县。从邑，甘声。胡安切（hán）

【译文】邯，赵国的邯郸县，形符是“邑”，声符是“甘”。

鄲（郸） 邯鄲县。从邑，單声。都寒切（dān）

【译文】鄲，邯郸县。形符是“邑”，声符是“單”。

郇[1] 周（武）[文] 王子所封国，在晋地。从邑，旬声。读若泓。相伦切（xún）

【注释】①郇：位于现山西省临猗南部。

【译文】郇，周武王儿子的受封国，位于晋地。形符是“邑”，声符是“旬”。发音如同“泓”字。

鄃[1] 清河县。从邑，俞声。式朱切（shū）

【注释】①鄃：旧址位于现山东平原西南部，夏津东北部。

【译文】鄃，清河郡的县名。形符是“邑”，声符是“俞”。

鄗[1] 常山县。世祖所即位，今为高邑。从邑，高声。呼各切（hè）[2]

【注释】①鄗：旧址位于现河北柏乡北部。②呼各切：现音按《广韵》胡老切，读 hào。

【译文】鄗，常山郡的县名。是汉世祖光武帝即位的地方，就是现在的高邑。形符是“邑”，声符是“高”。

鄡 巨鹿县。从邑，梟声。牵遥切（qiāo）

【译文】鄡，巨鹿郡的县名。形符是“邑”，声符是“梟”。

鄚[1] 涿郡县。从邑，莫声。慕各切（mò）[2]

【注释】①鄚：旧址位于现河北任丘北部。②慕各切：现音读 mào。

【译文】鄚，涿郡的县名。形符是“邑”，声符是“莫”。

郅 北地郁郅县[1]。从邑，至声。之日切（zhì）

【注释】①郁郅县：位于现甘肃省庆阳地区。

【译文】郅，北地郡的郁郅县。形符是“邑”，声符是“至”。

䣕[鄋[1]] 北方长狄国也。在夏为防风氏，在殷为汪茫氏。从邑，叜声。《春秋传》曰：“䣕瞒侵齐。”所鸠切（sōu）

【注释】①鄋：春秋时北方少数民族小国，位于现山东济南北部。

【译文】䣕，北方长狄族的小国名。在夏朝时就是防风氏，在商朝时是汪茫氏。形符是“邑”，声符是“叜”。《左传·文公十一年》中讲道：“䣕国的君主瞒率军进攻齐国。”

鄦[1] 炎帝太岳之胤，甫侯[2]所封，在颍川。从邑，無声。读若许。虚吕切（xǔ）

【注释】①鄦：后作序。旧址位于现河南省许昌东部。②甫侯：钱坫《说文解字斠诠》：“亦即许侯也。”

【译文】鄦，炎帝的后裔太岳的后人许侯的封地，在颍川郡。形符是“邑”，声符是“無”。发音如同“许”字。

邟[1] 颍川县。从邑，亢声。苦浪切（kàng）

【注释】①邟：位于现河南省临汝东部。

【译文】邟，颍川郡的县名。形符是“邑”，声符是“亢”。

郾[1] 颍川县。从邑，匽声。於建切（yàn）[2]

【注释】①郾：旧址位于现河南郾城南部。②於建切：现音按《广韵》於幰切，读yǎn。

【译文】郾，颍川郡的县名。形符是“邑”，声符是“匽”。

郟[1]（郏） 颍川县。从邑，夾声。工洽切（jiá）

【注释】①郏：位于现河南省三门峡西北郏县地区。

【译文】郏，颍川郡的县名。形符是“邑”，声符是“夾”。

郪[1] 新郪，汝南县。从邑，妻声。七稽切（qī）

【注释】①郪：位于现安徽省界首东北部茨河南岸地区。

【译文】郪，新郪，汝南郡的县名。形符是“邑”，声符是“妻”。

鄎[1] 姬姓之国，在淮北。从邑，息声。今汝南新（鄎）[息]。相即切（xī）

【注释】①鄎：旧址位于现河南省息县西南部。

【译文】鄎，姬姓的封国，位于淮河的北岸地区。形符是“邑”，声符是“息”。位于现在汝南郡新鄎地区。

郋 汝南邵陵里。从邑，自声。读若奚。胡鸡切（xí）

【译文】郋，汝南郡邵陵县的里名。形符是“邑”，声符是“自”。发音如同“奚”字。

鄸[鄸][1] 𨝌 汝南鲖阳亭。从邑，旁声。步光切（páng）

【注释】①鄸：位于现河南省新蔡地区。

【译文】鄸，汝南郡鲖阳县的亭名。形符是"邑"，声符是"旁"。

郹[1] 𨞰 蔡邑也。从邑，狊声。《春秋传》曰："郹阳封人之女奔之。"古阒切（jú）

【注释】①郹：位于现河南省新蔡地区。

【译文】郹，蔡国的城邑。形符是"邑"，声符是"狊"。《左传·昭公十九年》中讲道："郹阳城守边关的人的女儿私奔楚子。"

鄧[1]（邓） 𨞵 曼姓之国。今属南阳。从邑，登声。徒亘切（dèng）

【注释】①鄧：位于现河南省鄧县。

【译文】鄧，曼姓的诸侯国。位于如今南阳地区。形符是"邑"，声符是"登"。

鄾[1] 𨟒 鄧国地也。从邑，憂声。《春秋传》曰："鄧南鄙鄾人攻之。"於求切（yōu）

【注释】①鄾：位于现湖北省襄阳北部。

【译文】鄾，邓国的地名。形符是"邑"，声符是"憂"。《左传·桓公九年》中讲道："鄧国南部地区的鄾人进攻他们。"

鄂[1] 南阳淯阳乡。从邑，号声。乎刀切（háo）

【注释】①鄂：位于现河南省南阳境内。

【译文】鄂，南阳郡淯阳县的乡名。形符是“邑”，声符是“号”。

鄛 南阳（枣）[棘]阳[1]乡。从邑，巢声。锄交切（cháo）

【注释】①枣阳：旧址位于现河南省新野南部。

【译文】鄛，南阳郡棘阳县乡名。形符是“邑”，声符是“巢”。

鄸[1] 今南阳穰县是。从邑，襄声。汝羊切（ráng）

【注释】①鄸：位于现河南省邓县东南部。

【译文】鄸，今南阳郡穰县地区。形符是“邑”，声符是“巢”。

郪[1] 南阳穰乡。从邑，娄声。力朱切（lú）[2]

【注释】①郪：位于现河南省邓县东南部。②力朱切：现音按《广韵》落后切，读 lóu。

【译文】郪，南阳郡穰县乡名。形符是“邑”，声符是“娄”。

郠 南阳西鄂[1]亭。从邑，里声。良止切（lǐ）

【注释】①西鄂：位于现河南南阳南部。

【译文】郠，南阳郡西鄂县亭名。形符是“邑”，声符是“里”。

郛① 南阳舞阴亭。从邑，羽声。王榘切（yǔ）

【注释】①郛：位于现河南省泌阳地区。

【译文】郛，南阳郡舞阴县的亭名。形符是“邑”，声符是“羽”。

郢① 故楚都。在南郡江陵北十里。从邑，呈声。，郢或，省。以整切（yǐng）

【注释】①郢：位于现湖北省江陵纪南城。

【译文】郢，古时楚国的国都。位于南郡江陵以北十里的地方。形符是“邑”，声符是“呈”。，“郢”的异体字，“郢”的省略。

鄢① 南郡县。孝惠三年改名宜城。从邑，焉声。於干切（yān）

【注释】①鄢：位于现湖北省宜城地区。

【译文】鄢，南郡的县名。汉孝惠帝三年改名为宜城。形符是“邑”，声符是“焉”。

鄳① 江夏县。从邑，黽声。莫杏切（měng）②

【注释】①鄳：位于现河南省罗山西南部。②莫杏切：现音读按照《广韵》武庚切，méng。

【译文】鄳，江夏郡的县名。形符是“邑”，声符是“黽”。

鄬① 南阳阴乡。从邑，葛声。古达切（gé）

【注释】①鄬：位于现湖北省光化西部。

【译文】鄬，南阳郡阴县乡名。形符是“邑”，声符是“葛”。

鄂[①] 江夏县。从邑，咢声。五各切（è）

【注释】①鄂：旧址位于现湖北省鄂州地区。

【译文】鄂，江夏郡的县名。形符是“邑”，声符是“咢”。

邔[①] 南（阳）[郡]县。从邑，己声。居拟切（jǐ）[②]

【注释】①邔：位于湖北省宜城东北部。②居拟切：现音按《广韵》墟里切，读qǐ。

【译文】邔，南阳郡的县名。形符是“邑”，声符是“己”。

邾[①] 江夏县。从邑，朱声。陟输切（zhū）

【注释】①邾：位于现湖北省黄冈地区。

【译文】邾，江夏郡的县名。形符是“邑”，声符是“朱”。

鄖[①]（郧） 汉南之国。从邑，員声。汉中[②]有鄖关。羽文切（yún）

【注释】①鄖：位于现湖北省安陆地区。②汉中：即现陕西省南郑。

【译文】鄖，汉水下游的国名。形符是“邑”，声符是“員”。汉中郡有一郧关。

鄘[①] 南夷国。从邑，庸声。余封切（yōng）

【注释】①鄘：位于现湖北省竹山东部。

【译文】鄘，汉水下游的国名。形符是“邑”，声符是“庸”。

郫①  蜀县也。从邑，卑声。符支切（pí）

【注释】①郫：位于现四川省成都西部。

【译文】郫，蜀郡的县名。形符是“邑”，声符是“卑”。

𨞡① 蜀江原地。从邑，壽声。市流切（chóu）

【注释】①𨞡：位于现四川省灌县。

【译文】𨞡，蜀郡江原县的地名。形符是“邑”，声符是“壽”。

𨟗① 蜀地也。从邑，耤声。秦昔切（jí）

【注释】①𨟗：位于现四川省邛崃地区。

【译文】𨟗，蜀郡的地名。形符是“邑”，声符是“耤”。

鄤  （蜀）广汉乡也。从邑，蔓声。读若蔓。无贩切（wàn）

【译文】鄤，蜀郡广汉县的乡名。形符是“邑”，声符是“蔓”。发音如同“蔓”字。

邡  什邡①，广汉县。从邑，方声。府良切（fāng）

【注释】①什邡：位于现四川省什邡南部。

【译文】邡，什邡，广汉郡县名。形符是“邑”，声符是“方”。

鄢 存鄢①，犍为县。从邑，馬声。莫驾切（mà）

【注释】①存鄢：位于现四川省乐山地区。

【译文】鄢，存鄢，犍为郡的县名。形符是“邑”，声符是“馬”。

鄨① 牂（zāng）牁（kē）县。从邑，敝声。读若鷩（bì）雉之鷩。必袂切（bì）

【注释】①鄨：位于现贵州省遵义西部。

【译文】鄨，牂牁郡的县名。形符是“邑”，声符是“敝”。发音如同“鷩雉”中的“鷩”字。

郇 地名。从邑，包声。布交切（bāo）

【译文】郇，地名。形符是“邑”，声符是“包”。

那 西夷国。从邑，冄声。安定有朝那县。诺何切（nuó）

【译文】那，西方部族的国名。形符是“邑”，声符是“冄”。安定郡有一朝那县。

鄱 鄱阳①，豫章县。从邑，番声。薄波切（pó）

【注释】①鄱阳：位于现江西省波阳东部。

【译文】鄱，鄱阳，豫章郡的县名。形符是“邑”，声符是“番”。

䣢[1] 长沙县。从邑，霝声。郎丁切（líng）

【注释】①䣢：旧址位于现湖南省衡阳东部。

【译文】䣢，长沙郡的县名。形符是“邑”，声符是“霝”。

郴[1] 桂阳县。从邑，林声。丑林切（chēn）

【注释】①郴：现湖南省郴州。

【译文】郴，桂阳郡的县名。形符是“邑”，声符是“林”。

耒 今桂阳耒阳县。从邑，耒声。卢对切（lèi）

【译文】耒，如今桂阳郡的耒阳县地区。形符是“邑”，声符是“耒”。

鄮[1] 会稽县。从邑，貿声。莫候切（mào）

【注释】①鄮：位于现浙江省宁波地区。

【译文】鄮，会稽郡的县名。形符是“邑”，声符是“貿”。

鄞[1] 会稽县。从邑，堇声。语斤切（yín）

【注释】①鄞：位于现浙江省宁波地区。

【译文】鄞，会稽郡的县名。形符是“邑”，声符是“堇”。

邶[1] 沛郡。从邑，市声。博盖切（bèi）[2]

【注释】①邶：位于现安徽省濉溪西北部。②博盖切：现音按《广韵》普盖切，读 pèi。

【译文】邶，沛郡。形符是“邑”，声符是“市”。

邴[1]（宋）[郑]下邑。从邑，丙声。兵永切（bǐng）

【注释】①邴：旧址位于现山东省费县东部。

【译文】邴，郑国的小邑。形符是“邑”，声符是“丙”。

酇[1]沛国县。从邑，虘声。昨何切（cuó）

【注释】①酇：位于现河南省永城西南部。

【译文】酇，沛国的县名。形符是“邑”，声符是“虘”。

邩[1]地名。从邑，少声。书沼切（shǎo）

【译文】邩，地名。形符是“邑”，声符是“少”。

郋 地名。从邑，臣声。植邻切（chén）

【译文】郋，地名。形符是“邑”，声符是“臣”。

鄛 宋地也。从邑，毚声。读若讒。士咸切(chán)

【译文】鄛，宋国的地名。形符是“邑”，声符是“毚”。发音如同“讒”字。

鄑[1][䣝]宋、鲁间地。从邑，朁声。即移切（zī）

【注释】①鄑：位于现山东省汶上以南地区。

【译文】鄑，春秋宋、鲁国之间的地名。形符是“邑”，声符是“朁”。

郜[①] 周文王子所封国。从邑，告声。古到切（gào）

【注释】①郜：位于现山东省成武东南部。

【译文】郜，周文王儿子的封国。形符是“邑”，声符是“告”。

鄄[①] 卫地。今济阴鄄城。从邑，垔（yīn）声。吉掾切（juàn）

【注释】①鄄：位于现山东省鄄城附近。

【译文】鄄，卫国的地名。今济阴郡鄄城县。形符是“邑”，声符是“垔”。

邛 邛(地)[成]。(在)济阴县。从邑，工声。渠容切（qióng）

【译文】邛，邛成。济阴郡县名。形符是“邑”，声符是“工”。

鄶[①]（郐） 祝融之后，妘姓所封。潧、洧之间。郑灭之。从邑，會声。古外切（kuài）

【注释】①鄶：位于现河南省密县东南部。

【译文】鄶，祝融氏的后裔，妘姓分封的诸侯国。位于潧水和洧水之间。郑武公消灭了它。形符是“邑”，声符是“會”。

邧[①] （郑）［秦］邑也。从邑，元声。虞远切（yuǎn）[②]

【注释】①邧：位于现陕西省澄城地区。②虞远切：现音按《广韵》愚袁切，读yuán。

【译文】邧，郑国的邑名。形符是“邑”，声符是“元”。

郔[1] 郑地。从邑，延声。以然切（yán）

【注释】①郔：位于现河南省郑州南部。

【译文】郔，郑国的地名。形符是“邑”，声符是“延”。

郠[1] 琅邪莒邑。从邑，更声。《春秋传》曰：“取郠。”古杏切（gěng）

【注释】①郠：位于现山东省沂水地区。

【译文】郠，琅邪郡莒县的邑名。形符是“邑”，声符是“更”。《左传·昭公十七年》中讲道：“夺取了郠城。”

鄅[1] 妘姓之国。从邑，禹声。《春秋传》曰：“鄅人籍[2]稻。”读若规矩之矩。王榘切（yǔ）

【注释】①鄅：位于现山东省临沂北部。②籍：今作藉。

【译文】鄅，妘姓的受封国。形符是“邑”，声符是“禹”。《春秋·昭公十八年》中讲道：“鄅国的君王在藉田播种稻子。”发音如同“规矩”中的“矩”字。

鄒（邹） 鲁县，古邾国，帝颛顼之后所封。从邑，芻声。侧鸠切（zōu）

【译文】鄒，鲁国的县名，古时的邾国，颛顼帝后裔的封国。形符是“邑”，声符是“芻”。

郐[①] （邾）[邹]下邑（地）[也]。从邑，余声。鲁东有郐城。读若涂。同都切（tú）

【注释】①郐：位于现山东省枣庄西南部。

【译文】郐，邹国的小城邑。形符是“邑”，声符是“余”。鲁国东部郐城。发音如同“涂”字。

邿[①] 附庸国。在东平亢父邿亭。从邑，寺声。《春秋传》曰：“取邿。”书之切（shī）

【注释】①邿：位于现山东济宁东南部。邿、诗，古今字。

【译文】邿，鲁国的附庸国。在东平国亢父县诗亭。形符是“邑”，声符是“寺”。《春秋·襄公十三年》中记载有：“鲁国攻取了邿国。”

郰[①] 鲁下邑。孔子之乡。从邑，取声。侧鸠切（zōu）

【注释】①郰：位于现山东省曲阜东南部。

【译文】郰，春秋鲁国的小城邑。孔子的故乡。形符是“邑”，声符是“取”。

郕[①] 鲁孟氏邑。从邑，成声。氏征切（chéng）

【注释】①郕：位于现山东宁阳东北，泗水西北部。

【译文】郕，鲁国孟氏的邑名。形符是“邑”，声符是“成”。

郁[1] 周公所诛郁国。在鲁。从邑，奄声。依检切（yǎn）

【注释】①郁：位于现山东省曲阜旧城东部。

【译文】郁，被周公诛灭的郁国。在鲁国。形符是“邑”，声符是“奄”。

鄿[1] 鲁下邑。从邑，雚声。《春秋传》曰：“齊人来归鄿。”呼官切（huān）

【注释】①鄿：旧址位于现山东省肥城西部。

【译文】鄿，鲁国的小邑。形符是“邑”，声符是“雚”。《春秋·定公十年》中讲道：“齐国人来归还鄿地。”

郎 鲁亭也。从邑，良声。鲁当切（láng）

【译文】郎，鲁国的亭名。形符是“邑”，声符是“良”。

邳[1] 奚仲之后，汤左相仲虺所封国。在鲁薛县。从邑，丕声。敷悲切（pī）

【注释】①邳：位于现山东滕县西南部，微山县西北部。

【译文】邳，奚仲的后人，商汤左相仲虺的封国。在汉代鲁境薛县。形符是“邑”，声符是“丕”。

鄣 纪邑也。从邑，章声。诸良切（zhāng）

【译文】鄣，纪国的邑名。形符是“邑”，声符是“章”。

邗[1] 国也，今属临淮。从邑，干声。一曰，

邗本属吴。胡安切（hán）

【注释】①邗：位于现江苏省扬州东北部。

【译文】邗，国名，现隶属临淮郡。形符是“邑”，声符是“干”。一说，邗地本属吴国。

鄴[①] 鄴 临淮徐地。从邑，義声。《春秋传》曰：“徐鄴楚。”鱼羁切（yí）

【注释】①鄴：位于现安徽省泗县北部。

【译文】鄴，临淮郡徐县地名。形符是“邑”，声符是“義”。《左传·昭公六年》中讲道：“徐大夫鄴楚。”

郈[①] 郈 东平无盐乡。从邑，后声。胡口切（hòu）

【注释】①郈：位于现山东省东平东南部，汶上北部。

【译文】郈，东平郡无盐县乡名。形符是“邑”，声符是“后”。

郯[①] 郯 东海县。帝少昊之后所封。从邑，炎声。徒甘切（tán）

【注释】①郯：位于现山东临沂郯城北部。

【译文】郯，东海郡的县名。少昊帝后裔封国。形符是“邑”，声符是“炎”。

郚[①] 郚 东海县。故纪侯之邑也。从邑，吾声。五乎切（wú）

【注释】①郚：旧城位于山东省安丘西南部。

【译文】郚，东海郡的县名。古时纪侯的城邑。形符是“邑”，声符是“吾”。

酅[1] 东海之邑。从邑，巂声。户圭切（xī）

【注释】①酅：位于现山东省益都西北部。

【译文】酅，东海郡的邑名。形符是“邑”，声符是“巂”。

鄫[1] 姒姓国。在东海。从邑，曾声。疾陵切（zēng）

【注释】①鄫：国名，位于现山东省枣庄东部，苍山北部。

【译文】鄫，姒姓的封国。位于东海郡境内。形符是“邑”，声符是“曾”。

邪 琅邪郡。从邑，牙声。以遮切（yé）

【译文】邪，琅邪郡。形符是“邑”，声符是“牙”。

郝[1] 琅邪县。一名纯德。从邑，夫声。甫无切（fū）

【注释】①郝：位于现山东省胶县西南，诸城东部。

【译文】郝，琅邪郡的县名。又叫纯德。形符是“邑”，声符是“夫”。

郪 齐地也。从邑，桼声。亲吉切（qī）

【译文】郪，齐郡的地名。形符是“邑”，声符是“桼”。

𨞺[1][郭] 齐之𨞺氏虚。善善不能进，恶恶不能退，是以亡国也。从邑，𩫏声。古博切（guō）

【注释】①鄣：国名，位于现山东省北部地区。

【译文】鄣，在齐国境内的、已经灭亡的鄣国的丘墟。喜好善良，却不能举进；厌恶恶人，却不贬退。因此亡国了。形符是“邑”，声符是“章”。

郳 齐地。从邑，兒声。《春秋传》曰：“齐高厚定郳田。”五鸡切（ní）

【译文】郳，齐郡的地名。形符是“邑”，声符是“兒”。《左传·襄公六年》中讲道：“齐国的高厚确定了郳国的田地。”

郣 郣海（地）[郡]。从邑，孛声。一曰，地之起者曰郣。蒲没切（bó）

【译文】郣，郣海郡地名。形符是“邑”，声符是“孛”。一说，土地隆起处称“郣”。

鄿[1][䣝] 国也。齐桓公之所灭。从邑，覃声。徒含切（tán）

【注释】①鄿：位于现山东省章丘西部。

【译文】鄿，国名。被齐桓公所灭。形符是“邑”，声符是“覃”。

郇 地名。从邑，句声。其俱切（qú）

【译文】郇，地名。形符是“邑”，声符是“句”。

郂 陈留乡。从邑，亥声。古哀切（gāi）

【译文】郂，陈留郡乡名。形符是“邑”，声符是“亥”。

𨛫[1][𨞪] 𨞪 故国。在陈留。从邑，𢦏声。作代切（zài）

【注释】①𨛫：位于现河南省民权东部。

【译文】𨛫，古国名。在陈留郡境内。形符是“邑”，声符是“𢦏”。

酀 酀 地名。从邑，燕声。乌前切（yān）
【译文】酀，地名。形符是“邑”，声符是“燕”。

邱 邱 地名。从邑，丘声。去鸠切（qiū）
【译文】邱，地名。形符是“邑”，声符是“丘”。

郍 郍 地名。从邑，如声。人诸切（rú）
【译文】郍，地名。形符是“邑”，声符是“如”。

䢺 䢺 地名。从邑，丑声。女九切（niǔ）
【译文】䢺，地名。形符是“邑”，声符是“丑”。

𨚔 𨚔 地名。从邑，几声。居履切（jǐ）
【译文】𨚔，地名。形符是“邑”，声符是“几”。

𨜒[1] 𨜒 地名。从邑，翕声。希立切（xī）[2]
【注释】①𨜒：位于现安徽省歙县地区。②希立切：现音读按照《广韵》许及切，shè。

【译文】鄐，地名。形符是“邑”，声符是“翕”。

郲 地名。从邑，求声。巨鸠切（qiú）

【译文】郲，地名。形符是“邑”，声符是“求”。

郻 地名。从邑，嬰声。於郢切（yǐng）①

【注释】①於郢切：现音按《广韵》於盈切，读 yīng。

【译文】郻，地名。形符是“邑”，声符是“嬰”。

鄭 地名。从邑，尚声。多朗切（dǎng）

【译文】鄭，地名。形符是“邑”，声符是“尚”。

郱① 地名。从邑，并声。薄经切（píng）

【注释】①郱：位于现山东省临朐东南部。

【译文】郱，地名。形符是“邑”，声符是“并”。

鄠 地名。从邑，虖声。呼古切（hǔ）

【译文】鄠，地名。形符是“邑”，声符是“虖”。

邩 地名。从邑，火声。呼果切（huǒ）

【译文】邩，地名。形符是“邑”，声符是“火”。

郻① 地名。从邑，翏声。卢鸟切（liǎo）

【注释】①鄝：位于现河南省固始地区。

【译文】鄝，地名。形符是“邑”，声符是“翏”。

鄬[①] 地名。从邑，爲声。居为切（guī）

【注释】①鄬：位于现河南省鲁山地区。

【译文】鄬，地名。形符是“邑”，声符是“爲”。

邨[村] 地名。从邑，屯声。此尊切（cūn）

【译文】邨，地名。形符是“邑”，声符是“屯”。

郐[舒] 地名。从邑，舍声。式车切（shē）[①]

【注释】①式车切：现音按《广韵》伤鱼切，读 shū。

【译文】郐，地名。形符是“邑”，声符是“舍”。

郃[①] 地名。从邑，盍声。胡蜡切（hé）

【注释】①郃：位于现山东省沂水西北部。

【译文】郃，地名。形符是“邑”，声符是“盍”。

鄿[①] 地名。从邑，乾声。古寒切（gān）

【注释】①鄿：位于现河北省成安东南部。

【译文】鄿，地名。形符是“邑”，声符是“乾”。

鄻 地名。从邑，畬声。读若淫。力荏切（lǐn）[①]

【注释】①力荏切：现音按《广韵》余针切，读 yín。

【译文】鄱，地名。形符是“邑”，声符是“畓”。发音如同“淫”字。

岫 地名。从邑，山声。所间切（shān）

【译文】岫，地名。形符是“邑”，声符是“山”。

鄌[①] 地名。从邑，臺声。臺，古堂字。徒郎切（táng）

【注释】①鄌：位于现江苏省南京北部。

【译文】鄌，地名。形符是“邑”，声符是“臺”。“臺”，古文“堂”字。

㵯 姬姓之国。从邑，馮声。房戎切（féng）

【译文】㵯，姬姓的受封国。形符是“邑”，声符是“馮”。

郝[①] 汝南安阳乡。从邑，（蔽）[㪟] 省声。苦怪切（kuài）

【注释】①郝：位于现河南省洛阳西南部。

【译文】郝，汝南郡安阳县乡名。形符是“邑”，声符是“㪟”的省文。

郙 汝南上蔡亭。从邑，甫声。方矩切（fǔ）

【译文】郙，汝南郡上蔡县亭名。形符是“邑”，声符是“甫”。

酈[①](郦) 南阳县。从邑，麗声。郎击切(lì)

【注释】①酈：位于现河南省南阳西北部。

【译文】酈，南阳郡的县名。形符是“邑”，声符是“麗”。

䣝 地名。从邑，䙴声。七然切(qiān)

【译文】䣝，地名。形符是“邑”，声符是“䙴”。

𨛜 从反邑。䢼字从此，阙。

【译文】𨛜，由“邑”字反转构成。“䢼”字从“𨛜”，音、义缺。

文一百八十四 重六

䢼[邲] 鄰道也。从邑，从𨛜。凡䢼之属皆从䢼。阙。胡绛切(xiàng)

【译文】䢼，巷道。由“邑”和“𨛜”会意。但凡是“䢼”的部属都从“䢼”。发音记载不详。

鄉[鄉](乡) 国离邑，民所封鄉[①]也。啬夫别治，封圻[②]之内六鄉，六(鄉)[卿]治之。从䢼，皀声。许良切(xiāng)

【注释】①封鄉(xiàng)：承培元：“封犹聚也，鄉，归鄉也。”②封圻：邦畿。

【译文】鄉，离都城距离稍远的小邑，是百姓聚集、归向的地方。汉朝礼制规定：由乡官啬夫分别管理它们。周朝礼制规定：都城四周分六个鄉，由六卿分别管理。形符是“䢼”，声符是“皀”。

𨞟[巷] 𨞟 里中道。从䢉，从共。（皆）[言]在邑中所共也[①]。𦳝，篆文，从䢉省。胡绛切（xiàng）

【注释】①皆在邑中所共也：段玉裁《说文解字注》："说会意之指。道在邑之中，人所共由。"皆段注作言。

【译文】𨞟，街里中的巷道。由"䢉"和"共"会意。是说在城邑之中、人们共同经过的地方。𦳝，篆文"𨞟"字，"邑"是"䢉"的省略。

文三 重一

卷十三

日 ⽇ 实也。太阳之精不亏。从口、一[①]。象形。凡日之属皆从日。㊀，古文。象形。人质切（rì）

【注释】①从口、一：高亨《文字形义学概论》：“‘从口、一’三字可删。”

【译文】日，光明盛实。太阳的精华不亏损。由“口”、“一”会意。象形。但凡是“日”的部属都从“日”。㊀，古文“日”字。象形。

旻 旻 秋天也。从日，文声。《虞书》（曰）[说]：“仁闵覆下，则称旻天。”[①]武巾切（mín）

【注释】①《虞书》曰：徐锴《说文解字系传》：“当言‘《虞书》说’也。”语见《诗经·王风·黍离》毛传文。闵覆今本作覆闵。

【译文】旻，秋天。形符是“日”，声符是“文”。《尚书·虞书》的解释中讲道：“仁闵覆下，则称旻天。”

時（时） 時 四時也。从日，寺声。旹，古文時，

从之（日）[声]。市之切（shí）

【译文】時，四时。形符是“日”，声符是“寺”。𣅀，古文“時”字，形符是“之”，声符是“日”。

早 𣅄 晨也。从日在甲上。子浩切（zǎo）

【译文】早，早晨。由“日”在“甲”上会意。

昒 昒 尚冥也。从日，勿声。呼骨切（hū）

【译文】昒，还在昏暗之际。形符是“日”，声符是“勿”。

昧 昧 爽，（旦）[且][1]明也。从日，未声。一曰，暗也。莫佩切（mèi）

【注释】①旦：依段玉裁《说文解字注》作且。

【译文】昧，昧爽，天将明之际。形符是“日”，声符是“未”。一说，昏暗。

睹[1] 睹 旦明也。从日，者声。当古切（dǔ）[2]

【注释】①睹：曙。②当古切：现音按《集韵》常恕切，读 shǔ。

【译文】睹，天亮。形符是“日”，声符是“者”。

晢 晢 昭晣明也。从日，折声。《礼》曰：“晣明行事。”旨热切（zhé）

【译文】晢，昭晣，明亮。形符是“日”，声符是“折”。

《仪礼·士冠礼》中讲道:“天大亮之后才行加冠之礼。”

昭 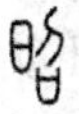 日明也。从日,召声。止遥切(zhāo)

【译文】昭,阳光明亮。形符是“日”,声符是“召”。

晤  明也。从日,吾声。《诗》曰:“晤辟有摽。”五故切(wù)

【译文】晤,因受启发而明白。形符是“日”,声符是“吾”。《诗经·邶风·柏舟》中讲:“静下心来仔细想,抚心拍胸猛醒悟。”

的[的]  明也。从日,勺声。《易》曰:“为的顙。”都历切(dì)

【译文】的,明显。形符是“日”,声符是“勺”。《周易·说卦传》中讲道:“震是白额。”

晄[晃]  明也。从日,光声。胡广切(huǎng)

【译文】晄,明晃。形符是“日”,声符是“光”。

曠(旷)  明也。从日,廣声。苦谤切(kuàng)

【译文】曠,明朗。形符是“日”,声符是“廣”。

旭 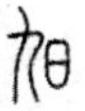 日旦出皃。从日,九声。[读]若勖。一曰,明也。许玉切(xù)

【译文】旭,太阳在天明时出来的样子。形符是“日”,声符是“九”。发音如同“勖”字。一说,阳光明亮的意思。

簮（晋） 　进也。日出，万物进。从日，从臸（zhī）。《易》曰："明出地上，簮。"即（刀）[刃][①]切（jìn）

【译文】簮，长进。太阳升出，万物前进生长。由是"日"、"臸"会意。《周易·晋卦》中讲道："明亮的太阳从地上出来，万物长进。"

暘（旸） 　日出也。从日，昜声。《虞书》曰："暘谷。"与章切（yáng）

【译文】暘，太阳出来。形符是"日"，声符是"昜"。《尚书·虞书·尧典》中记载有"太阳出来的山谷。"

晵　雨而昼姓（qíng）[①]也。从日，啟省声。康礼切（qǐ）

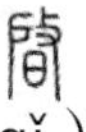

【注释】①姓：即晴。

【译文】晵，雨过天晴。形符是"日"，声符是"啟"的省文。

暘 　日覆云，暂见也。从日，易声。羊益切（yì）

【译文】暘，太阳被云彩覆盖着，迅速出没。形符是"日"，声符是"易"。

昫 　日出温也。从日，句声。北地有昫衍县。火於切（xū），又火句切（xù）

【译文】昫，太阳出来的温暖。形符是“日”，声符是“句”。秦朝北地郡有一昫衍县。

晛 日見也。从日，从見，見亦声。《诗》曰：“見晛曰消。”胡甸切（xiàn）

【译文】晛，太阳显现出来。由“日”和“見”会意，“見”也是声符。《诗经·小雅·角弓》中讲道：“雪下得很大，见到太阳热气就消融了。”

晏 天清也。从日，安声。乌谏切（yàn）

【译文】晏，天空清朗。形符是“日”，声符是“安”。

䜩 星[1]无云也。从日，燕声。於甸切（yàn）

【注释】①星：段玉裁注：“姚氏鼐：‘星即姓字’”。

【译文】䜩，晴朗无云。形符是“日”，声符是“燕”。

景 光也。从日，京声。居影切（jǐng）

【译文】景，亮光。形符是“日”，声符是“京”。

晧[皓] 日出皃。从日，告声。胡老切（hào）

【译文】晧，太阳出来的样子。形符是“日”，声符是“告”。

暤 皓旰[1]也。从日，皋声。胡老切（hào）

【注释】①皓旰：双声连绵词。洁白明亮的样子。

【译文】暤，皓旰。形符是“日”，声符是“皋”。

曄[曅](晔)　光(也)[皃]。从日，从𠌶。筠辄切(yè)

【译文】曄，光亮，光明。由“日”和“𠌶”会意。

暉(晖)　光也。从日，軍声。许归切(huī)

【译文】暉，日光。形符是“日”，声符是“軍”。

旰　晚也。从日，干声。《春秋传》曰：“日旰君劳。”古案切(gàn)

【译文】旰，天晚。形符是“日”，声符是“干”。《左传·昭公十二年》中讲道：“天色已晚，君王却依然勤于政事。”

暆　日行暆暆也。从日，施声。乐浪有东暆[1]县。读若酏。弋支切(yí)

【注释】①东暆：现朝鲜京畿道西南部。

【译文】暆，太阳迤逦缓行。形符是“日”，声符是“施”。乐浪郡有一东暆县。发音如同“酏”字。

晷　日景(yǐng)也。从日，咎声。居洧切(guǐ)

【译文】晷，日光。形符是“日”，声符是“咎”。

昃[昗]　日在西方时。侧也。从日，仄声。《易》曰：“日昃之离[1]。”阻力切(zè)

【注释】①离：山神兽，出现于日昃的时候。

【译文】昃，太阳在西方的时候。偏侧在一边了。形符是“日”，声符是“仄”。《周易·离卦》中讲道：“太阳偏西时的山神兽。”

晚 莫也。从日，免声。无远切（wǎn）

【译文】晚，日暮。形符是“日”，声符是“免”。

昏 日冥也。从日，氐省。氐者，下也。一曰，民声。呼昆切（hūn）

【译文】昏，天刚黑的时候。由“日”和“氐”的省文会意。氐即降下。一说，昏从“民”声。

䜌 日（旦）[且]昏时。从日，䜌声。读若新城（䜌）[䜌]中。洛官切（luán）

【译文】䜌，黄昏。形符是“日”，声符是“䜌”。发音如同“新城䜌中”的“䜌”字。

晻[暗] 不明也。从日，奄声。乌感切（ǎn）①

【注释】①乌感切：现音按《集韵》乌绀切，读 àn。

【译文】晻，昏暗不明。形符是“日”，声符是“奄”。

暗 日无光也。从日，音声。乌绀切（àn）

【译文】暗，太阳没有光亮。形符是“日”，声符是“音”。

晦　月尽也。从日，每声。荒内切（huì）

【译文】晦，月终的一天。形符是“日”，声符是“每”。

暗　埃暗，日无光也。从日，能声。奴代切（nài）

【译文】暗，叆叇，太阳没有光亮。形符是“日”，声符是“能”。

曀　阴而风也。从日，壹声。《诗》曰：“终风且曀。”於计切（yì）

【译文】曀，天阴而有风。形符是“日”，声符是“壹”。《诗经·邶风·终风》中讲道：“刮风且阴沉的天气。”

旱　不雨也。从日，干声。乎旰切（hàn）

【译文】旱，久晴不雨。形符是“日”，声符是“干”。

昌　望远合也。从日、匕[1]；匕，合也。读若窈窕之窈。乌皎切（yǎo）

【注释】①匕：徐锴《说文解字系传》：“匕，相比近也。”段玉裁《说文解字注》：“（匕）‘比’之省也。”

【译文】昌，向远处眺望，天地万物浑然合一。由“日”和“匕”会意。“匕”表示会合。发音如同“窈窕”中的“窈”字。

昴　白虎宿星。从日，卯声。莫饱切（mǎo）

【译文】昴，西方白虎七宿的正中之星。形符是“日”，声符是“卯”。

曏[嚮](向) 𣈑 不久也。从日，鄉声。《春秋传》曰："曏役之三月。"许两切(xiǎng)

【译文】曏，不久以前。形符是"日"，声符是"鄉"。《左传·僖公二十八年》中讲道："在城濮之战前的三月。"

曩 𣊭 向也。从日，襄声。奴朗切(nǎng)

【译文】曩，从前。形符是"日"，声符是"襄"。

昨 𣅡 (纍)[絫]日也。从日，乍声。在各切(zuó)

【译文】昨，重累其日。形符是"日"，声符是"乍"。

暇 𣈆 闲也。从日，叚声。胡嫁切(xià)①

【注释】①胡嫁切：现音按《广韵》胡驾切，读 xiá。

【译文】暇，空闲。形符是"日"，声符是"叚"。

暫(暂) 𣊟 不久也。从日，斬声。藏滥切(zàn)

【译文】暫，短时间。形符是"日"，声符是"斬"。

昪 𣅀 喜乐皃。从日，弁声。皮变切(biàn)

【译文】昪，喜乐的样子。形符是"日"，声符是"弁"。

昌 𣅀 美言也。从日，从曰。一曰，日光也。

《诗》曰："东方昌矣。"，籀文昌。尺良切（chāng）

【译文】昌，美善的言辞。由"日"和"曰"会意。一说，"昌"即日光。《诗经·齐风·鸡鸣》中讲道："东方亮了。"，籀文中的"昌"字。

暀[①]　光美也。从日，往声。於放切（wàng）

【注释】①暀：旺。

【译文】暀，光明旺盛。形符是"日"，声符是"往"。

昄　大也。从日，反声。补绾切（bǎn）

【译文】昄，大。形符是"日"，声符是"反"。

昱　明日也。从日，立声。余六切（yù）

【译文】昱，明天。形符是"日"，声符是"立"。

㬉　温湿也。从日，赧省声。读与赧同。女版切（nǎn）

【译文】㬉，温湿。形符是"日"，声符是"赧"的省文。发音与"赧"字相同。

暍　伤暑也。从日，曷声。於歇切（yē）

【译文】暍，中暑。形符是"日"，声符是"曷"。

暑　热也。从日，者声。舒吕切（shǔ）

【译文】暑，炎热。形符是"日"，声符是"者"。

㬮 安㬮，温也。从日，難声。奴案切（nàn）

【译文】㬮，安㬮，温存。形符是“日”，声符是“難”。

㬎 众微杪也。从日中视絲。古文以为㬎字。或曰众口皃。读若唫（jìn）唫。或以为繭（jiǎn）；繭者，絮中往往有小繭也。五合切（è）[①]

【注释】①五合切：现音按《广韵》呼典切，读 xiǎn。

【译文】㬎，众物微小。由“日”中看“絲”会合明察众物之意。在古文中通常被当作是“㬎著”的“㬎”字。有人说是很多的口的样子，发音像“口急唫唫”的“唫”字。有的人将它当作“繭”字；此处“繭”，是指絲绵中有历历在目的小丝结。

㬥[暴] 晞也。从日，从出，从収，从米。，古文㬥，从日，麃声。薄报切（bào）[①]

【注释】①薄报切：现音按《广韵》蒲木切，读 pù。

【译文】㬥，晒干。由“日”、“出”、“収”、“米”会意。，古文“㬥”字，形符是“日”，声符是“麃”。

曬（晒） 暴也。从日，麗声。所智切（shì）[①]

【注释】①所智切：现音按《广韵》所卖切，读 shài。

【译文】曬，曬干。形符是“日”，声符是“麗”。

暵　𣊡　干也。耕暴田曰暵。从日，堇（jǐn）声。《易》曰："燥万物者莫暵于离。"呼旰切（hàn）

【译文】暵，干涸。翻耕土地使其得以暴晒被称作是暵。形符是"日"，声符是"堇"。《周易·说卦传》中讲道："没有比火更能让万物变得干燥的东西了。"

晞　㬛　干也。从日，希声。香衣切（xī）

【译文】晞，干，干燥。形符是"日"，声符是"希"。

昔　𦣻　干肉也。从残肉，日以晞之。与俎同意。𦠆，籀文，从肉。思积切（xī）

【译文】昔，干肉。"㸚"表示残肉，"日"表示用太阳来晒干它。与"俎"字从"仌"的构形同意。𦠆，籀文"昔"字，从"肉"。

暱（昵）　暱　日近也。从日，匿声。《春秋传》曰："私降暱燕。"昵，暱或，从尼。尼质切（nì）

【译文】暱，一天天亲近。形符是"日"，声符是"匿"。《左传·昭公二十五年》中讲道："私下要注意减少和亲近的人进行宴饮取乐。"昵，"暱"的异体字，从"尼"。

暬[䵒]　暬　日狎习相(慢)[嫚]也。从日，(執)[埶]声。私列切（xiè）

【译文】暬，因一天天与之不庄重地亲近，而要养成轻侮的习性。形符是"日"，声符是"埶"。

𣇊 不见也。从日，否省声。美毕切（mì）

【译文】𣇊，不见。形符是“日”，声符是“否”的省文。

昆 同也。从日，从比。古浑切（kūn）

【译文】昆，同。由“日”和“比”会意。

晐 兼晐[①]也。从日，亥声。古哀切（gāi）

【注释】①晐：段玉裁《说文解字注》：“此晐备正字，今字则该、赅行而晐废矣。”兼晐：同义复词。

【译文】晐，日光全面覆照。形符是“日”，声符是“亥”。

普 日无色也。从日，从並。滂古切（pǔ）

【译文】普，太阳没有光色。由“日”和“並”会意。

曉（晓） 明也。从日，堯声。呼鸟切（xiǎo）

【译文】曉，光明。形符是“日”，声符是“堯”。

昕 旦明，日将出也。从日，斤声。读若希。许斤切（xīn）

【译文】昕，天明，太阳将要出来了。形符是“日”，声符是“斤”。发音如同“希”字。

文七十 重六

旦 [seal] 明也。从日见一上。一，地也。凡旦之属皆从旦。得案切（dàn）

【译文】旦，天明。由“日”在“一”上会意。“一”，表示大地。但凡是“旦”的部属都从“旦”。

暨 [seal] 日颇见（xiàn）①也。从旦，既声。其异切（jì）

【注释】①颇见：略现。

【译文】暨，旭日略微出现在地平线上。形符是“旦”，声符是“既”。

文二

倝 [seal] 日始出，光倝倝也。从旦，㫃声。凡倝之属皆从倝。[seal]，阙。古案切（gàn）

【译文】倝，太阳刚出来，金光灿烂。形符是“旦”，声符是“㫃”。但凡是“倝”的部属都从“倝”。[seal]，构形缺。

𠦝[朝] [seal] 旦也。从倝，舟声。陟遥切（zhāo）

【译文】𠦝，早晨。形符是“倝”，声符是“舟”。

文三

㫃 [seal] 旌旗之游，㫃蹇之皃。从屮（chè），曲而下；垂，㫃，相出入也。读若偃。古人名㫃，字子游。凡㫃之属皆从㫃。[seal]，古文㫃字，象形。及象旌旗之游（liú）。於幰切（yǎn）

【译文】㫃，旌旗上的飘带，随风飘扬的样子。从“屮”，弯曲而下申，表示旗杆；右边下垂的飘带，象随风一出一入的样子。发音如同“偃”。古人名㫃的，字子游。但凡是“㫃”的部属都从“㫃”。㫃，古文“㫃”字，象旌旗飘扬的样子。“及”像旌旗的飘带。

旐 旐 龟蛇四游，以象营室[1]，（游游）[悠悠]而长。从㫃，兆声。《周礼》曰：“县鄙建旐。”治小切（zhào）

【注释】①营室：星名，属于玄武宿。

【译文】旐，绘有龟蛇图案的旗帜有四条长飘带，用来象征营室二星和东壁二星，旗帜和飘带悠悠而长。形符是“㫃”，声符是“兆”。《周礼·司常》中讲道：“县、鄙之类的行政单位竖立起旐旗。”

旗 旗 熊旗（五）[六]游，以象罚星。士卒以为期。从㫃，其声。《周礼》曰：“率都建旗。”[1]渠之切（qí）

【注释】①语见《周礼·春官·司常》。率今本作师。师当为帅之讹。帅、率古字通。

【译文】旗，画有熊虎的旗帜有六条飘带，用来象征罚星。士卒把熊旗的竖立当作聚集的时间。形符是“㫃”，声符是“其”。《周礼·春官·司常》中讲道：“将帅和都主竖立的是熊旗。”

旆 𣄒 继旐之旗也，沛然而垂。从㫃，宋（pò）声。蒲盖切（pèi）

【译文】旆，接连镶在旐旗边幅的旗饰，沛然而下垂。形符是“㫃”，声符是“宋”。

旌 𣃘 游车载旌，析羽注旄首，所以精进士卒。从㫃，生声。子盈切（jīng）

【译文】旌，木辂车上竖建着旌旗，剪下鸟羽附着在饰有旄牛尾的旗杆顶上。用来激励士卒精锐前进的一种旗帜。形符是“㫃”，声符是“生”。

旟 𣄪 错革画鸟其上，所以进士众。旟旟，众也。从㫃，與声。《周礼》曰：“州里建旟。”以诸切（yú）

【译文】旟，古代画着鸟隼的军旗，主要是用来聚合士卒的。旟旟即众多。形符是“㫃”，声符是“與”。《周礼·春官·司常》中讲道：“州、里的长官竖立起旟旗。”

旂 𣃔 旗有众铃，以令众也。从㫃，斤声。渠希切（qí）

【译文】旂，旗上有许多铃铛，用以命令士众。形符是“㫃”，声符是“斤”。

旞 𣄻 导车所以载。全羽以为允允进也。从㫃，遂声。𣄻，旞或，从遺。徐醉切（suì）

【译文】旞，象辂车用以载竖的那种旗帜。用完整的五色羽毛插在旗杆的旄头上，用以作为士众缓缓前进的信号。形符是“㫃”，声符是“遂”。，“旞”的异体字，从“遺”声。

旝　建大木，置石其上，发以机，以追[1]敌也。从㫃，會声。《春秋传》曰：“旝动而鼓。”《诗》曰：“其旝如林。”古外切（kuài）

【注释】①追：即槌。

【译文】旝，竖建大木，将石头放在它的上面，用机关发射，以此来袭击敌人。形符是“㫃”，声符是“會”。《左传·桓公五年》中讲道：“旌旗挥动就擂鼓进兵。”《诗经·大雅·大明》中讲道：“旌旗像树林一般竖立。”

旃　旗曲柄也。所以（旃）[展]表士众。从㫃，丹声。《周礼》曰：“通帛为旃。”，旃或，从亶。诸延切（zhān）

【译文】旃，弯曲着旗柄的旗帜。是用来展动、并向士众标志其身份的旗帜。形符是“㫃”，声符是“丹”。《周礼·春官·司常》中讲道：“将整块红色的锦帛做成旃旗。”，“旃”的异体字，从“亶”声。

㫍[1]　旌旗之流[2]也。从㫃，攸声。以周切（yóu）

【注释】①㫍：即斿。②流：俗作旒。

【译文】㫍，旌旗的飘带之类的下垂装饰物。形符是“㫃”，声符是“攸”。

旚 旗属。从㫃，要声。乌皎切（yǎo）

【译文】旚，旗帜的一种。形符是“㫃”，声符是“要”。

施 旗皃。从㫃，也声。齐栾施字子旗，知施者旗也。式支切（shī）

【译文】施，旗帜飘动的样子。形符是“㫃”，声符是“也”。齐国栾施字子旗，由此知道施就是旗。

旖 旗旖施[①]也。从㫃，奇声。於离切（yī）[②]

【注释】①旖施：王筠《说文解字句读》：“旖施即旖旎，与阿那为一声之转。”②於离切：现音按《广韵》於绮切，读yǐ。

【译文】旖，旗帜随风旖旎。形符是“㫃”，声符是“奇”。

旚［旚］ 旌旗旚繇也。从㫃，𤽄声。匹招切（piāo）

【译文】旚，旌旗飘摇。形符是“㫃”，声符是“𤽄”。

旚 旌旗飞扬皃。从㫃，猋声。甫遥切（biāo）

【译文】旚，旌旗飘扬的样子。形符是“㫃”，声符是“猋”。

游 旌旗之流也。从㫃，汓[①]声。𨒪，古文游。

以周切（yóu）

【注释】①汓：即泅。

【译文】游，旌旗的飘带。形符是“㫃”，声符是“汓”。，古文“游”字。

旇　旌旗披靡也。从㫃，皮声。敷羁切（pī）

【译文】旇，旌旗四散的样子。形符是“㫃”，声符是“皮”。

旋　周旋，旌旗之指麾也[①]。从㫃，从疋。疋，足也。似沿切（xuán）

【注释】①旌旗之指麾也：徐灏《说文解字注笺》：“旌旗，所以齐众，执以指麾，令士卒望而前却。”

【译文】旋，周旋，随着旌旗的指挥。由“㫃”和“疋”会意。“疋”即足的意思。

旄　幢（chuáng）也。从㫃，从毛，毛亦声。莫袍切（máo）

【译文】旄，幢翿一类的旗帜。由“㫃”和“毛”会意，“毛”也是声符。

旛　幅[①]胡[②]也。从㫃，番声。孚袁切（fān）

【注释】①幅：布帛的宽度。②胡：徐锴：“牛颔下垂皮也。”

【译文】旛，长幅下垂的旗帜。形符是“㫃”，声符是“番”。

旅 𣃡 军之五百人为旅。从㫃，从从；从，俱也。𠂆，古文旅。古文以为鲁卫之鲁。力举切（lǚ）

【译文】旅，军队中五百人的单位为旅。由“㫃”和“从”会意。“从”，许多人在一起的意思。𠂆，古文中的“旅”字。在古文中通常将它作为“鲁卫”中的“鲁”字。

族 𣄼 矢锋也。束之族族[1]也。从㫃，从矢。昨木切（zú）

【注释】①族族：段玉裁《说文解字注》：“聚皃。”

【译文】族，箭头。一捆箭聚在一起。由“㫃”和“矢”会意。

文二十三　重五

冥 冥 幽也。从日，从六，冖（mì）声。日数十。十六日而月始亏幽也。凡冥之属皆从冥。莫经切（míng）

【译文】冥，幽暗不明。由“日”和“六”会意，“冖”声。计算日期的规律以从甲至癸十天干为一轮。每月十六日开始，月亮开始亏缺而幽暗。但凡是“冥”的部属都从“冥”。

鼆 鼆 冥也。从冥，黽声。读若黽蛙之黽。武庚切（méng）

【译文】鼆，幽暗。形符是“冥”，声符是“黽”。发音如同“黽蛙”的“黽”字。

文二

晶　精光也。从三日。凡晶之属皆从晶。子盈切（jīng）

【译文】晶，精华的光亮。由三个“日”字会意。但凡是“晶”的部属都从“晶”。

曐[星]　万物之精，上为列星。从晶，生声。一曰，象形。从口，古口复注中，故与日同。，古文曐。，或省。桑经切（xīng）

【译文】曐，万物的精华，在天上成了众多的星。形符是“晶”，声符是“生”。一说，晶象众星之形。从“口”，古时在“口”中加注一点在它的中间，因此与“日”混同。，古文“曐”字。，“曐”的异体字，“曐”的省略。

曑[参]（参）　商，星也。从晶，㐱声。，曑或，省。所今切（shēn）

【译文】曑，曑和商，都是星名。形符是“晶”，声符是“㐱”。，“曑”的异体字，“曑”的省略。

曟[晨]　房星；为民田时者。从晶，辰声。，曟或，省。植邻切（chén）

【译文】曟，房星；又是农民下田耕种之时。形符是“晶”，声符是“辰”。，“曟”的异体字，“曟”的省略。

曡[疊][叠]　杨雄[1]说，以为古理官[2]，决罪，三[3]日，得其宜乃行之。从晶，从宜。亡新以为曡。从

三日，太盛，改为三田。徒叶切（dié）

【注释】①杨雄：汉代文学家、字学家，又称作扬雄。②理官：刑狱官。③三：表示众多。

【译文】曡，累积，重叠。杨雄曾说道："古时官吏判决案件，需要经三天反复斟酌才最终作出判决。"由"晶"和"宜"会意。已经亡了的新朝认为"曡"字从三个"日"字，太过于强盛，将三个"火"字改为三个"田"字。

文五 重四

月 阙[1]也。大阴之精。象形。凡月之属皆从月。鱼厥切（yuè）

【注释】①阙：即亏缺。

【译文】月，亏缺。太阴的精华。象不满之形。但凡是"月"的部属都从"月"。

朔 月一日始苏也。从月，屰声。所角切（shuò）

【译文】朔，月亮在初一开始复生。形符是"月"，声符是"屰"。

朏 月未盛之明。从月、出。《周书》曰："丙午朏。"普乃切（pěi），芳尾切（fěi）

【译文】朏，月光未盛之明。由"月"和"出"会意。《尚书·周书·召诰》中讲道："丙午那天月光初现光明。"

霸 霸 月始生，霸然也。承大月，二日；承小月，三日。从月，𩅿声。《周书》曰："哉生霸。" 𩂓，古文霸字。普伯切（pò）

【译文】霸，月亮开始呈现，旁有微光似的。上承大月，初二生霸；上承小月，初三生霸。形符是"月"，声符是"𩅿"。《尚书·周书·康诰》中讲道："开始出现月光。" 𩂓，古文"霸"字。

朖［朗］ 朖 明也。从月，良声。卢党切（lǎng）

【译文】朖，明亮。形符是"月"，声符是"良"。

朓 朓 晦而月见西方谓之朓。从月，兆声。土了切（tiǎo）

【译文】朓，夏历月底，月亮在西方出现，称作"朓"。形符是"月"，声符是"兆"。

肭 肭 朔而月见东方谓之缩肭。从月，内声。女六切（nǜ）

【译文】肭，夏历初一，月亮出现在东方，称作"缩肭"。形符是"月"，声符是"内"。

期 期 会也。从月，其声。𣎆，古文期，从日、丌（jī）。渠之切（qí）①

【注释】①渠之切：现音读 qī。

【译文】期，约会。形符是"月"，声符是"其"。𣎆，古文中的"期"字，由"日"和"丌"会意。

文八 重二

有 不宜有也。《春秋传》曰："日月有食之。"从月，又声。凡有之属皆从有。云九切（yǒu）

【译文】有，不应当有。《左传·隐公三年》中讲道："日、月有日蚀、月蚀现象。"形符是"月"，声符是"又"。但凡是"有"的部属都从"有"。

䵋 有文章也。从有，惑声。於六切（yù）

【译文】䵋，有文采。形符是"有"，声符是"惑"。

龓 兼有也。从有，龍声。读若聋。卢红切（lóng）

【译文】龓，兼有。形符是"有"，声符是"龍"。发音如同"聋"字。

文三

朙[明] 照也。从月，从囧。凡朙之属皆从朙。明，古文朙，从日。武兵切（míng）

【译文】朙，照耀。由"月"和"囧"会意。但凡是"朙"的部属都从"朙"。明，古文中的"朙"字，从"日"。

𥃩 翌也。从明，亡声。呼光切（huāng）

【译文】𥃩，明日。形符是"明"，声符是"亡"。

文二 重一

囧 [篆] 窗牖丽廔闿（kǎi）明[①]。象形。凡囧之属皆从囧。读若犷。贾侍中说：读与明同。俱永切（jiǒng）

【注释】①丽廔闿明：高亨《文字形义学概论》："丽廔：双声连语，窗棂交错格格相连之貌。《说文》：'闿，开也。'闿明犹今语敞亮。"

【译文】囧，窗牖格格交错而敞亮。象形。但凡是"囧"的部属都从"囧"。发音如同"犷"字。贾侍中说：发音与"明"字相同。

盟[盟] [篆] 《周礼》曰："国有疑则盟。"诸侯再相与会，十二岁一盟。北面诏天之司慎司命。盟，杀牲歃血，朱盘玉敦，以立牛耳。从囧，从血。[篆]，篆文，从朙。[古文]，古文，从明。武兵切（méng）

【译文】盟，《周礼·秋官·司盟》中讲道："诸侯之间如果有猜疑就会举行盟会。"诸侯两次朝会之期就互相聚会一次，诸侯十二年举行一次盟会。盟会时，都要面北把盟约诏告苍天的司慎、司命诸神。盟时，宰杀牲畜喝它们的血，朱红的盘子玉制的敦器，用以盛立牛耳。由"囧"和"血"会意。[篆]，篆文"盟"字，从"朙"声。[古文]，古文"盟"字，从"明"声。

文二 重二

夕 [篆] 莫也。从月半见。凡夕之属皆从夕。祥易切（xī）

【译文】夕，傍晚。由"月"字现出半边来表意。但凡是"夕"

的部属都从“夕”。

夜 （篆文） 舍也。天下休舍也。从夕，亦省声。羊谢切（yè）

【译文】夜，止息。天下休息之时。形符是“夕”，声符是“亦”省声。

夢（梦） （篆文） 不明也。从夕，瞢省声。莫忠切（méng）又亡贡切（mèng）

【译文】夢，不明。形符是“夕”，声符是“瞢”省声。

夗 （篆文） 转卧也。从夕，从卪（jié）。卧有卪也。於阮切（yuàn）

【译文】夗，转身侧卧。由“夕”、“卪”会意。侧卧就曲膝。

夤 （篆文） 敬惕也。从夕，寅声。《易》曰：“夕惕若（夤）[厉]。”（籀文），籀文夤。翼真切（yín）

【译文】夤，恭敬。形符是“夕”，声符是“寅”。《周易·乾卦·九三》爻辞中讲道：“君子终日振作，夜晚警惕着，遇着危险也没有祸害。”（籀文），籀文夤字。

姓[①] （篆文） 雨而夜除星见也。从夕，生声。疾盈切（qíng）

【注释】①姓：现作“晴”。

【译文】姓，雨在夜晚停止而星星出现了。形符是“夕”，声符是“生”。

外 𡖄 远也。卜尚平旦，今夕卜，于事外矣。𡕿，古文外。五会切（wài）

【译文】外，疏远。占卜崇尚平明日出之时，今在夜晚占卜，就卜筮之事而言是例外了。𡕿，古文“外”字。

殊[夙] 𡖋 早敬也。从丮，持事；虽夕不休：早敬者也。𠈃，古文夙，从人、囪。㐰，亦古文夙，从人、西。宿从此。息逐切（sù）

【译文】殊，早晨肃敬于事。从“丮”，表示双手操持事务；即便到了晚上也不能休息，这是早晨恭肃于事的意思。𠈃，古文“殊”字。由“人”和“囪”会意。㐰，也是古文的“殊”字，由“人”和“西”会意。“宿”字从“㐰”。

募 𡖊 宋也。从夕，莫声。莫白切（mò）

【译文】募，寂寞。形符是“夕”，声符是“莫”。

文九 重四

多 𡖅 重也。从重夕。夕者，相绎也，故为多。重夕为多，重日为曡。凡多之属皆从多。𡖇，古文多。得何切（duō）

【译文】多，重复。由重叠的“夕”字构成。“夕”，是相抽引而无穷尽，所以称“多”。重叠“夕”字称“多”。重叠“日”

字称“曡(叠)”。但凡是“多”的部属都从“多”。㐸，古文中的“多”字。

夥[夥](伙) 𡖫 齐谓多为夥。从多，果声。乎果切(huò)[①]

【注释】①乎果切：现音读 huǒ。

【译文】夥，齐地将多称作夥。形符是“多”，声符是“果”。

錗 𡖬 大也。从多，圣(kū)声。苦回切(kuī)[①]

【注释】①苦回切：现音按《广韵》古坏切，读 guài。

【译文】錗，大。形符是“多”，声符是“圣”。

㸧 𡖦 厚唇皃。从多，从尚。陟加切(zhā)

【译文】㸧，嘴唇厚厚的样子。由“多”、“尚”会意。

文四 重一

毌 毌 穿物持之也。从一横贯，象宝货之形。凡毌之属皆从毌。读若冠。古丸切(guān)[①]

【注释】①古丸切：现音按《广韵》古玩切，读 guàn。

【译文】毌，横穿物体、握持着它。由“一”横着贯穿。田象钱贝之形。但凡是“毌”的部属都从“毌”。发音像“冠”字。

貫(贯) 貫 钱貝之贯。从毌、貝。古玩切(guàn)

【译文】貫，貫穿钱币的绳索。由“毌”和“貝”会意。

虜(虏)　获也。从毌，从力，虍声。郎古切(lǔ)

【译文】虏，俘获。由"毌"和"力"会意，"虍"声。

文三

𢎘　嘾(dàn)也。艸木之华未发，函然。象形。凡𢎘之属皆从𢎘。读若含。乎感切(hàn)

【译文】𢎘，深含。草木的花尚未吐发，像含着东西似的。象形。但凡是"𢎘"的部属都从"𢎘"。

函　舌也。象形。舌体𢎘𢎘[1]。从𢎘，𢎘亦声。，俗函，从肉，今。胡男切(hán)

【注释】①𢎘𢎘：深含的样子。

【译文】函，舌。函象舌形。舌头藏于口中象花𢎘𢎘未发。从"𢎘"，"𢎘"也是声符。，俗"函"字，形符是"肉"，声符是"今"。

甹　木生条[1]也。从𢎘，由声。《商书》曰："若颠木之有甹、枿(niè)。"古文言由枿。以州切(yóu)

【注释】①条：即小枝。

【译文】甹，树木生出新枝条。形符是"𢎘"，声符是"由"。《尚书·商书·盘庚》中讲道："像倒伏的树木有新生的枝条，有砍伐后再长出的新芽。"古文《尚书》中写作"由枿"。

甬 艸木华甬甬然也。从马，用声。余陇切（yǒng）

【译文】甬，草木之花含苞待放的样子。形符是“马”，声符是“用”。

㞢 艸木马盛也。从二马。胡先切（xián）

【译文】㞢，花木花蕾茂盛。由两个“马”字会意。

文五 重一

東 木垂华实。从木、马，马亦声。凡東之属皆从東。胡感切（hàn）

【译文】東，树木垂挂花朵和果实。由“木”和“马”会意，“马”也是声符。但凡是“東”的部属都从“東”。

韡 束也。从東，韋声。千非切（wéi）

【译文】韡，束。形符是“東”，声符是“韋”。

文二

卤 艸木实垂卤卤[1]然。象形。凡卤之属皆从卤。读若调。，籀文，三卤为卤。徒辽切（tiáo）

【注释】①卤卤：垂下的样子。

【译文】卤，草木的果实，下垂卤卤的样子。象果实下垂的样子。但凡是“卤”的部属都从“卤”。发音如同“调”字。，籀文的“卤”字，由三“卤”字组成。

㮚[栗] 木也。从木，其实下垂，故从卤。，古文㮚，从西，从二卤。徐巡说：木至西方战㮚。力质切（lì）

【译文】㮚，树木名。从“木”，它的果实下垂，所以从“卤”。，古文㮚，由“西”和二“卤”字会意。徐巡说，树木到了西方就会战㮚。

㮚（粟） 嘉谷实也。从卤，从米。孔子曰：“㮚之为言续也。”，籀文㮚。相玉切（sù）

【译文】㮚，禾黍的果实。由“卤”和“米”会意。孔子说：“㮚可以用来表示相续不断。”，籀文中的“㮚”字。

文三 重三

齊（齐） 禾麦吐穗上平也。象形。凡齊之属皆从齊。徂兮切（qí）

【译文】齊，禾麦吐穗，上部很平整。象形。但凡“齊”的部属都从“齊”。

亝 等也。从齊，妻声。徂兮切（qí）

【译文】亝，相等。形符是“齊”，声符是“妻”。

文二

朿 木芒也。象形。凡朿之属皆从朿。读若刺。

七赐切（cì）

【译文】朿，木芒。象形。但凡是“朿”的部属都从“朿”。发音如同“刺”字。

棗（枣） 羊棗也。从重朿。子皓切（zǎo）

【译文】棗，羊枣。由重叠的两个“朿”字会意。

棘 小枣丛生者。从并朿。已力切（jí）

【译文】棘，丛生的低小的酸枣树。由并列的“朿”字会意。

文三

片 判木也。从半木。凡片之属皆从片。匹见切（piàn）

【译文】片，已剖开的木。由篆体“木”字的右半构成。但凡是“片”的部属都从“片”。

版 判也。从片，反声。布绾切（bǎn）

【译文】版，分剖的木板。形符是“片”，声符是“反”。

畐 判也。从片，畐声。芳逼切（pì）[1]

【注释】①芳逼切：现音按《广韵》符逼切，读 bì。

【译文】畐，分开的木板。形符是“片”，声符是“畐”。

牘[牘]（牍） 书版[1]也。从片，賣声。徒谷切（dú）

【注释】①版：即板。

【译文】牘，古时写书用的木片。形符是“片”，声符是“賣”。

牒　札也。从片，枼声。徒叶切（dié）

【译文】牒，写书用的木片。形符是“片”，声符是“枼”。

牑　床版也。从片，扁声。读若边。方田切（biān）

【译文】牑，床板。形符是“片”，声符是“扁”。发音如同“边”字。

牖　穿壁以木为交窗也。从片、户、甫。谭长以为甫上日也，非户也；牖，所以见日。与久切（yǒu）

【译文】牖，凿穿墙壁用木头做成纵横交错的窗棂。由“片”、“户”、“甫”会意。谭长认为“甫”上部是“日”字，并非“户”字。窗牖是用来透日光的。

牏　筑墙短版也。从片，俞声。读若俞。一曰若纽。度侯切（tóu）

【译文】牏，筑墙时用于两端的短板。形符是“片”，声符是“俞”。发音如同“俞”字。一说，发音如同“纽”字。

文八

鼎　三足两耳，和五味之宝器也。昔禹收九牧之金，铸鼎荆山之下。入山林川泽，螭魅蛧蜽，莫

能逢之，以协承天休。《易》卦：巽木于[火]下者为鼎，象析木以炊也。籀文以鼎为贞字。凡鼎之属皆从鼎。都挺切（dǐng）

【译文】鼎，三只足，两只耳朵，是一种用来调和五味食物的贵重器物。昔日大禹收集了九州的长官进奉的金属，在荆山脚下铸造了九尊鼎。进入山林川泽，魑魅魍魉，没有什么山怪能遇到他，通过铸鼎十分和谐的接受上天的赐福。《周易》中的卦象：用“木”进入火下为鼎卦。象剖开木头来烧火做饭。籀文假借“鼎”作“贞”字。但凡是“鼎”的部属都从“鼎”。

鼒　鼎之圜掩上者。从鼎，才声。《诗》曰：“鼐鼎及鼒。”镃，俗鼒，从金，从兹[①]。子之切（zī）

【注释】①从兹：段玉裁《说文解字注》作从兹声。

【译文】鼒，上端收敛而口小的鼎。形符是“鼎”，声符是“才”。《诗经·周颂·丝衣》中讲道：“大鼎与小鼎。”镃，俗“鼒”字，形符是“金”，声符是“兹”。

鼐　鼎之绝大者。从鼎，乃声。《鲁诗》说：鼐，小鼎。奴代切（nài）

【译文】鼐，鼎中最大的。形符是“鼎”，声符是“乃”。鲁《诗》中讲道：“鼐，小鼎。”

鼏　以木横贯鼎耳而举之。从鼎，（冖）[冂]声。《周礼》：“庙门容大鼏[鼏]七个。”即《易》“玉铉大吉”也。（莫狄切）（mì）[古荧切（jiōng）]

【译文】鼏，用木杠横着贯穿鼎耳从而举起它。形符是“鼎”，声符是“冂”。《周礼·考工记·匠人》中讲：“庙门容大鼏七个。”就是《周易·鼎卦》说的“鼎用镶玉的铉杠，大吉”中的“铉”。

文四 重一

克 肩也。象屋下刻木之形。凡克之属皆从克。，古文克。，亦古文克。苦得切（kè）

【译文】克，肩任。又象在屋下刻割木头的样子。但凡是“克”的部属都从“克”。，古文“克”字。，也是古文“克”字。

文一 重二

彔[录] 刻木彔彔也。象形。凡彔之属皆从彔。卢谷切（lù）

【译文】彔，刻镂的木头历历可数。象形。但凡是“彔”的部属都从“彔”。

文一

禾 嘉谷也。二月始生，八月而孰，得时之中，故谓之禾。禾，木也。木王而生，金王而死。从木，从𠂹省。𠂹象其穗。凡禾之属皆从禾。户戈切（hé）

【译文】禾，美好的谷子。二月时开始萌发生长，到了八月就会成熟，得四时中和之气，因此称作“禾”。“禾”在五行中属“木”。春天木德昌就生长，秋天金德昌就死去。由“木”和“𠂹”的省文会意。下“𠂹”部分象谷穗。但凡是“禾”的部属都从“禾”。

秀① 上讳。息救切（xiù）

【注释】①秀：徐锴《说文解字系传》：“秀，禾实也。有实之象，下垂也。”

【译文】秀，已故汉光武帝的名讳。

稼 禾之秀实为稼，茎节为禾。从禾，家声。一曰，稼，家事也。一曰，在野曰稼。古讶切（jià）

【译文】稼，禾的穗实称稼，秸秆称禾。形符是“禾”，声符是“家”。一说，种植五谷称稼，就像嫁女之事。另一说，田野中的作物称稼。

穡（穑） 谷可收曰穡。从禾，嗇声。所力切（sè）

【译文】穡，五谷成熟可以收获称穡。形符是“禾”，声符是“嗇”。

穜 埶也。从禾，童声。之用切（zhòng）

【译文】穜，播种。形符是“禾”，声符是“童”。

稙 早穜也。从禾，直声。《诗》曰：“稙稚尗麦。”常职切（zhí）

【译文】稙，早种。形符是“禾”，声符是“直”。《诗经·鲁颂·閟宫》中讲道：“先种的稙，后种的稚，以及菽豆和麦粦。”

穜 先穜后孰也。从禾，重声。直容切（chóng）

【译文】穜，早种晚熟的谷物。形符是“禾”，声符是“重”。

稑 疾孰也。从禾，坴声。《诗》曰：“黍稷穜稑。”，稑或，从翏。力竹切（lù）

【译文】稑，后种先熟的谷类。形符是“禾”，声符是“坴”。《诗经·豳风·七月》中讲道：“黍和稷，早种晚熟和晚种早熟的谷物。”，“稑”的异体字，从“翏”声。

稺[稚] 幼禾也。从禾，犀声。直利切（zhì）

【译文】稺，幼小的禾。形符是“禾”，声符是“犀”。

稹 穜穊（jì）也。从禾，真声。《周礼》曰：“稹理而坚。”之忍切（zhěn）

【译文】稹，种植稠密。形符是“禾”，声符是“真”。《周礼·考工记·轮人》中讲道：“紧密的纹理，坚硬的木质。”

稠 多也。从禾，周声。直由切（chóu）

【译文】稠，多而密。形符是“禾”，声符是“周”。

穊 稠也。从禾，既声。几利切（jì）

【译文】穊，稠密。形符是“禾”，声符是“既”。

稀 疏也。从禾，希声。香依切（xī）

【译文】稀，稀疏。形符是“禾”，声符是“希”。

穖 禾也。从禾，蔑声。莫结切（miè）

【译文】穖，禾名。形符是“禾”，声符是“蔑”。

穆 禾也。从禾，㣎声。莫卜切（mù）

【译文】穆，禾名。形符是“禾”，声符是“㣎”。

私 禾也。从禾，厶声。北道名禾主人曰私主人。息夷切（sī）

【译文】私，禾名。形符是“禾”，声符是“厶”。在北方称禾主人为私主人。

䅗［穳］ 稻紫茎不黏［者］也。从禾，𩱱声。读若（靡）［䕷］。扶沸切（fèi）

【译文】䅗，紫杆且不黏的稻子。形符是“禾”，声符是“𩱱”。发音如同“䕷”字。

稷 齋也。五谷之长。从禾，畟声。，古文稷，省。子力切（jì）

【译文】稷，粟米。五谷的首领。形符是“禾”，声符是“畟”。，古文“稷”字，是“稷”的省略。

齋 稷也。从禾，齊声。，齋或，从次。即夷切（zī）

【译文】穧，粟米。形符是“禾”，声符是“齊”。𥢶，穧的异体字，从“次”声。

秫 𥝧 稷之黏者。从禾；术，象形。朮，秫或，省禾。食聿切（shú）

【译文】秫，有黏性的谷物。从“禾”，“术”如同“秫”的外形，“术”也是声符。朮，“秫”的异体字，“秫”省去“禾”而成。

穄 𥡴 鏖（méi）也。从禾，祭声。子例切（jì）

【译文】穄，糜子。形符是“禾”，声符是“祭”。

稻 𥢑 稌也。从禾，舀声。徒皓切（dào）

【译文】稻，稻谷。形符是“禾”，声符是“舀”。

稌 𥟖 稻也。从禾，余声。《周礼》曰：“牛宜稌。”徒古切（dù）①

【注释】①徒古切：现音按《广韵》他胡切，读 tú。

【译文】稌，稻子。形符是“禾”，声符是“余”。《周礼·天官·食医》中讲道：“牛肉和稻米搭配较为合适。”

稬［糯］ 𥢽 沛国①谓稻曰稬。从禾，耎声。奴乱切（nuàn）②

【注释】①沛国：今江苏省沛州东。②奴乱切：现音按

《广韵》乃卧切，读 nuò。

【译文】稬，沛地将稻称作稬。形符是“禾”，声符是“耎”。

稴① 稻不黏者。从禾，兼声。读若风廉之廉。力兼切②（lián）

【注释】①稴：即籼（xiān）稻。②力兼切：现音按《广韵》户兼切，读 xián。

【译文】稴，不黏的稻。形符是“禾”，声符是“兼”。发音如同“风廉”中的“廉”字。

秔 稻属。从禾，亢声。古行切（jīng）

【译文】秔，稻米的一类。形符是“禾”，声符是“亢”。

秏 稻属。从禾，毛声。伊尹曰：“饭之美者，玄山之禾，南海之秏。”呼到切（hào）

【译文】秏，稻谷的一种。形符是“禾”，声符是“毛”。伊尹说道：“饭食当中美味的，是玄山的禾稻，南海的秏米。”

穬 芒粟①也。从禾，廣声。百猛切（gǒng）②

【注释】①芒粟：即稻麦。②百猛切：现音读，kuàng。

【译文】穬，有芒刺的谷物。形符是“禾”，声符是“廣”。

秜 稻今年落，来年自生，谓之秜。从禾，尼声。里之切（lí）

【译文】秜，稻谷今年落地，至来年自生，称秜。形符是“禾”，声符是“尼”。

稗 禾别也。从禾，卑声。琅邪有稗县[①]。旁卦切（bài）

【注释】①稗县：今山东省莒县南部。

【译文】稗，似禾而别于禾。形符是“禾”，声符是“卑”。琅琊郡有一稗县。

移 禾相倚移也。从禾，多声。一曰，禾名。弋支切（yí）

【译文】移，禾随风而相婀娜。形符是“禾”，声符是“多”。一说，禾名。

穎（颖） 禾末也。从禾，頃声。《诗》曰：“禾穎穟穟。”余顷切（yǐng）

【译文】穎，禾穗的末端。形符是“禾”，声符是“頃”。《诗经·大雅·生民》中讲道：“禾穗美好的样子。”

秾 齐谓麦秾也。从禾，來声。洛哀切（lái）

【译文】秾，齐地将小麦称作秾。形符是“禾”，声符是“來”。

采[穗] 禾成秀也，人所以收。从爪、禾。，采或，从禾，惠声。徐醉切（suì）

【译文】采，禾成熟抽穗，是人们收获的谷物。由“爪”、

“禾”会意。穗，“采”的异体字，形符是“禾”，声符是“惠”。

杓 禾危穗也。从禾，勺声。都了切（diǎo）

【译文】杓，禾穗下垂，其危欲断。形符是“禾”，声符是“勺”。

穟 禾穗之皃。从禾，遂声。《诗》曰：“禾颖穟穟。”蓫，穟或，从艸。徐醉切（suì）

【译文】穟，禾穗成熟的样子。形符是“禾”，声符是“遂”。《诗经·大雅·生民》中讲道：“禾穗美好。”蓫，“穟”的异体字，从“艸”。

穑 禾垂皃。从禾，耑声。读若端。丁果切（duǒ）①

【注释】①丁果切：现音按《广韵》多官切，读 duān。

【译文】穑，禾穗垂下的样子。形符是“禾”，声符是“耑”。发音如同“端”字。

秸 禾举出苗也。从禾，曷声。居谒切（jié）

【译文】秸，禾穗开始从众苗中抽挺出来。形符是“禾”，声符是“曷”。

秒 禾芒也。从禾，少声。亡沼切（miǎo）

【译文】秒，禾谷的芒刺。形符是“禾”，声符是“少”。

穖 禾穖也。从禾，幾声。居狶切（jǐ）

【译文】穖，禾穗籽实如成串珠玑。形符是“禾”，声符是“幾”。

秠 一稃二米。从禾，丕声。《诗》曰：“诞降嘉谷，惟秬惟秠。天赐后稷之嘉谷也。”敷悲切（pī）

【译文】秠，一只谷壳两粒米的黑黍。形符是“禾”，声符是“丕”。《诗经·大雅·生民》中讲道：“降下美好的稻谷，有一般的黑黍，有一壳两粒米的黑黍。是上天赐给后稷的美好的谷物。”

秨 禾摇皃。从禾，乍声。读若昨。在各切（zuó）

【译文】秨，禾苗摆动的样子。形符是“禾”，声符是“乍”。发音如同“昨”字。

穮 耕禾间也。从禾，麃声。《春秋传》曰：“是穮是衮。”甫娇切（biāo）

【译文】穮，在禾苗间耘草。形符是“禾”，声符是“麃”。《左传·昭公元年》中讲道：“在田里除草，培土扶正苗根。”

案 轹（lì）禾也。从禾，安声。乌旰切（àn）

【译文】案，碾压禾穗得到谷粒。形符是“禾”，声符是“安”。

秄 [篆] 壅禾本。从禾，子声。即里切（zǐ）

【译文】秄，给禾苗的根部培土。形符是“禾”，声符是“子”。

穧 [篆] 获刈（yì）也[1]。一曰，撮也。从禾，齊声。在诣切（jì）

【注释】①获刈：段玉裁《说文解字注》：“谓获而芟之也。刈同乂，芟草也。”

【译文】穧，收割。一说，撮聚。形符是“禾”，声符是“齊”。

穫（获） [篆] 刈谷也。从禾，蒦声。胡郭切（huò）

【译文】穫，收割谷物。形符是“禾”，声符是“蒦”。

穦 [篆] 积禾也。从禾，資声。《诗》曰：“穦之秩秩。”[1]即夷切（zī）

【注释】①毛本作积之粟粟。毛传：“粟粟，众多也。”

【译文】穦，堆积收割的禾。形符是“禾”，声符是“資”。《诗经·周颂·良耜》中讲道：“堆积已经收割的禾，数量如此众多。”

積（积） [篆] 聚也。从禾，責声。则历切（jī）

【译文】積，积聚谷物。形符是“禾”，声符是“责”。

秩 [篆] 积也。从禾，失声。《诗》曰：“穦之秩秩。”直质切（zhì）

【译文】秩，积聚。形符是“禾”，声符是“失”。《诗经·周颂·良耜》中讲道：“堆积已经收割的禾，数量是如此众多。”

稛 ![seal] 絭[1]束也。从禾，囷声。苦本切（kǔn）

【注释】①絭（juàn）：绳子。

【译文】稛，用绳捆束。形符是“禾”，声符是“囷”。

稞 谷之善者。从禾，果声。一曰，无皮谷。胡瓦切（huà）

【译文】稞，谷粒饱满的好谷。形符是“禾”，声符是“果”。一说，没有稃皮的谷子。

稭[秳] 舂粟不（渍）[溃][1]也。从禾，昏声。户括切（huó）

【注释】①不渍：徐锴《说文解字系传》作溃。徐灏《说文解字注笺》：“不溃谓米之坚者舂不破耳。”

【译文】稭，舂捣粟米而不破碎。形符是“禾”，声符是“昏”。

秔[秔] 秳也。从禾，气声。居气切（jì）[1]

【注释】①居气切：现音按《广韵》下没切，读 hé。

【译文】秔，坚米。形符是“禾”，声符是“气”。

稃[1] 穅也。从禾，孚声。䄮，稃或，从米，付声。芳无切（fū）

【注释】①稃：谷壳。

【译文】稃，谷壳。形符是“禾”，声符是“孚”。䄮，“稃”的异体字，形符是“米”，声符是“付”。

稽 穅也。从禾，會声。苦会切（kuài）

【译文】稽，糠。形符是“禾”，声符是“會”。

穅［糠］ 穀皮也。从禾，从米，庚声。康，穅或，省。苦冈切（kāng）

【译文】穅，谷物的皮壳。由“禾”、“米”会意，“庚”声。康，“穅”的异体字，“穅”省去“禾”。

䅵 禾皮也。从禾，羔声。之若切（zhuó）

【译文】䅵，禾秆的皮。形符是“禾”，声符是“羔”。

稭（秸） 禾稿去其皮，祭天以为席。从禾，皆声。古黠切（jiá）①

【注释】①古黠切：现音按《广韵》古谐切，读 jiē。

【译文】稭，禾秆除去外皮，祭天时用它作垫席。形符是“禾”，声符是“皆”。

稈（秆） 禾茎也。从禾，旱声。《春秋传》曰：“或投一秉稈。”秆，稈或，从干①。古旱切（gǎn）

【注释】①从干：段玉裁《说文解字注》：“干声。”

【译文】稈，禾茎。形符是“禾”，声符是“旱”。《左传·昭公二十七年》中讲道：“有人扔下了一把禾稈。”秆，“稈”的异体字，从“干”声。

稾[稿] 秆也。从禾，高声。古老切（gǎo）
【译文】稾，禾秆。形符是“禾”，声符是“高”。

秕 不成粟也。从禾，比声。卑履切（bǐ）
【译文】秕，不成粟米的瘪谷。形符是“禾”，声符是“比”。

稍 麦茎也。从禾，肙声。古玄切（juān）
【译文】稍，麦茎。形符是“禾”，声符是“肙”。

梨 黍穰（ráng）①也。从禾，列声。良薛切（liè）
【注释】①穰：已脱粒的黍杆。
【译文】梨，黍杆。形符是“禾”，声符是“列”。

穰 黍梨已治者。从禾，襄声。汝羊切（ráng）
【译文】穰，已脱粒的黍杆。形符是“禾”，声符是“襄”。

秧 禾（若）[苗]秧穰也。从禾，央声。於良切（yāng）
【译文】秧，禾苗叶多的样子。形符是“禾”，声符是“央”。

稖[榜] 稖程①，谷名。从禾，旁声。蒲庚切（péng）②
【注释】①稖程：黄而不黏的黍。②蒲庚切：现音按《广韵》步光切，读páng。
【译文】稖，稖程，谷名。形符是“禾”，声符是“旁”。

稈 𥝨 榜稈也。从禾，皇声。户光切（huáng）
【译文】稈，榜稈。形符是“禾”，声符是“皇”。

秊[年] 秊 谷孰也。从禾，千声。《春秋传》曰：“大有秊。”奴颠切（nián）

【译文】秊，五谷成熟。形符是“禾”，声符是“千”。《左传·宣公十六年》中讲道：“五谷大熟。”

穀（谷） 穀 续也。百谷之緫名。从禾，㱿声。古禄切（gǔ）

【译文】穀，新穀继旧穀。百谷总名。形符是“禾”，声符是“㱿”。

稔 稔 谷孰也。从禾，念声。《春秋传》曰：“鲜不五稔。”而甚切（rěn）

【译文】稔，百谷成熟。形符是“禾”，声符是“念”。《左传·昭公元年》中讲道：“少不止五年。”

租 租 田赋也。从禾，且声。则吾切（zū）
【译文】租，按田亩收敛谷税。形符是“禾”，声符是“且”。

税 税 租也。从禾，兑声。输芮切（shuì）
【译文】税，按田亩收敛谷物。形符是“禾”，声符是“兑”。

䆃 禾也。从禾，道声。司马相如曰："䆃，一茎六穗。"徒到切（dào）

【译文】䆃，禾名。形符是"禾"，声符是"道"。司马相如曾说："䆃禾，一秆茎，六根穗。"

穬[1] 虚无食也。从禾，荒声。呼光切（huāng）

【注释】①穬：今作荒。

【译文】穬，虚空而没有吃的。形符是"禾"，声符是"荒"。

穌[稣] （把）[杷]取禾若[1]也。从禾，魚声。素孤切（sū）

【注释】①把：徐锴《说文系传》作杷。若：竹若，即竹皮。

【译文】穌，杷禾秆之皮。形符是"禾"，声符是"魚"。

稍 出物有渐也。从禾，肖声。所教切（shào）[1]

【注释】①所教切：现音读 shāo。

【译文】稍，谷物长出而渐进。形符是"禾"，声符是"肖"。

秌[秋] 禾谷孰也。从禾，𪚰（jiāo）省声。龝，籀文，不省。七由切（qiū）

【译文】秌，百谷成熟。形符是"禾"，声符是"𪚰"的省声。

𥝸，籀文“秌”字，“龝”不省。

秦 𥠖 伯益之后所封国。地宜禾。从禾，舂省。一曰，秦，禾名。𥠘，籀文秦，从秝。匠邻切（qín）

【译文】秦，伯益的后代所封的诸侯国。此土适合禾谷的生长。由“禾”和“舂”省去“臼”会意。一说，“秦”，禾名。𥠘，籀文“秦”字，从“秝”。

稱（称） 稱 铨也。从禾，爯声。春分而禾生。日夏至，晷（guǐ）景可度。禾有秒，秋分而秒定。律数：十二秒而当一分，十分而寸。其以为重：十二粟为一分，十二分为一铢。故诸程品皆从禾。处陵切（chēng）

【译文】稱，测量物体的轻重。形符是“禾”，声符是“爯”。春分时，禾苗生长。夏至时，日影可以测量。禾有芒刺，秋分时芒刺确定下来。乐律之数以十二为准，所以十二根芒刺并排起来当一分长，十分而成一寸。用它来衡量重量，十二颗粟为一分重，十二分为一铢重。所以下文各度量单位的字都用“禾”作形符。

科 科 程也。从禾，从斗。斗者，量也。苦禾切（kē）

【译文】科，程品等级。由“禾”、“斗”会意。“斗”，量器。

程 程 品也。十发为程，十程为分，十分为寸。

从禾，呈声。直贞切（chéng）

【译文】程，程品。十根毛发并排起来称一程，十程称一分，十分称一寸。形符是“禾”，声符是“呈”。

稯 布之八十缕为稯。从禾，㚇声。，籒文稯，省。子红切（zōng）

【译文】稯，布八十缕的粗布叫稯。形符是“禾”，声符是“㚇”。，籒文中的“稯”字，是“稯”的省略。

秭 五稯为秭。从禾，𠂔声。一曰，数亿至万曰秭。将几切（zǐ）

【译文】秭，二百把禾叫一秭。形符是“禾”，声符是“𠂔”。一说，数若以亿为单位，至万亿叫作秭。

秅 二秭为秅。从禾，乇声。《周礼》曰：“二百四十（斤）[斗]为秉。四秉曰筥，十筥曰稯，十稯曰秅，四百秉为一秅。”①宅加切（chá）

【注释】①《周礼》当是本作《礼记》。斤，当作斗。

【译文】秅，两秭就是一秅。形符是“禾”，声符是“乇”。《礼记·聘礼》中讲道：“体积二百四十斗称一秉。又，四把禾束称筥，十筥称稯，十稯称秅，四百把禾束称一秅。”

袥(石) 百二十斤也。稻一袥为粟，二十（升）[斗]；禾黍一袥为粟十六（升）[斗]大半（升）[斗]。

从禾，石声。常只切（shí）

【译文】柘，一百二十斤。稻子重一柘，是粟米的二十斗；禾黍重一柘，是粟米的十六斗又大半斗。形符是“禾”，声符是“石”。

稘  复其时也。从禾，其声。《虞书》曰：“稘三百有六旬。”居之切（jī）

【译文】稘，时间周而复始。形符是“禾”，声符是“其”。《尚书·虞书·尧典》中讲道：“一周年是三百又六十又六天。”

文八十七 重十三

秝  稀疏适也。从二禾。凡秝之属皆从秝。读若历。郎击切（lì）

【译文】秝，禾苗稀疏合宜。由两个“禾”字会意。但凡是“秝”的部属都从“秝”。

兼  并也。从又持秝。兼持二禾，秉持一禾。古甜切（jiān）

【译文】兼，同时涉及两件或两件以上的事物。由表示手的“又”持二“禾”会意。兼是同时持握两把禾，秉是持握一把禾。

文二

黍 禾属而黏者也。以大暑而（穜）[孰]，故谓之黍。从禾，雨省声。孔子曰：“黍可为酒，禾入水也。”凡黍之属皆从黍。舒吕切（shǔ）

【译文】黍，禾一类而性黏的谷物。因为在大暑时成熟，所以称作“黍”。形符是“禾”，声符是“雨”的省文。孔子说：“黍可以用来酿酒，因此‘黍’由‘禾’、‘入’、‘水’会意。”但凡是“黍”的部属都从“黍”。

穈 穈也。从黍，麻声。靡为切（méi）

【译文】穈，黍类而性不黏的谷物。形符是“黍”，声符是“麻”。

䵗 黍属。从黍，卑声。并弭切（bǐ）

【译文】䵗，黍子一类。形符是“黍”，声符是“卑”。

黏 相箸也。从黍，占声。女廉切（nián）

【译文】黏，糊物使相胶着。形符是“黍”，声符是“占”。

䵒[①] 黏也。从黍，古声。粘，䵒或，从米。户吴切（hú）

【注释】①䵒：即糊。

【译文】䵒，黏糊。形符是“黍”，声符是“古”。粘，䵒的异体字，从米。

䵑 黏也。从黍，日声。《春秋传》曰：“不义不䵑。”𥸤，䵑或，从刃。尼质切（nì）

【译文】䵑，黏紧不散。形符是“黍”，声符是“日”。《左传·隐公元年》中讲道："不正义也就不能团结。"，"䵒"的异体字，"刃"声。

黎[黎] 履黏也。从黍，𥝢省声。𥝢，古文利。作履，黏以黍米。郎奚切（lí）

【译文】黎，黏鞋子的黍米糊糊。形符是"黍"，声符是"𥝢"的省文。"𥝢"古文"利"字。作鞋子，用黍米糊糊黏连。

䵚 治黍、禾、豆下溃叶。从黍，畐声。蒲北切（bó）

【译文】䵚，清除黍、禾、豆等作物下部溃烂的叶子。形符是"黍"，声符是"畐"。

文八 重二

香[香] 芳也。从黍，从甘。《春秋传》曰："黍稷馨香。"凡香之属皆从香。许良切（xiāng）

【译文】香，芬芳。由"黍"、"甘"会意。《左传·僖公五年》中讲道："黍、稷气味很香。"但凡"香"的部属都从"香"。

馨[馨] 香之远闻者。从香，殸声。殸，籀文磬。呼形切（xīng）[①]

【注释】①呼形切：现音读 xīn。

【译文】馨，香气远闻。形符是"香"，声符是"殸"。"殸"籀文"磬"字。

文二

米 米 粟实也。象禾实之形。凡米之属皆从米。莫礼切（mǐ）

【译文】米，米粟的籽实。象禾籽实的样子。但凡是“米”的部属都从“米”。

粱 粱 米名也。从米，梁省声。吕张切（liáng）

【译文】粱，粟米名。形符是“米”，声符是“梁”的省文。

糕 糕 早取[1]谷也。从米，焦声。一曰小。侧角切（zhuō）

【注释】①取：收。

【译文】糕，早收的谷。形符是“米”，声符是“焦”。一说，籽粒小的谷子。

粲 粲 稻重一秙，为[1]粟二十斗，为[2]米十斗，曰毇（huǐ）[3]；为米六斗太半斗，曰粲。从米，𣦼声。仓案切（càn）

【注释】①为：折合。②为：舂。③毇：徐灏《说文解字注笺》：“乃糲之误。”糲米，今之糙米。

【译文】粲，稻谷重量一秙，合粟二十斗，舂成米十斗，叫作糙米。舂成米六斗又大半斗，叫作粲米。形符是“米”，声符是“𣦼”。

糲 [seal script] 粟重一秳，为十六斗太半斗，舂为米一斛，曰糲。从米，萬声。洛带切（lài）①

【注释】①洛带切：现音按《广韵》力制切，读 lì。

【译文】糲，粟重量一秳，折合容量十六斗又大半斗，舂成米十斗，称作糲。形符是“米”，声符是“萬”。

精 [seal script] 择也。从米，青声。子盈切（jīng）

【译文】精，拣择米粒。形符是“米”，声符是“青”。

粺[稗] [seal script] 毇也。从米，卑声。旁卦切（bài）

【译文】粺，半熟米。形符是“米”，声符是“卑”。

粗 [seal script] 疏也。从米，且声。徂古切（zù）①

【注释】①徂古切：现音按《集韵》聪徂切，读 cū。

【译文】粗，糙米。形符是“米”，声符是“且”。

粊① [seal script] 恶米也。从米，北声。《周书》有《粊誓》②。兵媚切（bì）

【注释】①粊：承培元《说文引经证例》：“不成粟曰秕，不成米曰粊。”②《粊誓》：今本作《费誓》。

【译文】粊，质量差的恶米。形符是“米”，声符是“北”。《尚书·周书》中有《粊誓》篇。

糱 [seal script] 牙米也。从米，辥声。鱼列切（niè）

【译文】糪，生芽的米。形符是“米”，声符是“辟”。

粒 粒 糂（sǎn）也。从米，立声。𩞯，古文粒。力入切（lì）

【译文】粒，米粒。形符是“米”，声符是“立”。𩞯，古文粒。

檡 檡 （溃）[渍]米[①]也。从米，睪声。施只切（shì）

【注释】①溃米：依徐锴《说文解字系传》作渍米。段玉裁注：“渍米，淅米也。渍者初湛诸水，淅则淘汰之。”

【译文】檡，淘米。形符是“米”，声符是“睪”。

糂 糂 以米和羹也。一曰，粒也。从米，甚声。糣，籀文糂，从朁。糝，古文糂，从参。桑感切（sǎn）

【译文】糂，把米掺和着肉菜的羹汁。一说，饭粒。形符是“米”，声符是“甚”。糣，籀文“糂”字，从“朁”声。糝，古文“糂”字，从“参”声。

糪 糪 炊，米者谓之糪。从米，辟声。博厄切（bò）

【译文】糪，煮饭粥时，还有夹生米的就称作糪。形符是“米”，声符是“辟”。

糜 糜 糁也。从米，麻声。靡为切（mí）

【译文】縻，稠粥。形符是“米”，声符是“麻”。

䊤[糟] 縻和也。从米，覃声。读若鄿。徒感切（dàn）[①]

【注释】①徒感切：现音按《广韵》徒含切，读 tán。

【译文】䊤，稠粥用菜掺和着。形符是“米”，声符是“覃”。发音如同“鄿”字。

䊳 溃米也。从米，尼声。交阯有䊳泠县[①]。武夷切（mí）

【注释】①䊳泠县：位于现越南北部。

【译文】䊳，溃烂的米。形符是“米”，声符是“尼”。交阯郡有一䊳泠县。

𥻆 酒母也。从米，䕸省声。䴛，（鞠）[𥻆]或[①]，从麥，鞠省声。驰六切（qū）

【注释】①鞠：当作𥻆。

【译文】𥻆，酿酒的发酵剂。形符是“米”，声符是“䕸”省声。䴛，“𥻆”的异体字，形符是“麥”，声符是“鞠”省声。

糟 酒滓也。从米，曹声。䊧，籀文，从酉。作曹切（zāo）

【译文】糟，带渣子的酒。形符是“米”，声符是“曹”。䊧，籀文中的“糟”字，从“酉”。

糒 干[饭]也。从米，葡声。平秘切(bèi)
【译文】糒，干粮。形符是“米”，声符是“葡”。

糗 熬米麦也。从米，臭声。去九切(qiǔ)
【译文】糗，炒熟的米麦之类。形符是“米”，声符是“臭”。

臼米 舂糗也。从臼、米。其九切(jiù)
【译文】臼米，舂捣成粉的干粮。由“臼”、“米”会意。

糈 粮也。从米，胥声。私吕切(xǔ)
【译文】糈，粮食。形符是“米”，声符是“胥”。

糧(粮) 谷也。从米，量声。吕张切(liáng)
【译文】粮，谷物。形符是“米”，声符是“量”。

粈 杂饭也。从米，丑声。女久切(niǔ)[①]
【注释】①女久切：现音读，róu。
【译文】粈，糅，杂饭。形符是“米”，声符是“丑”。

糶 谷也。从米，翟声。他吊切(tiào)
【译文】糶，谷名。形符是“米”，声符是“翟”。

糢 (麸)[麩]也。从米，蔑声。莫拨切(mò)

【译文】糠，谷物的粉末。形符是“米”，声符是“蔑”。

粹 不杂也。从米，卒声。虽遂切（suì）①

【注释】①虽遂切：现音读 cuì。

【译文】粹，无杂质的米。形符是“米”，声符是“卒”。

氣[餼]（饩） 馈客刍米也。从米，气声。《春秋传》曰：“齐人来氣诸侯。” 𥹋，氣或，从既。餼，氣或，从食。许既切（xì）

【译文】氣，馈送客人饲料和粮食。形符是“米”，声符是“气”。《左传·桓公元年》中讲：“齐国人来赠给各诸侯国军队粮草。” 𥹋，“氣”的异体字，从“既”声。餼，“氣”的异体字，从“食”。

粠 陈臭米也。从米，工声。户工切（hóng）

【译文】粠，陈旧发臭的米。形符是“米”，声符是“工”。

粉 傅面者也。从米，分声。方吻切（fěn）

【译文】粉，傅施在脸上的粉末。形符是“米”，声符是“分”。

糕 粉也。从米，卷声。去阮切（quǎn）

【译文】糕，粉。形符是“米”，声符是“卷”。

糕 粲也。从米，悉声。私列切（xiè）

【译文】糕，糕粲。形符是“米”，声符是“悉”。

粲 粲 糕粲，散之也。从米，殺声。桑割切（sà）

【译文】粲，糕粲，抛撒米。形符是“米”，声符是“殺”。

糠 糠 碎也。从米，靡声。摸卧切（mò）[1]

【注释】①摸卧切：现音按《广韵》靡为切，读mí。

【译文】糠，粉碎。形符是“米”，声符是“靡”。

竊[竊](窃) 竊 盗自中出曰竊。从穴，从米，禼、廿皆声。廿，古文疾。禼，古文偰。千结切（qiè）

【译文】竊，偷米从穴中出来叫作竊。由“穴”、“米”会意，“禼”、“廿”都表声。“廿”，古文“疾”字。“禼”，古文“偰”字。

文三十六 重七

毇[1] 毇 米一斛舂为（八）[九]斗也。从臼（jiù），从殳（shū）。凡毇之属皆从毇。许委切（huǐ）

【注释】①毇：糙米。

【译文】毇，糙米一斛舂为九斗称毇。由“臼”、“殳”会意。但凡是“毇”的部属都从“毇”。

糳[1] 糳 糲米一斛舂为（九）[八]斗曰糳。从毇，丵声。则各切（zuò）

【注释】①糳：精米。

【译文】糳，糙米一斛舂成八斗称糳。形符是“毇”，声符是“丵”。

文二

臼 臼 舂也。古者掘地为臼，其后穿木石。象形。中，米也。凡臼之属皆从臼。其九切（jiù）

【译文】臼，舂米的臼。古时在地上掘坎为臼，后来挖空木头或石头作臼。凵象臼形，中间的⺌是“米”。但凡是“臼”的部属都从“臼”。

舂 舂 捣粟也。从収持杵临臼上。午，杵省也。古者雍父初作舂。书容切（chōng）

【译文】舂，舂捣粟米一类的谷物。由“収”握持着“午”在“臼”上会意。“午”是“杵”的省略。古时候雍父开始制作了舂。

舀 舀 齐谓舂曰舀。从臼，屰声。读若膊。匹各切（pò）

【译文】舀，齐地称“舂”为“舀”。形符是“臼”，声符是“屰”。发音如同“膊”字。

臿 臿 舂去麦皮也。从臼，干，所以臿之。楚洽切（chā）

【译文】臿，舂去麦皮。从“臼”，“干”是用来舂臿的杵棒。

舀 [篆] 抒臼也。从爪、臼。《诗》曰："或簸或舀。"[篆]，舀或，从手，从宂。[篆]，舀或，从臼、宂。以沼切（yǎo）

【译文】舀，从臼里舀出来。由"爪"、"臼"会意。《诗经·大雅·生民》中讲道："有时簸去糠皮，有时把米从臼里舀出。"[篆]，"舀"的异体字，由"手"和"宂"会意。[篆]，"舀"的异体字，由"臼"和"宂"会意。

臽 [篆] 小阱也。从人，在臼上。户猪切（xiàn）

【译文】臽，小陷阱。由"人"在"臼"的上会意。

文六 重二

凶 [篆] 恶也。象地穿交陷其中也。凡凶之属皆从凶。许容切（xiōng）

【译文】凶，险恶之地。"凵"象穿地为坑，"乂"有物交相陷入其中。但凡是"凶"的部属都从"凶"。

兇[凶] [篆] 扰恐也。从人在凶下。《春秋传》曰："曹人兇惧。"许拱切（xiǒng）①

【注释】①许拱切：现音按《广韵》许容切，读xiōng。

【译文】兇，惊扰，害怕。由"人"在"凶"下会意。《左传·僖公二十八年》中讲道："曹国人害怕。"

文二

文解字

注全译

（三）

〔汉〕许慎 著
谦德书院 注译

团结出版社

目 录

卷十四

卷十五

卷十六

卷十七

卷十八

卷十九

卷二十

卷十四

朩 朩 分枲茎皮也。从屮（chè），八象枲之皮茎也。凡朩之属皆从朩。读若髌（bìn）。匹刃切（pìn）

【译文】朩，剥离出的麻杆的外皮。屮如同麻杆，八如同被剥离出的麻皮，但凡是“**朩**”的部属都从“**朩**”。发音如同“髌”字。

枲 枲 麻也。从朩，台声。𦸈，籀文枲，从𣏟，从辝（cì）。胥里切（xǐ）

【译文】枲，麻，形符是“**朩**”，声符是“台”。𦸈，籀文中的“枲”字，

文二 重一

𣏟 𣏟 （葩）[葩]之总名也。𣏟之为言微也，微纤为功。象形。凡𣏟之属皆从𣏟。匹卦切（pài）

【译文】𣏟，是麻的总称。𣏟寓意微小，微小纤细是麻的主要功能，形状如同麻杆紧密排列。象形字。但凡是“**𣏟**”的部属都从“**𣏟**”。

檾 󠄀 枲属。从𣏟，熒省[声]。《诗》曰："衣锦檾衣。"[①]去颖切（qǐng）

【注释】①语见《诗经·卫风·硕人》。檾今本作褧。朱骏声《说文通训定声》："其质曰檾，成衣曰褧。"

【译文】檾，麻的一种。形符是"𣏟"，声符是"熒"的省文。《诗经》中讲道："于锦衣之上罩上麻衣。"

枚[散] 分离也。从攴，从𣏟。𣏟，分散之意也。稣旰切（sàn）

【译文】枚，分离。由"攴"和"𣏟"会意。"𣏟"即分散的意思。

文三

麻 与𣏟同。人所治，在屋下。从广（hǎn），从𣏟。凡麻之属皆从麻。莫遐切（má）

【译文】麻，与𣏟的意思相同。表示人们在缉麻，于屋檐之下。由"广"和"𣏟"会意。但凡是"麻"的部属都从"麻"。

䴹 未练治纑也。从麻，後声。空谷切（kù）

【译文】䴹，未经加工的麻缕。形符是"麻"，声符是"後"。

黀 麻藍（jiē）[①]也。从麻，取声。侧鸠切（zōu）

【注释】①藍：麻秆。

【译文】黀，麻杆。形符是"麻"，声符是"取"。

𪎭[①] 𪎭 檾属。从麻，俞声。度侯切（tóu）

【注释】①𪎭：白麻，俗称苘麻。

【译文】𪎭，是檾的一种。形符是“麻”，声符是“俞”。

文四

尗 尗 豆也。象尗豆生之形也。凡尗之属皆从尗。式竹切（shú）

【译文】尗，豆。如同菽豆生长的样子。但凡是“尗”的部属都以“尗”为形符。

敊[豉] 敊 配盐幽尗也。从尗，支声。豉，俗敊，从豆。是义切[①]（shì）

【注释】①是义切：现音读，chǐ

【译文】敊，豆豉。加盐制作而成。形符是“尗”，声符是“支”。豉，敊的俗体，从“豆”。

文二 重一

耑 耑 物初生之题[①]也。上象生形，下象其根也。凡耑之属皆从耑。多官切（duān）

【注释】①题：端，顶端。

【译文】耑，植物刚生出时的顶芽。上部象生长之形，下部象它的根。但凡是“耑”的部属都从“耑”。

文一

韭 韭 菜名。一种而久者，故谓之韭。象形，在

一之上。一，地也。此与耑同意。凡韭之属皆从韭。举友切（jiǔ）

【译文】韭，蔬菜的名字。只要种下就会长久的生长，因而称它为韭。非象韭菜之形，在“一”的上面。“一”表示地，这与耑中间一横表示地构形相同。但凡是“韭”的部属都从“韭”。

韰 [篆] 齑（jī）也。从韭，隊声。徒对切（duì）

【译文】韰，切碎的菜。形符是“韭”，声符是“隊”。

𩐁 [篆] （坠）[韰]也。从韭，次、𠂔皆声。[篆]，𩐁或，从齊。祖鸡切（jī）

【译文】𩐁，韰。从“韭”，“次”、“𠂔”表声。[篆]，“𩐁”的异体字，从“齊”声。

韯① [篆] 菜也。叶似韭。从韭，㪍声。胡戒切（xiè）

【注释】①韯：藠（jiào）头。

【译文】韯，一种蔬菜。叶子同韭菜相似。形符是“韭”，声符是“㪍”。

韱 [篆] 山韭也。从韭，𢦔声。息廉切（xiān）

【译文】韱，山韭菜。形符是“韭”，声符是“𢦔”。

韭 [篆] 小蒜也。从韭，番声。附袁切（fán）

【译文】韭，小蒜。形符是“韭”，声符是“番”。

文六 重一

瓜 𤓰 （瓞）[蓏]也。象形。凡瓜之属皆从瓜。古华切（guā）

【译文】瓜，瓜蓏。象形。但凡是“瓜”的部属都从“瓜”。

瓝 𤓰 小瓜也。从瓜，交声。蒲角切（bó）

【译文】瓝，小瓜。形符是“瓜”，声符是“交”。

瓞 𤓰 瓝也。从瓜，失声。《诗》曰：“绵绵瓜瓞。”[①] 𤬪，瓞或，从弗。徒结切（dié）

【注释】①语见《诗经・大雅・绵》。

【译文】瓞，小瓜。形符是“瓜”，声符是“失”。《诗经》中讲道：“连绵不绝啊，大瓜小瓜。”𤬪，“瓞”的异体字，从“弗”声。

瓾 𤓰 小瓜也。从瓜，荧省声。户扃切（xíng）

【译文】瓾，一种小瓜。形符是“瓜”，声符是“荧”的省文。

繇[①] 𤓰 瓜也。从瓜，䌛省声。余昭切（yáo）

【注释】①繇：北方地区叫梢瓜，南方地区叫菜瓜。

【译文】繇，瓜。形符是“瓜”，声符是“䌛”的省文。

瓣 𤓰 瓜中实。从瓜，辡声。蒲苋切（bàn）

【译文】瓣，瓜的果实。形符是“瓜”，声符是“辡”。

㼌 （篆文） 本不胜末，微弱也。从二瓜。读若庾（yǔ）。以主切（yǔ）

【译文】㼌，藤蔓不能胜任瓜瓞，藤很微弱。由两个“瓜”字会意。发音与“庾”相同。

文七 重一

瓠 （篆文） 匏（páo）也。从瓜，夸声。凡瓠之属皆从瓠。胡误切（hù）

【译文】瓠，匏瓜。形符是“瓜”，声符是“夸”。但凡是“瓠”的部属都从“瓠”。

瓢[瓢] （篆文） 蠡[①]也。从瓠省，㶾声。符宵切（piáo）

【注释】①蠡：通劙，剖。

【译文】瓢，剖瓠瓜做成的瓢。形符是“瓠”的省文，声符是“㶾”。

文二

宀 （篆文） 交覆深屋也。象形。凡宀之属皆从宀。武延切（mián）

【译文】宀，上有屋顶，四周有墙面积较大的房屋。象形字。但凡“宀”的部属都从“宀”。

家 （篆文） 居也。从宀，豭（jiá）[①]省声。（古文），古文家。古牙切（jiā）

【注释】①豭：公猪。

【译文】家，为居住之所。形符是“宀”，声符是“豭”的省文。𡧹，古文“家”字。

宅 𠆳 所託[1]也。从宀，乇（zhé）声。𡧚，古文宅。𡨀，亦古文宅。场伯切（zé）[2]

【注释】①託：寄托，依托。②场伯切：现音读 zhái。

【译文】宅，是人所依托的地方。形符是“宀”，声符是“乇”。𡧚，古文中的“宅”字。𡨀，也是古文中的“宅”字。

室 𡧬 实也。从宀，从至。至，所止也。式质切（shì）

【译文】室，内室，房屋充实的意思。由“宀”和“至”会意。“至”即停止的意思。

宣 𡩡 天子宣室[1]也。从宀，亘声。须缘切（xuān）

【注释】①宣室：大室。

【译文】宣，皇帝所居住的宽敞房子。形符是“宀”，声符是“亘”。

向 𠙵 北出牖（yǒu）也。从宀，从口。《诗》曰：“塞向墐户。”[1]许谅切（xiàng）

【注释】①语见《诗经·豳风·七月》。

【译文】向，朝向为北的窗户。由“宀”和“口”会意。《诗经》中讲道：“塞住朝北的窗子，用泥土涂住门缝。”

宧 养也；室之东北隅，食所居。从宀，𦣝声。与之切（yí）

【译文】宧，养育。房屋中的东北角，庖厨食阁所在的地方。形符是“宀”，声符是“𦣝”。

㝔 户枢声也；室之东南隅。从宀，皀声。乌皎切（yǎo）

【译文】㝔，户枢发出的声音；在房屋的东南角。形符是“宀”，声符是“皀”。

𡨄［奥］ 宛也[1]；室之西南隅。从宀，𢍏声。乌到切（ào）

【注释】①宛也：段玉裁《说文解字注》：“宛、奥双声。宛者，委曲也。室之西南隅，宛然深藏，室之尊处也。”

【译文】𡨄，宛曲；房屋中的西南角。形符是“宀”，声符是“𢍏”。

宛 屈草自覆也。从宀，夗声。，宛或，从心，於阮切（wǎn）

【译文】宛，把草弯曲起来用来覆盖自身。形符是“宀”，声符是“夗”。，“宛”的异体字，从“心”。

宸 屋宇也。从宀，辰声。植邻切（chén）

【译文】宸，屋檐。形符是“宀”，声符是“辰”。

宇 [seal] 屋边也。从宀，于声。《易》曰："上栋下宇。"[seal]，籀文宇，从禹。王榘切（yǔ）

【译文】宇，房屋的边檐。形符是"宀"，声符是"于"。《周易·系辞下》中讲道："上面有栋梁，下部有屋檐"。[seal]，籀文"宇"字，从"禹"声。

寷 [seal] 大屋也。从宀，豐声。《易》曰："寷其屋。"敷戎切（fēng）

【译文】寷，大的房屋。形符是"宀"，声符是"豐"。《周易·丰卦》中讲道："扩展他的房屋"。

寏 [seal] 周垣也。从宀，奂声。[seal]，寏或，从𨸏。胡官切（huán），又爰眷切（yuàn）

【译文】寏，围墙。形符是"宀"，声符是"奂"。[seal]，"寏"的异体字，从"𨸏"。

宏 [seal] 屋深响也。从宀，厷声。户萌切（hóng）

【译文】宏，房屋深广。形符是"宀"，声符是"厷"。

宖 [seal] 屋响也。从宀，弘声。户萌切（hóng）

【译文】宖，房屋的回响。形符是"宀"，声符是"弘"。

寪 [seal] 屋皃。从宀，爲声。韦委切（wěi）

【译文】寪，屋宇开张的样子。形符是"宀"，声符是"爲"。

㝩 [篆] 屋㝩㝗（láng）[1]也。从宀，康声。苦冈切（kāng）

【注释】①㝩㝗：叠韵连绵词，即虚大。

【译文】㝩，屋宇空阔。形符是“宀”，声符是“康”。

㝗 [篆] 㝩也。从宀，良声。音良[1]。又力康切（láng）

【注释】①音良：段玉裁注：“说文少言音者，当作读若。”

【译文】㝗，屋宇空阔。形符是“宀”，声符是“良”。读若良。

宬 [篆] 屋所容受也。从宀，成声。氏征切（chéng）

【译文】宬，房屋所能够容纳的东西。形符是“宀”，声符是“成”。

寍 [篆] 安也。从宀，心在皿上。人之饮食器，所以安人。奴丁切（níng）

【译文】寍，安定。由“宀”室、由“心”在“皿”上会意。人吃饭的器皿，因此表示安定人的意思。

定 [篆] 安也。从宀，从正。徒径切（dìng）

【译文】定，安定。由“宀”和“正”会意。

寔 [篆] 止也。从宀，是声。常只切（shí）

【译文】寔，止息。形符是“宀”，声符是“是”。

安 （静）[竫]也。从女在宀下。乌寒切（ān）

【译文】安，安宁。由“女”在“宀”下会意。

宓[①] 安也。从宀，必声。美毕切（mì）

【注释】①宓：现作“密”。

【译文】宓，安定。形符是“宀”，声符是“必”。

㝨 静也。从宀，契声。於计切（yì）

【译文】㝨，安静。形符是“宀”，声符是“契”。

宴 安也。从宀，妟声。於甸切（yàn）

【译文】宴，安息。形符是“宀”，声符是“妟”。

宗[寂] 无人声。从宀，尗声。諔，宗或，从言。前历切（jì）

【译文】宗，没有人的声音。形符是“宀”，声符是“尗”。諔，“宗”的异体字，从“言”。

察 覆也。从宀、祭[声]。初八切（chá）

【译文】察，屋檐往下覆盖。形符是“宀”，声符是“祭”。

寴 至[①]也。从宀，親声。初仅切（chèn）[②]

【注释】①至：亲密无间。②初仅切：现音按《广韵》七人切，读 qīn。

【译文】寴，亲密之至。形符是“宀”，声符是“親”。

完 全也。从宀，元声。古文以为宽字。胡官切（huán）[1]

【注释】①胡官切：今发音为 wán。

【译文】完，完全。形符是“宀”，声符是“元”。古文中假借为“宽”字使用。

富 备也。一曰，厚也。从宀，畐声。方副切（fù）

【译文】富，完备，一说，多、厚。形符是“宀”，声符是“畐”。

實（实） 富也。从宀，从貫。貫，货贝[1]也。神质切（shí）

【译文】實，富裕。由“宀”和“貫”会意。“貫”，货贝。

宲 藏（zàng）也。从宀，禾声。禾，古文保。《周书》曰：“陈宲赤刀。”[1]博裦切（bǎo）

【注释】①语见《尚书·周书·顾命》。

【译文】宲，宝藏。形符是“宀”，声符是“禾”。“禾”，古文“保”。《尚书·周书》中讲道：“陈设前人珍藏的器物，赤色的刀。”

容 盛也。从宀、谷。㝐，古文容，从公。

余封切（róng）

【译文】容，盛纳。由“宀”和“谷”会意。[古文字形]，古文“容”，从“公”声。

宂[冗] [篆字] 散也。从宀，人在屋下，无田事。《周书》曰：“宫中之宂食。”[1]而陇切（rǒng）

【注释】①语见《周书·地官·稾人》。

【译文】宂，闲散。从“宀”，人在屋檐之下，没有农耕之事。《周书》中讲道：“供给内外朝冗食者之食。”

𥨣 [篆字] 𥨣𥨣[1]，不见也。一曰，𥨣𥨣，不见省人。从宀，𥦝声。武延切（mián）

【译文】𥨣，𥨣𥨣，一无所见。一说，“𥨣𥨣”，看不到有人。形符是“宀”，声符是“𥦝”。

寶（宝） [篆字] 珍也。从宀，从玉，从貝，缶声。[古文字形]，古文寶，省貝。博皓切（bǎo）

【译文】宝，珍宝。由“宀”、“玉”、“貝”会意，“缶”声。[古文字形]，古文“寶”，省略了“貝”。

宭 [篆字] 群居也。从宀，君声。渠云切（qún）

【译文】宭，聚居。形符是“宀”，声符是“君”。

宧 [篆字] 仕也。从宀，从臣。胡惯切（huàn）

【译文】宧，学习从政为官。由“宀”和“臣”会意。

宰 罪人在屋下执事者。从宀，从辛。辛，罪也。作亥切（zǎi）

【译文】宰，在屋檐之下做事的犯人。由“宀”和“辛”会意。“辛”，犯人。

守 守官[①]也。从宀，从寸。寺府[②]之事者。从寸；寸，法度也。书九切（shǒu）

【注释】①守官：官守。②寺府：衙门。

【译文】守，官吏的职责。由“宀”和“寸”会意。表示官府衙门中的事。从“寸”，“寸”为法度。

寵（宠） 尊居[①]也。从宀，龍声。丑垄切（chǒng）

【注释】①尊居：即尊坐。

【译文】寵，地位崇高。形符是“宀”，声符是“龍”。

宥 宽也。从宀，有声。於救切（yòu）

【译文】宥，宽仁。形符是“宀”，声符是“有”。

宐（宜） 所安也。从宀之下，一之上，多省声。，古文宐。，亦古文。鱼羁切（yí）

【译文】宐，让人心安之所。由“宀”之下，“一”之上来会意，声符是“多”的省文。，古文中的“宐”字。，也是古文中的“宜”字。

寫[1]（写） 置物也。从宀，舄声。悉也切（xiě）

【注释】①寫：把东西放置在屋下。

【译文】寫，安置物体。形符是“宀”，声符是“舄”。

宵 夜也。从宀，宀下冥也；肖声。相邀切（xiāo）

【译文】宵，夜晚。从“宀”，“宀”表示房屋之下昏暗似夜；“肖”声。

宿［宿］ 止也。从宀，佰声。佰，古文夙。息逐切（sù）

【译文】宿，夜宿于此。形符是“宀”，声符是“佰”。“佰”，古文中的“夙”字。

寑［寝］ 卧也。从宀，侵声。，籀文寑，省。七荏切（qǐn）

【译文】寑，躺下。形符是“宀”，声符是“侵”。，籀文中的“寑”字，是“寑”的省略。

丏 冥合也。从宀，丏声。读若《周书》“若药不眄眩”[1]。莫甸切（miàn）

【注释】①语见《孟子·滕文公上》引自《尚书·说命上》。

【译文】丏，吻合。形符是“宀”，声符是“丏”。发音如同《周书》“若药不眄眩”中的“眄”字。

寬（宽） 屋寬大也。从宀，萈声。苦官切（kuān）
【译文】寬，房屋宽敞。形符是“宀”，声符是“萈”。

寤 寐也。从宀，吾声。五故切（wù）
【译文】寤，睡醒。形符是“宀”，声符是“吾”。

寁 居之速也。从宀，疌声。子感切（zǎn）
【译文】寁，迅速。形符是“宀”，声符是“疌”。

寡 少也。从宀，从頒①。頒，分赋也，故为少。古瓦切（guǎ）

【注释】①頒：读为班布的班，分赐的意思。

【译文】寡，少。由“宀”和“頒”会意。“頒”，表示分授房屋，因此有少义。

客 寄①也。从宀，各声。苦格切（kè）
【注释】①寄：临时居住。

【译文】客，寄居。形符是“宀”，声符是“各”。

寄 托也。从宀，奇声。居义切（jì）
【译文】寄，托付。形符是“宀”，声符是“奇”。

寓 寄也。从宀，禺声。庽，寓或，从广。牛具切（yù）

【译文】寓，寄居。形符是“宀”，声符是“禺”。庽，“寓”

的异体字，从“广”。

窭 [篆] 无礼居也。从宀，娄声。其榘切（jù）

【译文】窭，宫室窄狭简陋。形符是“宀”，声符是“娄”。

疚 [篆] 贫、病也。从宀，久声。《诗》曰：“茕茕在疚。”[1]居又切（jiù）

【注释】①语见《诗经·周颂·闵予小子》。疚今作疚。

【译文】疚，贫穷，疾病。形符是“宀”，声符是“久”。《诗经》中讲道：“孤身一人，并且身染疾病。”

寒 [篆] 冻也。从人在宀下，以茻（mǎng）[1]荐覆之，下有仌[2]。胡安切（hán）

【注释】①茻：众多的草。②仌：古冰字。

【译文】寒，冷冻。由“人”身处“宀”之下，用“茻”来盖在身上，地上有“仌”来会意。

害 [篆] 伤也。从宀，从口。宀口，言从家起也。丯（jiè）声。胡盖切（hài）

【译文】害，伤害。由“宀”、“口”会意。“宀”、“口”，表示伤人之话从家中发起。“丯”声。

索 [篆] 入家搜也。从宀，索声。所责切（sè）[1]

【注释】①所责切：现音按《广韵》山责切，读suǒ。

【译文】索，进入家中进行搜索。形符是“宀”，声符是“索”。

竆 穷也。从宀，䈞。䈞与籟同。，竆或，从穴。居六切（jū）

【译文】竆，贫穷。形符是“宀”，声符是“䈞”。“䈞”字和“籟”相同。，“竆”的异体字，从“穴”。

宄 奸也。外为盗，内为宄。从宀，九声。读若轨。，古文宄。，亦古文宄。居洧切（guǐ）

【译文】宄，奸诈。源自外部的偷盗行为称作“盗”，源自内部的偷盗行为称作“宄”。形符是“宀”，声符是“九”。发音如同“轨”字。，古文中的“宄”字。，也是古文“宄”字。

㝡[①] 塞也。从宀，䂂声。读若《虞书》曰“㝡三苗”之“㝡”。粗最切（cuì）

【注释】①㝡：今作窜。

【译文】㝡，闭塞。形符是“宀”，声符是“䂂”。发音如同《虞书》中“㝡三苗”中的“㝡”字。

宕 过也。一曰，洞屋。从宀，砀省声。汝南项有宕乡。徒浪切（dàng）

【译文】宕，放荡不羁。另一说，四周没有遮蔽的房屋。形符是“宀”，声符是“砀”的省文。汝南郡的项县有一地名是宕乡。

宋 居也。从宀，从木。读若送。苏统切（sòng）

【译文】宋，居住。由“宀”和“木”会意。发音如同“送”

字。

窾 屋倾下也。从宀，埶声。都念切（diàn）

【译文】窾，房屋倾斜下陷。形符是“宀”，声符是“埶”。

宗 尊、祖庙也。从宀，从示。作冬切（zōng）

【译文】宗，尊崇的先人；祖庙。由“宀”和“示”会意。

宔 宗庙宔祏（shí）。从宀，主声。之庾切（zhǔ）

【译文】宔，古时宗庙中藏神主的石函。形符是“宀”，声符是“主”。

宙 舟舆所极、覆[①]也。从宀，由声。直又切（zhòu）

【注释】①覆：屋宇覆盖的栋梁。

【译文】宙，车船所到的地方；屋宇覆盖的栋梁。形符是“宀”，声符是“由”。

文七十一 重十六

宫[宮] 室也。从宀，躳省声。凡宫之属皆从宫。居戎切（gōng）

【译文】宫，屋室。形符是“宀”，声符是“躳”的省文。但凡是“宫”的部属都从“宫”。

營(营) 營 (市)[帀]居也。从宫[①]，熒省声。余倾切(yíng)

【注释】①从宫：表示围绕的意思。

【译文】營，围绕而居。从“宫”，声符是“熒”的省文。

文二

吕[吕] 吕 脊骨也。象形。昔太岳[①]为禹心吕之臣，故封吕[②]侯。凡吕之属皆从吕。膂，篆文吕，从肉，从旅。力举切(lǚ)

【注释】①太岳：官名。②吕：今河南省南阳西部。

【译文】吕，脊椎骨。象形字。昔日太岳是大禹象心脏与脊骨一样重要的大臣，因此得以受封为吕侯。但凡是“吕”的部属都从“吕”。膂，篆文“吕”字，由“肉”、“旅”会意。

躳[躬] 躳 身也。从身，从吕。躬，躳或，从弓。居戎切(gōng)

【译文】躳，身体。由“身”和“吕”会意。躬，“躳”的异体字，从“弓”。

文二 重二

穴 穴 土室也。从宀，八声。凡穴之属皆从穴。胡决切(xué)

【译文】穴，土室。形符是“宀”，声符是“八”。但凡是“穴”的部属都从“穴”。

⿱穴皿 北方谓地空[1]，因以为土穴，为⿱穴皿[2]户。从穴，皿声。读若猛。武永切(mǐng)

【注释】①地空：自然形成的地孔。②⿱穴皿：窟。

【译文】⿱穴皿，在北方称作地孔，利用洞穴用作土室，用作洞窟。形符是“宀”，声符是“皿”。发音如同“猛”字。

窨 地室。从穴，音声。於禁切(yìn)

【译文】窨，地窖。形符是“宀”，声符是“音”。

窯[1][窑] 烧瓦灶也。从穴，羔声。余招切(yáo)

【注释】①窯：俗称窑。

【译文】窯，烧陶器的灶。形符是“宀”，声符是“羔”。

⿱穴复 地室也。从穴，复声。《诗》曰：“陶⿱穴复陶穴。”[1]芳福切(fù)

【注释】①语见《诗经·大雅·绵》。⿱穴复今本作复。

【译文】⿱穴复，地窖。形符是“宀”，声符是“复”。《诗经》中讲道：“横挖制造出来的是土室，竖挖制造出来的是地穴。”

竈(灶) 炊竈。从穴，鼀省声。，竈或，不省。则到切(zào)

【译文】竈，生火做饭的锅灶。形符是“宀”，声符是“鼀”的省文。，“竈”的异体字，不省。

窐 甑空①也。从穴，圭声。乌瓜切（wā）

【注释】①甑空：甑下部的小孔。

【译文】窐，甑底部的小孔。形符是“宀”，声符是“圭”。

突 深也。一曰，灶突①。从穴，从火，从求省。式针切（shēn）

【注释】①灶突：烟囱。

【译文】突，深。一说，灶上烟囱。由“穴”、“火”和“求”的省文会意。

穿 通也。从牙在穴中。昌缘切（chuān）

【译文】穿，穿透。由“牙”在“穴”中会意。

寮① 穿②也。从穴，尞声。《论语》有公伯寮。洛萧切（liáo）

【注释】①寮：窗牖。②穿：洞，孔，后引申为窗口。

【译文】寮，穿透墙壁制成的小窗。形符是“穴”，声符是“尞”。《论语·宪问第十四》中有公伯寮。

窦 穿也。从穴，决省声。於决切（yuè）

【译文】窦，穿透。形符是“穴”，声符是“决”的省文。

窫 深抉也。从穴，从抉。於决切（yuè）

【译文】窫，深挖。由“穴”和“抉”会意。

竇[竇](窦)  空也。从穴，瀆省声。徒奏切(dòu)

【译文】竇，孔穴。形符是“穴”，声符是“瀆”的省文。

窬  空皃。从穴，矞(yù)声。呼决切(xuè)

【译文】窬，孔穴的样子。形符是“穴”，声符是“矞”。

窠  空也。穴中曰窠，树上曰巢。从穴，果声。苦禾切(kē)

【译文】窠，孔穴；鸟类居住在洞穴中称作“窠”，在树上称“巢”。形符是“穴”，声符是“果”。

窻[1][窗]  通孔也。从穴，悤声。楚江切(chuāng)

【注释】①窻：同窗。

【译文】窻，通明的孔。形符是“穴”，声符是“悤”。

窊  污衺，下也。从穴，瓜声。乌瓜切(wā)

【译文】窊，污邪，低下之处。形符是“穴”，声符是“瓜”。

竅(窍)  空也。从穴，敫声。牵料切(qiào)

【译文】竅，孔穴。形符是“穴”，声符是“敫”。

空  窍也。从穴，工声。苦红切(kōng)

【译文】空，窍。形符是“穴”，声符是“工”。

窒 [小篆] 空也。从穴，巠声。《诗》曰：“瓶之窒矣。”[①]去径切（qìng）

【注释】①语见《诗经·小雅·蓼莪》。窒今本作罄。

【译文】窒，空。形符是“穴”，声符是“巠”。《诗经》中讲道：“瓶子已经空了。”

穵[①] [小篆] 空大也。从穴，乙声。乌黠切（yà）

【注释】①穵：今作挖。

【译文】穵，空而大。形符是“穴”，声符是“乙”。

窳 [小篆] 污窬也。从穴，𠆫声。朔方[①]有窳浑县。以主切（yǔ）

【注释】①污窬：段玉裁《说文解字注》：“污窬盖与污衺同，亦谓下也。以衺与窊同韵，窬与窳同韵。”

【译文】窳，凹陷、低下。形符是“穴”，声符是“𠆫”。朔方有一地名为窳浑县。

窞 [小篆] 坎中小坎也。从穴，从臽，臽亦声。《易》曰：“入于坎，窞。”[①]一曰，旁入也。徒感切（dàn）

【注释】①语见《周易·坎卦》。

【译文】窞，坎中的小坎。由“穴”和“臽”会意，“臽”声。《周易·坎卦》中讲道：“进入坎中，又有小坎。”一说，从一旁进入。

窌 窖也。从穴，卯声。匹皃切（pào）①

【注释】①匹皃切：现在按《集韵》居效切，读 jiào。

【译文】窌，地窖。形符是“穴”，声符是“卯”。

窖 地藏也。从穴，告声。古孝切（jiào）

【译文】窖，地下储藏物的洞穴。形符是“穴”，声符是“告”。

窬 穿木户也。从穴，俞声。一曰，空中也。羊朱切（yú）

【译文】窬，大门旁穿透木壁做成小门。形符是“穴”，声符是“俞”。一说，挖空中间。

窵 窵窅（yǎo），深也。从穴，鳥声。多啸切（diào）

【译文】窵，窵窅，深邃的样子。形符是“穴”，声符是“鳥”。

窺（窥） 小视也。从穴，規声。去隓切（kuī）

【译文】窥，从小孔隙中偷看。形符是“穴”，声符是“規”。

窡 正视也。从穴中正見也，正亦声。救贞切（chēng）

【译文】窡，直视。由“穴”中“正”“見”会意，“正”也是声符。

窡 穴中见也。从穴，叕声。丁滑切（zhuó）

【译文】窡，穴中短视。形符是“穴”，声符是“叕”。

窋 物在穴中皃。从穴中出。丁滑切（zhuó）[①]

【注释】①丁滑切：现发音按《广韵》竹律切，zhú。

【译文】窋，物体在洞穴中将要出来的样子。由“穴”和“出”会意。

窴[①] 塞也。从穴，真声。待年切（tián）

【注释】①窴：今作填。

【译文】窴，堵塞。形符是“穴”，声符是“真”。

窒 塞也。从穴，至声。陟栗切（zhì）

【译文】窒，堵塞。形符是“穴”，声符是“至”。

突 犬从穴中暂出也。从犬在穴中。一曰，（滑）[搰][①]也。徒骨切（tū）

【注释】①滑：当依桂馥《说文解字义证》作搰（hú），义为挑抉，挖掘。

【译文】突，狗从洞穴中突出冲出。由“犬”在“穴”中会意。一说法是，挖掘。

竄（窜） （坠[①]）[匿]也。从鼠在穴中。七乱切（cuàn）

【注释】①坠：徐锴《说文解字系传》作匿。

【译文】竄，隐藏。由“鼠”在“穴”中会意。

窣  从穴中卒出。从穴，卒声。苏骨切（sū）

【译文】窣，从洞穴中仓猝而出。形符是“穴”，声符是“卒”。

窘  迫[①]也。从穴，君声。渠陨切（jùn）[②]

【注释】①迫：穷迫。②渠陨切：现音读 jiǒng。

【译文】窘，困迫。形符是“穴”，声符是“君”。

窕  深肆[①]极也。从穴，兆声。读若挑。徒了切（tiǎo）

【注释】①深肆：王筠《说文解字句读》：“深肆，盖即深邃。”

【译文】窕，深邃之极。形符是“穴”，声符是“兆”。发音如同“挑”字。

穹  穷[①]也。从穴，弓声。去弓切（qiōng）[②]

【注释】①穷：尽。②去弓切：音按《广韵》去宫切，读 qióng。

【译文】穹，穷尽。形符是“穴”，声符是“弓”。

究  穷也。从穴，九声。居又切（jiù）[①]

【注释】①居又切：音按《广韵》居祐切，读 jiū。

【译文】究，穷尽。形符是“穴”，声符是“九”。

竆[窮](穷) 极也。从穴，躳声。渠弓切(qióng)

【译文】竆，终尽。形符是“穴”，声符是“躳”。

窅 冥也。从穴，皀声。乌皎切(yǎo)

【译文】窅，幽深。形符是“穴”，声符是“皀”。

窔 窅窔[①]，深也。从穴，交声。乌叫切(yào)

【注释】①窅窔：双声叠韵联绵词。

【译文】窔，窅窔，幽深。形符是“穴”，声符是“交”。

邃 深远也。从穴，遂声。虽遂切(suì)

【译文】邃，深远。形符是“穴”，声符是“遂”。

窈 深远也。从穴，幼声。乌皎切(yǎo)

【译文】窈，为深远。形符是“穴”，声符是“幼”。

窱 杳窱[①]也。从穴，條声。徒吊切(diào)[②]

【注释】①杳窱：即窈窕。②徒吊切：现音按《广韵》土了切，读 tiǎo。

【译文】窱，窈窕。形符是“穴”，声符是“條”。

竁 穿地也。从穴，毳(cuì)声。一曰，小鼠[声]。《周礼》曰：“大丧，甫竁。”[①]充芮切(cuì)

【注释】①语见《周礼·春官·冢人》。

【译文】竁，掘地为墓穴。形符是“穴”，声符是“毳”。一说，小鼠发出的声响。《周礼》中讲道：“临近大丧之时，开始挖掘墓穴。”

窆 葬下棺也。从穴，乏声。《周礼》曰：“及窆执斧。”[1]方验切（biàn）[2]

【注释】①语见《周礼·春官·冢人》。②方验切：现音按《集韵》悲检切，读biǎn。

【译文】窆，安葬棺材的墓穴。形符是“穴”，声符是“乏”。《周礼》中讲道：“等到下葬的时候，手握斧头站在一旁。”

窀 葬之厚夕[1]。从穴，屯声。《春秋传》曰：“窀穸从先君于地下。”[2]陟伦切（zhūn）

【注释】①厚夕：长夜。②语见《左传·襄公十三年》。

【译文】窀，在深夜埋葬死者。形符是“穴”，声符是“屯”。《左传》中讲道：“追随先王葬于地下。”

穸 窀穸[1]也。从穴，夕声。词亦切（xī）

【注释】①窀穸：长夜。

【译文】穸，窀穸。形符是“穴”，声符是“夕”。

窅 入脉刺穴谓之窅。从穴，甲声。乌狎切（yā）

【译文】窅，针灸经络穴位。形符是“穴”，声符是“甲”。

文五十一 重一

㝱[夢](梦) 寐而有觉也。从宀，从疒，夢声。《周礼》："以日月星辰占六㝱之吉凶：一曰正㝱，二曰咢㝱，三曰思㝱，四曰悟㝱，五曰喜㝱，六曰惧㝱。"[1]凡㝱之属皆从㝱。莫凤切（mèng）

【注释】①语见《周礼·春官·占㝱》。

【译文】㝱，入睡还有知觉。由"穴"和"疒"会意，"夢"声。《周礼·春官·占㝱》中讲道："通过日月星辰来占卜六种㝱境的吉与凶：第一种是平常的㝱境，第二种是因惊愕而做的㝱，第三种是因思念而做的㝱，第四种是睡前所描述过的㝱境，第五种是心情愉悦而做的㝱，第六种是因恐惧而做的㝱。"但凡是"㝱"的部属都从"㝱"。

寢[寝](寝) 病卧也。从㝱省，㝲省声。七荏切（qǐn）

【译文】寢，因病而卧床。形符是"㝱"的省文，声符是"㝲"的省文。

寐 卧也。从㝱省，未声。蜜二切（mèi）

【译文】寐，躺下。形符是"㝱"的省文，声符是"未"。

寤 寐觉而有（信）[言][1]曰寤。从㝱省，吾声。一曰，昼见而夜梦也。𡪢，籀文寤。五故切（wù）

【注释】①信：依段玉裁《说文解字注》作言。

【译文】寤，醒来又有话说。形符是"㝱"的省文，声符是"吾"。

一说，白天见到的，晚上㝱到。[篆]，籀文“𡬍”字。

㝹 [篆] 楚人谓寐。从㝱省，女声。依倨切（yù）[1]

【注释】①依倨切：现音按《广韵》人渚切，读 rǔ。

【译文】㝹，楚地人称睡着为“㝹”。形符是“㝱”的省文，声符是“女”。

寐 [篆] 寐而未厌[1]。从㝱省，米声。莫礼切（mǐ）

【注释】①厌：足，够。

【译文】寐，睡眠未足。形符是“㝱”的省文，声符是“米”。

寎 [篆] 孰寐也。从㝱省，水声。读若悸。求癸切（guì）[1]

【注释】①求癸切：现音按《广韵》其季切，读 jì。

【译文】寎，熟睡。形符是“㝱”的省文，声符是“水”。发音如同“悸”字。

𥧌 [篆] 卧惊病也。从㝱省，丙声。皮命切（bìng）

【译文】𥧌，躺卧易受惊吓，不能安睡的疾病。形符是“㝱”的省文，声符是“丙”。

㝞 [篆] 瞑言[1]也。从㝱省，臬声。牛例切（yì）

【注释】①瞑言：段玉裁《说文解字注》：“俗作呓。”

【译文】㝞，说梦话。形符是“㝱”的省文，声符是“臬”。

寣 [篆] 卧惊也。一曰，小儿号寣寣[1]。一曰，河内相評[2]也。从㝱省，从言。火滑切（hū）

【注释】①寣寣：张舜徽《说文解字约注》："犹小儿啼声称呱呱也。"②河内：今河南省武陟西南。相評：《说文解字注》："評者，召也。今字作呼。"

【译文】寣，卧而惊醒。一说，小儿啼号呱呱之声。另一种说，河内郡相互召呼的声音。由"㝱"的省文和"言"会意。

文十 重一

疒[疒] [篆] 倚也。人有疾病，象倚箸之形。凡疒之属皆从疒。女戹切（nè）

【译文】疒，倚靠。人有疾病，象依靠着挨着的样子。但凡"疒"的部属都从"疒"。

疾 [篆] 病也。从疒，矢声。[古文]，古文疾。[籀文]，籀文疾。秦悉切（jí）

【译文】疾，疾病。形符是"疒"，声符是"矢"。[古文]，古文"疾"字。[籀文]，籀文"疾"字。

痛 [篆] 病也。从疒，甬声。他贡切（tòng）

【译文】痛，病痛。形符是"疒"，声符是"甬"。

病 [篆] 疾加也。从疒，丙声。皮命切（bìng）

【译文】病，轻疾加重。形符是"疒"，声符是"丙"。

瘣 病也。从疒，鬼声。《诗》曰：“譬彼瘣木。”[1]一曰，肿旁出也。胡罪切（huì）

【注释】①语见《诗经·小雅·小弁》。瘣今本作坏。

【译文】瘣，由内而生的疾病。形符是“疒”，声符是“鬼”。《诗经》中讲道：“如同内伤致病的树木。”一说，肿块旁生。

痾 病也。从疒，可声。《五行传》曰：“时即有口痾。”乌何切（ē）[1]

【注释】①乌何切：现音读 kē。

【译文】痾，疾病。形符是“疒”，声符是“可”。《〈尚书·周书·洪范〉五行传》中讲道：“当时就会发生口疾。”

痡 病也。从疒，甫声。《诗》曰：“我仆痡矣。”[1]普胡切（pū）

【注释】①语见《诗经·周南·卷耳》。孔颖达注：“痡，人疲不能行之病。”

【译文】痡，病名。形符是“疒”，声符是“甫”。《诗经》中讲道：“我的仆人困乏的已经不能行走了。”

瘽 病也。从疒，堇声。巨斤切（qín）

【译文】瘽，劳苦之病。形符是“疒”，声符是“堇”。

瘵 病也。从疒，祭声。侧介切（zhài）

【译文】瘵，病名。形符是“疒”，声符是“祭”。

瘨[1] 病也。从疒，真声。一曰，腹张[2]。都年切（diān）

【注释】①瘨：癫痫病。②张：通“胀”，膨胀。

【译文】瘨，癫痫病。形符是“疒”，声符是“真”。一说，腹胀。

瘼 病也。从疒，莫声。慕各切（mò）

【译文】瘼，毛病。形符是“疒”，声符是“莫”。

疝 腹中急[痛][1]也。从疒，丩（jiū）声。古巧切（jiǎo）

【注释】①腹中急：依徐锴《说文解字系传》“急”后有“痛”字。

【译文】疝，腹中剧痛。形符是“疒”，声符是“丩”。

瘨 病也。从疒，員声。王问切（yùn）

【译文】瘨，头晕目眩。形符是“疒”，声符是“員”。

癎（痫） 病也。从疒，閒声。户闲切（xián）

【译文】癎，羊癎风病。形符是“疒”，声符是“閒”。

瘕[1] 病也。从疒，出声。五忽切（wù）

【注释】①瘕：张舜徽《说文解字约注》：“盖即今俗称子宫脱出也。”

【译文】瘕，病名。形符是“疒”，声符是“出”。

疵[1] 𤵸 病也。从疒，此声。疾咨切（cí）[2]

【注释】①疵：黑病，即俗称的母斑。②疾咨切：现音按《广韵》疾移切，读 cī。

【译文】疵，病名。形符是“疒”，声符是“此”。

癈[廢](废) 𤺋 固病也。从疒，發声。方肺切（fèi）

【译文】癈，残废。形符是“疒”，声符是“發”。

瘏[1] 𤸫 病也。从疒，者声。《诗》曰：“我马瘏矣。”同都切（tú）

【注释】①语见《诗经·周南·卷耳》。

【译文】瘏，病名。形符是“疒”，声符是“者”。《诗经》中讲道：“我的马困乏的不能前行了。”

瘲 𤺓 病也。从疒，從声。即容切（zōng）[1]

【注释】①即容切：现音按《广韵》子用切，读 zòng。

【译文】瘲，小儿惊风病。形符是“疒”，声符是“從”。

瘁 𤸪 寒病也。从疒，辛声。所臻切（shēn）[1]

【注释】①所臻切：现音按《广韵》踈锦切，读 shěn。

【译文】瘁，风寒病。形符是“疒”，声符是“辛”。

瘚 頭 头痛也。从疒，或声。读若沟洫之洫。吁逼切（xù）

【译文】瘚，头痛。形符是“疒”，声符是“或”。发音如同“沟洫”中的“洫”字。

痟 𤸑 酸痟，头痛。从疒，肖声。《周礼》曰：“春时有痟首疾。”相邀切（xiāo）

【译文】痟，酸痛，头痛。形符是“疒”，声符是“肖”。《周礼·天官·疾医》中讲道：“春天会得酸痟的头痛病。”

疕[1] 𤕫 头疡也。从疒，匕声。卑履切（bǐ）

【注释】①疕：头上有疮且有脓血。

【译文】疕，头疮。形符是“疒”，声符是“匕”。

瘍（疡） 瘍 头创[1]也。从疒，昜声。与章切（yáng）

【注释】①创：即疮。

【译文】瘍，头疮。形符是“疒”，声符是“昜”。

痒 痒 疡也。从疒，羊声。似阳切（xiáng）

【译文】痒，痈疮。形符是“疒”，声符是“羊”。

瘍 瘍 目病。一曰，恶气箸身也。一曰，蚀创。从疒，馬声。莫驾切（mà）

【译文】瘍，眼病。一说，因恶气附着在身上而得病。一说，用药物去除恶肉。形符是“疒”，声符是“馬”。

凘[1] 𤺊 散声。从疒，斯声。先稽切（xī）

【注释】①凘：沙哑。

【译文】凘，破散之声。形符是“疒”，声符是“斯”。

癄 𤸷 口咼（wāi）[1]也。从疒，爲声。韦委切（wěi）

【注释】①咼：歪斜。

【译文】癄，口角歪斜。形符是“疒”，声符是“爲”。

疦 𤵸 癄也。从疒，決省声[1]。古穴切（jué）

【注释】①決省声：段玉裁《说文解字注》作夬声。

【译文】疦，口角歪斜。形符是“疒”，声符是“決”的省文。

瘖[1][喑] 𤺃 不能言也。从疒，音声。於今切（yīn）

【注释】①瘖：失音。俗称“哑”。

【译文】瘖，失声。形符是“疒”，声符是“音”。

癭（瘿） 𤻮 颈瘤[1]也。从疒，嬰声。於郢切（yǐng）

【注释】①颈瘤：段玉裁《说文解字注》：“颈瘤则如囊者也。”俗称大脖子病。

【译文】癭，脖子上的肿瘤。形符是“疒”，声符是“嬰”。

瘻[1]（瘘） 𤻝 颈肿也。从疒，婁声。力豆切（lòu）

【注释】①瘻：钱坫《说文解字斠诠》：“此瘰疬字。”即颈部淋巴结核。

【译文】瘻，脖子肿溃。形符是“疒”，声符是“婁”。

疫[①] 颤也。从疒，又声。於救切（yòu）

【注释】①疫：严章福《说文校议议》：“此从又。又者，手也。则为手颤。”

【译文】疫，手抖的疾病。形符是“疒”，声符是“又”。

瘀 积血[①]也。从疒，於声。依倨切（yù）[②]

【注释】①积血：段玉裁《说文解字注》：“血积于中之病也。”②依倨切：现音按《集韵》衣虚切，读 yū。

【译文】瘀，积血。形符是“疒”，声符是“於”。

疝 腹痛也。从疒，山声。所晏切（shàn）

【译文】疝，腹痛的疾病。形符是“疒”，声符是“山”。

疛[①] 小腹病。从疒，肘省声。陟柳切（zhǒu）

【注释】①疛：余岩《古代疾病名候疏义》：“疛盖即今之腹水。”

【译文】疛，小腹病。形符是“疒”，声符是“肘”的省文。

㿗[①] 满也。从疒，㬥声。平秘切（bèi）[②]

【注释】①㿗：肝气胀满的疾病。②平秘切：现音按《广韵》匹备切，读 pì。

【译文】㿗，气满。形符是“疒”，声符是“㬥”。

疛 [篆] 俯病[①]也。从疒，付声。方榘切（fǔ）[②]

【注释】①俯病：即龟背。②方榘切：现音按《广韵》扶雨切，读 fù。

【译文】疛，俯伏的病。形符是“疒”，声符是“付”。

痀 [篆] 曲脊也。从疒，句声。其俱切（qú）[①]

【注释】①其俱切：现音按《广韵》举朱切，读 jū。

【译文】痀，驼背。形符是“疒”，声符是“句”。

瘚 [篆] 屰[①]气也。从疒，从屰，从欠[②]。[篆]，瘚或，省疒。居月切（jué）

【注释】①屰：逆。②欠：气。

【译文】瘚，气逆。由“疒”、“屰”、“欠”会意。[篆]，“瘚”的异体字，由“瘚”省去“疒”。

痵[①] [篆] 气不定也。从疒，季声。其季切（jì）

【注释】①痵：因心中恐惧而气喘不定。

【译文】痵，因惊吓而气喘不定。形符是“疒”，声符是“季”。

痱 [篆] 风病也。从疒，非声。蒲罪切（bèi）[①]

【注释】①蒲罪切：现音按《广韵》符非切，读 féi。

【译文】痱，中风。形符是“疒”，声符是“非”。

瘤[瘤] [篆] 肿也。从疒，留声。力求切（liú）

【译文】瘤，肿瘤。形符是“疒”，声符是“留”。

痤[痤] 𤶐 小肿也。从疒，坐声。一曰族絫。昨禾切（cuó）

【译文】痤，小的肿疖。形符是“疒”，声符是“坐”。一说，族絫。

疽[1] 𤸷 痈也。从疒，且声。七余切（jū）

【注释】①疽：深陷的块状恶疮。

【译文】疽，恶疮。形符是“疒”，声符是“且”。

癘 𤼹 痈也。从疒，麗声。一曰，瘦黑。读若隶。郎计切（lì）

【译文】癘，痈疽。形符是“疒”，声符是“麗”。一说，黑瘦的病症。发音如同“隶”字。

癰（痈） 𤺴 肿也。从疒，雝声。於容切（yōng）

【译文】癰，癰肿。形符是“疒”，声符是“雝”。

瘜 𤸺 寄肉也。从疒，息声。相即切（xī）

【译文】瘜，瘜肉。形符是“疒”，声符是“息”。

癬（癣） 𤻮 干疡也。从疒，鲜声。息浅切（xiǎn）[1]

【注释】①息浅切：现音读 xuǎn。

【译文】癣，干疮。形符是“疒”，声符是“鲜”。

疥 [篆] 搔也。从疒，介声。古拜切（jiè）
【译文】疥，令人搔痒的疮。形符是“疒”，声符是“介”。

痂 [篆] 疥也。从疒，加声。古牙切（jiā）
【译文】痂，疮痂。形符是“疒”，声符是“加”。

瘕[1] [篆] 女病也。从疒，叚声。乎加切（xiá）[2]

【注释】①瘕：子宫肿瘤。②乎加切：现音按《广韵》古疋切，读jiǎ。

【译文】瘕，妇女病。形符是“疒”，声符是“叚”。

癘[1]（疠） [篆] 恶疾也。从疒，蠆（chài）省声。洛带切（lài）[2]

【注释】①癘：麻风病。②洛带切：现音按《广韵》力制切，读lì。

【译文】癘，恶疮疾。形符是“疒”，声符是“蠆”的省文。

瘧[1]（疟） [篆] 热寒休作。从疒，从虐，虐亦声。鱼约切（nüè）

【注释】①瘧：瘧疾。

【译文】瘧，冷热交替发作。由“疒”和“虐”会意，“虐”也是声符。

痁 [篆] 有热疟。从疒，占声。《春秋传》曰："齐侯疥，遂痁。"[1]失廉切（shān）

【注释】①语见《左传·昭公二十年》。

【译文】痁，热性的疟疾。形符是"疒"，声符是"占"。《左传》中讲道："齐侯患了疥疮，同时又患了热疟。"

痎 [篆] 二日一发疟。从疒，亥声。古谐切（jiē）

【译文】痎，隔两日发作一次的疟疾。形符是"疒"，声符是"亥"。

痳 [篆] 疝病。从疒，林声。力寻切（lín）

【译文】痳，小便难下的病。形符是"疒"，声符是"林"。

痔 [篆] 后[1]病也。从疒，寺声。直里切（zhì）

【注释】①后：肛门。

【译文】痔，痔疮。形符是"疒"，声符是"寺"。

痿 [篆] 痹也。从疒，委声。儒隹切（ruí）[1]

【注释】①儒隹切：现音按《集韵》邬贿切，读 wěi。

【译文】痿，因风湿而失去活动能力。形符是"疒"，声符是"委"。

痹 [篆] 湿病也。从疒，畀声。必至切（bì）

【译文】痹，因风寒湿引起的病症。形符是"疒"，声符是"畀"。

痺 足气不至也。从疒，畢声。毗至切（bì）

【译文】痺，脚的血气不通达，麻木、痉挛。形符是“疒”，声符是“畢”。

瘃① 中②寒肿核。从疒，豖声。陟玉切（zhú）

【注释】①瘃：冻疮。②中（zhòng）：遭受。

【译文】瘃，手足受寒而肿，如有核。形符是“疒”，声符是“豖”。

痛① 半枯也。从疒，扁声。匹连切（piān）

【注释】①痛：半身不遂。

【译文】痛，偏枯。形符是“疒”，声符是“扁”。

瘇 胫气足肿。从疒，童声。《诗》曰：“既微且瘇。”①，籀文，从尣。时重切（zhòng）②

【注释】①语见《诗经·小雅·巧言》。②时重切：现音按《广韵》时冗切，读 zhǒng。

【译文】瘇，脚气使脚浮肿。形符是“疒”，声符是“童”。《诗经》中讲道：“小腿生疮，脚染脚气。”，籀文，从“尣”。

瘧 跛病也。从疒，盍声。读若胁，又读若掩。乌盍切（è）

【译文】瘧，跛病。形符是“疒”，声符是“盍”。发音如同“胁”字，又如同“掩”字。

疻[1] 𤴯 殴伤也。从疒，只声。诸氏切（zhǐ）

【注释】①疻：皮肤殴伤后发青而没有创痕。

【译文】疻，遭到殴打而形成的伤害。形符是"疒"，声符是"只"。

痏 𤵓 疻痏[1]也。从疒，有声。荣美切（wěi）

【注释】①疻痏：朱骏声《说文通训定声》："凡殴伤，皮肤青黑，无创瘢曰疻，有创瘢曰痏。"

【译文】痏，疻痏。形符是"疒"，声符是"有"。

𤻎 𤻎 创裂也。一曰，疾𤻎[1]。从疒，雟声。以水切（wěi）

【注释】①𤻎：此处泛指病。

【译文】𤻎，疮裂。一说，疾病。形符是"疒"，声符是"雟"。

㾖 㾖 皮剥[1]也。从疒，冄声。𤷾，籀文，从𠬝。赤占切（chān）

【注释】①剥：裂。

【译文】㾖，皮肤脱落的病症。形符是"疒"，声符是"冄"。𤷾，籀文，形符是"𠬝"。

癑[癑] 癑 痛也。从疒，農声。奴动切（nǒng）[1]

【注释】①今依《广韵》奴冻切，读 nòng。同"脓"时，读 nóng。

【译文】癑，痛。形符是“疒”，声符是“農”。

痍 伤也。从疒，夷声。以脂切（yí）

【译文】痍，创伤。形符是“疒”，声符是“夷”。

瘢 痍也。从疒，般声。薄官切（pán）[1]

【注释】①薄官切：现音读 bān。

【译文】瘢，创伤愈后的疤痕。形符是“疒”，声符是“般”。

痕 胝（zhī）[1]瘢也。从疒，艮声。户恩切（hén）

【注释】①胝：手掌、脚掌的厚皮，即茧。

【译文】痕，瘢痕。形符是“疒”，声符是“艮”。

痙（痉） 强急也。从疒，巠声。其颈切（jìng）

【译文】痙，僵硬坚直。形符是“疒”，声符是“巠”。

痋 动（病）[痛]也。从疒，蟲省声。徒冬切（tóng）

【译文】痋，因跳动而痛。形符是“疒”，声符是“蟲”的省文。

瘦[1][瘦] 臞[2]也。从疒，叜声。所又切（shòu）

【注释】①瘦：瘦。②臞：少肉。

【译文】瘦，消瘦。形符是“疒”，声符是“叜”。

疢 [小篆] 热病也。从疒，从火。丑刃切（chèn）
【译文】疢，热病。由“疒”和“火”会意。

癉（瘅） [小篆] 劳病也。从疒，單声。丁干、丁贺二切（dàn）（duò）[①]
【注释】①贺二切：今依《广韵》作丁佐切，读 duò。
【译文】癉，因疲劳而出现的病态。形符是“疒”，声符是“單”。

疸 [小篆] 黄病也。从疒，旦声。丁干切（dàn）[①]
【注释】①丁干切：现音按《广韵》多旱切，读 dǎn。
【译文】疸，黄疸病。形符是“疒”，声符是“旦”。

瘱 [小篆] 病[小]息[①]也。从疒，夾声。苦叶切（qiè）
【注释】①病息：依徐锴《说文解字系传》作病小息。
【译文】瘱，病人气息微弱。形符是“疒”，声符是“夾”。

痞 [小篆] 痛也。从疒，否声。符鄙切（pǐ）
【译文】痞，痛。形符是“疒”，声符是“否”。

瘍 [小篆] 脉瘍也。从疒，易声。羊益切（yì）
【译文】瘍，惊狂之疾。形符是“疒”，声符是“易”。

痳 [小篆] 狂走也。从疒，术声。读若欻（xū）。食

聿切（shù）

【译文】𤶏，疯狂奔跑。形符是“疒”，声符是“术”。

疲 劳也。从疒，皮声。符羈切（pí）

【译文】疲，疲劳。形符是“疒”，声符是“皮”。

⿸疒朿 瑕也。从疒，朿声。侧史切（zǐ）

【译文】⿸疒朿，瑕疵。形符是“疒”，声符是“朿”。

疷 病[不翅][1]也。从疒，氏声。渠支切（qí）

【注释】①病：依徐锴《说文解字系传》作病不翅。

【译文】疷，病不止。形符是“疒”，声符是“氏”。

⿸疒及 病劣[1]也。从疒，及声。呼合切（hē）[2]

【注释】①劣：弱。②呼合切：现音按《广韵》居立切，读 jí。

【译文】⿸疒及，因生病而体弱无力。形符是“疒”，声符是“及”。

⿸疒殹 剧[1]声也。从疒，殹声。於卖切（ài）

【注释】①剧：病情严重。

【译文】⿸疒殹，病重呻吟之声。形符是“疒”，声符是“殹”。

癃 罢病也。从疒，隆声。⿸疒夅，籀文癃，省。力中切（lóng）

【译文】癃，脚不能行走的病。形符是“疒”，声符是“隆”。

𤸪，籀文“癃”字，由“癃”字省。

疫 [篆] 民皆疾也。从疒，役省声。营只切（yì）

【译文】疫，人们都传染成疾。形符是“疒”，声符是“役”的省文。

瘛 [篆] 小儿瘛瘲病也。从疒，恝声。尺制切（chì）

【译文】瘛，小孩痉挛抽风。形符是“疒”，声符是“恝”。

瘃 [篆] 马病也。从疒，多声。《诗》曰：“瘃瘃骆马。”[①]丁可切（duǒ）[②]

【注释】①语见《诗经·小雅·四牡》。瘃瘃今本作啴啴。②丁可切：现音按《广韵》他干切，读 tān。

【译文】瘃，马匹疲倦困乏。形符是“疒”，声符是“多”。《诗经》中讲道：“多么疲乏啊，长着黑鬃的白马。”

痥 [篆] 马胫疡也。从疒，兑声。一曰，将[①]伤。徒活切（duó）

【注释】①将：段玉裁《说文解字注》：“疑当作捋。”

【译文】痥，马小腿上的伤口。形符是“疒”，声符是“兑”。一种说法是，捋伤。

瘵[療]（疗） [篆] 治也。从疒，樂声。𤻲，或，从尞。力照切（liào）[①]

【注释】①力照切：现音读 liáo。

【译文】𤻲，治疗。形符是“疒”，声符是“樂”。𤺊，“𤻲”的异体字，从“尞”声。

痁[1] 𣐯 久病也。从疒，古声。古慕切（gù）

【注释】①痁：即痼。

【译文】痁，久病难愈。形符是“疒”，声符是“古”。

瘌 𤸯 楚人谓药毒曰痛瘌。从疒，剌声。卢达切（là）

【译文】瘌，楚地人将药物中毒称作痛瘌。形符是“疒”，声符是“剌”。

癆（痨） 𤺺 朝鲜谓药毒曰癆。从疒，勞声。郎到切（lào）

【译文】癆，朝鲜地区将药物中毒称作癆。形符是“疒”，声符是“勞”。

瘥 𤸷 愈也。从疒，差声。楚懈切（chài），才他切（cuó）

【译文】瘥，痊愈。形符是“疒”，声符是“差”。

𤸊 𤸊 减也。从疒，衰声。一曰，（耗）[秏]也。楚追切[1]（chuī）

【注释】①楚追切：现音按《广韵》所追切，读 shuāi。

【译文】𤸊，病情好转。形符是“疒”，声符是“衰”。一说，衰老。

瘉[愈] 瘉 病瘳也。从疒，俞声。以主切（yù）
【译文】瘉，病愈。形符是“疒”，声符是“俞”。

瘳 瘳 疾愈也。从疒，翏声。敕鸠切（chōu）
【译文】瘳，病愈。形符是“疒”，声符是“翏”。

癡[痴] 癡 不慧也。从疒，疑声。丑之切（chī）
【译文】癡，不聪明。形符是“疒”，声符是“疑”。

文一百二　重七

冖 冖 覆也。从一下垂也。凡冖之属皆从冖。莫狄切（mì）

【译文】冖，覆盖。由“一”向两边垂下。但凡是“冖”的部属都从“冖”。

冠 冠 絭也。所以絭发，弁冕之总名也。从冖，从元，元亦声。冠有法制，从寸。古丸切（guān）

【译文】冠，卷束。是用来卷束头发的，是弁冕的总称。由“冖”和“元”会意，“元”也是声符。古时戴帽子是有相关的法度的，从“寸”。

冣 冣 积也。从冖，从取，取亦声。才句切（jù）
【译文】冣，积聚。由“冖”和“取”会意，“取”也是声符。

詫 奠[1]爵酒也。从冖，託声。《周书》曰："王三宿三祭三詫。"[2]当故切（dù）

【注释】①奠：即置。②语见《尚书·周书·顾命》。宿：前进。

【译文】詫，放置一杯酒在地上。形符是"冖"，声符是"託"。《尚书·周书》中讲道："王前进三次，祭酒三次，奠酒三次。"

文四

冃 重复也。从冖、一。凡冃之属皆从冃。读若艸莓莓。莫保切（mǎo）

【译文】冃，重复。由"冖"又重加"一"会意。但凡是"冃"的部属都从"冃"。发音像"艸莓"中的"莓"字。

同 合会也。从冃，从口。徒红切（tóng）

【译文】同，会合。由"冃"和"口"会意。

青 帱（chóu）帐之象。从冃；㞢，其饰也。苦江切[1]（qiāng）

【注释】①苦江切：现音按《广韵》苦角切，读 què。

【译文】青，帐子的形象。从"冃"，表示覆盖的帐子；"㞢"，是帐上的装饰物。

冡[1] 覆也。从冃、豕。莫红切（méng）

【注释】①冡：即蒙。

【译文】冡，蒙覆。由“冃”和“豕”会意。

文四

冃 冃 小儿、蛮夷头衣也。从冖；二，其饰也。凡冃之属皆从冃。莫报切（mào）

【译文】冃，小孩、蛮夷等少数民族头上的便帽。从“冖”，表示覆盖的帽子；“二”帽子上的装饰物。但凡是“冃”的部属都从“冃”。

冕 冕 大夫以上冠也。邃延、垂瑬、紞纩。从冃，免声。古者黄帝初作冕。絻，冕或，从糸。亡辡切（miǎn）

【译文】冕，大夫以上的礼帽。包括邃延、垂瑬和紞纩。从“冃”，声符是“免”。古时黄帝最初制作冕。絻，“冕”的异体字，从“糸”。

胄[胄] 胄 兜鍪也。从冃，由声。䩜，《司马法》胄从革。直又切（zhòu）

【译文】胄，头盔。形符是“冃”，声符是“由”。䩜，《司马法》中“胄”字从“革”。

冒 冒 冡而前也。从冃，从目。䎀，古文冒。莫报切（mào）

【译文】冒，蒙覆前行。由“冃”和“目”会意。䎀，古文中的“冒”字。

最[最] 最 犯而取也。从冃，从取。祖外切（zuì）

【译文】最，冒犯并且夺取它。由“冃”和“取”会意。

文五 重三

㒳 [小篆] 再也。从冂，阙。《易》曰：“参天㒳地。”凡㒳之属皆从㒳。良奖切（liǎng）

【译文】㒳，两次。形符是“冂”，[字形]的构形记载不详。《周易·说卦》中讲道：“以‘三’为代表的奇数是天数，以‘㒳’为代表的偶数是地数。”但凡是“㒳”的部属都从“㒳”。

兩（两）[小篆] 二十四铢[1]为一兩。从一；㒳，平分，亦声。良奖切（liǎng）

【注释】①铢：重量单位。

【译文】兩，二十四铢为一兩。从“一”；“㒳”意为从中平分，“㒳”也是声符。

㒼 [小篆] 平也。从廿，五行之数，二十分为一辰。㒳，㒼平也。读若蛮。母官切（mán）

【译文】㒼，平匀。从“廿”，五行家的规律，二十分为时辰。“㒳”，表示两两平匀。发音如同“蛮”字。

文三

网 [小篆] 庖牺所结绳，以渔。从冂，下象网交文。凡网之属皆从网。[古文]，网或，从亡。[古文]，网或，从糸。[古文]，古文网。[籀文]，籀文网。文纺切（wǎng）

【译文】网，庖牺氏绳结编织的网，用来捕鱼。从“冂”，表示蒙覆；下面的㐅㐅，象网绳交错的花纹。但凡是“网”的部属都从“网”。，网的异体字，从“亡”声，，网的异体字，从“糸”。，古文“网”字。，籀文“网”字。

罨　罕也。从网，奄声。於业切（yè）[①]

【注释】①於业切：现音按《广韵》衣检切，读 yǎn。

【译文】罨，从上掩覆而捕取的网。形符是“网”，声符是“奄”。

罕[罕]　网也。从网，干声。呼旱切（hǎn）

【译文】罕，捕鸟用的小网。形符是“网”，声符是“干”。

羂[羂]　网也。从网、繯（huàn），繯亦声。一曰，绾（wǎn）[①]也。古眩切（juàn）

【注释】①绾：即绊。

【译文】羂，网名。由“网”和“繯”会意，“繯”也是声符。一说，用绳索系取鸟兽。

䍙　网也。从网，每声。莫桮切（méi）

【译文】䍙，捕鸟的网。形符是“网”，声符是“每”。

䍐　网也。从网，巽声。，《逸周书》曰：“不卵不䟞，以成鸟兽。”䍐者，羂兽足也。故或从足。思沇切（xuǎn）

【译文】䍐，网名。形符是“网”，声符是“巽”。，《逸周书》中讲道："不破坏鸟兽产的卵，不用网去缠住鸟兽，使它们能够正常成长。""羂"，表示用网缠住鸟兽的足。因此异体字以"足"为形符。

罙 [篆] 周（行）[①]也。从网，米声。《诗》曰："罙入其阻。"[②] [篆]，罙或，从冂。武移切（mí）

【注释】①周行：徐锴《说文解字系传》作。②语出《诗经·商颂·殷武》。罙今诗作罙。

【译文】罙，周密布置的罗网。形符是"网"，声符是"米"。《诗经》中讲道："军队深入到险阻之地。"[篆]，"罙"的异体字，从"冂"。

罩 [篆] 捕鱼器也。从网，卓声。都教切（zhào）

【译文】罩，捕鱼用到的工具。形符是"网"，声符是"卓"。

罾 [篆] 鱼网也。从网，曾声。作腾切（zēng）

【译文】罾，以竹木为框架的渔网。形符是"网"，声符是"曾"。

罪 [篆] 捕鱼竹网。从网、非[声][①]。秦以罪为辠字。徂贿切（zuì）

【注释】①非：依段玉裁《说文解字注》作非声。

【译文】罪，一种捕鱼用的竹网。形符是"网"，声符是"非"。秦始皇用"罪"字来替代"辠"字。

罽 鱼网也。从网，㓹声。㓹，籀文锐。居例切（jì）

【译文】罽，一种渔网。形符是"网"，声符是"㓹"。"㓹"是籀文"锐"字。

罛 鱼罟也。从网，瓜声。《诗》曰："施罛濊濊。"[①]古胡切（gū）

【注释】①语见《诗经·卫风·硕人》。

【译文】罛，渔网。形符是"网"，声符是"瓜"。《诗经》中讲道："张开渔网，目大豁豁。"

罟 网也。从网，古声。公户切（gǔ）

【译文】罟，网罟。形符是"网"，声符是"古"。

罶[罶] 曲梁寡妇之笱（gǒu）。鱼所留也。从网、畱，畱亦声。𦋺，或，从娄。《春秋国语》曰："（沟）[讲]罛䍡"力九切（liǔ）

【注释】①语见《国语·鲁语》。沟当作讲。

【译文】罶，弯曲的竹梁处安放的连寡妇都能使用的笱。是鱼滞留的地方。由"网"和"畱"会意，"畱"也是声符。𦋺，"罶"的异体字，从"娄"声。《国语》中讲道："对渔网和鱼笱都很了解。"

罜 罜麗（lù）[①]，鱼罟也。从网，主声。之庾切（zhǔ）

【注释】①罜麗：小渔网。

【译文】罜，罜麗。形符是“网”，声符是“主”。

麗　罜麗也。从网，鹿声。卢谷切（lù）

【译文】麗，罜麗。形符是“网”，声符是“鹿”。

罧　积柴水中以聚鱼也。从网，林声。所今切（sēn）[①]

【注释】①所今切：现音按《广韵》所禁切，读 shèn。

【译文】罧，在水中堆积柴木以此来聚集鱼群。形符是“网”，声符是“林”。

罠　钓也。从网，民声。武巾切（mín）

【译文】罠，钓。形符是“网”，声符是“民”。

羅（罗）　以丝罟鸟也。从网，从維。古者芒氏初作羅。鲁何切（luó）

【译文】羅，捕鸟的丝网。由“网”和“維”会意。古时芒氏最早制作了捕鸟的丝网。

罬[輟]（辍）　捕鸟覆车也。从网，叕声。輟，罬或，从車。陟劣切（chuó）

【译文】罬，捕鸟用的翻车。形符是“网”，声符是“叕”。輟，“罬”的异体字，从“車”。

罿 [篆] 罬也。从网，童声。尺容切（chōng）

【译文】罿，罬。形符是“网”，声符是“童”。

罦 [篆] 覆车也。从网，包声。《诗》曰：“雉离于罦。”① [篆]，罦或，从孚。缚牟切（fú）

【注释】①语见《诗经·王风·兔爰》。

【译文】罦，覆车网。形符是“网”，声符是“包”。《诗经·王风·兔爰》中讲道：“野鸡遭遇了捕鸟的覆车网。”[篆]，“罦”的异体字，从“孚”声。

罻 [篆] 捕鸟网也。从网，尉声。於位切（wèi）

【译文】罻，捕鸟用的小网。形符是“网”，声符是“尉”。

罟 [篆] 兔罟也。从网，否声。缚牟切（fú）

【译文】罟，捕兔用的网。形符是“网”，声符是“否”。

罡 [篆] [兔]罟也。从网，互声。胡误切（hù）

【译文】罡，捕兔网。形符是“网”，声符是“互”。

罝 [篆] 兔网也。从网，且声。[篆]，罝或，从（糸）[組]。[篆]，籀文，从虘。子邪切（jū）

【译文】罝，捕兔网。形符是“网”，声符是“且”。[篆]，“罝”的异体字，从“組”声。[篆]，籀文罝，从“虘”声。

羃 [篆] 牖中网也。从网，舞声。文甫切（wǔ）

【译文】䍢，窗牖中的网格。形符是“网”，声符是“舞”。

署 部署[①]，有所网属[②]。从网，者声。常恕切（shù）[③]

【注释】①部署：段玉裁《说文解字注》：“犹处分。”②网属：系属。③常恕切：现音读 shǔ。

【译文】署，按部居处，各有系联、分属的地方。形符是“网”，声符是“者”。

罷（罢） 遣[①]有罪也。从网、能。言有贤能而入网，而貰（shì）遣之。《周礼》曰：“议能之辟。”[②]薄蟹切[③]（bài）

【注释】①貰（shì）：赦免。遣：舍弃。②语见《周礼·秋官·小司寇》。辟：即法。③薄蟹切：现音读 bà。

【译文】罷，遣散有罪的人。由“网”和“能”会意。是说有贤能的人犯罪被捕后，应该赦免遣放。《周礼》中讲道：“商讨有关处理贤能人的刑法。”

置 赦也。从网、直[①]。陟吏切（zhì）

【注释】①直：正直之人。

【译文】置，赦免。由“网”和“直”会意。

罯 覆也。从网，音声。乌感切（ǎn）

【译文】罯，覆盖。形符是“网”，声符是“音”。

詈 詈也 罵也。从网，从言。网辠人。力智切（lì）

【译文】詈，辱骂。由“网”和“言”会意。表示搜罗罪人的罪状进行责骂。

罵[駡]（骂） 詈也。从网，馬声。莫驾切（mà）

【译文】罵，用恶言侮辱人。形符是“网”，声符是“馬”。

羈[覊]（羁） 馬络头也。从网，从䩻。䩻，馬绊也。羇，羈或，从革。居宜切（jī）

【译文】羈，馬络头。由“网”和“䩻”会意。“䩻”即绊馬索。羇，“羈”的异体字，从“革”。

文三十四 重十二

襾 覆也。从冂，上下覆之。凡襾之属皆从襾。读若晋（yà）。呼讶切（xià）[①]

【注释】①呼讶切：现音按《广韵》衣嫁切，读 yà。

【译文】襾，包覆。从“冂”，上“冂”下“凵”互相覆盖着。但凡是“襾”的部属都从“襾”。发音如同“晋”。

覂 反复也。从襾，乏声。方勇切（fěng）

【译文】覂，翻覆。形符是“襾”，声符是“乏”。

覈[核] 实也。考事，襾笮邀遮[①]，其辞得实曰覈。从襾，敫声。覈，覈或，从雨。下革切（hé）

【注释】①襾笮邀遮：徐锴《说文解字系传》：“襾者，

反复之也；笮，迫也；邀者，要其情也；遮者，止其诡遁也。”

【译文】覈，覈实。考问诉讼之事，要反复盘问，要逼迫，要诱导其说出实情，要遏制其诡诈逃遁的心理，讼辞最终与事实相合，叫作覈。形符是“襾”，声符是“敫”。覈，“覈”的异体字，从“雨”。

覆 覂[1]也。一曰，盖也。从襾，復声。敷救切（fù）

【译文】覆，反复。一说，遮盖。形符是“襾”，声符是“復”。

文四 重一

巾 佩巾也。从冂，丨象糸也。凡巾之属皆从巾。居银切（jīn）

【译文】巾，佩带的巾帛。从“冂”，“丨”象系佩的绳索。但凡是“巾”的部属都从“巾”。

帉 楚谓大巾曰帉。从巾，分声。抚文切（fēn）

【译文】帉，楚地称大巾为“帉”。形符是“巾”，声符是“分”。

帥（帅） 佩巾也。从巾、𠂤[声]。帨，帅或，从兑。又音税。所律切（shuài）

【译文】帥，佩巾。形符是“巾”，声符是“𠂤”。帨，“帅”的异体字，从“兑”。发音又如同“税”字。

㡜 礼巾也。从巾，从埶。输芮切（shuì）

【译文】𢄻，礼巾。由“巾”和“埶”会意。

帗 㠰 一幅巾也。从巾，犮声。读若拨。北末切（bō）

【译文】帗，一幅宽的巾帛。形符是“巾”，声符是“分”。发音如同“拨”。

杒 㠰 枕巾也。从巾，刃声。而振切（rèn）

【译文】杒，枕巾。形符是“巾”，声符是“刃”。

幋 㠰 覆衣大巾。从巾，般声。或以为首鞶。薄官切（pán）

【译文】幋，覆盖在衣上的大巾帛。形符是“巾”，声符是“般”。有人认为幋是指头巾。

帤 㠰 巾帤也。从巾，如声。一曰，（幣）[敝]巾。女余切（rú）

【译文】帤，巾帤。形符是“巾”，声符是“如”。一说，破旧的巾帛。

幣（币） 㠰 帛也。从巾，敝声。毗祭切（bì）

【译文】幣，帛。形符是“巾”，声符是“敝”。

幅 㠰 布帛广也。从巾，畐声。方六切（fú）

【译文】幅，布帛的宽度。形符是“巾”，声符是“畐”。

幠 [seal] 设色之工，治丝练者。从巾，巟声。一曰，幠，隔。读若荒。呼光切（huāng）

【译文】幠，给布帛染色的工匠。形符是“巾”，声符是“巟”。一说，指遮盖。发音如同“荒”字。

帶（带） [seal] 绅也。男子鞶帶，妇人带丝。象系佩之形。佩必有巾，从巾。当盖切（dài）

【译文】帶，大的衣带。男子佩皮革的衣带，妇人用丝带。“卌”象佩戴的样子。佩一定有巾。因此从“巾”。

幘（帻） [seal] 发有巾曰幘。从巾，責声。侧革切（zé）

【译文】幘，头发上包裹的巾称幘。形符是“巾”，声符是“責”。

帕 [seal] 领耑也。从巾，旬声。相伦切（xún）

【译文】帕，衣领。形符是“巾”，声符是“旬”。

帔 [seal] 弘农谓裙帔也。从巾，皮声。披义切（pèi）

【译文】帔，弘农地区称裙为帔。形符是“巾”，声符是“皮”。

常 [seal] 下裙也。从巾，尚声。裳，常或，从衣。市羊切（cháng）

【译文】常，下身的裙子。形符是“巾”，声符是“尚”。

𧜭，“常”的异体字，从“衣”。

帬[裙] 下裳也。从巾，君声。裠，帬或，从衣。渠云切（qún）

【译文】帬，下裳。形符是“巾”，声符是“君”。裠，“帬”的异体字，从“衣”。

帴 裙也。一曰，帗也。一曰，妇人胁衣。从巾，戋声。读若末杀之杀。所八切（shā）[①]

【注释】①今依《广韵》苏旰切，读 sàn。

【译文】帴，披肩。一说，一幅宽的巾。另一说，女人的肚兜。形符是“巾”，声符是“戋”。发音如同“末杀”中的“杀”。

幝 幒也。从巾，軍声。褌，幝或，从衣。古浑切（kūn）

【译文】幝，满裆裤。形符是“巾”，声符是“軍”。褌，“幝”的异体字，从“衣”。

幒[㡏] 幝也。从巾，悤声。一曰帙（zhì）。㨯，幒或，从松。职茸切（zhōng）

【译文】幒，幝，满裆裤。形符是“巾”，声符是“悤”。一说，“帙”即书套。㨯，“幒”的异体字，从“松”声。

幨 楚谓无缘衣也。从巾，監声。鲁甘切（lán）

【译文】幨，楚地对没有边角的短衣称幨。形符是“巾”，声符是“監”。

幎 [篆] 幔也。从巾，冥声。《周礼》有“幎人”[①]。莫狄切（mì）

【注释】①幎人：天官所属，掌供巾幎。幎今《周礼·天官》作冪。

【译文】幎，用巾覆盖物体。形符是“巾”，声符是“冥”。《周礼》中讲道“掌供巾幎的幎人”。

幔 [篆] 幕也。从巾，曼声。莫半切（màn）

【译文】幔，帷幕。形符是“巾”，声符是“曼”。

幬[幬]（帱） [篆] 禅[①]帐也。从巾，𠷎声。直由切（chóu）

【注释】①禅：即单。

【译文】幬，单层的床帐。形符是“巾”，声符是“𠷎”。

嵰 [篆] 帷也。从巾，兼声。力盐切（lián）

【译文】嵰，帷幕。形符是“巾”，声符是“兼”。

帷[①] [篆] 在旁曰帷。从巾，隹声。[古文]，古文帷。洧悲切（wéi）

【注释】①帷：即围。

【译文】帷，四周的帘幕。形符是“巾”，声符是“隹”。[古文]，古文中的“帷”字。

帳（帐） 張也。从巾，長声。知谅切（zhàng）

【译文】帳，张在床上。形符是“巾”，声符是“長”。

幕  帷在上曰幕，覆食案亦曰幕。从巾，莫声。慕各切（mù）

【译文】幕，覆盖在上面的称作幕，盖住食案的也称作幕。形符是“巾”，声符是“莫”。

帔 幓（xiè）裂也。从巾，匕声。卑履切（bǐ）

【译文】帔，残帛破裂。形符是“巾”，声符是“匕”。

幓 残帛也。从巾，祭声。先列切（xiè），又所例切（shì）

【译文】幓，残破的帛。形符是“巾”，声符是“祭”。

㡏 正（耑）[褍]裂也。从巾，俞声。山枢切（shū）

【译文】㡏，正幅被截裂。形符是“巾”，声符是“俞”。

帖  帛书署也。从巾，占声。他叶切（tiè）

【译文】帖，帛上的题签。形符是“巾”，声符是“占”。

帙  书衣也。从巾，失声。袠，帙或，从衣。直质切（zhì）

【译文】帙，书的封套。形符是"巾"，声符是"失"。

，"帙"的异体字，从"衣"。

幣[幩] 幡帜也。从巾，前声。则前切(jiān)

【译文】幣，旗帜。形符是"巾"，声符是"前"。

徽[徽] 帜也，以绛徽帛，箸于背。从巾，微省声。《春秋传》曰："扬徽者公徒。"许归切(huī)

【注释】①语见《左传·昭公二十一年》。

【译文】徽，标志，用绛徽帛制作而成，放置于背后。形符是"巾"，声符是"微"的省文。《左传》中讲道："挥舞旗徽的，是您的随从。"

幖[幖] 帜也。从巾，㈢声。方招切(biāo)

【译文】幖，标志。形符是"巾"，声符是"㈢"。

帤 幡也。从巾，夗声。於袁切(yuān)

【译文】帤，抹布。形符是"巾"，声符是"夗"。

幡 书儿拭觚布也。从巾，番声。甫烦切(fān)

【译文】幡，学童擦拭觚的抹布。形符是"巾"，声符是"番"。

㡟 (㓹)[拂]也。从巾，刺声。卢达切(là)

【译文】㡟，擦拭。形符是"巾"，声符是"刺"。

幱　[seal script]　拭也。从巾，韱声。精廉切（jiān）

【译文】幱，擦拭。形符是“巾”，声符是“韱”。

幝　[seal script]　车弊皃。从巾，單声。《诗》曰：“檀车幝幝。”[1]昌善切（chǎn）

【注释】①语见《诗经·小雅·杕杜》。檀车：役车。

【译文】幝，车儿残破的样子。形符是“巾”，声符是“單”。《诗经》中讲道：“供服役使用的车辆非常的破旧。”

幏　[seal script]　盖衣也。从巾，冡声。莫红切（méng）

【译文】幏，遮盖物体的衣巾。形符是“巾”，声符是“冡”。

幭　[seal script]　盖幭也。从巾，蔑声。一曰，禪被。莫结切（miè）

【译文】幭，遮盖物体的巾帛。形符是“巾”，声符是“蔑”。一说，单被。

幠　[seal script]　覆也。从巾，無声。荒乌切（hū）

【译文】幠，覆盖。形符是“巾”，声符是“無”。

飾（饰）　[seal script]　㕞也。从巾，从人，食声。读若式。一曰，襐飾。赏只切（shì）

【译文】飾，刷拭。由“巾”和“人”会意，“食”声。发音如同“式”字。一说，首飾。

幃（帏） 囊也。从巾，韋声。许归切（huī）[①]

【注释】①许归切：现音按《广韵》雨非切，读 wéi。

【译文】幃，囊袋。形符是“巾”，声符是“韋”。

帣 囊也。今盐官三斛为一帣。从巾，𢍏声。居倦切（juàn）

【译文】帣，有底的囊。当今汉朝盐官规定，三斛为一帣。形符是“巾”，声符是“𢍏”。

帚 粪也。从又持巾埽冂内。古者少康初作箕、帚、秫酒。少康，杜康也，葬长垣。支手切（zhǒu）

【译文】帚，打扫。由表示手的“又”持“巾”打扫“冂”界之内会意。古时候少康最早发明了簸箕、扫帚和秫酒。少康即杜康，埋葬于长垣。

席 籍也。《礼》：天子、诸侯席，有黼绣纯饰[①]。从巾，庶省[声]。𠩄，古文席，从石省。祥易切（xí）

【注释】①语见《周礼·春官·司几筵》。

【译文】席，铺垫的席子。《周礼》中讲到：天子和诸侯所用的席子，上面有黑白斧形图案绣边的装饰物。形符是“巾”，声符是“庶”的省文。𠩄，古文“席”字，“石”省声。

幐 囊也。从巾，朕声。徒登切（téng）

【译文】幐，囊袋。形符是“巾”，声符是“朕”。

幡 以囊盛谷，大满而裂也。从巾，奮声。方吻切（fěn）[①]

【注释】①方吻切：现音按《广韵》扶问切，读 fèn。

【译文】幡，用布囊来盛放谷物，装得太满而布囊破裂。形符是"巾"，声符是"奮"。

㡚 载米𥫱（zhǔ）也。从巾，盾声。读若《易》屯卦之屯。陟伦切（zhūn）

【译文】㡚，盛放稻米的布袋。形符是"巾"，声符是"盾"。发音如同《周易》中"屯卦"的"屯"字。

𢂋 蒲席𥫱也。从巾，及声。读若蛤。古沓切（gé）

【译文】𢂋，用蒲席制成的盛放稻米的器具。形符是"巾"，声符是"及"。发音如同"蛤"字。

幩 马缠镳（biāo）扇汗也。从巾，賁声。《诗》曰："朱幩镳镳。"符分切（fén）

【译文】幩，马衔两边用以扇去马汗的布条。形符是"巾"，声符是"賁"。《诗经·卫风·硕人》中讲道："马嚼子两端朱红色的绸带好漂亮。"

㡛 墀（chí）地[①]，以巾撋（shì）[②]之。从巾，夒（náo）声。读若水温𩞄（nàn）也。一曰，箸也。

乃昆切（nén）[③]

【注释】①墀地：已经涂抹的地面。②擱：擦拭。③乃昆切：现音按《广韵》乃回切，读 néi。

【译文】幔，漆过的地面，用巾擦拭它。形符是“巾”，声符是“要”。发音如同“水温黁”中的“黁”字。一说，涂抹。

帑 金币所藏也。从巾，奴声。乃都切（nú）

【译文】帑，储藏金帛的仓库。形符是“巾”，声符是“奴”。

布 枲（xǐ）织也。从巾，父声。博故切（bù）

【译文】布，麻编制品。形符是“巾”，声符是“父”。

幏 南郡蛮夷賨[①]布。从巾，家声。古讶切（jià）

【注释】①賨（cóng）：《说文·貝部》曰：“賨者，南蛮赋也。”

【译文】幏，西南少数民族作为赋税交纳的布。形符是“巾”，声符是“家”。

㡘 布。出东莱。从巾，弦声。胡田切（xián）

【译文】㡘，布名。出自东莱。形符是“巾”，声符是“弦”。

幏 髹（xiū）布[①]也。一曰，车上衡衣。从巾，敄声。读若顼（xū）。莫卜切（mù）

【注释】①髹布：油布。

【译文】𢅥，漆布。一说，用来遮盖车辕前端横木的漆布。形符是“巾”，声符是“敄”。发音如同“项”字。

幦 [篆] 䰉布也。从巾，辟声。《周礼》曰：“駹车大幦。”[①]莫狄切（mì）

【注释】①语见《周礼·春官·巾车》。幦：髤布的专用名词。

【译文】幦，漆布。形符是“巾”，声符是“辟”。《周礼》中讲道：“颜色杂乱的车，巨大的漆布。”

㡇 [篆] 领端也。从巾，耴声。陟叶切（zhé）

【译文】㡇，衣领端。形符是“巾”，声符是“耴”。

文六十二　重八

巿 [篆] 韠也。上古衣蔽前而已，巿以象之。天子朱巿，诸侯赤巿，大夫葱衡。从巾，象连带之形。凡巿之属皆从巿。韍，篆文巿，从韦，从犮[①]。分勿切（fú）

【注释】①从犮：段玉裁《说文解字注》：“犮，声也。”

【译文】巿，蔽膝。是上古衣裳的遮蔽身体前面的布韦罢了，用巿来描绘它。按照规制，天子服饰标准是朱巿，诸侯服饰标准是赤巿，大夫服饰标准是葱衡。从“巾”，“一”象连系皮革带的样子。但凡是“巿”的部属都从“巿”。韍，篆文中的“巿”字，形符是“韦”，声符是“犮”。

韐 韐 士无市有韐。制如榼，缺四角。爵弁服，其色韎（mèi）。贱不得与裳同。司农曰：“裳，纁色。”从市，合声。𩊚，韐或，从韋。古洽切（jiá）

【译文】韐，士的服饰没有市却有韐。韐的制作，象酒榼，切削四角而成八角。士人祭祀时戴着雀形的帽子，穿着礼服，她们的颜色都是赤黄色。因为士的身份低贱，韐不能与下裳颜色相同。郑司农说：“下裳，浅红色。”形符是“市”，声符是“合”。𩊚，“韐”的异体字，从“韋”。

文二 重二

帛 帛 缯也。从巾，白声。凡帛之属皆从帛。旁陌切（bó）

【译文】帛，缯帛。形符是“巾”，声符是“白”。但凡是“帛”的部属都从“帛”。

錦（锦） 錦 襄[①][邑]（色）织文。从帛，金声。居饮切（jǐn）

【注释】①襄：杂色。

【译文】锦，用五彩色织出的各种花纹。形符是“帛”，声符是“金”。

文二

白 白 西方色也。阴用事，物色白。从入合二。二，阴数。凡白之属皆从白。𠁧，古文白。旁陌切（bái）

【译文】白，一种属西方的颜色。在阴暗处用事，物体的颜色容易剥落为白色。字形由“入”字包含着“二”字构成；“二”，表示阴数。但凡是“白”的部属都从“白”。，古文“白”字。

皎 月之白也。从白，交声。《诗》曰：“月出皎兮。”古了切（jiǎo）

【译文】皎，月亮洁白。形符是“白”，声符是“交”。《诗经·陈风·月出》中讲道：“月亮初升非常皎洁。”

皢[曉](晓) 日之白也。从白，堯声。呼鸟切（xiǎo）

【译文】皢，日光的洁白。形符是“白”，声符是“堯”。

皙 人色白也。从白，析声。（无）[先]击切（xī）

【译文】皙，人的肤色洁白。形符是“白”，声符是“析”。

皤 老人白也。从白，番声。《易》曰：“贲如，皤如。”，皤或，从頁。薄波切（pó）

【译文】皤，老人须发白。形符是“白”，声符是“番”。《易经·贲卦·六四》爻辞中讲道：“马身上有斑纹，且洁白。”。“皤”的异体字，从“頁”。

隺 鸟之白也。从白，隺声。胡沃切（hú）①

【注释】①胡沃切：现音按《集韵》曷各切，读 hé。

【译文】隺，鸟羽的洁白。形符是“白”，声符是“隺”。

皚（皑） 霜雪之白也。从白，豈声。五来切（ái）

【译文】皑，霜雪的洁白。形符是“白”，声符是“豈”。

皅 艸华之白也。从白，巴声。普巴切（pā）

【译文】皅，草花的洁白。形符是“白”，声符是“巴”。

皦 玉石之白也。从白，敫声。古了切（jiǎo）

【译文】皦，玉石的洁白。形符是“白”，声符是“敫”。

㡀 际见之白也。从白，上下小见。起戟切（xì）

【译文】㡀，墙壁缝隙透出的光线洁白。由“白”字，和“白”字上下的“小”字来体现。

皛 显也。从三白。读若皎。乌皎切（yǎo）①

【注释】①乌皎切：现音按《广韵》胡了切，读 xiào。

【译文】皛，显明。由三个“白”字会意。发音如同“皎”字。

文十一 重二

㡀 败衣也。从巾，象衣败之形。凡㡀之属皆从㡀。毗祭切（bì）

【译文】㡀，破旧的衣服。从“巾”，如同破旧的衣服的形状。但凡是“㡀”的部属都从“㡀”。

敝 [篆] 帗也。一曰，败衣。从攴，从㡀，㡀亦声。毗祭切（bì）

【译文】敝，一幅巾。一说，破旧的衣物。由“攴”和“㡀”会意，“㡀”也是声符。

文二

黹 [篆] 箴缕[1]所紩（zhì）[2]衣。从㡀，丵（zhuó）省。凡黹之属皆从黹。陟几切（zhǐ）

【注释】①缕：即线。②紩：缝制。

【译文】黹，针线缝制的衣服。由“㡀”和“丵”的省文会意。但凡是“黹”的部属都从“黹”。

𪓐 [篆] 合五采鲜色。从黹，虘声。《诗》曰：“衣裳𪓐𪓐。”[1]创举切（chǔ）

【注释】①语见《诗经·曹风·蜉蝣》。𪓐𪓐今本作楚楚。段玉裁《说文解字注》：“𪓐其正字，楚其叚借字也。”

【译文】𪓐，会合五彩鲜明的衣服。形符是“黹”，声符是“虘”。《诗经》中讲道：“衣裳光鲜亮丽。”

黼 [篆] 白与黑相次文。从黹，甫声。方榘切（fǔ）

【译文】黼，白色与黑色相间为序的纹饰。形符是“黹”，声符是“甫”。

黻 [篆] 黑与青相次文。从黹，犮声。分勿切（fú）

【译文】黻，黑色与青色交错的纹饰。形符是“黹”，声符是“犮”。

䊀 [小篆] 会五采缯（色）[也][1]。从黹，（綷省）[卒]声[2]。子对切（zuì）

【注释】①色：段玉裁《说文解字注》作也。②綷省声：段玉裁《说文解字注》作卒声。

【译文】䊀，会集五彩的缯帛。形符是“黹”，声符是“卒”。

黺 [小篆] 衮（gǔn）衣山、龙、华、虫。黺，画粉也。从黹，从粉省。卫宏说。方吻切（fěn）

【译文】黺，天子礼服上衣上的山、龙、花、野鸡等各色图案。黺，又指绘画的粉。由“黹”和“粉”的省文会意。以上是卫宏的说法。

卷十五

人 𠆢 天地之性最贵者也。此籀文。象臂胫之形。凡人之属皆从人。如邻切（rén）

【译文】人，天地生物中的最高贵的。这里是籀文。象人的四肢的样子。但凡是“人”的部属都从“人”。

僮[1] 僮 未冠[2]也。从人，童声。徒红切（tóng）

【注释】①僮：朱骏声《说文通训定声》：“十九岁以下、八岁以上也。”②冠：冠礼，行冠礼。

【译文】僮，未成年的男子。形符是“人”，声符是“童”。

保［保］ 保 养也。从人，从孚省。孚，古文孚。呆，古文保。𠈃，古文保，不省。博褒切（bǎo）

【译文】保，养育。由“人”和“孚”的省文会意。“孚”，即古文“孚”字。呆，古文“保”字。𠈃，古文“保”字，“孚”不省。

仁 仁 亲也。从人，从二。忎，古文仁，从千、心。𡰥，古文仁或，从尸。如邻切（rén）

【译文】仁，亲爱。由“人”和“二”会意。，古文中的“仁”字，由“千”、“心”会意。，古文中“仁”的异体字，从“尸”。

企 举踵也。从人，止声。，古文企，从足。去智切（qì）①

【注释】①去智切：现音按《广韵》丘弭切，读 qǐ。

【译文】企，抬起脚后跟。形符是“人”，声符是“止”。，古文中的“企”字，从“足”。

仞 伸臂一寻，八尺。从人，刃声。而震切（rèn）

【译文】仞，双臂张开横量为一寻，长度是八尺。形符是“人”，声符是“刃”。

仕 学也。从人，从士。鉏里切（shì）

【译文】仕，学习并从政为官的事。由“人”和“士”会意。

佼① 交也。从人，从交。下巧切（xiào）②

【注释】①佼：钱坫《说文解字斠诠》：“此人相交好字。”②下巧切：现音按《广韵》古肴切，读 jiāo。

【译文】佼，交往。由“人”和“交”会意。

僎 具也。从人，巽声。士勉切（zhuàn）

【译文】僎，具备。形符是“人”，声符是“巽”。

俅 冠饰皃。从人，求声。《诗》曰："弁服俅俅。"巨鸠切（qiú）

【译文】俅，帽子装饰品的样子。形符是"人"，声符是"求"。《诗经·周颂·丝衣》中讲道："头戴祭祀的礼帽，十分的恭敬。"

佩 大带佩也。从人，从凡，从巾。佩必有巾，巾谓之饰①。蒲妹切（bèi）②

【注释】①《说文·巾部》曰："饰，㕞也。"又部曰："㕞，饰也。"饰、拭古今字。巾以饰物，故谓之饰。②今依《广韵》蒲昧切，读 pèi。

【译文】佩，系在大衣带上的佩饰。由"人"、"凡"、"巾"会意。佩饰之中必然会有巾，"巾"称作"饰"。

儒 柔也。术士之偁。从人，需声。人朱切（rú）

【译文】儒，性格柔和的人。对有道术的人的称呼。形符是"人"，声符是"需"。

俊 材千人也。从人，夋声。子峻切（jùn）

【译文】俊，才能超越千人。形符是"人"，声符是"夋"。

傑[杰] 傲①也。从人，桀声。渠列切（jié）

【注释】①傲：才过万人。傲，徐锴认为当作"埶"，即"勢"字，意为其勢傑然。钱坫、徐灏认为当作"勢"，即"豪"的本字，意为健。

【译文】傑，豪杰。形符是"人"，声符是"桀"。

僤 人姓。从人，軍声。吾昆切（wén）[1]

【注释】①吾昆切：现音按《广韵》户昆切，读hún。

【译文】僤，人的姓。形符是“人”，声符是“軍”。

伋 人名。从人，及声。居立切（jí）

【译文】伋，人名。形符是“人”，声符是“及”。

伉 人名。从人，亢声。《论语》有陈伉。苦浪切（kàng）

【译文】伉，人名。形符是“人”，声符是“亢”。《论语》中有“陈伉”的相关记载。

伯 长也。从人，白声。博陌切（bó）

【译文】伯，长。形符是“人”，声符是“白”。

仲 中也。从人，从中，中亦声。直众切（zhòng）

【译文】仲，中。由“人”和“中”会意，“中”也是声符。

伊 殷圣人阿衡[1]，尹[2]治天下者。从人，从尹。，古文伊，从古文死。於脂切（yī）

【注释】①阿衡：阿，倚；衡，平。②尹：正。

【译文】伊，商朝的圣人阿衡，正确治理下天下的人。由“人”和“尹”会意。，古文中的“伊”字，从古文“死”声。

偰 高辛氏之子，尧司徒[①]，殷之先。从人，契声。私列切（xiè）

【注释】①司徒：主管教化的官员。

【译文】偰，高辛氏帝喾的儿子，尧时的司徒，殷商的先祖。形符是“人”，声符是“契”。

倩[①] 人字。从人，青声。东齐婿谓之倩。仓见切（qiàn）

【注释】①倩：士人的美称。

【译文】倩，人的字。形符是“人”，声符是“青”。齐国东部地区称女婿为倩。

伃 妇官[①]也。从人，予声。以诸切（yú）

【注释】①妇官：即婕妤。

【译文】伃，古时宫中的女官。形符是“人”，声符是“予”。

伀 志及众也。从人，公声。职茸切（zhōng）

【译文】伀，立志为公众办事。形符是“人”，声符是“公”。

儇[儇][①] 慧也。从人，睘声。许缘切（xuān）

【注释】①儇：徐锴：“谓轻薄、察慧、小才也。”

【译文】儇，小聪明。形符是“人”，声符是“睘”。

倓 安也。从人，炎声。读若谈。，倓或，从剡。徒甘切（tán）

【译文】倓，安然不疑。形符是“人”，声符是“炎”。发音如同“谈”字。，“倓”的异体字，从“剡”声。

侚 疾也。从人，旬声。辞闰切（xùn）

【译文】侚，疾速。形符是“人”，声符是“旬”。

傛 不安也。从人，容声。一曰，[傛]华①。余陇切（yǒng）

【注释】①华：依段玉裁《说文解字注》当作傛华，汉代的女官名。

【译文】傛，动荡不安。形符是“人”，声符是“容”。一说，傛华。

僷 宋、卫之间谓华僷僷①。从人，葉声。与涉切（yè）

【注释】①僷僷：即美好的样子。

【译文】僷，宋、卫地区将容貌姣好称作僷僷。形符是“人”，声符是“葉”。

佳 善也。从人，圭声。古膎切（jiā）

【译文】佳，容貌姣好。形符是“人”，声符是“圭”。

侅 奇侅①，非常也。从人，亥声。古哀切（gāi）

【注释】①奇侅：段玉裁注：“与今云‘奇骇’音义皆同。”

【译文】侅，奇骇，不平常。形符是“人”，声符是“亥”。

傀 [篆] 伟也。从人，鬼声。《周礼》曰：“大傀异。” 瓌，傀或，从玉，褢声。公回切（guī）

【译文】傀，魁梧。形符是“人”，声符是“鬼”。《周礼·春官·大司乐》中讲道：“巨大、诡异的灾难。” 瓌，“傀”的异体字，形符是“玉”，声符是“褢”。

偉（伟） [篆] 奇也。从人，韋声。於鬼切（wěi）

【译文】偉，奇特。形符是“人”，声符是“韋”。

份[1] [篆] 文质（偕）[備][2]也。从人，分声。《论语》曰：“文质份份。” 彬，古文份，从彡，林；林者，从焚省声。府巾切（bīn）

【注释】①段玉裁《说文解字注》：“俗份作斌，取文武相半意。”②偕：当为“備”的讹写。

【译文】份，形式与内容兼备。形符是“人”，声符是“分”。《论语·雍也第六》中讲道：“文采和质地，多么的齐备。” 彬，古文中的“份”字，由“彡”和“林”会意；“林”也表示声，是“焚”的省文。

僚 [篆] 好皃。从人，尞声。力小切（liǎo）

【译文】僚，美好的样子。形符是“人”，声符是“尞”。

佖 [篆] 威仪也。从人，必声。《诗》曰：“威仪佖佖。” 毗必切（bì）

【译文】佖，威严的仪容。形符是“人”，声符是“必”。《诗经·小雅·宾之初筵》中讲道:“醉酒之后,威仪的也会变得轻佻。”

僎 具也。从人,巽声。读若汝南浘水。《虞书》曰:“旁救僎功。”士恋切(zhuàn)

【译文】僎,具备。形符是“人”,声符是“巽”。发音如同“汝南浘水”中的“浘”字。《尚书·虞书·尧典》中讲道:“共工大范围的聚敛,已初见成效。”

儠 长壮儠儠也。从人,巤声。《春秋传》曰:“长儠者相之。”良涉切(liè)

【译文】儠,高大、健壮,儠儠丰伟。形符是“人”,声符是“巤”。《左传·昭公七年》中讲道:“让魁梧的人担任礼宾。”

儦 行皃。从人,麃声。《诗》曰:“行人儦儦。”甫娇切(biāo)

【译文】儦,行走的样子。形符是“人”,声符是“麃”。《诗经·齐风·载驱》中讲道:“行人络绎不绝。”

儺(傩) 行(人)[有]节也。从人,難声。《诗》曰:“佩玉之儺。”诺何切(nuó)

【译文】儺,行走有节度。形符是“人”,声符是“難”。《诗经·卫风·竹竿》中讲道:“佩戴的玉串有节奏的发出声响。”

倭 顺皃。从人,委声。《诗》曰:“周道倭迟。”於为切(wēi)

【译文】倭，顺从的样子。形符是“人”，声符是“委”。《诗经·小雅·四牡》中讲道：“大路弯弯曲曲。”

僓 䙐 娴也。从人，貴声。一曰，长皃。吐猥切（tuǐ），又鱼罪切（wěi）

【译文】僓，娴雅。形符是“人”，声符是“貴”。一说，修长的样子。

僑（侨） 䙐 高也。从人，喬声。巨娇切（qiáo）

【译文】僑，高大。形符是“人”，声符是“喬”。

俟 䙐 大也。从人，矣声。《诗》曰：“伾伾[①]俟俟。”床史切（sì）

【注释】①伾伾（pī）：有力的样子。段玉裁：“今毛诗作儦儦俟俟。传曰：趋则儦儦，行则俟俟。”

【译文】俟，高大。形符是“人”，声符是“矣”。《诗经·小雅·吉日》中讲道：“有力且强壮。”

侗 䙐 大皃。从人，同声。《诗》曰：“神罔时侗[①]。”他红切（tōng）

【注释】①侗：今作恫。恫，痛也。

【译文】侗，高大的样子。形符是“人”，声符是“同”。《诗经·大雅·思齐》中讲道：“神明没有空闲去悲伤。”

佶 䙐 正也。从人，吉声。《诗》曰：“既佶且闲。”

巨乙切（jí）

【译文】佶，正。形符是“人”，声符是“吉”。《诗经·小雅·六月》中讲道：“既正确，又娴熟。”

俣 大也。从人，吴声。《诗》曰：“硕人俣俣①。”鱼禹切（yǔ）

【注释】①俣俣：形容人容貌魁伟。

【译文】俣，大。形符是“人”，声符是“吴”。《诗经·邶风·简兮》中讲道：“体格强健的人容貌魁伟。”

仜 大腹也。从人，工声。读若红。户工切（hóng）

【译文】仜，大腹。形符是“人”，声符是“工”。发音如同“红”字。

僤 疾也。从人，單声。《周礼》曰：“句兵欲无僤。”徒案切（dàn）

【译文】僤，迅速。形符是“人”，声符是“單”。《周礼·考工记·庐人》中讲道：“可以钩用的武器使用时不能太过疾直。”

健 伉（gāng）①也。从人，建声。渠建切（jiàn）

【注释】①伉：即强健有力。

【译文】健，孔武有力。形符是“人”，声符是“建”。

倞 强也。从人，京声。渠竟切（jìng）

【译文】倞，强劲。形符是“人”，声符是“京”。

傲 傲 倨[1]也。从人，敖声。五到切（ào）

【注释】①倨：不逊。

【译文】傲，傲慢不逊。形符是“人”，声符是“敖”。

仡[仡] 仡 勇壮也。从人，气声。《周书》曰：“仡仡勇夫。”鱼讫切（yì）

【译文】仡，勇猛强壮。形符是“人”，声符是“气”。《尚书·周书·秦誓》中讲道：“威武强健的勇夫。”

倨 倨 不逊[1]也。从人，居声。居御切（jù）

【注释】①不逊：不顺。

【译文】倨，不恭顺。形符是“人”，声符是“居”。

儼（俨） 儼 昂头也。从人，嚴声。一曰，好皃。鱼俭切（yǎn）

【译文】儼，昂首。形符是“人”，声符是“嚴”。一说，人美好的样子。

傪 傪 好皃。从人，参声。仓含切（cān）

【译文】傪，美好的样子。形符是“人”，声符是“参”。

俚 俚 聊[1]也。从人，里声。良止切（lǐ）

【注释】①聊：赖，依赖。

【译文】俚，聊赖。形符是“人”，声符是“里”。

伴[1] 大皃。从人，半声。薄满切（bàn）

【注释】①伴：伴侣的意思。

【译文】伴，大的样子。形符是“人”，声符是“半”。

俺 大也。从人，奄声。於业切（yè）[1]

【注释】①於业切：现音按《广韵》於验切，读 yàn。

【译文】俺，大。形符是“人”，声符是“奄”。

僩[僴] 武皃。从人，閒声。《诗》曰：“瑟[1]兮僩兮。”下简切（xiàn）

【注释】①瑟：矜持庄重的样子。

【译文】僩，勇武的样子。形符是“人”，声符是“閒”。《诗经·卫风·淇奥》中讲道：“仪表庄重，体态魁伟。”

伾 有力也。从人，丕声。《诗》曰：“以车伾伾。”敷悲切（pī）

【译文】伾，有力。形符是“人”，声符是“丕”。《诗经·鲁颂·駉》中讲道：“用这些马匹来拉车，肯定会强劲有力。”

偲 强力也。从人，思声。《诗》曰：“其人美且偲。”仓才切（cāi）

【译文】偲，强大的材力。形符是“人”，声符是“思”。《诗经·齐风·卢令》中讲道：“那人既美丽又很有才能。”

倬 箸大也。从人，卓声。《诗》曰："倬彼云汉。"竹角切（zhuō）

【译文】倬，显明广大。形符是"人"，声符是"卓"。《诗经·大雅·棫朴》中讲道："既明亮又广阔，那天上的银河。"

侹 长皃。一曰，箸（zhuó）地。一曰，代也。从人，廷声。他鼎切（tǐng）

【译文】侹，长的样子。一说，躺在地上。另一说，代替。形符是"人"，声符是"廷"。

倗 辅也。从人，朋声。读若陪位。步崩切（péng）

【译文】倗，辅助。形符是"人"，声符是"朋"。发音如同"陪位"中的"陪"字。

偏 炽（chì）盛也。从人，扇声。《诗》曰："艳妻偏方处。"式战切（shàn）

【译文】偏，炽盛。形符是"人"，声符是"扇"。《诗经·小雅·十月之交》中讲道："娇艳的妻子正处在炙手可热时，与君王一同处于高位。"

儆[1] 戒也。从人，敬声。《春秋传》曰："儆宫。"居影切（jǐng）

【注释】①儆：因人戒备。

【译文】儆，戒备。形符是"人"，声符是"敬"。《左传·襄公九年》中讲道："在宫廷之内担任警戒任务。"

俶 善也。从人，叔声。《诗》曰："令终有俶（chù）。"一曰，始也。昌六切（chù）

【译文】俶，美好。形符是"人"，声符是"叔"。《诗经·大雅·既醉》中讲道："有善果必有善始。"一说，开始。

傭（佣） 均、直①也。从人，庸声。余封切（yōng）

【注释】①傭，取均等、公平、齐整义时，读 chōng。取工钱义时，读 yōng。

【译文】傭，平均；工钱。形符是"人"，声符是"庸"。

僾 仿佛也。从人，愛声。《诗》曰："僾①而不见。"乌代切（ài）

【注释】①僾：《诗经》今作爱。

【译文】僾，所见依稀不明。形符是"人"，声符是"愛"。《诗经·邶风·静女》中讲道："美丽的身影一丝不见。"

仿 相似也。从人，方声。，籒文仿，从丙。妃罔切（fǎng）

【译文】仿，相像。形符是"人"，声符是"方"。，籒文中的"仿"字，从"丙"。

佛 见不审也。从人，弗声。敷勿切（fú）

【译文】佛，看不清晰。形符是“人”，声符是“弗”。

僁 声也。从人，悉声。读若屑。私列切（xiè）

【译文】僁，象声。形符是“人”，声符是“悉”。发音如同“屑”字。

僟 精谨也。从人，幾声。《明堂月令》：“数将僟终。”巨衣切（qí）①

【注释】①巨衣切：现音按《广韵》居衣切，读 jī。

【译文】僟，精详谨严。形符是“人”，声符是“幾”。《礼记·月令》中讲道：“一年三百六十五天，将要结束了。”

佗 负何也。从人，它声。徒何切（tuó）

【译文】佗，用背负载物体。形符是“人”，声符是“它”。

何 儋也。从人，可声。胡歌切（hé）

【译文】何，担荷。形符是“人”，声符是“可”。

儋① 何也。从人，詹声。都甘切（dān）

【注释】①儋：即肩挑。

【译文】儋，肩荷。形符是“人”，声符是“詹”。

供 设也。从人，共声。一曰，供给①。俱容切（gōng）

【注释】①给：即相足。

【译文】供，陈设。形符是“人”，声符是“共”。

偫 待也。从人，从待。直里切（zhì）

【译文】偫，储物备用。由“人”和“待”会意。

儲（储） 偫也。从人，諸声。直鱼切（chú）①

【注释】①直鱼切：现音读 chǔ。

【译文】儲，储蓄待用。形符是“人”，声符是“諸”。

備［備］（备） 慎也。从人，𤰈声。，古文備。平秘切（bèi）

【译文】備，谨慎。形符是“人”，声符是“𤰈”。，古文“備”。

位 列中（庭）［廷］之左右谓之位。从人、立。於备切（wèi）

【译文】位，排列在朝廷中的左右位置称作位。由“人”和“立”会意。

儐（傧） 导也。从人，賓声。，儐或，从手。必刃切（bìn）

【译文】儐，引导宾客。形符是“人”，声符是“賓”。，“儐”的异体字，从“手”。

偓 佺也。从人，屋声。於角切（wò）

【译文】偓，偓佺。形符是“人”，声符是“屋”。

佺 ⿰亻全 偓佺，仙人也。从人，全声。此缘切（quán）

【译文】佺，偓佺，神仙。形符是“人”，声符是“全”。

儑[1] ⿰亻聶 心服也。从人，聶声。齿涉切（chè）

【注释】①儑：同“慑”。

【译文】儑，心服。形符是“人”，声符是“聶”。

仢 ⿰亻勺 约[1]也。从人，勺声。徒历切（dí）

【注释】①约：即仢约，流星。

【译文】仢，仢约。形符是“人”，声符是“勺”。

儕（侪） ⿰亻齊 等辈也。从人，齊声。《春秋传》曰：“吾儕小人。”仕皆切（chái）

【译文】儕，等同之辈。形符是“人”，声符是“齊”。《左传·宣公十一年》中讲道：“我们这类的小人物。”

倫（伦） ⿰亻侖 辈也。从人，侖声。一曰，道也。（田）[力]屯切（lún）

【译文】倫，等同之辈。形符是“人”，声符是“侖”。一说，倫是道理。

侔 ⿰亻牟 齐等也。从人，牟声。莫浮切（móu）

【译文】侔，均齐等同。形符是“人”，声符是“牟”。

偕 强也。从人，皆声。《诗》曰：“偕偕①士子。”一曰，俱也。古谐切（jiē）②

【注释】①偕偕：强壮的样子。②古谐切：现音读 xié。

【译文】偕，强壮。形符是“人”，声符是“皆”。《诗经·小雅·北山》中讲道：“真是强壮，那些官员。”一说，共同。

俱 偕也。从人，具声。举朱切（jū）①

【注释】①举朱切：现音读 jù。

【译文】俱，共同。形符是“人”，声符是“具”。

儹 （最）[冣]也。从人，贊声。作管切（zǎn）

【译文】儹，聚集。形符是“人”，声符是“贊”。

併（并） 併也。从人，并声。卑正切（bìng）

【译文】併，并列。形符是“人”，声符是“并”。

傅 相也。从人，尃声。方遇切（fù）

【译文】傅，辅佐。形符是“人”，声符是“尃”。

侙 惕①也。从人，式声。《春秋国语》曰：“于其心侙然。”耻力切（chì）

【注释】①惕：惊。

【译文】侙，惊恐不安。形符是“人”，声符是“式”。《国语·吴语》中讲道：“他的内心总是惊慌不安。”

俌 辅也。从人，甫声。读若抚。芳武切（fǔ）

【译文】俌，辅佐。形符是“人”，声符是“甫”。发音如同“抚”字。

倚 依也。从人，奇声。於绮切（yǐ）

【译文】倚，依靠物体。形符是“人”，声符是“奇”。

依 倚也。从人，衣声。於稀切（yī）

【译文】依，倚靠。形符是“人”，声符是“衣”。

仍 因[1]也。从人，乃声。如乘切（réng）

【注释】①因：即就。

【译文】仍，依就。形符是“人”，声符是“乃”。

佽 便利也。从人，次声。《诗》曰：“决拾既佽。”一曰，递也。七四切（cì）

【译文】佽，便利。形符是“人”，声符是“次”。《诗经·小雅·车攻》中讲道：“右手扳指和左臂护袖都十分的便利。”一说，顺次。

佴 佽也。从人，耳声。仍吏切（èr）

【译文】佴，次第。形符是“人”，声符是“耳”。

倢 佽也。从人，疌声。子叶切（jié）

【译文】倢，便捷。形符是“人”，声符是“疌”。

侍 承[1]也。从人，寺声。时吏切（shì）

【注释】①承：恭敬奉承。

【译文】侍，承奉。形符是“人”，声符是“寺”。

傾（倾）（仄）[矢]也。从人，从頃[1]，頃亦声。去营切（qīng）

【注释】①頃：头不正。

【译文】倾，偏斜。由“人”和“頃”会意，“頃”也是声符。

側（侧）旁也。从人，則声。阻力切（cè）

【译文】侧，旁边。形符是“人”，声符是“則”。

侒 宴[1]也。从人，安声。乌寒切（ān）

【注释】①宴：即安。

【译文】侒，安逸。形符是“人”，声符是“安”。

侐 静也。从人，血声。《诗》曰：“閟（bì）[1]宫有侐。”况逼切（xù）

【注释】①閟：即神。

【译文】侐，清静。形符是“人”，声符是“血”。《诗经·鲁颂·閟宫》中讲道：“神宫如此得清静。”

付 与也。从（寸）[又]持物对人。方遇切（fù）

【译文】付，交授。由表示手的“又”握持物对着“人”会意。

僼 使[1]也。从人，甹声。普丁切（pīng）

【注释】①使：桂馥《说文解字义证》："读如使纵酒之使。"

【译文】僼，放任。形符是"人"，声符是"甹"。

俠（侠） 僼[1]也。从人，夾声。胡颊切（xiá）

【注释】①僼：轻财的人。

【译文】俠，轻财放任而称雄。形符是"人"，声符是"夾"。

儃  儃何[1]也。从人，亶声。徒干切（tán）[2]

【注释】①儃何：徘徊不前。②徒干切：现音按《广韵》市连切，读 chán。

【译文】儃，徘徊不进。形符是"人"，声符是"亶"。

侁  行皃。从人，先声。所臻切（shēn）

【译文】侁，行走的样子。形符是"人"，声符是"先"。

仰  举也。从人，从卬。鱼两切（yǎng）

【译文】仰，抬头。由"人"和"卬"会意。

侸[1] 立也。从人，豆声。读若树。常句切（shù）

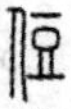

【注释】①侸：今作树。

【译文】侸，树立。形符是"人"，声符是"豆"。发音如同"树"字。

儽 [篆] 垂[1]皃。从人，纍声。一曰，懒解[2]。落猥切（lěi）

【注释】①垂：垂头丧气。②懒解：懒散，懈怠。

【译文】儽，垂头丧气的样子。形符是“人”，声符是“纍”。一说，懒散懈怠。

偓[侳] [篆] 安也。从人，坙声。则卧切（zuò）

【译文】偓，安坐。形符是“人”，声符是“坙”。

偁 [篆] 扬[1]也。从人，爯声。处陵切（chēng）

【注释】①扬：段玉裁《说文解字注》：“扬者，飞举也。”

【译文】偁，称赞。形符是“人”，声符是“爯”。

伍 [篆] 相参伍也。从人，从五。疑古切（wǔ）

【译文】伍，或三或五参差交错。由“人”和“五”会意。

什 [篆] 相什保也。从人、十。是执切（shí）

【译文】什，以十户或十人为单位，互保担保。由“人”和“十”会意。

佰 [篆] 相什（伯）[佰]也。从人、百。博陌切（bǎi）

【译文】佰，以百户或百人为单位，互相担保。由“人”和“百”会意。

佸[佸] 佸 会也。从人，昏声。《诗》曰："曷其有佸"一曰，佸佸，力皃。古活切（kuò）[①]

【注释】①古活切：现音按《广韵》户括切，读 huó。

【译文】佸，相会。形符是"人"，声符是"昏"。《诗经·王风·君子于役》中讲道："什么时候才有相会之期？"一说，佸佸，有力的样子。

佮 佮 合也。从人，合声。古沓切（gé）

【译文】佮，相合。形符是"人"，声符是"合"。

敚 敚 （妙）[眇]也。从人，从攴，豈省声[①]。无非切（wéi）

【注释】①豈省声：段玉裁《说文解字注》："豈字从敚省，敚不应从豈省。疑从耑省，耑，物初生之题尚敚也。"

【译文】敚，微小。由"人"和"攴"会意，"豈"省声。

傆 傆 黠也。从人，原声。鱼怨切（yuàn）

【译文】傆，狡猾。形符是"人"，声符是"原"。

作 作 起[①]也。从人，从乍。则洛切（zuò）

【注释】①起：能够站立。

【译文】作，起立。由"人"和"乍"会意。

假 假 非真也。从人，叚声。一曰，至也。《虞书》曰："假于上下[①]。"古额切（gé）[②]

【注释】①假：今本作格。②古额切：非真义今读 jiǎ。

【译文】假，不真实。形符是“人”，声符是“叚”。一说，到达。《虞书》中讲道：“到达天地。”

借 𠈗 假也。从人，昔声。资昔切（jī）[①]

【注释】①资昔切：现音按《广韵》子夜切，读 jiè。

【译文】借，借用非己真有的东西。形符是“人”，声符是“昔”。

㑴[侵] 𠈗 渐进也。从人、又持帚，若埽之进；又，手也。七林切（qīn）

【译文】㑴，渐进。由“人”、“又”持握着“帚”会意。好像人拿着扫帚清埽前进。“又”，表示手。

儥[儥] 𠈗 賣也。从人，𧶠声。余六切（yù）

【译文】儥，出賣。形符是“人”，声符是“𧶠”。

㑲[候] 𠈗 伺望也。从人，矦声。胡遘切（hòu）

【译文】㑲，观察守望。形符是“人”，声符是“矦”。

償(偿) 𠈗 还也。从人，賞声。食章切（cháng）

【译文】偿，归还。形符是“人”，声符是“賞”。

僅(仅) 𠈗 材能也。从人，堇声。渠吝切（jìn）[①]

【注释】①渠吝切：现音按《广韵》渠遴切，读 jǐn。

【译文】僅，才能够。形符是“人”，声符是“堇”。

代[1] 㡯 更也。从人，弋声。徒耐切（dài）

【注释】①代：朱骏声《说文通训定声》：“凡以此易彼，以后续前皆曰代。”

【译文】代，更替。形符是“人”，声符是“弋”。

儀（仪） 𠐧 度也。从人，義声。鱼羁切（yí）

【译文】儀，法度。形符是“人”，声符是“義”。

傍[傍] 𠊲 近也。从人，旁声。步光切（páng）[1]

【注释】①步光切：现音按《广韵》蒲浪切，读bàng。

【译文】傍，靠近。形符是“人”，声符是“旁”。

佀[似] 𠇍 象也。从人，㠯声。详里切（sì）

【译文】佀，相像。形符是“人”，声符是“㠯”。

便 𠊳 安也。人有不便，更之。从人、更。房连切（pián）

【译文】便，安适。人有不方便的地方，就更改它。由“人”和“更”会意。

任 𡈼 （符）[保]也。从人，壬声。如林切（rén）[1]

【注释】①如林切：现音按《广韵》汝鸩切，读rèn。

【译文】任，保举。形符是“人”，声符是“壬”。

俔 譬谕也。一曰："间見。"从人，从見。《诗》曰："俔天之妹。"苦甸切（qiàn）

【译文】俔，譬喻。一说，在空隙中偶然乍见。由"人"和"見"会意。《诗经·大雅·大明》中讲道："大国之君的女儿，好比上天的妹妹。"

優（优） 饶[①]也。从人，憂声。一曰，倡[②]也。於求切（yōu）

【注释】①饶：宽裕。②倡：指乐舞或杂戏演员。

【译文】優，富饶。形符是"人"，声符是"憂"。一说，倡即俳優。

僖 乐也。从人，喜声。许其切（xī）

【译文】僖，喜乐。形符是"人"，声符是"喜"。

偆 富也。从人，春声。尺允切（chǔn）

【译文】偆，富厚。形符是"人"，声符是"春"。

俒 完也。《逸周书》曰："朕实不明，以俒伯父。"从人，从完[①]。胡困切（hùn）

【注释】①从完：王筠《说文解字句读》："当云完声。"

【译文】俒，完全。《逸周书·大戒》中讲道："我确实愚昧不明，不知道完守伯父的训辞。"由"人"和"完"会意。

儉（俭） 约也。从人，僉声。巨险切（jiǎn）

【译文】俭，行为约束。形符是“人”，声符是“僉”。

偭 乡也。从人，面声。《少仪》曰：“尊壶者偭其鼻。”弥箭切（miàn）[①]

【注释】①弥箭切：现音按《广韵》弥兖切，读 miǎn。

【译文】偭，面向。形符是“人”，声符是“面”。《礼记·少仪》中讲道：“酒尊和酒壶都将鼻朝向设尊的人。”

俗 习也。从人，谷声。似足切（sú）

【译文】俗，风俗习惯。形符是“人”，声符是“谷”。

俾 益也。从人，卑声。一曰，俾，门侍人。并弭切（bǐ）

【译文】俾，增益。形符是“人”，声符是“卑”。一说，俾即守门的人。

倪 俾也。从人，兒声。五鸡切（ní）

【译文】倪，裨益。形符是“人”，声符是“兒”。

億[億]（亿） 安也。从人，意声。於力切（yì）

【译文】億，安。形符是“人”，声符是“意”。

使 伶[①]也。从人，吏声。疏士切（shǐ）

【注释】①伶：桂馥《说文解字义证》：“通作令。”

【译文】使，命令。形符是“人”，声符是“吏”。

倛 倛，左右两视。从人，癸声。其季切（jì）[1]

【注释】①其季切：现音按《广韵》渠追切，读 kuí。

【译文】倛，倛倛，左右两眼对视。形符是“人”，声符是“癸”。

伶 弄也。从人，令声。益州有建伶县。郎丁切（líng）

【译文】伶，戏弄。形符是“人”，声符是“令”。益州有一县名叫建伶。

儷（俪） 棽（chén）儷也。从人，麗声。吕支切（lí）[1]

【注释】①《广雅·释诂四》：“儷，耦也。”今读 lì。

【译文】儷，枝叶繁茂。形符是“人”，声符是“麗”。

傳[1]（传） 遽也。从人，專声。直恋切（zhuàn）

【注释】①傳：朱骏声《说文通训定声》：“以车曰传，以马曰遽”。段玉裁《说文解字注》：“如今之驿马。”

【译文】傳，傳车驿马。形符是“人”，声符是“專”。

倌 小臣也。从人，从官。《诗》曰：“命彼倌人。”古患切（guàn）[1]

【注释】①古患切：现音按《广韵》古丸切，读 guān。

【译文】倌，地位低下的小官。由“人”和“官”会意。《诗经·鄘风·定之方中》中讲道："命令主管车马的臣仆。"

价 善也。从人，介声。《诗》曰："价人惟藩。"古拜切（jiè）

【译文】价，善。形符是"人"，声符是"介"。《诗经·大雅·板》中讲道："善人就如同国家的藩篱一般。"

仔 克也。从人，子声。子之切（zī）

【译文】仔，肩任。形符是"人"，声符是"子"。

俟[佚] 送也。从人，灷声。吕不韦曰："有侁（shēn）氏以伊尹俟女。"古文以为训字。以证切（yìng）

【译文】俟，送。形符是"人"，声符是"灷"。吕不韦曾在《吕氏春秋·孝行览·本味篇》中讲道："有侁国用伊尹来陪伴出嫁的女儿。"在古文中将其看作"训"字。

徐 缓也。从人，余声。似鱼切（xú）

【译文】徐，舒缓。形符是"人"，声符是"余"。

偋 僻宴也。从人，屏声。防正切（bìng）

【译文】偋，隐僻而又无礼义的地方。形符是"人"，声符是"屏"。

伸 屈伸。从人，申声。失人切（shēn）

【译文】伸，弯曲和伸展的伸。形符是“人”，声符是“申”。

伹 𠊎 拙也。从人，且声。似鱼切（xú）[1]

【注释】①似鱼切：现音按《广韵》七余切，读 qū。

【译文】伹，笨拙。形符是“人”，声符是“且”。

儯 儯 意膬（cuì）[1]也。从人，然声。人善切（rǎn）

【注释】①意膬：意志不坚定。

【译文】儯，意志脆弱。形符是“人”，声符是“然”。

偄[1] 偄 弱也。从人，从耎（ruǎn）。奴乱切（nuàn）[2]

【注释】①偄：即懦。②奴乱切：现音按《广韵》而兖切，读 ruǎn。

【译文】偄，懦弱。由“人”和“耎”会意。

倍 倍 反也。从人，咅声。薄亥切（bèi）

【译文】倍，违反。形符是“人”，声符是“咅”。

傿 傿 引为贾[1]也。从人，焉声。於建切（yàn）

【注释】①段玉裁《说文解字注》：“引犹张大之，贾者今之价字。引为价，所谓豫价也。”

【译文】傿，抬高价格。形符是“人”，声符是“焉”。

僭 僭 假也[1]。从人，朁声。子念切（jiàn）

【注释】①段玉裁《说文解字注》："儗也，各本作假也，今依《玉篇》所引正。《广韵》亦云擬也。以僭儗二篆相联互训，知作假之非矣。以下儗上，僭之本义也。"

【译文】僭，下级行使上级的职权。形符是"人"，声符是"朁"。

儗 儗 僭也。一曰，相疑。从人，从疑。鱼已切（nǐ）

【译文】儗，僭越。一说，相猜疑。由"人"和"疑"会意。

偏 偏 颇也。从人，扁声。芳连切（piān）

【译文】偏，倾斜。形符是"人"，声符是"扁"。

倀（伥） 倀 狂也。从人，長声。一曰，（什）[仆]也。楮羊切（chāng）

【译文】倀，张狂。形符是"人"，声符是"長"。一说，仆倒。

儚 儚 惛也。从人，夢声。呼肱切（hōng）

【译文】儚，昏迷。形符是"人"，声符是"夢"。

儔（俦） 儔 翳也。从人，壽声。直由切（chóu）[1]

【注释】①直由切：现音按《广韵》徒到切，读 dào。

【译文】儔，覆蔽。形符是"人"，声符是"壽"。

侜 侜 有廱（yōng）[1]蔽也。从人，舟声。《诗》曰："谁侜予美？"张流切（zhōu）

【注释】①廱：即壅。

【译文】俜，有壅蔽。形符是“人”，声符是“舟”。《诗经·陈风·防有鹊巢》中讲道：“谁在欺骗我的美人儿？”

俴 [小篆] 浅也。从人，戋声。慈衍切（jiàn）

【译文】俴，浅。形符是“人”，声符是“戋”。

佃 [小篆] 中也。从人，田声。《春秋传》曰：“乘（shèng）中佃。”一辕车。堂练切（diàn）

【译文】佃，中等车乘。形符是“人”，声符是“田”。《左传·哀公十七年》中讲道：“驾着中等车乘。”即独辕车。

㑷 [小篆] 小皃。从人，囟（xìn）声。《诗》曰：“㑷㑷彼有屋。”斯氏切（xǐ）①

【注释】①斯氏切：现音按《广韵》雌氏切，读cǐ。

【译文】㑷，小的样子。形符是“人”，声符是“囟”。《诗经·小雅·正月》中讲道：“那么渺小的人，他们居然也有屋可以居住。”

侊 [小篆] （小）[大]皃。从人，光声。《春秋国语》曰：“侊饭不及一食。”古横切（gōng）①

【注释】①古横切：现音按《广韵》古黄切，读guāng。

【译文】侊，盛大的样子。形符是“人”，声符是“光”。《国语·越语》中讲道：“盛大的宴会不如一顿小吃能充饥。”

佻 [小篆] 愉也。从人，兆声。《诗》曰：“视民

不佻。”士雕切（tiāo）

【译文】佻，轻薄。形符是“人”，声符是“兆”。《诗经·小雅·鹿鸣》中讲道：“布告天下百姓，不能轻佻。”

僻  避也。从人，辟声。《诗》曰：“宛如左僻。”一曰，从旁牵也。普击切（pì）

【译文】僻，避开。形符是“人”，声符是“辟”。《诗经·魏风·葛屦》中讲道：“宛转回避。”一说，从旁边牵掣。

伭 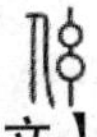 很也。从人，弦省声。胡田切（xián）

【译文】伭，凶狠。形符是“人”，声符是“弦”的省文。

伎  与也。从人，支声。《诗》曰：“籒人伎忒。”渠绮切（jì）

【译文】伎，党与。形符是“人”，声符是“支”。《诗经·大雅·瞻卬》中讲道：“穷究别人，伤害别人而变诈无常。”

侈  掩胁也。从人，多声。一曰，奢也。尺氏切（chǐ）

【译文】侈，蒙蔽在上位的，胁迫控制他人。形符是“人”，声符是“多”。一说，奢侈。

佁 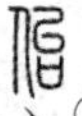 痴皃。从人，台声。读若騃（ái）。夷在切（ǎi）①

【注释】①夷在切：现音按《广韵》羊已切，读 yǐ。

【译文】佁，痴呆的样子。形符是“人”，声符是“台”。发音如同“騃”字。

傛 傛，骄也。从人，蚤声。鲜遭切(sāo)
【译文】傛，骄傲。形符是“人”，声符是“蚤”。

僞(伪) 诈也。从人，爲声。危睡切(wèi)[①]
【注释】①危睡切：现音读 wěi。
【译文】僞，欺诈。形符是“人”，声符是“爲”。

伿 (隋)[惰]也。从人，只声。以豉切(yì)
【译文】伿，怠惰。形符是“人”，声符是“只”。

佝 (务)[瞀]也。从人，句声。苦候切(kòu)
【译文】佝，愚蒙无知。形符是“人”，声符是“句”。

僄[僄] 轻也。从人，㶾声。匹妙切(piào)
【译文】僄，轻薄。形符是“人”，声符是“㶾”。

倡[①] 乐也。从人，昌声。尺亮切(chàng)
【注释】①倡：即唱。
【译文】倡，歌舞乐人。形符是“人”，声符是“昌”。

俳 戏也。从人，非声。步皆切(pái)
【译文】俳，滑稽戏。形符是“人”，声符是“非”。

僐 作姿也。从人，善声。堂[①]演切（shàn）

【注释】①堂：《广韵》作常。

【译文】僐，故作姿态。形符是“人”，声符是“善”。

儳[①] 儳互，不齐也。从人，毚声。士咸切（chán）

【注释】①儳：现作攙。

【译文】儳，攙和交互，参差不齐。形符是“人”，声符是“毚”。

佚[①] 佚民也。从人，失声。一曰，佚，忽[②]也。夷质切（yì）

【注释】①佚：隐遁。②忽：忘。

【译文】佚，隐逸之人。形符是“人”，声符是“失”。一说，轻忽。

俄 行顷也。从人，我声。《诗》曰：“仄弁之俄。”五何切（é）

【译文】俄，行步而头倾斜。形符是“人”，声符是“我”。《诗经·小雅·宾之初筵》中讲道：“歪戴的帽子，如此倾斜。”

傜 喜也。从人，䍃声。自关以西，物大小不同谓之傜。余招切（yáo）

【译文】傜，喜悦。形符是“人”，声符是“䍃”。函谷关西边的地区，事物的大小不一称作“傜”。

御 徼御受屈也[①]。从人，卻声。其虐切（jué）

【注释】①段玉裁《说文解字注》："《子虚赋》曰：'徼谻受诎。'郭璞曰：'谻疲极也。'司马彪云：'徼，遮也。谻，倦也，谓遮其倦者。'按，长卿用假借字作谻；许用正字作御。"

【译文】御，拦截那些精疲力尽的野兽。形符是"人"，声符是"卻"。

傞 醉舞皃。从人，差声。《诗》曰："屡舞傞傞。"素何切（suō）

【译文】傞，醉酒跳舞不止的样子。形符是"人"，声符是"差"。《诗经·小雅·宾之初筵》中讲道："多次醉舞，傞傞不止。"

㩻 醉舞皃。从人，欺声。《诗》曰："屡舞㩻㩻。"去其切（qī）

【译文】㩻，酒醉起舞的样子。形符是"人"，声符是"欺"。《诗经·小雅·宾之初筵》中讲道："多次醉舞，东倒西歪。"

侮 （伤）[傷]也。从人，每声。，古文，从母。文甫切（wǔ）

【译文】侮，轻慢。形符是"人"，声符是"每"。，古文中的"侮"字，从"母"声。

㑵[嫉] 妎也。从人，疾声。一曰，毒也。，

傸或，从女。秦悉切（jí）

【译文】㑵，嫉妒。形符是“人”，声符是“疾”。一说，憎恶。嫉，“㑵”的异体字，从“女”。

傷[1] 轻也。从人，易声。一曰，交傷。以豉切（yì）

【译文】傷，轻慢。形符是“人”，声符是“易”。一说，交易。

俙 讼面相是。从人，希声。喜皆切（xiē）[1]

【注释】①喜皆切：现音按《广韵》香衣切，读 xī。

【译文】俙，诉讼时当面对质。形符是“人”，声符是“希”。

僨（偾） 僵也。从人，賁声。匹问切（fèn）

【译文】僨，倒地。形符是“人”，声符是“賁”。

僵 （偾）[偃]也。从人，畺声。居良切（jiāng）

【译文】僵，倒地。形符是“人”，声符是“畺”。

仆 顿[1]也。从人，卜声。芳遇切（fù）[2]

【注释】①顿：段玉裁《说文解字注》：“顿者，下首也。”②芳遇切：现音按《集韵》普木切，读 pū。

【译文】仆，以首拜地。形符是“人”，声符是“卜”。

偃 僵也。从人，匽声。於幰切（yǎn）

【译文】偃，仰卧。形符是“人”，声符是“匽”。

傷(伤) 创也。从人，𥏻省声。少羊切(shāng)

【译文】傷，创傷。形符是“人”，声符是“𥏻”的省略。

偹 (刺)[刺]也①。从人，肴声。一曰，痛声。胡茅切(xiáo)②

【注释】①刺：王筠《说文解字句读》作刺。②胡茅切：现音读 yáo。

【译文】偹，刺伤。形符是“人”，声符是“肴”。一说，疼痛的叫声。

侉 惫词。从人，夸声。苦瓜切(kuā)

【译文】侉，表示疲惫的虚词。形符是“人”，声符是“夸”。

催 相(儔)[擣]也。从人，崔声。《诗》曰：“室人交徧催我。”仓回切(cuī)

【译文】催，相迫促。形符是“人”，声符是“崔”。《诗经·邶风·北门》中讲道：“家人一个接一个的来讥讽我。”

俑① 痛也。从人，甬声。他红切又余陇切(yǒng)

【注释】①俑：段玉裁《说文解字注》：“此与心部恫音义同。《礼记》《孟子》之俑，偶人也。俑即偶之假借字。假借之义行而本义废矣。”

【译文】俑，痛。形符是“人”，声符是“甬”。

伏 司[1]也。从人，从犬。房六切（fú）

【注释】①司：现作伺。

【译文】伏，伺候。由“人”和“犬”会意。

促 迫也。从人，足声。七玉切（cù）

【译文】促，急迫。形符是“人”，声符是“足”。

例 比也。从人，列声。力制切（lì）

【译文】例，类例。形符是“人”，声符是“列”。

係（系） 絜束也。从人，从系。胡计切（xì）

【译文】係，用麻绳围束。由“人”和“系”会意，“系”也是声符。

伐 击也。从人，持戈。一曰，败也。房越切（fá）

【译文】伐，击杀。由“人”握持“戈”会意。一说，败坏。

俘 军所获也。从人，孚声。《春秋传》曰：“以为俘聝[1]。”芳无切（fú）

【注释】①聝（guó）：耳部曰：“聝，军战断耳也。”

【译文】俘，军队所擒获的敌人。形符是“人”，声符是“孚”。《左传·成公三年》中讲道：“以至于被您俘获。”

但 [篆] 裼[1]也。从人，旦声。徒旱切（dàn）[2]

【注释】①裼：段玉裁注："裼，肉袒也。肉袒者，肉外见无衣也。"②徒旱切：今依《集韵》荡旱切，读 tǎn。

【译文】但，上身肉外现无衣。形符是"人"，声符是"旦"。

傴（伛） [篆] 僂也。从人，區声。於武切（yǔ）

【译文】傴，驼背。形符是"人"，声符是"區"。

僂（偻） [篆] 尪[1]也。从人，婁声。周公韤僂，或言背僂。力主切（lǚ）

【注释】①尪（wāng）：曲胫之名，引申为曲脊之名。

【译文】僂，背脊弯曲。形符是"人"，声符是"婁"。周公韤僂，有人说是"背"脊傴"僂"。

僇 [篆] 痴行僇僇也。从人，翏声。读若雡（lù）。一曰，且也。力救切（liù）[1]

【注释】①力救切：僇僇义读 lù，聊且义读 liáo。

【译文】僇，痴病者行走，僇僇迟缓。形符是"人"，声符是"翏"。发音如同"雡"字。一说，僇是聊且。

仇 [篆] 讎也。从人，九声。巨鸠切（qiú）

【译文】仇，配偶。形符是"人"，声符是"九"。

儡 [篆] 相败也。从人，畾声。读若雷。鲁回切（léi）

【译文】儡，容颜败坏。形符是"人"，声符是"畾"。发音如同“雷”字。

咎 灾也。从人，从各。各者，相违也。其久切（jiù）

【译文】咎，灾祸。由“人”和“各”会意。“各”，相互违背。

仳 别也。从人，比声。《诗》曰：“有女仳离。”芳比切（pǐ）

【译文】仳，离别。形符是“人”，声符是“比”。《诗经·王风·中谷有蓷》中讲道：“有个女子被丈夫遗弃。”

倃 毁也。从人，咎声。其久切（jiù）

【译文】倃，诋毁。形符是“人”，声符是“咎”。

倠 仳倠，丑面。从人，隹声。许惟切（huī）[1]

【注释】①许惟切：现音读 suī。

【译文】倠，仳倠，相貌丑陋。形符是“人”，声符是“隹”。

值[1] 持也。从人，直声。直吏切（zhì）[2]

【注释】①值：同“置”。②直吏切：现音按《集韵》逐力切，读 zhí。

【译文】值，措置。形符是“人”，声符是“直”。

侂[1] 寄也。从人，庑声。庑，古文宅。他各切（tuō）

【注释】①侂：同“托”。

【译文】侂，寄托。形符是“人”，声符是“厇”。“厇”是古文中的“宅”字。

僔 聚也。从人，尊声。《诗》曰：“僔沓背僧。”[①]慈损切（zùn）[②]

【注释】①语见《诗经·小雅·十月之交》，僧今作憎。傳曰：“噂猶噂噂，沓猶沓沓。”箋云：“噂噂沓沓，相对谈语。”②慈损切：现音按《广韵》兹损切，读 zǔn。

【译文】僔，聚集。形符是“人”，声符是“尊”。《诗经·小雅·十月之交》中讲道：“刚相聚谈话结束，转身就相互憎恨。”

像 象也。从人，从象，象亦声。读若养。徐两切（xiàng）

【译文】像，像似。由“人”和“象”会意，“象”也是声符。发音如同“养”字。

倦 罢也。从人，卷声。渠眷切（juàn）

【译文】倦，疲惫。形符是“人”，声符是“卷”。

傮 终也。从人，曹声。作曹切（zāo）

【译文】傮，一周的终结。形符是“人”，声符是“曹”。

偶 桐人也。从人，禺声。五口切（ǒu）

【译文】偶，用桐木雕刻的人像。形符是“人”，声符是“禺”。

弔[吊] 问终也。古之葬者，厚衣之以薪。从人持弓，会驱禽。多啸切（diào）

【译文】弔，慰问死丧者。上古时的安葬风俗，用柴薪厚厚地包裹着尸体放置野外。由“人”拿着“弓”弩，与遭到丧事的人家会合一起驱赶野兽。

佋 庙佋穆。父为佋，南面。子为穆，北面。从人，召声。市招切（sháo）[①]

【注释】①市招切：现音读 zhāo。

【译文】佋，佋穆是宗庙或神主排列的次序。始祖庙居中，父庙是佋，居左朝南。子庙是穆，居右朝北。形符是“人”，声符是“召”。

㑗 神也。从人，身声。失人切（shēn）

【译文】㑗，人神。形符是“人”，声符是“身”。

僊[僊][仙] 长生僊去。从人，从䙴，䙴亦声。相然切（xiān）

【译文】僊，长生不老，得道成仙。由“人”和“䙴”会意，“䙴”也是声符。

僰[①] 犍为蛮夷。从人，棘声。蒲北切（bó）

【注释】①僰：犍为郡僰道县，今四川省宜宾市西南部。

【译文】僰，犍为郡是蛮夷之地。形符是“人”，声符是“棘”。

仚[仙] 人在山上。从人，从山。呼坚切(xiān)

【译文】仚，人在山上。由“人”和“山”会意。

僥(侥) 南方有焦僥。人长三尺，短之极。从人，堯声。五聊切(yáo)

【译文】僥，古时南方有一焦僥国。人的身高是三尺，矮到了极点。形符是“人”，声符是“堯”。

儯 (帀)[市]也。从人，對声。都队切(duì)

【译文】儯，兑换。形符是“人”，声符是“對”。

俇 远行也。从人，狂声。居况切(guàng)

【译文】俇，远行。形符是“人”，声符是“狂”。

件 分也。从人，从牛。牛大物，故可分。其辇切(jiàn)

【译文】件，分割开。由“人”和“牛”会意。牛是庞大的动物，因此可以进行分割。

文二百四十五 重十四

七 变也。从到人。凡七之属皆从七。呼跨切(huà)

【译文】七，变化。由倒立的“人”字表示。但凡是“七”

的部属都从“七”。

兟[𠤕] 未定也。从匕，吴声。吴，古文矢字。语期切（yí）

【译文】兟，游移未定。形符是“匕”，声符是“吴”。“吴”即古文“矢”字。

眞[真] 仙人变形而登天也。从七，从目，从乚（yǐn）；八，所乘载也。，古文眞。侧邻切（zhēn）

【译文】眞，仙人变幻形体升天。由“七”、“目”、“乚”会意；“八”，乘坐的风云类工具。，古文“眞”字。

化 教行也。从七，从人，七亦声。呼跨切（huà）

【译文】化，教化实行。由“七”和“人”会意，“七”也是声符。

文四 重一

匕 相与比叙也。从反人。匕，亦所以（用比）取饭，一名柶。凡匕之属皆从匕。卑履切（bǐ）

【译文】匕，相互比较分出高下。由反向的“人”字表示。“匕”，也是取饭的勺匙，又名“柶”。但凡是“匕”的部属都从“匕”。

匙 匕也。从匕，是声。是支切（chí）

【译文】匙，匕勺。形符是“匕”，声符是“是”。

𠤏 𠤏 相次也。从匕，从十。鸨从此。博抱切（bǎo）

【译文】𠤏，次第排列，互相保任。由“匕”和“十”会意。鸨从“𠤏”。

𡖋 𡖋 顷[1]也。从匕，支声。匕，头顷也。《诗》曰：“𡖋[2]彼织女。”去智切（qì）

【注释】①顷：头不正。②𡖋，今作“跂”。

【译文】𡖋，倾斜。形符是“匕”，声符是“支”。“匕”，头倾斜。《诗经·小雅·大东》中讲道：“倾斜不正，那三颗织女星。”

頃（顷） 頃 头不正也。从匕，从頁。去营切（qīng）

【译文】頃，头不正。由“匕”和“頁”会意。

匘[腦]（脑） 匘 头髓也。从匕；匕，相匕箸也。巛象发，囟（xìn）象匘形。奴皓切（nǎo）

【译文】匘，脑髓。从“匕”；“匕”即附着在大脑上发、囟来比画。“巛”象鬓发形，“囟”象头骨会合的脑盖之形。

卬[印] 卬 望，欲有所庶及也。从匕，从卪。《诗》曰：“高山卬止。”[1]伍冈切（áng）[2]

【注释】①语出《诗经·小雅·车舝》。卬，今本作“仰”。②伍冈切：现音按《广韵》鱼两切，读 yǎng。

【译文】卬，仰望，希望有可能达到这种境界。由“匕”和“卪”会意。《诗经·小雅·车舝》中讲道：“高山，要仰望啊。”

卓 高也。早、匕为卓，匕、卪为卬，皆同义。，古文卓。竹角切（zhuō）

【译文】卓，高。“早”、“匕”成卓字，“匕”、“卪”成卬字，从“匕”都同义。，古文中的“卓”字。

艮[艮] 很也[1]。从匕、目。匕目，犹目相匕，不相下也。《易》曰：“艮其限。”匕、目为艮，匕、目为真也。古恨切（gèn）

【注释】①很：段玉裁《说文解字注》：“不听从也。”

【译文】艮，互不听从。由“匕”、“目”会意。“匕目”，好比两人怒目而视，互不相让。《易经·艮卦·九三》爻辞中讲道：“目光停留在腰部界限上。”“匕”、“目”会意成艮字，“匕”、“目”会意成“真”字。

文九 重一

从 相听也。从二人。凡从之属皆从从。疾容切（cóng）

【译文】从，相听从。由两个“人”字相随会意。但凡是“从”的部属都从“从”。

從（从） 随行也。从辵（chuò）、从，从亦声。慈用切（cóng）

【译文】從，跟随行走。由“辵”和“从”会意，“从”也表声。

幷[并] 𠀤 相从也。从从，幵（jiān）声。一曰，从持二为幷[①]。府盈切（bīng）[②]

【注释】①从持二为幷：段玉裁《说文解字注》：“二人持二竿，是人持一竿，并合之意。”②府盈切：现音读bìng。

【译文】幷，相跟随。形符是“从”，声符是“幵”。一说，“从”持握着“二”是幷。

文三

比 𠤏 密[①]也。二人为从，反从为比。凡比之属皆从比。𠂤𠂤，古文比。毗至切（bì）[②]

【注释】①密：相亲密。②毗至切：现音按《广韵》卑履切，读bǐ。

【译文】比，亲密。两个“人”字相随是“从”，把“从”反过来成了“比”。但凡是“比”的部属都从“比”。𠂤𠂤，古文中的“比”字。

毖 𣬉 慎也。从比，必声。《周书》曰：“无毖于恤。”[①]兵媚切（bì）

【注释】①语见《尚书·周书·大诰》。恤今本作卹。

【译文】毖，谨慎。形符是“从”，声符是“必”。《周书》中讲道：“不要被困难所吓倒。”

文二 重一

北 𠦂 乖[①]也。从二人相背。凡北之属皆从北。博墨切（běi）[②]

【注释】①乖：相违背。②博墨切：现音按《集韵》补妹切，读 bèi。

【译文】北，违背。由两个“人”字背靠背表示。但凡是“北”的部属都从“北”。

冀 冀 北方州也。从北，異声。几利切（jì）

【译文】冀，北方地区的州郡。形符是“北”，声符是“異”。

文二

丘 丘 土之高也，非人所为也。从北，从一。一，地也，人居在丘南，故从北。中邦之居，在昆仑东南。一曰，四方高，中央下为丘。象形。凡丘之属皆从丘。垩，古文，从土。去鸠切（qiū）

【译文】丘，高高的土堆，并非人力堆造。由“北”和“一”会意。“一”表示地，人居住在山丘的南面，因而由“北”字表意。中国的集居，位于昆仑山的东南面。一说，四边高中间低称作丘。象形。但凡是“丘”的部属都从“丘”。垩，古文中的“丘”字，从“土”。

虚[虚] 虚 大丘也。昆仑丘谓之昆仑虚。古者九夫为井，四井为邑，四邑为丘。丘谓之虚。从丘，虍声。丘如切（qū），又朽居切（xū）

【译文】虚，大丘。昆仑丘称昆仑虚。古时候，九个成年男子是一井，四井是一邑，四邑是一丘。丘称作“虚”。形符是“丘”，声符是“虍”。

泥 反顶受水丘。从丘，泥省声。奴低切（ní）

【译文】泥，象山顶反倒过来，中间低四周高可以容纳水的山丘。形符是“丘”，声符是“泥”的省文。

文三 重一

㐺[乑] 众立也。从三人。凡㐺之属皆从㐺。读若钦崟。鱼音切（yín）

【译文】㐺，众人站在一起。由三个“人”字并列。但凡是“㐺”的部属都从“㐺”。发音如同“钦崟”的“崟”字。

眾[衆]（众） 多也。从㐺、目，衆意。之仲切（zhòng）

【译文】眾，多。由“㐺”和“目”会意，众多的意思。

聚 会也。从㐺，取声。邑落云聚。才句切（jù）

【译文】聚，会合。形符是“㐺”，声符是“取”。村落被称作是“聚”。

息 众词、与也。从㐺，自声。《虞书》曰：“息咎繇。”① 𣥂，古文息。其冀切（jì）

【注释】①语出《尚书·虞书·尧典》。今本作“禹拜稽首，让于稷、契暨皋陶。”臮作暨。暨，及也。

【译文】臮，表示众多和及与的虚词。形符是“㐺”，声符是“自”。《虞书》中讲道：“让给稷、契和皋陶。”𣥛，古文中的“臮”字。

文四 重一

壬 善也。从人、士；士，事也。一曰，象物出地，挺生也。凡壬之属皆从壬。他鼎切（tǐng）

【译文】壬，善好。由“人”和“士”会意。“士”，办事。一种说法是，象植物从地下长出，挺然而生。但凡是“壬”的部属都从“壬”。

徵（征） 召也。[从壬，]从微省，壬为徵。行于微而（文）[闻]达者，即徵之。𢼸，古文徵。陟陵切（zhēng）

【译文】徵，徵召。由“壬”和“微”的省文会意，“壬”为古“徵”字。活于隐蔽之中但却声名流传于众人的人，就应当徵召他。𢼸，古文中的“徵”字。

朢[望] 月满，与日相朢，以朝君也。从月，从臣，从壬。壬，朝廷也。𦣠，古文朢，省。无放切（wàng）

【译文】朢，满月之时，与日遥遥相朢，如同大臣朝拜君王。由“月”、“臣”、“壬”会意。“壬”，朝廷。𦣠，古文中的“朢”字，是“朢”的省略。

㸒 㸒 近求也。从爪、壬。壬，徼幸也。余箴切（yín）

【译文】㸒，就近求取。由“爪”和“壬”会意。“壬”，意为妄取。

文四 重二

重 重 厚也。从壬，東声。凡重之属皆从重。柱用切（zhòng）

【译文】重，厚重。形符是“壬”，声符是“東”。但凡是“重”的部属都从“重”。

量 量 称轻重也。从重省，曏省声。𨤼，古文量。吕张切（liáng）

【译文】量，称算事物的轻重份量。形符是“重”省“亻”，声符是“曏”省“鄉”。𨤼，古文中的“量”字。

文二 重一

臥[卧] 臥 休也。从人、臣，取其伏也。凡臥之属皆从臥。吾货切（wò）

【译文】卧，休息。由“人”和“臣”会意，取“臣”字屈伏之意。但凡是“臥”的部属都从“臥”。

監(监) 監 临下也。从臥，䶩省声。𧧈，古文監，从言。古衔切（jiān）

【译文】監，居上视下。形符是“臥”，声符是“䶩”的省文。𧭹，古文中的“監”字，从“言”。

臨（临） 監臨也。从臥，品声。力寻切（lín）
【译文】臨，臨下监视。形符是“臥”，声符是“品”。

𩟗 楚谓小儿懒𩟗。从臥、食。尼见切（nè）
【译文】𩟗，楚地称小儿懒惰作𩟗。由“臥”着进“食”会意。

文四 重一

身 躳也。象人之身。从人，厂声。凡身之属皆从身。失人切（shēn）

【译文】身，全身躯。象人的身躯一般。形符是“人”，声符是“厂”。但凡是“身”的部属都从“身”。

軀（躯） 体也。从身，區声。岂俱切（qū）
【译文】軀，身体。形符是“人”，声符是“區”。

文二

㐆[①] 归也。从反身。凡㐆之属皆从㐆。於机切（yī）

【注释】①㐆：古“依”字。

【译文】㐆，归依。是反写的“身”。但凡是“㐆”的部属都从“㐆”。

殷 作乐之盛称殷。从㐆，从殳。《易》曰：“殷

荐之上帝。”於身切（yīn）

【译文】殷，制作盛大的舞乐称殷。由“月”和“殳”会意。《周易·豫卦》中讲道：“将这盛大的歌舞献给上天。”

文二

衣 依也。上曰衣，下曰裳。象覆二人之形。凡衣之属皆从衣。於稀切（yī）

【译文】衣，人们依赖此遮身御寒。上身穿的称“衣”，下身穿的称“裳”。象用“人”覆盖住两个“人”的形状。但凡是“衣”的部属都从“衣”。

裁[裁] 制衣也。从衣，𢦏声。昨哉切（cái）

【译文】裁，剪裁衣服。形符是“衣”，声符是“𢦏”。

衮 天子享先王，卷龙绣于下幅，一龙蟠阿上鄉。从衣，公声。古本切（gǔn）

【译文】衮，天子祭祀先王时的礼服，卷曲的龙形绣在下裳上，裳有七幅，前面三，后面四，每幅绣一龙，龙体卷曲昂首向上。形符是“衣”，声符是“公”。

襄 丹縠（hú）衣。从衣，㐷（zhǎn）声。知扇切（zhàn）

【译文】襄，红色的细绢衣服。形符是“衣”，声符是“㐷”。

褕 翟，羽饰衣。从衣，俞声。一曰，直裾谓

之襜(chān)褕。羊朱切(yú)

【译文】褕，褕翟，用雉尾羽图案绘饰的礼服。形符是“衣”，声符是“俞”。一种说法是，短裙称襜褕。

袗 玄服。从衣，㐱声。，袗或，从辰。之忍切(zhěn)

【译文】袗，纯黑色的衣和裳。形符是“衣”，声符是“㐱”。，“袗”的异体字，从“辰”声。

表[表] 上衣也。从衣，从毛。古者衣裘，以毛为表。，古文表，从麃。陂矫切(biǎo)

【译文】表，外衣。由“衣”和“毛”会意。古时人们穿裘衣，通常将有毛的一面朝外。，古文“表”字，从“麃”声。

裏(里) 衣内也。从衣，里声。良止切(lǐ)

【译文】裏，衣服的内层。形符是“衣”，声符是“里”。

襁 负儿衣。从衣，强声。居两切(jiǎng)①

【注释】①居两切：现音读 qiǎng。

【译文】襁，背负婴儿的衣物。形符是“衣”，声符是“强”。

襋 衣领也。从衣，棘声。《诗》曰：“要(yāo)之襋之。”己力切(jí)

【译文】襋，衣领。形符是“衣”，声符是“棘”。《诗经·魏风·葛屦》中讲道：“缝好裤腰和衣领。”

襮 黼领也。从衣，暴声。《诗》曰：“素衣朱襮。”蒲沃切（pú）①

【注释】①蒲沃切：现音按《广韵》补各切，读 bó。

【译文】襮，黑白相间的衣领。形符是“衣”，声符是“暴”。《诗经·唐风·扬之水》中讲道：“白色衣，织有红黑相间的衣领。”

衽 衣裣也。从衣，壬声。如甚切（rěn）①

【注释】①如甚切：现音按《广韵》，读 rèn。

【译文】衽，衣襟。形符是“衣”，声符是“壬”。

褸（褛） 衽①也。从衣，娄声。力主切（lǚ）

【注释】①衽：衣襟。

【译文】褛，衣襟。形符是“衣”，声符是“娄”。

褽 衽也。从衣，尉声。於胃切（wèi）

【译文】褽，衽席。形符是“衣”，声符是“尉”。

褄 裣缘也。从衣，疌声。七入切（qì）

【译文】褄，衣襟的边缘。形符是“衣”，声符是“疌”。

裣① 交衽也。从衣，金声。居音切（jīn）

【注释】①裣：即襟。

【译文】裣，内外交错的衣襟。形符是“衣”，声符是“金”。

褘（袆） 蔽膝也。从衣，韋声。《周礼》曰："王后之服褘衣。"谓画袍。许归切（huī）

【译文】褘，蔽膝。形符是"衣"，声符是"韋"。《周礼·天官·内司服》中讲道："王后的祭服褘衣。"即有野鸡图纹的衣服。

袂 袭袂也。从衣，夫声。甫无切（fū）

【译文】袂，衣服的前襟。形符是"衣"，声符是"夫"。

襲（袭） 左衽袍。从衣，龖（dá）省声。，籀文襲，不省。似入切（xí）

【译文】襲，给死者穿的衣襟在左边的袍服。形符是"衣"，声符是"龖"的省文。，籀文"襲"字，"襲"不省。

袍 襺也。从衣，包声。《论语》曰："衣弊缊（yùn）袍。"薄褒切（páo）

【译文】袍，有夹层、中间装有丝絮的长衣，也就是丝绵袍。《论语·子罕第九》中讲道："穿着残破的陈旧丝绵袍子。"

襺 袍衣也。从衣，繭声。以絮曰襺，以缊曰袍。《春秋传》曰："盛夏重襺。"古典切（jiǎn）

【译文】襺，丝绵长袍。形符是"衣"，声符是"繭"。新絮被称作是"襺"，旧絮被称作是"袍"。《左传·襄公二十一年》中讲道："盛夏时节，身穿两层新丝绵的长袍。"

褋［褋］ 南楚谓禪衣曰褋。从衣，（枼）［葉］

声。徒叶切（dié）

【译文】褋，南楚地区称单衣为褋。形符是“衣”，声符是“枼”。

袤 衣带以上。从衣，矛声。一曰，南北曰袤，东西曰广。，籀文袤，从楙。莫候切（mào）

【译文】袤，衣带以上。形符是“衣”，声符是“矛”。一种说法是，南北之间的间距被称作是“袤”，东西之间的间距被称作是“广”。，籀文中的“袤”字，从“楙”声。

襘 带所结也。从衣，會声。《春秋传》曰：“衣有襘。”[①]古外切（guì）

【注释】①语见《左传·昭公十一年》：“衣有襘，带有结。”杜预注：“襘，领会。结，带结也。”此处浑言。

【译文】襘，衣带交错的地方。形符是“衣”，声符是“會”。《左传》中讲道：“衣服有衣带交结的地方。”

褧 檾（jiǒng）也。《诗》曰：“衣锦褧衣。”示反古。从衣，耿声。去颍切（qǐng）[①]

【注释】①去颍切：现音按《广韵》口迥切，读 jiǒng。

【译文】褧，用麻纱做的单罩衣。《诗经·卫风·硕人》中讲道：“穿着印有彩花的丝依，外边再罩上麻单衣。”意为返璞归真。形符是“衣”，声符是“耿”。

衹 衹裯，短衣。从衣，氏声。都兮切（dī）

【译文】衹，衹裯，短衣。形符是“衣”，声符是“氐”。

裯 衣袂，衹裯。从衣，周声。都牢切（dāo）
【译文】裯，衣袖，短衣。形符是“衣”，声符是“周”。

襤（褴） 裯谓之襤褸。襤，无缘也。从衣，監声。鲁甘切（lán）

【译文】襤，衣被破败称为褴褛。襤，无边饰的衣服。形符是“衣”，声符是“監”。

褙 无袂衣谓之褙。从衣，惰省声。徒卧切（duò）
【译文】褙，没有袖子的衣服称作褙。形符是“衣”，声符是“惰”的省文。

𧟽 衣躳缝。从衣，毒声。读若督。冬毒切（dú）
【译文】𧟽，衣服的背缝。形符是“衣”，声符是“毒”。发音如同“督”字。

祛 衣袂也。从衣，去声。一曰，祛，褢也。褢者，裛也。祛，尺二寸。《春秋传》曰：“披斩其祛。”去鱼切（qū）

【译文】祛，衣袖。形符是“衣”，声符是“去”。一种说法是，祛即懷。懷即懷抱。衣袖的尺寸的一尺二寸。《左传·僖公五年》中讲道：“宦官披斩断了他的衣袖。”

褎[袖] 袂也。从衣，采声。袖，俗褎，从由。似又切（xiù）

【译文】褎，衣袖。形符是“衣”，声符是“采”。袖，俗“褎”字，从“由”声。

袂 袖也。从衣，夬声。弥弊切（mèi）

【译文】袂，衣袖。形符是“衣”，声符是“夬”。

褱 袖也。一曰，藏也。从衣，鬼声。户乖切（huái）

【译文】褱，衣袖。一说，怀藏。形符是“衣”，声符是“鬼”。

褢 侠也。从衣，眔（tà）声。一曰，橐。户乖切（huái）

【译文】褢，懷挟。形符是“衣”，声符是“眔”。一说，口袋。

裦[1] 褢也。从衣，包声。薄保切（bào）

【注释】①裦：即抱。

【译文】裦，怀抱。形符是“衣”，声符是“包”。

襜 衣蔽前。从衣，詹声。处占切（chān）

【译文】襜，衣上系的遮蔽身前的围裙。形符是“衣”，声符是“詹”。

袥 衣衸。从衣，石声。他各切（tuō）

【译文】袥，裙子中间开衩之处。形符是“衣”，声符是“石”。

衸 衸 袥也。从衣，介声。胡介切（xiè）

【译文】衸，裙子正中开衩之处。形符是“衣”，声符是“介”。

襗 襗 绔也。从衣，睪声。徒各切（duó）

【译文】襗，套裤。形符是“衣”，声符是“睪”。

袉 袉 裾也。从衣，它声。《论语》曰：“朝服，袉绅。”唐左切（duò）[1]

【注释】①唐左切：现音按《广韵》徒河切，读 tuó。

【译文】袉，衣服的前襟。形符是“衣”，声符是“它”。《论语·乡党第十》中讲道：“上朝的礼服穿在身上，拖着大衣带。”

裾 裾 衣（袍）[褎]也。从衣，居声。读与居同。九鱼切（jū）

【译文】裾，衣服的前襟。形符是“衣”，声符是“居”。发音如同“居”字。

衧 衧 诸衧[1]也。从衣，于声。羽俱切（yú）

【注释】①诸衧：朱骏声：“大掖衣，如妇人袿衣也”。

【译文】衧，妇人穿的大袖外套。形符是“衣”，声符是“于”。

褰 褰 绔也。从衣，寒省声。《春秋传》曰：“征褰与襦。”去虔切（qiān）

【译文】褰，套裤。形符是“衣”，声符是“寒”的省文。《左传·昭公二十五年》中讲道：“征求套裤和短衣。”

襱 [篆] 绔踦[①]也。从衣，龍声。[篆]，襱或，从賣。丈冢切（zhòng）[②]

【注释】①踦：腿。②丈冢切：现音按《广韵》卢红切，读 lóng。

【译文】襱，裤脚管。形符是“衣”，声符是“龍”。[篆]，襱的或体，从賣。

袑 [篆] 绔上也。从衣，召声。市沼切（shào）

【译文】袑，裤子的上半部。形符是“衣”，声符是“召”。

襑 [篆] 衣博大。从衣，尋声。他感切（tǎn）

【译文】襑，衣服宽大。形符是“衣”，声符是“尋”。

褎[褒] [篆] 衣博裾。从衣，𠊊省声。𠊊，古文保。博毛切（bāo）

【译文】褎，衣襟宽大。形符是“衣”，声符是“𠊊”的省文。“𠊊”即古文中的“保”字。

褅 [篆] 褓也。从衣，啻声。《诗》曰：“载衣之褅。”[①]他计切（tì）

【注释】①语出《诗经·小雅·斯干》。褅，今本作裼。

【译文】褅，包裹婴儿的衣被。形符是“衣”，声符是“啻”。

《诗经》中讲道："给他裹上衣被。"

褍  衣正幅。从衣，耑声。多官切（duān）

【译文】褍，衣服的正幅。形符是"衣"，声符是"耑"。

褌 重衣皃。从衣，圍声。《尔雅》曰："褌褌禮禮。"羽非切（wéi）

【译文】褌，衣服重叠的样子。形符是"衣"，声符是"圍"。《尔雅·释训》中讲道："褌褌禮禮，昏昧无知。"

複[複]  重衣皃。从衣，复声。一曰，褚衣。方六切（fú）

【译文】複，有里子的衣服。形符是"衣"，声符是"复"。一说，夹有丝绵的衣服。

褆 衣厚褆褆。从衣，是声。杜兮切（tí）

【译文】褆，衣厚褆褆的样子。形符是"衣"，声符是"是"。

襛[襛]  衣厚皃。从衣，農声。《诗》曰："何彼襛矣。"汝容切（róng）

【译文】襛，衣服厚重的样子。形符是"衣"，声符是"農"。《诗经·召南·何彼襛矣》中讲道："它为什么会如此浓艳？"

裻  新衣声。一曰，背缝。从衣，叔声。冬毒切（dú）

【译文】裻，穿新衣的声音。一说，衣服的背缝。形符是“衣”，声符是“叔”。

袳 衣张也。从衣，多声。《春秋传》曰：“公会齐侯于袳。”尺氏切（chǐ）

【译文】袳，衣服因宽大而张开。形符是“衣”，声符是“多”。《左传·桓公十五年》中讲道：“鲁桓公与齐侯会盟于袳地。”

裔 衣裾也。从衣，㕯（nè）声。，古文裔。余制切（yì）

【译文】裔，衣服的边缘。形符是“衣”，声符是“㕯”。，古文“裔”字。

衯 长衣皃。从衣，分声。抚文切（fēn）

【译文】衯，长衣的样子。形符是“衣”，声符是“分”。

袁 长衣皃。从衣，叀（zhuān）省声。羽元切（yuán）

【译文】袁，长衣的样子。形符是“衣”，声符是“叀”省。

䙚 短衣也。从衣，鳥声。《春秋传》曰：“有空䙚。”[1]都僚切（diāo）

【注释】①今本《左传》无此语。

【译文】䙚，短衣。形符是“衣”，声符是“鳥”。《左传》中讲道：“有空䙚。”

褺 重衣也。从衣，執声。巴郡有褺（虹）[江]县。徒叶切（dié）

【译文】褺，重叠的衣服。形符是“衣”，声符是“執”。巴郡地区有一地叫褺江县。

裵[裴] 长衣皃。从衣，非声。薄回切（péi）

【译文】裴，长衣的样子。形符是“衣”，声符是“非”。

襡 短衣也。从衣，蜀声。读若蜀。市玉切（shǔ）

【译文】襡，僮仆穿的稍长于一般短衣的连腰衣。形符是“衣”，声符是“蜀”。发音如同“蜀”字。

褽 衣至地也。从衣，斲声。竹角切（zhuó）

【译文】褽，衣服长及地面。形符是“衣”，声符是“斲”。

襦 短衣也。从衣，需声。一曰，㬻衣。人朱切（rú）

【译文】襦，短袄。形符是“衣”，声符是“需”。一说，㬻衣。

褊 衣小也。从衣，扁声。方沔切（biǎn）

【译文】褊，衣服狭小。形符是“衣”，声符是“扁”。

袷 衣无絮。从衣，合声。古洽切（jiā）

【译文】袷，衣服中没有绵絮。形符是“衣”，声符是“合”。

禪 衣不重。从衣，單声。都寒切（dān）

【译文】禪，衣單层不重复。形符是“衣”，声符是“單”。

襄[襄] 汉令：解衣耕谓之襄。从衣，𤅢声。𡪱，古文襄。息良切（xiāng）

【译文】襄，汉朝的法令规定：脱下衣服进行耕作称作襄。形符是“衣”，声符是“𤅢”。𡪱，古文“襄”字。

被 寝衣，长一身有半。从衣，皮声。平义切（bì）[①]

【注释】①平义切：现音按《广韵》皮彼切，读 bèi。

【译文】被，被子，比身子长一半。形符是“衣”，声符是“皮”。

衾 大被。从衣，今声。去音切（qīn）

【译文】衾，大被。形符是“衣”，声符是“今”。

襐 饰也。从衣，象声。徐两切（xiàng）

【译文】襐，襐饰，盛大的服饰。形符是“衣”，声符是“象”。

衵 日日所常衣。从衣，从日，日亦声。人质切（rì）[①]

【注释】①人质切：现音读，yì。

【译文】衵，平日里常穿的衣服。由“衣”和“日”会意，“日”也是声符。

亵（亵） 私服。从衣，埶声。《诗》曰：“是亵袢也。”私列切（xiè）

【译文】亵，私居穿的衣服。形符是“衣”，声符是“埶”。《诗经·鄘风·君子偕老》中讲到：“贴身的内衣无色泽了。”

衷 里亵衣。从衣，中声。《春秋传》曰：“皆衷其衵（yì）服。”陟弓切（zhōng）

【译文】衷，贴身的衣服。形符是“衣”，声符是“中”。《左传·宣公九年》中讲到：“陈灵公、孔宁和仪行父都贴身穿着夏姬天天经常穿着的汗衣。”

袾 好、佳也。从衣，朱声。《诗》曰：“静女其袾。”[1]昌朱切（zhū）

【注释】①语见《诗经·邶风·静女》。袾今本作姝。

【译文】袾，美好；佳善。形符是“衣”，声符是“朱”。《诗经》中讲道：“文静的女子是如此的美善。”

袓 事好[1]也。从衣，且声。才与切（jù）

【注释】①事好：段玉裁注：“犹言学好也。”

【译文】袓，学那姿色之美。形符是“衣”，声符是“且”。

裨 接，益也。从衣，卑声。府移切（bēi）[1]

【注释】①府移切：现音按《广韵》必移切，读 bì。

【译文】裨，接续；补缀。形符是“衣”，声符是“卑”。

袢 无色也。从衣，半声。（一曰①，）《诗》曰：“是绁袢也。”读若普。博幔切（bàn）②

【注释】①一曰：衍文。②博幔切：现音读 fán。

【译文】袢，没有色泽的衣物。形符是“衣”，声符是“半”。《诗经·鄘风·君子偕老》中讲道：“这件贴身的衣服已经没色泽了。”发音如同“普”字。

雜（杂） 五彩相会。从衣，集声。徂合切（zá）

【译文】雜，各种颜色掺杂来制作衣服。形符是“衣”，声符是“集”。

裕 衣物饶也。从衣，谷声。《易》曰：“（有）[罔]孚，裕无咎。”羊孺切（yù）

【译文】裕，衣物丰足。形符是“衣”，声符是“谷”。《易经·晋卦·初六》爻辞中讲到：“没有取信于人，宽大处理才能无后患。”

襞 韏（quàn）衣也。从衣，辟声。必益切（bì）

【译文】襞，卷衣。形符是“衣”，声符是“辟”。

衦 摩展衣。从衣，干声。古案切（gàn）①

【注释】①古案切：现音按《广韵》古旱切，读 gǎn。

【译文】衦，抹平衣物的褶皱。形符是“衣”，声符是“干”。

裂 缯余也。从衣，列声。良薛切（liè）
【译文】裂，缯帛的剩余。形符是“衣”，声符是“列”。

袈 弊衣。从衣，奴声。女加切（ná）
【译文】袈，破旧的衣物。形符是“衣”，声符是“奴”。

袒① 衣缝解也。从衣，旦声。丈苋切（zhàn）
【注释】①袒：现作“绽”。
【译文】袒，衣缝裂开。形符是“衣”，声符是“旦”。

補（补） 完衣也。从衣，甫声。博古切（bǔ）
【译文】补，修补衣物使其完好。形符是“衣”，声符是“甫”。

褍 紩（zhì）衣也。从衣、黹，黹亦声。猪几切（zhǐ）

【译文】褍，缝制衣物。由“衣”和“黹”会意，“黹”也是声符。

褫 夺衣也。从衣，虒声。读若池。直离切（chí）①

【注释】①直离切：现音按《广韵》敕里切，读 chǐ。

【译文】褫，抢夺衣物。形符是“衣”，声符是“虒”。发音如同“池”字。

羸[裸] 𧞃 (袒)[但]也。从衣，𣎆[嬴]声。𧝝，羸或，从果。郎果切（luǒ）

【译文】羸，袒，赤身露体。形符是“衣”，声符是“𣎆”。𧝝，“羸”的异体字，从“果”。

裎 裎 (袒)[但]也。从衣，呈声。丑郢切（chéng）

【译文】裎，裸体。形符是“衣”，声符是“呈”。

裼 裼 (袒)[但]也。从衣，易声。先击切（xī）

【译文】裼，脱去衣物。形符是“衣”，声符是“易”。

衺[邪] 衺 (褢)[𡚁[1]]也。从衣，牙声。似嗟切（xié）

【注释】①𡚁：段玉裁《说文解字注》：“𡚁今字作回，衺今字作邪。毛詩传曰：‘回，邪也。’”

【译文】衺，乖僻回邪。形符是“衣”，声符是“牙”。

襭 襭 以衣衽扱物谓之襭。从衣，頡声。擷，或，从手。胡结切（xié）

【译文】襭，将衣襟束于腰间用以盛放东西被称作襭。形符是“衣”，声符是“頡”。擷，“襭”的异体字，从“手”。

袺 袺 执衽谓之袺。从衣，吉声。格八切（jiá）[1]

【注释】①格八切：现音按《广韵》古屑切，读 jié。

【译文】袺，手提衣襟被称作袺。形符是“衣”，声符是“吉”。

褿 𧞣 帴（sàn）也。从衣，曹声。昨牢切（cáo），又七刀切（cāo）

【译文】褿，帴。形符是“衣”，声符是“曹”。

裝（装） 𧚼 裹也。从衣，爿声。侧羊切（zhuāng）

【译文】裝，包裹。形符是“衣”，声符是“爿”。

裹 𧙫 缠也。从衣，果声。古火切（guǒ）

【译文】裹，缠束。形符是“衣”，声符是“果”。

裛 𧛂 书囊也。从衣，邑声。於业切（yè）

【译文】裛，书套。形符是“衣”，声符是“邑”。

𧞉 𧞉 緶（pián）也。从衣，齊声。即夷切（zī）

【译文】𧞉，下衣下端的锁边。形符是“衣”，声符是“齊”。

裋 𧙄 竖使布长襦。从衣，豆声。常句切（shù）

【译文】裋，僮仆穿的麻布衣服。形符是“衣”，声符是“豆”。

褔 𧝎 编枲衣。从衣，區声。一曰，头褔。一曰，次（xián）裹衣。於武切（yǔ），又於侯切（ōu）

【译文】褔，编织未绩的麻衣。形符是“衣”，声符是“區”。

一说，蒙头的衣服。一说，围在小孩儿脖子上接其口水的衣物。

褐 编枲袜。一曰，粗衣。从衣，曷声。胡葛切（hè）

【译文】褐，编织成的麻袜。一说，用兽毛或粗麻织成的衣服。形符是“衣”，声符是“曷”。

褗 福[1]领也。从衣，匽声。於幰切（yǎn）

【注释】①福：粗麻衣，泛指衣服。

【译文】褗，衣领。形符是“衣”，声符是“匽”。

裺 褗谓之裺。从衣，奄声。依检切（yǎn）

【译文】裺，衣领称作裺。形符是“衣”，声符是“奄”。

衰[蓑] 艸雨衣。秦谓之萆。从衣，象形。𡨄，古文衰。穌禾切（suō）

【译文】衰，用草编织的雨衣。秦地称“萆”。从“衣”，𠙶，像雨衣的形状。𡨄，古文“衰”字。

卒 隶人给事者衣为卒。卒，衣有题识者[1]。臧没切（zú）

【注释】①段玉裁《说文解字注》：“古以染衣题识，故从衣一。”

【译文】卒，隶役供给差事的人的衣服称卒。卒，指衣服上有专门的标识。

褚 卒也。从衣，者声。一曰，（制）[装]衣。丑吕切（zhě）[①]

【注释】①装衣义依《广韵》丁吕切，读 zhǔ。

【译文】褚，士卒。形符是“衣”，声符是“者”。一说，将绵絮装于衣服之中。

製（制） 裁也。从衣，从制。征例切（zhì）

【译文】製，裁剪。由“衣”和“制”会意。

祓 蛮夷衣。从衣，犮声。一曰，蔽膝。北末切（bō）

【译文】祓，少数民族穿的衣服。形符是“衣”，声符是“犮”。一说，遮在膝前的大巾。

襚 衣死人也。从衣，遂声。《春秋传》曰：“楚使公亲襚。”徐醉切（suì）

【译文】襚，给逝者穿衣服。形符是“衣”，声符是“遂”。《左传·襄公二十九年》中讲道：“楚人让鲁襄公亲自给逝去的楚王穿衣服。”

袇 棺中缣里。从衣、弔。读若雕。都僚切（diāo）

【译文】袇，棺木中用绢帛做的里子。由“衣”和“弔”会意。发音如同“雕”字。

祱 [篆] 赠终者衣被曰祱。从衣，兑声。输芮切（shuì）

【译文】祱，赠送给逝者的衣被称祱。形符是“衣”，声符是“兑”。

褮 [篆] 鬼衣。从衣，熒省声。读若《诗》曰“葛藟縈之”。一曰，若“静女其袾”[①]之（袾）[静]。於营切（yīng）

【注释】①语见《诗经·邶风·静女》。袾今本作姝。

【译文】褮，蒙在逝者脸上的布巾。形符是“衣”，声符是“熒”省。音读像《诗经·周南·樛木》中“葛藟縈绕着它”的“縈”字。另一音读像“文静的姑娘多么美好”中的“静”字。

裖 [篆] 车温也。从衣，延声。式连切（shān）

【译文】裖，保温的车蔽。形符是“衣”，声符是“延”。

褭 [篆] 以组带马也。从衣，从馬。奴鸟切（niǎo）

【译文】褭，用丝带拴马。由“衣”和“馬”会意。

文一百一十六 重十一

裘[裘] [篆] 皮衣也。从衣，求声。一曰，象形，与衰同意。凡裘之属皆从裘。[古文]，古文，省衣。巨鸠切（qiú）

【译文】裘，皮制衣物。形符是“衣”，声符是“求”。一说，“求”

象衣形，与“衰”字的𠔿象蓑衣之形，构形原则相同。但凡是“裘”的部属都从“裘”。求，古文“裘”字，“裘”省“衣”。

䙗 䙗 裘里也。从裘，鬲声。读若击。楷革切(kè)

【译文】䙗，皮衣毛里的革。形符是“裘”，声符是“鬲”。发音如同“击”字。

文二 重一

老 老 考也。七十曰老。从人、毛、匕。言须发变白也。凡老之属皆从老。卢皓切（lǎo）

【译文】老，年老之人。七十岁称老。由“人”、“毛”、“匕”会意。髭须毛发全部变白。但凡是“老”的部属都从“老”。

耋 耋 年八十曰耋。从老省，从至。徒结切（dié）

【译文】耋，年龄八十称“耋”，由“老”省、“至”会意。

薹[耄] 薹 年九十曰薹。从老，从蒿省。莫报切（mào）

【译文】薹，年龄九十称“薹”。由“老”和“蒿”省会意。

耆 耆 老也。从老省，旨声。渠脂切（qí）

【译文】耆，老年。形符是“老”的省文，声符是“旨”。

耇 耇 老人面冻（黎）[梨]，若垢。从老省，句声。古厚切（gǒu）

【译文】耇，老人面如冰冻的梨一般，像是有污垢一样。形符是“老”的省文，声符是“句”。

耆 老人面如点也。从老省，占声。读若耿介之耿。丁念切（diàn）①

【注释】①丁念切：现音按《广韵》多忝切，读 diǎn。

【译文】耆，老人面上有黑斑如点。形符是“老”的省文，声符是“占”。发音如同“耿介”中的“耿”字。

耈 老人行才相逮。从老省，易省，行象。读若树。常句切（shù）

【译文】耈，老人走路，两只脚紧挨着。由“老”的省文和“易”的省文会意，形容走路的样子。发音如同“树”字。

𦒐[壽]（寿） 久也。从老省，𠷎声。殖酉切（shòu）

【译文】𦒐，长久。形符是“老”的省文，声符是“𠷎”。

考 老也。从老省，丂声。苦浩切（kǎo）

【译文】考，老年人。形符是“老”的省文，声符是“丂”。

孝 善事父母者。从老省，从子，子承老也。呼教切（xiào）

【译文】孝，善于侍奉父母的人。由“老”省和“子”会意，意为子女侍奉父母。

文十

毛  眉发之属及兽毛也。象形。凡毛之属皆从毛。莫袍切（máo）

【译文】毛，眉毛须发之类以及禽兽的毛。象形。但凡是“毛”的部属都从“毛”。

毴 毛盛也。从毛，隼声。《虞书》曰：“鸟兽毴髦。”①而尹切（rǔn），又人勇切（rǒng）

【注释】①语见《尚书·虞书·尧典》。毴髦今本作氄毛。

【译文】毴，毛发茂盛。形符是“毛”，声符是“隼”。《尚书·虞书·尧典》中讲道：“鸟兽身上长出了紧密的毛。”

𣯛①  兽豪也。从毛，倝声。侯干切（hàn）

【注释】①𣯛：古书多作翰。

【译文】𣯛，野兽的鬃毛。形符是“毛”，声符是“倝”。

毨  仲秋，鸟兽毛盛，可选取以为器用。从毛，先声。读若选。穌典切（xiǎn）

【译文】毨，到了仲秋的时节，鸟兽的毛比较茂盛，可以挑选用来当作器具使用。形符是“毛”，声符是“先”。发音如同“选”字。

𣯠 以毳为䍁（jì），色如虋。故谓之𣯠。虋（mén），禾之赤苗也。从毛，㒼声。《诗》曰：“毳

衣如𣯱[1]。”莫奔切（mén）

【注释】①𣯱：今本作璊。

【译文】𣯱，用动物的细毛编织西胡的毳布，颜色如同虋禾，因而称为𣯱。虋，赤色苗杆的禾。形符是“毛”，声符是“㒼”。《诗经·王风·大车》中讲道：“用动物细毛编织的衣物如璊玉一般红。”

氈（毡） 撚毛也。从毛，亶声。诸延切（zhān）

【译文】毡，践踏蹂压毛制成毡席。形符是“毛”，声符是“亶”。

文六

毳 兽细毛也。从三毛。凡毳之属皆从毳。此芮切（cuì）

【译文】毳，鸟兽的细毛。由三个“毛”会意。但凡是“毳”的部属都从“毳”。

𣯶 毛纷纷也。从毳，非声。甫微切（fēi）

【译文】𣯶，细毛密又多。形符是“毳”，声符是“非”。

文二

尸 陈也。象卧之形。凡尸之属皆从尸。式脂切（shī）

【译文】尸，陈列。象人躺卧的样子。但凡是“尸”的部属都从“尸”。

㞟 偫（zhì）也。从尸，奠声。堂练切（diàn）

【译文】㞟，储备。形符是“尸”，声符是“奠”。

居[踞] 蹲也。从尸，古者，居从古。，俗居，从足。九鱼切（jū）

【译文】居，蹲踞。由“尸”和“古”会意，是因为蹲踞是自古流传下来的习惯。，古文中的“居”字，从“足”。

𡰪 卧息也。从尸、自[①]。许介切（xiè）

【注释】①自：即古文中的“鼻”字。

【译文】𡰪，睡着时的鼾声。由“尸”和“自”会意。

屑[屑] 动作切切也。从尸，㐁声。私列切（xiè）

【译文】屑，动作切切不安。形符是“尸”，声符是“㐁”。

展[展] 转也。从尸，㠭（zhàn）省声。知衍切（zhǎn）

【译文】展，展转不安。形符是“尸”，声符是“㠭”的省文。

届[届] 行不便也。一曰，极也。从尸，凷（kuài）声。古拜切（jiè）

【译文】届，行动不便。一说，极限。形符是“尸”，声符是“凷”。

尻 脽（tún）也。从尸，九声。苦刀切（kāo）

【译文】尻，臀部。形符是“尸”，声符是“九”。

屍[臀] 髀也。从尸下丌居几。脽，屍或，从肉，隼。，屍或，从骨，殿声。徒魂切（tún）

【译文】屍，臀部。由“尸”下“丌”居坐于“几”床上会意。脽，是“屍”的异体字，形符是“肉”，声符是“隼”。，“屍”的异体字，形符是“骨”，声符是“殿”。

屖 尻也。从尸，旨声。诘利切（qì）

【译文】屖，臀部。形符是“尸”，声符是“旨”。

尼 从后近之。从尸，匕声。女夷切（ní）

【译文】尼，从后面接近他。形符是“尸”，声符是“匕”。

届 [届居，]从后相（臿）[蹑]也。从尸，从臿。楚洽切（chā）①

【注释】①楚洽切：现音按《广韵》初戢切，读 qì。

【译文】届，届居，从后面相随重叠。由“尸”和“臿”会意。

居 届居也。从尸，乏声。直立切（jié）①

【注释】①直立切：现音读，zhé。

【译文】居，届居。形符是“尸”，声符是“乏”。

屐 柔皮也。从[叉]申尸之后①。尸或，从又。

人善切（rǎn）[2]

【注释】①从申尸之后：依王筠《说文解字句读》"从"后加"叉"。②人善切：现音按《广韵》尼展切，读 niǎn。

【译文】尺，使皮革柔软。由"叉"伸至"尸"后面来会意。尸的异体字，从"叉"。

屒 伏皃。从尸，辰声。一曰，屋宇。珍忍切（zhěn）

【译文】屒，趴伏的样子。形符是"尸"，声符是"辰"。一说，屋檐。

屖 屖遟[1]也。从尸，辛声。先稽切（xī）

【注释】①屖遟：段玉裁《说文解字注》："即陈风之'栖迟'也。"毛传："栖迟，游息也。"

【译文】屖，停滞不前。形符是"尸"，声符是"辛"。

屝 履[1]也。从尸，非声。扶沸切（fèi）

【注释】①履：即用草、麻、皮制作而成的鞋子。

【译文】屝，鞋履。形符是"尸"，声符是"非"。

屍[尸] 终主。从尸，从死。式脂切（shī）

【译文】屍，刚死以尸体为神主。由"尸"和"死"会意。

屠 刳（kū）[1]也。从尸，者声。同都切（tú）

【注释】①刳：即判。

【译文】屠，刳剥。形符是“尸”，声符是“者”。

屟 屟 履中荐也。从尸，枼声。稣叶切（xiè）

【译文】屟，木质鞋履挖空中间用以垫脚的底板。形符是“尸”，声符是“枼”。

屋 屋 居也。从尸；尸，所主也。一曰，尸象屋形。从至；至，所至止。室、屋皆从至。𡱂，籀文屋，从厂（hǎn）。𡱢，古文屋。乌谷切（wū）

【译文】屋，人所居住的地方。从“尸”；“尸”，表示屋主为人。一说，“尸”象房屋有覆盖、墙壁的形状。从“至”；“至”，表示到了应该停止的地方。“室”和“屋”都从“至”。𡱂，籀文“屋”字，从“厂”。𡱢，古文“屋”字。

屏 屏 屏蔽[①]也。从尸，并声。必郢切（bǐng）[②]

【注释】①屏蔽：重合。②必郢切：现音按《广韵》薄经切，读 píng。

【译文】屏，隐蔽的屋舍。形符是“尸”，声符是“并”。

層（层） 層 重屋也。从尸，曾声。昨棱切（céng）

【译文】层，重叠的楼屋。形符是“尸”，声符是“曾”。

文二十三 重五

卷十六

尺 𡰪 十寸也。人手却十分动脉为寸口。十寸为尺。尺所以指尺规矩事也。从尸，从（乙）[ㄥ]。ㄥ，所识也。周制，寸、尺、咫、寻、常、仞诸度量，皆以人之体为法。凡尺之属皆从尺。昌石切（chǐ）

【译文】尺，十寸。人的手掌横纹退后十分就是动脉跳动的寸口。十寸就是一尺。尺作为长度单位，常用来表示圆或方的度量关系。由“尸”和“ㄥ”会意。“ㄥ”即标记符号。周朝的制度，寸、尺、咫、寻、常、仞这些度量单位，都是以人的身体作为法度。但凡是“尺”的部属都从“尺”。

咫 𡰪 中[①]妇人手长八寸，谓之咫。周尺也。从尺，只声。诸氏切（zhǐ）

【注释】①中：长短适中。

【译文】咫，长短适中的妇人手长八寸，称作“咫”。这是周朝时的尺度。形符是“尺”，声符是“只”。

文二

尾 𡳐 微[①]也。从到[②]毛在尸后。古人或饰系尾，

西南夷亦然。凡尾之属皆从尾。无斐切（wěi）

【注释】①微：细。②到：即倒。

【译文】尾，微小的尾巴。由倒写的“毛”在“尸”的后部会意。古代人有时用尾巴来进行装饰，西南地区的少数民族也是如此。但凡是“尾”的部属都从“尾”。

屬（属） 连也。从尾，蜀声。之欲切（zhǔ）

【译文】属，连续不断。形符是“尾”，声符是“蜀”。

屈[屈] 无尾也。从尾，出声。九勿切（jué）[①]

【注释】①九勿切：现音按《广韵》区勿切，读qū。

【译文】屈，短小得好像没有尾巴。形符是“尾”，声符是“出”。

尿[①][尿] 人小便也。从尾，从水。奴吊切（niào）

【注释】①尿：古书中多借“溺”字。

【译文】尿，人的小便。由“尾”和“水”会意。

文四

履 足所依也。从尸，从彳，从夂（suī），舟象履形。一曰，尸声。凡履之属皆从履。𩑔，古文履，从頁，从足。良止切（lǐ）[①]

【注释】①良止切：现音按《广韵》力几切，读lǚ。

【译文】履，脚上穿的鞋子。由“尸”、“彳”和“夂”会意，

"舟"象鞋的形状。一说，声符是"尸"。但凡是"履"的部属都从"履"。䪨，古文"履"字，由"頁"和"足"会意。

屨（屦） 𡳿 履也。从履省，婁声。一曰，鞮也。九遇切（jù）

【译文】屨，鞋履。形符是"履"的省文，声符是"婁"。一说，皮鞋。

履 𡳿 履下也。从履省，歷声。郎击切（lì）

【译文】履，鞋底。形符是"履"的省文，声符是"歷"。

屛 𡳿 履属。从履省，予声。徐吕切（xù）

【译文】屛，鞋履类。形符是"履"的省文，声符是"予"。

屩 𡳿 屐也。从履省，喬声。居勺切（juē）

【译文】屩，木屐。形符是"履"的省文，声符是"喬"。

屐 𡳿 屩[1]也。从履省，支声。奇逆切（jī）

【注释】①屩：即屩屐。

【译文】屐，木屐。形符是"履"的省文，声符是"支"。

文六 重一

舟 𦨙 船也。古者，共鼓、货狄，刳木为舟，剡木为楫，以济不通。象形。凡舟之属皆从舟。职流切（zhōu）

【译文】舟，船。古时候，共鼓和货狄挖空木头制造出了舟，削木制作了船桨，以此来度过河流。象形字。但凡是“舟”的部属都从“舟”。

俞 空中木为舟也。从亼（jí）[1]，从舟，从（刂）[巜][2]（kuài）。刂，水也。羊朱切（yú）

【注释】①亼：即集。②从刂：依徐锴《说文解字系传》作巜。徐注：“巜音浍。”

【译文】俞，将木头的中间挖空来制作舟。由“亼”、“舟”和“巜”会意。“巜”表示水流。

船 舟也。从舟，铅省声。食川切（chuán）

【译文】船，舟。形符是“舟”，声符是“铅”的省文。

彤 船行也。从舟，彡（shān）声。丑林切（chēn）

【译文】彤，船前进。形符是“舟”，声符是“彡”。

舳 舻也。从舟，由声。汉律名船方（长）[丈]为舳舻。一曰，舟尾。直六切（zhú）

【译文】舳，舳舻。形符是“舟”，声符是“由”。汉朝的法令中将船一方丈命名为舳舻。一说，舳就是船尾。

艫（舻） 舳艫也。一曰，船头。从舟，盧声。洛乎切（lú）

【译文】舻，舳艫。一说，艫就是船头。形符是“舟”，声符是“盧”。

舤 船行不安也。从舟，从刖省[声]。读若兀。五忽切（wù）

【译文】舤，船在行进过程中颠簸不稳。由“舟”和“刖”的省文会意。发音如同“兀”字。

艐 船著[沙]不行也。从舟，㚇（zōng）声。读若䇫（zǐ）。子红切（kè）

【译文】艐，船只搁浅在沙上不能行进。形符是“舟”，声符是“㚇”。发音如同“䇫”字。

𦨣[朕] 我也。阙。直禁切（zhèn）

【译文】朕，我。不详。

舫[①] 船师也。《明堂月令》曰“舫人”。习水者。从舟，方声。甫妄切[②]（fàng）

【注释】①舫：并连的两只船。②甫妄切：现音读fǎng。

【译文】舫，船师。《礼记·月令》中讲道：“舫人”。就是熟悉水性的渔人。形符是“舟”，声符是“方”。

般 辟也。象舟之旋，从舟；从殳，殳，所以旋也。，古文般，从（支）[攴]。北潘

切(bān)[1]

【注释】①北潘切：现音按《广韵》薄官切，读 pán。

【译文】般，盘旋。象船在旋转，从“舟”；从“殳”，“殳”是让船只得以旋转的篙杆等工具。𣪠，古文“般”字，从“支”。

服[服] 𦨈 用也。一曰，车右騑，所以(舟)[周]旋。从舟，𠬝(fú)声。𠬝，古文服，从人。房六切(fú)

【译文】服，使用。一说，马车右边的骖马，是用来向右旋转的马。形符是“舟”，声符是“𠬝”。𠬝，古文“服”字，从“人”。

文十二 重二

方 𣃗 并船[1]也。象两舟省、总头形。凡方之属皆从方。汸，方或，从水。府良切(fāng)

【注释】①并船：两只船合二为一。

【译文】方，并排的两只船。下部象两个“舟”字省并为一个的样子，上部象两个船头用绳索捆绑在一起的样子。但凡是“方”的部属都从“方”。汸，“方”的异体字，从“水”。

斻[航] 斻 方舟也。从方，亢声。礼：天子造舟，诸侯维舟，大夫方舟，士特舟。胡郎切(háng)

【译文】斻，两船相并。形符是“方”，声符是“亢”。礼制规定：天子渡河船连船直到对岸，诸侯渡河用绳索连着四船，大夫渡河并连两船，士渡河用一只船。

文二 重一

儿 仁人也。古文奇字人也。象形。孔子曰：“在人下，故诘屈[①]。”凡儿之属皆从儿。如邻切（rén）

【注释】①诘屈：即屈居。

【译文】儿，仁爱的人。古文“人”的异形字。象形。孔子曾讲过：“仁人能处人之下，所以形体弯曲。”但凡是“儿”的部属都从“儿”。

兀 高[①]而上平也。从一在儿上。读若敻（xiòng）。茂陵有兀桑里。五忽切（wù）

【注释】①高：高远的意思。

【译文】兀，地势高但是顶部平坦的地方。从“一”在“儿”上会意。发音如同“敻”字。茂陵地区有一地叫兀桑里。

兒（儿） 孺子也。从儿，象小儿头囟未合。汝移切（ér）

【译文】兒，婴兒。从“儿”，象小孩儿的脑门没有合拢的样子。

允 信也。从儿，㠯（yǐ）声。乐准切（yǔn）

【译文】允，诚信。形符是“儿”，声符是“㠯”。

兌[兑] 说也。从儿，㕣声。大外切（duì）

【译文】兌，喜悦。形符是“儿”，声符是“㕣”。

充 长也；高也。从儿，育省声。昌终切（chōng）

【译文】充，长和高。形符是“儿”，声符是“育”的省文。

文六

兄 长也。从儿，从口。凡兄之属皆从兄。许荣切（xiōng）

【译文】兄，滋长。由“儿”和“口”会意。但凡是“兄”的部属都从“兄”。

兢[兢]（竞） 兢也。从二兄；二兄，兢意。从丰（jiè）声。读若矜。一曰，兢，敬也。居陵切（jīng）

【译文】兢，强劲。由两个“兄”字会意。两个“兄”字表示兢争。从“丰”声。发音如同“矜”字。一说，兢即小心谨慎。

文二

兂 首笄（jī）也。从人，匕象簪形。凡兂之属皆从兂。簪，俗兂，从竹，从朁。侧岑切（zēn）①

【注释】①侧岑切：现音按《广韵》作含切，读 zān。

【译文】兂，头上的簪子。从“人”，“匕”象簪子的形状。但凡是“兂”的部属都从“兂”。簪，俗“兂”字，由“竹”、“朁”会意。

兓 （朁朁）[兓兓]，锐意也。从二兂。子林

切（jīn）

【译文】兟，兟兟，表示尖锐。从二“兂”会意。

文二 重一

皃 颂（róng）仪也。从人，白象人面形。凡皃之属皆从皃。，皃或，从頁，豹省声。，籀文皃，从豹省。莫教切（mào）

【译文】皃，容貌。从“人”，“白”象人面部的形状。但凡是“皃”的部属都从“皃”。，“皃”的异体字，形符是“頁”，声符是“豹”的省文。，籀文“皃”字，“豹”省声。

覍[弁] 冕也。周曰覍，殷曰吁，夏曰收。从皃，象形。，籀文覍，从収（gǒng），上象形。，或，覍字。皮变切（biàn）

【译文】覍，帽子。周朝时称覍，商朝时称吁，夏朝时称收。从“皃”，象弁帽用以结饰彩玉的缝隙之形。，籀文“覍”字，从“収”，上面象弁帽的形状。，异体“覍”字。

文二 重四

兜 廱蔽也。从人，象左右皆蔽形。凡兜之属皆从兜。读若瞽。公户切（gǔ）

【译文】兜，壅塞蒙蔽。从“人”，象左右两只眼睛都被蒙蔽的样子。但凡是“兜”的部属都从“兜”。

兠 兠鍪，首铠也。从兜，从皃省。皃象人

头也。当侯切（dōu）

【译文】兜，兜鍪，头盔。由“兆”和“皃”的省文会意。“皃”象人的头部之形。

文二

先 𠀤 前进也。从儿，从之。凡先之属皆从先。稣前切（xiān）

【译文】先，前进。由“儿”和“之”会意。但凡是“先”的部属都从“先”。

兟 兟 进也。从二先。贊从此。阙。所臻切（shēn）

【译文】兟，进。从二“先”会意。“贊”字从“兟”。声符不详。

文二

秃 秃 无发也。从人，上象禾（粟）[秀]①之形，取其声。凡秃之属皆从秃。王育②说：苍颉出见秃人伏禾中，因以制字。未知其审。他谷切（tū）

【注释】①粟：段玉裁《说文解字注》：“当作秀，以避讳改之也。”②王育：汉章帝年间的人，著有《大篆解说》。

【译文】秃，没有头发。从“人”，上部象谷粟的形状，取“秀”声。但凡是“秃”的部属都从“秃”。王育说：苍颉外出看见秃顶的人伏在禾中，因此造出此字。不知详情如何。

積[穨]（颓） 秃皃。从秃，貴声。杜回切（tuí）

【译文】積，秃头的样子。形符是“秃”，声符是“貴”。

文二

見（见） 视也。从儿，从目。凡見之属皆从見。古甸切（jiàn）

【译文】見，看到。由“儿”和“目”会意。但凡是“見”的部属都从“見”。

視[视] 瞻也。从見、示[声]。，古文視。，亦古文視。神至切（shì）

【译文】視，看。“見”是形符，“示”是声符。，古文中的“視”字。，也是古文中的“視”字。

覼 求[视]也。从見，麗声。读若池。郎计切（lì）

【译文】覼，因求索而观察到。形符是“見”，声符是“麗”。

覣 好视也。从見，委声。於为切（wēi）

【译文】覣，引诱。形符是“見”，声符是“委”。

䚒 旁视也。从見，兒声。五计切（nì）

【译文】䚒，斜视。形符是“見”，声符是“兒”。

覶 好视也。从見，𤔔（luàn）声。洛戈切（luó）

【译文】覶，和顺地注视。形符是“見”，声符是“𤔔”。

䚄 笑视也。从見，录声。力玉切（lù）

【译文】䚄，嬉笑地注视。形符是“見”，声符是“录”。

覭 大视也。从見，爰声。况晚切（xuǎn）

【译文】覭，大视。形符是“見”，声符是“爰”。

䚋 察视也。从見，㶊（chán）声。读若镰。力盐切（lián）

【译文】䚋，察看。形符是“見”，声符是“㶊”。发音如同“镰”字。

䚈 外博众多视也。从見，員声。读若运。王问切（yùn）

【译文】䚈，外部事物过多而让人眼花缭乱。形符是“見”，声符是“員”。

觀（观） 谛视也。从見，雚声。𨛨，古文觀，从囧。古玩切（guàn）①

【注释】①古玩切：现音按《广韵》古丸切，读 guān。

【译文】觀，仔细看。形符是“見”，声符是“雚”。𨛨，古文“觀”字，从“囧”。

䙷 取也。从見，从寸。寸，度之；亦手也。

多则切（dé）

【译文】㝵，取得。由“見”和“寸”会意。寸即揣摩，也是“手”的意思。

覽（览） 观也。从見、監，監亦声。卢敢切（lǎn）

【译文】覽，观看。由“見”和“監”会意，“監”也表声。

䚂 内视也。从見，來声。洛代切（lài）

【译文】䚂，凝神内顾。形符是“見”，声符是“來”。

𧡫 显也。从見，是声。杜兮切（tí）

【译文】𧡫，显示。形符是“見”，声符是“是”。

䙴[覫][瞟] 目有察省见也。从見，㶾声。方小切（piǎo）

【译文】䙴，双眼仔细观察而有所发现。形符是“見”，声符是“㶾”。

覗 覗覷，窥观也。从見，朿声。七四切（cì）[1]

【注释】①七四切：现音按《广韵》取私切，读 cī。

【译文】覗，覗覷，偷窥。形符是“見”，声符是“朿”。

覷[覰]（觑） 拘覷，未致密也。从見，虘声。七句切（qù）

【译文】䚑，拘䚑，不周密。形符是“見”，声符是“䖒”。

覭 小見也。从見，冥声。《尔雅》曰：“覭髳（méng），弗离。”莫经切（míng）

【译文】覭，模模糊糊看到。形符是“見”，声符是“冥”。《尔雅·释诂》中讲道：“覭髳，表示迷离、仿佛的意思。”

䚆 内视也。从見，甚声。丁含切（dān）

【译文】䚆，凝神内顾而有所图。形符是“見”，声符是“甚”。

覯（觏） 遇見也。从見，冓声。古后切（gòu）

【译文】覯，遇见。形符是“見”，声符是“冓”。

䚏 注目视也。从見，歸声。渠追切（kuí）①

【注释】①渠追切：现音按《广韵》丘韦切，读 kuī。

【译文】䚏，目光专注地看。形符是“見”，声符是“歸”。

覘（觇） 窥也。从見，占声。《春秋传》曰：“公使覘之，信。”（救）[敕]艳切（chàn）①

【注释】①（救）[敕]艳切：救依段玉裁《说文解字注》作敕，现音按《广韵》丑廉切，读 chān。

【译文】覘，窥视。形符是“見”，声符是“占”。《左传·成公十七年》中讲道：“晋厉公派人去窥看，果然是真的。”

䚋 司也。从見，微声。无非切（wéi）

【译文】䁿，窥视。形符是“見”，声符是“微”。

覢 暂見也。从見，炎声。《春秋公羊传》曰：“覢然公子阳生。”失冉切（shǎn）

【译文】覢，突然出现。形符是“見”，声符是“炎”。《哀公六年·公羊传》中讲道：“突然就出现了公子阳生。”

⿰賓見 暂見也。从見，賓声。必刃切（bìn）

【译文】⿰賓見，突然遇到。形符是“見”，声符是“賓”。

⿰樊見 ⿰賓見⿰樊見也。从見，樊声。读若幡。附袁切（fán）

【译文】⿰樊見，频繁。形符是“見”，声符是“樊”。发音如同“幡”字。

⿰氐見 病人视也。从見，氐声。读若迷。莫兮切（mí）

【译文】⿰氐見，病人看东西迷惘。形符是“見”，声符是“氐”。发音如同“迷”字。

⿰卣見 下视深也。从見，卣（yóu）声。读若攸。以周切（yóu）

【译文】⿰卣見，眼睛向下看幽深之处。形符是“見”，声符是“卣”。

䚋 䚋 私出头视也。从見，㐱（chēn）声。读若郴。丑林切（chēn）

【译文】䚋，偷偷探出头来观察。形符是“見”，声符是“㐱”。发音如同“郴”字。

䚋 䚋 突前也。从見、冃（mǎo）。莫红、亡茯二切（méng）①

【注释】①莫红、亡茯二切：现音按《集韵》莫报切，读 mào。

【译文】䚋，抵触前进。由“見”和“冃”会意。

覬（觊） 覬 钦幸①也。从見，豈声。几利切（jì）

【注释】①钦：幸也。幸：希望。

【译文】覬，希望。形符是“見”，声符是“豈”。

覦①（觎） 覦 欲也。从見，俞声。羊朱切（yú）

【注释】①覦：即有所期望。

【译文】覦，想要得到。形符是“見”，声符是“俞”。

䚎 䚎 视不明也。一曰，直视。从見，舂声。丑龙切（chuāng）

【译文】䚎，看不分明。一说，直视。形符是“見”，声符是“舂”。

䚐 䚐 视误①也。从見，龠声。弋笑切（yào）

【注释】①视误：即眼花，目眩。

【译文】覦，看东西眼花。形符是“見”，声符是“龠”。

覺（觉）  寤也。从見，學省声。一曰，发也。古岳切（juè）[①]

【注释】①古岳切：现音按《广韵》古孝切，读 jiào；表示醒悟的意思音读 jué。

【译文】覺，睡醒。形符是“見”，声符是“學”的省文。一说，发觉。

䙚 目赤也。从見，𣀠省声。才的切（jì）[①]

【注释】①才的切：现音按《广韵》前历切，读 jí。

【译文】䙚，眼睛发红。形符是“見”，声符是“𣀠”的省文。

靚（靓）  召也。从見，青声。疾正切（jìng）

【译文】靚，召见。形符是“見”，声符是“青”。

親[親]（亲）  至也。从見，亲声。七人切（qīn）

【译文】親，密切之至。形符是“見”，声符是“亲”。

覲（觐）  诸侯秋朝曰覲，劳王事。从見，堇声。渠吝切（jìn）

【译文】覲，诸侯秋天朝拜天子称覲，意为为天子的事情而操劳。形符是“見”，声符是“堇”。

覜 诸侯三年大相聘曰頫[①]。頫，视也。从見，兆声。他吊切（tiào）

【注释】①頫：当是覜之讹。

【译文】覜，诸侯之间每三年互相拜访称覜。覜即看。形符是“見”，声符是“兆”。

覒 择也。从見，毛声。读若苗。莫袍切（máo）[①]

【注释】①莫袍切：现音按《广韵》莫报切，读 mào。

【译文】覒，选择。形符是“見”，声符是“毛”。发音如同“苗”字。

覕 蔽不相见也。从見，必声。莫结切（miè）

【译文】覕，因隐蔽而看不到。形符是“見”，声符是“必”。

覙 司人也。从見，它声。读若驰。式支切（shī）

【译文】覙，伺候人。形符是“見”，声符是“它”。发音如同“驰”字。

覟 目蔽垢也。从見，㲋声。读若（兆）[兜]。当侯切（dōu）

【译文】覟，遮挡眼睛的污垢。形符是“見”，声符是“㲋”。发音如同“兜”字。

文四十五 重三

䀠  并视也。从二見。凡䀠之属皆从䀠。弋笑切（yào）

【译文】䀠，两人相对而视。由两个“見”字会意。但凡是“䀠”的部属都从“䀠”。

䁂 很视也。从䀠，肩声。齐景公之勇臣有成䁂者。苦闲切（qiān）

【译文】䁂，凶狠地注视。形符是“䀠”，声符是“肩”。齐景公的臣子中有叫成䁂的。

𩂣 见雨而比息。从䀠，从雨。读若欷。虚器切（xì）

【译文】𩂣，躲雨疾走而导致呼吸紧促。由“䀠”和“雨”会意。发音如同“欷”字。

文三

欠  张口气悟[1]也。象气从人上出之形。凡欠之属皆从欠。去剑切（qiàn）

【注释】①悟：解。

【译文】欠，张开嘴，壅塞的气伸散呼出。象“气”从“人”上部出来的样子。但凡是“欠”的部属都从“欠”。

欽（钦）  欠皃。从欠，金声。去音切（qīn）

【译文】欽，打哈欠的样子。形符是“欠”，声符是“金”。

欒 欠皃。从欠，䜌声。洛官切（luán）

【译文】欒，打哈欠的样子。形符是“欠”，声符是“䜌”。

㰥 喜也。从欠，吉声。许吉切（xì）

【译文】㰥，喜笑。形符是“欠”，声符是“吉”。

吹 出气也。从欠，从口。昌垂切（chuī）

【译文】吹，撮起嘴唇急促地吐出气流。由“欠”和“口”会意。

欨 吹也。一曰，笑意。从欠，句声。况於切（xū）

【译文】欨，呼出气使物温暖。一说，笑意。形符是“欠”，声符是“句”。

𣢹 温吹[①]也。从欠，虖声。虎乌切（hū）

【注释】①温吹：张口缓慢地吹。

【译文】𣢹，吹气使物温暖。形符是“欠”，声符是“虖”。

𣤷 吹气也。从欠，或声。於六切（yù）

【译文】𣤷，吹气。形符是“欠”，声符是“或”。

歟（欤） 安气也。从欠，與声。以诸切（yú）

【译文】歟，安舒的语气。形符是“欠”，声符是“與”。

歙 [篆] 翕(xī)气也。从欠，脅声。虚业切(xié)
【译文】歙，屏合气息。形符是“欠”，声符是“脅”。

歕 [篆] 吹气也。从欠，賁声。普魂切(pēn)
【译文】歕，喷吐气物。形符是“欠”，声符是“賁”。

歇 [篆] 息也。一曰，气越[1]泄。从欠，曷声。许谒切(xiē)

【注释】①越：散。

【译文】歇，休息。一说，气散发泄漏。形符是“欠”，声符是“曷”。

歡(欢) [篆] 喜乐也。从欠，雚声。呼官切(huān)
【译文】欢，喜悦歡乐。形符是“欠”，声符是“雚”。

欣 [篆] 笑喜也。从欠，斤声。许斤切(xīn)
【译文】欣，欢笑喜悦。形符是“欠”，声符是“斤”。

弞[1] [篆] 笑不坏颜[2]曰弞。从欠，引省声。式忍切(shěn)

【注释】①弞：又作哂，借作矧。小笑。②坏颜：解颐。

【译文】弞，微笑而不改面容常态称弞。形符是“欠”，声符是“引”的省文。

歀[款] [篆] 意有所欲也。从欠，窾省。[篆]，歀或，

从柰。苦管切（kuǎn）

【译文】款，想要得到。由“欠”和“𥦗”的省文会意。𣢼，“款”的异体字，从“柰”。

钦[1][饮] 𣢟 幸也。从欠，气声。一曰，口不便言。居气切（jì）

【注释】①钦：今作冀。

【译文】钦，希望。形符是“欠”，声符是“气”。一说，口吃不便于说话。

欲 𣢾 贪欲也。从欠，谷声。余蜀切（yù）

【译文】欲，贪图得到。形符是“欠”，声符是“谷”。

歌 𣤎 咏也。从欠，哥声。謌，（謌）[歌]或[1]，从言。古俄切（gē）

【注释】①謌：丁福宝《说文解字诂林》作歌。

【译文】歌，依旋律咏唱。形符是“欠”，声符是“哥”。謌，“歌”的异体字，从“言”。

歂 𣤌 口气引也。从欠，耑声。读若车辁（quán）。市缘切（chuán）[1]

【注释】①市缘切：现音按《集韵》尺兖切，读chuǎn。

【译文】歂，张嘴呼气连续不断。形符是“欠”，声符是“耑”。发音如同“车辁”的“辁”字。

歍 心有所恶，若吐也。从欠，烏声。一曰，口相就。哀都切（wū）

【译文】歍，心里厌恶，想要呕吐。形符是“欠”，声符是“烏”。一说，两口相互接触。

𣤶 歍𣤶也。从欠，鼀声。噈，俗𣤶，从口，从就。才六切（zú）

【译文】𣤶，歍𣤶。形符是“欠”，声符是“鼀”。噈，俗“𣤶”字，由“口”和“就”会意。

𣢼 怒然也。从欠，尗声。《孟子》曰：“曾西𣢼然。”才六切（zú）

【注释】①𣢼：今本作蹵。郑玄注：“蹴然，敬貌。”

【译文】𣢼，心口不安的样子。形符是“欠”，声符是“尗”。《孟子·公孙丑上》中讲道：“曾西显示出不安的样子。”

欦 含笑也。从欠，今声。丘严切（qiān）

【译文】欦，含笑。形符是“欠”，声符是“今”。

歋 人相笑相歋瘉。从欠，虒声。以支切（yí）

【译文】歋，人们相嘲笑常揶揄别人。形符是“欠”，声符是“虒”。

歊 歊歊，气出皃。从欠、高，高亦声。许娇切（xiāo）

【译文】歊，歊歊，气冒出来的样子。由“欠”和“高”会意，“高”也是声符。

欻[1] 有所吹起。从欠，炎声。读若忽。许物切（xū）

【注释】①欻：王筠《说文解字句读》：“《仓颉篇》：欻，‘猝起也。’”

【译文】欻，因有风、气吹而乍然兴起。形符是“欠”，声符是“炎”。发音如同“忽”字。

㰍 㰍㰍，戏笑皃。从欠，之声。许其切（xī）

【译文】㰍，㰍㰍，嬉笑的样子。形符是“欠”，声符是“之”。

歋 歋歋，气出皃。从欠，䍃声。余招切（yáo）

【译文】歋，歋歋，气冒出来的样子。形符是“欠”，声符是“䍃”。

歗 （吟）[吹]也。从欠，肅声。《诗》曰：“其歗也歌。”[1]稣吊切（xiào）

【注释】①语见《诗经·召南·江有汜》。歗今本作啸。

【译文】歗，吹气出声。形符是“欠”，声符是“肅”。《诗经》中讲道：“他吹着口哨又唱成曲调。”

歎[嘆]（叹） 吟也。从欠，鷬省声。𣣱，籀文歎，不省。他案切（tàn）

【译文】歎，吟诵。形符是“欠”，声符是“鷬”的省文。

，籀文中的“歎”字，“鷬”不省。

歖[①] 卒喜也。从欠，从（喜）[壴]。许其切（xī）

【注释】①歖：各本作歖。从大徐本、王筠说改。

【译文】歖，突然而来的喜悦。由“欠”和“壴”会意。

欸 訾也。从欠，矣声。凶戒切（xiè），又乌开切（āi）

【译文】欸，呵斥。形符是“欠”，声符是“矣”。

歂 欧也。从欠，此声。前智切（zì）

【译文】歂，呕吐。形符是“欠”，声符是“此”。

歐（欧） 吐也。从欠，區声。乌后切（ǒu）

【译文】欧，呕吐。形符是“欠”，声符是“區”。

歔 欷也。从欠，虗声。一曰，出气也。朽居切（xū）

【译文】歔，歔欷，抽泣。形符是“欠”，声符是“虗”。一说，出气。

欷 歔也。从欠，稀省声。香衣切（xī）

【译文】欷，抽泣。形符是“欠”，声符是“稀”的省文。

歜 盛气、怒也。从欠，蜀声。尺玉切（chù）

【译文】歜，盛气；怒气。形符是“欠”，声符是“蜀”。

歖 言意也。从欠，从卣，卣亦声。读若酉。与久切（yǒu）

【译文】歖，将有话要说之意。由“欠”和“卣”会意，“卣”也是声符。发音如同“酉”字。

潵[渴] 欲（歠）[歙]歠（chuò）。从欠，渴声。苦葛切（kě）

【译文】潵，口渴想喝水。形符是“欠”，声符是“渴”。

敫 所，歌也。从欠，嗷省声。读若叫呼之叫。古吊切（jiào）

【译文】敫，敫所，激烈酸楚的歌声。形符是“欠”，声符是“嗷”的省文。发音如同“叫呼”的“叫”字。

歒 悲意。从欠，啬声。火力切（xì）

【译文】歒，悲伤的意味。形符是“欠”，声符是“啬”。

欟 尽酒也。从欠，樵声。子肖切（jiào）

【译文】欟，将酒喝完。形符是“欠”，声符是“樵”。

歛 （监）[坚]持意。口闭也。从欠，缄声。古咸切（jiān）

【译文】歛，坚持。闭口不言。形符是“欠”，声符是“缄”。

欧 指而笑也。从欠，辰声。读若蜃。时忍切（shèn）

【译文】欧，用手指着笑。形符是“欠”，声符是“辰”。发音如同“蜃”字。

𩡧 昆干，不可知也。从欠，鳏声。古浑切（kūn）

【译文】𩡧，𩡧干，不能明白的意思。形符是“欠”，声符是“鳏”。

歃 歠也。从欠，臿声。《春秋传》曰：“歃而忘。”山洽切（shà）

【译文】歃，饮血。形符是“欠”，声符是“臿”。《左传·隐公七年》中讲道：“临近歃血时忘记盟誓的言辞。”

欶 吮也。从欠，束声。所角切（shuò）

【译文】欶，吮吸。形符是“欠”，声符是“束”。

歁 食不满也。从欠，甚声。读若坎。苦感切（kǎn）

【译文】歁，吃不饱。形符是“欠”，声符是“甚”。发音如同“坎”字。

欿 欲得也。从欠，臽声。读若贪。他含

切（tān）①

【注释】①他含切：现音按《集韵》苦感切，读 kǎn。

【译文】欿，贪食想要得到。形符是“欠”，声符是“臽”。发音如同“贪”字。

欱 欱 歠也。从欠，合声。呼合切（hē）

【译文】欱，饮。形符是“欠”，声符是“合”。

歉 歉 歉食不满。从欠，兼声。苦簟切（qiàn）

【译文】歉，食物少吃不饱。形符是“欠”，声符是“兼”。

㪿 㪿 咽中息不利也。从欠，骨声。乌八切（wā）

【译文】㪿，咽喉喘气不顺。形符是“欠”，声符是“骨”。

欭 欭 嚘（yōu）也。从欠，因声。乙冀切（yì）

【译文】欭，气逆而不顺畅。形符是“欠”，声符是“因”。

欬[1] 欬 屰气也。从欠，亥声。苦盖切（kài）

【注释】①欬：咳嗽。

【译文】欬，气逆上导致咳嗽。形符是“欠”，声符是“亥”。

歖 歖 且[1]唾声。一曰，小笑。从欠，毄声。许壁切（xì）

【注释】①且：将。

【译文】歖，将要唾的声音。一说，小笑。形符是“欠”，声符是“毄”。

歙 缩鼻也。从欠，翕声。丹阳有歙县。许及切（xī）

【译文】歙，缩鼻吸气。形符是“欠”，声符是“翕”。丹阳地区有一地叫歙县。

欲 蹴（cù）鼻①也。从欠，咎声。读若《尔雅》曰“麐（jiù）豭（jiā）短脰（dòu）”。於纠切（yǒu）

【注释】①蹴鼻：段玉裁《说文解字注》：“即缩鼻也。”②麐豭短脰：豭今本作麚。麐、麚，皆雄鹿。脰，颈脖。

【译文】欲，悲伤时缩鼻吸气。形符是“欠”，声符是“咎”。发音如同《尔雅·释兽》中“麐豭短脰”中的“麐”字。

𣢑 愁皃。从欠，幼声。於虬切（yōu）①

【注释】①於虬切：现音按《广韵》於纠切，读 yǒu。

【译文】𣢑，忧愁的样子。形符是“欠”，声符是“幼”。

欪 咄欪无惭。一曰，无肠①意。从欠，出声。读若卉②。丑律切（chù）

【注释】①无肠：段玉裁《说文解字注》：“犹无心也。”②卉：上古卉属微部，欪属物部，微、物对转。

【译文】欪，咄欪，不惭愧。一说，没有心思。形符是“欠”，声符是“出”。发音如同“卉”字。

欥[1] 诠词也。从欠，从曰，曰亦声。《诗》曰："欥求厥宁。"[2]余律切（yù）

【注释】①欥：今作"聿"。②语见《诗经·大雅·文王有声》。欥今本作遹。段玉裁注："欥其正字。"

【译文】欥，句首用作诠释的虚词。由"欠"和"曰"会意，"曰"也是声符。《诗经》中讲道："求得它的安宁。"

次 不前，不精也。从欠，二声。，古文次。七四切（cì）

【译文】次，不在前列；没有精选。形符是"欠"，声符是"二"。，古文"次"字。

歑 饥虚也。从欠，康声。苦冈切（kāng）

【译文】歑，肚子饥饿空虚。形符是"欠"，声符是"康"。

欺 诈欺也。从欠，其声。去其切（qī）

【译文】欺，欺骗。形符是"欠"，声符是"其"。

歆 神食气也。从欠，音声。许今切（xīn）

【译文】歆，祭祀时鬼神享受祭品的香气。形符是"欠"，声符是"音"。

文六十五 重五

㱃[飲](饮) 歠也。从欠，酓（yǎn）声。凡㱃之属皆从㱃。，古文㱃，从（今，水）[水，今声]。

㱃，古文㱃，从（今，食）[食，今声]。於锦切（yǐn）

【译文】㱃，喝。形符是“欠”，声符是“酓”。但凡是“㱃”的部属都从“㱃”。㱃，古文“㱃”字，形符是“水”，声符是“今”。㱃，古文“㱃”字，形符是“食”，声符是“今”。

歠 歠 㱃也。从㱃省，叕（zhuì）声。吷，歠或，从口，从夬（jué）[声]。昌说切（chuò）

【译文】歠，喝。形符是“㱃”的省文，声符是“叕”。吷，“歠”的异体字，形符是“口”，声符是“夬”。

文二 重三

次[涎] 次 慕欲口液也。从欠，从水。凡次之属皆从次。㳄，次或，从侃。㳄，籀文次。叙连切（xián）

【译文】次，因羡慕想要得到而流口水。由“欠”和“水”会意。但凡是“次”的部属都从“次”。㳄，“次”的异体字，从“侃”声。㳄，籀文“次”字。

羡[羡] 羡 贪欲也。从次，从羑（yǒu）省。羑呼之羑，文王所拘羑里。似面切（xiàn）

【译文】羡，贪婪，想要得到。由“次”和“羑”的省文会意。“羑”是“㕲呼”的“㕲”字，文王被拘禁在“羑里”的“羑”字。

㳄 㳄 歠也。从次，厂（yì）声。读若移。以支切（yí）

【译文】㳄，饮。形符是“次”，声符是“厂”。发音如同“移”字。

盜[盗] 私利物也。从次，次欲皿者。徒到切（dào）

【译文】盗，把对别人有利的东西据为己有。从“次”，“次”，意为对他人的器皿羡慕得直流口水，想要得到。

文四 重二

旡[无] 饮食气屰不得息曰旡。从反欠。凡旡之属皆从旡。旡，古文旡。居未切（jì）

【译文】旡，吃东西气息逆进，不能顺利通过咽喉称“旡”。由反写的“欠”表示。但凡是“旡”的部属都从“旡”。旡，古文中的“旡”字。

𣄼 屰恶惊词也。从旡，咼声。读若楚人名多夥。乎果切（huò）

【译文】𣄼，因厌恶和惊吓而发出呼声。形符是“无”，声符是“咼”。发音如同楚人的名字“多夥”中的“夥”字。

𣄴 事有不善言𣄴也。《尔雅》：“𣄴，薄也。”从无，京声。力让切（liàng）

【译文】𣄴，对不好的事表示鄙薄称作“𣄴”。《尔雅》中讲道：“𣄴即薄。”形符是“无”，声符是“京”。

文三 重一

卷十七

頁（页） [篆] 头也。从百（shǒu），从儿（rén）①。古文䭫（qǐ）首②如此。凡頁之属皆从頁。百者，䭫首字也。胡结切（xié）

【注释】①儿：古文“人”字。②䭫首：即叩首。

【译文】頁，头。由“頁”和“儿”会意。古文中“䭫首”中“䭫”字就是这样。但凡是“頁”的部属都从“頁”。“百”，就是䭫首的首字。

頭（头） [篆] 首也。从頁，豆声。度侯切（tóu）

【译文】頭，頭脑的总称。形符是“頁”，声符是“豆”。

顏（颜） [篆] 眉（目）之间也。从頁，彦声。[篆]，籀文。五奸切（yán）

【译文】顏，两眉之间。形符是“頁”，声符是“彦”。[篆]，籀文中的“顏”字。

頌（颂） [篆] 皃也。从頁，公声。[篆]，籀文。余封切（rōng）①，又似用切（sòng）

【注释】①余封切：现音读 róng。

【译文】頌，容貌。形符是“頁”，声符是“公”。䪥，籀文中的“頌”字。

頊 頊 颅也。从頁，乇声。徒谷切（dú）[1]

【注释】①徒谷切：现音按《广韵》徒落切，读 duó。

【译文】頊，頊颅。形符是“頁”，声符是“乇”。

顱（颅） 顱 頊顱首骨也。从頁，盧声。洛乎切（lú）

【译文】顱，頊顱，头骨。形符是“頁”，声符是“盧”。

顯 顯 颠顶也。从頁，㒵声。鱼怨切（yuàn）

【译文】顯，头顶。形符是“頁”，声符是“㒵”。

顛（颠） 顛 顶也。从頁，真声。都年切（diān）

【译文】顛，头顶。形符是“頁”，声符是“真”。

頂（顶） 頂 颠也。从頁，丁声。䫆，或，从𩠐作。䭵，籀文，从鼎。都挺切（dǐng）

【译文】頂，头顶。形符是“頁”，声符是“丁”。䫆，“頂”的异体字，从“𩠐”而作。䭵，籀文的“頂”字，从“鼎”声。

顙（颡） 顙 额也。从頁，桑声。苏朗切（sǎng）

【译文】顙，额头。形符是“頁”，声符是“桑”。

題（题） 頟也。从頁，是声。杜兮切（tí）

【译文】題，额头。形符是“頁”，声符是“是”。

頟[額]（额） 顙也。从頁，各声。五陌切（é）

【译文】頟，额头。形符是“頁”，声符是“各”。

頞 鼻茎也。从頁，安声。，或，从鼻，曷。乌割切（è）

【译文】頞，鼻梁。形符是“頁”，声符是“安”。，“頞”的异体字，形符是“鼻”，声符是“曷”。

頯 权①也。从頁，弅声。渠追切（kuí）

【注释】①权：即顴。

【译文】頯，顴骨。形符是“頁”，声符是“弅”。

頰（颊） 面旁①也。从頁，夾声。，籀文頰。古叶切（jiá）

【注释】①面旁：指脸的两侧从眼睛到下颌的部分。

【译文】颊，面部的左右两侧。形符是“頁”，声符是“夾”。，籀文中的“頰”字。

頣① 頰后也。从頁，㫒声。古恨切（gèn）②

【注释】①頣：下巴骨的末端。②古恨切：现音按《广韵》古很切，读 gěn。

【译文】頣，面颊的后部。形符是“頁”，声符是“巳”。

頜[1] 頜 顄也。从頁，合声。胡感切（hàn）[2]

【注释】①頜：朱骏声《说文通训定声》：“从口内言之曰顄，曰頜，从口外言之曰颐。”②胡感切：现音按《集韵》曷阁切，读 hé。

【译文】頜，下巴。形符是“頁”，声符是“合”。

顄[頷] 顄 颐也。从頁，圅声。胡男切（hán）[1]

【注释】①胡男切：现音按《广韵》胡感切，读 hàn。

【译文】顄，下巴。形符是“頁”，声符是“圅”。

頸（颈） 頸 头茎也。从頁，巠声。居郢切（jǐng）

【译文】頸，脖子。形符是“頁”，声符是“巠”。

領（领） 領 （项）[颈]也。从頁，令声。良郢切（lǐng）

【译文】領，颈。形符是“頁”，声符是“令”。

項（项） 項 （头）[颈]后也。从頁，工声。胡讲切（xiàng）

【译文】項，脖子的后面。形符是“頁”，声符是“工”。

煩 煩 项枕也。从頁，冘声。章衽切（zhěn）

【译文】煩，脖颈上的枕骨。形符是“頁”，声符是“冘”。

顀　䫿　出额也。从頁，隹声。直追切（chuí）
【译文】顀，突出的额头。形符是“頁”，声符是“隹”。

頙　䪱　曲颐也。从頁，不声。薄回切（péi）
【译文】頙，弯曲突前的下巴。形符是“頁”，声符是“不”。

顩[①]　䫴　𪘏（yàn）皃。从頁，佥声。鱼检切（yǎn）
【注释】①顩：即暴牙。
【译文】顩，暴露不齐的牙齿。形符是“頁”，声符是“佥”。

䪼　䪼　面目不正皃。从頁，尹声。余准切（yǔn）
【译文】䪼，面目不平正的样子。形符是“頁”，声符是“尹”。

頵　頵　头頵頵大也。从頁，君声。於伦切（yūn）
【译文】頵，头大的样子。形符是“頁”，声符是“君”。

䫻　䫻　面色颠䫻皃。从頁，員声。读若陨。於闵切（yǔn）[①]
【注释】①於闵切：现音按《广韵》胡本切，读 hùn。
【译文】䫻，面色憔悴颓落的样子。形符是“頁”，声符是“員”。发音如同“陨”字。

䫲　䫲　头䫲长也。从頁，兼声。五咸切（yán）
【译文】䫲，头狭面长的样子。形符是“頁”，声符是“兼”。

碩（硕） 头大也。从頁，石声。常只切（shí）[①]

【注释】①常只切：现音读，shuò。

【译文】碩，头大。形符是“頁”，声符是“石”。

頒（颁） 大头也。从頁，分声。一曰，鬓也。《诗》曰：“有頒其首。”布还切（bān）

【译文】頒，大头。形符是“頁”，声符是“分”。一说，鬓发。《诗经·小雅·鱼藻》中讲道：“如此的大啊那个脑袋。”

顒（颙） 大头也。从頁，禺声。《诗》曰：“其大有顒。”鱼容切（yóng）

【译文】顒，大头。形符是“頁”，声符是“禺”。《诗经·小雅·六月》中讲道：“它们的脑袋那么的大。”

顤 大头也。从頁，羔声。口幺切（qiāo）

【译文】顤，大头。形符是“頁”，声符是“羔”。

顝 大头也。从頁，骨声。读若魁。苦骨切（kū）[①]

【注释】①苦骨切：现音按《广韵》苦回切，读 kuī。

【译文】顝，大头。形符是“頁”，声符是“骨”。读音像魁。

願（愿） 大头也。从頁，原声。鱼怨切（yuàn）

【译文】願，大头。形符是“頁”，声符是“原”。

顤 高长头。从頁，堯声。五吊切（yào）①

【注释】①五吊切：现音按《广韵》五聊切，读 yáo。

【译文】顤，高长的头。形符是“頁”，声符是“堯”。

顥 顥顤，高也。从頁，敖声。五到切（ào）

【译文】顥，顥顤，昂首的样子。形符是“頁”，声符是“敖”。

頣 面前岳岳也。从頁，岳声。五角切（yuè）

【译文】頣，趾高气昂的样子。形符是“頁”，声符是“岳”。

頤 （昧）[沫]前也。从頁，㒼声。读若昧。莫佩切（mèi）

【译文】頤，洗脸。形符是“頁”，声符是“㒼”。发音如同“昧”字。

顬 面瘦浅顬顬也。从頁，霝声。郎丁切（líng）

【译文】顬，面部消瘦的样子。形符是“頁”，声符是“霝”。

顡 头（蔽）[蔽（kuǎi）]顡也。从頁，豙声。五怪切（wài）

【译文】顡，头痴呆。形符是“頁”，声符是“豙”。

頑（顽） 棞（hún）头也。从頁，元声。五

还切（wán）

【译文】頑，头脑就像囫囵木头一样不开化。形符是“頁”，声符是“元”。

䕫 小头䕫䕫也。从頁，枝声。读若规。又已恚切（guì）①

【注释】①已恚切：现音按《广韵》居惰切，读 guī。

【译文】䕫，头小且圆的样子。形符是“頁”，声符是“枝”。发音如同“规”字。

顆（颗） 小头也。从頁，果声。苦惰切（kě）①

【注释】①苦惰切：现音按《广韵》苦果切，读 kē。

【译文】顆，小头。形符是“頁”，声符是“果”。

頢[頢] 短面也。从頁，昏声。（五）[古]活切（kuò），又下括切（huó）

【译文】頢，脸部短小。形符是“頁”，声符是“昏”。

頲（颋） 狭头頲也。从頁，廷声。他挺切（tǐng）

【译文】頲，狭长的头直挺挺的样子。形符是“頁”，声符是“廷”。

頠 头闲习①也。从頁，危声。语委切（wěi）

【注释】①闲习：徐锴《说文解字系传》："谓低仰便也。"

【译文】顩，头部俯仰灵便。形符是"頁"，声符是"危"。

頷（颔） 面黄也。从頁，含声。胡感切（hàn）

【译文】頷，脸色发黄。形符是"頁"，声符是"含"。

顮 面不正也。从頁，爰声。於反切（yuǎn）

【译文】顮，面目歪斜不正。形符是"頁"，声符是"爰"。

頍 举头也。从頁，支声。《诗》曰："有頍者弁。"丘弭切（kuǐ）

【译文】頍，仰头。形符是"頁"，声符是"支"。《诗经·小雅·頍弁》中讲道："举的是戴在头上的皮帽子。"

頞 内[1]头水中也。从頁、㲻（mò），㲻亦声。乌没切（mò）

【注释】①内：入，纳。

【译文】頞，将头潜入水中。由"頁"和"㲻"会意，"㲻"也是声符。

顧（顾） 还视也。从頁，雇声。古慕切（gù）

【译文】顧，回头看。形符是"頁"，声符是"雇"。

順（顺） 理也。从頁，从巛。食闰切（shùn）

【译文】順，梳头。由"頁"和"巛"会意。

彭 颜色彭粦（lǐn）[1]，慎事也。从頁，㐱声。之忍切（zhěn）

【注释】①彭粦：即难以辨认。

【译文】彭，颜色隐而不显，谨慎行事。形符是“頁”，声符是“㐱”。

粦 彭粦也。从頁，粦声。一曰，头少发。良忍切（lǐn）

【译文】粦，彭粦。形符是“頁”，声符是“粦”。一种说法是，头发稀少。

顓（颛） 头顓顓谨皃。从頁，耑声。职缘切（zhuān）

【译文】顓，头顓顓而拘谨的样子。形符是“頁”，声符是“耑”。

頊（顼） 头頊頊谨皃。从頁，玉声。许玉切（xū）

【译文】頊，头頊頊而拘谨的样子。形符是“頁”，声符是“玉”。

顉 低头也。从頁，金声。《春秋传》曰：“迎于门，顉之而已。”五感切（ǎn）

【译文】顉，点头。形符是“頁”，声符是“金”。《左传·襄公二十六年》中讲道："对于在门口迎接的大夫，卫侯只是点了点头。"

頓（顿） 𩑶 （下）[頓]首也。从頁，屯声。都困切（dùn）

【译文】頓，以头叩地。形符是"頁"，声符是"屯"。

頫[俯] 𩑺 低头也。从頁，逃省。太史卜书，頫仰字如此。杨雄曰：人面頫。俛，頫或，从人、免[声]。方矩切（fǔ）

【译文】頫，低下头。由"頁"和"逃"的省文会意。史官卜筮中的"頫仰"的"頫"字这样写。杨雄曾说过的"人面頫"中的"頫"字也是这样。俛，"頫"的异体字，形符是"人"，声符是"免"。

頣 𩑹 举目视人皃。从頁，臣声。式忍切（shěn）

【译文】頣，抬头看人的样子。形符是"頁"，声符是"臣"。

顲 𩕼 倨[①]视人也。从頁，善声。旨善切（zhǎn）

【译文】顲，傲视他人。形符是"頁"，声符是"善"。

頡（颉） 頡 直项也。从頁，吉声。胡结切（xié）

【译文】頡，脖子僵直。形符是"頁"，声符是"吉"。

頔 𩑸 头頡頔也。从頁，出声。读又若骨。之出

切(zhú)[①]

【注释】①之出切：现音按《广韵》职悦切，读 zhuō。

【译文】頔，头颈低曲的样子。形符是“頁”，声符是“出”。发音又如同“骨”字。

顥(颢) 白[首]皃。从頁，从景。《楚词》曰：“天白顥顥。”南山四顥，白首人也。胡老切(hào)

【译文】顥，发白的样子。由“頁”和“景”会意。《楚辞·大招》中讲道：“天空顥顥而白。”秦末汉初的“南山四顥”全部是头发白的人。

䪾 大丑皃。从頁，樊声。附袁切(fán)

【译文】䪾，极其可恶的样子。形符是“頁”，声符是“樊”。

䫖 好皃。从頁，争声。《诗》所谓“䫖首”[①]。疾正切(jìng)

【注释】①见《诗经·卫风·硕人》。段玉裁《说文解字注》：“䫖首当作螓(qín)首。传曰：‘螓首，顙广而方。’”

【译文】䫖，美好的样子。形符是“頁”，声符是“争”。《诗经》中讲道的“䫖首”的“䫖”字就是如此。

䫗 头妍也。从頁，翩省声。读若翩。王矩切(yǔ)

【译文】䫗，头形优美。形符是“頁”，声符是“翩”的省文。发音如同“翩”字。

顗 谨庄皃。从頁，豈声。鱼豈切（yǐ）

【译文】顗，恭谨端庄的样子。形符是“頁”，声符是“豈”。

顅 头鬓少发也。从頁，肩声。《周礼》：“数目顅（qiān）脰（dòu）。”苦闲切（qian）

【译文】顅，头和和两鬓毛发稀少。形符是“頁”，声符是“肩”。《周礼·考工记·梓人》中讲道：“细小的眼睛，长长的脖子。”

顐 无发也。一曰，耳门也。从頁，困声。苦昆切（kūn）

【译文】顐，没有头发。一说，耳门。形符“頁”，声符“困”。

颀[頎] 秃也。从頁，气声。苦骨切（kū）

【译文】颀，秃头。形符是“頁”，声符是“气”。

頪 头不正也。从頁，从耒。耒，头倾也。读又若《春秋》陈夏啮（niè）之啮。卢对切（lèi）

【译文】頪，头歪。由“頁”和“耒”会意。“耒”即头部倾斜。发音又如同《春秋·昭公二十三年》中“陈夏啮”中的“啮”字。

顊 倾首也。从頁，卑声。匹米切（pǐ）

【译文】顊，歪头。形符是“頁”，声符是“卑”。

顭 司人也。一曰，恐也。从頁，契声。读若

褉。胡计切（xì）①

【注释】①胡计切：现音按《广韵》苦计切，读 qì。

【译文】頯，侦查的人。一说，惊恐。形符是“頁”，声符是“契”。发音如同“褉”字。

頯 头不正也。从頁，鬼声。口猥切（kuǐ）

【译文】頯，头部不正。形符是“頁”，声符是“鬼”。

頗（颇） 头偏也。从頁，皮声。滂禾切（pō）

【译文】颇，头偏。形符是“頁”，声符是“皮”。

頄 顫①也。从頁，尤声。，頄或，从疒。於救切（yòu）

【注释】①顫：即头顫。

【译文】頄，头部顫动。形符是“頁”，声符是“尤”。，“頄”的异体字，从“疒”。

顫（颤） 头不（正）[定]也。从頁，亶声。之缮切（zhàn）

【译文】顫，头部摇摆不定。形符是“頁”，声符是“亶”。

顑 饭不饱，面黄起行也。从頁，咸声。读若戇（zhuàng）。下感、下坎二切（hàn）①

【注释】①下感、下坎二切：现音按《广韵》苦感切，读 kǎn。

【译文】顑，吃不饱，面黄消瘦开始发生。形符是“頁”，声符是“咸”。发音如同“戆”字。

顲 𩕟 面顑顲顲皃①。从頁，㐭（lǐn）声。卢感切（lǎn）

【注释】①顑顲：或作顄顲，叠韵连绵词。

【译文】顲，面黄消瘦的样子。形符是“頁”，声符是“㐭”。

煩（烦） 𤎼 热头痛①也。从頁，从火。一曰，焚省声。附袁切（fán）

【注释】①热头痛：身热并且头痛。

【译文】煩，体热头痛。由“頁”和“火”会意。一说，“焚”省“林”作声符。

顡 𩕐 痴[顡]①，不聪明也。从頁，豙（yì）声。五怪切（wài）

【注释】①段玉裁《说文解字注》：“痴顡，各本夺‘顡’字，今依《玉篇》、《广韵》补。”

【译文】顡，痴呆，不聪明。形符是“頁”，声符是“豙”。

頪 𩒺 难晓①也。从頁、米。一曰，鲜②白皃。从粉省。卢对切（lèi）

【注释】①难晓：难以分辨。②鲜：即新。

【译文】頪，难以分辨。由“頁”和“米”会意。一说，新鲜洁白的样子。“米”旁是“粉”的省文。

顦[憔] 顦 顦顇[1]也。从頁，焦声。昨焦切(qiáo)

【注释】①顦顇：瘦恶貌，或从心作憔悴。

【译文】顦，憔悴。形符是"頁"，声符是"焦"。

顇[悴] 顇 顦顇也。从頁，卒声。秦醉切(cuì)

【译文】顇，憔悴。形符是"頁"，声符是"卒"。

顅 顅 系头殟也。从頁，昏声。莫奔切(mén)

【译文】顅，头痛犹如绳索束系的瘟疫。形符是"頁"，声符是"昏"。

頦 頦 丑也。从頁，亥声。户来切(hái)

【译文】頦，丑。形符是"頁"，声符是"亥"。

頛 頛 丑也。从頁，其声。今逐疫有頛头[1]。去其切(qī)

【注释】①頛头：扮神所佩戴的假面具。

【译文】頛，丑。形符是"頁"，声符是"其"。当今驱逐瘟疫所戴的假面具称頛头。

籲(吁) 籲 呼也。从頁，籥(yuè)声。读与籥同。《商书》曰："率籲众戚。"羊戍切(yù)

【译文】籲，呼喊。形符是"頁"，声符是"籥"。发音与"籥"字相同。《商书·盘庚》中讲道："相率呼籲众多的大臣。"

顯(显) 头明饰也。从頁，㬎声。呼典切(xiǎn)

【译文】显，头上明亮的首饰。形符是“頁”，声符是“㬎”。

頭[①] 选具也。从二頁。士恋切(zhuàn)

【译文】頭，选择而供置。由二“頁”字会意。

文九十三 重八

百 头也。象形。凡百之属皆从百。书九切(shǒu)

【译文】百，头。象形。但凡是“百”的部属都从“百”。

脜 面和也。从百，从肉。读若柔。耳由切(róu)

【译文】脜，面色温和。由“百”和“肉”会意。发音像“柔”。

文二

面 颜前也。从百，象人面形。凡面之属皆从面。弥箭切(miàn)

【译文】面，颜额的前部。从“百”，“口”象人的脸形。但凡是“面”的部属都从“面”。

靦 面见也。从面、见，见亦声。《诗》曰：“有靦面目。”䩄，或，从旦。他典切(tiǎn)

【译文】靦，脸部可见的样子。由“面”和“见”会意，“见”也是声符。《诗经·小雅·何人斯》中讲道：“你的面目是如此的清晰可见。”，“腼”的异体字，从“旦”声。

酺[①] 颊也。从面，甫声。符遇切（fǔ）

【注释】①酺：后作“辅”。

【译文】酺，脸颊。形符是“面”，声符是“甫”。

醮 面焦枯小也。从面、焦。即消切（qiáo）

【译文】醮，面部焦枯瘦小。由“面”和“焦”会意。

文四 重一

丏 不见也。象壅蔽之形。凡丏之属皆从丏。弥兖切（miǎn）

【译文】丏，不能看见。象壅塞遮蔽的样子。但凡是“丏”的部属都从“丏”。

文一

𦣻[首] 百同。古文百也。巛（chuān）象发，谓之鬊（shùn），鬊即巛也。凡𦣻之属皆从𦣻。书九切（shǒu）

【译文】𦣻，与“百”字相同。古文“百”字。“巛”象头发，发又被称作“鬊”，“鬊”即“巛”字。但凡是“𦣻”的部属都从“𦣻”。

𩠐[䭫] 下首也。从首，旨声。康礼切（qǐ）

【译文】𩠐，拜头至地。形符是“首”，声符是“旨”。

𩠐 [篆] 截也。从首，从斷。剸，或，从刀，專声。沇二切（tuán）[①]

【注释】①沇二切：现音按《广韵》职缘切，读 zhuǎn。

【译文】𩠐，截断。由“首”和“斷”会意。剸，𩠐的异体字，形符是“刀”，声符是“專”。

文三 重一

𥄉 [篆] 到[①]𦣻（首）也。贾侍中[②]说，此断𦣻到縣𥄉字。凡𥄉之属皆从𥄉。古尧切（jiāo）

【注释】①到：今“倒”字。②贾侍中：段玉裁《说文解字注》：“称官不称名者，尊其师也。”贾侍中指贾逵，许慎的老师。

【译文】𥄉，倒悬的𦣻级。贾侍中说：这是断𦣻倒悬的“𥄉”字。但凡是“𥄉”的部属都从“𥄉”。

縣（县） [篆] 系也。从系，持𥄉。胡涓切（xuán）

【译文】縣，悬挂。由“系”持挂着“𥄉”会意。

文二

須（须） [篆] 面毛也。从頁，从彡。凡須之属皆从須。相俞切（xū）

【译文】须，脸部的须毛。由“頁”、“彡”会意。但凡是“須”的部属都从“須”。

頿[髭] 口上须也。从須，此声。即移切（zī）

【译文】頿，嘴巴上面的胡须。形符是“須”，声符是“此”。

頾 颊须也。从須，从冄，冄亦声。汝盐切（rán）

【译文】頾，脸颊上的胡须。由“須”和“冄”会意，“冄”也是声符。

顊 須发半白也。从須，卑声。府移切（bēi）

【译文】顊，须发半白。形符是“須”，声符是“卑”。

頶 短須发皃。从須，否声。敷悲切（pī）

【译文】頶，須发短小的样子。形符是“須”，声符是“否”。

文五

彡 毛、饰、画、文也。象形。凡彡之属皆从彡。所衔切（shān）

【译文】彡，毛发、彩饰、笔画、花纹。象形。但凡是“彡”的部属都从“彡”。

形[形] 象形也。从彡，开声。户经切（xíng）

【译文】形，描绘成物体的形状。形符是“彡”，声符是“开”。

㐱 稠发也。从彡，从人。《诗》曰：“㐱发如云。”① 鬒，㐱或，从髟，真声。之忍切（zhěn）

【注释】①语见《诗经·鄘风·君子偕老》。㐱今诗作鬒。

【译文】㐱，稠密的头发。由“彡”和“人”会意。《诗经》中讲道：“稠密的头发如同云彩一般。”鬒，“㐱”的异体字，形符是“髟”，声符是“真”。

修 饰也。从彡，攸声。息流切（xiū）

【译文】修，纹饰。形符是“彡”，声符是“攸”。

彰 文彰[①]也。从彡，从章，章亦声。诸良切（zhāng）

【注释】①文彰：青和红被称作是“文”；红和白被称作是“章”；白和黑被称作是“黼”；黑和青被称作是“黻”。

【译文】彰，彩色的花纹。由“彡”和“章”会意，“章”也是声符。

彫[雕] 琢文也。从彡，周声。都僚切（diāo）

【译文】彫，琢玉成文。形符是“彡”，声符是“周”。

彭 清饰也。从彡，青声。疾郢切（jìng）

【译文】彭，清素的装饰。形符是“彡”，声符是“青”。

㣎 细文也。从彡，㝕省声。莫卜切（mù）

【译文】㣎，精细的花纹。形符是“彡”，声符是“㝕”的省文。

弱 桡（náo）也。上象桡曲，彡象毛牦桡弱也。弱物并，故从二弓（juàn）。而勺切（ruò）

【译文】弱，柔曲。上面的“弓”，象弯曲的样子，“彡”象毛牦般柔弱。柔弱的事物共存而不独立，因此“弱”由两个“㣇”字组成。

文九 重一

彣 彣 䶋（yù）也。从彡，从文。凡彣之属皆从彣。无分切（wén）

【译文】彣，彩色的花纹。由“彡”和“文”会意。但凡是“彣”的部属都从“彣”。

彥[彦] 彥 美士有文，人所言也。从彣，厂声。鱼变切（yàn）

【译文】彦，贤德的士人有文采，是人们称颂的对象。形符是“彣”，声符是“厂”。

文二

文 文 错画也。象交文。凡文之属皆从文。无分切（wén）

【译文】文，交错刻画以成花纹。象交错的花纹的样子。但凡是“文”的部属都从“文”。

斐 斐 分别文也。从文，非声。《易》曰：“君子豹变，其文斐也。”敷尾切（fěi）

【译文】斐，用以分别的纹饰。形符是“文”，声符是“非”。《周易·革卦·上九》中讲道：“君子象豹子一样的变化，他的文彩十分的明显。”

辬[斑] 驳文也。从文，辡（biàn）声。布还切（bān）

【译文】辬，斑驳的花纹。形符是“文”，声符是“辡”。

𢻱 微画也。从文，𠩺声。里之切（lí）

【译文】𢻱，细微笔画的花纹。形符是“文”，声符是“𠩺”。

文四

髟 长发猋（biāo）猋也。从长長，从彡。凡髟之属皆从髟。必凋切（biāo），又所衔切（shān）

【译文】髟，头发猋猋下垂的样子。由“長”和“彡”会意。但凡是“髟”的部属都从“髟”。

髮（发） 根也。从髟，犮声。𩠐，髮或，从首。𩑛，古文。方伐切（fà）

【译文】髮，象草木的根。形符是“髟”，声符是“犮”。𩠐，“髮”的异体字，从“首”。𩑛，古文“髮”字。

鬢（鬓） 颊发也。从髟，賓声。必刃切（bìn）

【译文】鬢，脸旁靠耳的毛发。形符是“髟”，声符是“賓”。

𩭸 发长也。从髟，㒼声。读若蔓。毋官切（mán）

【译文】鬗，头发很长。形符是“髟”，声符是“㒼”。发音如同“蔓”字。

鬛 发长也。从髟，監声。读若《春秋》“黑肱以濫来奔”。鲁甘切（lán）

【译文】鬛，头发很长。形符是“髟”，声符是“監”。发音像《春秋·昭三十一年》中讲道的“黑肱率领滥城百姓来投奔楚国”中的“滥”字。

鬘 发好也。从髟，差[声]。千可切（cuǒ）

【译文】鬘，头发美好。形符是“髟”，声符是“差”。

鬈 发好也。从髟，卷声。《诗》曰：“其人美且鬈。”衢员切（quán）

【译文】鬈，头发美好。形符是“髟”，声符是“卷”。《诗经·齐风·卢令》中讲道：“那个人体态优美且须发美好。”

髦 发也。从髟，从毛。莫袍切（máo）

【译文】髦，头发。由“髟”和“毛”会意。

鬗 发皃。从髟，㝠声。读若宀。莫贤切（mián）

【译文】鬗，头发的样子。形符是“髟”，声符是“㝠”。发音如同“宀”字。

鬍 发多也。从髟，周声。直由切（chóu）①

【注释】①直由切：现音按《广韵》徒聊切，读 tiáo。

【译文】髫，头发很多。形符是“髟”，声符是“周”。

镾 [小篆] 发皃。从髟，爾声。读若江南谓酢母为镾。奴礼切（nǐ）

【译文】镾，头发的样子。形符是“髟”，声符是“爾”。发音像南昌、长沙地区将醋娘称作“镾”的“镾”字。

髩 [小篆] 发皃。从髟，音声。步矛切（páo）[①]

【注释】①步矛切：现音按《广韵》薄侯切，读 póu。

【译文】髩，头发的样子。形符是“髟”，声符是“音”。

鬏 [小篆] 发至眉也。从髟，敄声。《诗》曰：“紞（dàn）彼两鬏。”[小篆]，鬏或，省。汉令有髳长。亡牢切（máo）

【译文】鬏，头发垂至眉毛的式样。形符是“髟”，声符是“敄”。《诗经·鄘风·柏舟》中讲道：“额头前的两缕短发下垂着。”[小篆]，“鬏”的异体字，“鬏”的省略。汉朝的法令中有鬏地之长。

鬋 [小篆] 女鬢垂皃。从髟，前声。作践切（jiǎn）

【译文】鬋，妇女的鬢发下垂的样子。形符是“髟”，声符是“前”。

鬑 鬋也。一曰，长皃。从髟，兼声。读若慊（xián）。力盐切（lián）

【译文】鬑，鬋，鬓发垂落的样子。一说，须发长长的样子。形符是“髟”，声符是“兼”。发音如同“慊”字。

𩯁 束发少也。从髟，截声。子结切（jié）

【译文】𩯁，撮束头发很少。形符是“髟”，声符是“截”。

鬄 髲也。从髟，易声。，鬄或，从也声。先彳切（xī），又大计切（dì）

【译文】鬄，假发。形符是“髟”，声符是“易”。，“鬄”的异体字，声符是“也”。

髲 鬄也。从髟，皮声。平义切（bì）

【译文】髲，假发。形符是“髟”，声符是“皮”。

䯸 用梳比也。从髟，次声。七四切（cì）

【译文】䯸，使用梳子和篦依次梳理假发。形符是“髟”，声符是“次”。

髺 （潔）[絜]发也。从髟，昏声。古活切（kuò）

【译文】髺，束发。形符是“髟”，声符是“昏”。

䰉 卧结也。从髟，般声。读若盘。薄官切

（pán）

【译文】鬆，盘起的发结。形符是“髟”，声符是“般”。发音如同“盘”字。

𩬙 结也。从髟，付声。方遇切（fù）

【译文】𩬙，假髻。形符是“髟”，声符是“付”。

䰉 带结饰也。从髟，莫声。莫驾切（mà）

【译文】䰉，以带绕髻的饰品。形符是“髟”，声符是“莫”。

𩯭 屈发也。从髟，貴声。丘愧切（kuì）

【译文】𩯭，盘屈头发为髻。形符是“髟”，声符是“貴”。

𩬰 簪结也。从髟，介声。古拜切（jiè）

【译文】𩬰，插簪的发结。形符是“髟”，声符是“介”。

鬣 发鬣鬣也。从髟，巤声。，鬣或，从毛。，或，从豕。良涉切（liè）

【译文】鬣，头头发鬣鬣上指的样子。形符是“髟”，声符是“巤”。，“鬣”的异体字，从“毛”。，“鬣”的异体字，从“豕”。

𩰀 鬣也。从髟，盧声。洛乎切（lú）

【译文】𩰀，头发鬣鬣上指的样子。形符是“髟”，声符是“盧”。

髴[佛]  髴，若似也。从髟，弗声。敷勿切（fú）

【译文】髴，髴髴，好像、似乎。形符是“髟”，声符是“弗”。

髶  乱发也。从髟，茸省声。而容切（róng）

【译文】髶，头发散乱。形符是“髟”，声符是“茸”的省文。

鬌  发隋（duò）也。从髟，隋省[声]。直追切（chuí）

【译文】鬌，毛发掉落。形符是“髟”，声符是“隋”的省文。

鬊  （鬓）[鬌]发也。从髟，春声。舒闰切（shùn）

【译文】鬊，掉落的毛发。形符是“髟”，声符是“春”。

鬝[鬜]  鬓秃也。从髟，閒声。苦闲切（qiān）

【译文】鬝，鬓发掉落的样子。形符是“髟”，声符是“閒”。

鬄  剃发也。从髟，从刀，易声。他历切（tì）

【译文】鬄，剃发。由“髟”、“刀”会意，声符是“易”。

髡  鬄发也。从髟，兀声。髨，或，从元。苦昆切（kūn）

【译文】髡，剃发。形符是“髟”，声符是“兀”。髨，“髡”的异体字，从“元”声。

鬀[剃] 鬄发也。从髟，弟声。大人曰髡，小（人）[儿]曰鬀，尽及身毛曰鬄。他计切（tì）

【译文】鬀，剃发。形符是“髟”，声符是“弟”。大人被称作是“髡”，小孩儿被称作是“鬀”，剃除全身的毛发被称作是“鬄”。

髲 鬀也。从髟，竝声。蒲浪切（bàng）

【译文】髲，忽然而遇。形符是“髟”，声符是“竝”。

鬀 髲也。忽见也。从髟，（录）[彔]声。（录）[彔]，籀文魅，亦忽见意。芳未切（fèi）

【译文】鬀，髲。忽然遇到。形符是“髟”，声符是“彔”。“彔”即籀文中的“魅”字，也是忽然遇见的意思。

髽 丧结。《礼》：女子髽衰（cuī），吊则不髽。鲁臧武仲与齐战于狐鲐，鲁人迎丧者，始髽。从髟，坐声。庄华切（zhuā）

【译文】髽，妇人吊丧时的发髻。《仪礼·丧服》中讲道：女子在斩衰、齐衰期间，要扎起丧髻；吊丧的就不需要扎起丧髻了。鲁国的臧武仲与齐国交战于狐鲐，鲁国人迎接阵亡的将士，最早开始用麻或布束发的仪式。形符是“髟”，声符是“坐”。

文三十八 重六

后 继体君也。象人之形。施令以告四方，故厂之。从一、口，发号者，君后也。凡后之属皆从后。

胡口切（hòu）

【译文】后，继承君主之位的人。“𠂆”象“人”字之形。发号施令告白四方，因此用“厂”来进行表意。由“一”、“口”会意。发号施令的人，只能是君后。但凡是“后”的部属都从“后”。

呴[1] 厚怒声。从口、后，后亦声。呼后切（hǒu）

【注释】①呴：今作“吼”。

【译文】呴，盛怒之声。由“口”和“后”会意，“后”也是声符。

文二

司 臣司事于外者。从反后。凡司之属皆从司。息兹切（sī）

【译文】司，在外办事的官吏。从反写的“后”字。但凡是“司”的部属都从“司”。

詞（词） 意内而言外也。从司，从言。似兹切（cí）

【译文】詞，内在的词义通外在的音声表达出来。由“司”和“言”会意。

文二

卮[卮] 圜器也。一名觛（dàn）。所以节饮食。象人，卩（jié）在其下也。《易》曰：“君子节饮食。”

凡卮之属皆从卮。章移切（zhī）

【译文】卮，圆形的酒器。又被称作是觛。主要是用来节制饮食的。“𠂆”象人之形，“卩”在它的下部。《周易·颐卦》中讲道：“君子谨言慎行，节制饮食。”但凡是“卮”的部属都从“卮”。

䏝 小卮有耳、盖者。从卮，專声。市沇切（shuàn）

【译文】䏝，有耳和盖的小而圆的酒器。形符是“卮”，声符是“專”。

䏙 小卮也。从卮，耑（zhuān）声。读若捶击之捶。旨沇切（zhuǎn）

【译文】䏙，小而圆的酒器。形符是“卮”，声符是“耑”。发音如同“捶击”中的“捶”字。

文三

卩 瑞信也。守国者用玉卩，守都鄙者用角卩，使山邦者用虎卩，士邦者用人卩，泽邦者用龙卩，门关者用符卩，货贿用玺卩，道路用旌卩。象相合之形。凡卩之属皆从卩。子结切（jié）

【译文】卩，信誉，凭证。守护邦国的诸侯用的是玉制成的节，守护都城和边界的大夫用的是犀牛角制成的节，出使山地之国的用的是虎形的铜节，出使平原之国的用的是人形的铜节，出使湖泽之国的用的是龙形的铜节，把守关塞的用的是竹制成的节，管理货币钱粮的用的是刻有印章的节，管理道路交通的用的饰有五色羽毛的节。象能分开也能合并的符节之形。但凡是“卩”的部属都从“卩”。

令 发号也。从亼（jí）、卩。力正切（líng）

【译文】令，发布命令。由“亼”、“卩”会意。

𠨝 辅信也。从卩，比声。《虞书》曰：“𠨝成五服。”[①]毗必切（bì）

【注释】①语见《尚书·虞书·皋陶谟》。𠨝今本作弼。

【译文】𠨝，辅助的符节。形符是“卩”，声符是“比”。《尚书·皋陶谟》中讲道：“辅助完成五服之内的教化。”

卶 有大度也。从卩，多声。读若侈。充豉切（chǐ）

【译文】卶，有宽大度量。形符是“卩”，声符是“多”。发音如同“侈”字。

𠨘 宰之也。从卩，必声。兵媚切（bì）

【译文】𠨘，主宰。形符是“卩”，声符是“必”。

卲 高也。从卩，召声。寔照切（shào）

【译文】卲，高尚。形符是“卩”，声符是“召”。

厄 科厄，木节也。从卩，厂（hàn）声。贾

侍中说以为，厄，裹也。一曰，厄，盖也。五果切（ě）

【译文】厄，科厄，树木的节疤。形符是“卩”，声符是“厂”。贾侍中认为，厄即裹。一说，厄即盖。

厀[膝] 胫头卩也。从卩，桼声。息七切（xī）

【译文】厀，小腿上的骨节。形符是“卩”，声符是“桼”。

卷 膝曲[①]也。从卩，𢍏（juàn）[②]声。居转切（juǎn）

【注释】①膝曲：大腿、小腿相连骨节的后部。②𢍏：即关。

【译文】卷，膝曲。形符是“卩”，声符是“𢍏”。

卻[却] 节（欲）[卻]也。从卩，谷（jué）声。去约切（què）

【译文】却，节制并使它退却。形符是“卩”，声符是“谷”。

卸 舍车解马也。从卩、止、午[声]。读若汝南人写书之写。司夜切（xiè）

【译文】卸，停车后解去套在马身上的东西。形符是“卩”、“止”，声符是“午”。发音像汝南地区常说的“写书”的“写”字。

卯 二卩也。巽从此。阙。士恋切（zhuàn）

【译文】卯，由两个“卩”字表示全、都。“巽”以“卯”为形符。声符未详。

𠨍[㔾] 卪也。阙。则候切（zòu）

【译文】𠨍，卪，符节。未详。

文十三

印 执政所持信也。从爪，从卪。凡印之属皆从印。於刃切（yìn）

【译文】印，执政者所持有的印信。由“爪”“卪”会意。但凡是“印”的部属都从“印”。

归（抑） 按也。从反印。抑，俗，从手。於棘切（yì）

【译文】归，按压。从反写“印”字。抑，俗字“归”，从“手”。

文二 重一

色 颜气也。从人，从卪。凡色之属皆从色。𩇖，古文。所力切（sè）

【译文】色，面部的气色。由“人”和“卪”会意。但凡是“色”的部属都从“色”。𩇖，古文中的“色”字。

艴 色艴如也。从色，弗声。《论语》曰：“色艴①如也。”蒲没切（bó）

【注释】①艴：今本作勃。

【译文】艴，脸色非常矜庄的样子。形符是“色”，声符是“弗”。《论语·乡党第十》中讲道：“面色矜庄的样子。”

艵 [篆] 缥（piǎo）色也。从色，并声。普丁切（pīng）

【译文】艵，丝织品的青白色。形符是“色”，声符是“并”。

文三 重一

卯 [篆] 事之制也。从卩、卬（zòu）。凡卯之属皆从卯。阙。去京切（qīng）

【译文】卯，办事的规章制度。由“卩”和“卬”会意。但凡是“卯”的部属都从“卯”。缺其音读。

卿 [篆] 章也。六卿：天官冢宰、地官司徒、春官宗伯、夏官司马、秋官司寇、冬官司空。从卯，皀（xiāng）声。去京切（qīng）

【译文】卿，表彰善明事理的人。《周礼》记载六卿：天官冢宰、地官司徒、春官宗伯、夏官司马、秋官司寇、冬官司空。形符是“卯”，声符是“皀”。

文二

辟 [篆] 法也。从卩，从辛，节制其罪也；凡辟之属皆从辟。必益切（bì）

【译文】辟，法度。由“卩”“辛”会意，表示节制人们犯罪；但凡是“辟”的部属都从“辟”。

壁 [篆] 治也。从辟，从井。《周书》曰：“我

之不辥。”必益切（bì）

【译文】辥，治理。由“辟”“井”会意。《尚书·周书·金縢》中讲道：“假如我不能摄政治理，我将无法告慰先王。”

壁 治也。从辟，乂声。《虞书》曰：“有能俾壁？”[1]鱼废切（yì）

【注释】①壁：今本作乂。

【译文】壁，治理。形符是“”卯，声符是“乂”。《尚书·虞书·尧典》中讲道：“有谁能够治理好洪水？”

文三

勹 裹也。象人曲形，有所包裹。凡勹之属皆从勹。布交切（bāo）

【译文】勹，包裹。象“人”字弯曲的形状，中空象有所包裹之形。但凡是“勹”的部属都从“勹”。

匊 曲脊也。从勹，籟省声。巨六切（jū）

【译文】匊，弯曲的脊柱。形符是“勹”，声符是“籟”的省文。

匍 手行也。从勹，甫声。簿乎切（pú）

【译文】匍，靠手爬行。形符是“勹”，声符是“甫”。

匐 伏地也。从勹，畐声。蒲北切（bó）[1]

【注释】①蒲北切：现音按《广韵》房六切，读 fú。

【译文】匐，趴在地上。形符是“勹”，声符是“畐”。

匊[掬] 在手曰匊。从勹、米。居六切(jū)

【译文】匊，满捧在手中称匊。由“勹”、“米”的省文会意。

匀 少也。从勹、二。羊伦切(yún)

【译文】匀，物因两分而少。由“勹”、“二”会意。

勼 聚也。从勹，九声。读若鸠。居求切(jiū)

【译文】勼，聚集。形符是“勹”，声符是“九”。发音如同“鸠”字。

旬 遍也。十日为旬。从勹、日。[古文]，古文。详遵切(xún)

【译文】旬，周遍。十天就是一旬。由“勹”、“日”会意。[古文]，古文“旬”字。

勹[1] 覆也。从勹覆人。薄皓切(bào)

【注释】①勹：即抱。

【译文】勹，覆庇。由“勹”屈身怀抱“人”会意。

匈[胸] (声)[膺]也。从勹，凶声。[或体]，匈或，从肉。许容切(xiōng)

【译文】匈，胸膛。形符是“勹”，声符是“凶”。[或体]，“匈”的异体字，从“肉”。

匊[周] 帀遍也。从勹，舟声。职流切（zhōu）

【译文】匊，周遍。形符是“勹”，声符是“舟”。

匌 帀也。从勹，从合，合亦声。侯阁切（hé）①

【注释】①侯阁切：现音按《广韵》古沓切，读gé。

【译文】匌，周匝。由“勹”“合”会意，“合”也是声符。

匓 饱也。从勹，𣪘声。民祭，祝曰：“厌匓。”己又切（jiù），又乙庶切（yù）

【译文】匓，吃饱。形符是“勹”，声符是“𣪘”。人们在举行祭祀活动的时候，祝愿说：“期望鬼神能够吃饱。”

复[複](复) 重也。从勹，复声。𠣳，或，省彳。扶富切（fù）

【译文】复，重复。形符是“勹”，声符是“复”。𠣳，“复”的异体字，省“彳”。

匑[冢] 高坟也。从勹，豖（chù）声。知陇切（zhǒng）

【译文】匑，高高的坟墓。形符是“勹”，声符是“豖”。

文三十五 重三

包 象人裹妊，巳在中，象子未成形也。元气起于子。子，人所生也。男左行三十，女右行二十，俱立于巳，为夫妇。裹妊于巳，巳为子，十月而生。

男起巳至寅，女起巳至申。故男年始寅，女年始申也。凡包之属皆从包。布交切（bāo）

【译文】包，象人怀孕，“巳”在“勹”的里面，如同胎儿未完全成形。阳气从地支“子”为代表的夏历十一月滋生。“子”是人们所生的婴儿。男子从“子”位自右向左数三十位，女子从“子”自左向右数二十位，都在“巳”位停止，因而男子三十而娶，女子二十而嫁，称为夫妇。女子在“巳”位上怀孕，“巳”表示未成形的胎儿，孕育十个月才会生育。男子从“巳”开始，自右向左数十位，到“寅”停止；女子从“巳”开始，自左向右数十位，到“申”位停止。因此，男的小运从“寅”计算，女的小运从“申”计算。但凡是“包”的部属都从“包”。

胞 儿生裹也。从肉，从包。匹交切（pāo）

【译文】胞，胎儿生长发育时所包裹的胎衣。由“肉”、“包”会意。

匏 瓠也。从包，从（夸声）[瓠省]。包，取其可包藏物也。薄交切（páo）

【译文】匏，葫芦。由“包”和“瓠”的省文会意。包，取来可以包藏物体之意。

文三

苟 自急敕①也。从羊省，从包省、从口。口犹慎言也。从羊，羊与義、善、美同意。凡苟之属皆从苟。

，古文，羊不省。己力切（jì）

【注释】①敕：段玉裁《说文解字注》：“诫也。”

【译文】茍，自己立即训诫自己。由“羊”的省文、“包”的省文和“口”会意。“包”“口”的表示说话谨慎。从“羊”，“羊”与“義”、“善”、“美”从“羊”表吉祥的意义相同。但凡是“茍”的部属都从“茍”。𦍌，古文中的“茍”字，“羊”字不省。

敬 [篆] 肃也。从攴、茍。居庆切（jìng）

【译文】敬，严肃。由“攴”、“茍”会意。

文二 重一

鬼 [篆] 人所归为鬼。从人，象鬼头。鬼阴气贼害，从厶。凡鬼之属皆从鬼。䰟，古文，从示。居伟切（guǐ）

【译文】鬼，人归天地，变成了鬼。从“人”，“甶”象鬼的头。鬼以阴气伤人，因此又从“厶”。但凡是“鬼”的部属都从“鬼”。䰟，古文“鬼”字，从“示”。

魋 [篆] 神[鬼]也。从鬼，申声。食邻切（shén）

【译文】魋，鬼中的神。形符是“鬼”，声符是“申”。

魂 [篆] 阳气也。从鬼，云声。户昆切（hún）

【译文】魂，阳气。形符是“鬼”，声符是“云”。

魄 [篆] 阴神也。从鬼，白声。普百切（pò）

【译文】魄，阴神。形符是“鬼”，声符是“白”。

𩲡 厉鬼[①]也。从鬼，失声。丑利切（chì）

【注释】①厉鬼：段玉裁《说文解字注》："厉之言烈也。厉鬼谓虐厉之鬼。"

【译文】𩲡，厉鬼，虐厉的鬼。形符是"鬼"，声符是"失"。

魖 耗神也。从鬼，虚声。朽居切（xū）

【译文】魖，消耗财物的鬼。形符是"鬼"，声符是"虚"。

魃 旱鬼也。从鬼，犮声。《周礼》有赤魃氏，除墙屋之物也。《诗》曰："旱魃为虐。"蒲拨切（bá）

【译文】魃，造成干旱的鬼。形符是"鬼"，声符是"犮"。《周礼·秋官》中记载有赤魃氏，是负责清除墙、屋精怪鬼物。《诗经·大雅·云汉》中讲道："旱魃肆意妄为，异常暴虐。"

鬽[魅] 老（精物）[物精]也。从鬼、彡；彡，鬼毛。，或，从未声。，古文。，籀文。从彖首，从尾省声[①]。密秘切（mèi）

【注释】①从彖首，从尾省声：段玉裁《说文解字注》："古文也，籀文也，与解语不相应。亦与彑部、立部不相应。鬽当是古文，则鬽爲籀文审矣。从彖首、當是从希省。"

【译文】鬽，物老而化作精怪。由"鬼""彡"会意；"彡"，表鬼毛。，"鬽"的异体字，声符是"未"。，古文"鬽"字。，籀文"鬽"字。，形符是"彖"的字头"彑"，声符是"尾"的省文。

鬾 𩲡 鬼服也。一曰，小儿鬼。从鬼，支声。《韩诗传》曰：“郑交甫逢二女，鬾服。”奇寄切（jì）

【译文】鬾，鬼的衣服。一说，婴儿小鬼。形符是“鬼”，声符是“支”。《韩诗内传》中讲道：“郑交甫碰到两个女人，穿着鬼服。”

虠 虠 鬼皃。从鬼，虎声。虎乌切（hū）

【译文】虠，鬼的样貌。形符是“鬼”，声符是“虎”。

鬿 鬿 鬼俗也。从鬼，幾声。《淮南传》曰：“吴人鬼，越人鬿。”居衣切（jī）①

【注释】①居衣切：现音按《广韵》渠希切，读 qí。

【译文】鬿，敬奉鬼的习俗。形符是“鬼”，声符是“幾”。《淮南子·人间训》中讲道：“吴人信奉鬼神，越人信奉鬿祥。”

魗 魗 鬼彪声，魗魗不止也。从鬼，需声。奴豆切（nòu）①

【注释】①奴豆切：现音依《广韵》人朱切，读 rú。

【译文】魗，鬼彪的叫声，魗魗不止。形符是“鬼”，声符是“需”。

傀 傀 鬼变也。从鬼，化声。呼驾切（huà）

【译文】傀，鬼的变化。形符是“鬼”，声符是“化”。

鬤 鬤 见鬼惊词。从鬼，難省声。读若《诗》“受

福不儺”①。诺何切（nuó）

【注释】①语见《诗经·小雅·桑扈》。儺今本作那。

【译文】䰐，见到鬼惊骇而发出的声音。形符是“鬼”，声符是“難”的省文。发音如同《诗经》中“受福不儺”中的“儺”字。

䰃 鬼皃。从鬼，賓声。符真切（pín）

【译文】䰃，鬼的样子。形符是“鬼”，声符是“賓”。

醜（丑） 可恶也。从鬼，酉声。昌九切（chǒu）

【译文】醜，醜陋可恶。形符是“鬼”，声符是“酉”。

魋 神兽也。从鬼，隹声。杜回切（tuí）

【译文】魋，神兽。形符是“鬼”，声符是“隹”。

文三十七 重四

甶 鬼头也。象形。凡甶之属皆从甶。敷勿切（fú）

【译文】甶，鬼头。象形字。但凡是“甶”的部属都从“甶”。

畏 恶也。从甶，虎省。鬼头而虎爪，可畏也。，古文省。於胃切（wèi）

【译文】畏，因惊怕而厌恶。由“甶”和“虎”的省文会意。鬼的头和老虎的爪子，是让人害怕的事物。，古文“畏”，是“畏”的省略。

禺 母猴属。头似鬼。从甶，从禸（róu）。牛具切（yù）

【译文】禺，猕猴的一种。头部象鬼头一样。由“甶”和“禸”会意。

文三 重一

厶 奸衺也。韩非曰：“苍颉作字，自营为厶。”凡厶之属皆从厶。息夷切（sī）

【译文】厶，奸邪。韩非子曾说：“苍颉作字，以自己围绕自己称为厶。”但凡是“厶”的部属都从“厶”。

篡 屰而夺取曰篡。从厶，算声。初官切（chuān）①

【注释】①初官切：现音按《广韵》作初患切，读cuàn。

【译文】篡，理不应夺而强力夺取称作篡。形符是“厶”，声符是“算”。

羑[誘](诱) 相訹呼也。从厶，从羑。誘，或，从言，秀。𧦝，或，如此。𦍒，古文。与久切（yòu）

【译文】羑，诱导，招呼他人。由“厶”和“羑”会意。誘，“羑”的异体字，形符是“言”，声符是“秀”。𧦝，“羑”的异体就是这样。𦍒，古文“羑”字。

文三 重三

嵬　高不平也。从山，鬼声。凡嵬之属皆从嵬。五灰切（wéi）

【译文】嵬，高而不平。形符是“山”，声符是“鬼”。但凡是“嵬”的部属都从“嵬”。

巍[1]　高也。从嵬，委声。牛威切（wēi）

【注释】①巍：段玉裁《说文解字注》：“雉门外阙高巍巍然，谓之象巍。按本无二字，后人省山作魏，分别其义与音。”

【译文】巍，高大。形符是“嵬”，声符是“委”。

文二

卷十八

山 宣也。宣气散，生万物，有石而高。象形。凡山之属皆从山。所间切（shān）

【译文】山，宣畅。地气宣散，催生万物生灵，有石构成而又高峻。象形。但凡是“山”的部属都从“山”。

嶽[岳] 东，岱[1]；南，靃[2]；西，华；北，恒；中，泰室[3]。王者之所以巡狩所至。从山，獄声。㞢，古文，象高形。五角切（yuè）

【注释】①岱：泰山。②靃：衡山。③泰室：嵩山。

【译文】嶽，东嶽泰山，南嶽衡山，西嶽华山，北嶽恒山，中嶽嵩山。是王者巡视所到的地方。形符是“山”，声符是“獄”。㞢，古文“嶽”字，𠆢象高山的样子。

岱 太山也。从山，代声。徒耐切（dài）

【译文】岱，泰山。形符是“山”，声符是“代”。

㠀[島](岛) 海中往往有山可依止，曰㠀。从山，鳥声。读若《诗》曰“蔦（niǎo）与女萝”。都

皓切（dǎo）

【译文】㠀，海中可以停靠歇止的山称㠀。形符是“山”，声符是“鳥”。发音如同《诗经·小雅·頍弁》中讲道的“蔦草与女萝草”的“蔦”字。

峱[①] 山，在齐地。从山，狃声。《诗》曰：“遭我于峱之间兮。”奴刀切（náo）

【注释】①峱：即峱山，位于现山东省临淄地区。

【译文】峱，山名，在齐地。形符是“山”，声符是“狃”。《诗经·齐风·还》中讲道：“在峱山之间和我相遇。”

嶧（峄） 葛嶧山[①]，在东海下邳。从山，睪声。《夏书》曰：“嶧阳孤桐。”羊益切（yì）

【注释】①葛嶧山：位于江苏省邳县西南部。

【译文】嶧，葛嶧山，位于东海郡下邳县。形符是“山”，声符是“睪”。《尚书·禹贡》中讲道：“嶧山南面特产的桐木。”

嵎[①] 封嵎之山，在吴、（楚）[越]之间，汪芒之国。从山，禺声。噳俱切（yú）

【注释】①嵎：位于现浙江省德清西北部。

【译文】嵎，封嵎山，在吴国和越国之间，是汪芒的封地。形符是“山”，声符是“禺”。

嶷 九嶷山[①]，舜所葬，在零陵营道。从山，疑声。语其切（yí）

【注释】①九嶷山：又叫苍梧山，位于现湖南省宁远南部。

【译文】嶷，九嶷山，是舜埋葬的地方，在零陵郡营道县境内。形符是“山”，声符是“疑”。

嶅①[岷] 山，在蜀湔氐西徼（jiào）外。从山，敃声。武巾切（mín）

【注释】①嶅：即岷山，位于现四川省松潘北部，是长江、黄河的分水岭。

【译文】嶅，山名，在蜀郡湔氐县西部边塞之外。形符是“山”，声符是“敃”。

屼 山。或曰，弱水之所出。从山，几声。居履切（jǐ）

【译文】屼，山名。有人说，屼是溺水的发源地。形符是“山”，声符是“几”。

巀 巀嶭山①，在冯翊池阳。从山，截声。才葛切（zá）②

【注释】①巀嶭山：即嵯峨山，位于陕西省泾阳，三原，淳化三县交界。②才葛切：现音按《广韵》昨结切，读 jié。

【译文】巀，巀嶭山，在左冯翊郡池阳县境内。形符是“山”，声符是“截”。

嶭 巀嶭山也。从山，辥声。五葛切（è）①

【注释】①五葛切：现音按《广韵》五结切，读 niè。

【译文】嶭，巀嶭山。形符是“山”，声符是“辥”。

嶨[崋][1] 山，在弘农華阴。从山，蕚省声。胡化切（huà）

【注释】①嶨：即華山，又叫太華山，位于陕西省華阴县。

【译文】嶨，山名。在弘农郡華阴县。形符是“山”，声符是“蕚”的省略。

嶂[1][崞] 山，在雁门。从山，㙗声。古博切（guō）

【注释】①嶂：即崞山，位于山西省原平西南三十里。

【译文】嶂，山名。在雁门郡。形符是“山”，声符是“㙗”。

崵 崵山，在辽西。从山，昜声。一曰，嵎铁，崵谷也。与章切（yáng）

【译文】崵，首阳山，在辽西。形符是“山”，声符是“昜”。一说，嵎铁即崵谷。

岵 山有草木也。从山，古声。《诗》曰：“陟彼岵兮。”侯古切（hù）

【译文】岵，山上有草木。形符是“山”，声符是“古”。《诗经·魏风·陟岵》中讲道：“登上长满草木的山顶。”

屺 山无艸木也。从山，己声。《诗》曰：“陟

彼屺兮。”墟里切（qǐ）

【译文】屺，山上没有草木。形符是“山”，声符是“己”。《诗经·魏风·陟岵》中讲道：“登上不长草木的山。”

嶨（峃） 𡸆 山多大石也。从山，學省声。胡角切（xué）

【译文】嶨，山上有很多大型岩石。形符是“山”，声符是“學”的省文。

嶅 𡽐 山多小石也。从山，敖声。五交切（yáo）[1]

【注释】①五交切：现音按《广韵》五劳切，读 áo。

【译文】嶅，山上有很多小石块。形符是“山”，声符是“敖”。

岨 岨 石戴土也。从山，且声。《诗》曰：“陟彼岨矣。”[1]七余切（qū）

【注释】①语见《诗经·周南·卷耳》。岨今本作砠。

【译文】岨，石山上增益着土。形符是“山”，声符是“且”。《诗经》中讲道：“登上那披戴泥土的石山。”

岡（冈） 岡 山（骨）[脊]也。从山，网声。古郎切（gāng）

【译文】岡，山的脊梁。形符是“山”，声符是“网”。

岑 岑 山小而高。从山，今声。锄箴切（cén）

【译文】岑，小而高耸的山。形符是“山”，声符是“今”。

崟 山之岑崟[①]也。从山，金声。鱼音切（yín）

【注释】①岑崟：山势高耸奇异的样子。

【译文】崟，山势高峻奇特。形符是“山”，声符是“金”。

崒 崒危，高也。从山，卒声。醉绥切（zuí）[①]

【注释】①醉绥切：现音按《广韵》慈恤切，读 zú。

【译文】崒，崔嵬，高耸。形符是“山”，声符是“卒”。

巒（峦） 山小而锐。从山，䜌声。洛官切（luán）

【译文】巒，山小而又锐峭。形符是“山”，声符是“䜌”。

密 山如堂者。从山，宓声。美毕切（mì）

【译文】密，状似堂室的山。形符是“山”，声符是“宓”。

岫 山穴也。从山，由声。，籀文，从穴。似又切（xiù）

【译文】岫，山上的洞穴。形符是“山”，声符是“由”。，籀文“岫”，形符是“穴”。

陖[峻] 高也。从山，陖声。，陖或，省。私闰切（xùn）[①]

【注释】①私闰切：现音按《集韵》祖峻切，读 jùn。

【译文】陖，高。形符是“山”，声符是“陖”。，“陖”

的异体字，“㢴”的省略。

隓 山之(堕堕)[隓隓][1]者。从山，从憜省声。读若相推落之(憜)[堕]。徒果切(duò)

【译文】隓，形状狭长的山。形符是“山”，声符是“憜”的省文。发音如同推落物体的“堕”字。

㠊[1] 尤高也。从山，棧声。士限切(zhàn)

【注释】①㠊：现作“峨”。

【译文】㠊，山特别的高峻。形符是“山”，声符是“棧”。

崛 山短高也。从山，屈声。衢勿切(jué)

【译文】崛，山短而又高。形符是“山”，声符是“屈”。

巁 巍高也。从山，蠆声。读若厉。力制切(lì)

【译文】巁，山高大。形符是“山”，声符是“蠆”。发音如同“厉”字。

峯[峰] 山耑也。从山，夆声。敷容切(fēng)

【译文】峯，山的顶端。形符是“山”，声符是“夆”。

巖[岩] 岸也。从山，嚴声。五緘切(yán)

【译文】巖，崖岸。形符是“山”，声符是“嚴”。

嵒[岩] 山岩也。从山、品。读若吟。五咸切(yán)

【译文】嵒，山的崖岸。由“山”和“品”会意。发音如同“吟”字。

峯 𡸄 嶵也。从山，絫声。落猥切（lěi）
【译文】峯，峯嶵。形符是“山”，声符是“絫”。

嶵 𡸄 山皃。从山，辠声。徂贿切（zuì）
【译文】嶵，山的样子。形符是“山”，声符是“辠”。

峼 𡸄 山皃。一曰，山名。从山，告声。古到切（gào）

【译文】峼，山的样子。一说，山名。形符是“山”，声符是“告”。

嶞 𡸄 山皃。从山，隓声。徒果切（duò）
【译文】嶞，山的样子。形符是“山”，声符是“隓”。

嵯 𡸄 山皃。从山，差声。昨何切（cuó）
【译文】嵯，山的样子。形符是“山”，声符是“差”。

峨 𡸄 嵯峨也。从山，我声。五何切（é）
【译文】峨，嵯峨。形符是“山”，声符是“我”。

𡷫[峥] 𡸄 嶸也。从山，青声。七耕切（qīng）①
【注释】①七耕切：现音读，zhēng。
【译文】𡷫，𡷫嶸。形符是“山”，声符是“青”。

嶸（嵘） 崝嶸也。从山，榮声。户萌切（hóng）

【译文】嶸，高峻的样子。形符是“山”，声符是“榮”。

陘 谷也。从山，巠声。户经切（xíng）[①]

【注释】①户经切：现音按《广韵》口茎切，读 kēng。

【译文】陘，谷名。形符是“山”，声符是“巠”。

嶏［崩］ 山坏也。从山，朋声。，古文，从𨸏。北縢切（bēng）

【译文】嶏，山土败坏塌裂。形符是“山”，声符是“朋”。，古文中的“嶏”字，从“𨸏”。

岪 山胁道也。从山，弗声。敷勿切（fú）

【译文】岪，山腰上的路。形符是“山”，声符是“弗”。

嵍 山名。从山，敄声。亡遇切（wù）

【译文】嵍，山名。形符是“山”，声符是“敄”。

嶢（峣） 焦嶢，山高皃。从山，堯声。古僚切（jiāo）[①]

【注释】①古僚切：现音按《广韵》五聊切，读 yáo。

【译文】嶢，焦峣，山势高耸的样子。形符是“山”，声符是“堯”。

𡸣 山峻也。从山，戕声。慈良切（qiáng）

【译文】𡸣，山势高峻。形符是“山”，声符是“戕”。

嵏 九嵏[①]山，在冯翊谷口。从山，㚇声。子红切（zōng）

【注释】①嵏：颜师古注：“山之高聚者曰嵏。”

【译文】嵏，九嵏山，在左冯翊郡谷口县境内。形符是“山”，声符是“㚇”。

㞗[𡺽] 陬隅，高山之节。从山，从卪。子结切（jié）

【译文】㞗，山的转角处，高山的节巴。由“山”、“卪”会意。

崇 嵬高[①]也。从山，宗声。鉏弓切（chóng）

【注释】①嵬高：王筠《说文解字句读》：“嵬，高而不平也；崇则无不平意耳。”

【译文】崇，山势高耸。形符是“山”，声符是“宗”。

崔 大高也。从山，隹声。胙回切（cuí）[①]

【注释】①胙回切：现音依《广韵》仓回切，读 cuī。

【译文】崔，山势高大。形符是“山”，声符是“隹”。

文五十三 重四

屾 二山也。凡屾之属皆从屾。所臻切（shēn）

【译文】屾，两座山。但凡是“屾”的部属都从“屾”。

嵞 会稽山[①]。一曰，九江当嵞[②]也。民以辛壬癸甲之日嫁娶。从屾，余声。《虞书》曰：“予娶嵞山。”同都切（tú）

【注释】①会稽山：位于今浙江省中部嵊州、诸暨、东阳一带。②当嵞：即当涂，今安徽省怀远东南部。

【译文】嵞，会稽山。一说，嵞山地处九江郡当嵞县境内。民众在辛、壬、癸、甲这几天进行嫁娶。形符是“屾”，声符是“余”。《尚书·虞书·咎繇谟》中讲道：“我在嵞山娶亲。”

文二

屵 岸高也。从山、厂，厂亦声。凡屵之属皆从屵。五葛切（è）

【译文】屵，岸边高耸。由“山”和“厂”会意，“厂”也是声符。但凡是“屵”的部属都从“屵”。

岸 水厓而高者。从屵，干声。五旰切（àn）

【译文】岸，水边而高出的地方。形符是“屵”，声符是“干”。

崖 高边也。从屵，圭声。五佳切（yá）

【译文】崖，高峭的山边。形符是“屵”，声符是“圭”。

嵟 高也。从屵，隹声。都回切（duī）

【译文】嵟，高。形符是“屵”，声符是“隹”。

𡾱 崩也。从屵，肥声。符鄙切（pǐ）

【译文】𡾱，崩裂。形符是“屵”，声符是“肥”。

𡾳 崩声。从屵，配声。读若费。蒲没切（bó）[1]

【注释】①蒲没切：现音按《广韵》滂佩切，读 pèi。

【译文】𡾳，崩塌的声音。形符是“屵”，声符是“配”。发音如同“费”字。

文六

广 因广［厂］为屋，象对剌（là）高屋之形。凡广之属皆从广。读若俨然之俨。鱼俭切（yǎn）

【译文】广，傍岩架屋，象高耸的房屋的形状。但凡是“广”的部属都从“广”。发音如同“俨然”的“俨”字。

府 文书藏也。从广，付声。方矩切（fǔ）

【译文】府，文书储藏的地方。形符是“广”，声符是“付”。

廱 天子饗饮辟廱。从广，雝声。於容切（yōng）

【译文】廱，天子乡饮酒礼的地方称辟廱。形符是“广”，声符是“雝”。

庠 礼官养老［处也］。夏曰校，殷曰庠，周曰序。从广，羊声。似阳切（xiáng）

【译文】庠，掌管礼仪的官吏敬养老人的地方。夏朝称“校”，商朝称“庠”，周朝称“序”。形符是“广”，声符是“羊”。

廬（庐） 寄也。秋冬去，春夏居。从广，盧声。力居切（lú）

【译文】廬，田野中可寄居的棚舍。在秋季和冬季离开，在春季和夏季居住。形符是“广”，声符是“盧”。

庭 宫中也。从广，廷声。特丁切（tíng）

【译文】庭，屋室的正中。形符是“广”，声符是“廷”。

廇［窗］ 中庭也。从广，留声。力救切（liù）

【译文】廇，庭室的正中。形符是“广”，声符是“留”。

庉 楼墙也。从广，屯声。徒损切（dùn）

【译文】庉，楼上的矮墙。形符是“广”，声符是“屯”。

庌 庑也。从广，牙声。《周礼》曰：“夏庌马。”五下切（yǎ）

【译文】庌，堂下四周的屋舍。形符是“广”，声符是“牙”。《周礼·夏官·圉师》中讲道：“夏天用马棚来庇护马。”

廡（庑） 堂下周屋。从广，無声。，籀文，从舞。文甫切（wǔ）

【译文】廡，堂下四周的屋舍。形符是“广”，声符是“無”。

，籀文中的“廡”字，从“舞”声。

廡 庑也。从广，虜声。读若卤。郎古切（lǔ）

【译文】廡，堂下四周的屋舍。形符是“广”，声符是“虜”。发音如同“卤”字。

庖 厨也。从广，包声。薄交切（páo）

【译文】庖，厨房。形符是“广”，声符是“包”。

廚[厨] 庖屋也。从广，尌声。直株切（chú）

【译文】廚，廚房。形符是“广”，声符是“尌”。

庫（库） 兵車藏（zàng）也①。从車在广下。苦故切（kù）

【注释】①兵車藏也：段玉裁《说文解字注》：“此庫之本义也，引伸之，凡贮物舍皆曰庫。”

【译文】庫，兵器車马储藏的地方。由“車”在“广”下会意。

廄[廏][厩] 马舍也。从广，𣪘声。《周礼》曰：“马有二百十四匹为廄，廄有仆夫。” ，古文，从九。居又切（jiù）

【译文】廄，马舍。形符是“广”，声符是“𣪘”。《周礼·夏官·校人》中讲道：“马有二百十四匹就是一廄，每个廄中都有仆夫一名。” ，古文“廄”，从“九”声。

序 𢇁 东西墙也。从广，予声。徐吕切（xù）

【译文】序，屋舍东边和西边的墙。形符是“广”，声符是“予”。

廦 [篆] 墙也。从广，辟声。比激切（bì）

【译文】廦，墙壁。形符是“广”，声符是“辟”。

廣（广） [篆] 殿之大屋也。从广，黄声。古晃切（guǎng）

【译文】廣，四周没有墙壁的大屋。形符是“广”，声符是“黄”。

廥 [篆] 刍稾之藏。从广，會声。古外切（kuài）

【译文】廥，堆放柴草的地方。形符是“广”，声符是“會”。

庾 [篆] 水槽仓也。从广，臾声。一曰，仓无屋者。以主切（yǔ）

【译文】庾，漕运仓库。形符是“广”，声符是“臾”。一说，上面没有覆盖物的粮仓。

庰 [篆] 蔽也。从广，并声。必郢切（bǐng）[①]

【注释】①必郢切：现音按《广韵》防正切，读 bìng。

【译文】庰，隐蔽之处。形符是“广”，声符是“并”。

廁[厕]（厕） [篆] 清也。从广，則声。初吏切（cì）[①]

【注释】①初吏切：现音按《集韵》察色切，读 cè。

【译文】廁，清除不洁的处所。形符是“广”，声符是“則”。

廛[1] (一)[二]亩半，一家之居。从广、里、八、土。直连切(chán)

【注释】①廛：指城市中平民一家所居住的房地。

【译文】廛，两亩半的土地，是一户人家可以居住的地方。由“广”、“里”、“八”、“土”会意。

庋 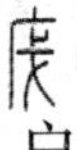 屋牝瓦下。一曰，维纲也。从广，閔省声[1]。读若环。户关切(huán)

【注释】①閔省声：桂馥《说文解字义证》：“当从戈声。”

【译文】庋，房屋牝瓦在牡瓦的下面，一说，纲绳。形符是“广”，声符是“閔”的省文。读音如同“环”字。

廖[廖]  屋阶中会也。从广，悤声。仓红切(cōng)

【译文】廖，房屋的阶梯在中央交会的地方。形符是“广”，声符是“悤”。

㢋  广也。从广，侈声。《春秋国语》曰：“侠沟而㢋我。”尺氏切(chǐ)

【译文】㢋，广泛。形符是“广”，声符是“侈”。《国语·吴语》中讲道：“齐、宋、徐和夷这四个国家相互勾结围攻我。”

廉 [seal] 仄[1]也。从广，兼声。力兼切（lián）

【注释】①仄：侧面。

【译文】廉，堂屋的侧面。形符是“广”，声符是“兼”。

庑 [seal] 开张屋也。从广，秅声。济阴有庑县。宅加切（chá）

【译文】庑，敞开的屋。形符是“广”，声符是“秅”。济阴郡有一地名叫做庑县。

龐（庞）[seal] 高屋也。从广，龍声。薄江切（páng）

【译文】龐，高大的屋。形符是“广”，声符是“龍”。

底 [seal] （山）[止]居也。一曰，下也。从广，氐声。都礼切（dǐ）

【译文】底，止息、居住的地方。一说，下面。形符是“广”，声符是“氐”。

庢 [seal] 碍止也。从广，至声。陟栗切（zhì）

【译文】庢，阻碍遏止。形符是“广”，声符是“至”。

廮 [seal] 安止也。从广，嬰声。巨鹿[1]有廮陶县[2]。於郢切（yǐng）

【注释】①巨鹿：汉代的郡名。②廮陶县：现位于河北省滏阳河上游地区。

【译文】廮，安定止息。形符是“广”，声符是“嬰”。巨鹿郡有一地名叫廮陶县。

废 舍也。从广，发声。《诗》曰："召伯所废。"[①]蒲拨切（bá）

【注释】①语见《诗经·召南·甘棠》。废今本作茇。

【译文】废，屋舍。形符是"广"，声符是"发"。《诗经》中讲道："召伯在草野中住宿的地方。"

庳 中伏舍。从广，卑声。一曰，屋庳[①]。或读若逋。便俾切（bì）

【注释】①屋庳：低矮的屋。

【译文】庳，两边高中间低的房舍。形符是"广"，声符是"卑"。一说，低下的屋舍。有时发音如同"逋"字。

庇 荫也。从广，比声。必至切（bì）

【译文】庇，遮挡。形符是"广"，声符是"比"。

庶 屋下众也。从广、炗（guāng）；炗，古文光字。商署切（shù）

【译文】庶，屋下光彩众多。由"广"和"炗"会意。"炗"，是古文中的"光"字。

庤 储置屋下也。从广，寺声。直里切（zhì）

【译文】庤，储存放置在屋下。形符是"广"，声符是"寺"。

廙 行屋[①]也。从广，異声。与职切（yì）

【注释】①行屋：段玉裁《说文解字注》："行屋，所谓幄也。"

【译文】廙，可移动的住房。形符是"广"，声符是"異"。

廔 屋丽廔[①]也。从广，婁声。一曰，穜也。洛侯切（lóu）

【注释】①丽廔：即玲珑，窗户明亮的样子。

【译文】廔，屋舍窗牖通明的样子。形符是"广"，声符是"婁"。一说，播种的工具。

雇 屋从上倾下也。从广，隹声。都回切（duī）[①]

【注释】①都回切：现音按《广韵》杜回切，读tuí。

【译文】雇，房屋倒塌。形符是"广"，声符是"隹"。

廢（废） 屋顿也。从广，發声。方肺切（fèi）

【译文】废，房屋倒塌。形符是"广"，声符是"發"。

庮 久屋朽木。从广，酉声。《周礼》曰："牛夜鸣则庮，臭如朽木。"与久切（yǒu）

【译文】庮，年久的房屋里的朽木。形符是"广"，声符是"酉"。《周礼·天官·内饔》中讲道："牛在夜里叫，发出的气味像旧屋里的朽木。"

廑[①] 少劣[②]之居。从广，堇声。巨斤切（jīn）[③]

【注释】①廑：小屋。②劣：弱小。③巨斤切：现音按《广韵》渠遴切，读 jǐn。

【译文】廑，小屋。形符是“广”，声符是“堇”。

廟（庙）  尊先祖皃[1]也。从广，朝声。庿，古文。眉召切（miào）

【注释】①皃：形貌，指牌位。段玉裁《说文解字注》：“廟之言皃也。宗廟，先祖之尊皃也。古者廟以祀先祖，凡神不为廟也。为神立廟者，始三代以后。”

【译文】廟，尊奉先祖，放置牌位的地方。形符是“广”，声符是“朝”。庿，古文“廟”。

䢋 人相依䢋也。从广，且声。子余切（jū）

【译文】䢋，人与人之间相互依存。形符是“广”，声符是“且”。

㾆 屋迫[1]也。从广，曷声。於歇切（yè）

【注释】①屋迫：即房屋空间狭小。

【译文】㾆，房屋迫促狭窄。形符是“广”，声符是“曷”。

庴［斥］ （郤）［卻］屋也。从广，屰声。昌石切（chì）

【译文】庴，开扩房屋使其宽敞。形符是“广”，声符是“屰”。

廞  陈舆服于庭也。从广，欽声。读若歆。许

今切（xīn）

【译文】廞，在房间里陈设车马衣物。形符是“广”，声符是“欽”。发音如同“歆”字。

廫[1][寥] 空虚也。从广，膠声。洛萧切（liáo）

【注释】①廫：邵瑛《说文解字群经正字》：“此为寥廓正字。”

【译文】廫，空虚。形符是“广”，声符是“膠”。

文四十九 重三

厂 山石之厓岩，人可居。象形。凡厂之属皆从厂。厈，籀文，从干。呼旱切（hǎn）

【译文】厂，山上的岩石形成的悬崖峭壁，人可以在下面洞穴居住。象形。但凡是“厂”的部属都从“厂”。厈，籀文中的“厂”字，从“干”声。

厓 山边也。从厂，圭声。五佳切（yá）

【译文】厓，山边。形符是“厂”，声符是“圭”。

厜 厜㕒（wēi），山颠也。从厂，垂声。姊宜切（zuī）

【译文】厜，厜㕒，山顶。形符是“厂”，声符是“垂”。

㕒 厜㕒也。从厂，義声。鱼为切（wēi）

【译文】㕒，厜㕒，山顶。形符是“厂”，声符是“義”。

厰　崟①也。一曰，地名。从厂，敢声。鱼音切（yín）

【注释】①崟：即厰崟，形容山崖险峻。

【译文】厰，厰崟。一说，地名。形符是“厂”，声符是“敢”。

厬①　仄出泉也。从厂，晷声。读若轨。居洧切（guǐ）

【注释】①厬：现作“氿”。

【译文】厬，自旁穴流出泉水。形符是“厂”，声符是“晷”。发音如同“轨”字。

厎[砥]　柔石也。从厂，氐声。，厎或，从石。职雉切（zhǐ）①

【注释】①职雉切：现音读，dǐ。

【译文】厎，质地细腻的磨刀石。形符是“厂”，声符是“氐”。，“厎”的异体字，从“石”。

厥　发石也。从厂，欮声。俱月切（jué）

【译文】厥，发射石块。形符是“厂”，声符是“欮”。

厲（厉）　旱石也。从厂，蠆省声。，或，不省。力制切（lì）

【译文】厲，质地粗糙的磨刀石。形符是“厂”，声符是“蠆”的省文。，“厲”的异体字，不省虫。

厱 厱诸，治玉石也。从厂，僉声。读若蓝。鲁甘切（lán）

【译文】厱，厱诸，磨治玉的石头。形符是“厂”，声符是“僉”。发音如同“蓝”字。

厤 治也。从厂，秝声。郎击切（lì）

【译文】厤，磨治。形符是“厂”，声符是“秝”。

厲 石利也。从厂，異声。读若枲。胥里切（xǐ）

【译文】厲，石头锐利。形符是“厂”，声符是“異”。发音如同“枲”字。

厬 美石也。从厂，古声。侯古切（hù）

【译文】厬，美丽的石头。形符是“厂”，声符是“古”。

厗 唐厗[①]，石也。从厂，屖省声。杜兮切（tí）

【注释】①唐厗：即火齐。

【译文】厗，唐厗，石名。形符是“厂”，声符是“屖”的省文。

厝 石声也。从厂，立声。卢荅切（lā）

【译文】厝，石头崩裂的声音。形符是“厂”，声符是“立”。

厸 石地恶也。从厂，兒声。五历切（yì）

【译文】厸，多石的土地贫瘠。形符是“厂”，声符是“兒”。

厱 石地也。从厂，金声。读若紟。巨今切（qín）

【译文】厱，石质的土地。形符是“厂”，声符是“金”。发音如同“紟”字。

厙 石间见。从厂，甫声。读若敷。芳无切（fū）

【译文】厙，石头在空隙处乍现。形符是“厂”，声符是“甫”。发音如同“敷”字。

厝 厉石也。从厂，昔声。《诗》曰：“他山之石，可以为厝。”①仓各切（cuò），又七互切（cù）

【注释】①语见《诗经·小雅·鹤鸣》。厝今本作错。

【译文】厝，磨刀石。形符是“厂”，声符是“昔”。《诗经》中讲道：“别的山上的石头，可以用来作为磨刀石。”

厖 石大也。从厂，龙声。莫江切（máng）

【译文】厖，石头庞大。形符是“厂”，声符是“龙”。

屵 岸上见①也。从厂，从㞢（之）省。读若跃。以灼切（yuè）

【注释】①见：即“现”。

【译文】屵，高岸上部显现出来。由“长”和“㞢”的省文会意。发音如同“跃”字。

厒 辟也。从厂，夾声。胡甲切（xiá）

【译文】厒，狭窄。形符是“厂”，声符是“夾”。

仄 [篆] 侧倾也。从人在厂下。[篆]，籀文，从矢，矢亦声。阻力切（zè）

【译文】仄，一侧倾斜。由“人”在“厂”的下部会意。[篆]，籀文“仄”字，从“矢”，“矢”也是声符。

廦 [篆] 仄也。从厂，辟声。普击切（pì）

【译文】廦，狭窄。形符是“厂”，声符是“辟”。

厞 [篆] 隐也。从厂，非声。扶沸切（fèi）

【译文】厞，隐蔽。形符是“厂”，声符是“非”。

厭（厌） [篆] 笮（zé）也。从厂，猒声。一曰，合也。於辄切（yā），又一琰切（yàn）

【译文】厭，覆壓。形符是“厂”，声符是“猒”。另一说法，是符合。

产 [篆] 仰也。从人在厂上。一曰，屋梠（lǚ）[①]也。秦谓之桷，齐谓之产。鱼毁切（wěi）

【注释】①屋梠：即屋脊。

【译文】产，仰望。由“人”在“厂”上会意。一说，屋脊，秦地称之为“桷”，齐地称之为“产”。

文二十七 重四

丸 [篆] 圜，倾侧而转者。从反仄。凡丸之属皆从

丸。胡官切（huán）[①]

【注释】①胡官切：现音读 wán。

【译文】丸，圆体，倾斜而可以圆转的东西。由反写的“仄”字来表示。但凡是“丸”的部属都从“丸”。

𠨎 鸷鸟食已，吐其皮毛如丸。从丸，咼声。读若骫。於跪切（wěi）

【译文】𠨎，鹰隼之类的猛禽吃完猎物后，吐出猎物的皮毛像圆丸的形状。形符是“厂”，声符是“咼”。

𠨍 丸之孰也。从丸，而声。奴禾切（nuó）

【译文】𠨍，以手熟练地圆转物体。形符是“厂”，声符是“而”。

𠨌 阙[①]。芳万切（fàn）

【注释】①阙：段玉裁《说文解字注》：“谓其义、其形、其音，说皆阙也。”

【译文】𠨌，记载不详。

文四

危  在高而惧也。从产，自卪止之。凡危之属皆从危。鱼为切（wēi）

【译文】危，身处高处而恐惧。由“产”和“卪”，表示节制、抑制这种恐惧的情绪。但凡是“危”的部属都从“危”。

攲 　攲嶇[①]也。从危，支声。去其切（qī）

【注释】①攲嶇：双声连绵词，倾侧不安。

【译文】攲，崎岖不正。形符是“危”，声符是“支”。

文二

石  　山石也。在厂之下；口（wéi），象形。凡石之属皆从石。常只切（shí）

【译文】石，山上的岩石。位于“厂”的下部；“口”如同石头的形状。但凡是“石”的部属都从“石”。

磺  　铜铁朴石也。从石，黄声。读若穬。卝，古文磺。《周礼》有卝人。古猛切（gǒng）[①]

【注释】①古猛切：现音读 kuàng。

【译文】磺，铜铁之类的金属磺石。形符是“石”，声符是“黄”。发音如同“穬”字。“卝”，古文中的“磺”字。《周礼·地官》中记载有“卝人”。

碭（砀） 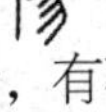 　文石也。从石，昜声。徒浪切（dàng）

【译文】砀，有花纹的石头。形符是“石”，声符是“昜”。

碝  　石次玉者。从石，耎声。而沇切（ruǎn）

【译文】碝，低玉一等的石头。形符是“石”，声符是“耎”。

砮  　石，可以为矢镞。从石，奴声。《夏书》曰：“梁州贡砮丹。”《春秋国语》曰：“肃慎氏[①]贡楛矢

砮。”乃都切（nú）

【注释】①肃慎氏：周朝时少数民族的名字，分布在黑龙江、松花江流域。

【译文】砮，石头的名字，可以用来制作箭锋。形符是“石”，声符是“奴”。《尚书·禹贡》中讲道：“梁州地区进献的制作箭镞的砮石和丹砂。”《国语·鲁语》中讲道：“肃慎氏进献楛木箭和制作箭镞的盘石。”

礜 毒石也。出汉中[1]。从石，與声。羊茹切（yù）

【注释】①汉中：汉中郡。

【译文】礜，含毒的石头。出自有汉中地区。形符是“石”，声符是“與”。

碣 特立之石。东海有碣石山。从石，曷声。，古文。渠列切（jié）

【译文】碣，高耸独立的石头。东海郡地区有碣石山。形符是“石”，声符是“曷”。，古文中的“碣”字。

磏 厉石也。一曰，赤色。从石，兼声。读若镰。力盐切（lián）

【译文】磏，磨刀石。一说，红色。形符是“石”，声符是“兼”。读若“镰”字。

碬 厉石也。从石，叚声。《春秋传》曰：“郑公孙碬字子石。”[1]乎加切（xiá）

【注释】①语见《左传·襄公二十七年》。碬今本作段。

【译文】碬，磨刀石。形符是"石"，声符是"叚"。《左传》中讲道："郑公孙碬的字是子石。"

礫（砾） 小石也。从石，樂声。郎击切（lì）

【译文】礫，小石头。形符是"石"，声符是"樂"。

碧 水边石。从石，巩声。《春秋传》曰："阙碧之甲。"[①]居竦切（gǒng）

【注释】①语见《左传·昭公十五年》。碧今本作巩。

【译文】碧，水边的石头。形符是"石"，声符是"巩"。《左传·昭公十五年》中讲道："阙碧出产的铠甲。"

磧（碛） 水陼（zhǔ）有石者。从石，責声。七迹切（qì）

【译文】磧，水边滩头中有石头的地方。形符是"石"，声符是"責"。

碑 竖石也。从石，卑声。府眉切（bēi）

【译文】碑，竖着的石头。形符是"石"，声符是"卑"。

磙[①] （陵）[陊]也。从石，豖声。徒对切（duì）[②]

【注释】①磙：即坠。②徒对切：现音按《广韵》直类切，读 zhuì。

【译文】磙，坠落。形符是"石"，声符是"豖"。

磒 落也。从石，員声。《春秋传》曰："磒石于宋五。"[①]於敏切（yǔn）

【注释】①语见《左传·僖公十六年》。磒今本作陨。

【译文】磒，坠落。形符是"石"，声符是"員"。《左传》中讲道："磒石坠落到宋国，总计五颗。"

硃 碎石磒声。从石，炙声。所责切（sè）[①]

【注释】①所责切：现音按《广韵》山戟切，读 suǒ。

【译文】硃，碎石下落时发出的响声。形符是"石"，声符是"炙"。

硞 石声[①]。从石，告声。苦角切（què）

【注释】①石声：张舜徽《说文解字约注》："自为击石之声。"

【译文】硞，石声。形符是"石"，声符是"告"。

硠 石声[①]。从石，良声。鲁当切（láng）

【注释】①石声：张舜徽注《说文解字约注》："石旋转相击之声。"

【译文】硠，石头旋转撞击发出的声音。形符是"石"，声符是"良"。

礐（岩） 石声。从石，學省声。胡角切（xué）[①]

【注释】①胡角切：现音按《广韵》苦角切，读 què。

【译文】磬，水击打石头发出的声音。形符是“石”，声符是“學”的省文。

硈 石坚也。从石，吉声。一曰，突也。格八切（qià）

【译文】硈，石头坚固。形符是“石”，声符是“吉”。一说，是奔突。

磕 石声。从石，盍声。口太切（kài），又若盍切（kē）

【译文】磕，两石互击的声音。形符是“石”，声符是“盍”。

磬 余磬者。从石，堅省。口茎切（kēng）

【译文】磬，除了石头之外其他的坚硬的东西。形符是“石”，声符是“堅”的省文。

磿 石声[①]也。从石，厤声。郎击切（lì）

【注释】①石声：段玉裁《说文解字注》：“磿为石声者，谓其声历历然。《玉篇》曰：‘石小声’是也。”。

【译文】磿，历历然的石声。形符是“石”，声符是“厤”。

磛 礹，石也。从石，斬声。（巨）[锄]衔切（chán）

【译文】磛，磛礹，石头的样子。形符是“石”，声符是“斬”。

礹 石山也。从石，嚴声。五衔切（yán）

【译文】礹，石山。形符是“石”，声符是“嚴”。

㲉 坚也。从石，㱿声。楷革切（kè）

【译文】㲉，坚硬。形符是“石”，声符是“㱿”。

确 㲉石也。从石，角声。，确或，从㱿。胡角切（xué）[1]

【注释】①胡角切：现音按《集韵》克角切，读 què。

【译文】确，坚硬的石头。形符是“石”，声符是“角”。，“确”的异体字，从“㱿”声。

磽（硗） 㲉石也。从石，堯声。口交切（qiāo）

【译文】硗，坚硬的石头。形符是“石”，声符是“堯”。

硪 石岩[1]也。从石，我声。五何切（é）

【注释】①石岩：即石崖。

【译文】硪，石头形成的山的边岸。形符是“石”，声符是“我”。

嵒 磛（嵒）[嵒]也。从石、品。《周书》曰：“畏于民嵒。”读与岩同。五衔切（yán）

【译文】嵒，磛嵒。由“石”和“品”会意。《尚书·周书·召诰》中讲道：“惊恐于民心的险恶。”发音与“岩”字相同。

磬 乐石也。从石、殸。象县虡（jù）之形。殳，击之也。古者毋句氏作磬。，籀文，省。，古文，从巠。苦定切（qìng）

【译文】磬，可以演奏音乐的石器。由“石”和“殸”会意。“声”象悬挂在支架上的磬形。“殳”表示击打之意。古时候毋句氏制作了磬。，籀文“磬”省“石”。，古文“磬”，从“巠”声。

礙（碍） 止也。从石，疑声。五溉切（ài）
【译文】碍，阻止。形符是“石”，声符是“疑”。

硩 上摘岩空青、珊瑚堕之。从石，折声。《周礼》有硩蔟氏。丑列切（chè）

【译文】硩，上山摘取空青石和珊瑚，使其落下。形符是“石”，声符是“折”。《周礼·秋官》中记载有“硩蔟氏”。

硟 以石扞[①]缯也。从石，延声。尺战切（chàn）
【注释】①扞：即碾压。

【译文】硟，用石器擀平缯帛。形符是“石”，声符是“延”。

碎 䃺[①]也。从石，卒声。苏对切（suì）
【注释】①䃺：即“磨”。

【译文】碎，磨碎。形符是“石”，声符是“卒”。

破 石碎也。从石，皮声。普过切（pò）
【译文】破，石头破碎。形符是“石”，声符是“皮”。

礱（砻） 䃺也。从石，龍声。天子之桷，椓而礱之。卢红切（lóng）

【译文】礱，磨砺。形符是“石”，声符是“龍”。天子宫殿的椽角，需要雕琢和打磨。

研［研］ 䃺也。从石，幵声。五坚切（yán）

【译文】研，磨。形符是“石”，声符是“幵”。

䃺  石磑也。从石，靡声。模卧切（mò）[1]

【注释】①段玉裁《说文解字注》：“䃺今字省作磨，引伸之义为研磨。俗乃分别其音，石磑则去声，模卧切；研磨则平声，莫婆切（mó）。”

【译文】䃺，石磨。形符是“石”，声符是“靡”。

磑（硙） 䃺也。从石，豈声。古者公输班作磑。五对切（wèi）

【译文】磑，石磨。形符是“石”，声符是“豈”。古时候公输班制作了石磨。

碓 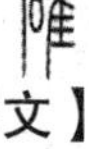 舂也。从石，隹声。都队切（duì）

【译文】碓，舂米的器具。形符是“石”，声符是“隹”。

磕 舂已，复捣之，曰磕。从石，沓声。徒合切（tà）

【译文】磕，初次舂米结束，再次舂米，被称作是“磕”。形符是“石”，声符是“沓”。

磻 [篆] 以石箸隿（yì）繳（zhuó）也。从石，番声。博禾切（bō）

【译文】磻，射飞鸟时，系在丝线上作箭头用的石子。形符是“石”，声符是“番”。

礑 [篆] 斫也。从石，箸声。张略切（zhuó）

【译文】礑，斫地石锄。形符是“石”，声符是“箸”。

硯（砚） [篆] 石滑[①]也。从石，見声。五甸切（yàn）

【注释】①石滑：即石性滑利。引申为研墨用的砚台。

【译文】硯，石性光滑。形符是“石”，声符是“見”。

砭 [篆] 以石刺病也。从石，乏声。方廉切（biān），又方验切（biàn）

【译文】砭，用石针刺破皮肉治病。形符是“石”，声符是“乏”。

碣 [篆] 石（也）[地]恶也。从石，鬲声。下革切（hé）

【译文】碣，石质土地非常贫瘠。形符是“石”，声符是“鬲”。

砢 [篆] 磊砢也。从石，可声。来可切（luǒ）

【译文】砢，众多小石子。形符是“石”，声符是“可”。

磊 [篆] 众石也。从三石。落猥切（lěi）

【译文】磊，众多的石头累积在一起。由三个“石”字会意。

文四十九 重五

長（长） [篆] 久、远也。从兀，从匕。兀者，高远意也。久则变化。亾声。𠑹者，倒亾也。凡長之属皆从長。[古文]，古文長。[古文]，亦古文長。直良切（cháng）

【译文】長，長久；長远。由“兀”、“匕”会意，“兀”意为高远。“久”则意为长久了就起变化。“亾”声。“𠑹”是倒着的“亾”字。但凡是“長”的部属都从“長”。[古文]，古文“長”。[古文]，也是古文中的“長”。

肆 [篆] 极、陈也。从長，隶声。[篆]，或，从髟。息利切（sì）

【译文】肆，穷极；陈列。形符是“長”，声符是“隶”。[篆]，“肆”的异体字，从“髟”。

镾 [篆] 久長也。从長，爾声。武夷切（mí）

【译文】镾，久長，形符是“長”，声符是“爾”。

镻 [篆] 蛇恶毒長也。从長，失声。徒结切（dié）

【译文】镻，蜇蛇，蛇毒时间长久。形符是“長”，声符是“失”。

文四 重三

勿 州里所建旗。象其柄，有三游①。杂帛，幅半异。所以趣②民，故遽，称勿勿。凡勿之属皆从勿。𣃦，勿或，从於［㫃］。文弗切（wù）

【注释】①游：旗帜边缘悬挂的装饰物。②趣：促，督促。

【译文】勿，大夫和士所竖立的旗帜。丨象竖立的旗杆，“彡”象三条缀在旗帜边缘上飘悬着的游。游帛上颜色不单一，正幅红白各半边。用来催促民众的，因此意表“急遽”，又被称作“勿勿”。但凡是“勿”的部属都从“勿”。𣃦，“勿”的异体字，从“㫃”。

昜 开也。从日、一、勿。一曰，飞扬。一曰，长也。一曰，强者众皃。与章切（yáng）

【译文】昜，光明。由“日”、“一”、“勿”会意。一说，飞扬。一说，生长。一说，具有强大东西的样子。

文一 重一

冄（冉） 毛冄冄①也。象形。凡冄之属皆从冄。而琰切（rǎn）

【注释】①冄冄：段玉裁《说文解字注》：“柔弱下垂之皃。”

【译文】冄，毛柔弱下垂的样子。象形。但凡是“冄”的部属都从“冄”。

文一

而 颊毛也。象毛之形。《周礼》曰：“作其鳞之而。”凡而之属皆从而。如之切（ér）

【译文】而，面颊两旁的毛发。象毛的形状。《周礼·考工记·梓人》中讲道："振作起它的鳞和面颊的毛。"但凡是"而"的部属都从"而"。

耏[耐] 罪不至髡也。从而，从彡（shān）。，或，从寸。诸法度字从寸。奴代切（nài）

【译文】耏，罪责只剃除颊须，不至于受到髡刑。由"而"和"彡"会意。，"耏"的异体字，从"寸"。表示罪名和法度的字都从"寸"。

文二 重一

豕 彘也。竭其尾，故谓之豕。象(毛)[头、四]足而后有尾。读与豨同。按，今世字，误以豕为(彘)[豕]，以(彘)[彖]为豕。何以明之？为(啄啄)[琢琢]从(豕)[豕]，蠡从(彘)[豕]，皆取其声，以是明之。凡豕之属皆从豕。，古文。式视切（shǐ）

【译文】豕，猪。猪在发怒时会竖起它的尾巴，因此被称作是豕。象有头、四只脚，并且身后有尾巴的样子。发音如同"豨"字。按，现在的字，误将"豕"当作"豕"，将"彖"当作是"豕"。怎么知道会是这样呢？因为"啄"和"琢"都从"豕"部，却写成"豕"部，"蠡"从"豕"，却常被写成"蠡"。原本"豕"、"豕"都被用作声符，所以就明白了这个错误。但凡是"豕"的部属都从"豕"。，古文中的"豕"字。

豬[猪] 豕而三毛丛居者。从豕，者声。陟鱼

切（zhū）

【译文】豬，豕，是三根毛发生长于一个毛孔的动物。形符是“豕”，声符是“者”。

豰 小豚也。从豕，𣪊声。步角切（bó）

【译文】豰，小猪。形符是“豕”，声符是“𣪊”。

豯 生三月豚，腹豯豯皃也。从豕，奚声。胡鸡切（xī）

【译文】豯，出生三个月的小猪，腹部豯豯的样子。形符是“豕”，声符是“奚”。

豵 生六月豚。从豕，從声。一曰，一岁豵，尚从聚也。子红切（zōng）

【译文】豵，出生六个月的小猪。形符是“豕”，声符是“從”。一种说法是，一岁的小猪，都跟随其母群聚居。

豝 牝豕也。从豕，巴声。一曰，一岁，能相把①拿②也。《诗》曰：“一发五豝。”伯加切（bā）

【注释】①把：握。②拿：牵引。

【译文】豝，母猪。形符是“豕”，声符是“巴”。一种说法是，一岁的猪，能够进行牵引了。《诗经·召南·驺虞》中讲道：“一箭射中了五头母猪。”

豣 三岁豕，肩相及者。从豕，幵声。《诗》曰：

"并驱从两豜兮。"[1]古贤切(jiān)

【注释】①语见《诗经·齐风·还》。豜今本作肩。

【译文】豜，三岁的猪，肩高已经与其母相当。形符是"豕"，声符是"幵"。《诗经》中讲道："我们一起追逐两头野猪。"

豶(豮)  羠(yí)豕也。从豕，賁声。符分切(fén)

【译文】豶，被阉割的猪。形符是"豕"，声符是"賁"。

豭  牡豕也。从豕，叚声。古牙切(jiā)

【译文】豭，公猪。形符是"豕"，声符是"叚"。

豛 上谷[1]名猪(豭)[豛][2]。从豕，役省声。营只切(yì)

【注释】①上谷：汉朝时的郡名，位于今河北省。②豭：依徐锴《说文解字系传》作豛。

【译文】豛，上谷地区把猪称作是豛。形符是"豕"，声符是"役"的省文。

䝐 豶也。从豕，隋声。以水切(wěi)[1]

【注释】①以水切：现音按《广韵》悦吹切，读wéi。

【译文】䝐，被阉割的猪。形符是"豕"，声符是"隋"。

豤  啮也。从豕，艮声。康很切(kěn)

【译文】豤，猪啃物。形符是"豕"，声符是"艮"。

豷 𧱡 豕息[①]也。从豕，壹声。《春秋传》曰："生敖及豷。"许利切（xì）[②]

【注释】①息：喘息。②许利切：现音按《广韵》於计切，读 yì。

【译文】豷，猪喘息。形符是"豕"，声符是"壹"。《左传·襄公四年》中讲道："寒浞霸占了帝羿的妻妾，生了敖和豷。"

豧 豧 豕息也。从豕，甫声。芳无切（fū）

【译文】豧，猪喘息。形符是"豕"，声符是"甫"。

豢[豢] 豢 以谷圈养豕也。从豕，䜴声。胡惯切（huàn）

【译文】豢，用谷物在围栏中喂养猪。形符是"豕"，声符是"䜴"。

豠 豠 豕属。从豕，且声。疾余切（xú）[①]

【注释】①疾余切：现音按《广韵》士鱼切，读 chú。

【译文】豠，猪类。形符是"豕"，声符是"且"。

豲 豲 （逸）[豕属]也。从豕，原声。《周书》曰："豲有爪而不敢以撅。"读若桓。胡官切（huán）

【译文】豲，猪类。形符是"豕"，声符是"原"。《逸周书·周祝解》中讲道："豲有爪却不敢用来掘土。"发音如同"桓"字。

豨 𧱏 豕走豨豨。从豕，希声。古有封豨、修虵[①]之害。虚岂切（xǐ）[②]

【注释】①虵：今作蛇。②虚岂切：现音按《广韵》香衣切，读 xī。

【译文】豨，猪走路嬉戏的样子。形符是“豕”，声符是“希”。古时候有大猪和长蛇祸害百姓。

豖 豖 豕绊足行豖豖。从豕，系二足。丑六切（chù）

【译文】豖，猪被绊住脚而艰难行走的样子。系住“豕”的两只脚来进行表意。

豦 豦 斗相丮（jǐ）不解也。从豕、虍（hū）。豕、虍之斗，不解也。读若蘮（jì）蒘（rú）艸之蘮。司马相如说：豦，封豕之属。一曰，虎两足举。强鱼切（qú）[①]

【注释】①强鱼切：现音按《广韵》居御切，读 jù。

【译文】豦，相互争斗不能分解。由“豕”和“虍”会意。野猪和老虎的争斗，是不易分解的。发音如同“蘮蒘草”的“蘮”字。司马相如说：豦，大猪的一种。一说，“豦”象老虎举起两只爪子的样子。

豙 豙 豕怒毛竖。一曰，残艾也。从豕、辛。鱼既切（yì）

【译文】豙，猪发怒而毛竖起。一说，删夷。由“豕”、“辛”

会意。

豩　二豕也。豳从此。阙。伯贫切（bīn），又呼关切（huān）

【译文】豩，由二个“豕”字组成。“豳”字从“豩”。音、义记载不详。

文二十二　重一

㣇　修豪兽。一曰，河内[1]名豕也。从彑，下象毛足。凡㣇之属皆从㣇。读若弟。，籀文。，古文。羊至切（yì）

【注释】①河内：汉代的郡名，位于现河南省黄河以北，京汉铁路以西。

【译文】㣇，体毛很长的野兽。一说，在河内地区，人们将猪称作“㣇”。从“彑”，下部象野兽的毛和脚。凡是“㣇”的部属都从“㣇”。读若“弟”。，籀文“㣇”。，古文“㣇”。

𢑱（䝟）　豕属。从㣇，曶声。呼骨切（hū）

【译文】𢑱，猪类。形符是“㣇”，声符是“曶”。

𢑚　豕，鬣如笔管者。出南郡[1]。从㣇，高声。，籀文，从豕。乎刀切（háo）

【注释】①南郡：汉代的郡名，位于今湖北省和四川省边界。

【译文】𢑚，猪名，鬃毛如同笔管一般。出自南郡地区。形符是“希”，声符是“高”。豪，籀文“豪”，从“豕”。

㣇[猬] 虫，似豪猪者。从希，胃省声。蝟，或，从虫。於贵切（huì）

【译文】㣇，虫名，象豪猪的野兽。形符是“希”，声符是“胃”的省文。蝟，“㣇”的异体字，从“虫”。

𢑏 希属。从二希。𢑏，古文𢑏。《虞书》曰：“𢑏类于上帝。”息利切（sì）

【译文】𢑏，长毛兽的一种。从二“希”会意。𢑏，古文“𢑏”。《尚书·虞书·尧典》中讲道：“于是就向上帝进行类祭。”

文五 重五

彑 豕之头。象其锐，而上见也。凡彑之属皆从彑。读若罽。居例切（jì）

【译文】彑，猪头。象猪嘴长锐，“彑”字上画∠能体现这一特点。凡是“彑”的部属都从“彑”。读音像“罽”字。

彘 豕也。后蹏（发）[废]①谓之彘。从彑，矢声；从二匕，彘足与鹿足同。直例切（zhì）

【注释】①发：依徐锴《说文解字系传》作废。

【译文】彘，猪。后脚废腿称作是彘。形符是“彑”，声符是“矢”；从二“匕”，“彘”和“鹿”的脚都用二“匕”来表示。

彖 豕也。从彑，从豕。读若弛。式视切

（shǐ）①

【注释】①式视切：现音按《广韵》尺氏切，读 chǐ。

【译文】彖，猪。由“彑”和“豕”会意。发音如同“弛”字。

彖 𢑚 豕也。从彑，下象其足。读若瑕。乎加切（xiá）

【译文】彖，猪。从“彑”，下部𠀤象它的脚。发音如同“瑕”字。

彖 𢑚 豕走也。从彑，从豕省。通贯切（tuàn）

【译文】彖，猪奔跑。由“彑”和“豕”的省文会意。

文五

豚 𧰼 小豕也。从彖省，象形。从又持肉，以给祠祀。凡豚之属皆从豚。𧰼，篆文，从肉、豕。徒魂切（tún）

【译文】豚，小猪。从“彖”的省文，象猪形象。“又”表示手，意为持“肉”以供祭祀。凡是“豚”的部属都从“豚”。𧰼，篆文中的“豚”字，由“肉”和“豕”会意。

䝪 䝪 豚属。从豚，衛声。读若罽。于岁切（wèi）

【译文】䝪，小猪的一种。形符是“豚”，声符是“衛”。发音如同“罽”字。

文二 重一

豸 [seal] 兽長脊，行豸豸然，欲有所司杀形。凡豸之属皆从豸。池尔切（zhì）

【译文】豸，拥有长脊的野兽，走路时伸直身体，象想要伺机扑杀的样子。但凡是"豸"的部属都从"豸"。

豹 [seal] 似虎，圜文。从豸，勺声。北教切（bào）

【译文】豹，象老虎，身上有圆形的花纹。形符是"豸"，声符是"勺"。

貙（䝙）[seal] 貙獌，似狸者。从豸，區声。敕俱切（chū）

【译文】貙，貙獌，像狸猫。形符是"豸"，声符是"區"。

貚 [seal] 䝙属也。从豸，單声。徒干切（tán）

【译文】貚，䝙虎类。形符是"豸"，声符是"單"。

貔 [seal] 豹属，出貉国。从豸，㲋声。《诗》曰："献其貔皮。"《周书》曰："如虎如貔。"貔，猛兽。𧳏，或，从比[1]。房脂切（pí）

【注释】①从比：段玉裁《说文解字注》："比声。"

【译文】貔，豹类，出自北方貉国。形符是"豸"，声符是"㲋"。《诗经·大雅·韩奕》中讲道："贡献那貔兽的皮。"《尚书·牧誓》中讲道："像虎和貔。"貔是凶猛的野兽。𧳏，"貔"的异体字，从"比"声。

豺 狼属，狗声。从豸，才声。士皆切（chái）

【译文】豺，狼的一种，能发出像狗一般的叫声。形符是“豸”，声符是“才”。

貐 猰（yà）貐，似貙，虎爪，食人，迅走。从豸，俞声。以主切（yǔ）

【译文】貐，猰貐，象貙兽，有老虎一般的爪子，吃人，动作迅捷。形符是“豸”，声符是“俞”。

貘 似熊而黄黑色，出蜀中。从豸，莫声。莫白切（mò）

【译文】貘，象熊，黄黑色。出自蜀中地区。形符是“豸”，声符是“莫”。

𧳜 猛兽也。从豸，庸声。余封切（yōng）

【译文】𧳜，一种猛兽。形符是“豸”，声符是“庸”。

貜 （㲉貜）[㲉（hù）貜] 也。从豸，矍声。王缚切（yuè）

【译文】貜，㲉兽和貜兽。形符是“豸”，声符是“矍”。

貀 兽，无前足。从豸，出声。《汉律》：“能捕豺貀，购百钱。”女滑切（nà）

【译文】貀，一种野兽，没有前足。形符是“豸”，声符是“出”。《汉律》中讲道：“能捕捉到豺和貀，可用百钱收买到。”

貈 𧳸 似狐，善睡兽。从豸，舟声。《论语》曰："狐貈之厚以居。"①下各切（hé）

【注释】①语见《论语·乡党》。貈今本作貉。

【译文】貈，形似狐狸，喜欢睡觉的野兽。形符是"豸"，声符是"舟"。《论语·乡党第十》中讲道："用狐貂的皮毛来制作坐垫。"

豻 𧳼 胡地野狗。从豸，干声。犴，豻或，从犬。《诗》曰："宜犴宜狱。"①五旰切（àn）

【注释】①语见《诗经·小雅·小宛》。犴今本作岸。

【译文】豻，北方偏远荒地的一种野狗。形符是"豸"，声符是"干"。犴，"豻"的异体字，从"犬"。《诗经》中讲道："我们这些穷人真是可悲，要不就陷入地方的牢狱，要不就陷入朝廷的牢狱。"

貂 𧳿 鼠属。大而黄黑，出胡丁零国①。从豸，召声。都僚切（diāo）

【注释】①丁零国：位于现西伯利亚叶尼塞河上游地区，至贝加尔湖以南的地区。

【译文】貂，鼠类的一种。体型较大，黄黑色，出自北方丁零国地区。形符是"豸"，声符是"召"。

貉 𧴀 北方豸穜。从豸，各声。孔子曰："貉之为言恶也。"莫白切（mò）

【译文】貉，北方与豸兽共处的种族。形符是“豸”，声符是“各”。孔子讲道：“貉作为言辞，丑恶的意思。”

貆 貆 貉之类。从豸，亘声。胡官切（huán）
【译文】貆，貉的类属。形符是“豸”，声符是“亘”。

貍[狸] 貍 伏兽，似貙。从豸，里声。里之切（lí）
【译文】狸，昼伏夜出的野兽，形似貙。形符是“豸”，声符是“里”。

貒 貒 兽也。从豸，耑声。读若湍。他端切（tuān）
【译文】貒，貒兽。形符是“豸”，声符是“耑”。发音如同“湍”字。

貛 貛 野豕也。从豸，雚声。呼官切（huān）
【译文】貛，野生小兽，像猪。形符是“豸”，声符是“雚”。

貁 貁 鼠属，善旋。从豸，穴声。余救切（yòu）
【译文】貁，鼬鼠类，善于旋转。形符是“豸”，声符是“穴”。
文二十 重二

㣇[兕] 㣇 如野牛[①]而青。象形。与禽、离头同。凡㣇之属皆从㣇。兕，古文，从（几）[儿][②]。徐姊切（sì）
【注释】①野牛：即水牛。②几：当是“儿（rén）”之误。
【译文】㣇，象水牛而毛色青。象形。“㣇”字的头部“凹”

与“禽”字和“离”字的头部[illegible]由相同的地方。但凡是“舄”的部属都从“舄”。[illegible]，古文“舄”，从“儿”。

文一 重一

易 [illegible] 蜥易，蝘蜓，守宫也。象形。秘书说，日、月为易，象阴阳也。一曰，从勿。凡易之属皆从易。羊益切（yì）

【译文】易，蜥蜴，又叫蝘蜓、守宫。象形字。秘书《参同契》中讲道：“日月二字会合成易字，象征着阴阳的变化。”一说，易从旗勿的“勿”。但凡是“易”的部属都从“易”。

文一

象 [illegible] 长鼻、牙，南越[1]大兽，三季一乳，象耳、牙、四足之形。凡象之属皆从象。徐两切（xiàng）

【注释】①南越：今广东、广西一带。

【译文】象，长鼻、长牙，南越地区的一种大野兽，三年生育一次，象耳朵、牙齿、四足的样子。但凡是“象”的部属都从“象”。

豫 [illegible] 象之大者。贾侍中说：不害于物。从象，予声。[illegible]，古文。羊茹切（yù）

【译文】豫，一种体型庞大的象。贾侍中讲道：“豫象虽大，但对别的动物没有伤害。”形符是“象”，声符是“予”。[illegible]，古文中的“豫”字。

文二 重一

卷十九

馬（马） 怒也；武也[①]。象馬头、髦、尾、四足之形。凡馬之属皆从馬。，古文。，籀文馬，与影同有髦。莫下切（mǎ）

【注释】①怒也；武也：饶炯《说文解字部首订》：“云怒也者，释马之情状；云武也者，释马之用能。”

【译文】馬，昂首怒目，勇武的动物。象馬的头、鬃毛、尾巴和四足的样子。凡是“馬”的部属都从“馬”。，古文中的“馬”字。，籀文“馬”，与“影”相同，有鬃毛。

騭（骘） 牡馬也。从馬，陟声。读若郅（zhì）。之日切（zhì）

【译文】騭，公馬。形符是“馬”，声符是“陟”。发音如同“郅”字。

馬 馬一岁也。从馬；一，绊其足。读若弦；一曰，若环。户关切（huán）

【译文】馬，一岁的馬。从“馬”；“一”，意为绊住馬蹄。发音如同“弦”字。一说，发音如同“环”字。

駒（驹） 馬二岁曰駒，三岁曰駣（táo）。从馬，句声。举朱切（jū）

【译文】駒，两岁的馬称駒，三岁的馬称駣。形符是“馬”，声符是“句”。

馴 馬八岁也。从馬，从八。博拔切（bā）

【译文】馴，八岁的馬。由“馬”和“八”会意。

驓 馬一目白曰驓，二目白曰鱼。从馬，閒声。户间切（xián）

【译文】馬，馬一只眼病得发白称作驓，两只眼病得发白称作鱼目。形符是“馬”，声符是“閒”。

騏（骐） 馬青骊，文如博棋也。从馬，其声。渠之切（qí）

【译文】騏，馬青黑相间，花纹像棋盘一样。形符是“馬”，声符是“其”。

驪（骊） 馬深黑色。从馬，麗声。吕支切（lí）

【译文】驪，毛色深黑色的馬。形符是“馬”，声符是“麗”。

駽 青骊馬。从馬，肙声。《诗》曰：“駜彼乘駽。”火玄切（xuān）

【译文】駽，青黑色的馬。形符是“馬”，声符是“肙”。

《诗经·鲁颂·有駜》中讲道："那驾车用的四匹马是多么的肥壮强健啊。"

騩  馬浅黑色。从馬，鬼声。俱位切（guì）①

【注释】①俱位切：现音按《广韵》居追切，读 guī。

【译文】騩，毛色浅黑色的馬。形符是"馬"，声符是"鬼"。

驑[騮]（骝）  赤馬，黑（毛）[髦]、尾也。从馬，畱声。力求切（liú）

【译文】驑，身体红色而鬃毛和尾巴是黑色的馬。形符是"馬"，声符是"畱"。

騢  馬赤白杂毛。从馬，叚声。谓色似鰕（xiá）鱼也。乎加切（xiá）

【译文】騢，毛色红白交杂的馬。形符是"馬"，声符是"叚"。称它的毛色像虾。

騅（骓）  馬苍黑杂毛。从馬，隹声。职追切（zhuī）

【译文】騅，毛色青苍色与黑色相杂的馬。形符是"馬"，声符是"隹"。

駱（骆）  馬白色，黑鬣、尾也。从馬，各声。卢各切（luò）

【译文】駱，馬白色的身子，黑色的鬃毛和尾巴。形符是

“馬”，声符是“各”。

駰（骃） 馬阴①白杂毛。黑②。从馬，因声。《诗》曰：“有駰有騢。”於真切（yīn）

【注释】①阴：指浅黑色。②转写脱落，仅存“黑”字。

【译文】駰，浅黑带白色的馬。形符是“馬”，声符是“因”。《诗经·鲁颂·駉》中讲道：“有毛色黑白相间的駰馬，有毛色红白相间的騢馬。”

驄（骢） 馬青白杂毛也。从馬，悤声。仓红切（cōng）

【译文】驄，毛色青白相间的馬。形符是“馬”，声符是“悤”。

驈 骊馬白胯也。从馬，矞声。《诗》曰：“有驈有騜。”食聿切（shù）①

【注释】①食聿切：现音按《广韵》余聿切，读 yù。

【译文】驈，股间白色的黑馬。形符是“馬”，声符是“矞”。《诗经·鲁颂·駉》中讲道：“有黑身白胯的驈馬，有黄白的的騜馬。”

駹 馬面、颡皆白也。从馬，尨声。莫江切（máng）

【译文】駹，面部和额头都是白色的馬。形符是“馬”，声符是“尨”。

騧 黄馬，黑喙。从馬，咼声。，籀文騧。

古华切（guā）

【译文】騧，黄毛黑嘴的馬，形符是“馬”，声符是“咼”。𩦉，籀文中的“騧”字。

驃[驃]（骠） 𩦺 黄馬发白色。一曰，白髦尾也。从馬，㶾声。毗召切（biào）[①]

【注释】①毗召切：现音读，biāo。

【译文】驃，全身淡黄栗色，长着白色点状花纹的馬。一说，黄色的馬有白色的鬃毛和尾巴。形符是“馬”，声符是“㶾”。

駓 𩢲 黄馬白毛也。从馬，丕声。敷悲切（pī）

【译文】駓，毛色黄白相杂的馬。形符是“馬”，声符是“丕”。

驖 𩧐 馬赤黑色。从馬，戴声。《诗》曰：“四驖孔阜。”他结切（tiě）

【译文】驖，赤黑色的馬。形符是“馬”，声符是“戴”。《诗经·秦风·驷驖》中讲道：“四匹黑中带红的馬非常的强健。”

騂 𩦨 馬头有发赤色者。从馬，岸声。五旰切（àn）

【译文】騂，头部有赤色毛发的馬。形符是“馬”，声符是“岸”。

馰 𩡧 馬白頟[额]也。从馬，的省声。一曰，骏也。《易》曰：“为馰顙。”[①]都历切（dí）

【注释】①语见《易经·说卦传》。馰今本作的。

【译文】馰，白色额头的馬。形符是“馬”，声符是“的”的省文。一说，骏馬。《易经·说卦传》中讲道：“震卦对馬而言，是白色额头的象征。”

駁（驳）  馬色不纯。从馬，爻声。北角切（bó）

【译文】駁，毛色不纯的馬。形符是“馬”，声符是“爻”。

馵[馵]  馬后左足白也。从馬，二其足。读若注。之戍切（zhù）

【译文】馵，后左脚白色的馬。形符是“馬”，“二”，指示馬的后左脚。发音如同“注”字。

驔[驔]  骊馬黄脊。从馬，覃声。读若簟。徒玷切（diàn）

【译文】驔，黄色脊梁的黑馬。形符是“馬”，声符是“覃”。发音如同“簟”字。

驠  馬白州也。从馬，燕声。於甸切（yàn）

【译文】驠，有白色臀部的馬。形符是“馬”，声符是“燕”。

騽  馬豪骭（gàn）①也。从馬，習声。似入切（xí）

【注释】①骭：膝盖以下，胫以上。

【译文】騽，膝和小腿之间有长毛的馬。形符是“馬”，声符是“習”。

驓 𩣡 馬毛长也。从馬，𠃓声。侯旰切（hàn）

【译文】驓，长毛的馬。形符是“馬”，声符是“𠃓”。

騛 𩤛 馬逸足也。从馬，从飛。《司馬法》曰：“飛卫斯輿。”甫微切（fēi）

【译文】騛，骏馬跑得飞快。由“馬”和“飛”会意。《司馬法》中讲道：“飛卫斯輿。”

驐 𩥇 骏馬。以壬申日死，乘馬忌之。从馬，敖声。五到切（ào）

【译文】驐，骏馬名。据传会死于壬申日这一天，乘馬的都会忌讳这一天。形符是“馬”，声符是“敖”。

驥（骥） 𩦲 千里馬也，孙阳所相者。从馬，冀声。天水有驥县。几利切（jì）

【译文】驥，千里馬，伯乐所识别的馬。形符是“馬”，声符是“冀”。天水地区有一地名叫驥县。

駿（骏） 𩢛 馬之良材者。从馬，夋声。子峻切（jùn）

【译文】駿，良馬。形符是“馬”，声符是“夋”。

驍（骁） 𩥄 良馬也。从馬，堯声。古尧切（xiāo）

【译文】驍，好馬。形符是“馬”，声符是“堯”。

騒 馬小皃。从馬，垂声。读若箠。，籀文，从𠂹。之垒切（zhuǐ）[①]

【注释】①之垒切：现音按《广韵》子垂切，读 zuī。

【译文】騒，馬矮小的样子。形符是“馬”，声符是“垂”。发音如同“箠”字。，籀文“騒”，从“𠂹”声。

驕（骄） 馬高六尺为驕。从馬，喬声。《诗》曰：“我馬唯驕。”[①]一曰，野馬。举乔切（jiāo）

【注释】①语见《诗经·小雅·皇皇者华》。驕今本作驹。

【译文】驕，馬身高六尺称作驕。形符是“馬”，声符是“喬”。《诗经》中讲道：“我的馬儿是驕馬。”一说，野馬。

騋 馬七尺为騋，八尺为龙。从馬，來声。(《诗》)[《尔雅》]曰：“騋牝骊牡。”洛哀切（lái）

【译文】騋，馬高七尺称作騋，八尺称作龙。形符是“馬”，声符是“來”。《尔雅》中讲道：“身高七尺的騋马，母马是深黑色，公马是黑红色。”

驩 馬名。从馬，雚声。呼官切（huān）

【译文】驩，一种馬的名字。形符是“馬”，声符是“雚”。

驗（验） 馬名。从馬，僉声。鱼窆切（yàn）

【译文】驗，一种馬的名字。形符是“馬”，声符是“僉”。

𩣗 [seal] 馬名。从馬，此声。雌氏切（cǐ）

【译文】𩣗，一种馬的名字。形符是“馬”，声符是“此”。

䮌 [seal] 馬名。从馬，休声。许尤切（xiū）

【译文】䮌，一种馬的名字。形符是“馬”，声符是“休”。

駇 [seal] 馬赤鬣缟身，目若黄金，名曰駇。吉皇之乘（shèng）[1]，周（文）[成]王时，犬戎献之。从馬，从文，文亦声。《春秋传》曰：“駇馬百驷。”画馬也。西伯献纣，以全其身。无分切（wén）

【注释】①乘：此处指馬。

【译文】駇，一种红色鬃毛、白色的馬身，眼睛如同黄金的馬，称作駇。这种吉利堂皇的馬，是周成王时，犬戎进献的一种馬。由“馬”和“文”会意，“文”也是声符。《左传·宣公二年》中讲道：“駇馬总计有四百匹。”是一种身上有纹饰的馬。西伯侯将其进献给了商纣王，以此来保全性命。

馶 [seal] 馬强也。从馬，支声。章移切（zhī）

【译文】馶，馬强壮有力。形符是“馬”，声符是“支”。

駜 [seal] 馬饱[1]也。从馬，必声。《诗》云：“有駜有駜。”毗必切（bì）

【注释】①馬饱：徐灏《说文解字注笺》：“肥强也。”

【译文】駜，馬饱满肥壮。形符是“馬”，声符是“支”。《诗经·鲁颂·有駜》讲道："多么的强健肥壮，多么的强健肥壮。"

駫 [篆] 馬盛肥也。从馬，光声。《诗》曰："四牡駫駫。"[①]古荧切（jiōng）

【注释】①逸诗，今本《诗经》无。

【译文】駫，馬十分肥壮。形符是"馬"，声符是"光"。《诗经》中讲道："那四匹公馬是多么的肥壮。"

騯[𩦢] [篆] 馬盛也。从馬，旁声。《诗》曰："四牡騯騯。"[①]薄庚切（péng）

【注释】①《诗经·小雅·北山》、《诗经·大雅·烝民》皆有"四牡彭彭"，彭、旁古同声通用。

【译文】騯，馬高大强壮。形符是"馬"，声符是"旁"。《诗经》中讲道："四匹公馬是如此的高大。"

駠 [篆] 駠駠，馬怒皃。从馬，卬声。吾浪切（àng）

【译文】駠，駠駠，馬发怒的样子。形符是"馬"，声符是"卬"。

驤（骧） [篆] 馬之低仰也。从馬，襄声。息良切（xiāng）

【译文】驤，馬头时低时仰。形符是"馬"，声符是"襄"。

驀（蓦） [篆] 上馬也。从馬，莫声。莫白切（mò）

【译文】驀，跃上馬背。形符是"馬"，声符是"莫"。

騎（骑） 跨馬也。从馬，奇声。渠羈切（qí）

【译文】騎，跨在馬背上。形符是“馬”，声符是“奇”。

駕（驾） 馬在軛①中。从馬，加声。，籀文駕。古讶切（jià）

【注释】①軛：即套在牲口脖子上的曲木。

【译文】駕，馬套在车軛之中。形符是“馬”，声符是“加”。，籀文“駕”字。

騑 驂，旁馬。从馬，非声。甫微切（fēi）

【译文】騑，驂馬，驾在车辕两旁的馬。形符是“馬”，声符是“非”。

駢（骈） 驾二馬也。从馬，并声。部田切（pián）

【译文】駢，一辆车同时驾两匹馬。形符是“馬”，声符是“并”。

驂（骖） 驾三馬也。从馬，参声。仓含切（cān）

【译文】驂，独辕车驾的三匹馬。形符是“馬”，声符是“参”。

駟（驷） 一乘①也。从馬，四声。息利切（sì）

【注释】①一乘：古时四馬为一乘。

【译文】駟，一辆车所驾的四匹馬。形符是“馬”，声符是“四”。

駙（驸） 副馬也。从馬，付声。一曰，近也。一曰，疾也。符遇切（fù）

【译文】駙，驾副车的馬。形符是“馬”，声符是“付”。一说，近。一说，快速。

騔 馬和也。从馬，皆声。户皆切（xié）

【译文】騔，馬的性情温顺。形符是“馬”，声符是“皆”。

䮯 馬摇头也。从馬，我声。五可切（ě）

【译文】䮯，馬摇头。形符是“馬”，声符是“我”。

駊 駊䮯①也。从馬，皮声。普火切（pǒ）

【注释】①駊䮯：馬摇头的样子。

【译文】駊，駊䮯。形符是“馬”，声符是“皮”。

駋 馬行皃。从馬，舀声。土刀切（tāo）

【译文】駋，馬缓行的样子。形符是“馬”，声符是“舀”。

篤（笃） 馬行顿迟。从馬，竹声。冬毒切（dǔ）

【译文】篤，馬行进头，低下如触地，行动迟缓。形符是“馬”，声符是“竹”。

騤（骙） 馬行威仪也。从馬，癸声。《诗》曰：“四牡騤騤。”渠追切（kuí）

【译文】騤，馬行进威武强壮的样子。形符是“馬”，声符是“癸”。《诗经·小雅·采薇》中讲道：“四匹公馬是那么的威武强健。”

鷽 馬行徐而疾也。从馬，學省声。於角切（wò）

【译文】鷽，馬行进由舒缓而迅疾。形符是“馬”，声符是“學”的省文。

駸[駸]（骎） 馬行疾也。从馬，優省声。《诗》曰：“载骤駸駸。”子林切（jīn）[1]

【注释】①子林切：现音按《广韵》七林切，读 qīn。

【译文】駸，馬行进迅疾。形符是“馬”，声符是“優”的省文。《诗经·小雅·四牡》中讲道：“驾驶着四匹骆马，奔驰得十分迅疾。”

馺 馬行相及也。从馬，从及。读若《尔雅》“小山馺[1]大山，峘”。苏沓切（sà）

【注释】①馺：今本作岌。

【译文】馺，馬行进迅疾，追赶前边的馬。由“馬”和“及”会意。发音像《尔雅·释山》中“小山馺大山称作峘”的“馺”字。

馮（冯） 馬行疾也。从馬，冫声。房戎切（féng）[1]

【注释】①房戎切：现音按《广韵》扶冰切，读 píng。

【译文】馮，馬行进迅疾。形符是“馬”，声符是“冫”。

䮶 馬步疾也。从馬，耴声。尼辄切（nié）①

【注释】①尼辄切：现音读 niè。

【译文】䮶，馬跑得迅疾。形符是“馬”，声符是“耴”。

騃 馬行仡仡①也。从馬，矣声。五骇切（ǎi）

【注释】①仡（yì）：勇壮。

【译文】騃，馬行进雄壮高昂。形符是“馬”，声符是“矣”。

驟（骤） 馬疾步也。从馬，聚声。锄又切（zhòu）

【译文】驟，馬飞驰前行。形符是“馬”，声符是“聚”。

駒（駒） 馬疾走也。从馬，匃声。古达切（gě）

【译文】駒，馬迅疾奔驰。形符是“馬”，声符是“匃”。

颿 馬疾步也。从馬，風声。符严切（fān）

【译文】颿，馬飞驰前行。形符是“馬”，声符是“風”。

驅（驱） 馬驰也。从馬，區声。，古文驅，从攴。岂俱切（qū）

【译文】驅，用棰策鞭馬使馬奔驰前行。形符是“馬”，声符是“區”。，古文中的“驅”字，从“攴”。

馳（驰） 大驱也。从馬，也声。直离切（chí）

【译文】馳，使馬飞速前行。形符是“馬”，声符是“也”。

鶩（骛） 乱驰也。从馬，敄声。亡遇切（wù）

【译文】鶩，馬乱奔驰。形符是“馬”，声符是“敄”。

駕 次弟驰也。从馬，列声。力制切（lì）①

【注释】①力制切：现音按《广韵》良薛切，读 liè。

【译文】駕，馬按照行列、次序奔驰。形符是“馬”，声符是“列”。

騁（骋） 直馳也。从馬，甹声。丑郢切（chěng）

【译文】騁，径直向前奔驰。形符是“馬”，声符是“甹”。

駾 馬行疾来皃。从馬，兑声。《诗》曰：“昆夷駾矣。”①他外切（tuì）

【译文】駾，馬行走迅疾的样子。形符是“馬”，声符是“兑”。《诗经·大雅·緜》中讲道：“昆夷部族奔突逃窜了。”

駯 馬有疾足。从馬，失声。大结切（dié）①

【注释】①大结切：现音按《广韵》夷质切，读 yì。

【译文】駯，馬有迅跑的脚。形符是“馬”，声符是“失”。

騂 馬突也。从馬，旱声。侯旰切（hàn）

【译文】騂，馬彪悍奔突。形符是“馬”，声符是“旱”。

駧 驰馬洞去也。从馬，同声。徒弄切（dòng）
【译文】駧，使馬迅疾离去。形符是“馬”，声符是“同”。

驚（惊） 馬骇也。从馬，敬声。举卿切（jīng）
【译文】驚，馬驚骇失常。形符是“馬”，声符是“敬”。

駭（骇） 惊也。从馬，亥声。侯楷切（hài）
【译文】駭，馬受惊。形符是“馬”，声符是“亥”。

駫 馬奔也。从馬，巟声。呼光切（huāng）
【译文】駫，馬奔跑。形符是“馬”，声符是“巟”。

騫（骞） 馬腹（縶）[热]也。从馬，寒省声。去虔切（qiān）

【译文】騫，馬腹部因热病而亏损低陷。形符是“馬”，声符是“寒”的省文。

駐（驻） 馬立也。从馬，主声。中句切（zhù）
【译文】駐，馬站立不前。形符是“馬”，声符是“主”。

馴（驯） 馬顺也。从馬，川声。详遵切（xún）
【译文】馴，馬顺服。形符是“馬”，声符是“川”。

驂 [驂驙]，馬载重难[行]也。从馬，㐱声。

张人切（zhēn）[①]

【注释】①张人切：现音按《广韵》章忍切，读 zhěn。

【译文】駗，駗驙，馬负重艰难前行。形符是“馬”，声符是“㐱”。

驙 駗驙也。从馬，亶声。《易》曰：“乘馬驙如。”张连切（zhān）

【译文】驙，駗驙，馬负重艰难前行。形符是“馬”，声符是“亶”。《易经·屯卦》：“乘馬，馬负重艰难前行的样子。”

騺 馬重皃。从馬，執声。陟利切（zhì）

【译文】騺，馬负重前行的样子。形符是“馬”，声符是“執”。

驧 馬曲脊也。从馬，鞠声。巨六切（jú）

【译文】驧，馬弯曲着脊背。形符是“馬”，声符是“鞠”。

騬 犗（jiè）馬也。从馬，乘声。食陵切（chéng）

【译文】騬，被阉割的馬。形符是“馬”，声符是“乘”。

馻 系馬尾也。从馬，介声。古拜切（jiè）

【译文】馻，捆绑馬尾成发髻形。形符是“馬”，声符是“介”。

騷（骚） 扰也。一曰，摩馬。从馬，蚤声。穌遭切（sāo）

【译文】騷，馬群相互间扰动。一说，刷马。形符是“馬”，声符是“蚤”。

馽[縶]（絷） 绊馬也。从馬，囗其足。《春秋传》曰：“韩厥执馽前。”[1]读若辄。縶，馽或，从糸，執声。陟立切（zhí）

【注释】①语见《左传·成公二年》。馽今本作縶。

【译文】馽，绊住馬腿。从“馬”，“囗”表示绳索绕住了馬腿。《左传》中讲道：“韩厥拿着绊马索走到齐顷公的面前。”发音如同“辄”字。縶，“馽”的异体字，形符是“糸”，声符是“執”。

駘（骀） 馬衔[1]脱也。从馬，台声。徒哀切（tái）

【注释】①衔：段玉裁《说文解字注》：“衔者，馬勒口中者也。”

【译文】駘，馬嚼子脱落。形符是“馬”，声符是“台”。

駔（驵） （牡）[壮][1]馬也。从馬，且声。一曰，馬蹲駔也。子朗切（zǎng）

【注释】①牡：依段玉裁《说文解字注》作壮。

【译文】駔，壮馬。形符是“馬”，声符是“且”。一说，馬骄恣不前。

騶（驺） 厩御也。从馬，芻（chú）声。侧鸠切（zōu）

【译文】騶，在马厩养马驾车的人。形符是“馬”，声符是“芻”。

驛（驿） 置骑也。从馬，睪声。羊益切（yì）

【译文】驛，驛站的馬骑。形符是“馬”，声符是“睪”。

馹（驲） 驛传也。从馬，日声。人质切（rì）

【译文】馹，驿站的传用车。形符是“馬”，声符是“日”。

騰（腾） 传（zhuàn）也。从馬，朕声。一曰，騰，犗（jiè）馬也。徒登切（téng）

【译文】騰，传递文书的车。形符是“馬”，声符是“朕”。一说，騰就是被阉割的馬。

騅 苑名[1]。一曰，馬白頟[额]。从馬，隺声。下各切（hé）

【注释】①苑名：即騅苑，汉苑三十六所之一。

【译文】騅，汉代的苑名。一说，馬有白额。形符是“馬”，声符是“隺”。

駉（駉） 牧馬苑也。从馬，冋声。《诗》曰：“在駉之野。”[1]古荧切（jiōng）

【注释】①语见《诗经·鲁颂·駉》。駉今本作坰。

【译文】駉，牧馬的苑囿。形符是“馬”，声符是“冋”。《诗经·鲁颂·駉》中讲道：“高大强健的公馬，在用来牧馬的野外。”

駪 馬众多皃。从馬，先声。所臻切（shēn）

【译文】駪，馬众多的样子。形符是“馬”，声符是“先”。

駮[駁]（驳） 兽，如馬，（倨）[锯]牙，食虎豹。从馬，交声。北角切（bó）

【译文】駮，一种怪兽，象馬，锯齿，吃虎豹。形符是“馬”，声符是“交”。

駃 駃騠，馬父骡子也。从馬，夬声。古穴切（jué）

【译文】駃，駃騠，公馬和母驴所生的骡子。形符是“馬”，声符是“夬”。

騠 駃騠也。从馬，是声。杜兮切（tí）

【译文】騠，駃騠。形符是“馬”，声符是“是”。

驘[騾]（骡） 驴父馬母。从馬，𦝄声。，或，从贏。洛戈切（luó）

【译文】驘，公驴和母馬所生的驘崽。形符是“馬”，声符是“𦝄”。，“驘”的异体字，从“贏”声。

驢（驴） 似馬，长耳。从馬，盧声。力居切（lǘ）

【译文】驢，外形似馬，长耳朵。形符是“馬”，声符是“盧”。

驟 驢子也。从馬，冡声。莫红切（méng）

【译文】驟，小驴子。形符是“馬”，声符是“冡”。

驒  驒騱，野馬也。从馬，單声。一曰，青骊白鳞，文如鼉（tuó）鱼。代何切（tuó）

【译文】驒，驒騱，野馬。形符是“馬”，声符是“单”。一说，身体青黑色，身上有白斑思鳞，花纹象鼉鱼。

騱  驒騱馬也。从馬，奚声。胡鸡切（xí）

【译文】騱，驒騱馬。形符是“馬”，声符是“奚”。

騊[𬳽] 騊駼，北野之良馬。从馬，匋声。徒刀切（táo）

【译文】騊，騊駼，北方产的一种毛色以青为主的野馬。形符是“馬”，声符是“匋”。

駼  騊駼也。从馬，余声。同都切（tú）

【译文】駼，騊駼。形符是“馬”，声符是“余”。

驫（骉）  众馬也。从三馬。甫（虬）[烋]切（biāo）

【译文】驫，众多的馬。由三个“馬”字会意。

文一百一十五 重八

廌[廌]  解廌兽也，似山牛，一角。古者决讼，令触不直。象形，从豸省。凡廌之属皆从廌。宅买切（zhì）

【译文】廌，獬豸兽，象野牛，头上有一只角。古时候审判诉讼案件，让它用触角去碰触无理的一方。[seal]，象头角之形，[seal]，是“豸”的省文。但凡是“廌”的部属都从“廌”。

䴥 [seal] 解廌属。从廌，孝声。阙。古孝切（jiào）[①]

【注释】①古孝切：现音按《广韵》呼教切，读 xiào。

【译文】䴥，解廌的一种。形符是“廌”，声符是“孝”。

薦（荐） [seal] 兽之所食艸。从廌，从艸。古者神人以廌遗黄帝。帝曰：“何食？何处？”曰：“食薦；夏处水泽，冬处松柏。”作甸切（jiàn）

【译文】薦，野兽所吃的草。由“廌”和“艸”会意。古时候，神仙将廌遗赠给黄帝。黄帝问：“它吃什么？去哪儿吃？”仙人回答说：“吃薦，夏天在水泽之地，冬天在松柏之中。”

灋[法] [seal] 刑也。平之如水，从水；廌，所以触不直者，去之，从[廌、]去[①]。[seal]，今文省[②]。[seal]，古文。方乏切（fǎ）

【注释】①从去：段玉裁《说文解字注》：“从廌、去。下‘廌’字今依《韵会》补。此说从廌去之意。法之正人如廌之去恶也。”②今文省：段玉裁《说文解字注》：“许书本无，或增之也。”

【译文】灋，刑灋。灋律需公平如水，因此从“水”；“廌”，可以凭借角碰触无理一方的神兽，进而除“去”不正，因此从“廌”、“去”。[seal]，今文“灋”字，是“灋”的省略。[seal]，古文“灋”字。

文四 重二

鹿  兽也。象头、角、四足之形。鸟鹿足相似，从匕。凡鹿之属皆从鹿。卢谷切（lù）

【译文】鹿，兽名。象头、角和四只脚的样子。鸟和鹿的脚相似，都从“匕”。凡是“鹿”的部属都从“鹿”。

麚  牡鹿。从鹿，叚声。以夏至解角。古牙切（jiā）

【译文】麚，雄鹿。形符是“鹿”，声符是“叚”。每到夏至的时候角都会脱落。

麟  大牝鹿也。从鹿，粦声。力珍切（lín）

【译文】麟，大雌鹿。形符是“鹿”，声符是“粦”。

麇  鹿麛（mí）①也。从鹿，耎（ruǎn）声。读若偄（ruǎn）②弱之偄。奴乱切（nuàn）

【注释】①麛：幼鹿。②偄：懦弱。

【译文】麇，幼鹿。形符是“鹿”，声符是“耎”。发音如同“偄弱”的“偄”字。

麋  鹿迹也。从鹿，速声。桑谷切（sù）

【译文】麋，鹿的足迹。形符是“鹿”，声符是“速”。

麛  鹿子也。从鹿，弭声。莫兮切（mí）

【译文】麛，幼鹿。形符是“鹿”，声符是“弭”。

麉[麉]　鹿之绝有力者。从鹿，幵声。古贤切（jiān）

【译文】麉，力气极大的鹿。形符是“鹿”，声符是“幵”。

麒　仁兽也。（麇）[麋（jūn）]身，牛尾，一角。从鹿，其声。渠之切（qí）

【译文】麒，麒麟，一种仁义的兽。麋鹿的身子，牛的尾巴，一只角。形符是“鹿”，声符是“其”。

麐　牝麒也。从鹿，吝声。力珍切（lín）

【译文】麐，雌的麒兽。形符是“鹿”，声符是“吝”。

麋　鹿属。从鹿，米声。麋冬至解其角。武悲切（mí）

【译文】麋，鹿的一种。形符是“鹿”，声符是“米”。麋鹿到了冬至的时候角会脱落。

麎　牝麋也。从鹿，辰声。植邻切（chén）

【译文】麎，雌性麋鹿。形符是“鹿”，声符是“辰”。

𪋍　大（麇）[麋]也。狗足。从鹿，旨声。，或，从几。居履切（jǐ）

【译文】𪋍，大麋鹿。拥有形似狗一般的脚。形符是“鹿”，声符是“旨”。，“𪋍”的异体字，从“几”声。

麇 麞也。从鹿，囷省声。，籀文，不省。居筠切（jūn）

【译文】麇，獐子。形符是“鹿”，声符是“囷”的省文。，籀文中的“麇”字，“囷”不省。

麞[獐] （麇）[麇]属。从鹿，章声。诸良切（zhāng）

【译文】麞，麇鹿的一种。形符是“鹿”，声符是“章”。

麔 麇（牝）[牡]者。从鹿，咎声。其久切（jiù）

【译文】麔，雄性麇鹿。形符是“鹿”，声符是“咎”。

麠 大（鹿）[麃]也。牛尾，一角。从鹿，畺声。，或，从京。举卿切（jīng）

【注释】①麠：又被称为水鹿、马鹿、黑鹿。

【译文】麠，大獐子。具有牛一般的尾巴，一只角。形符是“鹿”，声符是“畺”。，“麠”的异体字，从“京”声。

麃 麠属。从鹿，㶾（piāo）省声。薄交切（páo）

【译文】麃，獐子一类。形符是“鹿”，声符是“㶾”的省文。

麈① 麇属。从鹿，主声。之庾切（zhǔ）

【译文】麈，麇鹿的一种。形符是“鹿”，声符是“主”。

麑 狻（suān）麑，兽也。从鹿，兒声。五鸡切（ní）

【译文】麑，狻麑，一种野兽的名字。形符是“鹿”，声符是“兒”。

麙 山羊而大者，细角。从鹿，咸声。胡毚切（xián）

【译文】麙，体型较大并有细长的角的山羊。形符是“鹿”，声符是“咸”。

䴇[羚] 大羊而细角。从鹿，霝声。郎丁切（líng）

【译文】䴇，羚，体型较大并有细角的羊。形符是“鹿”，声符是“霝”。

麠 鹿属。从鹿，圭声。古携切（guī）

【译文】麠，鹿的一种。形符是“鹿”，声符是“圭”。

麝[麝] 如小麋，脐有香。从鹿，䠶声。神夜切（shè）

【译文】麝，象小獐子，肚脐处有香腺。形符是“鹿”，声符是“䠶”。

麌 似鹿而大也。从鹿，與声。羊茹切（yù）

【译文】⿸鹿與，象鹿并且体型较大。形符是“鹿”，声符是“與”。

麗(丽) 旅[1]行也。鹿之性，见食急则必旅行。从鹿，丽声。礼：麗皮纳聘。盖鹿皮也。，古文。，籀文麗字。郎计切(lì)

【注释】①旅：俗作侣。

【译文】麗，鹿相伴而行。鹿的习性，见到食物虽情势危急也一定结伴而去。形符是“鹿”，声符是“丽”。礼制规定：交纳两张鹿皮订婚。麗大概是鹿皮。，古文“麗”。，籀文“麗”。

麀 牝鹿也。从鹿，从牝省。，或，从幽声。於虬切(yōu)

【译文】麀，雌鹿。由“鹿”和“牝”的省文会意。，“麀”的异体字，从“幽”声。

文二十六 重六

麤[粗] 行超远也。从三鹿。凡麤之属皆从麤。仓胡切(cū)

【译文】麤，鹿行走时跳跃很远。由三个“鹿”字会意。但凡是“麤”的部属都从“麤”。

䴥[塵](尘) 鹿行扬土也。从麤，从土。，籀文。直珍切(chén)

【译文】䴥，鹿奔走扬起尘土。由“麤”和“土”会意。，籀文“䴥”字。

文二 重一

㲋 兽也。似兔，青色而大。象形。头与兔同，足与鹿同。凡㲋之属皆从㲋。，籀文。丑略切（chuò）

【译文】㲋，一种兽名。形似兔子，身体青色，体型较大。象形字。头部如同兔子，脚如同鹿。但凡是“㲋”的部属都从“㲋”。，籀文中的“㲋”字。

㲜 狡兔也，兔之骏者。从㲋、兔。士咸切（chán）

【译文】㲜，少壮的兔子，兔中的良材。由“㲋”和“兔”会意。

䨲 兽名。从㲋，吾声。读若写。司夜切（xiè）①

【注释】①司夜切：现音按《广韵》悉姐切，读 xiě。

【译文】䨲，一种野兽的名字。形符是“㲋”，声符是“吾”。发音如同“写”字。

㚖 兽也。似（牲牲）[狌狌]。从㲋，夬声。古穴切（jué）

【译文】㚖，一种野兽。像猩猩。形符是“㲋”，声符是“夬”。

文四 重一

兔 兽名。象踞，后其尾形。兔头与㲋头同。凡兔之属皆从兔。汤故切（tù）

【译文】兔，一种野兽的名字。象一只蹲踞的兔子，身后如同尾巴的样子。兔子的头部⺈与㲋的头部相同。但凡是“兔”的部属都从“兔”。

逸 失（yì）也。从辵（chuò）、兔。兔谩（mán）訑（tuó）[1]善逃也。夷质切（yì）

【注释】①段玉裁《说文解字注》：“謾、訑皆欺也。”

【译文】逸，逃跑。由“辵”和“兔”会意。兔子善于欺骗并以此逃脱。

冤 屈也。从兔，从冖（mì）。兔在冖下，不得走，益屈折也。於袁切（yuān）

【译文】冤，屈缩不伸。由“兔”和“冖”会意。“兔”在“冖”的下部，逃脱不了，多蜷缩不申。

娩 兔子也。娩，疾也。从女、兔。芳万切（fàn）

【译文】娩，幼兔。娩即迅疾。由“女”和“兔”会意。

䨲 疾也。从三兔。阙。芳遇切（fù）

【译文】䨲，迅疾。由三个“兔”会意。音读记载不详。

文五

萈 山羊细角者。从兔足，苜（dié）声。凡萈之属皆从萈。读若丸。寬字从此。胡官切（huán）

【译文】萈，细角的山羊。形符是“兔足”，声符是“苜”。但凡“萈”的部属都从“萈”。发音如同“丸”字。“寬”字从“萈”。

文一

犬 狗之有县蹏者也。象形。孔子曰："视犬之字如画狗也。"凡犬之属皆从犬。苦泫切（quǎn）

【译文】犬，前脚生有五趾，四趾着地，一趾不着地的狗。象形字。孔子说道："看犬字如同是在画狗一样。"但凡是"犬"的部属都从"犬"。

狗 孔子曰："狗，叩也。叩气吠以守。"从犬，句声。古厚切（gǒu）

【译文】狗，孔子说道："狗，扣击。狗的声音如同扣击，发出犬吠叫声，以此来进行防御。"形符是"犬"，声符是"句"。

獀[狻] 南（赵）[1][越]名犬獿（nǎo）獀。从犬，叜声。所鸠切（sōu）

【注释】①南赵：今广东省、广西省一带。

【译文】獀，南赵地区的有名犬"獿獀"。形符是"犬"，声符是"叜"。

龙 犬之多毛者。从犬，从彡。《诗》曰："无使龙也吠。"莫江切（máng）

【译文】龙，多毛的狗。由"犬"和"彡"会意。《诗经·召南·野有死麕》中讲道："不要让那只多毛的狗发出叫声。"

狡 少狗也。从犬，交声。匈奴地有狡犬，巨口而黑身。古巧切（jiǎo）

【译文】狡，年少强壮的狗。形符是“犬”，声符是“交”。匈奴地区有一种狡犬，巨大的嘴巴，黑色的身体。

獪（狯） 狡獪也。从犬，會声。古外切（kuài）

【译文】獪，狡诈。形符是“犬”，声符是“會”。

獿[獶] 犬恶毛也。从犬，夒声。奴刀切（náo）[①]

【注释】①奴刀切：现音按《广韵》奴冬切，读 nóng。

【译文】獿，有浓密杂乱毛的狗。形符是“犬”，声符是“夒”。

猲 短喙犬也。从犬，曷声。《诗》曰：“载獫猲獢。”[①]《尔雅》曰：“短喙犬谓之猲獢。”许谒切（xiē）

【注释】①语见《诗经·秦风·驷驖》。猲獢今本作歇骄。

【译文】猲，嘴巴短小的狗。形符是“犬”，声符是“曷”。《诗经》中讲道：“装载着长嘴和短嘴的猎犬”。《尔雅·释畜》中讲道：“嘴巴短的狗称猲獢。”

獢 猲獢也。从犬，喬声。许乔切（xiāo）

【译文】獢，猲獢，嘴巴短小的狗。形符是“犬”，声符是“喬”。

獫（猃） 长喙犬。一曰，黑犬，黄头。从犬，僉声。虚检切（xiǎn）

【译文】猃，嘴巴长的狗。一说，体黑头黄的狗。形符是“犬”，声符是“佥”。

狂 黄犬黑头。从犬，主声。读若注。之戍切（zhù）

【译文】狂，身黄头黑的狗。形符是“犬”，声符是“主”。发音如同“注”字。

猈[1] 短胫狗。从犬，卑声。薄蟹切（bài）

【注释】①猈：即哈巴狗。

【译文】猈，腿短的狗。形符是“犬”，声符是“卑”。

猗 犗犬也。从犬，奇声。於离切（yī）

【译文】猗，被阉割的狗。形符是“犬”，声符是“奇”。

狊 犬视皃。从犬、目。古阒切（jú）

【译文】狊，狗注视的样子。形符是“犬”和“目”。

猎 窦中犬声。从犬，从音，音亦声。乙咸切（yān）

【译文】猎，洞中传出的狗叫声。由“犬”和“音”会意，“音”也是声符。

默 犬（暂）[潜]逐人也。从犬，黑声。读若墨。莫北切（mò）

【译文】默，狗悄无声息的追逐人。形符是“犬”，声符是“黑”。

猝 犬从艸暴出逐人也。从犬，卒声。粗没切（cù）

【译文】猝，狗从草丛中突然窜出逐人。形符是“犬”，声符是“卒”。

猩 猩猩，犬吠声。从犬，星声。桑经切（xīng）

【译文】猩，猩猩然，从远处听到的狗叫声。形符是“犬”，声符是“星”。

獫 犬吠不止也。从犬，兼声。读若檻。一曰，两犬争也。胡黯切（xiàn）

【译文】獫，狗不停地叫。形符是“犬”，声符是“兼”。发音如同“檻”字。一说，两犬相互争斗。

獭 小犬吠。从犬，敢声。南阳新亭有獭乡[1]。荒檻切（hǎn）

【译文】獭，小狗叫。形符是“犬”，声符是“敢”。南阳郡新亭县有一地名叫獭乡。

猥 犬吠声。从犬，畏声。乌贿切（wěi）

【译文】猥，狗叫声。形符是“犬”，声符是“畏”。

獿 獿 獿狡也。从犬、夒。女交切(náo)[①]

【注释】①女交切:现音按《广韵》奴巧切,读 nǎo。

【译文】獿,獿狡,狗因受惊吓而吠叫。由"犬"和"夒"会意。

狡 狡 犬獿(獿)[狡](咳)[駭]吠也。从犬,翏声。火包切(xiāo)

【译文】狡,狗因受到惊吓而吠叫。形符是"犬",声符是"翏"。

獏 獏 犬容头进也。从犬,参声。一曰,贼(疾)也。山槛切(shǎn)

【译文】獏,狭窄处容得下狗头伸进而钻过身。形符是"犬",声符是"参"。一说,残害。

獎[獎](奖) 獎 嗾犬厉之也。从犬,將省声。即两切(jiǎng)

【译文】獎,嘴里发出声音,鼓动狗去咬人噬物。形符是"犬",声符是"將"的省文。

獲 獲 啮也。从犬,戔声。初版切(chǎn)

【译文】獲,狗啃咬。形符是"犬",声符是"戔"。

狦 狦 恶健犬也。从犬,删省声。所晏切(shàn)

【译文】狦,凶恶强壮的狗。形符是"犬",声符是"删"的省文。

狠 [篆] 吠斗声。从犬，艮声。五还切（wán）[①]

【注释】①五还切：现音按《广韵》五闲切，读 yán。段玉裁《说文解字注》："今俗用狠为很（hěn），许书很、狠义别。"

【译文】狠，狗争斗发出的吠叫声。形符是"犬"，声符是"艮"。

獿 [篆] 犬斗声。从犬，番声。附袁切（fán）

【译文】獿，狗争斗的声音。形符是"犬"，声符是"番"。

狋 [篆] 犬怒皃。从犬，示声。一曰，犬难得。代郡有狋（quán）氏（jīng）县[①]。读又若银。语其切（yí）

【注释】①狋氏县：位于今山西省浑源东部。

【译文】狋，狗发怒的样子。形符是"犬"，声符是"示"。一种说法是，狗难以控制驱使。代郡境内有一狋氏县。发音又如同"银"字。

犷 [篆] 犬吠声。从犬，斤声。语斤切（yín）

【译文】犷，狗叫声。形符是"犬"，声符是"斤"。

猲 [篆] 犬猲猲不附人也。从犬，舃声。南楚谓相惊曰猲。读若诉。式略切（shuò）

【译文】猲，狗猲猲惊惧，不让人靠近。形符是"犬"，声符是"舃"。南楚地区称相互惊吓为"猲"。发音如同"诉"字。

獷(犷) 𤡓 犬獷獷[1]不可附也。从犬，廣声。渔阳有獷平县[2]。古猛切(gǒng)[3]

【注释】①獷獷：性情强悍，难以驯服。②獷平县：位于现北京市密云东北部。③古猛切：现音按《广韵》居往切，读 guǎng。

【译文】獷，狗凶恶不可接近。形符是“犬”，声符是“廣”。渔阳郡有一獷平县。

狀(状) 𤞷 犬形也。从犬，爿声。盈亮切(yàng)[1]

【注释】①盈亮切：现音按《广韵》锄亮切，读 zhuàng。

【译文】狀，狗的样子。形符是“犬”，声符是“爿”。

奘 𤟹 妄强犬也。从犬，从壯，壯亦声。徂朗切(zàng)

【译文】奘，凶猛强壯的狗。由“犬”和“壯”会意，“壯”也是声符。

獒 𤡊 犬如人心[1]可使者。从犬，敖声。《春秋传》曰：“公嗾(sǒu)夫獒。”五牢切(áo)

【注释】①如人心：王筠《说文解字句读》：“所谓如意，即如此人心也。”

【译文】獒，可根据人的意愿使唤的狗。形符是“犬”，声符是“敖”。《左传·宣公二年》中讲道：“晋灵公嗾使那条猛犬。”

獳 [篆] 怒犬皃。从犬，需声。读若槈（nòu）。奴豆切（nòu），又乃侯切（nóu）

【译文】獳，狗发怒的样子。形符是“犬”，声符是“需”。发音如同“槈”字。

狧 [篆] 犬食也。从犬，从舌。读若比目鱼鰈之鰈。他合切（tà）

【译文】狧，狗进食。由“犬”和“舌”会意。发音如同“比目鱼鰈”中的“鰈”字。

狎 [篆] 犬可习也。从犬，甲声。胡甲切（xiá）

【译文】狎，狗可训练。形符是“犬”，声符是“甲”。

狃 [篆] 犬性骄[1]也。从犬，丑声。女久切（niǔ）

【注释】①骄：段玉裁《说文解字注》作忕。徐锴《说文解字系传》：“忕，惯习也。”

【译文】狃，狗仗人势而骄。形符是“犬”，声符是“丑”。

犯 [篆] 侵也。从犬，㔾声。防险切（fàn）

【译文】犯，侵犯。形符是“犬”，声符是“㔾”。

猜 [篆] 恨贼也。从犬，青声。仓才切（cāi）

【译文】猜，因恨而意欲伤害他人。形符是“犬”，声符是

"青"。

猛 健犬也。从犬，孟声。莫杏切（měng）

【译文】猛，健壮的狗。形符是"犬"，声符是"孟"。

犺 健犬也。从犬，亢声。苦浪切（kàng）

【译文】犺，健壮的狗。形符是"犬"，声符是"亢"。

㹤 多畏也。从犬，去声。，杜林说，㹤从心。去劫切（qiè）

【译文】㹤，胆小多畏惧。形符是"犬"，声符是"去"。，杜林说，"㹤"字从"心"。

獜 健也。从犬，粦声。《诗》曰："卢獜獜[1]。"力珍切（lín）

【注释】①獜獜今本作令令。令令，缨环声。

【译文】獜，狗健壮。形符是"犬"，声符是"粦"。《诗经·齐风·卢令》中讲道："黑色的猎狗如此得强壮。"

獧［獧］ 疾跳也。一曰，急也。从犬，睘声。古县切（juàn）

【译文】獧，迅疾的跳跃。一说，性情急躁。形符是"犬"，声符是"睘"。

倏 走也。从犬，攸声。读若叔。式竹切（shū）

【译文】倏，狗奔跑。形符是“犬”，声符是“攸”。发音如同“叔”字。

狟 犬行也。从犬，亘声。《周书》曰：“尚狟狟[①]。”胡官切（huán）

【注释】①狟狟：今本作桓桓。

【译文】狟，狗行进的样子。形符是“犬”，声符是“亘”。《尚书·周书·牧誓》中讲道：“一定要威武雄壮。”

犻 过弗取也。从犬，市声。读若孛。蒲没切（bó）

【译文】犻，狗飞快经过，不啮取旁物。形符是“犬”，声符是“市”。发音如同“孛”字。

狦 犬张耳皃。从犬，易声。陟革切（zhé）

【译文】狦，狗张开耳朵的样子。形符是“犬”，声符是“易”。

猌 犬张断怒也。从犬，來声。读又若银。鱼仅切（yìn）

【译文】猌，狗张着牙齿发怒。形符是“犬”，声符是“來”。发音又如同“银”字。

犮 走犬皃。从犬，而丿（yì）之。曳其足，则剌（là）犮也。蒲拨切（bá）

【译文】犮，狗奔跑的样子。由“犬”字再加“丿”字表示。

牵引着狗的脚，狗行走就两脚分张。

戾 曲也。从犬，出户下。戾者，身曲戾也。郎计切（lì）

【译文】戾，弯曲。由“犬”在“户”下会意。戾即身体弯曲。

獨（独） 犬相得而斗也。从犬，蜀声。羊为群，犬为獨也。一曰，北嚣山有獨狢兽，如虎，白身，豕鬣，尾如马。徒谷切（dú）

【译文】獨，狗喜欢独处，相遇必然会相互争斗。形符是“犬”，声符是“蜀”。羊喜欢群聚，犬喜欢独处。一说，北嚣山有一獨狢兽，像老虎，身体白色，像猪一样的鬃毛，像马一样的尾巴。

狢 独狢兽也。从犬，谷声。余蜀切（yù）

【译文】狢，独狢兽。形符是“犬”，声符是“谷”。

獮[獮](狝) 秋田也。从犬，璽声。𧴊，獮或，从豕，宗庙之田也，故从豕、示。息浅切（xiǎn）

【译文】獮，秋季打猎。形符是“犬”，声符是“璽”。𧴊，“獮”的异体字，从“豕”，是为了宗庙祭祀而进行的的田猎，因此，由“豕”和“示”会意。

獵（猎） （放）[畋①]獵逐禽也。从犬，巤声。良涉切（liè）

【注释】①放：依徐锴《说文解字系传》作畋。畋，打猎。

【译文】獵，打獵追逐猎物。形符是“犬”，声符是“巤”。

獠 猎也。从犬，尞声。力昭切（liáo）

【译文】獠，打猎。形符是“犬”，声符是“尞”。

狩 犬田也。从犬，守声。《易》曰：“明夷于南狩。”书究切（shòu）

【译文】狩，用猎犬进行围猎。形符是“犬”，声符是“守”。《周易·明夷》中讲：“鸣叫的鹈鹕在人们南去打猎时受了伤。”

臭 禽走①，臭而知其迹者，犬也。从犬，从自。尺救切（chòu）②

【注释】①禽走：打猎时逃走的野兽。②尺救切：现音按《广韵》许救切，读 xiù。

【译文】臭，猎物逃走，通过嗅觉而最终发现猎物的踪迹的，是猎犬。由“犬”和“自”会意。

獲（获） 猎所獲也。从犬，蒦声。胡伯切（huò）

【译文】獲，打猎捕獲到的禽兽。形符是“犬”，声符是“蒦”。

獘[斃]（毙） 顿仆也。从犬，敝声。《春秋传》曰：“与犬，犬獘。”斃，獘或，从死。毗祭切（bì）

【译文】獘，像磕头般向前仆倒。形符是“犬”，声符是“敝”。《左传·僖公四年》中讲道：“给狗吃，狗倒地死掉了。”斃，“獘”的异体字，从“死”。

獻（献） 宗庙犬名羹獻。犬肥者以獻之。从犬，鬳声。许建切（xiàn）

【译文】獻，宗庙祭祀时所用的狗被称作羹獻。狗肥壮就被用来祭祀供给鬼神。形符是“犬”，声符是“鬳”。

豣［犴］ 獟[1]犬也。从犬，开声。一曰，逐虎犬也。五甸切（yàn）

【注释】①獟：徐锴《说文解字系传》：“獟犹骁也。”

【译文】豣，凶猛的狗。形符是“犬”，声符是“开”。一种说法是，用以追逐老虎的狗。

獟 豣犬也。从犬，堯声。五吊切（yào）

【译文】獟，骁勇的狗，形符是“犬”，声符是“堯”。

狾 狂犬也。从犬，折声。《春秋传》曰：“狾犬入华臣氏之门。”征例切（zhì）

【译文】狾，疯狗。形符是“犬”，声符是“折”。《左传·襄公十七年》中讲道：“疯狗进入华臣氏家的大门。”

㞷［狂］ 狾犬也。从犬，㞷声。𢗰，古文，从心。巨王切（kuáng）

【译文】㞷，疯狗。形符是“犬”，声符是“㞷”。𢗰，古文“㞷”，从“心”。

類（类） 种類相似，唯犬为甚。从犬，頪声。力遂切（lèi）

【译文】類，论种属、類别的相近，要数狗体现的最明显。形符是“犬”，声符是“頪”。

狄 赤狄，本犬种。狄之为言淫辟也。从犬，亦省声。徒历切（dí）

【译文】狄，赤狄族，本与犬戎族同种。“狄”是男女无别、行为邪辟的意思。形符是“犬”，声符是“亦”的省文。

狻 狻麑（ní）①，如虦（zhàn）猫②，食虎豹者。从犬，夋声。见《尔雅》。素官切（suān）

【注释】①狻麑：即狻猊，狮子。②释兽曰：“虎窃（浅）毛谓之虦苗（猫）。”

【译文】狻，狻麑，像浅毛虎，以虎豹为食的野兽。形符是“犬”，声符是“夋”。

玃 母猴也。从犬，矍声。《尔雅》云：“玃父善顾。”攫持人也。俱缚切（jué）

【译文】玃，大猕猴。形符是“犬”，声符是“矍”。《尔雅》中讲道：“大猕猴善于左顾右盼。”喜欢用爪子抓取和把持人。

猶（犹） 玃属。从犬，酋声。一曰，陇西①谓犬子为猷。以周切（yóu）

【注释】①陇西：现甘肃省东南部地区。

【译文】猶，猕猴的一种。形符是“犬”，声符是“酋”。一说，陇西地区将狗崽称作是猷。

狙[1] 狙 玃属。从犬，且声。一曰，狙，犬也，暂啮人[2]者。一曰，犬不啮人也。亲去切（qù）[3]

【注释】①狙：猕猴。②暂啮人：窥伺，突然窜出。③亲去切：现音按《广韵》七余切，读 jū。

【译文】狙，猕猴的一种。形符是“犬”，声符是“且”。一说，狙即狗，偷偷窥视突然窜出袭击人的狗。另一说，狗不咬人。

猴[猴] 猴 夒也。从犬，侯声。乎沟切（hóu）

【译文】猴，一种长臂猿。形符是“犬”，声符是“侯”。

㲉 㲉 犬属。腰已上黄，腰已下黑，食母猴[1]。从犬，㱿声。读若构。或曰，㲉似牂[2]羊，出蜀北嚣山中，犬首而马尾。火屋切（hù）

【注释】①母猴：即猕猴。②牂：牡羊。

【译文】㲉，狗的一种。腰部以上是黄色，腰部以下是黑色，以猕猴为食。形符是“犬”，声符是“㱿”。发音如同“构”字。有的说，㲉像牂羊，出自蜀北嚣山中，头部像狗，尾巴像马。

狼 狼 似犬，锐头，白颊，高前，广后。从犬，良声。鲁当切（láng）

【译文】狼，外形如狗，头部尖细，额头白色，前部高，后部宽。形符是“犬”，声符是“良”。

狛 如狼，善驱羊。从犬，白声。读若蘗。宁严读之若浅泊。匹各切（bó）

【译文】狛，外形如狼，善于驱赶羊群。形符是“犬”，声符是“白”。发音如同“蘗”字。宁严读它如同“浅泊”中的“泊”字。

獌 狼属。从犬，曼声。《尔雅》曰：“貙、獌，似狸。”舞贩切（wàn）①

【注释】①舞贩切：现音按《广韵》莫半切，读 màn。

【译文】獌，狼的一种。形符是“犬”，声符是“曼”。《尔雅·释兽》中讲道：“貙獌，似狸。”

狐 祥兽也。鬼所乘之。有三德：其色中和，小前大后，死则丘首。从犬，瓜声。户吴切（hú）

【译文】狐，一种妖异的野兽。鬼怪通常依附于它。狐狸通常有三个特征：毛色是中和之色；前部小、后部大；死了以后头部通常对着洞穴所在的山丘。形符是“犬”，声符是“瓜”。

獺（獭） 如小狗也。水居食鱼。从犬，赖声。他达切（tǎ）

【译文】獭，外形似小狗。在水中生活，以鱼为食。形符是“犬”，声符是“赖”。

猵 獭属。从犬，扁声。獱，或，从賓。布（兹）[玄]切（biān）

【译文】猵，獭的一种。形符是“犬”，声符是“扁”。獱，“猵”的异体字，从“賓”声。

猋 犬走皃。从三犬。甫遥切（biāo）

【译文】猋，狗奔跑的样子。由三个“犬”会意。

文八十三 重五

㹜 两犬相啮也。从二犬。凡㹜之属皆从㹜。语斤切（yín）

【译文】㹜，两只狗相互争斗。由两个“犬”字会意。但凡是“㹜”的部属都从“㹜”。

獡 司空也。从㹜，𦣞（yí）声。復说，狱司空。息兹切（sī）

【译文】獡，司空官。形符是“㹜”，声符是“𦣞”。有位名叫復的学者说，专指狱司空官。

獄（狱） 确也。从㹜，从言。二犬，所以守也。鱼欲切（yù）

【译文】獄，监狱牢固。由“㹜”和“言”会意。两个犬，表示用来守备的犬。

文三

鼠 穴虫之总名也。象形。凡鼠之属皆从鼠。书吕切（shǔ）

【译文】鼠，居住在洞穴中的虫兽的统称。象形字。凡是“鼠”的部属都从“鼠”。

鱕 鼠也。从鼠，番声。读若樊。或曰，鼠妇。附袁切（fán）

【译文】鱕，鼠名。形符是“鼠”，声符是“番”。发音如同“樊”字。有的说，鱕即瓮底虫。

鼢[①] 鼠，出胡[②]地，皮可作裘。从鼠，各声。下各切（hé）

【注释】①鼢：形似土拨鼠，但头部较大，丛生刷状毛。②胡：古时西北部地区的民族统称。

【译文】鼢，鼠名，出自胡人地域，皮毛可以用来作裘衣。形符是“鼠”，声符是“各”。

鼢 地[中]行鼠，伯劳所（作）[化]也。一曰，偃鼠。从鼠，分声。，或，从虫，分。芳吻切[①]（fěn）

【注释】①芳吻切：现音按《广韵》符分切，读 fén。

【译文】鼢，在地中穿行的老鼠，传说是伯劳鸟所化。一名，偃鼠。形符是“鼠”，声符是“分”。，“鼢”的异体字，形符是“虫”，声符是“分”。

鼫 鼫令鼠。从鼠，平声。薄经切（píng）

【译文】鼫，鼫令鼠。形符是“鼠”，声符是“平”。

鼶 [seal] 鼠也。从鼠，虒声。息移切（sī）

【译文】鼶，田鼠名。形符是“鼠”，声符是“虒”。

鼦 [seal] 竹鼠也。如犬。从鼠，留省声。力求切（liú）

【译文】鼦，啃噬竹子的老鼠。外形似狗。形符是“鼠”，声符是“留”的省文。

鼫 [seal] 五技鼠也。能飞，不能过屋；能缘，不能穷木；能游，不能渡谷；能穴，不能掩身；能走，不能先人。从鼠，石声。常只切（shí）

【译文】鼫，有五种技能的老鼠。能飞，但不能飞过屋顶；能攀，但不爬到树梢；能游泳，但不能度过河谷；能挖掘洞穴，但不足以遮掩身体；能跑，但不能超过人。形符是“鼠”，声符是“石”。

鼨 [seal] 豹文鼠也。从鼠，冬声。[seal]，籀文，省。职戎切（zhōng）

【译文】鼨，拥有豹子一般花纹的老鼠。形符是“鼠”，声符是“冬”。[seal]，籀文“鼨”，“鼨”的省略。

鼬 [seal] 鼠属。从鼠，益声。[seal]，或，从豸。於革切（è）

【译文】鼬，鼠的一种。形符是“鼠”，声符是“益”。[seal]，“鼬”的异体字，从“豸”。

鼷 [seal] 小鼠也。从鼠，奚声。胡鸡切（xī）

【译文】鼷，小鼠。形符是“鼠”，声符是“奚”。

鼩 精鼩鼠也。从鼠，句声。其俱切（qú）

【译文】鼩，精鼩鼠。形符是“鼠”，声符是“句”。

鼸 鼢也。从鼠，兼声。丘检切（qiǎn）[1]

【注释】①丘检切：现音按《广韵》胡忝切，读 xiàn。

【译文】鼸，鼢鼠。形符是“鼠”，声符是“兼”。

鼢 鼠属。从鼠，今声。读若含。胡男切（hán）

【译文】鼢，老鼠的一种。形符是“鼠”，声符是“今”。发音如同“含”字。

鼬[1] 如鼠，赤黄而大，食鼠者。从鼠，由声。余救切（yòu）

【注释】①鼬：即黄鼠狼。

【译文】鼬，外形似鼠，毛色赤黄且体型较大，以鼠为食。形符是“鼠”，声符是“由”。

鼩 胡地风鼠。从鼠，勺声。之若切（zhuó）

【译文】鼩，胡地可乘风飞的老鼠。形符是“鼠”，声符是“勺”。

鼧 鼠属。从鼠，宂声。而陇切（róng）

【译文】鼧，鼠的一种。形符是“鼠”，声符是“宂”。

鼭 䶈 鼠，似鸡，鼠尾。从鼠，此声。即移切（zī）

【译文】鼭，鼠，外形像鸡，拥有鼠一般的尾巴。形符是“鼠”，声符是“此”。

鼲 䶈 鼠。出丁零胡[①]，皮可作裘。从鼠，軍声。乎昆切（hún）

【注释】①丁零胡：汉代时匈奴属国，游牧于我国北部与西部。

【译文】鼲，灰鼠。出自北方地区的丁零国，皮毛可用来制作裘衣。形符是“鼠”，声符是“軍”。

鶘 䶈 斩鶘鼠。黑身，白腰若带；手有长白毛，似握版[①]之状；类猿蜼（wèi）之属。从鼠，胡声。户吴切（hú）

【注释】①版：手版，古时大臣们上朝是拿在手中用来记言的东西。

【译文】鶘，斩鶘鼠。身体黑色，腰部有一圈白色的皮毛。手部有长长的白毛，像握着上朝手板的样子；类属于猿猴。形符是“鼠”，声符是“胡”。

文二十 重三

能 䶈 熊属。足似鹿。从肉，目（yǐ）声。能兽坚中，故称贤能；而强壮，称能杰也。凡能之属皆从能。奴登切（néng）

【**译文**】能，熊的一种。足部像鹿。形符是“肉”，声符是“目”。能兽骨节坚实，因此被引申为贤能；体型强壮，因此被称作能杰。但凡是“能”的部属都从“能”。

文一

熊 兽。似豕。山居，冬蛰。从能，炎省声。凡熊之属皆从熊。羽弓切（xióng）

【**译文**】熊，一种形似猪的野兽。栖息在山林之中，冬天会冬眠。形符是“能”，声符是“炎”的省文。但凡是“熊”的部属都从“熊”。

羆（罴） 如熊，黄白文。从熊，罷省声。，古文，从皮。彼为切（pí）

【**译文**】羆，外形似熊，身上有黄白相间的花纹。形符是“熊”，声符是“罷”的省文。，古文“羆”字，从“皮”声。

文二 重一

火 燬（huǐ）也。南方之行，炎而上。象形。凡火之属皆从火。呼果切（huǒ）

【**译文**】火，物体燃烧时产生的火焰。在五行当中代表南方，火性炽盛向上。象形。但凡是“火”的部属都从“火”。

炟 上讳。从火，旦声。当割切（dá）

【**译文**】炟，已故孝章皇帝名。形符是“火”，声符是“旦”。

焜 火也。从火，尾声。《诗》曰："王室如焜。"许伟切（huǐ）

【译文】焜，火。形符是"火"，声符是"尾"。《诗经·周南·汝坟》中讲道："王室的残暴像火一般凶猛。"

㷇[毁] 火也。从火，毁声。《春秋传》曰："卫侯㷇。"许伟切（huǐ）

【译文】㷇，火。形符是"火"，声符是"毁"。《春秋·僖公二十五年》中讲道："卫文公的名叫㷇。"

𤌣 火也。从火，豩声。稣典切（xiǎn）

【译文】𤌣，火。形符是"火"，声符是"豩"。

焌 然火也。从火，夋声。《周礼》曰："遂籥其焌。"焌火在前，以焞焯龟。子寸切（zùn），又仓聿切（qū）

【译文】焌，燃起火焰。形符是"火"，声符是"夋"。《周礼·春官·菙氏》中讲道："于是吹旺那燃烧的火焰"。占卜之前必先燃起火焰，用火来灼灸龟甲。

尞[尞] 柴祭天也。从火，从昚。昚，古文慎字。祭天所以慎也。力照切（liào）

【译文】尞，烧柴来祭祀上天。由"火"和"昚"会意。昚是古文"慎"字。祭天必须恭敬谨慎。

然 烧也。从火，肰声。[illegible]，或，从艸，難。如延切（rán）

【译文】然，烧。形符是“火”，声符是“肰”。[illegible]，“然”的异体字，形符是“艸”，声符是“難”。

爇 烧也。从火，蓺声。《春秋传》曰：“爇僖负羈。”[1]如劣切（ruò）

【注释】①原文作：“爇僖负羈氏。”僖负羈，曹国大夫。

【译文】爇，焚烧。形符是“火”，声符是“蓺”。《左传·僖公二十八年》中讲道：“烧了僖负羈的家。”

燔 爇也。从火，番声。附袁切（fán）

【译文】燔，焚烧。形符是“火”，声符是“番”。

燒（烧） 爇也。从火，堯声。式昭切（shāo）

【译文】烧，焚烧。形符是“火”，声符是“尧”。

烈 火猛也。从火，列声。良辥切（liè）

【译文】烈，火势凶猛。形符是“火”，声符是“列”。

炪 火光也。从火，出声。《商书》曰：“予亦炪谋。”[1]读若巧拙之拙。职悦切（zhuō）

【注释】①语见《尚书·商书·盘庚上》。炪今本作拙。

【译文】炪，火光。形符是“火”，声符是“出”。《尚书·商书》中讲道：“我也有光明的谋划。”发音如同“巧拙”的“拙”字。

熚 ［篆］ 熚㷋，火皃。从火，畢声。卑吉切（bì）

【译文】熚，熚㷋，火的样子。形符是“火”，声符是“畢”。

㷋 ［篆］ 熚㷋也。从火，𤈦声。𤈦，籀文悖字。敷勿切（fú）

【译文】㷋，熚㷋。形符是“火”，声符是“𤈦”。“𤈦”，籀文“悖”字。

烝 ［篆］ 火气上行也。从火，丞声。煮仍切（zhēng）

【译文】烝，火气向上升腾。形符是“火”，声符是“丞”。

烰 ［篆］ 烝也。从火，孚声。《诗》曰：“烝之烰烰。”①缚牟切（fú）

【注释】①语见《诗经·大雅·生民》。烰烰今本作浮浮。

【译文】烰，日出地气上升。形符是“火”，声符是“孚”。《诗经》中讲道：“蒸米饭蒸得热气腾腾。”

煦 ［篆］ 烝也。一曰，赤皃。一曰，温润也。从火，昫声。香句切（xù）

【译文】煦，日出地气上升。一说，日出时红色的样子。一说，温暖湿润。形符是“火”，声符是“昫”。

熯 ［篆］ 干皃。从火，漢省声。《诗》曰：“我孔熯矣。”①人善切（rǎn）

【注释】①语见《诗经·小雅·楚茨》。段玉裁《说文解字注》："毛传曰：'熯、敬也。'熯本不训敬而传云尔者，谓熯即戁之叚借字也。心部曰：'戁、敬也。'"

【译文】熯，干燥的样子。形符是"火"，声符是"漢"的省文。《诗经》中讲道："我已经是非常恭敬的了。"

炥 火皃。从火，弗声。普活切（pō）①

【注释】①普活切：现音按《广韵》符弗切，读 fú。

【译文】炥，火的样子。形符是"火"，声符是"弗"。

熮 火皃。从火，翏声。《逸周书》曰："味辛而不熮。"洛萧切（liáo）

【译文】熮，火的样子。形符是"火"，声符是"翏"。《逸周书》中讲道："味道辛而不辣"。

焛 火皃。从火，㒝（zhèn）省声。读若粦。良刃切（lìn）

【译文】焛，火的样子。形符是"火"，声符是"㒝"的省文。发音如同"粦"字。

⿰火雁 火色也。从火，雁声。读若鴈。五妟[晏]切（yàn）

【译文】⿰火雁，火本身的颜色。形符是"火"，声符是"雁"。发音如同"鴈"字。

熲(颎) 火光也。从火，頃声。古迥切(jiǒng)

【译文】颎，火光。形符是“火”，声符是“頃”。

爚 火(飞)[光][①]也。从火，龠声。一曰，爇也。以灼切(yuè)

【注释】①飞：依段玉裁《说文解字注》作光。

【译文】爚，火焰闪烁。形符是“火”，声符是“龠”。一说，爚即点燃。

爂[熛] 火飞也。从火，㷉声。读若摽。甫遥切(biāo)

【译文】爂，火焰闪烁。形符是“火”，声符是“㷉”。发音如同“摽”字。

熇 火热也。从火，高声。《诗》曰：“多将熇熇。”火屋切(hè)

【译文】熇，火焰炽热。形符是“火”，声符是“高”。《诗经·大雅·板》中讲道：“干了很多的坏事，如同火势熇熇炽热一般。”

烄 交木然[①]也。从火，交声。古巧切(jiǎo)

【注释】①交木然：徐锴《说文解字系传》：“架而烧之也。”

【译文】烄，架木燃烧。形符是“火”，声符是“交”。

烎 小(热)[爇]也。从火，(干)[羊]声。

《诗》曰："忧心（羡）[如]羡。"[①]直廉切（chán）

【注释】①语见《诗经·小雅·节南山》。羡羡今作如惔。

【译文】羡，小火燃烧。形符是"火"，声符是"羊"。《诗经》中讲道："忧心如同火烧着一般。"

燋  所以然持火也。从火，焦声。《周礼》曰："以明火爇燋也。"即消切（jiāo）

【译文】燋，火引子。形符是"火"，声符是"焦"。《周礼·春官·華氏》中讲道："利用日光来取火引燃木柴。"

炭  烧木余也。从火，岸省声。他案切（tàn）

【译文】炭，燃烧木头后的残余物。形符是"火"，声符是"岸"的省文。

羨 束炭也。从火，差省声。读若齹。楚宜切（cī）[①]

【注释】①楚宜切：现音按《集韵》侧下切，读 zhǎ。

【译文】羨，捆束着的炭木。形符是"火"，声符是"差"的省文。发音如同"齹"字。

敫  交灼木也。从火，教省声。读若狡。古巧切（jiǎo）

【译文】敫，架着木柴燃烧。形符是"火"，声符是"教"的省文。发音如同"狡"字。

炦 炦 火气也。从火，犮声。蒲拨切（bá）

【译文】炦，火的余热之气。形符是“火”，声符是“犮”。

灰 灰 死火余婁（jìn）也。从火，从又；又，手也。火既灭，可以执持。呼恢切（huī）

【译文】灰，火熄灭后残余的灰烬。由“火”和“又”会意。“又”即手。火已经熄灭，可以用手来抓取。

炱 炱 灰，炱煤[1]也。从火，台声。徒哀切（tái）

【注释】①炱煤：即烟尘。

【译文】炱，燃烧后产生的灰，又被称作炱煤。形符是“火”，声符是“台”。

煨 煨 盆中火。从火，畏声。乌灰切（wēi）

【译文】煨，盆中的火。形符是“火”，声符是“畏”。

熄 熄 畜火也。从火，息声。亦曰，灭火。相即切（xī）

【译文】熄，蓄留的火种。形符是“火”，声符是“息”。也被称作是灭火。

炷 炷 行灶也。从火，圭声。读若冋。口迥切[1]（jiǒng）

【注释】①口迥切：现音按《广韵》乌携切，读 wēi。

【译文】炷，一种可以移动的灶。形符是“火”，声符是“圭”。

发音如同“同”字。

煁 烓也。从火，甚声。氏任切（chén）

【译文】煁，烓灶。形符是“火”，声符是“甚”。

燀 炊也。从火，單声。《春秋传》曰：“燀之以薪。”充善切（chǎn）

【译文】燀，生火烧饭。形符是“火”，声符是“單”。《左传·昭公二十年》中讲道：“用木柴来生火烧饭。”

炊 爨也。从火，吹省声。昌垂切（chuī）

【译文】炊，生火做饭。形符是“火”，声符是“吹”的省文。

烘 尞也。从火，共声。《诗》曰：“卬烘于煁。”呼东切（hōng）

【译文】烘，用火烤。形符是“火”，声符是“共”。《诗经·小雅·白华》中讲道：“在可以移动的小火炉上烘烤东西。”

齌 炊餔疾也。从火，齊声。在诣切（jì）

【译文】齌，烧火煮晚饭，迅速烧熟。形符是“火”，声符是“齊”。

熹 炙也。从火，喜声。许其切（xī）

【译文】熹，用火来烤熟生肉。形符是“火”，声符是“喜”。

煎 [篆] 熬也。从火，前声。子仙切（jiān）
【译文】煎，有汁而熬干。形符是“火”，声符是“前”。

熬 [篆] 干煎也。从火，敖声。[篆]，熬或，从麦。五牢切（áo）

【译文】熬，用火煎炒致干。形符是“火”，声符是“敖”。[篆]，“熬”的异体字，从“麦”。

炮 [篆] 毛炙肉也。从火，包声。薄交切（páo）
【译文】炮，连毛在一起烧烤肉。形符是“火”，声符是“包”。

㶼 [篆] 炮肉，以微火温肉也。从火，衣声。乌痕切（ēn）

【译文】㶼，连毛在一起烧烤肉，用微火来烤肉。形符是“火”，声符是“衣”。

䰝 [篆] 置鱼筩中炙也。从火，曾声。作滕切（zēng）
【译文】䰝，将鱼放在竹筒内烘烤。形符是“火”，声符是“曾”。

㷉 [篆] 以火干肉。从火，稫声。[篆]，籀文，不省。符逼切（bì）

【译文】㷉，用火来烤干肉。形符是“火”，声符是“稫”。[篆]，籀文中的“㷉”字，不省。

爆 灼也。从火，暴声。蒲木切（pú）[①]

【注释】①蒲木切：现音按《广韵》北教切，读 bào。

【译文】爆，火焰飞扬，有所灸灼。形符是“火”，声符是“暴”。

煬（炀） 炙燥也。从火，昜声。余亮切（yàng）

【译文】煬，用火烧烤使食物干燥。形符是“火”，声符是“昜”。

熇 灼也。从火，隺声。胡沃切（hú）

【译文】熇，烧灼。形符是“火”，声符是“隺”。

爤[爛]（烂） 孰也。从火，蘭声。，或，从閒。郎旰切（làn）

【译文】爤，食物爤熟。形符是“火”，声符是“蘭”。，“爤”的异体字，从“閒”声。

爢[糜] 爤也。从火，靡声。靡为切（mí）

【译文】爢，煮米使糜烂。形符是“火”，声符是“靡”。

尉[尉] 从上案下也。从𡰥；又持火，以尉申缯也。於胃切（wèi）

【译文】尉，从上按压下面。从“𡰥”，表示熨平。表示手的“又”持握着“火”，表示用火来按压、伸展缯帛。

爨[爑] 灼龟不兆也。从火，从龜。《春秋传》曰："龜爨不兆。"[1]读若焦。即消切(jiāo)

【注释】①语见《左传·定公九年》、《左传·哀公二年》。

【译文】爨，烧灼龟甲，不成兆纹。由"火"和"龜"会意。《左传》中讲道："龜甲被烧灼，没有呈现出兆纹。"发音如同"焦"字。

灸 灼也。从火，久声。举友切(jiǔ)

【译文】灸，烧灼龟甲。形符是"火"，声符是"久"。

灼 (炙)[灸]也。从火，勺声。之若切(zhuó)

【译文】灼，点燃荆条，灸烤龟甲。形符是"火"，声符是"勺"。

煉(炼) 铄(shuò)治金也。从火，柬声。郎电切(liàn)

【译文】煉，销熔并纯净金属。形符是"火"，声符是"柬"。

燭(烛) 庭燎，(火)[大]燭也[1]。从火，蜀声。之欲切(zhú)

【注释】①庭燎，火燭也：郑玄注《周礼·司烜氏》："树于门外曰大燭，于门内曰庭燎。"统言火炬，火当作大。

【译文】燭，插在门内庭院中的火炬，也指插在门外的火炬。形符是"火"，声符是"蜀"。

熜　[篆]　然麻蒸也。从火，悤声。作孔切（zǒng）

【译文】熜，点燃麻秆制成的火炬。形符是“火”，声符是“悤”。

灺　[篆]　烛𤏶也。从火，也声。徐野切（xiè）

【译文】灺，烛燃尽残余的灰烬。形符是“火”，声符是“也”。

𤏶[㶳]（烬）　[篆]　火余也。从火，聿声。一曰，薪也。徐刃切（jìn）

【译文】𤏶，火燃烧后的残余物。形符是“火”，声符是“聿”。一种说法是，柴薪。

焠　[篆]　坚刀刃也。从火，卒声。七内切（cuì）

【译文】焠，从火中取出又浸入水中，使刀刃坚硬。形符是“火”，声符是“卒”。

煣　[篆]　屈申木[①]也。从火、柔，柔亦声。人久切（rǒu）

【注释】①屈申木：屈直木使其曲，申曲木使其直。

【译文】煣，用火烘烤使木条弯曲或伸直。由“火”和“柔”会意，“柔”也是声符。

樊[焚]　[篆]　烧田也。从火、棥，棥亦声。附袁切（fán）[①]

【注释】①附袁切：现音按《广韵》符分切，读 fén。

【译文】㸋，用火烧山林宿草而田猎。由“火”和“棥”会意，“棥”也是声符。

熑 火煣車网绝也。从火，兼声。《周礼》曰：“煣牙外不熑。”力盐切（lián）

【译文】熑，用火曲糅即将作为车轮外周的木条，因火太猛而木纹断裂。形符是“火”，声符是“兼”。《周礼·考工记·轮人》中讲道：“用火把将要制成车轮外周的木条烘烤，以此来使它弯曲，木头外侧的纹理不会断绝。”

燎 放火也。从火，尞声。力小切（liǎo）

【译文】燎，放火烧。形符是“火”，声符是“尞”。

㶾[票] 火飞也。从火，𡿺与䙴（qiān）同意。方昭切（biāo）

【译文】㶾，火星四溅。从“火”，“𡿺”与“䙴”表示升高的意义相同。

㷮 焦也。从火，曹声。作曹切（zāo）

【译文】㷮，烧焦。形符是“火”，声符是“曹”。

爑 火所伤也。从火，雥声。𤆍，或，省。即消切（jiāo）

【译文】爑，被烧伤。形符是“火”，声符是“雥”。𤆍，“爑”

的异体字，“爨”的省略。

烖[烖][灾]　天火曰烖。从火，𢦏声。，或，从宀(mián)、火。，古文，从才。(zāi)，籀文，从巛。祖才切(zāi)

【译文】烖，自然生成的火灾称烖。形符是“火”，声符是“𢦏”。，“烖”的异体字，由“宀”和“火”会意。，古文“烖”，从“才”声。，籀文中的“烖”字，由“巛”会意兼形声。

煙(烟)　火气也。从火，垔声。，或，从因。，古文。，籀文，从宀。乌前切(yān)

【译文】煙，火燃烧时生成的气状物。形符是“火”，声符是“垔”。，“煙”的异体字，从“因”声。，古文“煙”。，籀文“煙”，从“宀”。

焆　焆焆，烟皃。从火，肙声。因悦切(yuè)①

【注释】①因悦切：现音按《广韵》於列切，读yè。

【译文】焆，焆焆，烟的样子。形符是“火”，声符是“肙”。

煴　郁烟也。从火，昷声。於云切(yūn)

【译文】煴，将火郁积产生的烟。形符是“火”，声符是“昷”。

炮　望火皃。从火，皀声。读若馰(dí)颡之馰。都历切(dí)

【译文】炮，望见火光耀眼的样子。形符是“火”，声符是

“皀”。发音如同“馰颡”的“馰”字。

爓[燂] 火热也。从火，覃声。火甘切(hān)，又徐盐切(xián)

【译文】爓，用火来进行加热。形符是“火”，声符是“覃”。

焞[焞] 明也。从火，𦎫声。《春秋传》曰：“焞耀天地。”①他昆切(tūn)

【译文】焞，光明。形符是“火”，声符是“𦎫”。《国语·郑语》中讲道：“照耀天地。”

炳 明也。从火，丙声。兵永切(bǐng)

【译文】炳，光明。形符是“火”，声符是“丙”。

焯 明也。从火，卓声。《周书》曰：“焯见三有俊心。”之若切(zhuō)

【译文】焯，光明。形符是“火”，声符是“卓”。《尚书·周书·立政》中讲道：“明显的看到宅事、宅牧和宅准属官的想法。”

照 明也。从火，昭声。之少切(zhào)

【译文】照，光明照耀。形符是“火”，声符是“昭”。

煒(炜) 盛赤也。从火，韋声。《诗》曰：“彤管有煒。”於鬼切(wěi)

【译文】煒，盛大的红色。形符是“火”，声符是“韋”。《诗经·邶风·静女》中讲道：“红色的管子红得非常光亮。”

烙　盛火也。从火，从多。昌氏切（chǐ）

【译文】烙，盛大的火。由“火”和“多”会意。

熠　盛光也。从火，習声。《诗》曰：“熠熠宵行。”羊入切（yì）

【译文】熠，盛大的光亮。形符是“火”，声符是“習”。《诗经·豳风·东山》中讲道：“萤火虫在熠熠发光。”

煜　熠也。从火，昱声。余六切（yù）

【译文】煜，炽盛的光亮。形符是“火”，声符是“昱”。

燿［耀］　照也。从火，翟声。弋笑切（yào）

【译文】耀，照耀。形符是“火”，声符是“翟”。

煇［輝］（辉）　煇光也。从火，軍声。况韦切（huī）

【译文】煇，光辉。形符是“火”，声符是“軍”。

煌　煌，辉也。从火，皇声。胡光切（huáng）

【译文】煌，煌煌，光辉。形符是“火”，声符是“皇”。

焜　煌也。从火，昆声。孤本切（gǔn）①

【注释】①孤本切：今按《广韵》胡本切，音 kūn。

【译文】焜，辉煌。形符是“火”，声符是“昆”。

炯 光也。从火，冋声。古迥切（jiǒng）

【译文】炯，光明。形符是“火”，声符是“冋”。

爗[燁](烨) 盛也。从火，𣅺声。《诗》曰：“爗爗震电。”筠辄切（yè）

【译文】爗，光明炽盛。形符是“火”，声符是“𣅺”。《诗经·小雅·十月之交》中讲道：“那光闪闪的雷电啊。”

燗 火（门）[燗]也。从火，閻声。余廉切（yán）①

【注释】①余廉切：今按《广韵》以赡切，音 yàn。

【译文】燗，火焰。形符是“火”，声符是“阎”。

炫 （耀）[燗]耀也。从火，玄声。胡畎切（xuàn）

【译文】炫，光耀。形符是“火”，声符是“玄”。

炗[光] 明也。从火在人上，光明意也。𤎫，古文。𡗜，古文。古皇切（guāng）

【译文】炗，光明。由“火”在“人”（儿）上会意，表示光明的意思。𤎫，古文“炗”。𡗜，古文“炗”。

熱(热) 温也。从火，埶声。如列切（rè）

【译文】熱，温暖。形符是“火”，声符是“埶”。

熾（炽） 盛也。从火，戠声。，古文熾。昌志切（chì）

【译文】熾，火势旺盛。形符是“火”，声符是“戠”。，古文中的“熾”字。

燠 热在中也。从火，奥声。乌到切（ào）①

【注释】①乌到切：现音按《广韵》於六切，读 yù。

【译文】燠，蕴热在里面。形符是“火”，声符是“奥”。

煖[暖] 温也。从火，爰声。况袁切（xuān）①

【注释】①况袁切：暄义读 xuān；乃管切读 nuǎn 煗义。

【译文】煖，温暖。形符是“火”，声符是“爰”。

煗[暖] 温也。从火，耎声。乃管切（nuǎn）

【译文】煗，温暖。形符是“火”，声符是“耎”。

炅 见也。从火、日。古迥切（jiǒng）

【译文】炅，光芒外现。由“火”和“日”会意。

炕 干也。从火，亢声。苦浪切（kàng）

【译文】炕，用火烘烤干。形符是“火”，声符是“亢”。

燥 干也。从火，喿声。穌到切（sào）①

【注释】①穌到切：现音按《集韵》先到切，读 zào。

【译文】燥，用火烘烤干。形符是“火”，声符是“喿”。

威 [篆] 灭也。从火、戌。火死于戌，阳气至戌而尽。《诗》曰：“赫赫宗周，褒似威之。”[①]许劣切（xuè）[②]

【注释】①语见《诗经·小雅·正月》。似今本作姒。②许劣切：现音按《集韵》莫列切，读 miè。

【译文】威，火熄灭。由“火”和“戌”会意。按照五行之说，火死于戌月，阳气到了戌月就消耗殆尽。《诗经》中讲道：“显赫的周都镐京，最终因褒姒而灭亡。”

焅 [篆] 旱气也。从火，告声。苦沃切（kù）

【译文】焅，干旱的气。形符是“火”，声符是“告”。

燾（焘） [篆] 溥覆照也。从火，壽声。徒到切（dào）

【译文】燾，日、月所照，覆盖普天之下。形符是“火”，声符是“壽”。

爟 [篆] 取火于日官名，举火曰爟。《周礼》曰：“司爟，掌行火之政令。”从火，雚声。烜，或，从亘。古玩切（guàn）

【译文】爟，掌管从太阳获取火种的官名，祭祀时举火照明称爟。《周礼·夏官·司爟》中讲道：“司爟一职，主要是掌管着行火的政令。”形符是“火”，声符是“雚”。烜，“爟”的异体字，从“亘”声。

逢[烽] 燧，候表也。边有警则举火。从火，逢声。敷容切（fēng）

【译文】逢，像燧火一样的信号，瞭望敌情用于预警的信号物。边境有敌情就举火示警。形符是“火”，声符是“逢”。

爝 苣火，祓也。从火，爵声。吕不韦曰：“汤得伊尹，爝以爟火，衅以牺豭。”①子肖切（jiào）

【注释】①语见《吕氏春秋·本味篇》。

【译文】爝，捆扎苇草烧火，用以祛除不祥。形符是“火”，声符是“爵”。吕不韦曾说道：“商汤得到了伊尹，通过日光取火焚烧苇草来袯除不祥，用祭祀的猪血来涂抹器物。”

熭 暴干（火）也。从火，彗声。於岁切（wèi）

【译文】熭，曝晒使其干燥。形符是“火”，声符是“彗”。

熙 燥也。从火，巸声。许其切（xī）

【译文】熙，曝晒使其干燥。形符是“火”，声符是“巸”。

文一百一十二 重十五

炎 火光上也。从重火。凡炎之属皆从炎。於廉切（yán）

【译文】炎，火光升腾向上。由两个“火”字叠加在一起会意。但凡是“炎”的部属都从“炎”。

爓[焰]  火行微爓爓也。从炎，臽声。以冉切（yàn）

【译文】爓，火初燃时火苗较弱却愈燃愈旺的样子。形符是“炎”，声符是“臽”。

𤍞[焰]  火光也。从炎，舌声。以冉切（yǎn）

【译文】𤍞，火光。形符是“炎”，声符是“舌”。

燷 侵火也。从炎，㐭声。读若桑葚之葚。力荏切（lǐn）

【译文】燷，渐渐燃烧的火。形符是“炎”，声符是“㐭”。发音如同“桑葚”中的“葚”字。

煔[1]  火行也。从炎，占声。舒赡切（shàn）[2]

【注释】①煔：即闪。②舒赡切：现音读，shǎn。

【译文】煔，火焰闪烁的样子。形符是“炎”，声符是“占”。

燅  于汤中爚肉。从炎，从熱省。𤎖，或，从炙。徐盐切（xián）

【译文】燅，在热水中把肉温热。由“炎”和“热”的省文会意。𤎖，“燅”的异体字，从“炙”。

爕[燮]  大熟也。从又，持炎、辛。辛者，物熟味也。苏侠切（xiè）

【译文】燮，十分成熟。由表示手的“又”持着“炎”和“辛”会意。“辛”，食物熟透的味道。

粦 兵死及牛马之血为粦。粦，鬼火也。从炎、舛。良刃切（lìn）[①]

【注释】①良刃切：现音读，lín。

【译文】粦，士兵死去的血以及牛马的血化为粦。粦即鬼火。由“炎”和“舛”会意。

文八 重一

黑 火所熏之色也。从炎，上出囮。囮，古窻[窗]字。凡黑之属皆从黑。呼北切（hēi）

【译文】黑，被火熏之后的颜色。由“炎”向上从“囮”中冒出会意，“囮”即古文“窻”字。但凡是“黑”的部属都从“黑”。

黸 齐谓黑为黸。从黑，盧声。洛乎切（lú）

【译文】黸，齐地将黑称作黸。形符是“黑”，声符是“盧”。

黵 沃黑色。从黑，會声。恶外切（wèi）

【译文】黵，光润的黑色。形符是“黑”，声符是“會”。

黯 深黑也。从黑，音声。乙减切（ǎn）[①]

【注释】①乙减切：现音读 àn。

【译文】黯，深黑色。形符是“黑”，声符是“音”。

黶 ［seal］（申）[面中]黑[子]也。从黑，厭声。於琰切（yǎn）

【译文】黶，脸上由黑色的痣。形符是“黑”，声符是“厭”。

黳 ［seal］小黑子。从黑，殹声。乌鸡切（yī）

【译文】黳，小黑痣。形符是“黑”，声符是“殹”。

黚 ［seal］白而有黑也。从黑，旦声。五原[1]有莫黚县[1]。当割切（dá）

【注释】①五原：郡名。莫黚县：位于现内蒙古乌喇特地区。

【译文】黚，白色而有黑点。形符是“黑”，声符是“旦”。五原地区有一莫黚县。

黬 ［seal］虽皙而黑也。从黑，箴声。古人名黬，字皙[1]。古咸切（jiān）

【注释】①名黬，字皙：段玉裁《说文解字注》：“《仲尼弟子列传》：‘曾蒧，字皙；奚容箴，字子皙；又狄黑，字皙。’蒧、箴皆黬之省。”

【译文】黬，人面虽然白皙，但带黑气。形符是“黑”，声符是“箴”。古代有人名黬字皙。

黗 ［seal］赤黑也。从黑，昜声。读若煬。余亮切（yàng）

【译文】黗，赤黑色。形符是“黑”，声符是“昜”。发音如同“煬”字。

黲（黪） 浅青黑也。从黑，参声。七感切（cǎn）

【译文】黲，浅青黑色。形符是“黑”，声符是“参”。

黤 青黑也。从黑，奄声。於槛切（yǎn）

【译文】黤，青黑色。形符是“黑”，声符是“奄”。

黝 微青黑色。从黑，幼声。《尔雅》曰：“地谓之黝。”於纠切（yǒu）

【译文】黝，微青黑色。形符是“黑”，声符是“幼”。《尔雅》中讲道：“用黑颜色来涂饰地面称作黝。”

黗 黄浊黑。从黑，屯声。他衮切（tǔn）①

【注释】①他衮切：现音按《广韵》他昆切，读 tūn。

【译文】黗，深黄又浊黑的颜色。形符是“黑”，声符是“屯”。

點（点） 小黑也。从黑，占声。多忝切（diǎn）

【译文】點，小黑点。形符是“黑”，声符是“占”。

黚 浅黄黑也。从黑，甘声。读若染缯中束緅黚。巨淹切（qián）

【译文】黚，浅黄黑色。形符是“黑”，声符是“甘”。发音如同“染缯中束緅黚”中的“黚”字。

黚 黄黑也。从黑，金声。古咸切（jiān）

【译文】黚，黄黑色。形符是“黑”，声符是“金”。

黦 黑有文也。从黑，冤声。读若饴盌（wān）字。於月切（yuè）

【译文】黦，黑色并带有斑纹。形符是“黑”，声符是“冤”。发音如同“饴盌”的“盌”字。

黶 黄黑而白也。从黑，算声。一曰，短黑。读若以芥为齑，名曰芥荃也。初刮切（chuā）

【译文】黶，黄黑中带有白色。形符是“黑”，声符是“算”。一说，短且黑。发音如同“以芥为齑，名曰芥荃”中的“荃”字。

䵂[黫] 黑皴（cūn）也。从黑，幵声。古典切（jiǎn）

【译文】䵂，皮肤黑且多皴。形符是“黑”，声符是“幵”。

黠 坚黑也。从黑，吉声。胡八切（xiá）

【译文】黠，坚硬且黑。形符是“黑”，声符是“吉”。

黔 黎也。从黑，今声。秦谓民为黔首，谓黑色也。周谓之黎民。《易》曰：“为黔喙。”巨淹切（qián）

【译文】黔，黎黑。形符是“黑”，声符是“今”。秦朝称民众为黔首，说的是民众脸被晒得黄黑。周朝称民众为黎民，也是如此。《易经·说卦传》中讲道：“艮代表着具有黑色鸟嘴的一类猛兽。”

黕 淬[1]垢[2]也。从黑，冘声。都感切（dǎn）

【注释】①淬：沉淀，渣滓。②垢：污垢。

【译文】黕，渣滓污垢。形符是“黑”，声符是“冘”。

黨（党） 不鲜也。从黑，尚声。多朗切（dǎng）

【译文】黨，不鲜亮。形符是“黑”，声符是“尚”。

黷（黩） 握持垢也。从黑，賣声。《易》曰：“再三黷。”徒谷切（dú）

【译文】黷，因被侮辱而握持污垢。形符是“黑”，声符是“賣”。《易经》中讲道：“一而再，再而三的占筮亵渎神明。”

黵 大污也。从黑，詹声。当敢切（dǎn）

【译文】黵，十分污黑。形符是“黑”，声符是“詹”。

黴（霉） 中（zhòng）久雨青黑。从黑，微省声。武悲切（méi）

【译文】黴，物因久雨受潮而生的青黑色斑点。形符是“黑”，声符是“微”的省文。

黜 贬下也[1]。从黑，出声。丑律切（chù）

【注释】①段玉裁《说文解字注》：“按：当作‘贬也，下色也’五字。贬也者，黜陟之义也。下色也者，为从黑张本也。”

【译文】黜，摈斥污暗的色彩。形符是“黑”，声符是“出”。

黳 黳姗，下（哂）[色]。从黑，般声。薄官切（pán）

【译文】黳，黳姗，下等色彩。形符是“黑”，声符是“般”。

䲭[黛]  画眉[墨]也。从黑，朕声。徒耐切（dài）

【译文】䲭，青黑色的颜料，古代女子用来画眉。形符是“黑”，声符是“朕”。

儵  青黑缯（缝）[发]白色也。从黑，攸声。式竹切（shū）

【译文】儵，青黑色的缯帛泛白色。形符是“黑”，声符是“攸”。

黬  羔裘之缝。从黑，或声。於逼切（yù）

【译文】黬，羊皮裘做成的衣缝。形符是“黑”，声符是“或”。

黰  黰谓之垽（yìn）。垽，滓也。从黑，殿省声。堂练切（diàn）

【译文】黰，黰被称作垽。垽即渣滓。形符是“黑”，声符是“殿”的省文。

黮 桑葚之黑也。从黑，甚声。他感切（tǎn）

【译文】黮，桑葚果实的黑色。形符是“黑”，声符是“甚”。

黯 果实黯黯黑也。从黑，弇声。乌感切（ǎn）[①]

【注释】①乌感切：现音按《集韵》衣检切，读 yǎn。

【译文】黯，果实腐坏而呈现的暗黑色。形符是“黑”，声符是“弇”。

黥 墨刑在面也。从黑，京声。，黥或，从刀。渠京切（qíng）

【译文】黥，用墨填实用刑时在脸上刻的记号。形符是“黑”，声符是“京”。，“黥”的异体字，从“刀”。

黵 黵者忘而息也。从黑，敢声。於槛切（yǎn）

【译文】黵，黵人健忘又贪睡。形符是“黑”，声符是“敢”。

黟 黑木也。从黑，多声。丹阳有黟县。乌鸡切（yī）

【译文】黟，乌木。形符是“黑”，声符是“多”。丹阳郡有一黟县。

文三十七 重一

卷二十

囱 在墙曰牖，在屋[①]曰囱。象形。凡囱之属皆从囱。，或，从穴。，古文。楚江切（chuāng）

【注释】①屋：屋顶上。

【译文】囱，开凿在墙壁上的称作牖，在屋顶上的称作囱。象形字。但凡是“囱”的部属都从“囱”。，“囱”的异体字，从“穴”。，古文“囱”。

悤[匆] 多遽悤悤也。从心、囱，囱亦声。仓红切（cōng）

【译文】悤，迅疾，匆匆忙忙。由“心”和“囱”会意，“囱”也是声符。

文二 重二

焱 火华也。从三火。凡焱之属皆从焱。以冉切（yǎn）[①]

【注释】①以冉切：现音按《广韵》以赡切，读yàn。

【译文】焱，火焰。由三个“火”会意。但凡是“焱”的部属都从“焱”。

熒（荧） 屋下鐙烛之光。从焱、冂。户扃切（yíng）

【译文】熒，室内的灯火之光。由“焱”和“冂”会意。

燊 盛皃。从焱在木上。读若《诗》“莘莘征夫”①。一曰，役也。所臻切（shēn）

【注释】①语见《诗经·小雅·皇皇者华》。莘莘今本作駪駪。

【译文】燊，火势旺盛的样子。由“焱”在“木”上会意。发音如同《诗经》中讲道的：“莘莘众多啊，使者随从。”中的“莘”字。一说，役夫。

文三

炙 炮肉也。从肉在火上。凡炙之属皆从炙。[illegible]，籀文。之石切（zhì）

【译文】炙，烤肉。由“肉”在“火”上会意。但凡是“炙”的部属都从“炙”。[illegible]，籀文中的“炙”字。

繙① 宗庙火孰肉。从炙，番声。《春秋传》曰：“天子有事，繙焉②。以馈同姓诸侯③。”附袁切（fán）

【注释】①繙：今多作燔或膰。②语见《左传·僖公二十四年》。③语见《周礼·春官》郑玄注：“脤膰，社稷宗廟之肉，以賜同姓之國，同福禄也。”

【译文】繙，在宗庙祭祀时用火烤熟生肉。形符是“炙”，声符是“番”。《春秋传》中讲道：“天子有祭祀的大典，用火把肉烤熟用来祭祀，结束之后将这些肉馈赠给同姓诸侯。”

𤓰 𤓰 炙也。从炙，尞声。读若䲩燎。力照切（liào）①

【注释】①力照切：现音按照《广韵》力小切，读liǎo。

【译文】𤓰，炙。形符是“炙”，声符是“尞”。发音如同“䲩燎”中的“燎”字。

文三 重一

赤 赤 南方色也。从大，从火。凡赤之属皆从赤。烾，古文，从炎、土。昌石切（chì）

【译文】赤，在五行之中是属于南方的颜色。由“大”和“火”会意。但凡是“赤”的部属都从“赤”。烾，古文“赤”，由“炎”和“土”会意。

赨 赨 赤色也。从赤，蟲省声。徒冬切（tóng）

【译文】赨，红色。形符是“赤”，声符是“蟲”的省文。

赤殸 赤殸 日出之赤。从赤，穀省声。火沃切（hù）

【译文】赤殸，太阳初升时的红色。形符是“赤”，声符是“穀”的省文。

赧 赧 面惭赤也。从赤，𠬪［艮］（niǎn）声。周失天下于赧王。女版切（nǎn）

【译文】赧，脸因惭愧而发红。形符是“赤”，声符是“𠬝”。周朝在周赧王时失去了江山。

赬[䞓](赪) 赤色也。从赤，巠声。《诗》曰：“鲂(fáng)鱼赬尾。”䞓，赬或，从貞。赪，或，从丁。浾，赬，棠枣之汁，或，从水。泟，浾或，从正。敕贞切(chēng)

【译文】赬，红色。形符是“赤”，声符是“巠”。《诗经·周南·汝墳》中讲道：“鳊鱼红色的尾巴。”䞓，“赬”的异体字，从“貞”声。赪，“赬”的异体字，从“丁”声。浾，也是“浾”字，特指棠枣汁液的颜色，“赬”的异体字，从“水”。泟，“浾”的异体字，从“正”声。

赭 赤土也。从赤，者声。之也切(zhě)

【译文】赭，红色的土壤。形符是“赤”，声符是“者”。

赨 赤色也。从赤，倝声。读若浣。胡玩切(huàn)①

【注释】①胡玩切：现音按《广韵》古案切，读 gàn。

【译文】赨，红色。形符是“赤”，声符是“倝”。发音如同“浣”字。

赫 火赤皃。从二赤。呼格切(hè)

【译文】赫，火焰赤红的样子。由两个“赤”字会意。

文八　重五

大 天大，地大，人亦大。故大象人形。古文大（他达切）[1]也。凡大之属皆从大。徒盖切（dài）[2]

【注释】①大：徐锴《说文系传》作“人”。段玉裁《说文解字注》：“下云：‘古文。’下云：‘籀文。’此以古文、籀文互释，明只一字而体稍异。后来小篆偏旁或从古、或从籀。故不得不殊为二部。亦犹从从必分系二部也。”他达切：读tà。②徒盖切：今习惯读dà。

【译文】大，天为大，地为大，人也为大。因此“大”象人形。大是古文人字。但凡是“大”的部属都从“大”。

奎 两髀之间。从大，圭声。苦圭切（kuí）

【译文】奎，胯部。形符是“大”，声符是“圭”。

夾（夹） 持也。从大侠[1]二人。古狎切（jiā）

【注释】①侠：即挟。

【译文】夹，左右相扶。由“大”被两个“人”挟持着会意。

奄 覆也。大有余也。又，欠也。从大，从申；申，展也。依检切（yǎn）

【译文】奄，覆盖。意为事物大有盈余。又，意为打哈欠。由“大”和“申”会意。“申”即伸展。

夸 奢[1]也。从大，亏声。苦瓜切（kuā）

【注释】①奢：即张。

【译文】夸，两腿张开。形符是“大”，声符是“亏”。

查 [小篆] 奢查也。从大，亘声。胡官切（huán）

【译文】查，夸张。形符是“大”，声符是“亘”。

㚓 [小篆] 㚓大也。从大，瓜声。乌瓜切（wā）[1]

【注释】①乌瓜切：现音按《广韵》古胡切，读 gū。

【译文】㚓，大。形符是“大”，声符是“瓜”。

奯 [小篆] 空大也。从大，歲声。读若《诗》“施罟泧（sà）泧”[1]。呼括切（huò）

【注释】①语见《诗经·卫风·硕人》。泧泧今本作濊濊。

【译文】奯，孔窍大。形符是“大”，声符是“歲”。发音像《诗经》讲道的“撒开渔网泧泧地响”中的“泧”字。

戴 [小篆] 大也。从人，𢦏声。读若《诗》“戴戴大猷”[1]。直质切（zhì）

【注释】①语见《诗经·小雅·巧言》。戴戴今本作秩秩。秩秩，远大明智的样子。猷，谋略。王筠《说文解字句读》：“同字不得言读若，当依今《诗》作秩秩。”

【译文】戴，大。形符是“大”，声符是“𢦏”。发音如同《诗经》讲道的“秩秩大猷”中的“秩”字。

奅 [小篆] 大[1]也。从大，卯声。匹切（pào）

【注释】①大：虚张。

【译文】奅，说大话虚张声势。形符是“大”，声符是“卯”。

奫 大[①]也。从大，云声。鱼吻切（yǔn）

【注释】①大：东西大。

【译文】奫，大。形符是“大”，声符是“云”。

奃 大[①]也。从大，氐声。读若氐。都兮切（dī）

【注释】①大：根柢大。

【译文】奃，大。形符是“大”，声符是“氐”。发音如同“氐”字。

奔 大[①]也。从大，介声。读若盖。古拜切（jiè）

【注释】①大：分画之大。

【译文】奔，大。形符是“大”，声符是“介”。发音如同“盖”字。

奆 瞋[①]大也。从大，此声。火戒切（xiè）

【注释】①瞋：张目。

【译文】奆，怒目而视。形符是“大”，声符是“此”。

奰 大[①]也。从大，弗声。读若“予违，汝弼”[②]。房密切（bì）

【注释】①大：矫正辅弼。②语见《尚书·虞书·皋陶谟》。

【译文】奰，大。形符是“大”，声符是“弗”。发音如同“我若违道，你们来辅弼我”中的“弼”字。

奄 大[①]也。从大，屯声。读若鶉。常伦切（chún）

【注释】①大：敦厚。

【译文】奄，大。形符是“大”，声符是“屯”。发音像“鶉”字。

契 大约也。从大，从㓞（qià）[①]。《易》曰：“后（代）[世]圣人易之以书契。”苦计切（qì）

【注释】①㓞：即刻。

【译文】契，邦国之间的契约。由“大”和“㓞”会意。《周易经·系辞传》中讲道：“后代的圣人用契券来替换它。”

夷 平也。从大[①]，从弓。东方之人也。以脂切（yí）

【注释】①大：即人。

【译文】夷，平。由“大”和“弓”会意。东方部族的人称夷。

文十八

亦 人之臂亦也。从大，象两亦之形。凡亦之属皆从亦。羊益切（yì）

【译文】亦，人的腋窝。从“大”，“八”象两个腋窝位于臂下之形。但凡是“亦”的部属都从“亦”。

夾 盗窃褱物也。从亦，有所持。俗谓蔽人俾夾是也。弘农陕字从此。失冉切（shǎn）

【译文】夾，将偷来的东西藏在怀中。从"亦"，"𠆢𠆢"，表示夹藏。汉俗语"蔽人俾夾"的"夾"字即是此意。弘农郡陕县的"陕"从"夾"。

文二

夨 倾头也。从大，象形。凡夨之属皆从夨。阻力切（zè）

【译文】夨，倾头，倾侧。从"大"，象头部倾斜的样子。但凡是"夨"的部属都从"夨"。

奊 倾头也。从夨，吉声。读若孑。古屑切（jié）

【译文】奊，头歪。形符是"夨"，声符是"吉"。发音如同"孑"字。

奊 头衺、骫（wěi）奊态也。从夨，圭声。胡结切（xié）

【译文】奊，斜，头不正的样子。形符是"夨"，声符是"圭"。

吳[吴] 姓也。亦郡[1]也。一曰，吳，大言[2]也。从夨、口。𠯘，古文如此。五乎切（wú）

【注释】①郡：今江苏地区东汉时为吴郡。②大言：高声喧哗。

【译文】吴，姓，也郡名。一说，"吴"即说高声喧哗。由"夨"和"口"会意。𠯘，古文"吴"这样写。

文四 重一

夭  屈也。从大，象形。凡夭之属皆从夭。於兆切（yǎo）[①]

【注释】①於兆切：现音读 yāo。

【译文】夭，弯曲。形符是“大”，象形字。但凡是“夭”的部属都从“夭”。

喬（乔）  高而曲也。从夭，从高省。《诗》曰：“南有喬木。”巨娇切（qiáo）

【译文】喬，高大而弯曲。由“夭”和“高”的省文会意。《诗经·周南·汉广》中讲道：“南方有高大而上部弯曲的树木。”

㚔[幸]  吉而免凶也。从屰，从夭。夭，死之事。故死谓之不幸。胡耿切（xìng）

【译文】㚔，吉祥而避免凶险。由“屰”和“夭”会意。“夭”，代表夭折死亡的事。因此死被称作是不㚔。

奔[奔]  走也。从夭，賁省声。与走同意，俱从夭。博昆切（bēn）

【译文】奔，跑。形符是“夭”，声符是“賁”的省文。“奔”和“走”从“夭”，它们构形原则相同。

文四

交  交胫也。从大，象交形。凡交之属皆从交。古爻切（jiāo）

【译文】交，脚胫交叉。从“大”，象双腿交叉的样子。但凡是“交”的部属都从“交”。

㚣 衺也。从交，韋声。羽非切（wéi）

【译文】㚣，违邪不正。形符是“交”，声符是“韋”。

絞（绞） 缢也。从交，从糸。古巧切（jiǎo）

【译文】絞，缢死。由“交”和“糸”会意。

文三

尣[尢] 尳，曲胫也。从大，象偏曲之形。凡尢之属皆从尢。，古文，从㞷。乌光切（wāng）

【译文】尢，尳，脚跛。从“大”，象偏斜弯曲之状。但凡是“尢”的部属都从“尢”。，古文“尢”，从“㞷”声。

尳 膝病也。从尢，从骨，骨亦声。户骨切（hú）

【译文】尳，膝病。由“尢”和“骨”会意，“骨”也是声符。

尦 蹇也。从尢，皮声。布火切（bǒ）

【译文】尦，跛足。形符是“尢”，声符是“皮”。

尮 尮尮行不正。从尢，左声。则个切（zuò）[①]

【注释】①则个切：现音读 zuǒ。

【译文】尮，尮尮，走路不便。形符是“尢”，声符是“左”。

尳[尥] 行不正也。从尢，皀（yǎo）声。读若耀。弋笑切（yào）

【译文】尳，走路不正常。形符是“尢”，声符是“皀”。发音如同“耀”字。

尲[尴] 不正[1]也。从尢，兼声。古咸切（gān）

【注释】①不正：段玉裁《说文解字注》：“尴尬，行不正也。”

【译文】尲，走路不正。形符是“尢”，声符是“兼”。

尬 尴尬也。从尢，介声。公八切（gà），又古拜切（jiè）

【译文】尬，尴尬，走路不正。形符是“尢”，声符是“介”。

尥 行胫相交也。从尢，勺声。牛行脚相交为尥。力吊切（liào）

【译文】尥，走路时足胫相交。形符是“尢”，声符是“勺”。牛行进时两腿交错也称作“尥”。

尵 尲不能行，为人所引，曰尵尶[1]。从尢，从爪，是声。都兮切（dī）

【注释】①尵尶：叠韵字。与“提携”义相近。

【译文】尵，跛足不能走路，需要别人进行牵引，被称作是尵尶。由“尢”和“爪”会意，“是”表声。

⿺尢巂 ⿺尢是⿺尢巂也。从九，从爪，巂声。户圭切（xié）
【译文】⿺尢巂，⿺尢是⿺尢巂。形符是“尢”，声符是“巂”。

⿺尢于 股⿺尢于也。从九，于声。乙於切（yū）
【译文】⿺尢于，大腿弯曲。形符是“尢”，声符是“于”。

⿺尢羸 膝中病也。从九，从羸。郎果切（luǒ）[①]
【注释】①郎果切：现音按《广韵》力为切，读léi。
【译文】⿺尢羸，膝盖有病。由“尢”和“羸”会意。
文十二 重一

壶（壶） 昆（hún）吾，圜器也。象形。从大，象其盖也。凡壶之属皆从壶。户吴切（hú）

【译文】壶，又名昆吾，圆形器皿。象形字。从“大”，象壶盖的形状。但凡是“壶”的部属都从“壶”。

壹 壹壹也。从凶，从壶。不得泄，凶也[①]。《易》曰：“天地壹壹。”[②]於云切（yūn）

【注释】①段玉裁《说文解字注》：“不得泄也者，谓元气浑然吉凶未分，故其字从吉凶在壶中会意。”林义光《文源》：“ㄓ，象气在壶中欲上腾形，非凶字。”②语见《易经·系辞》。壹壹今本作絪缊。

【译文】壹，壹壹，由“凶”和“壶”会意。气不能外泄，向上升腾之貌。《周易》中讲道：“天地之间的元气凝聚在一起。”

文二

壹  专壹也。从壶，吉声。凡壹之属皆从壹。於悉切（yī）

【译文】壹，专一。形符是“壶”，声符是“吉”。但凡是“壹”的部属都从“壹”。

懿  专久而美也。从壹，从恣省声。乙冀切（yì）

【译文】懿，专一持久的美德。形符是“壹”，声符是“恣”的省文。

文二

幸 所以惊人也。从大，从羊[①]。一曰，大声也。凡幸之屬皆从幸。一曰，读若瓠[②]。一曰，俗语以盗不止为幸，幸，读若籋。尼辄切（niè）

【注释】①羊：撴也。撴，刺也。此处指犯罪。②段玉裁《说文解字注》：“五字未详。疑当作‘一曰，读若执’。在‘读若籋’之下。”承培元《说文引经证例》：“一曰，大声也。读若瓠。”

【译文】幸，使人惊骇的刑具。由“大”和“羊”会意。一说，大声。但凡是“幸”的部属都从“幸”。发音如同“瓠”字。另一说，把不断偷盗称作“幸”，“幸”，发音像“籋”字。

睪  （目）[司]视也。从横目，从幸。令吏将目捕罪人也。羊益切（yì）

【译文】睪，暗中察看。由横写的“目”和“幸”会意。意为官吏携带眼线追捕犯人。

執（执）　捕罪人也。从丮，从㚔，㚔亦声。之入切（zhí）

【译文】執，抓捕犯人。由“丮”和“㚔”会意，“㚔”也是声符。

圉　囹圄，所以拘罪人。从㚔，从囗。一曰，圉，垂也。一曰，圉人，掌马者。鱼举切（yǔ）

【译文】圉，囹圄，是用来拘禁犯人的。由“㚔”和“囗”会意。一说，圉即边陲之地。另一说，圉人即养马的人。

盩　引击也。从㚔、攴，见血也。扶风有盩厔县。张流切（zhōu）

【译文】盩，用物击打。由“㚔”和“攴”会意，见到血迹。扶风郡有一地叫盩厔县。

報（报）　当[①]罪人也。从㚔，从𠬝。𠬝，服罪也。博号切（bào）

【注释】①当：判决罪犯。

【译文】報，按律判决犯人。由“㚔”和“𠬝”会意。“𠬝”，根据其罪来定刑。

簐　穷[①]理罪人也。从㚔，从人，从言，竹声。𥳒，或，省言。居六切（jū）

【注释】①穷：究，追究。

【译文】𥷚，审判犯人。由“㚔”“人”和“言”会意，声符是“竹”。，“𥷚”的异体字，由“𥷚”省去“言”字。

文七 重一

奢 张[①]也。从大，者声。凡奢之属皆从奢。，籀文。式车切（shē）

【注释】①张：张大。

【译文】奢，铺张。形符是“大”，声符是“者”。但凡是“奢”的部属都从“奢”。，籀文“奢”。

奲 富奲奲皃。从奢，單声。丁可切（duǒ）

【译文】奲，富裕，丰厚的样子。形符是“奢”，声符是“單”。

文二 重一

亢 人颈也。从大省，象颈脉形。凡亢之属皆从亢。，亢或，从頁。古郎切（gāng）

【译文】亢，人的脖子。从“大”的省文，“几”象颈部动脉的形状。但凡是“亢”的部属都从“亢”。，“亢”的异体字，从“頁”。

䢚 直项莽䢚皃。从亢，从夋（qūn）。夋，倨也。亢亦声。冈朗切（gǎng）又胡朗切（hàng）

【译文】䢚，梗着脖子倔强的样子。由“亢”和“夋”会意。“夋”即桀骜不驯。“亢”也是声符。

文二 重一

夲 进趣[1]也。从大，从十。大、十，犹兼十人也。凡夲之属皆从夲。读若滔。土刀切（tāo）

【注释】①趣：即疾。

【译文】夲，迅速前进。由“大”和“十”会意。“大”和“十”意表兼有十人之所能。但凡是“夲”的部属都从“夲”。

桒 疾也。从夲，卉声。（拜）[㧺]从此。呼骨切（hū）

【译文】桒，迅疾。形符是“夲”，声符是“卉”。“㧺”字从“桒”。

暴 疾有所趣[1]也。从日、出、夲、収（gǒng）之。薄报切（bào）

【注释】①趣：即趋。

【译文】暴，迅疾前进。由“日”、“出”、“夲”、“収”会意，表示迅疾的意思。

𡴆 进也。从夲，从屮（chè），允声。《易》曰：“𡴆升大吉。”[1]余准切（yǔn）

【注释】①语见《周易·升卦·初六爻》。𡴆今本作允。

【译文】𡴆，进。由“夲”和“屮”会意，“允”声。《易经》中讲道：“向前行走而又登上高处，寓意大吉大利。”

奏 奏进也。从夲，从収，从屮。屮，上进之义。，古文。，亦古文。则候切（zòu）

【译文】奏，进奉。由“夲”、“収”、“屮”会意。“屮”，意表双手奉上。，古文“奏”。，也是古文“奏”。

皋 气皋白之进①也。从夲，从白。《礼》：祝曰皋，登歌曰奏。故皋、奏皆从夲。《周礼》曰：“诏来鼓皋舞。”皋，告之也。古劳切（gāo）

【注释】①皋白：同义连用。皋通皞。之：同连词“而”。

【译文】皋，雾气皞白，上进升腾。由“夲”和“白”会意。《仪礼·士丧礼》中讲道：“主持祝告的人长声招魂称作皋，登堂唱歌称作奏。祝、献都有‘进’的意思，所以都从‘夲’。”《周礼·春官·乐师》中讲道：“告诉人们让击鼓的进来，又告诉人们让跳舞的进来。”“皋”即告诉。

文六 重二

夰 放也。从大而八分也。凡夰之属皆从夰。古老切（gǎo）

【译文】夰，放纵散漫。由表人的“大”和表分散的“八”会意。但凡是“夰”的部属都从“夰”。

界 举目惊界然也。从夰①，从䀠②，䀠亦声。九遇切（jù）

【注释】①夰：指放眼看。②䀠：惊讶的样子。

【译文】界，抬头惊讶的看着。由“夰”和“䀠”会意，“䀠”

也是声符。

奡 （篆文） 嫚也。从百，从夰，夰亦声。《虞书》曰："若丹朱奡。"读若傲。《论语》："奡汤舟。"五到切（ào）

【译文】奡，自高自大。由"百"和"夰"会意，"夰"也是声符。《尚书·虞书·益稷》中讲道："不要像丹朱一样的傲慢。"发音如同"傲"字。《论语·宪问第十四》中讲道："奡这个人能够陆地行船。"

界[昊] 春为界天，元气界界。从日、夰，夰亦声。胡老切（hào）

【译文】界，春天被称作是界天，主要缘于春天阳气广大。由"日"和"夰"会意，"夰"也是声符。

臩 惊走也。一曰，往来也。从夰、𠷈[声]。《周书》曰："伯臩。"古文𠷈，古文冏字。具往切（guǎng）

【译文】臩，受到惊吓而逃跑。一说，往来。形符是"夰"，声符是"𠷈"。《尚书·周书·冏命》记载人名："伯臩。"臩是古文𠷈字，也是古文冏字。

文五

亣[大] 籀文大。改古文。亦象人形。凡大之属皆从大。他达切（dà）

【译文】亣，籀文中的“大”字，是古文“大”字的变形。也象人体的形状。但凡是“大”的部属都从“大”。

奕 大也。从大，亦声。《诗》曰：“奕奕梁山。”[①]羊益切（yì）

【注释】①语见《诗经·大雅·韩奕》。梁山：位于现河北省固安地区。

【译文】奕，大。形符是“大”，声符是“亦”。《诗经》中讲道：“雄伟的梁山。”

奘 驵[①]大也。从大，从壮，壮亦声。徂朗切（zàng）

【注释】①驵：粗。

【译文】奘，粗大。由“大”和“壮”会意，“壮”也是声符。

臭 大白、泽也。从大，从白。古文以为泽字。古老切（gǎo）

【译文】臭，颜色亮白。由“大”和“白”会意。古文把它假借为“泽”字。

奚 大腹也。从大，𦣻省声。𦣻，籀文系字。胡鸡切（xī）

【译文】奚，大肚子。形符是“大”，声符是“𦣻”的省文。“𦣻”即籀文中的“系”字。

耎 稍前大也。从大，而声。读若畏偄。而沇切（ruǎn）

【译文】耎，前部稍大与后部。形符是“大”，声符是“而”。发音如同“畏偄”中的“偄”字。

㚇 大皃。从大，𥄕声。或曰：拳勇[①]字。一曰，读若傿。乙献切（yàn）

【译文】㚇，庞大的样子。形符是“大”，声符是“𥄕”。有的说它是“拳勇”的“拳”字。一说，发音如同“傿”字。

奰[奰] 壮大也。从三大，三目。二目为（𥄕）[㚇]，三目为奰，益大也。一曰，迫也。读若《易》虙羲氏[①]。《诗》曰：“不醉而怒谓之奰。”[②]平秘切（bì）

【注释】①语见《周易·系辞》。虙羲氏今本作包牺氏。②语见《诗经·大雅·荡》：“内奰于中国”。毛传：“不醉而怒谓之㚇”。

【译文】奰，壮大。由三“大”和三“目”会意。两个“目”是“㚇”字，三个“目”是“奰”字，表示更大的意思。一说，急迫。发音像《周易》“虙羲氏”中的“虙”字。《诗经》中讲道：“不醉却发怒被称作是奰。”

文八

夫 丈夫也。从大，一以象簪也。周制以八寸为尺，十尺为丈。人长八尺，故曰丈夫。凡夫之属皆从夫。

甫无切（fū）

【译文】夫，成年男子。从大，“一”如同簪子。周朝时规定：八寸是一尺，十尺是一丈。成年男子的身长一般是汉制八尺，也就是周制的一丈，因而有“丈夫”一说。但凡是“夫”的部属都从“夫”。

規（规） 有法度也。从夫，从見。居随切（guī）

【译文】規，有法度。由“夫”和“見”会意。

扶 并行也。从二夫。輦字从此。读若伴侣之伴。薄旱切（bàn）

【译文】扶，并排行走。从二“夫”会意。“輦”字从“扶”。发音像“伴侣”的“伴”字。

文三

立 住也。从大，立一之上。凡立之属皆从立。力入切（lì）

【译文】立，站立，停住。由“大”和“一”会意，表示人站立在“一”上。但凡是“立”的部属都从“立”。

竦[莅] 临也。从立，从隶。力至切（lì）

【译文】竦，临视。由“立”和“隶”会意。

竲[竲] 磊竲，重聚也。从立，辜（chún）声。丁罪切（duì）

【译文】竴，磊竴，表示重叠堆聚。形符是“立”，声符是“䇞”。

端 直也。从立，耑声①。多官切（duān）

【注释】①耑声：张舜徽《说文解字约注》：“端之言耑也，谓人之立于地，如同草木初生之直也。”

【译文】端，直。形符是“立”。声符是“耑”。

竱 等也。从立，尃声。《春秋国语》曰：“竱本肇末。”①旨兖切（zhuǎn）

【注释】①语见《国语·齐语》。韦昭注：“竱，等也。肇，正也。谓先等其本，以正其末。”

【译文】竱，等齐。形符是“立”，声符是“尃”。《国语》中讲道：“使根部等齐，让末梢平正。”

竦 敬也。从立，从束。束，自申束也。息拱切（sǒng）

【译文】竦，肃敬。由“立”和“束”会意。“束”，自我约束。

竫① 亭安②也。从立，争声。疾郢切（jìng）

【注释】①段玉裁《说文解字注》：“凡安静字宜作竫。”青部：“静，审也。”②亭安：段玉裁《说文解字注》：“亭者，民所安定也。故安定曰亭安。”

【译文】竫，安定。形符是“立”，声符是“争”。

靖 立竫也。从立，青声。一曰，细皃。疾郢切（jìng）

【译文】靖，安安静静地站着。形符是“立”，声符是“青”。一说，细小的样子。

竢 待也。从立，矣声。，或，从巳。床史切（sì）

【译文】竢，等待。形符是“立”，声符是“矣”。，“竢”的异体字，声符是“巳”。

竘 健也。一曰，匠也。从立，句声。读若齲。《逸周书》有竘匠。丘羽切（qǔ）

【译文】竘，健壮。一说，匠人。形符是“立”，声符是“句”。发音如同“齲”字。《逸周书》中有“竘匠”。

竵 不正也。从立，𠕈声。火蛙切（huā）①

【注释】①火蛙切：现音按《正字通》乌乖切，读wāi。

【译文】竵，歪。形符是“立”，声符是“𠕈”。

竭 负举也。从立，曷声。渠列切（jié）

【译文】竭，承载。形符是“立”，声符是“曷”。

䇓 待也。从立，须声。，或，从芻声。相俞切（xū）

【译文】𥏮，等待。形符是“立”，声符是“须”。𥏯，“𥏮”的异体字，从芻声。

𥏮　痿也。从立，𦝫（luó）声。力卧切（luò）

【译文】𥏮，萎缩麻痹。形符是“立”，声符是“𦝫”。

竣　偓竣也。从立，夋声。《国语》曰：“有司已事而竣。”①七伦切（jùn）

【注释】①语见《国语·齐语》。已事今本作已于事。

【译文】竣，蹲伏。形符是“立”，声符是“夋”。《国语》中讲道：“相关的官吏完成工作以后就低身而退。”

竦[䇘]　见鬼彪[魅]皃。从立，从录。录，（籀）[古]文彪字。读若虙羲氏之虙。房六切（fú）

【译文】竦，看到鬼怪惊恐的样子。由“立”和“录”会意。“录”，古文“彪”。发音像“虙羲氏”中的“虙”字。

䇉　惊皃。从立，昔声。七雀切（què）

【译文】䇉，吃惊的样子。形符是“立”，声符是“昔”。

䇐　短人立䇐䇐皃。从立，卑声。傍下切（bà）

【译文】䇐，矮人站立䇐䇐短小的样子。形符是“立”，声符是“卑”。

䇗　北地高楼无屋者。从立，曾声。七耕切

(zhēng)[1]

【注释】①今音依《广韵》疾陵切，读 céng。

【译文】䁬，北方地区没有顶盖的高楼。形符是“立”，声符是“曾”。

文十九 重二

竝[并] 竝 并也。从二立。凡竝之属皆从竝。蒲迥切(bìng)

【译文】竝，并排站立。由两个“立”字会意。但凡是“竝”的部属都从“竝”。

暜[替] 暜 废，一偏下也。从竝，白声[1]。暜，或，从曰。㬳，或，从兟，从曰。他计切(tì)

【注释】①白声：徐锴《说文系传》：“白音自。”

【译文】暜，废弃。两人并立，一人废退而下。形符是“竝”，声符是“白”。暜，“暜”的异体字，从“曰”。㬳，“暜”的异体字，由“兟”和“曰”会意。

文二 重二

囟 囟 头会[1]，脑盖也。象形。凡囟之属皆从囟。𦞤，或，从肉、宰。𠀔，古文囟字。息进切(xìn)

【译文】囟，头骨会合的地方，位于头顶前方正中的位置。但凡是“囟”的部属都从“囟”。𠀔，“囟”的异体字，形符是“肉”，声符是“宰”。𦞤，古文“囟”。

巤 毛巤也。象发在囟上及毛发巤巤之形。此与籀文子字同。良涉切(liè)

【译文】巤,毛发。象头发长在头顶上以及毛发颤动的样子。这个字的巛与籀文字的构形相同。

毗 人脐也。从囟,囟,取气通也。从比声。房脂切(pí)

【译文】毗,人的肚脐。从“囟”,“囟”,是肚脐像囟门一样,取其通气的功能;从“比”声。

文三 重二

恖[思] 容也。从心,囟声。凡恖之属皆从恖。息兹切(sī)

【译文】思,思想包容一切。形符是“心”,声符是“囟”。但凡是“恖”的部属都从“恖”。

慮(虑) 谋思也。从思,虍声。良据切(lǜ)

【译文】慮,谋划思考。形符是“思”,声符是“虍”。

文二

心 人心,土藏,在身之中。象形。博士说,以为火藏。凡心之属皆从心。息林切(xīn)

【译文】心,人心,按照五行之说,心属土,藏在人身体之中。象形字。依博士说法认为心属火。但凡是“心”的部属都从“心”。

息 𢗀 喘也。从心，从自，自亦声。相即切（xī）

【译文】息，喘气时的气息。由“心”和“自”会意，“自”也是声符。

情 𢡱 人之阴气有欲者。从心，青声。疾盈切（qíng）

【译文】情，人有所欲求从属于阴的心气。形符是“心”，声符是“青”。

性 𢗁 人之阳气性善者也。从心，生声。息正切（xìng）

【译文】性，人本性仁善从属于阳的心气。形符是“心”，声符是“生”。

志 𢗂 意也。从心，之声。职吏切（zhì）

【译文】志，意念。形符是“心”，声符是“之”。

意 𢡳 志也。从心，察言而知意也。从心，从音。於记切（yì）

【译文】意，志向，意向。从心，根据言语而了解到意向。由“心”和“音”会意。

恉 𢘄 意也。从心，旨声。职雉切（zhǐ）

【译文】恉，意向。形符是“心”，声符是“旨”。

悳[德] 外得于人，内得于己也。从直，从心。，古文。多则切（dé）

【译文】悳，身外施惠使人有所得，身内立品使己有所获。由“直”和“心”会意。，古文“悳”。

譍[應](应) 当也。从心，䧹声。於陵切（yīng）

【译文】譍，譍当。形符是“心”，声符是“䧹”。

慎 谨也。从心，真声。，古文。时刃切（shèn）

【译文】慎，谨慎。形符是“心”，声符是“真”。，古文“慎”。

忠 敬也。从心，中声。陟弓切（zhōng）

【译文】忠，肃敬而又尽心尽力。形符是“心”，声符是“中”。

愨(悫) 谨也。从心，㱿声。苦角切（què）

【译文】愨，诚恳谨慎。形符是“心”，声符是“㱿”。

𢡁 美也。从心，頦声。莫角切（miǎo）

【译文】𢡁，心意美。形符是“心”，声符是“頦”。

快 喜也。从心，夬声。苦夬切（kuài）

【译文】快，喜悦。形符是“心”，声符是“夬”。

愷（恺） 乐也。从心，豈声。苦亥切（kǎi）
【译文】愷，欢乐。形符是“心”，声符是“豈”。

㥦[愜]（惬） 快心。从心，匧声。苦叶切（qiè）
【译文】㥦，快意。形符是“心”，声符是“匧”。

念  常思也。从心，今声。奴店切（niàn）
【译文】念，经常想念。形符是“心”，声符是“今”。

怤 思也。从心，付声。甫无切（fū）
【译文】怤，思。形符是“心”，声符是“付”。

憲（宪） 敏也。从心，从目，害省声。许建切（xiàn）

【译文】憲，敏捷。由“心”和“目”会意，声符是“害”的省文。

憕  平也。从心，登声。直陵切（chéng）
【译文】憕，心平。形符是“心”，声符是“登”。

戁  敬也。从心，難声。女版切（nǎn）
【译文】戁，肃敬。形符是“心”，声符是“難”。

忻  闓（kǎi）也。从心，斤声。《司马法》曰：

"善者，忻民之善，闭民之恶。"许斤切（xīn）

【译文】忻，开启。形符是"心"，声符是"斤"。《司马法》中讲道："最好的事情，是开启民众的善心，杜绝民众的恶心。"

憅　迟也。从心，重声。直陇切（zhòng）

【译文】憅，迟缓。形符是"心"，声符是"重"。

惲[1]（恽）　重厚也。从心，軍声。於粉切（yǔn）[2]

【注释】①段玉裁《说文解字注》："惲厚字当如此，今皆作渾厚。"。②於粉切：现音读，yùn。

【译文】惲，稳重浑厚。形符是"心"，声符是"軍"。

憞[1][惇]　厚也。从心，辜（chún）声。都昆切（dūn）

【注释】①憞：段玉裁《说文解字注》："凡憞厚字当作此，今多作敦厚，叚借，非本字。"

【译文】憞，敦厚。形符是"心"，声符是"辜"。

忼[慷]　慨也。从心，亢声。一曰，《易》："忼龙有悔"。苦浪切（kàng），又口朗切（kǎng）

【译文】忼，慷慨愤懑。形符是"心"，声符是"亢"。一说，如《周易·乾卦·上九》中讲道的"忼龙有悔"中的"忼"意为高大。

慨　忼慨，壮士不得志也。从心，既声。古溉

切（kǎi）

【译文】慨，忼慨，情绪激昂。壮士的志向不能得以施展。形符是“心”，声符是“既”。

悃 [篆] 愊也。从心，困声。苦本切（kǔn）

【译文】悃，愊，真心诚意。形符是“心”，声符是“困”。

愊 [篆] 诚志也。从心，畐声。芳逼切（bì）

【译文】愊，诚恳。形符是“心”，声符是“畐”。

愿 [篆] 谨也。从心，原声。鱼怨切（yuàn）

【译文】愿，恭顺谨慎。形符是“心”，声符是“原”。

慧 [篆] 儇（xuān）也。从心，彗声。胡桂切（huì）

【译文】慧，聪慧。形符是“心”，声符是“彗”。

憭 [篆] 慧也。从心，尞声。力小切（liǎo）

【译文】憭，聪慧，精明。形符是“心”，声符是“尞”。

恔 [篆] 憭也。从心，交声。下交切（xiáo），又古了切（jiǎo）

【译文】恔，憭，聪慧，精明。形符是“心”，声符是“尞”。

㥷 [篆] 静也。从心，疢（qiè）声。於计切（yì）

【译文】㥷，安静。形符是“心”，声符是“疢”。

悊　敬也。从心，折声。陟列切（zhé）
【译文】悊，恭敬，尊重。形符是“心”，声符是“折”。

悰　乐也。从心，宗声。藏宗切（cóng）
【译文】悰，欢乐，乐趣。形符是“心”，声符是“宗”。

恬　安也。从心，甛省声。徒兼切（tián）
【译文】恬，安静。形符是“心”，声符是“甛”的省文。

恢　大也。从心，灰声。苦回切（huī）
【译文】恢，广大，宽广。形符是“心”，声符是“灰”。

恭　肃也。从心，共声。俱容切（gōng）
【译文】恭，肃敬。形符是“心”，声符是“共”。

憼　敬也。从心，从敬，敬亦声。居影切（jǐng）
【译文】憼，尊敬。由“心”和“敬”会意，“敬”也是声符。

恕　仁也。从心，如声。，古文省。商署切（shù）
【译文】恕，以仁爱的心待人。形符是“心”，声符是“如”。，古文“恕”，是“恕”的省略。

怡　和也。从心，台（yí）声。与之切（yí）

【译文】怡，快乐，愉快。形符是“心”，声符是“台”。

慈 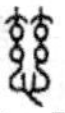 爱也。从心，兹声。疾之切（cí）
【译文】慈，上对下的爱。形符是“心”，声符是“兹”。

忯 爱也。从心，氏声。巨支切（qí）
【译文】忯，爱。形符是“心”，声符是“氏”。

傂 忯傂，不忧事也。从心，虒声。读若移。移尔切（yǐ）
【译文】傂，忯傂，不因事而忧虑。形符是“心”，声符是“虒”。发音如同“移”字。

㤹 谨也。从心，全声。此缘切（quān）
【译文】㤹，谨慎。形符是“心”，声符是“全”。

恩  惠也。从心，因声。乌痕切（ēn）
【译文】恩，恩惠。形符是“心”，声符是“因”。

懘  高也。一曰，极也。一曰，困劣也。从心，带声。特计切（dì）
【译文】懘，高。一说是极。另一说，困顿。形符是“心”，声符是“带”。

憖（憖） 问也。谨敬也。从心，猌（yín）声。

一曰，说也。一曰，甘[且]也。《春秋传》曰："旻天不憖。"[①]又曰："两君之士皆未憖。"[②]鱼觐切（yìn）

【注释】①语见《左传·哀公十六年》。段玉裁《说文解字注》："鲁哀诔孔子曰：'旻天不吊，不憖遗一老。'许檃栝其辞。"杜预注云："憖，且也。"②语见《左传·文公十二年》。杜预注："憖，缺也。"杨伯峻注："憖，肯也，愿也。"

【译文】憖，谨慎，恭敬。形符是"心"，声符是"猌"。一说，喜悦。另一种说，姑且。《左传》中讲道："上天不愿意。"《左传》中又说："两个国君的将士都不愿意。"

懬 阔也。一曰，廣也，大也。一曰，宽也。从心、从廣，廣亦声。苦谤切（kuàng）

【译文】懬，宽阔。一说，廣大。另一说，宽廣。由"心"和"廣"会意，"廣"也是声符。

悈 （饰）[饬]也。从心，戒声。《司马法》曰："有虞氏悈于中国。"[①]古拜切（jiè）

【注释】①悈于中国：今本作戒于国中。

【译文】悈，警戒。形符是"心"，声符是"戒"。《司马法·天子之义篇》中讲道："有虞氏在邦国之中警戒。"

慭 谨也。从心，㠯声。於靳切（yìn）[①]

【注释】①於靳切：现音按《广韵》於谨切，读yǐn。

【译文】慭，谨慎。形符是"心"，声符是"㠯"。

慶（庆） 行贺人也。从心，从夊[1]。吉礼以鹿皮为贽，故从鹿省。丘竟切（qìng）

【注释】①夊（suī）：即行。

【译文】慶，向人道贺。由“心”和“夊”会意。古时候送贺礼，通常是用鹿皮，因此从“鹿”的省文会意。

愃 宽娴[1]心腹皃。从心，宣声。《诗》曰：“赫兮愃兮。”[2]况晚切（xuǎn）

【注释】①娴：即闲。②段玉裁《说文解字注》：“毛诗作咺。传云：‘威仪容止宣著也。’韩诗作宣。显也。”

【译文】愃，心宽体胖的样子。形符是“心”，声符是“宣”。《诗经・卫风・淇奥》中讲道：“道德显赫，心情闲适。”

愻 顺也。从心，孫声。《唐书》曰：“五品不愻。”[1]苏困切（xùn）

【注释】①语见《尚书・唐书・尧典》。愻今本作逊。

【译文】愻，谦逊，顺从。形符是“心”，声符是“孫”。《尚书》中讲道：“父母兄弟五类都不和顺。”

寋 实也。从心，塞省声。《虞书》曰：“刚而寋。”先则切（sè）

【注释】①语见《尚书・虞书・皋陶谟》。寋今本作塞。

【译文】寋，充实。形符是“心”，声符是“塞”的省文。《尚书》中讲道：“刚毅而充实。”

恂 信心也。从心，旬声。相伦切（xún）

【译文】恂，诚实，恭顺。形符是“心”，声符是“旬”。

忱 诚也。从心，冘声。《诗》曰：“天命匪忱。”[1]氏任切（chén）

【注释】①语见《诗经·大雅·荡》。今本原文：“天生烝民，其命匪谌。”毛传曰：“谌，诚也。”

【译文】忱，诚实。形符是“心”，声符是“冘”。《诗经》中讲道：“上天降下众人，君王却不遵守他的政令。”

惟 凡思也。从心，隹声。以追切（wéi）

【译文】惟，思考的统称。形符是“心”，声符是“隹”。

懷（怀） 念思也。从心，褱声。户乖切（huái）

【译文】懷，懷念，想念。形符是“心”，声符是“褱”。

惀 欲知之皃。从心，侖声。卢昆切（lún）

【译文】惀，想要知晓的样子。形符是“心”，声符是“侖”。

想 冀思也。从心，相声。息两切（xiǎng）

【译文】想，希冀得到而思念。形符是“心”，声符是“相”。

㒸 深也。从心，㒸声。徐醉切（suì）

【译文】㒸，心思深邃。形符是“心”，声符是“㒸”。

慉 [篆] 起也。从心，畜声。《诗》曰："能不我慉。"[1]许六切（xù）

【注释】①语见《诗经·邶风·谷风》。今本作不我能慉。

【译文】慉，起，扶持。形符是"心"，声符是"畜"。《诗经》中讲道："居然不能扶持我。"

意 [篆] 满也。从心，啻声。一曰，十万曰意。[籀]，籀文，省。於力切（yì）

【译文】意，满。形符是"心"，声符是"啻"。一说，十万被称作是"意"。[籀]，籀文"意"，是"意"字的省略。

悹 [篆] 忧也。从心，官声。古玩切（guàn）

【译文】悹，忧虑。形符是"心"，声符是"官"。

憀 [篆] 憀然[1]也。从心，翏声。洛萧切（liáo）

【注释】①憀然：了然。

【译文】憀，清楚明了。形符是"心"，声符是"翏"。

愙[恪] [篆] 敬也。从心，客声。《春秋传》曰："以陈备三愙。"苦各切（kè）

【译文】愙，恭敬，谨慎。形符是"心"，声符是"客"。《左传·襄公二十五年》中讲道："将陈国与宋国、杞国凑齐为三个以客礼相待的诸侯国。"

愯 [seal] 惧也。从心，雙省声。《春秋传》曰："驷氏愯。"息拱切（sǒng）

【译文】愯，恐惧。形符是"心"，声符是"雙"的省文。《左传·昭公十九年》中讲道："驷氏感到恐惧。"

懼（惧）[seal] 恐也。从心，瞿声。[古文]，古文。其遇切（jù）

【译文】懼，害怕。形符是"心"，声符是"瞿"。[古文]，古文中的"懼"字。

怙 [seal] 恃也。从心，古声。侯古切（hù）

【译文】怙，依恃。形符是"心"，声符是"古"。

恃 [seal] 赖也。从心，寺声。时止切（shì）

【译文】恃，依赖。形符是"心"，声符是"寺"。

憎 [seal] 虑也。从心，曹声。藏宗切（cóng）

【译文】憎，谋虑。形符是"心"，声符是"曹"。

悟 [seal] 觉也。从心，吾声。[古文]，古文悟。五故切（wù）

【译文】悟，觉悟。形符是"心"，声符是"吾"。[古文]，古文"悟"。

憮（怃）[seal] 爱也。韩郑[①]曰憮。一曰，不动。从

心，無声。文甫切（wǔ）

【注释】①韩郑：周代诸侯国。韩国位于现河南中部和山西东南部地区，郑国位于现河南新郑一带。

【译文】憮，爱怜。韩国和郑国地区称爱怜为憮。一说，怅然若失的样子。形符是“心”，声符是“無”。

㤅[愛](爱) 惠也。从心，旡（jì）声。㤅，古文。乌代切（ài）

【译文】㤅，仁惠。形符是“心”，声符是“旡”。㤅，古文“㤅”。

慉 知也。从心，胥声。私吕切（xǔ）

【译文】慉，有才智。形符是“心”，声符是“胥”。

慰 安也。从心，尉声。一曰，恚怒也。於胃切（wèi）

【译文】慰，心安。形符是“心”，声符是“尉”。一说，愤怒。

𢡒 谨也。从心，叕（zhuì）声。读若毳（cuì）。此芮切（cuì）

【译文】𢡒，谨慎。形符是“心”，声符是“叕”。发音像“毳”字。

𢝈[懤] 𢝈箸[1]也。从心，簹声。直由切（chóu）

【译文】𢝈，踌躇，徘徊犹豫。形符是“心”，声符是“簹”。

怞 朗也。从心，由声。《诗》曰："忧心且怞[①]。"直又切（zhòu）[②]

【注释】①怞今毛诗作妯。妯，毛云："动也。"郑云："悼也。"②直又切：现音按《广韵》直由切，读 chóu。

【译文】怞，忧伤。形符是"心"，声符是"由"。《诗经·小雅·鼓钟》中讲道："忧虑的心将更加忧伤了。"

㦟 㦟抚也。从心，某声。读若侮。亡甫切（wǔ）

【译文】㦟，㦟抚，抚爱。形符是"心"，声符是"某"。发音如同"侮"字。

忞 强也。从心，文声。《周书》曰："在受德忞。"[①]读若旻。武巾切（mín）

【注释】①语见《尚书·周书·立政》。忞，今本作暋。

【译文】忞，自强。形符是"心"，声符是"文"。《尚书·周书》中讲道："纣王登基时，他强行……"发音像"旻"字。

慔 勉也。从心，莫声。莫故切（mù）

【译文】慔，勉励。形符是"心"，声符是"莫"。

愐 勉也。从心，面声。弥殄切（miǎn）

【译文】愐，勤勉。形符是"心"，声符是"面"。

怈　习也。从心，曳声。余制切（yì）

【译文】怈，习惯。形符是“心”，声符是“曳”。

懋　勉也。从心，楙声。《虞书》曰：“时惟懋哉。”[1]，或，省。莫候切（mào）

【注释】①语见《尚书·虞书·舜典》。时惟今作惟时。

【译文】懋，劝勉，勉励。形符是“心”，声符是“楙”。《尚书·虞书》中讲道：“这百揆一职应当勤勉努力。”，“懋”的异体字，“懋”的省略。

慔　习也。从心，莫声。莫故切（mù）

【译文】慔，仿效。形符是“心”，声符是“莫”。

㥚　止也。从心，㚣声。此缘切（quān）

【译文】㥚，停止。形符是“心”，声符是“㚣”。

𢙢　肆也。从心，隶声。他骨切（tū）[1]

【注释】①他骨切：现音按《广韵》他内切，读 tuì。

【译文】𢙢，放肆。形符是“心”，声符是“隶”。

𢡚　趣步𢡚𢡚也。从心，與声。余吕切（yǔ）

【译文】𢡚，疾走又安稳。形符是“心”，声符是“與”。

慆　说也。从心，舀声。土刀切（tāo）

【译文】慆，喜悦。形符是“心”，声符是“舀”。

懕[㦈]（恹） 安也。从心，猒声。《诗》曰：“懕懕[1]夜饮。”於盐切（yān）

【注释】①懕懕：今本作厭厭。

【译文】懕，安乐。形符是“心”，声符是“猒”。《诗经·小雅·湛露》中讲道：“安乐地在晚上饮酒。”

憺 安也。从心，詹声。徒敢切（dàn）

【译文】憺，安静。形符是“心”，声符是“詹”。

怕[1] 无为也。从心，白声。匹白切（pó）[2]，又葩亚切（pà）

【注释】①怕：淡泊。②匹白切：现音按《广韵》普伯切，读 bó。

【译文】怕，恬淡无为。形符是“心”，声符是“白”。

恤 忧也；收也。从心，血声。辛聿切（xù）

【译文】恤，忧虑；赈济。形符是“心”，声符是“血”。

忓 极也。从心，干声。古寒切（gān）

【译文】忓，疲惫。形符是“心”，声符是“干”。

懽[歡]（欢） 喜㰦（kuǎn）[1]也。从心，雚声。《尔雅》曰：“懽懽愮愮，忧无告也。”[2]古玩切（guàn）[3]

【注释】①歀：段玉裁《说文解字注》："懽歀叠韵。歀者，意有所欲也。欠部曰：欢者，喜乐也。懽与欢音义皆略同。"②语见《尔雅·释训》。③欢喜义，今读 huān。

【译文】懽，喜爱。形符是"心"，声符是"雚"。《尔雅·释训》中讲道："懽俱，愮愮，贤人忧惧而没有地方可以去诉说。"

惆　懽也。琅邪朱虚有惆亭。从心，禺声。噳俱切（yù）[①]

【注释】①噳俱切：现音按《集韵》元俱切，读 yú。

【译文】惆，懽，表示欢乐的意思。琅琊郡朱虚县有一惆亭。形符是"心"，声符是"禺"。

惄 　饥饿也。一曰，忧也。从心，叔声。《诗》曰："惄如朝饥。"[①]奴历切（nì）

【注释】①惄如朝饥：今本原文："未见君子，惄如朝饥。"郑玄笺："惄，思也。未见君子之时，如朝饥之思食。"毛传："调，朝也。"今本作调。

【译文】惄，如饥似渴。一说，忧虑。形符是"心"，声符是"叔"。《诗经·国风·汝坟》中讲道："忧思难受像没有吃早餐时的饥饿感一样。"

㤕　劳也。从心，卻声。其虐切（jué）[①]

【注释】①其虐切：现音按《广韵》奇逆切，读 jǐ。

【译文】㤕，劳累。形符是"心"，声符是"却"。

憸 　 憸詖也。憸利于上，佞人也。从心，僉声。息廉切（xiān）

【译文】憸，奸邪。奸邪之人身处高位就会误导君王，这种人被称为伪善之人。形符是“心”，声符是“僉”。

愒[憩]  　 息也。从心，曷声。去例切（qì）

【译文】愒，休息。形符是“心”，声符是“曷”。

悹 　 精戇也。从心，毳声。千短切（cuǎn）[①]

【注释】①千短切：现音按《广韵》呼骨切，读hū。

【译文】悹，精明憨厚。形符是“心”，声符是“毳”。

思[思] 　 疾利口也。从心，从冊。《诗》曰：“相时思民。”[①]息廉切（xiān）

【注释】①语见《尚书·商书·盘庚上》，非《诗经》。思今本作憸。

【译文】思，能言善辩。由“心”和“冊。”会意。《尚书·盘庚上》中讲道：“看看那些巧舌如簧的人。”

急  　 褊也。从心，及声。居立切（jí）

【译文】急，心胸狭隘。形符是“心”，声符是“及”。

辡  　 忧也。从心，辡声。一曰，急也。方沔切（biǎn）

【译文】辡，忧愁。形符是“心”，声符是“辡”。一种说法是，急迫。

悈 疾也。从心，亟声。一曰，谨重皃。己力切（jí）

【译文】悈，急迫。形符是“心”，声符是“亟”。一种说法是，谨慎重视的样子。

懁[惯] 急也。从心，睘声。读若绢。古县切（juàn）①

【注释】①古县切：现音按《集韵》隳缘切，读 xuān。

【译文】懁，性子急。形符是“心”，声符是“睘”。发音像“绢”字。

悻 恨也。从心，坙声。胡顶切（xìng）

【译文】悻，愤恨。形符是“心”，声符是“坙”。

慦 急也。从心，从弦，弦亦声。河南①密县有慦亭。胡田切（xián）

【注释】①河南：汉代的郡名，位于今河南省密县东南部。

【译文】慦，性子急。由“心”和“弦”会意，“弦”也是声符。河南郡密县有一慦亭。

㥩[慓] 疾也。从心，㶾声。敷沼切（piǎo）①

【注释】①敷沼切：现音按《广韵》匹妙切，读 piào。

【译文】㥩，性子急。形符是“心”，声符是“㶾”。

懦 ꀀ 驽弱者也。从心，需声。人朱切（rú）[1]

【注释】①人朱切：现音按《广韵》乃卧切，读 nuò。

【译文】懦，胆小懦弱的人。形符是“心”，声符是“需”。

恁 下赍（jī）也。从心，任声。如甚切（rèn）

【译文】恁，志气低下。形符是“心”，声符是“任”。

忒 失常也。从心，代声。他得切（tè）

【译文】忒，失去常态。形符是“心”，声符是“代”。

怚 骄也。从心，且声。子去切（jù）

【译文】怚，骄肆。形符是“心”，声符是“且”。

悒 不安也。从心，邑声。於汲切（yì）

【译文】悒，忧愁不安。形符是“心”，声符是“邑”。

悆 忘也；嘾（dàn）也。从心，余声。《周书》曰：“有疾不悆。”悆，喜也。羊茹切（yù）

【译文】悆，忘，贪欲。形符是“心”，声符是“余”。《尚书·周书·金縢》中讲道：“有疾不悆。”悆即喜悦。

忒 更也。从心，弋声。他得切（tè）

【译文】忒，变更。形符是“心”，声符是“弋”。

憪 愉也。从心，閒声。户闲切（xián）

【译文】憪，愉快。形符是“心”，声符是“閒”。

愉 薄[①]也。从心，俞声。《论语》曰：“私觌，愉愉如也。”羊朱切（yú）

【注释】①薄：段玉裁《说文解字注》：“假为浅泊字。”

【译文】愉，喜悦。形符是“心”，声符是“俞”。《论语·乡党第十》中讲道：“私下里见面，他和颜悦色。”

懱 轻易也。从心，蔑声。《商书》曰：“以相陵懱。”[①]莫结切（miè）

【注释】①今《商书》无此文。

【译文】懱，轻蔑。形符是“心”，声符是“蔑”。《尚书·商书》中讲道：“用来欺陵轻慢。”

愚 戇也。从心，从禺。禺，猴属，兽之愚者。麌俱切（yú）

【译文】愚，笨拙。由“心”和“禺”会意。禺，猴子的一种，野兽中的愚笨者。

戇（戅） 愚也。从心，贛声。陟绛切（zhuàng）

【译文】戇，愚直。形符是“心”，声符是“赣”。

悇 奸也。从心，采声。仓宰切（cǎi）

【译文】悇，奸邪。形符是“心”，声符是“采”。

惷 愚也。从心，舂声。丑江切（chuāng）[1]

【注释】①丑江切：现音按《广韵》书容切，读chōng。

【译文】惷，愚昧。形符是“心”，声符是“舂”。

懝 騃（ái）也。从心，从疑，疑亦声。一曰，惶也。五溉切（ài）

【译文】懝，痴呆。由“心”和“疑”会意，“疑”也是声符。一种说法是，惶恐。

忮 很也。从心，支声。之义切（zhì）

【译文】忮，不遵从。形符是“心”，声符是“支”。

悍 勇也。从心，旱声。侯旰切（hàn）

【译文】悍，勇敢。形符是“心”，声符是“旱”。

態（态） 意也。从心，从能。，或，从人。他代切（tài）

【译文】態，神態。由“心”和“能”会意。，“態”的异体字，从“人”。

怪 异也。从心，圣声。古坏切（guài）

【译文】怪，奇特。形符是“心”，声符是“圣”。

愓 放也。从心，象声。徒朗切（dàng）

【译文】愓，放荡。形符是“心”，声符是“象”。

慢 惰也。从心，曼声。一曰，慢，不畏也。谋晏切（màn）

【译文】慢，怠惰。形符是“心”，声符是“曼”。一说，慢即毫不畏惧，放肆。

怠 慢也。从心，台声。徒亥切（dài）

【译文】怠，怠慢。形符是“心”，声符是“台”。

懈 怠也。从心，解声。古隘切（jiè）[①]

【注释】①古隘切：现音读，xiè。

【译文】懈，懈怠。形符是“心”，声符是“解”。

憜[惰] 不敬也。从心，𡐦省。《春秋传》曰：“执玉憜。”[①] ，憜或，省𠂤。，古文。徒果切（duò）

【注释】①语见《左传·僖公十一年》。执今本作受。

【译文】憜，不恭敬。形符是“心”，声符是“𡐦”的省文。《左传》中讲道：“拿着玉显出怠慢不敬的神色。”，“憜”的异体字，“憜”省去“𠂤”。，古文“憜”。

愯 惊也。从心，從声。读若悚。息拱切（sǒng）

【译文】愯，惊恐。形符是“心”，声符是“從”。发音如同“悚”字。

怫 （鬱）[鬱] 也。从心，弗声。符弗切（fú）

【译文】怫，抑鬱，心情不愉快。形符是“心”，声符是“弗”。

忿 忽也。从心，介声。《孟子》曰：“孝子之心，不若是忿。”[①]呼介切（xiè）

【注释】①语见《孟子·万章上》。忿今本作恝。

【译文】忿，遗忘。形符是“心”，声符是“介”。《孟子》中讲道：“孝子的心，不会像这样的忽略。”

忽 忘也。从心，勿声。呼骨切（hū）

【译文】忽，因恍忽而遗忘。形符是“心”，声符是“勿”。

忘 不识（zhì）也。从心，从亡，亡亦声。武方切（wáng）[①]

【注释】①武方切：现音按《广韵》巫放切，读 wàng。

【译文】忘，不记得。由“心”和“亡”会意，“亡”也是声符。

㒼 忘也；㒼兜也[①]。从心，㒼声。毋官切（mán）[②]

【注释】①㒼兜：段玉裁《说文解字注》：“㒼兜蓋古语，忘之皃也。犹今人曰糊涂不省事。”②毋官切：段玉裁《说文解字注》作母官切。

【译文】㒼，遗忘；糊涂，不明白事理。形符是“心”，声符是“㒼”。

恣  縱也。从心，次声。资四切（zì）
【译文】恣，放纵。形符是“心”，声符是“次”。

愓  放也。从心，昜声。一曰，平也。徒朗切（dàng）
【译文】愓，放荡。形符是“心”，声符是“昜”。一说，荡平。

憧  意不定也。从心，童声。尺容切（chōng）
【译文】憧，心意不定。形符是“心”，声符是“童”。

悝  啁（tiáo）[1]也。从心，里声。《春秋传》有孔悝。一曰，病也。苦回切（kuī）

【注释】①啁：段玉裁《说文解字注》：“口部曰：‘啁，嘐也。’啁即今之嘲字，悝即今之诙字。”

【译文】悝，调笑。形符是“心”，声符是“里”。《左传·哀公十五年》中有人名孔悝的记载。一说，疾病。

憰  权诈也。从心，矞声。古穴切（jué）
【译文】憰，权变欺诈。形符是“心”，声符是“矞”。

怟 误也。从心，狂声。居况切（guàng）
【译文】怟，错误。形符是“心”，声符是“狂”。

怳[恍]  狂之皃。从心，況省声。许往切

（huǎng）

【译文】怳，狂放的样子。形符是“心”，声符是“况”的省文。

恑 变也。从心，危声。过委切（guǐ）

【译文】恑，变诈。形符是“心”，声符是“危”。

𢤱 有二心也。从心，巂声。户圭切（xié）

【译文】𢤱，怀有二心。形符是“心”，声符是“巂”。

悸 心动也。从心，季声。其季切（jì）

【译文】悸，心慌害怕。形符是“心”，声符是“季”。

憿 幸也。从心，敫声。古尧切（jiǎo）

【译文】憿，憿幸。形符是“心”，声符是“敫”。

㤜 善自用之意也。从心，銛声。《商书》曰：“今汝㤜㤜①。”，古文，从耳。古活切（kuò）

【注释】①㤜㤜：今本作聒聒。

【译文】㤜，既无知又自以为是。形符是“心”，声符是“銛”。《尚书·商书·盘庚上》中讲道：“如今你们刚愎自用。”，古文“㤜”，从“耳”。

忨 贪也。从心，元声。《春秋传》曰：“忨岁而濊（kě）日。”①五换切（wàn）②

【注释】①语见《左传·昭公元年》。今本忨作翫，潔作愒。《国语·晋语八》："今忨日而潔岁"。韦昭曰："忨，偷也。潔，迟也。"杜预注："翫、愒，皆贪也。"②五换切：现音按《广韵》五丸切，读 wán。

【译文】忨，贪。形符是"心"，声符是"元"。《左传》中讲道："赵孟苟安于岁月的流逝，而又着急于时日的短暂。"

惏[1] 河内[2]之北谓贪曰惏。从心，林声。卢含切（lán）

【注释】①惏：今作婪。

【译文】惏，河内以北的地区将"贪"称作是"惏"。形符是"心"，声符是"林"。

懜 不明也。从心，夢声。武亘切（mèng）

【译文】懜，不明。形符是"心"，声符是"夢"。

愆 过也。从心，衍声。寋，或，从寒省。𠎝，籀文。去虔切（qiān）

【译文】愆，过失。形符是"心"，声符是"衍"。寋，"愆"的异体字，声符是"寒"的省文。𠎝，籀文"愆"。

慊[1] 疑也。从心，兼声。户兼切（xián）

【注释】①慊：今作"嫌"。

【译文】慊，疑惑。形符是"心"，声符是"兼"。

惑 乱也。从心，或声。胡国切（huò）

【译文】惑，迷乱。形符是“心”，声符是“或”。

㥸 怓也。从心，民声。呼昆切（hūn）[1]

【注释】①呼昆切：现音按《广韵》弥邻切，读mín。

【译文】㥸，乱。形符是“心”，声符是“民”。

怓 乱也。从心，奴声。《诗》曰：“以谨惛怓。”[1]女交切（náo）

【注释】①语见《诗经·大雅·民劳》。毛传曰：“惛怓，大乱也。”段玉裁《说文解字注》：“惛当作㥸。”

【译文】怓，乱。形符是“心”，声符是“奴”。《诗经》中讲道：“谨慎的来对待和处理大乱。”

惷[蠢] 乱也。从心，春声。《春秋传》曰：“王室日惷惷焉。”[1]一曰，厚也。尺允切（chǔn）

【注释】①语见《左传·昭公二十四年》。今本作王室实蠢蠢焉。杜预注：“动扰皃。”

【译文】惷，骚乱。形符是“心”，声符是“春”。《左传》中讲道：“王室被扰得一时也不得安宁。”一说，表示厚的意思。

惛 不憭[1]也。从心，昏声。呼昆切（hūn）

【注释】①憭（liǎo）：聪慧。

【译文】惛，糊涂。形符是“心”，声符是“昏”。

忥 痴皃。从心，气声。许既切（xì）

【译文】忥，痴呆的样子。形符是“心”，声符是“气”。

懳 㝲言不慧也。从心，衛声。於岁切（wèi）

【译文】懳，梦中语意不明的话。形符是“心”，声符是“卫”。

憒（愦） 乱也。从心，貴声。胡对切（huì）①

【注释】①胡对切：现音读，kuì。

【译文】憒，心乱。形符是“心”，声符是“貴”。

忌 憎恶也。从心，己声。渠记切（jì）

【译文】忌，嫉妒，憎恨。形符是“心”，声符是“己”。

忿 悁也。从心，分声。敷粉切（fèn）

【译文】忿，忿怒。形符是“心”，声符是“分”。

悁 忿也。从心，肙声。一曰，忧也。，籀文。於缘切（yuān）

【译文】悁，忿怒。形符是“心”，声符是“肙”。一说，表示忧愁。，籀文“悁”。

⿱𥠖心［㦒］ 恨也。从心，𥠖声。一曰，怠也。郎尸切（lí）

【译文】⿱𥠖心，恨。形符是“心”，声符是“𥠖”。一说，表示懈怠。

恚 恨也。从心，圭声。於避切（wèi）①

【注释】①於避切：现音读，huì。

【译文】恚，忿恨。形符是“心”，声符是“圭”。

怨 恚也。从心，夗声。，古文。於愿切（yuàn）

【译文】怨，恼恨。形符是“心”，声符是“夗”。，古文“怨”。

怒 恚也。从心，奴声。乃故切（nù）

【译文】怒，愤怒。形符是“心”，声符是“奴”。

憝[憞] 怨也。从心，敦声。《周书》曰：“凡民罔不憝。”①徒对切（duì）

【注释】①语见《尚书·周书·康诰》：“杀越人于货，暋不畏死，罔弗憝。”《孟子·万章下》引作“凡民罔不憝”。

【译文】憝，怨恨。形符是“心”，声符是“敦”。《尚书·周书》中讲道：“但凡是民众，没有不怨恨的。”

慍 怒也。从心，𥁕声。於问切（yùn）

【译文】慍，愠怒。形符是“心”，声符是“𥁕”。

惡（恶） 过也。从心，亞声。乌各切（è）

【译文】惡，罪过。形符是“心”，声符是“亚”。

憎 [篆文] 恶也。从心，曾声。作滕切（zēng）

【译文】憎，憎恶。形符是“心”，声符是“曾”。

怫 [篆文] 恨怒也。从心，市（pò）声。《诗》曰：“视我怫怫[①]。”蒲昧切（bèi）[②]

【注释】①怫怫：今本作迈迈。毛传：“迈迈，不悦也。”迈，怫之叚借。②蒲昧切：现音按《广韵》普盖切，读 pèi。

【译文】怫，恨怒不悦。形符是“心”，声符是“市”。《诗经·小雅·白华》中讲道：“对我恨怒不悦。”

忍 [篆文] 怒也。从心，刀声。读若顡。鱼既切（yì）

【译文】忍，恼怒。形符是“心”，声符是“刀”。发音像“顡”字。

㥩 [篆文] 怨恨也。从心，（彖（tuàn））[彖]声。读若膎。户佳切（xié）

【译文】㥩，怨恨。形符是“心”，声符是“彖”。发音像“膎”字。

恨 [篆文] 怨也。从心，艮声。胡艮切（hèn）

【译文】恨，怨恨。形符是“心”，声符是“艮”。

懟（怼）[篆文] 怨也。从心，對声。丈泪切（zhuì）[①]

【注释】①丈泪切：现音按《集韵》徒對切，读 duì。

【译文】懟，怨恨。形符是“心”，声符是“對”。

悔 悔恨也。从心，每声。荒内切（huì）[①]

【注释】①荒内切：现音按《广韵》呼罪切，读 huǐ。

【译文】悔，后悔，忿恨。形符是“心”，声符是“每”。

憶 小怒也。从心，壴声。充世切（chì）

【译文】憶，微怒。形符是“心”，声符是“壴”。

怏 不服怼也。从心，央声。於亮切（yàng）

【译文】怏，因不服而怨恨。形符是“心”，声符是“央”。

懣 烦[①]也。从心，从满。莫困切（mèn）

【注释】①烦：热头痛，后引申为烦闷。

【译文】懣，烦闷。由“心”和“满”会意。

憤（愤） 懣也。从心，賁声。房吻切（fèn）

【译文】愤，因不满而激动发怒。形符是“心”，声符是“賁”。

悶（闷） 懣也。从心，門声。莫困切（mèn）

【译文】悶，懣，表示烦悶。形符是“心”，声符是“門”。

惆 失意也。从心，周声。敕鸠切（chōu）[①]

【注释】①敕鸠切：现音按《广韵》丑鸠切，读 chóu。

【译文】惆，失意。形符是“心”，声符是“周”。

悵(怅) 望恨也[1]。从心，長声。丑亮切(chàng)

【注释】①段玉裁《说文解字注》："望其还而不至为恨也。"

【译文】悵，希望某人归来却还没有到，引为憾事。形符是"心"，声符是"長"。

愾(忾) 大[1]息也。从心，从氣，氣亦声。《诗》曰："愾我寤叹。"[2]许既切(xì)

【注释】①大：徐承庆《说文解字注匡谬》："古太字多作大。"②语见《诗经·曹风·下泉》。郑笺："忾，叹息之意。"

【译文】愾，太息。形符是"心"和"氣"，"氣"也是声符。《诗经》中讲道："唉，我醒来就叹息。"

懆 愁不安也。从心，喿声。《诗》曰："念子懆懆。"[1]七早切(cǎo)

【注释】①语见《诗经·小雅·白华》。

【译文】懆，忧虑不安。形符是"心"，声符是"喿"。《诗经》中讲道："思念你让我忧虑不安。"

愴(怆) 伤也。从心，倉声。初亮切(chuàng)

【译文】怆，悲伤。形符是"心"，声符是"倉"。

怛 篆 憯也。从心，旦声。𢝊，或，从心在旦下。《诗》曰："信誓𢝊𢝊。"[①]得案切（dàn），又当割切（dá）

【注释】①语见《诗经·卫风·氓》。𢝊𢝊今本作旦旦。

【译文】怛，痛苦。形符是"心"，声符是"旦"。𢝊，"怛"的异体字，由"心"在"旦"的下部进行表意。《诗经》中讲道："诚信的誓言如此的诚恳。"

憯 篆 痛也。从心，朁声。七感切（cǎn）

【译文】憯，惨痛。形符是"心"，声符是"朁"。

慘（惨） 篆 毒也。从心，参声。七感切（cǎn）

【译文】惨，毒害。形符是"心"，声符是"参"。

悽[凄][淒] 篆 痛也。从心，妻声。七稽切（qī）

【译文】悽，悲伤。形符是"心"，声符是"妻"。

恫 篆 痛也。一曰，呻吟也。从心，同声。他红切（tōng）

【译文】恫，哀痛。一说，呻吟。形符是"心"，声符是"同"。

悲 篆 痛也。从心，非声。府眉切（bēi）

【译文】悲，伤心。形符是"心"，声符是"非"。

惻（恻） 篆 痛也。从心，則声。初力切（cè）

【译文】恻，恻然心痛。形符是“心”，声符是“则”。

惜 痛也。从心，昔声。思积切（xī）
【译文】惜，痛惜。形符是“心”，声符是“昔”。

慜 痛也。从心，敃声。眉殒切（mǐn）
【译文】慜，悲痛。形符是“心”，声符是“敃”。

慇[殷] 痛也。从心，殷声。於巾切（yīn）
【译文】慇，忧痛。形符是“心”，声符是“殷”。

悠 痛声也。从心，依声。《孝经》曰：“哭不悠。”[①]於岂切（yǐ）[②]

【注释】①语见《孝经·丧亲章》。悠今作偯。郑注云：“气竭而息声不委曲。”②今音依《广韵》於希切，读yī。

【译文】悠，哀痛的声音。形符是“心”，声符是“依”。《孝经》中讲道：“哭声竭尽。”

簡 簡，存也[①]。从心，簡省声。读若简。古限切（jiǎn）

【注释】①段玉裁《说文解字注》：“《释训》曰：‘存存、簡簡，在也。’”《释诂》曰：“在、存，察也。”

【译文】簡，簡簡，明察。形符是“心”，声符是“簡”的省文。

慅 动也。从心，蚤声。一曰，起也。穌遭切（sāo）

【译文】慅，骚动。形符是“心”，声符是“蚤”。一说，慅即起的意思。

感 动人心也。从心，咸声。古禫切（gǎn）

【译文】感，触动人心。形符是“心”，声符是“咸”。

忧 （不）[心]动也。从心，尤声。读若祐。於救切（yòu）

【译文】忧，心动。形符是“心”，声符是“尤”。发音像“祐”字。

惁 怨仇也。从心，咎声。其久切（jiù）[①]

【注释】①其久切：现音按《广韵》巨鸠切，读 qiú。

【译文】惁，怨恨。形符是“心”，声符是“咎”。

愪 忧皃。从心，員声。王分切（yún）

【译文】愪，忧愁的样子。形符是“心”，声符是“員”。

怮 忧皃。从心，幼声。於虯切（yōu）

【译文】怮，忧伤的样子。形符是“心”，声符是“幼”。

忦 忧也。从心，介声。五介切（ài）[①]

【注释】①五介切：现音按《广韵》古黠切，读 jiá。

【译文】忦，忧惧。形符是“心”，声符是“介”。

恙 忧也。从心，羊声。余亮切（yàng）

【译文】恙，担忧。形符是“心”，声符是“羊”。

惴 忧惧也。从心，耑声。《诗》曰：“惴惴其栗。”[①]之瑞切（zhuì）

【注释】①语见《诗经·秦风·黄鸟》。

【译文】惴，又发愁又害怕的样子。形符是“心”，声符是“耑”。《诗经》中讲道：“惴惴恐惧且战栗。”

愬 忧也。从心，勻声。常伦切（chún）[①]

【注释】①常伦切：现音按《广韵》渠营切，读 qióng。

【译文】愬，忧愁。形符是“心”，声符是“勻”。

怲 忧也。从心，丙声。《诗》曰：“忧心怲怲。”[①]兵永切（bǐng）

【注释】①语见《诗经·小雅·頍弁》。怲怲，忧盛满也。

【译文】怲，忧愁。形符是“心”，声符是“丙”。《诗经》中讲道：“忧愁之心极其沉重。”

惔 忧也。从心，炎声。《诗》曰：“忧心如惔。”徒甘切（tán）

【注释】①语见《诗经·小雅·节南山》。毛传曰：“惔，燎之也。”

【译文】惔，忧愁。形符是“心”，声符是“炎”。《诗经》中讲道：“忧愁之心如火燎一般。”

惙 忧也。从心，叕声。《诗》曰：“忧心惙惙。”[①]一曰，意不定也。陟劣切（chuò）

【注释】①语见《诗经·召南·草虫》。

【译文】惙，忧愁。形符是“心”，声符是“叕”。《诗经》中讲道：“忧愁之心连续不断。”一说，惙为心意不定。

慯 忧也。从心，殇省声。式亮切（shàng）[①]

【注释】①式亮切：现音按《广韵》式羊切，读 shāng。

【译文】慯，忧伤。形符是“心”，声符是“殇”的省文。

愁 忧也。从心，秋声。士尤切（chóu）

【译文】愁，忧虑。形符是“心”，声符是“秋”。

惄 忧皃。从心，弱声。读与惄同。奴历切（nì）

【译文】惄，忧思的样子。形符是“心”，声符是“弱”。读音与“惄”相同。

惂 忧困也。从心，臽声。苦感切（kǎn）

【译文】惂，忧困。形符是“心”，声符是“臽”。

悠 忧也。从心，攸声。以周切（yōu）

【译文】悠，忧思。形符是“心”，声符是“攸”。

悴 忧也。从心，卒声。读与《易》萃卦同。秦醉切（cuì）

【译文】悴，忧愁。形符是“心”，声符是“卒”。发音像《周易·萃卦》中“萃卦”的“萃”字相同。

慁 忧也。从心，圂声。一曰，扰也。胡困切（hùn）

【译文】慁，忧虑。形符是“心”，声符是“圂”。一说，扰乱。

慸 楚、颍之间谓忧曰慸。从心，厽声。力至切（lì）[1]

【注释】①力至切：现音按《广韵》里之切，读 lí。

【译文】慸，楚、颍地区将忧愁称慸。形符是“心”，声符是“厽”。

忬 忧也。从心，于声。读若吁。况於切（xū）

【译文】忬，忧伤。形符是“心”，声符是“于”。读若“吁”。

忡 忧也。从心，中声。《诗》曰：“忧心忡忡。”敕中切（chōng）

【译文】忡，忧愁。形符是“心”，声符是“中”。《诗经·召南·草虫》中讲道：“忧愁之心忡忡不宁。”

悄 忧也。从心，肖声。《诗》曰：“忧心悄悄。”亲小切（qiǎo）

【译文】悄，忧愁。形符是"心"，声符是"肖"。《诗经·邶风·柏舟》中讲道："忧愁之心悄悄深沉。"

慽[戚] 忧也。从心，戚声。仓历切（qī）
【译文】慽，忧愁。形符是"心"，声符是"戚"。

惪[憂](忧) 愁也。从心，从頁。於求切（yōu）
【译文】惪，忧愁。由"心"和"頁"会意。

患 忧也。从心贯吅（xuān），吅亦声。，古文，从關省。，亦古文患。胡丱切（huàn）
【译文】患，忧虑。由"心"向上贯穿"吅"字会意，"吅"也是声符。，古文"患"字，以"關"的省文为声。，也是古文"患"字。

恇 怯也。从心、匡，匡亦声。去王切（kuāng）
【译文】恇，胆怯。由"心"和"匡"会意，"匡"也是声符。

悏 思皃。从心，夾声。苦叶切（qiè）
【译文】悏，思念的样子。形符是"心"，声符是"夾"。

慑(慑) 失气也。从心，聶声。一曰，服也。之涉切（zhé）①

【注释】①之涉切：现音按《广韵》失涉切，读shè。

【译文】慑，丧气。形符是"心"，声符是"聶"。一说，心服。

憚(惮) 忌难①也。从心，單声。一曰，难②也。徒案切(dàn)

【注释】①忌难：段玉裁《说文解字注》："憎恶而难之。"②难(nàn)：段玉裁《说文解字注》："当作'难之也'，难读去声，今本夺'之'字。"

【译文】憚，因憎恶而认为艰难。形符是"心"，声符是"單"。一说，畏惧。

悼 惧也。陈、楚谓惧曰悼。从心，卓声。徒到切(dào)

【译文】悼，恐惧。陈、楚地区的人将"懼"称作"悼"。形符是"心"，声符是"卓"。

恐 惧也。从心，巩声。，古文。丘陇切(kǒng)

【译文】恐，害怕。形符是"心"，声符是"巩"。，古文"恐"。

慴[慑](慑) 惧也。从心，習声。读若叠。之涉切(zhé)①

【注释】①之涉切：现音按《集韵》实摄切，读 shè。

【译文】慴，恐惧。形符是"心"，声符是"習"。发音像"叠"字。

怵 恐也。从心，术声。丑律切（chù）

【译文】怵，恐惧。形符是“心”，声符是“术”。

惕 敬也。从心，易声。，或，从狄。他历切（tì）

【译文】惕，敬重。形符是“心”，声符是“易”。，“惕”的异体字，从“狄”声。

烘 战慄[①]也。从心，共声。户工切（hóng），又工恐切（gǒng）

【注释】①慄：段玉裁《说文解字注》作栗。

【译文】烘，战栗。形符是“心”，声符是“共”。

恔 苦也。从心，亥声。胡概切（hài）

【译文】恔，愁苦。形符是“心”，声符是“亥”。

惶 恐也。从心，皇声。胡光切（huáng）

【译文】惶，恐惧。形符是“心”，声符是“皇”。

悑 惶也。从心，甫声。，或，从布声。普故切（bù）

【译文】悑，惶恐。形符是“心”，声符是“甫”。，“悑”的异体字，从“布”声。

慹 悑也。从心，執声。之入切（zhí）

【译文】㥵，恐惧。形符是“心”，声符是“埶”。

㦒[1] 𢡱 （怖）[憊]也。从心，㱿声。苦计切（qì）

【注释】①㦒：段玉裁《说文解字注》：“此与憊篆转注。”

【译文】㦒，疲惫。形符是“心”，声符是“㱿”。

憊 𢡱 㦒也。从心，𤰇声。𤸃，或，从疒。蒲拜切（bèi）

【译文】憊，疲惫。形符是“心”，声符是“𤰇”。𤸃，“憊”的异体字，从“疒”。

惎 𢡱 毒也。从心，其声。《周书》曰：“来就（惎）[余]惎。”[1]渠记切（jì）

【注释】①语见《尚书·周书·秦誓》。段玉裁《说文解字注》：“今《尚书》无此文。盖即《秦誓》‘未就予忌’也。惎、忌音同义相近。”

【译文】惎，毒害。形符是“心”，声符是“其”。《尚书·周书》中讲道：“到我这里来接受教导。”

恥[耻] 𢡱 辱也。从心，耳声。敕里切（chǐ）

【译文】恥，耻辱。形符是“心”，声符是“耳”。

㤶 𢡱 青、徐[1]谓惭曰㤶。从心，典声。他典切（tiǎn）

【注释】①青、徐：青州即现山东半岛地区，徐州即现江苏、安徽北部、山东南部地区。

【译文】㥏，青、徐地区的人将惭愧称㥏。形符是“心”，声符是“典”。

忝[忝]  辱也。从心，天声。他点切(tiǎn)

【译文】忝，耻辱。形符是“心”，声符是“天”。

慙[慚](惭)  媿也[1]。从心，斬声。昨甘切(cán)

【注释】①媿：女部曰：“媿，慙也。”二篆为转注。

【译文】慙，惭愧。形符是“心”，声符是“斬”。

恧  惭也。从心，而声。女六切(nǜ)

【译文】恧，惭愧。形符是“心”，声符是“而”。

怍  惭也。从心，作省声。在各切(zuò)

【译文】怍，惭愧。形符是“心”，声符是“作”的省文。

憐(怜)  哀也。从心，粦声。落贤切(lián)

【译文】憐，哀怜。形符是“心”，声符是“粦”。

漣 泣下也。从心，連声[1]。《易》曰：“泣涕漣如。”[2]力延切(lián)

【注释】①段玉裁《说文解字注》：“从心者，哀出于心也。从連者，不可止也。連亦声。”②语见《周易·屯·上

六》爻辭。泣涕漣如，今本作泣血漣如。

【译文】漣，落泪。形符是“心”，声符是“連”。《周易》中讲道：“眼泪漣漣不断流下。”

忍 能也。从心，刃声。而軫切（rěn）

【译文】忍，忍耐。形符是“心”，声符是“刃”。

㥏[㦖] 厉也。一曰，止也。从心，弭声。读若沔。弥兖切（miǎn）[①]

【注释】①弥兖切：现音按《广韵》绵婢切，读 mǐ。

【译文】㥏，磨炼。一说，停止。形符是“心”，声符是“弭”。发音像“沔”字。

㤉 懲也。从心，乂声。鱼肺切（yì）

【译文】㤉，惩治。形符是“心”，声符是“乂”。

懲（惩） 㤉也。从心，徵声。直陵切（chéng）

【译文】懲，改正之前的过失。形符是“心”，声符是“徵”。

憬 觉寤也。从心，景声。《诗》曰：“憬彼淮夷。”[①]俱永切（jiǒng）[②]

【注释】①语见《诗经·鲁颂·泮水》。②俱永切：现音读，jǐng。

【译文】憬，觉悟。形符是“心”，声符是“景”。《诗经》中讲道：“淮河一带的夷族已经觉悟。”

文二百六十三　重二十二

惢 心疑也。从三心[①]。凡惢之属皆从惢。读若《易》"旅琐琐"[②]。又，才规（cuī）、才累（zuì）二切[③]

【注释】①从三心：三表示多。段玉裁《说文解字注》："今俗谓疑为多心。"②旅琐琐：语见《周易·旅·初六》爻辞。表示旅人多疑。③又：王筠《说文解字句读》："又者，承'读若琐'而言。"《玉篇》："桑果切。又，才累、才规二切。"今音依桑果切，读 suǒ。

【译文】惢，心中有疑虑。由三个"心"字会意。但凡"惢"的部属都从"惢"。发音像《周易》里"旅琐琐"中的"琐"字。

縈 垂也。从惢，系声。如垒切（ruǐ）

【译文】縈，下垂。形符是"惢"，声符是"系"。

文二

文解字

注全译

（五）

〔汉〕许慎 著
谦德书院 注译

团结出版社

目录

卷二十七

卷二十八

卷二十七

金 五色金①也。黄为之长。久薶不生衣②，百炼不轻，从革不违。西方之行。生于土，从土；左右注，象金在土中形；今声。凡金之属皆从金。，古文金。居音切（jīn）

【注释】①五色金：即白金、青金、赤金、黑金和黄金。②衣：腐朽的外层。

【译文】金，白金、青金、赤金、黑金和黄金五种金属的统称。黄金是它们的代表。久埋于地下也不会产生腐朽的外层，经过千锤百炼也不会变轻，变更成器也不会违背它自身的本性。是一种代表西方的物质。源于土中，因此形符是“土”；“土”字左右的两笔形似金属埋于土中的样子；声符是“今”。但凡“金”的部属都从“金”。，古文“金”字。

銀（银） 白金也。从金，艮声。语巾切（yín）

【译文】銀，白色的金属。形符是“金”，声符是“艮”。

鐐（镣） 白金也。从金，尞声。洛萧切（liáo）

【译文】鐐，白色的金属。形符是“金”，声符是“尞”。

鋈 白金也。从金，䒰省声。乌酷切（wù）

【译文】鋈，白色的金属。形符是“金”，声符是“䒰”的省文。

鉛（铅） 青金也。从金，㕣声。与专切（yuán）[①]

【注释】①与专切：现音读，qiān。

【译文】鉛，青色的金属。形符是“金”，声符是“㕣”。

錫（锡） 银铅之间也。从金，易声。先击切（xī）

【译文】錫，介于银和铅之间的金属。形符是“金”，声符是“易”。

鈏 锡也。从金，引声。羊晋切（yìn）[①]

【注释】①羊晋切：现音按《广韵》余忍切，读 yǐn。

【译文】鈏即锡。形符是“金”，声符是“引”。

銅（铜） 赤金也。从金，同声。徒红切（tóng）

【译文】銅，赤色的金属。形符是“金”，声符是“同”。

鏈（链） 铜属。从金，連声。力延切（lián）

【译文】鏈，铜的种属。形符是“金”，声符是“連”。

鐵（铁） 黑金也。从金，𢧜声。𨮴，鐵或，省。銕，古文鐵，从夷。天结切（tiě）

【译文】鐵，黑色的金属。形符是“金”，声符是“𢧜”。𨮴，“鐵”的异体字，“鐵”的省略。銕，古文“鐵”，声符是“夷”。

鍇（锴） 九江[1]谓铁曰鍇。从金，皆声。苦骇切（kǎi）

【注释】①九江：汉代的郡名，包括现江西省与江苏省、安徽省的一部分。

【译文】鍇，九江地区将“铁”称作“锴”。形符是“金”，声符是“皆”。

鋚 铁也。一曰，轡首铜。从金，攸声。以周切[1]（yóu）

【注释】①以周切：现音读按《广韵》徒聊切，tiáo。

【译文】鋚，铁，一种说法是，马笼头上的铜制装饰品。形符是“金”，声符是“攸”。

鏤（镂） 刚铁，可以刻鏤。从金，婁声。《夏书》曰：“梁州贡鏤。”一曰，鏤釜也。卢候切（lòu）

【译文】鏤，坚硬的铁，可以用来雕刻。形符是“金”，声符是“婁”。《尚书·夏书·禹贡》中讲道：“梁州地区进献鏤铁。”一种说法是，“鏤”即煮饭用的锅。

鐼 铁属。从金，賁声。读若熏。火运切（xùn）[1]

【注释】①火运切：现音读按《广韵》符分切，fén。

【译文】鐼，铁的种属。形符是“金”，声符是“賁”。发音如同“熏”字。

銑 金之泽者。一曰，小凿。一曰，钟两角谓之銑。从金，先声。稣典切（xiǎn）

【译文】銑，金属中有光泽的金属。一说，小型的凿子。另一说，钟口的两角被称作“銑”。形符是“金”，声符是“先”。

鋻 刚也。从金，臤声。古甸切（jiàn）

【译文】鋻，坚硬。形符是“金”，声符是“臤”。

鑗 金属。一曰，剥也。从金，黎声。郎兮切（lí）

【译文】鑗，金属。一说，剥裂。形符是“金”，声符是“黎”。

録 金色也。从金，录声。力玉切（lù）

【译文】録，金属介于青、黄之间的颜色。形符是“金”，声符是“录”。

鑄（铸） 销金也。从金，壽声。之戍切（zhù）

【译文】鑄即销熔金属。形符是“金”，声符是“壽”。

銷（销） 铄金也。从金，肖声。相邀切（xiāo）

【译文】銷，熔化金属。形符是“金”，声符是“肖”。

鑠（铄） 销金也。从金，樂声。书药切（shuò）

【译文】鑠，销熔金属。形符是“金”，声符是“樂”。

錬[煉]（炼） 冶金也。从金，柬声。郎甸切

（liàn）

【译文】鍊，冶炼金属使其精粹。形符是“金”，声符是“柬”。

釘（钉）  炼（鉼）[饼]黄金。从金，丁声。当经切（dīng）

【译文】釘，冶炼称饼状的黄金。形符是“金”，声符是“丁”。

錮（锢）  铸塞也。从金，固声。古慕切（gù）

【译文】錮，熔化金属堵塞空隙。形符是“金”，声符是“固”。

鑲（镶）  作型中（膓）[肠]也。从金，襄声。汝羊切（ráng）

【译文】鑲，制造铸器模型的内部坯胎。形符是“金”，声符是“襄”。

鎔（镕）  冶器法也。从金，容声。金封切（róng）

【译文】鎔，冶炼器物的模型。形符是“金”，声符是“容”。

鋏（铗）  可以持冶器铸镕者。从金，夾声。读若渔人（莢）[夾]鱼之（莢）[夾]。一曰，若挾持。古叶切（jiá）

【译文】鋏，用来夾持正在冶炼的器物和正在销熔金属的模子的工具。形符是“金”，声符是“夾”。发音如同“渔人夾鱼”中的“夾”字。一说，发音如同“挾持”中的“挾”字。

鍛（锻） 𨭏 小冶也。从金，段声。丁贯切（duàn）
【译文】鍛即打铁。形符是“金”，声符是“段”。

鋌 𨫇 铜铁朴也。从金，廷声。徒鼎切（dìng）
【译文】鋌即铜铁矿石。形符是“金”，声符是“廷”。

鐃 𨰉 铁文也。从金，曉声。呼鸟切（xiǎo）
【译文】鐃即铁的纹理。形符是“金”，声符是“曉”。

鏡（镜） 𨱇 景也。从金，竟声。居庆切（jìng）
【译文】鏡即照见影像。形符是“金”，声符是“竟”。

鉹 𨥫 曲鉹也。从金，多声。一曰，鬵（qín），鼎[也]。读若擠。一曰《诗》云“侈兮哆兮”①。尺氏切（chǐ）

【注释】①语见《诗经·小雅·巷伯》。今本作哆兮侈兮。

【译文】鉹即曲鉹。形符是“金”，声符是“多”。一说“鬵”，形似鼎一样上大下小的甑。发音如同“擠”字。另一种说法是，发音如同《诗经》“侈大啊，口哆大啊”中的“侈”字。

銒[鈃]（钘） 𨪐 似钟而颈长。从金，幵声。户经切（xíng）

【译文】銒，形似酒钟但颈脖较长。形符是“金”，声符是“幵”。

鍾（钟） 酒器也。从金，重声。职容切（zhōng）

【译文】鍾，盛放酒水的器皿。形符是“金”，声符是“重”。

鑑[鑒]（鉴） 大盆也。一曰，（監诸）[鑑，诸也]，可以取明水于月。从金，監声。革忏切（jiàn）

【译文】鑑，用来盛水的大盆。一说，“鑑”，现被称作“诸”，可以用来获取月亮底下明亮的露水。形符是“金”，声符是“監”。

鐈 似鼎而长足。从金，喬声。巨娇切（qiáo）

【译文】鐈，形似鼎却有长足。形符是“金”，声符是“喬”。

鐩 阳鐩也。从金，隊声。徐醉切（suì）

【译文】鐩，放置于太阳底下用来取火的铜杯或铜镜。形符是“金”，声符是“隊”。

鋞 温器也。圜直上。从金，巠声。户经切（xíng）

【译文】鋞，用来暖物的器皿。圆形而径直向上。形符是“金”，声符是“巠”。

鑴 甍（dàng）也。从金，巂声。户圭切（xié）①

【注释】①户圭切：现音读 xī。

【译文】鑴，大盆。形符是“金”，声符是“巂”。

鑊（镬） 鑴也。从金，蒦声。胡郭切（huò）

【译文】鑊，无足的鼎。形符是“金”，声符是“蒦”。

鍑[鍑] 釜大口者。从金，复声。方副切（fù）
【译文】鍑，大口的锅。形符是“金”，声符是“复”。

鍪 鍑属。从金，敄声。莫浮切（móu）
【译文】鍪，锅鍑的种属。形符是“金”，声符是“敄”。

錪 朝鲜谓釜曰錪。从金，典声。他典切（tiǎn）
【译文】錪，朝鲜地区将“釜”称作为“錪”。形符是“金”，声符是“典”。

銼[銼]（锉） 鍑①也。从金，坐声。昨禾切（cuó）②

【注释】①昨禾切：现音读按《广韵》粗卧切，cuò。
【译文】銼，小锅。形符是“金”，声符是“坐”。

鑹 銼鑹也。从金，羸声。鲁戈切（luó）
【译文】鑹，銼鑹。形符是“金”，声符是“羸”。

鉶[鉶] 器也。从金，荆声。户经切（xíng）
【译文】鉶，用来盛放肉汁和菜汁的器物。形符是“金”，声符是“荆”。

鎬 温器也。从金，高声。武王所都，在长安西上林苑中，字亦如此。乎老切（hào）

【译文】鎬，用来暖物的器皿。形符是“金”，声符是“高”。也指周武王建立都城的地方，位于长安西部的上林苑中，那个字也写成这个样子。

鏖 温器也。一曰，金器。从金，麀声。於刀切（āo）

【译文】鏖，暖物的器皿。一种说法是，金器。形符是“金”，声符是“麀”。

銚（铫） 温器也。一曰，田器。从金，兆声。以招切（yáo）

【译文】銚，暖物的器皿。一种说法是，用来种田的器具。形符是“金”，声符是“兆”。

鐙（镫） 酒器也。从金，豋象器形。豋，鐙或，省金。大口切（dòu）

【译文】鐙，盛放酒水的器皿。形符是“金”，“豋”形似器皿的样子。豋，“鐙”的异体字，“鐙”省去“金”旁。

鐎 鐎斗也。从金，焦声。即消切（jiāo）

【译文】鐎，刁斗。形符是“金”，声符是“焦”。

鋗 小盆也。从金，肙声。火玄切（xuān）

【译文】鋗，小盆。形符是“金”，声符是“肙”。

鏏 鼎也。从金，彗声。读若彗。於岁切（wèi）

【译文】鏏，鼎。形符是“金”，声符是“彗”。发音如同“彗”字。

鍵（键） 铉也。一曰，車（辖）[舝]。从金，建声。渠偃切（jiàn）

【译文】鍵，贯通鼎耳的横杠。一种说法是，安装在車轴末端以此来固定車轮的铁棍。形符是“金”，声符是“建”。

鉉（铉） 举鼎也。《易》谓之鉉，《礼》谓之鼏。从金，玄声。胡犬切（xuàn）

【译文】鉉，用来举鼎的木杠。《易经》将其称作为“鉉”，《仪礼》将其称作为“鼏”。形符是“金”，声符是“玄”。

鋊 可以句鼎耳及炉炭。从金，谷声。一曰，铜屑。读若浴。余足切（yù）

【译文】鋊，可以用来钩取鼎耳和炉炭的工具。形符是“金”，声符是“谷”。一种说法是，铜屑。发音如同“浴”字。

鎣（蓥） 器也。从金，熒省声。读若铣（xiǎn）。乌定切（yìng）[①]

【注释】①乌定切：现音按《广韵》乌定切，读 yīng。

【译文】鎣，用来对物体进行剖光的工具。形符是“金”，声符是“熒”的省文。发音如同“铣”字。

鑯 铁器也。一曰，（鑴）[鐫] 也。从金，韯声。子廉切（jiān）

【译文】鑯，锋利的铁器。一种说法是，穿木琢石。形符是“金”，声符是“韯”。

錠（锭） 鐙也。从金，定声。丁定切（dìng）

【译文】錠，一种有足的蒸器。形符是“金”，声符是“定”。

鐙（镫） 锭也。从金，登声。都滕切（dēng）[①]

【注释】①都滕切：现音读按《广韵》都邓切，dèng。

【译文】鐙，无足的蒸器。形符是“金”，声符是“登”。

鏶 鍱也。从金，集声。𨭚，鏶或，从咠。（奏）[秦] 入切（jí）

【译文】鏶，金属薄片。形符是“金”，声符是“集”。𨭚，“鏶”的异体字，声符是“咠”。

鍱 鏶也。从金，枼声。齐谓之鍱。与涉切（yè）

【译文】鍱，鏶，金属薄片。形符是“金”，声符是“枼”。齐国地区称作是“鍱”。

鏟（铲） 鏶也。一曰，平铁。从金，產声。初限切（chǎn）

【译文】鏟，鏶，金属薄片。一种说法是，用来削平物体的器物。形符是“金”，声符是“產”。

鑪[爐](炉) 方鑪也。从金，盧声。洛胡切(lú)

【译文】鑪，方形的火炉。形符是“金”，声符是“盧”。

鏇 圜炉也。从金，旋声。辞恋切(xuàn)

【译文】鏇，圆形的火炉。形符是“金”，声符是“旋”。

鑢 器也。从金，虒声。杜兮切(tí)

【译文】鑢，锅类的器物。形符是“金”，声符是“虒”。

鏞 煎胶器也。从金，虜声。郎古切(lǔ)

【译文】鏞，用来熬胶的一类器皿。形符是“金”，声符是“虜”。

釦[扣] 金饰器口。从金，从口，口亦声。苦厚切(kòu)

【译文】釦，用金来装饰器皿的边。形符是“金”和“口”，“口”也是声符。

錯(错) 金涂也。从金，昔声。仓各切(cuò)

【译文】错即用金来进行涂饰。形符是“金”，声符是“昔”。

鋤[鋙] 鉏鋤也。从金，御声。鋙，鋤或，从吾。鱼举切(yǔ)

【译文】鋤，锯。形符是“金”，声符是“御”。鋙，“鋤”

的异体字，声符是“吾”。

錡（锜） 锄鋤也。从金，奇声。江淮之间谓釜曰錡。鱼绮切（yǐ）①

【注释】①鱼绮切：现音按《广韵》渠羁切，读 qí。

【译文】錡，锯。形符是“金”，声符是“奇”。江淮地区称“釜”为“錡”。

鍤（锸） 郭衣针也。从金，臿声。楚洽切（chā）

【译文】鍤，连缀在衣服周边且使衣服平直的长针。形符是“金”，声符是“臿”。

鉥 綦（qí）针也。从金，术声。食聿切（shù）

【译文】鉥，用来纳鞋底的长针。形符是“金”，声符是“术”。

鍼[針]（针） 所以缝也。从金，咸声。职深切（zhēn）

【译文】鍼，用来缝制的工具。形符是“金”，声符是“咸”。

鈹（铍） 大针也。一曰，剑如刀装者。从金，皮声。敷羁切（pī）

【译文】鈹，中医中所使用的一种医疗器械，其下端如宝剑形，两面有刃，多用于外科，以刺破痈疽，排出脓血。一种说法是，剑形似刀的兵器。形符是“金”，声符是“皮”。

鎩（铩） 鈹有（鋝）[鐔]也。从金，殺声。所拜切（shā）

【译文】鎩，鈹剑有半圆形的剑鼻。形符是“金”，声符是“殺”。

鈕（钮） 印鼻也。从金，丑声。𤤚，古文鈕，从玉。女久切（niǔ）

【译文】鈕，印章上用来系绶带凸起的部分。形符是“金”，声符是“丑”。𤤚，古文“鈕”字，形符是“玉”。

銎 斤（釜）[斧]穿也。从金，巩声。曲恭切（qiōng）

【译文】銎，斧子上安柄的孔。形符是“金”，声符是“巩”。

鉴 鉴鍌，（釜）[斧]也。从金，此声。即移切（zī）

【译文】鉴，鉴鍌，短斧。形符是“金”，声符是“此”。

鍌 鉴鍌也。从金，卑声。府移切（bēi）

【译文】鍌，鉴鍌。形符是“金”，声符是“卑”。

鏨（錾） 小凿也。从金，从斬，斬亦声。藏滥切（zàn）

【译文】鏨，小凿子。由“金”和“斬”会意，“斬”也是声符。

鐫[镌]（镌）　穿木鐫也。从金，雋声。一曰，琢石也。读若瀸（jiān）。子全切（juān）

【译文】鐫，用来穿破木头的金属器具。形符是“金”，声符是“雋”。一说，凿琢石头。发音如同“瀸”字。

鑿（凿）　穿木也。从金，糳省声。在各切（záo）

【译文】鑿，能够穿透木头的鑿子。形符是“金”，声符是“糳”的省文。

銛　（锸）[臿]属。从金，舌声。读若棪（yǎn）。桑钦读若镰。息廉切（xiān）

【译文】銛，锄锹的类属。形符是“金”，声符是“舌”。发音如同“棪”字。桑钦说，发音如同“镰”字。

鈂　臿属。从金，冘声。直深切（chén）

【译文】鈂，锹的类属。形符是“金”，声符是“冘”。

鉇　臿属。从金，危声。一曰，莹铁也。读若跛行。过委切（guǐ）

【译文】鉇，锹的类属。形符是“金”，声符是“危”。一说，有光泽的铁。发音如同“跛行”中的“跛”字。

鐅　河内谓臿头金也。从金，敝声。芳灭切（piě）

【译文】鐅，河内地区将锹类农具尖端安装的刃口称作是

"鐅"。形符是"金"，声符是"敝"。

錢(钱) 錢 铫[①]也。古田器。从金，戔声。《诗》曰："庤乃钱镈。"[②]即浅切(jiǎn)，又昨先切(qián)

【注释】①铫：大锄。錢，今之锹，以铫释錢，浑言不别。②语见《诗经·周颂·臣工》。庤，具。镈，锄头。

【译文】錢，锹。古时一种用来种田的器具。形符是"金"，声符是"戔"。《诗经》中讲道："准备好你们的锹和锄。"

钁 钁 大锄也。从金，矍声。居缚切(jué)

【译文】钁，大锄头。形符是"金"，声符是"矍"。

鈐(钤) 鈐 钤鐫，大犁也。一曰，类枱。从金，今声。巨淹切(qián)

【译文】鈐，钤鐫，大犁。一说，形似耒耜的一种工具。形符是"金"，声符是"今"。

鐫 鐫 钤鐫也。从金，隋声。徒果切(duò)

【译文】鐫，钤鐫。形符是"金"，声符是"隋"。

鏺(钹) 鏺 两刃，木柄，可以刈艸。从金，發声。读若拨。普活切(pō)

【译文】鏺，两边有刃，木质的柄，可以用来割草。形符是"金"，声符是"發"。发音如同"拨"字。

鉵　相属。从金，蟲省声。读若同。徒冬切（tóng）

【译文】鉵，耒耜的一种。形符是“金”，声符是“蟲”的省文。发音如同“同”字。

鉏[鋤](锄)　立薅（hāo）所用也。从金，且声。士鱼切（chú）

【译文】鉏，站立除草时所使用的锄头。形符是“金”，声符是“且”。

䥯　相属。从金，罷声。读若嫓。彼为切（bēi）

【译文】䥯，耒耜的一种。形符是“金”，声符是“罷”。发音如同“嫓”字。

鎌[鐮](镰)　锲也。从金，兼声。力盐切（lián）

【译文】鎌，镰刀。形符是“金”，声符是“兼”。

鍥(锲)　镰也。从金，契声。苦结切（qiè）

【译文】鍥，镰刀。形符是“金”，声符是“契”。

鉊　大(铁)[镰]也。从金，召声。镰谓之鉊，张彻说。止摇切（zhāo）

【译文】鉊，大镰刀。形符是“金”，声符是“召”。“镰”又被称作是“鉊”，这是张彻的说法。

銍(铚)　获禾短镰也。从金，至声。陟栗切（zhì）

【译文】銍，一种用来收获禾穗的短镰。形符是“金”，声符是“至”。

鎮（镇） 博压也。从金，真声。陟刃切（zhèn）

【译文】鎮，广泛地鎮压。形符是“金”，声符是“真”。

鉆 铁銸也。从金，占声。一曰，膏車铁鉆。敇淹切（chān）

【译文】鉆，铁制的镊子。形符是“金”，声符是“占”。一种说法是，用来在車轮上加油的铁制器具。

銸 鉆也。从金，耴声。陟叶切（zhé）

【译文】銸，镊子。形符是“金”，声符是“耴”。

鉗（钳） 以铁有所劫束也。从金，甘声。巨淹切（qián）

【译文】鉗，用铁圈来束缚脖颈，有所捆绑的工具。形符是“金”，声符是“甘”。

釱 铁钳也。从金，大声。特计切（dì）

【译文】釱，铁制的刑具。形符是“金”，声符是“大”。

鋸（锯） 枪唐也。从金，居声。居御切（jù）

【译文】鋸，分解木石响声枪唐的金属工具。形符是“金”，声符是“居”。

鐕 𨯋 可以缀著物者。从金，朁声。则参切（zān）

【译文】鐕，用来连缀附着物体的钉子。形符是“金”，声符是“朁”。

錐（锥） 錐 锐也。从金，隹声。藏追切（zhuī）

【译文】錐，锋利。形符是“金”，声符是“隹”。

鑱（镵） 鑱 锐也。从金，毚声。士衔切（chán）

【译文】鑱，尖锐。形符是“金”，声符是“毚”。

鋭（锐） 鋭 芒也。从金，兑声。㓹，籀文鋭，从（厂（hǎn），剡（yān））[剡，厂声]。以芮切（ruì）

【译文】鋭，草尖。形符是“金”，声符是“兑”。㓹，籀文“鋭”，形符是“剡”，声符是“厂”。

鏝（镘） 鏝 铁杇也。从金，曼声。槾，鏝或，从木。母官切（mán）[①]

【注释】①母官切：现音按《广韵》莫半切，读 màn。

【译文】鏝，泥工使用的用来涂墙的铁制工具。形符是“金”，声符是“曼”。槾，“鏝”的异体字，从“木”。

鑽（钻） 鑽 所以穿也。从金，贊声。借官切（zuān，又 zuàn）

【译文】鑽，一种用来穿透物体的金属工具。形符是“金”，声符是“贊”。

鑢　错铜铁也。从金，虑声。良据切（lǜ）

【译文】鑢，磋磨铜铁。形符是“金”，声符是“虑”。

銓（铨）　衡也。从金，全声。此缘切（quán）

【译文】銓，用来测量轻重的工具。形符是“金”，声符是“全”。

銖（铢）　权十分黍之重也。从金，朱声。市朱切（zhū）

【译文】銖，称一百粒黍的重量。形符是“金”，声符是“朱”。

鋝（锊）　十[一]铢二十五分[铢]之十三也。从金，寽声。《周礼》曰：“重三鋝。”北方以二十两为[三]鋝。力辍切（lüè）

【译文】鋝，十一有二十五分之十三铢。形符是“金”，声符是“寽”。《周礼》中讲道：“重三鋝。”北方地区将二十两当作三鋝。

鍰（锾）　锊也。从金，爰声。《罚书》曰：“列百鍰。”[①]户关切（huán）

【注释】①语见《尚书·周书·吕刑》。列今本作罚。

【译文】鍰，一锊的重量。形符是“金”，声符是“爰”。《尚书·周书》中讲道：“罚款一百鍰。”

錙（锱） 六铢也。从金，甾声。侧持切（zī）

【译文】錙，六铢。形符是“金”，声符是“甾”。

錘（锤） 八铢也。从金，垂声。直垂切（chuí）

【译文】錘，八铢。形符是“金”，声符是“垂”。

鈞（钧） 三十斤也。从金，匀声。，古文鈞，从旬。居匀切（jūn）

【译文】鈞，三十斤。形符是“金”，声符是“匀”。，古文中的“鈞”字，声符是“旬”。

鈀（钯） 兵车也。一曰，铁也。《司马法》：“晨夜内鈀车。”从金，巴声。伯加切（bā）

【译文】鈀，兵车。一说，铁。《司马法》上说：“早晚将兵车收纳进来。”形符是“金”，声符是“巴”。

鐲（镯） 钲也。从金，蜀声。军法：司马执鐲。直角切（zhuó）

【译文】鐲，钟状的铃。形符是“金”，声符是“蜀”。军法规定：公司马执掌钟状的铃。

鈴（铃） 令丁也。从金，从令，令亦声。郎丁切（líng）

【译文】鈴，令丁。形符是“金”和“令”，“令”也是声符。

鉦（钲） 铙也。似铃，柄中，上下通。从金，正声。诸盈切（zhēng）

【译文】鉦，形似钟的一种乐器。貌似铃，柄一半在上，另一半在铃中，上下相通。形符是“金”，声符是“正”。

鐃（铙） 小钲也。军法：卒长执鐃。从金，堯声。女交切（náo）

【译文】鐃，小钲。军法规定：卒长执掌鐃。形符是“金”，声符是“堯”。

鐸（铎） 大铃也。军法：五人为伍，五伍为两，两司马执鐸。从金，睪声。徒洛切（duó）

【译文】鐸，大铃。军法规定：五人为一伍，五伍为一两，两的司马官执掌鐸。形符是“金”，声符是“睪”。

鑮 大钟，淳于之属，所以应钟磬也。堵以（二）[一]，金乐则鼓鑮应之。从金，薄声。匹各切（pò）

【译文】鑮，形似大钟，淳于，用来和钟磬附和的乐器。左右各悬一堵的乐器，每堵乐器用一个鑮领头，撞响钟，鼓和鑮与之相应。形符是“金”，声符是“薄”。

鏞（镛） 大钟谓之鏞。从金，庸声。余封切（yōng）

【译文】鏞，大钟被称作是“鏞”。形符是“金”，声符是“庸”。

鐘（钟） 乐鐘也。秋分之音，物穜成。从金，童声。古者垂作鐘。銿，鐘或，从甬。职茸切（zhōng）

【译文】鐘即乐器鐘。是代表秋分的音律，到了秋天作物成熟。形符是“金”，声符是“童”。古时候名叫垂的创造了鐘。銿，“鐘”的异体字，从“甬”声。

鈁（钫） 方（鐘）[鍾]也。从金，方声。府良切（fāng）

【译文】鈁，方形的酒壶。形符是“金”，声符是“方”。

鎛（镈） 鎛鱗也。钟上横木上金华也。一曰，田器。从金，尃声。《诗》曰：“庤乃钱鎛。”补各切（bó）

【注释】①语见《诗经·周颂·臣工》。

【译文】鎛，附有龙、蛇之类的东西。是悬钟的横木上的用金涂饰的纹饰。一种说法是，用来种田的工具。形符是“金”，声符是“尃”。《诗经》中讲道：“准备好你们的锹和锄。”

鍠（锽） 钟声也。从金，皇声。《诗》曰：“钟鼓鍠鍠。”乎光切（huáng）

【注释】①语见《诗经·周颂·执竞》。鍠鍠今本作喤喤。喤喤，毛传曰：“和也。”

【译文】鍠，钟声。形符是“金”，声符是“皇”。《诗经》中讲道：“钟声、鼓声鍠鍠附和。”

鎗 鎗 钟声也。从金，倉声。楚庚切（chēng）

【译文】鎗，钟声。形符是“金”，声符是“倉”。

鏓 鏓 鎗（鍃）[鏓]也。一曰，大凿，平木者。从金，悤声。仓红切（cōng）

【译文】鏓，钟声鎗鏓。一种说法是，大凿子，是一种用来凿平木头的工具。形符是“金”，声符是“悤”。

錚（铮） 錚 金声也。从金，争声。侧茎切（zhēng）

【译文】錚，金属撞击发出的声音。形符是“金”，声符是“争”。

鏜（镗） 鏜 钟鼓之声。从金，堂声。《诗》曰：“击鼓其鏜。”①土郎切（tāng）

【注释】①语见《诗经·邶风·击鼓》。鼓部“鼞”下引《诗经》作击鼓其鼞。

【译文】鏜，撞击钟鼓发出的响声。形符是“金”，声符是“堂”。《诗经》中讲道：“敲鼓敲得发出鏜鏜的响声。”

鏧 鏧 金声也。从金，輕声。读若《春秋传》曰“𨇨而乘它車”。苦定切（qìng）

【注释】①语见《左传·昭公二十六年》。𨇨今本作鏧，它作他。段玉裁《说文解字注》：“𨇨蓋即胫字，亦或作踁。林雍既断足，乃以胫筑地而行，故谓之胫。”

【译文】鏧，金属撞击发出的声音。形符是“金”，声符是

“輕”。发音如同《左传》中“蟚而乘它車”的“蟚”字。

鐔[鐔](镡) 剑鼻也。从金，覃声。徐林切(xín)

【译文】鐔，剑柄与剑身连接处两旁突出的部分。形符是“金”，声符是“覃”。

鏌(镆) 鏌鋣也。从金，莫声。慕各切(mò)

【译文】鏌，鏌鋣。形符是“金”，声符是“莫”。

鋣 镆鋣也。从金，牙声。以遮切(yé)

【译文】鋣，镆鋣。形符是“金”，声符是“牙”。

鏢[鏢](镖) 刀削末铜也。从金，㮽声。抚招切(piāo)①

【注释】①抚招切：现音读biāo。

【译文】鏢，剑鞘末端的铜饰物。形符是“金”，声符是“㮽”。

鈒 鋋也。从金，及声。穌合切(sà)

【译文】鈒，鋋，短小的矛。形符是“金”，声符是“及”。

鋋 小矛也。从金，延声。市连切(chán)

【译文】鋋，短小的矛。形符是“金”，声符是“延”。

鈗 侍臣所执兵也。从金，允声。《周书》曰：

“一人冕，执鈗。”读若允。余准切（yǔn）

【注释】①语见《尚书·周书·顾命》。鈗今本作锐。

【译文】鈗，侍卫的臣子所持的兵器。形符是“金”，声符是“允”。《尚书·周书》中讲道：“一个人头戴帽子，手中持着矛。”发音如同“允”字。

鉈（铊） 短矛也。从金，它声。食遮切（shé）[①]

【注释】①食遮切：现音按《广韵》式支切，读 shī。

【译文】鉈，短矛。形符是“金”，声符是“它”。

鏦 矛也。从金，從声。𨪍，鏦或，从彖。七恭切（cōng）

【译文】鏦，矛。形符是“金”，声符是“從”。𨪍，“鏦”的异体字，从“彖”。

錟（锬） 长矛也。从金，炎声。读若老聃。徒甘切（tán）

【译文】錟，长矛。形符是“金”，声符是“炎”。发音如同“老聃”中的“聃”字。

鏠［鋒］（锋） 兵耑也。从金，逢声。敷容切（fēng）

【译文】鏠，兵器的尖端。形符是“金”，声符是“逢”。

錞［錞］ 矛戟柲下铜，鐏也。从金，臺声。

《诗》曰：“厹（qiú）矛沃錞。”①徒对切（duì）

【注释】①语见《诗经·秦风·小戎》。今本作公矛鋈錞。

【译文】錞，矛和戟的柄下端铜制的平底套，又被称作“鐏”。形符是“金”，声符是“𦎧”。《诗经》中讲道：“三棱锋刃的酋矛，用白铜制成柄末端的平底套。”

鐏（镈） [戈]柲下铜也。从金，尊声。徂寸切（zùn）

【译文】鐏，戈的柄的末端铜制的锥形套。形符是“金”，声符是“尊”。

鏐（镠） 弩眉也。一曰，黄金之美者。从金，翏声。力幽切（liú）

【译文】鏐，弩眉。一种说法是，精致的黄金。形符是“金”，声符是“翏”。

鍭（鍭） 矢。金鍭翦羽谓之鍭。从金，侯声。乎钩切（hóu）

【译文】鍭，箭。金属制造的箭头、齐整的箭羽，被称作是“鍭”。形符是“金”，声符是“侯”。

鏑（镝） 矢锋也。从金，啻声。都历切（dí）

【译文】鏑，锋利的箭头。形符是“金”，声符是“啻”。

鎧（铠） 甲也。从金，豈声。苦亥切（kǎi）

【译文】鎧，铠甲，古代作战时穿的护身衣，多用金属片连缀而成。形符是“金”，声符是“豈”。

釬 臂铠也。从金，干声。侯旰切（hàn）

【译文】釬，古代射者所戴的一种金属制成的袖套。形符是“金”，声符是“干”。

錏 錏鍜，颈铠也。从金，亞声。乌牙切（yā）

【译文】錏，錏鍜，保护颈项的铠甲。形符是“金”，声符是“亞”。

鍜 錏鍜也。从金，叚声。乎加切（xiá）

【译文】鍜，錏鍜。形符是“金”，声符是“叚”。

鐗 車轴铁也。从金，閒声。古苋切（jiàn）

【译文】鐗，嵌在車轴上的铁条，可以保护車轴并减少摩擦。形符是“金”，声符是“閒”。

釭 車轂（中）[口]铁也。从金，工声。古双切（gāng）

【译文】釭，車轂口穿轴用的铁圈。形符是“金”，声符是“工”。

銴 車樘结也。一曰，铜生五色也。从金，折声。读若誓。时制切（shì）

【译文】鏊，車樘结，器物系绳的地方。一种说法是，铜生五色的铜锈。形符是“金”，声符是“折”。发音如同“誓”字。

鈘[鈘]　乘輿马头上防鈘。插以翟尾、铁翮，象角。所以防网罗鈘去之。从金，气声。许讫切（xì）

【译文】鈘，即为天子驾車的马，装在马头上被称作“防鈘”的金属装饰物。用野鸡的尾毛，像铁一般的羽毛硬管插进去，象马头上长出了角一样。是用来防止罗网拦截、割断并去除罗网的工具。形符是“金”，声符是“气”。

鑾（銮）　人君乘車，四马镳，八鑾铃，象鸾鸟声，和则敬也。从金，从鸞省。洛官切（luán）

【译文】鑾，君王乘坐的車，共有四匹驾車的马，八个铃铛，前进时发出鸾鸟般的声音，应和在一起，显得庄重肃穆。由“金”和“鸞”的省文会意。

鉞（钺）　車銮声也。从金，戉声。《诗》曰：“銮声鉞鉞。”[1]呼会切（huì）

【注释】①鉞鉞，《诗经·小雅·采菽》作嘒嘒，《诗经·小雅·庭燎》《诗经·鲁颂·泮水》作噦噦。

【译文】鉞，車铃发出的响声。形符是“金”，声符是“戉”。《诗经》中讲道：“发出鉞鉞的响铃声。”

鐊　马头饰也。从金，陽声。《诗》曰：“钩膺镂鐊。”[1]一曰，鍱，車轮铁。与章切（yáng）

【注释】①语见《诗经·大雅·韩奕》。马瑞辰："今作鍚者，鐊之省。"钩膺，马颔及胸上的革带，下垂缨饰。

【译文】鐊，马额头的镂金饰件。形符是"金"，声符是"陽"。《诗经》中讲道："马脖颈和胸前的带状装饰品，马额头上的镂金纹饰。"一说，"鐊"即铁叶，一种包裹車轮的铁片。

銜（衔）　马勒口中。从金，从行。銜，行马者也。户监切（xián）

【译文】銜，马嚼子含在嘴里。由"金"和"行"会意。"銜"，控制马行止的工具。

钀（镳）　马銜也。从金，麃声。鑣，钀或，从角。补娇切（biāo）

【译文】钀，马口中所銜铁具露出在外的两头部分。形符是"金"，声符是"麃"。鑣，"钀"的异体字，从"角"。

鉣　组带铁也。从金，劫省声。读若劫。居怯切（jié）

【译文】鉣，组带铁，马肚带上的铁环。形符是"金"，声符是"劫"的省文。发音如同"劫"字。

鈇（鉄）　莝斫刀也。从金，夫声。甫无切（fū）

【译文】鈇，铡刀，用于切草。形符是"金"，声符是"夫"。

釣（钓）　鉤鱼也。从金，勺声。多啸切（diào）

【译文】釣，用鱼钩釣鱼。形符是“金”，声符是“勺”。

鏊 羊棰耑有铁。从金，埶声。读若至。脂利切（zhì）

【译文】鏊，羊鞭末端的金属针状物。形符是“金”，声符是“埶”。发音如同“至”字。

鋃（锒） 鋃鐺，瑣也。从金，良声。鲁当切（láng）

【译文】鋃，鋃镗，囚禁犯人的锁链。形符是“金”，声符是“良”。

鐺（铛） 锒鐺也。从金，當声。都郎切（dāng）

【译文】鐺，锒鐺。形符是“金”，声符是“當”。

鋂 大（瑣）[环]也。一环贯二者。从金，每声。《诗》曰：“卢重（chóng）鋂。”①莫杯切（méi）

【注释】①语见《诗经·齐风·卢令》。卢：黑色的猎狗。

【译文】鋂，大连环。一个大环连着几个小环。形符是“金”，声符是“每”。《诗经》中讲道：“黑色的猎狗脖颈上带有大环连贯小环的鋂环。”

鍡 鍡鑸，不平也。从金，畏声。乌贿切（wěi）

【译文】鍡，鍡鑸，崎岖坎坷的样子。形符是“金”，声符是“畏”。

鑸 鍡鑸也。从金，壘声。洛猥切（lěi）

【译文】鑸，鍡鑸。形符是“金”，声符是“壘”。

鎎 怒战也。从金，氣声。《春秋传》曰：“诸侯敌王所鎎。”①许既切（xì）②

【注释】①语见《左传·文公四年》。鎎今本作愾。杜预注：“敌犹当也。愾，恨怒也。”②许既切：现音按《集韵》口溉切，读 kài。

【译文】鎎，愤怒地进行战斗。形符是“金”，声符是“氣”。《左传》中讲道：“诸侯将周王痛恨的对象当作自己的敌人。”

鋪（铺） 箸门鋪首也。从金，甫声。普胡切（pū）

【译文】鋪，装在门上用来衔接门环的金属兽面。形符是“金”，声符是“甫”。

鐉 所以钩门户枢也。一曰，治门户器也。从金，巺声。此缘切（quān）

【译文】鐉，用来钩住门户转轴的铁环。一种说法是，管治门户的器具。形符是“金”，声符是“巺”。

鈔（钞） 叉取也。从金，少声。楚交切（chāo）

【译文】鈔，用手指突入获取物品。形符是“金”，声符是“少”。

鍣 以金有所冒也。从金，沓声。他答切(tà)
【译文】鍣，金属套。形符是“金”，声符是“沓”。

鋢[銽] 断也。从金，昏声。古活切(guā)
【译文】鋢，断。形符是“金”，声符是“昏”。

鉻(铬) 鬄也。从金，各声。卢各切(luò)
【译文】鉻，剃发。形符是“金”，声符是“各”。

鏑 伐击也。从金，亶声。旨善切(zhǎn)
【译文】鏑，伐击。形符是“金”，声符是“亶”。

鏃(镞) 利也。从金，族声。作木切(zú)
【译文】鏃，锐利。形符是“金”，声符是“族”。

鈌 刺也。从金，夬声。於决切(yuè)[①]
【注释】①於决切：现音按《广韵》古穴切，读 jué。
【译文】鈌，刺。形符是“金”，声符是“夬”。

鏉 利也。从金，欶声。所右切(shòu)
【译文】鏉，锋利。形符是“金”，声符是“欶”。

鐂[劉](刘) 杀也。[从金，丣声。]力求切(liú)
【译文】鐂，杀。形符是“金”，声符是“丣”。

鍲 業也。賈人占鍲。从金，昏声。武巾切（mín）

【译文】鍲，本钱。商人评估自己的本钱。形符是“金”，声符是“昏”。

鉅[巨] 大刚也。从金，巨声。其吕切（jù）

【译文】鉅，鉅大刚硬。形符是“金”，声符是“巨”。

鎕 鎕銻，火齐（jì）。从金，唐声。徒郎切（táng）

【译文】鎕，鎕銻，火齐珠。形符是“金”，声符是“唐”。

銻 鎕銻也。从金，弟声。杜兮切（tí）

【译文】銻，鎕銻。形符是“金”，声符是“弟”。

鈋 吪圜也。从金，化声。五禾切（é）

【译文】鈋，转动物体使其变圆。形符是“金”，声符是“化”。

鐓[鐜] 下垂也。一曰，千斤椎。从金，敦声。都回切（duī）

【译文】鐓，下垂。一说，千斤重的锤子。形符是“金”，声符是“敦”。

鍒 铁之耎（ruǎn）也。从金，从柔，柔亦声。耳由切（róu）

【译文】鍒，软铁。由“金”和“柔”会意，“柔”也是声符。

錭 钝也。从金，周声。徒刀切（táo）

【译文】錭，刀剑不锋利。形符是“金”，声符是“周”。

鈍（钝） 錭也。从金，屯声。徒困切（dùn）

【译文】鈍，錭，刀剑不锋利。形符是“金”，声符是“屯”。

銻 利也。从金，弟声。读若齐。徂奚切（qí）

【译文】銻，锋利。形符是“金”，声符是“弟”。发音如同“齐”字。

錗 侧意。从金，委声。女恚切（nèi）

【译文】錗，表示歪斜的意思。形符是“金”，声符是“委”。

文一百九十七 重十三

幵 平也。象二干对构，上平也。凡幵之属皆从幵。古贤切（jiān）

【译文】幵，平。形似两个“干”相对举起的样子，上部是平的。但凡“幵”的部属都从“幵”。

文一

勺 挹取也。象形，中有实，与包同意。凡勺之属皆从勺。之若切（zhuó）

【译文】勺，舀取。象形字，中间的“一”代表着酒浆，与“包”

字的构形原则相同。但凡“勹”的部属都以“勹”为形符。

与 [篆] 赐予也。一、勹为与。此（与）[舆]舆同。余吕切（yǔ）

【译文】与，即赐给。由“一”和“勹”构造而成。“与”和“舆”的用法相同。

文二

几 [篆] 踞几也。象形。《周礼》五几：玉几、雕几、彤几、髹几、素几。凡几之属皆从几。居履切（jǐ）

【译文】几，蹲踞于地的几。象形字。《周礼》中有五几：镶嵌玉的几，雕花的几，丹饰的几，漆饰的几，不加雕饰的几。但凡“几”的部属都从“几”。

凭 [篆] 依几也。从几，从任。《周书》：“凭玉几。”[①]读若馮。皮冰切（píng）

【注释】①语见《尚书·周书·顾命》。凭今本作馮（冯）。

【译文】凭，依靠在几上。由“几”和“任”会意。《尚书·周书》中讲道：“靠在玉制的几上。”发音如同“馮”字。

凥[居] [篆] 处也。从尸得几而止。《孝经》曰：“仲尼凥。”[①]凥，谓闲居如此。九鱼切（jū）

【注释】①语见《孝经·开宗明义章第一》。凥今本作居。

【译文】凥，靠在几上休息。由表示人的“尸”得以靠在“几”

上休息会意。《孝经》中讲道："孔子凥处。""凥"，表示悠闲地凭几休息。

処[處](处) 止也。得几而止。从几，从夂(zhǐ)。處，処或，从虍(hū)声。昌与切(chǔ)

【译文】処，停止休息。得到几就靠几休息。由"几"和"夂"会意。處，"処"的异体字，声符是"虍"。

文四 重二

且 荐也。从几，足有二横，一其下地也。凡且之属皆从且。子余切(jū)，又千也切(qiě)

【译文】且，用来垫放物体的器物。从"几"，"几"足上有两横，代表连足的桄，"一"代表着地面。但凡"且"的部属都从"且"。

俎 礼俎也。从半肉在且上。侧吕切(zǔ)

【译文】俎，行礼时用来盛放牺牲的器皿。通过形符半个"肉"字在"且"上进行会意。

䣜 且往也。从且，豦声。昨误切(zù)

【译文】䣜，姑且前往。形符是"且"，声符是"豦"。

文三

斤 斫木[斧]也。象形。凡斤之属皆从斤。举欣切(jīn)

【译文】斤，用来砍削木头的斧头。象形字。但凡“斤”的部属都从“斤”。

斧 斫也。从斤，父声。方矩切（fǔ）

【译文】斧，砍东西的斧头。形符是“斤”，声符是“父”。

斨 方銎斧也。从斤，爿声。《诗》曰：“又缺我斨。”[①]七羊切（qiāng）

【注释】①语见《诗经·豳风·破斧》。

【译文】斨，方孔的斧子。形符是“斤”，声符是“爿”。《诗经》中讲道：“又让我方孔的斧子有了缺口。”

斫 击也。从斤，石声。之若切（zhuó）

【译文】斫，砍击。形符是“斤”，声符是“石”。

斪 斫也。从斤，句声。其俱切（qú）

【译文】斪，锄一类的工具。形符是“斤”，声符是“句”。

斸 斫也。从斤，屬声。陟玉切（zhú）

【译文】斸，斫地的镢头。形符是“斤”，声符是“屬”。

斲[斵][斮] 斫也。从斤、豆（dǒu）。䵵，斲或，从畫，从丮（jǐ）。竹角切（zhuó）

【译文】斲，砍削木头。形符是“斤”和“豆”。䵵，“斲”的异体字，由“畫”和“丮”会意。

釿 剂①断也。从斤、金。宜引切（yǐn）

【注释】①剂：齐。

【译文】釿，整齐地砍断。由“斤”和“金”会意。

所 伐木声也。从斤，户声。《诗》曰：“伐木所所。”①疏举切（suǒ）

【注释】①语见《诗经·小雅·伐木》。所所今本作许许。

【译文】所，伐木发出的声音。形符是“斤”，声符是“户”。《诗经》中讲道：“砍伐树木发出所所的响声。”

斯 析也。从斤，其声。《诗》曰：“斧以斯之。”息移切（sī）

【注释】①语见《诗经·陈风·墓门》。

【译文】斯，劈开。形符是“斤”，声符是“其”。《诗经》中讲道：“用斧头将它劈开。”

斮［斫］ 斩也。从斤，昔声。侧略切（zhuó）

【译文】斮，斩断。形符是“斤”，声符是“昔”。

㫁（断） 截也。从斤，从𢇍。𢇍，古文绝。，古文㫁，从皀；皀，古文叀字。《周书》曰：“㲋㲋猗无他技”。，亦古文。徒玩切（duàn）

【注释】①语见《尚书·周书·秦誓》。㲋㲋今本作断断。

【译文】㫁，截断。形符是“斤”和“𢇍”。“𢇍”，古文中的“绝”字。，古文“斷”，从“𠧪”；“𠧪”，古文“叀”。《尚书·周书》中讲道：“仅为人诚实专一但没有别的技能。”，也是古文“斷”。

⿰良斤 柯击也。从斤，良声。来可切（luǒ）

【译文】⿰良斤，互相砍击。形符是“斤”，声符是“良”。

新 取木也。从斤，亲声。息邻切（xīn）

【译文】新，砍伐获取树木。形符是“斤”，声符是“亲”。

斦 二斤也。从二斤。语斤切（yín）

【译文】斦，两把斧头。由两个“斤”字会意。

文十五 重三

斗 十升也。象形。有柄。凡斗之属皆从斗。当口切（dǒu）

【译文】斗，容积为十升。象形字。有把柄。但凡“斗”的部属都从“斗”。

斛 十斗也。从斗，角声。胡谷切（hú）

【译文】斛，容积为十斗。形符是“斗”，声符是“角”。

斝 玉爵也。夏曰琖，殷曰斝，周曰爵。从吅，从斗，冖象形。与爵同意。或说斝受六斗。古雅切（jiǎ）

【译文】斝，玉制的酒器。夏朝时被称作“琖”，商朝时被称作“斝”，周朝时被称作“爵”。由“吅”和“斗”会意，“冖”

象形。“斝”与“爵”的构字原则相同。有的说，“斝”的容积是六斗。

料 [篆] 量也。从斗，米在其中。读若辽。洛萧切（liāo）

【注释】①洛萧切：今依《广韵》力吊切，音 liào。

【译文】料，称量重量。从“斗”，由“米”在“斗”中会意。发音如同“辽”字。

斞 [篆] 量也。从斗，臾声。《周礼》曰：“桼三斞。”以主切（yǔ）

【注释】①语见《周礼·考工记·弓人》。

【译文】斞，称量用的容器。形符是“斗”，声符是“臾”。《周礼》中讲道：“用漆三斞。”

斡 [篆] 蠡柄也。从斗，倝声。杨雄、杜林说，皆以为轺車轮斡。乌括切（wò）

【译文】斡，瓢柄。形符是“斗”，声符是“倝”。按照杨雄、杜林的说法，都将小車車轮称作“斡”。

魁 [篆] 羹斗也。从斗，鬼声。苦回切（kuí）

【译文】魁，舀取羹的勺子。形符是“斗”，声符是“鬼”。

斠 [篆] 平斗斛也。从斗，冓声。古岳切（jué）①

【注释】①古岳切：现音按《集韵》居效切，读 jiào。

【译文】斠，让谷物和斗斛齐平的工具。形符是“斗”，声符是“菁”。

斟　勺也。从斗，甚声。职深切（zhēn）

【译文】斟，用勺子舀取。形符是“斗”，声符是“甚”。

斜　（杼）[抒]也。从斗，余声。读若荼。似嗟切（xié）

【译文】斜，舀出。形符是“斗”，声符是“余”。发音如同“荼”字。

斞　挹也。从斗，臾声。举朱切（jū）

【译文】斞，舀取。形符是“斗”，声符是“臾”。

料　量物分半也。从斗，从半，半亦声。博幔切（bàn）

【译文】料，称量物品并从中分取出一半。由“斗”和“半”会意，“半”也是声符。

斛[斢]　量溢也。从斗，旁声。普郎切（pāng）

【译文】斛，称量谷物且溢出来。形符是“斗”，声符是“旁”。

斡　（杼满）[抒扁]也。从斗，䜌声。俱愿切（juàn）

【译文】斡，用工具要入漏斗中以此来进行灌注。形符是“斗”，声符是“䜌”。

斣 [篆] 相易物，俱等为斣。从斗，蜀声。（易）[昌]六切（chù）①

【注释】①易六切：现音读按《广韵》都豆切，dòu。

【译文】斣，互相交换物品，全部相等被称作是“斣”。形符是“斗”，声符是“蜀”。

斛[斛] [篆] 斛旁有（斛）[庣]。从斗，（庣）[庣]声。一曰，突也。一曰，利也。《尔疋》曰：“（斛）[斛]谓之疀。”古田器也。土雕切（tiāo）

【译文】斛，斛内部靠近斛边缘的超出方尺的九厘五毫的部分。形符是“斗”，声符是“庣”。一说，穿突。另一种说法是，锋利。《尔雅·释器》中讲道：“‘斛’被称作是‘疀’。”古时候种田用的锹锸。

升 [篆] [二]十龠也。从斗，亦象形。识蒸切（shēng）

【译文】升，二十龠。从“斗”，也是象形字。

文十七

矛 [篆] 酋矛也。建于兵車，长二丈。象形。凡矛之属皆从矛。[古文]，古文矛，从戈。莫浮切（máo）

【译文】矛，长矛。竖在兵車上，长度是两丈。象形字。但凡“矛”的部属都从“矛”。[古文]，古文“矛”，从“戈”。

稂 矛属。从矛，良声。鲁当切（láng）

【译文】稂，矛的类属。形符是“矛”，声符是“良”。

䂅 矛属。从矛，害声。苦盖切（kài）

【译文】䂅，矛的类属。形符是“矛”，声符是“害”。

矠 矛属。从矛，昔声。读若笮。士革切（zé）

【译文】矠，矛的类属。形符是“矛”，声符是“昔”。发音如同“笮”字。

矜 矛柄也。从矛，今声。居陵切（jīn），又巨巾切（qín）

【译文】矜，矛的柄。形符是“矛”，声符是“今”。

矤 （剌）[刺]也。从矛，丑声。女久切（niǔ）

【译文】矤，刺。形符是“矛”，声符是“丑”。

文六 重一

車(车) 輿轮之总名。夏后时奚仲[①]所造。象形。凡車之属皆从車。𨏖，籀文車。尺遮切（chē）

【注释】①《左传》：“薛之皇祖奚仲居薛。以为夏车正。”

【译文】車，車箱、車轮等部件的总称。是夏后时奚仲创造的。象形字。但凡“車”的部属都从“車”。𨏖，籀文“車”字。

軒（轩） 曲輈藩車。从車，干声。虚言切（xuān）

【译文】軒，有穹隆曲上的辀辕、而箱后有围蔽的車。形符是“車”，声符是“干”。

輜（辎） 軿車前，衣車后也。从車，甾声。侧持切（zī）

【译文】輜，前部有帷盖的大車，形似軿車；后部有门窗的車，象衣車。形符是“車”，声符是“甾”。

軿 辎車也。从車，并声。薄丁切（píng）

【译文】軿，辎車。形符是“車”，声符是“并”。

輼（辒） 卧車也。从車，昷声。乌魂切（wēn）

【译文】輼，供人躺下休息的車。形符是“車”，声符是“昷”。

輬（辌） 卧車也。从車，京声。吕张切（liáng）

【译文】輬，供人躺下休息的車。形符是“車”，声符是“京”。

軺（轺） 小車也。从車，召声。以招切（yáo）

【译文】軺，小車。形符是“車”，声符是“召”。

輕（轻） 輕車也。从車，巠声。去盈切（qīng）

【译文】輕，輕車。形符是“車”，声符是“巠”。

輶 輕車也。从車，酋声。《诗》曰：“輶車

銮镳。”以周切（yóu）

【注释】①语见《诗经·秦风·驷驖》。銮今本作鸾。

【译文】輶，輕車。形符是“車”，声符是“酋”。《诗经》中讲道：“轻便的車，銮铃挂在马嚼子两边。”

輣 輣 兵車也。从車，朋声。薄庚切（péng）

【译文】輣，兵車。形符是“車”，声符是“朋”。

軘 軘 兵車也。从車，屯声。徒魂切（tún）

【译文】軘，兵車。形符是“車”，声符是“屯”。

䡴 䡴 陷敶車也。从車，童声。尺容切（chōng）

【译文】䡴，冲锋陷阵的战車。形符是“車”，声符是“童”。

轈 轈 兵高車加巢以望敌也。从車，巢声。《春秋传》曰：“楚子登轈車。”锄交切（cháo）

【译文】轈，作战时在高大的車上加上一个巢屋以此来瞭望敌情。形符是“車”，声符是“巢”。《左传·成公十六年》中讲道：“楚共王登上轈車。”

輿（舆） 輿 車輿也。从車，舁声。以诸切（yú）

【译文】輿，車箱。形符是“車”，声符是“舁”。

輯（辑） 輯 車和輯也。从車，咠声。秦入切（jí）

【译文】輯，車一定要集中众多材料和工匠才能造成。形符是“車”，声符是“咠”。

幔 衣車盖也。从車，曼声。莫半切（màn）

【译文】幔，四周围有帷幕的車辆的顶盖。形符是“車”，声符是“曼”。

軓 車轼前也。从車，凡声。《周礼》曰：“立当前軓。”音范（fàn），其俱切（qú）

【译文】軓，車前横木下用来遮掩車箱的木板。形符是“車”，声符是“凡”。《周礼》中讲道：“站着面对車前横木下用来遮掩車箱的木板。”

軾（轼） 車前也。从車，式声。赏职切（shì）

【译文】軾，車厢前面用作扶手的横木。形符是“車”，声符是“式”。

輅（辂） 車軨前横木也。从車，各声。洛故切（lù）

【译文】輅，車辕上用来挽車的横木。形符是“車”，声符是“各”。

較 車（骑）[輢]上曲铜也。从車，爻声。古岳切（jué）

【译文】較，車箱两旁輢板上弯曲的铜钩。形符是“車”，声符是“爻”。

軓 車耳反出也。从車，从反，反亦声。府远切（fǎn）

【译文】軓，車箱两旁形似耳朵的部分向外反出。由“車”和“反”会意，“反”也是声符。

轛 車横軨也。从車，對声。《周礼》曰：“参分轵围，去一以为轛围。”[①]追萃切（zhuì）

【注释】①语见《周礼·考工记·舆人》。

【译文】轛，車轼下面横直交接的栏木。形符是“車”，声符是“對”。《周礼》中讲道：“将車箱两侧的轵板分为三分，去掉一分而成为轛板的围长。”

輢 車旁也。从車，奇声。於绮切（yǐ）

【译文】輢，車箱两旁人可以倚靠的木板。形符是“車”，声符是“奇”。

輒（辄） 車两輢也。从車，耴声。陟叶切（zhé）

【译文】輒，車箱左右板上端向外翻出可以倚靠的部分。形符是“車”，声符是“耴”。

輴 車约輴也。从車，川声。《周礼》曰：“孤乘夏輴。”[①]一曰，下棺車曰輴。敕伦切（chūn）

【注释】①语见《周礼·春官·巾車》。夏輴今本作夏篆。

【**译文**】輴，車上用来捆绑格栏的带子。形符是“車”，声符是“川”。《周礼》中讲道：“孤卿乘坐用红带子捆绑車毂的車。”一种说法是，将棺材下放到墓穴所使用的車被称作是“輴”。

轖 車（籍）[藉]交（错）[革]也。从車，嗇声。所力切（sè）

【**译文**】轖，車箱周围用交错的皮革捆绑的車席。形符是“車”，声符是“嗇”。

軨 車轖间横木。从車，令声。䡼，軨或，从霝。司马相如说。郎丁切（líng）

【**译文**】軨，車箱前面与左右纵横交错而成方形的木围栏。形符是“車”，声符是“令”。䡼，“軨”的异体字，从“霝”声。这是司马相如的说法。

輑 轺車前横木也。从車，君声。读若帬，又读若裈。牛尹切（yǐn）

【**译文**】輑，小車前横木。形符是“車”，声符是“君”。发音如同“帬”字，又如同“裈”字。

軫（轸） 車后横木也。从車，㐱声。之忍切（zhěn）

【**译文**】軫，車箱底部四周的横木。形符是“車”，声符是“㐱”。

轐 車伏兔也。从車，菐声。《周礼》曰：“加轸与轐焉。”[1]博木切（bú）

【注释】①语见《周礼·考工记·总序》。

【译文】轐，車伏兔，垫在車箱和車轴之间的木块。形符是“車”，声符是“菐”。《周礼》中讲道：“轵高三尺三寸，在上部再加上車厢底部四周的横木和車伏兔，总计四尺。”

轗 車伏兔下革也。从車，𤅊声。𤅊，古昏字。读若闵。眉殒切（mǐn）

【译文】轗，捆在車伏兔下部的皮革。形符是“車”，声符是“𤅊”。“𤅊”，古文“昏”字。发音如同“闵”字。

軸（轴） 持轮也。从車，由声。直六切（zhóu）

【译文】軸，贯穿車轮的长杆。形符是“車”，声符是“由”。

輹［輹］ 車轴缚也。从車，复声。《易》曰：“舆脱輹。”芳六切（fù）

【注释】①语见《易经·大蓄卦·九二》。脱今本作说。

【译文】輹，捆系車伏兔和車轴的绳索。形符是“車”，声符是“复”。《易经》中讲道：“車箱底部捆系車伏兔和車轴的绳索脱落。”

軔（轫） 碍車也。从車，刃声。而振切（rèn）

【译文】軔，阻止車轮转动的木头。形符是“車”，声符是“刃”。

輮（𫐓） 車（軔）[輞] 也。从車，柔声。人九切（rǒu）[①]

【注释】①人九切：现音读按《集韵》而由切，róu。

【译文】輮，車轮如纲的外框。形符是“車”，声符是“柔”。

䡝 車輮规也。一曰，一轮車也。从車，熒省声。读若茕。（张）[渠] 营切（qióng）

【译文】䡝，用来制作車轮外框的模子。一种说法是，独轮車。形符是“車”，声符是“熒”的省文。发音如同“茕”字。

轂（毂） 辐所凑也。从車，㱿声。古禄切（gǔ）

【译文】轂，車辐汇集的地方。形符是“車”，声符是“㱿”。

輥（辊） 毂齐等皃。从車，昆声。《周礼》曰：“望其毂，欲其輥。”[①]古本切（gǔn）

【注释】①语见《周礼·考工记·轮人》。輥今本作眼。

【译文】輥，車毂正圆均匀整齐的样子。形符是“車”，声符是“昆”。《周礼》中讲道：“望着車毂，像要它正圆匀整。”

軝 长毂之軝也，以朱约之。从車，氏声。《诗》曰：“约軝错衡。”[①] ，軝或，从革。渠支切（qí）

【注释】①语见《诗经·小雅·采芑》。

【译文】軝，长車毂上的装饰物，用红色油漆涂饰的皮革进行捆系。形符是“車”，声符是“氏”。《诗经》中讲道：“长車轂上的装饰物，用红色油漆涂饰的皮革进行捆系；在車辕的横木上，用金色的花纹进行涂饰。”靳，“軝”的异体字，从“革”。

軹（轵） 軹 車轮小穿也。从車，只声。诸氏切（zhǐ）

【译文】軹，車轂外端贯穿車轴的小孔。形符是“車”，声符是“只”。

軎 軎 車轴端也。从車，象形。杜林说。轊，軎或，从彗。於濊切（wèi）

【译文】軎，套在車轮轴端外露部分上的金属套，用以固定車轴。从“車”，口象車轂末端小孔的样子。这是杜林的说法。轊，“軎”的异体字，声符是“彗”。

輻（辐） 輻 轮轑也。从車，畐声。方六切（fú）

【译文】輻，插入轮毂以支撑轮圈的细条。形符是“車”，声符是“畐”。

轑 轑 盖弓也。一曰，辐也。从車，尞声。卢皓切（lǎo）

【译文】轑，車盖的棚架。一种说法是，車辐。形符是“車”，声符是“尞”。

軑（轪） 軑 車輨也。从車，大声。特计切（dì）[①]

【注释】①特计切：现音读按《广韵》徒盖切，dài。

【译文】軑，車轂上包的铁帽。形符是“車”，声符是“大”。

輨 轂耑沓也。从車，官声。古满切（guǎn）

【译文】輨，包在車轂头上的金属套。形符是“車”，声符是“官”。

轅（辕） 辀也。从車，袁声。雨元切（yuán）

【译文】轅，車前驾牲畜的两根直木。形符是“車”，声符是“袁”。

輈（辀） 辕也。从車，舟声。，籀文輈。张流切（zhōu）

【译文】輈，辕，小車上弯曲向上的独辕。形符是“車”，声符是“舟”。，籀文“輈”字。

轒 直辕車轒也。从車，具声。居玉切（jú）

【译文】轒，大車上用来缠绕直辕的皮革。形符是“車”，声符是“具”。

軏 車辕耑持衡者。从車，元声。鱼厥切（yuè）

【译文】軏，車辕前端连接車衡的关键。形符是“車”，声符是“元”。

軶[軛]（轭） 辕前也。从車，戹声。於革切（è）

【译文】軶，驾車时搁在牛马颈部的曲木。形符是“車”，声符是“戹”。

𨌈 軶軥也。从車，軍声。乎昆切（hún）

【译文】𨌈，軶軥，車轭伸向下部，套在牲畜脖颈上的曲木。形符是“車”，声符是“軍”。

軥 軛下曲者。从車，句声。古候切（gòu）[①]

【注释】①古候切：现音按《广韵》其俱切，读 qú。

【译文】軥，軶軥，車轭伸向下部，套在牲畜脖颈上的曲木。形符是“車”，声符是“句”。

轙 車衡载辔者。从車，義声。钀，轙或，从金，从獻。鱼绮切（yǐ）

【译文】轙，車衡上贯穿缰绳的大环。形符是“車”，声符是“義”。钀，“轙”的异体字，形符是“金”，声符是“獻”。

軜 骖马内辔系轼前者。从車，内声。《诗》曰：“渋以觼軜。”[①]奴答切（nà）

【注释】①语见《诗经·秦风·小戎》。渋今本作鋈。

【译文】軜，骖马内侧的缰绳。形符是“車”，声符是“内”。《诗经》中讲道：“用白铜装饰贯穿骖马内辔的圆环。”

衛 車摇也。从車，从行。一曰，衍省声。古绚切（juàn）

【译文】衠，車摇。由“車”和“行”会意。一种说法是，以“衍”的省文为声。

䡎 轺車后登也。从車，丞声。读若《易》抍马之抍[①]。署陵切（chéng）

【注释】①语见《周易·明夷卦·六二》。抍今本作拯。

【译文】䡎，小車从后部登上。形符是“車”，声符是“丞”。发音如同《易经》中“抍马”的“抍”字。

載[載]（载） 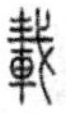 乘也。从車，𢦏声。作代切（zài）

【译文】載，乘坐。形符是“車”，声符是“𢦏”。

軍（军）  圜围也。四千人为軍。从車，从包省。（軍）[車]，兵車也。举云切（jūn）

【译文】軍，包围。四千人就是一軍。由“車”和“包”的省文会意。“車”即兵車。

軷  出，将有事于道，必先告其神，立坛四通，树茅以依神，为軷。既祭軷，轹于牲而行，为范軷。《诗》曰：“取羝以軷。”[①]从車，犮声。蒲拨切（bá）

【注释】①语见《诗经·大雅·生民》。

【译文】軷，外出，将军在路上遇到事，一定是要祭告路神，将祭坛设置于四通八达的路口处，四周插上茅草以此来依蔽神灵，这神灵被称作是“軷”。祭祀过軷神之后，車子从祭祀的牺牲上碾压过去，然后离去，这被称作是“范軷”。《诗经》中讲道：“取公羊来祭祀軷神。”

範（范） 範軷也。从車，范省声。读与犯同。音犯。（fàn）

【译文】範，冒犯山行的神灵軷。形符是“車”，声符是“范省”。发音如同“犯”字。

轙 载高皃。从車，𤅰省声。五葛切（è）[①]

【注释】①五葛切：现音按《广韵》鱼列切，读 niè。

【译文】轙，車子载货高高的样子。形符是“車”，声符是“𤅰”的省文。

轄（辖） 車声也。从車，害声。一曰，轄键也。胡八切（xiá）

【译文】轄，車声。形符是“車”，声符是“害”。一种说法是，“轄”即插在轴端孔内的車键。

轉（转） 运也。从車，專声。知恋切（zhuàn）

【译文】轉，用車辆来进行运输。形符是“車”，声符是“專”。

輸（输） 委輸也。从車，俞声。式朱切（shū）

【译文】輸，用車辆进行转运。形符是“車”，声符是“俞”。

輖 重也。从車，周声。职流切（zhōu）

【译文】輖，車重。形符是“車”，声符是“周”。

輩（辈） 輩 若军发車百两为一輩。从車，非声。补妹切（bèi）

【译文】輩，军队发出一百辆車被称作是“一輩”。形符是“車”，声符是“非”。

軋（轧） 軋 碾也。从車，乚声。乌辖切（yà）

【译文】軋，碾压。形符是“車”，声符是“乚”。

輾［輾］ 輾 轹也。从車，𡰪声。尼展切（niǎn）

【译文】輾，用車轮进行碾压。形符是“車”，声符是“𡰪”。

轢（轹） 轢 車所践也。从車，樂声。郎击切（lì）

【译文】轢，車轮碾压过的地方。形符是“車”，声符是“樂”。

軌（轨） 軌 車彻也。从車，九声。居洧切（guǐ）

【译文】軌，車辆的痕迹。形符是“車”，声符是“九”。

蹤 蹤 車迹也。从車，從省声。即容切（zōng）

【译文】蹤，車迹。形符是“車”，声符是“從”的省文。

軼（轶） 軼 車相出也。从車，失声。夷质切（yì）

【译文】軼，后車超越了前車。形符是“車”，声符是“失”。

輴 輴 車輴鉉也。从車，真声。读若《论语》“铿

尔，舍瑟而作”[①]。又读若掔。苦闲切（qiān）[②]

【注释】①语见《论语·先进第十一》。②苦闲切：现音读按《广韵》口茎切，kēng。

【译文】轒，車声轒鎗。形符是“車”，声符是“真”。发音如同《论语》中“铿的一声，放下瑟站了起来”的“铿”字。发音又如同“掔”字。

輊 抵也。从車，執声。陟利切（zhì）

【译文】輊，車辆的前部因重而低。形符是“車”，声符是“執”。

軭 車戾也。从車，匡声。巨王切（kuáng）

【译文】軭，車轮扭曲。形符是“車”，声符是“匡”。

輟（辍） 車小缺复合者。从車，叕声。陟劣切（chuò）

【译文】輟，車队行进过程中稍有间歇而继续前进。形符是“車”，声符是“叕”。

軫 碍也。从車，多声。康礼切（qǐ）

【译文】軫，車辆互相阻碍。形符是“車”，声符是“多”。

轚 車辖相击也。从車，从毄（jī），毄亦声。《周礼》曰：“舟舆击互者。”[①]古历切（jí）

【注释】①语见《周礼·秋官·野庐氏》。舆今本作車。

【译文】轚，車辖相互撞击。由“車”和“毄”会意，“毄”也是声符。《周礼》中讲道：“船与車相互撞击的地方。”

篹 治車轴也。从車，算声。所眷切（shuàn）

【译文】篹，使用旋转的方法来制作車轴。形符是“車”，声符是“算”。

軻（轲） 接轴車也。从車，可声。康我切（kě）[1]

【注释】①康我切：现音读按《广韵》苦何切，kē。

【译文】軻，接轴車。形符是“車”，声符是“可”。

轚 車坚也。从車，殸声。口茎切（kēng）

【译文】轚，車子坚固。形符是“車”，声符是“殸”。

軵 反推車，令有所付也。从車，从付。读若（胥）[茸]。而陇切（rǒng）

【译文】軵，反向推車，让車子有可以附着的地方。由“車”和“付”会意。发音如同“茸”字。

輪（轮） 有辐曰輪，无辐曰辁。从車，侖声。力屯切（lún）

【译文】輪，有車辐被称作是“輪”，没有車辐被称作是“辁”。形符是“車”，声符是“侖”。

輇（辁）　蕃車下庳轮也。一曰，无辐車也。从車，全声。读若饌。市缘切（chuán）[①]

【注释】①市缘切：现音按《集韵》逡缘切，读 quán。

【译文】輇，藩車下面的低矮車轮。一种说法是，車轮没有車辐。形符是“車”，声符是“全”。发音如同“饌”字。

輗（輗）　大車辕耑持衡者。从車，兒声。輨，輗或，从宜。棿，輗或，从木。五鸡切（ní）

【译文】輗，車辕与衡軛联结处插上的销子。形符是“車”，声符是“兒”。輨，“輗”的异体字，从“宜”声。棿，“輗”的异体字，从“木”。

軧　大車后也。从車，氐声。丁礼切（dǐ）

【译文】軧，大車后面的栏。形符是“車”，声符是“氐”。

轃　大車簀也。从車，秦声。读若臻。侧诜切（zhēn）

【译文】轃，大車底板上的竹木衬垫。形符是“車”，声符是“秦”。发音如同“臻”字。

轒　淮阳名車穹隆轒。从車，賁声。符分切（fén）

【译文】轒，淮阳一带将車篷骨架称作为“轒”。形符是“車”，声符是“賁”。

輐　大車后压也。从車，宛声。於云切（yūn）[①]

【注释】①於云切：现音按《广韵》於袁切，读 yuān。

【译文】輐，发車后不用来进行压車的东西。形符是“車”，声符是“宛”。

輂 大車驾马[者]也。从車，共声。居玉切（jú）

【译文】輂，一种大型马車。形符是“車”，声符是“共”。

羞 连車也。一曰，却車抵堂为羞。从車，差省声。读若迟。士皆切（chái）

【译文】羞，群車牵连行进却是井然有序。一说，使車退到堂下被称作是“羞”。形符是“車”，声符是“差”的省文。

輦（辇） 挽車也。从車，从扶（bàn）在車前引之。力展切（niǎn）

【译文】輦，人挽的車。从“車”，由“扶”在“車”前进行牵引会意。

輓[挽] 引之也。从車，免声。无远切（wǎn）

【译文】輓，在前面牵引車辆。形符是“車”，声符是“免”。

軖[軖] 纺車也。一曰，一轮車。从車，㞷声。读若狂。巨王切（kuáng）

【译文】軖，纺丝的車子。一种说法是，独轮車。形符是“車”，声符是“㞷”。发音如同“狂”字。

轘[轘] 　車裂人也。从車，睘声。《春秋传》曰：“轘诸栗门。”[①]胡惯切（huàn）

【注释】①语见《左传·宣公十一年》。

【译文】轘，用車子来撕裂人体。形符是“車”，声符是“睘”。《左传》中讲道：“将夏徵舒車裂于陈国都城栗门。”

斬（斩） 　截也。从車，从斤。斬法車裂也。侧减切（zhǎn）

【译文】斬，斬杀。形符是“車”和“斤”。斬杀之法效仿車裂。

輀（輭）　丧車也。从車，而声。如之切（ér）

【译文】輀，运输灵柩的車子。形符是“車”，声符是“而”。

輔（辅） 　人颊車也。从車，甫声。扶雨切（fǔ）

【译文】輔，牙床之上的面颊。形符是“車”，声符是“甫”。

轟（轰） 　群車声也。从三車。呼宏切（hōng）

【译文】轟，群車行进发出的声音。由三个“車”字会意。

文九十九　重八

𠂤[①] 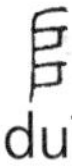　小𠂤（fù）也。象形。凡𠂤之属皆从𠂤。都回切（duī）

【注释】①𠂤：现作“堆”。

【译文】𠂤，小土山。象形字。但凡“𠂤”的部属都从“𠂤”。

𡴎 [seal] 危高也。从𠂤，屮声。读若臬。鱼列切（niè）

【译文】𡴎，险峻且高耸。形符是“𠂤”，声符是“屮”。发音如同“臬”字。

官 [seal] 吏，事君也。从宀（mián），从𠂤。𠂤犹众也[1]。此与師同意[2]。古丸切（guān）

【注释】①段玉裁《说文解字注》：“𠂤不训众，而可联之训众。以宀覆之，则治众之意也。”②段玉裁《说文解字注》：“人众而帀口之，与事众而宀覆之，其意同也。”

【译文】官，官吏，奉事君王的人。由“宀”和“𠂤”会意。“𠂤”表示众人的意思。与“師”字从“𠂤”的造字原则相同。

文三

卷二十八

𨸏 大陆，山无石者。象形。凡𨸏之属皆从𨸏。[illegible]，古文。房九切（fù）

【译文】𨸏，面积巨大又高又平的土地，没有石头的土山。象形字。但凡“𨸏”的部属都以“𨸏”为形符。[illegible]，古文“𨸏”。

陵 大𨸏也。从𨸏，夌声。力膺切（líng）

【译文】陵，大型的土山。形符是“𨸏”，声符是“夌”。

䧢 大𨸏也。从𨸏，鯀声。胡本切（hùn）

【译文】䧢，大型的土山。形符是“𨸏”，声符是“鯀”。

阞 地理也。从𨸏，力声。卢则切（lè）

【译文】阞，大地的脉理。形符是“𨸏”，声符是“力”。

陰（阴） 闇也。水之南、山之北也。从𨸏，侌声。於今切（yīn）

【译文】陰，幽暗。水的南面、山的北面。形符是“𨸏”，声符是“侌”。

陽（阳） 高、明也。从𨸏，昜声。与章切（yáng）

【译文】陽，山丘高耸；明亮。形符是“𨸏”，声符是“昜”。

陸（陆） 高平地。从𨸏，从坴，坴亦声。，籀文陸。力竹切（lù）

【译文】陸，既高且平的土地。由“𨸏”和“坴”会意，“坴”也是声符。，籀文“陸”字。

阿 大陵也。一曰，曲𨸏也。从𨸏，可声。乌何切（ē）

【译文】阿，大土山。一说，山丘弯曲之处。形符是“𨸏”，声符是“可”。

陂 坂也。一曰，沱也。从𨸏，皮声。彼为切（bēi）

【译文】陂，山坡。一说，池塘。形符是“𨸏”，声符是“皮”。

阪［坂］ 坡者曰阪。一曰，泽障。一曰，山胁也。从𨸏，反声。府远切（fǎn）①

【注释】①府远切：现音按《广韵》扶板切，读 bǎn。

【译文】阪，山坡被称作是“阪”。一说，水泽的堤障。另一种说法是，山腰中的小路。形符是“𨸏”，声符是“反”。

陬 坂隅也。从𨸏，取声。子侯切（zōu）

【译文】陬，山坡的一角。形符是“𨸏”，声符是“取”。

隅 陬也。从𨸏，禺声。噳俱切（yú）

【译文】隅，陬，山坡的一角。形符是“𨸏”，声符是“禺”。

險（险） 阻，难也。从𨸏，佥声。虚检切（xiǎn）

【译文】險，險阻，艰难的意思。形符是“𨸏”，声符是“佥”。

限 阻也。一曰，门梱。从𨸏，艮声。乎简切（xiàn）

【译文】限，阻隔。一说，门坎。形符是“𨸏”，声符是“艮”。

阻 险也。从𨸏，且声。侧吕切（zǔ）

【译文】阻，险峻。形符是“𨸏”，声符是“且”。

陮 陮隗，高也。从𨸏，隹声。都罪切（duǐ）①

【注释】①都罪切：现音按《广韵》徒猥切，读 duì。

【译文】陮，不平，高耸。形符是“𨸏”，声符是“隹”。

隗 陮隗也。从𨸏，鬼声。五罪切（wěi）

【译文】隗，崔巍。形符是“𨸏”，声符是“鬼”。

阭 高也。一曰，石也。从𨸏，允声。余准切（yǔn）

【译文】阭，高耸。一说，石头。形符是“𨸏”，声符是“允”。

𨻰 磊也。从𨸏，厽声。洛猥切（lěi）

【译文】𨻰，磊叠高耸。形符是“𨸏”，声符是“厽”。

陗[峭] 陖也。从𨸏，肖声。七笑切（qiào）

【译文】陗，险峻陡峭。形符是“𨸏”，声符是“肖”。

陖  峭高也。从𨸏，夋声。私闰切（jùn）

【译文】陖，陡峭高耸。形符是“𨸏”，声符是“夋”。

隥  仰也。从𨸏，登声。都邓切（dèng）

【译文】隥，仰望登高的石阶。形符是“𨸏”，声符是“登”。

陋[陋] 阸陜也。从𨸏，㔷声。卢候切（lòu）

【译文】陋，狭隘。形符是“𨸏”，声符是“㔷”。

陜  隘也。从𨸏，夾声。侯夹切（xiá）

【译文】陜，陜隘。形符是“𨸏”，声符是“夾”。

陟  登也。从𨸏，从步。，古文陟。竹力切（zhì）

【译文】陟，攀登。由“𨸏”和“步”会意。，古文“陟”。

陷  高下也。一曰，陊也。从𨸏、臽，臽亦声。户偺切（xiàn）

【译文】陷，从高处陷落。一说，堕落。由“𨸏”和“臽”

会意，“臽”也是声符。

隰 𨽿 坂下湿也。从𨸏，㬎声。似入切（xí）

【译文】隰，山坡下面潮湿的地方。形符是“𨸏”，声符是“㬎”。

隓 𨽿 敧也。从𨸏，區声。岂俱切（qū）

【译文】隓，崎岖。形符是“𨸏”，声符是“區”。

隤 𨽿 下隊（zhuì）也。从𨸏，貴声。杜回切（tuí）

【译文】隤，下坠。形符是“𨸏”，声符是“貴”。

隊[墜]（坠） 𨽿 从高隊也。从𨸏，㒸声。徒对切（duì）

【译文】隊，从高处坠落。形符是“𨸏”，声符是“㒸”。

降 𨽿 下也。从𨸏，夅声。古巷切（jiàng）

【译文】降，落下。形符是“𨸏”，声符是“夅”。

隕（陨） 𨽿 从高下也。从𨸏，員声。《易》曰：“有隕自天。”[①]於敏切（yǔn）

【注释】①语见《周易·姤卦·九五》。有，语助词。

【译文】隕，从高处落下。形符是“𨸏”，声符是“員”。《周易》中讲道：“从天空中隕落。”

隉 危也。从𨸏，从毁省。徐巡以为，隉，凶也。贾侍中说，隉，法度也。班固说，不安也。《周书》曰："邦之阢隉。"[①]读若虹蜺之蜺。五结切（niè）

【注释】①语见《尚书·周书·秦誓》。阢隉今本作杌隉。

【译文】隉，高耸危险。由"𨸏"和"毁"的省文会意。徐巡认为，"隉"即凶险。贾侍中说，"隉"即法度。班固说，"隉"即不安。《尚书·周书》中讲道："国家不安稳。"发音如同"虹蜺"中的"蜺"字。

阤 小崩也。从𨸏，也声。丈尔切（zhì）

【译文】阤，小的崩缺。形符是"𨸏"，声符是"也"。

隓[隳] 败城𨸏曰隓。从𨸏，𢀡声。，篆文。许规切（huī）

【译文】隓，败坏的城墙被称作"隓"。形符是"𨸏"，声符是"𢀡"。，篆文中的"隓"字。

陾 仄也。从𨸏，从顷，顷亦声。去营切（qīng）

【译文】陾，山倾斜。由"𨸏"和"顷"会意，"顷"也是声符。

陊 落也。从𨸏，多声。徒果切（duò）

【译文】陊，坠落，落下。形符是"𨸏"，声符是"多"。

阬[坑] （门）[阆]也。从𨸏，亢声。客庚切（kēng）

【译文】阬，洞穴深大。形符是“𨸏”，声符是“亢”。

隫[隫] 通沟也。从𨸏，𧶠(yù)声。读若瀆。𧮯，古文隫，从谷。徒谷切(dú)

【译文】隫，湍急的沟洫。形符是“𨸏”，声符是“𧶠”。发音如同“瀆”字。𧮯，古文“隫”，从“谷”。

防 堤也。从𨸏，方声。埅，防或，从土。符方切(fáng)

【译文】防，堤坝。形符是“𨸏”，声符是“方”。“埅”，“防”的异体字，从“土”。

隄[堤] 唐也。从𨸏，是声。都兮切(dī)

【译文】隄，堤坝。形符是“𨸏”，声符是“是”。

阯[址] 基也。从𨸏，止声。址，阯或，从土。诸市切(zhǐ)

【译文】阯，墙基和山基。形符是“𨸏”，声符是“止”。址，“阯”的异体字，从“土”。

陘(陉) 山绝坎也。从𨸏，巠声。户经切(xíng)

【译文】陘，山脉中的深坑。形符是“𨸏”，声符是“巠”。

附 附娄，小土山也。从𨸏，付声。《春秋传》曰：“附娄无松柏。”[1]符又切(fù)[2]

【注释】①语见《左传·襄公二十四年》。附娄今作部娄。②符又切：现音按《集韵》薄口切，读 bù。

【译文】附，附娄，小土山。形符是“𨸏”，声符是“付”。《左传》中讲道：“小土山上没有松树和柏树。”

阺 秦谓陵坂曰阺。从𨸏，氐声。丁礼切（dǐ）

【译文】阺，秦地将大土山和山坡称作是“阺”。形符是“𨸏”，声符是“氐”。

阢 石山戴土也。从𨸏，从兀，兀亦声。五忽切（wù）

【译文】阢，石山上带有泥土。由“𨸏”和“兀”会意，“兀”也是声符。

隒 崖也。从𨸏，兼声。读若俨。鱼检切（yǎn）

【译文】隒，高耸的山边。形符是“𨸏”，声符是“兼”。发音如同“俨”字。

阸[阨](厄) 塞也。从𨸏，戹声。於革切（è）

【译文】阸，阻隔。形符是“𨸏”，声符是“戹”。

隔 障也。从𨸏，鬲声。古核切（gé）

【译文】隔，障碍，阻隔。形符是“𨸏”，声符是“鬲”。

障 隔也。从𨸏，章声。之亮切（zhàng）

【译文】障，阻隔。形符是“𨸏”，声符是“章”。

隱（隐） 蔽也。从𨸏，㥯声。於谨切（yǐn）

【译文】隱，遮蔽，隱蔽。形符是“𨸏”，声符是“㥯”。

隩 水隈，崖也。从𨸏，奥声。乌到切（ào）

【译文】隩，水边弯曲的地方，又被称作是“崖”。形符是“𨸏”，声符是“奥”。

隈 水曲，隩也。从𨸏，畏声。乌恢切（wēi）

【译文】隈，水边弯曲的地方，又被称作是“隩”。形符是“𨸏”，声符是“畏”。

𨺅[𡉏] 𨺅商，小块也。从𨸏，从臾（kuì）。去衍切（qiǎn）

【译文】𨺅，𨺅商，小土块。由“𨸏”和“臾”会意。

𨽌 水衡官、谷也。从𨸏，解声。一曰，小溪。胡买切（xiè）

【译文】𨽌，水衡官，𨽌谷。形符是“𨸏”，声符是“解”。一说，小溪。

隴（陇） 天水大坂也。从𨸏，龍声。力钟切（lǒng）

【译文】隴，天水郡的大山坡。形符是“𨸏”，声符是“龍”。

陈  酒泉天依坂也。从𨸏，衣声。於希切（yī）

【译文】陈，酒泉镇的天依坡。形符是“𨸏”，声符是“衣”。

陕（陜） 弘农陕也。古虢国，王季之子所封也。从𨸏，夾声。失冉切（shǎn）

【译文】陕，弘农郡陕县。是古代的虢国，是周王季的儿子所分封的地方。形符是“𨸏”，声符是“夾”。

𨻶 弘农陕东陬也。从𨸏，無声。武扶切（wú）

【译文】𨻶，弘农郡陕县东面的一角。形符是“𨸏”，声符是“無”。

陮 河东安邑[①]陬也。从𨸏，卷声。居远切（juǎn）

【注释】①安邑：故地位于现山西省安邑县地区。

【译文】陮，河东郡安邑县的一角。形符是“𨸏”，声符是“卷”。

陭  上党陭氏坂[①]也。从𨸏，奇声。於离切（yī）[②]

【注释】①陭氏坂：位于现山西省安泽地区。②於离切：现音按《广韵》於义切，读yì。

【译文】陭，上党郡陭氏坡。形符是“𨸏”，声符是“奇”。

隃  北陵西隃[①]，雁门是也。从𨸏，俞声。伤遇切（shù）

【注释】①北陵西隃：位于现山西省代县西北部。

【译文】隃，北部的大山，被称作“西隃”，人们通常将“雁门山”称作“西隃山”。形符是“𨸏”，声符是“俞”。

阮 代郡五阮关[1]也。从𨸏，元声。虞远切（ruǎn）[2]

【注释】①五阮关：位于现河北省宣化西南部。②虞远切：现音按《广韵》愚袁切，读yuán。

【译文】阮，代郡五阮关。形符是“𨸏”，声符是“元”。

陪 大𨸏也。一曰，右扶风郿[1]有陪𨸏。从𨸏，告声。苦沃切（kù）[2]

【注释】①右扶风郿：现陕西省眉县。②苦沃切：现音按《广韵》空谷切，读kū。

【译文】陪，大土山。一种说法是，右扶风郡郿县地区有一陪山。形符是“𨸏”，声符是“告”。

陚 丘名。从𨸏，武声。方遇切（fù）

【译文】陚，小丘名。形符是“𨸏”，声符是“武”。

陙 丘名。从𨸏，貞声。陟盈切（zhēng）

【译文】陙，小丘名。形符是“𨸏”，声符是“貞”。

阶 丘名。从𨸏，丁声。读若丁。当经切（dīng）

【译文】阶，小丘名。形符是“𨸏”，声符是“丁”。发音如同“丁”字。

隓 [篆] 郑地，坂。从𨸏，爲声。《春秋传》曰：“将会郑伯于隓。”许为切（huī）

【译文】隓，郑国的地名，因为有个山坡而得名。形符是“𨸏”，声符是“爲”。《左传》中讲道：“将要和郑伯会盟于隓地。”

陼 [篆] 如渚者陼丘。水中高者也。从𨸏，者声。当古切[①]（dǔ）

【注释】①当古切：现音按《广韵》章与切，读 zhǔ。

【译文】陼，如同水中小洲之处，被称作是“陼丘”。这是水中的高地。形符是“𨸏”，声符是“者”。

陳[①]（陈） [篆] 宛丘，舜后妫满之所封。从𨸏，从木，申声。[古文]，古文陈。直珍切（chén）

【注释】①陳：古国名，现河南省东部和安徽省北部一带。

【译文】陳，四周高中间低的山丘，舜的后裔妫满的封地。由“𨸏”和“木”会意，“申”声。[古文]，古文中的“陳”字。

陶[①] [篆] 再成丘也，在济阴。从𨸏，匋声。《夏书》曰：“东至于陶丘。”[②]陶丘有尧城，尧尝所居，故尧号陶唐氏。徒刀切（táo）

【注释】①陶：本义山名，后指山东省定陶。②语见《尚书·夏书·禹贡》。今本作东出于陶丘北。

【译文】陶，形似叠放的盂的山丘，位于济阴郡地区。形符是“𨸏”，声符是“匋”。《尚书·夏书》中讲道：“向东直到陶丘地区。”陶丘地区有一尧城，尧曾经住过的地方，因此尧又号称陶唐氏。

陧  耕以臿浚出下垆土也。一曰，耕休田也。从𨸏、从土，召声。之少切（zhào）

【译文】陧，耕田的人用铁锹翻出地下坚硬的黑土。一种说法是，轮休的耕田。由“𨸏”和“土”会意，“召”声。

阽 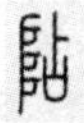 壁危也。从𨸏，占声。余廉切（yán）[1]

【注释】①余廉切：现音按《集韵》都念切，读 diàn。

【译文】阽，墙壁倾斜危险。形符是“𨸏”，声符是“占”。

除  殿陛也。从𨸏，余声。直鱼切（chú）

【译文】除，宫殿的阶梯。形符是“𨸏”，声符是“余”。

階（阶）  陛也。从𨸏，皆声。古谐切（jiē）

【译文】階，台階。形符是“𨸏”，声符是“皆”。

阼  主阶也。从𨸏，乍声。昨误切（zuò）

【译文】阼，堂下东边的台阶，是主人迎接宾客的地方。形符是“𨸏”，声符是“乍”。

陛  升高阶也。从𨸏，坒声。旁礼切（bì）

【译文】陛，可以借以登高的台阶。形符是“𨸏”，声符是“坒”。

陔 　阶次也。从𨸏，亥声。古哀切（gāi）

【译文】陔，台阶的次序。形符是“𨸏”，声符是“亥”。

際（际） 　壁際孔也。从𨸏，祭声。子例切（jì）

【译文】際，两堵墙相合时中间的缝。形符是“𨸏”，声符是“祭”。

隙 　壁际孔也。从𨸏，从㱿，㱿亦声。绮戟切（qì）①

【注释】①绮戟切：现音读 xì。

【译文】隙，缝隙，裂缝。由“𨸏”和“㱿”会意，“㱿”也是声符。

陪 　重土也。一曰，满也。从𨸏，咅声。薄回切（péi）

【译文】陪，重叠的土堆。一说，满。形符是“𨸏”，声符是“咅”。

隊 　道边庳垣也。从𨸏，彖声。徒玩切（duàn）①

【注释】①徒玩切：现音按《广韵》持兖切，读 zhuàn。

【译文】隊，路旁的矮墙。形符是“𨸏”，声符是“彖”。

陾 　筑墙声也。从𨸏，耎声。《诗》云：“捄之陾陾。”①如乘切（réng）

【注释】①语见《诗经·大雅·绵》。捄，虆也，即盛土的笼子。

【译文】陾，筑墙的声音。形符是“𨸏”，声符是“耎”。《诗经》中讲道：“铲土入笼，发出陾陾的响声。”

陴 城上女墙俾倪也。从𨸏，卑声。，籀文陴，从𩫖。符支切（pí）

【译文】陴，城墙矮小的墙被称作是“俾倪”。形符是“𨸏”，声符是“卑”。，籀文中的“陴”，从“𩫖”。

隍 城池也。有水曰池，无水曰隍。从𨸏，皇声。《易》曰：“城复于隍。”乎光切（huáng）

【注释】①语见《周易·泰卦·上六》。

【译文】隍，护城的壕沟。有水被称作是“池”，没水被称作是“隍”。形符是“𨸏”，声符是“皇”。《周易》中讲道：“城墙倒塌于干涸的护城壕沟内。”

阹 依山谷为牛马圈也。从𨸏，去声。去鱼切（qū）

【译文】阹，依傍着山谷而建的喂养牛马的栏圈。形符是“𨸏”，声符是“去”。

陲 危也。从𨸏，垂声。是为切（chuí）

【译文】陲，山势高危。形符是“𨸏”，声符是“垂”。

隖[塢](坞) 小障也。一曰，庳城也。从𨸏，烏声。安古切(wǔ)[①]

【注释】①安古切：现音按《集韵》乌故切，读 wù。

【译文】隖，小型的阻隔。一种说法是，矮小的城墙。形符是“𨸏”，声符是“烏”。

院 坚也。从𨸏，完声。王眷切(yuàn)
【译文】院，坚固。形符是“𨸏”，声符是“完”。

陯 山𨸏陷也。从𨸏，侖声。卢昆切(lún)
【译文】陯，山𨸏塌陷。形符是“𨸏”，声符是“侖”。

陙 水𨸏也。从𨸏，辰声。食伦切(chún)
【译文】陙，水岸。形符是“𨸏”，声符是“辰”。

隧 (水)[小]𨸏也。从𨸏，戔声。慈衍切(jiàn)
【译文】隧，小型的土山。形符是“𨸏”，声符是“戔”。
文九十二 重九

𨺅 两𨸏之间也。从二𨸏。凡𨺅之属皆从𨺅。房九切(fù)

【译文】𨺅，两山𨸏之间。通过形符两个“𨸏”字进行表意。但凡“𨺅”的部属都以“𨺅”为形符。

䦡 𨸏突也。从𨺅，決省声。於決切(yuè)[①]

【注释】①於决切：现音按《集韵》古穴切，读jué。

【译文】𨺮，山陵被凿成通道。形符是“𨸏”，声符是“决”的省文。

𨼹[隘] 陋也。从𨸏，𦍒声。𦍒，籀文嗌[①]字。，（籀）[篆]文𨼹，从𨸏，益。乌懈切（ài）

【注释】①嗌（yì）：咽喉。

【译文】𨼹，狭隘。形符是“𨸏”，声符是“𦍒”。“𦍒”，籀文“嗌”。，篆文“𨼹”，形符是“𨸏”，声符是“益”。

𨽌[隧] 塞上亭守烽火者。从𨸏，从火，遂声。，篆文省。徐醉切（suì）

【译文】𨽌，边塞守护烽火的亭子。由“𨸏”和“火”会意，“遂”表声。，籀文“𨽌”，是“𨽌”字的省略。

文四 重二

厽 絫坺（bá）土为墙壁。象形。凡厽之属皆从厽。力轨切（lěi）

【译文】厽，将土块累叠成墙壁。象形字。但凡“厽”的部属都从“厽”。

絫 增也。从厽，从糸。絫，十黍之重也。力轨切（lěi）

【译文】絫，积累。由“厽”和“糸”会意。“絫”，十粒黍的重量。

垒　絫墼（jī）也。从厽，从土。力轨切（lěi）

【译文】垒，累叠土砖块。由“厽”和“土”会意。

文三

四　阴数也。象四分之形。凡四之属皆从四。，（古）[籀]文四。亖，（籀）[古]文四。息利切（sì）

【译文】四，代表阴的数字。象分为四角的样子。但凡“四”的部属都从“四”。，籀文“四”。亖，古文“四”。

文一　重二

宁　辨[①]积物也。象形。凡宁之属皆从宁。直吕切（zhù）

【注释】①辨：分别，分类。

【译文】宁，辨识分类堆积东西的器皿。象形字。但凡“宁”的部属都以“宁”为形符。

䍆　㡉（zhūn）也。所以载盛米。从宁、从甾；甾，缶也。陟吕切（zhǔ）

【译文】䍆，象盛放谷米的袋子。是用来盛放谷米的器皿。由“宁”和“甾”会意；“甾”即盛放东西的瓦器。

文二

叕　缀联也。象形。凡叕之属皆从叕。陟劣切（zhuó）

【译文】叕，互相连缀。象形。但凡“叕”的部属都从“叕”。

綴（缀） 合箸也。从叕，从糸。陟卫切（zhuì）

【译文】綴，用丝线连接互相附着。由“叕”和“糸”会意。

文二

亞（亚） 丑也。象人局背之形。贾侍中说，以为次弟也。凡亞之属皆从亞。衣驾切（yà）

【译文】亞，丑恶。形似人驼背鸡胸的样子。贾侍中说，代表次一等的意思。但凡“亞”的部属都从“亞”。

䦈 阙。衣驾切（yà）

【译文】䦈，形、音、义记载不详。

文二

五 五行也。从二，阴阳在天地间交午也。凡五之属皆从五。乂，古文五，省。疑古切（wǔ）

【译文】五，代表金、木、水、火、土五种物质。“二”，代表着天和地。乂，表示阴阳之气交合于天地之间。但凡“五”的部属都从“五”。乂，古文中“五”，是“五”的省略。

文一 重一

六 《易》之数，阴变于六，正于八。从入，从八。凡六之属皆从六。力竹切（liù）

【译文】六，《周易》的数字，“六”表示阴的变数。“八”

表示阴的正数。由“入”和“八”会意，代表“六”是由“八”减退而成。但凡“六”的部属都从“六”。

文一

七 阳之正也。从一，微阴从中衺出也。凡七之属皆从七。亲吉切（qī）

【译文】七，代表阳的正数。形符是“一”，表示阳的意思；表示阴气从阳气“一”中冒出来。但凡“七”的部属都从“七”。

文一

九 阳之变也。象其屈曲究尽之形。凡九之属皆从九。举有切（jiǔ）

【译文】九，阳的变数。形似弯曲直到尽头的样子。但凡“九”的部属都从“九”。

馗［逵］ 九达道也。似龟背，故谓之馗。馗，高也。从九，从首。，馗或，从辵，从坴。渠追切（kuí）

【译文】馗，四通八达的道路。象龟背中间隆起可以向四下通达的样子，所以称作“馗”。“馗”，代表隆起的意思。由“九”和“首”会意。，“馗”的异体字，由“辵”和“坴”会意。

文二 重一

厹［内］ 兽足蹂地也。象形，九声。《尔疋》曰：“狐、狸、貛、貉丑，其足蹞，其迹厹。”凡厹之属皆从厹。，篆文，从足，柔声。人九切（róu）

【注释】①语见《尔雅·释兽》。今本作“狸、狐、貒、貈丑，其足蹯，其跡厹。”

【译文】厹，兽足踏在地面上。象脚趾之形，“九”表声。《尔雅》中讲道：“狐、狸、貛、貉这些野兽，它们的脚掌被称作是‘蹞’，它们的足迹被称作是‘厹’。”但凡“厹”的部属都从“厹”。，篆文中“厹”，形符是“足”，声符是“柔”。

禽 走兽总名也。从厹，象形，今声。禽、离、兕头相似。巨今切（qín）

【译文】禽，走兽的总名。形符是“厹”，象头部之形，声符是“今”。“禽”、“离”、“兕”三个字的头部相似。

离 山神，兽也。从禽头、从厹、从屮。欧阳乔说，离，猛兽也。吕支切（lí）

【译文】离，山林中的神明，象野兽的样子。由禽头“凶”、“厹”和“屮”会意。欧阳乔说，“离”，是凶猛的野兽。

萬（万） 虫也。从厹，象形。无贩切（wàn）

【译文】萬，虫子的名字。从“厹”，象头部之形。

禹 虫也。从厹，象形。，古文禹。王矩切（yǔ）

【译文】禹，虫子的名字。形符是“厹”，象头部之形。，古文“禹”。

嚣 周成王时，州靡国献嚣。人身，反踵，自

笑，笑即上脣掩其目。食人。北方谓之土蝼。《尔疋》云："𥝌𥝌，如人，被发。"[①]一名枭阳。从厹。象形。符未切(fèi)

【注释】①语见《尔雅·释兽》。𥝌𥝌今本作狒狒。

【译文】𥝌，周成王的时候，州靡国进献了𥝌𥝌。身体形似人，脚跟反长，经常独自发笑，笑的时候上嘴唇就翻过来掩盖住它的眼睛。吃人。北方地区将它称作为"土蝼"。《尔雅》中讲道："𥝌𥝌，形似人，披散着头发。"又称作"枭阳"。从"厹"。𥝌象形。

禼 虫也。从厹。象形。读与偰同。，古文禼。私列切(xiè)

【译文】禼，虫子的名字。从"厹"、"囟"。象形。发音如同"偰"字。，古文"禼"。

文七 重三

嘼 犍也。象耳、头、足厹地之形。古文嘼，下从厹。凡嘼之属皆从嘼。许救切(xiù)[①]

【注释】①许救切：现音按《集韵》丑救切，读chù。

【译文】嘼，畜生。象耳朵、头、脚踏在地上的样子。古文中的"嘼"字，下部的形符是"厹"。但凡"嘼"的部属都从"嘼"。

獸(兽) 守备者。从嘼，从犬。舒救切(shòu)

【译文】獸，能够守备的野獸。由"嘼"和"犬"会意。

文二

甲 [位]东方之孟，阳气萌动。从木戴孚甲之象。一曰，人头（宜）[空]为甲，甲象人头。凡甲之属皆从甲。，古文甲。“始于十，见于千，成于木”之象。古狎切（jiǎ）

【译文】甲，定位在东方，东方是五方的初始，东方属木，木代表着春天。春天的时候阳气萌动。象草木顶着种子外壳的样子。一种说法是，人的颅腔被称作是“甲”，“甲”象人头。但凡是“甲”的部属都从“甲”。，古文“甲”。“始于十，见于千，成于木”的样子。

文一 重一

乙 象春艸木冤曲而出，阴气尚强，其出乙乙也。与丨（gǔn）同意。乙承甲，象人颈。凡乙之属皆从乙。於笔切（yǐ）

【译文】乙，象春天的时候草木弯曲着冒出大地，这时候阴气还比较重，草木的生长很缓慢。“乙”表示草木冒出，与“丨”的表意相同。“乙”位于“甲”之后，象人的脖颈。但凡是“乙”的部属都从“乙”。

乾（干） 上出也。从乙；乙，物之达也，倝声。，籀文乾。渠焉切（qián），又古寒切（gān）

【译文】乾，向上冒出。从“乙”；“乙”表示植物向上生长通达，“倝”声。，籀文“乾”。

亂（乱） 治也。从乙；乙，治之也。从𤔔。

郎段切（luàn）

【译文】亂，治理。从“乙”；“乙”表示理曲乱为通达。从“𤔔”。

尤 𡯂 异也。从乙，又声。羽求切（yóu）

【译文】尤，特殊。形符是“乙”，声符是“又”。

文四 重一

丙 丙 位南方，万物成，炳然。阴气初起，阳气将亏。从一、入、冂。一者，阳也。丙承乙，象人肩。凡丙之属皆从丙。兵永切（bǐng）

【译文】丙，定位是在南方，南方属于夏天的方位，此时万物长成，光明强盛。这时候阴气刚刚开始出现，阳气慢慢开始亏损。由“一”、“入”和“冂”会意。“一”代表着阳气。“丙”位于“乙”的后面，象人的肩膀。但凡“丙”的部属都从“丙”。

文一

丁 个 夏时万物皆丁实。象形。丁承丙，象人心。凡丁之属皆从丁。当经切（dīng）

【译文】丁，夏天的时候万物都长得坚实。象形字。“丁”位于“丙”的后面，象人的心脏。但凡“丁”的部属都从“丁”。

文一

戊 戊 中宫也。象六甲五龙①相拘绞也。戊承丁，象人胁。凡戊之属皆从戊。莫侯切（wù）

【注释】①六甲：古时用天干地支配成六十组干支，其中以“甲”起头的有甲子、甲戌、甲申、甲午、甲辰、甲寅六组称为六甲。五龙：五行之龙。

【译文】戊，定位是在中央。象六甲中黄、白、黑、青、赤五龙互相缠绕在一起。“戊”位于“丁”的后面，象人的胸胁。但凡“戊”的部属都从“戊”。

成 就也。从戊，丁声。，古文成，从午。氏征切（chéng）

【译文】成即成熟。形符是“戊”，声符是“丁”。，古文“成”，从“午”。

文二 重一

己 中宫也。象万物辟藏诎形也。己承戊，象人腹。凡己之属皆从己。，古文己。居拟切（jǐ）

【译文】己，定位是在中央。象万物藏在土中弯曲的样子。“己”位于“戊”的后面，象人的腹部。但凡“己”的部属都从“己”。，古文中的“己”字。

巹 谨身有所承也。从己、丞。读若《诗》云“赤舄己己”。居隐切（jǐn）

【注释】①语见《诗经·豳风·狼跋》。己己今作几几。

【译文】巹，自己谨慎地承奉他人。由“己”和“丞”会意。发音如同《诗经》中讲道的“红色的绣金鞋己己翘着”中的“己”字。

曩 长踞也。从己，其声。读若杞。暨己切（jì）

【译文】曩，盘腿而坐。形符是“己”，声符是“其”。发音如同“杞”字。

文三 重一

巴 虫也。或曰，食象蛇。象形。凡巴之属皆从巴。伯加切（bā）

【译文】巴，虫子的名称。有人说，是一种以象为食的蛇。象形字。但凡“巴”的部属都从“巴”。

䶕 搥击[1]也。从巴、帚，阙。博下切（bǎ）

【注释】①搥（pī）：同“批”。手击。

【译文】䶕，反手击打。由“巴”和“帚”会意，会意之理记载不详。

文二

庚 位西方，象秋时万物庚庚有实也。庚承己，象人脐。凡庚之属皆从庚。古行切（gēng）

【译文】庚，定位是在西方，西方是秋天的方位，象秋季万物长有坚硬的果实的样子。“庚”位于“己”的后面，象人的肚脐。但凡“庚”的部属都从“庚”。

文一

辛 秋时万物成而孰；金刚；味辛，辛痛即泣出。从一、从辛（qiān）。辛，罪也。辛承庚，象人股。

凡辛之属皆从辛。息邻切（xīn）

【译文】辛，秋天的时候万物成熟；代表着“金”，“金”质地坚硬；又代表着味道“辛”，辛辣就会使人痛苦，痛苦就会流泪。由“一”和“辛”会意。“辛”即犯罪，罪恶。“辛”位于“庚”的后面，象人的大腿。但凡是“辛”的部属都从“辛”。

辠［罪］　犯法也。从辛，从自，言辠人蹙鼻、苦辛之忧。秦以“辠”似“皇”字，改为“罪”。徂贿切（zuì）

【译文】辠，触犯法律。由“辛”和“自”会意，说的是犯罪的人蹙着鼻子，产生痛苦辛酸的忧伤。秦始皇觉得“辠”象“皇”，于是改“辠”成“罪”。

辜　罪也。从辛，古声。㱟，古文辜，从死。古乎切（gū）

【译文】辜即罪。形符是“辛”，声符是“古”。㱟，古文“辜”，从“死”。

辥　罪也。从辛，㕻声。私列切（xuē）

【译文】辥即罪。形符是“辛”，声符是“㕻”。

辤［辭］（辞）　不受也。从辛，从受；受辛宜辤之。辝，籀文辤，从台。似兹切（cí）

【译文】辤，不接受。由“辛”和“受”会意；受罪应该辤避。辝，籀文“辤”，从“台”声。

辭（辞） 讼也。从𤔔[、辛]。𤔔[、辛]犹理辜也。𤔔，理也。，籀文辭，从司。似兹切（cí）

【译文】辭，用来打官司的词讼。由“𤔔”和“辛”会意。“𤔔辛”如同说的是治理罪过。“𤔔”即治理。，籀文“辭”，由“𤔔”和“司”会意，从“司”声。

文六 重三

辡 罪人相与讼也。从二辛。凡辡之属皆从辡。方免切（biǎn）①

【注释】①方免切：现音按《广韵》符蹇切，读 biàn。

【译文】辡，犯罪的人相互之间打官司。由两个“辛”字会意。但凡“辡”的部属都从“辡”。

辯（辩） 治也。从“言”在“辡”之间。符蹇切（biàn）

【译文】辯，治理。由“言”在“辡”的中间会意。

文二

壬 位北方也。阴极阳生，故《易》曰：“龙战于野。”战者，接也。象人裹妊之形。承亥壬以子，生之叙也。与巫同意。壬承辛，象人胫。胫，任体也。凡壬之属皆从壬。如林切（rén）

【译文】壬，定位是在北方。“壬”也代表着冬天，在这个时节阴气较盛，阳气渐生。所以《周易·坤卦》中讲道：“龙战于野。”“战”即交接。龙战于野，属阳的龙和属阴的野互相交接而促生阳气。人阴阳交接就会怀孕。“壬”象人怀孕的样子。“子”承接定位于北方的“亥”和“壬”，此符合孳生的顺序。“壬”在“工”字中加“一”，代表着怀孕，与“巫”字“工”中添加“从”代表舞袖的构字原则相同。“壬”位于“辛”的后面，象人的小腿。小腿，负载着整个人的躯体。但凡“壬”的部属都从“壬”。

文一

癸 [篆] **冬时，水土平，可揆度也。象水从四方流入地中之形。癸承壬，象人足。凡癸之属皆从癸。[籀]，籀文，从癶，从矢。居诔切（guǐ）**

【**译文**】癸，代表着冬季，此时水土平整，可以来进行度量。象水从四方流进地中的样子。“癸”位于“壬”的后面，象人的脚。但凡“癸”的部属都以“癸”为形符。[籀]，籀文“癸”，由“癶”和“矢”会意。

文一 重一

子 [篆] **十一月，阳气动，万物滋，人以为偁。象形。凡子之属皆从子。[古文]，古文子，从巛，象发也。[籀]，籀文子，囟有发，臂、胫在几上也。即里切（zǐ）**

【**译文**】子，代表着十一月，此时阳气萌动，万物滋生，人假借“子”为称呼。象形字。但凡“子”的部属都从“子”。[古文]，古文“子”，从“巛”，“巛”象人的头发。[籀]，籀文“子”，头顶上有头发，手臂和腿都在“几”的上面。

孕 裹子也。从子，从几[①]。以证切（yìng）[②]

【注释】①几（shū）：徐锴《说文系传》："几音殊。草木之实垂，亦取象于几，朵字是也。人裹妊似之也。"段玉裁《说文解字注》："乃声二字各本作从几，误。"②以证切：现音读 yùn。

【译文】孕，怀胎。由"子"和"几"会意。

挽[娩] 生子免身也。从子，从免。芳万切（miǎn）

【译文】挽，生下婴儿，母体得以解免。由"子"和"免"会意。

字 乳也。从子在宀（mián）下，子亦声。疾置切（zì）

【译文】字，生育。由"子"在"宀"下会意，"子"也是声符。

穀 乳也。从子，𣪊声。一曰，穀瞀也。古侯切（gòu）

【译文】穀，哺乳。形符是"子"，声符是"𣪊"。一说，愚昧。

孿（孪） 一乳[①]两子也。从子，䜌声。生患切（shuàn）[②]

【注释】①乳：生育。②生患切：现音按照《玉篇》力员切，读 luán。

【译文】孿，一次生育两个婴儿。形符是"子"，声符是"䜌"。

孺 乳子也。一曰，输[孺]也，输[孺]尚小也。从子，需声。而遇切（rù）①

【注释】①而遇切：现音按《集韵》汝朱切，读 rú。

【译文】孺，乳臭未干的小孩儿。一说，愚昧，因为年纪较小而愚昧。形符是“子”，声符是“需”。

季 少偁也。从子，从稚省，稚亦声。居悸切（jì）

【译文】季，对年少者的称谓。由“子”和“稚”的省文会意，“稚”也是声符。

孟 长也。从子，皿声。，古文孟。莫更切（mèng）

【译文】孟，同辈中年长的。形符是“子”，声符是“皿”。，古文中的“孟”字。

孽 庶子也。从子，辥声。鱼列切（niè）

【译文】孽，妾所生的儿子。形符是“子”，声符是“辥”。

孳 汲汲生也。从子，兹[茲]声。，籀文孳，从絲。子之切（zī）

【译文】孳，日渐繁衍生息。形符是“子”，声符是“茲”。，籀文“孳”，从“絲”声。

孤 无父也。从子，瓜声。古乎切（gū）

【译文】孤，年幼且没有父亲。形符是“子”，声符是“瓜”。

存 [seal] 恤问也。从子，才声。徂尊切（cún）

【译文】存，慰问。形符是“子”，声符是“才”。

孶 [seal] 放也。从子，爻声。古肴切（jiǎo）[①]

【注释】①古肴切：现音按《广韵》古孝切，读 jiào。

【译文】孶，仿效。形符是“子”，声符是“爻”。

疑 [seal] 惑也。从子、止、匕，矢声。语其切（yí）

【译文】疑，迷惑。由“子”、“止”和“匕”会意，“矢”声。

文十五 重四

了 [seal] 尥[①]也。从子无臂。象形。凡了之属皆从了。卢鸟切（liǎo）

【注释】①尥（liào）：行走时腿脚相交。

【译文】了，行走时腿脚相交。由“子”省去表示手臂的部分会意。象形字。但凡“了”的部属都从“了”。

孑 [seal] 无右臂也。从了，乚象形。居桀切（jié）

【译文】孑，没有右臂。从“了”，“乚”象“子”字有左臂而缺右臂的样子。

孓 [seal] 无左臂也。从了，亅象形。居月切（jué）

【译文】孓，没有左臂。形符是“了”，“亅”象“子”字有右臂而无左臂的样子。

文三

孨 谨也。从三子。凡孨之属皆从孨。读若翦。旨兖切（zhuǎn）

【译文】孨，谨慎。由三个“子”字会意。但凡“孨”的部属都从“孨”。发音如同“翦”字。

孱 迮也。一曰，呻吟也。从孨在尸下。（七）[士]连切（chán）

【译文】孱，狭窄。一种说法是，呻吟。由“孨”在“尸”下会意。

孴 盛皃。从孨，从曰。读若薿（nǐ）薿。一曰，若存。，籀文孴，从二子。一曰，㠯即奇字𦣻。鱼纪切（nǐ）

【译文】孴，茂盛的样子。由“孨”和“曰”会意。发音如同“薿”字。一种说法是，发音如同“存”字。，籀文中的“孴”字，由两个“子”字会意。一说，“㠯”就是古文异体字“𦣻”。

文三 重一

𠫓 不顺忽出也。从到子。《易》曰：“突如其来。”[①]如不孝子突出，不容于内也。凡𠫓之属皆从𠫓。，或，从到古文子，即《易》突[②]字。他骨切（tū）

【注释】①语见《周易·离卦·九四》爻辞。②段玉裁《说文解字注》：“正谓《周易》之突即仓颉之𠫓也。此爻辞之用叚借也。突之本义谓犬从穴中暂出。𠫓之本义谓不顺。故曰用叚借。”

【译文】𠫓，背理、反常突然出现。由倒写的“子”字表示。《周易》中讲道：“突然间来到。”象不孝之子突然出生，不被母体所容纳于内。但凡“𠫓”的部属都从“𠫓”。𠫓，“𠫓”的异体字，由倒写的古文“子”字表示，就是《周易》中的“突”字。

育 𦫵 养子使作善也。从𠫓，肉声。《虞书》曰：“教育子。”毓，育或，从每。余六切（yù）

【译文】育，培养孩子使其做善事。形符是“𠫓”，声符是“肉”。《尚书·虞书》中讲道：“教导孩子使其成长。”毓，“育”的异体字，由“每”和“㐬”会意。

疏 𤴶 通也。从㐬[①]，从疋，疋亦声。所菹切（shū）

【注释】①朱骏声《说文通训定声》：“㐬者，子生也。疋（shū）者，破包足动也。孕则塞，生则通。”

【译文】疏，因疏导而得以畅通。由“㐬”和“疋”会意，“疋”也是声符。

文三 重二

丑 丑 纽也。十二月，万物动，用事。象手之形。时加丑，亦举手时也。凡丑之属皆从丑。敕九切（chǒu）

【译文】丑，阴气的纽结得以缓解。“丑”代表着十二月，此时万物萌动，农耕之事将要开始。“丑”象人手的样子。时间到了丑时，人们就可以举手为事了。但凡“丑”的部属都从“丑”。

䏔 食肉也。从丑，从肉。女久切（niǔ）

【译文】䏔，吃肉。由“丑”和“肉”会意。

羞 进献也。从羊，羊，所进也；从丑，丑亦声。息流切（xiū）

【译文】羞，进献。从“羊”，“羊”就是进献的食物；从“丑”，“丑”也是声符。

文三

寅 髕也①。正月，阳气动，去黄泉，欲上出，阴尚强，象宀不达，髕寅于下也。凡寅之属皆从寅。，古文寅。弋真切（yín）

【注释】①髕：徐锴《说文系传》：“摈斥之意。”

【译文】寅，摒弃。“寅”代表着正月，这是阳气初动，离开了黄泉，将要上升冒出，此时阴气还很强盛，象被交相深覆的屋子所覆盖，不让阳气向上通达而出，把它摒弃在地下。但凡“寅”的部属都从“寅”。，古文中的“寅”字。

文一 重一

丣[卯] 冒也。二月，万物冒地而出。象开门之形。故二月为天门。凡丣之属皆从丣。，古文丣。莫饱切（mǎo）

【译文】丣，阳气从地下冒出。“丣”代表着二月，此时万物从地下冒出。“丣”象两门相背而开的样子。所以，二月又叫作天门。但凡“丣”的部属都从“丣”。，古文“丣”。

文一 重一

辰 震也。三月，阳气动，雷电振，民农时也。物皆生，从乙、匕（huà），象芒达；厂（yì）声也。辰，房星，天时也。从二（shàng），二，古文上字。凡辰之属皆从辰。，古文辰。植邻切（chén）

【译文】辰，震动。“辰”代表着三月，此时阳气萌动，雷电震动，正是进行耕作的时节。万物都得以生长，由“乙”和“匕”会意，象草木径直通达的样子；“厂”声。“辰”代表着房星，是二十八星宿之一，代表着天时。从“二”，“二”，古文中的“上”字。但凡“辰”的部属都从“辰”。，古文“辰”。

辱 耻也。从寸在辰下。失耕时，于封畺上戮[1]之也。辰者，农之时也。故房星为辰，田候也。而蜀切（rú）

【注释】①戮：《尔雅·释诂》：“病也。”《广雅·释诂》：“辱也。”

【译文】辱，耻辱。由“寸”在“辰”的下会意。错失适合农耕的时节，就在封土上羞辱他。“辰”月，是农耕的时节。因此房星又被称作辰星，是适宜耕作的征兆。

文二 重一

巳 已也。四月，阳气已出，阴气已藏，万物见，成文章，故巳为蛇，象形。凡巳之属皆从巳。详里切（sì）

【译文】巳即已经。“巳”代表着四月，此时阳气已经出来了，阴气已经藏匿了起来，万物出现，形成花纹的纹饰，蛇已出洞，因此“巳”代表着蛇，象形。但凡“巳”的部属都从“巳”。

目[以] 用也。从反巳。贾侍中说：“巳，意巳实也。象形。”羊止切（yǐ）

【译文】目即用。从反写的“巳”字。贾侍中讲道：“‘巳’，薏苡的果实。象果实之形。”

文二

午 啎也。五月，阴气午逆阳，冒地而出。此（予）[与]矢同意。凡午之属皆从午。疑古切（wǔ）

【译文】午，逆反。“午”代表着五月，此时阴气逆犯着阳气，从地下冒出。这个字与“矢”字的构字原则相同。但凡“午”的部属都从“午”。

啎 逆也。从午，吾声。五故切（wù）①

【注释】①五故切：现音读 wǔ。

【译文】啎，触逆。形符是“午”，声符是“吾”。

文二

未 味也。六月，滋味也。五行，木老于未。象木重枝叶也。凡未之属皆从未。无沸切（wèi）

【译文】未，滋味。“未”代表着六月，此时万物长成已有滋味。金、木、水、火、土，木在未月长成。“未”象树木重叠的枝叶。但凡“朩”的部属都从“朩”。

文一

申 申 神也。七月，阴气成，体自申束。从臼，自持也。吏臣餔时听事，申旦政也。凡申之属皆从申。𢀳，古文申。𦥔，籀文申。失人切（shēn）

【译文】申，神明。“申”代表着七月，此时阴气形成，自己能够伸展或卷束。从“臼”，表示自我把持。官吏在申时吃晚饭时听理公事，是为了申明早晨所布置政事的完成情况。但凡“申”的部属都从“申”。𢀳，古文“申”。𦥔，籀文“申”。

䡮 䡮 击小鼓，引乐声也。从申，柬声。羊晋切（yìn）①

【注释】①羊晋切：现音读 yǐn。

【译文】䡮，敲击小鼓，引发群乐之声。形符是“申”，声符是“柬”。

臾 臾 束缚捽抴为臾。从申，从乙。羊朱切（yú）

【译文】臾，在捆绑时抓住头发拖拽被称作是“臾”，由“申”和“乙”会意。

曳 曳 臾曳①也。从申，丿声。余制切（yì）②

【注释】①臾曳：拖拽。②余制切：现音读 yè。

【译文】曳，拖拽。形符是“申”，声符是“丿”。

文四 重二

酉 酉 就[1]也。八月，黍成，可为酎酒。象古文酉之形。凡酉之属皆从酉。丣，古文酉。从丣，丣为春门，万物已出。酉为秋门，万物已入。一，闭门象也。与久切（yǒu）

【注释】①就：成熟。

【译文】酉，成熟。"酉"代表着八月，此时黍成熟，可以用来酿制酒水。象古文"酉"的样子。但凡"酉"的部属都从"酉"。丣，古文"酉"。从"丣"，"丣"表示春季敞开门，万物已从门内生出。"酉"表示秋季关着门，万物已进入门内。酉上的"一"，象征着闭门。

酒 酒 就也。所以就人性之善恶[1]。从水，从酉，酉亦声。一曰，造也。吉凶所造也。古者仪狄作酒醪（lǎo），禹尝之而美，遂疏仪狄。杜康作秫酒。子酉切（jiǔ）

【注释】①段玉裁《说文解字注》："宾主百拜者，酒也；淫酗者，亦酒也。"

【译文】酒，迁就。是用它来助长人性的善和恶的饮料。由"水"和"酉"会意，"酉"也是声符。一说，"酒"是成就的意思，吉事凶事成就的原因。古时候仪狄发明了酒，大禹尝过之后认为酒味道醇美，于是就疏远了仪狄。杜康创造了高粱酒。

醿 醿 籟（qū）生衣也。从酉，冢声。莫红切（méng）

【译文】醿，酒引子上生出一层霉衣。形符是"酉"，声符是“冢”。

醋 醋 孰籲也。从酉，甚声。余箴切（yín）

【译文】醋，成熟的酒引子。形符是“酉”，声符是“甚”。

醸（酿） 醸 酝也。作酒曰醸。从酉，襄声。女亮切（niàng）

【译文】醸，酝醸。制造酒被称作“醸”。形符是“酉”，声符是“襄”。

醞（酝） 醞 酿也。从酉，昷声。於问切（yùn）

【译文】醞，酿酒。形符是“酉”，声符是“昷”。

醅 醅 酒疾孰也。从酉，弁声。芳万切（fàn）

【译文】醅，酿制的酒快速的成熟。形符是“酉”，声符是“弁”。

酴 酴 酒母也。从酉，余声。读若庐。同都切（tú）

【译文】酴，酒娘子。形符是“酉”，声符是“余”。发音如同“庐”字。

釃（酾） 釃 下酒也。一曰，醇也。从酉，麗声。所绮切（xǐ）[1]

【注释】①所绮切：现音按《广韵》所宜切，读 shī。

【译文】釃，过滤得到清酒。一说，醇厚的酒。形符是“酉”，声符是“麗”。

䏰 〔篆〕 䤁酒也。从酉，肙声。古玄切（juān）

【译文】䏰，过滤酒水。形符是“酉”，声符是“肙”。

䤁 〔篆〕 䏰也。从酉，鬲声。郎击切（lì）

【译文】䤁，过滤酒水。形符是“酉”，声符是“鬲”。

醴 〔篆〕 酒一宿孰也。从酉，豊声。卢启切（lǐ）

【译文】醴，酒酿制一晚上就成熟了。形符是“酉”，声符是“豊”。

醪 〔篆〕 汁滓酒也。从酉，翏声。鲁刀切（láo）

【译文】醪，汁和渣滓混合在一起的酒水。形符是“酉”，声符是“翏”。

醇[醇] 〔篆〕 不浇酒也。从酉，𦎫声。常伦切（chún）

【译文】醇，不浇水的纯酒。形符是“酉”，声符是“𦎫”。

醹 〔篆〕 厚酒也。从酉，需声。《诗》曰：“酒醴惟醹。”而主切（rǔ）①

【注释】①而主切：现音按《广韵》人朱切，读 rú。

【译文】醹，醇厚的酒水。形符是“酉”，声符是“需”。《诗经·大雅·行苇》中讲道：“酒味非常得醇厚。”

酎 三重醇酒也。从酉，（从時省）[肘省声]。《明堂月令》曰：“孟秋，天子饮酎。”除柳切（zhòu）

【注释】①语见《礼记·月令》。孟秋今本作夏。

【译文】酎，反复酿制的醇厚酒水。形符是“酉”，声符是“肘省”。《礼记·月令》中讲道：“初夏，天子饮用酎酒。”

醠 浊酒也。从酉，盎声。乌浪切（àng）

【译文】醠，混浊的酒水。形符是“酉”，声符是“盎”。

醲[醲] 厚酒也。从酉，農声。女容切（nóng）

【译文】醲，浓烈的酒水。形符是“酉”，声符是“農”。

醋 酒也。从酉，茸声。而容切（róng）

【译文】醋，酒水。形符是“酉”，声符是“茸”。

酤 一宿酒也。一曰，买酒也。从酉，古声。古乎切（gū）

【译文】酤，一夜酿制而成的酒水。一说，买酒。形符是“酉”，声符是“古”。

醑 酒也。从酉，智省[声]。陟离切（zhī）

【译文】醑，酒水。形符是“酉”，声符是“智”的省文。

醢 泛齐（jì）；行酒也。从酉，監声。卢瞰

切（làn）

【译文】醶，浮泛着酒糟的混浊酒水；不醇厚的酒水。形符是“酉”，声符是“監”。

醰 酒味淫也。从酉，竷省声。读若《春秋传》曰“美而艳”[①]。古禫切（gǎn）

【注释】①语见《左传·桓公元年》、《左传·文公十六年》。

【译文】醰，酒味深长。形符是“酉”，声符是“竷”的省文。发音如同《左传》讲道的“美而艳”中的“艳”字。

酷 酒厚味也。从酉，告声。苦沃切（kù）

【译文】酷，酒水浓厚的味道。形符是“酉”，声符是“告”。

醲[醰] 酒味苦也。从酉，覃声。徒绀切（dàn）[①]

【注释】①徒绀切：现音按《集韵》徒南切，读 tán。

【译文】醲，酒味苦涩。形符是“酉”，声符是“覃”。

酺 酒色也。从酉，市声。普活切（pò）

【译文】酺，酒的颜色。形符是“酉”，声符是“市”。

配 酒色也。从酉，己声。滂佩切（pèi）

【译文】配，酒的颜色。形符是“酉”，声符是“己”。

酨 酒色也。从酉，弋声。与职切（yì）

【译文】酨，酒的颜色。形符是“酉”，声符是“弋”。

醆[盏] 爵也。一曰，酒浊而微清也。从酉，戋声。阻限切（zhǎn）

【译文】醆，酒杯。一种说法是，酒水颜色浑浊而微清。形符是“酉”，声符是“戋”。

酌 盛酒行觞也。从酉，勺声。之若切（zhuó）

【译文】酌，盛酒在杯中劝人饮酒。形符是“酉”，声符是“勺”。

醮 冠娶礼；祭。从酉，焦声。䌦，醮或，从示。子肖切（jiào）

【译文】醮，冠礼和婚礼的一种礼节；祭祀。形符是“酉”，声符是“焦”。䌦，“醮”的异体字，从“示”。

醑 歃酒也。从酉，晉声。子朕切（jǐn）

【译文】醑，用嘴稍微沾酒水。形符是“酉”，声符是“晉”。

酳 少少饮也。从酉，匀声。余刃切（yìn）

【译文】酳，稍微饮一点儿酒。形符是“酉”，声符是“匀”。

醻[醻][酬] 主人进客也。从酉，𠷎声。酬，醻或，从州。市流切（chóu）

【译文】醻，主人向客人劝酒。形符是“酉”，声符是“𠷎”。

𨡈，“醻”的异体字，从“州”声。

醋　客酌主人也。从酉，昔声。在各切（zuó）

【注释】①段玉裁《说文解字注》：“按诸经多以酢为醋，惟《礼经》尚仍其旧，后人醋酢互易，如种穜互易。”

【译文】醋，客人用酒水回敬主人。形符是“酉”，声符是“昔”。

醓　饮酒俱尽也。从酉，监声。迷必切（mì）

【译文】醓，喝酒都喝尽了。形符是“酉”，声符是“监”。

釂　饮酒尽也。从酉，嚼省声。子肖切（jiào）

【译文】釂，将杯中的酒喝干。形符是“酉”，声符是“嚼”的省文。

酣　酒乐也。从酉，从甘，甘亦声。胡甘切（hān）

【译文】酣，饮酒快乐尽兴。由“酉”和“甘”会意，“甘”也是声符。

酖　乐酒也。从酉，冘声。丁含切（dān）

【译文】酖，将饮酒当作快乐之事。形符是“酉”，声符是“冘”。

醧　私宴饮也。从酉，區声。依倨切（yù）

【译文】醧，因报答私恩而设宴饮酒。形符是“酉”，声符是“匾”。

醵 会饮酒也。从酉，豦声。酟，醵或，从巨。其虐切（jué）[①]

【注释】①其虐切：现音读按《广韵》其据切，jù。

【译文】醵，聚合饮酒。形符是“酉”，声符是“豦”。酟，“醵”的异体字，从“巨”声。

酺 王德布，大饮酒也。从酉，甫声。薄乎切（pú）

【译文】酺，君王广布恩德于天下，天下之人大行饮酒。形符是“酉”，声符是“甫”。

醅 醉饱也。从酉，咅声。匹回切（pēi）

【译文】醅，既醉且饱。形符是“酉”，声符是“咅”。

醉 卒[①]也。卒其度量，不至于乱也。一曰，溃也。从酉，从卒。将遂切（zuì）

【注释】①卒：终尽。

【译文】醉，尽量。使它酒量满尽，却不至于达到昏乱的地步。一种说法是，崩溃。由“酉”和“卒”会意。

醺 醉也。从酉，熏声。《诗》曰：“公尸来燕醺醺。”[①]许云切（xūn）

【注释】①语见《诗·大雅·凫鹥》。今本作公尸来止熏熏。

【译文】醺，醉酒而酒气醺醺。形符是“酉”，声符是“熏”。《诗经》中讲道：“扮演周王先祖且受祭的人喝酒，喝得醉醺醺。”

醟  酗也。从酉，熒省声。为命切（yòng）

【译文】醟，酗酒至乱。形符是“酉”，声符是“熒”的省文。

酗  醉醟也。从酉，句声。香遇切（xù）

【译文】酗，沉醉于酗酒。形符是“酉”，声符是“句”。

酲  病酒也。一曰，醉而觉也。从酉，呈声。直贞切（chéng）

【译文】酲，因醉酒而得病。一种说法是，在醉酒中有所觉醒。形符是“酉”，声符是“呈”。

醫（医）  治病工也。殹（yì），恶姿也；醫之性然。得酒而使。从酉，王育说。一曰，殹，病声。酒所以治病也。《周礼》有醫酒。古者巫彭初作醫。於其切（yī）

【注释】①语见《周礼·天官·酒正》。

【译文】醫，治病的人。殹，违背常人的姿态；醫生的性情就是这样。合酒用作药物的辅助剂。形符是“酉”，这是王育的说法。一种说法是，“殹”，表示病人发出的声音。酒是用来治病的东西。《周礼》中记载有被称作“醫”的酒类饮料。古时候巫彭最先开始行醫。

莤 礼祭，束茅，加于裸圭，而灌鬯酒，是为莤。象神歆之也。一曰，莤，榼上塞也。从酉，从艸。《春秋传》曰："尔贡苞茅不入，王祭不供，无以莤酒。"① 所六切（sù）

【注释】①语见《左传·僖公四年》。今本莤作缩。

【译文】莤，按照礼的规定进行祭祀，捆束着茅草，树立在祭场的前部，将用来进行裸祭的圭瓒加在茅草上，向茅草灌郁鬯酒，这被称作是"莤"。酒水从茅草叶上渗透下去，象神喝酒一般。一说，"莤"是酒器上的塞子。由"酉"和"艸"会意。《左传》中讲道："你们不进贡包捆的菁茅，天子的祭祀你们不供给，天子就无法进行'莤酒'的礼仪。"

醨 薄酒也。从酉，离声。读若离。吕支切（lí）

【译文】醨，薄酒。形符是"酉"，声符是"离"。发音如同"离"字。

醶 酢也。从酉，韱声。初减切（chǎn）

【译文】醶，醋。形符是"酉"，声符是"韱"。

酸 酢也。从酉，夋声。关东谓酢曰酸。𨡙，籀文酸，从畯。素官切（suān）

【译文】酸，醋。形符是"酉"，声符是"夋"。关东地区将"酢"称作是"酸"。𨡙，籀文中的"酸"字，声符是"畯"。

𩱖[䤊] 浆也。从酉，𢦏声。徒奈切（dài）①

【注释】①徒奈切：现音按《广韵》昨代切，读 zài。

【译文】䤊，醋。形符是“酉”，声符是“𢦏”。

醶 醶 酢浆也。从酉，佥声。鱼窆切（yàn）

【译文】醶，醋。形符是“酉”，声符是“佥”。

酢[①] 酢 醶也。从酉，乍声。仓故切（cù）[②]

【注释】①酢：段玉裁《说文解字注》：“今俗皆用醋。以此为酬酢字。”②仓故切：现音按《广韵》在各切，读 zuò。

【译文】酢，醋。形符是“酉”，声符是“乍”。

酏 酏 黍酒也。从酉，也声。一曰，甜也。贾侍中说，酏为鬻清。移尔切（yǐ）[①]

【注释】①移尔切：现音按《广韵》弋支切，读 yí。

【译文】酏，用黍米酿制而成的酒。形符是“酉”，声符是“也”。一种说法是，甜。贾侍中说，“酏”是稀粥。

酱[醬]（酱） 醬 （醢）[醢]也。从肉。从酉，酒以和酱也；爿声。𤖇，古文。𤅢，籀文。即亮切（jiàng）

【译文】酱，肉酱。由“肉”和“酉”会意，表示用酒来拌和肉酱；声符是“爿”。𤖇，古文“酱”字。𤅢，籀文“酱”。

醢 醢 肉酱也。从酉、㐭。𧇧，籀文。呼改切（hǎi）

【译文】醢，肉酱。由“酉”、“㐭”会意。𧇧，籀文“醢”。

䤂 䤂酴，榆酱也。从酉，敄声。莫候切（mào）[1]

【注释】①莫候切：现音按《广韵》莫胡切，读 mú。

【译文】䤂，䤂酴，用榆子仁制作而成的酱。形符是“酉”，声符是“敄”。

酴 䤂酴也。从酉，俞声。田候切（dòu）[1]

【注释】①田候切：现音按《广韵》同都切，读 tú。

【译文】酴，䤂酴。形符是“酉”，声符是“俞”。

酹 餟（zhuì）祭也。从酉，寽声。郎外切（lèi）

【译文】酹，将酒挥洒到地上进行祭祀。形符是“酉”，声符是“寽”。

醳 捣榆酱也。从酉，畢声。蒲计切（bì）

【译文】醳，捣碎榆子仁做成酱。形符是“酉”，声符是“畢”。

醹 酱也。从酉，矞声。居律切（jú）

【译文】醹，酱。形符是“酉”，声符是“矞”。

醶 杂味也。从酉，京声。力让切（liàng）[1]

【注释】①力让切：现音按《广韵》吕张切，读 liáng。

【译文】醶，干粮杂和水制成味薄的饮料。形符是“酉”，声符是“京”。

醶 阙。慈冉切（jiàn）

【译文】醶，形、音、义记载不详。

醽 阙。而琰切（rǎn）

【译文】醽，形、音、义记载不详。

文六十七 重八

酋 绎酒也。从酉，水半见于上。《礼》有“大酋”，掌酒官也。凡酋之属皆从酋。字秋切（qiú）

【译文】酋，久酿而成的酒。形符是“酉”，通过“水”字的一半在“酉”的上部进行表意。《礼》中记载有“大酋”这样的职务，是执掌酿酒的官吏。但凡“酋”的部属都以“酋”为形符。

䨖[尊] 酒器也。从酋，収以奉之。《周礼》六尊：牺尊、象尊、著尊、壶尊、太尊、山尊，以待祭祀宾客之礼。尊，䨖或，从寸。祖昆切（zūn）

【译文】䨖，盛酒的器皿。从“酋”，两只手高举着它。《周礼》中有六罇：牺牛形的酒罇，象形的酒罇，没有脚底部着地的酒罇，壶形的酒罇，太古的陶制酒罇，刻画着山和云雷纹饰的酒罇，用它们来祭祀和宴请宾客。尊，“䨖”的异体字，从“寸”。

文二 重一

戌 灭也。九月，阳气微，万物毕成，阳下入地也。五行，土生于戊，盛于戌。从戊含一。凡戌之属皆从戌。辛聿切（xū）

【译文】戌，消灭。“戌”代表着九月，此时阳气衰微，万物都成熟了，阳气下沉进入地下。金、木、水、火、土五种物质，“土”产生于“戌”位，在戌月气势最盛。由“戊”包含着“一”会意。但凡“戌”的部属都从“戌”。

文一

亥 𠀅 荄也。十月。微阳起，接盛阴。从二，二，古文上字。一人男，一人女也。从乙，象裹子咳咳之形。《春秋传》曰：“亥有二首六身。”[①]凡亥之属皆从亥。𠀅，古文亥。为豕，与豕同。亥而生子，复从一起[②]。胡改切（hài）

【注释】①语见《左传·襄公三十年》。段玉裁《说文解字注》：“孔氏《左传正义》曰：‘二画为首，六画为身。按今篆法身只有五画。盖周时首二画，下作六画，与今篆法不同也。”②段玉裁注：“此言始一终亥，亥终则复始一也。”

【译文】亥，草根。“亥”代表着十月。此时微弱的阳气孳生，接续着旺盛的阴气。从“二”，“二”，古文中的“上”字。表示一男一女。从“乙”，象怀着胎儿腹部拳曲的样子。《左传》中讲道：“‘亥’字的上部两画是头，下部的六画是身体。”但凡“亥”的部属都从“亥”。𠀅，古文“亥”。代表着豕，与“豕”字的构形原则相同。到了“亥”地支已经穷尽，又从“子”开始，万物又从“一”开始。

文一 重一

卷二十九

说文解字叙

许 慎

叙曰：古者庖牺氏[1]之王天下也，仰则观象于天，俯则观法于地，视鸟兽之文，与地之宜，近取诸身，远取诸物，于是始作《易》八卦，以垂宪象。及神农氏结绳为治，而统其事。庶业其繁，饰伪萌生，黄帝之史仓颉，见鸟兽蹄迒[2]之迹，知分理之可相别异也，初造书契[3]。百工以乂[4]，万品以察，盖取诸夬。"夬，扬于王庭。"[5]言文者宣教明化于王者朝廷。君子所以施禄及下，居德则忌也[6]。

【注释】①庖牺氏：即伏羲。唐司马贞《三皇本纪》："太皞庖牺氏，风姓，代燧人氏继天而王……养牺牲以庖厨，故曰庖牺"。②蹄迒（háng）：亦作"蹏迒"。蹄爪的痕迹。③书契：指文字。唐代陆德明在《经典释文》中解释："书者，文字；契者，刻木而书其侧，故曰书契也。一云：以书契约其事也。"④乂（yì）：治理；安定。⑤夬，扬于王庭：

出自《周易·夬卦》卦辞。⑥居德则忌：或为“居德明禁”之误。

【译文】往古的时侯，伏羲氏治理天下，他仰观天象，俯察地理，观察鸟兽的形象和大地的脉理，近的取法自身，远的取于他物，在这个基础上，才创作了《易》的八卦，用卦象示人吉凶。到了神农氏的时代，使用结绳记事的办法治理社会，管理当时的事务。社会上的行业和杂事日益繁多，掩饰作伪的事情也发生了。黄帝的史官仓颉看到鸟兽的足迹，懂得它们的纹理是可以相互区别开来的，因而创造了文字。“各行各业由此得到治理，万事万物因此得以辨明。这大概取决于事物的可以分门别类吧。”“分门别类后，就在王庭上进行宣扬。”这就是说，仓颉创造文字是为了宣扬教令、倡导风范，有助于君王的施政。君王运用文字工具，更便于向臣民施予恩泽，而臣民应以立德为本，明白禁忌，令行禁止。

仓颉之初作书，盖依类象形，故谓之文。其后形声相益，即谓之字。[文者，物象之本；][①]字者，言孳乳而浸多[②]也。箸[③]于竹帛谓之书。书者，如也。以迄五帝三王之世，改易殊体。封于泰山者七十有二代，靡有同焉。

【注释】①段玉裁《说文解字注》据《左传·宣公十五年》正义补。②孳乳：滋生增益。浸：渐。③箸：同“著”。

【译文】仓颉初造文字，是按照物类画出具象（象形）或抽象的（指事）独体，所以叫做“文”。随后又造出合体的会意、形声，称之为“字”。“文”，是事物形象的本来面目；“字”

是由“文”与“文”相结合而孳生繁衍数量增多的现象。把文字刻在竹简、写到绢帛上，称为“书”。“书”，书就是如同的意思。文字经历了“五帝”、“三王”的漫长岁月，改变成了不同的字体。所以在泰山筑坛祭天的，多达七十二代，留下的文字却各不相同。

周礼：八岁入小学。保氏教国子[①]，先以六书。一曰指事。指事者，视而可识，察而（可）见[意]。上下是也。二曰象形。象形者，画成其物，随体诘诎[②]。日月是也。三曰形声。形声者，以事为名，取譬相成，江河是也。四曰会意。会意者，比类合谊[③]，以见指㧑[④]，武信是也。五曰转注。转注者，建类一首，同意相受，考老是也。六曰假借。假借者，本无其字，依声托事，令长是也。

【注释】①保氏：古代职掌以礼义匡正君王、教育贵族子弟的官员。国子：公卿大夫的子弟。②诘诎（jié qū）：屈曲；屈折。③比类合谊：连缀、排比同类事物，归纳、综合其义。谊：今人用“义”，古书用“谊”。“谊”者本字，“义”者叚借字。④指㧑（huī）：指挥，意为指向。

【译文】周朝的制度：人们八岁进小学，保氏教育公卿大夫的子弟，先教“六书”。第一叫指事，指事的含义是：字形、结构看起来认得，但须经过考察才能知道它所体现的字义。上下二字即属此例。第二叫象形，象形的含义是：用画画的办法画出那个物体，笔画的曲折描摹同自然物的态势相一致。日、月二字即属此例。第三叫形声，形声的含义是，按照事物的性质和类别，挑选可相比譬的声符和义符组成文字。江、河二字即属此例。第四叫会意，会意的含义是：比联起事理有关的字素，构成文字；掺合字素的意义，可以得知新字的旨趣。武、信二字即属此例。第五叫转注，转注的含义是：立一字为头、为根，创制类属字，类属字对根字的形音义有所承袭，与根字意义相通。考、老二字即属此例。第六叫假借，假借的含义是：没有为某事某物造字，而按照某事某物的叫法，找一个同音字代表它。令、长二字即属此例。

及宣王太史籀箸大篆①十五篇，与古文或②异。至孔氏书“六经”，左丘明述《春秋传》，皆以古文。厥③意可得而说。其后，诸侯力政④，不统于王。恶礼乐之害己，而皆去其典籍。分为七国，田畴⑤异亩，车涂⑥异轨，律令异法，衣冠异制，言语异声，文字异形。

【注释】①太史籀（zhòu）：周宣王时的史官。一说：“籀”当解作“读”。大篆：周朝的字体，是一种笔画较繁复的篆书。秦朝创制小篆以后，把这种字体叫大篆。②或：不尽然。③厥：其，它的。④政：通“征”。⑤田畴（chóu）：田地。⑥涂：通“途”。

【译文】到了周宣王的太史籀整理出大篆十五篇，籀文同古文有了差异。到了孔子写“六经”，左丘明著《春秋传》都用古文；造字时的意义还能够通晓。再往后，诸侯们依靠暴力施政，不服从周天子，他们憎恶礼乐妨害自己，都抛弃典籍各行其是。天下分为七个大国，田亩有不同的丈量方法，车路有不同的轨迹，法令有不同的制度，衣帽有不同的样式，言语有不同的音声，文字有不同的形体。

秦始皇帝初兼天下，丞相李斯乃奏同之[①]，罢其不与秦文合者。斯作《仓颉篇》，中车府令赵高作《爰历篇》，太史令胡毋敬作《博学篇》。皆取史籀大篆，或[②]颇省改。所谓小篆者也。是时，秦烧灭经书，涤除旧典，大发吏卒，兴戍役。官狱职务繁，初有隶书，以趣[③]约易。而古文由此绝[④]矣。

【注释】①同之：统一文字。②或：语气词，在否定句中加强否定语气。③趣：趋向，适应。④绝：不再通行。

【译文】秦始皇初灭六国，丞相李斯就奏请统一制度，废除那些与秦国文字不相合的字体。李斯写了《仓颉篇》，中车府令赵高写了《爰历篇》，太史令胡毋敬写了《博学篇》，都取用史籀大篆的字体，有些字还作了一些简化和改动，这种字体就是人们所说的“小篆”。这个时候，秦始皇焚烧经书，除灭古籍，征发隶卒，大兴徭役和戍边，朝廷上、监狱里，事务繁多，于是产生了隶书，以使书写趋向简易，古文字体便不再通行了。

自尔，秦书有八体。一曰大篆，二曰小篆，三曰刻符，四曰虫书[①]，五曰摹印，六曰署书[②]，七曰殳书[③]，八曰隶书。

【注释】①虫书：是装点在大纛旗幡上各种飞禽走兽的形象。笔画故作蜿蜒盘曲之状，中部鼓起，首尾出尖，长脚下垂，犹如虫类身体之弯曲，故名。②署书：段玉裁《说文解字注》：“检者，书署也，凡一切封检题字，皆曰署，题榜曰署。”③殳（shū）书：秦书八体之一。古代刻于兵器或瓠形物体上的文字。

【译文】从这个时候起，秦代的书法有八种体势：第一叫大篆，第二叫小篆，第三叫刻符，第四叫虫书，第五叫摹印，第六叫署书，第七叫殳书，第八叫隶书。

汉兴有艸书。尉律①：学僮②十七已上，始试，讽籀书③九千字，乃得为史。又以八体试之，郡移太史并课④，最者以为尚书（吏）［史］⑤。书或不正，辄举劾⑥之。今虽有尉律，不课；小学，不修。莫达其说久矣。

【注释】①尉律：汉律令为廷尉所掌管，故称尉律。②僮：通“童”。③讽：背诵。籀：抽绎；理解。书：书写。④并课：合而试之。⑤尚书史：段玉裁《说文解字注》：“尚书令史十八人，二百石，主书。字或不正，辄举劾之，乃尚书所值。”⑥劾（hé）：检举揭发罪状。

【译文】汉朝建立以后有草书。汉朝的法令规定：学童十七岁以后开始应考，能够背诵、理解和书写九千个汉字的人，才能做记事官；进一步是用书法“八体”考察他们。通过郡试之后，上移给中央太史令再行考试，成绩最优的人，担任尚书史。官吏的公文、奏章，文字写得不正确，尚书史就检举、弹劾他们。如今条令虽在，却停止了考核；虽有文字之学，却不讲习。士人不通文字的学问很久了。

孝宣皇帝时，召通《仓颉》读者，张敞从受之。凉州刺史杜业，沛人爰礼，讲学大夫秦近，亦能言之。孝平皇帝时，征礼等百余人，令说文字未央廷中，以礼为小学元士。黄门侍郎杨雄采以作《训纂编》。凡《仓颉》以下十四篇，凡五千三百四十字，群书所载，略存之矣。

【译文】汉宣帝时，征召到一位能够读识古文字《仓颉篇》的人，宣帝派张敞跟着他学习。凉州的地方官杜业、沛地人爱礼、讲学大夫秦近，也能读识古文字。汉平帝时，征召爱礼等一百多人，要他们在未央官讲说文字，尊奉爱礼做小学元士。黄门侍郎杨雄采集大家的解说，编著了《训纂篇》。大凡《仓颉篇》以来至《训纂篇》，共十四篇，计五千三百四十字，古今典籍所用的字，大都保存到这些字书里了。

及亡新居摄[①]，使大司空甄丰等校文书之部，自以为应制[②]作。颇改定古文。时有六书：一曰古文，孔子壁中书也。二曰奇字，即古文而有异者也。三曰篆书，即小篆。四曰佐书，即秦隶书，秦始皇帝使下杜人程邈所作也。五曰缪篆，所以摹印也。六曰鸟虫书，所以书幡信也。

【注释】①亡新：继西汉之后由西汉外戚王莽建立的朝代（8年—23年），史称新莽。居摄：因皇帝年幼不能亲政，由大臣代居其位处理政务，谓“居摄”。②应制：应诏，应皇帝之命。

【译文】到了王莽代汉自立新朝，他要大司空甄丰等人检校书籍，甄丰自认为应皇上的命令而作，间或更改约定了一些古文字。那时有六种字体：第一叫古文，出自孔子住宅墙壁中保存下来的一批古籍；第二叫奇字，是古文中字体不同的字；第三叫篆书，也就是小篆；第四叫佐书，即秦朝的隶书，是秦始皇使下杜人程邈整理的字体；第五叫缪篆，是用在玺符印鉴上的篆书；第六叫鸟虫书，是写在旗幡、符信等物上的字体。

壁中书者，鲁恭王坏孔子宅，而得《礼记》、《尚书》、《春秋》、《论语》、《孝经》。又北平侯张苍献《春秋左氏传》，郡国亦往往于山川得鼎彝[①]，其铭即前代之古文，皆自相似。虽叵[②]复见远流，其详可得略说也。

【注释】①鼎彝（yí）：古代祭器，上面多刻着表彰有功人物的文字。②叵（pǒ）：不可。

【译文】所谓壁中书，是指鲁恭王拆毁孔子住宅墙壁时得到的《礼记》《尚书》《春秋》《论语》《孝经》等古文典籍。此外，还有北平侯张苍所献的《春秋左氏传》；一些郡县、诸侯国也往往从地下发掘出前代的钟鼎彝器，它们的铭文就是前代的古文，这些古文字都很相似。虽说不能再现古文字的流变，但是古文造字的明晰用意，也能说出个大概了。

而世人大共非訾[①]，以为好奇者也，故诡更[②]正文，乡壁虚造[③]不可知之书，变乱常行，以耀于世。诸生竞逐说字解经，喧[④]称秦之隶书，为仓颉时书，云：父子相传，何得改易！乃猥[⑤]曰：马头人为长，人持十为斗，虫者屈中也。廷尉说律，至以字断法，苛人受钱[⑥]，苛之字止句也。若此者甚众，皆不合孔氏古文，谬于史籀。

【注释】①非：非议。訾（zǐ）：毁谤。②诡（guǐ）：妄。更：改。③乡壁虚造：对着墙壁，凭空造出来的。比喻无事实根据，凭空捏造。乡：通“向”。④喧：王筠《说文解字句读》认为同“諼”，作诈妄解。段玉裁《说文解字注》作“谊”，连上文读，同“义”。⑤猥（wěi）：歪曲。⑥苛人受钱：禁止恐吓人犯，索取贿赂，“苛”是“诃”的假借字。

【译文】世人无知，极力否定、诋毁古文，认为古文是好奇的人故意改变现行的文字，凭空伪造出来的不可理解的符号，更改搅乱了通行的隶书，想借机炫耀。太学生们争相解说文字，注释经义，把秦朝才有的隶书，宣称是仓颉时代的文字。说什么“文字是父子相传的，哪里会改变呢？”他们竟然瞎说：“马字头加人字是长。”“人握十是斗。”“虫字是中字竖笔弯曲着。”掌刑官解说法令，竟会凭借字形来判断刑律，比如“苛人受钱”，说“苛”是“止钩”的会意。类似上文的例子很多，不合孔壁中出土的古文字形，也违背史籀大篆的字体。

俗儒啚夫，翫①其所习，蔽所希②闻。不见通学，未尝睹字例之条，怪旧埶③而善野言，以其所知为秘妙。究洞圣人之微恉④。又见《仓颉篇》中“幼子承诏”，因号⑤：“古帝之所作也，其辞有神仙之术焉。”其迷误不谕⑥，岂不悖哉！

【注释】①翫：同“玩”，玩弄。②希：同“稀”。③埶：同“艺”，指典籍。④究：穷尽。洞：通达。微：精微，微妙。恉（zhǐ）：意旨，意图。字本作“指”。⑤因号：徐锴《说文解字系传》作“因曰”。⑥谕：通晓，明白。

【译文】粗俗的读书人与浅薄的啚吏，玩弄自己习见的字体，对于少见的事物则格格不入。没见过通达的学问，不知道造字的规则，把古文典籍看成异端，把无稽之谈当做正论，把自己知道的东西看得玄妙。以为领会了圣人著述的深意。又看到《仓颉篇》中有“幼子承诏”一句，便说“这是黄帝时代写的，寓有黄帝仙去，让幼子承嗣的深意。”他们迷惑荒谬不明事理，难道不是很糊涂吗?

《书》曰：“予欲观古人之象。”[①]言必遵修旧文而不穿凿。孔子曰：“吾犹及史之阙文，今亡矣夫！”[②]盖非其[③]不知而不问，人用己私，是非无正，巧说邪辞，使天下学者疑。

【注释】①语见《尚书·虞书·皋陶谟》。象：字像。②语见《论语·卫灵公第十五》。阙文：缺而不书或脱漏的文字。阙：同“缺”。亡：同“无”。③非：非议。“非其”二字直贯句末。

【译文】《尚书》记载，舜帝说；“我想看看古人的字象。”这话表明舜帝遵循旧时的文字，而不穿凿附会。孔子说：“我还能看到史书存疑的地方，现在却没有了啊！”这大概是批评那些自己不懂却不好问的现象，是批评凭着一己的猜想去解释古史古事，弄得是非没有定准的现象，是批评用巧言诡辩使天下读书人疑惑的现象。

盖文字者，经艺之本，王政之始，前人所以垂后，后人所以识古。故曰：“本立而道生”[①]，“知天下之至啧而不可乱也。”[②]

【注释】①语见《论语·学而第一》。②语见《周易·系辞》。

啧（zé）：同“赜”。事物的幽深、细微处。

【译文】文字是经史百家之书的根基，是推行王道的基础，前人用它记述自己的经验传示给后人的载体，后人依靠它认识前人的工具。所以说：“根本确立了，道就产生了。”“懂得世上最深奥的道理，而不会再受困扰。”

今叙篆文，合以古籀，博采通人。至于小大，信而有证。稽撰[①]其说，将以理群类，解谬误，晓学者，达神恉。分别部居，不相杂厕[②]。万物咸睹，靡不兼载。厥谊不昭，爰明以谕。其偁[③]《易》孟氏、《书》孔氏、《诗》毛氏、《礼》、《周官》、《春秋》左氏、《论语》、《孝经》，皆古文也。其于所不知，盖阙如也。

【注释】①稽：考核。撰：诠释。②厕：置。③偁：同“称”。举：征引。

【译文】现在列举篆文，参照古文、籀文，广博的采纳专家的说法。做到出言无论大小，都确凿有根据。在考订的基础上撰写出自己的说解，将用来整理所有的字类，剖辨谬误，使学习的人通达文字的妙意。采用分立部首，以部首系联字头的办法编排文字，使它们不相错杂。万事万物都可以看到，没有不完备记载的。遇到不易明了的事物，就援用可资说明的东西比喻它。书中提到孟喜本的《易经》，孔安国本的《尚书》，毛亨本的《诗经》，以及《仪礼》《周礼》，左丘明本的《春秋》，《论语》《孝经》等，都指古文经本。遇到我不知道的事物，就空缺不论。

卷三十

（叙曰[①]：）此十四篇，五百四十部，九千三百五十三文，重文一千一百六十三，解说凡十三万三千四百四十一字。其建首[②]也，立一为耑[③]。方以类聚，物以群分。同牵条属[④]，共理相贯。杂而不越，据形系联。引而申之，以究万原。毕终于亥，知化穷冥。

【注释】①依段玉裁《说文解字注》当移到卷二十九全序之首。②建首：王筠《说文解字句读》："建，立也。谓立五百四十字为首也。"③耑：开端。④同牵条属：依徐锴《说文解字系传》作"同条牵属"。王筠《说文解字句读》："字即同义，则如因本生枝，由枝生叶，自然条理相连贯矣。"

【译文】正文十四篇，五百四十部首，九千三百五十三个字头，重文一千一百六十三个，解说文字共十三万三千四百四十一。建立部首，用"一"开端，汉字编排按照类相同相聚的原则进行，使事物按照群体分开；同一枝条的孽叶牵属在一处，同一义理的文字贯连一起。排字有序，不相杂乱，依据字形逐个地系联字头。从一字引申、系联开去，探究文字的本原；结束在"亥"字，由此可知文字的变化，构形的精微。

于[①]时大汉，圣德熙明[②]。承天稽唐[③]，敷崇殷中[④]，遐迩被泽，渥衍沛滂[⑤]。广业甄微[⑥]，学士知方；探啧索隐[⑦]，厥谊[⑧]可传。

【注释】①于：语气词。②熙明：同义复合词。熙，光明。③承天稽唐：王筠《说文解字句读》："承天，奉天承运也。稽唐，稽古同天之义，谓汉以尧为祖也。"④王筠《说文解字句读》"敷，布也。崇，高也。殷中，即以殷仲春，以殷仲秋，举春秋以该冬夏也。尧以若（顺）天授时为首政。敷崇、殷中，即稽唐之实也。此言汉和帝敬天勤民。"⑤渥衍：浩大的潮水。渥：厚。溢出，水满而出。沛滂：壮阔的川流。沛：段玉裁《说文解字注》："水之大至如草木之盛。"形容水涌出。⑥广业甄微：王筠《说文解字句读》："光武帝立五经十四博士，初建三雍，是谓广业；肃宗大会诸儒于白虎殿，考详同异，是谓甄微，唱之自上，故人知所向方也。"广：扩大。甄：化育，造就。⑦啧：同"赜"，深奥。隐：精深；微妙。⑧厥：其。谊：同"义"。

【译文】当今我大汉朝，天子德行光明，上承天命，稽考唐尧的故事，布施崇高的道德，确定季节时令。远近都覆盖着他的恩泽，就像浩大的潮水，壮阔的川流。隆兴学业，造就通晓微言大义的人才，读书人就有了方向；真是探寻奥妙求索精微的好时机，文字的意义就可以传示后人了。

粤在永元[①]，困顿之年[②]，孟陬之月[③]，朔日甲申[④]。

【注释】①粤：句首语助词。永元：汉和帝年号（89—

105）。②困顿之年：年份在六十甲子的子上，称为困顿。永元十二年（100），年份在庚子。③孟陬：同义复合词。农历正月。孟：始，四季中每季的第一个月。陬（zōu）：农历正月的别称。④朔日：农历每月初一。甲申：六十甲子之一，这里用以纪日。

【译文】我著书开始于汉和帝永元十二年正月初一。

曾曾[①]小子，祖自炎神[②]。缙云相黄[③]，共承高辛[④]。太岳佐夏[⑤]，吕叔作藩[⑥]。俾侯于许[⑦]，世祚遗灵[⑧]。自彼徂召[⑨]，宅此汝濒[⑩]。

【注释】①曾曾：王筠《书文解字句读》："曾曾者，许君之创词也。"曾孙之曾孙，最小最小。②炎神：炎帝神农氏。段玉裁《说文解字注》："居姜水，因以为姓。"③缙云相黄：段玉裁《说文解字注》引贾逵《左传解诂》："缙云氏，姜姓也，炎帝之苗裔，当黄帝时任缙云之官也。"④共承高辛：段玉裁《说文解字注》："共音恭，谓共工也。共工，炎帝之后，姜姓也。颛顼氏衰，共工氏侵陵诸侯，与高辛氏争王也。承者，奉也，受也。"王筠《说文解字句读》："许君云承者，讳其争王之言，言当高辛时为诸侯也。"⑤太岳：王筠《说文解字句读》："太岳，神农之后。"段玉裁《说文解字注》："共之从孙四岳佐伯禹。左传言太岳，亦曰四岳，皆谓一人，非谓四人。"⑥吕叔作藩：段玉裁《说文解字注》："大岳，姜姓，为禹心吕之臣，故封吕侯。取其地名与心吕义合也。吕侯历夏殷之季而国微，故周武王封文叔于许，以为周藩屏。吕叔谓文叔也。文叔者出于吕，故谓之吕叔。"

藩：藩屏，屏障。⑦俾（bǐ）：使。许：周国名。今河南许昌。⑧世祚：段玉裁《说文解字注》："黄帝时有缙云氏，高辛时有共工，夏禹时有大岳，周时有吕叔。此之为谓世禄。"灵：段玉裁《说文解字注》："灵之言令也。令，善也。"⑨自彼徂召：《左传·成公十五年》："许灵公畏逼于郑，迁于楚。"段玉裁《说文解字注》："谓自许往迁汝南召陵县也。汉时召陵有万岁里，许氏所居也。"召陵县故城在今河南郾城东三十五里。⑩宅此汝濒：段玉裁《说文解字注》："濒，压也。宅，居也。居此汝水之厓。盖自文叔以下廿四世，当战国初楚灭之后有迁召陵者，为许君之先。"

【译文】我是许氏的苗裔，祖先应从炎帝神农氏算起。神农氏的后裔缙云氏辅佐过黄帝，共工氏的帝位被高辛氏接替。共工的从太孙太岳辅佐夏禹，太岳的后裔吕叔护卫周朝，被周天子分封到许地。祖先世世代代爵禄不废，美好的德行遗留后人。自那以后许氏先祖又从许地迁到汝南，从此就居住在汝水边上了。

窃卬景行[①]，敢涉圣门[②]。其弘如何？节彼南山[③]。欲罢不能，既竭[④]愚才。惜道之味，闻疑载疑[⑤]。演赞其志[⑥]，次列微辞[⑦]。知此者稀，傥昭所尤[⑧]。庶有达者，理而董之[⑨]。

【注释】①窃：谦辞，指自己。卬景行：《诗经·小雅·車舝》曰："高山仰止，景行行止。"卬景行是两句的概括。卬：同"仰"。②圣门：段玉裁《说文解字注》："谓凡造六艺之五帝、三王、周公、孔子、左氏及仓颉、史籀之门庭也。"③节彼南山：语出《诗经·小雅·节南山》。节：

高峻貌。南山：终南山。④既竭：同义复合词。既，完，尽。⑤闻疑载疑：段玉裁《说文解字注》："闻疑儿载之于书，以俟后世贤人君子。"⑥演赞其志：段玉裁《说文解字注》："演，长流也。故凡推广之曰演。志者，识也。古志、识同字。"赞：告，指说明。⑦次列微辞：桂馥《说文解字义证》："谓先征旧训，后缀己说。"微辞，谦称己说。⑧傥昭所尤：段玉裁《说文解字注》："言此道既鲜知者，鲜稽撰此书，虽以自信，"傥：或许。尤：过错。⑨理：治。董：正。

【译文】我怀着仰望高山、行走大路的心情，不揣冒昧想挨近圣人之门。圣人的门庭高大得怎样呢？像那南山一样崔嵬。想中途作罢而不能，只得用尽自己驽钝的才能。深爱文字之道的无穷意味，对于疑难之处保持阙疑的态度。我推演圣人造字之意，陈述自己浅薄的见解。懂得这门学问的人不多，倘若有明显错误，希望通家能够整理纠正它。

上说文表

许 冲

召陵万岁里公乘、艸莽臣冲稽首再拜①，上书皇帝陛下：臣伏②见陛下，神明盛德，承遵圣业，上考度于天，下流化于民，先天而天不违，后天而奉天时，万国咸宁，神人以和。犹复深惟五经③之妙，皆为汉制④，博采幽远，穷理尽性，以至于命。先帝诏侍中、骑都尉贾逵⑤，修理旧文，殊艺异术，王教一耑⑥，苟有可以加于国者，靡不悉集。《易》曰："穷神知化，德之盛也。⑦"

【注释】①万岁里：里名。《郡国制》："一里百家，里魁掌之。"公乘：汉爵名。汉因秦制，分二十等爵，公乘第八。段玉裁《说文解字注》："公乘者，言其得乘公家之車也。"艸莽臣：段玉裁《说文解字注》："宅者，在邦则曰市井之臣，在野则曰艸茅之臣。宅者谓致仕去官而举宅。茅，孟子作莽。"稽首：叩首至地。再拜：两拜。②伏：谦敬副词。③惟：思念，思念；考虑。④汉制：段玉裁《说文解字注》："谓光武帝好经术，立五经十四博士。"⑤先帝：汉和帝。侍中：汉官名。丞相属官，常侍从皇帝，应对顾问。骑都尉：汉官名。贾逵：东汉经学家，扶风郡平陵县人。⑥耑："端"的古体字。此处作种类讲。⑦语出《易经·系辞传》。

【译文】召陵县万岁里八等爵公乘、草野臣子许冲叩首再拜，向皇帝陛下呈上奏折。微臣看到陛下您英明盛大的德行，承继遵循着神圣的帝业，向上从皇天学习法度，向下流布教化给百姓。在皇天之前行动，皇天不与相违背；在皇天之后行动，能够顺承皇天的时令。郡国安宁，神人协和。而陛下还深深的思虑着五经的奥义，将弘传五经定为汉朝的制度。广博的采集幽微深远的说法，穷尽物理、发掘人性，以达到天命的目标。先帝命侍中官兼骑都尉官贾逵，研修疏理旧时的文献。特殊的经艺，不同的学术传承，都属于王者教化的一种，但凡对国家有补益，都加以搜集。《易经·系辞传》上说："穷极微妙之神，晓知变化之道，乃是圣人极盛的德行。"

《书》曰："人之有能有为，使羞其行，而国其昌。"①臣父故太尉南阁祭酒慎②，本从逵受古学③。盖圣人不空作，皆有依据。今五经之道，昭炳④光明，而文字者其本所由生。自《周礼》、汉律，皆当学六书，贯通其意。恐巧说衺辞使学者疑，慎博问通人，考之于逵，作《说文解字》。六艺群书之诂⑤，皆训其意，而天地、鬼神、山川、艸木、鸟兽、蚰虫、杂物、奇怪、王制、礼仪、世间人事，莫不毕载。凡十五卷十三万三千四百四十一字。

【注释】①语出《尚书·周书·洪范》。羞：进献。②故：前任。太尉：东汉官名。掌管军事，地位与丞相相当。南阁祭酒：段玉裁《说文解字注》："谓太尉府掾曹出入南阁者之首领也。"③古学：古文经。段玉裁《说文解字注》：

“古文《尚书》、《诗》毛氏、《春秋左氏传》及仓颉古文、史籀大篆之学也。”④昭炳：闪耀。⑤诂：段玉裁《说文解字注》：“凡前古所传曰故言。”

【译文】《尚书·洪范》中说：“发挥有才能、有作为人的作用，让他们贡献力量，国家必然昌盛。”臣的父亲是前任太尉府的南阁祭酒许慎，曾经跟随贾逵学习古文经学。圣人不凭空创作，都会有所依据。当今五经的道理，闪烁着光明，五经的根本在于文字。从《周礼》到汉律，都要学习六书，贯通大义。担心奇巧的说法、邪曲的言辞让人疑惑，家父广博的请教通家，又在老师贾逵那里参证，于是创作《说文解字》。以《诗》《书》《礼》《乐》《易》《春秋》为代表的六艺以至所有书籍的言语，都训释了他们的义理，那么天地鬼神、山川草木、鸟兽昆虫、杂物奇怪、王朝制度、礼乐仪式、世间人事，全部都记载了下来。共分十五卷，十三万三千四百四十一字。

慎前以诏书校书东观①，教小黄门②孟生、李喜等，以文字未定③，未奏上。今慎已病，遣臣赍诣阙④。慎又学《孝经》孔氏古文说。古文《孝经》者，孝昭帝时鲁国三老⑤所献，建武时给事中议郎卫宏所校⑥。皆口传，官无其说，谨撰具⑦一篇并上。臣冲诚惶诚恐，顿首顿首，死罪死罪。臣稽首再拜，以闻皇帝陛下。建光元年⑧九月己亥朔，二十日戊午上。

【注释】①诏书：皇帝布告天下臣民的文书。东观：中国东汉宫廷中贮藏档案、典籍和从事校书、著述的处所。位于洛阳南宫。章帝、和帝以后，为宫廷收藏图籍档案及修撰史书的主要处所。②黄门：汉官署名。汉时设有黄门官，给事在黄门之内。③文字未定：段玉裁《说文解字注》："古人著书，不自谓是。时有增删改窜，故未死以前，不自谓成。"④赍（jī）：持，携带。诣：送。阙：宫门两侧的高台，左右各一，中间为通道，又可借指宫廷。⑤三老：古代掌教化的乡官。战国魏有三老，秦置乡三老，汉增置县三老，东汉以后又有郡三老，并间置国三老。⑥建武：（25—56）是东汉光武帝刘秀的第一个年号。给事中：官名。秦置，汉魏相沿。为将军、列侯、九卿以至黄门郎、谒者等的加官。因给事殿中，备顾问应对，讨论政事，故名。议郎：官名。汉代设置；为光禄勋所属郎官之一，掌顾问应对，无常事。汉秩比六百石。多征贤良方正之士任之。卫宏：字敬仲，东汉著学者，东海（今山东郯城西南）人。⑦谨：谦敬副词。撰具：编成。⑧建光元年：公元121年，辛酉年。自庚子年（100），至此共计22年。

【译文】臣父以前遵循皇上的命令，在皇家图书馆东观校正图书，曾经教过年轻的黄门官孟生、李喜等人。因为还没有定稿，所以没有上奏。现在臣父已病，派遣臣下携带著作献给朝廷。臣父还学习过孔壁古文《孝经》。古文《孝经》，是孝昭帝时代鲁国三老所献上的，建武年间给事中议郎卫宏校订。都是口口相传，朝廷没有解说的文字资料，臣父编辑整理成一卷，一并呈上。臣许冲惶恐不安，叩首又叩首，死罪啊死罪，叩首至地，拜了又拜，把上述情况报告给皇帝陛下。建光元年九月二十日奉上。

召上书者汝南许冲[①]，诣左掖门[②]会。令并赍所上书[3]。十月十九日，中黄门[4]饶喜，以诏书赐召陵公乘许冲布四十匹，即日受诏朱雀掖门。敕勿谢。

【注释】①“召上书”以下一节，是附记许冲九月二十日上书朝廷审阅后，皇帝下令于十月十九日赏赐许冲等事。②左掖门：段玉裁《说文解字注》：“掖门者，谓正门之旁门。云左掖门者，谓北宫东面掖门，对下朱雀掖门为南面掖门言也。”③所上书：指《说文解字》十五卷及《孝经》孔氏古说一篇。④中黄门：在宫廷中服役的太监。

【译文】皇帝命令上奏人汝南郡许冲，到北宫正门东侧门会聚，命令一并带上需呈上的著作。十月十九日，中黄门官饶喜，根据皇帝的命令赐给召陵县公乘官许冲四十匹布，并于当天到北宫南面侧门外接受皇命和赏赐。皇上命令说，不必谢恩。

附一

徐铉《叙录》

银青光禄大夫守右散骑常侍上柱国东海县开国子食邑五百户臣徐铉，奉直郎守秘书省著作郎直史馆臣句中正，翰林书学臣葛湍，臣王惟恭等，奉诏校定许慎《说文》十四篇，并《序目》一篇，凡万六百余字。圣人之旨，盖云备矣。稽夫八卦既画，万象既分，则文字为之大辂，载籍为之六辔。先王教化所以行于百代。及物之功，与造化均，不可忽也。虽复五帝之后，改易殊体；六国之世，文字异形：然犹存篆籀之迹，不失形类之本。及暴秦苛政，散隶聿兴，便于末俗，人竞师法。古文既绝，讹伪日滋。

至汉宣帝时，始命诸儒修仓颉之法，亦不能复故。光武时，马援上疏论文字之讹谬，其言详矣。及和帝时，申命贾逵修理旧文，于是许慎采史籀、李斯、杨雄之书，博访通人，考之于逵，作《说文解字》。至安帝十五年，始奉上之。而隶书行之已久，习之益工。加以行草八分，纷然间出，返以篆籀为奇怪之迹，不复经心。至于六籍旧文，相承传写，多求便俗，渐失本原。《尔雅》所载艸木鱼鸟之名，肆意增益，不可观矣。诸儒传释，亦非精究小学之徒，莫能矫正。唐大历中，李阳冰篆迹殊绝，独冠古今。自云："斯翁之后，直至小生。"此言为不妄矣。于是刊定《说文》，修正笔法。学者师慕，篆、籀中兴。然颇排斥许氏，自为臆说。夫以师心之见，破先儒之祖述，岂圣人之意乎？今之为字学者，亦多从阳冰之新义，所谓贵耳贱目也。自唐末丧乱，经籍道息。皇宋膺运，二圣继明。人文国典，粲然光被。兴崇学校，登进群才。以为文字者，六艺之本，固当率由古法。乃诏取许慎《说文解字》，精加详校垂宪百代。臣等愚陋，敢竭所闻。

盖篆书堙替为日已久，凡传写《说文》者，皆非其人，故错乱遗脱，不可尽究。今以集书正副本及群臣家藏者，备加详考。有许慎注义序例中所载而诸部不见者，审知漏落，悉从补录。复有经典相承传写，及时俗要用而《说文》不载者，承诏皆附益之，以广篆、籀之路。亦皆形声相从，不违六书之义者。其间《说文》具有正体，而时俗讹变者，则具于注中；其有义理乖舛、违戾六书者，并序列于后。俾夫学者，无或致疑。大抵此书务援古以正今，不徇今而违古。若乃高文大册，宜以案籀著之金石于常行简牍，则草隶足矣。又许慎注解，词简义奥，不可周知。阳冰之后，诸儒笺述有可取者，亦从附益；犹有未尽，则臣等粗为训释，以成一家之书。《说文》之时，未有反切。后人附益，互有异同。孙愐《唐韵》，行之已久。今并以孙愐音切为定，庶夫学者有所适从。食时而成，既异《淮南》之敏；县金于市，曾非吕氏之精。尘渎圣明，若临冰谷。谨上。

附二

新修字义

左文一十九，《说文》阙载，注义及序例偏旁有之，今并录于诸部：詔 志 件 借 魋 綦 剔 𦤎 醆 趄 顛 璵 曆 櫗 緻 笑 迓 睆 峯

左文二十八，俗书讹谬，不合六书之体：

𠕋 字书所无，不知所从，无以下笔。《易》云：“定天下之𠕋𠕋。”当作娓。

个 亦不见义，无以下笔。明堂左右个者，明堂旁室也。当作介。

暮 本作莫。日在茻中也。

熟 本作孰。享芽，以手进之。

捧 本作奉。从収，从手，丰声。经典皆如此。

遨 本作敖。从出，从放。

徘徊 本作裴回。宽衣也。取其裴回之状。

迴 本作回。象回转之形。

腰 本只作要。《说文》象形，借为玄要之要。后人加肉。

鳴 本只作烏，盱呼也。以其名自呼，故曰烏呼，后人加口。

慾 《说文》欲字注云：“贪欲也。”此后人加心。

揀 本只作柬。《说文》从柬、八，八，柬之也。后人加手。

俸 本只作奉。古为之奉禄，后人加人。

自暮已下一十二字，后人妄加偏旁。失六书之义。

鞦韆 按词人高无际作《鞦韆赋序》云:“汉武帝后庭之戏也。”本云千秋，祝寿之词也。语讹转为秋千。后人不本其意，乃造此字。非皮革所为，非车马之用，不合从革。

影 按影者，光景之类也。合通用景。非毛发藻饰之事，不当从彡。

斌 本作彬或份，文质备也。从文配武，过为鄙浅。复有从斌从貝者，音頵。亦于义无取。

悦 经典只作説(说)。

藝 本只作埶。后人加艸、云，义无所取。

著 本作箸。《说文》陟虑切，注云：“饭攲也。”借为住箸之箸。后人从艸。

墅 经典只用野。野亦音常句切。

蓑 衰字本作苏禾切。从衣，象形。借为衰朽之衰

賾 《周易疏义》云：“深也。”按此亦假借之字，当通用嘖。

黌 學堂也。从學省，黄声。《说文》无學部。

黈 充耳也。从纊省，主声。《说文》无纊部。

矗 直皃。经史所无。《说文》无直部。此三字皆无部可附。

麌 《说文》噳字。注云：“麋鹿群口相聚也”，《诗》“麀鹿麌麌”当用噳字。

池 池沼之池，当用沱。沱，江之别流也。

篆文笔迹相承小异：

[illegible] [illegible] [illegible]本作[illegible]。[illegible]本从二，从古文及，左旁不当引笔下垂。盖前作笔势如此，后代因而不改

[illegible]《说文》不从人，直作[illegible]。

親　左旁亲从辛，从木，《说文》不省。此二字李斯刻石文如此，后人因之。

言　从辛，从口。中画不当上曲，亦李斯刻石如此，上曲则字形茂美，人皆效之。

[illegible]《说文》作[illegible]，象三属之形。李斯笔迹小变，不言为异

[illegible]《说文》作[illegible]，亦李斯小变其势。李阳冰乃云："从开口形。"亦为臆说。

[illegible]《说文》从屮而垂下，於相出入也，从入。此字从屮下垂，当只作[illegible]，盖相承多一画。

肉　如六切。《说文》本作肉，后人相承作[illegible]，与月字相类

[illegible]《说文》作[illegible]。止史籀笔迹小异，非别体。

無　此本蕃廡之廡，李斯借为有無之無。后人尚其简便，故皆从之。有無字本从亡，李阳冰乃云不当加亡。且蕃廡字从大，从卌，数之积也。从林，亦蕃多之义。若不加亡，何以得为有無之無?

[illegible]　或作[illegible]，亦止于笔迹小异。

[illegible]《说文》作[illegible]，李斯笔迹小异。

附三

徐铉《表文》

银青光禄大夫守右散骑常侍上柱国东海县开国子食邑五百户臣徐铉等，伏奉圣旨校定许慎《说文解字》一部。伏以振发人文，兴崇古道。考遗编于鲁壁，缉蠹简于羽陵。载穆皇风，允符昌运。伏惟应运统天，睿文英武，大圣至明广孝皇帝陛下，凝神系表，降鉴机先。圣靡不通，思无不及。以为经籍既正，宪章具明。非文字无以见圣人之心，非篆籀无以究文字之义。眷兹讹俗，深恻皇慈。爰命讨论，以垂程式。将惩宿弊，宜属通儒。臣等实愧謏闻，猥承乏使，徒穷懵学，岂副宸谟？尘渎冕旒，冰炭交集。其书十五卷，以编帙繁重，每卷各分上下，共三十卷。谨诣东上閤门进上，谨进。雍熙三年十一月日翰林书学臣王惟恭、臣葛湍等状进，奉直郎守秘书省著作郎直史馆臣句中正，银青光禄大夫守右散骑常侍上柱国东海县开国子食邑五百户臣徐铉。

中书门下牒徐铉等新校定《说文解字》。牒奉敕：许慎《说文》，起于东汉。历代传写，讹谬实多。六书之踪，无所取法。若不重加刊正，渐恐失其原流。爰命儒学之臣，共详篆籀之迹。右散骑常侍徐铉等，深明旧史，多识前言。果能商榷是非，补正阙漏。书成上奏，克副朕心。宜遣雕镌，用广流布。自我朝之垂范，俾永世以作程。其书宜付史馆，仍令国子监雕为印版，依九经书例，许人纳纸墨价钱收赎。兼委徐铉等点检书写雕造，无令差错，致误后人。牒至准敕，故牒。雍熙三年十一月日牒。给事中参知政事辛仲甫、给事中参知政事吕蒙正、中书侍郎兼工部尚书平章事李昉。

参考书目

通释

徐锴《说文解字系传》
徐铉《说文解字校定本》
段玉裁《说文解字注》
桂馥《说文解字义证》
王筠《说文解字句读》
王筠《说文解字释例》
朱骏声《说文通训定声》

六书

郑樵《通志·六书略》
周伯琦《六书正讹》
赵撝谦《六书本义》
魏校《六书精蕴》
杨慎《六书索隐》
吴元满《六书正义》
戴震《六书论》
江声《六书说》
王鸣盛《六书大意》
曹仁虎《转注古义考》

孔广居《论六书次第》
张行孚《说文发疑》
黄以周《六书通故》

古音

江沅《说文释例》
姚文田《说文声系》
张惠言、张成孙《说文谐声谱》
严可均《说文声类》
江有诰《廿一部谐声表》
苗夔《说文声读表》
章炳麟《文始》

音义

惠栋《读说文记》
王鸣盛《蛾术篇·说字》
钱坫《说文解字斠诠》
王念孙《读说文记》
陈瑑《说文解字辨证》
俞樾《儿笘录》
章太炎《小学答问》

引文

李富孙《说文辨字正俗》
陈瑑《说文引经考证》
柳荣宗《说文引经考异》
雷浚《说文引经例辨》

承培元《说文引经证例》
郭庆藩《说文经字正谊》
程际盛《说文古语考》
傅云龙《说文古语考补正》

段注

纽树玉《段氏说文注订》
杜馥、钱桂森《说文段注钞案》
冯桂芬《说文段注考正》
徐灏《说文解字注笺》

校勘

段玉裁《汲古阁说文订》
钮树玉《说文解字校录》
姚文田、严可均《说文校议》
严章福《说文校议议》
莫友芝《唐写本说文解字木部笺异》
王筠《说文系传校录》
苗夔《说文解字系传校勘记》

通假

潘亦隽《说文解字通正》
钱坫《十经文字通正书》
严章福《经典通用考》
朱珔《说文假借义证》
雷浚《说文外编》

古籀

庄述祖《说文古籀疏证》

严可均《说文翼》

吴大澄《说文古籀补》

王国维《史籀篇疏证》

字原

蒋和《说文字原表说》

吴照《说文字原表略》

胡重《说文字原韵表》

苗夔《说文建首字读》

张行孚《说文揭原》

饶炯《说文解字部首订》

陈健侯《说文提要》

今人著作

马叙伦《说文解字六书疏证》，科学出版社，1957 年

高明《古文字类编》，中华书局，1980 年

林尹《文字学概说》，台湾、正中书局，1980 年

徐文镜《古籀汇编》，武汉市古籍书店，1981 年

高亨《文字形义学概论》，齐鲁书社，1981 年

陆宗达《说文解字通论》，北京出版社，1981 年

唐兰《古文字学导论》，齐鲁书社，增订本，1981 年

张舜徽《说文解字约注》，中州书画社，1983 年

杨树达《积微居小学述林》，中华书局，1983 年

姚孝遂《许慎与说文解字》，中华书局，1983 年

杨树达《积微居小学金石论丛》，中华书局，1983 年

商承祚《说文中之古文考》，上海古籍出版社，1983 年
徐中舒《汉语大字典》，四川、湖北辞书出版社，1986 年
丁福保《说文解字诂林》，中华书局，1988 年
裘锡圭《文字学概要》，商务印书馆，1988 年
黄绮《说文解字三索》，河北教育出版社，1994 年
万献初《说文学导论》，武汉大学出版社，2014 年

音节检字表

一、音节检字表包括正文字头位置出现的所有字形：与小篆字形一致的隶定字形、[] 中的通行字形、() 中的简体字形，收录时保留 [] 与 ()。字头后的阿拉伯数字表示该字所在的页码。

二、汉语拼音音节顺序排列原则：声母、韵母相同的按照声调阴平、阳平、上声、去声的顺序来排列；声母、韵母、声调都相同的字，按照所在页码先后来排列。

三、音节检字表收录与徐铉切语对应的汉语拼音以及与之相异的今读，如卷四齕[龁](龁)，原徐铉切语为户骨切，音 hú；今读依《广韵》为下没切，音 hé。则在 hú 和 hé 两个音节下，都能检索到齕[龁](龁)三个字。

ãi		ài		（谄）	337
唉	195	艾	94	齰	340
哀	209	薆	142	窜	361
欸	1049	噫	189	［鞍］	361
挨	1512	喝	207	雗	488
埃	1728	譺	318	盒	605
ái		簧	575	安	875
齤	268	愛	647	侒	962
敳	394	（爱）	647	ǎn	
殢	496	餲	625	晻	807
剴	528	瘱	911	［暗］	807
（凱）	528	僾	956	罯	923
皑	939	礙	1135	鍽	1066
（皑）	939	（碍）	1135	黯	1225
ǎi		悥	1272	黤	1231
噫	189	［愛］	1272	灡	1339
藹	306	（爱）	1272	嫶	1560
（蔼）	306	懝	1281	àn	
佁	975	忬	1295	荌	87
騃	1166	閡	1462	案	710
挨	1512	（阂）	1462	晻	807
娭	1548	醷	1835	［暗］	807
毐	1570	［隘］	1835	暗	807
綶	1647	ān		案	843
		諳	337	岸	1113

豻	1150	嶅	1107	巴	1844
駻	1157	獒	1188	bá	
黯	1225	熬	1212	茇	125
洝	1384	滶	1323	炦	231
闇	1462	鏊	1188	跋	279
[暗]	1462	ǎo		駁	473
按	1483	芺	86	废	1120
áng		鴢	467	友	1191
卬	103	媼	1530	炦	1210
䇦	356	ào		拔	1503
卬	988	奔	872	妭	1534
[卬]	988	[奥]	872	坺	1711
àng		傲	953	軷	1809
盎	603	贅	1063	bǎ	
柳	723	驁	1159	把	1482
駚	1162	燠	1221	䎉	1844
姎	1562	㬥	1251	bà	
醠	1860	嫯	1568	靶	359
āo		墺	1707	罷	923
鏖	1763	隩	1827	(罢)	923
áo		bā		鞞	1257
嗷	205	八	168	鮊	1437
謷	316	朳	716	(鮊)	1437
翺	440	鈀	1775	bái	
敖	488	(钯)	1775	白	937

báo		暴	1249	〔悖〕	320	
雹	1416	瀑	1372	鞁	359	
bǎo		鮑	1440	萮	406	
葆	161	（鲍）	1440	〔備〕	406	
鴇	473	bēi		背	506	
（鸨）	473	羆	114	亳	740	
飽	623	卑	378	貝	753	
（饱）	623	椑	498	（贝）	753	
宋	876	桮	709	邶	772	
寶	877	〔杯〕	709	邺	786	
（宝）	877	裨	1009	糒	859	
保	943	顐	1076	癟	902	
〔保〕	943	碑	1131	痱	903	
㚻	988	悲	1293	佩	945	
緥	1635	錍	1768	備	958	
〔褓〕	1635	鑼	1771	〔備〕	958	
bào		陂	1820	（备）	958	
暴	811	bĕi		倍	972	
〔暴〕	811	北	990	北	990	
褒	1002	bèi		被	1008	
勺	1093	菩	79	怫	1290	
豹	1148	牬	173	惝	1302	
爆	1213	犕	178	鮂	1435	
報	1247	跟	278	緥	1643	
（报）	1247	誖	320	輩	1811

（辈）	1811	玭	41	筆	380
bēn		琫	122	（笔）	380
奔	1242	嗙	196	畁	403
［奔］	1242	絣	1653	髀	500
笨	553	bèng		箄	561
本	683	搒	1518	畐	642
畚	1589	［搒］	1518	柀	667
［畚］	1589	蛋	1681	鄙	764
笨	553	堋	1730	秕	847
bēng		bī		鞞	853
絜	10	髮	472	疕	900
嗙	203	［鬔］	472	帗	930
［嗙］	203	皀	613	俾	969
榜	717	楅	722	匕	987
［榜］	717	楅	729	比	990
嵭	1111	陛	1446	妣	1531
［崩］	1111	蠅	1667	紕	1655
繃	1617	bí		（纰）	1655
［绷］	1617	鼻	434	bì	
（绷）	1617	鵑	473	祕	7
絣	1654	bǐ		［秘］	7
běng		祂	11	璧	27
琫	33	彼	255	珌	34

辮	1616	（驃）	1157	biào	
（辯）	1616	驫	1173	藨	99
辡	1846	（骉）	1173	受	488
辯	1846	猋	1198	骠	1157
（辩）	1846	爂	1208	［驃］	1157
biāo		［熛］	1208	（骠）	1157
藨	99	奰	1216	攦	1491
藨	121	［票］	1216	［摽］	1491
［薸］	121	淲	1343	biē	
㸌	175	瀌	1378	鷩	478
彪	599	飆	1697	虌	1640
檦	687	（飚）	1697	鼈	1701
［標］	687	鑣	1779	［鱉］	1701
（标）	687	［鏢］	1779	（鳖）	1701
杓	710	（镖）	1779	bié	
旒	818	鑢	1784	尒	169
穮	843	（镳）	1784	蹩	276
幖	931	biǎo		刐	498
［�幖］	931	藨	121	［別］	498
儦	950	［薸］	121	脄	517
髟	1079	表	997	bīn	
骠	1157	［表］	997	彬	597
［驃］	1157			賓	758

薄	136	瓝	869	暴	811
餺	188	帛	937	縶	1647
趚	226	伯	946	勃	1752
迫	236	奰	985	鏷	1776
迫	249	襮	998	鎛	1777
齨	269	舶	1090	（镈）	1777
踣	281	匐	1092	**bǒ**	
踣	281	崿	1114	跛	281
博	296	縠	1141	簸	577
誖	320	駁	1158	庲	1243
［悖］	320	（驳）	1158	**bò**	
馨	328	駁	1172	譒	312
鞄	354	［駁］	1172	檗	674
轉	360	（驳）	1172	檗	857
鬻	368	狛	1191	擘	1507
駮	473	狛	1197	播	1510
髆	499	怕	1275	**bū**	
箈	527	鮊	1437	逋	248
簿	575	（鮊）	1437	誧	312
亳	637	鰒	1437	餔	620
欂	696	搏	1480	拊	1481
郭	794	撲	1513	**bú**	
磻	854	（扑）	1513	纀	1634

孱	1564	棘	734	側	962
càn		禘	1013	（侧）	962
謲	318	漕	1398	廁	1117
粲	855	蠹	1691	［厕］	1117
攃	1554	cǎo		（厕）	1117
cāng		艸	59	惻	1293
蒼	131	［草］	59	（恻）	1293
（苍）	131	草	162	測	1349
鶬	474	懆	1292	（测）	1349
（鸧）	474	cào		簎	1516
倉	629	造	238	圳	1723
（仓）	629	cè		cēn	
滄	1392	萴	93	篸	554
（沧）	1392	蔟	96	cén	
艙	1412	萊	96	岑	630
匲	1586	蒇	149	梣	663
cāo		冊	286	岑	1107
禘	1013	［册］	286	涔	1376
操	1479	敇	403	鱏	1433
cáo		策	569	céng	
蓸	157	晵	582	曾	168
曹	583	［晢］	582	層	1024
槽	719	嬰	648	（层）	1024

（缠）	1615	蛅	1678	（肠）	506
纏	1628	鏟	1765	嘗	588
蟬	1675	（铲）	1765	（尝）	588
（蝉）	1675	醦	1866	常	927
鑱	1773	**chàn**		償	966
（镵）	1773	屦	459	（偿）	966
鋋	1779	覘	1038	長	1138
孱	1851	（觇）	1038	（长）	1138
chǎn		顫	1070	鱨	1431
庎	56	（颤）	1070	（鲿）	1431
犚	176	硟	1135	場	1732
諂	316	**chāng**		（场）	1732
產	741	萇	90	**chǎng**	
（产）	741	昌	809	敞	394
幝	932	倀	973	**chàng**	
孱	1186	（伥）	973	瑒	30
燀	1211	倡	976	（玚）	30
滻	1315	閶	1454	蔼	127
（浐）	1315	（阊）	1454	唱	193
闡	1459	**cháng**		鬯	614
（阐）	1459	萇	75	韔	652
繟	1612	（苌）	75	倡	976
繵	1631	腸	506	悵	1292

忱	1269	chēng		〔乘〕	656
湛	1371	琤	40	橙	657
沈	1375	柽	229	根	715
霃	1418	爯	484	（枨）	715
铖	1769	樫	675	打	726
陈	1830	（柽）	675	鄗	790
（陈）	1830	橙	695	程	850
辰	1854	稱	850	宬	874
chěn		（称）	850	裎	1012
龀	263	窺	889	騁	1169
（龀）	263	偁	964	憕	1262
chèn		桱	1236	懲	1304
趁	216	〔赪〕	1236	（惩）	1304
龀	263	（赪）	1236	净	1327
（龀）	263	鎗	1778	〔净〕	1327
讖	299	chéng		澄	1352
（谶）	299	呈	198	〔澄〕	1352
櫬	732	誠	305	承	1488
（榇）	732	（诚）	305	塍	1711
窺	875	丞	344	城	1719
疢	909	脀	513	鞁	1809
闖	1465	盛	602	成	1843
（闯）	1465	棶	656	酲	1865

㚻	1534	魅	1096	憏	1281
垑	1724	庲	1122	憧	1284
鉹	1760	〔斥〕	1122	忡	1298
chì		熾	1221	沖	1345
啻	198	（炽）	1221	〔冲〕	1345
叱	204	赤	1235	憧	1800
趇	222	憇	1291	chóng	
趐	224	湁	1336	盅	604
彳	254	湆	1350	種	837
踅	279	壹	1449	崇	1112
敕	395	瘛	1494	鯆	1437
眹	427	扶	1513	（鲻）	1437
眙	430	塜	1720	緟	1636
遈	436	飭	1753	蟲	1694
蚳	438	（饬）	1753	（虫）	1694
〔翅〕	438	chōng		chǒng	
刺	536	衝	261	寵	878
翄	543	盅	604	（宠）	878
鮡	543	舂	862	chōu	
饎	618	罿	921	犨	176
屁	717	傭	956	畜	427
瘈	912	（佣）	956	瘳	914
忕	960	充	1031	惆	1291

耡	542	[處]	1791	罬	1840
[鋤]	542	(处)	1791	chuā	
(锄)	542	chù		籑	1632
篨	559	苗	90	chuǎi	
儲	958	蓄	163	揣	1490
(储)	958	俶	230	chuān	
廚	1116	亍	260	穿	886
[厨]	1116	觸	544	篡	1100
狙	1143	(触)	544	川	1403
嫤	1529	楝	701	chuán	
鉏	1771	鄐	774	遄	239
[鋤]	1771	俶	956	篅	564
(锄)	1771	歜	1049	槌	664
除	1831	欻	1053	椽	697
chǔ		豖	1144	船	1028
齭	268	黜	1229	歂	1046
楮	377	怵	1301	輲	1814
杵	708	嫭	1539	(轮)	1814
楚	734	絀	1625	chuǎn	
齼	940	(绌)	1625	喘	190
儲	958	埱	1722	舛	649
(储)	958	畜	1742	歂	1046
处	1791	斶	1797

（纯）	1606	［绰］	1657	（鹚）	472
陙	1834	（绰）	1657	鶿	475
醇	1859	醊	1812	餈	618
［醇］	1859	（辍）	1812	［糍］	618
chǔn		cī		疵	899
偆	968	赿	217	詞	1086
惷	1287	趀	225	（词）	1086
［蠢］	1287	齹	265	慈	1266
蠢	1694	雌	450	濨	1373
chuō		辈	458	垐	1721
踔	276	髊	502	辝	1845
chuò		疵	899	［辭］	1845
啜	186	覻	1037	（辞）	1845
趠	223	羨	1209	辤	1846
辵	234	縒	1614	cǐ	
逴	252	cí		玼	37
腏	524	祠	11	赺	220
歠	1055	薺	96	此	232
龡	1180	（荠）	96	佌	974
惙	1297	薋	129	鴜	1161
娕	1550	茨	142	泚	1344
婼	1559	雌	450	cì	
齼	1657	鷀	472	莿	96

1927

酢	1867	漼	1354	cūn	
cuán		潈	1383	墫	55
攢	717	cuì		邨	797
cuǎn		毳	1020	[村]	797
熭	1277	蕞	96	cún	
cuàn		萃	131	蹲	280
爨	350	啐	204	存	1850
竄	890	翠	437	cǔn	
(窜)	890	脆	524	刌	530
篡	1100	膬	524	cùn	
cuī		[脆]	524	寸	388
夊	646	粹	860	鑹	633
榱	698	竁	882	cuō	
催	980	竁	892	瑳	36
崔	1112	毳	1020	撮	1487
恎	1305	顇	1072	cuó	
摧	1478	[悴]	1072	籆	265
縗	1652	焠	1215	睉	429
(缞)	1652	愻	1272	[睉]	429
cuí		悴	1298	虘	597
崔	1112	淬	1393	鹾	644
cuǐ		顇	1661	鄌	787
趡	227			瘥	904

dān		（胆）	505	［糮］	858
單	214	亶	642	窞	888
（单）	214	疸	910	瘅	910
眈	417	黕	1229	（瘅）	910
殫	496	黵	1229	疸	910
（殚）	496	黮	1229	僤	952
箪	561	紞	1630	但	981
（箪）	561	dàn		憺	1275
丹	611	禫	20	怛	1293
鄲	776	［禫］	20	憚	1300
（郸）	776	蕑	104	（惮）	1300
儋	957	啗	188	澹	1355
禅	15	［啖］	188	淡	1389
觇	1038	嚪	199	撢	1482
聃	1466	［嘾］	199	（掸）	1482
［聃］	1466	啖	201	彈	1600
耽	1466	诞	325	（弹）	1600
瞻	1467	（诞）	325	醓	1861
媅	1549	鴠	465	［醓］	1861
匰	1588	膻	511	dāng	
酖	1863	舥	547	噹	1669
dǎn		旦	814	當	1741
膽	505	糮	858	（当）	1741

dēng		滴	1367	駎	1157
璒	45	鏑	1607	狄	1195
登	231	堤	1717	炪	1217
簦	568	隄	1825	滌	1391
鼟	594	[堤]	1825	（涤）	1391
鐙	1765	**dí**		嫡	1549
（镫）	1765	苗	90	妯	1558
děng		荻	128	嫡	1549
等	556	迪	241	（镝）	1549
dèng		䗴	257	**dǐ**	
鄧	780	蹢	271	牴	179
（邓）	780	敵	396	[抵]	179
鐙	1765	（敌）	396	呧	202
（镫）	1765	翟	437	趆	222
隥	1822	鸐	478	赿	246
dī		笛	574	觝	335
趆	222	糴	630	（诋）	335
趇	228	（籴）	630	柢	684
鞮	356	樀	699	邸	764
羝	455	[樀]	699	底	1119
衹	6	邮	770	厎	1124
袛	1239	糴	859	[砥]	1124
鼴	1244	伆	959	抵	1477

（淀）	1387	蛁	1660	迭	247
電	1415	diǎo		蟄	276
（电）	1415	蔦	95	詄	324
靆	1422	（茑）	95	諜	338
蜔	1662	鳥	461	（谍）	338
坫	1714	（鸟）	461	眣	427
墊	1720	扚	842	胅	466
（垫）	1720	扚	1513	胅	514
扂	1738	diào		疊	821
阽	1831	藋	76	［疊］	821
diāo		莜	146	［叠］	821
琱	39	窎	889	牒	833
［雕］	39	窵	892	眰	869
鳭	422	弔	984	褋	999
雕	446	［吊］	984	［褋］	999
褥	1006	掉	1495	絰	1007
祒	1015	釣	1784	耊	1017
彫	1077	（钓）	1784	軼	1138
［雕］	1077	diē		軼	1167
貂	1150	跌	280	耵	1472
凋	1412	dié		挃	1483
鯛	1441	芺	113	姪	1532
（鲷）	1441	哇	194	［侄］	1532

椻	594	讟	340	隫	1825
蚸	634	韇	362	[隫]	1825
郖	771	毃	385	**dǔ**	
寷	887	殰	492	睹	418
[寷]	887	髑	499	箊	640
(窦)	887	櫝	705	睹	802
鐽	1763	(椟)	705	篤	1164
斢	1797	牘	832	(笃)	1164
醏	1868	[牘]	832	竺	1705
dū		(牍)	832	堵	1712
督	424	襦	1001	陼	1830
都	763	裻	1005	**dù**	
闍	1457	碩	1058	度	378
(阇)	1457	獨	1192	斁	399
dú		(独)	1192	殬	496
毒	58	黷	1229	杜	661
薄	73	(黩)	1229	秺	839
犢	173	瀆	1364	秅	914
(犊)	173	(渎)	1364	渡	1368
遺	238	[嬻]	1555	妒	1556
[遺]	238	匵	1587	蠹	1693
讀	300	[櫝]	1587	[蠹]	1693
(读)	300	(椟)	1587

ēn		[尔]	407	(发)	1600
衮	1212	邇	250	fá	
恩	1266	(迩)	250	茷	135
èn		鸸	368	乏	233
摁	622	[餌]	368	厰	432
ēng		(饵)	368	罚	537
鞥	359	爾	407	(罚)	537
ér		(尔)	407	橃	725
茐	135	耳	1465	伐	981
腜	520	èr		姂	1546
胹	521	珥	33	fǎ	
栭	697	鸸	368	灋	1174
兒	1031	[餌]	368	[法]	1174
(儿)	1031	(饵)	368	fà	
而	1139	刵	537	髮	1079
洏	1384	樲	672	(发)	1079
鮞	1424	貳	758	fān	
(鲕)	1424	(贰)	758	茷	135
輀	1816	佴	961	藩	143
ěr		姬	1539	蕃	162
珥	33	二	1704	籓	559
薾	122	fā		旛	819
尒	168	發	1600	幡	931

匚	1585	放	488	翡	437	
鈁	1777	舫	1029	篚	569	
（钫）	1777	**fēi**		餥	618	
fáng		晜	411	棐	733	
肪	506	曩	1020	朏	822	
魴	1429	騛	1159	斐	1078	
（鲂）	1429	騑	1163	棐	1445	
房	1453	飛	1445	匪	1586	
妨	1557	（飞）	1445	蠚	1695	
防	1825	非	1445	［蜚］	1695	
fǎng		扉	1452	**fèi**		
訪	302	妃	1528	苉	62	
（访）	302	斐	1078	辈	178	
鶭	466	**féi**		吠	210	
仿	956	腓	510	跸	283	
舫	1029	肥	527	灒	366	
瓬	1590	痱	903	曹	430	
紡	1611	蜰	1671	肺	505	
（纺）	1611	**fěi**		皦	549	
fàng		菲	155	櫠	665	
趽	283	辈	178	柿	725	
訪	302	誹	319	費	759	
（访）	302	（诽）	319	（费）	759

fēng		鏠	1780	**fóu**	
葑	96	［鋒］	1780	紑	1629
徟	257	（锋）	1780	**fǒu**	
豐	595	**féng**		否	208
（丰）	595	芃	126	剉	528
灃	645	逢	241	缶	631
夆	655	漨	798	不	1448
楓	676	馮	1165	否	1448
（枫）	676	（冯）	1165	**fū**	
半	741	捀	1496	荸	86
［丰］	741	縫	1638	榑	126
鄷	768	（缝）	1638	尃	389
豊	873	**fěng**		敷	392
峯	1109	諷	299	筟	557
［峰］	1109	（讽）	299	麩	645
燢	1223	覂	924	（麸）	645
［烽］	1223	**fèng**		柎	720
捀	1496	奉	344	枹	720
蠭	1692	鳳	462	郞	769
［蜂］	1692	（凤）	462	邞	793
風	1696	**fōu**		稃	845
（风）	1696	彪	599	俘	981
封	1717			袄	999

紨	1650	䋑	1074	榎	713
緋	1654	府	1114	［榎］	713
（绯）	1654	拊	1484	負	757
蚨	1683	撫	1489	（负）	757
蝠	1687	（抚）	1489	賦	760
蠹	1693	絝	1648	（赋）	760
［蜉］	1693	斧	1792	富	786
輻	1806	輔	1816	覆	885
（辐）	1806	（辅）	1816	俯	902
fǔ		**fù**		覆	925
莆	60	衬	9	傅	960
䋓	365	萯	86	付	962
攰	397	覆	88	仆	979
甫	406	蕾	89	褛	1005
脯	518	榑	126	［複］	1005
腐	526	赴	215	鬴	1083
簠	564	復	254	复	1094
郙	798	［復］	254	［複］	1094
府	902	（复）	1094	（复）	1094
黼	940	卧	273	駙	1164
俌	961	父	374	（驸）	1164
頫	1067	腹	509	蠡	1181
［俯］	1067	［腹］	509	鮒	1430

稈	846	（刚）	530	槀	747	
（秆）	846	筻	555	皋	1250	
衦	1010	缸	632	**gǎo**		
感	1295	杠	704	槁	663	
醽	1861	岡	1107	稾	691	
gàn		（冈）	1107	［槀］	691	
蔀	85	亢	1248	杲	693	
贛	89	肮	1440	�	744	
奸	389	扛	1497	稾	847	
旰	413	玒	1592	［稿］	847	
骭	501	綱	1637	齐	1250	
榦	693	（纲）	1637	臭	1252	
［干］	693	肛	1739	縞	1621	
旰	806	釭	1782	（缟）	1621	
軩	814	**gǎng**		**gào**		
衦	1010	戺	1248	告	181	
榦	1236	肮	1739	誥	305	
淦	1370	**gāo**		（诰）	305	
紺	1627	辜	111	郜	788	
（绀）	1627	羔	454	峼	1110	
gāng		膏	506	**gē**		
犅	173	磬	591	鴿	464	
剛	530	高	636	（鸽）	464

gěng		［肱］	373	㖡	1301
哽	201	攻	400	渱	1399
骾	502	舡	545	拱	1475
［鯁］	502	觥	547	孴	1477
（鲠）	502	工	579	拳	1518
梗	680	宫	883	gòng	
郠	789	［宫］	883	赣	89
鲠	1438	躬	884	共	348
（鲠）	1438	［躬］	884	箜	563
耿	1467	供	957	贡	755
绠	1646	侊	974	（贡）	755
（绠）	1646	恭	1265	赣	756
埂	1725	弓	1595	（赣）	756
gèng		功	1746	供	957
更	395	gǒng		酻	1586
椺	730	収	399	gōu	
［亘］	730	鞏	355	句	293
鮔	1426	巩	370	鉤	294
gōng		糀	840	［鉤］	294
公	169	礦	1129	（钩）	294
龚	347	碧	1131	阄	372
龔	348	獷	1188	（阄）	372
厷	373	（犷）	1188	刣	528

（谷）	848	錮	1759	**guà**	
罟	920	（锢）	1759	課	318
兆	1033	**guā**		詿	320
溨	1353	昏	807	（诖）	320
汩	1400	鴰	474	絓	328
谷	1409	［鸹］	474	（诖）	328
盬	1452	（鸹）	474	卦	404
縎	1616	骷	500	挂	1516
蠱	1695	［骷］	500	**guāi**	
（蛊）	1695	劀	534	咼	452
穀	1805	刮	534	［乖］	452
（榖）	1805	［刮］	534	傘	1521
gù		瓜	869	媧	1535
菇	85	騧	1156	（娲）	1535
牿	177	緺	1632	**guǎi**	
故	392	蝸	1682	竹	452
梏	723	（蜗）	1682	**guài**	
梏	731	鍇	1787	夬	375
固	751	［銽］	1787	烃	828
痼	913	**guǎ**		怪	1281
顧	1065	冎	452	**guān**	
（顾）	1065	呙	498	莞	80
潅	1377	寡	880	萖	83

（归）	230	詭	334	劊	530
鬶	364	（诡）	334	（刽）	530
�	443	蚘	546	刿	531
珪	541	簋	564	［刿］	531
邽	770	晷	806	劌	531
鄈	797	宄	882	（刿）	531
傀	948	鬼	1096	餽	626
騩	1155	厬	1124	［饋］	626
麈	1177	恑	1285	（馈）	626
規	1254	洈	1318	桂	660
（规）	1254	氿	1360	檜	681
閨	1455	湀	1362	（桧）	681
（闺）	1455	姽	1544	槶	714
嬀	1525	蛫	1684	賯	754
（妫）	1525	垝	1724	賮	762
瞂	1547	鎞	1769	［贵］	762
蝆	1661	軌	1811	（贵）	762
龜	1700	（轨）	1811	瘭	895
（龟）	1700	癸	1847	襘	1000
圭	1732	guì		騩	1155
瓀	1064	襘	15	湀	1362
guǐ		跪	271	鱖	1434
袿	9	鞼	355	（鳜）	1434

（骇）	1168	雳	1418	马	829
恢	1301	砍	1594	菄	830
妎	1556	**hǎn**		馯	1019
亥	1870	罕	918	頷	1060
hān		［罕］	918	［頷］	1060
鼾	435	厂	1123	領	1060
爤	1218	猃	1185	頷	1065
［燀］	1218	**hàn**		（领）	1065
酣	1863	玲	52	顲	1070
hán		菡	104	鶾	1159
玲	52	［菡］	104	駻	1167
含	188	蔊	155	熯	1206
韓	653	譀	325	悍	1281
邯	776	敤	394	漢	1313
邗	791	睅	412	（汉）	1313
函	829	鼾	435	灙	1366
寒	881	翰	437	洊	1375
顄	1060	䎖	444	汗	1397
［颔］	1060	鹝	480	閈	1455
黔	1201	肣	514	撼	1505
涵	1376	虦	599	［撼］	1505
［涵］	1376	旱	808	扞	1515
涵	1413	暵	812	戁	1575

蛤	1665	势	1752	毷	1573
釬	1782	hǎo		鎬	1762
háng		郝	768	hē	
远	253	好	1540	訶	332
斻	1030	hào		（诃）	32
［航］	1030	璥	43	己	585
魧	1440	号	587	疴	911
hàng		號	596	欱	1052
莣	1248	鄗	777	抲	1507
沆	1345	皓	805	蚵	1679
hāo		［皓］	805	hé	
蒿	160	暤	805	荷	105
薅	164	耗	840	苛	132
薧	497	顥	1068	和	193
háo		（颢）	1068	嗑	202
嗥	210	昦	1251	迨	239
諕	327	［昊］	1251	龁	268
号	587	浩	1345	［齕］	268
號	587	滈	1374	（龁）	268
（号）	587	灏	1390	龢	286
虩	664	（灏）	1390	詥	309
鄠	781	鰝	1440	敆	396
薃	1145	敆	1526	翮	438

鹖	479	貉	1150	贺	754
（鹖）	479	貈	1171	（贺）	754
曷	582	貉	1199	郝	768
盇	604	河	1307	鄗	777
盍	609	菏	1328	何	957
［盇］	609	涸	1379	褐	1014
［盍］	609	闔	1457	熇	1208
合	627	（阖）	1457	赫	1236
龣	644	紇	1607	塙	1720
［龣］	644	［紇］	1607	hēi	
榍	693	（纥）	1607	黑	1225
郃	769	蝎	1666	嫼	1561
鄐	797	蠚	1691	hén	
禾	835	劾	1753	鞎	357
秎	845	輅	1801	痕	909
［秎］	845	（辂）	1801	hěn	
覈	924	hè		很	258
［核］	924	和	193	詪	326
碓	938	嚣	441	hèn	
何	957	鹤	469	恨	1290
頜	1060	（鹤）	469	hēng	
匌	1094	叡	490	亨	639
磕	1137	雕	523

héng		鴻	469	hòng	
珩	32	（鸿）	469	訌	326
脝	510	粠	860	（讧）	326
衡	545	宏	873	鬨	371
横	726	宖	873	［哄］	371
横	1368	仜	952	澒	1399
恒	1704	嶸	1111	hóu	
hèng		（嵘）	1111	喉	183
横	1368	烘	1301	猴	438
hōng		洪	1339	餱	618
訇	323	澤	1339	［糇］	618
㱋	385	泓	1349	矦	635
薨	497	峪	1410	［侯］	635
儚	973	閎	1455	鄇	774
烘	1211	（闳）	1455	猴	1196
轟	1816	弘	1598	［猴］	1196
（轰）	1816	紅	1627	鯸	1441
hóng		（红）	1627	［鯸］	1441
玒	24	紭	1630	鍭	1781
訌	326	（纮）	1630	（鍭）	1781
（讧）	326	虹	1688	hǒu	
靾	358	hǒng		吼	1086
埬	449	澒	1399

hòu		膴	519	（齕）	268
茩	100	昬	583	鸄	366
後	258	乎	587	鹄	469
（后）	258	虍	596	（鹄）	469
詬	338	虘	597	胡	517
（诟）	338	［呼］	597	縠	549
厚	641	楜	689	乎	587
［厚］	641	吻	802	餬	622
垕	640	寣	896	［糊］	622
［垕］	640	幠	932	隺	638
鄇	774	歞	1044	黏	853
郈	792	魗	1098	隺	938
倏	966	幂	1145	狐	1197
［候］	966	桒	1249	貐	1202
后	1085	慁	1277	煔	1213
hū		忽	1283	㸅	1243
呼	190	滑	1359	壶	1245
嘑	197	匫	1587	（壶）	1245
［呼］	197	颮	1698	湖	1363
評	313	hú		搰	1509
［呼］	313	瑚	51	搢	1509
謼	313	齕	268	弧	1596
虖	447	［齕］	268	縠	1620

（画）	380	懷	1269	（环）	28
鮭	546	（怀）	1269	瓛	31
樗	674	淮	1323	（瓛）	31
稞	845	濊	1334	芄	71
七	1838	huài		莞	80
化	987	壞	1726	蔬	83
傀	1098	（坏）	1726	萑	155
崋	1106	huān		［萑］	155
［崋］	1106	嚻	290	還	243
鱯	1430	讙	327	［還］	243
（鱯）	1430	驩	476	（还）	243
鰃	1431	酄	791	萑	451
魜	1443	歡	1045	桓	703
嫿	1541	（欢）	1045	奐	873
（嫿）	1541	貆	1145	完	876
絓	1607	貛	1151	戉	1118
絘	1653	驩	1160	丸	1127
韄	1744	懽	1275	獂	1143
huái		［歡］	1275	貆	1151
踝	271	（欢）	1275	馬	1153
槐	377	huán		萈	1181
裹	1002	環	28	狟	1191
襄	1002	［環］	28	查	1238

（锽）	1777	灰	1210	（贿）	753
隍	1833	煇	1219	毇	861
huǎng		［辉］	1219	烜	1204
詤	328	（辉）	1219	燬	1204
櫎	712	恢	1265	［毁］	1204
晄	803	挥	1506	悔	1291
［晃］	803	（挥）	1506	擎	1515
怳	1284	撝	1507	嫛	1566
［恍］	1284	（㧑）	1507	虫	1659
huī		摩	1519	虺	1662
豗	330	娾	1563	毁	1726
睢	420	徽	1640	［毁］	1726
翬	439	隓	1824	䚦	1744
（翚）	439	［隳］	1824	**huì**	
暉	806	隳	1830	薈	130
（晖）	806	**huí**		（荟）	130
徽	931	回	749	蒇	132
［徽］	931	洄	1369	卉	152
幑	933	蚘	1661	喙	182
（帏）	933	［蛔］	1661	嘒	196
倠	983	**huǐ**		�	235
褘	998	卉	152	誨	300
（袆）	998	贿	753	（诲）	300

huó		曤	421	蠖	1668
袔	16	蒦	451	鑊	1761
[祏]	16	靃	460	(镬)	1761
秮	845	膜	611	jī	
[秮]	845	槲	723	璣	50
佸	964	貨	753	(玑)	50
[佸]	964	(货)	753	芨	76
頢	1064	猓	828	墼	84
[頢]	1064	[夥]	828	嘰	188
浯	1342	(伙)	828	(叽)	188
[活]	1342	穫	844	趭	224
huǒ		(获)	844	迹	234
炑	796	腡	1056	躋	274
猓	828	獲	1193	(跻)	274
[夥]	828	(获)	1193	仡	314
(伙)	828	矗	1238	[仡]	314
火	1203	惑	1287	(讫)	314
huò		藿	1343	譏	318
禍	18	濩	1373	(讥)	318
(祸)	18	浽	1383	敧	379
蘱	61	惑	1404	毄	384
[藿]	61	鎬	1409	卟	404
眓	416	挕	1508	[卙]	404

慗	1302	纚	1655	jiá	
濈	1337	墍	1715	荚	124
[濈]	1337	坖	1722	(荚)	124
瀱	1351	際	1832	唊	202
洎	1383	(际)	1832	跲	279
霁	1420	曁	1844	鞈	356
(霁)	1420	季	1849	鞇	361
鱭	1430	jiā		韐	471
鷑	1432	茄	105	劦	534
(鲚)	1432	葭	155	契	539
擠	1477	迦	251	郏	779
(挤)	1477	嘉	590	(郏)	779
揭	1497	枷	708	稭	846
技	1508	梜	726	鉿	937
妓	1553	家	870	祫	1012
紀	1610	痂	905	頰	1059
(纪)	1610	佳	948	(颊)	1059
繼	1611	袷	1007	忦	1295
(继)	1611	猳	1142	扴	1491
繫	1649	麚	1175	戛	1575
(系)	1649	夾	1240	峡	1672
績	1650	(夹)	1240	(峡)	1672
(绩)	1650	加	1752	鋏	1759

〔奸〕	1570	〔橺〕	688	錢	1770
戔	1578	檢	721	（钱）	1770
甄	1590	（检）	721	jiàn	
縑	1621	柬	746	葥	77
（缣）	1621	槶	746	茋	100
緘	1642	儉	968	蕲	138
（缄）	1642	（俭）	968	荐	141
艱	1734	襇	999	趝	228
（艰）	1734	鬋	1081	俴	974
鐌	1765	薰	1228	建	260
开	1789	〔薰〕	1228	徤	262
jiǎn		笕	1294	踐	275
蕑	108	澗	1385	（践）	275
蹇	220	減	1398	諫	307
寋	281	〔减〕	1398	（谏）	307
翦	437	鹼	1452	諓	310
剪	529	〔碱〕	1452	笍	527
簡	555	揃	1486	〔腱〕	527
〔簡〕	555	摷	1504	劍	539
（简）	555	戩	1578	〔劍〕	539
襭	670	〔戩〕	1578	（剑）	539
〔楇〕	670	繭	1605	箭	551
橺	688	（茧）	1605	餞	624

jiàng		馻	474	（鲛）	1438
趄	218	［鵁］	474	姣	1540
將	388	（鸡）	474	蛟	1680
（将）	388	鶛	479	鐎	1763
泽	1339	膠	525	**jiǎo**	
滰	1385	（胶）	525	璬	32
匠	1585	梟	733	敿	396
弜	1601	（枭）	733	腳	510
絳	1625	郊	764	［脚］	510
（绛）	1625	佼	944	剝	535
降	1823	礁	1074	角	542
酱	1867	県	1075	筊	566
［醬］	1867	嶕	1111	潐	603
（酱）	1867	驕	1160	矯	635
jiāo		（骄）	1160	（矫）	635
茭	117	燋	1209	朴	689
荄	149	鱻	1214	疖	898
蕉	151	鱻	1216	皎	938
嘄	195	交	1242	皦	939
嘹	201	憿	1285	狡	1182
迒	240	澆	1390	烄	1208
徼	255	（浇）	1390	敫	1209
鱃	467	鲛	1438	絞	1243

羯	456	碣	1130	姐	1531
鶪	466	嵔	1241	jiè	
鷞	471	竭	1256	玠	30
劍	538	渴	1380	藉	141
節	553	鮚	1441	芥	153
（节）	553	（鮚）	1441	介	169
桀	656	拮	1509	犗	174
桔	669	捷	1519	誡	305
榕	696	婕	1537	（诫）	305
楱	718	截	1576	戒	346
极	722	［截］	1576	鴶	479
楫	725	結	1616	芌	540
楬	733	（结）	1616	疥	905
稭	842	緤	1619	借	966
傑	945	絜	1654	价	971
［杰］	945	蛣	1664	屆	1021
健	961	蠘	1690	［届］	1021
祫	1012	劼	1746	髤	1083
鬣	1082	劫	1753	駖	1169
卪	1087	鈌	1784	犵	1239
巀	1105	孑	1850	尬	1244
嵒	1112	jiě		悈	1267
［岊］	1112	解	546	懈	1282

1977

僅	966	（刭）	537	jǐng	
（仅）	966	京	639	璥	22
覲	1041	經	704	警	310
（觐）	1041	旌	816	剄	490
裞	1215	晶	821	刭	537
［燼］	1215	秔	840	（刭）	537
（烬）	1215	精	856	井	612
濜	1331	兢	1032	阱	612
［寖］	1331	［競］	1032	邢	776
撳	1488	（竞）	1032	景	805
縉	1626	驚	1168	儆	955
［縉］	1626	（惊）	1168	頸	1060
（缙）	1626	廬	1177	（颈）	1060
墐	1714	涇	1312	憼	1265
jīng		（泾）	1312	jìng	
菁	68	坙	1404	徑	254
荆	118	鯨	1438	（径）	254
莖	119	［鯨］	1438	誩	334
（茎）	119	（鲸）	1438	競	339
鶄	475	經	1608	（竞）	339
［鶄］	475	（经）	1608	竟	341
（鶄）	475	蜻	1676	脛	510
刭	537			（胫）	510

韭	867	廐	1116	椐	668
灸	1214	[廏]	1116	椇	706
赦	1538	[厩]	1116	郰	768
九	1838	麕	1177	窭	882
酒	1857	惣	1295	疴	903
jiù		鮈	1440	疽	904
遒	235	枢	1588	罝	922
鮈	268	朗	1745	俱	960
殴	386	[舅]	1745	裾	1003
救	396	jū		居	1021
舊	452	琚	41	[踞]	1021
(旧)	452	蒩	141	匊	1092
鷲	465	苴	147	[掬]	1092
[鷲]	465	趄	225	鞠	1092
(鹫)	465	跔	282	庂	1122
就	639	拘	293	駒	1154
臭	859	諊	302	(驹)	1154
臼	862	(诩)	302	狙	1196
疚	881	臼	862	箈	1247
究	891	鞠	357	沮	1310
咎	983	腴	431	澽	1334
俗	983	鷗	476	涺	1337
匓	1094	腒	520	鞫	1487

俱	960	涓	1340	雋	450
聚	992	捐	1519	［雋］	450
祖	9	蠲	1667	菤	594
屨	1027	鎸	1769	鞙	653
（屦）	1027	［鐫］	1769	桊	715
虡	1144	（镌）	1769	圈	750
屩	1250	酮	1859	鄄	788
懼	1271	juǎn		羂	918
（惧）	1271	臇	523	［羂］	918
怛	1279	卷	1089	帣	933
鼳	1441	捲	1512	倦	984
據	1480	蠢	1694	獧	1190
（据）	1480	埍	1730	［獧］	1190
嬩	1557	陯	1828	懁	1278
聖	1722	juàn		［悁］	1278
勮	1750	吮	187	瓹	1597
鋸	1772	讂	335	縛	1620
（锯）	1772	烇	346	絹	1624
鉅	1788	［弮］	346	（绢）	1624
［巨］	1788	鞙	362	綣	1642
醵	1864	睊	423	蜎	1682
juān		眷	424	券	538
稆	847	罥	431	［倦］	1751

絕	1611	軍	1809	陵	1822
（绝）	1611	（军）	1809	kāi	
蝲	1671	jùn		開	1459
蚗	1675	君	83	［開］	1459
蠫	1687	菌	115	（开）	1459
劈	1748	㜌	390	鍇	1606
钁	1770	駿	478	kǎi	
鉥	1787	箘	551	剴	528
斠	1795	郡	763	（剀）	528
較	1801	窘	891	愷	593
鵤	1834	俊	945	（恺）	593
孓	1850	陵	1108	楷	660
醵	1864	［峻］	1108	慨	1261
juè		（骏）	1159	（恺）	1261
覺	1041	駿	1159	慨	1263
（觉）	1041	焌	1204	闓	1459
jūn		竣	1257	（闿）	1459
君	192	浚	1386	塏	1726
麇	1177	容	1410	（垲）	1726
姁	1553	［濬］	1410	鍇	1757
均	1708	［浚］	1410	（锴）	1757
鈞	1775	攗	1502	鎧	1781
（钧）	1775	畯	1741	（铠）	1781

kài		顄	1070	炕	1221
嘅	207	悋	1297	忼	1263
欬	1052	侃	1406	〔慷〕	1263
磕	1133	坎	1720	抗	1515
嫛	1555	kàn		kāo	
鍇	1786	衎	262	尻	1021
犗	1798	軘	353	kǎo	
kān		崁	609	袴	10
看	424	阚	1465	攷	400
刊	532	（闞）	1465	〔考〕	400
栞	686	kāng		丂	584
龕	1444	穅	846	栲	667
（龛）	1444	〔糠〕	846	槀	691
戡	1576	康	874	〔槁〕	691
戥	1577	歉	1054	考	1018
堪	1713	漮	1380	kào	
kǎn		kǎng		靠	1445
凵	213	忼	1263	kē	
衎	262	〔慷〕	1263	薖	114
埳	599	kàng		苛	132
轗	647	邟	778	髁	500
歁	1051	伉	946	榼	711
欿	1051	犺	1190	柯	716

科	850	刻	531	鼝	1813
窠	887	克	835	阬	1824
疴	897	客	880	［坑］	1824
顆	1064	緙	1017	kōng	
（颗）	1064	磬	1134	鞚	358
磕	1133	窸	1270	空	887
軻	1813	［恪］	1270	涳	1351
（轲）	1813	屃	1453	kǒng	
kě		勃	1750	恐	1300
敤	401	kěn		孔	1447
可	585	齦	267	kòng	
渮	1050	齦	267	控	1484
［渴］	1050	肎	526	kōu	
顆	1064	［肯］	526	搝	1474
（颗）	1064	狠	1142	（抠）	1474
渴	1050	kēng		彄	1597
坷	1727	硻	179	kǒu	
軻	1813	羥	457	口	182
（轲）	1813	（羟）	457	叩	769
kè		峮	1111	kòu	
課	308	硜	1133	訌	324
（课）	308	摼	1514	寇	399
髁	500	鞇	1811	敂	400

巜	1403	狅	1194	（亏）	587
�367	1567	［狂］	1194	烃	828
凷	1710	輄	1812	窥	889
［块］	1710	輧	1815	（窥）	889
（块）	1710	［軖］	1815	覱	1038
kuān		**kuàng**		頯	1062
髋	500	曠	803	悝	1284
（髋）	500	（旷）	803	闚	1464
宽	880	穬	840	［窥］	1464
（宽）	880	磺	1129	（窥）	1464
kuǎn		廗	1267	**kuí**	
款	1045	況	1344	葵	64
［款］	1045	［况］	1344	跬	281
kuāng		纊	1648	夅	346
邼	775	（纩）	1648	暌	419
恇	1299	壙	1726	夒	649
洭	1319	（圹）	1726	楑	662
匡	1585	**kuī**		鄈	775
［筐］	1585	茥	83	傒	970
［匡］	1585	虧	161	覱	1038
kuáng		尯	432	頯	1059
誆	318	刲	535	騤	1164
（诳）	318	巋	587	（骙）	1164

〔骼〕	500	拉	1478	睞	427
梧	718	là		（睐）	427
〔楛〕	718	瓎	25	籟	573
佶	964	蝲	267	（籁）	573
〔佸〕	964	臘	515	賚	756
頉	1064	（腊）	515	（赉）	756
〔䪼〕	1064	楋	673	賴	757
髻	1082	剌	746	（赖）	757
憩	1285	瘌	913	糲	856
潖	1327	鬎	931	癘	905
湉	1342	lái		（疠）	905
〔活〕	1342	崍	24	親	1037
霈	1420	莱	156	瀨	1413
闊	1465	（莱）	156	（濑）	1413
（阔）	1465	藜	181	瀬	1413
揢	1507	來	643	鯏	1433
〔括〕	1507	（来）	643	劥	1746
婚	1547	秾	841	lán	
〔姡〕	1547	騋	1160	藍	69
彉	1600	淶	1335	（蓝）	69
lā		（涞）	1335	蘭	71
垃	727	lài		（兰）	71
应	1125	牞	174	葻	131

漻	1373	灅	1334	絫	1835
轑	1806	畾	1414	垒	1836
lào		［雷］	1414	lèi	
癆	913	纍	1639	襰	9
（痨）	913	（累）	1639	茉	138
嫪	1557	lěi		肋	507
lè		蘲	92	耒	540
塈	41	讄	337	邦	786
扐	296	誄	337	頪	1069
勒	361	（诔）	337	頪	1071
枂	692	蘲	480	類	1195
泐	1378	耒	540	（类）	1195
扐	1508	蘽	665	纇	1610
防	1819	儽	964	勴	1750
léi		傫	1110	酹	1868
瓃	36	磊	1138	léng	
蠃	457	漯	1333	棱	727
樏	685	灅	1334	lěng	
櫐	710	壘	1724	冷	1412
［壘］	710	（垒）	1724	lí	
欙	723	鑸	1786	蘺	72
傫	982	陮	1822	（蓠）	72
櫨	1245	厽	1835	堇	76

瓅	48	［栗］	831	隶	1254
琍	49	秜	852	［苈］	1254
茢	78	糲	856	慸	1298
蒚	83	粒	857	澟	1320
荔	156	瘤	904	［溧］	1320
犡	174	癧	905	沴	1357
趱	227	（疠）	905	砅	1370
歷	229	詈	923	瀝	1386
（历）	229	例	981	（沥）	1386
鬲	363	隸	1027	凓	1413
彌	366	覼	1035	［溧］	1413
隷	381	壢	1109	鱳	1436
（隶）	381	厲	1124	鰲	1602
鶍	474	（厉）	1124	縭	1629
利	529	厤	1125	蠇	1682
笠	568	礫	1131	（蛎）	1682
櫲	673	（砾）	1131	颲	1699
櫟	678	曆	229	力	1745
櫪	731	鴷	1167	轢	1811
（枥）	731	麗	1179	（轹）	1811
酈	799	（丽）	1179	醾	1859
（郦）	799	戾	1192	**lián**	
櫐	831	立	1254	廉	103

liǎng		膫	518	**liǎo**	
脼	519	簝	567	蓼	64
从	630	寮	886	鄝	796
两	917	爎	912	憭	949
兩	917	[療]	912	燎	1216
（两）	917	（疗）	912	嫽	1235
緉	1653	僚	982	憭	1264
蜽	1685	廖	1123	繚	1615
[魉]	1685	[寥]	1123	（缭）	1615
liàng		獠	1193	壕	1485
諒	298	熮	1207	了	1850
（谅）	298	憀	1270	**liào**	
睙	426	漻	1344	爎	912
綡	1056	镠	1409	[療]	912
緉	1653	聊	1468	（疗）	912
酿	1868	撩	1485	裒	1204
liáo		嫽	1537	[尞]	1204
璙	22	繚	1615	嫽	1235
遼	252	（缭）	1615	尥	1244
（辽）	252	墝	1712	料	1795
敹	395	镣	1755	**liè**	
鷯	468	（镣）	1755	茢	104
（鹩）	468	料	1795	埒	175

苓	88	[凌]	1411	liú	
菱	100	霝	1416	塗	36
[菱]	100	零	1417	珋	51
蕶	112	鸰	1440	闛	371
笭	569	靇	1444	鷚	467
棱	606	聆	1468	[鹠]	467
餕	627	拨	1512	(鹠)	467
鑪	633	霎	1537	劉	555
夌	647	瓴	1592	瘤	903
檁	700	绫	1622	[瘤]	903
[檁]	700	(绫)	1622	騮	1155
(棂)	700	蠕	1672	[騮]	1155
柃	708	蛉	1676	(骝)	1155
囹	751	鈴	1775	鬸	1200
鄑	786	(铃)	1775	瀏	1343
伶	970	輪	1803	(浏)	1343
顜	1063	陵	1819	渵	1401
鷹	1178	lǐng		[流]	1401
[羚]	1178	領	1060	蟉	1683
泠	1320	(领)	1060	飂	1698
淩	1326	餕	627	嵺	1736
[凌]	1326	令	1088	畱	1742
堎	1411	拨	1512	[留]	1742

（陇）	1827	婁	1565	（芦）	68
lòng		（娄）	1565	鸕	472
弄	346	螻	1668	（鸬）	472
梇	682	（蝼）	1668	臚	504
lōu		塿	1728	（胪）	504
摟	1494	（塿）	1728	籚	568
（搂）	1494	lǒu		盧	602
lóu		簍	562	（卢）	602
蔞	91	（篓）	562	枦	670
（蒌）	91	塿	1728	櫨	696
遱	251	（塿）	1728	（栌）	696
謱	317	lòu		鑪	1028
髅	499	瘻	901	（舻）	1028
（髅）	499	（瘘）	901	顱	1058
簍	562	漏	1399	（颅）	1058
（篓）	562	扇	1420	鬆	1083
樓	700	囨	1584	廬	1115
（楼）	700	鏤	1757	（庐）	1115
郪	781	（镂）	1757	鱸	1225
僂	982	陋	1822	擄	1517
（偻）	982	［陋］	1822	廥	1590
廔	1121	lú		［鑪］	1590
鷜	1428	蘆	68	纑	1650

旅	820	luán		luǎn	
呂	884	挛	77	嫡	1542
[吕]	884	孌	320	卵	1703
僂	982	奲	348	luàn	
(偻)	982	鸞	462	敶	398
褸	998	(鸾)	462	羉	489
(褛)	998	臠	512	亂	1841
履	1026	(脔)	512	(乱)	1841
漊	1374	欒	676	lüè	
縷	1637	(栾)	676	蠳	1676
(缕)	1637	彎	1658	略	1741
lǜ		歑	1044	鋝	1774
葎	96	鸞	1108	(锊)	1774
律	259	(峦)	1108	lún	
寽	490	灓	1367	論	302
臂	518	攣	1504	(论)	302
慮	1259	(挛)	1504	侖	628
(虑)	1259	變	1555	(仑)	628
绿	1624	(娈)	1555	榆	662
(绿)	1624	鑾	1783	倫	959
氯	1657	(銮)	1783	惀	1269
勴	1746	孿	1848	(伦)	1269
鑢	1766	(孪)	1848	淪	1348

瘼	900	［脉］	1408	（镘）	1773
罵	924	霡	1417	**mǎn**	
［駡］	924	［霢］	1417	矕	412
（骂）	924	勘	1747	晚	416
鬟	1083	（劢）	1747	滿	1356
mái		**mán**		（满）	1356
薶	151	趡	224	**màn**	
瞒	421	謾	317	蔓	111
霾	1421	（漫）	317	曼	374
mǎi		鞔	355	槾	701
買	760	瞞	412	幔	929
（买）	760	（瞒）	412	獌	1197
澗	1322	市	453	慢	1282
mài		憪	1283	嫚	1563
邁	235	槾	701	縵	1622
（迈）	235	萬	917	（缦）	1622
講	325	鬘	1079	鏝	1773
麥	644	憪	1283	（镘）	1773
（麦）	644	鰻	1430	蟃	1801
賣	739	（鳗）	1430	**máng**	
（卖）	739	蠻	1687	芒	124
衇	1408	（蛮）	1687	牻	174
［𧗠］	1408	鏝	1773	哤	206

盲	428	蟊	1691	瞀	421
㝠	700	蠶	1694	橚	659
邙	771	[蟊]	1694	楣	701
厐	1126	矛	1797	椝	735
駹	1156	mǎo		貿	759
龙	1182	荞	77	（贸）	759
浝	1337	茆	159	鄚	777
壾	1714	[茆]	159	鄮	786
mǎng		瞀	416	冃	916
艸	165	昴	808	冒	916
莽	165	戼	915	袤	1000
máo		夘	1853	薱	1017
茅	80	[卯]	1853	[毷]	1017
犛	181	mào		皃	1033
氂	181	瑁	31	覒	1040
[牦]	181	藐	77	覒	1042
楙	659	茂	127	懋	1274
旄	819	芼	130	媢	1556
毛	1019	莯	130	瞀	1868
覒	1042	蘇	159	méi	
髦	1080	曹	159	禖	16
髳	1081	眊	414	瑂	45
蝥	1673	瞀	416	玫	50

蘪	72	美	458	捫	1481
苺	74	浼	1381	（扪）	1481
鸘	366	媄	1539	mèn	
［粥］	366	mèi		懑	1291
眉	431	眜	418	悶	1291
脄	503	昧	426	（闷）	1291
脄	507	靺	651	méng	
梅	659	眛	802	夢	88
某	683	寐	894	苘	109
枚	685	袂	1002	萌	119
楣	698	顡	1063	蒙	156
郿	767	魅	1097	曚	428
蘪	853	［魅］	1097	甍	453
蜸	918	妹	1532	［甍］	453
徽	1229	媚	1539	矇	471
（霉）	1229	mén		［矇］	471
湄	1365	璊	38	（矇）	471
媒	1527	虋	60	礞	621
塺	1727	構	681	郫	782
鋂	1785	毪	1019	甿	820
měi		顢	1072	盟	825
每	58	門	1454	［盟］	825
苺	74	（门）	1454	夢	826

（梦）	826	㲿	894	mǐ	
冡	915	［夢］	894	籹	397
幏	932	（梦）	894	眯	427
覔	1040	懞	1286	芈	454
�	1172	霥	1421	米	85
濛	1375	孟	1849	寐	895
霧	1421	mí		恦	1304
（鯭）	1426	蘪	72	［惖］	1304
㟽	1571	迷	247	灖	1354
甍	1590	彌	1599	洣	1392
螶	1692	糜	857	靡	1445
［虻］	1692	䊞	858	麼	1471
盲	1741	糜	861	弭	1596
醈	1857	眔	919	絖	1624
měng		睨	1039	mì	
鄳	782	㸄	1138	祕	7
猛	1190	麛	1175	［秘］	7
蠓	1676	麋	1176	密	105
鼂	1701	麚	1213	蓂	110
（黾）	1701	［麋］	1213	謐	310
mèng		彌	1599	（谧）	310
夢	453	縻	1645	魕	598
（梦）	453			峚	604

否	813	（绵）	1603	［麵］	645
宓	875	蝒	1669	（面）	645
冖	914	蛃	1675	丏	879
帲	929	**miǎn**		偭	969
密	1108	鞔	362	面	1073
汨	1321	眄	428	**miáo**	
潷	1322	冕	916	苗	131
覕	1408	偭	969	猫	1541
糸	1605	丏	1074	緢	1613
蠠	1692	愐	1273	**miǎo**	
［蜜］	1692	悗	1304	眇	428
醚	1863	［愐］	1304	緲	467
mián		沔	1313	篎	573
瞞	411	湎	1389	杪	687
睲	425	鮸	1434	秒	842
皋	432	緬	1606	藐	1261
［鼻］	432	（缅）	1606	**miào**	
檰	698	勉	1748	廟	1122
宀	870	俛	1848	（庙）	1122
寪	877	［俛］	1848	**miè**	
髳	1080	**miàn**		蠛	367
緜	1603	眄	428	薎	426
［綿］	1603	麪	645	苜	453

莫	453	揩	1490	míng	
[莫]	453	民	1571	名	192
蔑	454	緡	1647	瞑	425
[蔑]	454	[緡]	1647	鳴	481
巆	609	（缗）	1647	（鸣）	481
穢	838	閩	1687	鄍	773
爡	932	（闽）	1687	冥	820
煾	1042	鬴	1695	朙	824
威	1222	鐌	1788	[明]	824
懱	1280	mǐn		覭	1038
滅	1398	敃	391	溟	1372
（灭）	1398	敏	391	嫇	1544
搣	1486	敯	401	螟	1663
mín		笢	553	mǐng	
玟	47	皿	601	皿	885
玫	50	慜	1294	mìng	
鴖	468	潤	1353	命	193
旻	801	閔	1465	miù	
罠	921	（闵）	1465	謬	328
瞪	1105	閩	1687	（谬）	328
[岷]	1105	（闽）	1687	mó	
忞	1273	轡	1804	謨	302
怋	1287			（谟）	302

髍	502	糜	861	（谋）	302
膜	522	瘼	898	瞴	415
摩	1506	顤	1065	犛	644
搻	1508	礳	1136	侔	959
嫫	1566	貘	1149	繆	1654
〔嬤〕	1566	貉	1150	（缪）	1654
mò		驀	1162	鍪	1762
塺	1727	（蓦）	1162	mǒu	
玙	46	默	1184	某	683
蓦	93	沫	1310	mú	
莫	165	漠	1339	模	694
嚒	210	漫	1371	膴	1868
叟	377	〔没〕	1371	mǔ	
眛	419	瀎	1383	蘇	159
眿	419	嬤	1561	牡	172
肯	453	纆	1646	拇	1473
殁	492	冪	1653	母	1530
蓦	827	墨	1718	姆	1533
餗	627	镆	1779	嗨	1737
末	684	（镆）	1779	〔畮〕	1737
鄚	777	móu		（亩）	1737
蓦	827	牟	176	mù	
糢	859	谋	302	莫	165

夒	649	**nào**		**nén**	
橈	689	臑	508	㨲	934
(桡)	689	橈	689	**néng**	
猱	1104	(桡)	689	能	1202
玃	1183	淖	1358	**ní**	
[猱]	1183	婥	1569	齯	266
夒	1185	**nè**		腅	520
怓	1287	肭	292	䏶	403
撓	1492	訥	315	䖃	543
(挠)	1492	(讷)	315	郳	794
蟯	1661	厇	896	倪	969
(蛲)	1661	[厈]	896	貎	992
鐃	1776	臲	995	尼	1022
(铙)	1776	**néi**		麑	1178
nǎo		㨲	934	泥	1335
㛲	988	**nǎi**		霓	1422
[腦]	988	餒	626	鲵	1432
(脑)	988	(馁)	626	(鲵)	1432
夒	1185	**nèi**		婗	1530
瑙	1569	諉	310	蜺	1675
[惱]	1569	(诿)	310	輗	1814
(恼)	1569	内	630	(輗)	1814
		錗	1789

湪	1384	毭	548	髑	499
nuàn		稤	839	耦	541
稤	839	[糯]	839	偶	984
[糯]	839	檽	1279	歐	1049
偄	972	搦	1505	（欧）	1049
黁	1175	搦	1505	**òu**	
nüè		**ōu**		漚	1377
虐	597	謳	313	（沤）	1377
瘧	905	（讴）	313	**pā**	
（疟）	905	毆	385	葩	120
nuó		（殴）	385	皅	939
那	785	貙	473	**pá**	
儺	950	[鷗]	473	杷	707
（傩）	950	（鸥）	473	**pà**	
魖	1098	褕	1013	怕	1275
㾿	1128	甌	1592	**pāi**	
挼	1505	（瓯）	1592	拍	1484
nuǒ		**óu**		[拍]	1484
妠	1545	齵	264	**pái**	
[妠]	1545	**ǒu**		俳	976
nuò		蔥	105	排	1477
諾	298	毆	385	**pài**	
（诺）	298	（殴）	385	棑	734

漳	1320	胖	171	（庞）	1119
湏	1333	盼	413	pāo	
派	1362	瓣	419	脬	506
辰	1408	判	532	橐	747
紙	1617	泮	1399	胞	1095
pān		畔	1739	泡	1327
奻	347	pāng		páo	
販	413	滂	1344	咆	210
潘	1386	〔滂〕	1344	鞄	354
pán		斜	1796	袍	999
鎜	355	〔斜〕	1796	髻	1081
督	419	páng		匏	1095
槃	709	窍	3	庖	1116
〔盤〕	709	〔旁〕	3	麃	1177
（盘）	709	胮	507	炮	1212
瘢	909	〔膀〕	507	pào	
幋	926	鄒	780	疱	389
般	1029	〔部〕	780	麭	745
鬃	1082	稖	847	窀	889
蟹	1230	〔榜〕	847	奅	1238
擎	1499	徬	967	pēi	
pàn		〔傍〕	967	肧	503
叛	172	龐	1119	〔胚〕	503

𤟥	607	pēn		[搒]	1518
䅃	609	噴	204	弸	1598
姷	1564	（喷）	204	輣	1800
醅	1864	歕	1045	pī	
péi		pén		丕	2
郫	768	盆	603	劈	533
鄑	774	pēng		邳	791
裴	1007	怦	175	旇	819
碩	1061	育	639	秠	843
培	1723	抨	1512	伾	954
陪	1832	姘	1568	頾	1076
pèi		péng		駓	1157
郱	786	芃	126	魾	1430
斾	816	蓬	161	披	1494
帔	927	跰	283	挃	1506
佩	945	彭	590	[批]	1506
崷	1114	棚	714	坏	1729
怖	1290	稝	847	[坯]	1729
沛	1333	[榜]	847	鈹	1767
淠	1333	倗	955	（铍）	1767
轡	1658	騯	1162	pí	
（辔）	1658	[騯]	1162	蚍	78
配	1861	揘	1518	蘢	114

鳊	1428	蠹	1691	[慓]	1278
[鯿]	1428	飙	1697	缥	1624
(鳊)	1428	[飘]	1697	[縹]	1624
缠	1653	(飘)	1697	(缥)	1624
piǎn		镖	1779	勡	1752
谝	323	[鏢]	1779	[勡]	1752
(谝)	323	(镖)	1779	**piào**	
piàn		**piáo**		勡	535
片	832	嫖	747	[勡]	535
piāo		瓢	870	傈	976
犥	175	[瓢]	870	[僄]	976
嘌	197	**piǎo**		慓	1278
[嘌]	197	覒	1037	[慓]	1278
趮	217	[瞟]	1037	漂	1348
[趮]	217	膘	518	[漂]	1348
旚	818	[膘]	518	嫖	1562
[旚]	818	標	687	[嫖]	1562
漂	1348	[標]	687	勡	1752
[漂]	1348	(标)	687	[勡]	1752
摽	1491	覒	1037	**piē**	
[摽]	1491	[覒]	1037	瞥	426
嫖	1562	[瞟]	1037	撆	1505
[嫖]	1562	慓	1278	[撇]	1505

piǎ		pǐn		（冯）	1165
丿	1571	品	285	鼾	1199
鋻	1769	pìn		泙	1355
piè		牝	173	溯	1368
嫳	1559	朩	567	萍	1400
pīn		聘	1469	餅	1589
闚	372	娉	1554	蛢	1670
姘	1568	pīng		坪	1708
pín		俜	257	凭	1790
玭	48	粤	585	軿	1799
蘋	69	俜	963	pìng	
響	324	艑	1090	娉	1554
矉	420	píng		pō	
頻	672	苹	68	癹	231
貧	761	荓	87	頗	1070
（贫）	761	蓱	154	（颇）	1070
顟	1099	平	588	烐	1207
瀕	1401	缾	632	拂	1489
（濒）	1401	［瓶］	632	坡	1708
瀿	1402	枰	727	鏺	1770
（颦）	1402	邟	796	（铍）	1770
嬪	1551	屏	1024	pó	
（嫔）	1551	馮	1165	鄱	785

幡	938	pōu		（仆）	343
怕	1275	剖	531	庌	647
罥	1420	姏	1564	樸	672
嫛	1552	póu		襆	998
pǒ		箁	553	匍	1092
駊	1164	髻	1081	爆	1213
pò		掊	1484	濮	1326
迫	249	抙	1487	纀	1634
敁	391	pǒu		璞	1710
脯	519	剖	531	酺	1864
轉	653	pū		pǔ	
朴	685	攴	390	樸	691
朳	739	痡	897	（朴）	691
霸	823	仆	979	圃	750
酋	862	拊	1481	普	813
魄	1096	撲	1513	溥	1339
破	1135	（扑）	1513	浦	1361
洦	1338	鋪	1786	pù	
［泊］	1338	（铺）	1786	曝	469
璞	1710	pú		暴	811
鏷	1776	蒲	81	［暴］	811
酺	1861	羮	343	qī	
		僕	343	妻	122

（骐）	1154	qǐ		芞	74
骑	1163	萱	64	［艺］	74
（骑）	1163	芑	158	茸	142
麒	1176	启	198	舁	195
忯	1266	起	221	赺	221
淇	1317	啟	390	趔	226
鲯	1439	［啓］	390	迟	245
麒	1442	（启）	390	器	290
（鯕）	1442	豈	593	訖	314
鬐	1547	（岂）	593	［訖］	314
綨	1627	杞	677	（讫）	314
［綦］	1627	棨	721	晵	418
蚔	1665	邔	783	啓	422
蛴	1666	启	804	棄	484
（蛴）	1666	企	944	（弃）	484
蚑	1667	稽	1074	肸	511
蚑	1678	屺	1106	栔	540
畿	1738	綺	1620	蟁	590
畦	1739	（绮）	1620	蠆	592
錡	1767	綮	1622	罄	634
（錡）	1767	䞨	1812	企	944
鈰	1789	qì		歧	988
甂	1805	气	54	捷	998

輫	1811	鉗	1772	歉	1052
qián		（钳）	1772	谽	1410
蒢	108	乾	1841	鎌	1428
赶	228	（干）	1841	（鎌）	1428
犇	229	qiǎn		綪	1626
[前]	229	罕	179	槧	1725
雈	447	遣	243	（槧）	1725
箈	566	譴	333	qiāng	
箝	568	（谴）	333	瑲	39
虔	597	槏	700	螿	272
鄡	775	淺	1357	蹌	273
黚	1227	（浅）	1357	（跄）	273
黔	1228	膣	1827	羌	458
灊	1310	[書]	1827	牄	629
潛	1369	縑	1201	槍	702
[潜]	1369	qiàn		（枪）	702
拑	1479	茜	93	栺	720
搩	1503	茨	100	青	915
嫱	1535	槧	721	淐	1351
錢	1770	（槧）	721	牂	1478
（钱）	1770	倩	947	戕	1577
鈐	1770	俔	968	斨	1792
（钤）	1770	欠	1043

qiě		匮	1585	芹	94
且	1791	緁	1638	茎	98
qiè		鍥	1771	芩	99
藒	73	（锲）	1771	靬	362
骺	267	**qīn**		鬵	365
[齺]	267	蔓	148	鈙	401
妾	342	[蔓]	148	秦	850
胠	508	窺	875	瘴	897
刲	536	傪	966	厱	1125
朅	606	[侵]	966	鲟	1439
竊	861	衾	1008	聆	1472
[竊]	861	親	1041	搇	1480
（窃）	861	[親]	1041	珡	1581
疲	910	（亲）	1041	[琴]	1581
狚	1190	欽	1043	菫	1734
悆	1262	（钦）	1043	勤	1751
[愜]	1262	駸	1165	矜	1798
（惬）	1262	[駸]	1165	禽	1839
恔	1299	（骎）	1165	**qǐn**	
淁	1336	繜	1637	蔓	148
鯜	1435	[綅]	1637	[蔓]	148
挈	1479	**qín**		趡	217
姄	1565	莐	66	赾	223

邛	788	[秋]	849	邦	796
穷	891	丘	991	俅	944
窮	892	鳍	1432	仇	982
[窮]	892	[鳅]	1432	裘	1016
（穷）	892	（鳅）	1432	[裘]	1016
恷	1296	绸	1644	慦	1295
荧	1446	qiú		汓	1370
（荧）	1446	球	27	[泅]	1370
孃	1544	莍	117	绿	1617
[孃]	1544	芁	152	蝤	1666
蛩	1686	叴	203	蚪	1680
筇	1805	述	247	[虬]	1680
qiǒng		遒	249	蠡	1693
炷	1210	氿	339	酋	1869
qiū		觓	435	qiǔ	
蓝	85	脙	512	糗	859
萩	107	肍	520	qū	
赳	218	觩	544	苗	143
鹙	470	艍	549	苗	150
篍	574	梂	678	趨	215
楸	666	囚	751	（趋）	215
邱	795	賕	761	趄	225
烁	849	（赇）	761	詘	334

麩	645	［全］	630	綣	1642
覬	1037	權	676	勸	1749
［覬］	1037	（权）	676	（劝）	1749
（覰）	1037	佺	959	quē	
狋	1196	鬈	1080	缺	663
屖	1453	泉	1407	闕	639
娶	1527	拳	1473	què	
蜡	1677	捲	1512	趉	217
quān		彋	1597	躍	272
悛	1266	絟	1651	殻	384
朘	1274	蠸	1663	彀	385
鐉	1786	銓	1774	雀	444
quán		（铨）	1774	舄	482
荃	143	輇	1814	臛	524
佺	177	（铨）	1814	榷	724
趦	225	quǎn		青	915
齤	265	糕	860	卻	1089
巽	300	犬	1182	［却］	1089
詮	308	〈	1402	礐	1132
（诠）	308	quàn		（岩）	1132
叟	410	券	538	碏	1132
觠	543	韏	653	確	1134
全	630	縓	1626	踖	1257

愨	1261	rán		姌	1543
（愙）	1261	蘸	114	［㛋］	1543
闕	1457	噡	196	燃	1550
（闋）	1457	訮	322	嘾	1869
闋	1465	肰	525	réng	
（閡）	1465	枏	658	禳	15
攉	1514	［栴］	658	纕	67
壢	1708	［楠］	658	瀼	567
qūn		顮	1076	鄴	781
趜	226	然	1204	穰	847
逡	246	燃	1613	攘	1475
夋	646	蚦	1659	孃	1567
囷	750	［蚺］	1659	［娘］	1567
qún		朏	1700	纕	1636
敤	398	rǎn		𦀖	1670
羣	458	橪	672	鑲	1759
［群］	458	㷖	972	（镶）	1759
宭	877	戁	1022	rǎng	
帬	928	冄	1139	膁	512
［裙］	928	［冉］	1139	蘘	567
qǔn		㷕	1206	纕	1636
趛	219	染	1396	壤	1708
		蒅	1419

ràng		rè		rèn	
讓	333	熱	1220	牣	180
（让）	333	（热）	1220	訒	314
饟	621	rén		（讱）	314
攘	1475	人	943	刃	539
ráo		仁	943	餁	616
蕘	150	任	967	（饪）	616
（荛）	150	儿	1031	杒	682
饒	623	壬	1846	軔	926
（饶）	623	rěn		仞	944
蟯	1661	荏	63	任	967
（蛲）	1661	葚	75	衽	998
rǎo		䍐	291	恁	1279
懮	178	餁	616	妊	1529
擾	1492	（饪）	616	紉	1608
［擾］	1492	棯	686	（纫）	1608
（扰）	1492	［栠］	686	紝	1641
繞	1616	稔	848	（纴）	1641
（绕）	1616	衽	998	軔	1804
rào		忍	1304	（轫）	1804
繞	1616	妊	1529	rēng	
（绕）	1616	紝	1608	扔	1507
		（纴）	1608

réng		容	876	róu		
苀	158	禯	1005	瓔	23	
訒	304	[禯]	1005	鞣	354	
鹵	584	頌	1057	脒	516	
杩	671	(颂)	1057	柔	691	
仍	961	鬕	1084	粈	859	
陾	1832	嶸	1111	腬	1073	
rì		(嵘)	1111	蝚	1664	
遷	249	魷	1201	鰇	1737	
日	801	溶	1352	鍒	1788	
衵	1008	搈	1495	鞣	1805	
馹	1171	戎	1574	(鞣)	1805	
(驲)	1171	甀	1593	厹	1838	
䤬	1450	鎔	1759	[内]	1838	
rōng		(镕)	1759	rǒu		
頌	1057	醶	1860	楺	254	
(颂)	1057	rǒng		煣	1215	
róng		鸒	390	沑	1382	
茙	162	宂	877	鞣	1805	
鞊	361	[冗]	877	(鞣)	1805	
融	365	毷	1019	ròu		
榮	679	搑	1506	肉	503	
(荣)	679	軵	1813

rú		rù		楼	668
茹	149	茹	149	狒	741
翟	448	蓐	164	瘘	906
娜	795	入	630	緌	1631
帤	926	溽	1358	ruǐ	
儒	945	�辱	1376	蕊	1305
襦	1007	缛	1630	ruì	
颥	1098	（缛）	1630	瑞	33
懦	1279	孺	1848	芮	129
濡	1332	ruán		叡	491
如	1550	瑌	1736	汭	1341
嬬	1563	ruǎn		蜹	1676
絮	1648	黄	115	銳	1773
孺	1848	甏	390	（锐）	1773
辱	1854	偄	972	rún	
醹	1859	碝	1129	犉	175
rǔ		奭	1253	［犉］	175
鄏	771	媆	1567	朐	420
壤	895	緛	1638	rǔn	
汝	1315	蝡	1677	毪	1019
乳	1448	阮	1829	rùn	
擩	1499	ruí		閏	20
醹	1859	蕤	123	（闰）	20

潤	1382	馺	1165	散	524
（润）	1382	浽	1383	［散］	524
ruó		颯	1698	箾	563
捼	1505	（飒）	1698	栅	866
ruò		鈒	1779	［散］	866
萭	81	sāi		嵫	928
若	145	鰓	543	sāng	
鄀	523	窜	580	喪	214
箬	553	［塞］	580	（丧）	214
叒	737	sài		桑	737
弱	1077	簺	575	sǎng	
蒻	1205	塞	1721	額	1058
溺	1311	sān		（颡）	1058
sǎ		三	20	sàng	
靸	356	惨	173	喪	214
灑	1395	箾	563	（丧）	214
（洒）	1395	sǎn		sāo	
sà		饊	617	臊	521
儽	256	［饊］	617	梭	724
跋	278	（馓）	617	［槮］	724
卅	296	糤	857	傮	976
［丗］	296	sàn		騷	1169
毊	861	㪔	449	（骚）	1169

慅	1295	嗇	642	帴	928
鰠	1439	（嗇）	642	沙	1359
搔	1491	穑	836	洆	1383
繅	1605	（穑）	836	鲨	1436
（缫）	1605	索	881	鍛	1768
sǎo		色	1090	（铩）	1768
嫂	98	碏	1132	**shà**	
［瘦］	98	寒	1268	蓳	60
嫂	1532	濇	1356	翣	440
［嫂］	1532	［澀］	1356	翣	442
埽	1716	（涩）	1356	箑	566
sào		潜	1367	歃	1051
臊	285	涑	1372	潭	1392
譟	327	瑟	1581	**shāi**	
［噪］	327	轖	1803	籭	559
燥	1221	**sēn**		筛	561
sè		篸	554	**shài**	
璱	37	森	735	曬	811
蔷	159	罧	921	（晒）	811
（蔷）	159	**shā**		鎩	1768
澀	230	殺	387	（铩）	1768
穑	580	（杀）	387	**shān**	
［塞］	580	椴	675	珊	51

奟	760	捎	1498	［赊］	758
傷	980	sháo		（赊）	758
（伤）	980	韶	341	邯	797
慯	1297	招	688	［舒］	797
shǎng		佋	985	奢	1248
餉	620	shǎo		shé	
赏	757	少	167	斩	152
（赏）	757	櫹	690	［折］	152
shàng		邶	787	舌	290
上	2	shào		撲	1479
［上］	2	哨	207	鉈	1780
尚	168	劭	405	（铊）	1780
餇	621	郎	765	shě	
（饷）	621	邵	773	捨	1483
慯	1297	稍	849	（舍）	1483
shāo		袑	1004	shè	
菁	129	邵	773	社	18
箾	560	娋	1558	蔎	139
籍	560	绍	1611	設	311
梢	672	（绍）	1611	（设）	311
稍	849	劭	1748	赦	397
燒	1205	shē		舍	628
（烧）	1205	赊	758	躯	634

腎	505	shěng		施	818
(肾)	505	眚	425	尸	1020
甚	582	省	431	屍	1023
罧	921	楮	709	[尸]	1023
歆	1051	渻	1358	馻	1042
慎	1261	媘	1559	溼	1380
渗	1353	蛸	1677	[濕]	1380
(渗)	1353	shèng		(湿)	1380
蜃	1681	滕	1749	失	1500
shēng		賸	756	繩	1621
牲	177	聖	1468	蠅	1671
笙	572	(圣)	1468	蝨	1690
生	741	勝	1749	[虱]	1690
聲	1469	(胜)	1749	鼉	1701
(声)	1469	shī		鉈	1780
甥	1745	蓍	106	(铊)	1780
勝	1749	詩	299	醽	1858
(胜)	1749	(诗)	299	(酾)	1858
升	1797	攺	392	shí	
shéng		籭	559	祐	10
繩	1641	師	738	芪	109
(绳)	1641	(师)	738	十	295
		邿	790	識	303

㡣	614	螫	1679	（绶）	1632
㝩	616	鍫	1782	鏉	1787
市	638	軾	1801	獸	1840
枾	658	（轼）	1801	（兽）	1840
[柿]	658	shōu		shū	
貰	758	收	399	荼	117
曬	811	shǒu		篘	273
（晒）	811	守	878	疋	284
釋	857	百	434	疏	284
敀	867	睂	1074	延	285
[攲]	867	[首]	1074	叔	376
室	871	手	1473	書	380
憿	930	shòu		（书）	380
飾	932	受	489	殳	383
（饰）	932	瘦	909	枢	384
仕	944	[瘦]	909	几	1790
侍	962	薵	1018	舒	487
視	1035	[壽]	1018	殊	492
（视）	1035	（寿）	1018	箱	560
恃	1271	狩	1193	樞	699
澨	1367	漱	1392	（枢）	699
媞	1547	授	1488	梳	705
氏	1573	綬	1632	橾	723

shuà		霜	1421	涗	1384
嗦	187	shuǎng		蜕	1678
shuāi		爽	407	shǔn	
痕	913	shuī		吮	187
shuài		韉	362	楯	700
達	235	籰	450	揗	1484
衛	262	孀	1561	shùn	
帥	925	shuí		蕣	116
(帅)	925	誰	335	[蕣]	116
蟀	1657	(谁)	335	瞚	430
率	1658	脽	509	盾	432
蟴	1669	shuǐ		舜	650
[蟀]	1669	水	1307	[舜]	650
shuàn		shuì		順	1065
腨	510	嗦	187	(顺)	1065
膞	1087	睡	425	鬊	1084
篅	1813	雖	446	shuō	
孿	1848	鋭	627	說	308
(孪)	1848	税	848	(说)	308
shuāng		帥	925	shuò	
雙	461	(帅)	925	箾	571
(双)	461	帤	925	朔	822
鷞	464	祝	1015	欯	1051

sǒng		〔鄹〕	778	（穌）	849
竦	1255	獀	1182	窣	891
愯	1271	〔獀〕	1182	sú	
懯	1282	涑	1395	俗	969
傱	1469	捜	1520	sù	
〔聳〕	1469	〔搜〕	1520	遬	101
（耸）	1469	sǒu		速	239
sòng		藪	136	諫	307
送	243	（薮）	136	訴	332
〔送〕	243	嗾	210	（诉）	332
誦	299	寠	374	鸞	367
（诵）	299	〔叟〕	374	〔餗〕	367
訟	331	瞍	429	肅	379
（讼）	331	〔瞍〕	429	（肃）	379
宋	882	籔	560	鷛	463
頌	1057	浚	1385	（鷛）	463
（颂）	1057	〔溲〕	1385	楸	663
sōu		sòu		櫹	690
蒐	93	嗽	210	梀	701
膄	520	sū		殊	827
梭	724	蘇	63	〔夙〕	827
〔槮〕	724	（苏）	63	橐	831
郯	778	穌	849	〔粟〕	831

［飧］	620	（缩）	1614	tà	
孙	1603	suǒ		少	230
（孙）	1603	琐	40	逷	238
sǔn		（琐）	40	蹋	275
雓	464	膇	522	踏	278
隼	464	颣	644	嗒	290
腪	521	索	740	誻	322
筍	552	貨	753	譶	322
［笋］	552	素	881	讟	331
骔	586	磢	1132	矗	339
損	1500	惢	1305	曏	440
（损）	1500	潨	1337	沓	583
suō		所	1793	嚃	592
莎	154	suò		譬	592
趖	219	膇	522	鉈	632
［趖］	219	tā		樤	682
傞	978	塌	682	磍	1136
衰	1014	它	1699	猲	1189
［蓑］	1014	tǎ		亣	1251
潧	1392	獭	1197	［大］	1251
摍	1502	（獭）	1197	濕	1327
娑	1552	鳎	1425	渻	1385
縮	1614	（鳎）	1425	龖	1444

（缇）	1626	沾	1317	tiàn	
tì		馲	1744	瑱	33
薙	138	tián		瑱	292
嚏	191	嗔	196	睼	423
逖	252	畋	402	栝	719
睇	420	甜	581	tiāo	
睼	423	［甜］	581	蓨	90
骵	501	寊	890	佻	974
剔	538	恬	1265	挑	1491
禘	1004	闐	1463	斛	1797
鬄	1084	（窴）	1463	［斛］	1797
髢	1084	填	1716	tiáo	
［剃］	1084	田	1735	蓨	90
普	1258	tiǎn		芀	104
［替］	1258	琠	23	苕	159
惕	1301	殄	495	趒	228
渧	1397	腆	516	調	309
涕	1398	栝	719	（调）	309
戻	1192	腼	1073	條	685
摘	1493	悿	1302	（条）	685
繾	1649	忝	1303	卤	830
tiān		［忝］	1303	髫	1080
天	2	銛	1762	鯈	1230

说文解字

䫼	1586	tiě		粤	607
蜩	1674	驖	1157	亭	637
鋚	1757	鐵	1756	庭	1115
tiǎo		（铁）	1756	霆	1414
朓	324	tiè		tǐng	
朓	515	鮎	361	珽	31
朓	823	謺	592	訂	303
宨	891	飻	625	（订）	303
窱	892	［餮］	625	梃	687
挑	1491	帖	930	侹	955
嬥	1547	tīng		壬	1846
tiào		芉	113	頲	1064
跳	277	桯	704	（颋）	1064
眺	427	汀	1382	挺	1504
糶	739	聽	1468	娗	1569
（粜）	739	（听）	1468	町	1736
糶	859	綎	1612	tìng	
覜	1042	綎	1633	聽	1468
絩	1619	町	1736	（听）	1468
tiē		tíng		tōng	
聑	1472	莛	119	通	241
tié		廷	260	侗	951
鮎	361	筳	558	僮	980

2056

恫	1293	tǒng		tǒu	
tóng		箮	565	㻌	468
術	262	[筒]	565	音	609
詷	311	桶	719	鯐	1428
童	341	敵	1543	妵	1538
毃	385	統	1609	tū	
箮	565	(统)	1609	腯	516
[筒]	565	tòng		枰	670
籊	592	痛	896	突	890
彤	611	統	1609	秃	1034
桐	679	(统)	1609	悷	1274
痌	909	tōu		厺	1851
同	915	婾	1558	tú	
僮	943	[偷]	1558	茶	160
秞	1235	tóu		徐	175
潼	1308	毃	384	迻	236
鮦	1427	揄	833	[徒]	236
(銅)	1427	籨	867	腯	516
膧	1700	頭	1057	箊	553
銅	1756	(头)	1057	圖	749
(铜)	1756	投	1491	(图)	749
鈾	1771	匬	1587	鄜	770
		繪	1652	邹	790

说文解字

稌	839	［皽］	475	tuǐ	
瘏	899	篿	561	僓	951
屠	1023	團	748	tuì	
㿺	1113	（团）	748	復	258
駼	1173	瞖	1075	［退］	258
涂	1311	搏	1508	駾	1167
捈	1517	（抟）	1508	㥍	1274
酴	1858	tuǎn		娧	1541
鵌	1868	疃	1742	蜕	1678
tǒ		tuàn		tūn	
吐	200	彖	1147	吞	183
土	1706	tuī		嘾	191
tù		蓷	82	焞	1218
兔	1180	推	1477	［焞］	1218
tuān		tuí		黗	1227
貒	1151	灘	327	涒	1389
湍	1349	穨	1034	tún	
鷻	1744	［頹］	1034	箟	571
tuán		（颓）	1034	屍	1022
蓴	145	魋	1099	［臀］	1022
［莼］	145	雁	1121	豚	1147
（莼）	145	隤	1823	軘	1800
皽	475				

2058

tǔn		汱	1385	夻	1238
黗	1227	鼀	1702	洼	1363
tuō		（鼀）	1702	窪	1363
託	312	tuǒ		聉	1470
［托］	312	橢	711	媧	1535
詫	317	（椭）	711	（娲）	1535
脱	512	媠	1539	娃	1560
梲	716	［媠］	1539	畫	1665
侂	983	tuò		鼃	1701
祏	1002	擇	133	［蛙］	1701
涶	1335	（择）	133	wǎ	
魠	1432	唾	189	瓦	1590
捝	1500	橐	690	wà	
扖	1516	榾	692	啘	199
它	1699	［柝］	692	韤	653
tuó		檡	703	［襪］	653
詫	317	鮀	1432	（袜）	653
靴	363	（鮀）	1432	聉	1470
橐	747	wā		朙	1471
佗	957	哇	201	wāi	
袉	1003	窊	886	咼	209
驒	1173	宨	887	喎	1256
沱	1309	�がく	1052

忘	1283	微	256	（为）	369
凵	1582	餵	544	敳	398
［亡］	1582	椳	701	鑲	450
wǎng		椳	704	薇	552
往	255	倭	950	韋	650
敉	400	敳	965	（韦）	650
桂	688	覣	1035	口	182
［枉］	688	巍	1101	圍	751
网	917	羛	1123	（围）	751
蛧	1685	危	1128	辌	830
［魍］	1685	煨	1210	帷	929
wàng		娃	1210	幃	933
迋	236	溾	1371	（帏）	933
誆	334	潙	1375	襠	1005
眮	810	威	1531	職	1038
望	993	隈	1827	嵬	1100
［望］	993	**wéi**		獮	1142
忘	1283	珜	45	夔	1243
妄	1557	薙	65	惟	1269
望	1582	蓵	124	涖	1318
wēi		違	245	濰	1330
薇	65	（违）	245	（潍）	1330
逶	245	為	369	湋	1349

蝟	276	㥽	1288	聞	1469
謂	298	恚	1289	（闻）	1469
（谓）	298	渭	1312	蟁	1692
羮	457	媦	1532	［蚊］	1692
胃	505	絹	1619	**wěn**	
餵	625	蜼	1686	吻	182
寪	739	颻	1698	紊	1614
尉	922	鍡	1764	**wèn**	
位	958	腣	1806	問	193
偽	976	未	1855	（问）	193
（伪）	976	**wēn**		饂	622
㡱	998	殟	492	饐	622
畏	1099	盈	605	汶	1330
碨	1136	［昷］	605	揾	1518
（砪）	1136	温	1310	紊	1614
帣	1146	輼	1799	**wēng**	
［猬］	1146	（辒）	1799	翁	438
黀	1147	**wén**		箹	554
尉	1213	閿	409	鹟	1433
［尉］	1213	偯	946	螉	1660
蕇	1223	彣	1078	**wěng**	
䰨	1225	文	1078	滃	1371
熨	1272	馼	1161

wèng		臥	994	汙	1381
齆	632	［臥］	994	［污］	1381
瓮	1592	鶯	1165	殍	1598
wō		渓	1367	wú	
喔	211	［沃］	1367	璑	26
踒	282	渥	1377	蕪	132
蝸	1682	擭	1499	（芜）	132
（蜗）	1682	握	1481	菩	157
wǒ		擭	1499	吾	192
婐	1545	蠖	1668	梧	679
我	1580	斡	1795	䋻	734
wò		wū		［無］	734
喔	199	誣	319	（无）	734
韄	363	（诬）	319	郚	792
腛	424	烏	481	吳	1241
取	429	（乌）	481	［吴］	1241
蒦	451	巫	580	浯	1330
殟	492	杇	701	毋	1570
觟	548	鄔	776	憮	1582
絢	573	（邬）	776	［無］	1582
腛	611	屋	1024	（无）	1582
楃	703	歍	1046	隖	1828
偓	958	洿	1380

wǔ		[坞]	1834	嗉	1111
珷	45	(坞)	1834	勿	1139
趤	220	五	1837	鹜	1167
鹉	479	午	1855	(鹜)	1167
舞	649	悟	1855	悟	1271
潕	734	wù		汙	1381
[無]	734	芴	155	[污]	1381
(无)	734	物	180	霚	1421
鄔	776	誤	320	[霧]	1421
(邬)	776	(误)	320	(雾)	1421
舾	922	誤	328	扤	1511
伍	964	(误)	328	婺	1548
侮	978	諤	330	鹜	1747
廡	1115	敄	391	(务)	1747
(庑)	1115	鹜	455	鋈	1756
憮	1271	鹜	471	阢	1826
(怃)	1271	(鹜)	471	陒	1834
惧	1273	晤	803	[坞]	1834
潕	1322	害	880	(坞)	1834
嫵	1539	寤	894	戊	1842
(妩)	1539	�	898	悟	1855
武	1578	削	1029	xī	
陒	1834	兀	1031	禧	5

蠮	1675	鸂	1158	纚	1630
�蟲	1684	鰼	1432	壐	1718
鳌	1735	（鰼）	1432	［壐］	1718
［厘］	1735	巂	1702	（玺）	1718
錫	1756	隵	1823	釃	1858
（锡）	1756	xǐ		（酾）	1858
鑴	1761	禧	5	xì	
xí		唏	194	壻	54
蓆	140	址	241	［婿］	54
［席］	140	［徙］	241	呬	189
謵	330	躧	282	咥	194
習	436	諰	312	徯	257
（习）	436	諓	338	胏	295
騱	548	鞑	356	僖	315
覡	581	筷	561	諲	338
（觋）	581	喜	589	諡	339
榴	661	憙	1049	閲	372
楺	708	枲	865	（阅）	372
橀	721	伿	974	盼	430
郋	779	屣	1125	甶	511
席	933	豨	1144	憙	589
襲	999	洒	1391	虩	600
（袭）	999	壐	1599	盡	608

xià		［愻］	1277	鷳	476
下	4	鮮	1436	（鹇）	476
唬	212	（鲜）	1436	胘	517
罅	633	蠨	1443	賢	754
嗄	648	［鮮］	1443	（贤）	754
［夏］	648	（鲜）	1443	弦	830
暇	809	攕	1474	秮	840
㕧	924	掀	1497	癇	898
墟	1727	孅	1543	（痫）	898
xiān		妗	1546	憾	935
譣	306	嬐	1551	伭	975
訐	322	纖	1613	次	1055
騫	481	（纤）	1613	［涎］	1055
枮	681	獩	1744	騆	1154
鐵	868	銛	1769	麊	1178
僊	985	xián		爣	1218
［僊］	985	弦	86	［燂］	1218
［仙］	985	嗛	186	燅	1224
仚	986	咸	198	㤼	1278
［仙］	986	唌	207	憪	1280
先	1034	趑	217	慊	1286
憸	1277	誠	308	鹹	1451
愻	1277	睍	426	（咸）	1451

〔鄉〕	799	xiǎng		曏	800
（乡）	799	響	340	〔巷〕	800
鱺	799	（响）	340	向	871
番	854	饗	621	像	984
〔香〕	854	（饟）	621	襐	1008
襄	1008	餉	621	項	1060
〔襄〕	1008	（饷）	621	（项）	1060
驤	1162	饟	621	象	1152
（骧）	1162	亯	639	闞	1461
湘	1320	暴	809	勷	1749
xiáng		〔嚮〕	809	xiāo	
祥	6	（向）	809	蟏	72
詳	303	想	1269	蕭	107
（详）	303	蠁	1660	（萧）	107
翔	441	xiàng		歊	128
缸	632	珦	25	嘮	201
夆	655	闑	371	嘵	205
栙	718	〔哄〕	371	（哓）	205
痒	900	鮔	634	哮	211
庠	1114	樣	669	虓	212
洋	1329	（样）	669	嚻	289
泽	1339	鄉	799	（嚣）	289
巩	1592	〔邻〕	799	鷪	365

埗	1709	［型］	1718	綇	1613
xíng		鈃	1760	蛪	1677
莖	119	［鈃］	1760	xiōng	
（茎）	119	（钘）	1760	詾	331
行	261	鵛	1761	（讻）	331
刑	537	鉶	1762	凶	863
［刑］	537	［鉶］	1762	兇	863
荆	613	陘	1825	［凶］	863
鍚	617	（陉）	1825	兄	1032
（饧）	617	xǐng		匈	1093
邢	775	省	431	［胸］	1093
［邢］	775	渻	1358	洶	1350
郉	776	xìng		［汹］	1350
熒	869	荇	111	xióng	
形	1076	腥	522	雄	449
［形］	1076	杏	659	熊	1203
陉	1111	委	1242	xiǒng	
滎	1362	［幸］	1242	兇	863
（荥）	1362	性	1260	［凶］	863
洐	1365	悻	1278	洶	1350
婞	1542	姓	1523	［汹］	1350
蛵	1665	嬹	1540	xiòng	
型	1718	婞	1559	趨	221

（绚）	1623	紽	1638	（埙）	1717
繏	1645	xuě		勳	1745
鉉	1764	雪	1415	[勛]	1745
（铉）	1764	[雪]	1415	（勋）	1745
鏇	1766	xuè		醺	1864
xuē		莔	158	xún	
薛	79	殻	209	珣	25
眓	416	謔	325	趔	218
削	528	（谑）	325	巡	235
娋	1558	旵	409	循	255
辥	1845	血	606	燖	388
xué		窳	887	[寻]	388
敩	404	威	1222	（寻）	388
嶨	441	沇	1346	楯	668
鷽	465	彏	1597	栒	675
觷	545	颰	1697	郇	772
穴	884	xūn		郔	777
嶨	1107	熏	59	帕	927
（峃）	1107	薰	73	旬	1093
礐	1132	纁	1625	馴	1168
（岩）	1132	（纁）	1625	（驯）	1168
确	1134	壎	1717	燂	1218
泉	1365	[壎]	1717	[燂]	1218

yān		�	206	狠	1187
蔫	134	嚴	213	燗	1220
咽	183	（严）	213	炎	1223
羶	458	延	261	沿	1368
焉	482	鷰	264	澜	1396
腌	524	言	297	鹽	1451
猒	582	訮	322	（盐）	1451
鄢	782	逬	417	闐	1455
鄻	795	筵	558	閻	1456
猏	1184	簾	576	（阎）	1456
煙	1217	麣	601	妍	1560
［烟］	1217	檐	699	［妍］	1560
懕	1275	郔	789	阽	1831
［慊］	1275	顏	1057	yǎn	
（恹）	1275	（颜）	1057	琰	30
淹	1311	顡	1061	弇	212
漹	1335	巌	1109	釫	267
閹	1463	喦	1109	弇	345
（阉）	1463	［岩］	1109	眼	410
鄽	1540	礛	1134	暚	423
嫣	1543	罨	1134	鷗	468
yán		研	1136	剡	529
琂	44	［研］	1136	椻	664

[焰]	1224	（杨）	675	䄃	1513
焱	1233	暘	804	絣	1631
爓	1253	（旸）	804	蛘	1679
燕	1443	瘍	900	坱	1727
鹻	1452	（疡）	900	勜	1749
[碱]	1452	崵	1106	**yàng**	
嬮	1536	敭	1139	詇	301
嫣	1543	揚	1496	狀	1188
晏	1551	（扬）	1496	（状）	1188
媕	1568	颺	1698	煬	1213
釅	1867	[揚]	1698	（炀）	1213
yāng		（扬）	1698	鍚	1226
鴦	470	鍚	1783	怏	1291
（鸯）	470	陽	1820	恙	1296
殃	495	（阳）	1820	漾	1313
央	638	**yǎng**		羕	1408
秧	847	鞅	363	坱	1727
泱	1371	養	619	**yāo**	
姎	1562	（养）	619	祅	19
yáng		柍	662	葽	114
禓	18	仰	963	夒	350
羊	454	㕰	988	[要]	350
楊	675	[印]	988	幺	484

yē		枽	729	鍱	1765
噎	199	巙	743	曳	1856
喝	810	［皣］	743	**yī**	
yé		鄴	776	一	1
莪	103	（邺）	776	鷖	471
邪	793	暍	806	椅	666
釾	1779	［曅］	806	檹	689
yě		（晔）	806	旖	818
冶	1412	夜	826	伊	946
也	1573	罨	918	依	961
野	1735	僷	948	肎	995
yè		俺	954	衣	996
葉	120	襄	1013	猗	1184
（叶）	120	厣	1122	黳	1226
喝	207	焆	1217	黟	1231
謁	298	爗	1220	壹	1246
（谒）	298	［爆］	1220	恣	1294
業	342	（烨）	1220	揖	1475
（业）	342	液	1390	嫛	1530
腌	524	厴	1483	妷	1537
篥	555	拽	1517	繄	1640
餣	621	掖	1520	蛜	1673
（馌）	621	擖	1713	瑿	1728

倚	961	藙	145	[异]	348	
佁	975	嗌	183	靾	370	
顗	1068	呭	194	赩	379	
憶	1266	趁	222	[肄]	379	
悆	1294	[趁]	222	殹	385	
宧	1453	趫	222	毅	386	
厑	1585	齸	269	役	386	
蛾	1668	跇	279	斁	397	
螠	1669	啻	300	皷	398	
錡	1767	議	303	皴	403	
(锜)	1767	(议)	303	羿	439	
輢	1802	誼	310	[羿]	439	
轙	1808	(谊)	310	翊	440	
乙	1841	詣	314	翳	442	
目	1855	(诣)	314	隿	449	
[以]	1855	誽	321	鱃	472	
酏	1867	譯	338	[鷊]	472	
yì		(译)	338	鯢	473	
瑰	43	睪	345	殪	493	
冀	63	昇	345	瘗	494	
薏	79	[异]	345	肊	506	
[薏]	79	弈	347	剭	537	
蘙	99	異	348	[劓]	537

［翼］	1445	瘗	1730	霒	1423
撎	1475	勩	1751	闉	1456
挹	1501	（勩）	1751	捆	1506
抴	1517	軼	1811	姻	1528
妷	1535	（轶）	1811	亜	1725
乂	1571	陭	1828	陰	1819
厂	1572	曳	1856	（阴）	1819
弋	1572	酏	1861	**yín**	
義	1580	**yīn**		珢	42
（义）	1580	裡	8	黄	87
医	1584	茵	148	荶	127
�	1586	暗	185	唫	191
顊	1594	音	340	吟	206
殹	1601	因	750	斯	263
渴	1602	瘖	901	（断）	263
繹	1606	［喑］	901	嚚	289
（绎）	1606	殷	995	闇	302
縊	1655	駰	1156	虤	600
（缢）	1655	（骃）	1156	齗	601
垼	1711	愍	1294	尤	638
圪	1712	濦	1325	鄞	786
［圪］	1712	洇	1337	鄞	797
壇	1729	湮	1371	夤	826

（嘤）	211	纓	1631	娙	1542
噟	297	（缨）	1631	縈	1641
䧹	446	縈	1641	（萦）	1641
［鷹］	446	（萦）	1641	蠅	1702
（鹰）	446	鎣	1764	（蝇）	1702
鶯	477	（鎣）	1764	瑩	1731
（莺）	477	yíng		（茔）	1731
鸚	479	瑩	38	yǐng	
（鹦）	479	（莹）	38	郢	612
膺	506	蕇	134	梬	658
［膺］	506	迎	240	郢	782
罌	631	謍	315	郢	796
（罂）	631	瞢	429	穎	841
礯	632	籯	563	（颖）	841
柍	662	盈	604	癭	901
賏	762	楹	695	廮	1119
郢	796	贏	757	（瘿）	901
褮	1016	（赢）	757	穎	1325
應	1261	營	884	（颖）	1325
（应）	1261	（营）	884	滢	1363
嬰	1553	熒	1234	撍	1514
（婴）	1553	（荧）	1234	yìng	
嫈	1556	蠃	1524	瀅	38

（忧）	647	畚	633	櫾	729
櫌	707	［䍃］	633	有	824
鄾	780	楢	661	牖	833
優	968	櫐	683	歐	1050
（优）	968	囮	752	㴐	1053
怣	1053	郵	764	歐	1053
麀	1179	（邮）	764	庮	1121
悠	1295	斿	817	黝	1227
悠	1297	游	818	泑	1308
惪	1299	斿	829	鮋	1429
［憂］	1299	覦	1039	酉	1857
（忧）	1299	猶	1195	**yòu**	
滺	1308	（犹）	1195	祐	6
漫	1376	油	1321	蕕	86
蟉	1683	沋	1337	右	198
yóu		鏊	1757	趙	219
蕕	87	輶	1799	又	373
（蕕）	87	尤	1842	右	373
蘿	157	**yǒu**		幼	485
遒	236	鏊	52	盎	602
訧	336	莠	62	柚	657
肬	514	友	377	櫾	729
鹵	584	羑	459	囿	750

霻	1422	萬	78	（伛）	982
魚	1424	噳	212	禑	1013
（鱼）	1424	趢	221	頨	1068
鰅	1436	衙	262	庾	1117
鸝	1443	齬	269	貐	1149
［渔］	1443	（齬）	269	圄	1247
灅	1443	語	297	慇	1274
攣	1496	（语）	297	雨	1413
揄	1499	與	349	寙	1419
嫗	1537	（与）	349	霼	1423
娛	1548	敔	401	瑀	1469
鳌	1678	羽	436	匬	1587
蝓	1682	予	487	鋙	1766
堣	1707	籞	576	［鋙］	1766
畬	1737	梄	665	与	1790
輿	1800	圉	751	斞	1795
（舆）	1800	那	782	禹	1839
隅	1821	鄅	789	**yù**	
臾	1856	瓜	870	禦	15
yǔ		宇	873	（御）	15
禦	15	窳	888	玉	21
（御）	15	俣	952	芌	66
瑀	40	傴	982	［芋］	66

戾	1405	鸞	461	謜	300
霚	1423	鴛	470	爰	488
闣	1458	（鸳）	470	圜	748
（阄）	1458	鳶	475	［圜］	748
嫗	1530	肙	526	圓	748
（妪）	1530	削	534	（圆）	748
或	1576	矗	592	園	750
繀	1624	餰	623	（园）	750
繘	1646	帹	931	員	752
蜎	1670	冤	1181	（员）	752
鋆	1678	悁	1288	祁	788
蚖	1685	淵	1354	袁	1006
颿	1698	（渊）	1354	沅	1311
颿	1698	嬽	1541	洹	1328
墺	1707	弲	1596	厵	1407
鋊	1764	蜎	1682	［源］	1407
育	1852	輐	1814	援	1503
醧	1863	**yuán**		捐	1519
yuān		元	1	嫄	1536
菟	92	芫	112	嬽	1541
遝	244	蒝	124	蚖	1663
鞙	357	赻	227	蠓	1668
智	420	邍	253	蝯	1686

箹	573	戉	1579	（涢）	1324
粤	588	絨	1635	沄	1345
樂	720	酝	1657	澐	1347
（乐）	720	鈗	1787	（沄）	1347
月	822	軏	1807	雲	1423
突	886	鼲	1834	（云）	1423
寠	886	**yūn**		妘	1525
頤	1063	頵	1061	縜	1637
嶽	1103	熅	1217	**yǔn**	
［岳］	1103	壹	1245	苬	125
戸	1126	緼	1654	蒕	134
戄	1149	（缊）	1654	喗	183
爚	1208	輼	1814	趏	219
焆	1217	**yún**		齳	265
氎	1228	芸	95	允	1031
瀹	1388	頼	541	預	1061
闠	1462	园	748	顒	1061
閲	1464	贇	752	磒	1131
（阅）	1464	郧	783	夽	1239
眀	1471	（郧）	783	鞃	1249
抈	1511	匀	1093	愪	1263
妜	1561	惲	1295	（恽）	1263
妉	1562	涢	1324	賱	1414

趣	228	zāo		造	238
饡	620	遭	240	杲	285
賛	755	糟	858	譟	327
（赞）	755	傮	984	[噪]	327
酂	764	熸	1216	竈	885
（酂）	764	záo		（灶）	885
暫	809	鑿	1769	燥	1221
（暂）	809	（凿）	1769	漕	1398
瓉	1396	zǎo		zé	
魧	1439	璪	35	嘖	205
趲	1542	璅	43	（啧）	205
鏨	1768	藻	156	迮	239
（錾）	1768	[澡]	156	䞙	263
zāng		早	802	齚	266
臧	383	棗	832	譗	316
牂	456	（枣）	832	則	530
zǎng		澡	1393	（则）	530
駔	1170	繰	1628	笮	558
（驵）	1170	蚤	1689	簀	558
zàng		zào		（箦）	558
葬	166	草	162	責	759
奘	1188	趮	216	（责）	759
奘	1252	[躁]	216	宅	871

[咤]	204	[键]	366	颥	1067
詑	317	占	405	嬉	1559
詐	329	瞻	421	屫	1690
（诈）	329	鹯	476	鑓	1787
栅	702	（鹯）	476	斩	1816
[栅]	702	饘	618	（斩）	1816
槎	727	（馕）	618	醆	1862
溠	1319	旃	817	[盏]	1862
乍	1582	氈	1020	zhàn	
蜡	1677	（毡）	1020	虥	599
zhāi		鱣	1169	栈	714
斋	7	沾	1317	（栈）	714
（斋）	7	霑	1419	襄	996
摘	1493	[沾]	1419	祖	1011
zhái		鳣	1427	顫	1070
宅	871	（鳣）	1427	（颤）	1070
zhài		蛅	1671	棧	1109
邹	771	zhǎn		湛	1371
瘵	897	瞳	418	戰	1576
zhān		琖	580	（战）	1576
詹	169	榫	661	組	1639
趱	217	展	1021	zhāng	
鬻	366	[展]	1021	璋	29

葦	94	罬	603	趴	405	
章	341	柖	688	[兆]	405	
鄣	791	昭	803	翟	450	
彰	1077	鞉	814	狣	455	
麞	1177	[朝]	814	旐	815	
[獐]	1177	佋	985	罩	919	
漳	1317	招	1489	照	1218	
張	1597	鉊	1771	鮴	1442	
（张）	1597	zháo		（鮴）	1442	
zhǎng		鮡	1441	庫	1453	
爪	368	zhǎo		肇	1574	
掌	1473	瑤	34	姚	1619	
zhàng		爪	368	垗	1731	
丈	295	叉	374	陻	1831	
杖	716	沼	1363	zhē		
帳	930	zhào		遮	250	
（帐）	930	召	193	zhé		
墇	1723	趙	223	哲	192	
障	1826	（赵）	223	晢	317	
zhāo		踔	276	讋	330	
啁	201	詔	305	（詟）	330	
釗	536	（诏）	305	讘	331	
（钊）	536	肇	391	讁	333

（谪）	333	錭	1772	唇	204
軋	355	輒	1802	趁	216
朦	523	（辄）	1802	踬	277
磔	656	zhě		贞	405
轟	686	者	433	（贞）	405
柘	711	褚	1015	鱵	475
乇	742	赭	1236	箴	571
晢	802	zhè		羕	659
輙	936	蔗	85	榛	667
厇	1022	嗻	202	樲	691
猰	1191	樜	673	（桢）	691
悊	1265	柘	679	眞	987
懾	1299	浙	1309	[真]	987
（慑）	1299	蟅	1674	黔	1168
慴	1300	zhēn		溱	1321
[懾]	1300	祯	5	滇	1322
（慑）	1300	禎	5	（滇）	1322
耴	1466	（祯）	5	溍	1326
捵	1483	珍	39	臻	1449
摺	1493	茞	69	甄	1590
（折）	1493	蒖	91	填	1716
蟄	1683	藓	95	鍼	1767
（蛰）	1683	蓁	129	[針]	1767

鉦	1776	支	379	鼅	1703
（钲）	1776	隻	443	[蜘]	1703
錚	1778	（只）	443	樴	1860
（铮）	1778	雉	449	zhí	
隬	1829	鴲	469	趠	219
zhěng		朕	510	黜	266
整	392	胝	513	跖	271
抍	1497	脂	522	蹢	276
zhèng		知	636	蹠	278
正	233	栀	682	[跖]	278
证	307	枝	685	殖	497
諍	313	楮	695	癞	645
（诤）	313	凷	737	植	699
證	334	[之]	737	櫍	715
（证）	334	巵	1086	（枳）	715
政	392	[卮]	1086	稙	836
鄭	769	馶	1161	值	983
（郑）	769	泜	1364	尯	1022
zhī		汁	1390	疂	1170
祇	6	鮨	1439	[繁]	1170
禔	7	戠	1579	（絷）	1170
芝	60	織	1608	執	1247
蒞	144	（织）	1608	（执）	1247

致	647	鷙	1153	（致）	1656
杝	703	（騺）	1153	蛭	1664
櫛	705	鷲	1169	時	1740
（栉）	705	鷹	1173	鉒	1771
桎	731	狾	1194	（铥）	1771
質	759	炙	1234	銍	191
（质）	759	戠	1238	騺	1812
郅	778	志	1260	陟	1822
稺	837	忮	1281	阤	1824
[稚]	837	潬	1323	**zhōng**	
秩	844	洔	1357	中	56
室	871	滯	1378	苀	86
痔	906	（滞）	1378	幒	928
置	923	至	1449	[幒]	928
帙	930	摯	1479	伀	947
徏	958	（挚）	1479	衷	1009
值	983	摘	1491	鬷	1200
製	1015	搣	1495	忠	1261
（制）	1015	挃	1510	汷	1338
庢	1119	�致	1511	靐	1418
庤	1120	墊	1551	[霿]	1418
疐	1146	紩	1638	終	1618
豸	1148	緻	1656	（终）	1618

怞	1273	洙	1329	孎	1549
氉	1594	絑	1625	斸	1792
紸	1644	鼄	1703	zhǔ	
（纻）	1644	[蛛]	1703	鬻	368
繨	1651	銖	1774	[煮]	368
（绐）	1651	（铢）	1774	丶	609
酎	1860	zhú		主	609
zhū		竺	73	枓	710
珠	48	茾	110	宔	883
藸	85	趢	218	罜	920
茱	117	逐	249	褚	1015
咮	211	躅	277	属	1026
諸	299	竹	551	（属）	1026
（诸）	299	筑	574	麈	1177
誅	337	鞠	652	渚	1332
（诛）	337	欘	707	陼	1830
筡	570	窋	890	斸	1836
朱	684	瘃	907	zhù	
株	684	舳	1028	祝	13
邾	783	頣	1067	苎	75
袾	1009	燭	1214	咫	214
豬	1140	（烛）	1214	邁	244
[猪]	1140	泏	1355	眝	430

zhuāng		錐	1773	（縋）	1642
莊	59	（锥）	1773	畷	1740
（庄）	59	zhuǐ		轛	1802
裝	1013	沝	569	隊	1823
（装）	1013	[棰]	569	[墜]	1823
妝	1555	騅	1160	（坠）	1823
（妆）	1555	沝	1401	綴	1837
zhuàng		捶	1514	（缀）	1837
壯	55	zhuì		zhūn	
（壮）	55	諈	309	屯	57
狀	1188	敪	376	譚	301
（状）	1188	笍	570	[諄]	301
戇	1280	餟	627	（谆）	301
（戆）	1280	甀	631	肫	504
撞	1506	槌	711	榆	662
zhuī		贅	758	窀	893
萑	82	（赘）	758	幨	934
追	248	磣	1131	zhǔn	
隹	442	憝	1290	準	1382
雛	464	（怼）	1290	（准）	1382
腄	513	惴	1296	埻	1718
騅	1155	娷	1569	[埻]	1718
（骓）	1155	縋	1642

zhùn		皵	401	汋	1351
瞮	420	鷟	463	涿	1374
[腪]	420	(鸑)	463	浞	1377
zhuō		�304	544	濯	1394
剢	532	籗	566	鮲	1441
棳	664	楮	707	擢	1503
梲	716	椓	726	窲	1555
燋	1209	櫡	744	娺	1560
倬	955	糕	846	繁	1647
卓	989	窑	890	[繳]	1647
頕	1067	窾	889	蠲	1686
灼	1205	罬	921	畷	1740
捉	1485	[輟]	921	鐲	1775
拙	1508	(辍)	921	(镯)	1775
齱	1690	斲	1007	勺	1789
zhuó		碏	1137	斫	1792
琢	38	�	1201	斮	1792
茁	119	灼	1214	[斵]	1792
窨	189	焯	1218	[斫]	1792
啄	211	籯	1228	斱	1793
举	342	濁	1330	[斫]	1793
輟	361	(浊)	1330	叕	1836
敪	400	濸	1346	酌	1862

zī		[髭]	1075	窒	525
兹	128	齜	1202	第	558
畠	137	滋	1359	梓	666
咨	193	濱	1373	秭	740
嗞	206	賫	1419	秄	844
趑	225	㜢	1553	秭	851
孖	393	姿	1557	痄	911
鸬	475	甾	1589	滓	1387
兹	487	[甾]	1589	批	1486
觜	546	緇	1628	姊	1532
盏	602	（缁）	1628	紫	1627
资	754	鎝	1768	子	1847
（资）	754	錙	1775	zì	
赀	762	（锱）	1775	芓	63
（赀）	762	輜	1799	眥	411
鄑	787	（辎）	1799	[眦]	411
[鄑]	787	孳	1849	自	432
粢	834	zǐ		凶	433
齍	838	茈	92	[白]	433
穧	844	莘	145	渍	457
仔	971	啙	202	牸	498
鼒	1013	㐄	232	骴	502
頿	1075	訾	321	栽	523

蔖	608	zuān		澤	1358
槭	675	欑	358	zuì	
族	820	鑽	1773	檇	726
卒	1014	（钻）	1773	最	916
歜	1047	籫	563	[最]	916
欨	1047	鄹	764	罪	919
崒	1108	（鄹）	764	辠	940
潐	1341	纘	1611	皋	1110
鏃	1787	（缵）	1611	蕊	1305
（镞）	1787	篹	1632	騷	1661
zǔ		zuàn		皋	1845
祖	9	鑚	1773	[罪]	1845
珇	35	（钻）	1773	醉	1864
葅	65	zuī		zūn	
詛	319	觜	546	遵	237
（诅）	319	檇	726	瀳	1355
组	1632	厜	1123	鱒	1425
（组）	1632	驨	1160	（鳟）	1425
俎	1791	纗	1636	繜	1635
阻	1821	zuí		鐏	1781
zù		崒	1108	（镈）	1781
粗	1179	zuǐ		算	1869
麔	1791	紫	232	[尊]	1869

zǔn		zuǒ		壄	1716
尊	146	𠂇	378	[坐]	1716
噂	195	左	579	陊	1831
劗	538	尵	1243	酨	1867
僔	984	zuò			
鱒	1425	胙	515		
（鳟）	1425	左	579		
zùn		飵	622		
壿	55	柞	670		
蕇	146	繫	861		
栫	714	偅	964		
僔	984	[侳]	964		
焌	1204	作	965		
拨	1477	尵	1243		
鐏	1781	怍	1303		
（镈）	1781	壄	1716		
zuó		[坐]	1716		
筰	566	陊	1831		
昨	809	酨	1867		
秨	843	[侳]	964		
捽	1487	作	965		
醋	1863	尵	1243		
		怍	1303

笔画检字表

一、笔画检字表包括正文字头位置出现的与小篆字形一致的隶定字形，[]中的通行字形、()中的简体字形，收录时保留[]与()。字头后的阿拉伯数字表示该字所在的页码。

二、笔画检字表按照笔画数从少到多排列；笔画数相同的单字按照首笔笔形横(一)、竖(丨)、撇(丿)、点(、)、折(乙)的顺序来排列；笔画数相同、首笔笔形也相同的，按照第二笔笔形横(一)、竖(丨)、撇(丿)、点(、)、折(乙)的顺序来排列；其余以此来类推。

十七画

十九画

图书在版编目(CIP)数据

说文解字 / (东汉) 许慎著. -- 北京 : 团结出版社, 2018.3

(谦德国学文库)

ISBN 978-7-5126-6039-7

Ⅰ. ①说… Ⅱ. ①许… Ⅲ. ①《说文》 Ⅳ.①H161

中国版本图书馆CIP数据核字(2018)第008918号

出版: 团结出版社

(北京市东城区东皇城根南街84号 邮编: 100006)

电话: (010) 65228880 65244790 (传真)

网址: www.tjpress.com

Email: zb65244790@vip.163.com

经销: 全国新华书店

印刷: 三河市腾飞印务有限公司

开本: 145×210 1/32

印张: 75

字数: 1800千字

版次: 2020年5月 第1版

印次: 2020年5月 第1次印刷

书号: 978-7-5126-6039-7

定价: 238.00元 (全5册)

說文解字

全注全译

（四）

〔汉〕许慎 著

谦德书院 注译

團結出版社

目 录

卷二十一

卷二十二

卷二十三

卷二十四

卷二十五

卷二十六

卷二十一

水 〔篆〕 准也。北方之行。象众水并流，中有微阳之气也[1]。凡水之属皆从水。式轨切（shuǐ）

【注释】①段玉裁《说文解字注》："火，外阳内阴；水，外阴内阳，中画象其阳。云微阳者，阳在内也，微犹隐也。"

【译文】水，平。在五行中配属北方。"〔篆〕"象众水流向一处，"〔篆〕"表示中间有隐藏的阳气。大凡"水"的部属都从"水"。

汃 〔篆〕 西极之水也。从水八声。《尔雅》曰："西至汃国，谓四极。"[1]府巾切（bīn）

【注释】①语见《尔雅·释地》。今本作"西至于邠国"，邠即豳，故地在今陕西郴县。

【译文】汃，西方最边远地方的一条河。形声字，"水"为形符，"八"为声符。《尔雅》说："西边到汃国，叫作东西南北四方极远的地方之一。"

河 〔篆〕 水。出焞煌塞外昆仑山，发原注海。从水，可声。乎哥切（hé）

【译文】河，黄河。发源于敦煌郡边塞之外的昆仑山，从发源地东流入海。形声字，“水”为形符，“可”为声符。

泑　泽。在昆仑下。从水，幼声。读与妫同。於纠切（yǒu）

【译文】泑，湖泽名。今之罗布泊，位于昆仑山下。形声字，“水”为形符，“幼”为声符。读音与“妫”字相同。

涷　水。出发鸠山，入于河。从水，东声。德红切（dōng）

【译文】涷，河流名。即“浊漳水”，发源于发鸠山，注入黄河。形声字，“水”为形符，“東”为声符。

涪　水。出广汉刚邑道徼外，南入汉。从水，音声。缚牟切（fú）

【译文】涪，河流名。发源于广汉郡刚氐道边境之外，向南流入汉水。形声字，“水”为形符，“音”为声符。

潼　水。出广汉梓潼北界，南入垫江。从水，童声。徒红切（tóng）

【译文】潼，河流名。发源于广汉郡梓潼县北部边界处，南流注入垫江。形声字，“水”为形符，“童”为声符。

江　水。出蜀湔氐徼外峄山，入海。从水，工声。

古双切（jiāng）

【译文】江，长江。发源于蜀郡湔氐道境外的岷山，东流入海。形声字，“水”为形符，“工”为声符。

沱 [篆] 江别流也。出嶓山，东，别为沱[1]。从水，它声。徒何切（tuó）

【注释】①徐铉等说：“沱江之沱和沱沼之沱通用，沱沼之沱读chí，此字另外写作池，不对。”

【译文】沱，长江分出的一个别流。江流出岷山以东后，分流出沱江。秦汉时似指今四川郫县的古湔水，即柏条河。形声字，“水”为形符，“它”为声符。

浙 [篆] 江。水东至会稽山阴为浙江。从水，折声。旨热切（zhè）

【译文】浙，长江东流到会稽郡山阴县以后的一段。形声字，“水”为形符，“折”为声符。

涐 [篆] 水。出蜀汶江徼外，东南入江。从水，我声。五何切（é）

【译文】涐，河流名，即今之大渡河。发源于蜀郡汶江县国境之外附近，东南流注入长江。形声字，“水”为形符，“我”为声符。

湔 [篆] 水。出蜀郡绵虒玉垒山，东南入江。从水，前声。一曰，手瀚之。子仙切（jiān）

【译文】湔，河流名。发源于蜀郡绵虒道的玉垒山，东南流注入长江。形声字，“水”为形符，“前”为声符。一说，湔是用手洗衣。

沬 𣳚 水。出蜀西徼外，东南入江。从水，末声。莫割切（mò）

【译文】沬，河流名，即今之大渡河。发源于蜀郡西部国境之外附近，东南流入长江。形声字，“水”为形符，“末”为声符。

温 𣻔 水。出犍为涪，南入黔水。从水，𥁕声。乌魂切（wēn）

【译文】温，河流名。发源于犍为郡符县，南流注入黔水。形声字，“水”为形符，“𥁕”为声符。

灊 𤅢 水。出巴郡宕渠，西南入江。从水，鬵声。昨盐切（qián）

【译文】灊，河流名。发源于巴郡宕渠县，西南流注入长江。形声字，“水”为形符，“鬵”为声符。

沮 𣳋 水。出汉中房陵，东入江。从水，且声。子余切（jū）

【译文】沮，河流名。发源于汉中郡房陵县，东流注入长江。形声字，“水”为形符，“且”为声符。

滇 [篆] 益州池名。从水，真声。都年切（diān）

【译文】滇，益州郡的湖名，即今之滇池。形声字，“水”为形符，“真”为声符。

涂 [篆] 水。出益州牧靡南山，西北入渑[1]。从水，余声。同都切（tú）

【注释】①渑：姚文田、严可均《说文校议》：“当作绳。”绳水，即今金沙江。

【译文】涂，河流名。发源于益州郡牧靡县南山，西北流，注入绳水。形声字，“水”为形符，“余”为声符。

沅 [篆] 水。出牂牁故且兰[1]，东北入江。从水，元声。愚袁切（yuán）

【注释】①牂牁：《汉书·地理志》牂牁郡有故且兰县，牁作柯。故且兰县在今贵州平越境内。

【译文】沅，河流名，即沅江。发源于牂牁郡故且兰县，东北流注入长江。形声字，“水”为形符，“元”为声符。

淹 [篆] 水。出越巂徼外，东入若水。从水，奄声。英廉切（yān）

【译文】淹，河流名。发源于越巂郡国境附近，东流注入若水。形声字，“水”为形符，“奄”为声符。

溺 [篆] 水。自张掖删丹西，至酒泉合黎，余波入

于流沙。从水，弱声。桑钦所说[①]。而灼切（ruò）

【注释】①桑钦：字君长，汉人。从平陵涂恽，受《古文尚书》、《毛诗》，撰有《水经》。

【译文】溺，河流名。从张掖郡删丹县，西流到酒泉郡合黎山，余波消失于沙漠。形声字，“水”为形符，“弱”为声符。这是桑钦的说法。

洮 水。出陇西临洮，东北入河。从水，兆声。土刀切（tāo）[①]

【注释】①土刀切：今读音táo。

【译文】洮，河流名，即洮河。发源于陇西郡临洮县，东北流注入黄河。形声字，“水”为形符，“兆”为声符。

溼（泾） 水。出安定溼阳幵头山，东南入渭。雝州[①]之川也。从水，巠声。古灵切（jīng）

【注释】①雝州：即雍州。古九州之一。

【译文】溼，河流名，即溼河。发源于安定郡溼阳县幵头山，东南流入渭河。它是雍州即今陕西、甘肃东部一带境内的河流。形声字，“水”为形符，“巠”为声符。

渭 水。出陇西首阳渭首亭南谷，东入河。从水，胃声。杜林说，《夏书》以为出鸟鼠山。雝州浸也。云贵切（wèi）

【译文】渭，河流名，即渭河。发源于陇西郡首阳县渭首亭南谷山，东流注入黄河。形声字，“水”为形符，“胃”为声符。杜林说：《夏书》中认为渭水发源于鸟鼠山。它是雍州用来灌溉的河流。

漾 水。出陇西相[氐]道，东至武都为汉。从水，羕声。，古文，从養。余亮切（yàng）

【译文】漾，水名。从陇西郡氐道县，东到武都县为汉水。形声字，“水”为形符，“羕”为声符。，古文漾字，从“養”声。

漢（汉） 漾也。东为沧浪水。从水，難省声①。，古文。呼旰切（hàn）

【注释】①徐铉等认为，从難省当作堇；而许慎认为声符去土从大，疑从古文省略。商承祚称：“㳄，疾流也。汉水大而流疾，故从㳄、大会意。

【译文】漢，漾水。向东流到湖北均县以下为沧浪水。形声字，“水”为形符，“難”省去“隹”为声符。，古文“漢”字。

浪 沧浪水也。南入江。从水，良声。来宕切（làng）①

【注释】①来宕切：今音依《广韵》鲁当切，读láng。

【译文】浪为沧浪水，南流注入长江。形声字，“水”为形符，“良”为声符。

沔 水。出武都沮县东狼谷，东南入江。或曰，入夏水。从水，丏声。弥兖切（miǎn）

【译文】沔，河流名。发源于武都郡沮县东狼谷，东南流注入长江。有人说，注入夏水。形声字，“水”为形符，“丏”为声符。

湟 𣴎 水。出金城临羌塞外，东入河。从水，皇声。乎光切（huáng）

【译文】湟，湟水。源出金城郡临羌县国境之外，东流注入黄河。形声字，“水”为形符，“皇”为声符。

汧[汧] 𣴎 水。出扶风汧县西北，入渭。从水，幵（jiān）声①。苦坚切（qiān）

【译文】汧，河流名。发源于右扶风汧县西北，注入渭河。形声字，“水”为形符，“幵”为声符。

涝（涝） 𣴎 水。出扶风鄠①，北入渭。从水，勞声。鲁刀切（láo）

【注释】①扶风鄠（hù）：《汉书·地理志》右扶风郡有鄠县。鄠县故城在今陕西户县北。

【译文】涝，河流名。发源于右扶风鄠县，北流注入渭河。形声字，“水”为形符，“勞”为声符。

漆 𣴎 水。出右扶风杜陵岐山，东入渭。一曰，入洛。从水，桼声。亲吉切（qī）

【译文】漆，漆水。出于右扶风郡杜阳县岐山，东流入渭河。一说，即漆沮水，注入洛水。形声字，“水”为形符，“桼”为声符。

滻（浐） 水。出京兆蓝田谷，入霸。从水，産声。所简切（chǎn）

【译文】滻，河流名。发源于京兆尹郡蓝田县山谷，注入灞水。形声字，“水”为形符，“産”为声符。

洛 水。出左冯翊归德北夷界中，东南入渭。从水，各声。卢各切（luò）

【译文】洛，河流名。发源于左冯翊郡怀德县北部少数民族区域中，东南流注入渭河。形声字，“水”为形符，“各”为声符。

淯 水。出弘农卢氏山，东南入海。从水，育声。或曰，出郦山西①。余六切（yù）

【注释】①郦山西：张舜徽《说文解字约注》：“郦县山之西也。”“汉之郦县在今内乡县东北。”郦县，治所在今河南南阳西北；此为又一淯水。

【译文】淯，河流名。发源于弘农郡卢氏县山中，东南流注入沔水（即汉水）。形声字，“水”为形符，“育”为声符。有人说，发源于郦县之山西部。

汝 水。出弘农卢氏还归山，东入淮。从水，女声。人渚切（rǔ）

【译文】汝，河流名。发源于弘农郡卢氏县还归山，东流注入淮河。形声字，“水”为形符，“女”为声符。

潩 [篆] 水。出河南密县大隗山，南入颍。从水，異声。与职切（yì）

【译文】潩，河流名。发源于河南郡密县的大隗山，南流注入颍河。形声字，“水”为形符，“異”为声符。

汾 [篆] 水。出太原晋阳山[①]，西南入河。从水，分声。或曰，出汾阳北山，冀州浸[②]。符分切（fén）

【注释】①太原晋阳山：《汉书·地理志》太原郡有晋阳县，晋阳县治所在今太原北。②冀州：周代九州之一。今河北、山西二省及河南黄河以北、辽宁辽河以西之地，山西属古九州的冀州。浸：川泽，即河流。

【译文】汾，河流名。发源于太原郡晋阳县山中，西南流入黄河。形声字，“水”为形符，“分”为声符。有人说，发源于汾阳县北山中，是冀州的河流。

澮（浍） [篆] 水。出霍山，西南入汾。从水，會声。古外切（kuài）

【译文】澮，河流名。发源于霍山，向西南流入汾河。形声字，“水”为形符，“會”为声符。

沁 [篆] 水。出上党羊头山，东南入河。从水，心声。七鸩切（qìn）

【译文】沁，河流名。发源于上党郡羊头山，向东南流注入黄河。形声字，“水”为形符，“心”为声符。

沾 水。出壶关，东入淇。一曰，沾益也。从水，占声。他兼切（tiān）①

【注释】①他兼切：水名依《广韵》张廉切，今读音zhān；沾作沾益讲时读他兼切，今读音tiān。

【译文】沾，河流名。发源于壶关县，东流注入淇水。一说，增加。形声字，“水”为形符，“占”为声符。

潞 冀州浸也。上党有潞县。从水，路声。洛故切（lù）

【译文】潞，冀州可以用来灌溉的河流。上党郡有潞县。形声字，“水”为形符，“路”为声符。

漳 浊漳，出上党长子鹿谷山，东入清漳；清漳，出沾山大要谷，北入河。南漳，出南郡临沮。从水，章声。诸良切（zhāng）

【译文】漳，河流名。有两个源头：浊漳河发源于上党郡长子县鹿谷山，向东注入清漳河；清漳河发源于上党郡沾县少山大要谷，向北注入黄河。漳又指南漳水，南漳水发源于南郡临沮县。形声字，“水”为形符，“章”为声符。

淇 水。出河内共北山，东入河。或曰：出隆虑西山。从水，其声。渠之切（qí）

【译文】淇，河流名。发源于河内郡共县北山中，东流注入黄河。有人说，发源于隆虑县西山中。形声字，“水”为形符，“其”为声符。

蕩（荡） 水。出河内蕩阴，东入黄泽。从水，𦺙声。徒朗切（dàng）①

【注释】①徒朗切：段玉裁《说文解字注》：“蕩音汤，古音也。后人省艸。”今音依《集韵》他郎切，读tāng。

【译文】蕩，河流名。发源于河内郡蕩阴县，向东注入内黄一带的河流。形声字，“水”为形符，“𦺙”为声符。

沇 水。出河东东垣王屋山，东为泲。从水，允声①。㕣，古文沇。以转切（yǎn）

【译文】沇，河流名。发源于河东郡东垣县王屋山，向东流，称作泲水。形声字，“水”为形符，“允”为声符。㕣，古文“沇”。

泲 沇也。东入于海。从水，𠂒声。子礼切（jǐ）

【译文】泲，沇水。东流注入海。形声字，“水”为形符，“𠂒”为声符。

洈 水。出南郡高城洈山，东入繇。从水，危声。过委切（guǐ）

【译文】洈，河流名。发源于南郡高城县的洈山，向东注入繇水，繇水亦作油水。形声字，“水”为形符，“危”为声符。

溠 𣹢 水。在汉南。从水，差声。荆州浸也。《春秋传》曰："修涂梁溠。"[1]侧驾切（zhà）

【注释】①语见《左传·庄公四年》。

【译文】溠，河流名。在汉水之南。形声字，"水"为形符，"差"为声符。它是荆州能用以灌溉的河流。《左传》说："修好的路途，在溠水上筑桥梁。"

洭 𣴑 水。出桂阳县卢聚，山洭浦关为桂水。从水，匡声。去王切（kuāng）

【译文】洭为河流名，发源于桂阳县卢聚山，出洭浦关称为桂水。形声字，水为形符，匡为声符。

潓 𣽎 水。出庐江，入淮。从水，惠声。胡计切（xì）[1]

【注释】①胡计切：今读依《广韵》胡桂切，音huì。

【译文】潓，河流名。发源于庐江郡，注入淮河。形声字，"水"为形符，"惠"为声符。

灌 𤃼 水。出庐江雩娄，北入淮。从水，雚声。古玩切（guàn）

【译文】灌，河流名。发源于庐江郡雩娄县，北流注入淮河。形声字，"水"为形符，"雚"为声符。

漸（渐） 水。出丹阳黟南蛮中，东入海。从水，斬声。慈冉切（jiàn）

【译文】漸，河流名。渐江发源于丹阳郡黟县南部少数民族地区，向东注入海。形声字，“水”为形符，“斬”为声符。

泠 水。出丹阳宛陵，西北入江。从水，令声。郎丁切（líng）

【译文】泠，河流名。发源于丹阳郡宛陵县，西北流注入长江。形声字，“水”为形符，“令”为声符。

灈 水。在丹阳。从水，箄声。匹卦切（pài）

【译文】灈，河流名。在丹阳郡，治所在今安徽宣城。形声字，“水”为形符，“箄”为声符。

潥（溧） 水。出丹阳溧阳县。从水，桌声。力质切（lì）

【译文】潥，河流名。发源于丹阳郡溧阳县。形声字，“水”为形符，“桌”为声符。

湘 水。出零陵阳海山，北入江。从水，相声。息良切（xiāng）

【译文】湘，河流名，即湘江。发源于零陵县阳海山，北流注入长江。形声字，“水”为形符，“相”为声符。

汨 长沙汨罗渊，屈原所沉之水。从水，冥省声。莫狄切（mì）

【译文】汨，长沙郡汨罗渊，是屈原自沉的江。形声字，“水”为形符，“冥”省为声符。

溱 水。出桂阳临武，入汇。从水，秦声。侧诜切（zhēn）

【译文】溱，河流名。发源于桂阳郡临武县，注入汇水。形声字，“水”为形符，“秦”为声符。

深 水。出桂阳南平，西入营道。从水，罙声。式针切（shēn）

【译文】深，河流名。发源于桂阳郡南平县，向西流入营道县。形声字，“水”为形符，“罙”为声符。

潭[潭] 水。出武陵镡成玉山，东入郁林。从水，覃声。徒含切（tán）

【译文】潭，河流名，即今柳江。发源于武陵郡镡成县玉山，向东注入郁江。形声字，“水”为形符，“覃”为声符。

油 水。出武陵孱陵西，东南入江。从水，由声。以周切（yóu）

【译文】油，河流名。发源于武陵郡孱陵县西部，东北流注入长江。形声字，“水”为形符，“由”为声符。

澊 水。出豫章艾县，西入湘。从水，買声。莫蟹切（mǎi）

【译文】澊，河流名。发源于豫章郡艾县，西流注入湘江。形声字，“水”是形符，“買”是声符。

湞（浈） 水。出南海龙川，西入溱。从水，貞声。陟盈切（zhēn）

【译文】湞，河流名。发源于南海郡龙川县，西流注入溱水。形声字，“水”为形符，“貞”为声符。

溜[溜] 水。出郁林郡。从水，畱声。力救切（lìu）

【译文】溜，河流名。发源于郁林郡。形声字，“水”为形符，“畱”为声符。

瀷 水。出河南密县，东入颍。从水，翼声。与职切（yì）

【译文】瀷，河流名。发源于河南郡密县，东流注入颍水。形声字，“水”为形符，“翼”为声符。

潕 水。出南阳舞阳，东入颍。从水，無声。文甫切（wǔ）

【译文】潕，河流名。发源于南阳郡舞阴县，东流注入颍河。

形声字，“水”为形符，“無”为声符。

潡 水。出南阳鲁阳，入城父。从水，敖声。五劳切（áo）

【译文】潡，河流名，发源于南阳郡鲁阳县，流入父城县境。形声字，“水”为形符，“敖”为声符。

瀙 水。出南阳舞阳中阳山，入颍。从水，親声。七吝切（qìn）

【译文】瀙，河流名。发源于南阳舞阴县中阳山，注入颍河。形声字，“水”为形符，“親”为声符。

淮 水。出南阳平氏桐柏大复山，东南入海。从水，隹声。户乖切（huái）

【译文】淮，淮河。发源于南阳郡平氏县桐柏大复山，向东南流注于大海。形声字，“水”为形符，“隹”为声符。

滍 水。出南阳鲁阳尧山，东北入汝。从水，蚩声。直几切（zhì）

【译文】滍，河流名。发源于南阳郡鲁阳县尧山，东北流注入汝河。形声字，“水”为形符，“蚩”为声符。

澧 水。出南阳雉衡山，东入汝。从水，豊声。卢启切（lǐ）

【译文】澧，河流名。发源于南阳郡雉县衡山，东流注入汝河。形声字，“水”为形符，“豊”为声符。

溳（涢） 　水。出南阳蔡阳，东入夏水。从水，員声。王分切（yún）

【译文】溳，河流名。发源于南阳郡蔡阳县，东流注入夏水。形声字，“水”为形符，“員”为声符。

淠 　水。出汝南弋阳垂山，东入淮。从水，畀声。匹备切（pèi）又匹制切（pì）

【译文】淠，河流名。发源于汝南郡弋阳县垂山，向东流入淮河。形声字，“水”为形符，“畀”为声符。

澺 　水。出汝南上蔡黑闾涧，入汝。从水，意声。於力切（yì）

【译文】澺，河流名。发源于汝南郡上蔡县黑閭涧，注入汝河。形声字，“水”为形符，“意”为声符。

滷　水。出汝南新郪，入颍。从水，囟声。穌计切（xì）

【译文】滷，河流名。发源于汝南郡新郪县，注入颍河。形声字，“水”为形符，“囟”为声符。

濯 　水。出汝南吴房，入瀙。从水，瞿声。其

俱切（qú）

【译文】濯，河流名。发源于汝南郡吴房县，注入瀙水。形声字，“水”为形符，“瞿”为声符。

潁（颍） 水。出潁川阳城乾山，东入淮。从水，頃声。豫州浸。余顷切（yǐng）

【译文】潁，河流名，发源于潁川郡阳城县乾山，东流注入淮河。形声字，“水”为形符，“頃”为声符。它是豫州能灌溉的河流。

洧 水。出颍川阳城山，东南入颍。从水，有声。荣美切（wěi）

【译文】洧，河流名。发源于颍川郡阳城山，东南注入颍河。形声字，“水”为形符，“有”为声符。

㶏 水。出颍川阳城少室山，东入颍。从水，㥯声。于谨切（yǐn）

【译文】㶏，河流名。发源于颍川郡阳城县少室山，东流注入颍河。形声字，“水”为形符，“㥯”为声符。

㳡 水。受淮阳扶沟浪汤渠，东入淮。从水，過声。古禾切（guō）

【译文】㳡，河流名。源出淮阳国扶沟县浪汤渠，向东注入淮河。形声字，“水”为形符，“過”为声符。

泄 水。受九江博安洵波，北入氐。从水，世声。余制切（yì）

【译文】泄，河流名。源出九江郡博安县芍陂，北流注入淠水。形声字，“水”为形符，“世”为声符。

汳 水。受陈留浚仪阴沟，至蒙为雝水[①]，东入于泗。从水，反声。皮变切（biàn）

【注释】①段玉裁注：“雝当作获，字之误也。”

【译文】汳，河流名，源出陈留郡浚仪县阴沟水，到蒙县称为雝水，东流注入泗水。形声字，“水”为形符，“反”为声符。

潧 水。出郑国。从水，曾声。《诗》曰：“潧与洧，方涣涣兮。”[①]侧诜切（zhēn）

【注释】①语见《诗经·郑风·溱洧》。潧今本作溱。

【译文】潧，水名，发源于河南新郑。“水”为形符，“曾”为声符。《诗经》中说：“潧水和洧水，正是盛大的时候啊。”

淩（凌） 水。在临淮。从水，夌声。力膺切（líng）

【译文】淩，河流名。位于临淮郡。形声字，“水”为形符，“夌”为声符。

濮 水。出东郡濮阳，南入巨野。从水，僕声。博木切（pú）

【译文】濮，河流名，发源于东郡濮阳县，向南流入巨野县境内。形声字，“水”为形符，“僕”为声符。

濼（泺） 齐、鲁间水也。从水，樂声。《春秋传》曰：“公会齐侯于濼。”[①]卢谷切（lù）

【注释】①语见《左传·桓公十八年》。

【译文】濼，齐国、鲁国之间的一条河。形声字，“水”为形符，“樂”为声符。《左传》中说：“鲁桓公和齐襄公相会于濼水。”

漷 水。在鲁。从水，郭声。苦郭切（kuò）

【译文】漷，河流名。在鲁国境内。形声字，“水”为形符，“郭”为声符。

淨[净] 鲁北城門池也。从水，爭声。士耕切（chéng），又才性切（jìng）

【译文】淨，鲁国都城北城門的护城河名。形声字，“水”为形符，“爭”为声符。

濕 水。出东郡东武阳，入海。从水，㬎声。桑钦云：出平原高唐。他合切（tà）

【译文】濕，河流名。发源于东郡东武阳县，注入渤海。形声字，“水”为形符，“㬎”为声符。桑钦说：“发源于平原郡高唐县。”

泡 水。出山阳平乐，东北入泗。从水，包声。匹交切（pāo）

【译文】泡，河流名。发源于山阳郡平乐县，东北流注入泗水。形声字，“水”为形符，“包”为声符。

菏 菏泽、水。在山阳胡陵。《禹贡》：“浮于淮、泗，达于菏。”从水，苛声。古俄切（gē）[①]

【注释】①古俄切：今音依《广韵》胡歌切，读hé。

【译文】菏，菏泽、菏水。流经山阳郡胡陵县南。《尚书·禹贡》中说：“进贡的船只从淮水、泗水浮进，到达菏水。”形声字，“水”为形符，“苛”为声符。

泗 受泲水，东入淮。从水，四声。息利切（sì）

【译文】泗，河流名。源出泲水，向东流注入淮河。形声字，“水”为形符，“四”为声符。

洹 水。在齐、鲁间[①]。从水，亘声。羽元切（yuán）[②]

【注释】①齐、鲁：当依姚文田、严可均《说文校议》改为晋、卫。②羽元切：今读依《广韵》胡官切，音huán。

【译文】洹，河流名。在晋地、卫地一带。形声字，“水”为形符，“亘”为声符。

灉 河灉水。在宋。从水，雝声。于容切（yōng）

【译文】灉，河灉水。在宋地即今商丘一带。形声字，“水”为形符，“雝”为声符。

澶 [seal] 澶渊水。在宋。从水，亶声。市连切（chán）

【译文】澶，澶渊。在宋地。形声字，“水”为形符，“亶”为声符。

洙 [seal] 水。出泰山盖临乐山，北入泗。从水，朱声。市朱切（zhū）

【译文】洙，河流名。发源于泰山郡盖县临乐山，北流注入泗水。形声字，“水”为形符，“朱”为声符。

沭 [seal] 水。出青州浸[①]。从水，术声。食聿切（shù）

【注释】①段玉裁《说文解字注》：“当补‘琅邪东莞南入泗’七字。

【译文】沭，河流名。是青州能灌溉的河流。形声字，“水”为形符，“术”为声符。

沂 [seal] 水。出东海费东，西入泗。从水，斤声。一曰沂水，出泰山盖。青州浸。魚衣切（yí）

【译文】沂，河流名。发源于东海郡费县东，西流注入泗水。形声字，“水”为形符，“斤”为声符。一说，沂水发源于泰山郡盖县，是青州能灌溉的河流。

洋 [seal] 水。出齐临朐高山，东北入巨定。从水，羊声。似羊切（xiáng）

【译文】洋，河流名，发源于齐郡临朐县高山，东北流入巨定湖。形声字，“水”为形符，“羊”为声符。

濁（浊） 水。出齐郡厉妫山，东北入巨定。从水，蜀声。直角切（zhuó）

【译文】濁，河流名。源出齐郡广县为山，向东北流入巨定湖。形声字，“水”为形符，“蜀”为声符。

溉（溉） 水。出东海桑渎覆甑山，东北入海。一曰，灌，注也。从水，既声。古代切（gài）

【译文】溉，河流名。发源于北海郡桑犊县覆甑山，向东北流，注入大海。一说，灌溉。形声字，“水”为形符，“既”为声符。

濰（潍） 水。出琅邪箕屋山，东入海。徐州浸。《夏书》曰：“濰、淄其道。”从水，維声。以追切（wéi）

【译文】濰，河流名。源出琅邪郡箕屋山，向东注入大海。它是徐州郡能为湖泊灌溉的河流。《尚书·夏书·禹贡》说：“濰水和淄水已经疏通。”形声字，“水”为形符，“維”为声符。

浯 水。出琅邪灵門壶山，东北入濰。从水，吾声。五乎切（wú）

【译文】浯，河流名。发源于琅邪郡灵門县壶山，东北流注入濰河。形声字，“水”为形符，“吾”为声符。

汶 水。出琅邪朱虚东泰山，东入濰。从水，

文声。桑钦说：汶水出泰山莱芜，西南入泲。亡运切（wèn）

【译文】汶，河流名。源出琅邪郡朱虚县东泰山，向东注入潍河。形声字，“水”为形符，“文”为声符。桑钦说，汶水源出泰山郡莱芜县，向西南注入泲水。

治 水。出东莱曲城阳丘山，南入海。从水，台声。直之切（chí）

【译文】治，河流名。发源于东莱郡曲成县阳丘山，向南流入大海。形声字，“水”为形符，“台”为声符。

濅（寖） 水。出魏郡武安，东北入呼沱水。从水，㝲声。㝲，籀文寑字。子鸩切（jìn）

【译文】濅，河流名。源出魏郡武安县，东北流入呼沱河。形声字，“水”为形符，“㝲”为声符。㝲，是籀文的“寑”。

渪 水。出赵国襄国之西山，东北入寖。从水，禺声。噳俱切（yú）

【译文】渪，河流名。源出赵国的襄国县西山，东北流注入寖水。形声字，“水”为形符，“禺”为声符。

虒 水。出赵国襄国，东入渪。从水，虒声。息移切（sī）

【译文】虒，河流名。发源于赵国的襄国县，东流注入渪水。

形声字,“水”为形符,“虒”为声符。

渚 水。在常山中丘逢山,东入湡。从水,者声。《尔雅》曰:“小州曰渚。”章与切(zhǔ)

【译文】渚,河流名。发源于常山郡中丘县逢山,东流注入湡水。形声字,“水”为形符,“者”为声符。《尔雅·释水》说:“水中小块沙洲地叫渚。”

洨 水。出常山石邑井陉,东南入于泜。从水,交声。祁国有洨县。下交反(xiáo)

【译文】洨,河流名。源出常山郡石邑县井陉山,向东南流注入泜水。形声字,“水”为形符,“交”为声符。祁国有个洨县,以境洨水得名,为另一洨水。

濟(济) 水。出常山房子赞皇山,东入泜。从水,齊声。子礼切(jǐ)

【译文】濟河流名。源出常山郡房子县赞皇山,向东注入泜水。形声字,“水”为形符,“齊”为声符。

泜 水。在常山。从水,氐声。直尼切(chī)

【译文】泜,河流名。位于常山郡。形声字,“水”为形符,“氐”为声符。

濡 水。出涿郡故安,东入漆涑[①]。从水,

需声。人朱切（rú）

【注释】①漆涑：段玉裁注引戴震说："涞讹漆涑二字。"

【译文】濡，河流名。源出涿郡故安县，东流注入涞水。形声字，"水"为形符，"需"为声符。

灅 灅 水。出右北平浚靡，东南入庚。从水，壘声。力轨切（lěi）

【译文】灅，河流名。源出右北平郡浚靡县，东南注入庚水。形声字，"水"为形符，"壘"为声符。

沽 沽 水。出渔阳塞外，东入海。从水，古声。古胡切（gū）

【译文】沽，河流名。源出渔阳郡渔阳县边塞之外，东流注入大海。形声字，"水"为形符，"古"为声符。

沛 沛 水。出辽东番汗塞外，西南入海。从水，市声。普盖切（pèi）

【译文】沛，河流名。源出辽东郡番汗县边塞之外，向西南流入大海。形声字，"水"为形符，"市"为声符。

浿 浿 水。出乐浪镂方，东入海。从水，貝声。一曰，出浿水县。普拜切（pài）①

【注释】①普拜切：今读依《广韵》普盖切，音pèi。

【译文】浿，河流名。源出乐浪郡镂方县，东流入大海。形声字，“水”为形符，“貝”为声符。一说，源出涢水县。

瀤　北方水也。从水，褱声。户乖切（huái）

【译文】瀤，北方河流。形声字，“水”为形符，“褱”为声符。

灅　水。出雁門阴馆累头山，东入海。或曰治水也。从水，纍声。力追切（léi）①

【注释】①力追切：今读依《广韵》力轨切，音lěi。

【译文】灅，河流名。源出雁門郡阴馆县累头山，东流注入大海。又叫治水。形声字，“水”为形符，“纍”为声符。

溠　水。出北地直路西，东入洛。从水，虘声。侧加切（zhā）①

【注释】①侧加切：依《广韵》七余切，旧读音qū，今读jū。

【译文】溠，河流名。发源于北地郡直路县西，向东流入洛水。形声字，“水”为形符，“虘”为声符。

泒　水。起雁門葰人戍夫山，东北入海。从水，瓜声。古胡切（gū）

【译文】泒，河流名。起源于雁門郡葰人县戍夫山，向东北流入大海。形声字，“水”为形符，“瓜”为声符。

滱　水。起北地灵丘，东入河。从水，寇声。滱水即沤夷水，并州川也。苦候切（kòu）

【译文】滱，河流名。发源于代郡灵丘县，向东流注入黄河。形声字，“水”为形符，“寇”为声符。滱水就是沤夷水，是并州的大河。

淶（涞）  水。起北地广昌，东入河。从水，來声。并州浸。洛哀切（lái）

【译文】淶，河流名。起源于代郡广昌县，向东流注入黄河。形声字，“水”为形符，“來”为声符。它是并州能为湖泊灌溉的河流。

泥  水。出北地郁郅北蛮中。从水，尼声。奴低切（ní）

【译文】泥，河流名。源于北地郡郁郅县北部少数民族区域中。形声字，“水”为形符，“尼”为声符。

湳  西河美稷保东北水。从水，南声。乃感切（nǎn）

【译文】湳，西河郡美稷县城一小城堡东北部的一条河流。形声字，“水”为形符，“南”为声符。

潕 水。出西河中阳北沙，南入河。从水，焉声。乙干切（yān）

【译文】潕，河流名。源出西河郡中阳县北沙，向南流注入黄河。形声字，“水”为形符，“焉”为声符。

涶  河津也。在西河西。从水，垂声。土禾切

（tuō）

【译文】涶，黄河渡口。在西河郡的西部。形声字，“水”为形符，“垂”为声符。

澦 水也。从水，旟声。以诸切（yú）

【译文】澦，河流名。形声字，“水”为形符，“旟”为声符。

洵  过水中也。从水，旬声。相伦切（xún）

【译文】洵，過水支流。形声字，“水”为形符，“旬”为声符。

涻  水。出北嚣山，入邙泽。从水，舍声。始夜切（shè）

【译文】涻，河流名。发源于北嚣山，注入邙泽。形声字，“水”为形符，“舍”为声符。

汈  水也。从水，刃声。乃见切（niàn）

【译文】汈，河流名。形声字，“水”为形符，“刃”为声符。

滍  水也。从水，直声。耻力切（chì）

【译文】滍，河流名。形声字，“水”为形符，“直”为声符。

淁  水也。从水，妾声。七接切（qiè）

【译文】淁，河流名。形声字，“水”为形符，“妾”为声符。

涺 水也。从水，居声。九魚切（jū）

【译文】涺，河流名。形声字，“水”为形符，“居”为声符。

滊[湒] 水也。从水，梟声。其冀切（jì）

【译文】滊，河流名。形声字，“水”为形符，“梟”为声符。

沋 水也。从水，尤声。羽求切（yóu）

【译文】沋，河流名。形声字，“水”为形符，“尤”为声符。

洇 水也。从水，因声。于真切（yīn）

【译文】洇，河流名。形声字，“水”为形符，“因”为声符。

淉 水也。从水，果声。古火切（guǒ）

【译文】淉，河流名。形声字，“水”为形符，“果”为声符。

溑 水也。从水，貟声。读若瑣。穌果切（suǒ）

【译文】溑，河流名。形声字，“水”为形符，“貟”为声符。读音与“琐”字相同。

滝 水也①。从水，龙声。莫江切（máng）

【注释】①《水经注》谓即古之袁水，在今山东邹平县。

【译文】滝，河流名。形声字，“水”为形符，“龙”为声符。

潉 水也。从水，乳声。乃后切（nǒu）

【译文】浮，河流名。形声字，“水”为形符，“乳”为声符。

汷 [小篆] 水也。从水，夂声。夂，古文终。职戎切（zhōng）

【译文】汷，河流名。形声字，“水”为形符，“夂”为声符。“夂”，古文的“终”。

洦[泊] [小篆] 浅水也。从水，百声。匹白切（pò）

【译文】洦，水浅的样子。形声字，“水”为形符，“百”为声符。

汘 [小篆] 水也。从水，千声。仓先切（qiān）

【译文】汘，河流名。形声字，“水”为形符，“千”为声符。

洍 [小篆] 水也。从水，㠯声。《诗》曰：“江有洍。”① 详里切（sì）

【注释】①语见《诗经·召南·江有汜》。洍今本作汜。

【译文】洍，河流名。形声字，“水”为形符，“㠯”为声符。《诗经》中说：“长江有一条从主流分出，又汇进主流的支流。”

澥 [小篆] 郣澥，海之别也。从水，解声。一说，澥即澥谷也。胡买切（xiè）

【译文】澥，海湾，是大海伸入陆地的一部分。形声字，“水”为形符，“解”为声符。一说，澥就是昆仑山北边的山谷。

漠 北方流沙也。一曰，清也。从水，莫声。慕各切（mò）

【译文】漠，北方的沙漠。一说，清静的意思。形声字，“水”为形符，“莫”为声符。

海 天池也。以纳百川者。从水，每声。呼改切（hǎi）

【译文】海，天然的大池泽。用来接纳所有江河的水流。形声字，“水”为形符，“每”为声符。

溥 大也。从水，尃声。滂古切（pǔ）

【译文】溥，广大。形声字，“水”为形符，“尃”为声符。

灡 水大至也。从水，闇声。乙感切（ǎn）

【译文】灡，大水到来。形声字，“水”为形符，“闇”为声符。

洪 洚水也。从水，共声。户工切（hóng）

【译文】洪，大水。形声字，“水”为形符，“共”为声符。

洚 水不遵道。一曰，下也。从水，夅声。户工切（hóng），又下江切（xiáng）①

【注释】①又下江切：今读依《广韵》古巷切，音jiàng。

【译文】洚，水不遵循水路。一说，水往下流。形声字，“水”为形符，“夅”为声符。

衍 水朝宗于海也[①]。从水，从行。以浅切（yǎn）

【注释】①朝宗：诸侯朝见天子，春天叫朝，夏天叫宗。

【译文】衍，水流循着河道像诸侯朝见天子一样奔向大海。由“水”和“行”会意。

淖[潮] 水朝宗于海。从水，朝省。直遥切（cháo）

【译文】淖，水流循着河道像诸侯朝见天子一样奔向大海。由“水”和“朝”的省文会意。

濥 水脉行地中濥濥也。从水，夤声。弋刃切（yìn）[①]

【注释】①弋刃切：今音依《广韵》余忍切，读yǐn。

【译文】濥，水泉潜行地下的样子。形声字，“水”为形符，“夤”为声符。

滔 水漫漫大皃。从水，舀声。土刀切（tāo）

【译文】滔，大水弥漫的样子。形声字，“水”为形符，“舀”为声符。

涓 小流也。从水，肙声。《尔雅》曰：“汝为涓。”古玄切（juān）

【译文】涓，细小的水流。形声字，“水”为形符，“肙”为声符。《尔雅·释水》说：“汝水一个分支流叫涓水。”

混 丰流也。从水，昆声。胡本切（hùn）

【译文】混，水势盛大。形声字，“水”为形符，“昆”为声符。

潒 水潒瀁也。从水，象声。读若荡。徒朗切（dàng）

【译文】潒，水流摇动的样子。形声字，“水”为形符，“象”为声符。读音与“荡”字同。

滍 顺流也。一曰，水名。从水，斄声。俟甾切（chí）

【译文】滍，顺下渗流。一说，滍是河流名。形声字，“水”为形符，“斄”为声符。

汭 水相入也。从水，从内，内亦声。而锐切（ruì）

【译文】汭，两条河流会合进入一处。由“水”和“内”会意，“内”又为声符。

潚 深清也。从水，肅声。子叔切（zú）①

【注释】①子叔切：今音依《广韵》息逐切，读sù。

【译文】潚，水深且清。形声字，水为形符，肃为声符。

演  长流也。一曰，水名。从水，寅声。以浅切（yǎn）

【译文】演，河水流程很长。一说，河流名。形声字，“水”为形符，“寅”为声符。

涣  流散也。从水，奂声。呼贯切（huàn）

【译文】涣，水流散开。形声字，“水”为形符，“奂”为声符。

泌  侠流也。从水，必声。兵媚切（bì）

【译文】泌，山溪始出，其水流狭窄，也有说像侠士般轻快地流去。形声字，“水”为形符，“必”是声符。

湉[活]  水流声。从水，𠯑声。，湉或，从聒。古活切（kuò）[①]

【注释】①古活切：今读依《广韵》户括切，音huó。

【译文】湉，水流动的声音。形声字，“水”为形符，“𠯑”为声符。，湉的或体，从“聒”声。

湝 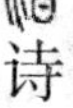 水流湝湝也。从水，皆声。一曰，湝湝寒也。《诗》曰：“风雨湝湝。”[①]古谐切（jiē）[②]

【注释】①今本《诗经》无此句。②今依《广韵》户皆切，读xié。

【译文】湝，是水流动的样子。形声字，“水”为形符，“皆”为声符。另一说，湝湝，寒冷。《诗经》中说："风雨寒冷。"

泫 湝流也。从水，玄声。上党有泫氏县。胡畎切（xuàn）

【译文】泫，清寒的水流。形声字，"水"为形符，"玄"为声符。上党郡有个泫氏县。

滮 水流皃。从水，彪省声。《诗》曰："滮沱北流。"[①]皮彪切（biāo）

【注释】①语见《诗经·小雅·白华》。滮沱今本作滮池。

【译文】滮，水流动的样子。形声字，"水"为形符，"彪"的省文为声符。《诗经》中有："滮池的水向北流去。"

淢 疾流也。从水，或声。于逼切（yù）

【译文】淢，急流。形声字，"水"为形符，"或"为声符。

瀏（浏） 流清皃。从水，劉声。《诗》曰："瀏其清矣。"[①]力久切（liǔ）[②]

【注释】①语见《诗经·郑风·溱洧》。②力久切：今依《广韵》力求切，读liú。

【译文】瀏，水流深而清的样子。形声字，"水"为形符，"劉"为声符。《诗经·郑风·溱洧》："瀏瀏的水多清澈啊。"

瀱（濊） 碍流也。从水，薉声。《诗》云："施

罟濊濊。”[1]呼括切（huò）

【注释】①语见《诗经·卫风·硕人》。今本作施罛（gū）濊濊。段玉裁《说文解字注》：“施罟而水仍流，故曰碍流。碍流者，言碍而不碍也。”王筠《说文解字释例》：“施罟水中，其声濊濊然也。”

【译文】濊，水流受阻发出的声音。形声字，“水”为形符，“薉”为声符。《诗经》有：“撒开渔网，水声濊濊。”

滂[滂][1] 𣴓 沛也。从水，旁声。普郎切（pāng）

【注释】①徐铉：“今俗体另作雱霈字，滂作雱，沛作霈。”

【译文】滂，大水漫流。形声字，“水”为形符，“旁”为声符。

洼[汪] 𣳘 深广也。从水，㞷声。一曰，洼，池也。乌光切（wāng）

【译文】洼，水深而广。形声字，“水”为形符，“㞷”为声符。一说，洼，污浊的小水坑。

漻 𣻲 清深也。从水，翏声。洛萧切（liáo）

【译文】漻，水清而深。形声字，“水”为形符，“翏”为声符。

泚 𣳚 清也。从水，此声。千礼切（cǐ）

【译文】泚，水清澈。形声字，“水”为形符，“此”为声符。

况[况] 𣲹 寒水也。从水，兄声。许访切（kuàng）

【译文】況，寒凉的水。形声字，“水”为形符，“兄”为声符。

沖[冲]  涌摇也。从水、中[声]。读若动。直弓切（chōng）

【译文】沖，水动摇的样子。形声字，“水”为形符，“中”为声符，读音与“动”字同。

汎[泛]  浮皃。从水，凡声。孚梵切（fàn）

【译文】汎，浮游不定的样子。形声字，“水”为形符，“凡”为声符。

沄  转流也。从水，云声。读若混。王分切（yún）

【译文】沄，水流汹涌回旋。形声字，“水”为形符，“云”为声符。读音与“混”字同。

浩  （浇）[沆]也。从水，告声。《（虞）[唐]书》曰：“洪水浩浩。”胡老切（hào）

【译文】浩，水势盛大。形声字，“水”为形符，“告”为声符。《尚书·唐书·尧典》中说：“洪水浩浩滔天。”

沆  莽沆，大水也。从水，亢声。一曰，大泽皃。胡朗切（hàng）

【译文】沆，莽沆，形容水面广阔。形声字，“水”为形符，

“亢”为声符。一说，沆为广大湖泽的样子。

泬　水从孔穴疾出也。从水，从穴，穴亦声。呼穴切（xuè）[①]

【注释】①呼穴切：今依《广韵》古穴切，读jué。

【译文】泬，水从洞穴中急速涌泻出来。由“水”、“穴”会意，“穴”也是声符。

濞　水暴至声。从水，鼻声。匹备切（pì）

【译文】濞，大水突然涌到的声音。形声字，“水”为形符，“鼻”为声符。

瀡　水小声。从水，爵声。士角切（zhuó）

【译文】瀡，水流细小的声音。形声字，“水”为形符，“爵”为声符。

潝　水疾声。从水，翕声。许及切（xī）

【译文】潝，水流很急的声音。形声字，“水”为形符，“翕”为声符。

滕　水超涌也。从水，朕声。徒登切（téng）

【译文】滕，水像跳跃一样向上涌。形声字，“水”为形符，“朕”为声符。

潏 涌出也。一曰，水中坻，人所为，为潏。一曰，潏，水名，在京兆杜陵。从水，矞声。古穴切（jué）[①]

【注释】①古穴切：表“水中坻（dǐ）”义，读shù。

【译文】潏，水向上冒出。一说，水中的小洲，人工堵造的土石工程称为潏。另一说，河流名，在京兆尹杜陵县。形声字，“水”为形符，“矞”为声符。

洸 水涌光也。从水，从光，光亦声。《诗》曰：“有洸有溃。”[①]古黄切（guāng）

【注释】①语见《诗经·邶风·谷风》。

【译文】洸，水波动荡闪出光芒的样子。由“水”和“光”会意，“光”也是声符。《诗经》：“你是那么粗暴啊那么愤怒。”

波 水涌流也。从水，皮声。博禾切（bō）

【译文】波，江海水面一起一伏的形状。形声字，“水”为形符，“皮”为声符。

澐（沄） 江水大波谓之澐。从水，雲声。王分切（yún）

【译文】澐，长江之水的大波浪。形声字，“水”为形符，“雲”为声符。

瀾 大波为瀾。从水，闌声。，瀾或，从連[①]。

洛干切（lán）

【注释】①从連：段玉裁注："古阑、連同音，故瀾、漣同字，后人乃别为异字、异义、异音。"当作从連声。

【译文】瀾，大波浪。形声字，"水"为形符，"闌"为声符。漣，澜的或体，从"連"声。

淪（沦） 小波为淪。从水，侖声。《诗》曰："河水清且淪漪。"①一曰，没也。力迍切（lún）

【注释】①语见《诗经·魏风·伐檀》。

【译文】淪，水面上的小波纹。形声字，"水"为形符，"侖"为声符。《诗经》："河水又清又泛起小波纹啊。"一说，沉没。

𤄶[漂] 浮也。从水，㶾声。匹消切（piāo）又匹妙切（piào）

【译文】𤄶，浮游。形声字，"水"为形符，"㶾"为声符。

浮 泛也。从水，孚声。缚牟切（fú）

【译文】浮，漂在水面上不沉。形声字，"水"为形符，"孚"为声符。

濫（滥） 泛也。从水，監声。一曰，濡上及下也。《诗》曰："觱沸濫泉。"①一曰，清也。卢瞰切（làn）

【注释】①语见《诗经·小雅·采菽》、《诗经·大雅·瞻卬》。今本作觱沸檻泉。

【译文】濫，水满溢出。形声字，“水”为形符，“監”为声符。一说，从上湿到下。《诗经》“那喷涌而上出、从上湿到下的泉水翻腾着。”一说，濫即清澈。

氾（泛） 　濫也。从水，㔾声。孚梵切（fàn）

【译文】氾，洪水漫溢。形声字，“水”为形符，“㔾”为声符。

泓 　下深皃。从水，弘声。乌宏切（hóng）

【译文】泓，下面很深的样子。形声字，“水”为形符，“弘”为声符。

湋（沣） 　回也。从水，韋声。羽非切（wéi）

【译文】湋，水流回旋。形声字，“水”为形符，“韋”为声符。

測（测） 　深所至也。从水，則声。初侧切（cè）

【译文】測，测量深度所到的地方。形声字，“水”为形符，“則”为声符。

湍 　疾瀨也。从水，耑声。他端切（tuān）

【译文】湍，迅疾的水流。形声字，“水”为形符，“耑”为声符。

淙 　水声也。从水，宗声。藏宗切（cóng）

【译文】淙，流水声。形声字，“水”为形符，“宗”为声符。

激 水碍衺，疾波也。从水，敫声。一曰，半遮也。古历切（jī）

【译文】激，水流受到阻碍而邪流，疾急腾起浪花。形声字，“水”为形符，“敫”为声符。一说，半遮拦。

洞 疾流也。从水，同声。徒弄切（dòng）

【译文】洞，水流湍急。形声字，“水”为形符，“同”为声符。

瀶 大波也。从水，旛声。孚袁切（fān）

【译文】瀶，高大的波浪。形声字，“水”为形符，“旛”为声符。

洶（汹） 涌也。从水，匈声。许拱切（xiǒng）①

【注释】①许拱切：今依《广韵》许容切，读xiōng。

【译文】洶，水翻腾上涌。形声字，“水”为形符，“匈”为声符。

涌 滕也。从水，甬声。一曰，涌水，在楚国。余陇切（yǒng）

【译文】涌，水往上冒。形声字，“水”为形符，“甬”为声符。一说，河流名，涌水在楚国。

湁 湁湒（jí），鬻（fèi）也①。从水，拾声。丑入切（chì）

【注释】①湁湒，鬻也：《史记·司马相如列传》："湁集鼎沸。"索隐引郭璞云："皆水微传细涌貌。"段玉裁注："鬻、沸，古今字。鼎沸者，言水之流如爨鼎沸也。"

【译文】湁，水的微纹转为细涌的样子，像开水一样。形声字，"水"为形符，"拾"为声符。

涳 直流也。从水，空声。苦江切（qiāng），又哭工切（kōng）

【译文】涳，水径直而流。形声字，"水"为形符，"空"为声符。

汋 激水声也。从水，勺声。井，一有水，一无水，谓之瀱汋。市若切（shuò）①

【注释】①市若切：今依《广韵》士角切，读zhuó。

【译文】汋，水受阻而发出的声音。形声字，"水"为形符，"勺"为声符。一说，井水时有时无叫瀱汋。

瀱 井一有水一无水，谓之瀱汋。从水，罽声。居例切（jì）

【译文】瀱，井水时有时竭叫做瀱汋。形声字，"水"为形符，"罽"为声符。

渾（浑） 混流声也。从水，軍声。一曰，洿下皃。户昆切（hún）

【译文】渾，水喷涌或水波翻涌的声音。形声字，“水”为形符，“軍”为声符。一说，洿是污浊低下的样子。

洌　水清也。从水，列声。《易》曰：“井洌寒泉食。”良辥切（liè）

【译文】洌，水清澈。形声字，“水”为形符，“列”为声符。《周易·井卦》说：“井水清澈，泉水芳凉，可饮用。”

淑　清湛也[1]。从水，叔声。殊六切（shū）

【注释】①湛：徐锴《说文系传》：“湛，澄（清）深也。”

【译文】淑，水又清澈又深。形声字，“水”为形符，“叔”为声符。

溶　水盛也。从水，容声。余陇切（yǒng），又音容（róng）

【译文】溶，水势盛大。形声字，“水”为形符，“容”为声符。

澂[澄]　清也。从水，徵省声。直陵切（chéng）

【译文】澂，水清而静。形声字，“水”为形符，声符为“澂”省。

清　腺也。澄水之皃。从水，青声。七情切（qīng）

【译文】清，水纯净透明。水澄清后的样子。形声字，“水”为形符，“青”为声符。

湜 水清底见也。从水，是声。《诗》曰：“湜湜其止。”常职切（shí）

【译文】湜，水清澈见底。形声字，“水”为形符，“是”为声符。《诗经·邶风·谷风》说：“水清见底啊，那水静止的时候。”

潣 水流浼浼皃。从水，閔声。眉殞切（mǐn）

【译文】潣，水流平缓的样子。形声字，“水”为形符，“閔”为声符。

滲（渗） 下漉也。从水，参声。所禁切（shèn）

【译文】滲，水向下慢慢透入或漏出。形声字，“水”为形符，“参”为声符。

潿（涠） 不流浊也。从水，圍声。羽非切（wéi）

【译文】潿，不流动的浑浊水。形声字，“水”为形符，“圍”为声符。

溷 乱也。一曰，水浊皃。从水，圂声。胡困切（hùn）

【译文】溷，混乱。一说，水污浊的样子。形声字，“水”为形符，“圂”为声符。

淈 浊也。从水，屈声。一曰，滒泥。一曰，

水出皃。古忽切（gǔ）

【译文】淈，搅浑。形声字，“水”为形符，“屈”为声符。一说，稀泥。一说，水涌流的样子。

淀[漩] 回泉也。从水，旋省声。似沿切（xuán）

【译文】淀，回旋的泉流。形声字，“水”为形符，“旋”的省文为声符。

漼 深也。从水，崔声。《诗》曰：“有漼者渊。”七罪切（cuǐ）

【译文】漼，水深的样子。形声字，“水”为形符，“崔”为声符。《诗经·小雅·小弁》说：“深深的渊水。”

淵（渊） 回水也。从水，象形。左右，岸也。中象水皃。𣶒，淵或，省水。𡆮，古文从囗、水。乌玄切（yuān）

【译文】淵，回漩的水。从“水”，“𣶒”象形，左右丨丨，表示两岸。中间卝，象水回漩的样子。𣶒，淵的或体，由“淵”省去左边的“水”旁。𡆮，古文淵，由“囗”、“水”会意。

濔 满也。从水，爾声。奴礼切（nǐ）①

【注释】①奴礼切：今依《广韵》绵婢切，读mǐ。

【译文】濔，水满。形声字，“水”为形符，“爾”为声符。

澹 水摇也。从水，詹声。徒滥切（dàn）

【译文】澹，水波摇荡起伏的样子。形声字，“水”为形符，“詹”为声符。

潯（浔） 旁深也。从水，尋声。徐林切（xún）

【译文】潯，深水边处。形声字，“水”为形符，“尋”为声符。

泙 谷也。从水，平声。符兵切（píng）

【译文】泙，谷。形声字，“水”为形符，“平”为声符。

泏 水皃。从水，出声。读若窋。竹律切（zhú），又口兀切（kù）

【译文】泏，水流出的样子。形声字，“水”为形符，“出”为声符。读音与“窋”字同。

瀳 水至也。从水，薦声。读若尊。又在甸切（jiàn）

【译文】瀳，大水流到的样子。形声字，“水”为形符，“薦”为声符。读音与“尊”字同。

澌（𣿐） 土得水沮也。从水，㪿声。读若麵。竹只切（zhí）

【译文】澌，土得水、水土相和而成泥。形声字，“水”为形符，“㪿”为声符。读音与“麵”字同。

滿（满） 盈溢也。从水，㒼声。莫旱切（mǎn）

【译文】滿，水充盈而外流。形声字，“水”为形符，“㒼”为声符。

滑 利也。从水，骨声。户八切（huá）

【译文】滑，往来捷便而不涩滞。形声字，“水”为形符，“骨”为声符。

濇［澀］（涩） 不滑也。从水，嗇声。色立切（sè）

【译文】濇，水流积滞不能畅通。形声字，“水”为形符，“嗇”为声符。

澤（泽） 光润也。从水，睪声。丈伯切（zé）

【译文】澤，光亮润泽。形声字，“水”为形符，“睪”为声符。

淫 侵淫随理也。从水，㸒声。一曰，久雨为淫。余箴切（yín）

【译文】淫，水随着脉理渐渐浸渍。形声字，“水”为形符，“㸒”为声符。一说，长久下雨称为淫。

瀸 渍也。从水，韱声。《尔雅》曰：“泉一见一否为瀸。”子廉切（jiān）

【译文】瀸，浸渍。形声字，“水”为形符，“韱”声符。《尔雅·释水》："泉水时现时不现叫作瀸。"

泆 水所荡泆也。从水，失声。夷质切（yì）

【译文】泆，水动荡奔突而出。形声字，"水"为形符，"失"为声符。

潰（溃） 漏也。从水，貴声。胡对切（kuì）

【译文】潰，漏水。形声字，"水"为形符，"貴"为声符。

沴 水不利也。从水，㐱声。《五行传》曰："若其沴作。"[1]郎计切（lì）

【注释】①语见伏生《五行传·洪范五行传》。王筠《说文解字句读》："其当作六。一讹为亓。再讹为其也。"六沴，桂馥《说文解字义证》引王观国说："沴者，相违之义也。五行之性相违而不相为用，则灾祸由之以生。古之论五行者有六沴：谓金沴木也，木沴金也，水沴火也，火沴水也，金、木、水、火沴土也，金、木、水、火、土沴天也。"

【译文】沴，水流不畅。形声字，"水"为形符，"㐱"为声符。《洪范·五行传》："好像六种互相违害的现象出现。"

淺（浅） 不深也。从水，戔声。七衍切（qiǎn）

【译文】淺，水不深。形声字，"水"为形符，"戔"为声符。

持[1] 水暂益且止[2]，未减也。从水，寺声。直

里切（zhì）[③]

【注释】①洔：今作“滞”。②益：桂馥谓“益”当为“溢”。③直里切：今依《广韵》诸市切，读zhǐ。

【译文】洔，水稍稍溢出即止，就没有再减少。形声字，“水”为形符，“寺”为声符。

渻 少减也。一曰，水門；又，水出丘前谓之渻丘。从水，省声。息并切（xǐng）[①]

【注释】①息并切：“并”乃“井”字之讹。“渻”字今读依所景切，音shěng。

【译文】渻，稍稍减少。一说，水門；又一说，有水从其前流过的丘叫“渻丘”。形声字，“水”为形符，“省”为声符。

淖 泥也。从水，卓声。奴教切（nào）

【译文】淖，泥沼。形声字，“水”为形符，“卓”为声符。

濢 小湿也。从水，翠声。遵诔切（zuǐ）

【译文】濢，低湿。形声字，“水”为形符，“翠”为声符。

溽 湿暑也。从水，辱声。而蜀切（rù）

【译文】溽，盛夏湿热。形声字，“水”为形符，“辱”为声符。

涅 黑土在水中［者］也。从水，从土，日声。奴结切（niè）

【译文】涅，水中的黑泥。由“水”和“土”会意，“日”声。

滋 益也。从水，兹声。一曰，滋水，出牛饮山白陉谷，东入呼沱。子之切（zī）

【译文】滋，增益。形声字，“水”为形符，“兹”为声符。一说，滋水，发源于牛饮山白陉谷，向东注入滹沱河。

㳷 青黑色。从水，曶声。呼骨切（hū）

【译文】㳷，水色青黑的样子。形声字，“水”为形符，“曶”为声符。

浥 湿也。从水，邑声。于及切（yì）

【译文】浥，湿润。形声字，“水”为形符，“邑”为声符。

沙 水散石也。从水，从少。水少沙见。楚东有沙水。[illegible]，谭长说：沙或，从尐（jié）[①]。（尐，子结切。）所加切（shā）

【注释】①谭长说，沙或从尐，以为声符。沙在歌部；尐读子结切，在月部，古韵是可以对转的。

【译文】沙，水中散碎的石粒。从“水”、“少”会意，表示水少沙子则现出的意思。在楚地东部有沙水。[illegible]，谭长说，沙的或体，从尐。

瀨（濑） 水流沙上也。从水，賴声。洛带切（lài）

【译文】瀨，从沙石上流过的水。形声字，“水”为形符，“賴”为声符。

濆（渍）  水厓也。从水，賁声。《诗》曰：“敦彼淮濆。”①符分切（fén）

【注释】①语见《诗经·大雅·常武》。敦，假借为“顿”，整顿。见胡承珙《毛诗后笺》。今本作“铺敦淮濆”，濆即指河边。

【译文】濆，水岸边。形声字，“水”为形符，“賁”为声符。《诗经》：“在那淮水之边整顿。”

涘  水厓也。从水，矣声。《周书》曰：“王出涘。”①床史切（sì）

【注释】①语见《尚书·周书·大誓》。

【译文】涘，水边。形声字，“水”为形符，“矣”为声符。《周书》：“王从船上出来登上水岸。”

汻[滸]（浒）  水厓也。从水，午声。呼古切（hǔ）

【译文】汻，水边。形声字，“水”为形符，“午”为声符。

氿  水厓枯土也。从水，九声。《尔雅》曰：“水醮（jiào）曰氿。”①居洧切（guǐ）

【注释】①语见《尔雅·释水》。醮，尽。水的尽头，即水的厓岸所在。今本“氿”作“厬”，假借，厬义为仄出泉。

【译文】氿，水边枯土。形声字，“水”为形符，“九”为声符。

《尔雅》："水的尽头叫做氿。"

漘  水厓也。从水，脣声。《诗》曰："寘河之漘。"常伦切（chún）

【译文】漘，水边。形声字，"水"为形符，"脣"为声符。《诗经·王风·葛藟》："把它放在河水的边上。"

浦  濒也。从水，甫声。滂古切（pǔ）

【译文】浦，水滨。形声字，"水"为形符，"甫"为声符。

沚  小渚曰沚①。从水，止声。《诗》曰："于沼于沚。"诸市切（zhǐ）

【注释】①小渚曰沚：《尔雅·释水》："水中可居者曰洲，小洲曰陼，小陼曰沚。"

【译文】沚，水中小块陆地。形声字，"水"为形符，"止"为声符。《诗经·召南·采蘩》："在那水池边，在那小小洲上。"

沸  滭沸，滥泉。从水，弗声。分勿切（fú），又方未切（fèi）

【译文】沸，向上喷出、从上沾湿到下的泉水，翻涌而出。形声字，"水"为形符，"弗"为声符。

潀（潨） 小水入大水曰潀。从水，从眾。《诗》曰："凫鹥在潀。"徂红切（cóng）

【译文】潀，小河流入大河的地方称作潀。从“水”、“眾”会意。《诗经·大雅·凫鹥》：“野鸭、水鸮在众水合流的地方。”

派 别水也。从水，从𠂢，𠂢亦声。匹卖切（pài）

【译文】派，河的支流。从“水”、“𠂢”会意，“𠂢”也表声。

汜[①] 水别复入水也。一曰，汜，穷渎也。从水，巳声。《诗》曰：“江有汜。”详里切（sì）

【注释】①徐铉认为，汜与前边洍字音、义相同，是或体字。

【译文】汜，由主流分支流出后又流入主流的水流。一说，不流通的水沟。形声字，“水”为形符，“巳”为声符。《诗经·召南·江有汜》“长江有一条从主流分出支流后又流回主流的支流”。

湀 湀辟，深水处也。从水，癸声。求癸切（guì）[①]

【注释】①求癸切：今音依《广韵》，读guǐ。

【译文】湀，湀辟，深水的地方。湀为形声字，“水”为形符，“癸”为声符。

濘（泞） 荥濘也。从水，寧声。乃定切（nìng）[①]

【注释】①乃定切：今依《集韵》囊丁切，读níng。

【译文】濘，荥濘。形声字，“水”为形符，“寧”为声符。

滎（荥） 绝小水也。从水，熒省声。户扃切（xíng）

【译文】滎，很小的水汪。形声字，“水”为形符，“熒”的省文为声符。

洼 深池也。从水，圭声。一佳切（yā），又於瓜切（wā）

【译文】洼，深池。形声字，“水”为形符，“圭”为声符。

溛 清水也。一曰，窊也。从水，窐声。一颖切（yǐng），又屋瓜切（wā）

【译文】溛，清水。一说，低凹。形声字，“水”为形符，“窐”为声符。

潢 积水池。从水，黄声。乎光切（huáng）

【译文】潢，积水的池坑。形声字，“水”为形符，“黄”为声符。

沼 池水。从水，召声。之少切（zhǎo）

【译文】沼，小池。形声字，“水”为形符，“召”为声符。

湖 大陂也。从水，胡声。扬州浸，有五湖。浸，川泽所仰以灌溉也。户吴切（hú）

【译文】湖，大池泽。形声字，“水”为形符，“胡”为声符。扬州一带的“浸”，太湖五个支流古称五湖。浸，河川湖泽赖以灌溉的水域。

汥 𣲰 水都也。从水，支声。章移切（zhī）

【译文】汥，水积聚。形声字，“水”为形符，“支”为声符。

洫 𣸣 十里为成。成间广八尺、深八尺谓之洫。从水，血声。《论语》曰：“尽力于沟洫。”况逼切（xù）

【译文】洫，田间水道之一，十里见方的地块为成，各成之间挖宽八尺、深八尺的水道称为洫。形声字，“水”为形符，“血”为声符。《论语·泰伯》中说：“用尽力量在开沟疏洫的水利事业上。”

溝（沟） 𣸧 水渎。广四尺、深四尺。从水，冓声。古侯切（gōu）

【译文】溝，一种田间水道，宽四尺，深四尺。形声字，“水”为形符，“冓”为声符。

瀆［瀆］（渎） 𤁷 沟也。从水，賣声。一曰，邑中沟。徒谷切（dú）

【译文】瀆，沟渠。形声字，“水”为形符，“賣”为声符。一说，瀆是城邑中的水沟。

渠 𣹢 水所居。从水，榘省声。强魚切（qú）

【译文】渠，水居留的地方。形声字，“水”为形符，“榘”省为声符。

瀶 谷也。从水，臨声。读若林。一曰，寒也。力寻切（lín）

【译文】瀶，山谷。形声字，“水”为形符，“臨”为声符。读音与“林”字同。一说，寒冷。

湄 水艸交为湄。从水，眉声。武悲切（méi）

【译文】湄，水与草相交接的岸边。形声字，“水”为形符，“眉”为声符。

洐 沟水行也。从水，从行。户庚切（xíng）

【译文】洐，沟水流动。从“水”、“行”会意。

澗［澗］（涧） 山夹水也。从水，閒声。一曰，澗水，出弘农新安，东南入洛。古莧切（jiàn）

【译文】澗，夹在两山间的水沟。形声字，“水”为形符，“閒”为声符。一说，澗水，源出弘农郡新安县，向东南流注入洛水。

澳 隈，厓也。其内曰澳，其外曰隈。从水，奥声。於六切（yù）

【译文】澳，澳隈，都是水边。水边之内的岸地叫澳，水边之外的崖畔叫隈。形声字，“水”为形符，“奥”为声符。

澩 夏有水，冬无水，曰澩。从水，學省声。读若學。，澩或，不省。胡角切（xué）

【译文】澩，夏天有水，冬天无水的山泽或山溪，叫澩。形声字，“水”为形符，“學”省为声符，读音与“學”字同。[篆]，澩的或体，“學”不省略。

灘 [篆] 水濡而干也。从水，鷬声。《诗》曰：“灘其干矣。”① [篆]，俗灘，从隹。呼旰切（hàn）。又，他干切（tān）

【注释】①语见《诗经·王风·中谷有蓷》。

【译文】灘，草被水浸渍而干枯。形声字，“水”为形符，“鷬”为声符。《诗经》：“灘灘地枯萎了。”[篆]，俗灘字，从“隹”。

汕 [篆] 魚游水皃。从水，山声。《诗》曰：“蒸然汕汕。”①所晏切（shàn）

【注释】①语见《诗经·小雅·南有嘉魚》。蒸今本作烝。陆德明《经典释文》引王肃说：“烝，众也。”汕汕，张舜徽《说文解字约注》：“魚游舒散谓之汕汕。”

【译文】汕，魚在水中游得疏散的样子。形声字，“水”为形符，“山”为声符。《诗经》“魚儿众多游得十分舒散。”

決（决） [篆] 行流也。从水，从夬。庐江有決水，出于大别山。古穴切（jué）

【译文】決，疏通水道，使水畅流。由“水”、“夬”会意。庐江郡有決河，发源于大别山。

灤 [seal] 漏流也。从水，䜌声。洛官切（luán）

【译文】灤，渗漏的水流。形声字，"水"为形符，"䜌"为声符。

滴 [seal] 水注也。从水，啻声。都历切（dī）

【译文】滴，水一点一点地落下。形声字，"水"为形符，"啻"为声符。

注 [seal] 灌也。从水，主声。之戍切（zhù）

【译文】注，灌入。形声字，"水"为形符，"主"为声符。

渓[沃] [seal] 溉灌也。从水，芺声。乌鹄切（wò）

【译文】渓，浇灌。形声字，"水"为形符，"芺"为声符。

浩 [seal] 所以攤水也。从水，昔声。《汉律》曰："及其門首洒浩。"所责切（zé）

【译文】浩，用来挡水的土坝。形声字，"水"为形符，"昔"为声符。《汉律》"法律不允许在人家門前拆除用以挡水的土坝。"

澨 [seal] 埤增水边土。人所止者。从水，筮声。《夏书》曰："过三澨。"时制切（shì）

【译文】澨，在水边增益土作为堤防，成为人们居止的地方。形声字，"水"为形符，"筮"为声符。《尚书·夏书·禹贡》中说："经过三澨这个地方。"

𣴑[津] 水渡也。从水，𦘔声。𦨈，古文𣴑，从舟，从淮[1]。将邻切（jīn）

【注释】①段玉裁谓："当是从舟、从水，進省声。"

【译文】𣴑，河湖的渡口。形声字，"水"为形符，"𦘔"为声符。𦨈，古文𣴑字，从"舟"、从"淮"会意。

淜 无舟渡河也。从水，朋声。皮冰切（píng）

【译文】淜，没有船，徒步涉水过河。形声字，"水"为形符，"朋"为声符。

潢 小津也。从水，横声。一曰，以船渡也。户孟切（hèng）

【译文】潢，小小渡口。形声字，"水"为形符，"横"为声符。另一说，用船渡河。

泭 编木以渡也。从水，付声。芳无切（fū）

【译文】泭，用木头并排捆扎起来，用来渡河。形声字，"水"为形符，"付"为声符。

渡 济也。从水，度声。徒故切（dù）

【译文】渡，过河。形声字，"水"为形符，"度"为声符。

沿 缘水而下也。从水，㕣声。《春秋传》曰：

"王沿夏。"与专切(yán)

【译文】沿,顺水流而下。形声字,"水"为形符,"㕣"为声符。《左传·昭公十三年》载:"王顺着夏水而下。"

㴑[1][泝][溯]　逆流而上曰㴑洄。㴑,向也。水欲下违之而上也。从水,㡿声。，㴑或,从朔。桑故切(sù)

【注释】①㴑:邵瑛《说文解字群经正字》:"今经典作泝。"按,今通用"溯"。

【译文】㴑,逆水向上行称㴑洄。"㴑",流向。洄,水流违背它的方向逆水上行。形声字,"水"为形符,"㡿"为声符。,㴑的或体,从"朔"声。

洄　溯洄也。从水,从回。户灰切(huí)

【译文】洄,逆流而向上行。从"水"、"回"会意。

泳　潜行水中也。从水,永声。为命切(yǒng)

【译文】泳,潜入水中前行。形声字,"水"为形符,"永"为声符。

潛[潜]　涉水也。一曰,藏也。一曰,汉水为潛。从水,朁声。昨盐切(qián)

【译文】潛,涉水。一说,隐藏。一说,汉水的一条支流叫潛水。形声字,"水"为形符,"朁"为声符。

淦 水入船中也。一曰，泥也。从水，金声。，淦或，从今。古暗切（gàn）

【译文】淦，水渗入船中。一说，涂泥。形声字，“水”为形符，“金”为声符。，淦的或体，从“今”声。

泛 浮也。从水，乏声。孚梵切（fàn）

【译文】泛，漂浮。形声字，“水”为形符，“乏”为声符。

汓[泅] 浮行水上也。从水，从子。古或以汓为没。，汓或，从囚声。似由切（qiú）

【译文】汓，在水面上漂浮而行。从“水”、“子”会意。古文中有的把“汓”当作“没”字。，汓的或体，从“囚”声。

砅 履石渡水也。从水，从石。《诗》曰：“深则砅。”①，砅或，从厲。力制切（lì）

【注释】①语见《诗经·邶风·匏有苦叶》。砅今本作厲。

【译文】砅，踩着石磴过河。由“水”和“石”会意字。《诗经》：“水稍深就踩着石磴渡水。”，砅的或体，从“厲”。

湊[凑] 水上人所会也。从水，奏声。仓奏切（còu）

【译文】湊，水面上人们会合的地方。形声字，“水”为形符，“奏”为声符。

湛 没也。从水，甚声。一曰，湛水，豫章浸。，古文。宅减切（zhàn）①

【注释】①宅减切：湛水义今读依《广韵》徒减切，音zhàn；沉没义今读依《广韵》直深切，音chén。

【译文】湛，沉没。形声字，“水”为形符，“甚”为声符。一说，湛水，豫州能灌溉的河流。，古文湛字。

湮 没也。从水，垔声。於真切（yīn）

【译文】湮，沉没。形声字，“水”为形符，“垔”为声符。

休 没也。从水，从人。奴历切（nì）

【译文】休，沉溺。由“人”和“水”会意。

溲[没] 沈也。从水，从叟。莫勃切（mò）

【译文】溲，沉没。由“水”和“叟”会意。

渨 没也。从水，畏声。乌恢切（wēi）

【译文】渨，沉没。形声字，“水”为形符，“畏”为声符。

滃 云气起也。从水，翁声。乌孔切（wěng）

【译文】滃，云气涌起。形声字，“水”为形符，“翁”为声符。

泱 滃也。从水，央声。於良切（yāng）

【译文】泱，云气涌起。形声字，“水”为形符，“央”为声符。

淒[凄] 云雨起也。从水，妻声。《诗》曰：“有渰淒淒。”①七稽切（qī）

【注释】①语见《诗经·小雅·大田》。淒淒今本作萋萋。

【译文】淒，将要下雨的云彩正在兴起。形声字，“水”为形符，“妻”为声符。《诗经》：“将要下雨的云彩渰渰淒淒地兴起。”

渰 云雨皃。从水，弇声。衣检切（yǎn）

【译文】渰，将要下雨的云彩兴起的样子。形声字，“水”为形符，“弇”为声符。

溟 小雨溟溟也。从水，冥声。莫经切（míng）

【译文】溟，小雨濛濛。形声字，“水”为形符，“冥”为声符。

涑 小雨零皃。从水，束声。所责切（sè）

【译文】涑，小雨零落的样子。形声字，“水”为形符，“束”为声符。

瀑 疾雨也。一曰，沫也。一曰，瀑，（资）[賨]也。从水，暴声。《诗》曰：“终风且瀑。”①平到切（bào）

【注释】①语见《诗经·邶风·终风》。瀑今本作暴。

【译文】瀑，急雨。一说，水沫飞溅。另一说，瀑就是雷。形声字，“水”为形符，“暴”为声符。《诗经》：“既已刮起了风，又下起了暴雨。”

澍 时雨，澍生万物。从水，尌声。常句切（shù）

【译文】澍，及时雨，滋润万物生长。形声字，“水”为形符，“尌”为声符。

湒 雨下也。从水，咠声。一曰，沸涌皃。姊入切（jí）

【译文】湒，雨落下。形声字，“水”为形符，“咠”为声符。另一说，形容水沸腾翻涌的样子。

澬 久雨涔資也。一曰，水名。从水，資声。才私切（cí），又即夷切（zī）

【译文】澬，久雨的积水。一说，河流名。形声字，“水”为形符，“資”为声符。

潦 雨水大皃。从水，尞声。卢皓切（lǎo）

【译文】潦，形容雨水很大的样子。形声字，“水”为形符，“尞”为声符。

濩 雨流溜下。从水，蒦声。胡郭切（huò）

【译文】濩，形容雨水在屋檐底下滴落的样子。形声字，“水”为形符，“蒦”为声符。

涿 [篆] 流下滴也。从水，豖声。上谷有涿县。[古文]，奇字涿，从日、乙[①]。竹角切（zhuó）

【注释】①从日、乙：段玉裁称："从日者，谓于日光中见之；乙盖象滴下之形，非甲乙字。"

【译文】涿，流下的水滴。形声字，"水"为形符，"豖"为声符。上谷郡有涿鹿县。[古文]，六国古文中"涿"的异体字，由"日"、"乙"会意。

瀧（泷）[篆] 雨瀧瀧皃。从水，龍声。力公切（lóng）

【译文】瀧是形容小雨濛濛的样子。形声字，水为形符，龍为声符。

渿 [篆] 沛之也。从水，柰声。奴带切（nài）

【译文】渿，渿沛。形声字，"水"为形符，"柰"为声符。

滈 [篆] 久雨也。从水，高声。乎老切（hào）

【译文】滈，长时间下雨。形声字，"水"为形符，"高"为声符。

漊 [篆] 雨漊漊也。从水，婁声。一曰，汝南谓饮酒习之不醉为漊。力主切（lǔ）

【译文】漊，形容雨丝丝不停的样子。形声字，"水"为形符，"婁"为声符。另一说，汝南一带称喝酒渐渐成习惯而不醉叫

“溇”。

溦  小雨也。从水，微省声。无非切（wēi）

【译文】溦，小雨。形声字，“水”为形符，声符为“微”的省文。

濛  微雨也。从水，蒙声。莫红切（méng）

【译文】濛，细雨不停的样子，“水”为形符，“蒙”为声符。

沈  陵上滈水也。从水，冘声。一曰，浊黕①也。直深切（chén），又尸甚切（shěn）

【注释】①段玉裁注：“黑部曰：‘黕、滓垢也。’黕沈同音通用。”

【译文】沈，山岭上凹处的积水。形声字，“水”为形符，“冘”为声符。一说，沈为秽浊的渣滓污垢。

洅  雷震洅洅也。从水，再声。作代切（zài）

【译文】洅，雷声震动。形声字，“水”为形符，“再”为声符。

淊  泥水淊淊也。一曰，缫丝汤也。从水，臽声。胡感切（hàn）

【译文】淊，水与泥相混合的样子。另一说，缫丝用的沸水。形声字，“水”为形符，“臽”为声符。

涵[涵] 水泽多也。从水，圅声。《诗》曰："僭始既涵。"[①]胡男切(hán)

【注释】①语见《诗经·小雅·巧言》。毛传："僭，數。涵，容也。"

【译文】涵，水泽很多。形声字，"水"为形符，"圅"为声符。《诗经》："谗言刚开始进入，君王就已经容纳而不察。"

渪 渐湿也。从水，挐声。人庶切(rù)

【译文】渪，潮湿。形声字，"水"为形符，"挐"为声符。

瀀 泽多也。从水，憂声。《诗》曰："既瀀既渥。"[①]於求切(yōu)

【注释】①语见《诗经·小雅·信南山》。瀀，润泽；瀀今本作優。

【译文】瀀，水浸渍较深。形声字，"水"为形符，"憂"为声符。《诗经》："已经雨水充沛，已经土地湿润。"

涔 (渍)[渍]也。一曰，涔阳渚，在郢中。从水，岑声。鉏箴切(cén)

【译文】涔，浸渍。另一义，涔阳渚，在郢地之中。形声字，"水"为形符，"岑"为声符。

漬(渍) 沤也。从水，責声。前智切(zì)

【译文】漬，浸泡。形声字，"水"为形符，"責"为声符。

漚（沤） 久渍也。从水，區声。乌候切（òu）

【译文】漚，长时间地浸泡。形声字，“水”为形符，“區”为声符。

浞 濡也。从水，足声。士角切（zhuó）

【译文】浞，沾湿、浸渍。形声字，“水”为形符，“足”为声符。

渥 霑也。从水，屋声。於角切（wò）

【译文】渥，沾湿，沾润。形声字，“水”为形符，“屋”为声符。

潅 灌也。从水，隺声。口角切（què），又公沃切（gù）

【译文】潅，浇灌，灌溉。形声字，“水”为形符，“隺”为声符。

洽 沾也。从水，合声。侯夹切（qià）

【译文】洽，沾浸。形声字，“水”为形符，“合”为声符。

濃[濃]（浓） 露多也。从水，農声。《诗》曰：“零露濃濃。”[①]女容切（nóng）

【注释】①语见《诗经·小雅·蓼萧》。毛传：“濃濃，厚皃。”

【译文】濃，露水多。形声字，“水”为形符，“農”为声符。《诗经》：“落下的露水真多啊。”

瀌 雨雪瀌瀌。从水，麃声。甫娇切（biāo）

【译文】瀌，形容雨雪下得很大的样子。形声字，“水”为形符，“麃”为声符。

溓 薄水也。一曰，中绝小水。从水，兼声。力盐切（lián）

【译文】溓，味道淡薄的水。另一说，大河流到半路断绝，小河从此而流出。形声字，“水”为形符，“兼”为声符。

泐 水石之理也。从水，从阞。《周礼》曰：“石有时而泐。”卢则切（lè）

【译文】泐，石头因风化遇水而形成的裂纹。形声字，“水”为形符，“阞”为声符。《周礼·考工记·总序》：“石头到了一定的时候会顺着它本身脉理而裂开。”

滯（滞） 凝也。从水，帶声。直例切（zhì）

【译文】滞，凝聚。形声字，“水”为形符，“帶”为声符。

汦 著止也。从水，氏声。直尼切（chí）

【译文】汦，有所附着而停止。形声字，“水”为形符，“氏”为声符。

漍 水裂去也。从水，虢声。古伯切（guó）

【译文】滮，水受阻而分道流去。形声字，“水”为形符，“虒”为声符。

澌 水索也。从水，斯声。息移切（sī）

【译文】澌，水尽。形声字，“水”为形符，“斯”为声符。

汽（汔） 水涸也。或曰，泣下。从水，气声。《诗》曰：“汽可小康。”[1]许讫切（qì）

【注释】①语见《诗经·大雅·民劳》。毛传曰：“汔，危也。”《周易》：“汔至亦未繘井，小狐汔济。”虞翻曰：“汔，几也。”皆引伸之义，水涸为将尽之时，故引伸之义曰危、曰几也。

【译文】汽，水干涸。有人说，指流泪。形声字，“水”为形符，“气”为声符。《诗经》说：“差不多可以过上小康生活了。”

涸 渴也。从水，固声。读若狐貈之貈。，涸亦从水、鹵、舟。下各切（hé）

【译文】涸，水干枯。形声字，“水”为形符，“固”为声符。读音与狐貈的“貈”相同。，涸也由“水”、“鹵”、“舟”会意。

消 尽也。从水，肖声。相幺切（xiāo）

【译文】消，除去、散尽。形声字，“水”为形符，“肖”为声符。

潐 尽也。从水，焦声。子肖切（jiào）

【译文】潐，水尽。形声字，“水”为形符，“焦”为声符。

渴 尽也。从水，曷声。苦葛切（kě）[1]

【注释】①苦葛切：为表口喝的读音；表竭尽的意思，今音依《广韵》渠列切，读jié。

【译文】渴，水干涸。形声字，“水”为形符，“曷”为声符。

漮 水虚也。从水，康声。苦冈切（kāng）

【译文】漮，水的中心有空处。形声字，“水”为形符，“康”为声符。

溼（湿） 幽溼也。从水，一，所以覆也，覆而有土，故溼也。㬎省声。失入切（shī）

【译文】溼，因郁幽而潮溼。从“水”、“一”，表示用来覆盖的物体，覆盖着而下面有土不见风日，所以潮溼；“㬎”的省文为声符。

湆 幽湿也。从水，音声。去急切（qì）

【译文】湆，因郁幽而潮湿。形声字，“水”为形符，“音”为声符。

洿 浊水不流也。一曰，窳下也。从水，夸声。哀都切（wū）

【译文】洿，污浊的水不流动。另一义，地势低洼，凹陷低下。形声字，“水”为形符，“夸”为声符。

浼 [篆字] 污也。从水，免声。《诗》曰："河水浼浼。"[①]《孟子》曰："汝安能浼我？"[②]武辠切（měi）

【注释】①语见《诗经·邶风·新台》。毛传曰："浼浼，平地也。"②语见《孟子·万章下》。今本原文："汝焉能浼我哉？"

【译文】浼，污染。形声字，"水"为形符，"免"为声符。《诗经》中说："黄河的水平平缓缓。"《孟子》说："你们怎么能污染我呢？"

汙[污] [篆字] 薉也。一曰，小池为汙。一曰，涂也。从水，于声。乌故切（wù）[①]

【注释】①乌故切：今音依《广韵》哀都切，读wū。

【译文】汙，汙秽。一说，小水坑。另一说，涂抹。形声字，"水"为形符，"于"为声符。

湫 [篆字] 隘。下也。一曰，有湫水，在周地。《春秋传》曰："晏子之宅秋隘。"[①]安定朝那有湫泉。从水，秋声。子了切（jiǎo），又即由切（jiū）

【注释】①语见《左传·昭公三年》。今本原文："景公欲更晏子之宅，曰：'子之宅近市，湫隘嚣尘，不可以居。'"杜预注："湫，下；隘，小；嚣，声；尘，土。"

【译文】湫，湫隘的湫。一说，有一条名叫湫的水流，在成周地方（即今洛阳一带）。《左传·昭公三年》："晏子的房子又低下又窄小。"安定郡朝那县有名叫湫的渊泽。形声字，"水"为形符，"秋"

为声符。

潤(润) 水曰潤下。从水,閏声。如顺切(rùn)

【译文】潤,水的特点是滋潤万物和往下处流,使潮湿。形声字,“水”为形符,“閏”为声符。

準(准) 平也。从水,隼声。之允切(zhǔn)

【译文】準,水平。形声字,“水”为形符,“隼”为声符。

汀 平也。从水,丁声。泙,汀或,从平。他丁切(tīng)

【译文】汀,水平。形声字,“水”为形符,“丁”为声符。泙,汀的或体,从“平”。

沑 水吏也。又,温也。从水,丑声。人九切(rǒu)①

【注释】①人九切:水纹义今依《广韵》女六切,读nǜ;湿润义今依《集韵》女九切,读niǔ。

【译文】沑,水纹。又,湿润。形声字,“水”为形符,“丑”为声符。

瀵 水浸也。从水,糞声。《尔雅》曰:“瀵,大出尾下。”方问切(fèn)

【译文】瀵,水从地下深处喷涌而出。形声字,“水”为形符,

“龚”为声符。《尔雅·释水》中说：“瀵，是指潜流从地底下大肆涌出。”

滜 𣽡 新也。从水，辠声。七辠切（cuǐ）

【译文】滜，水色新。形声字，“水”为形符，“辠”为声符。

瀞（净） 𤄑 无垢薉也。从水，静声。疾正切（jìng）

【译文】瀞，没有污垢，干净。形声字，“水”为形符，“静”为声符。

瀎 𤃘 拭灭皃。从水，蔑声。莫达切（mò）

【译文】瀎，拂拭而灭去痕迹的样子。形声字，“水”为形符，“蔑”为声符。

泧 𣳚 瀎灭也。从水，戉声。读若椒椒之椒（sà）。又火活切（huò）

【译文】泧，抹杀。形声字，“水”为形符，“戉”为声符，读音与椒椒的“椒”字相同。

洎 𣲨 灌釜也。从水，自声。其冀切（jì）

【译文】洎，往锅里添水。形声字，“水”为形符，“自”为声符。

湯（汤） 𣹉 热水也。从水，昜声。土郎切（tāng）

【译文】湯，热水、沸水。形声字，“水”为形符，“昜”为声符。

渜 　汤也。从水，耎声。乃管切（nuǎn）

【译文】渜，热水。形声字，“水”为形符，“耎”为声符。

洝　渜水也。从水，安声。乌旰切（àn）

【译文】洝，洝渜水，温水。形声字，“水”为形符，“安”为声符。

洏　洝也。一曰，煮孰也。从水，而声。如之切（ér）

【译文】洏，温水。另一义，煮熟。形声字，“水”为形符，“而”为声符。

涗（涚）　财温水也。从水，兑声。《周礼》曰：“以涗沤其丝。”①输芮切（shuì）

【注释】①语见《周礼·考工记·㡛氏》。

【译文】涗，才温的水。形声字，“水”为形符，“兑”为声符。《周礼》：“用微温的水久久浸泡那蚕丝。”

涫　䰞也。从水，官声。酒泉有乐涫县。古丸切（guān）

【译文】涫，水沸滚。形声字，“水”为形符，“官”为声符。酒泉郡有乐涫县。

涾 [篆] 涫溢也。今河朔方言谓沸溢为涾。从水，沓声。徒合切（tà）

【译文】涾，水沸滚时漫溢出来。黄河以北一带方言将水沸漫出叫涾。形声字，“水”为形符，“沓”为声符。

汏 [篆] 淅澗也。从水，大声。代何切（tuó），又徒盖切（tài）

【译文】汏，淘洗。形声字，“水”为形符，“大”为声符。

澗 [篆] 淅也。从水，簡声。古限切（jiǎn）

【译文】澗，淘米。形声字，“水”为形符，“簡”为声符。

淅 [篆] 汏米也。从水，析声。先击切（xī）

【译文】淅，淘米。形声字，“水”为形符，“析”为声符。

滰 [篆] 浚干渍米也。从水，竟声。《孟子》曰：“夫子去齐，滰淅而行。”①其两切（jiàng）

【注释】①语见《孟子·万章下》。滰今本作接。

【译文】滰，把浸泡的米漉取出来并使它干燥。形声字，“水”为形符，“竟”为声符。《孟子》：“孔夫子离开齐国，漉干已经泡湿的米就走。”

溲[溲] [篆] 浸沃也。从水，叜声。疏有切（sǒu）

【译文】浚，把米浸泡而又漉取出来，再行浇湿。形声字，“水”为形符，“奚”为声符。

浚　抒也。从水，夋声。私闰切（jùn）

【译文】浚，舀取。形声字，“水”为形符。“夋”为声符。

瀝（沥）　浚也。从水，歷声。一曰，水下滴瀝。郎击切（lì）

【译文】瀝，滤去水的余滴。形声字，“水”为形符，“歷”为声符。另一义，水一滴一滴往下落。

漉　浚也。从水，鹿声。淥，漉或，从录①。卢谷切（lù）

【注释】①录为声符。沈兼士称金文录象汲水之具，有水外溢，即渌之本字。

【译文】漉，滤取，使干涸，使竭尽。形声字，“水”为形符，“鹿”为声符。淥，漉的或体，从“录”声。

潘　淅米汁也。一曰，水名，在河南荥阳。从水，番声。普官切（pān）

【译文】潘，淘米水。另一说，河流名，在河南郡荥阳县。形声字，“水”为形符，“番”为声符。

灡　潘也。从水，蘭声。洛干切（lán）

【译文】灡，淘米水。形声字，“水”为形符。“蘭”为声符。

泔 周谓潘曰泔。从水，甘声。古三切（gān）

【译文】泔，周地一带称淘米水为泔。形声字，“水”为形符，“甘”为声符。

滫 久泔也。从水，脩声。息流切（xiū），又思酒切（xiǔ）

【译文】滫，积久而酸臭的淘米水、泔水。形声字，“水”为形符，“脩”为声符。

澱（淀） 滓滋也。从水，殿声。堂练切（diàn）

【译文】澱，淤泥，水底沉积的泥滓。形声字，“水”为形符，“殿”为声符。

淤 淀滓，浊；泥。从水，於声。依据切（yù）①

【注释】①依据切：今依《广韵》央居切，读yū。

【译文】淤，水底沉淀的污泥。形声字，“水”为形符，“於”为声符。

滓 淀也。从水，宰声。阻史切（zǐ）

【译文】滓，沉淀物，渣滓。形声字，“水”为形符，“宰”为声符。

淰 [篆] 浊也。从水，念声。乃忝切（niǎn）

【译文】淰，污浊、淤浊。形声字，“水”为形符，“念”为声符。

瀹 [篆] 渍也。从水，龠声。以灼切（yuè）

【译文】瀹，浸泡；浸渍。形声字，“水”为形符，“龠”为声符。

𤃩 [篆] 釃酒也。一曰，浚也。从网，从水，焦声。读若《夏书》“天用剿绝”[①]。子小切（jiǎo）

【注释】①语见《尚书·夏书·甘誓》。原文为：“天用剿绝其命。”

【译文】𤃩，滤酒。另一义，舀水，漉水使尽。形声字，从“网”、“水”会意，“焦”声，读音与《夏书》“上天因此剿绝他的国运”的“剿”字同。

漀 [篆] 侧出泉也。从水，殸声。殸，籀文磬字。去挺切（qǐng）

【译文】漀，酒从倾斜着的容器中流出。形声字，“水”为形符，“殸”为声符。“殸”，是籀文“磬”字。

湑 [篆] 莤酒也。一曰，浚也。一曰，露皃。从水，胥声。《诗》曰：“有酒湑我。”[①]又曰：“零露湑兮。”[②]私吕切（xǔ）

【注释】①语见《诗经·小雅·伐木》。②语见《诗经·小雅·蓼萧》。

【译文】湑，滤酒去渣使其清。又一说，滤水使干。另一义，形容露珠清明的样子。形声字，“水”为形符，“胥”为声符。《诗经》“有酒，就滤酒去渣给我。”《诗经》：“落下的露珠儿啊，像滤过的酒那样清莹。”

湎 沈于酒也。从水，面声。《周书》曰：“罔敢湎于酒。”[1]弥兖切（miǎn）

【注释】①语见《尚书·周书·酒诰》。

【译文】湎，沉迷于酒中。形声字，“水”为形符，“面”为声符。《尚书·周书》中说：“不敢沉迷在酒中。”

滌（浆） 酢滌也。从水，將省声。，古文滌，省。即良切（jiāng）

【译文】滌，醋浆，古代一种酸味饮料。形声字，“水”为形符，声符为“將”的省文。，古文滌字，是“滌”字省去“夕”。

涼[凉] 薄也。从水，京声。吕张切（liáng）

【译文】涼，淡薄的酒。形声字，“水”为形符，“京”为声符。

淡 薄味也。从水，炎声。徒敢切（dàn）

【译文】淡，味道不浓。形声字，“水”为形符，“炎”为声符。

涒 食已而复吐之。从水，君声。《尔雅》曰：“太岁在申曰涒滩。”[1]他昆切（tūn）

【注释】①涒灘：双声叠韵，为连绵字，孙炎称“万物吐秀倾垂之貌”。此用为太岁年名，古人假设有一太岁星和岁星一样每十二年绕天一周，不过方向相反，以其在周天十二次的位置命名，十二次又用十二支表示，太岁在申的年份称涒灘，其时太岁在十二次的时辰即二十八宿的毕觜参井。后又为十二阴之一。

【译文】涒，吃下后又吐出来。形声字，“水”为形符，“君”为声符。《尔雅·释天》“太岁星在黄道运行到申的部分叫涒灘”。

澆（浇）　沃也。从水，堯声。古尧切（jiāo）

【译文】澆，用汤汁泡饭。形声字，“水”为形符，“堯”为声符。

液　盡也。从水，夜声。羊益切（yè）

【译文】液，津液。形声字，“水”为形符，“夜”为声符。

汁　液也。从水，十声。之入切（zhī）

【译文】汁，与别的物体和煮而形成的液体。形声字，“水”为形符，“十”为声符。

滒　多汁也。从水，哥声。读若哥。古俄切（gē）

【译文】滒，汁多。形声字，“水”为形符，“哥”为声符。读音与“哥”同。

灝（灏）　豆汁也。从水，顥声。乎老切（hào）

【译文】灝，豆浆。形声字，“水”为形符，“顥”为声符。

溢 ![seal] 器满也。从水，益声。夷质切（yì）

【译文】溢，容器中的水满而向外流。形声字，“水”为形符，“益”为声符。

洒 ![seal] 涤也。从水，西声。古文[以]为灑埽字[①]。先礼切（xǐ）

【注释】①段玉裁注：“各本夺‘以’字，今依全书通例补。凡言某字古文以为某字者，皆谓古文假借字也。洒、灑本殊义而双声，故相假借。凡假借多叠韵、或双声也。”

【译文】洒，洗涤。形声字，“水”为形符，“西”为声符。古文借用它作“灑埽”的“灑”字。

滌（涤） ![seal] 洒也。从水，條声。徒历切（dí）

【译文】滌，洗荡。形声字，“水”为形符，“條”为声符。

濈 ![seal] 和也。从水，戢声。阻立切（jí）

【译文】濈，聚集。形声字，“水”为形符，“戢”为声符。

瀋 ![seal] 汁也。从水，審声。《春秋传》曰：“犹拾瀋。”[①]昌枕切（shěn）

【注释】①犹拾瀋：语见《左传·哀公三年》。今本原文：“无备（指灭火之备）而官办（百官尽力办事）者，犹拾瀋也。”

【译文】瀋，羹汁。形声字，“水”为形符，“審”为声符。《左传》："好比去拾取倾覆在地的羹汁。"

溮　饮也。从水，弭声。绵婢切（mǐ）

【译文】溮，小饮。形声字，"水"为形符，"弭"为声符。

潩　饮歃也。一曰，吮也。从水，算声。衫洽切（shà），又先活切（suō）

【译文】潩，喝。另一义，吮吸。形声字，"水"为形符，"算"为声符。

漱　荡口也。从水，欶声。所右切（shù）[1]

【注释】①所右切：今音依《广韵》所祐切，读shù。

【译文】漱，含水荡洗口腔。形声字，"水"为形符，"欶"为声符。

泂　沧也。从水，同声。户褧切（jiǒng）

【译文】泂，寒冷。形声字，"水"为形符，"同"为声符。

滄（沧）　寒也。从水，倉声。七冈切（cāng）

【译文】滄，寒冷。形声字，"水"为形符，"倉"为声符。

瀞　冷寒也。从水，靚声。七定切（qìng）

【译文】瀞，侵人的寒冷。形声字，"水"为形符，"靚"为声符。

淬 灭火器也。从水，卒声。七内切（cuì）

【译文】淬，贮水用来暂时灭掉刀剑的火的器具。形声字，“水”为形符，“卒”为声符。

沐 濯发也。从水，木声。莫卜切（mù）

【译文】沐，洗头发。形声字，“水”为形符，“木”为声符。

沬 洒面也。从水，未声。湏，古文沬，从頁。荒内切（huì）

【译文】沬，洗脸。形声字，“水”为形符，“未”为声符。湏，古文“沬”字，从“頁”。

浴 洒身也。从水，谷声。余蜀切（yù）

【译文】浴，洗身体。形声字，“水”为形符，“谷”为声符。

澡 洒手也。从水，喿声。子皓切（zǎo）

【译文】澡，洗手。形声字，“水”为形符，“喿”为声符。

洗[①] 洒足也。从水，先声。稣典切（xiǎn）

【注释】①洗：段玉裁《说文解字注》：“洗读如跣足之跣（xiǎn），自后人以洗代洒涤字，读先礼切（xǐ）。”

【译文】洗，洗脚。形声字，“水”为形符，“先”为声符。

汲 引水于井也。从水，从及，及亦声。居立切（jí）

【译文】汲，从井里提引水。由“水”和“及”会意，“及”也为声符。

湻[淳] 渌也。从水，𦎫声。常伦切（chún）

【译文】湻，渗漉。形声字，“水”为形符，“𦎫”为声符。

淋 以水沃也。从水，林声。一曰，淋淋，山下水皃。力寻切（lín）

【译文】淋，用水浇淋。形声字，“水”为形符，“林”为声符。另一说，“淋淋”，形容山水奔泻而下的样子。

渫 除去也。从水，枼声。私列切（xiè）

【译文】渫，淘井或浚治疏通以除去污泥。形声字，“水”为形符，“枼”为声符。

澣[浣] 濯衣垢也。从水，榦声。，澣或，从完。胡玩切（huàn）

【译文】澣，洗去衣服上的污垢。形声字，“水”为形符，“榦”为声符。，澣的或体，从“完”声。

濯 浣也。从水，翟声。直角切（zhuó）

【译文】濯，洗涤。形声字，“水”为形符，“翟”为声符。

涑 ▢ 浣也。从水，束声。河东有涑水。速侯切（sōu）[1]

【注释】①速侯切：洗涤义今读速侯切，音sōu；涑水义今读依《广韵》桑谷切，音sù。

【译文】涑，洗涤。形声字，“水”为形符，“束”为声符。涑又是河名，河东郡有涑水。

潎 ▢ 于水中击絮也。从水，敝声。匹蔽切（pì）

【译文】潎，在水中击打漂洗丝絮。形声字，“水”为形符，“敝”为声符。

𣻛 ▢ 涂也。从水，从土，龙声。读若陇。又亡江切（lǒng）

【译文】𣻛，用泥涂抹。形声字。由“水”和“土”会意，“龙”为声符。读音与“陇”字相同。

灑（洒）▢ 汛也。从水，麗声。山豉切（xì）[1]

【注释】①山豉切：今音依《广韵》砂下切，读sǎ。

【译文】灑，把水散在地上，防止灰尘飞扬。形声字，“水”为形符，“麗”为声符。

汛 ▢ 洒也。从水，卂声。息晋切（xùn）

【译文】汛，扫地洒水，水散如飞。形声字，“水”为形符，“卂”为声符。

染 （篆文） 以缯染为色。从水，杂声[1]。而琰切（rǎn）

【注释】①段玉裁注："此当云从水木、从九。裴光远曰：'从木。木者、所以染。栀茜之属也。从九。九者、染之数也。'按裴说近是。"

【译文】染，将布帛染上颜色。形声字，"水"为形符，"杂"为声符。

氽[泰] （篆文） 滑也。从廾，从水，大声。夳，古文氽。他盖切（tài）

【译文】氽，滑溜。形声字，由"廾"和"水"会意，"大"为声符。夳，古文"氽"字。

濶 （篆文） 海岱之间谓相污曰濶。从水，閻声。余廉切（yán）

【译文】濶，渤海、泰山一带把相污秽称作濶。形声字，"水"为形符，"閻"为声符。

灒 （篆文） 污洒也。一曰，水中人。从水，贊声。则旰切（zàn）

【译文】灒，泼洒污水。一说，水溅到人们身上。形声字，"水"为形符，"贊"为声符。

潒 （篆文） 腹中有水气也。从水，从愁，愁亦声。士

尤切（chóu）

【译文】愁，肚中有水气。由“水”、“愁”会意，“愁”也是声符。

湩　乳汁也。从水，重声。多贡切（dòng）

【译文】湩，乳汁。形声字，“水”为形符，“重”为声符。

洟　鼻液也。从水，夷声。他计切（tì）

【译文】洟，鼻涕。形声字，“水”为形符，“夷”为声符。

潸　涕流皃。从水，散省声。《诗》曰：“潸焉出涕。”①所奸切（shān）

【注释】①语见《诗经·小雅·大东》。

【译文】潸，眼泪流出来的样子。形声字，“水”为形符，“散”的省文为声符。《诗经》“潸潸地流泪”。

汗　人液也。从水，干声。侯旰切（hàn）

【译文】汗，人身体的毛孔里排泄出的液体。形声字，“水”为形符，“干”为声符。

泣　无声出涕曰泣。从水，立声。去急切（qì）

【译文】泣，不出声地流眼泪。形声字，“水”为形符，“立”为声符。

涕 泣也。从水，弟声。他礼切（tì）

【译文】涕，眼泪。形声字，“水”为形符，“弟”为声符。

涑 澣也。从水，束声。郎甸切（liàn）

【译文】涑，像淘米一样練丝。形声字，“水”为形符，“束”为声符。

瀐 议辠也。从水、獻。与（法）[灋]同意。魚列切（niè）

【译文】瀐，评议罪过。“水”和“獻”会意。与“灋”字从“水”的构形原则相同。

渝 变污也。从水，俞声。一曰，渝水，在辽西临俞，东出塞。羊朱切（yú）

【译文】渝，变污浊。形声字，“水”为形符，“俞”为声符。另一义，河流名，渝水在辽西郡临渝县，向东流出边塞之外。

減[减] 损也。从水，咸声。古斩切（jiǎn）

【译文】減，减损。形声字，“水”为形符，“咸”为声符。

滅（灭） 尽也。从水，威声。亡列切（miè）

【译文】滅，除尽。形声字，“水”为形符，“威”为声符。

漕 水转穀也。一曰，人之所乘及船也。从水，

曹声。在到切（zào）[1]

【注释】①在到切：近音依《广韵》昨劳切，读cáo。

【译文】漕，水道转运粮谷。一说，人们所乘坐的车或船。形声字，“水”为形符，“曹”为声符。

泮 𣴎 诸侯乡射之宫，西南为水，东北为墙。从水，从半，半亦声。普半切（pàn）

【译文】泮，古代诸侯为举行乡饮酒礼、乡射礼所设的学宫，西南为水，东北为墙。由“水”、“半”会意，“半”也为声符。

漏[1] 𣴎 以铜受水，刻节，昼夜百刻。从水，屚声。卢后切（lòu）

【注释】①漏：张舜徽《说文解字约注》：“漏刻为古计时之器。以铜壶盛水，底穿一孔，壶中立箭，上刻度数。壶中水以漏渐减；箭上所刻，亦以次出露，即可知时。”

【译文】漏，漏壶，用铜器接受水，有播水壶和受水壶，受水壶中有立箭，箭上有刻度，一昼夜共有一百刻。形声字，“水”为形符，“屚”为声符。

澒 𣴎 丹沙所化，为水银也。从水，項声。呼孔切（hǒng，又gǒng，hòng）[1]

【注释】①呼孔切：《广韵》呼孔切无“澒”字，“蒙澒”义今读胡孔切，读hòng。水银义今音，读gǒng。

【译文】澒，是用朱砂（即硫化汞）熔化烧制成的东西，称为水银。形声字，“水”为形符，“項”为声符。

萍 䓑 **苹也。水艸也。从水、苹，苹亦声。薄经切（píng）**

【译文】萍，浮萍，是一种浮生水面的水草。由“水”和“苹”会意，“苹”也为声符。

濊 濊 **水多皃。从水，歲声。呼会切（huì）**

【译文】濊，水很多的样子。形声字，“水”为形符，“歲”为声符。

汩 汩 **治水也。从水，曰声。于笔切（yù）**①

【注释】①于笔切：段玉裁《说文解字注》：“俗音古忽切。”今依俗音古忽切，读gǔ。

【译文】汩，治水。形声字，“水”为形符，“曰”为声符。

文四百六十八　重二十二

卷二十二

沝 𣶒 二水也。阙。凡沝之属皆从沝。之垒切(zhuǐ)

【译文】沝,二水。其制作之意未详。大凡"沝"的部属都从"沝"。

㳅[流] 𣻵 水行也。从沝、㐬[1];㐬,突忽也。𣵺,篆文,从水。力求切(liú)

【注释】①从水,从㐬,会意。后作此。

【译文】㳅,水的运行,移动。由"沝"和"㐬"会意。"㐬"表示迅疾的意思。𣵺,篆文㳅字,从"水"。

𣻵[涉] 𣻵 徒行厲水也。从沝,从步[1]。𣵺,篆文,从水。时摄切(shè)

【译文】𣻵,徒步行走过河。从"沝"和"步"会意。𣵺,篆文涉,从"水"。

文三 重二

瀕(濒) 𩔖 水厓。人所宾附,頻蹙不前而止。

从頁，从涉。凡瀕之属皆从瀕。符真切（pín）①

【注释】①符真切：今音依《集韵》卑民切，读bīn。

【译文】瀕，水边。人们能接近这个地方，但为水所阻，皱眉蹙鼻而停止不前。从“頁”和“涉”会意。大凡“瀕”的部属都从“瀕”。

顰[顰]（颦） 涉水顰蹙。从瀕，卑声。符真切（pín）

【译文】顰，临到过水而皱着眉头皱着额头。形声字，“瀕”为形符，“卑”为声符。

文二

〈 水小流也。《周礼》：“匠人为沟洫，相(sì)广五寸，二相为耦；一耦之伐，广尺、深尺，谓之〈。”①倍〈谓之遂；倍遂曰沟；倍沟曰洫；倍洫曰巜②。凡〈之属皆从〈。甽，古文〈，从田，从川③。畎，篆文〈，从田，犬声。六畎为一亩④。姑泫切（quǎn）

【注释】①语见《周礼·考工记·匠人》。②倍〈谓之遂；倍遂曰沟；倍沟曰洫；倍洫曰巜：以上约举《周礼·考工记》文。今本原文：“田首倍之，广二尺，深二尺，谓之遂。九夫为井，井间广四尺，深四尺，谓之沟。方十里为成，成间广八尺，深八尺，谓之洫。方百里为同，同间广二寻，深二仞，谓之浍。”按，巜即浍。③从田，从川：以田、川示田中之川之意，川为声符。④从田，犬声。六畎为一亩：田为形符，犬为声符。又用为地积单位，宽一尺，长百步为畎，六畎宽六尺，长百步，六尺为步，一亩则为一百方步，此为古制。

【译文】𡿨，田间小沟。《周礼》载："做工的人挖田间水道，每相宽五寸，两相并耕叫耦，一耦所挖的土块宽一尺、深一尺，因而称宽一尺、深一尺的沟叫𡿨。"比𡿨深、广加倍叫遂，比遂深、广加倍叫沟，比沟深、广加倍叫洫，比洫深、广加倍叫巜。大凡"𡿨"的部属都从"𡿨"。甽，古文"𡿨"字，由"田"和"川"会意。畎，篆文"𡿨"字，"田"为形符，"犬"为声符。六畎是一亩。

文一 重二

巜 巜 水流浍浍也。方百里为巜，广二寻，深二仞[1]。凡巜之属皆从巜。古外切（kuài）

【注释】①广二寻，深二仞：段玉裁《说文解字注》："寻、仞依许寸部、人部说，皆八尺。"会意字，以二𡿨示意，巜比𡿨大。

【译文】巜，水流之声浍浍作响。方圆百里叫同，宽一丈六尺，深一丈六尺。大凡"巜"的部属都从"巜"。

粼 粼 水生厓石闲粼粼也。从巜，粦声。力珍切（lín）

【译文】粼，水从山边石头间渗流出来清澈透明的样子。形声字，"巜"为形符，"粦"为声符。

文二

川 川 贯穿通流水也。《虞书》曰："浚𡿨巜距川。"言深𡿨巜之水会为川也。凡川之属皆从川。昌

缘切（chuān）

【译文】川，将流水贯通起来的水道。《尚书·虞书》说“浚く、巜距川”，意思是说，深深疏通畎浍之类的田间水沟，使它们汇合成为大川。大凡“川”的部属都从“川”。

巠 水脉也。从川在一下。一，地也。壬省声。一曰，水冥巠也。，古文巠，不省。古灵切（jīng）

【译文】巠，像血脉一样分布的水流。由“川”在“一”下会意。“一”为地。声符为“壬”的省文。另一义，水势盛大的样子。，古文巠字，“壬”字不省略。

巟 水广也。从川，亡声。《易》曰：“包巟用冯（píng）河。”①呼光切（huāng）

【注释】①语见《周易·泰卦》。包，高亨《周易古经今注卷一》：“包疑借为匏（páo）。《说文》：匏，瓠也。”即葫芦。巟，广大。冯河，《吕氏春秋·安死》篇：“不敢冯河。”高诱注：“无舟渡河曰冯。”其本字为“淜”。本书马部：“冯，马行疾也。”按，古人渡河，常以葫芦为腰舟。见《庄子·逍遥游》。巟，借作“荒”，今本作荒，义为荒秽之物。

【译文】巟，水面广大。形声字，“川”为形符，“亡”为声符。《周易》：“用大葫芦作腰舟去渡河。”

𡿧 水流也。从川，或声。于逼切（yù）①

【注释】①于逼切：今音依《广韵》作胡国切，读huò。

【译文】𡿧，水流。形声字，“川”为形符，“或”为声符。

𡿧 水流也。从川，曰声。于笔切（yù）

【译文】𡿧，水流动。形声字，“川”为声符，“曰”为声符。

𡿪 水流𡿪𡿪也。从川，（列）[歺]省声[①]。良辥切（liè）

【注释】①列省声：徐铉校曰：“当从歺省。”与徐锴《说文解字系传》合，据改。徐铉等认为，列字的声符为𡿪，此处循环论证可能有误，应当从歺省，为𡿪之声符。

【译文】𡿪，水分流的样子。形声字，“川”为形符，“歺”省为声符。

邕 四方有水，自（邕）[雝]（城）[成]池者[①]。从川，从邑。𨛜[②]，籀文邕。於容切（yōng）

【注释】①段玉裁注：“‘成’各本作‘城’，誤。依《广韵》、《韵会》正。自‘邕’当作自‘雝’，转写之误。雝者，抱也。池沼多由人工所为，惟邑之四旁，有水来自拥抱旋绕成池者，是为邕。引申之，凡四面有水皆曰邕。”②𨛜：高鸿缙称“吕示环绕之形，环水为邕”。吕，讹变作邑，遂有许氏之解说。

【译文】邕，四面有水来，自相拥抱，旋绕而成护城河。以“川”、“邑”会意。𨛜，籀文邕字。

巛 害也。从一雝川。《春秋传》曰：“川雝为泽，凶。”[①]祖才切（zāi）

【注释】①语见《左传·宣公十二年》。

【译文】巛，水害。由“一”壅塞在“川”字正中会意。《左传》上说：“川流壅塞成水泽，是不吉祥的预兆。”

侃 𠊎 刚直也。从㐰，㐰，古文信；从川，取其不舍昼夜。《论语》曰：“子路，侃侃如也。”[①]空旱切（kǎn）

【注释】①语见《论语·先进第十一》。今本作“子路，行行如也。”

【译文】侃，刚强正直。从“㐰”，㐰是古文“信”字；从“川”，取其昼夜不停之意。《论语·先进》说：“子路，刚直不阿的样子。”

州 𡿧 水中可居曰州，周绕其旁，从重川。昔尧遭洪水，民居水中高土，或曰九州。《诗》曰：“在河之州。”[①]一曰，州，畴也。各畴其土而生之。𡿧，古文州。职流切（zhōu）

【注释】①语见《诗经·周南·关雎》。州今本作洲。

【译文】州，水中可以居住的陆地，四周水环绕在它旁边，由二“川”字重合会意。尧时天下遭受洪水，人民居住在水中高地上，有人将这些高地称为九州。《诗经》中说：“在河中的州地上。”另一义，耕作过的田地，各人耕种自己的田地生活。𡿧，古文“州”字。

文十 重三

泉 水原也。象水流出成川形。凡泉之属皆从泉。疾缘切（quán）

【译文】泉，水的源头。象水从穴中流出成为川流的样子。大凡“泉”的部属都从“泉”。

𩗱 泉水也。从泉，緐声。读若饭。符万切（fàn）

【译文】𩗱，从泉源喷涌出的水。形声字，“泉”为形符，“緐”为声符。读音与“饭”字相同。

文二

灥 三泉也。阙。凡灥之属皆从灥。详遵切（xún）

【译文】灥，众泉并流。读音未详。大凡“灥”的部属都从“灥”。

厵[源] 水泉本也。从灥出厂下。原，篆文，从泉。愚袁切（yuán）

【译文】厵，水泉源头的地方。以“灥”在“厂”下会意。原，篆文厵字，从“泉”。

文二 重一

永 长也。象水巠理之长。《诗》曰：“江之永矣。”①凡永之属皆从永。于憬切（yǒng）

【注释】①语见《诗经·周南·汉广》。

【译文】永，河水流长。象河水主流和波纹的漫长之形。《诗经》："江水是那么悠长啊。" 大凡"永"的部属都从"永"。

羕 水长也。从永，羊声。《诗》曰："江之羕矣。"①余亮切（yàng）

【注释】①语见《诗经·周南·汉广》。羕今本作永。

【译文】羕，河的水流长。形声字，"永"为形符，"羊"为声符。《诗经·周南·汉广》："江水是那样悠长啊。"

文二

𠂢 水之衺流，别也。从反永。凡𠂢之属皆从𠂢。读若稗县。匹卦切（pài）

【译文】𠂢，水斜出的支流，是从大河出来的分流。由反写的"永"字来表示。大凡"𠂢"的部属都从"𠂢"。读音与"稗县"的"稗"字相同。

衇[䘑][脉] 血理分衺行体者。从𠂢，从血。，衇或，从肉。，籀文。莫获切（mài）

【译文】衇，在躯体中分流的纹理。由"𠂢"和"血"会意。，衇的或体，从"肉"。，籀文"衇"字。

覛 衺视也。从𠂢，从見。，籀文。莫狄切（mì）

【译文】覛，斜着眼睛看。从"𠂢"和"見"会意。，籀文"覛"字。

文三 重三

谷 [篆] 泉出通川为谷。从水半见，出于口。凡谷之属皆从谷。古禄切（gǔ）

【译文】谷，泉源的出口一直到通达川流的地方，称为谷。会意字，由“水”（[篆]）字显现一半，出现在“口”字上面。大凡“谷”的部属都从“谷”。

谿[溪] [篆] 山渎无所通者。从谷，奚声。苦兮切（xī）

【译文】谿，与外界不通的山中沟渠。形声字，“谷”为形符，“奚”为声符。

豁 [篆] 通谷也。从谷，害声。呼括切（huò）

【译文】豁，通敞的山谷。形声字，“谷”为形符，“害”为声符。

谬 [篆] 空谷也。从谷，翏声。洛萧切（liáo）

【译文】谬，空旷的山谷。形声字，“谷”为形符，“翏”为声符。

豅 [篆] 大长谷也。从谷，龍声。读若聾。卢红切（lóng）

【译文】豅，又长又大的山谷。形声字，“谷”为形符，“龍”为声符。读音与“聾”字相同。

谹 谷中响也。从谷，厷声。户萌切（hóng）

【译文】谹，山谷中的回声。形声字，“谷”为形符，“厷”为声符。

睿[濬][浚] 深通川也。从谷，从𣦼。𣦼，残地；[谷，]坑坎意也。《虞书》曰：“睿畎浍距川。”[1]，睿或，从水。，古文睿[1]。私闰切（jùn）

【注释】①语见《尚书·虞书·皋陶谟》。睿今本作濬。

【译文】睿，加深河道使水畅通。由“谷”和“𣦼”会意。“𣦼”，意为穿通；“谷”，表示坑坎而深的意思。《尚书·虞书》：“深深疏通浍之类的田间水沟，使它们会合成大的川流。”，睿的或体，从“水”。，古文睿字。

谸 望山谷谸谸青也。从谷，千声。仓绚切（qiàn）[1]

【注释】①仓绚切：今依《广韵》苍先切，读qiān。

【译文】谸，望山谷之中草木谸谸而青葱。形声字，“谷”为形符，“千”为声符。

文八 重二

仌 冻也。象水凝之形。凡仌之属皆从仌。笔陵切（bīng）

【译文】仌，初冻。象水冻结成冰的样子。大凡“仌”的部属都从“仌”。

冰[凝] 水坚也。从仌，从水。，俗冰，从疑。魚陵切（níng）[①]

【注释】①魚陵切：徐铉校曰：“今作笔陵切（bīng），以为冰冻之冰。”

【译文】冰，水凝结而成坚冰。由“仌”和“水”会意。，俗冰字，从“疑”声。

癛 寒也。从仌，廩声。力稔切（lǐn）

【译文】癛，寒冷。形声字，“仌”为形符，“廩”为声符。

清 寒也。从仌，青声。七正切（qìng）

【译文】清，寒凉。形声字，“仌”为形符，“青”为声符。

涷（冻） 仌也。从仌，東声。多贡切（dòng）

【译文】涷，冰冻。形声字，“仌”为形符，“東”为声符。

㴫[𣶒]（凌） 仌出也。从仌，朕声。《诗》曰：“纳于㴫阴。”[①] ，㴫或，从夌。力膺切（líng）

【注释】①语见《诗经·豳风·七月》。㴫今本作凌。

【译文】㴫，冰的凌角。形声字，“仌”为形符，“朕”为声符。《诗经》“收藏在存冰的地窖里。”，㴫的或体，从“夌”声。

凘 流仌也。从仌，斯声。息移切（sì）

【译文】凘，解冻后随流水而行的冰块。形声字，“仌”为形符，“斯”为声符。

凋 半伤也。从仌，周声。都僚切（diāo）

【译文】凋，草木部分逐渐衰败。形声字，“仌”为形符，“周”为声符。

冬[1] 四时尽也。从仌，从夂。夂，古文终字。，古文冬，从日。都宗切（dōng）

【注释】①甲金文中“冬”即“终”，康殷以为象丝尽仅余其端之形，四季之冬夏后出。篆书讹繁作冬，又加“系”符作“终”。

【译文】冬，春、夏、秋、冬四季中的最后一季，四个时令的尽头。由“仌”和“夂”会意。夂，古文终字。，古文冬字，从“日”。

冶 销也。从仌，台声（yí）。羊者切（yě）

【译文】冶，冰消融。形声字，“仌”为形符，“台”为声符。

凔 寒也。从仌，倉声。初亮切（chuàng）

【注释】①初亮切：今音依《广韵》七冈切，读cāng。

【译文】凔，寒凉。形声字，“仌”为形符，“倉”为声符。

冷 寒也。从仌，令声。鲁打切（lěng）

【译文】冷，寒气凛然。形声字，“仌”为形符，“令”为声符。

涵 寒也。从仌，函声。胡男切（hán）

【译文】涵，寒冷。形声字，“仌”为形符，“函”为声符。

滭 风寒也。从仌，毕声。卑吉切（bì）

【译文】滭，冬天风寒。形声字，“仌”为形符，“畢”为声符。

泼 一之日滭泼[①]。从仌，犮声。分勿切（fú）

【注释】①语见《诗经·豳风·七月》。滭泼今本作觱发。一之日，周历正月。周建子，夏建寅，所以周历正月即夏历十一月。滭泼，双声连语。

【译文】泼，周历正月风寒冷。形声字，“仌”为形符，“犮”为声符。

凓[溧] 寒也。从仌，桌声。力质切（lì）

【译文】凓，寒气凛冽。形声字，“仌”为形符，“桌”为声符。

濑 寒也。从仌，赖声。洛带切（lài）

【译文】濑，寒冷。形声字，“仌”为形符，“赖”为声符。

文十七 重三

雨 水从云下也。一象天，冂象云，水霝其间也。凡雨之属皆从雨。，古文。王矩切（yǔ）

【译文】雨，从云层中落下的水滴。“一”象天，“冂”象云，

“⺦”象水从天空云间落下来。大凡“雨”的部属都从“雨”。，古文雨字。

靁[雷] 阴阳薄动靁雨，生物者也。从雨，畾象回转形。，古文靁。，古文靁。，籀文靁。间有回；回，靁声也。鲁回切（léi）

【译文】靁，阴阳二气激荡产生靁雨，靁雨能使万物滋生。从雨，“畾”象靁在云中回旋转动的形状；畾也是声符。，古文靁字。，古文靁字。，籀文靁字。靁与靁之间有“回”字；“回”，象靁的声波。

霣 雨也。齐人谓雷为霣。从雨，員声。一曰，云转起也。，古文霣①。于敏切（yǔn）

【注释】①，古文霣：段玉裁《说文解字注》：“古当作籀。員下云：籀文作鼎。”

【译文】霣，雷雨。齐地人称雷叫霣。形声字，“雨”为形符，“員”为声符。另一义，云旋转而起。，古文霣字。

霆 雷余声也铃铃。所以挺出万物。从雨，廷声。特丁切（tíng）

【译文】霆，震雷响过后的余声铃铃地响。是促使万物挺生而出的东西。形声字，“雨”为形符，“廷”为声符。

䨟 䨟䨟，震电皃。一曰，众言也。从雨，

嚞省声。丈甲切（zhá）

【译文】雭，雭雭。是疾雷闪电交作的样子。另一义，许多人在一起说话的声音。形声字，“雨”为形符，声符为“嚞”的省文。

電（电）[①] 阴阳激耀也。从雨，从申。，古文電。堂练切（diàn）

【注释】①电：金文，从雨，下象雷电激耀形。篆书讹变从申。此古文从申，申象两手拉展一物，为引申本字，为申字的又一来源。申就是古文“电”，象闪电的激荡屈伸，后来演变为申。

【译文】電，云层中阴阳二气相激而产生的光耀。由“雨”和“申”会意，，古文電字。

震 劈历，振物者。从雨，辰声。《春秋传》曰：“震夷伯之庙。”[①]，籀文震。章刃切（zhèn）

【注释】①语见《左传·僖公十五年》。

【译文】震，霹雳，可以使万物振动的疾雷。形声字，“雨”为形符，“辰”为声符。《左传》：“疾雷击中鲁国臣子夷伯的庙宇。”，籀文震字。

䨮［雪］ 凝雨，说物者。从雨，彗声。相绝切（xuě）

【译文】䨮，雨遇冷凝结成的颗粒，能润泽万物使万物都欢喜的东西。形声字，“雨”为形符，“彗”为声符。

霄 雨霓为霄。从雨，肖声。齐语也。相邀切（xiāo）

【译文】霄，下小雪粒称为霄。形声字，“雨”为形符，“肖”为声符。是齐地一带方言。

霰[霰] 稷雪也。从雨，散声。，霰或，从見。稣甸切（xiàn）

【译文】霰，象小米颗粒一样的雪；形声字，“雨”为形符，“散”为声符。，霰的或体，从“見”声。

雹 雨冰也。从雨，包声。[①]，古文雹。蒲角切（báo）

【注释】①段玉裁注：“象其磊磊之形。”

【译文】雹，天所降的冰团。形声字，“雨”为形符，“包”为声符。，古文雹字。

霝 雨零也。从雨，吅象雾形。《诗》曰：“霝雨其蒙。”[①]郎丁切（líng）

【注释】①语见《诗经·豳风·东山》。霝今本作零。

【译文】霝，雨落下。从“雨”，“吅”象雨点降落的样子。《诗经》中说：“雨下得那么迷蒙。”

零[落] 雨零也。从雨，各声。卢各切（luò）

【译文】零，下雨。形声字，“雨”为形符，“各”为声符。

零 零 余雨也。从雨，令声。郎丁切（líng）

【译文】零，徐徐而下的雨。形声字，“雨”为形符，“令”为声符。

霹 霹 小雨财零[①]也。从雨，鲜声。读若斯。息移切（sī）

【注释】①财：财当作才，取初始之义，今字作纔。零：今作落。

【译文】霹，小雨才落叫霹。形声字，“雨”为形符，“鲜”为声符。读音与“斯”字相同。

霢[霡] 霢 霢霂，小雨也。从雨，脈声。莫获切（mài）

【译文】霢，霢霂，小雨。形声字，“雨”为形符，“脈”为声符。

霂 霂 霢霂也。从雨，沐声。莫卜切（mù）

【译文】霂，霢霂。形声字，“雨”为形符，“沐”为声符。

霰 霰 小雨也。从雨，酸声。素官切（suān）

【译文】霰，小雨。形声字，“雨”为形符，“酸”为声符。

霙 霙 微雨也。从雨，𢦏声。又读若芟（shān）。子廉切（jiān）

【译文】霰，细雨。形声字，“雨”为形符，“𢦔”为声符。读音又像“芟”字。

霥[䨨] 小雨也。从雨，眾声。《明堂月令》曰：“霥雨。”[1]职戎切（zhōng）

【注释】①语见《礼记·月令》。霥今本作淫。

【译文】霥，小雨。形声字，“雨”为形符，“眾”为声符。《礼记·月令》中说：“久雨早降。”

霃 久阴也。从雨，沈声。直深切（chén）

【译文】霃，长时间阴天。形声字，“雨”为形符，“沈”为声符。

溓 久雨也。从雨，兼声。力盐切（lián）

【译文】溓，久雨。形声字，“雨”为形符，“兼”为声符。

霐 久雨也。从雨，函声。胡男切（hán）

【译文】霐，久雨。形声字，“雨”为形符，“函”为声符。

霖 雨三日已往。从雨，林声。力寻切（lín）

【译文】霖，雨下三天以上。形声字，“雨”为形符，“林”为声符。

霂[霥] 霖雨也。南阳谓霖霂。从雨，㐺声。

银箴切（yín）

【译文】霖，久雨连绵。南阳一带将长时间下雨叫“霖”。形声字，“雨”为形符，“㐺”为声符。

䨓 雨声。从雨，眞声。读若资。即夷切（zī）

【译文】䨓，雨声。形声字，“雨”为形符，“眞”为声符。读音与“资”字相同。

霸 雨皃。[北]方语也。从雨，禹声。读若禹。王矩切（yǔ）

【译文】霸，下雨的样子，北方方言。形声字，“雨”为形符，“禹”为声符。读音与“禹”字相同。

䨭 小雨也。从雨，僉声。子廉切（jiān）

【译文】䨭，小雨。形声字，“雨”为形符，“僉”为声符。

霑[沾] 雨霚也。从雨，沾声。张廉切（zhān）

【译文】霑，雨水浸润。形声字，“雨”为形符，“沾”为声符。

霚 濡也。从雨，染声。而琰切（rǎn）

【译文】霚，沾湿。形声字，“雨”为形符，“染”为声符。

霤[霤]（溜） 屋水流也。从雨，畱声。力救切（liù）

【译文】霤，屋檐水下流的地方。形声字，“雨”为形符，“畱”为声符。

屚  屋穿水下也。从雨在尸下。尸者，屋也。卢后切（lòu）

【译文】屚，房顶破损有孔，雨水由孔漏下。由“雨”在“尸”下会意。“尸”代表屋子。

䨣 雨濡革也。从雨，从革。读若膊。匹各切（pò）①

【注释】①匹各切：今读依《广韵》古核切，音gé。

【译文】䨣，雨沾湿皮革而隆起。由“雨”和“革”会意。读音与“膊”字相同。

霽（霁）  雨止也。从雨，齊声。子计切（jì）

【译文】霽，雨停了。形声字，“雨”为形符，“齊”为声符。

霋  霁谓之霋。从雨，妻声。七稽切（qī）

【译文】霋，雨停止称作霋。形声字，“雨”为形符，“妻”为声符。

霩  雨止云罢皃。从雨，郭声。苦郭切（kuò）

【译文】霩，雨停止云散去的样子。形声字，“雨”为形符，“郭”为声符。

露 𩅗 润泽也。从雨，路声。洛故切（lù）

【译文】露，能滋润万物的东西。形声字。“雨”为形符，“路”为声符。

霜 𩅰 丧也。成物者。从雨，相声。所庄切（shuāng）

【译文】霜，使万物丧失的东西，也是成就万物东西。形声字，“雨”为形符，“相”为声符。

霚[霧]（雾） 𩅸 地气发，天不应。从雨，敄声。雺[1]，籀文省。亡遇切（wù）

【注释】①雺：张舜徽谓：“霧从敄声。敄从矛声。故籀文直省作雺。”

【译文】霚，地下水气蒸发出来，而天尚寒冷，不能与之相应。形声字，“雨”为形符，“敄”为声符。雺，籀文霚字，是霚的省略。

霾 𩆱 风雨土也。从雨，貍声。《诗》曰：“终风且霾。”[1]莫皆切（mái）

【注释】①语见《诗经·邶风·终风》。

【译文】霾，风刮得尘土飞扬，从上而下弥漫空中，好象天下了尘土一样。形声字，“雨”为形符，“貍”为声符。《诗经》：“既刮着风又落下尘土。”

霿 𩆿 天气下，地不应，曰霿。霿，晦也。从雨，瞀声。莫弄切（mèng）[1]

【注释】①莫弄切：今音依《广韵》莫红切，读méng。

【译文】霿，天气下降，地不应和，天色晦暗。霿，看不见日、月，如同晦时。形声字，"雨"为形符，"瞀"为声符。

霓[①] 屈虹，青赤，或白色，阴气也。从雨，兒声。五鸡切（ní）

【注释】①霓：朱骏声《说文通训定声》："雨与日相薄而成光。有雌雄：鲜者为雄虹，暗者为雌霓。"按，析言有分，浑言不别。

【译文】霓，弯曲的虹，青赤色，有时是白色，由阴气所形成。形声字，"雨"为形符，"兒"为声符。

霸 寒也。从雨，執声。或曰：早霜。读若《春秋传》"垫阸"[①]。都念切（diàn）

【注释】①段玉裁注："成六年、襄九年、廿五年皆云'垫隘'。阸者，阸之隷变。阸、隘古通用。"

【译文】霸，寒冷。形声字，"雨"为形符，"執"为声符。另一义，早降的霜。读音与《左传》中"垫阸"的"垫"字相同。

雩[雫] 夏祭，乐于赤帝，以祈甘雨也。从雨，亏声。𦏷，或，从羽。雩，羽舞也。羽俱切（yú）

【译文】雩义为夏天的祭祀，对着赤帝跳舞奏乐，用来祈求甘霖。形声字，"雨"为形符，"亏"为声符。𦏷，雩的或体，从"羽"。雩，举着羽毛跳舞。

需 頞（xū）①也。遇雨不进，止頞也。从雨，而声②。《易》曰：“云上于天，需。”相俞切（xū）

【注释】①段玉裁注：“䇓者，待也。以叠韵为训。”②而声：张舜徽《说文解字约注》：“由日纽转入心纽之例”。

【译文】需，等待。碰到下雨停止不前，等待雨停。形声字，雨为形符，而为声符。《周易·需卦》：“云上升到天顶，是需卦的卦象。”

䨏 水音也。从雨，羽声。王矩切（yǔ）①

【注释】①王矩切：今音依《广韵》王遇切，读yù。

【译文】䨏，流水的声音。形声字，“雨”为形符，“羽”为声符。

文四十七 重十一

雲（云） 山川气也。从雨，云象雲回转形。凡雲之屬皆从雲。，古文，省雨。，亦古文雲。王分切（yún）

【译文】雲，山川之气形成的云彩。从雨，云象雲彩回旋转动的形状。大凡“雲”的部屬都从“雲”。，古文“雲”字，由“雲”省去“雨”。，也是古文“雲”字。

霒 云覆日也。从雲，今声。，古文或，省。，亦古文霒。于今切（yīn）

【译文】霒，云遮挡住了太阳。形声字，“雲”为形符，“今”

为声符。佱,古文霒字,是霒的或体,霒省去雨。㝔,也是古文霒字。

文二 重四

魚(鱼) 魚 水蟲也。象形。魚尾与燕尾相似。凡魚之属皆从魚。语居切(yú)

【译文】魚,水中动物。象魚头、身、尾之形。篆文"魚"字的尾形与"燕"字的尾形相似。大凡"魚"的部属都从"魚"。

鰖 鰖 魚子已生者。从魚,憜省声。䲊,籀文。徒果切(duò)

【译文】鰖义为刚孵化出来的魚苗。形声字,"角"为形符,"憜"的省文为声符。䲊,籀文"鰖"字。

鮞(鲕) 鮞 魚子也。一曰,魚之美者,东海之鮞[①]。从魚,而声。读若而。如之切(ér)

【注释】①段玉裁注:"鲕之别一义,见《吕览·本味篇》伊尹语。高注曰:'鲕,鱼名也。'"

【译文】鮞,小魚。另一说,魚中美味可口的,是东海里出产的鮞。形声字,"角"为形符,"而"为声符。

魼 魼 魚也。从魚,去声。去魚切(qū)

【译文】魼,魚名,比目魚。形声字,"魚"为形符,"去"为声符。

魶 魚。似鱉，无甲，有尾，无足，口在腹下。从魚，納声。奴荅切（nà）

【译文】魶，魟魚。象鱉，没有鳞甲，有尾巴，没有脚，口在腹部下面。形声字，“魚”为形符，“纳”为声符。

鳎（鳎） 虚鳎也。从魚，㬎声。土盍切（tǎ）

【译文】鳎，虚鳎魚。形声字，“魚”为形符，“㬎”为声符。

鱒（鳟） 赤目魚。从魚，尊声。慈损切（zǔn）[①]

【注释】①慈损切：今读音zūn。

【译文】鳟，红眼鳟魚。形声字，“魚”为形符，“尊”为声符。

鱗 魚也。从魚，㷠声。力珍切（lín）

【译文】鱗，魚名。形声字，“魚”为形符，“㷠”为声符。

鰫 魚也。从魚，容声。余封切（yōng）

【译文】鰫，黑鲢。形声字，“魚”为声符，“容”为声符。

鰖 魚也。从魚，胥声。相居切（xū）

【译文】鰖，魚名。形声字，“魚”为形符，“胥”为声符。

鮪（鲔） 鮥也[①]。《周礼》：“春献王鮪。”[②]从魚，有声。荣美切（wěi）

【注释】①鮪，鮥也：鮪，段玉裁《说文解字注》："即今之鲟魚也。"鮥(luò)，承培元《说文引经证例》："大曰鮪，小曰鮥也。"按，以鮥训鮪，浑言不别。②语见《周礼·天官·𩊚人》。王鮪，张舜徽《说文解字约注》："郑注云：'王鮪，鮪之大者。'凡物之大者，皆可以被以王名。"

【译文】鮪，鱘魚。《周礼》载："季春时用一种大鮪魚祭祀。"形声字，"魚"为形符，"有"为声符。

䱷 䱷 鯍也[1]。《周礼》谓之䱷。从魚，恒声。古恒切(gēng)

【注释】①鯍(méng)：连篆为读。䱷鯍又作䱷䲛，连绵词。《本草纲目·鳞部·鲟魚》："鲟魚，鱏魚，鮪魚，王鮪。时珍曰：李奇《汉书》注云：'周洛曰鮪，蜀曰䱷鮪。'"

【译文】䱷，䱷鯍。《周礼》称为䱷。形声字，"魚"为形符，"恒"为声符。

鯍(鲠) 鯍 䱷鯍也。从魚，巟声。武登切(méng)

【译文】鯍，䱷鯍。形声字，"魚"为形符，"巟"为声符。

鮥 鮥 叔鮪也。从魚，各声。卢各切(luò)

【译文】鮥，叔鮪，鲟魚之小者。形声字，"魚"为形符，"各"为声符。

䲠(䲠) 䲠 魚也。从魚，系声[1]。古本切(gǔn)

【注释】①系声：徐铉等说："系不是声符，疑声符当从孫省。”

【译文】鰥，魚名。形声字，“魚”为形符，“系”为声符。

鰥（鳏） 鰥 魚也。从魚，眔声[①]。古顽切（guān）

【注释】①眔声：李阳冰曰：“当从罤省。”

【译文】鰥，魚名。形声字，“魚”为形符，“眔”为声符。

鯉（鲤） 鯉 鱣也[①]。从魚，里声。良止切（lǐ）

【注释】①鱣也：段玉裁《说文解字注》：“凡鯉曰鯉，大鯉曰鱣。”按，以鱣释鯉，浑言不别。

【译文】鯉，鱣魚。形声字，“魚”为形符，“里”为声符。

鱣（鳣） 鱣 鯉也。从魚，亶声。䲢，籀文鱣。张连切（zhān）

【译文】鱣，鯉魚。形声字，“魚”为形符，“亶”为声符。䲢，籀文鱣字。

鱄 鱄 魚也。从魚，專声。旨兖切（zhuǎn）[①]

【注释】①旨兖切：今依《广韵》职缘切，读zhuān。

【译文】鱄，魚名。形声字，“魚”为形符，“專”为声符。

鮦（鲖） 鮦 魚名。从魚，同声。一曰鱶也。读若绔襱。直陇切（zhòng）[①]

【注释】①直陇切：今音依《广韵》徒红切，读tóng。

【译文】鮦，魚名，即鱧魚。形声字，“魚”为形符，“同”为声符。又叫鱶，即乌鱧。读音与“绔襱(kù lóng)”的“襱”字相同。

鱶 鮦也。从魚，蠡声。卢启切(lǐ)

【译文】鱶，鮦魚。形声字，“魚”为形符，“蠡”为声符。

鱫 魚名。一名鯉，一名鰜。从魚，婁声。洛侯切(lóu)

【译文】鱫，魚名。又叫鯉，又叫鰜魚。形声字，“魚”为形符，“婁”为声符。

鰜(鳒) 魚名。从魚，兼声。古甜切(jiān)①

【注释】①古甜切：今依《广韵》诘念切，读qiàn。

【译文】鰜，魚名。形声字，“魚”为形符，“兼”为声符。

鯈 魚名。从魚，攸声。直由切(chóu)①

【注释】①直由切：段玉裁注：“其音旧直由切。今音迢。”今音依《集韵》田聊切，读tiáo。

【译文】鯈，魚名。形声字，“魚”为形符，“攸”为声符。

鋀 魚名。从魚，豆声。天口切(tǒu)

【译文】鋀，魚名。形声字，“魚”为形符，“豆”为声符。

鯾[鳊](鳊) 魚名。从魚，便声。鯿，鯾又，

从扁。房连切（pián）[1]

【注释】①房连切：今音依《广韵》卑连切，读biān。

【译文】鯾，魚名，即魴魚。形声字，"魚"为形符，"便"为声符。鯿，鯾的或体，从"扁"。

魴（鲂） 魴 赤尾魚。从魚，方声。鰟，魴或，从旁。符方切（fáng）

【译文】魴，红尾魚，古称鯿魚。形声字，"魚"为形符，"方"为声符。鰟，魴的或体，从"旁"声。

鱮 鱮 魚名。从魚，與声。徐吕切（xù）

【译文】鱮，魚名，即鰱魚。形声字，"魚"为形符，"與"为声符。

鰱（鲢） 鰱 魚名。从魚，連声。力延切（lián）

【译文】鰱，魚名，又名鱮。形声字，"魚"为形符，"連"为声符。

鮍（鲏） 鮍 魚名。从魚，皮声。敷羈切（pí）

【译文】鮍，魚名。形声字，"魚"为形符，"皮"为声符。

鮒 鮒 魚名。从魚，幼声。读若幽。於纠切（yǒu）

【译文】鮒，魚名。形声字，"魚"为形符，"幼"为声符。读音与"幽"字相同。

鮒（鲋） 魚名。从魚，付声。符遇切（fù）

【译文】鮒，魚名，即鲫魚。形声字，“魚”为形符，“付”为声符。

鯅 魚名。从魚，巠声。仇成切（qíng）

【译文】鯅，魚名。形声字，“魚”为形符，“巠”为声符。

鰿 魚名。从魚，脊声。资昔切（jì）

【译文】鰿，魚名。形声字，“魚”为形符，“脊”为声符。

鱺（鲡） 魚名。从魚，麗声。郎兮切（lí）

【译文】鱺，魚名，即鳗鱺。形声字，“魚”为形符，“麗”为声符。

鰻（鳗） 魚名。从魚，曼声。母官切（mán）

【译文】鰻，魚名。形声字，“魚”为形符，“曼”为声符。

鱯（鳠） 魚名。从魚，蒦声。胡化切（huà）[①]

【注释】①胡化切：今音依《广韵》胡误切，读hù。

【译文】鱯，魚名。形声字，“魚”为形符，“蒦”为声符。

魾 大鱯也。其小者名鮡（zhào）。从魚，丕声。敷悲切（pī）

【译文】鮍，大鳠魚。小鳠魚叫鮡。形声字，“魚”为形符，“丕”为声符。

鱧（鳢）鱧　鳠也。从魚，豊声。卢启切（lǐ）

【译文】鱧，鳠魚。形声字，“魚”为形符，“豊”为声符。

鱯[①]　鱯　鱧也。从魚，果声。胡瓦切（huà）

【注释】①鱯：朱骏声《说文通训定声》：“鱯，一名鳠，今谓之回魚。”《广韵·马韵》：“鱯，魚似鲇（nián）也。”《本草纲目·鳞部·鮠魚》：“北人呼鳠，南人呼鮠，并与鮰音相近。鱯又鳠音之转也。”

【译文】鱯，鱧魚。形声字，“魚”为形符，“果”为声符。

鱨（鲿）鱨　扬也。从魚，嘗声。市羊切（cháng）

【译文】鱨，善于飞扬的魚。形声字，“魚”为形符，“嘗”为声符。

鱏[鱘]　鱏　魚名。从魚，覃声。传曰[①]：“伯牙鼓琴，鱏魚出听。”余箴切（yín）[②]

【注释】①传曰：段玉裁注：“传曰者，诸书多有之，不定为何书也。”②余箴切：今音依《广韵》徐林切，读xún。

【译文】鱏，魚名。形声字，“魚”为形符，“覃”为声符。书传上记载：“伯牙弹琴，鱏魚出来聆听。”

鯢(鲵) 刺魚也。从魚,兒声。五鸡切(ní)

【译文】鯢,是种违背魚性的魚。形声字,“魚”为形符,“兒”为声符。

鰼(鳛) 鰌也。从魚,習声。似入切(xí)

【译文】鰼,泥鰌。形声字,“魚”为形符,“習”为声符。

鰌(鳅) 鰼也。从魚,酋声。七由切(qiū)

【译文】鰌,泥鰌。形声字,“魚”为形符,“酋”为声符。

鯇(鲩) 魚名。从魚,完声。户版切(huàn)

【译文】鯇,魚名。形声字,“魚”为形符,“完”为声符。

魠 哆(chě)口魚也。从魚,乇声。他各切(tuō)

【译文】魠,张大口的魚。形声字,“魚”为形符,“乇”为声符。

鮆(鲨) 饮而不食,刀魚也。九江有之。从魚,此声。祖礼切(jì)

【译文】鮆,只饮水而不吃食物,其形纤削如刀的魚。九江有这种魚。形声字,“魚”为形符,“此”为声符。

鮀 鲇也。从魚,它声。徒何切(tuò)

【译文】鮀,鲇魚。形声字,“魚”为形符,“它”为声符。

鮎（鲇）① 鰋也。从魚，占声。奴兼切（nián）

【注释】①鮎：即鯰魚，一种大首大口有须，无鳞而表面粘滑的魚类。

【译文】鮎，鰋魚，形声字，“魚”为形符，“占”为声符。

鰋 鮀也。从魚，妟声。鰋，鰋或，从匽。於幰切（yǎn）

【译文】鰋，鮀魚。形声字，“魚”为形符，“妟”为声符。鰋，鰋的或体，从“匽”声。

鮷 大鮎也。从魚，弟声。杜兮切（tí）

【译文】鮷，大鮎魚。形声字，“魚”为形符，“弟”为声符。

鱱 魚名。从魚，賴声。洛带切（lài）

【译文】鱱，魚名。形声字，“魚”为形符，“賴”为声符。

䲋 魚名。从魚，朁声。鉏箴切（cén）

【译文】䲋，魚名，鱣属。形声字，“魚”为形符，“朁”为声符。

鰫 魚名。从魚，翁声。乌红切（wēng）

【译文】鰫，魚名。形声字，“魚”为形符，“翁”为声符。

䱤 魚名。从魚，臽声。尸赚切（xiàn）

【译文】鮊，魚名。形声字，“魚”为形符，“白”为声符。

鱖(鳜)[①] 𩸍 魚名。从魚，厥声。居卫切(guì)

【注释】①鳜：又名桂魚，石桂魚，鯚花魚。

【译文】鳜，魚名。形声字，“魚”为形符，“厥”为声符。

鯫(鲰) 𩶎 白魚也。从魚，取声。士垢切(zòu)[①]

【注释】①士垢切：今音依《集韵》将侯切，读zōu。

【译文】鲰，白魚。形声字，“魚”为形符，“取”为声符。

鱓[鳝](鳝) 𩺞 魚名。皮可为鼓。从魚，單声。常演切(shàn)

【译文】鱓，魚名，黄鳝。皮可以蒙鼓。形声字，“魚”为形符，“單”为声符。

鮸 𩵺 魚名。出薉邪头国。从魚，免声。亡辨切(miǎn)

【译文】鮸，魚名。产于薉貊一带的邪头国。形声字，“魚”为形符，“免”为声符。

魵[①] 𩵹 魚名。出薉邪头国[②]。从魚，分声。符分切(fén)

【注释】①魵：又名鰕，即斑文魚，或称斑魚。②邪头国：在今辽宁凤城东及朝鲜江原道一带。

【译文】魵，魚名。产于薉貊一带的邪头国。“魚”为形符，“分”为声符。

鱸 魚名。出乐浪潘国。从魚，虜声。郎古切（lǔ）

【译文】鱸，魚名。产于乐浪郡潘国。“魚”为形符，“虜”为声符。

鰸 魚名。状似虾，无足，长寸，大如叉股，出辽东。从魚，區声。岂俱切（qū）

【译文】鰸，魚名。形状象虾，没有脚，有一寸左右长，大小象头钗的一股，产于辽东郡。形声字，“魚”为形符，“區”为声符。

鯜 魚名。出乐浪潘国。从魚，妾声。七接切（qiè）

【译文】鯜，魚名。产于乐浪郡潘国。“魚”为形符，“妾”为声符。

鮅 魚名。出乐浪潘国。从魚，市声。博盖切（bèi）

【译文】鮅，魚名，即河豚。产于乐浪郡潘国。“魚”为形符，“市”为声符。

鯔 魚名。出乐浪潘国。从魚，匊声。一曰，鯔魚，出江东[①]，有两乳。居六切（jú）

【注释】①江东：段玉裁《说文解字注》作九江。

【译文】鯯，魚名。产于乐浪郡潘国。形声字，“魚”为形符，“制”为声符。另一说，鯯魚产于长江以东，有两个乳房。

魦 魚名。出乐浪潘国。从魚，沙省声。所加切（shā）

【译文】魦，魚名。产于乐浪郡潘国。形声字，“魚”为形符，“沙”的省文为声符。

鱳 魚名。出乐浪潘国。从魚，樂声。卢谷切（lù）[①]

【注释】①卢谷切：今音依《集韵》狼狄切，读lì。

【译文】鱳，魚名，即鰅魚。产于乐浪郡潘国。形声字，“魚”为形符，“樂”为声符。

鮮（鲜） 魚名。出貉国。从魚，羴省声。相然切（xiān）

【译文】鮮，魚名。产于貉国。形声字，“魚”为形符，“羴”的省文为声符。

鰅 魚名。皮有文，出乐浪东暆（yí）。神爵四年，初捕收输考工。周成王时，扬州献鰅。从魚，禺声。魚容切（yóng）[①]

【注释】①魚容切：今依《广韵》遇俱切，音读yú。

【译文】鰅，魚名，即班魚。魚皮上有彩纹，产于乐浪郡东暆县。汉宣帝神爵四年（公元前57年）初，捕到鰅魚都交给主管制造的官员，用其皮装饰器物。早在周成王时，扬州地区官员曾上贡鰅魚。形声字，“魚”为形符，“禺”为声符。

鳙（鳙） 魚名。从魚，庸声。蜀容切（chóng）①

【注释】①蜀容切：今音依《广韵》余封切，读yōng。

【译文】鳙，魚名。形声字，“魚”为形符，“庸”为声符。

鲗（鲗） 乌鲗，魚名。从魚，則声。，鲗或从即。昨则切（zéi）

【译文】鲗，乌鲗，是魚名。形声字，“魚”为形符，“則”为声符。，鲗的或体，从“即”声。

鲐（鲐） 海魚名。从魚，台声。徒哀切（tái）

【译文】鲐，海魚名。形声字，“魚”为形符，“台”为声符。

鲌（鲌） 海魚名。从魚，白声。旁陌切（bó）①

【注释】①旁陌切：今音依《集韵》步化切，读bà。

【译文】鲌，海魚名。形声字，“魚”为形符，“白”为声符。

鳆（鳆） 海魚名。从魚，复声。蒲角切（bó）①

【注释】①蒲角切：今音依《广韵》房六切，读fù。

【译文】鳆，海魚名。形声字，“魚”为形符，“复”为声符。

鮫（鲛） 𩶀 海魚，皮可饰刀。从魚，交声。古肴切（jiāo）

【译文】鮫，海魚名，即鲨魚。它的皮可以用来装饰刀把或刀鞘。形声字，“魚”为形符，“交”为声符。

鱷[鯨]（鲸） 鱷 海大魚也。从魚，畺声。《春秋传》曰：“取其鱷鯢。”[①]鯨，鱷或，从京。渠京切（qíng）[②]

【注释】①语见《左转·宣公十二年》。段玉裁《说文解字注》：“（裴渊《广州记》）雄曰鯨，雌曰鯢。”鱷鯢，大魚，用此比喻吞食小国的不义首恶之人。②渠京切：今读音jīng。

【译文】鱷，海中大魚。形声字，“魚”为形符，“畺”为声符。《左传》：“杀取那像雄鱷、雌鯢一样的首恶。”鯨，鱷的或体，从“京”声。

鯁（鲠） 鯁 魚骨也。从魚，更声。古杏切（gěng）

【译文】鯁，魚骨。形声字，“魚”为形符，“更”为声符。

鱗（鳞） 鱗 魚甲也。从魚，粦声。力珍切（lín）

【译文】鱗，魚身体表层像锁甲的薄片。形声字，“魚”为形符，“粦”为声符。

鮏[鯹] 鮏 魚臭也。从魚，生声。桑经切（xīng）

【译文】鮏，魚腥味。形声字，“魚”为形符，“生”为声符。

鱢 [篆] 鮏臭也。从魚，喿声。《周礼》曰：“膳膏鱢。”[1]穌遭切（sāo）

【注释】①膳膏鱢：膳之鱢膏。语见《周礼·天官·庖人》。今本原文：“夏行腒（干雉）鱐（干魚）膳（煎和）膏鱢。”许氏臊作鱢。

【译文】鱢，魚的腥气味。形声字，“魚”为形符，“喿”为声符。《周礼》说：“夏天用干野鸡和干魚，用气味很浓的魚油来烹调。”

鮨 [篆] 魚䏿酱也。出蜀中。从魚，旨声。一曰，鮪魚名。旨夷切（zhī）[1]

【注释】①旨夷切：今音依《广韵》渠脂切，读qí。

【译文】鮨，魚肉酱。产于蜀中。形声字，“魚”为形符，“旨”为声符。另一说，鮨是鮪魚的别名。

䱹（鲝） [篆] 藏魚也。南方谓之魿，北方谓之䱹。从魚，差省声。侧下切（zhǎ）

【译文】䱹，腌藏的魚。南方称为魿，北方叫做䱹。形声字，“魚”为形符，“差”的省文为声符。

魿 [篆] 䱹也。一曰，大魚为䱹，小魚为魿。从魚，今声。徂惨切（qín）

【译文】魿，腌魚。另有一说，淹制大魚叫䱹，小魚叫魿。形声字，“魚”为形符，“今”为声符。

鮑(鲍) 饐魚也。从魚，包声。薄巧切(bào)

【译文】鮑，用盐浸渍的魚。形声字，“魚”为形符，“包”为声符。

鮗 虫连行、纡行者。从魚，令声。郎丁切(líng)

【译文】鮗，接连不断、弯弯曲曲向前游动的虫子。形声字，“魚”为形符，“令”为声符。

鰕 魵也。从魚，叚声。乎加切(xiā)

【译文】鰕，魵魚。形声字，“魚”为形符，“叚”为声符。

鰝 大鰕也。从魚，高声。胡到切(hào)

【译文】鰝，大海虾。形声字，“魚”为形符，“高”为声符。

鮨 当互也。从魚，咎声。其久切(jiù)

【译文】鮨，当魱魚。形声字，“魚”为形符，“咎”为声符。

魧 大贝也。一曰，魚膏。从魚，亢声。读若冈。古郎切(gāng)[①]

【注释】①古郎切：今依《广韵》胡郎切，读háng。

【译文】魧，大的海贝。另一义，魚膏。形声字，“魚”为声符，“亢”为声符。读音与“冈”字相同。

鮩 蚌也。从魚，丙声。兵永切（bǐng）

【译文】鮩，蚌蛤。形声字，“魚”为形符，“丙”为声符。

鮚（鲒） 蚌也。从魚，吉声。汉律：会稽郡献鮚酱。巨乙切（jí）①

【注释】①巨乙切：今依《集韵》吉屑切，读jié。

【译文】鮚，蚌蛤。形声字，“魚”为形符，“吉”为声符。汉朝的律令规定：会稽郡贡献鮚蚌做成的酱。

鮅 魚名。从魚，必声。毗必切（bì）

【译文】鮅，魚名。形声字，“角”为形符，“必”为声符。

鱹 魚名。从魚，瞿声。九遇切（jù）

【译文】鱹，魚名。形声字，“魚”为形符，“瞿”为声符。

鯸［鯸］ 魚名。从魚，矦声。乎钩切（hóu）

【译文】鯸，魚名。形声字，“魚”为形符，“矦”为声符。

鯛（鲷） 骨耑脆也。从魚，周声。都僚切（diāo）

【译文】鯛，魚名。这种魚骨末端脆弱。形声字，“魚”为形符，“周”为声符。

鯙 烝然鯙鯙①。从魚，卓声。都教切（zháo）②

【注释】①语见《诗经·小雅·南有嘉魚》。鯙鯙今本作罩罩。马瑞辰《诗经通释》:"《说文》引《诗》'烝然鯙鯙',不言其义。据《说文》:'汕,魚游水貌。'引《诗》'烝然汕汕'。罩罩、汕汕皆众魚游水之貌。"承培元《说文引经例证》:"此作鯙,盖三字《诗》异文也。"鯙鯙即淖淖,桂馥称:"徐锴曰:'鯙鯙,众也。'"②都教切:今读依《集韵》竹角切,音zhuó。

【译文】鯙,魚儿一群群地游着水。形声字,"魚"为形符,"卓"为声符。

鮁(鲅) 鱣鮪鮁鮁[1]。从魚,犮声。北末切(bō)

【注释】①语见《诗经·卫风·硕人》。鮁鮁,魚掉尾而游的样子。

【译文】鮁,鲤魚尾巴摇得鮁鮁地响。形声字,"魚"为形符,"犮"为声符。

鮇 鯕魚。出东莱。从魚,夫声。甫无切(fū)

【译文】鮇,鮇鯕。产于东莱郡(今山东半岛一带)。形声字,"魚"为形符,"夫"为声符。

鯕(鲯) 魚名。从魚,其声。渠之切(qí)

【译文】鯕,鮇鯕魚。形声字,"魚"为形符,"其"为声符。

鮡(鮡) 魚名。从魚,兆声。治小切(zhào)

【译文】鮡,魚名,小鳠魚(今叫回魚)。形声字,"魚"为形符,"兆"为声符。

魤 [illegible] 魚名。从魚，匕声。呼跨切（huà）

【译文】魤，魚名。形声字，“魚”为形符，“匕”为声符。

鱻[鲜]（鲜）[illegible] 新魚精也。从三魚。不变魚。相然切（xiān）

【译文】鱻，用活鲜魚煎烧做成的杂烩。由三个“魚”会意，表示不改变魚的鲜活。

文一百三 重七

𩺰 [illegible] 二魚也。凡𩺰之属皆从𩺰。语居切（yú）

【译文】𩺰，两条魚。大凡“𩺰”的部属都从“𩺰”。

𩼜[渔] [illegible] 捕魚也。从𩺰，从水。[illegible]，篆文𩼜，从魚。语居切（yú）

【译文】漁，捕魚。会意字，由“𩺰”和“水”会意。[illegible]，篆文𩼜字，从“魚”。

文二 重一

燕 [illegible] 玄鸟也。籋口，布翄（翅），枝尾。象形。凡燕之属皆从燕。於甸切（yàn）

【译文】燕，玄鸟。嘴象镊形，飞行时翅膀展开在两边，分叉的尾巴。象燕子的口、翅膀、尾巴的形状。大凡“燕”的部属都从“燕”。

文一

龍（龙） 鳞虫之长。能幽，能明，能细，能巨，能短，能长；春分而登天，秋分而潜渊。从肉，飞之形，童省声。凡龙之属皆从龙。力鐘切（lóng）

【译文】龍，身上有鳞的动物中的首领。能使天地幽暗，也能使天地光明；能变细，也能变大；能变短，也能变长；春分时升上天，秋分时潜入深渊。形声字，表示肉，象龙飞的样子；为“童”的省文作声符。大凡“龍”的部属都从“龍”。

龗 龍也。从龍，霝声。郎丁切（líng）

【译文】龗，龍。形声字，“龍”为形符，“霝”为声符。

龕（龛） 龍皃。从龍，合声。口含切（kān）

【译文】龕，龍的样子。形声字，“龍”为声符，“合”为声符。

䶬[䶬] 龍者脊上䶬䶬。从龍，幵声。古贤切（jiān）

【译文】䶬，龍脊上坚硬的鬐鬣。形声字，“龍”为形符，“幵”为声符。

龖 飞龍也。从二龍。读若沓。徒合切（tà）

【译文】龖，飞腾的龍。从二“龍”会意字。读音与“沓”字相同。

文五

飛（飞） 鸟翥也。象形。凡飛之属皆从飛。甫微切（fēi）

【译文】飛，鸟飛举。象鸟舒颈展翅之状。大凡"飛"的部属都从"飛"。

龔（翼） 翄（翅）也。从飛，異声。，篆文龔，从羽。与职切（yì）

【译文】龔，翅膀。形声字，"飛"为形符，"異"为声符。，篆文龔字，从"羽"。

文二 重一

非 违也。从飛，下翄（翅），取其相背。凡非之属皆从非。甫微切（fēi）

【译文】非，违背。由飛字下部表示翅的部分构成，取飛时两翅相背的形状，表示违背之意。大凡"非"的部属都从"非"。

辈 别也。从非，己声。非尾切（fěi）

【译文】辈，分解。形声字，"非"为形符，"己"为声符。

靡 披靡也。从非，麻声。文彼切（mǐ）

【译文】靡，散乱、倒下。形声字，"非"为形符，"麻"为声符。

靠 相违也。从非，告声。苦到切（kào）

【译文】靠，相违背。形声字，"非"为形符，"告"为声符。

陛 牢也。所以拘非也。从非，陛省声。边兮切（bī）

【译文】陛，牢狱。用来拘捕为非作歹者的地方。形声字，“非”为形符，“陛”的省文为声符。

文五

卂 疾飛也。从飛而羽不见。凡卂之属皆从卂。息晋切（xùn）

【译文】卂，鸟飛得迅疾。由篆体的“飛”字省略两翅及头颈之毛构成。大凡“卂”的部属都从“卂”。

䓊（茕） 回疾也。从卂，營省声。渠營切（qióng）

【译文】䓊，鸟回转疾飛。形声字，“卂”为形符，“營”的省文为声符。

文二

卷二十三

乙[乚]　玄鳥也。齐鲁谓之乙。取其鸣自呼。象形。凡乙之属皆从乙。[篆]，乙或从鳥。乌辖切（yà）

【译文】乙，黑红的燕子。齐鲁一带称为乙，根据它的叫声能是自呼其名来命名。象其翅开首竦的横视形。大凡“乙”的部属都从“乙”。[篆]，乙的或体，从“鳥”。

孔　通也。从乙，从子。乙，请子之候鸟也①。乙至而得子，嘉美之也。古人名嘉字子孔。康董切（kǒng）

【注释】①请子之候鸟也：《礼记·月令》：“玄鸟至，至之日，以大牢祠于高禖，天子亲往。”注：“高辛氏之世，玄鸟遗卵，娀简吞之而生契。后王以为媒官。”传说高辛氏之世，娀简吞燕卵而生契，后遂以高辛氏为媒官，祠曰高禖。

【译文】孔，通达。由“乙”和“子”会意。“乙”是人们祈求子嗣的、随季节转换而迁徙的一种鸟。乙鸟来到，就会得到子女，使人们的生活变得嘉美。因此，古人名“嘉”的，就取字为“子孔”。

乳 人及鸟生子曰乳，兽曰产。从孚，从乙。乙者，玄鸟也。《明堂月令》：“玄鸟至之日，祠于高禖，以请子。”①故乳从乙。请子必以乙至之日者，乙，春分来，秋分去，开生②之候鸟，帝少昊司分之官也③。而主切（rǔ）

【注释】①语见《礼记·月令》。原文：“仲春之月。是月也，玄鸟至。至之日，以太牢祠于高禖。”《大戴礼记·明堂》：“明堂月令。”卢辩注：“于明堂之中，于十二月之令。”②开生：生发。③司分之官：语见《左传·昭公十七年》。原文：“玄鸟氏，司分者也。”

【译文】乳，人生育子女以及鸟孵化雏鸟叫做乳，兽类生育后代叫做产。由“孚”“乙”会意。“乙”，表示燕子，即请子的候鸟。《礼记·月令》说：“燕子归来的日子，向高贵的禖神祭祀，来请求获得子女。”所以，乳字从“乙”。请求子嗣一定要在燕子归来的时候，是因为燕子春分时节飞来，秋分时节又离去。是象征生命生机发生的候鸟，少昊帝以其来去准时，用以为掌管历法节气的官名。

文三 重一

不 鸟飞上翔不下来也。从一，一犹天也。象形。凡不之属皆从不。方久切（fǒu）

【译文】不，鸟一直向上飞而不落下。从“一”，“一”好比是天。“不”象鸟飞的形状。大凡“不”的部属都从“不”。

否 不也。从口，从不，不亦声。方久切（fǒu）

【译文】否，不。由“口”和“不”会意，“不”又为声符。

文二

至 鸟飞从高下至地也。从一，一犹地也。象形。不，上去；而至，下来也。凡至之属皆从至。，古文至。脂利切（zhì）

【译义】至，鸟从高空飞落到地上。从“一”，“一”指的是地面。象鸟下落的样子。“不”字是鸟飞上去，而“至”字是鸟飞下来。大凡“至”的部属都从“至”。，古文至字。

到 至也。从至，刀声。都悼切（dào）

【译文】到，到达。形声字，“至”为形符，“刀”为声符。

臻 至也。从至，秦声。侧诜切（zhēn）

【译文】臻，至。形声字，“至”为形符，“秦”为声符。

䵈 忿戾也。从至，至而复[逊]（孫）。[逊]（孫），遁也。《周书》曰：“有夏氏之民，叨䵈。”①䵈，读若挚。丑利切（chì）

【注释】①语见《尚书·周书·多方》。

【译文】䵈，愤怒而乖戾。从“至”，以“至”上又加“孫”会意。孫，表示徘徊藏避的意思。《尚书·周书》说：“夏国的民众贪婪、忿戾。”䵈读音与“挚”字相同。

臺（台） 观，四方而高者。从至，从之，

从高省。与室屋同意。徒哀切（tái）

【译文】臺，臺观。四方形而高出地表的建筑物。由“至”、“之”和“高”的省文会意。从“至”，与室、屋从“至”而表示止息的构形原则相同。

臸 [篆] 到也。从二至。人质切（rì）

【译文】臸，到达。由两个“至”字会意。

文六 重一

西 [篆] 鸟在巢上。象形。日在西方而鸟栖，故因以为东西之西。凡西之属皆从西。[篆]，西或，从木，妻[1]。[篆]，古文西。[篆]，籀文西。先稽切（xī）

【注释】①形声字，木为义符，妻为声符。

【译文】西，鸟儿歇宿在巢上。象鸟在巢上之形。太阳转到西方时，鸟开始棲息，所以就把栖息的“西”用作表示方位的东西之“西”。[篆]，西的或体，“木”为形符，“妻”为声符。[篆]，古文西字。[篆]，籀文西字。

覀 [篆] 姓也。从西，圭声。户圭切（qī）[1]

【注释】①户圭切：今读音xī。

【译文】覀，姓。形声字，“西”为形符，“圭”为声符。

文二 重三

鹵（卤）[篆] 西方咸地也。从西省[1]，象盐形。安

定有鹵县。东方谓之㡿，西方谓之鹵。凡鹵之属皆从鹵。郎古切（lǔ）

【注释】①从西省：张舜徽《说文解字约注》："古文西作卤，籀文西作卥，卤则省其形而为卢，故云从西省。"

【译文】鹵，西北地区的盐碱地。由籀文"卥"省去"乂"，⺣象盐形。安定郡有鹵县。东方人称盐碱地为㡿，西方人称为鹵。大凡"鹵"的部属都从"鹵"。

䱹 咸也。从鹵，差省声。河内谓之䱹，沛人言若虘（cuó）。昨河切（cuó）

【译文】䱹，咸味。形声字，"鹵"为形符，"差"省为声符。河内郡人称粗盐为䱹，沛地人说䱹好像"虘"。

鹹（咸） 衔也。北方味也。从鹵，咸声。胡毚切（xián）

【译文】鹹，可衔在口中品味。代表北方的口味。形声字，"鹵"为形符，"咸"为声符。

文三

鹽（盐） 咸也。从鹵，監声。古者，宿沙初作煮海鹽。凡鹽之属皆从鹽。余廉切（yán）

【译文】鹽，具有咸味的调料。形声字，"鹵"为形符，"監"为声符。古时，宿沙氏最先煮海水取鹽。大凡"鹽"的部属都从"鹽"。

盬 䀉 河东盐鹽池。袤五十一里，广七里，周百十六里。从鹽省，古声。公户切（gǔ）

【译文】盬，河东郡的鹽池名。长五十一里，宽七里，周长一百一十六里。形声字，“鹽”省“鹵”为形符，“古”为声符。

鹼[碱] 鹼 鹵也。从鹽省，僉声。魚欠切（yàn）[①]

【注释】①魚欠切：今依《广韵》古斩切，读jiǎn。

【译文】鹼，盐鹵。形声字，“鹽”省“監”为形符，“僉”为声符。

文三

户 户 护也。半门曰户。象形。凡户之属皆从户。戹，古文户，从木。侯古切（hù）

【译文】户，保护室内的门户，门一半叫户。象单扇门之形。大凡“户”的部属都从“户”。戹，古文户字，从“木”，“户”象其形。

扉 扉 户扇也。从户，非声。甫微切（fēi）

【译文】扉，门扇。形声字，“户”为形符，“非”为声符。

扇 扇 扉也。从户，（从）𦐇（声）[省]。式战切（shàn）

【译文】扇，门扇。由“户”和“𦐇”省“支”会意。

房 房 室在旁也。从户，方声。符方切（fáng）

【译文】房，正室两旁的房间。形声字，“户”为形符，“方”为声符。

戾 戾 辎车旁推户也。从户，大声。读与釱同。徒盖切（dài）[①]

【注释】①徒盖切：今读依《广韵》他计切，音tì。

【译文】戾，古代有帏盖的车子车壁两旁可以推开的门。形声字，“户”为形符，“大”为声符。读音与“釱”字相同。

戹[厄] 戹 隘也。从户，乙声[①]。于革切（è）

【注释】①段玉裁注：“按‘声’字衍。或于双声取音，此从甲乙之乙，取乙乙难出之意也。”

【译文】戹，狭隘险要之处。形声字，“户”为形符，“乙”为声符。

肁 肁 始开也。从户，从聿。治矫切（zhào）

【译文】肁，刚刚开門。由“户”和“聿”会意。

扆 扆 户、牖之间谓之扆。从户，衣声。於岂切（yǐ）

【译文】扆，古代建筑門和窗之间的地方称为扆。形声字，“户”为形符，“衣”为声符。

戽 戽 闭也。从户，劫省声[①]。口盍切（kè）[②]

【注释】①劫省声：段玉裁注："疑当作去声。"②口盍切：今音依《广韵》丘倨切，读qù。

【译文】㞙，关闭门户。形声字，"户"为形符，"劫"的省文为声符。

扃 扃 外闭之关也。从户，冋声。古荧切（jiōng）

【译文】扃，自外锁闭門户的门栓門环。"户"为义符，"冋"为声符。

文十 重一

門（门） 門 闻也。从二户。象形。凡門之属皆从門。莫奔切（mén）

【译文】門，内为相互可以听闻得到。由两"户"会意，象大门的样子。大凡"門"的部属都从"門"。

閶（阊） 閶 天門也。从門，昌声。楚人名門曰閶闔。尺量切（chāng）

【译文】閶，传说中的天門。"門"为形符，"昌"为声符。楚地人称門为閶闔。

闈（闱） 闈 宫中之門也。从門，韋声。羽非切（wéi）

【译文】闈，宫廷内的小門。"門"为形符，"韋"为声符。

闟 [篆] 闟谓之樀（dí）。樀，庙門也。从門，詹声。余廉切（yán）

【译文】闟，庙門的檐叫作樀。樀，指庙門。形声字，“門”为形符，“詹”为声符。

閎（闳）[篆] 巷門①也。从門，厷声。户萌切（hóng）

【注释】①巷門：段玉裁注：“巷者，里中道也。”巷即巷。

【译文】閎，巷門。形声字，“門”为形符，“厷”为声符。

閨（闺）[篆] 特立之户，上圜下方，有似圭。从門，圭声。古携切（guī）

【译文】閨，独立的无屋覆盖的門，上圆下方，像圭的形状。形声字，“門”为形符，“圭”为声符。

閤［閣］（阁）[篆] 門旁户也。从門，合声。古沓切（gé）

【译文】閤，正門旁侧的小門。形声字，“門”为形符，“合”为声符。

闒（阘）[篆] 楼上户也。从門，㒓声。徒盍切（tà）

【译文】闒，楼上房屋的小户。形声字，“門”为形符，“㒓”为声符。

閈（闬）[篆] （門）［閭］也。从門，干声。汝南

平舆里門曰閈。侯旰切（hàn）

【译文】閈，里巷的門。形声字，“門”为形符，“干”为声符。汝南郡平舆县人称里巷的門为闬。

閭（闾） 里門也。从門，吕声。《周礼》：“五家为比，五比为閭。”[①]閭，侣也，二十五家相群侣也。力居切（lǘ）

【注释】①语见《周礼·地官·大司徒》。

【译文】閭义为里、巷的大門。形声字，門为义符，吕为声符。《周礼》说：“五家成为一比，五比成为一閭。”閭，伴侣，二十五家相互群居成为伴侣。

閻（阎） 里中門也。从門，臽声。壛，閻或从土。余廉切（yán）

【译文】閻，里巷中的門。形声字，“門”为形符，“臽”为声符。壛，閻的或体，从“土”。

闠（阓） 市外門也。从門，貴声。胡对切（huì）

【译文】闠，市场区外的門。形声字，“門”为义符，“貴”为声符。

闉 城（内）[曲]重門也[①]。从門，垔声。《诗》曰：“出其闉闍。”[②]於真切（yīn）

【注释】①城内重门：段玉裁注：“城曲重門也，城曲各本作城内，今依诗正義正。闍既是城之門臺，则知闉是門外之城，即今之門外曲城是也。城曲、曲城意同。”②语见《诗经·郑风·出其东門》。闉阇，偏义复词，取闉义。毛传曰：“闉，曲城也。闍，城臺也。”

【译文】闉，保护城門的月城的門。形声字，門为形符，垔为声符。《诗经》说：“走出那月城的門。”

闍（阇） 闉闍也。从門，者声。当孤切（dū）

【译文】闍，城門上的台。形声字，“門”为形符，“者”为声符。

闕（阙） 門观也。从門，欮声。去月切（què）

【译文】闕，宫門两边的楼台。形声字，“門”为形符，“欮”为声符。

開 門欂栌也。从門，弁声。皮变切（biàn）

【译文】開，門柱上的斗栱。形声字，“斗”为形符，“弁”为声符。

閉 門扇也。从門，介声。胡介切（xiè）

【译文】閉，門扇。形声字，“門”为形符，“介”为声符。

闔（阖） 門扇也。一曰，闭也。从門，盍声。胡腊切（hé）

【译文】闔，門扇。一说，关闭。形声字，“門”为形符，“盍”为声符。

闑 門梱也。从門，臬声。魚列切（niè）

【译文】闑，門中央所竖的短木橛。形声字，“門”为形符，“臬”为声符。

閾（阈） 門榍也。从門，或声。《论语》曰：“行不履閾。”，古文閾，从洫。于逼切（yù）

【译文】閾，門槛。形声字，“門”为义符，“或”为声符。《论语·乡党》中说：“走，不踩門槛。”，古文閾字，从“洫”声。

閬（阆） 門高也。从門，良声。巴郡有閬中县。来宕切（làng）

【译文】閬，門高。形声字，“門”为形符，“良”为声符。巴郡有县名叫閬中。

闢（辟） 开也。从門，辟声。，《虞書》曰：“闢四門。”[①]［古文闢］，从門，从𠀠（pān）[②]。房益切（pì）

【注释】①语见《尚书·虞书·尧典》。②𠀠：段玉裁《说文解字注》：“𠀠者，今之攀字，引也，今俗语以手开门曰攀开，读如班。古文于此会意。”

【译文】闢，开启。形声字，“門”为形符，“辟”为声符。《尚书·虞书》“开启四門。”，古文闢字，由“門”和“𠀠”会意。

闏 辟門也。从門，爲声。《国语》曰：“闏門而与之言。”[①]韦委切（wěi）

【注释】①语见《国语·鲁语下》。今本无“而”字。

【译文】闏，开門。形声字，“門”为形符，“爲”为声符。《国语》中说：“开門而同她说话。”

闡（阐） 开也。从門，單声。《易》曰：“闡幽。”昌善切（chǎn）

【译文】闡，打开。形声字，“門”为义符，“單”为声符。《周易·系辞》说：“开启幽隐之处。”

閞[開]（开） 张也。从門，从幵。，古文。苦哀切（kāi）

【译文】閞，閞門。形声字，“門”为形符，“幵”为声符。，古文閞字。

闓（闿） 开也。从門，豈声。苦亥切（kǎi）

【译文】闓，开門。形声字，“門”为形符，“豈”为声符。

閜 大开也。从門，可声。大杯亦为閜。火下切（xiǎ）

【译文】閜，大开。形声字，“門”为形符，“可”为声符。大的杯子也叫閜。

閘(闸) 开闭門也。从門,甲声。乌甲切(yā)①

【注释】①乌甲切:今依《篇海类编》直甲切,读zhá。

【译文】閘,开門关門。形声字,“門”为形符,“甲”为声符。

閟 闭門也。从門,必声。《春秋传》曰:“閟門而与之言。”①兵媚切(bì)

【注释】①语见《左传·庄公三十二年》。段玉裁《说文解字注》:“六字当是‘閟而以夫人言’之误。”今本原文:“初,公筑台,临党氏,见孟任,从之。閟。而以夫人言,许之,割臂盟公。”

【译文】閟,关門。形声字,“門”为形符,“必”为声符。《左传》说:“闭上門而同她说话。”

閣(阁) 所以止扉也。从門,各声。古洛切(gé)

【译文】閣,門开后插在两边防止門自闭的长木桩。形声字,“門”为形符,“各”为声符。

閒[間](间) 隙也。从門,从月。𨳇,古文閒。古闲切(jiān)①

【注释】①古闲切:今音依《广韵》古苋切,读jiàn。

【译文】閒,空隙。由“門”和“月”会意。𨳇,古文閒字。

閜 門倾也。从門,阿声。乌可切(ě)

【译文】閜,門倾斜。形声字,“門”为形符,“阿”为声符。

閼（阏）  遮攤也。从門，於声。乌割切（è）

【译文】閼，遮闭壅塞。形声字，“門”为形符，“於”为声符。

闟[①]  开闭門利也。从門，繇声。一曰，缕十纮[②]也。旨沇切（zhuǎn）

【注释】①闟：段玉裁《说文解字注》：“今俗语云‘自由自便’，当作此字。”钱坫《说文解字斠诠》：“今俗开闭門之键（锁簧）曰闟。”②纮：段玉裁《说文解字注》：“纮者冠卷，非其义。疑当作总，总者谓布缕之数，八十缕为一总。”

【译文】闟，开門关門的键。形声字，“門”为形符，“繇”为声符。又一说，麻线八十缕為一总，十缕叫做闟。

閜 門声也。从門，曷声。乙辖切（yà）

【译文】閜，开关門发出的响声。形声字，“門”为形符，“曷”为声符。

闢 門響也。从門，鄉声。许亮切（xiàng）

【译文】闢，門向着的地方，指两阶间。形声字，“門”为形符，“鄉”为声符。

闌（阑）  門遮也。从門，柬声。洛干切（lán）

【译文】闌，門前栅栏。形声字，“門”为形符，“柬”为声符。

閑（闲） 闌也。从門中有木。户閒切（xián）

【译文】閑，木栏之类的遮栏物。由“門”中有“木”会意。

閉（闭） 闔門也。从門；才[①]，所以歫門也。博计切（bì）

【注释】①才：段玉裁按：“才不成字，云所以歫門。依许全书之例，当云才象所以歫門之形乃合。”

【译文】閉，把門关上。从“門”，“才”，表示支撑門的木板之类。

閡（阂） 外闭也。从門，亥声。五溉切（ài）

【译文】閡，从門外关門。形声字，“門”为形符，“亥”为声符。

闇[暗] 闭門也。从門，音声。乌绀切（àn）

【译文】闇，关闭門户。形声字，“門”为形符，“音”为声符。

關（关） 以木横持門户也。从門，𢇇声。古还切（guān）

【译文】關，用木横着支撑門扇。形声字，“門”为形符，“𢇇”为声符。

闟 关下牡也[①]。从門，龠声。以灼切（yuè）

【注释】①关下牡：王筠《说文解字句读》：“关，横设之；

闟，直设之，而承关之下。关有孔以受闟，故曰关下牡也。以木为之。凡锁器，入者谓之牡，受者谓之牝。”按，以牡牝、雄雌比喻入者，受者。

【译文】闟，門直闩，上穿横闩竖插入地的直木。形声字，“門”为形符，“龠”为声符。

闐（阗） 盛皃。从門，真声。待秊（年）切（tián）

【译文】闐，盛大的样子。形声字，“門”为形符，“真”为声符。

闛 闛闛，盛皃。从門，堂声。徒郎切（táng）

【译文】闛，闛闛，盛大的样子。形声字，“門”为形符，“堂”为声符。

閹（阉） 竖也。宫中奄，阍闭門者。从門，奄声。英廉切（yān）

【译文】閹，童仆。宫廷中受到阉割而负责黄昏时关闭宫門的役者。形声字，“門”为形符，“奄”为声符。

閽（阍） 常以昏闭門隶也。从門，从昏，昏亦声。呼昆切（hūn）

【译文】閽，每天黄昏关闭門户的役者，古时多以罪隶充当。由“門”和“昏”会意，“昏”也表该字的读音。

闚［窺］（窥）闪也。从門，規声。去隓切（kuī）

【译文】闚，从門中偷看。形声字，“門”为形符，“规”为声符。

闌 妄入宫掖也。从門，䜌声。读若阑。洛干切（lán）

【译文】闌，没有符信而私自出入宫廷門户。形声字，“門”为形符，“䜌”为声符。读音与“阑”字相同。

𨳨 登也。从門、二。二，古文下字。读若军敶之敶①。直刃切（zhèn）

【注释】①敶：古同“陳”，陳列。此处为“陣”的假借字。

【译文】𨳨，登升。由“門”和“二”会意。“二”即古文“下”字。读音与“军敶”的“敶”字相同。

閃（闪）窥头門中也。从人在門中。失冉切（shǎn）

【译文】閃，把头伸进門中窥视。由“人”在“門”内会意。

閱（阅）具数于門中也。从門，说省声。弋雪切（yuè）

【译文】閱，在門中逐一清点计算。形声字，“門”为形符，“说”的省文为声符。

闋（阕） 事已，闭門也。从門，癸声。倾雪切（què）

【译文】闋，事情做完关上門。“門”为形符，“癸”为声符。

闞（阚） 望也。从門，敢声。苦滥切（kàn）

【译文】闞，盼望。形声字，“門”为形符，“敢”为声符。

闊（阔） 疏也。从門，活声。苦括切（kuò）

【译文】闊，疏阔。形声字，“門”为形符，“活”为声符。

閔（闵） 吊者在門也。从門，文声。，古文閔。眉殒切（mǐn）

【译文】閔，吊唁的人在門口。形声字，“門”为形符，“文”为声符。，古文閔字。

闖（闯） 马出門皃。从马在門中。读若郴。丑禁切（chèn）

【译文】闖，马冲出門的样子。以“马”在“門”内会意。读音与“郴”字相同。

文五十七 重六

耳 主听也。象形。凡耳之属皆从耳。而止切（ěr）

【译文】耳，人体的听觉器官。象人耳之形。大凡“耳”的部属都从“耳”。

耴 耳垂也。从耳，下垂。象形。《春秋传》曰“秦公子（辄）[耴]者”①，其耳下垂，故以为名。陟叶切（zhé）

【注释】①段玉裁注：“今按《左氏传》秦无公子耴，惟郑七穆子良之子公孙辄，字子耳。以许订之，古本《左传》当作公孙耴。”事见《左传·襄公九年》。

【译文】耴，耳朵下垂。从耳字延长一笔向下垂表示。象形。《左传》记有“秦国公孙耴”，因为他的耳朵向下垂，故取以为名。

聑 小垂耳也。从耳，占声。丁兼切（diān）

【译文】聑，较小的耳垂。形声字，“耳”为形符，“占”为声符。

耽 耳大垂也。从耳，冘声。《诗》曰：“士之耽兮。”①丁含切（dān）

【注释】①语见《诗经·卫风·氓》。段玉裁注：“此引诗说叚借也。毛传曰：‘耽，乐也。’耽本不训乐，而可叚为媅字。女部曰：‘媅者、乐也。’”

【译文】耽，耳朵大而下垂近肩。形声字，“耳”为形符，“冘”为声符。《诗经》说：“男人们多快乐啊。”

聃［聃］ 耳曼也。从耳，冄声。，聃或从甘。

他甘切（tān）[1]

【注释】①他甘切：今音依《广韵》丁含切，读dān。

【译文】耼，耳朵长而大。形声字，“耳”为形符，“冄”为声符。𦔯，耼的或体，从甘声。

聸[1] 𦕐 垂耳也。从耳，詹声。南方聸耳之国。都甘切（dān）

【注释】①聸：段玉裁《说文解字注》：“古衹作耽，一变为聸耳，再变则为儋耳矣。”

【译文】聸，耳朵下垂。形声字，“耳”为形符，“詹”为声符。南方有聸耳国。

耿 𦔶 耳箸颊也。从耳，烓省声。杜林说：耿，光也。从光，聖省［声］。凡字皆左形右声。杜林非也。古杏切（gěng）

【译文】耿，耳朵贴在面颊上。形声字，“耳”为形符，“烓”的省文为声符。杜林说：耿，光明。从“火”好比从“光”，“聖”省“𡈼”为声符。大凡形声字全都是左形右声，杜林的解说不对。

聯（联）𦖸 连也。从耳，耳连于颊也；从絲，絲连不绝也。力延切（lián）

【译文】聯，接连不断。从“耳”，表示耳朵与面颊相连；又从“絲”，表示像絲一样连接不断。

聊 耳鸣也。从耳，卯声。洛萧切（liáo）

【译文】聊，耳鸣。形声字，“耳”为形符，“卯”为声符。

聖（圣） 通也。从耳，呈声。式正切（shèng）

【译文】聖，双耳通顺。形声字，“耳”为形符，“呈”为声符。

聰（聪） 察也。从耳，悤声。仓红切（cōng）

【译文】聰，耳顺而能审察是非真假。形声字，“耳”为形符，“悤”为声符。

聽（听） 聆也。从耳、悳，壬声。他定切（tìng）①

【注释】①他定切：今音依《广韵》他丁切，读tīng。

【译文】聽，用耳朵接受声音。由“耳”和“悳”会意，“壬”为声符。

聆 听也。从耳，令声。郎丁切（líng）

【译文】聆，聆听。形声字，“耳”为形符，“令”为声符。

職（职） 记微也。从耳，戠声。之弋切（zhí）

【译文】職，记住听到的细微的事。形声字，“耳”为形符，“戠”为声符。

聒[聐] 讙语也。从耳，昏声。古活切（guō）

【译文】聒，喧哗。形声字，“耳”为形符，“昏”为声符。

聥 张耳有所闻也。从耳，禹声。王矩切（yǔ）[①]

【注释】①王矩切：今音依《广韵》俱雨切，读jǔ。

【译文】聥，张开耳朵有所听闻。形声字，“耳”为形符，“禹”为声符。

聲（声） 音也。从耳，殸声。殸，籀文磬。书盈切（shēng）

【译文】聲，乐音。形声字，“耳”为形符，“殸”为声符。殸，籀文“磬”字。

聞（闻） 知闻也。从耳，門声。，古文，从昏。无分切（wén）

【译文】闻，听到声音。形声字，“耳”为形符，“門”为声符。，古文聞字，从“昏”声。

聘 访也。从耳，甹声。匹正切（pìn）

【译文】聘，访问。形声字，“耳”为形符，“甹”为声符。

聾（聋） 无闻也。从耳，龍声。虚红切（lóng）

【译文】聾，听不见声音。形声字，“耳”为形符，“龍”为声符。

䏓[聳]（耸） 生而聋曰䏓。从耳，從省声。

息拱切（sǒng）

【译文】聳，生下来就失聪称为聳。形声字，“耳”为形符，“從”的省文为声符。

聹 益梁之州谓聋为聹，秦晋听而不闻，闻而不达谓之聹。从耳，宰声。作亥切（zǎi）

【译文】益州、梁州一带人称半聋、听不清为聹；秦、晋一带人称听了又像没听见、听见了又不明白叫做聹。形声字，“耳”为形符，“宰”为声符。

聵（聩） 聋也。从耳，貴声。，聵或，从㕡。五怪切（wài）①

【注释】①五怪切：今读音kuì。

【译文】聵，生下来就耳聋。形声字，“耳”为形符，“貴”为声符。，聵的或体，从“㕡”声。

聉 无知意也。从耳，出声。读若孽。五滑切（wā）

【译文】聉，听到声音后没有知觉的意味。形声字，“耳”为形符，“出”为声符。读音与“孽”字相同。

䎽 吴楚之外，凡无耳者谓之䎽。言若断耳为（盟）[明（wà）]。从耳，阕声。五滑切（wà）

【译文】䎽，吴、楚一带乡间，凡是没有耳翼的称为䎽；说䎽的意思，就像秦晋一带人所说砍掉耳朵称作眀。形声字，“耳”为形符，“闋”为声符。

聅 軼 军法，以矢贯耳也。从耳，从矢。《司马法》曰：“小罪聅，中罪刖，大罪刭。”耻列切（chè）

【译文】聅，古代军法中用箭刺穿耳朵的刑罚。由“耳”和“矢”会意。《司马法》中说：“犯小罪的用箭穿耳，犯中等罪的砍断脚，犯大罪的要杀头。”

聝 聝 军战断耳也。《春秋传》曰：“以为俘聝。”[①]从耳，或声。馘，聝或，从首。古获切（guó）

【注释】①语见《左传·成公三年》。俘聝，偏义复词。俘虏。

【译文】聝，军队在战斗中割下所杀敌人左耳，用以论数计功。《左传》说：“臣以至于成为俘虏。”形声字，“耳”为形符，“或”为声符。馘，聝的或体，从“首”声。

眀 眀 墒耳也。从耳，月声。魚厥切（yuè）[①]

【注释】①魚厥切：今依《广韵》五刮切，读wà。

【译文】眀，因病而掉落了耳朵。形声字，“耳”为形符，“月”为声符。

聍 聍 乘舆金马耳也。从耳，麻声。读若涠水。一曰，若《月令》靡草之靡。亡彼切（mǐ）

【译文】聍，古代天子所乘车上的金饰车耳。形声字，“耳”为形符，“麻”为声符。读音像“濔水”的“濔”音。又一说，读音与《礼记·月令》中“靡草”的“靡”字相同。

聆 《国语》曰：“回禄信于聆遂。”[①]阙。巨今切（qín）[②]

【注释】①语见《国语·周语上》。②巨今切：《广韵·侵韵》：“聆，音也。”当为“从耳，今声”，即“耳”为形符，“今”为声符。读去金切。

【译文】聆，《国语》上说：“火神回禄在聆遂这个地方，连续睡了两夜。”聆字缺形、音、义。

聑 安也。从二耳。丁帖切（dié）[①]

【注释】①丁帖切：今依《广韵》丁惬切，读tiē。

【译文】聑，安适。由二“耳”字会意。

聶（聂） 附耳私小语也。从三耳。尼辄切（niè）

【译文】聶，附在别人耳边悄声说话。由三“耳”字会意。

文三十二 重四

𦣝[𦣞] 顅也。象形。凡𦣝之属皆从𦣝。頤，篆文𦣝。𩠐，籀文，从首。与之切（yí）

【译文】𦣝，人的下颔，下巴。象形字，象人下颔之形。大凡“𦣝”的部属都从“𦣝”。頤，篆文𦣝字。𩠐，籀文𦣝字，从“首”。

𦣞 广𦣝也。从𦣝，巳声。，古文𦣞，从户。与之切（yí）

【译文】𦣞，下頜宽大。形声字，“𦣝”为形符，“巳”为声符。，古文𦣞字，从“户”。

文二 重三

手 拳也。象形。凡手之属皆从手。，古文手。书九切（shǒu）

【译文】手，腕以下指掌握拳的部分。象人手之形。大凡“手”的部属都从“手”。，古文手字。

掌 手中也。从手，尚声。诸两切（zhǎng）

【译文】掌，手心。形声字，“手”为形符，“尚”为声符。

拇 将指也。从手，母声。莫厚切（mǔ）

【译文】拇，大指。形声字，“手”为形符，“母”为声符。

指 手指也。从手，旨声。职雉切（zhǐ）

【译文】指，手指。形声字，“手”为形符，“旨”为声符。

拳 手也。从手，𢍏声。巨员切（quán）

【译文】拳，屈指卷握的手。形声字，“手”为形符，“𢍏”为声符。

掔[腕] 手掔也。杨雄曰："掔，握也。"从手，
取声。乌贯切（wàn）

【译文】掔，手腕。杨雄说："掔，握持。"形声字，"手"为形符，"取"为声符。

攕 好手皃。《诗》曰："攕攕女手。"①从手，韱声。所咸切（shān）②

【注释】①语见《诗经·魏风·葛屦》。攕攕今本作掺掺。段玉裁《说文解字注》："毛传曰：'掺掺犹纤纤也。'汉人言手之好曰纤纤，如古诗云'纤纤濯素手'。传以今喻古，故曰犹。其字本作'攕'，俗改为'掺'。"今本作"掺掺"，韩诗作"纤纤"，皆借字。后通用纤纤。②所咸切：今依《集韵》思廉切，读xiān。

【译文】攕，手纤细柔美的样子。《诗经》说："多么纤细美好啊，这女子的手。"形声字，"手"为形符，"韱"为声符。

揱 人臂皃。从手，削声。《周礼》曰："辐欲其揱。"①所角切（shuò）②

【注释】①语见《周礼·考工记·轮人》。②所角切：今依《广韵》相邀切，读xiào。

【译文】揱，人的胳膊细长漂亮的样子。形声字，"手"为形符，"削"为声符。《周礼》说："对车辐而言，希望它像人的手臂一样而渐渐地小起来。"

摳(抠) 繑也。一曰，摳衣升堂。从手，區

声。口侯切（kōu）

【译文】摳，扣结裤纽，套裤上的带子。一说，提起下裳而登堂。形声字，“手”为形符，“區”为声符。

攐 抠衣也。从手，褰声。去虔切（qiān）

【译文】攐，用手提起衣裳。形声字，“手”为形符，“褰”为声符。

撎 举手下手也。从手，壹声。於计切（yì）

【译文】撎，拱手肃拜，先举其手再向下拜和俯首。形声字，“手”为形符，“壹”为声符。

揖 攘也。从手，咠声。一曰，手箸胷曰揖。伊入切（yī）

【译文】揖，拱手推到胸前行礼。形声字，“手”为形符，“咠”为声符。又一说，双手拱于胸前的礼节叫做揖。

攘 推也。从手，襄声。汝羊切（ráng）[1]

【注释】①汝羊切：今依《广韵》人样切，读ràng。

【译文】攘，推让。形声字，“手”为形符，“襄”为声符。

拱 斂手也。从手，共声。居竦切（gǒng）

【译文】拱，双手抱拳或两手在胸相合，表示敬意。形声字，“手”为形符，“共”为声符。

撿（捡） 拱手也。从手，僉声。良冉切（liǎn）

【译文】撿，拱手抱拳。形声字，“手”为形符，“僉”为声符。

𢷎［拜］ 首至地也。从手，𠦪（hū）。𢫳，杨雄说：拜从两手下。𢪒，古文拜。博怪切（bài）

【译文】𢷎，古代一种致敬礼节，双手至地。由“手”、“𠦪”会意。𢫳，杨雄说：拜字由两个“手”字和一个“下”字会意。𢪒，古文拜字。

捾 搯捾也。从手，官声。一曰，援也。乌括切（wò）

【译文】捾，掏取。形声字，“手”为形符，“官”为声符。一说，援引。

搯 捾也。从手，舀声。《周书》曰：“师乃搯。”①搯者，拔兵刃以习击刺也。《诗》曰：“左旋右搯。”②土刀切（tāo）

【注释】①语见《尚书·周书·大誓》。②语见《诗经·郑风·清人》。

【译文】搯，掏挖。形声字，“手”为形符，“舀”为声符。《尚书·周书》中说：“军队于是就抽搯。”搯，拔出兵器来练习刺杀。《诗经》说：“向左转身，右手抽拔兵器练习击杀。”

拲 拥也。从手，巩声。居竦切（gǒng）

【译文】拲，拥抱。形声字，“手”为形符，“巩”为声符。

推 排也。从手，隹声。他回切（tuī）

【译文】推，用手向外使物体移动。形声字，“手”为形符，“隹”为声符。

捘 推也。从手，夋声。《春秋传》曰：“捘卫侯之手。”①子寸切（zùn）

【注释】①语见《左传·定公八年》。

【译文】捘，推开。形声字，“手”为形符，“夋”为声符。《左传》说：“推开卫国国君的手。”

排 挤也。从手，非声。步皆切（pái）

【译文】排，用手推挤物体使离开。形声字，“手”为形符，“非”为声符。

擠（挤） 排也。从手，齊声。子计切（jì）①

【注释】①子计切：今读音jǐ。

【译文】擠，用手向外推擠使坠落。形声字，“手”为形符，“齊”为声符。

抵 挤也。从手，氐声。丁礼切（dǐ）

【译文】抵，排挤而相抗拒。形声字，“手”为形符，“氐”为声符。

摧 挤也。从手，崔声。一曰，挏也，一曰，折也。昨回切（cuī）

【译文】摧，推挤。形声字，“手”为形符，“崔”为声符。一说，推动的意思。又一说，折断；毁坏。

拉 摧也。从手，立声。卢合切（lā）

【译文】拉，用力摧折。形声字，“手”为形符，“立”为声符。

挫[挫] 摧也。从手，坐声。则卧切（cuò）

【译文】挫，摧折。形声字，“手”为形符，“坐”为声符。

扶 左也。从手，夫声。，古文扶。防无切（fú）

【译文】扶，用手扶助。形声字，“手”为形符，“夫”为声符。，古文扶字。

𢪅 扶也。从手，爿声。七良切（qiāng）①

【注释】①七良切：今依《广韵》即良切，读jiāng。

【译文】𢪅，用手扶着。形声字，“手”为形符，“爿”为声符。

持 握也。从手，寺声。直之切（chí）

【译文】持，用手握住。形声字，“手”为形符，“寺”为声符。

挈  县持也。从手，㓞声。苦结切（qiè）

【译文】挈，物似倒悬而手提握。形声字，“手”为形符，“㓞”为声符。

拑  胁持也。从手，甘声。巨淹切（qián）

【译文】拑，用肘拑制胁下而与夹持。形声字，“手”为形符，“甘”为声符。

揲  阅持[1]也。从手，枼声。今折切（shé）

【注释】①阅持：段玉裁注：“阅者，具数（一一点数）也。更叠数之也。‘匹’下曰：‘四丈也，从八、匚，八揲一匹。’按八揲一匹，则五五数之也。五五者，由一五、二五数之至于八五，则四丈矣。阅持者，既得其数而持之，故其字从手。”揲，按定数更叠数物，分成等份。古代多用数蓍草占卜吉凶，谓之揲卦。

【译文】揲，边计数边拿起。形声字，“手”为形符，“枼”为声符。

摯（挚）  握持也。从手，从執。脂利切（zhì）

【译文】摯，用手握紧拿起。由“手”、“執”会意。

操  把持也。从手，喿声。七刀切（cāo）

【译文】操，握持。形声字，“手”为形符，“喿”为声符。

擢  爪持也。从手，瞿声。居玉切（jú）

【译文】擢，用爪抓取。形声字，“手”为形符，“瞿”为声符。

捦 [seal] 急持[也。一曰，持]衣裣也①。从手，金声。䌳，捦或，从禁②。巨今切（qín）

【注释】①急持：段玉裁注："当作'急持也，一曰持衣裣也。'九字乃合。"②从禁：段玉裁注："禁声。"

【译文】捦，突然抓住。一说，提起衣襟。形声字，"手"为形符，"金"为声符。䌳，捦的或体，从"禁"声。

搏 [seal] 索持也。一曰，至也。从手，尃声。补各切（bó）

【译文】搏，用搜索的方式捕捉。一说，至，近。形声字，"手"为形符，"尃"为声符。

據（据）[seal] 杖持也。从手，豦声。居御切（jù）

【译文】據，用手杖扶持。形声字，"手"为形符，"豦"为声符。

攝（摄）[seal] 引持也。从手，聶声。书涉切（shè）

【译文】攝，提引而持。形声字，"手"为形符，"聶"为声符。

拼 [seal] 并持也。从手，冄声。他含切（tān）①

【注释】①他含切：今依《广韵》那含切，读nán。

【译文】拼，兼持两物。形声字，"手"为形符，"冄"为声符。

抪 扪持也。从手，布声。普胡切（pū）①

【注释】①普胡切：今依《广韵》博故切，读bù。

【译文】抪，抚按而持。形声字，“手”为形符，“布”为声符。

挾（挟） 俾持也。从手，夾声。胡颊切（xié）

【译文】挾，守門人扶持人。形声字，“手”为形符，“夾”为声符。

捫（扪） 抚持也。从手，門声。《诗》曰：“莫捫朕舌。”莫奔切（mén）

【注释】①语见《诗经·大雅·抑》。

【译文】捫，抚按而持。形声字，“手”为形符，“門”为声符。《诗经》说：“没有人按住我的舌头。”

擥 撮持也。从手，監声。卢敢切（lǎn）

【译文】擥，撮在一处而取。形声字，“手”为形符，“監”为声符。

攝 理持也。从手，巤声。良涉切（liè）

【译文】攝，把须发类物分理后握持。形声字，“手”为形符，“巤”为声符。

握 搤持也。从手，屋声。𡱙，古文握。於角切（wò）

【译文】握，捉扼而持。形声字，“手”为形符，“屋”为声符。𡚁，古文握字。

撣（掸）𢶣 提持也。从手，單声。读若行迟驒（tuó）驒。徒旱切（dàn）

【译文】撣，提举而持。形声字，“手”为形符，“單”为声符。读音与“行走迟缓驒驒”的“驒”字相同。

把 𢪍 握也。从手，巴声。搏下切（bǎ）

【译文】把，握持。形声字，“手”为形符，“巴”为声符。

搹[扼] 𢶯 把也。从手，鬲声。𢪆，搹或，从戹。於革切（è）

【译文】搹，把握。形声字，“手”为形符，“鬲”为声符。𢪆，搹的或体，从“戹”声。

拏[拿] 𢱭 牵引也。从手，奴声。女加切（ná）

【译文】拏，牵连延引。形声字，“手”为形符，“奴”为声符。

攜（携）𢹂 提也。从手，巂声。户圭切（xié）

【译文】攜，牵引扶行。形声字，“手”为形符，“巂”为声符。

提 𢩭 挈也。从手，是声。杜兮切（tí）

【译文】提，物似倒悬而手持握。形声字，“手”为形符，“是”

为声符。

㩟 拈也。从手，耴声。丁惬切（dié）[①]

【注释】①丁惬切：今音依《广韵》陟叶切，读zhé。

【译文】㩟，拈取。形声字，“手”为形符，“耴”为声符。

拈 㩟也。从手，占声。奴兼切（niān）

【译文】拈，用手指取物。形声字，“手”为形符，“占”为声符。

撝 舒也。从手，离声。丑知切（chī）

【译文】撝，把手舒展开。形声字，“手”为形符，“离”为声符。

捨（舍） 释也。从手，舍声。书冶切（shě）

【译文】捨，放下。形声字，“手”为形符，“舍”为声符。

擪 一指按也。从手，厭声。于协切（yè）

【译文】擪，用手指向下按压。形声字，“手”为形府，“厭”为声符。

按 下也。从手，安声。乌旰切（àn）

【译文】按，用手向下压、使向下。形声字，“手”为形符，“安”为声符。

控 引也。从手，空声。《诗》曰：“控于大邦。”[①]匈奴名引弓控弦。苦贡切（kòng）

【注释】①语见《诗经·鄘风·载驰》。

【译文】控，拉开弓弦。形声字，“手”为形符，“空”为声府。《诗经》说：“像拉开弓弦一样向大国申明心曲。”匈奴人叫拉开弓弦作控弦。

揗 摩也。从手，盾声。食尹切（shǔn）[①]

【注释】①食尹切：今读依《广韵》食尹切，音xún。

【译文】揗，用手摩挲。形声字，“手”为形符，“盾”为声符。

掾 缘也。从手，彖声。以绢切（yuàn）

【译文】掾，佐助。形声字，“手”为形符，“彖”为声符。

捪[拍] 拊也。从手，百声。普百切（pāi）

【译文】捪，轻轻拍打。形声字，“手”为形符，“百”为声符。

拊 揗也。从手，付声。芳武切（fǔ）

【译文】拊，抚摸。形声字，“手”为形符，“付”为声符。

掊 把也。今盐官入水取盐为掊。从手，咅声。父沟切（póu）

【译文】掊，把。现今盐官在潮水过处留住海水晒盐称作掊。形声字，“手”为形符，“咅”为声符。

捋 [篆] 取易也。从手，寽声。郎括切（luō）

【译文】捋，用手指取物轻而易举。形声字，“手”为形符，“寽”为声符。

撩 [篆] 理也。从手，尞声。洛萧切（liáo）

【译文】撩，料理。形声字，“手”为形符，“尞”为声符。

措 [篆] 置也。从手，昔声。仓故切（cuò）

【译文】措，安置。形声字，“手”为形符，“昔”为声符。

插 [篆] 刺肉也。从手，从臿①。楚洽切（chā）

【注释】①从手，从臿：段玉裁注：“从手，臿声。”

【译文】插，刺到内里。形声字，“手”为形符，“臿”为声符。

掄（抡） [篆] 择也。从手，侖声。卢昆切（lún）

【译文】掄，拣择。形声字，“手”为形符，“侖”为声符。

擇（择） [篆] 柬选也。从手，睪声。丈伯切（zé）

【译文】擇，挑选。形声字，“手”为形符，“睪”为声符。

捉 [篆] 搤也。从手，足声。一曰，握也。侧角切（zhuō）

【译文】捉，迫使至促处而扼取。形声字，“手”为形符，“足”

为声符。一说，握持。

搤[扼] 捉也。从手，益声。于革切（è）

【译文】搤，捉住。形声字，“手”为形符，“益”为声符。

挻 长也。从手，从延，延亦声。式连切（shān）

【译文】挻，用手使长。由“手”和“延”会意，“延”又为声符。

揃 搣也。从手，前声。即浅切（jiǎn）

【译文】揃，剪理鬓发。形声字，“手”为形符，“前”为声符。

搣 批也。从手，威声。亡列切（miè）

【译文】搣，用手揪拔头发。形声字，“手”为形府，“威”为声府。

批 捽也。从手，此声。侧氏切（zǐ）

【译文】批，以手击取。形声字，“手”为形符，“此”为声符。

揤 捽也。从手，即声。魏郡有揤裴，侯国。子力切（jí）

【译文】揤，抓按。形声字，“手”为形符，“即”为声符。魏郡有揤裴县侯国。

捽 持头发也。从手，卒声。昨没切（zuó）

【译文】捽，揪住头发。形声字，“手”为形符，“卒”为声符。

撮 四圭也。一曰，两指撮①也。从手，最声。仓括切（cuō）

【注释】①撮：朱骏声《说文通训定声》：“《汉书·律历志》：‘不失圭撮。’注：‘四圭曰撮，三指撮之也。’按，六粟为圭，四圭为撮。”

【译文】撮，四圭。一说，用三个指头聚拢抓取。形声字，“手”为形符，“最”为声符。

𢶋[掬] 撮也。从手，𥳑省声。居六切（jū）

【译文】𢶋，用两三指聚拢抓取。形声字，“手”为形符，“𥳑”的省文为声符。

揥 撮取也。从手，帶声。读若《诗》曰“螮蝀在东”。，揥或，从折，从示。两手急持人也。都计切（dì）

【注释】①语见《诗经·鄘风·蝃蝀》。螮今本作蝃。

【译文】揥，用指爪抓取。形声字，“手”为形符，“帶”为声符。读音与《诗经》“螮蝀在东”的“螮”字相同。，揥的或体，由“折”和“示”会意。另一义说，两手急忙把握人。

捊 引取也。从手，孚声。，捊或，从包①。

步侯切（póu）

【译文】捊，引物相聚。形声字，“手”为形符，“孚”为声符。，捊的或体，从“包”声。

揜 自关以东谓取曰揜。一曰，覆也。从手，弇声。衣检切（yǎn）

【译文】揜，自函谷关往东的地区称拿取称为揜。一说，覆盖。形声字，“手”为形符，“弇”为声符。

授 予也。从手，从受，受亦声。殖酉切（shòu）

【译文】授，给予。由“手”和“受”会意，“受”又是声符。

承 奉也。受也。从手，从卪，从収。署陵切（chéng）

【译文】承，双手捧持，收受。由“手”、“卪”和“収”会意。

挋 给也。从手，臣声。一曰，约也。章刃切（zhèn）

【译文】挋，举救使饱足。形声字，“手”为形符，“臣”为声符。一说，义为缠束。

⿰扌堇 拭也。从手，堇声。居焮切（jìn）

【译文】⿰扌堇，拂拭。形声字，“手”为形符，“堇”为声符。

攩[擋](挡) 朋群也。从手,黨声。多朗切(dǎng)

【译文】攩,朋黨。形声字,"手"为形符,"黨"为声符。

接 交也。从手,妾声。子叶切(jiē)

【译文】接,相引以手。形声字,"手"为形符,"妾"为声符。

抪 撞也。从手,市声。普活切(pō)

【译文】抪,擦拭。形声字,"手"为形符,"市"为声符。

挏 拥引也。汉有挏马官,作马酒。从手,同声。徒总切(dòng)

【译文】挏,两手抱着往来推引。汉代有挏马官,负责制作马奶酒。形声字,"手"为形符,"同"为声符。

招 手呼也。从手、召[①]。止摇切(zhāo)

【注释】①从手、召:桂馥《说文解字义证》:"以手曰招,以言曰召。"

【译文】招,用手势呼叫人。由"手"和"召"会意。

撫(抚) 安也。从手,無声。一曰,循也。㞯,古文从辵、亡[①]。芳武切(fǔ)

【注释】①从辵,亡声:《玉篇》入辵部,训为"逃走"。用于抚,系通假。《玉篇》有汷,训为"安也",或为抚之古文。

【译文】撫，安抚。形声字，“手”为形符，“無”为声符。一说，义为撫摩。，古文撫子，由“辵”、“亡”会意。

捪 抚也。从手，昏声。一曰，摹也。武巾切（mín）

【译文】捪，抚摩。形声字，“手”为形符，“昏”为声符。一说，义为摹仿。

揣 量也。从手，耑声。度高曰揣。一曰，捶之。初委切（chuǎi）

【译文】揣，量轻重。形声字，“手”为形符，“耑”为声符。丈量高低叫做揣。一说，义为用棍棒击打。

抧 开也。从手，只声。读若抵掌之抵。诸氏切（zhǐ）

【译文】抧，打开。形声字，“手”为形符，“只”为声符。读音与“抵掌”的“抵”字相同。

摜（掼） 习也。从手，貫声。《春秋传》曰：“摜渎鬼神。”①古患切（guàn）

【注释】①语见《左传·昭公二十六年》。

【译文】摜，习惯。形声字，“手”为形符，“貫”为声符。《左传》说：“习惯于侮慢鬼神。”

投 擿也。从手，从殳。度侯切（tóu）

【译文】投，投掷。形声字，“手”为形府，“殳”为声符。

擿 搔也。从手，適声。一曰，投也。直只切（zhì）

【译文】擿，搔。“手”为形府，“適”为声符。一说，义为投掷。

搔 （括）[刮]也。从手，蚤声。稣遭切（sāo）

【译文】搔，抓耙。形声字，“手”为形符，“蚤”为声符。

扴 刮也。从手，介声。古黠切（jiá）

【译文】扴，揩刮。形声字，“手”为形符，“介”为声符。

摽[摽] 击也。从手，㯹声。一曰挈門壮也。符少切（biào）[①]

【注释】①符少切：拍击义今读piāo；提启門闩义今音biào。

【译文】摽，用手击打。形声字，“手”为形符，“㯹”为声符。一说，义为用手提启門闩。

挑 挠也。从手，兆声。一曰，摷也。《国语》曰：“卻至挑天。”[①]土凋切（tiāo）[②]

【注释】①语见《国语·周语》单襄公的话。卻当作郤。今本原文：“郤至佻天以为己力。”韦昭注：“佻，偷也。偷天功以为己力。”郤至，晋国大臣。②土凋切：挑拨义今依《广韵》吐雕切，读

tiǎo。

【译文】挑，挑拨。形声字，“手”为形符，“兆”为声符。又一说，义为拘留而打击。《国语》说：“郤至偷天之功来作为自己的力量。”

抉 挑也。从手，夬声。於说切（jué）

【译文】抉，挑出。形声字，“手”为形符，“夬”为声符。

撓（挠） 扰也。从手，堯声。一曰，捄也。奴巧切（náo）

【译文】撓，扰乱。形声字，“手”为形符，“堯”为声符。又称作“捄”，捄即扰。

擾[擾]（扰） 烦也。从手，夒声。而沼切（rǎo）

【译文】擾，烦劳。形声字，“手”为形符，“夒”为声符。

挶 戟持也。从手，局声。居玉切（jū）

【译文】挶，手向戟一样弯曲握持。形声字，“手”为形符，“局”为声符。

据 戟挶①也。从手，居声。九魚切（jū）

【注释】①段玉裁注：“《鴟鴞》：‘予手拮据’。传曰：拮据，戟挶也。”

【译文】据，拮据。形声字，“手”为义符，“局”为声符。

擖  刮也。从手，葛声。一曰，挞也。口八切（qiā）

【译文】擖，用手揩刮。形声字，“手”为形符，“葛”为声符。又一说，义为鞭挞。

摘  拓果树实也。从手，啻声。一曰，指近之也。他历切（tì），又竹戹切（zhāi）

【译文】摘，摘取果树的果实。形声字，“手”为形符，“啻”为声符。又一说，义为指摘。

搳  擖也。从手，害声。胡秸切（xiá）

【译文】搳，用手揩刮。形声字，“手”为形符，“害”为声符。

摲 暂也。从手，斬声。昨甘切（cán）

【译文】摲，斩断而取。形声字，“手”为义符，“斬”为声符。

拹 折也。从手，劦声。一曰，拉也。虚业切（xié）

【译文】拹，摧折。“手”为形符，“劦”为声符。一说，义为拉。

摺（折）  败也。从手，習声。之涉切（zhé）

【译文】摺，毁坏。形声字，“手”为形符，“習”为声符。

揫（揪）  束也。从手，秋声。《诗》曰：“百

禄是揫。”①即由切（jiū）

【注释】①语见《诗经·商颂·长发》。揫今本作遒。毛传：“遒，聚也。”雷浚《说文引经例辨》：“揫之本义为束，而引申之则训聚之字亦作揫。许引《诗》说引申。”

【译文】揫义为束缚；捆绑。形声字，手为形府，秋为声符。《诗经·商颂·长发》说：“各种福禄都聚集在他身上。”

摟（搂）曳、聚也。从手，婁声。洛侯切（lōu）

【译文】摟，拖引，聚集。形声字，“手”为形符，“婁”为声符。

抎 有所失也。《春秋传》曰：“抎子，辱矣。”①从手，云声。于敏切（yǔn）

【注释】①语见《左传·成公二年》。抎今本作隕。

【译文】抎，有所坠落。《左传》说：“如果失去了您，将是国家的耻辱啊。”形声字，“手”为形符，“云”为声符。

披 从旁持曰披。从手，皮声。敷羁切（pī）

【译文】披，在柩车两旁牵挽的帛称为披。形声字，“手”为形符，“皮”为声符。

𢴤 引纵曰𢴤。从手，瘛省声。尺制切（chì）

【译文】𢴤，牵引而又放纵称为𢴤。形声字，“手”为形符，“瘛”的省文为声符。

𢪗 积也。《诗》曰："助我举𢪗。"[①]搣颊旁也。从手，此声。前智切（zì）

【注释】①语见《诗经·小雅·车攻》。𢪗今本作柴。毛传"积也"。

【译文】𢪗，积聚。《诗经》说："帮助我们获取积聚的死禽兽。"又一说，剪两颊的须毛。形声字，"手"为形符，"此"为声符。

掉 摇也。从手，卓声。《春秋传》曰："尾大不掉。"[①]徒吊切（diào）

【注释】①语见《左传·昭十一年》。

【译文】掉，摇动。形声字，"手"为形符，"卓"为声符。《左传》说："尾巴太大不能摆动。"

搖（摇） 动也。从手，䍃声。余招切（yáo）

【译文】摇，摆动。形声字，"手"为形符，"䍃"为声符。

搈 动搈也。从手，容声。余陇切（róng）

【译文】搈，动摇。形声字，"手"为形符，"容"为声符。

擿 当也。从手，貳声。直异切（zhì）

【译文】擿，相当。形声字，"手"为形符，"貳"为声符。

揂 聚也。从手，酋声。即由切（jiū）

【译文】揂，聚集。形声字，"手"为形符，"酋"为声符。

掔 固也。从手，臤声。读若《诗》“赤舄掔掔”[①]。苦闲切（qiān）

【注释】①语见《诗经·豳风·狼跋》。掔掔今本作几几。

【译文】掔，坚固。形声字，“手”为形符，“臤”为声符，读音像《诗经》中“赤舄掔掔”的“掔”声。

捀 奉也。从手，夆声。敷容切（fēng）[①]

【注释】①敷容切：今依《广韵》符容切，读féng

【译文】捀，两手托物。形声字，“手”为形符，“夆”为声符。

擧 对擧也。从手，舆声。以诸切（yú）

【译文】擧，两人相对共举。形声字，“手”为形符，“舆”为声符。

揚（扬） 飞、举也。从手，昜声。，古文。与章切（yáng）

【译文】揚，飞起，举起。形声字，“手”为形符，“昜”为声符。，古文揚字。

舉（举） 对舉也。从手，與声。居许切（jǔ）

【译文】舉，双手相对向上托物。形声字，“手”为形符，“與”为声符。

掀 𢬵 举出也。从手，欣声。《春秋传》曰："掀公出于淖。"①虚言切（xiān）

【注释】①语见《左传·成公十六年》："乃掀公以出于淖。"

【译文】掀，举起。形声字，"手"为形符，"欣"为声符。《左传》说："用手高举起晋厉公的战车从泥沼里出来。"

揭 𢱢 高举也。从手，曷声。去例切（qì），又基竭切（jiē）

【译文】揭，高高举起。形声字，"手"为形府，"曷"为声符。

抍 𢪋 上举也。从手，升声。《易》曰："抍马壮吉。"①𢷎，抍或，从登②。蒸上切（zhěng）

【注释】①语见《周易·明夷卦·六二》。今作："夷于左股，用拯马壮，吉。"②登、升属于同一声部。

【译文】抍，向上举。形声字，"手"为形符，"升"为声符。《周易》说："马伤了左边的大腿，因此拯救马；马健壮了，可获得吉祥。"𢷎，抍的或体，登为声符。

振 𢪒 举救也。从手，辰声。一曰，奋也。章刃切（zhèn）

【译文】振，赈济。形声字，"手"为形符，"辰"为声符。又一说，义为奋起。

扛 𢪏 横关对举也①。从手，工声。古双切（gāng）

【注释】①横关对举也：段玉裁《说文解字注》："以木横持門户曰关，凡大物而两手对举之曰扛。项羽力能扛鼎，谓鼎有鼏（mì）、以木横贯鼎耳而举其两端也。即无横木而两手举之亦曰扛。即两人以横木对举一物亦曰扛。"

【译文】扛，用双手把横穿重物两端的木杠对举起来。形声字，"手"为形符，"工"为声符。

扮 握也。从手，分声。读若粉。房吻切（fěn）[①]

【注释】①房吻切：王玉树《说文拈字》："今俗作晡幻切（bàn），以为装扮之扮。"

【译文】扮，握持。形声字，"手"为形符，"分"为声符。读音与"粉"字相同。

撟（挢） 举手也。从手，喬声。一曰，挢，擅也。居少切（jiǎo）

【译文】撟，举起手。形声字，"手"为形符，"喬"为声符。又一说，义为专擅。

捎 自关已西，凡取物之上者为撟捎。从手，肖声。所交切（shāo）

【译文】捎，从函关谷向西一带地区，凡是择取物品的上等，称为撟捎。形声字，"手"为形符，"肖"为声符。

攤[擁]（拥） 抱也。从手，雝声。於陇切

（yǒng）[①]

【注释】①於陇切：今依《集韵》於容切，读yōng。

【译文】攤，擁抱。形声字，“手”为形符，“雝”为声符。

擩 染也。从手，需声。《周礼》：“六曰擩祭。”[①]而主切（rǔ）

【注释】①语见《周礼·春官·大祝》。郑玄注：“以肝肺菹擩盐醢中以祭也。”

【译文】擩，染渍。形声字，“手”为形符，“需”为声符。《周礼》：“第六叫做染渍的祭祀。”

揄 引也。从手，俞声。羊朱切（yú）

【译文】揄，导引。形声字，“手”为形符，“俞”为声符。

擎 擎擭，不正也。从手，般声。薄官切（pán）

【注释】①擎擭：连绵词。

【译文】擎，擎擭，手不正。形声字，“手”为形府，“般”为声符。

擭 擎擭也。一曰，布擭也，一曰，握也。从手，蒦声。一虢切（wò）

【译文】擭，擎擭。一说，义为分布。又一说，义为握取。形声字，“手”为形符，“蒦”为声符。

拚 𢪽 拊手也。从手，弁声。皮变切（biàn）

【译文】拚，拍手。形声字，“手”为形符，“弁”为声符。

擅 𢮶 专也。从手，亶声。时战切（shàn）

【译文】擅，独揽。形声字，“手”为形符，“亶”为声符。

揆 揆 葵也[①]。从手，癸声。求癸切（kuí）

【注释】①葵：《尔雅·释言》：“葵，揆也。揆，度也。”

【译文】揆，度量。形声字，“手”为形符，“癸”为声符。

擬（拟） 擬 度也。从手，疑声。魚已切（nǐ）

【译文】擬，揣度。形声字，“手”为形符，“疑”为声符。

損（损） 損 减也。从手，員声。穌本切（sǔn）

【译文】損，减少。形声字，“手”为形符，“員”为声符。

失 失 纵也。从手，乙声。式质切（shī）

【译文】失，放手而掉落。形声字，“手”为形符，“乙”为声符。

挩 挩 解挩也。从手，兑声。他括切（tuō）

【译文】挩，解脱。形声字，“手”为形符，“兑”为声符。

撥（拨） 撥 治也。从手，發声。北末切（bō）

【译文】撥，治理。形声字，“手”为形符，“發”为声符。

挹 抒也。从手，邑声。於汲切（yì）

【译文】挹，舀取。形声字，“手”为形符，“邑”为声符。

抒 挹也。从手，予声。神与切（shù）①

【注释】①神与切：今读音shū。

【译文】抒，舀取。形声字，“手”为形符，“予”为声符。

抯 挹也。从手，且声。读若樝（zhā）梨之樝。侧加切（zhā）

【译文】抯，叉取。形声字，“手”为形符，“且”为声符。读音与“樝梨”的“樝”字相同。

攫 扟也。从手，矍声。居缚切（jué）

【译文】攫，鸟兽用爪从上面像舀一样抓取。形声字，“手”为形符，“矍”为声符。

扟 从上挹也。从手，卂声。读若莘。所臻切（shēn）

【译文】扟，从上面舀取或择取。形声字，“手”为形符，“卂”为声符。读音与“莘字”相同。

拓[摭] 拾也。陈、宋语。从手，石声。，

拓或，从庶[1]。之石切（zhí）

【注释】①段玉裁注："石声、庶声皆古音五部。"庶表声。

【译文】拓，拾取。是陈、宋一带的方言。形声字，"手"为形符，"石"为声符。摭，拓的或体，从"庶"声。

攈 攈 拾也。从手，麇声。居运切（jùn）

【译文】攈，拾取。形声字，"手"为形符，"麇"为声符。

拾 拾 掇也。从手，合声。是执切（shí）

【译文】拾，拣取。形声字，"手"为形符，"合"为声符。

掇 掇 拾取也。从手，叕声。都括切（duō）

【译文】掇，拾取。形声字，"手"为形符，"叕"为声符。

擐[擐] 擐 贯也。从手，睘声。《春秋传》曰："擐甲执兵。"[1]胡惯切（huàn）

【注释】①语见《左传·成公二年》。

【译文】擐，贯穿。形声字，"手"为形符，"睘"为声符。《左传》说："披挂衣甲，拿着武器。"

搄 搄 引、急也。从手，恒声。古恒切（gēng）

【译文】搄，牵引，拉紧。形声字，"手"为形符，"恒"为声符。

摍 摍 蹴引也。从手，宿声。所六切（suō）

【译文】摍，急速地抽取。形声字，“手”为形符，“宿”为声符。

㨜　相援也。从手，虔声。巨言切（qián）

【译文】㨜，伸手相助。形声字，“手”为形符，“虔”为声符。

援　引也。从手，爰声。雨元切（yuán）

【译文】援，牵引。形声字，“手”为形符，“爰”为声符。

擂[抽]　引也。从手，畱声。，擂或，从由。，擂或，从秀。敕鸠切（chōu）

【译文】擂，拉引。形声字，“手”为形符，“畱”为声符。，擂的或体，从“由”声。，擂的或体，从“秀”声。

擢　引也。从手，翟声。直角切（zhuó）

【译文】擢，向上拔起。形声字，“手”为形符，“翟”为声符。

拔　擢也。从手，犮声。蒲八切（bá）

【译文】拔，向上抽拔。形声字，“手”为形符，“犮”为声符。

揠　拔也。从手，匽声。乌黠切（yà）

【译文】揠，向上拔起。形声字，“手”为形符，“匽”为声符。

擣[擣][搗](捣)　手推也。一曰，筑也。从手，

𠷎声。都皓切（dǎo）

【译文】擣，用手捶击。又一说，义为持杵筑擣土墙。形声字，“手”为形符，“𠷎”为声符。

攣（挛） 系也。从手，䜌声。吕员切（luán）

【译文】攣，绳索牵引。形声字，“手”为形符，“䜌”为声符。

挺 拔也。从手，廷声。徒鼎切（tǐng）

【译文】挺，引拔出来。形声字，“手”为形符，“廷”为声符。

搴[1] 拔取也。南楚语。从手，寒声。《楚词》曰：“朝搴批之木兰。”[2]九辇切[3]（jiǎn）

【注释】①搴：或作搴，或作攓。后通用搴。②语见《楚辞·离骚》。搴今本作搴，批今本作阰。王逸注：“阰，山名。”③九辇切：今依《集韵》丘虔切，读qiān。

【译文】搴，拔取。楚地南部方言。形声字，“手”为形符，“寒”为声符。《楚辞·离骚》说：“早晨拔取阰山上的木兰花。”

探 远取之也。从手，罙声。他含切（tān）[1]

【注释】①他含切：《广韵》此切“探”为“取”义；他绀切作“撢”，义为“深取”，今读从之，音tàn。

【译文】探，深入摸取。形声字，“手”为形符，“罙”为声符。

撢［撢］ 探也。从手，覃声。他绀切（tàn）

【译文】撢，探求。形声字，“手”为形符，“覃”为声符。

捼　推也。从手，委声。一曰，两手相切摩也。奴禾切（nuó）[1]

【注释】①奴禾切：今读音ruó。

【译文】捼，推捼。形声字，“手”为形符，“委”为声符。又一说，义为两只手互相搓揉。

擎（撇）　别也。一曰，击也。从手，敝声。芳灭切（piē）

【译文】擎，用手分离开。又一说，义为击。形声字，“手”为形符，“敝”为声符。

揻[撼]　摇也。从手，咸声。胡感切（hàn）

【译文】揻，动摇。形声字，“手”为形符，“咸”为声符。

搦　按也。从手，弱声。尼革切（nuò）[1]

【注释】①尼革切：今依《广韵》女角切，读nuò。

【译文】搦，按压。形声字，“手”为形符，“弱”为声符。

掎　偏引也。从手，奇声。居绮切（jǐ）

【译文】掎，偏向一方从旁或从后牵引。形声字，“手”为形符，“奇”为声符。

揮（挥）  奋也。从手，軍声。许归切（huī）

【译文】揮，用力挥动。形声字，“手”为形符，“軍”为声符。

摩  研也。从手，麻声。莫婆切（mó）

【译文】摩，摩擦。形声字，“手”为形符，“麻”为声符。

搥（批）  反手击也。从手，毘声。匹齐切（pī）

【译文】搥，反过手击打。形声字，“手”为形符，“毘”为声符。

攪（搅）  乱也。从手，覺声。《诗》曰：“祇攪我心。”[①]古巧切（jiǎo）

【注释】①语见《诗经·小雅·何人斯》。毛传：“祇，适也。”

【译文】攪，扰乱。形声字，“手”为形符，“覺”为声符。《诗经》说：“恰好扰乱我的心。”

搑  推搗也。从手，茸声。而陇切（rǒng）

【译文】搑，推开而又捶捣。形声字，“手”为形符，“茸”为声符。

撞 刊搗也。从手，童声。宅江切（chuáng）[①]

【注释】①宅江切：今依《广韵》直绛切，读zhuàng。

【译文】撞，迅疾而捣。形声字，“手”为义符，“童”为声符。

捆  就也。从手，因声。於真切（yīn）

【译文】捆，凭借。形声字，“手”为形符，“因”为声符。

扔 𢪍 因也。从手，乃声。如乘切(rēng)
【译文】扔，依旧。形声字，“手”为形符，“乃”为声符。

捪[括] 𢫦 絜也。从手，𠮯声。古活切(kuò)
【译文】捪，捆扎。形声字，“手”为形符，“𠮯”为声符。

抲 𢫭 抲撝也。从手，可声。《周书》曰：“尽执，抲。”[①]虎何切(hē)

【注释】①语见《尚书·周书·酒诰》。抲今本作拘。段玉裁注：“当‘尽执’为逗，下云‘抲以归于周”，谓‘指撝以归于周’也。”

【译文】抲，指挥。形声字，“手”为形符，“可”为声符。《尚书》说：“全部抓起来，指挥他们回归周地。”

擘 𢸬 撝也。从手，辟声。博𠫊切(bò)
【译文】擘，分裂。形声字，“手”为形符，“辟”为声符。

撝(㧑) 𢺐 裂也。从手，爲声。一曰，手指也。许归切(huī)

【译文】撝，分裂。形声字，“手”为形符，“爲”为声符。一说，义为以手指挥。

捇 [篆] 裂也。从手，赤声。呼麦切（huò）

【译文】捇，撕裂。形声字，“手”为形符，“赤”为声符。

扐 [篆] 《易》筮，再扐而后卦。从手，力声。卢则切（lè）

【译文】扐，《周易》中用蓍草占卜的方法，将蓍草的奇零之数夹在手指之间然后布一卦爻。形声字，“手”为形符，“力”为声符。

技 [篆] 巧也。从手，支声。渠绮切（jì）

【译文】技，技巧。形声字，“手”为形符，“支”为声符。

摹 [篆] 规也。从手，莫声。莫胡切（mó）

【译文】摹，法度。形声字，“手”为形符，“莫”为声符。

拙 [篆] 不巧也。从手，出声。职说切（zhuō）

【译文】拙，不能作技巧的事。形声字，“手”为形符，“出”为声符。

揩 [篆] 缝指揩也。一曰，韬也。从手，沓声。读若罤。徒合切（tà）

【译文】揩，缝纫者套在手指上的皮箍。一说，名韬。形声字，“手”为形符，“沓”为声符。读音与“罤”字相同。

摶（抟） [篆] 圜也。从手，專声。度官切（tuán）

【译文】摶，用手搓捏聚成团。形声字，“手”为形符，“專”为声符。

搰  手推之也。从手，圂声。户骨切（hú）

【译文】搰，用手推物。形声字，“手”为形符，“圂”为声符。

捄  盛土于梩中也[1]。一曰，扰也。《诗》曰：“捄之陾陾（réng）。”[2]从手，求声。举朱切（jū）

【注释】①梩（sì）：段玉裁注：“木部曰：‘相者，徒土輂（jú）也，或作梩。’”輂，运土的器具。②语见《诗经·大雅·緜》。毛传：“捄，虆（土筐）也。”郑笺：“筑墙者捊聚壤土，盛之以虆，而投诸版中。”陾陾，装土声。

【译文】捄，把土装在土筐中。一说，义为搅扰。《诗经》说：“把土装进土筐中，装土的声音陾陾地响。”形声字，“手”为形符，“求”为声符。

拮  手口共有所作也。从手，吉声。《诗》曰：“予手拮据。”[1]古屑切（jié）

【注释】①语见《诗经·豳风·鸱鸮》。

【译文】拮，手和口同时有所劳作。形声字，“手”为形符，“吉”为声符。《诗经》说：“我们的手，操作十分劳苦。”

搰  掘也。从手，骨声。户骨切（hú）

【译文】搰，发掘。形声字，“手”为形符，“骨”为声符。

掘 滑也。从手，屈声。衢勿切（jué）

【译文】掘，挖掘。形声字，“手”为形符，“屈”为声符。

掩 敛也。小上曰掩。从手，奄声。衣检切（yǎn）

【译文】掩，收手覆盖。稍稍举手放在被覆盖的物体上面叫掩。形声字，“手”为义符，“奄”为声符。

概 涤也。从手，既声。《诗》曰：“概之釜鬵。”①古代切（gài）

【注释】①语见《诗经·桧风·匪风》。概今本作溉。

【译文】概，洗涤。形声字，“手”为形符，“既”为声符。《诗经》说：“洗涤那小锅大锅。”

揟 取水沮也。从手，胥声。武威有揟次县。相居切（xū）

【译文】揟，滤取水中的渣滓。同“滤”。形声字，“手”为形符，“胥”为声符。武威郡有揟次县。

播 穜也。一曰，布也。从手，番声。𢭏，古文播。补过切（bō）

【译文】播，播种。一说，义为传布。形声字，“手”为形符，“番”为声符。𢭏，古文播字。

挃 获禾声也。从手，至声。《诗》曰：“获

之挃挃。”①陟栗切（zhì）

【注释】①语见《诗经·周颂·良耜》。

【译文】挃，收割庄稼的声音。形声字，“手”为形符，“至”为声符。《诗经》说：“割禾割得挃挃地响。”

摰 刺也。从手，致声。一曰，刺之财至也。陟利切（zhì）

【译文】摰，刺。形声字，“手”为形符，“致”为声符。一说，义为刺物刚到即止。

扤 动也。从手，兀声。五忽切（wù）

【译文】扤，摇动。形声字，“手”为形符，“兀”为声符。

抈 折也。从手，月声。魚厥切（yuè）

【译文】抈，折断。形声字，“手”为形符，“月”为声符。

摎 缚杀也。从手，翏声。居求切（jīu）

【译文】摎，绞死。形声字，“手”为形符，“翏”为声符。

撻（挞） 乡饮酒，罚不敬，撻其背。从手，達声。，古文撻。《周书》曰：“遽以記之。”①他达切（tà）

【注释】①语见《尚书·虞书·皋陶谟》。遽今作撻。

【译文】撻，古时乡人按时聚会饮酒行礼时，失礼不敬必罚，以荆杖抽打脊背。形声字，“手”为形符，“達”为声符。，古文撻字。《尚书·虞书》曰:“用鞭打来使他们记住。”

掕 [篆] 止马也。从手,夌声。里甑切(lìng)[①]

【注释】①里甑切:今读依《广韵》力膺切,音líng。

【译文】掕,勒马使停止。形声字,“手”为形符,“夌”为声符。

抨 [篆] 掸也。从手,平声。普耕切(pēng)

【译文】抨,开弓射丸。形声字,“手”为形符,“平”为声符。

捲(卷) [篆] 气势也。从手,卷声。《国语》曰:“有捲勇。”[①]一曰,捲,收也。巨员切(quán)

【注释】①语见《国语·齐语》。捲今本作拳。

【译文】捲,气壮有势。形声字,“手”为形符,“卷”为声符。《国语》说:“有有气势而又勇敢的人。”

扱 [篆] 收也。从手,及声。楚洽切(chā)

【译文】扱,收敛。形声字,“手”为形符,“及”为声符。

摷 [篆] 拘击也。从手,巢声。子小切(jiǎo)

【译文】摷,拘留打击。形声字,“手”为形符,“巢”为声符。

挨 [篆] 击背也。从手,矣声。於駴切(ǎi)[①]

【注释】①於駴切:今依《广韵》於骇切,读āi。

【译文】挨，朝脊背推击。形声字，“手”为形符，“矣”为声符。

撲（扑） 𢵩 挨也。从手，菐声。蒲角切[①]（bó）

【注释】①蒲角切：今依《广韵》普木切，读pū。

【译文】撲，用鞭扑打。形声字，“手”为形符，“菐”为声符。

擊 擊 旁（旁）击也。从手，敫声。苦吊切（qiào）

【译文】擊，从旁击打。形声字，“手”为形符，“敫”为声符。

扚 扚 疾击也。从手，勺声。都了切（diǎo）

【译文】扚，快速击打。形声字，“手”为形符，“勺”为声符。

抶 抶 笞击也。从手，失声。敕栗切（chì）

【译文】抶，用竹板或荆条击打。形声字，“手”为形符，“失”为声符。

抵 抵 侧击也。从手，氐声。诸氏切（zhǐ）

【译文】抵，侧着手击打。形声字，“手”为形符，“氐”为声符。

抰 抰 以车鞅击也。从手，央声。於两切（yǎng）

【译文】抰，用车上套马脖的皮子抽打。形声字，“手”为形符，“央”为声符。

捊 𢱉 衣上击也。从手，保声。方苟切（bǔ）

【译文】捊，隔衣而击打，振去衣上尘土。形声字，“手”为形形符，“保”为声符。

捭 𢫧 两手击也。从手，卑声。北买切（bǎi）

【译文】捭，左右两手横开从旁而击。形声字，“手”为形符，“卑”为声符。

捶 𢫻 以杖击也。从手，垂声。之垒切（zhuǐ）①

【注释】①之垒切：今读音chuí。

【译文】捶，用棍棒击打。形声字，“手”为形符，“垂”为声符。

搉 𢶉 敲击也。从手，隺声。苦角切（què）

【译文】搉，用物敲打。形声字，“手”为形符，“隺”为声符。

摬 𢷸 中击也。从手，竟声。一敬切（yìng）①

【注释】①一敬切：今依《广韵》於丙切，读yǐng。

【译文】摬，击中。形声字，“手”为形符，“竟”为声符。

拂 𢬍 过击也。从手，弗声。敷物切（fú）

【译文】拂，飞掠而击。形声字，“手”为形符，“弗”为声符。

擊 𢱭 捣头也。从手，坚声。读若“铿尔舍瑟而

作”[1]。口茎切（kēng）

【注释】①语见《论语·先进第十一》。

【译文】掔，捣击头部。形声字，“手”为形行，“堅”为声符，读音与《论语》说的“鏗锵一声，放下瑟站起来”的“鏗”字相同。

抌 [篆] 深击也。从手，冘声。读若告言不正曰抌。竹甚切（zhěn）[1]

【注释】①竹甚切：今音依《广韵》都感切，读dǎn。

【译文】抌，深深击打。形声字，“手”为形符，“冘”为声符。读音与“告发的言语不正当叫作抌”的“抌”字相同。

擊 [篆] 伤击也。从手、毁，毁亦声。许委切（huǐ）

【译文】擊，击打致伤。由“手”和“毁”会意，毁又是声符。

擊（击）[篆] 攴也。从手，毄声。古历切（jī）

【译文】擊，打。形声字，“手”为形符，“毄”为声符。

扞 [篆] 忮也[1]。从手，干声。侯旰切（hàn）

【注释】①段玉裁注：“‘忮’当作‘枝’。枝持字，古书用枝，亦用支。许之字例则当作榰。许之榰柱，他书之搘拄也。”《增韵》：“抵也。”

【译文】扞，抵御捍蔽。形声字，“手”为义符，“干”为声符。

抗 [篆] 扞也。从手，亢声。[篆]，抗或，从木。苦

浪切（kàng）

【译文】抗，抵御。形声字，“手”为形符，“亢”为声符。杭，抗的或体，从“木”。

捕 取也。从，手甫声。薄故切（bù）①

【注释】①薄故切：今读音bǔ。

【译文】捕，捉取。形声字，“手”为形符，“甫”为声符。

簎 刺也。从手，籍省声。《周礼》曰：“簎魚鱉。”①士革切（zé）②

【注释】①语见《周礼·天官·鱉人》。②士革切：今读依《广韵》测戟切，音cè。

【译文】簎，用叉刺取水中魚鱉。形声字，“手”为形符，“籍”的省文为声符。《周礼》说：“用叉刺取魚和鱉。”

撚 执也。从手，然声。一曰，蹂也。乃殄切（niǎn）

【译文】撚，执持。形声字，“手”为形符，“然”为声符。一说，义为践踏。

挂 画也。从手，圭声。古卖切（guà）

【译文】挂，画分。形声字，“手”为形符，“圭”为声符。

拕 曳也。从手，它声。托何切（tuō）

【译文】拕，拉物在地上滑行。形声字，“手”为形符，“它”为声符。

捈　臥引也。从手，余声。同都切（tú）

【译文】捈，横拽。形声字，“手”为形符，“余”为声符。

抴　捈也。从手，世声。余制切（yì）①

【注释】①余制切：今音依《广韵》羊列切，读yè。

【译文】抴，牵引。形声字，“手”为形符，“世”为声符。

揙　抚也。从手，扁声。婢沔切（biàn）

【译文】揙，搏击。形声字，“手”为形符，“扁”为声符。

撅　从手，有所把也。从手，厥声。居月切（juē）

【译文】撅，以手有所把持。“手”为形符，“厥”为声符。

攎　挐持也①。从手，盧声。洛乎切（lú）

【注释】①挐持也：段玉裁《说文解字注》：“拏持也。拏各本作挐，誤。”

【译文】攎，用手拿起。形声字，“手”为形符，“盧”为声符。

挐［拿］①　持也。从手，如声。女加切（ná）

【注释】①挐：桂馥《说文解字义证》：“挐，通作拏。拘捕有罪曰拏，今俗作拿。”按，今拿持、捉拿全用“拿”。

【译文】挐，拿持。形声字，“手”为形符，“如”为声符。

揾 没也。从手，𥁕声。乌困切（wèn）

【译文】揾，按入水中。形声字，“手”为形符，“𥁕”为声符。

搒[搒] 掩也。从手，㔙声。北孟切（bèng）①

【注释】①北孟切：今依《广韵》薄庚切，读péng。

【译文】搒，掩藏。形声字，“手”为义符，“㔙”为声符。

挌 击也。从手，各声。古核切（gé）

【译文】挌，击打。形声字，“手”为义符，“各”为声符。

拲 两手同械也。从手，从共，共亦声。《周礼》：“上辠，梏拲而桎。”①，拲或，从木。居竦切（gǒng）

【注释】①语见《周礼·秋官·掌囚》。辠：段玉裁注：“秦以辠似皇字，改为罪。”

【译文】拲，把双手一起铐在手铐里。由“手”、“共”会意，“共”也是声符。《周礼》说：“重罪，两手同铐在木铐里，脚上加戴木桎。”，拲的或体，从“木”。

掫 夜戒守，有所击也。从手，取声。《春秋传》曰：“宾将掫。”①子侯切（zōu）

【注释】①语见《左传·昭公二十年》。杜预注："掫，行夜。"

【译文】掫，夜里警戒巡守，有所敲击。形声字，"手"为形符，"取"为声符。《左传》说："客人将要巡夜。"

捐 弃也。从手，肙声。与专切（yuán）①

【注释】①与专切：今读音juān。

【译文】捐，舍弃。形声字，"手"为形符，"肙"为声符。

掤 所以覆矢也。从手，朋声。《诗》曰："抑释掤忌。"①笔陵切（bīng）

【注释】①语见《诗经·郑风·大叔于田》。

【译文】掤，用来遮覆箭筒的盖。形声字，"手"为形符，"朋"为声符。《诗经》说："打开箭筒盖啊。"

扜［扜］ 指麾也。从手，亏声。亿俱切（yū）

【译文】扜，指挥。形声字，"手"为形符，"亏"为声符。

麾 旌旗，所以指麾也。从手，靡声。许为切（huī）

【译文】麾，旌旗，用来指挥的工具。形声字，"手"为形符，"靡"为声符。

捷 猎也。军获得也。从手，疌声。《春秋传》曰："齐人来献戎捷。"①疾叶切（jié）

【注释】①语见《左传·庄公三十一年》。

【译文】捷，像追逐禽兽一样而捕得。在军事行动中获得。形声字，“手”为形符，“疌”为声符。《左传》说：“齐国人来贡献攻打山戎的战利品。”

扣  牵马也。从手，口声。丘后切（kòu）

【译文】扣，勒住马缰。形声字，“手”为形符，“口”为声符。

掍  同也。从手，昆声。古本切（gǔn）

【译文】掍，混同。形声字，“手”为形符，“昆”为声符。

挖[搜]  众意也。一曰，求也。从手，叟声。《诗》曰：“束矢其挖。”[①]所鸠切（sōu）

【注释】①语见《诗经·鲁颂·泮水》。毛传：“五十矢为束。”

【译文】挖，众多的意思。一说，义为求取。形声字，“手”为形符，“叟”为声符。《诗经》说：“一捆箭是何其多啊。”

换  易也。从手，奂声。胡玩切（huàn）

【译文】换，更易。形声字，“手”为形符，“奂”为声符。

掖  以手持人臂投地也。从手，夜声。一曰，臂下也。羊益切（yè）

【译文】掖，用手挟持人的臂膀。形声字，“手”为形符，“夜”

为声符。一说，义为臂下腋窝。

文二百六十五 重十九

𠁁 背吕也。象胁肋也。凡𠁁之属皆从𠁁。古怀切（guāi）

【译文】𠁁，背脊。象胸胁肋骨的样子。大凡“𠁁”的部属都从“𠁁”。

𦟝[脊] 背吕也。从𠁁，从肉。资昔切（jǐ）

【译文】𦟝，脊背。由“𠁁”和“肉”会意。

文二

卷二十四

女 𡚤 妇人也。象形。王育说。凡女之属皆从女。尼吕切（nǚ）

【译文】女，妇女。象女人揜敛自守的样子。这是王育的说法。大凡“女”的部属都从“女”。

姓 𡛷 人所生也。古之神圣母，感天而生子，故称天子。从女，从生，生亦声。《春秋传》曰：“天子因生以赐姓。”[①]息正切（xìng）

【注释】①语见《左传·隐公八年》。

【译文】姓，人出生的那个家族的姓氏。古代的神圣的母亲，由于上天的感动而生育子女，所以称为“天子”。由“女”、“生”会意，“生”又是声符。《左传·隐公八年》说：“天子根据出生的由来而赐给诸侯姓氏。”

姜 𡜏 神农居姜水[①]，以为姓。从女，羊声。居良切（jiāng）

【注释】①神农：王筠《说文解字句读》："炎帝即神农氏。炎帝，身号；神农，代号也。"姜水：即岐山。

【译文】姜，神农氏居住在姜水一带，于是以姜为姓。形声字，"女"为形符，"羊"为声符。

姬　黄帝居姬水[①]，以为姓。从女，𦣞声。居之切（jī）

【注释】①黄帝：《说文解字句读》："《帝王世纪》：黄帝，有熊氏，少典之子，姬姓也。生寿丘，长于姬水。"桂馥《说文解字义证》："黄帝，轩辕氏，姬姓之祖也。"

【译文】姬，黄帝族居住在姬水一带，于是以姬为姓。形声字，"女"为形符，"𦣞"为声符。

姞　黄帝之后百鯈姓[①]，后稷妃家也。从女，吉声。巨乙切（jí）

【注释】①百鯈：黄帝子，封南燕。

【译文】姞，黄帝族的后代百鯈的姓，后稷妃的娘家姓。形声字，"女"为形符，"吉"为声符。

嬴　少昊氏[①]之姓也。从女，𣎆省声。以成切（yíng）

【注释】①少昊氏：桂馥《说文解字义证》："《帝王世纪》：少昊帝名挚，字青阳。"

【译文】嬴，古帝王少昊族的姓。形声字，"女"为形符，"𣎆"的省文为声符。

姚 虞舜居姚虚，因以为姓。从女，兆声。或为姚，娆也。《史篇》以为：姚，易也。余招切（yáo）

【译文】姚，虞舜帝居住在姚墟一带，因而以姚为姓。形声字，“女”为形符，“兆”为声符。一说，以为姚即妖娆，美好的样子。《史籀篇》认为姚即轻易的意思。

嬀（妫） 虞舜居嬀汭[①]，因以爲氏。从女，爲声。居为切（guī）

【注释】①嬀汭：桂馥《说文解字义证》：“《寰宇记》：‘薄州河东县嬀汭水，源出县南三十里雷首山。此二泉，南流者曰嬀，北流者曰汭，异源同归，浑流西注而入于河，即釐降二女之所，今有舜祠存焉。’”按嬀水、汭水，在今山西永济南。一说，水曲折叫汭。嬀汭，嬀水水湾处。

【译文】嬀，舜帝居住于嬀水、汭水相交会的地方。因而以嬀为氏。形声字，“女”为形符，“爲”为声符。

妘 祝融之后姓也[①]。从女，云声。䵷，籀文妘，从員。王分切（yún）

【注释】①祝融之后姓也：段玉裁《说文解字注》：“祝融者，颛顼之子黎也。《国语》：‘其后八姓：己、董、彭、秃、妘、曹、斟、芈。’”

【译文】妘，祝融氏后裔的姓。形声字，“女”为形符，“云”为声符。䵷，籀文妘字，从“員”声。

㜪 殷诸侯为乱，疑姓也。从女，先声。《春秋传》曰：“商有㜪邳。”[1]所臻切（shēn）

【注释】①语见《左传·昭公元年》。

【译文】㜪，商朝叛乱的诸侯国，可能其国之君主以国为姓。形声字，“女”为形符，“先”为声符。《左传年》说：“商朝有㜪、邳二国为乱。”

嬿 人姓也。从女，然声。奴见切（niàn）

【译文】嬿，常人的姓。形声字，“女”为形符，“然”为声符。

㚵 人姓也。从女，丑声。《商书》曰：“无有作㚵。”[1]呼到切（hào）

【注释】①语见《尚书·商书·洪范》。㚵今本作好。马融注：“好，私好也。”

【译文】㚵，常人的姓。形声字，“女”为形符，“丑”为声符。《尚书·商书》说：“不要做私人爱好的事。”

娸  人姓也。从女，其声。杜林说：娸，丑也[1]。去其切（qī）

【注释】①杜林：杜旦子，汉时小学大师。娸，借作䫏。

【译文】娸，常人的姓。形声字，“女”为形符，“其”为声符。杜林说：娸是丑恶的意思。

㛖[1]  少女也。从女，乇声。坼下切（chà）

【注释】①奼:《玉篇》称美女。隶变作姹，以宅为声符。

【译文】奼，年轻女孩。形声字，“女”为形符，“乇”为声符。

媒 谋也，谋合二姓。从女，某声。莫桮切（méi）

【译文】媒，谋划，把两个不同姓氏男女撮合为夫妇。形声字，“女”为形符，“某”为声符。

妁 酌也，斟酌二姓也。从女，勺声。市勺切（shuò）

【译文】妁，斟酌，斟酌两个不同姓氏的男女可否结合。形声字，“女”为形符，“勺”为声符。

嫁 女适人也。从女，家声。古讶切（jià）

【译文】嫁，女子从自家出来到男人家里为妻。形声字，“女”为形符，“家”为声符。

娶 取妇也。从女，从取，取亦声。七句切（qǔ）

【译文】娶，男人选取女人作妻子。由“女”、“取”会意，“取”也是声符。

婚 妇家也。《礼》：娶妇以昏时，妇人阴也，故曰婚。从女，从昏，昏亦声。，籀文婚。呼昆切（hūn）

【译文】婚，妻子的家。《仪礼·士昏礼》中说男子娶妻应在黄昏时分。妇女属阴性，所以用昏时，称作婚。由“女”、“昏”会意，

“昏”也是声符。，籀文婚字。

姻 壻[1]家也。女之所因，故曰姻。从女，从因，因亦声。，籀文姻，从㴱[2]。於真切（yīn）

【注释】①壻：或从女，作婿。②从㴱：段注：“㴱，声也。”

【译文】姻，女婿的家。男家是妇女的依靠，所以叫姻。由“女”、“因”会意，“因”也是声符。，籀文姻字，从“㴱”声。

妻 妇，与夫齐者也。从女，从屮[1]，从又。又，持事，妻职也。，古文妻，从肖、女。肖，古文貴字。七稽切（qī）

【注释】①从屮：徐铉校曰：“屮者，进也，齐之义也。”

【译文】妻，妇人，和丈夫一致的人。由“女”、“屮”和“又”会意。“又”，表示做家中的事，这是妻子的职分。，古文“妻”字，由“肖”、“女”会意。肖，古文“貴”字。

婦(妇) 服也。从女持帚，洒扫也。房九切（fù）

【译文】婦，从事家务劳动的人。由“女”持握扫“帚”，表示女子拿笤帚在洒扫庭除。

妃 匹也[1]。从女，己声。芳非切（fēi）

【注释】①匹：段玉裁《说文解字注》：“匹者，四丈也。四丈而两之，各得二丈。夫妇之片合，如帛之判合矣。故帛四丈曰两，曰匹。人之配耦，亦曰匹。妃本上下通偁，后人以为贵偁耳。”

【译文】妃，匹偶。形声字，“女”为形符，“己”为声符。

媲 𡡀 妃也。从女，毘声。匹计切（pì）

【译文】媲，男子的配偶。形声字，“女”为形符，“毘”为声符。

妊 𡜝 孕也。从女，从壬，壬亦声。如甚切（rěn）[①]

【注释】①如甚切：今依《广韵》汝鸩切，读rèn。

【译文】妊，怀孕。由“女”和“壬”会意，“壬”也是声符。

娠 𡜵 女妊身动也。从女，辰声。《春秋传》曰：“后缗方娠。”[①]一曰，宫婢女隶谓之娠。失人切（shēn）

【注释】①语见《左传·哀公元年》。

【译文】娠，妇女怀孕后腹内胎动。形声字，“女”为形符，“辰”为声符。《左传》说：“后缗正怀了孕。”一说，宫中婢女、女差役称为娠。

㛯 㛯 妇人妊身也。从女，芻声。《周书》曰：“至于㛯妇。”[①]侧鸠切（zōu）[②]

【注释】①语见《尚书·周书·梓材》。㛯妇今本作属妇。②侧鸠切：今依《广韵》仕于切，读chú。

【译文】㛯，妇女怀孕。形声字，“女”为形符，“芻”为声符。《尚书·周书》说：“至于孕妇。”

㛯 生子齐均也。从女，从生，免声。芳万切（fàn）

【译文】㛯，生育子女多而素质齐整均匀。由“女”、“生”会意，“免”为声符。

嫛 婗也。从女，殹声。乌鸡切（yī）

【译文】嫛，嫛婗。形声字，“女”为形符，“殹”为声符。

婗 嫛婗也。从女，兒声。一曰，妇人恶皃。五鸡切（ní）

【译文】婗，婴儿。形声字，“女”为形符，“兒”为声符。一说，义为妇女丑陋的样子。

母 牧也。从女，象褱子形。一曰，象乳子也。莫后切（mǔ）

【译文】母，像养牛一样哺育子女。从“女”，像怀抱正有待哺的婴儿。一说，母象给子女喂奶的样子。

嫗（妪） 母也。从女，區声。衣遇切（yù）

【译文】嫗，母亲。形声字，“女”为形符，“區”为声符。

媪 女老偁也。从女，昷声。读若奥。乌皓切（ǎo）

【译文】媪，对老年妇女的尊称。形声字，“女”为形符，“昷”为声符。读音与“奥”字相同。

姁 妪也。从女，句声。况羽切（xǔ）

【译文】姁，老妇人。形声字，“女”为形符，“句”为声符。

姐 蜀谓母曰姐，淮南谓之社。从女，且声。兹也切（jiě）

【译文】姐，蜀中方言称母亲为姐，淮河以南一带把母亲叫做社。形声字，“女”为形符，“且”为声符。

姑 夫母也。从女古声。古胡切（gū）

【译文】姑，丈夫的母亲。形声字，“女”为形符，“古”为声符。

威 姑也。从女，从戌[①]。汉律曰：“妇告威姑。”於非切（wēi）

【注释】①从戌：徐锴说：“根据五行学说，土于戌时最盛，因为十二支配十二月，戌正当九月，属金，土生金，而土为坤，阴之主；女为阴，家中女性以婆母为主，故字从戌作。”

【译文】威，丈夫的母亲。由“女”、“戌”会意。汉朝的律令规定：“妇人告发婆母。”

妣 殁母也。从女，比声。，籀文妣，省。卑履切（bǐ）

【译文】妣，已故的母亲。形声字，“女”为形符，“比”为声符。，籀文妣字，是“妣”的省略。

姊 𡛷 女兄也。从女，𠂔声。将几切（zǐ）

【译文】姊，女人中同父母而又比自己大的人。形声字，“女”为形符，“𠂔”为声符。

妹 𡛷 女弟也。从女，未声。莫佩切（mèi）

【译文】妹，女人中同父母而又比自己小的人。形声字，“女”为形符，“未”为声符。

娣 𡛷 女弟也。从女，从弟，弟亦声。徒礼切（dì）

【译文】娣，同嫁一夫的女子年幼者。由“女”、“弟”会意，“弟”也是声符。

媦 𡛷 楚人谓女弟曰媦。从女，胃声。《公羊传》曰：“楚王之妻媦。”[①]云贵切（wèi）

【注释】①语见《公羊传·桓公二年》。

【译文】媦，楚地人称妹妹叫做媦。形声字，“女”为形符，“胃”为声符。《公羊传》说：“楚王以妹为妻。”

嫂[嫂] 𡛷 兄妻也。从女，叜声。稣老切（sǎo）

【译文】嫂，哥哥的妻子。形声字，“女”为形符，“叜”为声符。

姪[侄] 𡛷 兄之女也。从女，至声。徒结切

（dié）①

【注释】①徒结切：今依《广韵》直一切，读 zhí。

【译文】姪，女子对兄弟子女的称呼。形声字，“女”为形符，“至”为声符。

姨 𡛥 妻之女弟同出为姨。从女，夷声。以脂切（yí）

【译文】姨，妻子的姊妹已出嫁的称为姨。形声字，“女”为形符，“夷”为声符。

妿 𡜍 女师也。从女，加声。杜林说：加教于女也。读若阿。乌何切（ē）

【译文】妿，以妇德教育妇女的女教师。形声字，“女”为形符，“加”为声符。杜林说：对“女”人“加”以教育为妿。读音与“阿”字相同。

娒 𡜰 女师也。从女，每声。读若母。莫后切（mǔ）

【译文】娒，古代以妇道教育未婚女子的女教师。形声字，“女”为形符，“每”为声符。读音与“母”字相同。

媾 𡢃 重婚也。从女，冓声。《易》曰：“匪寇，婚媾。”古候切（gòu）

【译文】媾，重叠互结为婚亲、姻亲。形声字，“女”为形符，“冓”为声符。《周易·屯卦》说：“不是来抢劫，而是来结成婚亲和姻亲。”

姼 美女也。从女，多声。，姼或，从氏[1]。尺氏切（chǐ）[2]

【注释】①从氏：朱骏声《说文通训定声》：“从氏声。”②尺氏切：今依《广韵》是支切，读shí。

【译文】姼，漂亮的女子。形声字，“女”为形符，“多”为声符。，姼的或体，从“氏”声。

妭 妇人美也。从女，犮声。蒲拨切（bá）

【译文】妭，女人容貌美丽。形声字，“女”为形符，“犮”为声符。

嫨 女隶也。从女，奚声。胡鸡切（xī）

【译文】嫨，女奴。形声字，“女”为形符，“奚”为声符。

婢 女之卑者也。从女，从卑，卑亦声。便俾切（bì）

【译文】婢，女人中地位低下的人。由“女”、“卑”会意，“卑”又是声符。

奴 奴、婢，皆古之辠人也。《周礼》曰：“其奴，男子入于辠隶，女子入于舂藁。”从女，从又。，古文奴，从人。乃都切（nú）

【译文】奴，奴、婢，都是古代有罪的人。《周礼·秋官·司厉》说："那些因犯有盗贼罪而没收其家属和财产而成为奴隶的人，男人交给掌管为官府提供差役的官员，女人交给掌管供应米粮的官员和主管闲散人员饮食的官员。"由"女"、"又"会意。㚢，古文"奴"字，从"人"。

妏 妏 妇官也。从女，弋声。与职切（yì）

【译文】妏，宫廷的女官名。"女"为形符，"弋"为声符。

媊 媊 甘氏《星经》曰："太白上公，妻曰女媊。女媊居南斗，食厉，天下祭之。曰明星。"从女，前声。昨先切（qián）

【译文】媊，甘德所著《星经》说："太白星号为上公，它的妻子称为女媊。女媊居住在南斗星宿，能吃恶鬼，天下人祭祀她，人们叫太白作启明星。"形声字，"女"为形符，"前"为声符。

媧（娲） 媧 古之神圣女，化万物者也。从女，咼声。𡡿，籀文媧，从䍃。古蛙切（guāi）①

【注释】①古蛙切：今读依wā。

【译文】媧，远古一位女姓神圣，是创造化育万物的人。形声字，"女"为形符，"咼"为声符。𡡿，籀文媧字，从"䍃"声。

娀 娀 帝高辛之妃，偰母号也。从女，戎声。

《诗》曰："有娀方将。"[①]息弓切（sōng）

【注释】①语见《诗经·商颂·长发》。

【译文】娀，帝喾氏的妃子，是偰的生母之号。形声字，"女"为形符，"戎"为声符。《诗经》说："有娀氏的国家正当地域广大之际。"

娥 帝尧之女，舜妻娥皇字也。秦晋谓好曰娙娥。从女，我声。五何切（é）

【译文】娥，帝尧的女儿、舜的妻子娥皇的字。秦、晋一带地区称女子美丽轻盈为娙娥。形声字，"女"为形符，"我"为声符。

嫄 （台）[邰]国之女，周弃母字也。从女，原声。愚袁切（yuán）

【译文】嫄，古邰国君主的女儿，周朝远祖弃母亲的字。形声字，"女"为形符，"原"为声符。

嬿 女字也。从女，燕声。于甸切（yàn）

【译文】嬿，女子人名用字。形声字，"女"为形符，"燕"为声符。

妸 女字也。从女，可声。读若阿。乌何切（ē）

【译文】妸，女子人名用字。形声字，"女"为形符，"可"为声符。读音与"阿"字相同。

嬃[嬃](嬃) 女字也。《楚词》曰："女嬃之婵媛。"贾侍中说："楚人谓姊为嬃。"从女，須声。相俞切(xū)

【译文】嬃，古代女子人名用字。《楚辞·离骚》说："女嬃牵扯不舍啊。"贾逵侍中说："楚地人称姐姐为嬃。"形声字，"女"为形符，"須"为声符。

婕 女字也。从女，疌声。子叶切(jié)

【译文】婕，古代女子人名用字。形声字，"女"为形符，"疌"为声符。

嬩 女字也。从女，與声。读若余。以诸切(yú)

【译文】嬩，古代女子人名用字。形声字，"女"为形符，"與"为声符。读音与"余"字相同。

孁 女字也。从女，霝声。郎丁切(líng)

【译文】孁，古代女子人名用字。形声字，"女"为形符，"霝"为声符。

嫽 女字也。从女，尞声。洛萧切(liáo)

【译文】嫽，古代女子人名用字。形声字，"女"为形符，"尞"为声符。

㛄 女字也。从女，衣声。读若衣。于稀切(yī)

【译文】㛄，古代女子人名用字。形声字，“女”为形符，“衣”为声符。读音与“衣”字相同。

婤 　女字也。从女，周声。职流切（zhōu）

【译文】婤，古代女子人名用字。形声字，“女”为形符，“周”为声符。

姶 　女字也。从女，合声。《春秋传》曰：“嬖人婤姶。”①一曰，无声。乌合切（è）

【注释】①语见《左传·昭公七年》。

【译文】姶，古代女子人名用字。形声字，“女”为形符，“合”为声符。《左传》说：“卫襄公宠爱的女人婤姶。”一说，义为没有声响。

改 　女字也。从女，己声。居拟切（jǐ）

【译文】改，古代女子人名用字，形声字，“女”为形符，“己”为声符。

娃　女字也。从女，主声。天口切（tǒu）

【泽】娃，古代女子人名用字。形声字，“女”为形符，“主”为声符。

㚴　女字也。从女，久声。举友切（jiǔ）

【译文】㚴，古代女子人名用字。形声字，“女”为形符，“久”为声符。

㚷 女号也。从女，耳声。仍吏切（èr）

【译文】㚷，古代女子人名用字。形声字，“女”为形符，“耳”为声符。

始 女之初也。从女，台声。诗止切（shǐ）

【译文】始，女子初生。形声字，“女”为形符，“台”为声符。

媚 说也。从女，眉声。美秘切（mèi）

【译文】媚，爱悦。形声字，“女”为形符，“眉”为声符。

嫵（娬） 媚也。从女，無声。文甫切（wǔ）

【译文】嫵，娇媚。形声字，“女”为形符，“無”为声符。

媄 色好也。从女，从美，美亦声。无鄙切（měi）

【译文】媄，女人颜色好。由“女”和“美”会意，“美”也是声符。

嫡 媚也。从女，畜声。丑六切（chù）①

【注释】①今依《广韵》许竹切，读xù。

【译文】嫡，媚悦。形声字，“女”为形符，“畜”为声符。

嫷[婚] 南楚之外谓好曰嫷。从女，隋声。徒果切（duò）①

【注释】①徒果切：今依《广韵》他果切，读tuǒ。

【译文】嫷，南楚以外地区称美好为嫷。形声字，“女”为形符，“隋”为声符。

姝 𡛷 好也。从女，朱声。昌朱切（shū）

【译文】姝，女子容貌好。形声字，“女”为形符，“朱”为声符。

好 𡚾 美也。从女、子。呼皓切（hǎo）

【译文】好，女色美好。由“女”、“子”会意。

嬹 𡢿 说也。从女，興声。许应切（xìng）

【译文】嬹，喜悦。形声字，“女”为形符，“興”为声符。

嬮 𡣍 好也。从女，猒声。於盐切（yān）

【译文】嬮，美丽安详。形声字，“女”为形符，“猒”为声符。

㚤 𡛰 好也。从女，殳声。《诗》曰：“静女其㚤。”[①]昌朱切（shū）

【注释】①语见《诗经·邶风·静女》。㚤今本作姝。

【译文】㚤，容貌美丽。形声字，“女”为形符，“殳”为声符。《诗经》说：“文静的姑娘容貌多么美好”。

姣 𡜯 好也。从女，交声。胡茅切（xiáo）[①]

【注释】①胡茅切：今依《广韵》古巧切，读jiāo。

【译文】姣，容貌美好。形声字，“女”为形符，“交”为声符。

嬽  好也。从女，睘声。读若蜀郡布名。委员切（yuán）①

【注释】①委员切：今依《广韵》於缘切，读yuān。

【译文】嬽，美好。形声字，“女”为形符，“睘”为声符。读音与蜀郡所产细布“繏”的音相同。

娧  好也。从女，兑声。杜外切（duì）①

【注释】①杜外切：今依《广韵》他外切，读tuì。

【译文】娧，美好。形声字，“女”为形符，“兑”为声符。

媌  目里好也。从女，苗声。莫交切（miáo）

【译文】媌，眉目美好。形声字，“女”为形符，“苗”为声符。

嫿（婳）  静好也。从女，畫声。呼麦切（huà）

【译文】嫿，娴静美好。形声字，“女”为形符，“畫”为声符。

婠  体德好也。从女，官声。读若楚郤宛。一完切（wān）

【译文】婠，女子体态和道德都美好。形声字，“女”为形符，“官”为声符。读音与楚国郤宛的“宛”字相同。

娙　长好也。从女，巠声。五茎切（yíng）①

【注释】①五茎切：今依《广韵》户茎切，读xíng。

【译文】娙，女子身材颀长美好。形声字，“女”为形符，“巠”为声符。

嬻　白好也。从女，贊声。则旰切（zàn）

【译文】嬻，女子白皙漂亮。形声字，“女”为形符，“贊”为声符。

孌　顺也。从女，䜌声。《诗》曰：“婉兮孌兮。”①，籀文孌。力沇切（luǎn）

【注释】①语见《诗经·齐风·甫田》。又见《诗经·曹风·候人》。毛传：“婉孌，少好貌。”

【译文】孌，顺从。形声字，“女”为形符，“䜌”为声符。《诗经》说：“美好啊，顺从啊。”，籀文孌字。

㛄　婉也。从女，夗声。於阮切（wǎn）

【译文】㛄，温顺。形声字，“女”为形符，“夗”为声符。

婉　顺也。从女，宛声。《春秋传》曰：“太子痤婉。”①於阮切（wǎn）

【注释】①语见《左传·襄公二十六年》。今本原文：“（弃）生佐，恶而婉。大子痤，美而很。”杜预注：“佐貌恶而心顺，痤貌美而心狠戾。”

【译文】婉，温顺。形声字，“女”为形符，“宛”为声符。《左传》说：“太子痤很温顺。”

㛤 直项皃。从女，同声。他孔切（tǒng）①

【注释】①他孔切：今依《广韵》徒揔切，读dòng。

【译文】㛤，颈项挺直的样子。形声字，“女”为形符，“同”为声符。

嫣 长皃。从女，焉声。於建切（yàn）①

【注释】①於建切：今依《广韵》於建切，读yān。

【译文】嫣，颀长而美丽的样子。形声字，“女”为形符，“焉”为声符。

姌[妍] 弱长皃。从女，冄声。而琰切（rǎn）

【译文】姌，体态柔弱颀长的样子。形声字，“女”为形符，“冄”为声符。

嫋[裊](褭) 姌也。从女，从弱。奴鸟切（niǎo）

【译文】嫋，女子纤细瘦弱的样子。由“女”、“弱”会意。

孅 锐、细也。从女，韱声。息廉切（xiān）

【译文】孅，尖锐，细微。形声字，“女”为形符，“韱”为声符。

嫇 [篆] 婴嫇也。从女，冥声。一曰，嫇嫇，小人皃。莫经切（míng）

【译文】嫇，婴嫇。形声字，“女”为形符，“冥”为声符。一说，嫇即嫇嫇，小人的样子。

媱 [篆] 曲肩行皃。从女，䍃声。余招切（yáo）

【译文】媱，一边使两肩曲折晃动一边行走的样子。形声字，“女”为形符，“䍃”为声符。

嬛[嬛] [篆] 材紧也。从女，瞏声。《春秋传》曰：“嬛嬛在疚。”[①]许缘切（xuān）[②]

【注释】①语见《左传·襄公十六年》。今本作“茕茕余在疚。”②许缘切：材紧义今读音xuān。孤独义，读qióng。

【译文】嬛，女子资质慧巧。形声字，“女”为形符，“瞏”为声符。《左传》说：“十分孤独地我，一个人在忧病中。”

姽 [篆] 闲体，行姽姽也。从女，危声。过委切（guǐ）

【译文】姽，体态娴雅，行步安闲。形声字，“女”为形符，“危”为声符。

委 [篆] 委随也。从女，从禾[①]。於诡切（wěi）

【注释】①从禾：徐铉注：“取其禾谷垂穗委曲之貌。”

【译文】委，逶迤。由“女”、“禾”会意。

婐 [seal script] 婑也。一曰，女侍曰婐。读若騧，或若委。从女，果声。孟轲曰："舜为天子，二女婐。"乌果切（wǒ）

【译文】婐，婐婑。一说，女子侍候叫做婐。读音与"騧"字相同，又说读音与"委"字相同。形声字，"女"为形符，"果"为声符。孟轲《孟子·尽心》说："舜做天子，有两个女人侍候。"

婑[妮] [seal script] 婐婑也①。一曰，弱也。从女，厄声。五果切（ě）②

【注释】①婐婑也：段玉裁注："婐婑与旖旎音义皆同，俗作婀娜。"②五果切：今依《广韵》奴果切，读nuǒ。

【译文】婑，婐婑，女子婀娜柔媚的样子。一说，义为纤弱。形声字，"女"为形符，"厄"为声符。

姡 [seal script] 小弱也。一曰，女轻薄善走也。一曰，多技艺也。从女，占声。或读若占。齿慑切（chè）①

【注释】①齿慑切：今依《广韵》处占切，读chān。

【译文】姡，女子瘦小纤弱。一说，义为女子轻巧灵便，善于走跳。又一说，义为具有多种技巧。形声字，"女"为形符，"占"为声符。读音与"占"字相同。

㛈 [seal script] 妗也。从女，沾声。丑廉切（chān）

【译文】㛈，㛈妗，女子轻薄的样子。形声字，"女"为义符，"沾"为声符。

妗 [篆] 婆妗也。一曰，善笑皃。从女，今声。火占切（xiān）

【译文】妗，女子轻薄的样子。一说，善笑的样子。形声字，“女”为形符，“今”为声符。

嬌 [篆] 竦身也。从女，篕声。读若《诗》“纠纠葛屦”[1]。居夭切（jiǎo）

【注释】①语见《诗经·魏风·革屦》。

【译文】嬌，肃敬自身。形声字，“女”为形符，“篕”为声符。读音与《诗经》“纠纠缠绕啊那葛藤编织的鞋”的“纠”字相同。

婧 [篆] 竦立也。从女，青声。一曰，有才也。读若韭菁。七正切（qìng）[1]

【注释】①七正切：今依《广韵》疾政切，读jìng。

【译文】婧，肃敬而立。形声字，“女”为形符，“青”为声符。一说，有才德的女子。读音与韭菁的“菁”字相同。

姘 [篆] 静[1]也。从女，井声。疾正切（jìng）

【注释】①静：桂馥《说文解字义证》：“静当为瀞。”

【译文】姘，女子贞洁。形声字，“女”为形符，“井”为声符。

妖 [篆] 妇人皃。从女，乏声。房法切（fá）

【译文】妖，妇人的样子。形声字，“女”为义符，“乏”为声符。

嫙　好也。从女，旋声。似沿切（xuán）

【译文】嫙，女子美好。形声字，“女”为形符，“旋”为声符。

嬱　材也。从女，齊声。祖鸡切（jī）①

【注释】①祖鸡切：今依《广韵》徂奚切，读qí。

【译文】嬱，人材齐整。形声字，“女”为义符，“齋”为声符。

婚[姡]　面丑也。从女，昏声。古活切（kuò）①

【注释】①古活切：今依《广韵》下刮切，读huá。

【译文】姡，面貌丑陋。形声字，“女”为义符，“昏”为声符。

嬥　直好皃。一曰，娆也。从女，翟声。徒了切（tiǎo）

【译文】嬥，身材挺直匀称美好。一说，妖娆的意思。形声字，“女”为形符，“翟”为声符。

嫢　媞也。从女，規声。读若癸。秦晋谓细为嫢。居随切（guī）

【译文】嫢，妇人审谛的样子。形声字，“女”为形符，“規”为声符。读音与“癸”字相同。秦晋一带称腰细而容美为嫢。

媞　谛也。一曰，妍黠也。一曰，江淮之间谓母曰媞。从女，是声。承旨切（shì）

【译文】媞，审谛。一说，妍巧聪慧。又一说，江、淮之间地区称母亲为“媞”。形声字，“女”为义符，“是”为声符。

嫯 不(繇)[䌛]也[1]。从女，敄声。亡遇切(wù)

【注释】①不繇：繇当作䌛。段玉裁《说文解字注》：“䌛者，随从也。不䌛者，不随从也。”

【译文】嫯，不顺从。形声字，“女”为义符，“敄”为声符。

嫺[嫻](娴) 雅也。从女，閒声。户閒切(xián)

【译文】嫺，嫺熟。形声字，“女”为形符，“閒”为声符。

嫛 说乐也。从女，巸声。许其切(xī)[1]

【注释】①许其切：今依《广韵》与之切，读yí。

【译文】嫛，喜悦快乐。形声字，“女”为形符，“巸”为声符。

婜 美也。从女，臤声。苦闲切(qiān)

【译文】婜，美丽。形声字，“女”为形符，“臤”为声符。

娛 乐也。从女，吳声。噳俱切(yú)

【译文】娛，欢乐。形声字，“女”为形符，“吳”为声符。

娭 戏也。从女，矣声。一曰，卑贱名也。遏在切(ǎi)[1]

【注释】①遏在切：今依《广韵》许其切，读xī。

【译文】娭，嬉戏。形声字，“女”为形符，“矣”为声符。一说，妇女卑贱的名称。

媅 乐也。从女，甚声。丁含切（dān）

【译文】媅，欢乐。形声字，“女”为义符，“甚”为声符。

娓 顺也。从女，尾声。读若媚。无匪切（wěi）

【译文】娓，柔顺。形声字，“女”为形符，“尾”为声符。读音与“媚”字相同。

嫡 孎也。从女，啻声。都历切（dí）

【译文】嫡，谨慎。形声字，“女”为形符，“啻”为声符。

孎 谨也。从女，屬声。读若人不孙为孎。之欲切（zhú）

【译文】孎，恭谨。形声字，“女”为形符，“屬”为声符。读音与“人不谦虚谨慎叫作孎”的“孎”字相同。

婉 宴婉也。从女，冤声。於愿切（yuàn）①

【注释】①於愿切：今依《广韵》“婉”的切语“於阮切”，读wǎn。

【译文】婉，安顺而美好的样子。形声字，“女”为形符，“冤”为声符。

媕　女有心媕媕也。从女，弇声。衣检切（yǎn）

【译文】媕，女子有心思，眉目传情的样子。形声字，“女”为形符，“弇”为声符。

嬫　諟也。从女，染声。而琰切（rǎn）

【译文】嬫，整理。形声字，“女”为义符，“染”为声符。

嫥　壹也。从女，專声。一曰，嫥嫥[，可爱之皃][①]。职缘切（zhuān）

【注释】①据段玉裁注：“一曰女嫥嫥。篇、韵皆云：‘可爱之皃。’”补。

【译文】嫥，用心专一。形声字，“女”为形符，“專”为声符。一说，嫥嫥可爱的样子。

如　从随也[①]。从女，从口。人诸切（rú）

【注释】①从随也：段玉裁《说文解字注》：“即随从也。”

【译文】如，随顺。由“女”和“口”会意。

嫧　齐也。从女，責声。侧革切（zé）

【译文】嫧，整齐。形声字，“女”为形符，“責”为声符。

娕　谨也。从女，束声。读若谨敕数数（cù）。测角切（chuò）

【译文】娕，谨慎。形声字，“女”为形符，“束”为声符。读音与

"谨慎肃敬数数整齐"的"数"字相同。

嬐　敏疾也。一曰，庄敬皃。从女，僉声。息廉切（xiān）

【译文】嬐，敏捷疾速。一说，庄重肃敬的样子。形声字，"女"为形符，"僉"为声符。

嬪（嫔）　服也。从女，賓声。符真切（pín）

【译文】嬪，服侍人的妇人。"女"为形符，"賓"为声符。

䵹　至也。从女，執声。《周书》曰："大命不䵹。"①读若摯，同。一曰，《虞书》雉䵹②。脂利切（zhì）

【注释】①语见《尚书·商书·西伯戡黎》。周当为商字之误。②语见《尚书·虞书·尧典》。雉䵹今本作一死贄（贽）。

【译文】䵹，到。形声字，"女"为形符，"執"为声符。《商书》说："天命不来到。"读音与"摯"字相同，二者义通。又一说，䵹为《虞书》用野鸡做见面礼的"见面礼"的意思。

媘　俛伏也。从女，沓声。一曰，伏意。他合切（tà）

【译文】媘，低头俯身。形声字，"女"为形符，"沓"为声符。一说，媘义为心悦诚服。

晏　安也。从女、日。《诗》曰："以晏父母。"①

乌谏切（yàn）

【注释】①段玉裁注："今本毛诗无此，盖周南'归宁父母'之异文。"

【译文】晏，安。由"女"和"日"会意。《诗经》说："用以安定父母的心。"

嬗 𡢈 缓也。从女，亶声。一曰，传也。时战切（shàn）

【译文】嬗，宽缓。形声字，"女"为形符，"亶"为声符。一说，义为相传授。

嫴 𡠻 保任也。从女，辜声。古胡切（gū）

【译文】嫴，担保。形声字，"女"为形符，"辜"为声符。

媻[1] 𡡉 奢也。从女，般声。薄波切（pó）

【注释】①媻：邵瑛《说文解字群经正字》："此即俗婆娑之婆。今经典作婆。"

【译文】媻，张大。形声字，"女"为形符，"般"为声符。

娑 𡛺 舞也。从女，沙声。《诗》曰："市也媻娑。"[1] 素何切（suō）

【注释】①语见《诗经·陈风·东門之枌》。

【译文】娑，婆娑，舞蹈。形声字，"女"为形符，"沙"为声符。《诗经》说："到街市上啊，婆娑起舞。"

姷 耦也。从女，有声。读若祐。侑，姷或，从人。于救切（yòu）

【译文】姷，相助。“女”为形符，“有”为声符。读音与“祐”字相同。侑，姷的或体，从“人”。

姰 钧适也。男女并也。从女，旬声。居匀切（jūn）

【译文】姰，均等。男女地位并齐。“女”为形符，“旬”为声符。

姕 妇人小物也。从女，此声。《诗》曰：“屡舞姕姕[①]。”即移切（zī）

【注释】①语见《诗经·小雅·宾之初筵》。姕姕今本作傞傞。毛传说：“傞傞，不止也。”此别一义。

【译文】姕，妇人用的琐屑之物。形声字，“女”为形符，“此”为声符。《诗经》说：“多次起舞，姕姕盘旋不止。”

妓 妇人小物也。从女，支声。读若跂行。渠绮切（jì）

【译文】妓，妇人用的琐屑之物。形声字，“女”为形符，“支”为声符。读音像“跂行”的“跂”字。

嬰（婴） 颈饰也。从女、賏。賏，其连也[①]。於盈切（yīng）

【注释】①其连：桂馥《说文解字义证》："赵宧光曰：'其连当是貝连。'古人连貝为嬰。"嬰，类似今天的项链。

【译文】嬰，妇女脖颈上编貝而成的装饰物。由"女"和"賏"会意。

姣 [篆] 三女为姣。姣，美也。从女，奴省声。仓案切（càn）

【译文】姣，三个女子在一起称为姣。姣指美物。形声字，"女"为形符，"奴"的省文为声符。

嫒 [篆] 美女也。人所援也。从女，从爰。爰，引也。《诗》曰："邦之嫒兮。"①玉眷切（yuàn）

【注释】①语见《诗经·鄘风·君子偕老》。兮今本作也。

【译文】嫒，美女。是人们攀援的对象。由"女"、"爰"会意。爰就是牵引的意思。《诗经》说："是国家的美女啊。"

娉 [篆] 问也。从女，甹声。匹正切（pìng）①

【注释】①匹正切：今读音pìn。

【译文】娉，媒人问女方名字。形声字，"女"为形符，"甹"为声符。

娽 [篆] 随从也。从女，录声。力玉切（lù）

【译文】娽，跟随行走。形声字，"女"为形符，"录"为声符。

妝（妆） 饰也。从女，牀省声。侧羊切（zhuāng）

【译文】妝，修饰。形声字，“女”为形符，“牀”的省文为声符。

孌（娈） 慕也。从女，䜌声。力沇切（luán）

【译文】孌，思慕。形声字，“女”为形符，“䜌”为声符。

媟 嬻也。从女，枼声。私列切（xiè）

【译文】媟，轻侮。形声字，“女”为形符，“枼”为声符。

嬻[嫔] 媟嬻也。从女，賣声。徒谷切（dú）

【译文】嬻，轻慢。形声字，“女”为形符，“賣”为声符。

嫢 短面也。从女，窡声。丁滑切（zhuó）

【译文】嫢，短小的面部。形声字，“女”为形符，“窡”为声符。

嬖 便嬖、爱也。从女，辟声。博计切（bì）

【译文】嬖，地位低下而受宠的人；宠爱别人。形声字，“女”为形符，“辟”为声符。

嫛 难也。从女，毄声。苦卖切（kài）①

【注释】①苦卖切：今依《广韵》苦计切，读qì。

【译文】嫛，苦难。形声字，“女”为形会，“毄”为声符。

妎 [seal] 妒也。从女，介声。胡盖切（hài）

【译文】妎，嫉妒。形声字，“女”为形符，“介”为声符。

妒 [seal] 妇妒夫也。从女，户声。当故切（dù）

【译文】妒，妻子嫉妒丈夫。形声字，“女”为形符，“户”为声符。

媢 [seal] 夫妒妇也。从女，冒声。一曰，相视也。莫报切（mào）

【译文】媢，丈夫嫉妒妻妾。形声字，“女”为形符，“冒”为声符。一说，义为微睁眼睛看。

媄 [seal] 巧也。一曰，女子笑皃。《诗》曰：“桃之媄媄。”①从女，芺声。於乔切（yāo）

【注释】①语见《诗经·周南·桃夭》。媄媄今本作夭夭。

【译文】媄，妖冶乖巧。一说，女子笑得迷人的样子。《诗经》说：“桃树那么夭夭茂盛。”形声字，“女”为形符，“芺”为声符。

佞 [seal] 巧讇高材也。从女，信省。乃定切（nìng）

【译文】佞，善于谄谀并巧口善辩。由“女”和“信”的省文会意。

嫈 [seal] 小心态也。从女，熒省声。乌茎切（yīng）

【译文】嫈，小心的样子。形声字，“女”为形符，“熒”的省文为声符。

嫪 嫪 婟也。从女，翏声。郎到切（lào）

【译文】嫪，恋惜。形声字，“女”为形符，“翏”为声符。

婟[①] 婟 嫪也。从女，固声。胡误切（hù）

【注释】①婟：王筠《说文解字句读》：“（婟、嫪）两字一义，故可单可双。”

【译文】婟，恋惜。形声字，“女”为形符，“固”为声符。

姿 姿 态也。从女，次声。即夷切（zī）

【译文】姿，姿态。形声字，“女”为形符，“次”为声符。

嫭 嫭 娇也[①]。从女，虘声。将预切（jù）

【注释】①娇：段玉裁注：“古无娇字，凡云娇即骄也。”

【译文】嫭，骄矜。形声字，“女”为形符，“虘”为声符。

妨 妨 害也。从女，方声。敷方切（fāng）[①]

【注释】①敷方切：今读音fáng。

【译文】妨，损害。形声字，“女”为形符，“方”为声符。

妄 妄 乱也。从女，亡声。巫放切（wàng）

【译文】妄，荒乱。形声字，“女”为形符，“亡”为声符。

婾[偷]  巧黠也。从女，俞声。托侯切（tōu）

【译文】婾，灵巧机灵。形声字，“女”为形符，“俞”为声符。

嫮 嫮卤，贪也。从女，污声。胡古切（hù）

【译文】嫮，嫮卤，贪污。形声字，“女”为形符，“污”为声符。

娋  小小侵也。从女，肖声。息约切（xuē）[①]

【注释】①息约切：今依《广韵》所教切，读shào。

【译文】娋，稍稍侵削蚕食。形声字，“女”为形符，“肖”为声符。

媣 量也。从女，朵声。丁果切（duǒ）[①]

【注释】①丁果切：今依《广韵》都唾切，读duò。

【译文】媣，揣量。形声字，“女”为形符，“朵”为声符。

妯 动也。从女，由声。徒历切（dí）[①]

【注释】①徒历切：今依《广韵》丑鸠切，读chōu。

【译文】妯，扰动。形声字，“女”为形符，“由”为声符。

嫌  不平于心也。一曰，疑也。从女，兼声。户兼切（xián）

【译文】嫌，怨恨在心里不平静。一说，嫌义为疑惑。形声字，“女”为形符，“兼”为声符。

媘　减也。从女，省声。所景切（shěng）

【译文】媘，减少。形声字，“女”为形符，“省”为声符。

婼　不顺也。从女，若声。《春秋传》曰：“叔孙婼。”①丑略切（chuò）

【注释】①语见《左传·昭公七年》。

【译文】婼，不顺从。形声字，“女”为形符，“若”为声符。《左传》说：“叔孙婼到齐国莅临盟誓。”

婞　很也。从女，幸声。《楚词》曰：“鲧婞直。”胡顶切（xìng）

【译文】婞，刚直。形声字，“女”为形符，“幸”为声符。《楚辞·离骚》中说：“鲧因刚强正直而死啊。”

嫳　易使怒也。从女，敝声。读若击撇。匹灭切（piè）

【译文】嫳，性急容易被激怒。形声字，“女”为形符，“敝”为声符。读音与“击撇”的“撇”字相同。

嬗　好枝格人语也。一曰，靳也。从女，善声。旨善切（zhǎn）

【译文】嬗，喜好打断别人的话语。一说，嬗义为嘲弄。形声字，“女”为形符，“善”为声符。

娺 疾悍也。从女，叕声。读若唾。丁滑切（zhuó）

【译文】娺，敏捷而勇猛。形声字，“女”为形符，“叕”为声符。读音与“唾”字相同。

媕 含怒也。一曰，难知也。从女，酓声。《诗》曰：“硕大且媕。”①五感切（ǎn）

【注释】①语见《诗经·陈风·泽陂》。媕今本作俨。

【译文】媕，心怀愤怒的样子。一说，媕义为难以知晓。形声字，“女”为形符，“酓”为声符。《诗经》说：“身材高大而庄重。”

娿[婀] 媕娿也。从女，阿声。乌何切（ē）

【译文】娿，依违随人，没有主见。形声字，“女”为形符，“阿”为声符。

妍[姸] 技也。一曰，不省录事。一曰，难侵也。一曰，惠也。一曰，安也。从女，幵声。读若研。五坚切（yán）

【译文】妍，技巧。一说，义为不懂得检点、收录事理。一说，义为难以侵犯。一说，义为慧巧。一说，义为安。形声字，“女”为形符，“幵”为声符。读音与“研”字相同。

娃 圜深目皃。或曰，吴、楚之间谓好曰娃。从女，圭声。於佳切（wā）

【译文】娃，眼睛圆而又深的样子。一说，吴、楚一带称美好为娃。形声字，“女”为形符，“圭”为声符。

㛸 不媚，前却㛸㛸也。从女，陕声。失冉切（shǎn）

【译文】㛸，走路姿势不妩媚，忽进忽退，身姿不美。形声字，“女”为形符，“陕”为声符。

妜  鼻目间皃。读若烟火炔炔。从女，決省声。於悦切（yuè）

【译文】妜，眉目间轻薄不庄重的样子。读音与“烟火炔炔而出”的“炔”字相同。形声字，“女”为形符，“決”的省文为声符。

嬀  愚戅多态也。从女，巂声。读若隓。式吹切（shuī）[①]

【注释】①式吹切：今依《广韵》呼恚切，读huì。

【译文】嬀，女子愚憨而故作姿态。形声字，“女”为形符，“巂”为声符。读音与“隓”字相同。

娡 不说也。从女，恚声。於避切（huì）

【译文】娡，心中不快。形声字，“女”为形符，“恚”为声符。

嫼  怒皃。从女，黑声。呼北切（hēi）[①]

【注释】①呼北切：今依《集韵》密北切，读mò。

【译文】嫼，因嫉妒而愤怒的样子。形声字，“女”为形符，“黑”为声符。

娍  轻也。从女，戉声。王伐切（yuè）

【译文】娍，轻轻越过。形声字，“女”为形符，“戉”为声符。

嫖[嫖]  轻也。从女，㬍声。匹招切（piāo）[1]

【注释】①匹招切：今依《广韵》匹妙切，读piào。

【译文】嫖，轻捷。形声字，“女”为形符，“㬍”为声符。

婐[娷]  訬疾也。从女，垩声。昨禾切（cuó）[1]

【注释】①昨禾切：今依《广韵》醋伽切，读qiē。

【译文】婐，吵扰轻薄。形声字，“女”为形符，“垩”为声符。

姎  女人自偁，我也。从女，央声。乌浪切（àng）[1]

【注释】①乌浪切：今依《广韵》乌郎切，读yāng。

【译文】姎，女人的自称，姎就是我的意思。形声字，“女”为形符，“央”为声符。

媁  不说皃。从女，韋声。羽非切（wéi）

【译文】媁，不高兴的样子。形声字，“女”为形符，“韋”为声符。

婎 姿婎，姿也。从女，隹也。一曰，丑也。许惟切（huī）

【译文】婎，恣睢，自我放纵。形声字，“女”为形符，“隹”为声符。一说，义为面目丑陋。

娹 有守也。从女，弦声。胡田切（xián）

【译文】娹，寡妇有守节之志。形声字，“女”为形符，“弦”为声符。

媥 轻皃。从女，扁声。芳连切（piān）

【译文】媥，身体轻盈的样子。形声字，“女”为形符，“扁”为声符。

嫚 侮易也。从女，曼声。谋患切（màn）

【译文】嫚，侮慢。形声字，“女”为形符，“曼”为声符。

㛼 疾言失次也。从女，臿声。读若慑。丑聂切（chè）①

【注释】①丑聂切：今依《广韵》楚洽切，读chā。

【译文】㛼，打断别人的话，失去应有的次序。形声字，“女”为形符，“臿”为声符。读音与“慑”字相同。

嬬 弱也。一曰，下妻也。从女，需声。相俞切（xū）①

【注释】①相俞切：今依《广韵》人朱切，读rú。

【译文】嬬，妇人柔弱。一说，义为地位下贱的小妻。形声字，“女”为形符，“需”为声符。

娝 不肖也。从女，否声。读若竹皮箁。匹才切（pēi）①

【注释】①匹才切：今依《广韵》普沟切，读pōu。

【译文】娝，形神不像先辈。形声字，“女”为形符，“否”为声符。读音与“称竹皮为箁”的“箁”字相同。

嬯 迟钝也。从女，臺声。阘嬯亦如之。徒哀切（tái）

【译文】嬯，迟钝。形声字，“女”为形符，“臺”为声符。表示“连手唱歌”的闒嬯的嬯字就是如此。

嬸[嬶] 下志，贪顽也。从女，覃声。读若深。乃忝切（niǎn）

【译文】嬸，志趣低下，贪婪顽钝。形声字，“女”为形符，“覃”为声符。读音与“深”字相同。

嫸 婪也。从女，参声。七感切（cǎn）

【译文】嫸，贪婪。形声字，“女”为形符，“参”为声符。

婪 贪也①。从女，林声。杜林说：卜者党相诈

验为婪。读若潭。卢含切（lán）

【注释】①贪：《楚辞·离骚》："众皆竞进以贪婪兮。"王逸注："爱财曰贪，爱食曰婪。"

【译文】婪，贪婪。形声字，"女"为形符，"林"为声符。杜林说，占卜的人用骗人的征兆诈告吉凶叫做婪。读音与"潭"字相同。

嬾[懶]（懒） 懈也；怠也。一曰，卧[䭛]①也。从女，賴声。洛旱切（lǎn）

【译文】①卧：当作䭛（nè），楚谓小兒嬾䭛。

【译文】嬾，懈怠。一说，嬾义为䭛。形声字，"女"为形符，"賴"为声符。

婁（娄） 空也。从毌中女，空之意也。一曰，婁务也。，古文。洛侯切（lóu）

【译文】婁，物体中空。由"毌"、"中"、"女"会意，表示中空的意思。一说，娄即娄务，义为愚蠢。，古文婁字。

娎 娎婡也。从女，折声。许列切（xiè）

【译文】娎，娎婡。形声字，"女"为形符，"折"为声符。

婡 得志婡婡。一曰，婡，息也，一曰，少气也。从女，夾声。呼帖切（xiè）①

【注释】①呼帖切：今依《广韵》苦协切，读qiè。

【译文】娷，得志就娷娷而喜。一说，义为呼吸急促的样子。又一说，义为气息奄奄。形声字，"女"为形符，"夾"为声符。

嬈（娆） 苛也。一曰，扰、戏弄也，一曰，嬥也。从女，堯声。奴鸟切（niǎo）

【译文】嬈，琐碎。一说，嬈即烦扰；戏弄。又一说，义同嬥，不仁。形声字，"女"为形符，"堯"为声符。

嫛 恶也。一曰，人皃。从女，毁声。许委切（huǐ）

【译文】嫛，诽谤。一说，人的相貌丑陋。形声字，"女"为形符，"毁"为声符。

姗 诽也。一曰，翼便也。从女，删省声。所晏切（shàn）①

【注释】①所晏切：今依《广韵》苏干切，读shān。

【译文】姗，诽谤。一说，义为翼便。形声字，"女"为形符，"删"的省文为声符。

䢱 丑也。一曰，老妪也。从女，酋声。读若蹴。七宿切（cù）

【译文】䢱，丑恶。一说，义为老妇人。形声字，"女"为形符，"酋"为声符。读音与"蹴"字相同。

嫫[嫫] 嫫母，都丑也。从女，莫声。莫胡切（mó）

【译文】嫫，嫫母，极丑的女人。形声字，"女"为形符，"莫"为声符。

婓 往来婓婓也。一曰，丑皃。从女，非声。芳非切（fēi）

【译文】婓，往来不停的样子。一说，义为丑陋的样子。形声字，"女"为形符，"非"为声符。

孃[娘] 烦扰也。一曰，肥大也。从女，襄声。女良切（niáng）①

【注释】①女良切：今依《广韵》汝阳切，读ráng。

【译文】孃，烦扰。一说，义为肥胖硕大。形声字，"女"为形符，"襄"为声符。

嬒 女黑色也。从女，會声。《诗》曰："嬒兮蔚兮。"①古外切（kuài）②

【注释】①语见《诗经·曹风·候人》。嬒今本作薈。②古外切：今依《广韵》乌外切，读huì。

【译文】嬒，女子肌肤色黑。形声字，"女"为形符，"會"为声符。《诗经》说："云兴起来了，时而是黑色啊，时而是紫色啊。"

媆 好皃。从女，耎声。而沇切（ruǎn）

【译文】媆，柔美的样子。形声字，"女"为形符，"耎"为声符。

婩 𡢍 诬挐也。从女，奄声。依剑切（yàn）

【译文】婩，诬谤。形声字，“女”为形符，“奄”为声符。

嬾 𡣍 过差也。从女，監声。《论语》曰：“小人穷斯嬾矣。”卢瞰切（làn）

【注释】①语见《论语·卫灵公第十五》。嬾今本作滥。

【译文】嬾，过度。形声字，“女”为形符，“監”为声符。《论语》说：“小人贫穷无奈就会言行过分。”

嫯 𡢃 侮易也。从女，敖声。五到切（ào）

【译文】嫯，侮慢。形声字，“女”为形符，“敖”为声符。

婬[淫] 𡟵 私逸也。从女，㸒声。余箴切（yín）

【译文】婬，淫乱放纵。形声字，“女”为形符，“㸒”为声符。

姘 𡛟 除也。汉律：“齐人予妻婢奸曰姘。”从女，并声。普耕切（pēng）[①]

【注释】①普耕切：今依《广韵》普丁切，读pīn。

【译文】姘，排除。汉代律令中说：齐地人称与妻子的女婢通奸为姘。形声字，“女”为形符，“并”为声符。

奸 𡚼 犯淫也。从女，从干，干亦声。古寒切（gān）[①]

【注释】①古寒切：今依《集韵》居颜切，读jiān。

【译文】奸，犯奸淫的罪恶。由“女”、“干”会意，“干”又是声符。

姅 㚲 妇人污也。从女，半声。汉律：“见姅变，不得侍祠。”博幔切（bàn）

【译文】姅，女人血污。形声字，“女”为形符，“半”为声符。汉律中说：“妇人发现血污的出现，不能祭祀。”

娗 [篆] 女出病也。从女，廷声。徒鼎切（tǐng）

【译文】娗，女子子宫脱出的病症。形声字，“女”为形符，“廷”为声符。

婥 [篆] 女病也。从女，卓声。奴教切（nào）

【译文】婥，女人的疾病。形声字，“女”为形符，“卓”为声符。

娷 [篆] 诿也。从女，垂声。竹恚切（zhuì）

【译文】娷，推诿。形声字，“女”为形符，“垂”为声符。

嫋[惱]（恼） [篆] 有所恨也。从女，𡿺声。今汝南人有所恨曰嫋。奴皓切（nǎo）

【译文】嫋，心有怨恨。形声字，“女”为形符，“𡿺”省“匕”为声符。现今汝南郡一带人称心有怨恨为嫋。

媿[愧] 惭也。从女，鬼声。愧，媿或，从耻省。俱位切（kuì）

【译文】媿，惭愧。形声字，“女”为形符，“鬼”为声符。愧，媿的或体，由“耻”省“耳”为形旁。

奻 讼也。从二女。女还切（nuán）

【译文】奻，争吵。由二“女”会意。

姦[奸] 私也。从三女。𢙷，古文姦，从心，旱声。古颜切（jiān）

【译文】姦，私通。以三“女”会意。𢙷，古文姦，“心”为形符，“旱”为声符。

文二百三十八 重十三

毋 止之也。从女，有奸之者。凡毋之属皆从毋。武扶切（wú）

【译文】毋，使之停止。从“女”，“一”表示有与女人奸淫的人。大凡“毋”的部属都从“毋”。

毐 人无行也。从士，从毋。贾侍中说：秦始皇母与嫪毐淫，坐诛，故世骂淫曰嫪毐。读若娭。遏在切（ǎi）

【译文】毐，人没有好的品行。由“士”、“毋”会意。侍中贾逵说：秦始皇的母亲和嫪毒通奸，犯罪被诛，故而世人骂荒淫的男人为嫪毐。读音与“娭”字相同。

文二

民 众萌也。从古文之象。凡民之属皆从民。，古文民。弥邻切（mín）

【译文】民，众人懵懂无知的样子。依古文“民”的形象而略为整齐。大凡“民”的部属都从“民”。，古文“民”字。

氓 民也。从民，亡声。读若盲。武庚切（méng）

【译文】氓，百姓。形声字，“民”为形符，“亡”为声符。读音与“盲”字相同。

文二 重一

丿 右戾也。象左引之形。凡丿之属皆从丿。房密切（bì）①

【注释】①房密切：今依《广韵》普蔑切，读piě。

【译文】丿，自右向左斜下。象其自右向左引长之形。大凡“丿”的部属都从“丿”。

乂 芟艸也。从丿，从乀相交。，乂或，从刀。魚废切（yì）

【译文】乂，割草。由“丿”、“乀”相互交叉。表示割断。，乂的或体，从“刀”。

弗 弗 挢也。从丿，从乀，从韦省。分勿切（fú）

【译文】弗，矫正。由“丿”、“乀”和“韦”的省文会意。

乀 乀 左戾也。从反丿。读与弗同。分勿切（fú）

【译文】乀，从左向右斜下。由“丿”反过来表示。读音与“弗”字相同。

文四 重一

厂 厂 抴也。明也。象抴引之形。凡厂之属皆从厂。虒字从此。余制切（yì）

【译文】厂，横着牵引。又义为明。象横着牵引的形状。大凡“厂”的部属都从“厂”。虒字就是以“厂”为声符。

弋 弋 橜也。象折木衺锐著形。从厂，象物挂之也。与职切（yì）

【译文】弋，木桩。乀象折断的树木中歪斜而尖锐的枝干并把它附着在物体上的样子。从“厂”，表示有物品挂在上面。

文二

乁 乁 流也。从反厂。读若移。凡乁之属皆从乁。弋支切（yí）

【译文】乁，移动。由“厂”字反方向表示。读音与“移”字相同。大凡“乁”的部属都从“乁”。

也 𠃟 女阴也。象形。𠃟，秦刻石也字。羊者切（yě）

【译文】也，女性生殖器官。象形。𠃟，是秦朝刻的石碑上的“也”字。

文二 重一

氏 𠆢 巴蜀山名岸胁之旁箸欲落墒者曰氏，氏崩，闻数百里。象形，乁声。凡氏之属皆从氏。杨雄赋：“响若氏隤。”承旨切（shì）

【译文】氏，巴蜀地区称江边山崖上凸出部分将要堕落的岩石为氏，氏崩塌，方圆几百里都能听到。∈象形，“乁”为声符。大凡“氏”的部属都从“氏”。杨雄赋中说：“声响象氏的坠落。”

氒 氒 木本。从氏。大于末。读若厥。居月切（jué）

【译文】氒，树木的根本。由“氏”“丅”会意。树木的根干大于枝梢。读音与“厥”字相同。

文二

氐 氐 至也。从氏下箸一。一，地也。凡氐之属皆从氐。丁礼切（dǐ）

【译文】氐，抵达。由“氏”下附着“一”会意。“一”表示地。大凡“氐”的部属都从“氐”。

𢆡 𢆡 卧也。从氐，垔声。於进切（yìn）

【译文】𢆡，卧。形声字，“氐”为形符，“垔”为声符。

跌 触也。从氐，失声。徒结切（dié）

【译文】跌，触。形声字，“氐”为形符，“失”为声符。

䍧 阙[①]。

【注释】①徐铉等按：“《玉篇》、《广韵》二书注为音“皓”hào，又音“效”xiào。”

【译文】䍧，形、音、义原书已缺。

文四

戈 平头戟也。从弋，一横之。象形。凡戈之属皆从戈。古禾切（gē）

【译文】戈，是种平头不用于直刺没有向上尖刃的戟类兵器。由“弋”和“一”横贯在戈上会意。象戈的形状。大凡“戈”的部属都从“戈”。

肇 上讳[①]。从戈，肁声。直小切（zhào）

【注释】①徐铉等说：“肇是后汉和帝的名。”

【译文】肇，已故孝和皇帝的名讳。形声字，“弋”为义符，“肁”为声符。

戎 兵也。从戈，从甲。如融切（róng）

【译文】戎，兵器。由“戈”和“甲”会意。

戣 𢧀 《周礼》："侍臣执戣，立于东垂。"[①]兵也。从戈，癸声。渠追切（kuí）

【注释】①语出《尚书·周书·顾命》非《周礼》。

【译文】戣，《周书》说："侍卫的臣子拿着三锋矛，站立在东堂的侧边。"形声字，"戈"为义符，"癸"为声符。

戰 𢧀 盾也。从戈，旱声。侯旰切（hàn）[①]

【注释】①侯旰切：今依《广韵》古寒切，读gān。

【译文】戰，盾牌。形声字，"戈"为形符，"旱"为声符。

戟[戟] 𢧀 有枝兵也。从戈、倝[省][①]。《周礼》："戟，长丈六尺。"[②]读若棘。纪逆切（jǐ）

【注释】①倝：段玉裁《说文解字注》作榦省。②语见《周礼·考工记》。

【译文】戟，有旁枝横刃的兵器。形声字，"戈"为形符，"倝"为声符。《周礼》载：车戟之柄长一丈六尺。读音与"棘"字相同。

戛 𢧀 戟也。从戈，从百。读若棘。古黠切（jiá）

【译文】戛，戟。由"戈"、"百"会意。读音与"棘"字相同。

賊（贼） 𢧀 败也。从戈，則声。昨则切（zéi）

【译文】賊，毁败。形声字，"戈"为形符，"則"为声符。

戍 𢧀 守边也。从人持戈。伤遇切（shù）

【译文】戍，守卫边境。由“人”手中拿着“戈”会意。

戰（战） 鬭也。从戈，單声。之扇切（zhàn）

【译文】戰，战斗。形声字，“戈”为形符，“單”为声符。

戲（戏） 三军之偏也。一曰，兵也。从戈，䖒声。香义切（xì）

【译文】戲，三军的偏师。一说，义为兵器名。形声字，“戈”为形符，“䖒”为声符。

戥 利也。一曰，剔也。从戈，呈声。徒结切（dié）

【译文】戥，锐利。一说，义为剃掉毛发。形声字，“戈”为形符，“呈”为声符。

或 邦也。从口，从戈，以守一。一，地也。域，或，又从土。于逼切（yù）

【译文】或，邦国。由“口”和“戈”把守“一”会意。“一”，表示地域。域，“或”的异体字，又从“土”。

截［截］ 断也。从戈，雀声。昨结切（jié）

【译文】截，截断。形声字，“戈”为形符，“雀”为声符。

𢦟 杀也。从戈，今声。《商书》曰：“西伯既𢦟黎。”①口含切（kān）

【注释】①语见《尚书·商书·西伯戡黎》。𢦔今本作戡。

【译文】𢦔，杀戮。形声字，“戈”为形符，“今”为声符。《商书》说：“西伯已经平定了黎国。”

戕 抢（枪）也。他国臣来弑君曰戕。从戈，爿声。士良切（qiāng）

【译文】戕，伤害。别国臣子来杀死本国君主。形声字，“戈”为形符，“爿”为声符。

戮 杀也。从戈，翏声。力六切（lù）

【译文】戮，杀。形声字，“戈”为形符，“翏”为声符。

戡 刺也。从戈，甚声。竹甚切（zhěn），口含切（kān）

【译文】戡，刺。形声字，“戈”为形符，“甚”为声符。

戭 长抢［枪］也。从戈，寅声。《春秋传》有梼戭[1]。弋刃切（yìn），以浅切（yǎn）[2]

【注释】①语见《左传·文公十八年》。②弋刃切、以浅切：今读依以浅切，音yǎn。

【译文】戭，用长枪、矛之类相刺。形声字，“戈”为形符，“寅”为声符。《左传》中有个叫梼戭的人。

𢦏 伤也。从戈，才声。祖才切（zāi）

【译文】𢦏，受伤害。形声字，“戈”为形符，“才”为声符。

戳（戬）[戬] 灭也。从戈，晋声。《诗》曰：“实始戬商。”[①]即浅切（jiǎn）

【注释】①语见《诗经·鲁颂·閟宫》。

【译文】戬，剪除。形声字，“戈”为形符，“晋”为声符。《诗经》说：“这个时候开始剪灭商朝。”

𢦔 绝也。一曰，田器。从从持戈[①]。古文读若咸。读若《诗》云“攕攕女手”[②]。子廉切（jiān）

【注释】①从从持戈：从双人，两人持以刺，势当锐不可挡。②语见《诗经·魏风·葛屦》。

【译文】𢦔，断绝。一说，义为一种耕种田地的农具。由“从”持握“戈”会意。读音像“咸”字。又，读音与《诗经》中说的“攕攕女人的手”的“攕”字相同。

武 楚庄王曰：“夫武，定功戢兵。故止戈为武。”[①]文甫切（wǔ）

【注释】①语见《左传·宣公十二年》。

【译文】武，楚庄王说：“动用武力是为着平定天下，确定战功，止息战争，从而将武器收藏起来，不再打仗。因此，由‘止’、‘戈’会意，表示制止干戈就是武。”

戢 藏兵也。从戈，咠声。《诗》曰：“载戢

干戈。”[①]阻立切（jí）

【注释】①语见《诗经·周颂·时迈》。

【译文】戢，把兵器收藏起来。形声字，“戈”为形符，“咠”为声符。《诗经》说：“收藏那盾牌和戈矛。”

戠 阙。从戈，从音。之弋切（zhī）

【译文】戠，音和义缺失。由“戈”、“音”会意。

戔（戋） 贼也。从二戈。《周书》曰：“戔戔巧言。”[①]昨千［干］切（cán）

【注释】①语见《尚书·周书·秦誓》。今本作惟截截善諞言。段玉裁注：“此称戔戔，截截之异文。”戋，今读jiān。

【译文】戋，残害。由两“戈”会意。《周书》说：“戋戋浅薄而又乖巧的话。”

文二十六 重一

戉 斧也。从戈，乚声。《司马法》曰：“夏执玄戉，殷执白戚，周左杖黄戉，右秉白髦。”凡戉之属皆从戉。”王伐切（yuè）

【译文】戉，大斧。形声字，“戈”为形符，“乚”为声符。《司马法》说：“夏朝拿着黑红色的斧头，殷朝拿着白色的斧头，周朝左手拿着黄色的斧头，右手握着白色的牦牛尾。”

戚 戉也。从戉，尗声。仓历切（qī）

【译文】戚，斧类武器。形声字，“戉”为形符，“尗”为声符。

文二

我 𢦓 施身自谓也。或说，我，顷顿也。从戈，从𠂹。𠂹，或说古垂字。一曰，古殺字。凡我之属皆从我。𢦑，古文我。五可切（wǒ）

【译文】我，对于自身的称谓。也有人说，义为倾侧歪斜。由“戈”、“𠂹”会意。“𠂹”，有人说是古文“垂”字；一说，为古文“殺”字。大凡“我”的部属都从“我”。𢦑，古文“我”。

義（义） 義 己之威仪也。从我、羊。羛，《墨翟書》義从弗。魏郡有羛阳乡，读若锜。今属邺，本内黄北二十里。宜寄切（yì）①

【注释】①宜寄切：《广韵》此切“義”为“仁義”義今读音yì。《说文》“威仪”義今读音yí，后世造“儀”以区分。今读依《集韵》魚羈切，音yí。

【译文】義，自身的庄严的仪容举止。由“我”、“羊”会意。羛，《墨子》中的義字从“弗”。魏郡有个乡叫羛阳乡，羛读音与“锜”字相同。现属邺郡，原在内黄县北二十里。

文二 重二

亅 亅 钩逆者谓之亅。象形。读若橜。凡亅之属皆从亅。衢月切（jué）

【译文】亅，倒须钩称作亅。象曲钩从下面倒着向上的形状。大凡亅的部属都从亅。读音与“橜”字相同，亦通用橜。

㇙ 钩识也。从反亅。读若捕鸟罬。居月切（jué）

【译文】㇙，用钩状符号来作标记。字从反写的“亅”。读音与捕鸟的网罬的“罬”字相同。

文二

珡[琴] 禁也。神农所作。洞越。练朱五弦，周加二弦。象形。凡珡之属皆从珡。鑋，古文珡，从金。巨今切（qín）

【译文】珡，禁止淫邪、端正人心。炎帝神农氏制作的乐器。琴底有通达的出音孔，朱红色的熟绢丝做成五根弦，周代又增加两弦。象琴首身尾之形。大凡珡的部属都从珡。鑋，古文珡字，从“金”声。

瑟 庖牺所作弦乐也。从珡，必声。[古文瑟]，古文瑟。所栉切（sè）

【译文】瑟，庖牺氏创制的有弦乐器。形声字，“珡”为形符，“必”为声符。[古文瑟]，古文“瑟”字。

文二 重二

乚 匿也，象迟曲隐蔽形。凡乚之属皆从乚。读若隐。于谨切（yǐn）

【译文】乚，藏匿。象曲折逃藏隐避的踪迹。大凡“乚”的部属都从"乚"。读音与"隐"字相同。

直[直] 𥃭 正见也。从乚，从十，从目。𣅀，古文直。除力切（zhí）

【译文】直，正视。由"乚"、"十"、"目"会意。𣅀，古文直。

文二 重一

亾[亡] 亾 逃也。从入，从乚。凡亡之属皆从亡。武方切（wáng）

【译文】亾，逃亡。由"入"、"乚"会意。大凡"亾"的部属都从"亾"。

乍 乍 止也。一曰，亡也。从亡，从一。鉏驾切（zhà）

【译文】乍，制止。一说，逃亡。由"亡"、"一"会意。

望 望 出亡在外，望其还也。从亡，朢省声。巫放切（wàng）

【译文】望，出逃在外，家里盼望返回。形声字，"亡"为形符，"朢"的省文为声符。

無[無]（无） 無 亡也。从亡，無声。无，奇字無，通于元者。王育说，天屈西北为无。武扶切（wú）

【译文】無，没有。形声字，"亡"为形符，"無"为声符。无，奇字槩，是小篆“元”字“丿”画向上贯通的结果。王育说，天向西北方倾斜叫作无。

匄[丐] 气也。逯安[1]说，亡、人为匄。古代切（gài）

【注释】①逯安，为许慎作书博采之通人。

【译文】匄，乞求。逯安说，逃“亡”的“人”组成“匄”会意。

文五 重一

匸 衺徯，有所侠藏也。从乚，上有一覆之。凡匸之属皆从匸。读与傒同。胡礼切（xì）

【译文】匸，斜向站着，胁下有挟藏的东西。由“乚”上面有“一”遮盖表示。大凡“匸”的部属都从“匸”。读音与“徯”字相同。

區（区） 踦區，藏匿也。从品在匸中；品，众也。岂俱切（qū）

【译文】區，踦區，藏匿。由“品”在“匸”中会意；“品”，表示品类众多。

匿 亡也。从匸，若声。读如羊骀棰。女力切（nì）

【译文】匿，逃亡藏匿。形声字，“匸”为形符，“若”为声符。读音与“羊车马鞭顶端针錅”的“錅”字相同。

㔷 [小篆] 侧逃也。从匸，丙声[①]。一曰，箕属。卢候切（lòu）

【注释】①徐铉校曰："丙非声，义当从内会意。"从匸、内，会隐藏在内之意。

【译文】㔷，从旁侧逃隐。由"匸"、"内"会意。一说，簸箕一类的用具。

匽 [小篆] 匿也。从匸，晏声。於蹇切（yǎn）

【译文】匽，隐藏。形声字，"匸"为形符，"晏"为声符。

医 [小篆] 盛弓弩矢器也。从匸，从矢。《国语》曰："兵不解医。"[①]於计切（yì）

【注释】①语见《国语·齐语》。医今本作翳。

【译文】医，装弓、弩、箭的器具。由"匸"、"矢"会意。《国语》说："武器让它收藏着，不用解开装弓、弩、箭的医器。"

匹 [小篆] 四丈也。从八、匸。八揲一匹[①]，八亦声。普吉切（pǐ）

【注释】①八揲一匹：古时布匹自两端折叠，每折五尺，每端四折，共八折。

【译文】匹，布帛四丈。由"八"、"匸"会意。古时八折成一匹，"八"也是声符。

文七

匚 受物之器。象形。凡匚之属皆从匚。读若方。，籀文匚。府良切（fāng）

【译文】匚，盛装物品的方形器具。象其器形。大凡“匚”的部属都从“匚”。读音与“方”字相同。，籀文匚字。

匠 木工也。从匚，从斤。斤，所以作器也。疾亮切（jiàng）

【译文】匠，制作木器的工匠。由“匚”、“斤”会意。“斤”，表示用来制作器物的工具。

匧 藏也。从匚，夾声。，匧或，从竹。苦叶切（qiè）

【译文】匧，小型竹木箱；收藏。形声字，“匚”为形符，“夾”为声符。，匧的或体，从“竹”。

匩[匡][筐] 饮器，筥也。从匚，㞷声。，匩或，从竹。去王切（kuāng）

【译文】匩，盛饭食的圆形器具，像喂牛的筐一类的东西。形声字，“匚”为形符，“㞷”为声符。，匩的或体，从“竹”。

匜 似羹魁，柄中有道，可以注水。从匚，也声。移尔切（yí）

【译文】匜，像舀羹的勺，勺把中间有沟，可以用来倒出器中之水。形声字，“匚”为形符，“也”为声符。

匴 渌米籔也。从匚，算声。穌管切（suǎn）

【译文】匴，淘米后用以控水的一种竹器即溲箕。形声字，“匚”为形符，“算”为声符。

𠥫 小桮也。从匚，贑声。，𠥫或，从木。古送切（gòng）

【译文】𠥫，小杯。形声字，“匚”为形符，“赣”为声符。，𠥫的或体，从“木”。

匪 器，似竹筐。从匚，非声。《逸周书》曰：“实玄黄于匪。”①非尾切（fěi）

【注释】①语见《逸周书·武成》：“惟其士女，篚厥玄黄。”

【译文】匪，一种盛器，形状与竹筐相似。形声字，“匚”为形符，“非”为声符。《逸周书》中说：“把黑色的、黄色的束帛装满在竹匪里。”

匲 古器也。从匚，倉声。七冈切（cāng）

【译文】匲，古器具名。形声字，“匚”为形符，“倉”为声符。

匜 田器也。从匚，攸声。徒聊切（tiáo）

【译文】匜，耘田之器。形声字，“匚”为形符，“攸”为声符。

匬 田器也。从匚，異声。与职切（yì）

【译文】匴，种田用的一种农具。形声字，“匚”为形符，“異”为声符。

匫 [篆] 古器也。从匚，曶声。呼骨切（hū）

【译文】匫，古时一种器具名。形声字，“匚”为形符，“曶”为声符。

匬 [篆] 瓯，器也。从匚，俞声。度侯切（tóu）①

【注释】①度侯切：今依《集韵》勇主切，读yǔ。

【译文】匬，瓯类盛水的器具。形声字，“匚”为形符，“俞”为声符。

匱（匮） [篆] 匣也。从匚，貴声。求位切（guì）

【译文】匱，收藏衣物的家具。形声字，“匚”为形符，“貴”为声符。

匵[櫝]（椟） [篆] 匱也。从匚，賣声。徒谷切（dú）

【译文】匵，盛物品的柜子。形声字，“匚”为形符，“賣”为声符。

匣 [篆] 匱也。从匚，甲声。胡甲切（xiá）

【译文】匣，箱匣。形声字，“匚”为形符，“甲”为声符。

匯（汇） [篆] 器也。从匚，淮声。胡罪切（huì）

【译文】匯，一种器具的名称。“匚”为形符，“淮”为声符。

柩 𣏖 棺也。从匸，从木，久声。匶，籀文柩。巨救切（jiù）

【译文】柩，装着尸体的棺材。形声字，匸象器形，木示木制；久为声符。匶，籀文柩字。

匰 匰 宗庙盛主器也。《周礼》曰："祭祀共匰主。"[①]从匸，單声。都寒切（dān）

【注释】①语见《周礼·春官·司巫》。

【译文】匰，宗庙中安放神主的器具。《周礼》说："祭祀时就供给装神主牌位的匰筐。"形声字，"匸"为形符，"單"为声符。

文十九 重五

曲 曲 象器曲受物之形。或说，曲，蚕薄也。凡曲之属皆从曲。𠚕，古文曲。丘玉切（qū）

【译文】曲，象器具中间凹曲可盛物品的形状。一说，曲是像筛子一样的蚕薄。大凡"曲"的部属都从"曲"。𠚕，古文曲字。

豊 豊 骫曲也[①]。从曲，玉声。丘玉切（qū）

【注释】①段玉裁注："骫者，骨耑骫奊也。今人用委曲字，古用骫豊。"

【译文】豊，委曲。形声字，"曲"为形符，"玉"为声符。

䦈［𠚕］ 䦈 古器也。从曲，𦥔声。土刀切（tāo）

【译文】𤬪，古时的一种器具。形声字，“曲”为形符，“舀”为声符。

文三 重一

甾[甾] 东楚名缶曰甾。象形。凡甾之属皆从甾。𡿧，古文。侧词切（zī）

【译文】甾，楚东地区称盛酒浆的陶器缶为甾。象形。大凡“甾”的部属都从“甾”。𡿧，古文甾字。

𨰻 㮝也，古田器也。从甾，疌声。楚洽切（chā）

【译文】𨰻，锹，古时种田的农具。形声字，“疌”为形符，“甾”为声符。

畚[畚] 𤭛属，蒲器也，所以盛種也。从甾，弁声。布忖切（běn）

【译文】畚，𤭛一类的器具，用蒲草或竹篾编织的器具，用来盛装种子的东西。形声字，“甾”为形符，“弁”为声符。

𤭛[𤭛] 㽅也。从甾，并声。杜林以为竹筥，杨雄以为蒲器。读若軿。薄经切（píng）

【译文】𤭛，古代用蒲草或竹篾编成的盛放米的器具。形声字，“甾”为形符，“并”为声符。杜林认为𤭛是竹制的圆形器具，杨雄认为𤭛是用蒲草做成的器具。读音与“軿”字相同。

𢿀[罏] 𢿀 𦉥也。从甾，虍声。读若盧，同。罏，篆文𢿀。𨫼，籀文𢿀。洛乎切（lú）

【译文】𢿀，小口的盛食物的陶器。形声字，“甾”为形符，“虍”为声符。读音与“盧”字相同，义同。罏，篆文𢿀字。𨫼，籀文𢿀字。

文五 重三

瓦 瓦 土器已烧之总名。象形。凡瓦之属皆从瓦。五寡切（wǎ）

【译文】瓦，用泥土做坯通过烧制而成的器物的总称。象屋瓦牝牡衔接之状。大凡“瓦”的部属都从“瓦”。

瓬 瓬 周家搏埴之工也。从瓦，方声。读若抵破之抵。分两切（fǎng）

【译文】瓬，《周礼》拍打着黏土制作簋、豆之类瓦器的匠工。形声字，“瓦”为形符，“方”为声符。读音与“抵破”的“抵”字相同。

甄 甄 匋也。从瓦，垔声。居延切（jiān）①

【注释】①居延切：今音依《广韵》职邻切，读zhēn。

【译文】甄，制作陶器。形声字，“瓦”为形符，“垔”为声符。

甍 甍 屋栋也。从瓦，夢省声。莫耕切（méng）

【译文】甍，屋脊梁。形声字，“瓦”为形符，“夢”的省文为声符。

甑[1] 甗也。从瓦，曾声。，籀文甑，从鬵。子孕切（zèng）

【注释】①甑：段玉裁《说文解字注》："甑，所以炊蒸米为饭者，其底七穿，故必以箅蔽甑底，而加米于上，而饙之而馏之。"

【译文】甑，陶制的像甗一类的蒸饭食的器具。形声字，"瓦"为形符，"曾"为声符。，籀文甑字，从"鬵"。

甗 甑也[1]。一（曰，）穿也。从瓦，鬳声。读若言。魚蹇切（yǎn）

【注释】①甑：段玉裁《说文解字注》："郑司农曰：'甗，无底甑。'无底，即所谓一穿。盖甑七穿而小，甗一穿而大。一穿而大，则无底矣。甑下曰：'甗也。'浑言之。此曰：'甑也，一穿。'析言之。"

【译文】甗，古时带甑的炊器。底下有一大孔。形声字，"瓦"为形符，"鬳"为声符。读音与"言"字相同。

瓵 瓯瓿谓之瓵。从瓦，台声。与之切（yí）

【译文】瓵，盆盂、瓮钵一类瓦器称为瓵。形声字，"瓦"为形符，"台"为声符。

瓽 大盆也。从瓦，尚声。丁浪切（dàng）

【译文】瓽，大盆。形声字，"瓦"为形符，"尚"为声符。

甌（瓯） 小盆也。从瓦，區声。乌侯切（ōu）

【译文】甌，瓦制的盆盂类小容器。形声字，“瓦”为形符，“區”为声符。

瓮 罋也[①]。从瓦，公声。乌贡切（wèng）

【注释】①罋：段玉裁《说文解字注》：“罋者，甀（chuí）也。甀者，小口罋也，然则瓮者，罋之大口者也。”

【译文】瓮，罋类陶器，一种缩口的瓦坛子。形声字，“瓦”为形符，“公”为声符。

瓨 似罌，长颈。受十升。读若洪。从瓦，工声。古双切（gāng）[①]

【注释】①古双切：今音依《集韵》胡江切，读xiáng。

【译文】瓨，一种与罌相似的陶制容器，颈口较长。能装十升。读音与“洪”字相同。形声字，“瓦”为形符，“工”为声符。

甇［碗］[①] 小盂也。从瓦，夗声。乌管切（wǎn）

【注释】①甇：又作盌，后作椀，作碗。

【译文】甇，小型盛饮食的器具。形声字，“瓦”为形符，“夗”为声符。

瓴 瓮，似瓶也。从瓦，令声。郎丁切（líng）

【译文】瓴，一种大腹瓮，形状像瓶的盛水器。形声字，“瓦”为形符，“令”为声符。

甈 [小篆] 罌谓之甈。从瓦，臬声。部迷切（pí）

【译文】甈，罌类盛水瓦器称为甈。形声字，"瓦"为形符，"臬"为声符。

㼣 [小篆] 似小瓿。大口而卑。用食。从瓦，扁声。芳连切（piān）[①]

【注释】①芳连切：今依《广韵》布玄切，读biān。

【译文】㼣，小瓦盆。开口大而比较低矮的容器。可盛放饮食。形声字，"瓦"为形符，"扁"为声符。

瓿 [小篆] 㼣也[①]。从瓦，音声。蒲口切（bù）

【注释】①瓿：一种小瓮，圆口、深腹、圈足，用以盛物。

【译文】瓿，瓿甊。形声字，"瓦"为形符，"音"为声符。

㼸 [小篆] 器也。从瓦，容声。与封切（róng）

【译文】㼸，盎缶类容器名。形声字，"瓦"为形符，"容"为声符。

甓 [小篆] 瓴甓也。从瓦，辟声。《诗》曰："中唐有甓。"[①]扶历切（pì）

【注释】①语见《诗经·陈风·防有鹊巢》。

【译文】甓，砖。形声字，"瓦"为形符，"辟"为声符。《诗经》说："庭中的路上有砖。"

甃 井壁也。从瓦，秋声。侧救切（zhòu）

【译文】甃，用砖砌成的井壁。形声字，“瓦”为形符，“秋”为声符。

甈 康瓠，破罂。从瓦，臬声。，甈或，从埶。魚例切（yì）[①]

【注释】①魚例切：今依《广韵》去例切，读qì。

【译文】甈，空壶，破罂瓶。形声字，“瓦”为形符，“臬”为声符。，甈的或体，从“埶”声。

𤮐 瑳垢瓦石也。从瓦，爽声。初两切（chuǎng）

【译文】𤮐，用碎瓦石磨去瓶内污垢。形声字，“瓦”为形符，“爽”为声符。

瓾 蹈瓦声。从瓦，奊声。零帖切（liè）

【译文】瓾，踩踏瓦的响声。形声字，“瓦”为形符，“奊”为声符。

㼨 （治）[冶]橐干也。从瓦，今声。胡男切（hán）

【译文】㼨，风箱用以鼓风的柄。形声字，“瓦”为形符，“今”为声符。

𤭢 破也。从瓦，卒声。稣对切（suì）

【译文】瓿，破碎。形声字，“瓦”为形符，“卒”为声符。

㼧 [篆] 败也。从瓦，反声。布绾切（bǎn）

【译文】㼧，破瓦片。形声字，“瓦”为形符，“反”为声符。

文二十五 重二

弓 [篆] 以近穷远。象形。古者挥作弓。《周礼》六弓：王弓、弧弓以射甲革甚质；夹弓、庾弓以射干侯鸟兽；唐弓、大弓以授学射者[1]。凡弓之属皆从弓。居戎切（gōng）

【注释】①“六弓”四句：《周礼·夏官·司弓矢》。今本原文：“王弓、弧弓以授射甲革椹（zhēn）质者；夹弓、庾弓以授射豻（ǎn）侯鸟兽者；唐弓、大弓以授学射者、使者、劳者。” 王、弧为强弓，夹、庾为弱弓，唐、大为中弓。甲革，指铠甲。椹，斫木砧。质，承培元《说文引经证例》：“正也。”即靶子。豻侯鸟兽，即豻侯鸟兽侯，后“侯”字承前省略。豻，胡地野犬。侯，靶子。

【译文】弓，把箭从近处射到远处的武器。象弓之形。古时黄帝臣挥发明了弓。《周礼》中记载有六弓：王弓、弧弓为强弓，授给那些用来射击铠甲或砍削用的垫板做成的靶子的人；夹弓、庾弓为弱弓，授给那些用来射击胡地野狗皮或其他鸟兽皮做成的靶子的人；唐弓、大弓强弱适中，授给那些初学射术的人。大凡“弓”的部属都从“弓”。

弴[弴] [篆] 画弓也。从弓，𦎧声。都昆切（dūn）

【译文】彏，刻画有花纹的弓。形声字，“弓”为形符，“𦎧”为声符。

弭 弓无缘，可以解辔纷者。从弓，耳声。，弭或，从兒。绵婢切（mǐ）

【译文】弭，弓的末端以骨角镶嵌而不缠丝线。其骨角部分可供御者解辔绳之结。形声字，“弓”为形符，“耳”为声符。，弭的或体，从“兒”声。

弲 角弓也。洛阳名弩曰弲。从弓，肙声。乌玄切（yuān）[①]

【注释】①乌玄切：今依《广韵》许缘切，读xuān。

【译文】弲，镶角的弓。洛阳一带称弩弓为弲。形声字，“弓”为形符，“肙”为声符。

弧 木弓也。从弓，瓜声。一曰，往体寡，来体多，曰弧。户吴切（hú）

【译文】弧，木制不镶角的弓。形声字，“弓”为形符，“瓜”为声符。又一说，弓体坚直，往屈不多，施弦之后强力攀拉，方能加大其弧度，称作弧。

弨 弓反也。从弓，召声。《诗》曰：“彤弓弨兮。”[①]尺招切（chāo）

【注释】①语见《诗经·小雅·彤弓》。

【译文】弨，松解弓弦，弓背反直。形声字，“弓”为形符，“召”为声符。《诗经》说：“红色的弓松弛着啊。”

弲　弓曲也。从弓，雚声。九院切（juàn）①

【注释】①九院切：今依《广韵》巨员切，读quán。

【译文】弲，弓拳曲。形声字，“弓”为形符，“雚”为声符。

弲　弓弩耑（端），弦所居也。从弓，區声。恪侯切（kōu）

【译文】弲，弓弩两端的系弦处。“弓”为形符，“區”为声符。

彇　弓便利也。从弓，繇声。读若烧。弋招切（yáo）

【译文】彇，弓弛张便利，即使用起来很顺手。形声字，“弓”为形符，“繇”为声符。读音与“烧”字相同。

張（张）　施弓弦也。从弓，長声。陟良切（zhāng）

【译文】張，把弦绷在弓上。“弓”为形符，“長”为声符。

彏　弓急张也。从弓，矍声。许缚切（xuè）①

【注释】①许缚切：今依《广韵》居缚切，读jué。

【译文】彏，弓紧急张开。形声字，“弓”为形符，“矍”为声符。

弸　弓强皃。从弓，朋声。父耕切（péng）

【译文】弸，弓强劲有力的样子。“弓”为形符，“朋”为声符。

彊［强］　弓有力也。从弓，畺声。巨良切（qiáng）

【译文】彊，弓有力。形声字，“弓”为形符，“畺”为声符。

彎（弯）　持弓关矢也。从弓，䜌声。乌关切（wān）

【译文】彎，左手拿着弓，右手把箭括扣在弦上，箭镝伸在弓背外。形声字，“弓”为形符，“䜌”为声符。

引　开弓也。从弓、丨[①]。余忍切（yǐn）

【注释】①从弓、丨（gǔn）：段玉裁《说文解字注》：“此引而上行之丨也，为会意；丨也象矢形。”

【译文】引，拉开弓。会意字，“弓”表示弓，“丨”表示弓弦。

弙　满弓有所乡也。从弓，于声。哀都切（wū）

【译文】弙，拉满弓而有目标方向。形声字，“弓”为形符，“于”为声符。

弘　弓声也。从弓，厶声。厶，古文肱字。胡肱切（hóng）

【译文】弘，拉弓弹射的声音。形声字，“弓”为形符，“厶”为声符。“厶”就是古文肱字。

弭 弛弓也。从弓，耳声。斯氏切（mí）

【译文】弭，把弓弦放松。形声字，“弓”为形符，“耳”为声符。

弛 弓解也。从弓，从也。，弛或，从虒。施氏切（shǐ）[①]

【注释】①施氏切：今依《广韵》施是切，读chí。

【译文】弛，解下弓弦。形声字，“弓”为形符，“也”为声符。，弛的或体，从“虒”声。

弢 弓衣也。从弓，从（支）[又]。（支）[屮]，垂饰，与鼓同意。土刀切（tāo）

【译文】弢，盛弓的袋子。由“弓”和“又”会意。“屮”，象下垂的装饰品，与“鼓”字从“屮”同一造字法则。

弩 弓有臂者。《周礼》四弩：夹弩、庾弩、唐弩、大弩[①]。从弓，奴声。奴古切（nǔ）

【注释】①语见《周礼·夏官·司弓矢》。今本原文：“司弓矢，掌六弓、四弩、八矢之法。凡弩，夹、庾利攻守，唐、大利车战、野战。”

【译文】弩，弓上有像人的手臂一样的柄。《周礼》中记载有四种弩，分别为夹弩、庾弩、唐弩、大弩。形声字，“弓”为形符，“奴”为声符。

彀 張努也。从弓，㝅声。古候切（gòu）

【译文】彀，张满弩弓。形声字，“弓”为形符，“㝅”为声符。

彍 努满也。从弓，黄声。读若郭。苦郭切（kuò）[1]

【注释】①苦郭切：今依《广韵》古博切，读guō。

【译文】彍，张满弓弩。形声字，“弓”为形符，“黄”为声符。读音与“郭”字相同。

彃 射也。从弓，畢声。《楚词》曰：“芎焉彃日。”[1]卑吉切（bì）

【注释】①语见《楚辞·天问》。芎今本作羿。

【译文】彃，射。形声字，“弓”为形符，“畢”为声符。《楚辞·天问》说：“芎怎么射太阳呢？”

彈（弹） 行丸也。从弓，單声。𢎪，彈或，从弓持丸。徒案切（dàn）[1]

【注释】①徒案切：《广韵》徒案切音dàn，表名词义；徒丹切音tán，表动词义。

【译文】彈，弹弓使丸疾行。形声字，“弓”为形符，“單”为声符。𢎪，彈的或体，由“弓”持“丸”会意。

發（发） 射發也。从弓，癹声。方伐切（fā）

【译文】發，發射。形声字，“弓”为形符，“癹”为声符。

𢏚 帝喾射官，夏少康灭之。从弓，幵声。《论语》曰：“𢏚善射。”[①]五计切（yì）

【注释】①语见《论语·宪问第十四》。𢏚今本作羿。

【译文】𢏚，传说中帝喾的射箭官，曾建立有穷国，后来被夏之少康除灭。形声字，“弓”为形符，“幵”为声符。《论语》说：“𢏚善于射箭。”

文二十七 重三

弜 强也。从二弓。凡弜之属皆从弜。其两切（jiàng）

【译文】弜，强。由两个“弓”字会意。大凡“弜”的部属都从“弜”。

弼[弻] 辅也。重也。从弜，丙声[①]。，弻或如此。、，并古文弻。房密切（bì）

【注释】①弼，徐锴曰：“丙，舌也，非声。舌柔而弜刚，以柔从刚，辅弻之意。”段玉裁注：“按非也。丙下曰：‘一读若誓。’弻字从此。誓与弼同十五部也。”

【译文】弻，辅正；重复。形声字，“弜”为形符，“丙”为声符。，弻的或体像这个样子。、，都是古文弼字。

文二 重三

弦 弓弦也。从弓，象丝轸之形[①]。凡弦之属皆从弦。胡田切（xián）

【注释】①象丝轸之形：段玉裁注："谓也。象古文丝而系于轸。轸者，系弦之处。后人谓琴系弦者曰轸。"

【译文】弦，弓弩的弦。从"弓"，""象丝系在轸上的样子。大凡"弦"的部属都从"弦"。

盭 弻戾也。从弦省，从盩（zhōu）[①]。读若戾。郎计切（lì）

【注释】①从盩：段玉裁注："许意山曲曰盩，水曲曰厔。扶风有盩厔县取此义。是盩有诎曲之意。"

【译文】盭，乖反违背。由"弦"省"弓"和"盩"会意。读音与"戾"字相同。

玅 急戾也。从弦省，少声。於霄切（yāo）

【译文】玅，弦紧而乖戾。形声字，"弦"省"弓"为形符，"少"为声符。

竭 不成，遂急戾也。从弦省，曷声。读若瘞葬。於罽切（yì）

【译文】竭，作事不成，显出急躁而乖戾的样子。形声字，"弦"省"弓"为形符，"曷"为声符。读音与"瘞葬"的"瘞"字相同。

文四

系 [小篆] 繫也。从糸，丿声。凡系之属皆从系。[小篆]，系或，从毄、處[①]。[籀文][②]，籀文系，从爪、絲[③]。胡计切（xì）

【注释】①从毄、處：段玉裁注："从處而毄声也。"②𦃃：会意字，以爪、丝表示以手接丝。罗振玉称："卜辞作手持丝形，与许书籀文合。"篆文丿当为爪形之省变。③从爪、絲：段玉裁注："覆手曰爪，絲悬於掌中而下垂，是系之意也。"

【译文】系，相联属。形声字，"糸"为形符，"丿"为声符。大凡"系"的部属都从"系"。[小篆]，系的或体，"毄"为声符，"處"为形符。[籀文]，籀文系字，由"爪"、"絲"会意。

孫（孙） [小篆] 子之子曰孫。从子，从系。系，续也。思魂切（sūn）

【译文】孫，儿子的儿子叫孫子。会意字，由"子"、"系"会意。"系"，表示连续不断。

緜[綿]（绵） [小篆] 联微也[①]。从系，从帛。武延切（mián）

【注释】①联微：联者，连也。𢼸者，眇也。其相连者甚𢼸眇是曰緜。引申为凡联属之称。

【译文】緜，将微小的丝连结起来，连绵不断。由"系"和"帛"会意。

繇 [小篆] 随从也。从系，䍃声。余招切（yáo）

【译文】繇，随从。形声字，“系”为形符，“䍃”为声符。

文四 重二

卷二十五

糸① 细丝也。象束丝之形。凡糸之属皆从糸。读若硯（mì）。，古文糸。莫狄切（mì）

【注释】①糸：徐锴说，一只蚕吐的单丝叫做忽，十忽叫做一丝。糸就是五忽。

【译文】糸，细丝。象一束丝的样子。大凡“糸”的部属都从“糸”。读音与“硯”字相同。，古文糸字。

繭（茧） 蚕衣也。从糸，从虫，（黹省）[从芇]①。，古文繭。从糸，見②。古典切（jiǎn）

【注释】①黹省：段玉裁注：“各本作黹省，黹不得爲繭。芇音綿。許𥫗部有‘芇’字：‘相當也，讀若宀。’虫者，蠶也；芇者，僅足蔽其身也。”②見：段玉裁注：“見，声也。”

【译文】茧，蚕成蛹前吐丝所作的外壳。由“糸”、“虫”、“芇”会意。，古文繭字。“糸”为形符，“見”为声符。

繅（缫） 绎茧为丝也。从糸，巢声。稣遭切（sāo）

【译文】繅，把蚕茧浸在沸水里抽丝。形声字，“糸”为形符，“巢”为声符。

繹（绎） 抽丝也。从糸，睪声。羊益切（yì）

【译文】繹，抽丝。形声字，“糸”为形符，“睪”为声符。

緒（绪） 丝耑也。从糸，者声。徐吕切（xù）

【译文】緒，丝的一端。形声字，“糸”为形符，“者”为声符。

緬（缅） 微丝也。从糸，面声。弭沇切（miǎn）

【译文】缅，细丝。形声字，“糸”为形符，“面”为声符。

純（纯） 丝也。从糸，屯声。《论语》曰：“今也純，俭。”[①]常伦切（chún）

【注释】①语见《论语·子罕第九》。

【译文】純，蚕丝。形声字，“糸”为形符，“屯”为声符。《论语》上说：“如今呀用丝料作礼帽，是省俭的。”

綃（绡） 生丝也。从糸，肖声。相幺切（xiāo）

【译文】綃，没有经过湅煮的丝。形声字，“糸”为形符，“肖”为声符。

緍 大丝也。从糸，皆声。口皆切（kāi）

【译文】緍，粗丝。形声字，“糸”为形符，“皆”为声符。

𦃇（䋶） 丝曼延也。从糸，巟声。呼光切（huāng）

【译文】𦃇，丝线绵延连接不断。形声字，“糸”为形符，“巟”为声符。

纥[紇](纥) 丝下也。从糸，气声。《春秋传》有臧孙纥[1]。下没切（hé）

【注释】①语见《左传·襄公二十二年》。

【译文】纥，下等的丝。形声字。“糸”为形符，“气”为声符。《左传》中有个叫臧孙纥的臣子。

紙 丝滓也。从糸，氏声。都兮切（dī）

【译文】紙，丝的渣滓。形声字，“糸”为形符，“氏”为声符。

絓 茧滓絓头也。一曰，以囊絮练也。从糸，圭声。胡卦切（huà）[1]

【注释】①胡卦切：今读音kuā。

【译文】絓，蚕茧的渣滓形成的有所挂碍的结头。一说，用囊盛着丝绵在水中淘洗。形声字，“糸”为形符，“圭”为声符。

纅 丝色也。从糸，樂声。以灼切（yào）

【译文】纅，丝色彩鲜丽。“糸”为形符，“樂”为声符。

繸　著丝于筟车也。从糸，崔声。稣对切（suì）

【译文】繸，把丝缠在纺车的纺锭上。形声字，“糸”为形符，“崔”为声符。

經（经）　织也。从糸，巠声。九丁切（jīng）

【译文】經，织布机上的纵线。形声字，“糸”为形符，“巠”为声符。

織（织）　作布帛之總名也①。从糸，戠声。，乐浪挈令織②。从糸，从式。之弋切（zhī）

【注释】①作布帛之總名也：段玉裁《说文解字注》：“布者，麻缕所成；帛者，丝所成。作之皆谓之織。经与纬相成曰織。”②乐浪挈令織：段玉裁《说文解字注》：“挈当作栔。栔，刻也。乐浪郡栔于板之令也，其織字如此。”乐浪郡，汉置，辖境相当于今朝鲜北部地区。徐铉等说：“絬令，就是律令一类的文书。”

【译文】織，制作麻織品和丝織品的总称。形声字，“糸”为形符，“戠”为声符。，是乐浪郡刻在木板上的法令中的織字。由“糸”、“式”会意。

紝（纴）　机缕也。从糸，壬声。，紝或，从任。如甚切（rěn）①

【注释】①如甚切：今依《广韵》汝鸩切，读rèn。

【译文】紝，织布机上布帛开头的纱缕。形声字，“糸”为形符，“壬”为声符。，紝的或体，从“任”声。

綜（综） 𥿋 机缕也。从糸，宗声。子宋切（zòng）[①]

【注释】①子宋切：今读音zèng。

【译文】综，织机上使经线上下分开、形成梭口以受线的装置，用粗线或绳制成。形声字，“糸”为形符，“宗”为声符。

綹（绺） 𥿋 纬十缕为綹。从糸，咎声。读若柳。力久切（liǔ）

【译文】綹，十根纬线称为一綹。形声字，“糸”为形符，“咎”为声符。读音与“柳”字相同。

緯（纬） 𥿋 织横丝也。从糸，韦声。云贵切（wěi）

【译文】纬，织物的横线。形声字，“糸”为形符，“韋”为声符。

緷 𥿋 纬也。从糸，軍声。王问切（yùn）

【译文】緷，织物的纬线。形声字，“糸”为形符，“軍”为声符。

繢 𥿋 织余也。从糸，貴声。胡对切（huì）

【译文】繢，织物的头尾要截去的部分。形声字，“糸”为形符，“貴”为声符。

統（统） 𥿋 纪也。从糸，充声。他综切（tòng）[①]

【注释】①他综切：今读音tǒng。

【译文】統，丝的头绪。形声字，“糸”为形符，“充”为声符。

紀（纪）紀 丝别也。从糸，己声。居拟切（jì）

【译文】紀，使丝缕互相区别不致混杂的界绳，引亦称丝的头绪。形声字，“糸”为形符，“己”为声符。

繈[襁] 繈 （㹩）[粗]纇也。从糸，强声。居两切（jiǎng）[①]

【注释】①居两切：今读音qiǎng。

【译文】繈，丝节粗长。形声字，“糸”为形符，“强”为声符。

纇（纇） 纇 丝节也。从糸，頪声。卢对切（lèi）

【译文】纇，丝上面的节巴。形声字，“糸”为形符，“頪”为声符。

紿（绐） 紿 丝劳即紿。从糸，台声。徒亥切（dài）

【译文】紿，丝劳损破败就是紿。形声字，“糸”为形符，“台”为声符。

納（纳） 納 丝湿納納也。从糸，内声。奴荅切（nà）

【译文】納，丝湿漉漉的样子。形声字，“糸”为形符，“内”为声符。

紡（纺） 紡 网丝也。从糸，方声。妃两切（fǎng）

【译文】 紡，把丝麻结成纱线。形声字，“糸”为形符，“方”为声符。

絶（绝） 絶 断丝也。从糸，从刀，从卩。𢇍，古文絶。象不连体，絶二絲。情雪切（jué）

【译文】 絶，把丝截断。由“糸”、“刀”、“卩”会意。𢇍，古文絶字。㡭象不连续的形体，乚表示两束丝断絶为两体。

繼[継]（继） 繼 续也。从糸、㡭。一曰，反𢇍为繼。古诣切（jì）

【译文】 繼，连续。形声字，“糸”为形符，“㡭”为声符。另一说，“𢇍”的反文就是繼。

纘[續]（续） 續 连也。从糸，賣声。賡，古文纘，从庚、貝。似足切（xù）

【译文】 纘，连续。形声字，“糸”为形符，“賣”为声符。賡，古文續字，由“庚”、“貝”会意。

纘（缵） 纘 继也。从糸，贊声。作管切（zuǎn）

【译文】 纘，继承。形声字，“糸”为形符，“贊”为声符。

紹（绍） 紹 继也。从糸，召声。一曰，紹，紧纠也。[illegible]，古文紹，从邵[①]。市沼切（shào）

【注释】①李孝定称："契文作𢆶，象以刀断丝之形，其本义当为绝。与绝古当为一字……初谊为绝，而许书训继者亦治之训乱也。其始为一字，继绝其后始分衍为二耳。契文作𢆶而篆文作紹者，古文演变往往增口，许书古文遂又以为卲声矣。"

【译文】紹，接续。形声字，"糸"为形符，"召"为声符。一说，紹是紧紧地缠绕。，古文紹字，从"卲"声。

𦆝 偏缓也。从糸，羡声。昌善切（chǎn）

【译文】𦆝，一部分松缓。形声字，"糸"为义符，"羡"为声符。

䋼 缓也。从糸，盈声。读与听同。，䋼或，从呈[1]。他丁切（tīng）

【注释】①从呈：朱骏声《说文通训定声》："从呈声。"

【译文】䋼，缓。形声字，"糸"为形符，"盈"为声符。读音和"听"字相同。，䋼的或体，从"呈"声。

縱（纵） 缓也。一曰，舍也。从糸，從声。足用切（zòng）

【译文】縱，松缓。一说，义为舍弃。形声字，"糸"为义符，"從"为声符。

紓（纾） 缓也。从糸，予声。伤魚切（shū）

【译文】紓，宽缓。形声字，"糸"为形符，"予"为声符。

繎 丝劳也。从糸，然声。如延切（rán）

【译文】繎，丝纠结难理。形声字，“糸”为形符，“然”为声符。

紆（纡） 诎也。从糸，于声。一曰，萦也。亿俱切（yū）

【译文】紆，曲折。形声字，“糸”为形符，“于”为声符。一说，义为萦回缠绕。

緈 直也。从糸，幸声。读若陉。胡顶切（xìng）

【译文】緈，丝直。形声字，“糸”为形符，“幸”为声符。读音与“径”字相同。

纖（纤） 细也。从糸，韱声。息廉切（xiān）

【译文】纖，微细。形声字。“糸”为形符，“韱”为声符。

絅[細]细 微也。从糸，囟声。稣计切（xì）

【译文】絅，细微的丝。形声字，“糸”为形符，“囟”为声符。

緢 旄丝也。从糸，苗声。《周书》曰：“惟緢有稽。”[1]武儦切（miáo）

【注释】①语见《尚书·周书·甫刑》。緢今本作貌。

【译文】緢，牦牛尾的细毛。形声字，“糸”为形符，“苗”为声符。《尚书·周书·甫刑》说：“惟纤细之事，必有人审察。”

縒 参縒也[1]。从糸，差声。楚宜切（cī）

【注释】①段玉裁注："木部曰：'槮差'，竹部曰：'篸差'，又曰：'参差管乐'，皆长短不齐皃也。皆双声字。《集韵》、《类篇》皆引《说文》：'参縒也，谓丝乱皃。'《韵会》于差字下引《说文》：'参差，丝乱皃。'葢古本有此三字。"

【译文】縒，丝纷乱不齐。形声字，"糸"为形符，"差"为声符。

繙（翻） （冕）[冤]也[1]。从糸，番声。附袁切（fán）

【注释】①冕：依王筠《说文解字句读》当作冤。应连篆为读繙冤。朱骏声《说文通训定声》："繙冤，叠韵连语。杂乱之意。"

【译文】繙，纷乱；反复。形声字，糸为形符，番为声符。

縮（缩） 乱也。从糸，宿声。一曰，蹴也。所六切（sù）[1]

【注释】①所六切：今读音suō。

【译文】縮，丝不直，卷曲杂乱。形声字，"糸"为形符，"宿"为声符。一说，义为脚踏地而不急起。

紊 乱也。从糸，文声。《商书》曰："有条而不紊。"[1]亡运切（wèn）[2]

【注释】①语见《尚书·商书·盘庚》。②亡运切：今读音

wěn。

【译文】紊，丝乱。形声字，"糸"为形符，"文"为声符。《商书》说："有条理而不紊乱。"

級（级） 丝次弟也。从糸，及声。居立切（jí）

【译文】級，丝的等级。形声字，"糸"为形符，"及"为声符。

總（总） 聚束也。从糸，悤声。作孔切（zǒng）

【译文】總，聚集而束缚起来。形声字，"糸"为形符，"悤"为声符。

纍 约也。从糸，具声。居玉切（jú）

【译文】纍，拘束。形声字，"糸"为形符，"具"为声符。

約（约） 缠束也。从糸，勺声。于略切（yuē）

【译文】約，缠束捆缚。形声字，"糸"为形符，"勺"为声符。

繚（缭） 缠也。从糸，尞声。卢鸟切（liǎo）[①]

【注释】①卢鸟切：今依《广韵》落萧切，读liáo。

【译文】繚，缠绕。形声字，"糸"为形符，"尞"为声符。

纏（缠） 绕也。从糸，廛声。直连切（chán）

【译文】纏，盘绕。形声字，"糸"为形符，"廛"为声符。

繞（绕） 纏也。从糸，堯声。而沼切（rǎo）①

【注释】①而沼切：今依《广韵》人要切，读rào。

【译文】繞，缠繞。形声字，“糸”为形符，“堯”为声符。

紾 转也。从糸，㐱声。之忍切（zhěn）

【译文】紾，转曲。形声字，“糸”为形符，“㐱”为声符。

繯［缳］ 落也。从糸，睘声。胡畎切（xuàn）①

【注释】①胡畎切：今依《广韵》胡惯切，读huán。

【译文】繯，以绳索缠络。形声字，“糸”为形符，“睘”为声符。

辮（辫） 交也。从糸，辡声。频犬切（biàn）

【译文】辮，交织，编结。形声字，“糸”为形符，“辡”为声符。

結（结） 缔也。从糸，吉声。古屑切（jié）

【译文】結，打結，系疙瘩。形声字，“系”为形符，“吉”为声符。

緺 结也。从糸，骨声。古忽切（gǔ）

【译文】緺，丝挽成结。形声字，“糸”为形符，“骨”为声符。

締（缔） 结不解也。从糸，帝声。特计切（dì）

【译文】締，丝结解不开。形声字，“糸”为形符，“帝”为声符。

縳（缚） 束也。从糸，專声。符钁切（fù）

【译文】縳，用绳索捆束。形声字，“糸”为形符，“尃”为声符。

繃[绷]（绷） 束也。从糸，崩声。《墨子》曰：“禹葬会稽，桐棺三寸，葛以繃之。”[①]补盲切（bēng）

【注释】①语见《墨子·节葬》。

【译文】繃，捆绑缚束。形声字，“糸”为形符，“崩”为声符。《墨子》说：“禹被埋葬在会稽山，桐木做的棺木有三寸厚，用葛藤把它捆紧。”

絿 急也。从糸，求声。《诗》曰：“不竞不絿。”[①]巨鸠切（qiú）

【注释】①语见《诗经·商颂·长发》。

【译文】絿，丝纠缠得急。形声字，“糸”为义符，“求”为声符。《诗经》说：“不竞争，不急躁。”

絅 急引也。从糸，冋声。古荧切（jiōng）

【译文】絅，用力拉丝。形声字，“糸”为形符，“冋”为声符。

𥿮 散丝也。从糸，𠂢声。匹卦切（pài）

【译文】𥿮，散乱未经整理的丝。形声字，“糸”为形符，“𠂢”

为声符。

纚 不均也。从糸，羸声。力卧切（luò）

【译文】纚，丝粗细不均匀。形声字，“糸”为形符，“羸”为声符。

給（给） 相足也。从糸，合声①。居立切（jǐ）

【注释】①合声：朱骏声《说文通训定声》：“合者，接也。”形声兼会意。

【译文】給，引丝相继续。形声字，“糸”为形符，“合”为声符。

綝 止也。从糸，林声。读若郴。丑林切（chēn）

【译文】綝，针线活的讫止。形声字，“糸”为形符，“林”为声符。读音与“郴”字相同。

縪 止也。从糸，畢声。卑吉切（bì）

【译文】縪，约束使不失落。形声字，“糸”为义符，“畢”为声符。

紈（纨） 素也。从糸，丸声。胡官切（wán）

【译文】紈，白色细绢。形声字，“糸”为形符，“丸”为声符。

終（终）① 絿丝也。从糸，冬声。，古文終。

职戎切（zhōng）

【注释】①終：甲金文林义光以为“象两端有结形。”康殷以为象丝或绳之一端。古文由其讹变。

【译文】終，把丝缠紧。形声字，“糸”为形符，“冬”为声符。𠔃，古文終字。

緁 緁 合也。从糸，从集。读若捷。姊入切（jí）

【注释】①姊入切：今依《广韵》疾叶切，读jié。

【译文】緁，织丝集合为布帛之端。会意字，从糸，表示织丝，从集，表示织到端头而作集结。读音与“捷”字相同。

繒（缯） 繒 帛也。从糸，曾声。綷，籀文繒，从宰省。杨雄以为汉律祠宗庙丹书告。疾陵切[1]（céng）

【注释】①疾陵切：今依《集韵》咨腾切，读zēng。

【译文】繒，帛这类丝织品的总称。形声字，“糸”为形符，“曾”为声符。綷，籀文繒字，由“宰”省“宀”为声。杨雄认为，“綷”是汉朝律令上所说宗庙祭祀时用丹砂书写告神的帛。

緭 緭 缯也。从糸，胃声。云贵切（wèi）

【译文】緭，一种缯帛类丝织品。形声字，“糸”为形符，“胃”为声符。

絩 絩 绮丝之数也。汉律曰：“绮丝数谓之絩，布谓之總，绶组谓之首。”[1]从糸，兆声。治小切（zhào）[2]

【注释】①緫：王引之《经义述闻》："五丝为紽，四紽为緎，四緎为緫。"彩帛的纵丝的数量以絩计，絩通兆，十亿为兆，十万为亿，殆非实指，极言其密；布的纵丝以緫计，八十缕为緫，字亦作稯、緵，亦称为升，缕即丝。首：段玉裁《说文解字注》："凡先合单纺为一系，四系为一扶，五扶为一首。"丝带的纵丝以单计，凡先合单纺为一系，四系为一扶，五扶为一首，五首为一文。②治小切：今读依《广韵》他吊切，音tiào。

【译文】絩，有花纹丝织品的数量。《汉律》说："有花纹的丝织品达到一定的数量叫作絩，麻布达到一定的数量叫作緫，宽而薄的丝带达到一定的数量叫作首。"形声字，"糸"为形符，"兆"为声符。

綺（绮）  文缯也。从糸，奇声。袪彼切（qǐ）

【译文】綺，平纹底起花丝织品。形声字，"糸"为形符，"奇"为声符。

縠  细缚也。从糸，㱿声。胡谷切（hú）

【译文】縠，纺纱一类丝织品。形声字，"糸"为形符，"㱿"为声符。

縛 白鲜色也。从糸，專声。持沇切（zhuàn）①

【注释】①持沇切：今依《集韵》古倦切，读juàn。

【译文】縛，白色的细绢。形声字，"糸"为形符，"專"为声符。

縑（缣） 并丝缯也。从糸，兼声。古甜切（jiān）

【译文】縑，双丝织成的细绢。形声字，“糸”为形符，“兼”为声符。

綈（绨） 厚缯也。从糸，弟声。杜兮切（tí）

【译文】綈，一种粗厚的光滑丝织品。形声字，“糸”为形符，“弟”为声符。

練（练） 湅缯也。从糸，柬声。郎甸切（liàn）

【译文】練，生丝或织品煮得柔软洁白。形声字，“糸”为形符，“柬”为声符。

縞（缟） 鲜（色）[卮]也[①]。从糸，高声。古老切（gǎo）

【注释】①鲜色：段玉裁注：“《汉地理志》师古注：‘缟，鲜支也。’《司马相如传》正同。颜语多本《说文》，彼时未误。盖支亦作卮，因讹色也。”

【译文】縞，白色精细绢。形声字，“糸”为形符，“高”为声符。

纚 粗绪也。从糸，璽声。式支切（shī）

【译文】纚，粗疏的丝织品。形声字，“糸”为形符，“璽”为声符。

紬 大丝缯也。从糸，由声。直由切（chóu）

【译文】紬，粗丝织成的绸帛。形声字，"糸"为形符，"由"为声符。

綮 （擻）［致］[①]缯也。一曰，徽（huī）帜信也[②]，有齿。从糸，𢼄声。康礼切（qǐ）

【注释】①擻：段玉裁注："凡细腻曰致，今之緻字也。汉人多用致，不作緻。"②徽帜信：段玉裁注："徽帜信盖谓棨戟。棨、綮通用也。师古曰：棨戟，有衣之戟也，以赤黑缯为之。王公以下通用之以前驱。其用同徽识、故曰徽帜信。"

【译文】綮，细致的缯帛。另一说，义为赤黑缯制成的戟衣，是一种标志，是出入的凭证，戟上面刻有齿。形声字，"糸"为形符，"𢼄"为声符。

綾（绫） 东齐谓布帛之细曰綾。从糸，夌声。力膺切（líng）

【译文】綾，东方齐国称细薄有花纹的丝织品为綾。形声字，"糸"为形符，"夌"为声符。

縵（缦） 缯无文也。从糸，曼声。《汉律》曰："赐衣者縵表白里。"莫半切（màn）

【译文】縵，没有花纹的丝织品。形声字，"糸"为形符，"曼"为声符。《汉律》中说："赐给的衣服，是没有花纹的面子、白色的里子。"

繡[綉](绣) 五采备也。从糸，肅声。息救切（xiù）

【译文】繡，刺绣或绘画设色五彩俱备。形声字，“糸”为形符，“肅”为声符。

絢(绚) 《诗》云：“素以为絢兮。”[1]从糸，旬声。许掾切（xuàn）

【注释】①语见《论语·八佾第三》，不见于今本《诗经》。

【译文】絢，富于文采的样子。《诗经》中说：“在洁白的底子上施加文彩啊。”形声字，“糸”为形符，“旬”为声符。

繪(绘) 會五采绣也。《虞书》曰：“山龙华虫作繪。”[1]《论语》曰：“繪事后素。”[2]从糸，會声。黄外切（huì）

【注释】①语见《尚书·虞书·皋陶谟》。②语见《论语·八佾第三》。

【译文】繪，五彩的刺绣。《虞书》说：“用山、龙、花、五色的虫类绘画。”《论语》说：“绘画的事在白色的底子之后。”形声字，“糸”为形符，“會”为声符。

緀 白文皃。《诗》曰：“緀兮斐兮，成是贝锦。”[1]从糸，妻声。七稽切（qī）

【注释】①语见《诗经·小雅·巷伯》。緀今本作萋。

【译文】緀，缯帛有纹彩的样子。《诗经》说：“花纹错综啊色彩相间，织成这有着贝壳花纹的丝织品。”形声字，“糸”为形符，“妻”为声符。

絲 [篆] 绣文如聚细米也。从糸，从米，米亦声。莫礼切（mǐ）

【译文】絲，绣画的文彩象细米一样密集。由“糸”和“米”会意，“米”又是声符。

絹（绢） [篆] 缯如麦稍。从糸，肙声。吉掾切（juàn）

【译文】絹，像麦秆青色的丝织品。形声字，“糸”为形符，“肙”为声符。

緑（绿） [篆] 帛青黄色也。从糸，录声。力玉切（lù）

【译文】緑，青黄色丝织品。形声字，“糸”为形符，“录”为声符。

纅［縹］（缥） [篆] 帛青白色也。从糸，㶾声。敷沼切（piǎo）

【译文】纅，青白色丝织品。形声字，“糸”为形符，“㶾”为声符。

繬 [篆] 帛青经缥纬。一曰，育阳染也①。从糸，育声。余六切（yù）

【注释】①育阳：段玉裁注：“汉南郡属县，县在育水北，故曰育阳。”育阳，即淯阳，今河南南阳县南六十里有其故城。

【译文】緰，用青色经线、白色纬线织成的丝织品。一说，义为育阳县绢的布帛。形声字，“糸”为义符，“育”为声符。

絑 純赤也。《虞书》“丹朱”[①]如此。从糸，朱声。章俱切（zhū）

【注释】①语见《尚书·虞书·皋陶谟》。今本“朱”乃借字。

【译文】絑，大红色。《虞书》“丹朱”的朱字应该像这个样子。形声字，“糸”为形符，“朱”为声符。

纁  浅绛也。从糸，熏声。许云切（xūn）

【译文】纁，浅赤色。形声字，“糸”为形符，“熏”为声符。

絀（绌）  绛也。从糸，出声。丑律切（chù）

【译文】絀，深红色。形声字，“糸”为形符，“出”为声符。

絳（绛）  大赤也。从糸，夅声。古巷切（jiàng）

【译文】絳，大红色。形声字，“糸”为形符，“夅”为声符。

綰（绾）  恶（也）[色]绛也[①]。从糸，官声。一曰，绡也。读若鸡卵。乌版切（wǎn）

【注释】①恶也绛也：段玉裁注作“恶绛也。”

【译文】綰，粗浅的一种绛色。形声字，“糸”为形符，“官”为声符。一说，义为绡。读音与“鸡卵”的“卵”字相同。

縉[縉](缙) 帛赤色也。《春秋传》“縉云氏”[①]，《礼》有“縉缘”[②]。从糸，晉声。即刃切(jìn)

【注释】①语见《左传·文公十八年》。②《礼》：段玉裁注：“凡许云礼者，谓《礼经》也，今之所谓《仪礼》也。十七篇无‘縉缘’。”

【译文】縉，帛粉红色。《左传》里有古帝王“縉云氏”，《仪礼》中有“縉缘”。形声字，“糸”为形符，“晉”为声符。

綪 赤缯也。从茜染，故谓之綪。从糸，青声。仓绚切(qiàn)

【译文】綪，大红色的丝织品。用茜草染成，所以叫做綪，形声字，“糸”为形符，“青”为声符。

緹(缇) 帛丹黄色。从糸，是声。，緹或，从氏。他礼切(tǐ)[①]

【注释】①他礼切：今依《广韵》杜奚切，读tí。

【译文】緹，丝织品呈橘红色。形声字，“糸”为形符，“是”为声符。，緹的或体，从“氏”声。

縓 帛赤黄色。一染谓之縓，再染谓之䞓，三染谓之纁。从糸，原声。七绢切(quàn)

【译文】縓，丝织品赤黄色。用朱砂或丹秫染一次叫做縓；染两次叫做䞓，呈红色；染三次叫做纁。形声字，“糸”为形符，“原”

为声符。

紫 [小篆] 帛青赤色。从糸，此声。将此切（zǐ）

【译文】紫，丝织品呈现青赤色。形声字，“糸”为形符，“此”为声符。

紅（红） [小篆] 帛赤白色。从糸，工声。户公切（hóng）

【译文】紅，丝织品浅赤色。形声字，“糸”为形符，“工”为声符。

繱（緫） [小篆] 帛青色。从糸，蔥声。仓红切（cōng）

【译文】繱，丝织品呈浅青色。形声字，“糸”为形符，“蔥”为声符。

紺（绀） [小篆] 帛深青扬赤色。从糸，甘声。古暗切（gàn）

【译文】紺，丝织品呈深青色而透出红色。形声字，“糸”为形符，“甘”为声符。

綥[綦] [小篆] 帛苍艾色。从糸，畀声。《诗》：“缟衣綥巾。”[①]未嫁女所服。一曰，不借綥。[小篆]，綥或，从其。渠之切（qí）

【注释】①语见《诗经·郑风·出其东門》。綥今本作綦。

【译文】綥，丝织品呈现出深绿像艾蒿一样的色彩。形声字，

“糸”为形符，“畀”为声符。《诗经》说：“白色的衣，草绿色的佩巾。”是未出嫁女子所戴的头巾。另一说，綥即草鞋襻。綦，綥的或体，从“其”声。

繰（缲） 帛如绀色。或曰：深（缯）[绀][1]。从糸，喿声。读若喿。亲小切（qiǎo）[2]

【注释】①深缯：段玉裁注：“葢比绀色之清更深矣。”②亲小切：今依《广韵》子皓切，读zǎo。

【译文】繰，丝织品呈现像绀一样透红的黑色。一说，是比绀色更深的青黑色。形声字，“糸”为形符，“喿”为声符。读音与“喿”字相同。

緇（缁） 帛黑色。从糸，甾声。侧持切（zī）

【译文】緇，丝织品呈黑色。形声字，“糸”为形符，“甾”为声符。

纔 帛雀头色。一曰，微黑色，如绀。纔，浅也。读若讒。从糸，毚声。（七）[士]咸切（chán）[1]

【注释】①七咸切：切上字当为“士”之讹。今依《广韵》所衔切，读shān。

【译文】纔，丝织品像麻雀头顶黑多赤少的颜色。一说，赤而微黑色，如绀色，而纔比绀又浅。读音与“讒”字相同。形声字，“糸”为形符，“毚”为声符。

緂 帛骓色也。从糸，剡声。《诗》曰：“毳衣如緂。”[①]土敢切（tǎn）

【注释】①语见《诗经·王风·大车》。緂今本作菼。

【译文】緂，丝织品呈苍白色。形声字，“糸”为形符，“剡”为声符。《诗经》说：“兽毛编织的绣着五彩花纹的衣裳，像初生的芦荻呈现青白色。”

綟 帛戾艸染色。从糸，戾声。郎计切（lì）

【译文】綟，丝织品由莀草染成的一种黑黄近绿的颜色。形声字，“糸”为形符，“戾”为声符。

紑 白鲜衣皃。从糸，不声。《诗》曰：“素衣其紑。”[①]匹丘切（fóu）

【注释】①语见《诗经·周颂·丝衣》。素今本作丝。

【译文】紑，衣服洁白鲜丽的样子。形声字，“糸”为形符，“不”为声符。”《诗经》说：“祭祀的丝绸衣服洁白鲜丽。”

緂 白鲜衣皃。从糸，炎声。谓衣采色鲜也。充三切（chān）[①]

【注释】①充三切：今依《广韵》他酣切，读tān。

【译文】緂，衣服色彩鲜明的样子。形声字，“糸”为形符，“炎”为声符。专指衣服的色彩鲜亮。

繻（繻） 缯采色。从糸，需声。读若《易》“繻

有衣”[①]。相俞切(xū)

【注释】①语见《周易·既济·六四》。今本作繻有衣袽。

【译文】繻，丝织品呈五彩色。形声字，“糸”为形符，“需”为声符。读音与《周易·既济》“繻有衣”的“繻”字相同。

縟(缛) 繁采色也。从糸，辱声。而蜀切(rù)

【泽】縟，繁密的五彩的文饰。形声字，“糸”为形符，“辱”为声符。

纚 冠织也[①]。从糸，麗声。所绮切(xǐ)

【注释】①冠织：段玉裁《说文解字注》：“冠织者，为冠而设之织成也。凡缯布，不겛剪裁而成者，谓之织成。此纚盖织成缁帛，广二尺二寸，长只六尺，不待剪裁，故曰冠织。”

【译文】纚，古代用冠巾束发而织成的不须剪裁的布帛。形声字，“糸”为形符，“麗”为声符。

紘(纮) 冠卷也。从糸，厷声。[篆]，紘或，从弘。户萌切(hóng)

【译文】紘，冠冕上系于笄之两端绕经颔下的帽带。形声字，“糸”为形符，“厷”为声符。[篆]，紘的或体，从“弘”声。

紞 冕冠塞耳者。从糸，冘声。都感切(dǎn)

【译文】紞，冠冕两侧拴系塞耳之玉瑱的丝带。形声字，“糸”为形符，“冘”为声符。

纓（缨） 冠系也。从糸，嬰声。于盈切（yīng）

【译文】纓，系帽子的丝带。形声字，“糸”为形符，“嬰”为声符。

鞅 纓卷[1]也。从糸，央声。於两切（yǎng）

【注释】①纓卷：段玉裁注：“纓卷，谓纓之曲绕也。”

【译文】鞅，系帽的带子变曲环绕。形声字，“糸”为形符，“央”为声符。

緌 系冠纓也。从糸，委声。儒隹切（ruí）

【译文】緌，系冠带结后下垂的部分。形声字，“糸”为形符，“委”为声符。

緄（绲） 织带也。从糸，昆声。古本切（gǔn）

【译文】緄，丝织的带子。形声字，“糸”为形符，“昆”为声符。

紳（绅） 大带也。从糸，申声。失人切（shēn）

【译文】紳，古代官员束腰大带的下垂部分。形声字，“糸”为形符，“申”为声符。

繟 带缓也。从糸，單声。昌善切（chǎn）

【译文】繟，丝带宽缓。形声字，“糸”为形符，“單”为声符。

綬(绶) 𦄍 韨维也。从糸，受声。植酉切(shòu)

【译文】綬，用来拴系玉饰和印章的丝质带子。形声字，“糸”为形符，“受”为声符。

組(组) 𥿉 绶属。其小者以为冕缨。从糸，且声。则古切(zǔ)

【译文】組，绶带之类。比较细小的用来做系冠冕的带子。形声字，“糸”为形符，“且”为声符。

緺 緺 绶紫青也。从糸，咼声。古蛙切(guā)

【译文】緺，青紫色的绶带。形声字，“糸”为形符，“咼”为声符。

縌 縌 绶维也。从糸，逆声。宜戟切(nì)

【译文】縌，佩玉的丝带。形声字，“糸”为形符，“逆”为声符。

纂 纂 似组而赤。从糸，算声。作管切(zuǎn)

【译文】纂，像组一样的宽而薄的丝带。形声字，“糸”为形符，“算”为声符。

紐(纽) 紐 系也。一曰，结而可解。从糸，丑声。女久切(niǔ)

【译文】紐，缠束。一说，谓打活结。形声字，“糸”为形符，

“丑”为声符。

綸（纶） 青丝绶也。从糸，侖声。古还切（guān）[①]

【注释】①古还切：今依《广韵》立迍切，读lún。

【译文】綸，青丝织成的绶带。形声字，“糸”为形符，“侖”为声符。

綎 系绶也。从糸，廷声。他丁切（tīng）

【译文】綎，系佩玉的丝绶带。形声字，糸为形符，廷为声符。

緢 缓也。从糸，亘声。胡官切（huán）

【译文】緢，宽缓。形声字，“糸”为形符，“亘”为声符。

繐 细疏布也。从糸，惠声。私锐切（suì）

【译文】繐，细而疏松的麻布。形声字，“糸”为形符，“惠”为声符。

纀 颈连也。从糸，暴省声。补各切（bó）

【译文】纀，把衣领连在衣上。形声字，“糸”为形符，“暴”的省文为声符。

紟 衣系也。从糸，今声。䘳，籀文，从金（声）。居音切（jīn）

【译文】紟，系结衣服的带子。形声字，“糸”为形符，“今”为声符。，籀文紟字，从“金”声。

緣（缘） 衣纯也。从糸，彖声。以绢切（yuàn）

【译文】緣，装饰衣边。形声字，“糸”为形符，“彖”为声符。

纀 裳削幅谓之纀[1]。从糸，僕声。博木切（bú）

【注释】①裳削幅谓之纀：《尔雅·释器》：“裳削幅谓之纀。”郭璞注：“削杀其幅（布的宽度），深衣之裳。”按，深衣，士阶层（诸侯、大夫、士）以上的居家所穿的衣，连衣裳为一，下面垂到踝部。朱骏声《说文通训定声》“以六幅之布直裁其四为八，斜裁其二为四，前后各六幅，故当旁之衽，或削而上。或削而下，无辟积也。”

【译文】纀，古代休闲衣裳或向上或向下渐渐削减布的宽度。形声字，“糸”为形符，“僕”为声符。

絝（绔） 胫衣也。从糸，夸声。苦故切（kù）

【译文】絝，套在小腿直到大腿的衣。形声字，“糸”为形符，“夸”为声符。

繑 绔纽也。从糸，喬声。牵摇切（qiāo）

【译文】繑，套裤上的带子。形声字，“糸”为形符，“喬”为声符。

緥[褓] 𦅻 小儿衣也。从糸，保声。博抱切(bǎo)

【译文】緥，婴儿包被。形声字，"糸"为形符，"保"为声符。

縛 𦅻 薉貉[1]中，女子无绔，以帛为胫空，用絮补核，名曰縛衣，状如襜褕。从糸，尊声。子昆切(zūn)

【注释】①薉貉：张舜徽《说文解字约注》："薉貉，古种族名，为北貉之一部，两汉时为东夷。"

【译文】縛，古薉貉族中，妇女没有套裤，用布帛做成双层的空腔，中间用丝絮填充，名为縛衣。形状如围裙。形声字，"糸"为形符，"尊"为声符。

綾 𦅻 绦属。从糸，皮声。读若被，或读若水波之波。博禾切(bō)

【译文】綾，绦一类的扁平丝带。形声字，"糸"为形符，"皮"为声符。读音与"被"字相同，或读音与"水波"的"波"字相同。

絛[縧](绦) 𦅻 扁绪也。从糸，攸声。土刀切(tāo)

【译文】絛，用丝线编成的汇合众彩的扁平带子。形声字，"糸"为形符，"攸"为声符。

絨 𦅻 采彰也。一曰，车马饰。从糸，戉声。王伐切(yuè)

【译文】絨，有五彩花纹可以做缘饰的丝织品。形声字，"糸"

为形符，“戉”为声符。

縱（纵） 絾属。从糸，从從省声。足容切（zōng）

【译文】縱，絾一类的有彩饰的衣物装饰品。形声字，“糸”为形符，“從”省“彳”为声符。

紃（𬘘） 圜采也。从糸，川声。详遵切（xún）

【译文】紃，圆形的用彩线编织的丝带。形声字，“糸”为形符，“川”为声符。

緟 增益也。从糸，重声。直容切（chóng）

【译文】緟，增加。形声字，“糸”为形符，“重”为声符。

纕 援臂也。从糸，襄声。汝羊切（ráng）①

【注释】①汝羊切：今依《集韵》汝两切，读rǎng。

【译文】纕，捋袖露出手臂。“糸”为形符，“襄”为声符。

纗 维纲，中绳。从糸，巂声。读若画，或读若维。户圭切（xié）①

【注释】①户圭切：今依《广韵》姊归切，读zuī。

【译文】纗，系物之绳，网纲中段的大绳。形声字，“糸”为形符，“嶲”为声符。读音与“画”字相同，或者读音与“维”字相同。

綱（纲） 维纮绳也。从糸，岡声。，古文綱。古郎切（gāng）

【译文】綱，提网的大绳。形声字，"糸"为形符，"岡"为声符。，古文綱字。

縜 持纲纽也①。从糸，員声。《周礼》曰："縜寸。"②为赟切（yún）

【注释】①持纲纽：承培元《说文引经例证》："结而可解曰纽。纲所以系（箭靶）于植（箭靶两旁所树的长木，用以张靶）者也。"②语见《周礼·考工记·梓人》。

【译文】縜，持握射侯上下两纲的环纽。形声字，"糸"为形符，"員"为声符。《周礼》说："持握着纲绳的环纽长一寸。"

縿[綅] （绛）[缝]线也。从糸，侵省声。《诗》曰："贝胄朱縿。"①子林切（jīn）②

【注释】①语见《诗经·鲁颂·閟宫》。②子林切：今读依《广韵》七林切，音qīn。

【译文】縿，缝衣的线。形声字，"糸"为形符，"侵"的省文为声符。《诗经》说："用朱红线把贝壳缝缀在头盔上。"

縷（缕） 线也。从糸，婁声。力主切（lǚ）

【译文】縷，丝、麻线。形声字，"糸"为义符，"婁"为声符。

綫（线） 缕也。从糸，戔声。，古文綫。

私箭切（xiàn）

【译文】綫，丝、麻制成的细长物。形声字，“糸”为形符，“戔”为声符。，古文綫字。

𥿋 缕一枚也。从糸，穴声。乎决切（xué）

【译文】𥿋，线缕一根。形声字，“糸”为形符，“穴”为声符。

縫（缝）  以针紩衣也。从糸，逢声。符容切（féng）

【译文】縫，用针线把布帛连缀成衣物。形声字，“糸”为形符，“逢”为声符。

緁  緶衣也。从糸，疌声。，緁或，从習。七接切（qiè）

【译文】緁，用针缝合衣边。形声字，“糸”为形符，“疌”为声符。，緁的或体，从“習”声。

紩 缝也。从糸，失声。直质切（zhì）

【译文】紩，用针线连缀。形声字，“糸”为形符，“失”为声符。

緛 衣戚也①。从糸，耎声。而沇切（ruǎn）

【注释】①衣戚：段玉裁注：“今之蹙字也。”

【译文】緛，衣服的褶绉。形声字，“糸”为形符，“耎”为声符。

組 [篆] 补缝也。从糸，旦声。丈苋切（zhàn）

【译文】組，缝补衣物。形声字，“糸”为形符，“旦”为声符。

繕（缮） [篆] 补也。从糸，善声。时战切（shàn）

【译文】繕，缝补衣服的破损处。形声字，“糸”为形符，“善”为声符。

紲 [篆] 《论语》曰：“紲衣长，短右袂。”①从糸，舌声。私列切（xiè）

【注释】①语见《论语·乡党第十》。紲衣今本作亵裘。段玉裁《说文解字注》：“衣部曰：‘亵，私服也。’然则《论语》自训私服而作紲者，同音假借也。许偁之者，说六书之假借也。”

【译文】紲，《论语》说：“居家的衣服要长一点，使右边的袖子短一点。”形声字，“糸”为形符，“舌”为声符。

纍（累） [篆] 缀得理也。一曰，大索也。从糸，畾声。力追切（léi）

【译文】纍，相连缀而得其条理。一说，义为大绳索。形声字，“糸”为形符，“畾”为声符。

縭（缡） [篆] 以丝介履也。从糸，离声。力知切（lí）

【译文】縭，用丝线在鞋面上盘画装饰鞋。形声字，“糸”为形符，“离”为声符。

緱(缑) 刀剑緱也。从糸，侯声。古侯切(gōu)

【译文】緱，缠在刀剑柄上的丝绳。形声字，“糸”为形符，“侯”为声符。

緊 戟衣也。从糸，殹声。一曰，赤黑色缯。乌鸡切(yī)

【译文】緊，装戟的布帛套。形声字，“糸”为形符，“殹”为声符。一说，为赤黑色丝织品。

縿 旌旗之斿也。从糸，参声。所衔切(shān)

【译文】縿，旌旗下垂的旒的正幅。形声字，“糸”为形符，“参”为声符。

徽 衺幅也。一曰，三纠绳也。从糸，微省声。许归切(huī)

【译文】徽，斜缠在腿上的绑腿布。一说，义为三股拧成的绳。形声字，“糸”为形符，“微”的省文为声符。

䋚 扁绪也。一曰弩腰钩带。从糸，折声。并列切(biē)

【译文】䋚，扁平的丝带。一说，义为弓弩腰上的钩带。形声字，“糸”为形符，“折”为声符。

紉（纫）　緟绳也。从糸，刃声。女邻切（nín）[①]

【注释】①女邻切：今读音rèn。

【译文】紉，单股而成的绳。形声字，“糸”为形符，“刃”为声符。

繩（绳）　索也。从糸，蠅省声。食陵切（shéng）

【译文】繩，繩索。形声字，“糸”为形符，“蠅”的省文为声符。

緈　紆未縈绳。一曰，急弦之声。从糸，争声。读若旌。侧茎切（zhēng）

【译文】緈，盘绕绳索，而没萦绕重叠如环。一说，急促的弦音。形声字，“糸”为形符，“争”为声符。读音与“旌”字相同。

縈（萦）　收（韏）［卷］[①]也。从糸，熒省声。於营切（yīng）[②]

【注释】①收韏：段玉裁注作收卷。②於营切：今读音yíng。

【译文】縈，把长绳盘绕收起。形声字，“糸”为形符，“熒”的省文为声符。

絇　纑绳絇也。从糸，句声。读若鸠。其俱切（qú）

【译文】絇，将布麻丝缕搓成绳索。形声字，“糸”为形符，

"句"为声符。读音与"鸠"字相同。

縋(缒) 以绳有所县也。《春秋传》曰:"夜縋纳师。"[①]从糸,追声。持伪切(zhuì)

【注释】①语见《左传·襄公十九年》。

【译文】縋,用绳索悬住人或物往下送。《左传》说:"趁夜晚用绳悬着垂下城而使齐军进城。"形声字,"糸"为形符,"追"为声符。

絭 攘臂绳也。从糸,𢍏声。居愿切(juàn)[①]

【注释】①居愿切:今依《广韵》去愿切,读quàn。

【译文】絭,束住臂袖的绳子。形声字,"糸"为形符,"𢍏"为声符。

緘(缄) 束箧也。从糸,咸声。古咸切(jiān)

【译文】緘,捆绑箱箧的绳索。形声字,"糸"为形符,"咸"为声符。

縢 缄也。从糸,朕声。徒登切(téng)

【译文】縢,用以缠束的绳索。形声字,"糸"为形符,"朕"为声符。

編(编) 次简也。从糸,扁声。布玄切(biān)

【译文】編,古代用皮条或绳子依次排列竹简。形声字,"糸"

为形符，“扁”为声符。

維（维） 车盖維也。从糸，隹声。以追切（wéi）

【译文】維，維系车盖的大绳。形声字，“糸”为形符，“隹”为声符。

紴 车紴也。从糸，伏声。，紴或，从艸。，紴或，从革，葡声。平祕切（bèi）

【译文】紴，覆盖在车轼上的一种饰物。形声字，“糸”为形符，“伏”为声符。，紴的或体，从“艸”声。，紴的或体，“革”为形符，“葡”为声符。

紅 乘舆马饰也。从糸，正声。诸盈切（zhēng）

【译文】紅，拉天子之车的马匹身上的装饰品。形声字，“糸”为形符，“正”为声符。

綊 紅綊也。从糸，夾声。胡颊切（xié）

【译文】綊，紅綊，拉天子之车的马匹身上的装饰品。形声字，“糸”为形符，“夾”为声符。

緐［繁］ 马髦饰也。从糸，每声。《春秋传》曰：“可以称旌緐乎？”[①]，緐或，从𢍰。𢍰，籀文弁。附袁切（fán）

【注释】①语见《左传·哀公二十三年》。

【译文】緐，马颈鬣毛上的丝制饰物。形声字，“糸”为形符，“每”为声符。《左传》说：“大概可以用马颈鬣毛上下垂的丝带子相称吧？”䋣，緐的或体，从“弁”声。弁，籀文“弁”字。

繮（缰） 马绁也。从糸，畺声。居良切（jiāng）

【译文】繮，拴牲口的绳子。形声字，“糸”为形符，“畺”为声符。

紛（纷） 马尾韬也。从糸，分声。抚文切（fēn）

【译文】紛，收盛马尾的套子。形声字，“糸”为形符，“分”为声符。

紂（纣） 马緧也。从糸，肘省声。除柳切（zhòu）

【译文】紂，套车时拴在驾辕牲口尾部横木上的皮带。形声字，“糸”为形符，“肘”的省文为声符。

緧 马纣也。从糸，酋声。七由切（qiū）

【译文】緧，套车时拴在牲畜股后横木上的皮带。形声字，“糸”为形符，“酋”为声符。

絆（绊） 马絷也。从糸，半声。博幔切（bàn）

【译文】絆，拴系马的绳索。形声字，“糸”为形符，“半”为声符。

繻　绊前两足也。从糸，須声。汉令，蛮夷卒有繻[1]。相主切（xǔ）

【注释】①蛮夷卒有繻：段玉裁《说文解字注》："此应云：'蛮夷卒有罪，当繻之。'"繻即胥靡之胥，谓拘系犯人两足，使两连属，罚做苦役。

【译文】繻，用绳子绊住兽的前两足。形声字，"糸"为形符，"須"为声符。汉时律令中说："蛮夷一带的士卒有罪，当用繻刑。"

紖（纼）　牛系也。从糸，引声。读若矤。直引切（zhèn）

【译文】紖，穿牛鼻以备牵引的绳子。形声字，"糸"为形符，"引"为声符。读音与"矤"字相同。

縼　以长绳系牛也。从糸，旋声。辞恋切（xuàn）

【译文】縼，用长绳牵引牛马放牧。形声字，"糸"为形符，"旋"为声符。

縻　牛辔也。从糸，麻声。，縻或从多。靡为切（mí）

【译文】縻，牛缰绳。形声字，"糸"为形符，"麻"为声符。，縻的或体，从"多"声。

緤（绁）　系也。从糸，世声。《春秋传》曰：

"臣负羁紲。"①緤，紲或，从枼。私列切（xiè）

【注释】①语见《左传·僖公二十四年》。

【译文】紲，牵引牲口的绳索。形声字，"糸"为形符，"世"为声符。《左传·僖公二十四年》说："臣像随行的马背负着马笼头、马缰绳，跟着您在天下巡行。"緤，紲的或体，从"枼"声。

纆 索也。从糸，黑声。莫北切（mò）

【译文】纆义为绳索，三股曰徽，两股曰纆。形声字，糸为形符，黑为声符。字亦作纆。

縆 大索也。一曰，急也。从糸，恒声。古恒切（gēng）

【译文】縆，粗大的绳索。一说，绷急琴弦。形声字，"糸"为形符，"恒"为声符。

繘 绠也。从糸，矞声。[古文]，古文，从絲。[籀文]，籀文繘。余聿切（yù）

【译文】繘，井上汲水用的绳索。形声字，"糸"为形符，"矞"为声符。[古文]，古文繘字，从"絲"。[籀文]，籀文繘字。

綆（绠） 汲井綆也。从糸，更声。古杏切（gěng）

【译文】綆，从井里汲水用的绳索。形声字，"糸"为形符，"更"为声符。

絠 弹彄（kōu）也。从糸，有声。弋宰切（ǎi），又古亥切（gǎi）

【译文】絠，开弓放箭后，弦与弓弩两端相击撞。形声字，“糸”为形符，“有”为声符。

繁[繳] 生丝缕也。从糸，敫声。之若切（zhuó）

【译文】繁，系在箭上的生丝绳。形声字，“糸”为形符，“敫”为声符。

繴 繴谓之罿（chōng），罿谓之罬（zhuó），罬谓之罦（fú）。捕鸟覆车也。从糸，辟声。博戹切（bó）[①]

【注释】①博戹切：今依《广韵》北激切，读bì。

【译文】繴，繴就是罿，罬就是罬，罬就是罦，罦就是覆车。一物五名，是一种装有机关捕鸟兽的覆网车。形声字，“糸”为形符，“辟”为声符。

緍[緡]（缗） 钓魚繳也。从系，昏声。吴人解衣相被，谓之緍。武巾切（mín）

【译文】緍，钓魚用的丝绳。形声字，“糸”为形符，“昏”为声符。吴越人称脱衣覆盖它物为緍。

絮 敝绵也。从糸，如声。息据切（xù）

【译文】絮，破旧的丝绵。形声字，“糸”为形符，“如”为声符。

絡（络） 絡 絮也。一曰，麻未沤也。从糸，各声。卢各切（luò）

【译文】絡，破旧的丝绵。一说，没有经过沤泡的生麻。形声字，“糸”为形符，“各”为声符。

纊（纩） 纊 絮也。从糸，廣声。《春秋传》曰：“皆如挟纊。”[①]絖，纊或，从光。苦谤切（kuàng）

【注释】①语见《左传·宣公十二年》。

【译文】纊，破旧的丝绵。形声字，“糸”为形符，“廣”为声符。《左传》说：“三军的将士都像怀藏着丝绵。”絖，纊的或体，从“光”声。

紙（纸） 紙 絮一（苫）［箈（qián）］也[①]。从系，氏声。诸氏切（zhǐ）

【注释】①苫：段玉裁注作箈。箈，蔽絮箦也。

【译文】紙，漂洗后沾在筐上的一层絮渣。形声字，“系”为形符，“氏”为声符。

䋦 䋦 治敝絮也。从糸，咅声。芳武切（fǔ）

【译文】䋦，整治破旧的丝绵。形声字，“糸”为形符，“咅”为声符。

絮 絮 絜缊也。一曰，敝絮。从糸，奴声。《易》

曰："需有衣絮。"[1]女余切（rú）

【注释】①语见《周易·既济·六四》。今本作繻有衣袽。

【译文】絮，捆扎乱麻或旧絮。一说，指破旧的丝绵。形声字，"糸"为形符，"奴"为声符。《周易》说："应有保温御寒的衣服，可是却有人穿着破旧的丝绵。"

繫（系） 繫䋷也。一曰恶絮。从糸，毄声。古诣切（jì）

【译文】繫，繫䋷。一说粗劣的丝绵。形声字，"糸"为形符，"毄"为声符。

䋷 系䋷也。一曰，维也。从糸，虒声。郎兮切（lí）[1]

【注释】①郎兮切：今依《广韵》杜奚切，读tì。

【译文】䋷，粗劣的丝绵。一说，又叫絓。形声字，"糸"为形符，"虒"为声符。

緝（缉） 绩也。从糸，咠声。七入切（qì）[1]

【注释】①七入切：此义项今读音jī。

【译文】緝，把麻搓捻成线。形声字，"糸"为形符，"咠"为声符。

縗 绩所缉也[1]。从糸，次声。七四切（cì）

【注释】①绩所缉：王筠《说文解字句读》："盖谓先缉之者，

今又绩之也。先缉为单线，今谓之麻撚，再绩为合线，今谓之麻线。故曰绩所缉也。”

【译文】紊，把捻好的单线搓成双股线。形声字，“糸”为形符，“次”为声符。

績（绩） 缉也。从糸，責声。则历切（jì）

【译文】績，把麻或其他纤维捻成绳线。形声字，“糸”为形符，“責”为声符。

纑 布缕也。从糸，盧声。洛乎切（lú）

【译文】纑，织布用的麻线。形声字，“糸”为形符，“盧”为声符。

紨 布也。一曰，粗紬。从糸，付声。防无切（fú）①

【注释】①防无切：今依《广韵》芳无切，读fū。

【译文】紨，布名。一说粗绸。形声字，“糸”为形符，“付”为声符。

繐 蜀细布也。从糸，彗声。祥岁切（suì）

【译文】繐，蜀地出产的白细布。形声字，“糸”为形符，“彗”为声符。

絺（絺） 细葛也。从糸，希声。丑脂切（chī）

【译文】絺，细葛布。形声字，“糸”为形符，“希”为声符。

綌（绤） 䊷 粗葛也。从糸，谷声。㠐，綌或，从巾。绮戟切（xì）

【译文】綌，粗葛布。形声字，“糸”为形符，“谷”为声符。㠐，綌的或体，从“巾”。

縐（绉） 䋎 絺之细也。《诗》曰：“蒙彼縐絺。”[①]一曰，蹴也[②]。从糸，芻声。侧救切（zhòu）

【注释】①语见《诗经·鄘风·君子偕老》。②蹴：段玉裁注：“葢本作戚，俗作蹙，又改为蹴耳。”

【译文】縐，细葛布中的最细者。《诗经》说：“蒙罩在那特细的细葛布上。”一说，义为皺缩。形声字，“糸”为形符，“芻”为声符。

絟 絟 细布也。从糸，全声。此缘切（quán）

【译文】絟，细布。形声字，“糸”为形符，“全”为声符。

紵（纻） 紵 檾属。细者为絟，粗者为紵。从糸，宁声。䊶，紵或，从緒省。直吕切（zhù）

【译文】紵，一种麻类植物织成的布。细麻布叫做絟，粗麻布叫做紵。形声字，“糸”为形符，“宁”为声符。䊶，紵的或体，由“緒”省去白作形旁。

緦（缌） 緦 十五升布也[①]。一曰，两麻一丝布也。

从糸，思声。，古文緦，从糸省。息兹切（sī）

【注释】①十五升布：段玉裁《说文解字注》作十五升抽其半布。注："凡布幅广二尺二寸。《礼经》布八十缕为升，即许之布八十缕为緵也。"桂馥《说文解字义证》："去其半则六百缕而疏也。"按，緦是制作丧服的细麻布。凡疏远的亲属、亲戚都服緦麻。

【译文】緦，六百纵线织成的二尺二寸宽的细麻布。又一说，两根麻线夹一根丝线织成的布。形声字，"糸"为形符，"思"为声符。，古文緦字，从"糸"省文作形符。

緆 细布也。从系，易声。，緆或，从麻。先击切（xī）

【译文】緆，细麻布。形声字，"糸"为形符，"易"为声符。，緆的或体，从"麻"。

緰 緰貲，布也。从糸，俞声。度侯切（tóu）

【译文】緰，緰貲，一种上等细麻布。形声字，"糸"为形符，"俞"为声符。

縗（缞） 服衣。长六寸，博四寸，直心。从糸，衰声。仓回切（cuī）

【译文】縗，古时丧服的上衣。有粗麻布制成，下巴下揩泪的佩巾长六寸，宽四寸，正好置于胸前。形声字，"糸"为形符，"衰"为声符。

絰（绖） 丧首戴也。从糸，至声。徒结切（dié）

【译文】絰，服丧期间结在头上若腰部的葛麻布带。形声字，“糸”为形符，“至”为声符。

緶（缏） 交枲也。一曰，緁衣也。从糸，便声。房连切（pián）[①]

【注释】①房连切：交枲义依《广韵》方典切，今读biǎn；缝衣义依《广韵》房连切，今读音pián。

【译文】緶，把麻纤维编成辫子。又一说，把两条边对合缝起来。形声字，“糸”为形符，“便”为声符。

絉 履也。一曰，青丝头履也。读若阡陌之陌。从糸，户声。亡百切（mò）[①]

【注释】①亡百切：今依《广韵》胡瓦切，读huà。

【译文】絉，麻鞋。一说，指青丝做鞋的包头的麻鞋。读音与“阡陌”的“陌”字相同。形声字，“糸”为形符，“户”为声符。

緉 枲履也。从糸，封声。博蠓切（běng）

【译文】緉，麻鞋。形声字，“糸”为形符，“封”为声符。

緉 履两枚也。一曰，绞也。从糸，从两，两亦声。力让切（liàng）[①]

【注释】①力让切：今依《广韵》良奖切，读liǎng。

【译文】緉，两只成对的鞋。一说，指两股绳交合。由“系”、

“两”会意,“两”又为声符。

絜 麻一耑也。从糸,㓞声。古屑切(jié)

【译文】絜,把一束麻的一端弄整齐捆扎起来。形声字,“糸”为形符,“㓞”为声符。

繆(缪) 枲之十絜也。一曰,綢繆。从糸,翏声。武彪切(móu)

【译文】繆,十束麻。一说,缠扎束缚。形声字,“糸”为形符,“翏”为声符。

綢(绸) 繆也。从糸,周声。直由切(chóu)

【译文】綢,缠绕束缚。形声字,“糸”为形符,“周”为声符。

緼(缊) 紼也。从糸,昷声。於云切(yūn)①

【注释】①於云切:今依《广韵》於纹切,读yùn。

【译文】緼,乱麻。形声字,“糸”为形符,“昷”为声符。

紼(绋) 乱系也。从糸,弗声。分勿切(fú)

【译文】紼,乱麻。形声字,“糸”为形符,“弗”为声符。

絣 氐人殊缕布也。从糸,并声。北萌切(bēng)

【译文】絣,氐族人用不同色彩的麻缕织成的颜色相间的布。形声字,“糸”为形符,“并”为声符。

紕（纰） 氐人罽也。读若《禹贡》玭珠。从糸，比声。卑履切（bǐ）

【译文】紕，氐族人所织的毛布。读音与《禹贡》“玭珠”的“玭”字相同。形声字，“糸”为形符，“比”为声符。

罽 西胡毳布也。从糸，𦋺声。居例切（jì）

【译文】罽，西域各少数民族的人用兽细毛所织的毡类毛织品。形声字，“糸”为形符，“𦋺”为声符。

縊（缢） 经也。从糸，益声。《春秋传》曰：“夷姜縊。”[①]於赐切（yì）

【注释】①语见《左传·桓公十六年》。

【译文】縊，自己吊死。形声字，“糸”为形符，“益”为声符。《左传》说：“夷姜上吊自杀。”

綏（绥） 车中把也。从糸，从妥[①]。息遗切（suī）

【注释】①从糸，从妥：徐锴《说文解字系传》说：“礼：升车必正立执綏，所以安也。”执綏，故从糸。《说文》中没有‘妥’字。应当解为从爪和安省，爪表示手，安表示抓牢。”

【译文】綏，车上供人登车拉手的绳索。由“糸”、“妥”会意。

彝 宗庙常器也。从糸；糸，綦也。廾持米，器中宝也。彑声。此与爵相似。《周礼》：“六彝：鸡彝、

鸟彝、黄彝、虎彝、虫彝、斝彝。以待祼将之礼。”①、，皆古文彝。以脂切（yí）

【注释】①语见《周礼·春官·司尊彝》。

【译文】彝，宗庙中常备的祭器。形声字，从“糸”，“糸”表示用以覆盖的丝织品。表示用两手的“廾”捧持着“米”，米是祭器中的宝物。“彑”为声符。这个字与“爵”字的构形原则类似。《周礼》中所记：“共有六种彝器：画有鸡形的彝器、画有鸟形的彝器、用黄铜刻缕为眼目的彝器、画有虎形的彝器、画有虫形的彝器、画有禾稼的彝器，用来等待用酒灌地以祭祀祖先的礼仪。”、，都是古文彝字。

緻（致） 密也。从糸，致声。直利切（zhì）

【译文】緻，细密。形声字，“糸”为形符，“致”为声符。

文二百四十八 重三十一

素[素] 白致缯也。从糸、𠂹，取其泽也。凡素之属皆从素。桑故切（sù）

【译文】素，白色而细密的未加工的丝织品。由“糸”、“𠂹”会意，取其毛光润下垂的意思。大凡“素”的部属都从“素”。

𦃃 素属。从素，収声。居玉切（jú）

【译文】𦃃，白色生绢一类丝织品。形声字，“素”为形符，“収”为声符。

𦃇 白约，缟也。从素，勺声。以灼切（yuè）

【译文】𦃇，白𦃇，一种精细的白色的光彩𦃇𦃇的生绢。形声字，“素”为形符，“勺”为声符。

𦈌 素属。从素，率声。所律切（chuài）[①]

【注释】①所律切：今依《集韵》力戌切，读lǜ。

【译文】𦈌，白色生绢一类的丝织品。形声字，“素”为形符，“率”为声符。

繛[綽]（绰） 𦆠也。从素，卓声。，繛或，省。昌约切（chuò）

【译文】繛，宽缓。形声字，“素”为形符，“卓”为声符。，繛的或体，“繛”的省略。

𦆠[緩]（缓） 繛也。从素，爰省。，𦆠或，省。胡玩切（huàn）[①]

【注释】①胡玩切：今音依《广韵》胡管切，读huǎn。

【译文】𦆠，宽缓。形声字，“素”为形符，“爰”为声符。，𦆠的或体，“𦆠”的省略。

文六 重二

絲（丝） 蚕所吐也。从二糸。凡絲之属皆从絲。息兹切（sī）

【译文】絲，蚕所吐的丝。由两个“糸”会意。大凡“絲”的部属都从“絲”。

轡（辔） 马辔也。从絲，从軎。与连同意。《诗》曰：“六轡如絲。”[①]兵媚切（pèi）

【注释】①语出《诗经·小雅·皇皇者华》。

【译文】轡，驾马的缰绳。由“丝”、“軎”会意。与“连”字的构形原则相同。《诗经》说：“六条马缰绳像丝一样牵引着。”

絣 织绢。（从）[以]糸贯杼也[①]。从絲省，丱声。古还切（guān）

【注释】①从糸贯杼也：当依段玉裁《说文解字注》“从”作“以”，段注：“杼者，机之持纬者。以絲贯于杼中而后织之，是之谓絣。杼之往来，如关机合开也。”

【译文】絣，织绢时使丝线穿过梭子。由“絲”省去“𣏟”为形符，“丱”为声符。

文三

率 捕鸟毕也。象丝罔，上下其竿柄也。凡率之属皆从率。所律切（shuài）

【译文】率，捕鸟的一种长柄网。⺘象丝网，亠上部的竿、十下部的柄。大凡“率”的部属都从“率”。

文一

虫 一名蝮，博三寸，首大如擘指。象其卧形。物之微细，或行，或毛，或蠃，或介，或鳞，以虫为象①。凡虫之属皆从虫。许伟切（huǐ）

【注释】①以虫为象：段玉裁《说文解字注》："言以为象形也。从虫之字，多左形右声，左皆用虫为象形也。"

【译文】虫，又叫做蝮虺，身体宽三寸，头像大拇指般大，是一种毒蛇。象其盘卧在地的形状。动物中形体比较微小的，有的会爬，有的会飞；有的长毛，有的不长毛；有的长有甲壳，有的长有鳞片，造字时都以"虫"字作为它们的象征。大凡"虫"的部属都从"虫"。

蝮 虫也。从虫，复声。芳目切（fù）

【译文】蝮，土虺，一种毒蛇。形声字，"虫"为形符，"复"为声符。

螣 神蛇也。从虫，朕声。徒登切（téng）

【译文】螣，传说中一种会飞神蛇。形声字，"虫"为形符，"朕"为声符。

蚦[蚺] 大蛇。可食。从虫，冄声。人占切（rán）

【译文】蚦，蟒蛇，肉可以吃。形声字，"虫"为形符，"冄"为声符。

蠸 螼也。从虫，堇声。弃忍切（qǐn）

【译文】蠸，蚯蚓。形声字，"虫"为形符，"堇"为声符。

螾[蚓]  侧行者也。从虫，寅声。，螾或，从引。余忍切（yǐn）

【译文】螾，侧身爬行的动物。形声字，"虫"为形符，"寅"为声符。，螾的或体，从"引"声。

蝓 虫，在牛马皮者。从虫，翁声。乌红切（wēng）

【译文】蝓，蝓蜙，寄生在牛马皮肤上的小虫。形声字，"虫"为形符，"翁"为声符。

蜙 蝓蜙也。从虫，從声。子红切（zōng）

【译文】蜙，蝓蜙。形声字，"虫"为形符，"從"为声符。

蠁  知声虫也。从虫，鄉声。，司马相如：蠁从向。许两切（xiǎng）

【译文】蠁，闻知其声令人不迷路的小虫。形声字，"虫"为形符，"鄉"为声符。，司马相如说：蠁字又以"向"为声符。

蛁① 虫也。从虫，召声。都僚切（diāo）

【注释】①蛁：《玉篇》称："蛁，螗蛄也，即蛁蟧蟲也。"

【译文】蛁，虫名。形声字，"虫"为形符，"召"为声符。

蠿 虫也。从虫，叕声。祖外切(zuì)[①]

【注释】①祖外切：今音依《广韵》此芮切，读cuì。

【译文】蠿，虫名。形声字，“虫”为形符，“叕”为声符。

蛹 茧虫也。从虫，甬声。余陇切(yǒng)

【译文】蛹，蚕茧的蛹虫。形声字，“虫”为形符，“甬”为声符。

螝 蛹也。从虫，鬼声。读若溃。胡罪切(huì)[①]

【注释】①胡罪切：今依《广韵》居迫切，读guī。

【译文】螝，蛹。形声字，“虫”为形符，“鬼”为声符。读音与“溃”字相同。

蛕[蛔] 腹中长虫也。从虫，有声。户恢切(huí)

【译文】蛕，寄生在人腹中的细长虫。形声字，“虫”为形符，“有”为声符。

蟯(蛲) 腹中短虫也。从虫，堯声。如招切(ráo)[①]

【注释】①如招切：今读音náo。

【译文】蟯，寄生在人腹中的短细虫。形声字，“虫”为形符，“堯”为声符。

雖（虽）　似蜥蜴而大。从虫，唯声。息遗切（suī）

【译文】雖，一种与蜥蜴相似而身体比蜥蜴大的虫。形声字，“虫”为形符，“唯”为声符。

虺　虺以注①鸣。《诗》曰：“胡为虺蜥。”②从虫，兀声。许伟切（huǐ）

【注释】①注：段玉裁注：“咮字之假借。”口部：“咮，鸟口也。”②语见《诗经·小雅·正月》。

【译文】虺，虺用口发声。《诗经》说：“为什么成为虺蜥呢？”形声字，“虫”为形符，“兀”为声符。

蜥　蜥易也。从虫，析声。先击切（xī）

【译文】蜥，蜥蜴。形声字，“虫”为形符，“析”为声符。

蝘　在壁曰蝘蜓，在艸曰蜥易。从虫，匽声。，蝘或，从䖵。于殄切（yǎn）

【译文】蝘，在墙上爬的叫蝘蜓，在草地上爬的叫蜥蜴。形声字，“虫”为形符，“匽”为声符。，蝘的或体，从“䖵”。

蜓　蝘蜓也。从虫，廷声。一曰，螾蜓。徒典切（diàn）

【译文】蜓，蝘蜓。“虫”为形符，“廷”为声符。又名螾蜓。

蚖 荣蚖，蛇医，以注鸣者。从虫，元声。愚袁切（yuán）

【译文】蚖，蝾螈，又叫蛇医，是一种用嘴发声的爬虫。形声字，“虫”为形符，“元”为声符。

蠸 虫也。一曰，大螫也。读若蜀都布名[①]。从虫，雚声。巨员切（quán）

【注释】①蜀都布名：本书糸部：“繓，蜀細布也。”上古蠸属元部，繓属月部，月、元可对转。

【译文】蠸，守瓜虫。一说，大口咬刺而行毒。读音与蜀地细繓布的“繓”字相同。形声字，“虫”为形符，“雚”为声符。

螟 虫，食谷（叶）[心]者。吏冥冥犯法，即生螟。从虫，从冥，冥亦声。莫经切（míng）

【译文】螟，虫名。一种吃谷物心部的虫。官吏们私下贪污犯法，田间即多生螟虫。由“虫”、“冥”会意，“冥”又为声符。

蟘 虫，食苗叶者。吏乞貸，则生蟘。从虫，从貸，貸亦声。《诗》曰：“去其螟蟘。”[①]徒得切（tè）

【注释】①语见《诗经·小雅·大田》。蟘今本作螣。

【译文】蟘，虫名。一种吃谷物苗之叶的虫。官吏们向人求索财物，田间即孳生蟘虫。由“虫”、“贷”会意，“貸”又为声符。《诗经》说：“除掉那些螟虫、蟘虫。”

蟣（虮） 虱子也。一曰，齐谓蛭曰蟣。从虫，幾声。居狶切（jǐ）

【译文】蟣，虱子的卵。一说，齐地人称水蛭为蟣。形声字，“虫”为形符，“幾”为声符。

蛭 虮也。从虫，至声。之日切（zhì）

【译文】蛭，水蛭。形声字，“虫”为形符，“至”为声符。

蝚 蛭蝚，至掌也。从虫，柔声。耳由切（róu）

【译文】蝚，水蛭，又叫至掌。形声字，“虫”为形符，“柔”为声符。

蛣 蛣蚍，蝎也。从虫，吉声。去吉切（qì）[①]

【注释】①去吉切：今读音jié。

【译文】蛣，蛣蚍，又名蝎。形声字，“虫”为义符，“吉”为声符。

蚍 蛣蚍也。从虫，出声。区勿切（qū）

【译文】蚍，木中的蠹虫。形声字，“虫”为形符，“出”为声符。

蟫［蟫］ 白魚也。从虫，覃声。余箴切（yín）

【译文】蟫，书中的蠹虫，又叫白魚。形声字，“虫”为形符，“覃”为声符。

蛵 丁蛵，负劳也。从虫，巠声。户经切（xíng）①

【注释】①户经切：今音依《广韵》呼刑切，读xīng。

【译文】蛵，蜻蜓，又叫负劳。形声字，“虫”为形符，“巠”为声符。

蜭 毛蠹也。从虫，臽声。乎感切（hàn）

【译文】蜭，一种长毛的木中蠹虫。形声字，“虫”为形符，“臽”为声符。

蟜 虫也。从虫，喬声。居夭切（jiǎo）

【译文】蟜，一种毒虫。形声字，“虫”为形符，“喬”为声符。

䖸[蛓] 毛虫也。从虫，𢦏声。千志切（cì）

【译文】䖸，一种能螫人的毛虫。形声字，“虫”为形符，“𢦏”为声符。

圭虫 蛪也。从虫，圭声。乌蜗切（wā）①

【注释】①乌蜗切：音wā，蛤蟆义，即“蛙”字的读音。蝎子义依《广韵》苦圭切，音kuí。

【译文】圭虫，蝎子一类的毒虫。形声字，“虫”为形符，“圭”为声符。

蚔 圭虫也。从虫，氏声。巨支切（qí）

【译文】蚔，蝎子一类的毒虫。形声字，“虫”为形符，“氏”为声符。

萬[蠆](虿)　毒虫也。象形。，蠆或，从䖵[1]。丑芥切(chài)

【注释】①䖵：kūn，示其为一种昆虫。

【译文】萬，一种螫人的毒虫。象形字。，蠆的或体，从“䖵”。

蝤　蝤蛴也。从虫，酋声。字秋切(qiú)

【译文】蝤，天牛幼虫。形声字，“虫”为形符，“酋”为声符。

蠀(蛴)　蠀蠤也。从虫，齊声。徂兮切(qí)

【译文】蠀，金龜子幼虫。形声字，“虫”为形符，“齊”为声符。

蝎　蝤蛴也。从虫，曷声。胡葛切(hé)

【译文】蝎，木中蠹虫。形声字，“虫”为形符，“曷”为声符。

強[强]　蚚也。从虫，弘声[1]。，籀文强，从䖵，从彊。巨良切(qiáng)

【注释】①弘声：徐锴认为，弘字和强字读音不相近，秦代刻石中“厶”作“口”，可能是从和籀文中“畺”省写为“厶”。

【译文】強，蚚类蝇。形声字，“虫”为形符，“弘”为声符。，籀文強字，“䖵”为形符，“彊”为声符。

蚚 强也。从虫，斤声。巨衣切（qí）

【译文】蚚，米中小黑虫。形声字，“虫”为形符，“斤”为声符。

蜀 葵中蚕[①]也。从虫，上目象蜀头形，中象其身蜎蜎。《诗》曰：“蜎蜎者蜀。”[②]市玉切（shǔ）

【注释】①葵中蚕：段玉裁注：“（葵）似作桑为长。许言蚕者，蜀似蚕也。”②语见《诗经·豳风·东山》。蜀今本作蠋。

【译文】蜀，葵藿中的小青虫，似蚕，即蛾类的幼虫。会意字，虫表示虫类，上面的目象征着蜀虫的头的样子，中间像它身体蠕动时的形状。《诗经》说：“身躯蜎蜎屈曲的事蜀虫。”

蠲 马蠲也[①]。从虫、目，益声。勹，象形。《明堂月令》曰：“腐艸为蠲。”[②]古玄切（juān）

【注释】①马蠲：段玉裁注：“（马蠲）多足虫也。今巫山夔州人谓之草鞋绊，亦曰百足虫。”而《本草纲目》称萤有三，其一种“长如蚕尾，后有光，无翼，乃竹根所化，《明堂月令》‘腐草为蠲’是也，准此，则当萤之一种。”②语见《礼记·月令》。蠲今本作萤。

【译文】蠲，马蠲虫。由“虫”、“目”会意，“益”表声符。勹象蠲的形状。《礼记·月令》说：“腐朽的草中产生蠲。”

螕 啮牛虫也。从虫，毘声。边兮切（bī）

【译文】螕，啮噬牛血的害虫。形声字，“虫”为形符，“毘”为声符。

蠖 尺蠖，屈申虫。从虫，蒦声。乌郭切（wò）①

【注释】①乌郭切：今读音huò。

【译文】蠖，即尺蠖，行进时身子一屈一伸向前移动的细长虫。形声字，“虫”为形符，“蒦”为声符。

蝝 复陶也。刘歆说：蝝，蚍蜉子。董仲舒说：蝗子也。从虫，彖声。与专切（yuán）

【译文】蝝，蝗没有翅膀的幼虫。刘歆说：蝝是蚍蜉的蚁卵。董仲舒说：是蝗虫的卵。形声字，“虫”为形符，“彖”为声符。

螻（蝼） 螻蛄也。从虫，婁声。一曰，螌天螻。洛侯切（lóu）

【译文】螻，螻蛄。形声字，“虫”为形符，“婁”为声符。又叫天螻。

蛄 螻蛄也。从虫，古声。古乎切（gū）

【译文】蛄，螻蛄。形声字，“虫”为形符，“古”为声符。

蠪 丁螘也。从虫，龍声。卢红切（lóng）

【译文】蠪，一种身上赤色斑驳的大蚂蚁。形声字，“虫”为形符，“龍”为声符。

蛾 罗也。从虫，我声。五何切（é）

【译文】蛾，蛾罗。形声字，“虫”为形符，“我”为声符。

螘[蟻](蚁) 蚍蜉也。从虫，豈声。魚绮切(yǐ)
【译文】螘，蚍蜉。形声字，“虫”为形符，“岂”为声符。

蚳 螘子也。从虫，氏声。《周礼》有蚳醢[1]。读若祁。，籀文蚳，从蚰。，古文蚳，从辰、土[2]。直尼切(chí)

【注释】①语见《周礼·天官·醢人》。②从辰、土：“从辰者，辰声也。”

【译文】蚳，蚁卵。形声字，“虫”为形符，“氏”为声符。《周礼》记载有用蚂蚁卵制成的食用酱。读音与“祁”字相同。，籀文蚳字，从“蚰”。，古文蚳字，“土”为形符，“辰”为声符。

蠜 自蠜也。从虫，樊声。附袁切(fán)
【译文】蠜，蚱蜢。形声字，“虫”为形符，“樊”为声符。

蟦[蟀] 悉蟦也。从虫，帥声。所律切(shuài)
【译文】蟦，蟋蟀。形声字，“虫”为形符，“帥”为声符。

蝒 马蜩也。从虫，面声。武延切(mián)
【译文】蝒，大蝉。形声字，“虫”为形符，“面”为声符。

蟷 蟷蠰，不过也。从虫，當声。都郎切(dāng)
【译文】蟷，螳螂。形声字，“虫”为形符，“當”为声符。

蠰　堂蠰也。从虫，襄声。汝羊切（ráng）[①]

【注释】①汝羊切：今依《广韵》奴当切，读náng。

【译文】蠰，螳螂。形声字，“虫”为形符，“襄”为声符。

蜋[螂]　堂蜋也。从虫，良声。一名蚚父[①]。鲁当切（láng）

【注释】①蚚父：段玉裁注：“斫各本作蚚，今依《尔雅音义》正。堂蜋臂有斧能斫，故曰斫父。”

【译文】蜋，螳螂。形声字，“虫”为形符，“良”为声符。又叫斫父。

蛸　蟲蛸，堂蜋子。从虫，肖声。相邀切（xiāo）

【译文】蛸，蟲蛸，螳螂的卵块。形声字，“虫”为形符，“肖”为声符。

蛢　蟠蟥，以翼鸣者。从虫，并声。薄经切（píng）

【译文】蛢，蟠蟥，用翅膀鸣叫发声的虫子。形声字，“虫”为形符，“并”为声符。

蟠　蟠蟥也。从虫，矞声。余律切（yù）

【译文】蟠，蟠蟥。形声字，“虫”为形符，“矞”为声符。

蟥　蟠蟥也。从虫，黄声。乎光切（huáng）

【译文】蟥，蟜蟥。形声字，"虫"为形符，"黄"为声符。

䗐 蛅䗐[①]，强羊也。从虫，施声。式支切（shī）

【注释】①蛅䗐：俗称铁牯牛。《尔雅·释虫》："蛅䗐，强蝆。"郭璞注："今米谷中蠹，小黑虫是也。建平人呼为蝆子。"张舜徽《说文解字约注》："此虫单名为强……复名为强羊。"

【译文】䗐，姑䗐，又叫强羊。形声字，"虫"为形符，"施"为声符。

蛅 蛅斯，墨也。从虫，占声。职廉切（zhān）

【译文】蛅，蛅斯，又叫墨虫。形声字，"虫"为形符，"占"为声符。

蜆（蚬） 缢女也。从虫，見声。胡典切（xiàn）

【译文】蜆，吐丝作茧悬在空中的一种黑虫。形声字，"虫"为形符，"見"为声符。

蜰[①] 卢蜰也。从虫，肥声。符非切（féi）

【注释】①蜰：蟑螂。《尔雅·释虫》："蜚，蠦蜰。"郭璞注："蜰即负盘，臭虫。"段玉裁《说文解字注》引《唐本草》说："蜚蠊味辛辣而臭。"

【译文】蜰，卢蜰。形声字，"虫"为形符，"肥"为声符。

蝌 渠蝌。一曰，天社。从虫，卻声。其虐切（jué）

【译文】蝍,渠蝍,又叫天社。形声字,"虫"为形符,"卻"为声符。

蠣[蜾] 蠣蠃,蒲卢,细要土蠭也。天地之性,细要,纯雄,无子。《诗》曰:"螟蠕有子,蠣蠃负之。"①从虫,𤔔声。蜾,蠣或,从果②。古火切(guǒ)

【注释】①语见《诗经·小雅·小宛》。蠕今本作蛉,蠣作蜾。②从果:段玉裁注:"果,声也。"

【译文】蠣,蠣蠃,又叫蒲卢,一种细腰状的土蜂。天地间自然生成了这种细腰蜂,全为雄性,自身不能产生后代。《诗经》说:"螟蛉蛾有了幼虫,蠣蠃就背了去养为己子。"形声字,"虫"为形符,"𤔔"为声符。蜾,蠣的或体,从"果"声。

蠃 蜾蠃也。从虫,𣎆声。一曰,虒蝓。郎果切(luǒ)

【译文】蠃,细腰蜂。形声字,"虫"为形符,"𣎆"为声符。一说,即虒蝓。

蠕 螟蠕,桑虫也。从虫,霝声。即丁切(líng)

【译文】蠕,螟蛉,桑树上的一种虫子。形声字,"虫"为形符,"霝"为声符。

蛺(蛱) 蛺蜨也。从虫,夾声。兼叶切(jiá)

【译文】蛺,蝴蝶。形声字,"虫"为形符,"夾"为声符。

蜨[蝶]　蛱蜨也。从虫，疌声。徒叶切（chī）①

【注释】①徒叶切：今依《广韵》徒協切，读dié。

【译文】蜨，蝴蝶。形声字，“虫”为形符，“疌”为声符。

蚩　虫也。从虫，㞢声。赤之切（chī）

【译文】蚩，虫名。形声字，“虫”为形符，“㞢”为声符。

盤　盤蝥，毒虫也。从虫，般声。布还切（bān）

【译文】盤，斑蝥，一种有毒甲虫。形声字，“虫”为形符，“般”为声符。

蝥　盤蝥也。从虫，敄声。莫交切（máo）

【译文】蝥，斑蝥，毒虫名。形声字，“虫”为形符，“敄”为声符。

蟠　鼠妇也。从虫，番声。附袁切（fán）

【译文】蟠，一种瓮底的小虫。形声字，“虫”为形符，“番”为声符。

蛜　蛜威，委黍。委黍，鼠妇也。从虫，伊省声。於脂切（yī）

【译文】蛜，蛜威，又叫委黍。委黍就是鼠妇。形声字，“虫”为形符，“伊”省“亻”为声符。

蜙 蜙蝑，以股鸣[1]者。从虫，松声。，蜙或省。息恭切（sōng）[2]

【注释】①股鸣：其实是以翅膀摩擦发音。②今俗作古红切，读gōng，以为蜈蚣虫名字。

【译文】蜙，蜙蝑，用大腿摩擦而发声。形声字，"虫"为形符，"松"为声符。，蜙的或体，"蜙"的省略。

蝑 蜙蝑也。从虫，胥声。相居切（xū）

【译文】蝑，一种长身绿色或褐色蝗虫。形声字，"虫"为形符，"胥"为声符。

蟅 虫也。从虫，庶声。之夜切（zhè）

【译文】蟅，蚱蜢。形声字，"虫"为形符，"庶"为声符。

蝗[1] 螽也[2]。从虫，皇声。乎光切（huáng）

【注释】①蝗：桂馥《说文解字义证》引蔡邕《月令章句》："蝗，螽类。乳于土中，深埋其卵，江东谓之蚱蜢，善害田稚。"②螽：张舜徽《说文解字约注》："盖小者曰螽，大者曰蝗。"

【译文】蝗，螽虫。形声字，"虫"为形符，"皇"为声符。

蜩 蝉也。从虫，周声。《诗》曰："五月鸣蜩。"[1]，蜩或，从舟[2]。徒聊切（tiáo）

【注释】①语见《诗经·豳风·七月》。②从舟：朱骏声《说文通训定声》："或从舟声。"

【译文】蜩，蝉。形声字，“虫”为形符，“周”为声符。《诗经》说：“五月份蝉儿鸣叫。” ，蜩的或体，从“舟”声。

蟬（蝉） 以（旁）[膀]鸣者。从虫，單声。市连切（chán）

【译文】蟬，用翅膀摩擦发出声音的一种虫。形声字，“虫”为形符，“單”为声符。

蜺 寒蜩也。从虫，兒声。五鸡切（ní）

【译文】蜺，寒蝉。形声字，“虫”为形符，“兒”为声符。

螇 螇鹿，蛁蟟也。从虫，奚声。胡鸡切（xī）

【译文】螇，螇鹿，就是蛁蟟。形声字，“虫”为形符，“奚”为声符。

蚗 蛥蚗，蛁蟟也。从虫，夬声。於悦切（yuē）

【译文】蚗，蛥蚗，就是蛁蟟。形声字，“虫”为形符，“夬”为声符。

蝒 蛥蚗，蝉属。读若周天子赧。从虫，丏声。武延切（mián）

【译文】蝒，蛥蚗，蝉类。读音与周朝天子赧王的“赧”字相同。形声字，“虫”为形符，“丏”为声符。

蛚 蜻蛚也。从虫，列声。良薛切（liè）

【译文】蛚，蟋蟀。形声字，“虫”为形符，“列”为声符。

蜻 蜻蛚也。从虫，青声。子盈切（jīng）

【译文】蜻，蟋蟀。形声字，“虫”为形符，“列”为声符。

蛉 蜻蛉也。从虫，令声。一名桑根。郎丁切（líng）

【译文】蛉，蜻蜓。形声字，“虫”为形符，“令”为声符。又叫做桑根。

蠓 蠛蠓也。从虫，蒙声。莫孔切（měng）

【译文】蠓，像蚊一类的小飞虫。形声字，“虫”为形符，“蒙”为声符。

蛢 蟲蛢也。一曰，蜉游。朝生莫死者。从虫，𠬪声。离灼切（lüè）

【译文】蛢，渠略。又名蜉蝣。一种早晨出生傍晚就死的小虫。形声字，“虫”为形符，“𠬪”为声符。

蜹 秦晋谓之蜹，楚谓之蚊。从虫，芮声。而锐切（ruì）

【译文】蜹，秦晋一带称为蜹，楚地叫做蚊。形声字，“虫”为形符，“芮”为声符。

蟰　蟰蛸，长股者。从虫，肅声。穌雕切（xiāo）

【译文】蟰，蟰蛸，一种长脚的小蜘蛛。形声字，“虫”为形符，“肅”为声符。

蛸　虫也。从虫，省声。息正切（xìng）[①]

【注释】①息正切：今依《集韵》所景切，读shěng。

【译文】蛸，虫名。形声字，“虫”为形符，“省”为声符。

蛶　商何也。从虫，寽声。力辍切（liè）

【译文】蛶，商何虫。形声字，“虫”为形符，“寽”为声符。

蜡　蝇胆也。《周礼》：“蜡氏掌除骴。”[①]从虫，昔声。鉏驾切（zhà）[②]

【注释】①语见《周礼·秋官·蜡氏》。承培元《说文引经证例》：“是《礼》命官之意，取除凶恶之义也，骨部：‘鸟兽残骨曰骴。骴，可恶也。’”孙诒让注：“蜡，骨肉腐臭，蝇虫所蜡也。”②鉏驾切：今读依《广韵》七虑切，音qù。

【译文】蜡，苍蝇的幼虫。《周礼》说：“蜡氏掌清除掩埋死人尸骨之事。”形声字，“虫”为形符，“昔”为声符。

蝡　动也。从虫，耎声。而沇切（ruǎn）

【译文】蝡，虫类向前蠕动的样子。形声字，“虫”为形符，“耎”为声符。

蚑 行也。从虫，支声。巨支切（qí）

【译文】蚑，虫类爬行的样子。“虫”为形符，“支”为声符。

蠉［蠉］ 虫行也。从虫，睘声。香沇切（xuǎn）①

【注释】①香沇切：今依《广韵》许缘切，读xuān。

【译文】蠉，虫类屈曲盘旋而行或飞的样子。形声字，“虫”为形符，“睘”为声符。

蚩 虫曳行也。从虫，屮声。读若骋。丑善切（chǎn）

【译文】蚩，虫类一屈一伸地向前爬行的样子。形声字，“虫”为形符，“屮”为声符。读音与“骋”字相同。

螸 螽丑螸，垂腴也。从虫，欲声。余足切（yù）①

【注释】①余足切：今依《广韵》羊朱切，读yú。

【译文】螸，形容蝗虫之类的所谓“螸”，就是蜂类肥大的腹部向下低垂。形声字，“虫”为形符，“欲”为声符。

蝙 蝇丑蝙，摇翼也。从虫，扇声。式战切（shàn）

【译文】蝙，形容蝇类的所谓“蝙”，就是摇动翅翼。形声字，“虫”为形符，“扇”为声符。

蜕 蛇蝉所解皮也。从虫，捝省。输芮切（shuì）①

【注释】①输芮切：今依《广韵》他外切，读tuì。

【译文】蜕，蛇、蝉类动物褪下的皮。由“虫”和“捝”省“扌”会意。

蠚 篆 螫也。从虫，若省声。呼各切（hē）

【译文】蠚，毒虫咬刺施毒别的动物。形声字，“虫”为形符，“若”省“口”为声符。

螫 篆 虫行毒也。从虫，赦声。施只切（shì）

【译文】螫，毒虫或毒蛇咬刺，使别的动物中毒。形声字，“虫”为形符，“赦”为声符。

蝁 篆 蛈（dié）也。从虫，亞声。乌各切（è）

【译文】蝁，蝮一类剧毒的蛇。形声字，“虫”为形符，“亞”为声符。

蛘 篆 搔蛘也。从虫，羊声。余两切（yǎng）

【译文】蛘，似虫在皮肤披动而感到需要抓挠的感觉。形声字，“虫”为形符，“羊”为声符。

䖸[蝕] 篆 败创也。从虫、人、食，食亦声。乘力切（shí）

【译文】䖸，溃烂的伤口而成疮。由“虫”、“食”、“人”会意，“食”又是声符。

蛟 龙之属也。池魚满三千六百，蛟来为之长，能率魚飞。置笱水中，即蛟去。从虫，交声。古肴切（jiāo）

【译文】蛟，一种无角的龙。池塘中的魚多至三千六百条时，蛟就会到池中做为魚群的首领。能带领群魚飞去。如果把捕魚的竹笼放在池水中，蛟就会离开这里。形声字，“虫”为形符，“交”为声符。

螭 若龙而黄，北方谓之地蝼。从虫，离声。或云，无角曰螭。丑知切（chī）

【译文】螭，一种像龙而呈黄色的神奇动物，北方人称之为地蝼。形声字，“虫”为形符，“离”为声符。还有一种说法，说没有角的龙叫螭。

虯[虬] 龙子有角者。从虫，丩声。渠幽切（qiú）

【译文】虯，传说中生角的幼龙。形声字，“虫”为形符，“丩”为声符。

蜦 蛇属，黑色，潜于神渊，能兴风雨。从虫，侖声。读若⿱艹戾艸。，蜦或，从戾[①]。力屯切（lún）

【注释】①从戾：朱骏声《说文通训定声》：“从戾声。”

【译文】蜦，传说中一种神蛇，身体黑色，潜身在神秘的深渊之中，能够兴起风雨。形声字，“虫”为形符，“侖”为声符。读音与“⿱艹戾草”的“⿱艹戾”字相同。，蜦的或体，从“戾”声。

蠊 [小篆] 海虫也。长寸而白，可食。从虫，兼声。读若嗛。力盐切（lián）

【译文】蠊，海里生长的蚌类之一，壳长约一寸，颜色白，肉可以食用。形声字，“虫”为形符，“兼”为声符。读音与“嗛”字相同。

蜃 [小篆] 雉入海，化为蜃。从虫，辰声。时忍切（shèn）

【译文】蜃，大蛤，相传是雉鸡沉入海中所化。形声字，“虫”为形符，“辰”为声符。

龠[蛤] [小篆] 蜃属。有三，皆生于海。千岁化为龠，秦谓之牡厉。又云百岁燕所化。魁龠，一名复累，老服翼所化。从虫，合声。古沓切（gé）

【译文】龠，蛤蜃一类的动物。有三种，都产于海中。千年的老雀入海变成的厉蛤，秦地人称之为牡蛎。百年的燕入海变化而成的是海蛤。魁蛤，又叫复累，是老蝙蝠入海变化而成。形声字，“虫”为形符，“合”为声符。

螷 [小篆] （階）[陛]①也。修为螷，圜为蛎。从虫、庳。蒲猛切（bèng）②

【注释】①階：徐锴《说文系传》作陛。段玉裁注：“陛各本作蛭，即蚌语之转也。”②蒲猛切：今依《广韵》符支切，读pí。

【译文】螷，蚌的一种。狭长的叫做螷，圆形的叫做蛎。形声字，“虫”为形符，“庳”为声符。

蝸（蜗）　蝸蠃也。从虫，咼声。亡华切（guā）[①]

【注释】①亡华切：今依《广韵》古华切，读wō。

【译文】蜗，蜗牛。形声字，“虫”为形符，“咼”为声符。

蚌　蜃属。从虫，丰声。步项切（bàng）

【译文】蚌，蜃蛤类甲壳动物。形声字，“虫”为形符，“丰”为声符。

蠇（蛎）　蚌属。似蠊，微大，出海中，今民食之。从虫，萬声。读若赖。力制切（lì）

【译文】蠇，蚌类甲壳动物。样子像蠊而身体比蠊稍大，产于海中，现今百姓以之为食。形声字，“虫”为形符，“萬”为声符。读音与“赖”字相同。

蝓　虒蝓也。从虫，俞声。羊朱切（yú）

【译文】蝓，蜗牛。形声字，“虫”为形符，“俞”为声符。

蜎　蜎也。从虫，肙声。在沇切（juàn）[①]

【注释】①在沇切：今依《广韵》乌玄切，读yuān。

【译文】蜎，蜎蜎，孑孓蠕动爬行的样子。形声字，“虫”为形符，“肙”为声符。

蟺　夗蟺也。从虫，亶声。常演切（shàn）

【译文】蟺，虫类曲身盘旋的样子。形声字，“虫”为形符，

“亶”为声符。

蚴 𧍒 蚴蟉也。从虫，幽声。於虯切（yōu）

【译文】蚴，虫类屈曲行动的样子。“虫”为形符，“幽”为声符。

蟉 蟉 蚴蟉也。从虫，翏声。力幽切（liú）

【译文】蟉，虫类屈曲行动的样子。“虫”为形符，“翏”为声符。

蟄（蛰） 蟄 藏也。从虫，執声。直立切（zhé）

【译文】蛰，虫类动物冬眠，潜伏起来不食不动。“虫”为形符，“執”为声符。

蚨 蚨 青蚨，水虫，可还钱。从虫，夫声。房无切（fú）

【译文】蚨，青蚨，一种生长在南方水中似蝉而稍大的昆虫。相传用涂有青蚨血的钱买物，钱可飞还。“虫”为形符，“夫”为声符。

蜭 蜭 蜭鼁，詹诸，以脰鸣者。从虫，匊声。居六切（jú）

【译文】蜭，蜭鼁，又叫蟾蜍，通过颈项部发声的一种动物。“虫”为形符，“匊”为声符。

蝦（虾）　蝦蟆也。从虫，叚声。乎加切（há）

【译文】蝦，蛤蟆。形声字，“虫”为形符，“叚”为声符。

蟆　蝦蟆也。从虫，莫声。莫遐切（má）

【译文】蟆，蛤蟆。形声字，“虫”为形符，“莫”为声符。

蠵　大龟也。以胃鸣者。从虫，巂声。，司马相如說：蠵从夐。户圭切（xié）[1]

【注释】①户圭切：今读音xī。

【译文】蠵，形体硕大的一种龟。用胃的鼓动发声的虫子。形声字，“虫”为形符，“巂”为声符。，司马相如說：蠵从“夐”声。

螹　蝷离也。从虫，漸省声。慈染切（jiàn）

【译文】螹，螹离，一种介虫。形声字，“虫”为形符，“漸”的省文为声符。

蝌［蟹］　有二敖八足，旁行，非蛇鲜之穴，无所庇。从虫，解声。，蟹或，从魚。胡买切（xiè）

【译文】蝌，有两只钳爪八只脚，向旁侧横行，如果不靠蛇和鳝鱼的居穴，就没有栖息之处。形声字，“虫”为形符，“解”为声符。，蟹的或体，从“魚”。

蛫　蟹也。从虫，危声。过委切（guǐ）

【译文】蛫，蟹类。形声字，“虫”为形符，“危”为声符。

蜮 短狐也。似鳖，三足，以气射害人。从虫，或声。，蜮又从國。于逼切（yù）

【译文】蜮，又叫短狐的水虫。形状像鳖，三只脚在水中，能以气喷水射人。形声字，“虫”为形符，“或”为声符。，蜮字又从“國”声。

蚅[鰐](鳄) 似蜥易，长一丈，水潜，吞人即浮，出日南。从虫，屰声。吾各切（è）

【译文】蚅，样子像蜥蜴，身长一丈，在水下潜伏，吞食人兽时就浮上水面，产于日南郡。形声字，“虫”为形符，“屰”为声符。

蛧[魍] 蛧蜽，山川之精物也。淮南王说：蛧蜽，状如三岁小儿，赤黑色，赤目，长耳，美发。从虫，网声。《国语》曰：“木石之怪夔、蛧蜽。”文两切（wǎng）

【译文】蛧，蛧蜽，山川之间的精气结成的怪物。淮南王刘安说：蛧蜽的样子像三岁的小孩，红里透黑的肤色，红眼睛，长耳朵，有很美的头发。形声字，“虫”为形符，“网”为声符。《国语·鲁语》中说：“木石的精气形成的怪物是夔和蛧蜽。”

蜽[魎] 蛧蜽也。从虫，兩声。良奖切（liǎng）

【译文】蜽，蛧蜽。形声字，“虫”为形符，“兩”为声符。

蝯［猿］　善援，禺属。从虫，爰声。雨元切（yuán）

【译文】蝯，善于攀登，猕猴类动物。形声字，“虫”为形符，“爰”为声符。

蠗 　禺属。从虫，翟声。首角切（zhuó）

【译文】蠗，猴类。形声字，“虫”为形符，“翟”为声符。

蜼 　如母猴，卬鼻，长尾。从虫，隹声。余季切（wèi）

【译文】蜼，像猕猴，鼻孔朝上，尾巴很长。形声字，“虫”为形符，“隹”为声符。

蚼 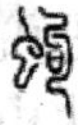　北方肓蚼犬，食人。从虫，句声。古厚切（gǒu）

【译文】蚼，传说北方有一种叫蚼犬的野兽，能吃人。形声字，“虫”为形符，“句”为声符。

蛩 　蛩蛩，兽也。一曰，秦谓蝉蜕曰蛩。从虫，巩声。渠容切（qióng）

【译文】蛩，蛩蛩，野兽。另一说，秦地叫蝉蜕下的皮作蛩。形声字，“虫”为形符，“巩”为声符。

蟨 　鼠也。一曰，西方有兽，前足短，与蛩蛩、

巨虚比，其名谓之蟨。从虫，厥声。居月切（jué）

【译文】蟨，蟨鼠。一说，谓西方有一种野兽，前腿短小，常和像马一样的蛩蛩，或像骡一样的巨虚在一起，它的名字叫蟨。形声字，“虫”为形符，“厥”为声符。

蝙　蝙蝠也。从虫，扁声。布玄切（biān）

【译文】蝙，蝙蝠。形声字，“虫”为形符，“扁”为声符。

蝠　蝙蝠，服翼也。从虫，畐声。方六切（fú）

【译文】蝠，蝙蝠，又叫服翼。形声字，“虫”为形符，“畐”为声符。

蠻（蛮）　南蠻，蛇穜。从虫，䜌声。莫还切（mán）

【译文】蠻，古代指南方少数民族，是与蛇虫习居的种族。形声字，“虫”为形符，“䜌”为声符。

閩（闽）　东南越，蛇种。从虫，門声。武巾切（mín）①

【注释】①武巾切：今依《广韵》眉殒切，读mǐn。

【译文】閩，我国东南部的越人，与蛇虫习居的种族。形声字，“虫”为形符，“門”为声符。

虹　螮蝀也。状似虫。从虫，工声。《明堂月

令》曰："虹始见。" ，籒文虹，从申。申，电也。户工切（hóng）

【译文】虹，螮蝀。形状像弯成弧形的虫。形声字，"虫"为形符，"工"为声符。《月令》中说："虹才出现。" ，籒文虹字，从"申"。申是电光闪烁屈曲的样子。

蝃（螮） 螮蝀，虹也。从虫，帶声。都计切（dì）

【译文】螮，螮蝀，就是虹。形声字，"虫"为形符，"帶"为声符。

蝀 螮蝀也。从虫，東声。多贡切（dòng）

【译文】螮，螮蝀。形声字，"虫"为形符，"東"为声符。

蠥 衣服、歌谣、艸木之怪，谓之祅。禽兽、虫蝗之怪，谓之蠥。从虫，辥声。魚列切（niè）

【译文】蠥，服饰、歌谣、草木体现的怪异叫做妖。禽兽、虫蝗等动物体现的怪异叫做蠥。形声字，"虫"为形符，"辥"为声符。

文一百五十三 重十五

卷二十六

䖵 虫之緫名也。从二虫。凡䖵之属皆从䖵。读若昆。古魂切（kūn）

【译文】䖵，虫类的总称。由两个“虫”字会意。大凡“䖵”的部属都从“䖵”。读音与“昆”字相似。

蠶（蚕） 任丝也。从䖵，朁声。昨含切（cán）

【译文】蠶，孕着丝能吐丝结茧的虫子。形声字，“䖵”为形符，“朁”为声符。

䖸 蚕化飞虫。从䖵，我声。，或，从虫。五何切（é）

【译文】䖸，蚕变化生成的飞蛾。形声字，“䖵”为形符，“我”为声符。，䖸的或体，从“虫”。

蝨（蚤） 啮人跳虫。从䖵，叉声。叉，古爪字。，蝨或，从虫。子皓切（zǎo）

【译文】蝨，咬噬人善跳跃的小虫。形声字，“䖵”为形符，“叉”为声符。叉，古文“爪”字。，蝨的或体，从“虫”。

蝨[虱] 啮人虫。从蚰，卂声。所栉切（shī）

【译文】蝨，咬噬人的小虫。形声字，“蚰”为形符，“卂”为声符。

螽[1][螽] 蝗也。从蚰，夊声。夊，古文终字。䗩，螽或，从虫，眾聲。职戎切（zhōng）

【注释】①螽：席世昌《读说文记》：“春秋为螽，今（汉）谓之蝗。”阜螽、蟿螽、土螽属蝗科，蜇螽、草螽属螽斯科。

【译文】螽，蝗虫。形声字，“蚰”为形符，“夊”为声符。夊，古文“终”字。䗩，螽的或体，“虫”为形符，“眾”为声符。

蟁[蠿]（蟁） 虫也。从蚰，展省声。知衍切（zhǎn）

【译文】蟁，一种昆虫名。形声字，“蚰”为形符，“展”的省文为声符。

蠽 小蝉蜩也。从蚰，截声。子列切（jié）

【译文】蠽，一种青色小蝉。形声字，“蚰”为形符，“截”为声符。

蠿 蠿蟊，作罔蛛蟊也。从蚰，㡭声。㡭，古绝字。侧八切（zhá）[1]

【注释】①侧八切：今依《广韵》陟劣切，读zhuō。

【译文】蠿，蝃蝥，即能结网的蜘蛛。形声字，“䖵”为形符，“𢇍”为声符。𢇍，古文“绝”字。

⿱矛䖵 蠿⿱矛䖵也。从䖵，矛声。莫交切（máo）

【译文】⿱矛䖵，蠿⿱矛䖵。形声字，“䖵”为形符，“矛”为声符。

⿱寍䖵 虫也。从䖵，寍声。奴丁切（níng）

【译文】⿱寍䖵，虫名。形声字，“䖵”为形符，“寍”为声符。

蠤 蛴螬也。从䖵，曹声。财牢切（cáo）

【译文】蠤，金龟子的幼虫。形声字，“䖵”为形符，“曹”为声符。

⿱羍䖵 蝼蛄也。从䖵，羍声。胡葛切（hé）[①]

【注释】①胡葛切：今依《广韵》胡瞎切，读xiá。

【译文】⿱羍䖵，蝼蛄。形声字，“䖵”为形符，“羍”为声符。

蠯 蠯蛸也。从䖵，卑声。，蠯或，从虫。匹标切（piāo）[①]

【注释】①匹标切：今依《广韵》符支切，读pí。

【译文】蠯，螳螂的卵块。形声字，“䖵”为形符，“卑”为声符。，蠯或，从“虫”。

蠭［蜂］ 飞虫螫人者。从䖵，逢声[①]。，

古文省。敷容切（fēng）

【译文】𧖅，飞虫中能螫人的虫子。形声字，“蚰”为形符，“逢”为声符。𧈪，古文𧖅字，是“𧖅”的省略。

䗾[蜜] 𧍙 𧖅甘饴也。一曰螟子。从蚰，鼏声。𧍙，䗾或，从宓。弥必切（mì）

【译文】䗾，蜜蜂采花蕊酿成的甜美的糖浆。又一说，螟虫的卵。形声字，“蚰”为形符，“鼏”为声符。𧍙，䗾的或体，从“宓”声。

𧓍 𧓍 𧓍蟝也。从蚰，巨声。强魚切（qú）

【译文】𧓍，蛴螬。形声字，“蚰”为形符，“巨”为声符。

𧍙[蚊] 𧍙 啮人飞虫。从蚰，民声。𧍙[1]，𧍙或，从昏，以昏時出也。蚊，俗𧍙，从虫，从文。无分切（wén）

【注释】①会意兼形声字，以昏、蚰表黄昏时飞出来活动的昆虫之意，昏又是声符。

【译文】𧍙，一种叮咬人善飞的小虫。形声字，“蚰”为形符，“民”为声符。𧍙，𧍙的或体，从“昏”，因为𧍙虫在黄昏時出来。蚊，俗𧍙字，“虫”为形符，“文”为声符。

𧓁[虻] 𧓁 啮人飞虫。从蚰，亡声。武庚切（méng）

【译文】𧓁，一种叮咬人善飞的小虫。形声字，“蚰”为形符，

“亡”为声符。

蠹[蠹] 木中虫。从䖵，橐声。，蠹或，从木，象虫在木中形，谭长说。当故切（dù）

【译文】蠹，寄生木中吃木的虫子。形声字，“䖵”为形符，“橐”为声符。，蠹的或体，从“木”，象虫在木中的形状，这是谭长的说法。

蠡 虫啮木中也。从䖵，彖声。，古文。卢启切（lǐ）

【译文】蠡，虫在木中蛀木。形声字，“䖵”为形符，“彖”为声符。，古文蠡字。

蠤 多足虫也。从䖵，求声。，蠤或，从虫。巨鸠切（qiú）

【译文】蠤，一种多脚的虫。形声字，“䖵”为形符，“求”为声符。，蠤的或体，从“虫”。

𧓎[蜉] 蚍𧓎也。从䖵，𣝣声。，𧓎或，从虫，从孚[①]。缚牟切（fú）

【注释】①从孚：段玉裁注：“孚声。”

【译文】𧓎，蚍蜉。形声字，“䖵”为形符，“𣝣”为声符。，𧓎的或体，“虫”为形符，“孚”为声符。

䗆 虫食也。从䖵，隽声。子兖切（juǎn）

【译文】䗆，昆虫类吮食。形声字，“䖵”为形符，“隽”为声符。

蠢 虫动也。从䖵，春声。𢧢，古文蠢，从𢦔。《周书》曰：“我有𢧢于西。”[①]尺尹切（chǔn）

【注释】①语见《尚书·周书·大诰》。原文：“有大艰于西土，人亦不静，越兹蠢。”许慎檃括其辞。

【译文】蠢，小虫蠕动的样子。形声字，“䖵”为形符，“春”为声符。𢧢，古文蠢字，从“𢦔”。《尚书·周书》说：“我对西土怵怵而心动。”

文二十五 重十三

蟲（虫） 有足谓之蟲，无足谓之豸。从三虫。凡蟲之属皆从蟲。直弓切（chóng）

【译文】蟲，有脚的叫蟲，没有脚的叫做豸。由三“虫”会意。大凡“蟲”的部属都从“蟲”。

蟊[蟊] 虫，食艸根者。从蟲，象其形。吏抵冒取民财则生。𧐚，蟊或，从敄[①]。𧊅，古文蟊，从虫，从牟[②]。莫浮切（máo）

【注释】①从敄：段玉裁注：“敄，声也。此则与虫部蝥、蟊同字。”②从牟：段玉裁注：“牟声。”

【译文】蟊，虫名。一种吃苗根的虫。从“蟲”，“𠀁”象蟊虫缠绕在苗根的形状。官吏违反民意，掠夺百姓的财物，田间则孳生此虫。𧑒，蠹的或体，"敉"为声符。𧊒，古文蠹字，形声字，"虫"为形符，"牟"为声符。

蠶[蚍] 𧖰 蠶蜉，大螘也。从蟲，妣声。𧈻，蠶或，从虫，比声。房脂切(pí)

【译文】蠶，蠶蜉，一种大蚂蚁。形声字，"蟲"为形符，"妣"为声符。𧈻，蠶的或体，"虫"为形符，"比"为声符。

䘟 𧖰 蚊也。从蟲，冂声。武巾切(mín)[①]

【注释】①武巾切：今读依《广韵》良刃切，音lìn。

【译文】䘟，蚊子。形声字，"蟲"为形符，"冂"为声符。

蠹[蜚] 𧖰 臭蟲，负蠜也。从蟲，非声。𧈻，蠹或从虫。房未切(fěi)

【译文】蠹，臭蟲，又叫负蠜。形声字，"蟲"为形符，"非"为声符。𧈻，蠹的或体，从"虫"。

蠱(蛊) 𧖰 腹中蟲也。《春秋传》曰："皿蟲为蛊。""晦淫之所生也。"[①](梟桀)[梟磔][②]死之鬼亦为蠱。从蟲，从皿。皿，物之用也。公户切(gǔ)

【注释】①语见《左传·昭公元年》。②梟桀：当作作梟磔。段玉裁注："梟当作県，斷首倒縣；磔，辜也，杀人而申张之也。强死之鬼，其魂魄能冯依于人以为淫厉，是亦以人为皿而害之也。此亦引申之义。"

【译文】蠱，腹内中了蟲蚀之毒。《左传》说："'皿'上有'蟲'是蠱字。""这种蠱毒是在夜间淫乱的时候产生的。"人被斩首倒悬于树或被分裂肢体而死的人，化为厉鬼，也变成蠱。由"皿"、"蟲"会意，"皿"，盛饮食下毒用的器物。

文六 重四

風（风） 八風也。东方曰明庶風，东南曰清明風，南方曰景風，西南曰凉風，西方曰閶闔風，西北曰不周風，北方曰广莫風，东北曰融風①。風动虫生。故虫八日而化。从虫，凡声。凡風之属皆从風。，古文風②。方戎切（fēng）

【注释】①"东方曰明庶風"八句：《淮南子·天文训》："何谓八風？距日冬至四十五日，条風至；条風至四十五日，明庶風至；明庶風至四十五日，清明風至；清明風至四十五日，景風至；景風至四十五日，凉風至；凉風至四十五日，閶闔風至；閶闔風至四十五日，不周風至；不周風至四十五日，广莫風至。"段玉裁《说文解字注》："《易通卦验》曰：'立春，调風至；春分，明庶風至；立夏，清明風至；夏至，景風至；立秋，凉風至；秋分，閶闔風至；立冬，不周風至；冬至，广莫風至。'《白虎通》调風作条風。条者，生也。明庶者，迎众也；清明者，芒也；景者，大也，言阳气长养也；凉，寒也，阴气行也；閶闔者，咸收藏也；不周者，不交也，言阴阳未化矣；广莫者，大莫也，开阳气也。按，调風、条風、融風，一也。"②甲骨文或借象形凤字为風，或更加凡为声符。古文从日从凤之形之讹，《古文四声韵》云台碑風字与此略同，但更象凤形，可证。

【译文】風，八方的風。东風叫做明庶風，东南風叫作清明風，南風叫做景風，西南風叫做凉風，西風叫做閶闔風，西北風叫做不周風，北風叫做广莫風，东北風叫做融風。風吹能使虫产生，風有八种，虫也只八天便孵化而出。形声字，"虫"为形符，"凡"为声符。，古文風字。

䬝 北風谓之䬝。从風，涼省声。吕张切（liáng）

【译文】䬝，北風叫做䬝風。形声字，"風"为形符，"涼"省为声符。

颵 小風也。从風，朮声。翾聿切（xù）[1]

【注释】①翾聿切：今依《广韵》许劣切，读xuè。

【译文】颵，微風。形声字，"風"为形符，"朮"为声符。

飆（飙） 扶摇風也。从風，猋声。，飆或，从包。甫遥切（biāo）

【译文】飆，暴風。形声字，"風"为形符，"猋"为声符。，飆的或体，"包"为声符。

飃［飄］（飘） 回風也。从風，㶾声。抚招切（piāo）

【译文】飃，旋風。形声字，"風"为形符，"㶾"为声符。

颯（飒）　翔風也。从風，立声。稣合切（sà）

【译文】颯，回旋的風。形声字，"風"为形符，"立"为声符。

飂　高風也。从風，翏声。力求切（liú）①

【注释】①力求切：今依《广韵》力救切，读liù。

【译文】飂，高風。形声字，"風"为形符，"翏"为声符。

颮　疾風也。从風，从忽，忽亦声。呼骨切（hū）

【译文】颮，疾風。由"風"、"忽"会意，"忽"也是声符。

䬁　大風也。从風，胃声。王勿切（yù）①

【注释】①王勿切：今依《广韵》于贵切，读wèi。

【译文】䬁，大風。形声字，"風"为形符，"胃"为声符。

颲　大風也。从風，日声①。于笔切（yù）

【注释】①段玉裁《说文解字注》："从風，曰声。曰各本作日月之日，非声也。"

【译文】颲，大風。形声字，"風"为形符，"日"为声符。

颺[揚]（扬）　風所飞颺也。从風，昜声。与章切（yáng）

【译文】颺，風吹物飞扬。形声字，"風"为形符，"昜"为声符。

颲 鬎 風雨暴疾也。从風，利声。读若栗。力质切（lì）

【译文】颲，狂風暴雨的样子。形声字，“風”为形符，“利”为声符。读音与“栗”字相同。

颲 鬎 烈風也。从風，列声。读若列。良薛切（liè）

【译文】颲，猛烈的風。形声字，“風”为形符，“列”为声符。读音与“列”字相同。

文十三 重二

它 𠑹 虫也。从虫而长，象冤曲垂尾形。上古艸居患它，故相问无它乎①。凡它之属皆从它。蛇，它或，从虫。托何切（tuō）②

【注释】①无它：傅云龙《说文古语考补正》：“‘无它乎’确是古语之用本义者。古云‘无它’，今云‘无恙’，‘无恙’亦古语。上古之时，草居露宿。恙，噬人虫也，食人心。凡相劳问者曰：无恙乎？”“无它”犹后来问候语“无恙”；后来它用为其他字，故“无它”又转意为“没有别故”。②托何切：今读音tā。徐铉：“今俗作食遮切（shé）。”

【译文】它，蛇虺。由虫字延长它的尾巴构成，象弯曲垂尾之形。上古，人们居处在草莽之中害怕遇上蛇虺，所以往往要互相询问：“没有遇到蛇虺吧？”大凡“它”的部属都从“它”。蛇，它的或体，从“虫”。

文一　重一

龜（龟）　旧也。外骨内肉者也。从它，龜头与它头同。天地之性，广肩无雄；龜鳖之类，以它为雄。象足、甲、尾之形。凡龜之属皆从龜。，古文龜。居追切（guī）

【译文】龜，年岁长久。外面长着骨质的龜甲，肉体长在龜壳之内。从“它”，龜的头和蛇的头形相同。天地自然生成此物，肩部宽阔，可是全为雌性没有雄性者，乌龜、甲魚一类动物以蛇作为雄性配偶；象龜的脚、背甲和尾巴的形状。大凡“龜”的部属都从“龜”。，古文龜字。

䶂（𪚮）　龜名。从龜，夂声。夂，古文终字。徒冬切（tóng）

【译文】䶂，龜的名字。形声字，“龜”为义符，“夂”为声符。夂是古文终字。

䶃　龜甲边也。从龜，冄声。天子巨䶃，尺有二寸，诸侯尺，大夫八寸，士六寸。没阎切（rán）

【译文】䶃，龜甲的边缘。形声字，“龜”为形符，“冄”为声符。古时天子占卜用的龜，左右两边相距一尺二寸；诸侯的龜，两边相距一尺；大夫的龜，两边相距八寸；士的龜，两边相距六寸。

文三　重一

黽（黾） 鼃黽也。从它，象形。黽头与它头同。凡黽之属皆从黽。，籀文黽。莫杏切（měng）

【译文】黽，名叫耿黽的蛙。从“它”，黽的头和蛇的头相同。大凡“黽”的部属都从“黽”。，籀文黽字。

鼈［鱉］（鳖） 甲虫也。从黽，敝声。并列切（biē）

【译文】鼈，背上长着甲的水生动物。“黽”为形符，“敝”为声符。

黿（鼋） 大鼈也。从黽，元声。愚袁切（yuán）
【译文】黿，癞头黿。形声字，“黽”为形符，“元”为声符。

鼃［蛙］ 蝦蟇也。从黽，圭声。乌娲切（wā）
【译文】鼃，蛤蟆一类。形声字，“黽”为形符，“圭”为声符。

鼀 圥鼀，詹诸也。其鸣詹诸，其皮鼀鼀，其行圥圥。从黽，从圥，圥亦声。，鼀或，从酋。七宿切（cù）

【译文】鼀，又叫圥鼀，又名蟾蜍。它的鸣叫声吃吃巴巴，它的表皮多疙瘩皱褶，它行走的样子徐缓而不能腾跳。由“黽”、“先”会意，“先”也是声符。，鼀的或体，从“酋”声。

䵹 䵸䵹，詹诸也。《诗》曰：“得此䵸䵹。”① 言其行䵹䵹。从黽，爾声。式支切（shī）

【注释】①语见《诗经·邶风·新台》。䵺䵴今本作戚施。

【译文】䵴，䵺䵴，又名蟾蜍。《诗经》说："得了这个癞蛤蟆。"　䵺䵴是形容它行走迟缓难以前进的样子。形声字，"黽"为形符，"爾"为声符。

鼉（鼍） 　水虫。似蜥易，长大。从黽，單声。徒何切（tuó）

【译文】鼍，一种水生动物。形如蜥蜴而身体又长又大。形声字。"黽"为形符，"單"为声符。

鼷 　水虫也。薉貉之民食之。从黽，奚声。胡鸡切（xí）

【译文】鼷，田鸡，薉貉民族食用它。形声字，"黽"为形符，"奚"为声符。

鼩 　鼷属，头有两角，出辽东。从黽，句声。其俱切（qú）

【译文】鼩，鼷一类的蛙，头上有两只角，产于辽东一带。形声字，"黽"为形符，"句"为声符。

蠅（蝇）　营营青蝇[1]。虫之大腹者。从黽，从虫。余陵切（yíng）

【注释】①语见《诗经·小雅·青蝇》。

【译文】蝇，来回飞得营营响的苍蝇。腹部很肥大的一种飞虫。由“虫”、“黽”会意。

鼅[蜘] 鼅鼄，鼊也。从黽，智省声。，或，从虫。陟离切（zhī）

【译文】鼅，蜘蛛，又叫蛛鼊。形声字，“黽”为形符，“智”的省文为声符。，鼅的或体，从“虫”。

鼄[蛛] 鼅鼄也。从黽，朱声。，鼄或，从虫。陟输切（zhū）

【译文】鼄，蜘蛛。形声字，“黽”为形符，“朱”为声符。，鼄的或体，从“虫”。

鼂 匽鼂也。读若朝。杨雄说：匽鼂，虫名。杜林以为朝旦，非是。从黾，从旦。，篆文，从皀。直遥切（cháo）

【译文】鼂，匽鼂。读音像“朝”字。杨雄说，匽鼂，虫名。杜林认为借用为朝旦的“朝”字。不是这样。由“黽”、“旦”会意。，古文鼂字，“皀”为声符声。

文十三 重五

卵 凡物无乳者卵生。象形。凡卵之属皆从卵。卢管切（luǎn）

【译文】卵，大凡动物没有乳汁喂养的，就是卵生。象卵之形。大凡“卵”的部属都从“卵”。

毈 卵不孚也。从卵，段声。徒玩切（duàn）

【译文】毈，卵坏不能孵化出雏鸟。形声字，“卵”为形符，“段”为声符。

文二

二 地之数也。从偶一。凡二之属皆从二。弍，古文。而至切（èr）

【译文】二，表示地的数字。由两个“一”字构成。大凡“二”的部属都从“二”。弍，古文二字。

亟 敏疾也。从人、从口、从又、从二[①]。二，天地也。纪力切（jí），又去吏切（qì）

【注释】①从人、从口、从又、从二：朱骏声《说文通训定声》：“人生天地间，手口并作，敏疾成事也。”

【译文】亟，敏捷。由“人”、“口”、“又”、“二”会意。“二”表示天地。

恒 常也。从心，从舟，在二之间上下。心以舟（施）[旋]，恒也[①]。𠀃，古文恒，从月。《诗》曰：“如月之恒。”[②]胡登切（héng）

【注释】①心以舟施，恒也：桂馥《说文解字义证》：“‘施’当为‘旋’。”段玉裁《说文解字注》：“谓往复遥远，而心以舟运旋，历久不变，恒之意也。”②语见《诗经·小雅·天保》。毛传：“恒，弦也。”段玉裁注：“月上弦而就盈，于是有恒久之义，故古文从月。”

【译文】恒，长久。由“心”、“舟”在天地之间上下往返会意。思念的“心”靠“舟”运转，长久不变，就是“恒”。，古文恒字，以“月”为形符。《诗经》说：“像月亮到了上弦的日子经久放光。”

亘[亙]（亘） 求亘也。从二，从回。回，古文回，象回回形。上下[①]，所求物也。须缘切（xuān）

【注释】①上下：段玉裁注：“上下谓二，所求在上则转而上，所求在下则转而下。”

【译文】亘，因有所求而回旋。由“二”、“回”会意。回，古文回字，像回旋的样子。上下的“二”，表示搜求的物体。

竺 厚也。从二，竹声。冬毒切（dǔ）

【译文】竺，厚。形声字，“二”为形符，“竹”为声符。

凡 （最）[冣]括[①]也。从二；二，偶也。从乃，乃，古文及。浮芝切（fán）

【注释】①最括：段玉裁注：“冣各本作最。最者，犯而取也。冣者，积也。凡之言泛也，包举泛滥一切之称也。”

【译文】凡，积聚而总括。从“二”，表示多的意思；从“乃”，乃是古文“及”字。

文六 重二

土 土 地之吐生物者也。二象地之下、地之中，[丨]物出形[1]也。凡土之属皆从土。它鲁切（tǔ）

【注释】①物出形：依段玉裁《说文解字注》此前加“丨”，注：“此所谓引而上行读若囟也。”

【译文】土，吐生万物的土地。“二”象地的下面，象地的中间。“丨”象万物从土地中长出的形状。大凡“土”的部属都从“土”。

地 地 元气初分，轻清阳为天，重浊阴为地。万物所陈列也。从土，也声。墬，籀文地，从隊[1]。徒内切（dì）

【注释】①从隊：段玉裁《说文解字注》作：“从𨸏、土，彖聲。”注：“从𨸏，言其高者也；从土，言其平者也。”

【译文】地，混沌之气刚刚分离之时，轻的、清的、阳的气，上升成为天；重的、浊的、阴的气，下凝成为地。地是万物的载体。形声字，“土”为形符，“也”为声符。墬，籀文地字，从“隊”声。

坤 坤 地也。《易》之卦也。从土，从申。土位在申。苦昆切（kūn）

【译文】坤，土地；又指《周易》中的卦名。由“土”、“申”会意，坤的位置在西南方申位上。

垓 垓 兼（垓）[晐][1]八极地也。《国语》曰：“天子居九垓之田。”[2]从土，亥声。古哀切（gāi）

【注释】①兼垓：晐各本作垓，今正。晐俗作该。日部晐下曰：‘兼晐也。’此用其义释垓。以叠韵为训也。②语见《国语·郑语》。

【译文】垓，兼备八方所到之地。《国语》说：“天子居于九州八极的田地之上。”形声字，“土”为形符，“亥”为声符。

墺 四方土可居也。从土，奥声。[1]，古文墺。於六切（yù）[2]

【注释】①：姚文田、严可均《说文校议》：“此从古文采。”朱骏声《说文通训定声》：“古文从采，即奥省声。”②於六切：今读依《广韵》乌到切，音ào。

【译文】墺，四方土地之内可以定居的地方。形声字，“土”为形符，“奥”为声符。，古文墺字。

堣 堣夷，在冀州阳谷[1]。立春日，日值之而出[2]。从土，禺声。《尚书》曰：“宅堣夷。”[3]噳俱切（yú）

【注释】①阳谷：今本《尚书》作旸谷。②日值之而出：段玉裁注：“日当堣夷而出。”③语见《尚书·虞书·尧典》。

【译文】堣，堣夷，在冀州阳谷。立春时，太阳正当堣夷升起。形声字，“土”为形符，“禺”为声符。《尚书》中说：“居住在堣夷。”

坶 朝歌南七十里地。《周书》：“武王与纣战于坶野。”[1]从土，母声。莫六切（mù）

【注释】①语见《尚书·周书·牧誓》序。今本纣作受，坶作牧。

【译文】坶，在商都朝歌以南七十里的地方。《周书》序文中说："武王与纣王在坶野作战。"形声字，"土"为形符，"母"为声符。

坡  阪也。从土，皮声。滂禾切（pō）

【译文】坡，斜坡。形声字，"土"为形符，"皮"为声符。

坪  地平也。从土，从平，平亦声。皮命切（bìng）①

【注释】①皮命切：今依《广韵》符兵切，读píng。

【译文】坪，平坦的地方。由"土"、"平"会意，"平"也是声符。

均  平、遍也。从土，从匀，匀亦声。居匀切（jūn）

【译文】均，均匀；普遍。由"土"、"匀"会意，"匀"也是声符。

壤  柔土也。从土，襄声。如两切（rǎng）

【译文】壤，松软肥沃的泥土。形声字，"土"为形符，"襄"为声符。

塙  坚不可拔也。从土，高声。苦角切（què）

【译文】塙，坚硬的土不可拔起。形声字，"土"为形符，"高"为声符。

墽 硗也。从土，敫声。口交切（qiāo）

【译文】墽，土壤坚硬而贫瘠。形声字，“土”为形符，“敫”为声符。

壚（垆） 刚土也。从土，盧声。洛乎切（lú）

【译文】壚，黑色的刚硬的土。形声字，“土”为形符，“盧”为声符。

垶 赤刚土也。从土，觲省声。息营切（xīng）

【译文】垶，红色的刚硬的土。形声字，“土”为形符，“觲”的省文为声符。

埴 黏土也。从土，直声。常职切（zhí）

【译文】埴，黄色而如脂膏细腻的土。形声字，“土”为形符，“直”为声符。

坴 土块坴坴也。从土，圥声。读若逐。一曰坴梁。力竹切（lù）

【译文】坴，土块很大的样子。形声字，“土”为形符，“圥”为声符。读音与“逐”字相同。一说，指地名陆梁。

堚 （土）[块]也。洛阳有大堚里。从土，軍声。户昆切（hún）

【译文】堚，大土块。洛阳一带有里名叫做大堚里。形声字，

"土"为形符,"軍"为声符。

墣 墣 块也。从土,菐声。圤,墣或,从卜[①]。匹角切(pò)[②]

【注释】①从卜:段玉裁注:"从卜声。"②匹角切:今依《广韵》普木切,读pú。

【译文】墣,土块。形声字,"土"为形符,"菐"为声符。圤,墣的或体,从"卜"声。

凷[塊](块) 凷 墣也。从土,一屈,象形。塊,凷或。从鬼[①]。苦对切(kuài)

【注释】①从鬼:朱骏声《说文通训定声》:"鬼声。"

【译文】凷,土块。从"土",由一弯曲成"凵",象盛土器的形状。塊,凷的或体,从"鬼"声。

塙 塙 块也。从土,畐声。芳逼切(pì)[①]

【注释】①芳逼切:今读音bì。

【译文】塙,土块。形声字,"土"为形符,"畐"为声符。

墜 墜 穜也。一曰,内其中也。从土,㚇声。子红切(zōng)

【译文】墜,栽种。一说,把一个物体放入那个物体之中。形声字,"土"为形符,"㚇"为声符。

塍 𡒄 稻中畦也。从土，朕声。食陵切（chéng）

【译文】塍，稻田中作界划的田埂。形声字，“土”为形符，“朕”为声符。

坺 坺 治也。一曰，臿土谓之坺。《诗》曰：“武王载坺。”[①]一曰尘皃。从土，犮声。蒲拨切（bá）

【注释】①语见《诗经·商颂·长发》。今诗作旆。

【译文】坺，耕治田地。一说，一锹土叫做一坺。《诗经》说：“武王汤开始发兵讨伐夏桀。”一说，飞土扬尘的样子。形声字，“土”为形符，“犮”为声符。

坄 坄 陶灶窗也。从土，役省声。营只切（yì）

【译文】坄，烧砖瓦窑的烟窗。形声字，“土”为形符，“役”省“彳”为声符。

基 基 墙始也。从土，其声。居之切（jī）

【译文】基，墙的起始部分。形声字，“土”为形符，“其”为声符。

垣 垣 墙也[①]。从土，亘（xuān）声。𩫏，籀文垣，从𩫏[②]。雨元切（yuán）

【注释】①墙也：段玉裁注：“此云：‘垣者，墙也。’浑言之。墙下曰：‘垣蔽也’，析言之。垣蔽者，墙又为垣之蔽也。垣自其大言之，墙自其高言之。”②从𩫏：王筠《说文解字句读》：“从墉之古文𩫏。”

【译文】垣，墙。形声字，“土”为形符，“亘”为声符。𩫨，籀文垣字，从“𩫏”。

圪[圪] 𡊵 墙高也。《诗》曰：“崇墉圪圪。”[1]从土，气声。魚迄切（yì）

【注释】①语见《诗经·大雅·皇矣》。

【译文】圪，墙很高的样子。《诗经》说：“崇国的城墙那么高大。”形声字，“土”为形符，“气”为声符。

堵 堵 垣也。五版为一堵[1]。从土，者声。𩫖，籀文，从𩫏。当古切（dǔ）

【注释】①一堵：古代筑墙的面积单位，古时筑墙用板筑法，板长一丈、广二尺，五板之墙长一丈高一丈叫做一堵。

【译文】堵，土墙。五层版的高度合成一堵。形声字，“土”为形符，“者”为声符。𩫖，籀文堵字，从“𩫏”。

壁 壁 垣也。从土，辟声。比激切（bì）

【译文】壁，墙壁。形声字，“土”为形符，“辟”为声符。

壈 壈 周垣也。从土，尞声。力沼切（liǎo）[1]

【注释】①力沼切：今依《广韵》落萧切，读liáo。

【译文】壈，围墙。形声字，“土”为形符，“尞”为声符。

堨 堨 壁间隙也。从土，曷声。读若谒。魚列切（niè）[①]

【注释】①魚列切：今读音yè。

【译文】堨，墙壁的缝隙。形声字，“土”为形符，“曷”为声符。读音与“谒”字相同。

埒 埒 卑垣也。从土，寽声。力辍切（liè）

【译文】埒，矮墙。形声字，“土”为形符，“寽”为声符。

堪 堪 地突也。从土，甚声。口含切（kān）

【译文】堪，地面突起的地方。形声字，“土”为形符，“甚”为声符。

堀 堀 突也。《诗》曰：“蜉蝣堀阅。”[①]从土，屈省声。苦骨切（kū）

【注释】①蜉蝣堀阅：语见《诗经·曹风·蜉蝣》。蜉蝣，小昆虫名。形似天牛而小，翅薄而透明，在空中飞舞，朝生暮死，生命极短促。堀今本作掘，堀阅，连绵字。马瑞辰《毛诗传笺通释》：“《广雅·释诂》：‘掘，穿也。’阅读为穴。‘掘阅’亦当训穿穴矣。”毛传：“容阅也。”容阅即容悦，谓曲意逢迎，取悦于上。

【译文】堀，洞穴。《诗经》说：“蜉蝣穿穴而出地面。”形声字，“土”为形符，“屈”的省文为声符。

堂 殿也。从土，尚声。坐，古文堂。𡔖，籀文堂，从高省。徒郎切（táng）

【译文】堂，有屋基的正室。形声字，“土”为形符，“尚”为声符。坐，古文堂字。𡔖，籀文堂字，由“高”字省去“冋”与“土”会意，“尚”声。

垛[垜] 堂塾也。从土，朵声。丁果切（duǒ）

【译文】垛，門堂两侧的房间。形声字，“土”为形符，“朵”为声符。

坫 屏也。从土，占声。都念切（diàn）

【译文】坫，堂中用以搁置器物起屏障作用的土台。形声字，“土”为形符，“占”为声符。

墭 涂也。从土，浝声。力歱切（lǒng）

【译文】墭，用泥土涂抹。形声字，“土”为形符，“浝”为声符。

垷 涂也。从土，見声。胡典切（xiàn）

【译文】垷，涂拭。形声字，“土”为形符，“見”为声符。

墐 涂也。从土，堇声。渠吝切（jìn）

【译文】墐，用和合着草茎的泥巴涂拭。形声字，“土”为形符，“堇”为声符。

墍（塈）仰涂也。从土，既声。其冀切（jì）[1]

【注释】①其冀切：今依《广韵》许既切，读xì。

【译文】墍，仰起头向上涂抹屋顶。形声字，“土”为形符，“既”为声符。

堊（垩）白涂也。从土，亞声。乌各切（è）

【译文】堊，用白色涂料将墙壁涂白。形声字，“土”为形符，“亞”为声符。

墀 涂地也。从土，犀声。《礼》：“天子赤墀。”[1]直泥切（chí）

【注释】①语见《礼纬·含文嘉》。

【译文】墀，涂饰地面。形声字，“土”为形符，“犀”为声符。《礼纬》说：“天子行走的宫殿是用红漆漆过的地面。”

墼 瓴适也。一曰，未烧也。从土，毄声。古历切（jī）

【译文】墼，砖。一说，没有烧过的砖坯。形声字，“土”为形符，“毄”为声符。

坌 埽除也。从土，弁声。读若粪。方问切（fèn）

【译文】坌，扫除。形声字，“土”为形符，“弁”为声符。读音与“粪”字相同。

埽 埽 弃也。从土，从帚。稣老切（sǎo）

【译文】埽，用扫帚弃除尘秽。由“土”、“帚”会意。

在 在 存也。从土，才声。昨代切（zài）

【译文】在，存在。形声字，“土”为形符，“才”为声符。

坐[坐] 坐 止也。从土，从畱省。土，所止也。此与畱同意。坐，古文坐。徂卧切（zuò）

【译文】坐，坐而止息。由“土”、“畱”的省文会意。“土”，坐息之处。这与“畱”字从“田”表止息是同一个意思。坐，古文坐字。

坻 坻 箸也。从土，氏声。诸氏切（zhǐ）

【译文】坻，有所附着而止。形声字，“土”为形符，“氏”为声符。

填 填 塞也。从土，真声。陟邻切（zhēn），又待年切（tián）

【译文】填，填塞。形声字，“土”为形符，“真”为声符。

坦 坦 安也。从土，旦声。他但切（tǎn）

【译文】坦，土地平坦而行步安舒。形声字，“土”为形符，“旦”为声符。

坒 地相次比也。卫大夫贞子名坒。从土，比声。毗至切（bì）

【译文】坒，土地依次相连接。卫国大夫褚师声子名叫坒。形声字，“土”为形符，“比”为声符。

堤 滞也。从土，是声。丁礼切（dǐ）①

【注释】①丁礼切：今依《广韵》都奚切，读dī。

【译文】堤，阻滞。形声字，“土”为形符，“是”为声符。

壎[塤](埙) 乐器也。以土为之，六孔。从土，熏声。况袁切（xuān）①

【注释】①况袁切：今依《集韵》许云切，读xūn。

【译文】壎，古吹奏乐器。用土烧制而成，有六个孔。形声字，“土”为形符，“熏”为声符。

封 爵诸侯之土也。从之，从土，从寸，守其制度也。公侯，百里；伯，七十里；子、男，五十里。𡉚，古文封，省。𡊁，籀文，从丰。府容切（fēng）

【译文】封，天子依爵位的等级封给诸侯土地。由“之”、“土”、“寸”会意，要遵守天子的法度。公、侯爵封地为百里见方，伯爵封地为七十里见方，子、男爵封地为五十里见方。𡉚，古文封字，是“封”字省去“寸”。𡊁，籀文封字，从“丰”声。

壐[壐](玺) 王者印也。所以主土。从土，爾声。，籀文，从玉。斯氏切(xǐ)

【译文】壐，秦汉以来帝王的印信。用来主管国土的凭证。形声字，"土"为形符，"爾"为声符。，籀文壐字，从"玉"。

墨 书墨也。从土，从黑，黑亦声。莫北切(mò)

【译文】墨，书写绘画用的黑色颜料。由"土"、"黑"会意，"黑"也是声符。

垸 以桼和灰而鬃也。从土，完声。一曰补(垸)[垣]。胡玩切(huàn)①

【注释】①胡玩切：今依《广韵》胡官切，读huán。

【译文】垸，用漆掺合骨灰涂抹器物。形声字，"土"为形符，"完"为声符。又一说，义为修补颓坏的墙垣。

㘞[型] 铸器之法也。从土，荆声。户经切(xíng)

【译文】型，铸造器皿的土制模具。形声字，"土"为形符，"刑"为声符。

㙛[埻] 射臬也。从土，𩫖声。读若准。之允切(zhǔn)

【译文】㙛，用土制成的箭靶。形声字，"土"为形符，"𩫖"为声符。读音与"准"字相同。

塒（埘） 鸡栖垣为塒。从土，時声。市之切（shí）

【译文】塒，供鸡栖息的壁上凿出的窝。形声字，“土”为形符，“時”为声符。

城 以盛民也。从土，从成，成亦声。，籀文城，从𩫏。氏征切（chéng）

【译文】城，用来盛受容纳百姓。由“土”、“成”会意，“成”也是声符。，籀文城字，从“𩫏”。

墉 城垣也。从土，庸声。[①]，古文墉。余封切（yōng）

【注释】①：《玉篇》以为“郭”之本字。古文字中二者同字，自其整体功能言为郭；自其组成言为墉，音亦相近。

【译文】墉，城墙。形声字，“土”为形符，“庸”为声符。，古文墉字。

堞 城上女[①]垣也。从土，枼声。徒叶切（dié）

【注释】①女：朱骏声《说文通训定声》：“凡言王、言马皆大意，言女皆小意。（女垣）犹言小墙也。”

【译文】堞，城墙上面如齿状的矮墙。形声字，“土”为形符，“枼”为声符。

坎 陷也。从土，欠声。苦感切（kǎn）

【译文】坎，地面低陷之处。形声字，“土”为形符，“欠”为声符。

墊（垫） 下也。《春秋传》曰：“墊隘。”[1]从土，執声。都念切（diàn）

【注释】①语见《左传·成公六年》。墊隘，杨伯峻解为羸弱，为引申义。

【译文】墊，地表下陷。《左传》说：“下陷而窄小。”形声字，土为形符，執为声符。

坻 小渚也。《诗》曰：“宛在水中坻。”[1]从土，氐声。，坻或，从水，从夊。，坻或，从水，从耆。直尼切（chí）

【注释】①语见《诗经·秦风·蒹葭》。

【译文】坻，水中的小洲。《诗经》说：“仿佛在水中的小沙洲上。”形声字，“土”为形符，“氐”为声符。，坻的或体，由“水”、“夊”会意。，坻的或体，“水”为形符，“耆”为声符。

㙷 下入也。从土，㬎声。敇立切（chì）[1]

【注释】①敇立切：今依《广韵》直立切，读zhí。

【译文】㙷，下陷。形声字，“土”为形符，“㬎”为声符。

垎 水干也。一曰，坚也。从土，各声。胡

格切（hè）

【译文】垎，土中的水干燥。一说，土坚硬。形声字，“土”为形符，“各”为声符。

垐 以土增大道上。从土，次声。，古文垐，从土，即[1]。《虞书》曰：“龙，朕堲谗说殄行。”[2]堲，疾恶也。疾资切（cí）

【注释】①即：朱骏声《说文通训定声》：“从即声。”②语见《尚书·虞书·尧典》。

【译文】垐，用土依次铺垫在大道上。形声字，“土”为形符，“次”为声符。，古文垐字，从“土”，“即”声。《虞书》说：“龙，我憎恶谗毁的言语和贪残的行为。”堲，憎恶的意思。

增 益也。从土，曾声。作滕切（zēng）

【译文】增，增益。形声字，“土”为形符，“曾”为声符。

埤 增也。从土，卑声。符支切（pí）

【译文】埤，增加。形声字，“土”为形符，“卑”为声符。

坿 益也。从土，付声。符遇切（fù）

【译文】坿，添益。形声字，“土”为形符，“付”为声符。

塞 隔也。从土，从寒。先代切（sài）

【译文】塞，关塞障隔。由“土”、“寒”会意。

圣 𡉚 汝、颍之间谓致力于地曰圣。从土，从又。读若兔窟。苦骨切（kū）

【译文】圣，汝水、颍水一带把尽力耕耘叫做圣。由“土”、“又”会意。读音与“狡兔三窟”的“窟”字相同。

垍 垍 坚土也。从土，自声。读若息。其冀切（jì）

【译文】垍，坚硬的土地。形声字，“土”为形符，“自”为声符。读音与“息”字相同。

埱 埱 气出土也。一曰，始也。从土，叔声。昌六切（chù）

【译文】埱，地气从土地中冒出。一说，义为开端。形声字，“土”为形符，“叔”为声符。

埵 埵 坚土也。从土，垂声。读若朵。丁果切（duǒ）

【译文】埵，坚硬的土。形声字，“土”为形符，“垂”为声符。读音与“朵”字相同。

墋[埐] 墋 地也。从土，㚬声。子林切（jīn）

【译文】墋，土地。形声字，“土”为形符，“㚬”为声符。

堅 堅 土积也。从土，从聚省。才句切（jù）

【译文】堅，把土堆积起来。由“土”和“聚”省去“㐺”会意。

壔[擣] 保也。高土也。从土，𠷎声。读若毒。都皓切（dǎo）

【译文】壔，土堡。又指高出地面的土堆。形声字，“土”为形符，“𠷎”为声符。读音与“毒”字相同。

培  培敦。土田山川也[1]。从土，咅声。薄回切（péi）

【注释】①土田山川：《诗经·鲁颂·閟宫》：“赐之山川、土田、附庸。”《左传·定公四年》：“分之土田、培敦。”古时封建诸侯，土田山川之外，尚有附庸。附庸，疆域不足五十里见方，不直辖于天子，附于诸侯。

【译文】培，加厚。指土地、田园、山川等等而言。形声字，“土”为形符，“咅”为声符。

埩  治也。从土，争声。疾郢切（jìng）[1]

【注释】①疾郢切：今依《广韵》侧茎切，读zhēng。

【译文】埩，耕治土地。形声字，“土”为形符，“争”为声符。

墇  （擁）[壅]也。从土，章声。之亮切（zhàng）

【译文】墇，障隔。形声字，“土”为形符，“章”为声符。

堋 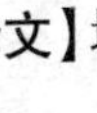 遏遮也。从土，則声。初力切（cè）

【译文】堋，用土阻遏遮拦。形声字，“土”为形符，“则”为声符。

垠 [篆] 地垠也。一曰，岸也。从土，艮声。[篆]，垠或，从斤[1]。语斤切（yín）

【注释】①从斤：段玉裁《说文解字注》："斤，声也。"

【译文】垠，地的边界。一说，垠为水岸。形声字，"土"为形符，"艮"为声符。[篆]，垠的或体，从"斤"声。

墠 [篆] 野土也。从土，單声。常衍切（shàn）

【译文】墠，经过除草、整治的野外土地。形声字，"土"为形符，"單"为声符。

垑 [篆] 恃也。从土，多声。尺氏切（chǐ）

【译文】垑，自恃土地广大。形声字，"土"为形符，"多"为声符。

壘（垒）[篆] 军壁也。从土，畾声。力委切（lěi）

【译文】壘，军营的墙壁垒。形声字，"土"为形符，"畾"为声符。

垝 [篆] 毁垣也。从土，危声。《诗》曰："乘彼垝垣。"[1] [篆]，垝或，从𨸏。过委切（guǐ）

【注释】①语见《诗经·卫风·氓》。

【译文】垝，毁坏的墙垣。形声字，"土"为形符，"危"为声符。在《诗经》中说："登上那毁缺了的墙垣。"䧘，垝的或体，从"𠂤"。

圮 圮 毁也。《虞书》曰："方命圮族。"[1]从土，己声。𨸏，圮或，从手，从非，配省声。符鄙切（pǐ）

【注释】①语见《尚书·虞书·尧典》。

【译文】圮，毁坏。《虞书》说："违背命令，毁害族人。"形声字，"土"为形符，"己"为声符。𨸏，圮的或体，由"手"、"非"会意，"配"省去"己"表声。

垔 垔 塞也。《尚书》曰："鲧垔洪水。"[1]从土，西声。𡋯，古文垔。于真切（yīn）

【注释】①语见《尚书·商书·洪范》。

【译文】垔义为堵塞。后作堙。《尚书》说："鲧堵塞洪水。"形声字，"土"为形符，"西"为声符。𡋯，古文垔字。

壍（堑） 壍 坑也。一曰，大也。从土，斬声。七艳切（qiàn）

【译文】壍，深坑。一说，义为大。形声字，"土"为形符，"斬"为声符。

埂 埂 秦谓坑为埂。从土，更声。读若井汲绠。古杏切（gěng）

【译文】埂，秦地人把坑称为埂。形声字，"土"为形符，"更"

为声符。读音与“井汲绠”的“绠”字相同。

壙（圹） 塹穴也。一曰，大也。从土，廣声。苦谤切（kuàng）

【译文】壙，把地挖成坑作为墓穴。一说，义为大。形声字，“土”为形符，“廣”为声符。

塏（垲） 高燥也。从土，豈声。苦亥切（kǎi）

【译文】塏，地势高而干燥。形声字，“土”为形符，“豈”为声符。

毁[毀] 缺也。从土，毇省声。，古文毁，从壬。许委切（huǐ）

【译文】毁，瓦器破缺。形声字，“土”为形符，“毇”省为声符。，古文毁字，从“壬”。

壓（压） 坏也。一曰，塞补。从土，厭声。乌狎切（yā）

【译文】壓，自然崩坏。一说，义为堵塞填补。形声字，“土”为形符，“厭”为声符。

壞（坏） 败也。从土，褱声。，古文壞，省。，籀文壞。下怪切（huài）

【译文】壞，破败。形声字，“土”为形符，“褱”为声符。，古文壞的省体。𡒞，籀文壞。

坷 坷 坎坷也。梁国宁陵有坷亭。从土，可声。康我切（kě）

【译文】坷，地面高低不平。梁国宁陵县有地名叫坷亭。形声字，“土”为形符，“可”为声符。

墟 墟 埗也。从土，虖声。𡐦，墟或，从自。呼讶切（xià）

【译文】墟，坼裂。形声字，“土”为形符，“虖”为声符。𡐦，墟的或体，从“自”。

埗[坼] 埗 裂也。《诗》曰：“不埗不疈。”① 从土，㡿声。丑格切（chè）

【注释】①语见《诗经·大雅·生民》。今本埗作坼，疈作副。

【译文】埗，裂开。《诗经》说：“不裂开不剖开。”形声字，“土”为形符，“㡿”为声符。

坱 坱 尘埃也。从土，央声。于亮切（yǎng）

【译文】坱，尘埃广大的样子。形声字，“土”为形符，“央”为声符。

塺 塺 尘也。从土，麻声。亡果切（mǒ）①

【注释】①亡果切：今依《广韵》莫杯切，读méi。

【译文】塺，灰尘。形声字，“土”为形符，“麻”为声符。

塿（塿） 塺土也。从土，婁声。洛侯切（lóu）[1]

【注释】①洛侯切：今依《广韵》郎斗切，读lǒu。

【译文】塿，尘土。形声字，“土”为义符，“婁”为声符。

坋 尘也。从土，分声。一曰，大防也。房吻切（fèn）

【译文】坋，灰尘。形声字，“土”为形符，“分”为声符。一说，义为大堤。

坒 尘也。从土，非声。房未切（fèi）

【译文】坒，灰尘。形声字，“土”为形符，“非”为声符。

埃 尘也。从土，矣声。乌开切（āi）

【译文】埃，尘埃。形声字，“土”为形符，“矣”为声符。

堅 尘埃也。从土，殹声。乌鸡切（yī）

【译文】堅，尘埃。形声字，“土”为形符，“殹”为声符。

垽 淀也。从土，沂声。魚仅切（yìn）

【译文】垽义为沉淀的渣滓。形声字，“土”为形符，“沂”为声符。

垢 垢 浊也。从土，后声。古厚切（gòu）

【译文】垢，污秽物。形声字，“土”为形符，“后”为声符。

壇 壇 天阴尘也。《诗》曰：“壇壇其阴。”[1]从土，壹声。於计切（yì）

【注释】①语见《诗经·邶风·终风》。壇今本作曀，毛传：“阴而风曰曀。”。

【译文】壇，天色阴暗而扬起灰尘。《诗经》说：“天色壇壇地昏暗下来了。”形声字，“土”为义符，“壹”为声符。

坏[坯] 坏 丘(再)[一]成者。一曰，瓦未烧。从土，不声。芳桮切（pī）

【译文】坏，只有一重的山丘。一说，没有经过烧制的陶器毛坯。形声字，“土”为形符，“不”为声符。

垤 垤 螘封也。《诗》曰：“鹳鸣于垤。”[1]从土，至声。徒结切（dié）

【注释】①语见《诗经·豳风·东山》。《文选注》引韩《诗》：“鹳，水鸟也。巢处知风，穴处知雨，天将雨而蚁出壅土，鹳鸟见之，长鸣而喜。”

【译文】垤，蚂蚁堆在洞口的小土堆。《诗经》说：“鹳鸟在蚂蚁洞口土堆上鸣叫。”形声字，“土”为形符，“至”为声符。

坥 坥 益州部谓蟥场曰坥。从土，且声。七余切

（qū）

【译文】坥，益州刺史部一带地区把蚯蚓的粪便叫做坥。形声字，“土”为形符，“且”为声符。

埍 徒隶所居也。一曰，女牢。一曰，亭部。从土，肙声。古泫切（juǎn）

【译文】埍，服劳役者、奴隶或罪犯居住的土房。一说，关押女犯的牢房。又一说，乡里所属的牢狱。形声字，“土”为形符，“肙”为声符。

㪉 囚突出也。从土，𣪊声。胡八切（xiá）①

【注释】①胡八切：今依《广韵》苦骨切，读kū。

【译文】㪉，囚徒冲出牢狱。形声字，“土”为形符，“𣪊”为声符。

瘞 幽、薶也。从土，㾜声。於罽切（yì）

【译文】瘞，幽隐；埋藏。形声字，“土”为形符，“㾜”为声符。

堋 丧葬下土也。从土，朋声。《春秋传》曰：“朝而堋。”①《礼》谓之封，《周官》谓之窆。《虞书》曰：“堋淫于家。”②方邓切（bèng）

【注释】①语见《左传·昭公十二年》。②语见《尚书·虞书·皋陶谟》。堋今本作朋。

【译文】堋，丧葬时把棺材下到墓穴里。形声字，“土”为形符，

“朋”为声符。《左传》说：“早晨就下棺到墓穴。”《礼记》堋叫作封，《周礼》堋叫作窆。《虞书》中说：“群聚过度玩乐。”

垗 [篆] 畔也。为四時界，祭其中。《周礼》曰：“垗五帝于四郊。”①从土，兆声。治小切（zhào）

【注释】①语见《周礼·小宗伯》。垗今本作兆。

【译文】垗，祭坛四周的边界。四面做祭坛，用它们作为边界，在这中间祭祀。《周礼》说：“在四郊做好祭坛祭祀五帝。”形声字，“土”为形符，“兆”为声符。

塋（茔） [篆] 墓（也）[地]。从土，熒省声。余倾切（yíng）

【译文】塋，墓地。形声字，“土”为形符，“熒”的省文为声符。

墓 [篆] 丘也[1]。从土，莫声。莫故切（mù）

【注释】①丘：段玉裁注：“丘谓之虚，故曰丘墓，亦曰虚墓。然则丘自其高言，墓自其平言。浑言之则曰丘墓也。”

【译文】墓，坟墓。形声字，“土”为形符，“莫”为声符。

墳（坟） [篆] 墓也。从土，賁声。符分切（fén）

【译文】墳，墳墓。形声字，“土”为形符，“賁”为声符。

壟[壠]（垄） [篆] 丘壟也。从土，龍声。力嶂切

(lǒng)

【译文】壠,坟冢。形声字,“土”为形符,“龍”为声符。

壇(坛) 壇 祭场也。从土,亶声。徒干切(tán)

【译文】壇,古时在扫除草秽的地上筑起的用于祭祀的土台。形声字,“土”为形符,“亶”为声符。

場(场) 場 祭神道也。一曰,田不耕。一曰,治谷田也。从土,昜声。直良切(cháng)

【译文】場,祭神的平地。一说,田地不耕种。一说,收打、翻晒谷物的平坦场地。形声字,“土”为形符,“昜”为声符。

圭 圭 瑞玉也。上圜下方。公执桓圭①,九寸;侯执信圭,伯执躬圭,皆七寸②;子执谷璧,男执蒲璧,皆五寸③;以封诸侯。从重土。楚爵有执圭④。珪,古文圭,从玉。古畦切(guī)

【注释】①桓圭:段玉裁《说文解字注》:“双植(直立的柱子)谓之桓。桓圭以宫室之象为瑑(zhuàn,玉器上雕饰的凸纹)饰。”②侯执信圭,伯执躬圭,皆七寸:段玉裁《说文解字注》:“郑(玄)曰:信当为身。身圭、躬圭皆象以人形为瑑饰。九寸、七寸谓其长也。”毛际盛《说文述谊》:“直身象信,曲身象躬。”③子执谷璧,男执蒲璧,皆五寸:王筠《说文解字句读》:“虽是璧非圭,然其为瑞则一也,故连及之,郑(玄)注:谷,所以养人;蒲,所以安人。二玉盖或以谷为瑑饰,或以蒲为瑑饰。”段玉裁《说文解字注》:“五寸,谓其径也。” ④执圭:楚国爵位名。段玉裁《说文解字注》:“高注《淮南》曰:楚爵功臣,赐以圭,谓之执圭,比附庸之君。”

【译文】圭,用作凭证的玉器。上部圆,下部方。公爵所持的桓圭,以宫室之象为瑑饰,长九寸;侯爵所持的信圭、伯爵所持的躬圭均分别以人形为环饰,长七寸;子爵所持的谷璧以谷为瑑饰,男爵所持的蒲璧以蒲为瑑饰,均直径长五寸。天子用这些东西为信物分封诸侯。由两个“土”字重叠会意。楚国的爵名有个叫“执圭”,珪,古文圭字,从“玉”。

圯 东楚谓桥为圯。从土,巳声。与之切(yí)

【译文】圯,东楚地区把桥叫作圯。形声字,“土”为形符,“巳”为声符。

垂[垂] 远边也。从土,𠂹声。是为切(chuí)

【译文】垂,遥远的边疆。形声字,“土”为形符,“𠂹”为声符。

堀 兔堀也。从土,屈声。苦骨切(kū)

【译文】堀,兔子的窟穴。形声字,“土”为形符,“屈”为声符。

文一百三十一 重二十六

垚 土高也。从三土。凡垚之属皆从垚。吾聊

切（yáo）

【译文】垚，地势高。由三个"土"字会意。大凡"垚"的部属都从"垚"。

堯（尧）[1] 堯 高也。从垚在兀上，高远也。㚧，古文堯。吾聊切（yáo）

【注释】①商承祚谓："甲骨文作从二土一人，与三土一人、二土二人意同。"以首戴土或为古时运土的一种方式。

【译文】堯，高远。由"垚"在"兀"上会意，"兀"表示高远。㚧，古文堯字。

文二 重一

堇 堇 黏土也。从土，从黄省。凡堇之属皆从堇。𡏳、𡐑，皆古文堇[1]。巨斤切（qín）

【注释】①前者从黄，不省。后者字形讹，段玉裁"依难字古所用形声更正"从'土'。字形依段氏。

【译文】堇，黏土。由"土"、"黄"的省体会意。大凡"堇"的部属都从"堇"。𡏳、𡐑，都是古文堇字。

艱（艰） 艱 土难治也。从堇，艮声。囏，籀文艱，从喜[1]。古闲切（jiān）

【注释】①甲金文皆从喜，喜从口从壴，壴象鼓，示鼓乐而歌之意。焚人以祭之时，或有如此节目。

【译文】艱，土地难以耕作。形声字，"堇"为形符，"艮"为声符。𡎎，籀文艱字，从“喜”。

文二 重三

里 里 居也。从田，从土。凡里之属皆从里。良止切（lǐ）

【译文】里，居住的地方。由“田”、“土”会意。大凡“里”的部属都从“里”。

釐[厘] 釐 家福也。从里，𠩺声。里之切（lí）①

【注释】①里之切：是治理义的反切，音lí；幸福义依《集韵》虚其切，音xī。

【译文】釐，生活在家里获得福佑。形声字，“𠩺”为形符，“里”为声符。

野 野 郊外也。从里，予声。埜，古文野，从里省，从林[，予声]①。羊者切（yě）

【注释】①从林：朱骏声《说文通训定声》作“从林、从土，予声”。

【译文】野，郊外。形声字，“里”为形符，“予”为声符。埜，古文野字，由“里”省“田”和“林”会意，“予”声。

文三 重一

田 田 陈也。树谷曰田。象四囗（wéi）。十，阡陌之制也。凡田之属皆从田。待年切（tián）

【译文】田，陈列得整齐的田地。种植稻谷的地方叫作田。“囗”象田四周的界限，“十”象东西南北纵横的沟涂。大凡“田”的部属都从“田”。

町　田践处曰町。从田，丁声。他顶切（tǐng）[1]

【注释】①今依《广韵》他丁切，读tīng。

【译文】町，田间供人践踏行走的小路。形声字，“田”为形符，“丁”为声符。

畂　城下田也。一曰，畂郄也。从田，耎声。而缘切（ruán）

【译文】畂，城墙之外的田地。一说，河湖、道路间的小块地。形声字，“田”为形符，“耎”为声符。

𤰝[疇](畴)　耕治之田也。从田，象耕屈之形。𠃬，𤰝或，省。直由切（chóu）

【译文】畴，经过耕耘治理的熟地。从“田”，“𠷎”象犁耕的田沟弯弯曲曲的形状。𠃬，𤰝的或体，是“𤰝”的省略。

畱　烧穜也。《汉律》曰：“畱田茠[1]艸。”从田，翏声。力求切（liú）

【注释】①茠读hāo，即薅。

【译文】畱，烧掉山地上草木而下种。汉朝的律令说：“焚烧田地草木而下种，并且拔除一切野草。”形声字，“田”为形符，“翏”

为声符。

畬 [篆] 三岁治田也。《易》曰：“不菑，畬田。”① 从田，余声。以诸切（yú）

【注释】①语见《周易·无妄》。今本无田字。

【译文】畬，已连续耕种过三年的田地。《周易》说；“不开垦荒地，想种熟田，是不吉利的。”形声字，“田”为形符，“余”为声符。

畩 [篆] 和田也。从田，柔声。耳由切（róu）

【译文】畩，因耕治而土性柔和的田。形声字，“田”为形符，“柔”为声符。

畸 [篆] 残田也。从田，奇声。居宜切（jī）

【译文】畸，不可作井田的零散不规整的田地。形声字，“田”为形符，“奇”为声符。

畼 [篆] 残田也。《诗》曰：“天方荐畼。”从田，差声。昨何切（cuó）

【注释】①语见《诗经·小雅·节南山》。畼今本作瘥。

【译文】畼，零散不整而荒芜的田地。《诗经》说：“上天正在重复降下灾荒。”形声字，“田”为形符，“差”为声符。

畮[畝]（亩） [篆] 六尺为步，步百为畮。从田，

每声。畞，畮或，从田、十，久[①]。莫厚切（mǔ）

【注释】①从田、十，久：段玉裁《说文解字注》："十者，阡陌之制，久，声也。"久、每上古同属之部。

【译文】畮，古时周制六尺为一步，横一步、直百步即为一畮。形声字，"田"为形符，"每"为声符。畞，畮的或体，由"田"、"十"会意，"久"声。

甸 天子五百里地[①]。从田，包省[②]。堂练切（diàn）

【注释】①五百里地：徐锴《说文解字系传》作五百里内田。②从田，包省：朱骏声《说文通训定声》作"从勹、田会意，田亦声。"段玉裁《说文解字注》："勹，裹也。甸之外，九服重重勹之。"

【译文】甸，天子所居都城周围五百里之地叫做甸。由"田"和"包"的省文会意。

畿 天子千里地[①]。以远近[②]言之，则言畿也。从田，幾省声。巨衣切（qí）[③]

【注释】①天子千里地：段玉裁《说文解字注》："即天子五百里内田也。五百里自其一面言，千里自其四面言。"②远近：偏义复词，取近义。近、畿音近。段氏说，"远"为"逮"之讹。③巨衣切：今依《广韵》渠希切，读jī。

【译文】畿，天子所属的千里地面。因为离京城较近，所以叫畿，形声字，"田"为形符，"幾"的省文为声符。

畦 畦 田五十亩曰畦。从田，圭声。户圭切（xié）[①]

【注释】①户圭切：今读音qí。

【译文】畦，五十亩田地叫做畦。形声字，“田”为形符，“圭”为声符。

畹 畹 田三十亩也。从田，宛声。於阮切（wǎn）

【译文】畹，三十亩的田地。形声字，“田”为形符，“宛”为声符。

畔 畔 田界也。从田，半声。薄半切（pàn）

【译文】畔，田地的界限。形声字，“田”为形符，“半”为声符。

畍[界][①] 畍 （境）[竟][②]也。从田，介声。古拜切（jiè）

【注释】①畍：今作界。桂馥《说文解字义证》：“颜注《急就篇》：‘田边谓之界。’”②境：段玉裁《说文解字注》作竟。注：“乐曲尽为竟，引申为凡边竟之称。”

【译文】畍，田的边界。形声字，“田”为形符，“介”为声符。

畂 畂 境也。一曰，陌也。赵魏谓陌为畂。从田，亢声。古郎切（gāng）[①]

【注释】①古郎切：今读依《广韵》各郎切，音gǎng。

【译文】畂，疆界。一说，田间道路。赵、魏一带把田间道路叫做畂。形声字，“田”为形符，“亢”为声符。

畷 两陌间道也，广六尺。从田，叕声。陟劣切（zhuó）[①]

【注释】①陟劣切：今读依《广韵》陟卫切，音zhuì。

【译文】畷，两陌之间的竖路，宽六尺。。形声字，“田”为形符，“叕”为声符。

畛 井田间陌也。从田，㐱声。之忍切（zhěn）

【译文】畛，井田之间的道路。形声字，“田”为形符，“㐱”为声符。

畤 天地、五帝所基址，祭地。从田，寺声。右扶风有五畤[①]。好畤、鄜畤，皆黄帝时祭[②]。或曰，秦文公立也。周市切（zhì）

【注释】①右扶风：《汉书·地理志》有右扶风郡。在今陕西境内。为汉三辅之一，辖境相当于陕西秦岭以北，户县、咸阳、栒邑以西地。五畤：桂馥《说文解字义证》：“至秦德公卜居雍，而后宣公作密畤，祠青帝；灵公作上畤，祠黄帝；下畤，祠炎帝；献公作畦畤，祠白帝：是为四。并高祖增黑帝而五也。”②祭：段注作筑。

【译文】畤，祭祀天、地和五帝所建筑的祭坛，是祭祀的场所。形声字，“田”为形符，“寺”为声符。右扶风郡有五个祭坛，其中好、畤鄜都是黄帝时代为祭祀所修建的。有人说，是秦文公所建。

略 [seal script] 经略[1]土地也。从田，各声。乌约切（lüè）

【注释】①经略：桂馥《说文解字义证》："经略犹言经界也。"徐灏《说文解字注笺》："略，启土而经画疆理之也。"

【译文】略，划定土地的疆界。形声字，"田"为形符，"各"为声符。

當（当） [seal script] 田相值[1]也。从田，尚声。都郎切（dāng）

【注释】①田相值：段玉裁注："值者，持也。田与田相持也。"

【译文】當，田地与田地相对峙。形声字，"田"为形符，"尚"为声符。

畯 [seal script] 农夫[1]也。从田，夋声。子峻切（jùn）

【注释】①夫：王引之《经义述闻》："率人曰夫。"

【译文】畯，古代管理农事的官员。形声字，"田"为形符，"夋"为声符。

甿 [seal script] 田民也。从田，亡声。武庚切（méng）

【译文】甿，种田的老百姓。形声字，"田"为形符，"亡"为声符。

疄 [seal script] 轹田也。从田，粦声。良刃切（lìn）

【译文】疄，车轮碾压田地。形声字，"田"为形符，"粦"为声符。

畱[留] 止也。从田，丣声①。力求切（liú）

【注释】①丣声：邵瑛《说文解字群经正字》："丣即酉字，谐声。"

【译文】畱，留止。形声字，"田"为形符，"丣"为声符。

畜 田畜也。《淮南子》曰："玄田为畜。"①（𤲸）[𤲸]，《鲁郊礼》畜②，从田，从（兹）[茲]。（兹）[茲]，益也。丑六切（chù）③

【注释】①玄田为畜：段玉裁注："小篆（畜的玄）乃省其（指茲）半。而淮南王乃认为玄字矣，此小篆省改之失也。"②《鲁郊礼》畜：段玉裁注："此许据《鲁郊礼》文证古文从茲乃合于田畜之解也。艸部曰：茲，艸木多益也。从艸，絲省声。"③丑六切：积蓄义今依《广韵》许竹切，读xù；六畜义今依《广韵》丑救切，读chù。

【译文】畜，尽力种田而得的蓄积。《淮南子》说："由'玄'和'田'组成畜字。"𤲸，《鲁郊礼》的畜字，由"田"、"茲"会意。"茲"，义为增益。

畽 禽兽所践处也。《诗》曰："町畽鹿场。"①从田，童声。土短切（tuǎn）

【注释】①语见《诗经·豳风·东山》。畽今本作疃。

【译文】畽，禽兽践踏的地方。《诗经》说："鹿践踏的痕迹布满着养鹿的场地。"形声字，"田"为形符，"童"为声符。

暘 不生也。从田，昜声。丑亮切（chàng）

【译文】暘，草木畅盛而五谷不生。形声字，“田”为形符，“昜”为声符。

文二十九 重三

畕 比田①也。从二田。凡畕之属皆从畕。居良切（jiāng）

【注释】①比田：段玉裁注：“比，密也。比田者，两田密近也。”

【译文】畕，两块田地紧密相连。由二“田”会意。大凡“畕”的部属都从“畕”。

畺[疆] 界也。从畕，三，其界画也。，畺或，从彊，土①。居良切（jiāng）

【注释】①从彊，土：徐锴《说文解字系传》作“从土，彊声。”译文从徐氏。

【译文】畺，疆界。从“畕”，“三”是田与田之间的界限。，畺的或体，“土”为形符，“彊”为声符。

文二 重一

黄[黃] 地之色也。从田，从炗（guāng），炗亦声。炗，古文光。凡黄之属皆从黄。，古文黄。乎光切（huáng）

【译文】黄，土地的颜色。形声字，“田”为形符，“炗”为声符。

艾，古文光字。大凡“黄”的部属都从“黄”。𤽆，古文黄字。

䵍 䵍 赤黄也。一曰，轻易人䵍姁也。从黄，夾声。许兼切（xiān）

【译文】䵍，朱黄色。一说，义为轻视侮辱别人的人显得轻薄的样子。形声字，“黄”为形符，“夹”为声符。

䵎 䵎 黄黑色也。从黄，耑声。他耑切（tuān）

【译文】䵎，黑黄色。形声字，“黄”为形符，“耑”为声符。

䵋 䵋 青黄色也。从黄，有声。呼辠切（huǐ）①

【注释】①呼辠切：今依《广韵》荣美切，读wěi。

【译文】䵋，青中透黄的颜色。形声字，“黄”为形符，“有”为声符。

黇 黇 白黄色也。从黄，占声。他兼切（tiān）

【译文】黇，浅黄色。形声字，“黄”为形符，“占”为声符。

黊 黊 鲜明黄也。从黄，圭声。户圭切（xié）①

【注释】①户圭切：今依《广韵》胡卦切，读huà。

【译文】黊，鲜明的黄色。形声字，“黄”为形符，“圭”为声符。

文六 重一

男 𤰇 丈夫也。从田，从力。言男用力于田也。凡男之属皆从男。那含切（nán）

【译文】男，成年男人。由“田”、“力”会意，表示男人当用力于耕田。大凡“男”的部属都从“男”。

舅[舅] 𦦝 母之兄弟为舅，妻之父为外舅。从男，臼声。其久切（jiù）

【译文】舅，母亲的哥哥或弟弟叫作舅，妻子的父亲是外舅。形声字，“男”为形符，“臼”为声符。

甥 𤯓 谓我舅者，吾谓之甥也。从男，生声。所更切（shēng）

【译文】甥，称我为舅的人，我就称他为外甥。形声字，“男”为形符，“生”为声符。

文三

力 𠠲 筋也。象人筋之形。治功曰力，能圉[①]大灾。凡力之属皆从力。林直切（lì）

【注释】①圉：徐锴《说文解字系传》作御。

【译文】力，筋肉的收缩或扩张的功用。象人的筋肉纵横鼓起的形状。能使天下大治的功劳叫作力，指能够抵御巨大的灾难。大凡“力”的部属都从“力”。

勳[勛]（勋） 𠢞 能成王功也。从力，熏声。𠢕，

古文勳，从員[1]。许云切（xūn）

【注释】①从員：段玉裁《说文解字注》："員，声也。"

【译文】勳，辅佐帝王而成就大业的功劳。形声字，"力"为形符，"熏"为声符。勛，古文勳字，从"員"声。

功[1] 㓛 以劳定国也。从力，从工，工亦声。古红切（gōng）

【注释】①功：《周礼·夏官·司勋》："国功曰功。"郑玄注："保全国家，若伊尹。"又："事功曰劳。"注："以劳定国，若禹。"

【译文】功，用尽力量建立和稳定国家。形声字，"力"为形符，"工"为声符。

助 𦔳 左也。从力，且声。床倨切（zhù）

【译文】助，辅佐。形声字，"力"为形符，"且"为声符。

勴 勴 助也。从力，从非，慮声。良倨切（lǜ）

【译文】勴，赞勉。由"力"、"非"会意，"慮"为声符。

勑 勑 劳也。从力，來声。洛代切（lài）

【译文】勑，慰勉来投奔者。形声字，"力"为形符，"來"为声符。

劼 劼 慎也。从力，吉声。《周书》曰："汝劼

毖殷献臣。”[①]巨乙切（jí）[②]

【注释】①语见《尚书·周书·酒诰》。②巨乙切：今依《广韵》恪八切，读jié。

【译文】劼，谨慎做事。形声字，“力”为形符，“吉”为声符。《周书》说：“你应该使殷国的贤臣慎而又慎。”

務（务） 𠡍 趣也[①]。从力，敄声。亡遇切（wù）

【注释】①趣：段玉裁《说文解字注》：“趣者，疾走也。務者，言其促疾于事也。”

【译文】務，为某事而奔走。形声字，“力”为形符，“敄”为声符。

勥[①] 𠢐 迫也。从力，强声。𠢐，古文，从彊[②]。巨良切（qiáng）[③]

【注释】①勥：段玉裁《说文解字注》：“勥与强义别。强者，有力；勥者，以力相迫也。凡云勉勥者，当用此字。今则用强、彊，而勥、勥废矣。”②从彊：朱骏声《说文通训定声》：“从彊声。”③巨良切：今依《广韵》其两切，读qiǎng。

【译文】勥，强迫。形声字，“力”为形符，“强”为声符。𠢐，古文勥字，从“彊”声。

勱（劢） 𠢞 勉力也。《周书》曰：“用勱相我邦家。”[①]读若萬[②]。从力，萬声。莫话切（mài）

【注释】①语见《尚书·周书·立政》。邦今文作国。②萬：徐灏《说文解字注笺》：“萬，古音读如曼，与邁为双声。”

【译文】勱，努力。《周书》说："用以努力治理我们的国家。"读音与"萬"字相同。形声字，"力"为形符，"萬"为声符。

劂 勥也。从力，厥声。瞿月切(jué)

【译文】劂，倔强。形声字，"力"为形符，"厥"为声符。

勍 强也。《春秋传》曰："勍敌之人。"[1]从力，京声。渠京切(qíng)

【注释】①语见《左传·僖公二十二年》。

【译文】勍，强劲有力。《左传》说："强劲的敌人。"形声字，"力"为形符，"京"为声符。

勁(劲) 强也。从力，巠声。吉正切(jìng)

【译文】勁，强健有力。形声字，"力"为形符，"巠"为声符。

勉 强也。从力，免声。亡辨切(miǎn)

【译文】勉，自强而尽力。形声字，"力"为形符，"免"为声符。

劭 勉也。从力，召声。读若舜乐《韶》。寔照切(shào)

【译文】劭，自强而努力。形声字，"力"为形符，"召"为声符。读音与舜做的乐曲《韶乐》的"韶"字相同。

勖 勉也。《周书》曰："勖哉，夫子！"①从力，冒声②。许玉切（xù）

【注释】①语见《尚书·周书·牧誓》。②冒声：上古冒属幽部，勖属觉部，幽、觉可对转。

【译文】勖，勉励。《周书》说："勉励吧，将士们！"形声字，"力"为形符，"冒"为声符。

勸（劝） 勉也。从力，雚声。去愿切（quàn）

【译文】勸，勉励。形声字，"力"为形符，"雚"为声符。

勝（胜） 任也。从力，朕声。识蒸切（shēng 又 shèng）

【译文】勝，能够承担。形声字，"力"为形符，"朕"为声符。

勶 发也。从力，从徹，徹亦声。丑列切（chè）

【译文】勶，发射。由"力"、"徹"会意，"徹"也是声符。

勠 并力也。从力，翏声。力竹切（lù）

【译文】勠，合力。形声字，"力"为形符，"翏"为声符。

勨 繇缓①也。从力，象声。余两切（yǎng）②

【注释】①繇缓：段玉裁《说文解字注》作繇缓。注："蓋今之傜字，言傜役缓也。"②余两切：今依《广韵》徐两切，读xiàng。

【译文】勨，徭役宽缓。形声字，"力"为形符，"象"为声符。

動(动) 作也。从力,重声。,古文動,从辵。徒总切(dòng)

【译文】動,起身行動。形声字,“力”为形符,“重”为声符。,古文動字,从“辵”。

勴 推也。从力,畾声。卢对切(lèi)

【译文】勴,古代作战时自上往下推石头打击敌人。形声字,“力”为形符,“畾”为声符。

劣 弱也。从力,少(声)[①]。力辍切(liè)

【注释】①从力,少声:声当删。刻本中唯陈昌治本有声字,余本皆无。张舜徽《说文解字约注》:“劣从力,少而训弱。”

【译文】劣,疲弱之力。由“力”、“少”会意。

勞(劳) 剧也。从力,熒省。熒,火烧冂,用力者勞。,古文勞,从悉。鲁刀切(láo)

【译文】勞,十分辛苦。由“力”和“熒”的省文会意。熒,表示大火烧屋,用力救火的人十分辛苦。,古文勞字,从“悉”。

勮 务也。从力,豦声。其据切(jù)

【译文】勮,特别尽力。形声字,“力”为形符,“豦”为声符。

勊 尤极也。从力,克声。苦得切(kè)

【译文】勊，极其尽力辛劳苦。形声字，“力”为形符，“克”为声符。

勩（勚） 劳也。《诗》曰：“莫知我勩。”①从力，貰声。余制切（yì）

【注释】①语见《诗经·小雅·雨无正》。

【译文】勩，辛劳。《诗经》说：“没有什么人知道我的辛劳。”形声字，“力”为形符，“貰”为声符。

勦 劳也。《春秋传》曰：“安用勦民？”①从力，巢声。小子切（jiǎo），又楚交切（chāo）

【注释】①安用勦民：语见《左传·昭公九年》：“焉用速成，其用勦民也？”《左传·宣公十二年》：“无及于郑而勦民，焉用之？”许慎隐括其辞。

【译文】勦，劳累。《左传》上说：“怎么用得着劳累民众？”形声字，“力”为形符，“巢”为声符。

券[倦] 劳也。从力，卷省声。渠卷切（juàn）

【译文】券，劳累困倦。形声字，“力”为形符，“卷”的省文为声符。

勤 劳也。从力，堇声。巨巾切（qín）

【译文】勤，辛劳。形声字，“力”为形符，“堇”为声符。

加　语相（增）[譖]加[1]也。从力，从口。古牙切（jiā）

【注释】①增加：段玉裁《说文解字注》作譖加。注曰："诬人曰譖，亦曰加。"

【译文】加，言语用诬枉人。由"力"、"口"会意。

勢　健也。从力，敖声。读若豪。五牢切（áo）[1]

【注释】①五牢切：今依《广韵》胡刀切，读háo。

【译文】勢，豪杰。形声字，"力"为形符，"敖"为声符。读音与"豪"字相同。

勇　气也。从力，甬声。，勇或，从戈，用。，古文勇，从心[，甬声][1]。余陇切（yǒng）

【注释】①从心：朱骏声《说文通训定声》："从心，甬声。"

【译文】勇，气上涌而有胆量。形声字，"力"为形符，"甬"为声符。，勇的或体，"戈"为形符，"用"为声符。，古文勇字，"心"为形符，"甬"为声符。

勃　排也。从力，孛声。薄没切（bó）

【译文】勃，推排。形声字，"力"为形符，"孛"为声符。

勡[勡]　劫也。从力，票声。匹眇切（piǎo）[1]

【注释】①匹眇切：今依《广韵》匹妙切，读piào。

【译文】勡，抢劫。形声字，"力"为形符，"票"为声符。

劫 [篆] 人欲去，以力胁止曰劫。或曰，以力止去曰劫。居怯切（jié）

【译文】劫，人要离去，凭借武力阻止的行为叫做劫；一说，凭借武力阻止人、物的离开叫作劫。

飭（饬） [篆] 致坚也。从人，从力，食声。读若敕。耻力切（chì）

【译文】飭，用人力使器物质地坚牢。由“人”、“力”会意，“食”声。读音与“敕”字相同。

劾 [篆] 法有辠也。从力，亥声。胡槩切（hé）

【译文】劾，依照法律审判罪人并定罪。形声字，“力”为形符，“亥”为声符。

募 [篆] 广求也。从力，莫声。莫故切（mù）

【译文】募，广泛征求。形声字，“力”为形符，“莫”为声符。

文四十 重六

劦 [篆] 同力也。从三力。《山海经》曰：“惟号之山，其风若劦。”①凡劦之属皆从劦。胡颊切（xié）

【注释】①语见《山海经·北山经》。今本“北望鸡号之山，其风如飚。”飚，郭璞注：“急风貌。”

【译文】劦，会同众多的力量成为一个力量。由三个“力”字会意。《山海经》说:“鸡号山上,那风像会合众多的力量吹来似的。”大凡“劦”的部属都从“劦”。

恊 [篆] 同心之和也。从劦,从心。胡颊切(xié)

【译文】恊,齐心的和谐。由“劦”、“心”会意。

劦[勰] [篆] 同思之和也。从劦,从思。胡颊切(xié)

【译文】劦,同思虑的和谐。由“劦”、“思”会意表示合力思考同一问题,取得一致意见。

協(协) [篆] 众之同和也。从劦,从十[①]。[古文],古文協,从曰、十。[古文],或,从口[②]。胡颊切(xié)

【注释】①从十:表示众多。②从口:段玉裁《说文解字注》:“十口所同。”

【译文】協,众人的協同和谐。由“劦”、“十”会意。[古文],古文協字,由“曰”、“十”会意。[古文],古文協的或体,由“口、十会意。

文(一)[四] 重(五)[二][①]

【注释】①文一重五:姚文田、严可均《说文校议》:“当作‘文四重二’。”